ADMINISTRAÇÃO FINANCEIRA e ORÇAMENTÁRIA

DESCOMPLICADA
3D
DECIFRADA
DESMITIFICADA

GIOVANNI PACELLI

ADMINISTRAÇÃO FINANCEIRA e ORÇAMENTÁRIA

DESCOMPLICADA
3D
DECIFRADA
DESMITIFICADA

2018

EDITORA JusPODIVM
www.editorajuspodivm.com.br

EDITORA
*Jus*PODIVM
www.editorajuspodivm.com.br

Rua Mato Grosso, 164, Ed. Marfina, 1º Andar – Pituba, CEP: 41830-151 – Salvador – Bahia
Tel: (71) 3045.9051
• Contato: https://www.editorajuspodivm.com.br/sac

Diagramação e Capa: Marcelo S. Brandão *(santibrando@gmail.com)*

P115a Pacelli, Giovanni.
Administração financeira e orçamentária / Pacelli, Giovanni – Salvador: Editora JusPodivm, 2018.

1.176 p.

Bibliografia.
ISBN 978-85-442-2155-6.

1. Administração Financeira. 2. Administração Orçamentária. I. Pacelli, Giovanni. II. Título.

CDD 352.4

O óbvio somente é óbvio para uma mente preparada.

O orçamento nacional deve ser equilibrado.

As dívidas públicas devem ser reduzidas, a arrogância das autoridades deve ser moderada e controlada.

Os pagamentos a governos estrangeiros devem ser reduzidos, se a Nação não quiser ir à falência.

As pessoas devem novamente aprender a trabalhar, em vez de viver por conta pública.

Marcus Tullius Cicero, Roma, 55 a.C.

À minha esposa amada e admirada Danielle.

Ao meu filho querido João Pedro.

Aos meus pais presentes Eugênio e Rosa.

Aos meus patriarcas, Dario e Odete, Costa e Dolores.

PARA ACESSAR OS VÍDEOS:

Para quem usa **Android**, importante instalar um aplicativo com leitor de QR-Codes, que pode ser o "QR Code Reader". Você encontrará no seguinte link:

▸ http://editoraj.us/baixar-qr-android

Para quem usa **IOS** (iPhone, iPad), basta instalar um aplicativo com leitor de QRCodes, que pode ser o "QR Code Reader and Scanner". Você o encontrará no seguinte link:

▸ http://editoraj.us/baixar-qr-ios

APRESENTAÇÃO

No setor público, em que os recursos são escassos, faz-se necessário cada vez mais ser eficaz, eficiente e efetivo.

Esta obra, considerando todos os aspectos da realidade brasileira, sem deixar de lado a origem dos modelos orçamentários, apresenta os conteúdos tradicionais relativos à administração financeira e orçamentária: princípios, instrumentos de planejamento, ciclo orçamentário, receita e despesa.

Adicionalmente, traz consigo os instrumentos de controle fiscal na federação, em especial: Lei de Responsabilidade Fiscal, precatórios (Emenda Constitucional 99/2017) e o novo Regime Fiscal da União (Emenda Constitucional 95/2016).

Por fim, traz noções sobre economia no setor público e o funcionamento do federalismo fiscal no Brasil.

Esta obra atende a estudantes que buscam se preparar para concursos de alto nível no âmbito da União, Estados e Municípios; a profissionais da área pública no âmbito da União, Estados e Municípios que buscam aumentar sua capacidade de interpretar os aspectos da administração financeira e orçamentária no setor público; e a alunos de graduação que tenham como disciplinas: Direito Financeiro, Finanças Públicas, Orçamento Público, Administração Financeira e Orçamentária.

Excelente leitura a todos!!!

Bons estudos!!!

O Autor

LISTA DE CHAMADAS

SUMÁRIO

Unidade Didática I

ELEMENTOS INTRODUTÓRIOS

QD *Capítulo contém questões discursivas*

CAPÍTULO 03
PRINCÍPIOS ORÇAMENTÁRIOS 41

CAPÍTULO 04
EVOLUÇÃO DOS MODELOS ORÇAMENTÁRIOS 117

Unidade Didática III

CICLO ORÇAMENTÁRIO NA UNIÃO

CAPÍTULO 21

CAPÍTULO 25

CAPÍTULO 26

CAPÍTULO 27

Unidade Didática V

CONTROLE FISCAL NA FEDERAÇÃO

CAPÍTULO 28

Unidade Didática I
ELEMENTOS INTRODUTÓRIOS

Qual a competência para legislar sobre matéria orçamentária?

Quais os alicerces para melhor compreensão da disciplina AFO?

Quais os princípios orçamentários aplicáveis na federação?

Como se deu a evolução dos modelos orçamentários?

Qual o modelo orçamentário atualmente utilizado no Brasil?

Qual a diferença entre o orçamento executivo, legislativo e misto?

Qual a diferença entre orçamento autorizativo e impositivo?

CAPÍTULO 01

ADMINISTRAÇÃO FINANCEIRA E ORÇAMENTÁRIA, DIREITO FINANCEIRO E FINANÇAS PÚBLICAS: CONCEITOS E COMPETÊNCIA PARA LEGISLAR

1. CONCEITOS

As Finanças Públicas e o Direito Financeiro possuem o mesmo objeto de estudo, isto é, a atividade financeira do Estado. No entanto, a disciplina jurídica é normativa e eminentemente prática, ao passo que a ciência das finanças é especulativa, não possuindo caráter disciplinador, pois é pré-normativa e atinente ao campo da economia. Não quer dizer, entretanto, que a ciência jurídica possua um fim em si mesma e possa ser estudada, compreendida e aplicada sem a permanente interação com os outros campos do conhecimento formal e da realidade que se interpenetram. De fato, a capacidade humana de compreender a realidade é limitada, o que suscita as inevitáveis segmentações dos objetos e relações sob exame e bem assim a criação de modelos simplificados e parciais para a sua análise (COSTA, 2015).

Importante

O estudo das Finanças Públicas possui caráter especulativo e abrange toda a atividade financeira do Estado, isto é, os orçamentos, as despesas, a dívida pública bem como as diferentes formas de financiamento dos gastos públicos, destacando-se entre elas os tributos, as receitas decorrentes do patrimônio do próprio Estado e o crédito público. Destaque-se, entretanto, que, diferentemente do que ocorre com o Direito Financeiro, o estudo das Finanças Públicas não tem caráter normativo, tendo em vista ter como objetivo precípuo a análise econômica e o estudo dos possíveis impactos da atividade financeira do Estado.

Para Richard Musgrave, finanças públicas é a terminologia que tem sido tradicionalmente aplicada ao conjunto de problemas da política econômica que envolve o uso de medidas de tributação e de dispêndios públicos. Esta definição baseia-se na necessidade de intervenção econômica do setor público sobre o mercado. E prende-se na constatação de que a simples existência do sistema de mercado não consegue cumprir adequadamente algumas tarefas e funções que visam o bem-estar da população.

O direito financeiro seria o ramo do direito que tem por objeto a atividade financeira do estado.

O objeto precípuo das finanças públicas é o estudo da atividade fiscal, ou seja, aquela desempenhada pelos poderes públicos com o propósito de obter e aplicar recursos para o custeio dos serviços públicos.

Quanto ao objetivo, as finanças públicas, no Estado moderno, não são somente um meio de assegurar a cobertura para as despesas do governo; são, também, fundamentalmente, um meio de intervir na economia, de pressionar ou estimular a estrutura produtiva e de modificar as formas distribuição de renda.

Importante

Para atender as suas obrigações definidas constitucionalmente, o ***Estado*** necessita:

Obter: Receitas Públicas; **Criar**: Crédito Público (endividamento por meio das operações de crédito – empréstimos); **Planejar e Gerir**: Orçamento Público; **Despender**: Despesa Pública.

A administração financeira e orçamentária na visão deste autor agrega os elementos normativos do direito financeiro e especulativo das finanças públicas de modo a gerar informações para tomada de decisão no gestor público.

2. COMPETÊNCIA PARA LEGISLAR SOBRE ORÇAMENTO NA FEDERAÇÃO

De acordo com a CF/1988 a competência para legislar sobre matéria orçamentária é concorrente:

> ***CF/1988***
>
> *Art. 24. Compete à União, aos Estados e ao Distrito Federal legislar concorrentemente sobre:*
>
> *I – direito tributário, **financeiro**, penitenciário, econômico e urbanístico;*
>
> *II – **orçamento**; (...)*
>
> *§ 1º No âmbito da legislação concorrente, a **competência da União limitar-se-á** a estabelecer **normas gerais**.*
>
> *§ 2º A competência da União para legislar sobre normas gerais não exclui a competência suplementar dos Estados.*
>
> *§ 3º **Inexistindo lei federal sobre normas gerais**, os Estados **exercerão a competência legislativa plena**, para atender a suas peculiaridades.*

§ 4º A superveniência de lei federal sobre normas gerais suspende a eficácia da lei estadual, no que lhe for contrário.

Importante

Na competência concorrente, a União legisla sobre as normas gerais e os Estados legislam sobre as normas suplementares.

Se a União se omitir, os Estados também podem legislar sobre normas gerais.

Enquete 1 do Autor: Existe alguma omissão atual da União em matéria orçamentária?

Solução

Observa-se a seguir o art. 165 § 9º da CF/1988:

> ***CF/1988***
>
> Art. 165. [...]
>
> § 9º Cabe à ***lei complementar:***
>
> ***I- dispor sobre o exercício financeiro, a vigência, os prazos, a elaboração e a organização do plano plurianual, da lei de diretrizes orçamentárias e da lei orçamentária anual;***
>
> II- estabelecer normas de gestão financeira e patrimonial da administração direta e indireta bem como condições para a instituição e funcionamento de fundos.
>
> III- dispor sobre critérios para a execução equitativa, além de procedimentos que serão adotados quando houver impedimentos legais e técnicos, cumprimento de restos a pagar e limitação das programações de caráter obrigatório, para a realização do disposto no § 11 do art. 166.
>
> ***ADCT***
>
> Art.35. [...]
>
> § 2º ***Até a entrada em vigor da lei complementar a que se refere o art. 165, § 9º, I e II, serão obedecidas as seguintes normas:***
>
> I - o projeto do plano plurianual, para vigência até o final do primeiro exercício financeiro do mandato presidencial subsequente, será encaminhado até quatro meses antes do encerramento do primeiro exercício financeiro e devolvido para sanção até o encerramento da sessão legislativa;
>
> II - o projeto de lei de diretrizes orçamentárias será encaminhado até oito meses e meio antes do encerramento do exercício financeiro e devolvido para sanção até o encerramento do primeiro período da sessão legislativa;
>
> III - o projeto de lei orçamentária da União será encaminhado até quatro meses antes do encerramento do exercício financeiro e devolvido para sanção até o encerramento da sessão legislativa.

Ocorre que até o presente momento, tal lei não foi publicada. Desse modo, ***devido a essa omissão***, os Estados estão livres, por exemplo, para definir prazos de encaminhamentos dos instrumentos de planejamento (Plano Plurianual –

PPA, Lei De Diretrizes Orçamentárias - LDO e Lei Orçamentária Anual - LOA) distintos dos prazos aplicados para a União.

Ainda sobre o exemplo anterior, cabe destacar que a lei ordinária 4320/1964 foi recepcionada como lei complementar, por tratar de questões relacionadas à LOA no âmbito do inciso I do § 9º do art. 165. No entanto, existe atualmente uma lacuna jurídica no âmbito da administração financeira e orçamentária.

Observa-se ainda que finanças públicas não consta no campo normativo das competências legislativas, diferente de direito financeiro e orçamento. Interessante notar que o termo finanças públicas consta de forma explícita na CF/1988 apenas nos artigos 34 e 163.

CF/1988

Art. 34. A União não intervirá nos Estados nem no Distrito Federal, exceto para:

I - manter a integridade nacional;

II - repelir invasão estrangeira ou de uma unidade da Federação em outra;

III - pôr termo a grave comprometimento da ordem pública;

IV - garantir o livre exercício de qualquer dos Poderes nas unidades da Federação;

V - ***reorganizar as finanças da unidade da Federação que:***

a) suspender o pagamento da dívida fundada por mais de dois anos consecutivos, salvo motivo de força maior;

b) deixar de entregar aos Municípios receitas tributárias fixadas nesta Constituição, dentro dos prazos estabelecidos em lei;

VI - prover a execução de lei federal, ordem ou decisão judicial;

VII - assegurar a observância dos seguintes princípios constitucionais:

a) forma republicana, sistema representativo e regime democrático;

b) direitos da pessoa humana;

c) autonomia municipal;

d) prestação de contas da administração pública, direta e indireta.

e) aplicação do mínimo exigido da receita resultante de impostos estaduais, compreendida a proveniente de transferências, na manutenção e desenvolvimento do ensino e nas ações e serviços públicos de saúde.

CF/1988

Art. 163. Lei complementar disporá sobre:

I - finanças públicas;

II - dívida pública externa e interna, incluída a das autarquias, fundações e demais entidades controladas pelo Poder Público;

III - concessão de garantias pelas entidades públicas;

IV - emissão e resgate de títulos da dívida pública;

V - fiscalização financeira da administração pública direta e indireta;

VI - operações de câmbio realizadas por órgãos e entidades da União, dos Estados, do Distrito Federal e dos Municípios;

> *VII – compatibilização das funções das instituições oficiais de crédito da União, resguardadas as características e condições operacionais plenas das voltadas ao desenvolvimento regional.*

Enquanto existe uma lacuna jurídica na normatização do inciso I do § 9º do art. 165 da CF/1988, o mesmo não ocorre no inciso I do art. 163 da CF/1988, haja vista a existência da Lei Complementar 101/2000: a lei de responsabilidade fiscal.

1ª Questão (IPEA Técnico Superior em Orçamento Cespe 2008): *No que se refere aos princípios orçamentários brasileiros e ao poder de legislar sobre orçamento, julgue o item seguinte:*

O poder de estabelecer normas gerais sobre orçamento restringe-se à União.

Solução

Errado. Caso a União se omita, os Estados podem exercer a competência plena.

Gabarito: **Errado**

3. LISTA DE QUESTÕES OBJETIVAS

1ª Questão (SEFAZ-SP Auditor FCC 2007): *Atualmente o Estado intervém em quase todas as atividades humanas em razão das necessidades públicas. Dentre outras atribuições, incumbe ao Estado regular a atividade econômica, prestar serviços públicos, explorar a atividade econômica e exercer poder de política. Nesse contexto, é possível afirmar que as finanças públicas*

a) têm papel secundário na intervenção do Estado na economia, diante da política liberal vigente.

b) as finanças públicas podem tornar-se poderoso instrumento de atuação estatal no domínio econômico, visando a um orçamento equilibrado e contenção de gastos públicos.

c) pertencem ao universo normativo, regulando a intervenção estatal no domínio econômico, compondo a política financeira estatal e consubstanciada nas leis orçamentárias.

d) caracterizam-se por ser uma disciplina jurídica que tem como objeto de seu estudo toda a atividade do Estado no tocante à forma de realização da receita e da despesa.

e) dizem respeito ao universo do ser, do plano real e dispensam uma realidade normativa, ficando adstritas apenas ao campo econômico, desvinculado de intervenção estatal.

Solução

a) Errado, as finanças públicas partem da premissa de necessidade de intervenção do Estado na economia.

b) Certo, sem comentários adicionais.

c) Errado, esse conceito está mais alinhado para direito da regulação.

d) Errado, é uma disciplina social aplicada. Direito financeiro é que seria a disciplina jurídica.

e) Errado, é pautada em normas técnica e considera a intervenção do estado.

Gabarito: **B**

2ª Questão (SEFAZ-RJ Fiscal FGV 2009): *A respeito da Lei de Responsabilidade Fiscal, assinale a afirmativa incorreta.*

a) Buscou, dentre seus objetivos, a socialização de eventuais dívidas de prefeituras e estados deficitários.

b) Impôs normas de planejamento e controle das contas públicas, definindo critérios transparentes para estimativas de receitas, e redefinindo os limites e critérios de controle de gastos de pessoal.

c) Fixou procedimentos de ampliação de despesas obrigatórias de caráter continuado, estabelecendo regras severas relativas ao endividamento público.

d) Buscou, dentre seus objetivos, limitar o uso da máquina administrativa por governantes em fim de mandato.

e) Buscou, dentre seus objetivos, fortalecer o controle centralizado das dotações orçamentárias.

Solução

a) Errado, não existe esse termo socialização de dívidas.

b) Certo, sem comentários adicionais.

c) Certo, sem comentários adicionais.

d) Certo, sem comentários adicionais.

e) Certo, sem comentários adicionais.

Gabarito: **A**

3ª Questão (ANAC Analista Cespe2012): *As finanças públicas voltam-se à gestão das operações relacionadas à receita, à despesa, ao orçamento e ao crédito público, bem como se orientam à obtenção, à distribuição, à utilização e ao controle dos recursos financeiros.*

Solução

Certo, sem comentários adicionais.

Gabarito: **Certo**

4ª Questão (STN AFFC ESAF 2013): *Com relação ao papel do Estado e as Finanças Públicas, identifique a única opção incorreta.*

a) Cabe ao Estado a responsabilidade de viabilizar o funcionamento dos serviços públicos essenciais demandados pela coletividade.

b) É função do Estado a realização de forma direta e exclusiva das necessidades de natureza essencial, tais como saneamento e transporte.

c) O objeto precípuo das finanças públicas é o estudo da atividade fiscal, ou seja, aquela desempenhada pelos poderes públicos com o propósito de obter e aplicar recursos para o custeio dos serviços públicos.

d) Historicamente, pode-se dizer que a maior intervenção do Estado na economia brasileira teve como seu principal objetivo a complementação da ação do setor privado com vistas ao desenvolvimento do país.

e) A atividade financeira do Estado desenvolve-se em quatro áreas afins: receita pública, despesa pública, orçamento público e crédito público.

Solução

a) Certo, sem comentários adicionais.

b) Errado, o Estado pode delegar ou fazer uso de parcerias privadas nesses temas: saneamento e transporte.

c) Certo, sem comentários adicionais.

d) Certo, sem comentários adicionais.

e) Certo, sem comentários adicionais.

Gabarito: **B**

5ª Questão (Procurador-DF Cespe 2013): *Julgue o item a seguir.*

5. O DF tem competência exclusiva para dispor sobre normas gerais de direito financeiro apenas por lei complementar distrital.

Solução

Errado, a competência original para normas gerais é da União e não dos Estados e DF.

Gabarito: **Errado**

6ª e 7ª Questões (TCE-PE Auditor de Contas Cespe 2017): *Com referência ao direito financeiro, julgue os itens seguintes.*

6. Os estados-membros e o Distrito Federal estão impedidos de editar normas gerais acerca da elaboração dos seus orçamentos, porque a CF atribui tal competência legislativa à União.

7. Além de disciplinar o Sistema Financeiro Nacional, o direito financeiro regulamenta a atividade financeira do Estado no que diz respeito a orçamento público, receita pública, despesa pública, crédito público, responsabilidade fiscal e controle da execução orçamentária.

Solução

6. Errado, em caso de omissão da União, estados-membros e o Distrito Federal podem exercer competência plena.

7. Errado, o Sistema Financeiro Nacional está fora do escopo do direito financeiro.

Gabarito:

6. **Errado**

7. **Errado**

8ª Questão (TCE-PE Auditor de Contas Cespe 2017): *Julgue o item a seguir.*

Prevalece no Brasil a compreensão de que o orçamento público é lei apenas em sentido formal, visto que é aprovado pelo Poder Legislativo, mas é substancialmente ato de natureza político-administrativa, insuscetível de hospedar normas gerais ou abstratas próprias de lei em sentido material.

Solução

No julgamento da ADI 5.449-MC (10/03/2016), o Plenário do STF, consolidando o seu entendimento, afirmou ser possível a impugnação, em sede de controle abstrato de constitucionalidade, de leis orçamentárias. Consignou o relator do acórdão, o saudoso Ministro Teori Zavascki, que "leis orçamentárias que materializem atos de aplicação primária da Constituição Federal podem ser submetidas a controle de constitucionalidade em processos objetivos".

Ao superar a sua defasada concepção de que haveria uma suposta ausência de normatividade, abstração e generalidade nas leis orçamentárias - ainda que estas sejam casuísticas e dotadas de temporariedade -, o STF passa a absorver os bons ventos dos novos tempos, deixando para trás a obsoleta influência da teoria do jurista germânico Paul Laband (de meados do século XIX), o qual forjou a tese da natureza de lei formal do orçamento público como mero ato administrativo autorizativo, passando a reconhecer materialidade e substancialidade ao seu conteúdo.

Gabarito: **Errado.**

4. LISTA DE QUESTÕES DISCURSIVAS

1ª Questão (TCU AUFC Cespe 2011):

ESTADO ATUAL DA LEGISLAÇÃO CONCORRENTE EM MATÉRIA FINANCEIRA E ORÇAMENTÁRIA NO BRASIL

Ao elaborar seu texto, aborde, necessariamente, os seguintes aspectos:

à 1ª Parte: Necessidade econômica da legislação federal a respeito de normas gerais de orçamento;

à 2ª Parte: Abrangência e limites da competência da União em matéria orçamentária;

à 3ª Parte: Possibilidade de exercício pleno da competência legislativa pelos estados e municípios.

Extensão de linhas: até 30.

Resolução da Questão

Os objetivos da política orçamentária são alcançados na medida em que o Estado é capaz de corrigir as falhas de mercado. Conforme a situação da economia, o governo pode ampliar ou diminuir a demanda agregada. Para tanto, faz-se necessária uma legislação compatível com tais atribuições. A lei 4320 de 1964, apesar de estabelecer normas gerais de Direito financeiro, não atende o papel estabelecido no inciso I do § 9º do art. 165 da CF/1988. Dessa forma, existe uma lacuna na atual legislação orçamentária a fim de que o orçamento seja de fato um instrumento efetivo da política fiscal.

Conforme dispõe o art. 24 da CF/1988, compete à União, aos Estados e ao Distrito Federal legislar concorrentemente sobre Direito tributário, financeiro, econômico e sobre o orçamento. Na competência concorrente, compete à União legislar sobre matéria orçamentária, conforme dispõe o art. 24 da CF/1988, e limitar-se-á a estabelecer normas gerais; enquanto aos Estados compete legislar de forma suplementar.

Apesar do prescrito no texto constitucional, caso inexista lei federal sobre normas gerais, os estados exercerão a competência legislativa plena, para atender a suas peculiaridades. Por fim, a superveniência de lei federal sobre normas gerais suspende a eficácia da lei estadual, no que lhe for contrário. Assim, nos casos em que a União seja omissa na edição, os estados exercerão competência plena.

Tal competência pode ser aplicada de igual forma aos municípios devido ao amparo constitucional do inciso II do art. 30 da CF/1998, o qual afirma competir aos municípios suplementar a legislação federal e a estadual no que couber. Assim, devido a essa competência residual, os estados também podem exercer a competência suplementar em matéria orçamentária.

CAPÍTULO 02

ALICERCES DA ADMINISTRAÇÃO FINANCEIRA E ORÇAMENTÁRIA

1 CONCEITOS

Para melhor compreensão da disciplina faz-se necessário que o leitor domine de forma superficial os três alicerces a seguir:

1º Alicerce: Instrumento de planejamento (PPA, LDO, LOA);

2º Alicerce: Ciclo Orçamentário da LOA;

3º Alicerce: Créditos Adicionais (suplementares, especiais e extraordinários).

2. INSTRUMENTOS DE PLANEJAMENTO: PPA, LDO E LOA

Chamada 1 do Autor: Os três instrumentos de Planejamento

A Constituição Federal (CF) de 1988 institui um novo modelo de planejamento orçamentário composto por 3 instrumentos: Plano Plurianual (PPA), Lei de Diretrizes Orçamentárias (LDO) e Lei Orçamentária Anual (LOA). A Figura 2.1 ilustra os três.

Figura 2.1: Modelo de Planejamento Orçamentário adotado a partir de 1988

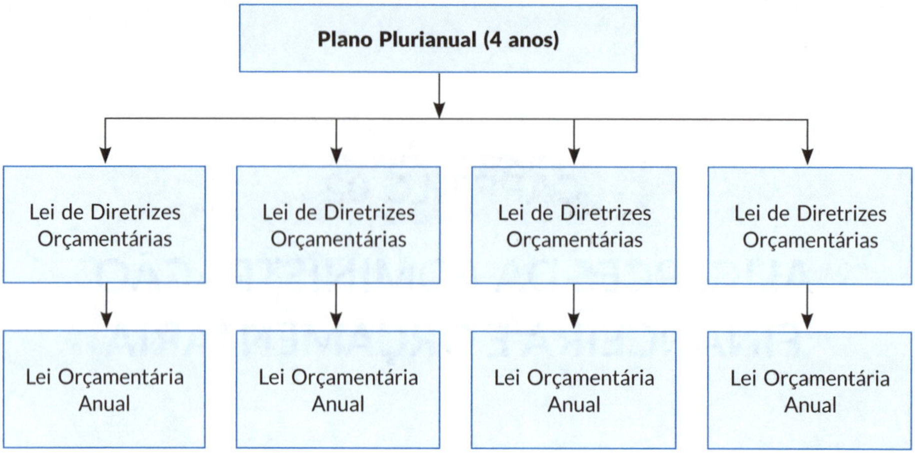

A LOA, ainda que com formato diferente, existe desde a Constituição Federal de 1824; porém esse modelo tripartite composto por PPA, LDO e LOA foi instituído apenas na CF/1988.

Os 3 instrumentos de planejamento são formalizados e materializados por leis **ordinárias**.

A iniciativa dessas leis é sempre do chefe do Poder Executivo, conforme consta na CF/1988:

> *Art. 165. Leis de iniciativa do Poder Executivo estabelecerão:*
>
> *I - o plano plurianual;*
>
> *II - as diretrizes orçamentárias;*
>
> *III - os orçamentos anuais.*

Como trata-se de leis ordinárias, necessita-se apenas de **maioria simples** do Poder Legislativo. No caso da União seria a maioria simples de cada Casa Legislativa (Câmara dos Deputados e Senado Federal) em sessão comum: **mesma sessão com votos separados por cada casa**.

As três leis são ordinárias; assim, não há a hierarquia formal entre elas, mas existe hierarquia material em termos de compatibilidade. Assim, quando da elaboração da LOA, ela ***sempre*** deve ser compatível com o PPA vigente e a LDO vigente. Do mesmo modo, quando da elaboração da LDO, ela ***sempre*** deve ser compatível com o PPA vigente.

Curiosidade

Existe alguma regra constitucional que determine que o PPA atual deva ser compatível com o PPA anterior?

Não. O PPA deve ser compatível com a CF/1988. Tal regra poderia até ser implementada na lei complementar mencionada no inciso I do § 9º do art. 165 da CF/1988 que conforme visto no capítulo 1 ainda não existe.

Haja vista essa lacuna jurídica no âmbito da União, existem estados que criaram regras adicionais. Por exemplo, no Distrito Federal o PPA deve ser compatível com o Plano Diretor de Ordenamento Territorial[1].

O PPA, a LDO e LOA são leis sujeitas a emendas parlamentares.

Importante

Dentre outros requisitos uma emenda do Projeto de LOA ***sempre*** deve ser compatível com o PPA e a LDO. E uma emenda do Projeto de LDO ***sempre*** deve ser compatível com o PPA.

Observa-se o que afirma a CF/1988:

> *Art. 166.*
>
> *§ 3º As emendas ao projeto de lei do orçamento anual ou aos projetos que o modifiquem somente podem ser aprovadas caso:*
>
> *I – **sejam compatíveis** com o plano plurianual e com a lei de diretrizes orçamentárias;*

Por fim, existe uma relação entre os 3 instrumentos e os níveis de planejamento estratégico no âmbito federal: estratégico, tático e operacional. O Quadro 2.1 contém as comparações.

Quadro 2.1: Relação entre os instrumentos de planejamento e os elementos de planejamento estratégico na União

Instrumento de Planejamento	Nível do Planejamento Estratégico	Elementos do Planejamento Estratégico	Observação Adicional
PPA	**Estratégico** e **Tático**	**Estratégico:** Visão de futuro, valores, eixos estratégico e diretrizes. **Tático:** programas, objetivos, metas e iniciativas.	É um plano de médio prazo. A cada 4 anos há um PPA.

1 Lei Orgânica do DF: Art. 149. [...]

§ 2º A lei que aprovar o plano plurianual, compatível com o plano diretor de ordenamento territorial, estabelecerá, por região administrativa, as diretrizes, objetivos e metas, quantificados física e financeiramente, da administração pública do Distrito Federal, no horizonte de quatro anos, para despesas de capital e outras delas decorrentes, bem como as relativas a programas de duração continuada, a contar do exercício financeiro subsequente.

Instrumento de Planejamento	Nível do Planejamento Estratégico	Elementos do Planejamento Estratégico	Observação Adicional
LDO	Tático e ***Operacional***	Tático: metas fiscais ***Operacional***: critérios para limitação de empenho	Todo ano há uma LDO que vai orientar uma LOA.
LOA	***Operacional***	***Operacional***: receita e despesa nas classificações orçamentárias; ações orçamentárias.	Todo ano há uma LOA em execução de 01/01 a 31/12.

Haja vista a lacuna jurídica do I do § 9º do art. 165 da CF/1988 conforme visto no capítulo 1, existem Estados que incluem no PPA elementos operacionais (exemplo ações orçamentárias).

2.1. Plano Plurianual: conceitos básicos

Chamada 2 do Autor: PPA

A CF/1988 estabelece que:

> *Art. 165.*
> *§ 1º A lei que instituir o plano plurianual estabelecerá, de forma regionalizada, as diretrizes, objetivos e metas da administração pública federal para as despesas de capital e outras delas decorrentes e para as relativas aos programas de duração continuada.*

O Quadro 2.2 explora os conceitos presentes na CF/1988.

Quadro 2.2: Explorando os conceitos do PPA na CF/1988

A lei que instituir o plano plurianual....	....estabelecerá, de forma regionalizada....	*...as diretrizes, objetivos e metas...*	...da administração pública federal...	... para as despesas de capital...	*...e outras delas decorrentes...*	...e para as relativas aos programas de duração continuada.
Trata-se de lei ordinária.	A regionalização é a localização espacial de gasto e é **obrigatória**. A regionalização pode ser dar: pelas cinco regiões administrativas, por estados, por municípios, por biomas (Caatinga, Amazônia Ocidental, Amazônia Oriental) e outros critérios espaciais.	Diretrizes são elementos estratégicos; objetivos e metas são elementos táticos.	Apesar do conceito mencionar administração pública federal, todos os entes da federação devem ter PPA, LDO e LOA. Assim, se for considerado 5.550 municípios tem-se a cada 4 anos: 1 PPA da União, 27 PPAs dos Estados incluindo o DF e 5.550 PPAs dos Municípios.	No caso da União nem todas as despesas de capital constam no PPA.	Seriam as despesas correntes derivadas de despesas de capital. No âmbito federal, nem todas as despesas correntes constam no PPA.	São os programas de área fim, que fornecem bens ou serviços diretamente a sociedade. Ou seja, não se considera o critério temporal.

1ª Enquete do Autor: Por que no PPA da União não constam todas as despesas de capital e não constam todas as despesas correntes?

Solução

Essa pergunta é complexa e necessita de um conhecimento adjacente: classificação da despesa orçamentária. Inicialmente cabe destacar que existem na União 9 classificações da despesa orçamentária. Essas 9 (nove) classificações vem apenas na LOA. Pelo menos duas dessas classificações constam de forma agregada ***no PPA*** federal: classificação quanto à natureza e classificação programática. A Figura 2.2 contém a distribuição das despesas dessas 2 classificações ***na LOA***.

Figura 2.2: Despesas que constam na LOA

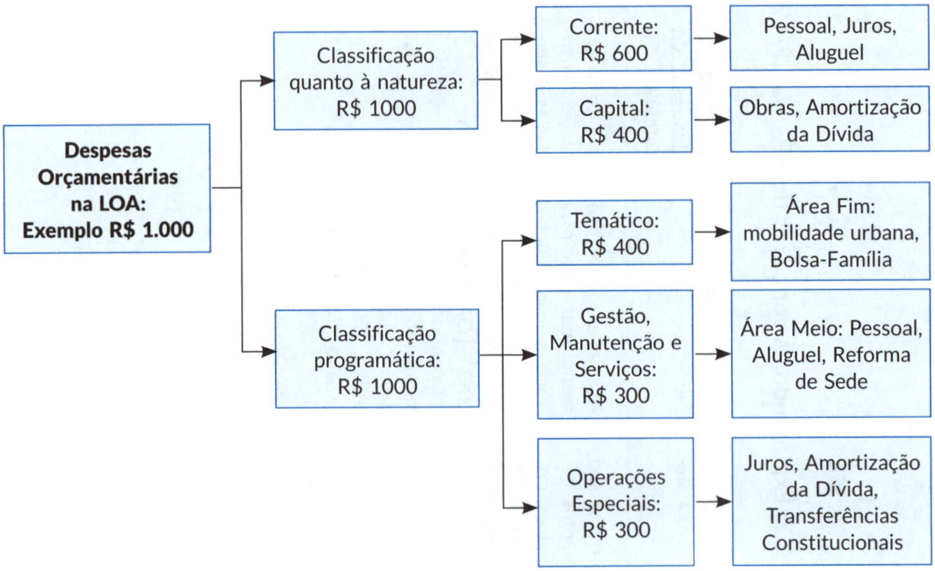

Independente da classificação na LOA, se o valor da LOA é de R$ 1.000; este valor é de R$ 1.000 em qualquer classificação da despesa orçamentária. Porém, diferentemente da LOA, ***não constam no PPA federal as despesas dos programas de operações especiais***.

Assim, pelo conceito da CF/1988, as despesas com capital devem constar no PPA, porém não todas (amortização da dívida fica de fora do PPA federal). As despesas correntes "decorrentes"/ "derivadas"/"consequentes" das despesas de capital também devem constar no PPA, porém não todas (juros e transferências constitucionais ficam fora de do PPA federal).

Assim, conclui-se que nem todas as despesas orçamentárias constam no PPA.

2.2. Lei de Diretrizes Orçamentárias: conceitos básicos

Chamada 3 do Autor: LDO

A CF/1988 estabelece que:

> *Art. 165.*
>
> *§ 2º A lei de diretrizes orçamentárias compreenderá as metas e prioridades da administração pública federal, incluindo as despesas de capital para o exercício financeiro subsequente, orientará a elaboração da lei orçamentária anual, disporá sobre as alterações na legislação tributária e estabelecerá a política de aplicação das agências financeiras oficiais de fomento.*

O Quadro 2.3 explora os conceitos presentes na CF/1988.

Quadro 2.3: Explorando os conceitos da LDO na CF/1988

A lei de diretrizes orçamentárias...	**....compreenderá as metas e prioridades...**	***...da administração pública federal,...***	...incluindo as despesas de capital para o exercício financeiro subsequente,...	**...orientará a elaboração da lei orçamentária anual....**	***....disporá sobre as alterações na legislação tributária...***	... e estabelecerá a política de aplicação das agências financeiras oficiais de fomento.
Trata-se de lei ordinária.	Seriam as metas fiscais e os programas de governo prioritários	Apesar do conceito mencionar administração pública federal, todos os entes da federação devem ter PPA, LDO e LOA. Assim, se for considerado 5.550 municípios ***tem-se a cada ano***: 1 LDO da União, 27 LDOs dos Estados incluindo o DF e 5.550 LDOs dos Municípios.	Seriam as despesas de capital prioritárias	Se todo ano tem-se uma LOA em execução, então todo ano tem-se uma LDO que orienta a LOA na 1ª Etapa da LOA: **ELABORAÇÃO.**	Apenas matérias reservadas em lei ordinária. Na LDO federal tem-se tratado sobre renúncia de receitas.	No âmbito da União, trata-se de diretrizes para o Banco do Brasil S.A., a Caixa Econômica Federal, Banco do Nordeste do Brasil S.A., Banco da Amazônia S.A., Banco Nacional de Desenvolvimento Econômico e Social e Financiadora de Estudos e Projetos – FINEP.

2.3. Lei Orçamentária Anual: conceitos básicos

Chamada 4 do Autor: LOA

A LOA é a lei que fixa a despesa e estima a receita.

Importante

Apesar de simples o conceito anterior, é importante saber que o ***verbo fixar*** tem relação com o fato de que depois de autorizado o valor orçamentário, para um bimestre por exemplo, as unidades podem gastar no dia seguinte mesmo que não tenha entrado um dinheiro no caixa. Ou seja, se tem certeza do que foi autorizado a gastar.

O **verbo estimar** tem relação com o fato que ao final do bimestre, pode ser que os recursos que ingressaram não sejam suficientes para cobrir o valor autorizado no início do período.

Ou seja, ***a despesa é autorizada no início do período*** **com a expectativa de que ao final desse período entrem recursos necessários para cobrir a despesas.**

Esse procedimento é possível, pois entre o momento em que a despesa é autorizada e executada[2], e o momento efetivo de pagamento[3] há um intervalo temporal relativamente grande (em regra).

2ª Enquete do Autor: Qual a natureza Jurídica da LOA?

Solução

Tradicionalmente a LOA era reconhecida como mero ato administrativo autorizativo alinhado com a corrente de pensamento do germânico Paul Laband (de meados do século XIX), o qual forjou a tese da natureza de lei formal do orçamento público.

No Brasil, no julgamento da ADI 5.449-MC (10/03/2016), o Plenário do STF, consolidando o seu entendimento, afirmou ser possível a impugnação, em sede de controle abstrato de constitucionalidade, de leis orçamentárias. Consignou o relator do acórdão que "leis orçamentárias que materializem atos de aplicação primária da Constituição Federal podem ser submetidas a controle de constitucionalidade em processos objetivos". Assim, o STF passa a reconhecer materialidade e substancialidade em seu conteúdo.

---

2 Empenhada.

3 Paga.

1ª e 2ª Questões (DEPEN Agente Penitenciário Cespe 2015): *Julgue os itens a seguir, a respeito das leis orçamentárias.*

1. Será inconstitucional a lei de iniciativa da Câmara dos Deputados que estabelecer as diretrizes orçamentárias para o exercício financeiro subsequente.
2. Compete ao Poder Legislativo propor, no ciclo orçamentário, as metas e as prioridades para a administração pública.

3ª Questão (TCE-PE Auditor Cespe 2017): *A respeito de orçamento público, julgue o item a seguir:*

Prevalece no Brasil a compreensão de que o orçamento público é lei apenas em sentido formal, visto que é aprovado pelo Poder Legislativo, mas é substancialmente ato de natureza político-administrativa, insuscetível de hospedar normas gerais ou abstratas próprias de lei em sentido material.

Solução

1. Certo, a iniciativa é privativa/exclusiva do Poder Executivo.
2. Errado, pois compete ao Poder Executivo propor, no ciclo orçamentário, as metas e as prioridades para a administração pública.
3. O entendimento atual do Supremo Tribunal Federal (STF) é o de que cabe controle abstrato na LOA, se distanciando da ideia que a LOA é um mero ato.

Gabarito:

1. **Certo**
2. **Errado**
3. **Errado**

3. CICLO ORÇAMENTÁRIO DA LOA

Chamada 5 do Autor: Ciclo Orçamentário

O ciclo orçamentário é composto por 4 etapas ilustradas na Figura 2.3.

Figura 2.3: Ciclo Orçamentário da Lei Orçamentária Anual (LOA)

A Figura 2.4 ilustra as principais datas no ciclo orçamentário da União.

Figura 2.4: Ciclo Orçamentário da LOA **2021** na União

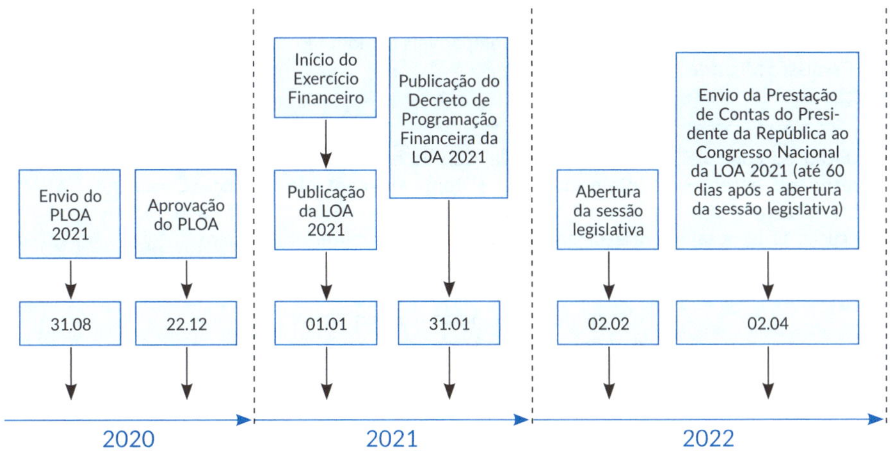

Legenda: considerou-se que entre 02.02.2022 e 02.04.2022 existem 60 dias.

Fazendo uma análise sobre o ciclo orçamentário da União, observa-se que **a etapa de Elaboração (1ª Etapa) e a** **etapa de Discussão, Votação e Aprovação (2ª Etapa)** **ocorrem em 2020**, ***enquanto a etapa de Execução Orçamentária Financeira (3ª Etapa) ocorre em 2021.***

Observa-se na Figura 2.4 que o clico orçamentário da LOA 2021 é maior que 1 ano, abrangendo pelo menos 3 (três) exercícios, caso considerarmos que o julgamento das contas do chefe do Executivo (4ª etapa da LOA) ocorra no ano seguinte ao da Execução da LOA (3ª Etapa da LOA).

Na União, a **1ª etapa da LOA - Elaboração** se encerra com o envio do PLOA até 31/08/2020, enquanto a **2ª etapa da LOA - Discussão, Votação e Aprovação** se encerra com a devolução da LOA aprovada até 22/12/2020.

A ***3ª etapa da LOA - Execução Orçamentária e Financeira*** se inicia em 01/01/2021 e se encerra em 31/12/2021.

Apesar **da etapa de Controle e Avaliação vir em 4º lugar**, a mesma pode ser observada em todas as etapas, haja vista serem observados três tipos de controle: prévio, concomitante e subsequente[4]. A seguir constam exemplos de controles que existem nas quatro etapas da LOA considerando todo o ciclo orçamentário.

Quadro 2.4: Exemplos de controles durante o ciclo orçamentário da LOA a ser executada em 2021

Exemplo	Em que consiste	Etapa em que ocorre	Ano
Controle sobre as propostas orçamentárias dos demais Poderes.	Caso as propostas orçamentárias dos demais Poderes, MPU e DPU estejam em desacordo como os limites da LDO, o Executivo efetuará os ajustes dentro dos limites da LDO[5].	1ª Etapa - Elaboração	2020
Exame sobre a admissibilidade de emendas na Comissão Mista de Orçamento.	Não são aceitas emendas, por exemplo, que estejam incompatíveis como o PPA e a LDO[6].	2ª Etapa - Discussão, Votação e Aprovação	2020
Atuação do controle interno ou externo sobre editais (antes da execução da despesa).	Os Tribunais de Contas e os órgãos integrantes do sistema de controle interno poderão solicitar para exame, até o dia útil imediatamente anterior à data de recebimento das propostas, cópia de edital de licitação já publicado, obrigando-se os órgãos ou entidades da Administração interessada à adoção de medidas corretivas pertinentes que, em função desse exame, lhes forem determinadas[7].	3ª Etapa - Execução Orçamentária e Financeira	2021

4 Art. 77º da lei 4.320/1964.

5 § 4º do Art. 99º da CF/1988

6 Inciso I do § 3º do Art. 166º da CF/1988.

7 § 2º do art. 113º da lei 8.666/1993.

Exemplo	Em que consiste	Etapa em que ocorre	Ano
Prestação de Contas do Presidente da República	Até 60 dias após a abertura da sessão legislativa o Presidente da República deve enviar a prestação de contas ao Congresso Nacional [8].	4ª Etapa - Controle e Avaliação	2022

4ª Questão (STJ Técnico Cespe 2015): *Acerca de técnicas e princípios relacionados com o orçamento público, julgue o item a seguir.*

O ciclo orçamentário da despesa pública é concluído com a autorização de gasto dada pelo Poder Legislativo por meio da lei orçamentária anual (LOA), ressalvadas as eventuais aberturas de créditos adicionais no decorrer da vigência do orçamento.

Solução

Errado, a autorização dada pelo Legislativo que deve ocorrer até 22/12 configura o encerramento da 2ª etapa da LOA, mas não o encerramento do ciclo orçamentário.

Gabarito: **Errado**

4. INSTRUMENTOS RETIFICADORES DA LOA: CRÉDITOS ADICIONAIS

Chamada 6 do Autor: Créditos Adicionais

Após o início da execução da LOA (**3ª etapa**), pode ser necessário retificar ou ajustar o orçamento, seja porque a dotação é insuficiente, seja porque não consta na LOA[9]. Os instrumentos que permitem essa alteração são denominados créditos adicionais. O Quadro 2.5 contém as características desses instrumentos retificadores do orçamento.

---

8 Inciso XXIV do art. 84° da CF/1988.

9 Lei 4.320/1964. Art. 40. São créditos adicionais, as autorizações de despesa não computadas (créditos especiais) ou insuficientemente dotadas (créditos suplementares) na Lei de Orçamento.

Quadro 2.5: Créditos Adicionais

Tipo de Crédito	Suplementar	Especial	Extraordinário
Finalidade[10]	Créditos destinados a ao reforço de dotação orçamentária.	Créditos destinados a despesas para as quais não haja dotação orçamentária específica.	Créditos destinados a despesas urgentes e imprevistas, em caso de guerra, comoção intestina ou calamidade pública.
Forma de abertura na Lei 4320/1964	Serão autorizados por lei e abertos por decreto executivo.		Será aberto por decreto do Poder Executivo, que deles dará imediato conhecimento ao Poder Legislativo.
Forma de abertura na União e entes que dispuserem na forma na LDO	Lei Ordinária ou Decreto Executivo.	Lei Ordinária[11].	Medida Provisória.
Recursos	Depende da existência de recursos disponíveis para ocorrer a despesa e será precedida de exposição justificativa.		Não dependem da existência prévia de recursos.

Observa-se que os créditos suplementares são para reforçar uma dotação previamente existente, ou seja, a despesa a ser reforçada já existia na LOA; enquanto que os créditos especiais se destinam a uma nova dotação, uma dotação que não estava prevista na LOA publicada no início de sua execução. Os créditos extraordinários se destinam a despesas imprevisíveis e urgentes.

Quanto à forma de abertura prevista na lei 4320/1964, os créditos suplementares e especiais serão autorizados por lei e abertos por decreto. Essa regra é aplicada nos Estados e Municípios. **Na União, haja vista dispositivo na LDO, consideram-se estes créditos abertos quando da sanção e publicação da respectiva lei ordinária.**

Ainda quanto à forma de abertura prevista na lei 4320/1964, os créditos extraordinários são abertos diretamente por decreto. Essa é a regra aplicada nos Estados e Municípios. **Na União o instrumento para abrir créditos extraordinários**

10 Art. 41º da lei 4320/1964.

11 Lei 13.473/2017 (***LDO para LOA 2018***). Art. 44. **Os projetos de lei relativos a créditos suplementares e especiais serão encaminhados pelo Poder Executivo ao Congresso Nacional**, também em meio magnético, por Poder, sem prejuízo do disposto no § 12. [...]
§ 11. Os créditos de que trata este artigo, aprovados pelo Congresso Nacional, **serão considerados automaticamente abertos com a sanção e publicação da respectiva lei**.

é a Medida Provisória. Caso o Estado tenha a previsão de medida provisória, os créditos extraordinários serão abertos também por este instrumento.

Quanto ao tema fonte de recursos, o mesmo será aprofundado posteriormente no capítulo 10. Neste primeiro momento é importante saber que os créditos suplementares e especiais somente podem ser abertos se indicarem as fontes de recursos. ***Os créditos extraordinários não dependem para sua abertura da indicação das fontes de recursos***. Porém, nada impede que quando da abertura dos créditos extraordinários o chefe do Poder Executivo indique os recursos.

Importante

Nas questões omissas em que não se mencione legislação federal e não se mencione o tipo de ente (União, Estados e Municípios), deve adotar a forma de abertura prevista na lei 4.320/1964.

5ª Questão (TCU Procurador Cespe 2015): *Considerando que a CF estabelece rito legislativo específico para a elaboração, proposta e aprovação das leis orçamentárias, julgue o item a seguir.*

Admite-se alteração da LOA já aprovada pelo Poder Legislativo por medida provisória, desde que para a abertura de créditos especiais e extraordinários.

Solução

Errado. Como o comando da questão cita a CF/1988 está se referindo a União. Na União, apenas se admite medida provisória para abrir créditos extraordinários.

Gabarito: **Errado**

5. LISTA DE QUESTÕES OBJETIVAS

1ª Questão (TRE-PR Analista FCC 2012): *Os créditos adicionais suplementares destinam-se a*

a) geração de superávit no exercício financeiro em que são autorizados.

b) cobertura de despesas para as quais não haja dotação orçamentária específica.

c) cobertura de despesas urgentes e imprevistas, em caso de guerra, comoção intestina ou calamidade pública.

d) reforço da dotação orçamentária.

e) abertura de operações de crédito para financiamento da dívida de curto prazo.

Solução

A finalidade do crédito suplementar é reforçar a dotação já existente.

Gabarito: **D**

2ª Questão (MPE-PE Analista FCC 2012): *Os créditos adicionais extraordinários são destinados a financiar*

a) dotações de restos a pagar de exercícios futuros, exclusivamente.
b) despesas previsíveis e urgentes, com dotação prevista na Lei Orçamentária.
c) reforço de dotações já previstas na Lei Orçamentária.
d) despesas imprevisíveis e urgentes, não previstas na Lei Orçamentária.
e) reforço de dotações não previstas na Lei Orçamentária.

Solução

a) Errado, não existe essa relação.
b) Errado, seria apenas despesas urgentes e imprevisíveis, não previstas na LOA.
c) Errado, seria o crédito suplementar.
d) Certo, seria o gabarito.
e) Errado, seria o crédito especial.

Gabarito: **D**

3ª Questão (TCE-AP Analista FCC 2012): *Conforme o artigo 165 da Constituição Federal "a lei [...] estabelecerá, de forma regionalizada, [...] objetivos e metas da administração pública federal para as despesas de capital e outras delas decorrentes e para as relativas aos programas de duração continuada", cujos princípios básicos devem incluir a identificação clara dos objetivos e das prioridades do governo, garantia de transparência e gestão orientada para resultados. No ciclo orçamentário tal lei será a:*

a) de Diretrizes Orçamentárias.
b) do Orçamento Anual.
c) do Plano Plurianual.
d) do Plano de Desenvolvimento Nacional.
e) do Plano de Aceleração do Crescimento.

Solução

Pelo conceito e pela menção a forma regionalizada e objetivo, observa-se tratar do PPA.

Gabarito: **C**

4ª Questão (FUNASA Analista Cespe 2013): *Julgue o item a seguir.*

As diretrizes orçamentárias no âmbito federal são desenvolvidas por iniciativa do Congresso Nacional.

Solução

Errado, a iniciativa do PPA, LDO e LOA sempre será do Executivo.

Gabarito: **Errado**

5ª e 6ª Questões (ANTT Analista Administrativo Cespe 2013): *Julgue os itens a seguir, relativos ao orçamento público.*

5. De competência privativa do Poder Executivo, a LOA especifica a receita, as despesas e as metas da administração pública federal para o período de sua vigência.

6. No Brasil, o ciclo orçamentário se divide em duas etapas: a elaboração/planejamento da proposta orçamentária e a execução orçamentária/financeira.

Solução

5. Errado, as metas constam no PPA e na LDO e não na LOA.

6. Errado, são 4 etapas: elaboração da proposta orçamentária; discussão, votação e aprovação da lei orçamentária; execução orçamentária e controle e avaliação da execução orçamentária.

Gabarito:
5. **Errado**
6. **Errado**

7ª e 8ª Questões (TCE-RS Oficial de Controle Externo Cespe 2013): *Julgue os itens a seguir, relativos ao orçamento público.*

7. O orçamento público tem caráter e força de lei, em sentido formal.

8. O projeto da lei orçamentária anual pode ser de iniciativa do Poder Legislativo, desde que computadas a receita e a despesa de todos os órgãos públicos.

Solução

7. Certo, em caráter formal é uma lei, e em caráter material é um ato.

8. Errado, a iniciativa do PPA, LDO e LOA sempre será do Executivo.

Gabarito:
7. **Certo**
8. **Errado**

9ª Questão (TCE-RO Auditor de Controle Externo Cespe 2013): *A respeito do ordenamento constitucional em vigor no contexto do orçamento público, julgue o item subsecutivo.*

É vedada a abertura de crédito extraordinário sem prévia autorização legislativa e sem indicação dos recursos correspondentes.

Solução

Errado, o crédito extraordinário é o único que não depende de prévia autorização legislativa e não precisa indicar os recursos correspondentes.

Gabarito: **Errado**

10ª Questão (MME Analista Financeiro Cespe 2013): *Julgue o item a seguir.*

Em sua dimensão legal, o orçamento público abrange a elaboração e a execução de três leis - o PPA, a LDO e a LOA - que, em conjunto, formalizam o planejamento e a execução das políticas públicas federais.

Solução

Certo, são os três instrumentos de planejamento no modelo pós 1988.

Gabarito: **Certo**

11ª a 14ª Questões (MME Gerente de Projeto Cespe 2013): *Julgue os itens a seguir.*

11. A LOA, cujo período de execução é de 1.º de janeiro a 31 de dezembro, objetiva, principalmente, estimar as receitas e fixar as despesas.

12. As despesas de capital não devem constar do PPA.

13. O PPA federal deve ser elaborado de forma nacional, não sendo permitida a sua regionalização.

14. A iniciativa de elaboração da proposta orçamentária é sempre do Poder Legislativo.

Solução

11. Certo, a 3ª etapa da LOA - Execução de fato coincide com o ano civil.

12. Errado, as despesas de capital devem constar no PPA.

13. Errado, o PPA da União é nacional, mas deve ser regionalizado obrigatoriamente.

14. Errado, a iniciativa do PPA, LDO e LOA sempre será do Executivo.

Gabarito:

11. **Certo**

12. **Errado**

13. **Errado**

14. **Errado**

15ª Questão (Ministério da Integração Analista Cespe 2013): *Julgue o item a seguir.*

15. No universo das retificações dos orçamentos federais, estaduais e municipais, os créditos adicionais não são considerados como mecanismos de alteração ou retificação da lei do orçamento anual.

Solução

Errado, os créditos adicionais retificam/alteram a LOA.

Gabarito: **Errado**

16ª a 18ª Questão (DNIT Contador ESAF 2013 Adaptada): *Julgue os itens a seguir sobre os créditos adicionais.*

16. Os créditos para atender despesas em razão de calamidades públicas são denominados créditos especiais.
17. Os créditos suplementares destinam-se à criação de dotações orçamentárias.
18. Não é necessária a indicação dos recursos para a abertura de créditos especiais.

Solução

16. Errado, neste caso são os extraordinários.
17. Errado, neste caso são os especiais.
18. Errado, tanto os especiais quanto os suplementares devem indicar a fonte de recursos.

Gabarito:
16. **Errado**
17. **Errado**
18. **Errado**

19ª Questão (DPE-SP Analista FCC 2013): *Os créditos adicionais classificam-se em*

a) Suplementares, Especiais e Extraordinários.
b) Complementares, Suplementares e de Calamidade Pública.
c) Suplementares, de Reforço e Extraordinários.
d) Complementares, Especiais e Extraordinários.
e) Suplementares, Extraordinários e de Calamidade Pública.

Solução

Sem comentários adicionais.

Gabarito: **A**

20ª Questão (PGE-BA Analista FCC 2013): *São créditos adicionais as autorizações de despesas não computadas ou insuficientemente dotadas na Lei do Orçamento, os quais classificam-se em*

a) suplementares, os destinados a despesas para as quais não haja dotação orçamentária específica.
b) especiais, os destinados a despesas urgentes e imprevistas, em caso de guerra ou calamidade pública.
c) extraordinários, os destinados a reforço de dotação orçamentária.
d) suplementares, os destinados a despesas urgentes e imprevistas, em caso de guerra ou calamidade pública.
e) especiais, os destinados a despesas para as quais não haja dotação orçamentária específica.

Solução

a) Errado, neste caso seriam os especiais.
b) Errado, neste caso seriam os extraordinários.
c) Errado, neste caso seriam os suplementares.
d) Errado, neste caso seriam os extraordinários.
e) Certo.

Gabarito: **E**

21ª Questão (TRT 9ª Região Analista FCC 2013): *Durante a reestruturação de um dos departamentos administrativos de uma entidade pública, surgiu a necessidade de adquirir dois novos computadores e uma impressora. Todavia, na Lei Orçamentária Anual, não havia dotação orçamentária específica para a aquisição de tais itens, isso porque o gestor não conseguiu prever adequadamente todos os recursos necessários para a reestruturação do departamento. Sendo assim, para a aquisição dos computadores e impressora deve ocorrer*

a) a reabertura de créditos adicionais suplementares.
b) a abertura de créditos adicionais suplementares.
c) a abertura de créditos adicionais extraordinários.
d) o empenho do crédito para Reserva de Contingência.
e) a abertura de créditos adicionais especiais.

Solução

Como não havia dotação, é um caso típico de abertura de crédito especial.

Gabarito: **E**

22ª Questão (SEGEP-MA Analista FGV 2014): *Os créditos adicionais, que dependem de autorização legislativa prévia para sua abertura, são denominados*

a) suplementares e extraordinários.
b) especiais e complementares.
c) complementares e suplementares.
d) especiais e extraordinários.
e) suplementares e especiais.

Solução

Apenas os suplementares e especiais dependem da indicação da fonte para a abertura.

Gabarito: **E**

23ª Questão (ALE-BA Consultor FGV 2014): *Leis de iniciativa do Poder Executivo estabelecerão: I. Plano plurianual. II. Diretrizes orçamentárias. III. Orçamentos anuais. Está(ão) correto(s):*

a) I e II, somente.
b) I e III, somente.
c) II, somente.
d) III, somente.
e) I, II e III.

Solução

A iniciativa do PPA, LDO e LOA sempre será do Executivo, gabarito E.

Gabarito: **E**

24ª Questão (ALE-PE Consultor de Orçamento FCC 2014): *A Lei Federal nº 4.320/64 define créditos adicionais como as autorizações de despesas não computadas ou insuficientemente dotadas na Lei Orçamentária. Os referidos créditos podem ser*

a) extraordinários, destinados a reforço de dotação orçamentária.
b) suplementares, destinados a despesas urgentes e imprevistas.
c) especiais, destinados a despesas para as quais não haja dotação orçamentária específica.
d) redutores, provenientes da anulação total ou parcial de dotações orçamentárias.
e) excedentes, provenientes de excesso de arrecadação ou superávit financeiro.

Solução

a) Errado, seriam os suplementares.
b) Errado, seriam os extraordinários.
c) Certo.
d) Errado, não existe esse tipo.
e) Errado, não existe esse tipo.

Gabarito: **C**

25ª Questão (TRT 16ª Região Analista FCC 2014): *Considere os créditos adicionais previstos na Lei Federal no 4.320/64 e as informações abaixo. O Senhor Prefeito do município de Águas Cristalinas determinou a compra de seis ambulâncias para os hospitais públicos. Preliminarmente a realização da despesa, o contador verificou que não consta na Lei Orçamentária Anual para o exercício de 2014 dotação específica. Para viabilizar à aquisição das ambulâncias foi aberto um crédito adicional classificado em*

a) especial.
b) extraorçamentário.
c) extraordinário.
d) suplementar.
e) despesa de capital.

Solução

Como não havia dotação fixada na LOA, é um caso típico de abertura de crédito especial.

Gabarito: **A**

26ª Questão (Prefeitura de Cuiabá Procurador FCC 2014): *Em relação ao regime constitucional dos orçamentos públicos, é correto afirmar:*

a) Lei de iniciativa do Poder Legislativo estabelecerá as diretrizes orçamentárias.
b) Lei de iniciativa do Poder Executivo estabelecerá os orçamentos anuais.
c) Leis de iniciativa do Poder Legislativo estabelecerão o plano plurianual e as diretrizes orçamentárias e Lei do Poder Executivo estabelecerá os orçamentos anuais.
d) Lei de iniciativa concorrente dos Poderes Executivo e Legislativo estabelecerá as diretrizes orçamentárias.
e) Leis de iniciativa dos Poderes Executivo e Legislativo estabelecerão o plano plurianual e os orçamentos anuais e lei de iniciativa do Poder Executivo estabelecerá as diretrizes orçamentárias.

Solução

a) Errado, a iniciativa das diretrizes orçamentárias é do Executivo.
b) Certo.
c) Errado, pois leis de iniciativa do Poder Executivo estabelecerão o plano plurianual e as diretrizes orçamentárias e Lei do Poder Executivo estabelecerá os orçamentos anuais.
d) Errado, pois leis de iniciativa do Poder Executivo estabelecerão o plano plurianual e as diretrizes orçamentárias e Lei do Poder Executivo estabelecerá os orçamentos anuais.
e) Errado, pois leis de iniciativa do Poder Executivo estabelecerão o plano plurianual e as diretrizes orçamentárias e Lei do Poder Executivo estabelecerá os orçamentos anuais.

Gabarito: **B**

27ª Questão (TRT 13ª Região Analista FCC 2014): *O Tribunal Regional do Trabalho – TRT da 13ª Região necessitou de autorização para abertura de crédito adicional. Para a solução dessa situação, o Analista Judiciário – Área Contabilidade informou que havia a necessidade de obediência às seguintes exigências previstas na Lei nº 4.320/1964: autorização por lei; existência de recursos disponíveis para ocorrer a despesa; exposição justificativa. Essas exigências são pertinentes aos créditos adicionais*

a) Suplementares e Extraordinários.
b) Suplementares e Especiais.
c) Extraordinários, Especiais e Esporádicos.
d) Extraordinários, Especiais e Suplementares.
e) Especiais e Esporádicos.

Solução

Os únicos créditos que necessitam indicar a fonte como condição para abertura são: os créditos suplementares e especiais.

Gabarito: **B**

28ª Questão (TRT 16ª Região Analista FCC 2014): *O orçamento corresponde ao principal instrumento da Administração pública para traçar programas, projetos e atividades para um período financeiro. Sobre orçamento público é INCORRETO afirmar:*

a) É dividido em três aspectos pela doutrina contábil: financeiro, econômico e jurídico.
b) É o documento no qual é previsto o valor monetário que, num período determinado (geralmente 1 ano), deve "entrar e sair dos cofres públicos (receitas

e despesas), com especificação de suas principais fontes de financiamento e das categorias de despesas mais relevantes".

c) É o demonstrativo orgânico da economia pública, representando o retrato real da vida do Estado onde o governo terá de decidir quanto, em que e como vai gastar o dinheiro que arrecadará dos contribuintes.

d) É a lei da iniciativa do Poder Legislativo e, aprovada pelo poder Executivo, que estima receita e fixa despesa para o exercício financeiro.

e) Sistema orçamentário é a estrutura formada por organizações, pessoas, informações, tecnologia, normas e procedimentos necessários ao cumprimento das funções fixadas para a Administração pública.

Solução

a) Certo, sem comentários adicionais.
b) Certo, pois a questão se referiu ao exercício financeiro a não ao ciclo.
c) Certo, sem comentários adicionais.
d) Errado, a iniciativa das leis orçamentárias é do Executivo.
e) Certo, sem comentários adicionais.

Gabarito: **D**

29ª Questão (TRT 16ª Região Analista FCC 2014): *Compete à lei complementar disciplinar*

a) o plano plurianual.
b) a dívida pública.
c) o orçamento anual.
d) as diretrizes orçamentárias.
e) os créditos adicionais.

Solução

O PPA, LDO e LOA são formalizados por lei ordinária, e os créditos adicionais por lei ordinária, decreto ou medida provisória. Por eliminação, letra B.

Gabarito: **B**

30ª Questão (Câmara dos Deputados Consultor Cespe 2014): *O PPA, a LDO e a lei orçamentária anual são os principais componentes do processo orçamentário brasileiro. Em termos de competência, esta é de iniciativa do Poder Legislativo e aqueles são de inciativa do Poder Executivo.*

Solução

Errado, a iniciativa do PPA, LDO e LOA sempre será do Executivo.

Gabarito: **Errado**

31ª e 32ª Questões (MDIC Agente Administrativo Cespe 2015): *No que se refere ao ciclo orçamentário, julgue os itens.*

31. A elaboração do orçamento inicia-se com a fixação da despesa.

32. A duração do ciclo orçamentário é superior a um exercício financeiro, ou seja, o ciclo orçamentário não coincide com o ano civil.

Solução

31. Errado, a fixação da despesa ocorre quando da publicação da LOA após o término da 2ª etapa.

32. Certo, o ciclo orçamentário abrange pelo menos 3 exercícios.

Gabarito:

31. **Errado**

32. **Certo**

33ª Questão (TCE-CE FCC 2015): *A iniciativa para a elaboração do Plano Plurianual - PPA, da Lei de Diretrizes Orçamentárias - LDO e da Lei Orçamentária Anual - LOA é*

a) do Poder Executivo.
b) do Poder Legislativo.
c) do Poder Judiciário.
d) dos Poderes Executivo e Legislativo.
e) dos Poderes Executivo, Legislativo e Judiciário.

Solução

A iniciativa do PPA, LDO e LOA sempre será do Executivo.

Gabarito: **A**

34ª Questão (DPE-SP Analista FCC 2015): *Considere as seguintes informações, relativamente a classificação da despesa orçamentária e abertura dos créditos adicionais: O secretário estadual da saúde de determinado ente público, no mês de março de 2015, autorizou a abertura de licitações, objetivando a aquisição de cinquenta computadores e impressoras para utilização nos hospitais públicos estaduais pelo valor estimado de R$ 140.000,00. Ao elaborar o edital de licitação, o contador verificou que na Lei Or-*

çamentária, para o exercício de 2015, não constou a dotação orçamentária específica destinada a realização de tais despesas. Neste caso, deve ser aberto crédito adicional

a) suplementar.

b) de remanejamento de dotação.

c) emergencial.

d) de realocação de dotação.

e) especial.

Solução

Como não havia dotação na LOA, é um caso típico de abertura de crédito especial.

Gabarito: **E**

35ª Questão (DPE-MT FGV 2015 Adaptada): *Com relação às Leis de iniciativa do Poder Executivo, assinale V para afirmativa verdadeira e F para a falsa.*

I – ( ) A LDO compreenderá as metas e prioridades da administração pública.

II – ( ) A LOA tem como principais objetivos estimar a receita e fixar a programação das despesas para o exercício financeiro.

III – ( ) O PPA tem como função estabelecer, de forma regionalizada, as diretrizes, objetivos e metas da administração pública para as despesas de capital e outras delas decorrentes e para as relativas aos programas de duração continuada.

As afirmativas são, respectivamente,

a) V, V e F.

b) F, V e V.

c) F, F e V.

d) F, V e F.

e) V, V e V.

Solução

As 3 assertivas são verdadeiras.

Gabarito: **E**

36ª Questão (Prefeitura de Salvador Procurador Cespe 2015): *Julgue o item a seguir, a respeito das leis orçamentárias.*

A LDO é de iniciativa do Poder Executivo e tem por finalidade estabelecer diretrizes, objetivos e metas da administração pública tanto para as despesas de capital e outras delas decorrentes quanto para as despesas relativas aos programas de duração continuada.

Solução

Errado, este é o conceito de PPA.

Gabarito: **Errado**

37ª Questão (TCE-PR Auditor Cespe 2016): *Julgue o item a seguir, a respeito das leis orçamentárias.*

37. As leis que instituem o ciclo orçamentário são de proposição exclusiva do Poder Legislativo.

Solução

Errado, as leis que instituem o ciclo orçamentário são de proposição exclusiva do Poder Executivo.

Gabarito: **Errado**

38ª Questão (TCE-PA Auditor Cespe 2016): *Julgue o item a seguir, a respeito das leis orçamentárias.*

Despesas públicas não computadas na lei de orçamento anual ou insuficientemente dotadas poderão ser autorizadas por meio dos denominados créditos adicionais.

Solução

Certo, conforme consta na lei 4320/1964, as despesas insuficientemente dotadas são atendidas pelos créditos suplementares e as despesas não computadas são atendidas pelos créditos especiais.

Gabarito: **Certo**

39ª Questão (MRE Oficial de Chancelaria FGV 2016): *Os créditos adicionais são autorizações de despesas não computadas ou insuficientemente dotadas na Lei de Orçamento, os quais são classificados, pela Lei nº 4.320/1964, de acordo com a sua finalidade. Os créditos adicionais especiais são abertos para despesas:*

a) cuja dotação se tornou insuficiente;
b) decorrentes de calamidade pública;
c) de caráter urgente e imprevisível;
d) sem dotação orçamentária específica;
e) vinculadas a reserva de contingência.

Solução

Os créditos especiais visam atender despesas sem dotação específica (despesas não computadas).

Gabarito: **D**

40ª Questão (TCE-PB Auditor de Contas Públicas Cespe 2018): *O envio de projeto de LDO compete ao*

a) presidente da República, que o encaminha ao Congresso Nacional.
b) TCU, que o encaminha ao presidente da República.
c) ministro da Fazenda, que o encaminha ao presidente da República.
d) TCU, que o encaminha ao Congresso Nacional.
e) presidente da República, que o encaminha ao TCU.

Solução

É de iniciativa privativa do Presidente da República que encaminha ao Congresso Nacional.

Gabarito: **A**

CAPÍTULO 03

PRINCÍPIOS ORÇAMENTÁRIOS

1. CONCEITOS

Os princípios orçamentários visam estabelecer regras básicas, a fim de conferir racionalidade, eficiência e transparência aos processos de elaboração, execução e controle do orçamento público.

Os princípios orçamentários são válidos para os Poderes Executivo, Legislativo e Judiciário de todos os entes federativos (União, Estados, Distrito Federal e Municípios), são estabelecidos e disciplinados tanto por normas constitucionais e infraconstitucionais quanto pela doutrina.

Assim, os principais normativos que suportam os princípios orçamentários são:

1. A Constituição Federal de 1988.
2. A lei 4320/1964 (lei ordinária recepcionada como lei complementar).
3. A Lei de Responsabilidade Fiscal (Lei Complementar 101/2000).
4. O Manual Técnico do Orçamento e o MCASP – Parte I (Procedimentos Contábeis Orçamentários).
5. Decreto-Lei 200/1967.
6. Decreto 93.872/1986.
7. Portaria SOF e STN 163/2001.
8. Doutrina: representada aqui essencialmente pelos apontamentos do autor James Giacomoni em sua obra "Orçamento Público".

2. UNIDADE OU TOTALIDADE

De acordo com este princípio, **o orçamento deve ser uno**, ou seja, cada ente governamental deve elaborar um único orçamento. Este princípio é mencionado no *caput* do art. 2º da Lei nº 4.320, de 1964, e visa evitar múltiplos orçamentos dentro da mesma pessoa política.

> ***Lei 4320/1964***
>
> *Art. 2° A Lei do Orçamento conterá a discriminação da receita e despesa de forma a evidenciar a política econômica financeira e o programa de trabalho do Governo, obedecidos os princípios de unidade, universalidade e anualidade.*

Dessa forma, ***todas as receitas previstas e despesas fixadas***, em cada exercício financeiro, **devem integrar *um único documento legal* dentro de cada nível federativo**: LOA[12].

Assim, se considerando-se 5550 municípios tem-se: 1 LOA da União, 27 LOAs dos Estados incluindo o DF e 5550 LOAs dos Municípios.

De acordo com Giacomoni, do princípio da unidade, deriva o princípio da totalidade que afirma que apesar da LOA ser única ela é composta por 3 (três) orçamentos: fiscal, seguridade social ou investimentos das estatais.

> ***CF/1988***
>
> *Art. 165º (...)*
>
> *§ 5º - A Lei Orçamentária anual compreenderá:*
>
> *I- o orçamento fiscal referente aos poderes da União, seus fundos, órgãos e entidades da administração direta e indireta, inclusive fundações instituídas e mantidas pelo poder público;*
>
> *II- o orçamento de investimento das empresas em que a União, direta ou indiretamente, detenha a maioria do capital social com direito a voto;*
>
> *III- o orçamento da seguridade social, abrangendo todas as entidades e órgãos a ela vinculados, da administração direta ou indireta, bem como os fundos e fundações instituídos e mantidos pelo poder público.*

Não há exceção a este princípio orçamentário no atual modelo orçamentário adotado na CF/1988. Importante destacar que no modelo anterior da CF/1967, havia o orçamento monetário que era um orçamento a parte da LOA.

3. ANUALIDADE OU PERIOCIDADE

Chamada 7 do Autor: Princípio da Anualidade

12 Cada ente da Federação elaborará a sua própria LOA.

Conforme este princípio, o exercício financeiro é o período de tempo ao qual se referem à previsão das receitas e a fixação das despesas registradas na LOA. Este princípio é mencionado no *caput* do art. 2º da Lei nº 4.320, de 1964. Segundo o art. 34 dessa lei, o exercício financeiro coincidirá com o ano civil (1º de janeiro a 31 de dezembro).

Compatibilizado a informação constante no capítulo 2 sobre o ciclo orçamentário, conclui-se que **o foco do princípio da anualidade é a 3ª etapa da LOA** – Execução Orçamentária e Financeira – e não o ciclo orçamentário como um todo. A seguir constam os artigos que suportam o princípio.

Lei 4320/1964

Art. 2º A ***Lei do Orçamento*** *conterá a discriminação da receita e despesa de forma a evidenciar a política econômica financeira e o programa de trabalho do Governo, obedecidos os princípios de unidade, universalidade e* ***anualidade****.*

Art. 34. O exercício financeiro ***coincidirá com o ano civil****.*

CF/1988

Art. 165º Leis de iniciativa do Poder Executivo estabelecerão: [ ]

III – os orçamentos ***anuais*** *[...]*

§ 5º – A lei orçamentária ***anual*** *compreenderá: [ ]*

1ª Enquete do autor: Qual a forma mais apropriada para se interpretar o princípio da anualidade?

Solução

Em regra, ***o orçamento autorizado*** para determinado exercício será executado dentro daquele ano civil.

Entende-se por orçamento autorizado, o valor dos créditos consignados (constantes) na LOA aprovada e publicada no início do exercício e todas as alterações posteriores (os créditos adicionais) que ocorrem até o final do exercício e provocarem liberação de novos créditos.

Assim, se determinada unidade orçamentária tinha uma dotação de 100 milhões em 2017 e ***utilizou*** apenas 80 milhões, ela perdeu a oportunidade de utilizar 20 milhões. Em regra, esses 20 milhões não utilizados foram perdidos, e não podem ser reaproveitados em 2018.

Porém, existem situações que parte do orçamento ***autorizado e não utilizado*** para determinado exercício poderá ser ainda executado no orçamento seguinte.

Que situações seriam essas?

Lei 4320/1964

Art. 45. Os créditos adicionais terão vigência adstrita ao exercício financeiro em que forem abertos, salvo expressa disposição legal em contrário, quanto aos especiais e extraordinários.

CF/1988

Art. 167º [...]

§ 2º - Os créditos especiais e extraordinários terão vigência no exercício financeiro em que forem autorizados, ***salvo se o ato de autorização for promulgado nos últimos quatro meses daquele exercício***, caso em que, reabertos nos limites de seus saldos, serão incorporados ao orçamento do exercício financeiro subsequente.

2ª Enquete do Autor: Como se aplica a reabertura de Créditos Adicionais?

Suponha-se que sejam abertos créditos suplementares, especiais e extraordinários após o dia 1º de setembro de 2017, respectivamente, nos valores de 20 milhões, 15 milhões e 10 milhões. Suponha que até o dia 31/12/2017 apenas metade dos seus valores tenham sido **utilizados**, questiona-se:

1. Todos os valores não utilizados foram perdidos?
2. Qual o montante de crédito que pode ser reaberto na LOA 2018?

Solução

Deixaram de ser utilizados, 10 milhões de créditos suplementares, 7,5 milhões de créditos especiais e 5 milhões de créditos extraordinários. Desses apenas vai se perder os valores dos créditos suplementares, enquanto os valores dos créditos especiais e extraordinários podem ser reabertos e reincorporados na LOA 2018.

3ª Enquete do Autor: Qual o significado do termo utilizar?

Solução

Seria o estágio da despesa denominado "***empenho***". A fim de elucidar o conceito anterior, será narrado um conto de ficção para melhor compreensão.

Um conto didático de ficção orçamentária

Imagine que você vive em um mundo que tudo se compra com cartão de crédito; que tudo se compra pela internet; e que tudo se recebe pelo correio.

Caso você queira comprar vestuário, você pesquisa na internet, escolhe sua roupa e utiliza o cartão de crédito.

Naquele momento, pouco importa se você tem dinheiro na sua conta, basta que você tenha limite no cartão de crédito.

Assim, quando você compra algo na internet nesse conto de ficção, o limite do cartão diminui. Passados alguns dias, chega o produto na sua casa e você confere. Caso esteja errado, você devolve até receber o certo ou cancela a compra e o limite é restabelecido.

Correndo tudo dentro do esperado, você fica com o produto, e aguarda a chegada da fatura pelos correios. Depois de conferir os itens na fatura, você efetua o pagamento do cartão da rede bancária.

Na Administração Pública ocorre algo similar com os estágios da despesa:

No estágio da fixação são liberados os limites de crédito.

No estágio do empenho são ***utilizados*** os limites de crédito.

No estágio da liquidação se recebe e se confere o material.

No estágio do pagamento se quita a fatura junto aos bancos.

Assim, **só podem ser reabertos em 2018** os créditos especiais e extraordinários abertos nos últimos 4 meses de 2017 e que ainda não foram utilizados (não foram empenhados), ou seja, que ainda possuam limites de créditos a utilizar.

1ª e 2ª Questões (MME Analista Cespe 2013): *Julgue os itens a seguir:*

1. De acordo com o princípio da anualidade ou periodicidade, a vigência do orçamento é limitada no tempo, não sendo admitida, na forma da lei, a reabertura de limites e a incorporação de saldos a exercícios financeiros subsequentes.

2. O princípio da unidade ou da totalidade, abordado parcialmente na CF, estabelece que o orçamento anual de cada esfera do governo deve ser segregado em três subgrupos: o fiscal, o de investimento e o de seguridade social.

3ª Questão (TCDF Analista Cespe 2014): *Julgue o item a seguir:*

Considera-se respeitado o princípio da unidade orçamentária ainda que a lei orçamentária anual seja composta por três orçamentos diferentes, como ocorre no Brasil.

Solução

1. Errado, a reabertura de créditos é admissível em determinados casos.

2. Errado, o princípio da unidade é abordado totalmente na CF/1988. Cada esfera (federal, estadual, municipal) possui seu próprio orçamento.

3. Certo, a LOA é uma só, mas composta de três orçamentos: o fiscal, o de investimento e o de seguridade social.

Gabarito:

1. **Errado**
2. **Errado**
3. **Certo**

4. UNIVERSALIDADE

Segundo este princípio, a LOA de cada ente federado deverá conter todas as receitas e as despesas de todos os Poderes, órgãos, entidades, fundos e fundações instituídas e mantidas pelo poder público. Este princípio é mencionado no caput do art. 2º, e nos artigos 3º e 4º da Lei nº 4.320/1964, recepcionado e normatizado pelo § 5º do art. 165 da CF.

Lei 4320/1964

Art. 2° A ***Lei do Orçamento*** *conterá a discriminação da receita e despesa de forma a evidenciar a política econômica financeira e o programa de trabalho do Governo, obedecidos os princípios de unidade,* ***universalidade*** *e anualidade.*

Art. 3º ***A Lei de Orçamentos*** *compreenderá* ***todas as receitas****, inclusive as de operações de crédito*[13] *autorizadas em lei.*

Parágrafo único. ***Não se consideram*** *para os fins deste artigo as* ***operações de crédito por antecipação da receita, as emissões de papel-moeda e outras entradas compensatórias, no ativo e passivo financeiros.***

Art. 4º ***A Lei de Orçamento compreenderá todas as despesas*** *próprias dos órgãos do Governo e da administração centralizada, ou que, por intermédio deles se devam realizar, observado o disposto no artigo 2°.*

CF/1988

§ 5º - A lei orçamentária anual compreenderá:

I - o orçamento fiscal referente aos Poderes da União, seus fundos, órgãos e entidades da administração direta e indireta, inclusive fundações instituídas e mantidas pelo Poder Público;

II - o orçamento de investimento das empresas em que a União, direta ou indiretamente, detenha a maioria do capital social com direito a voto;

III - o orçamento da seguridade social, abrangendo todas as entidades e órgãos a ela vinculados, da administração direta ou indireta, bem como os fundos e fundações instituídos e mantidos pelo Poder Público.

Assim, observa-se pelo parágrafo único do art. 3º da lei 4320/1964 que o princípio da universalidade traz exemplos de receitas que não constam na LOA: as antecipações de receitas orçamentárias (ARO) e outras entradas compensatórias no ativo e passivo financeiro. Essas receitas são conhecidas como extraorçamentárias.

As AROs são empréstimos não previstos na LOA, mas necessários para atender insuficiências momentâneas de caixa durante o exercício. Apresento como exemplos de entradas compensatórias no ativo e passivo financeiros: os depósitos e cauções.

Por exemplo, em determinados casos pode-se exigir como condição para a habilitação das empresas na licitação: o depósito de valores por parte dos licitantes. Quando do depósito desse valor, ocorre o registro de uma receita extraorçamentária; quando da devolução desse valor, após o término da licitação, ocorre uma despesa extraorçamentária. Essas operações de entrada e saída não constam na lei orçamentária.

13 As operações de crédito são os recursos provenientes dos títulos emitidos pelo Tesouro Nacional com o intuito de captar recursos; os empréstimos compulsórios; e os empréstimos decorrentes de contratos com instituições financeiras nacionais ou internacionais. Esses exemplos têm em comum o fato de terem constando na LOA na fase de elaboração e aprovação.

Atenção

Não confundir princípio da totalidade com princípio da universalidade. O princípio da totalidade está relacionado a um único orçamento, enquanto que o princípio da universalidade está relacionado a todas as receitas e todas as despesas constarem no orçamento.

Importante

Para se ter o correto entendimento na identificação sobre receitas e despesas extraorçamentárias, deve-se gravar os 5 itens que estão relacionados à dívida flutuante. Trata-se de lista taxativa e exaustiva.

A seguir constam 2 dos 5 itens, sendo que os demais serão apresentados no capítulo 20:

1. ***??? - A ser explorado no capítulo 20***
2. ***??? - A ser explorado no capítulo 20***
3. **Depósitos e Cauções**
4. **ARO (Antecipação de Receita Extraorçamentária)**
5. ***??? - A ser explorado no capítulo 20***

Assim, caso haja a entrada de recurso financeiro decorrente de Depósitos e Cauções ou de ARO, se está diante de receita extraorçamentária. Caso haja a saída de recurso financeiro decorrente de Depósitos e Cauções ou de ARO, se está diante de despesa extraorçamentária.

1º e 2º esclarecimentos do autor

1º Esclarecimento: Para um item ser considerado receita na Administração Pública, deve haver a entrada de recurso financeiro.

2º Esclarecimento: Para um item ser considerado despesa na Administração Pública, deve haver mais cedo ou mais tarde(pois primeiro tem o empenho, depois a liquidação e o pagamento) a saída de recurso financeiro.

Importante

Por ventura, as bancas têm tratado receitas e despesas públicas como sinônimos de receitas e despesas orçamentárias.

Porém, a terminologia mais apropriada seria:

- Ingressos (**receitas públicas em sentido amplo**) compostos por receitas orçamentárias (***receitas públicas em sentido estrito***) e receitas extraorçamentárias;
- Dispêndios(**despesas públicas em sentido amplo**)compostos por despesas orçamentárias (***despesas públicas em sentido estrito***) e despesas extraorçamentárias.

Por fim, em que pese o princípio da universalidade se aplicar a toda a LOA, existem receitas e despesas de empresas públicas e sociedades de economia mista que não constam no orçamento de investimento: as despesas operacionais por exemplo. Desse modo, poderia se considerar como outra exceção ao princípio da universalidade. Tal assunto será aprofundado no capítulo 8.

5. ORÇAMENTO BRUTO

O princípio do orçamento bruto, previsto no art. 6º da Lei nº 4.320, de 1964, preconiza o registro das receitas e despesas na LOA pelo valor total e bruto, vedadas quaisquer deduções:

> Art. 6º Todas as receitas e despesas constarão da Lei de Orçamento pelos seus totais, ***vedadas quaisquer deduções***.

Não há exceção a este princípio.

Importante

Não confundir o Princípio da Universalidade com o Princípio do Orçamento Bruto. O primeiro se refere ao fato de que todas as receitas e despesas públicas devem constar no orçamento, enquanto o segundo se refere ao fato de que as receitas e despesas que venham a constar no orçamento, constem pelos seus totais.

4ª Questão (Unipampa Contador Cespe 2013): *Julgue o item a seguir:*

Por intermédio do princípio da universalidade, segundo o qual a lei orçamentária deve conter a discriminação de todas as receitas e de todas as despesas do Estado, o Poder Legislativo pode impedir a execução de despesas sem a prévia autorização parlamentar.

5ª Questão (Câmara dos Deputados Consultor Cespe 2014): *Julgue o item a seguir:*

O princípio do orçamento bruto, embora bastante representativo, não está integrado à legislação brasileira.

6ª Questão (TCDF Técnico Cespe 2014): *Julgue o item a seguir:*

O princípio da universalidade está expresso no dispositivo constitucional que proíbe a concessão ou utilização de créditos ilimitados.

Solução

4. Certo, as despesas públicas, orçamentárias, dependem de crédito prévio para ocorra o empenho. Assim, sem a aprovação da LOA pelo Legislativo, o Executivo não consegue executar o orçamento. Existem exceções como no caso do crédito extraordinário, mas a questão o usou o termo "pode".

5. Errado, o princípio do orçamento bruto está integrado a legislação brasileira.

6. Errado, o princípio da universalidade estabelece que todas as receitas e despesas públicas constam na LOA.

Gabarito:

4. **Certo**
5. **Errado**
6. **Errado**

6. PRINCÍPIO DA EXCLUSIVIDADE

Chamada 8 do Autor: Princípio da Exclusividade

O princípio da exclusividade, previsto no § 8º do art. 165 da CF/1988, preconiza que não se pode incluir dispositivo estranho na LOA. No período republicano do Brasil até 1930 era muito comum se incluir matérias sem qualquer relação com a previsão da receita e a fixação da despesa devido ao rito célere da LOA:

> *Art. 165º (...)*
>
> *§ 8º- A lei orçamentária anual **não conterá dispositivo estranho à previsão da receita e à fixação da despesa**, não se incluindo na proibição a autorização para a abertura de créditos suplementares e contratação de operações de crédito, ainda que por antecipação de receita, nos termos da lei.*

Este princípio possui duas exceções: a autorização para a abertura de créditos suplementares e autorização para contratação de operações de crédito, ainda que por antecipação de receita.

Porém, deve-se interpretar corretamente estas exceções. O que se quer dizer é que além de um artigo fixando a despesa e prevendo a receita, podem constar artigos na LOA autorizando as situações anteriores.

A Figura 3.1 traz a LOA de 2018 da União tendo como o artigo padrão de previsão da receita e fixação da despesa, a Figura 3.2 tem o artigo de autorização abertura de crédito suplementares, e a Figura 3.3 tem o artigo autorização a contratação de operação de crédito.

Figura 3.1: Artigo definido a receita e despesa de toda LOA

LEI Nº 13.587, DE 2 DE JANEIRO DE 2018.

Mensagem de Veto

Estima a receita e fixa a despesa da União para o exercício financeiro de 2018.

O PRESIDENTE DA REPÚBLICA Faço saber que o Congresso Nacional decreta e eu sanciono a seguinte Lei:

CAPÍTULO I
DAS DISPOSIÇÕES PRELIMINARES

Art. 1º Esta Lei estima a receita da União para o exercício financeiro de 2018 no montante de R$ 3.575.230.380.469,00 (três trilhões, quinhentos e setenta e cinco bilhões, duzentos e trinta milhões, trezentos e oitenta mil, quatrocentos e sessenta e nove reais) e fixa a despesa em igual valor, compreendendo, nos termos do art. 165, § 5º, da Constituição:

I – o Orçamento Fiscal referente aos Poderes da União, seus fundos, órgãos e entidades da Administração Pública Federal direta e indireta, inclusive fundações instituídas e mantidas pelo Poder Público;

II – o Orçamento da Seguridade Social, abrangendo todas as entidades e órgãos a ela vinculados, da Administração Pública Federal direta e indireta, bem como os fundos e fundações instituídos e mantidos pelo Poder Público; e

III – o Orçamento de Investimento das empresas em que a União, direta ou indiretamente, detém a maioria do capital social com direito a voto.

Figura 3.2: Artigo autorizando abertura de créditos suplementares até determinado limite

Seção III
Da Autorização para a Abertura de Créditos Suplementares

Art. 4º Fica autorizada a abertura de créditos suplementares para o aumento de dotações fixadas por esta Lei, desde que compatíveis com a obtenção da meta de resultado primário estabelecida na Lei nº 13.473, de 8 de agosto de 2017, Lei de Diretrizes Orçamentárias para 2018, e os limites de despesas primárias de que tratam os arts. 107, 110 e 111 do Ato das Disposições Constitucionais Transitórias, e que sejam observados o disposto no parágrafo único do art. 8o da Lei de Responsabilidade Fiscal e as seguintes condições:

I –para suplementação de despesas classificadas com "RP 0":

a) destinadas à Contribuição da União, de suas Autarquias e Fundações para o custeio do Regime de Previdência dos Servidores Públicos Federais, mediante a utilização de recursos provenientes de:

1. anulação de dotações consignadas a essas despesas;

2. anulação de dotações classificadas com "RP 1" e "RP 2", até o limite de 20% (vinte por cento);

3. reserva de contingência, inclusive à conta de recursos próprios e vinculados, observado o disposto no § 2º do art. 12 da Lei de Diretrizes Orçamentárias para 2018; e

4. superávit financeiro apurado no balanço patrimonial do exercício de 2017, nos termos do art. 43, §§ 1º, inciso I, e 2º, da Lei nº 4.320, de 17 de março de 1964.

Importante

A forma correta de interpretar a Figura 3.2 é a seguinte:

- Se o Executivo quiser abrir um crédito suplementar que esteja dentro dos 10% do limite, ou seja, que corresponda a 5% do valor, **ele pode abrir o crédito suplementar por decreto apenas**.
- Se o Executivo quiser abrir um segundo crédito suplementar de 4% do valor, **ele pode abrir o crédito suplementar por decreto apenas** (pois o valor acumulado foi de 9% inferior ao limite de 10%).
- Porém, se o Executivo quiser abrir um terceiro crédito suplementar de 3% do valor, **ele pode abrir o crédito suplementar por lei ordinária apenas** (pois o valor acumulado agora foi de 12%).

Figura 3.3: Artigo autorizando a contratação de operação de crédito

CAPÍTULO IV
DA AUTORIZAÇÃO PARA CONTRATAÇÃO DE OPERAÇÕES DE CRÉDITO E EMISSÃO DE TÍTULOS DA DÍVIDA AGRÁRIA

Art. 8º Em cumprimento ao disposto no art. 32, § 1º, inciso I, da Lei de Responsabilidade Fiscal, ficam autorizadas a contratação das operações de crédito incluídas nesta Lei e a emissão de Títulos de Responsabilidade do Tesouro Nacional para o atendimento das despesas que, de acordo com a legislação vigente, possam ser financiadas com essa receita, sem prejuízo do que estabelece o art. 52, inciso V, da Constituição, no que se refere às operações de crédito externas.

Art. 9º Fica o Poder Executivo autorizado a emitir até 27.623.774 (vinte e sete milhões, seiscentos e vinte e três mil, setecentos e setenta e quatro) Títulos da Dívida Agrária para atender ao programa de reforma agrária no exercício de 2018, nos termos do § 4º do art. 184 da Constituição, vedada a emissão com prazos decorridos ou inferiores a 2 (dois) anos.

Importante

A forma correta de interpretar a Figura 3.3 é a seguinte. O Executivo precisa ter flexibilidade para contratar operações de crédito e ARO. Essa flexibilidade é alcançada pela inclusão desse artigo pelo Executivo no PLOA quando do envio e pela aprovação desse mesmo artigo pelo Legislativo.

4ª Enquete do Autor: Qual a diferença de ARO e Operação de Crédito?

Solução

Ambos são empréstimos, porém a contratação de Operação de Crédito é uma receita orçamentária de capital, enquanto a contratação de ARO é uma receita extraorçamentária.

A contratação de Operação de Crédito consta na LOA e visa a atender alguma despesa previamente planejada, enquanto contratação de ARO visa atender uma insuficiência momentânea de caixa.

Essa insuficiência decorre normalmente de uma sequência ruim de eventos: 1. Frustração de arrecadação (arrecadou menos que o esperado); 2. Existência de Despesas Obrigatórias de Caráter Inadiável (Exemplo: salário dos servidores); 3. Insuficiência de Caixa para pagar tais despesas.

Neste caso anterior, a saída é contratar uma ARO para cobrir essa insuficiência de caixa. Ou seja, não há como se planejar na LOA que vai se precisar da ARO. Na verdade, a ARO caracteriza um planejamento ruim.

Quadro 3.1: Diferença entre ARO e Operação de Crédito

Operação de Crédito	É um empréstimo	É uma receita orçamentária na contratação.	Decorre de um processo de planejamento.
ARO	É um empréstimo	É uma receita extraorçamentária na contratação.	Decorre de um planejamento ruim que culminou com uma insuficiência de caixa.

7. PRINCÍPIO DA NÃO AFETAÇÃO OU NÃO VINCULAÇÃO

Chamada 9 do Autor: Princípio da Não Afetação

O princípio da não afetação, previsto no inciso IV do art. 167 da CF/1988, busca garantir o Chefe do Executivo deve ter alguma flexibilidade para alocar os recursos arrecadados nas despesas que julgue essenciais:

> ***CF/1988***
>
> *Art. 167. São vedados:*
>
> *(...)*
>
> *IV– a vinculação de receita de IMPOSTOS a órgão, fundo ou despesa, ressalvadas a repartição do produto da arrecadação dos impostos a que se referem os artigos 158 [**Imposto de Rendada Administração Direta, Autarquias, Fundações Públicas dos Municípios fica com o município; 50% do Imposto Territorial Rural fica com o município; 50% Imposto sobre Propriedade Veículos Automotores fica com o município; 25% Impostos sobre Circulação de Mercadoria e Serviços fica com o município**] e 159 [**Fundos de Participação dos Estados (21,5%)**]; [**Fundos de Participação dos Municípios 24,5%)**]; [**3% Fundo Constitucional do Norte, Nordeste e Centro-Oeste**]; [**10% Cota parte do IPI Exportação aos Estados**], [**29% Contribuição de Intervenção do Domínio Econômico Combustível fica com os Estados**], a destinação de recursos para as ações e serviços públicos de saúde, para a manutenção e desenvolvimento do ensino e para realização de atividades da administração tributária, como determinado respectivamente, pelos arts. 198, § 2º [**saúde**], 212 [**ensino**] e 37, XXII [**administração tributária**], e prestação de garantias às operações de crédito por antecipação de receita, previstas no artigo 165, § 8º [**operações de crédito e inclusive ARO**], bem como o disposto **no § 4º deste artigo**.*
>
> *§ 4º– É permitida a vinculação de receitas próprias geradas pelos impostos a que se referem os art. 155 [**Imposto de Transmissão Causa Mortis e Doação, Impostos sobre Circulação de Mercadoria e Serviços, Imposto sobre Propriedade Veículos Automotores**] e 156 [**Impostos de propriedade territorial urbano, Imposto de***

transmissão bens inter vivos, Imposto sobre serviços*], e dos recursos de que tratam os arts. 157 [****Imposto de Renda da Administração Direta, Autarquias, Fundações Públicas dos Municípios fica com os Estados e DF; 20% Impostos Residuais ficam com os Estados****], 158 [****Imposto de Renda Administração Direta, Autarquias e Fundações Públicas dos Municípios; 50% do Imposto Territorial Rural fica com o município; 50% Imposto sobre Propriedade Veículos Automotores fica com o município; 25% Impostos sobre Circulação de Mercadoria e Serviços fica com o município****], e 159, I, a [FPE (21,5%)] e b [FPM (24,5%)], e II [****10% Cota parte do IPI Exportação aos Estados****], para a prestação de garantia ou contragarantia à União e para pagamento de débitos para com esta.*

5ª Enquete do Autor: O princípio da não afetação no Brasil se aplica a todas as receitas?

Solução

Não. Apenas para receitas de impostos.

A fim de aprofundar o tema, faz-se necessário apresentar a classificação da receita quanto à natureza[14], na Figura 3.4 a seguir.

Figura 3.4: Classificação da Receita quanto à natureza 2º nível.

Categoria Econômica (1º Dígito)	Origem (2º Dígito)
1. Receitas Correntes 7. Receitas Correntes Intraorçamentárias	1. Impostos, Taxas e Contribuições de Melhoria 2. Contribuições 3. Receita Patrimonial 4. Receita Agropecuária 5. Receita Industrial 6. Receita de Serviços 7. Transferências Correntes 9. Outras Receitas Correntes
2. Receitas de Capital 8. Receitas de Capital Intraorçamentárias	1. Operações de Crédito 2. Aliençaõ de Bens 3. Amortização de Empréstimos 4. Transferências de Capital 9. Outras Receitas de Capital

14 Na União existem 4 (quatro) classificações oficiais da receita: esfera orçamentária, natureza, fonte e resultado primário.

6ª Enquete do Autor: Qual a forma correta de interpretar o princípio da não afetação?

Solução

Pode-se vincular despesas a receitas de taxas? Pode.

Pode-se vincular despesas a receitas de operações de crédito? Pode.

Pode-se vincular despesas aos demais de tipos de Receita, exceto impostos? Pode.

Pode-se vincular despesas a receitas de impostos? ***Em regra, não pode.***

Por que em regra? ***Porque mesmo para os impostos, existem 5 exceções:***

1. Transferências constitucionais: Fundo de Participação dos Estados (FPE); Fundo de Participação dos Municípios (FPM); Fundos Constitucionais do Norte, Nordeste e Centro-Oeste (FNO, FNE e FCO); Cota Parte do Impostos sobre produtos industrializados-Exportação; Contribuição de Intervenção do Domínio Econômico – Combustíveis (CIDE – Combustíveis).
2. Despesas com saúde.
3. Despesas com manutenção e desenvolvimento do ensino.
4. Despesas com administração tributária.
5. Garantias e Contragarantias às operações de crédito, inclusive por ARO.

Desvinculação de Receitas na Federação: A Emenda Constitucional 93/2015

A fim de garantir maior flexibilidade ao Executivo foi criado um mecanismo denominado DRF (Desvinculação das Receitas na Federação).

CF/1988 ADCT:

Desvinculação das Receitas da União (DRU)

Art. 76. São desvinculados de órgão, fundo ou despesa, até 31 de dezembro de 2023, 30% (trinta por cento) da arrecadação da União relativa às contribuições sociais, sem prejuízo do pagamento das despesas do Regime Geral da Previdência Social, ***às contribuições de intervenção no domínio econômico e às taxas,*** *já instituídas ou que vierem a ser criadas até a referida data. (Redação dada pela Emenda constitucional nº 93)*

§ 1º (Revogado).

§ 2º Excetua-se da desvinculação de que trata o caput a arrecadação da contribuição social do salário-educação a que se refere o § 5º do art. 212 da Constituição Federal.

§ 3º (Revogado).

Desvinculação das Receitas dos Estados (DRE)

Art. 76-A. São desvinculados de órgão, fundo ou despesa, até 31 de dezembro de 2023, 30% (trinta por cento) das receitas dos Estados e do Distrito Federal relativas a **impostos, taxas e multas**, já instituídos ou que vierem a ser criados até a referida data, seus adicionais e respectivos acréscimos legais, **e outras receitas correntes.**

Parágrafo único. Excetuam-se da desvinculação de que trata o caput:

I – recursos destinados ao financiamento das ações e serviços públicos de saúde e à manutenção e desenvolvimento do ensino de que tratam, respectivamente, os incisos II e III do § 2º do art. 198 e o art. 212 da Constituição Federal;

II – receitas que pertencem aos Municípios decorrentes de transferências previstas na Constituição Federal;

III – receitas de contribuições previdenciárias e de assistência à saúde dos servidores;

IV – demais transferências obrigatórias e voluntárias entre entes da Federação com destinação especificada em lei;

V – fundos instituídos pelo Poder Judiciário, pelos Tribunais de Contas, pelo Ministério Público, pelas Defensorias Públicas e pelas Procuradorias-Gerais dos Estados e do Distrito Federal.

Desvinculação das Receitas dos Municípios (DRM)

Art. 76-B. São desvinculados de órgão, fundo ou despesa, até 31 de dezembro de 2023, 30% (trinta por cento) das receitas dos Municípios relativas **a impostos, taxas e multas**, já instituídos ou que vierem a ser criados até a referida data, seus adicionais e respectivos acréscimos legais, **e outras receitas correntes.**

Parágrafo único. Excetuam-se da desvinculação de que trata o caput:

I – recursos destinados ao financiamento das ações e serviços públicos de saúde e à manutenção e desenvolvimento do ensino de que tratam, respectivamente, os incisos II e III do § 2º do art. 198 e o art. 212 da Constituição Federal;

II – receitas de contribuições previdenciárias e de assistência à saúde dos servidores;

III – transferências obrigatórias e voluntárias entre entes da Federação com destinação especificada em lei;

IV – fundos instituídos pelo Tribunal de Contas do Município.

Quadro 3.2: Desvinculação das Receitas na Federação

Ente	União	Estados	Municípios
Percentual	30%		
Incidência	Contribuições sociais, Contribuições de intervenção no domínio econômico, Taxas.	Impostos, taxas e multas e outras receitas correntes.	

<table>
<tr><th>Ente</th><th>União</th><th>Estados</th><th>Municípios</th></tr>
<tr><td rowspan="2">Exceção</td><td rowspan="2">-Despesas previdenciárias.
-Contribuição social do salário-educação.</td><td colspan="2">-Recursos vinculados à saúde e à educação.
-Transferências obrigatórias e voluntárias entre entes da Federação.
-Receitas de contribuições previdenciárias e de assistência à saúde dos servidores.</td></tr>
<tr><td>- Receitas que pertencem aos Municípios decorrentes de transferências constitucionais
- Fundos instituídos pelo Poder Judiciário, pelos Tribunais de Contas, pelo Ministério Público, pelas Defensorias Públicas e pelas Procuradorias-Gerais dos Estados e do Distrito Federal.</td><td>-Fundos instituídos pelo Tribunal de Contas do Município.</td></tr>
</table>

No caso da União, sabe-se que as receitas de contribuições sociais financiam o orçamento da seguridade social (saúde, previdência social e assistência social). Ao desvincular 30% desses recursos, o Executivo Federal pode optar por investir esses recursos em outras áreas como educação, transporte, etc. Ressalta-se que essa desvinculação não afeta as contribuições previdenciárias patronais e do empregado que somente podem ser utilizadas para cobrir despesas previdenciárias.

7ª Questão (Ministério das Minas e Energia Analista Financeiro Cespe 2013): *Julgue o item a seguir:*

Em consonância com o princípio da exclusividade, a CF estabelece que a LOA não deve abranger dispositivo estranho à previsão de receita e à fixação de despesa.

8ª (Unipampa Contador Cespe 2013): *Julgue o item a seguir:*

Salvo as exceções previstas em lei, o princípio da não afetação das receitas veda a vinculação da receita de impostos, taxas e contribuições de melhoria a determinado órgão, fundo ou despesa.

9ª e 10ª Questões (TJ-CE Cespe 2014): *Julgue os itens a seguir:*

9. O princípio da não afetação das receitas determina que o produto da arrecadação dos tributos não pode estar vinculado a órgão, fundo ou despesa.

10. Em que pese a previsão constitucional do princípio da exclusividade orçamentária, é permitido que a LOA autorize previamente a abertura de operações de crédito.

Solução

7. Certo, é exatamente o que consta na CF/1988.

8. Errado, o princípio da não afetação é para impostos, que é um dos tipos de tributos. Pode vincular receitas de taxas que são tributos.

9. Errado, o princípio da não afetação é para impostos, que é um dos tipos de tributos. Pode vincular receitas de taxas que são tributos.

10. Certo, são duas exceções: autorização para abrir créditos suplementares e autorização para abrir operações de crédito inclusive ARO.

Gabarito:

7. **Certo**
8. **Errado**
9. **Errado**
10. **Certo**

Importante

Na doutrina internacional o princípio da não afetação se aplica a todas as receitas.

8. PRINCÍPIO DA DISCRIMINAÇÃO/ ESPECIALIZAÇÃO/ ESPECIFICAÇÃO

Chamada 10 do Autor: Princípio da Especialização - Lei 4320/1964

O princípio da especificação estabelece que não é possível que a LOA consigne dotações globais para atender indistintamente despesas de pessoal, material, serviços de terceiros, transferências ou quaisquer outras. Além disso, a lei 4320/1964 estabelece que a descrição da despesa na LOA contemple até o nível de elementos.

O que se busca com esse princípio é dar transparência, por meio do orçamento, a qualquer pessoa onde serão aplicados os recursos. Ou seja, o leitor do orçamento deve ter o entendimento onde exatamente será aplicado o recurso público.

A seguir, constam os artigos da Lei 4320/1964 relacionados com o princípio:

> ***Lei 4320/1964***
>
> *Art. 5º A Lei de Orçamento não consignará dotações globais destinadas a atender indiferentemente a despesas de pessoal, material, serviços de terceiros, transferências ou quaisquer outras,* ***ressalvado o disposto no artigo 20 e seu parágrafo único****.*
>
> *Art. 15. Na Lei de Orçamento a discriminação da despesa far-se-á* ***no mínimo por elementos****.*

§ 1º Entende-se por elementos o desdobramento da despesa com pessoal, material, serviços, obras e outros meios de que se serve a administração pública para consecução dos seus fins.

Art. 20. ***Os investimentos*** *serão discriminados na Lei de Orçamento segundo os projetos de obras e de outras aplicações.*

Parágrafo único. ***Os programas especiais de trabalho*** *que, por sua natureza, não possam cumprir-se subordinadamente às normas gerais de execução da despesa* ***poderão ser custeadas por dotações globais, classificadas entre as Despesas de Capital.***

Este princípio possui exceções. A primeira está na própria lei 4320/1964: os programas especiais de trabalho classificados como despesas de capital de investimentos. A segunda exceção consta do Decreto-Lei 200/1967: a reserva de contingência.

Decreto-Lei 200/1967

Art. 91. Sob a denominação de reserva de contingência, ***o orçamento anual poderá conter dotação global*** *não especificamente destinada a determinado órgão, unidade orçamentária, programa ou categoria econômica, cujos recursos serão utilizados para abertura de créditos adicionais.*

Importante

A forma correta de interpretar o princípio da especificação à luz da lei 4320/1964 é a seguinte: deve-se detalhar a LOA em elementos da despesa, exceto nos casos dos programas especiais classificados como investimentos e a reserva de contingência.

O que seria uma dotação global?

Seria uma dotação que poderia atender ao mesmo tempo obras e serviços; diárias, passagens e material de consumo; juros e pessoal.

Ou seja, não se consegue precisar exatamente em que tipo de gasto será utilizado.

No caso dos programas especiais de trabalho, exemplifico os programas de mobilidade urbana nos quais se utilizam o regime diferenciado de contratação.

Chamada 11 do Autor: Princípio da Especialização – legislação atual

Atualmente, não é suficiente dominar o entendimento do princípio do princípio da especificação à luz da lei 4320/1964; mas também a aplicação do princípio da especificação à luz da Portaria STN e SOF 163/2001:

> ***Portaria 163/2001***
>
> *Art. 6º Na lei orçamentária, a* ***discriminação*** *da despesa, quanto à sua natureza, far-se-á, no mínimo, por* ***categoria econômica, grupo de natureza de despesa e modalidade de aplicação****.*

Quanto à natureza (uma das nove classificações oficiais das despesas no âmbito federal) o anexo II da Portaria STN e SOF 163/2001 traz o seguinte:

> ***Portaria 163/2001***
>
> *Art. 5º Em decorrência do disposto no art. 3º a estrutura da natureza da despesa a ser observada na execução orçamentária de* ***todas as esferas de governo*** *será "c.g.mm.ee.dd", onde:*
>
> *a) "c" representa a categoria econômica;*
>
> *b) "g" o grupo de natureza da despesa;*
>
> *c) "mm" a modalidade de aplicação;*
>
> *d) "ee" o elemento de despesa; e*
>
> *e) "dd" o desdobramento,* ***facultativo****, do elemento de despesa.*
>
> *Art. 3º A classificação da despesa, segundo a sua natureza, compõe-se de:*
>
> *I – categoria econômica;*
>
> *II – grupo de natureza da despesa;*
>
> *III – elemento de despesa.*

O conjunto de informações que formam o código é conhecido como classificação por natureza da despesa e informa a **categoria econômica da despesa (1º código)**, o **grupo (2º código)** a que ela pertence, a **modalidade de aplicação (3º e 4º códigos)** e o **elemento da despesa (5º e 6º códigos)**. A Figura 3.5 ilustra os níveis e códigos, enquanto a Figura 3.6 ilustra o que cada nível pretende se propõe a responder.

Figura 3.5: Níveis da classificação quanto à natureza

1º	2º	3º	4º	5º	6º	7º	8º
Categoria Econômica	Grupo de Natureza da Despesa	Modalidade de Aplicação		Elemento de Despesa		Subelemento	

Figura 3.6: Níveis e perguntas a serem respondidas

Categoria Econômica da Despesa	Qual o efeito econômico da realização da despesa?
Grupo de Natureza de Despesa	Em qual classe de gasto será realizada a despesa?
Modalidade de Aplicação	Qual estratégia para realização da despesa?
Elemento de Despesa	Quais insumos que se pretende utilizar ou adquirir

A Figura 3.7 ilustra a classificação quanto à natureza para a despesa estabelecida pela portaria 163/2001 e que deve ser seguida por todos os entes (União, Estados, DF e Municípios).

Figura 3.7: Classificação quanto à natureza estabelecida pela portaria 163/2001

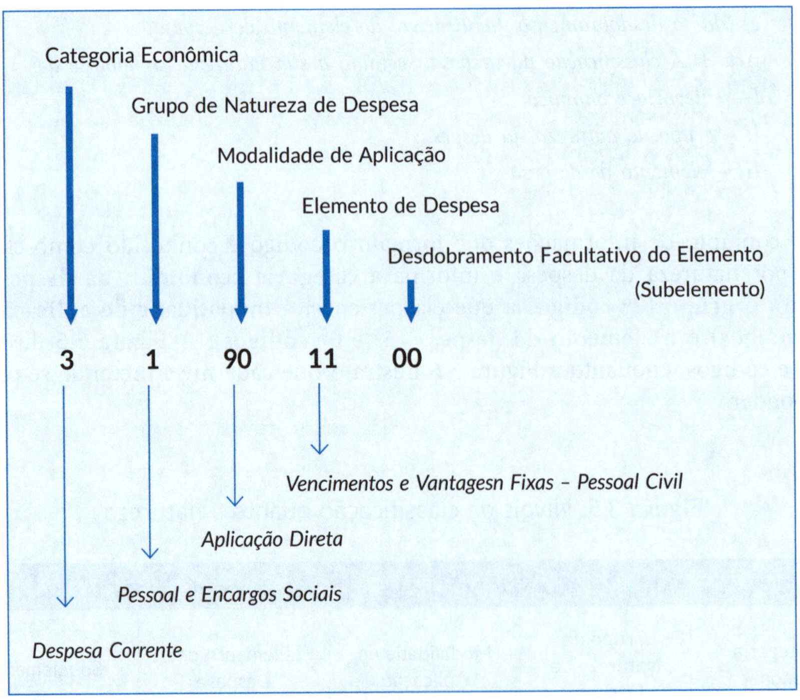

A Figura 3.8 mostra a relação entre a categoria econômica e os grupos de natureza da despesa.

Figura 3.8: Categoria econômica e os grupos de natureza da despesa

Categoria econômica	Grupos de natureza da despesa
3. Despesas Correntes	3.1. Pessoal e encargos sociais
	3.2. Juros e encargos da dívida
	3.3. Outras despesas correntes
4. Despesas de Capital	4.4 Investimentos
	4.5. Inversões Financeiras
	4.6. Amortização da dívida

Observa-se que no 2º nível, grupo natureza da despesa, já se consegue segregar (discriminar) despesas com pessoal, despesas com juros e despesas com amortização da dívida. Porém, para fins de aplicação do princípio da especificação, ainda restam dotações globais em: outras despesas correntes, investimentos e inversões financeiras.

A modalidade de aplicação, **3º nível**, aponta se o recurso será gasto diretamente pelo próprio ente, ou se será delegado/transferido a um terceiro agente (Estado, Município ou Organização). Para fins de aplicação do princípio da especificação, não ajudou.

O Quadro 3.3 evidencia os elementos da despesa, **4º nível**, associados ao grupo natureza da despesa, 2º nível, que é um agregador de elemento de despesa com as mesmas características quanto ao objeto de gasto.

Quadro 3.3: Despesas do grupo natureza da despesa conforme a portaria 163/2001

Grupo Natureza da Despesa	Elemento da Despesa
Pessoal e Encargos Sociais	Despesas orçamentárias com pessoal ativo, inativo e pensionistas, relativas a mandatos eletivos, cargos, funções ou empregos, civis, militares e de membros de Poder, com quaisquer espécies remuneratórias, tais como vencimentos e vantagens, fixas e variáveis, subsídios, proventos da aposentadoria, reformas e pensões, inclusive adicionais, gratificações, horas extras e vantagens pessoais de qualquer natureza, bem como encargos sociais e contribuições recolhidas pelo ente às entidades de previdência, conforme estabelece o caput do art. 18 da Lei Complementar 101, de 2000.
Juros e Encargos da Dívida	Despesas orçamentárias com o pagamento de juros, comissões e outros encargos de operações de crédito internas e externas contratadas, bem como da dívida pública mobiliária.

Grupo Natureza da Despesa	Elemento da Despesa
Outras Despesas Correntes	Despesas orçamentárias com aquisição de material de consumo, pagamento de diárias, contribuições, subvenções, auxílio-alimentação, auxílio-transporte, além de outras despesas da categoria econômica "Despesas Correntes" não classificáveis nos demais grupos de natureza de despesa.
Investimentos	Despesas orçamentárias com softwares e com o planejamento e a execução de obras, inclusive com a aquisição de imóveis considerados necessários à realização destas últimas, e com a aquisição de instalações, equipamentos e material permanente.
Inversões Financeiras	Despesas orçamentárias com a aquisição de imóveis ou bens de capital já em utilização; aquisição de títulos representativos do capital de empresas ou entidades de qualquer espécie, já constituídas, quando a operação não importe aumento do capital; e com a constituição ou aumento do capital de empresas, além de outras despesas classificáveis neste grupo.
Amortização da Dívida	Despesas orçamentárias com o pagamento e/ou refinanciamento do principal e da atualização monetária ou cambial da dívida pública interna e externa, contratual ou mobiliária.

Análise Inicial

Para fins de aplicação do princípio da especificação, o 4° nível seria o ideal. **Porém, há um problema, a Portaria 163/2001 determina que quando da elaboração e publicação da LOA, basta-se discriminar até o 3° nível: modalidade de aplicação.**

Assim, na prática quando da publicação LOA ainda há dotações globais além das exceções já previstas (programas especiais de trabalho classificados como investimentos e reserva de contingência) em: outras despesas correntes (material de consumo, diárias, passagens, serviços de terceiros, transferências), investimentos (obras, serviços de terceiros, material de consumo, material permanente, softwares), inversões financeiras (material permanente, concessão de empréstimos, aquisições de títulos de investimento).

Depois de tudo isso, ***questiona-se se o princípio da especificação é aplicado ou não pelos entes federativos.*** A Secretaria do Tesouro Nacional responde isso no MCASP – Perguntas e Respostas:

Análise Completa

A Lei n° 4.320/64, em seu art. 15, determina que, na Lei de Orçamento, a discriminação da despesa far-se-á no mínimo por elementos. Já a Portaria STN/SOF n° 163/2001, determina que, na Lei de Orçamento, a discriminação da despesa, quanto à sua natureza, far-se-á, no mínimo, por categoria econômica, grupo de natureza de despesa e modalidade de aplicação. ***Como a esfera federal trata a elaboração do orçamento, quanto ao nível de desdobramento da despesa?***

Em âmbito do Governo Federal o orçamento é aprovado (**Término da 2ª Etapa da LOA**) por grupo de natureza da despesa, acrescida da informação gerencial modalidade de aplicação, **sendo o elemento indicado no momento da execução da despesa (3ª Etapa da LOA).**

A identificação, nas leis orçamentárias, das funções e subfunções (**classificação funcional**), programas, projetos, atividades e operações especiais (**classificação programática**), em conjunto com a classificação do crédito orçamentário por categoria econômica, grupo de natureza de despesa e modalidade de aplicação (**classificação quanto à natureza**) **atende ao princípio da especificação.** Assim, por meio da análise simultânea **dessas 3 classificações da despesa**, evidencia-se como a administração pública está efetuando os gastos para atingir determinados fins.

É importante destacar que, a interpretação da Lei 4.320/64, no que se refere a elemento, não é a mesma do elemento da despesa da Portaria STN/SOF nº 163/2001.

11ª Questão (Unipampa Contador Cespe 2013): *Acerca de princípios orçamentários e orçamento público, julgue o item a seguir:*

De acordo com o princípio da especialização, a despesa deve ser discriminada na lei orçamentária, no mínimo, por elementos, ressalvando-se a predição de alguns programas de investimento, a qual pode ser feita na forma global.

12ª Questão (INMETRO Contador Cespe 2007): *Julgue o item a seguir:*

Na lei orçamentária, a discriminação da despesa quanto à sua natureza deverá ser feita, no mínimo, por categoria econômica, grupo de natureza de despesa e modalidade de aplicação.

13ª Questão (TJ-CE Técnico Cespe 2014): *Julgue o item a seguir:*

A lei orçamentária anual (LOA) não contém dispositivo estranho à previsão da receita e à fixação da despesa, em face do princípio da especificação.

14ª Questão (Técnico em Orçamento IPEA Cespe 2008): *Enquanto não for editada nova lei sobre finanças públicas, permanecem em vigor as normas da Lei nº 4.320/1964 que não conflitam com a CF e com a Lei de Responsabilidade Fiscal. Assim sendo, em conformidade com aquela lei de 1964, e sobre a matéria orçamentária, julgue o próximo item:*

Apesar de a Lei nº 4.320 determinar que a lei de orçamento não deve consignar dotações globais destinadas a atender indiferentemente a despesas de pessoal, material, serviços de terceiros, transferências, na atual estrutura das leis orçamentárias verificam-se dotações destinadas ao mesmo tempo à aquisição de materiais e a pagamento de serviços de terceiros.

Solução

11. Certo, inicialmente ele não cita classificação quanto à natureza, assim está se referindo a lei 4.320/1964. Na lei 4320/1964 existe como exceção ao princípio da especificação os programas especiais de trabalho classificados como investimentos.

12. Certo, como ele usou classificação quanto à natureza, ele está se referindo a portaria 163/2001.

13. Errado, neste caso seria princípio da exclusividade.

14. Certo, na legislação atual como se para em modalidade de aplicação, restam dotações globais nos seguintes casos: outras despesas correntes (material de consumo, diárias, passagens, serviços de terceiros, transferências), investimentos (obras, serviços de terceiros, material de consumo, material permanente, softwares), inversões financeiras (material permanente, concessão de empréstimos, aquisições de títulos de investimento).

Gabarito:

11. **Certo**
12. **Certo**
13. **Errado**
14. **Certo**

9. PRINCÍPIO DA UNIDADE DE CAIXA

Suponha-se que se está no setor privado. Suponha-se que há uma empresa nacional com uma filial em cada Estado e cada filial com uma conta separada das demais. É possível que ocorra a seguinte situação: uma filial com déficit de caixa e outra filial com superávit de caixa no mesmo banco. Ou seja, o banco vai cobrar juros de uma filial "tomando emprestado" dinheiro de outra filial. Essa gestão ineficiente de recursos de caixa no setor privado, seria inadmissível no setor público.

Tendo por base essa gestão eficiente de recursos, a legislação nacional define que cada ente deve possuir um único caixa. É o que estabelece o art. 56º da lei 4.320/1964 dá suporte ao princípio:

Lei 4.320/1964

Art. 56. O recolhimento de ***todas as receitas far-se-á em estrita observância ao princípio de unidade de tesouraria****, vedada qualquer fragmentação para criação de caixas especiais.*

Nesse aspecto a CF/1988 estabelece que:

CF/1988

Art. 164. A competência da União para emitir moeda será exercida exclusivamente pelo banco central.

> *[...]*
>
> *§ 3º As disponibilidades de caixa da União* ***serão depositadas no banco central****; as dos Estados, do Distrito Federal, dos Municípios e dos órgãos ou entidades do Poder Público e das empresas por ele controladas,* ***em instituições financeiras oficiais, ressalvados os casos previstos em lei****.*

No âmbito federal, tem-se ainda o Decreto 93.872/1986 por sua vez estabelece que:

> *Art. 1º A realização da receita e da despesa da* ***União far-se-á por via bancária****, em estrita observância ao princípio de unidade de caixa.*
>
> *Art. 2º A* ***arrecadação de todas as receitas da União*** *far-se-á na forma disciplinada pelo Ministério da Fazenda,* ***devendo o seu produto ser obrigatoriamente recolhido à conta do Tesouro Nacional no Banco do Brasil S.A****.*
>
> *§ 1º Para os fins deste decreto, entende-se por receita da União* ***todo e qualquer ingresso de caráter originário ou derivado, ordinário ou extraordinário e de natureza orçamentária ou extraorçamentária****, seja geral ou vinculado, que tenha sido decorrente, produzido ou realizado direta ou indiretamente pelos órgãos competentes.*
>
> *§ 3º* ***A posição líquida dos recursos do Tesouro Nacional no Banco do Brasil S.A. será depositada no Banco Central do Brasil****, à ordem do Tesouro Nacional.*
>
> *Art. 3º Os recursos de caixa do Tesouro Nacional compreendem o produto das receitas da União,* ***deduzidas as parcelas ou cotas-partes dos recursos tributários e de contribuições****, destinadas aos Estados, ao Distrito Federal, aos Territórios e aos Municípios, na forma das disposições constitucionais vigentes.*
>
> *Parágrafo único.* ***O Banco do Brasil S.A. fará o crédito em conta dos beneficiários mencionados neste artigo tendo em vista a apuração e a classificação da receita arrecadada****, bem assim os percentuais de distribuição ou índices de rateio definidos pelos órgãos federais competentes, observados os prazos e condições estabelecidos na legislação específica*

Importante

Caso conste em avaliações a cópia do art. 56 da lei 4320/1964 ou a cópia do art. 2º do Decreto 93.872/1986 deve-se considerar o entendimento totalmente correto.

Porém, no caso federal existem exceções à conta única.

Desse modo, caso se mencione que no âmbito federal existem contas especiais, ou seja, contas em que há recursos público fora da conta única do Tesouro Nacional que ficam depositadas no Banco Central, deve-se considerar esse entendimento também totalmente correto.

Um dos tipos dessas contas especiais se referem as unidades gestoras no exterior (UG - *Offline*) representadas pelas embaixadas do Brasil no mundo. Essas unidades recebem recursos públicos e estão desconectadas da Conta Única.

Conclui-se que no âmbito federal, **todas as receitas da União entram na conta única, porém em alguns casos até a saída efetiva do recurso para pagamento de fornecedores esse recurso é transferido para contas intermediárias, *contas especiais*.**

10. PRINCÍPIO DO EQUILÍBRIO

Chamada 12 do Autor: Princípio do Equilíbrio

O princípio do equilíbrio é um princípio antigo na república e busca garantir que as despesas fixadas não superem as receitas previstas (equilíbrio formal). Na CF/1967 havia o seguinte artigo:

> ***CF/1967***
>
> *Art. 66. O montante da despesa autorizada em cada exercício financeiro não poderá ser superior ao total das receitas estimadas para o mesmo período.*

Tal artigo foi suprimido na CF/1988 pelo inciso III do art. 167, a denominada "regra de ouro" (equilíbrio material):

> ***CF/1988***
>
> *Art. 167. São vedados:*
>
> *[...]*
>
> *III – a realização de operações de créditos que excedam o montante das despesas de capital, ressalvadas as autorizadas mediante créditos suplementares ou especiais com finalidade precisa, aprovados pelo Poder Legislativo por maioria absoluta;*

Assim, as operações de crédito devem ser **menores ou iguais** ao somatório de todas as despesas de capital (investimentos, inversões financeiras e amortização da dívida). Ressalta-se que as operações de créditos se constituem em um dos tipos das receitas de capital (1. **Operações de crédito**, 2. Alienação de bens, 3. Amortização de empréstimos, 4. Transferências de capital, 5. Outras receitas de capital). Antes de iniciar a explicação mais detalhada cabe a apresentação outro artigo importante para análise.

> ***Lei 4.320/1964***
>
> *Art. 3º A lei de orçamentos compreenderá todas as receitas, inclusive as operações de crédito autorizadas em lei.*

Inicialmente deve-se retornar à classificação da receita e da despesa quanto à natureza que foram vistas por nós, respectivamente, nos **princípios da não afetação** e **da especificação**. A partir desse conhecimento, foi elaborada a simulação simplificada a seguir:

Quadro 3.4: Simulação para melhor entendimento do Princípio do equilíbrio

RECEITA		DESPESA	
TÍTULOS	**Previsão (R$)**	**TÍTULOS**	**Fixação (R$)**
Receitas Correntes	**300.000**	**Despesa Corrente**	**250.000**
Tributária	150.000	Pessoal	200.000
Patrimoniais	50.000	Juros	50.000
Contribuições	100.000		
Receitas de Capital	**200.000**	**Despesa de Capital**	**250.000**
Operações de crédito	150.000	Investimentos	125.000
Alienação de bens	50.000	Amortização da Dívida	125.000
SOMA	**500.000**	**SOMA**	**500.000**

Em primeiro lugar, tomando por base o art. 3º da lei 4320/1964, observa-se que o equilíbrio orçamentário pode ser obtido por meio de operações de crédito.

Em segundo lugar, tomando por base o princípio equilíbrio lato sensu (equilíbrio material), observa-se que o mesmo está respeitado, visto que as despesas são superam as receitas. O valor global da LOA é de R$ 500 mil.

Em terceiro lugar, observa-se que o princípio do equilíbrio stricto sendo, a regra de ouro, também foi respeitado, haja vista que as operações de crédito (R$ 150 mil) são menores que todas as despesas de capital (R$ 250 mil). Dessa forma, utilizando nosso exemplo, observa-se que:

Operações de Crédito	Relação	Despesas de Capital
R$ 150.000	< (menor que)	R$ 250.000

Dessa forma, a regra de ouro foi cumprida (equilíbrio material). Ressalta-se que se houvesse R$ 250.000 de operações de crédito, a regra de ouro ainda estaria sendo cumprida. Porém, se houvesse R$ 250.001, a regra de ouro não estaria sendo cumprida.

Nota-se que é possível não cumprir a regra de ouro. Para tanto, faz-se necessário autorização da maioria do legislativo.

7ª Enquete do Autor: Suponha-se com os dados anteriores que tenha-se que abrir um crédito suplementar que seja destinado ao pagamento de pessoal e que a única fonte disponível seja de operações de crédito. Neste caso, até qual valor pode-se abrir um crédito suplementar sem desrespeitar a regra de ouro?

Solução

Até R$ 100.000,00. Isso porque até o valor de R$ 250.000 a regra de ouro é preservada. Como já se utilizou R$ 150.000 de operações crédito, só nos restam R$ 100 mil (R$ 250.000 – R$ 150.000).

Se for aberto um crédito suplementar de 100.001 cuja única fonte seja operações de crédito, a regra de ouro não será cumprida. Este procedimento apesar de descumprir a regra de ouro é possível desde que esse crédito suplementar seja autorizado por maioria absoluta do Legislativo.

Análise Completa

Quando se analisa os casos de desobediência a regra de ouro, chega-se à seguinte conclusão: **é possível sim tomar empréstimos (operações de crédito) para pagar despesas correntes**. Retornando ao exemplo. ***Se fosse tomado R$ 150 mil de operações de crédito e ao invés de aplicar em despesas correntes, fosse tudo aplicado em despesas de capital, a regra de ouro seria afetada?***

Solução: Não.

A seguir consta a análise:

Operações de Crédito	Relação	Despesas de Capital
150.000 + 150.000	< (menor que)	250.000 + 150.000

Conclusão:

Sempre que se tomar novo empréstimo e o mesmo for integralmente destinado a despesas de capital, a regra de ouro nunca será alterada devido a essa operação. Ou seja, se a regra de ouro estava sendo obedecida, ela continuará sendo obedecida, pois o valor aumentado em operações de crédito, coincide com o mesmo valor aumentado e destinado para cobrir despesas de capital.

Assim, **para se quebrar a regra de outro é preciso que os recursos de operações de crédito estejam custeando despesas correntes.**

15ª Questão (Analista Administrativo Cespe 2013): *Julgue o item a seguir:*

Considere que o montante total dos empréstimos realizados por determinado município tenha sido igual às despesas de capital fixadas no orçamento municipal para o exercício financeiro em execução. Nessa situação, caso o município precise realizar mais uma operação de crédito, sem alterar o total das despesas de capital, somente poderá fazê-la se for aprovado pela câmara de vereadores, por maioria absoluta, um crédito suplementar ou especial com finalidade precisa.

16ª Questão (MPU Economista Cespe 2010): *Julgue o item a seguir:*

Todas as receitas devem ser recolhidas em estrita observância ao princípio de unidade de tesouraria, vedada qualquer fragmentação para criação de caixas especiais.

17ª Questão (TJ-CE Analista Administrativo Cespe 2014): *Julgue o item a seguir:*

O princípio do equilíbrio não costuma ser observado no Brasil, visto que o orçamento fiscal geralmente é deficitário.

18ª Questão (Câmara dos Deputados Consultor Cespe 2014): *Julgue o item a seguir:*

O equilíbrio entre receitas e despesas é parte integrante das discussões orçamentárias, sendo este um assunto normatizado exclusivamente pela LDO.

Solução

15. Certo, se as operações de crédito são iguais despesas de capital, a regra de ouro está sendo observada, mas está no limite máximo. Se vai se contratar nova operação de crédito e as despesas de capital não vão ser alteradas, é porque essa operação de crédito vai custear despesas correntes e vai ser necessário quebrar a regra de ouro. Logo vai ser necessária maioria absoluta do legislativo.

16. Certo, como foi a cópia do artigo 56 da lei 4320/1964 e não houve menção especifica a conta única do tesouro está tudo certo.

17. Errado, ele deve ser observado. Além disso, o orçamento fiscal possui superávit que é usado para cobrir o orçamento da seguridade social.

18. Errado, o equilíbrio é normatizado pelo menos na CF/1988, na Lei de Responsabilidade Fiscal e na LDO.

Gabarito:

15. **Certo**
16. **Certo**
17. **Errado**
18. **Errado**

11. PRINCÍPIO DA PROIBIÇÃO DO ESTORNO

O princípio da proibição do estorno visa impedir que o chefe do Executivo altere de forma discricionária em a devida autorização do Legislativo as classificações da despesa.

No âmbito federal, quando da publicação da LOA acompanham em anexo as despesas orçamentárias discriminadas nas 9 (nove) classificações oficiais.

Ou seja, este princípio estabelece que após a aprovação e publicação da LOA, o Executivo em regra não pode alterar de forma discricionária a classificação dessas dotações.

A CF/1988 estabelece que:

> ***CF/1988***
>
> *Art. 167. São vedados:*
>
> *VI – **a transposição, o remanejamento ou a transferência de recursos** de uma categoria de programação para outra ou de um órgão para outro, sem prévia autorização legislativa;*
>
> *§ 5º A transposição, o remanejamento ou a transferência de recursos de uma categoria de programação para outra poderão ser admitidos, **no âmbito das atividades de ciência, tecnologia e inovação**, com o objetivo de viabilizar os resultados de projetos restritos a essas funções, mediante ato do Poder Executivo, **sem necessidade da prévia autorização legislativa prevista no inciso VI deste artigo**. (Incluído pela Emenda Constitucional nº 85, de 2015)*

Inicialmente, pelo disposto na CF/1988 observa-se que a transposição, o remanejamento ou a transferência de recursos são formas de se alterar as classificações orçamentárias da despesa na LOA. Mas qual a diferença entre elas?

Quadro 3.5: Diferenças entre transposição, remanejamento e transferência

Termo	Conceito	Classificação alterada
Remanejamento	São realocações na organização de um ente público, com destinação de recursos de um órgão para outro.	Institucional
Transposição	São realocações no âmbito dos programas de trabalho, dentro do mesmo órgão.	Programática
Transferência	São realocações de recursos entre as categorias econômicas de despesas, dentro do mesmo órgão e do mesmo programa de trabalho.	Natureza da Despesa

Por fim, a própria CF/1988 já estabeleceu ***no âmbito federal*** que tais institutos podem se dar sem prévia autorização legislativa no âmbito das atividades de ciência, tecnologia e inovação, com o objetivo de viabilizar os resultados de projetos restritos a essas funções.

12. PRINCÍPIO DA LEGALIDADE OU RESERVA LEGAL

O princípio da legalidade indica que as ferramentas de planejamento orçamentário dos entes federativos, para apresentarem eficácia e legitimidade, requerem formalidade legal.

Em qualquer ramo do Direito a formalização de invocações ou alterações no ordenamento jurídico da matéria deve-se em regra ocorrer por meio de Lei. No Direito Orçamentário e Financeiro não é diferente, porém temos exceções.

Inicialmente a CF/1988 define em diversos artigos que:

> *Art. 84. Compete* ***privativamente ao Presidente da República****:*
>
> *[...]*
>
> *XXIII – enviar ao Congresso Nacional o plano plurianual, o projeto de lei de diretrizes orçamentárias e as propostas de orçamento previstos nesta Constituição.*
>
> *Art. 48.* ***Cabe ao Congresso Nacional, com a sanção do Presidente da República****, não exigida esta para o especificado nos arts. 49, 51 e 52, dispor sobre todas as matérias de competência da União, especialmente sobre:*
>
> *[...]*
>
> *II – plano plurianual, diretrizes orçamentárias, orçamento anual, operações de crédito, dívida pública e emissões de curso forçado.*
>
> *Art. 68[...]*
>
> *§ 1º –* ***Não serão objeto de delegação*** *os atos de competência exclusiva do Congresso Nacional, os de competência privativa da Câmara dos Deputados ou do Senado Federal, a matéria reservada à lei complementar,* ***nem a legislação sobre****:*
>
> *[...]*
>
> *III– planos plurianuais, diretrizes orçamentárias e orçamentos.*
>
> *Art. 62. [...]*
>
> *§ 1º* ***É vedada a edição de medidas provisórias sobre matéria:***
>
> *I-Relativa a: [...]*
>
> *d) planos plurianuais, diretrizes orçamentárias, orçamento e créditos adicionais e suplementares,* ***ressalvado o previsto no art. 167, § 3º****.*
>
> *Art. 167 [...]*
>
> *§ 3º –* ***A abertura de crédito extraordinário somente será admitida para atender a despesas imprevisíveis e urgentes****, como as decorrentes de guerra, comoção interna ou calamidade pública,* ***observado o disposto no art. 62****.*

A partir do disposto na Legislação Federal, foi elaborado o Quadro resumo a seguir:

Quadro 3.6: Instrumentos formais de orçamento no âmbito federal

Instrumento de Planejamento	Instrumento Formal
Plano Plurianual	Lei Ordinária
Lei de Diretrizes Orçamentárias	Lei Ordinária

Instrumento de Planejamento	Instrumento Formal
Lei Orçamentária Anual	Lei Ordinária
Crédito Suplementar	Lei Ordinária ou Decreto (neste caso, se estiver no limite do princípio da exclusividade)
Crédito Especial	Lei Ordinária
Crédito Extraordinário	Medida Provisória

A outra vertente do princípio da legalidade aplicada ao orçamento somente autoriza o administrador público realizar despesas que estão aprovadas na lei orçamentária.

13. PRINCÍPIO DA PUBLICIDADE

Princípio básico da atividade da administração pública no regime democrático que está previsto pelo caput do art. 37 da Magna Carta de 1988.

> ***CF/1988***
>
> *Art. 37. A administração pública direta e indireta de qualquer dos Poderes da União, dos Estados, do Distrito Federal e dos Municípios obedecerá aos princípios de legalidade, impessoalidade, moralidade,* ***publicidade*** *e eficiência e, também, ao seguinte:*

Justifica-se especialmente pelo fato de o orçamento ser fixado em lei, sendo esta a que autoriza aos Poderes a execução de suas despesas.

14. PRINCÍPIO DA CLAREZA

Trata-se de princípio orçamentário clássico segundo o qual a Lei Orçamentária deve ser estruturada por meio de categorias e elementos que facilitem sua compreensão até mesmo por pessoas de limitado conhecimento técnico no campo das finanças públicas.

Ao cumprir múltiplas funções - algumas não técnicas - o orçamento deve ser apresentado em linguagem clara e compreensível a todas aquelas pessoas que, por força de ofício ou por interesse, precisam manipulá-lo.

15. PRINCÍPIO DA EXATIDÃO

Trata-se de princípio orçamentário, de natureza complementar, segundo o qual as estimativas orçamentárias devem ser tão exatas quanto possível, a fim de dotar o Orçamento da consistência necessária para que esse possa ser empregado como instrumento de gerência, de programação e de controle.

16. PRINCÍPIO DA UNIFORMIDADE

Para que cada orçamento não tenha uma estrutura distinta, um padrão deverá ser obedecido. Deve ser adotada uma estrutura que permita a comparação ao longo dos exercícios financeiros.

17. PRINCÍPIO DA TRANSPARÊNCIA

Aplica-se ao orçamento público, pelas disposições contidas nos arts. 48, 48-A e 49 da Lei de Responsabilidade Fiscal – LRF, que determinam ao governo, por exemplo: divulgar o orçamento público de forma ampla à sociedade; publicar relatórios sobre a execução orçamentária e a gestão fiscal; disponibilizar, para qualquer pessoa, informações sobre a arrecadação da receita e a execução da despesa.

> *Art. 48.* ***São instrumentos de transparência da gestão fiscal, aos quais será dada ampla divulgação, inclusive em meios eletrônicos de acesso público****: os planos, orçamentos e leis de diretrizes orçamentárias; as prestações de contas e o respectivo parecer prévio; o Relatório Resumido da Execução Orçamentária e o Relatório de Gestão Fiscal; e as versões simplificadas desses.*
>
> *Parágrafo único. A transparência será assegurada também mediante: (Redação dada pela Lei Complementar nº 131, de 2009).*
>
> *I –* ***incentivo à participação popular e realização de audiências públicas****, durante os processos de elaboração e discussão dos planos, lei de diretrizes orçamentárias e orçamentos; (Incluído pela Lei Complementar nº 131, de 2009).*
>
> *II – liberação ao pleno conhecimento e acompanhamento da sociedade, em tempo real, de informações pormenorizadas sobre a execução orçamentária e financeira, em meios eletrônicos de acesso público; e (Redação dada pela Lei Complementar nº 156, de 2016)*
>
> *III –* ***adoção de sistema integrado de administração financeira e controle****, que atenda a padrão mínimo de qualidade estabelecido pelo Poder Executivo da União e ao disposto no art. 48-A. (Incluído pela Lei Complementar nº 131, de 2009).*
>
> *§ 2º A União, os Estados, o Distrito Federal e os Municípios* ***disponibilizarão suas informações e dados contábeis, orçamentários e fiscais*** *conforme periodicidade, formato e sistema estabelecidos pelo órgão central de contabilidade da União, os quais deverão ser divulgados em meio eletrônico de amplo acesso público. (Incluído pela Lei Complementar nº 156, de 2016)*
>
> *§ 3 Os* ***Estados, o Distrito Federal e os Municípios*** *encaminharão ao Ministério da Fazenda, nos termos e na periodicidade a serem definidos em instrução específica deste órgão,* ***as informações necessárias para a constituição do registro eletrônico centralizado e atualizado das dívidas públicas interna e externa****, de que trata o § 4º do art. 32. (Incluído pela Lei Complementar nº 156, de 2016)*
>
> *§ 4º A inobservância do disposto nos §§ 2º e 3º ensejará as penalidades previstas no § 2º do art. 51. (Incluído pela Lei Complementar nº 156, de 2016)*
>
> *§ 5º Nos casos de envio conforme disposto no § 2º, para todos os efeitos, a União, os Estados, o Distrito Federal e os Municípios cumprem o dever de ampla divulgação a que se refere o caput. (Incluído pela Lei Complementar nº 156, de 2016)*

> *§ 6º Todos os Poderes e órgãos referidos no art. 20, incluídos autarquias, fundações públicas, empresas estatais dependentes e fundos, do ente da Federação devem utilizar sistemas únicos de execução orçamentária e financeira, mantidos e gerenciados pelo Poder Executivo, resguardada a autonomia.*
>
> *Art. 48-A. Para os fins a que se refere o inciso II do parágrafo único do art. 48, os entes da Federação* ***disponibilizarão a qualquer pessoa física ou jurídica*** *o acesso a informações referentes a: (Incluído pela Lei Complementar nº 131, de 2009).*
>
> *I – quanto à despesa: todos os atos praticados pelas unidades gestoras no decorrer da execução da despesa, no momento de sua realização, com a disponibilização mínima dos dados referentes ao número do correspondente processo, ao bem fornecido ou ao serviço prestado, à pessoa física ou jurídica beneficiária do pagamento e, quando for o caso, ao procedimento licitatório realizado; (Incluído pela Lei Complementar nº 131, de 2009).*
>
> *II – quanto à receita: o lançamento e o recebimento de toda a receita das unidades gestoras, inclusive referente a recursos extraordinários. (Incluído pela Lei Complementar nº 131, de 2009).*
>
> *Art. 49.* ***As contas apresentadas pelo Chefe do Poder Executivo ficarão disponíveis, durante todo o exercício****, no respectivo Poder Legislativo e no órgão técnico responsável pela sua elaboração, para consulta e apreciação pelos cidadãos e instituições da sociedade.*

Assim, observa-se que a LRF e atualizações posteriores promove a transparência ativa ao fornecer informações sobre receita, despesa e dívida pública interna e externa. Essa transparência permite o controle da administração e o controle social.

18. PRINCÍPIO DA PROGRAMAÇÃO

É o princípio que decorrente da evolução das funções orçamentárias relacionadas com a implantação do orçamento-programa, fundamenta-se na obrigatoriedade de se especificarem os gastos por meio de programas de trabalho que permitem a identificação dos objetivos e metas a serem atingidos. Tal tema será aprofundado no capítulo 4.

19ª Questão (Ministério das Minas e Energia Assistente financeiro Cespe 2013): *Julgue o item a seguir:*

O princípio da uniformidade prevê que a LOA apresente e conserve uma estrutura que permita a comparação ao longo dos diversos exercícios e mandatos.

20ª Questão (TRE-ES Contador Cespe 2011): *Julgue o item a seguir:*

O superdimensionamento das solicitações de dotações orçamentárias é uma prática muito comum. Além de comprometer o princípio da exatidão, tal prática provoca a ruptura do equilíbrio, por pressupor a exigência de uma receita maior que a necessária.

21ª Questão (ANAC Analista Cespe 2012): *Julgue o item a seguir:*

De acordo com o princípio da clareza, a LOA deve ser elaborada em linguagem compreensível a todos os interessados.

22ª e 23ª Questões (TCU AUFC Cespe 2011): *Julgue os itens que se seguem, a respeito dos princípios orçamentários.*

22. Como parte integrante do processo orçamentário, o PPA deve obedecer ao princípio da universalidade.

23. Entre as três leis ordinárias previstas pela CF para dispor sobre orçamento, somente a LOA é obrigada a observar o princípio da especificação.

Solução

19. Certo, deve ser adotada uma estrutura que permita a comparabilidade.

20. Certo, esta é uma das consequências da inobservância do princípio da exatidão.

21. Certo, deve-se buscar uma linguagem cidadã.

22. Errado, o PPA não contempla todas as receitas e despesas orçamentárias.

23. Certo, de todos os princípios na visão desse autor se aplicam ao PPA e LDO: publicidade, transparência e reserva legal.

Gabarito:

19. **Certo**
20. **Certo**
21. **Certo**
22. **Errado**
23. **Certo**

19. QUADRO RESUMO DOS PRINCÍPIOS

Princípio	Palavras-chave	Exceções
1. Princípio da Unidade	A LOA é uma só.	Não.
2. Princípio da Anualidade ou periodicidade	O exercício financeiro coincide com o ano civil.	Créditos especiais e extraordinários abertos nos últimos 4 meses, podem ser reabertos nos limites dos saldos.
3. Princípio da Universalidade	Todas as receitas e despesas públicas devem constar na LOA.	Se utilizar o termo receita e despesa pública em sentido estrito não tem exceção. Se utilizar o termo ingresso ou dispêndio sentido lato, há exceção: as receitas e despesas extraorçamentárias.

Princípio	Palavras-chave	Exceções
4. Princípio do Orçamento Bruto	As receitas e despesas orçamentárias devem constar pelos seus totais.	Não.
5. Princípio da Exclusividade	Não se admite matéria estranha na LOA.	Autorização para abrir créditos suplementares e autorização contratar operação de crédito inclusive ARO.
6. Princípio da Não Afetação	No Brasil, em regra, não se pode vincular receitas de impostos.	Transferências constitucionais, despesas com saúde, despesas com educação, despesas com administração tributária e garantias a operações de crédito e ARO.
7. Princípio da Especificação	Em regra, não se pode ter dotações globais.	Programas especiais de trabalho classificados em investimentos e reserva de contingência.
8. Princípio da Unidade de caixa	Os recursos dos entes devem respeitar a unidade de caixa	Não.
9. Princípio do Equilíbrio	As operações de crédito não podem superar a despesas de capital.	Créditos suplementares e especiais aprovados por maioria absoluta do legislativo.
10. Princípio da Proibição do estorno	Em regra, é vedado o remanejamento, a transposição e a transferência de recursos sem prévia autorização legislativa.	Na União admite-se nas atividades de ciência, tecnologia e inovação.
11. Princípio da Legalidade ou Reserva Legal	A regra é a lei ordinária.	Admite-se decreto em créditos suplementares e medida provisória em créditos extraordinários.
12. Princípio da Publicidade	Para ser dar eficácia deve-se publica as leis orçamentárias.	Não.
13. Princípio da Clareza	O orçamento deve ser elaborado em linguagem compreensível.	Não.
14. Princípio da Exatidão	Não se admite superestimava ou subestimativa da receita ou da despesa.	Não.

Princípio	Palavras-chave	Exceções
15. Princípio da Uniformidade	Deve-se adotar uma estrutura que permita a comparação ao longo dos anos.	Não.
16. Princípio da Transparência	Deve-se dar acesso a qualquer pessoa sobre a execução do orçamento.	Não.
17. Princípio da Programação	Fundamenta-se na obrigatoriedade de se especificarem os gastos por meio de programas de trabalho que permitem a identificação dos objetivos e metas a serem atingidos.	Não.

20. LISTA DE QUESTÕES OBJETIVAS

1ª Questão (CGU AFFC ESAF 2012): *A transparência do processo orçamentário, possibilitando a fiscalização pela sociedade, pelos órgãos de controle e pelo Congresso Nacional, é conferida especialmente pelo seguinte princípio orçamentário:*

a) Publicidade.

b) Universalidade.

c) Unidade (Totalidade).

d) Exclusividade.

e) Transparência (Especificação ou Especialização).

Solução

A questão trata de transparência que permite o controle da administração e o controle social, consta na opção E. A questão deveria ter sido anulada, pois especificação não tem relação com transparência, mas com vedação a dotações globais.

Gabarito: **E**

2ª Questão (CGU AFFC ESAF 2012): *Segundo disposição da Constituição Federal, são* **exceções** *ao princípio orçamentário da Não Afetação da Receita:*

a) os Fundos de Participação dos Estados e dos Municípios, as despesas de pessoal, as despesas com a saúde até o limite constitucional.

b) os Fundos de Participação dos Estados e dos Municípios, Fundos de Desenvolvimento do Norte, Nordeste e Centro-Oeste e garantias às operações de crédito por antecipação de receita.

c) as despesas obrigatórias de pessoal, as despesas obrigatórias da saúde e as transferências constitucionais.

d) apenas as transferências constitucionais e legais destinadas aos municípios.

e) despesas relacionadas à dívida externa, à despesa com pessoal e transferências para a saúde desvinculadas pela DRU.

Solução

As exceções são apenas estas: Transferências constitucionais, despesas com saúde, despesas com educação, despesas com administração tributária e garantias a operações de crédito e ARO. Gabarito: B.

Gabarito: **B**

3ª Questão (TCE-ES Auditor Ciências Contábeis Cespe 2013): *Com relação aos princípios orçamentários, assinale a opção correta.*

a) O princípio da não afetação da receita vincula as receitas a partir da aplicação dos mecanismos de desvinculação das receitas da União (DRU).

b) De acordo com o princípio da periodicidade, as previsões de receitas e despesas referem-se a um período determinado de tempo (quatro anos), conforme o PPA.

c) O princípio da legalidade indica que as ferramentas de planejamento orçamentário dos entes federativos, para apresentarem eficácia e legitimidade, requerem formalidade legal.

d) De acordo com o princípio da totalidade, a lei orçamentária deve conter três orçamentos independentes entre si: o fiscal, o da seguridade social e o dos investimentos em empresas estatais.

e) O princípio do orçamento bruto estabelece que todas as receitas previstas e as despesas fixadas das entidades da administração direta e indireta de um ente federativo, inclusive as entidades não dependentes, devem estar contidas em uma só lei orçamentária.

Solução

a) Errado, a DRU após a emenda constitucional 93/2016 desvincula 30% das receitas de contribuições sociais, contribuições de intervenção no domínio econômico e taxas.

b) Errado, pois de acordo com o princípio da periodicidade, as previsões de receitas e despesas referem-se a um período determinado de tempo equivalente a um exercício.

c) Certo, sem comentários adicionais.

d) Errado, pois os três orçamentos (fiscal, o da seguridade social e o dos investimentos em empresas estatais) são integrados e interligados entre si.

e) Errado, seria o princípio da universalidade que estabelece as receitas previstas e as despesas fixadas das entidades da administração direta e indireta de um ente federativo, inclusive as entidades não dependentes, devem estar contidas em uma só lei orçamentária. Porém, no caso das empresas estatais não dependentes só constam na LOA as despesas com investimento, ficando de fora as despesas operacionais, por exemplo.

Gabarito: **C**

4ª Questão (TCE-ES Auditor Direito Cespe 2013): *Apesar de entre os princípios constitucionais que regem a elaboração da proposta orçamentária pelo Estado incluir-se o da não vinculação da receita de impostos, a Constituição Federal permite ao Estado vincular parcela da receita de impostos*

a) ao pagamento de servidores públicos comissionados.
b) a despesas imprevisíveis e urgentes, como calamidades públicas.
c) a um programa de apoio à inclusão e promoção educacional.
c) à aquisição de equipamentos para a segurança pública.
e) à construção de estradas.

Solução

Seriam 5 exceções: Transferências constitucionais, despesas com saúde, despesas com educação, despesas com administração tributária e garantias a operações de crédito e ARO. Gabarito C, que se refere a um programa educacional.

Gabarito: **C**

5ª Questão (ANCINE Analista Área 1 Cespe 2013): *Julgue o item a seguir.*

5. A abertura de créditos suplementares e a contratação de operações de crédito, ainda que por antecipação de receita, contraria o princípio da exclusividade.

Solução

Errado, A abertura de créditos suplementares e a contratação de operações de crédito, ainda que por antecipação de receita são exceções, mas não contrariam o princípio.

Gabarito: **Errado**

6ª e 7ª Questões (Analista Infraestrutura 2013 BACEN): *Julgue os itens a seguir.*

6. É vedada a vinculação de receita de qualquer espécie a órgão, fundo ou despesa, ressalvados os casos autorizados na Constituição Federal.

7. O princípio do orçamento bruto, que é decorrente da evolução das funções orçamentárias relacionadas com a implantação do orçamento-programa, fundamenta-se na obrigatoriedade de se especificarem os gastos por meio de programas de trabalho que permitem a identificação dos objetivos e metas a serem atingidos.

Solução

6. Errado, o que se veda na CF/1988 é a vinculação da receita de impostos e não das receitas em geral.

7. Errado, o princípio do orçamento-bruto tem relação com o fato das receitas e despesas na LOA constarem pelos seus totais vedadas quaisquer reduções. O princípio citado seria o princípio da programação.

Gabarito:

6. **Errado**

7. **Errado**

8ª a 10ª Questões (FUB-DF Auxiliar Administrativo Cespe 2013): *Acerca dos princípios que norteiam o orçamento público, julgue os próximos itens.*

8. O princípio da universalidade permite que o Poder Legislativo exerça um controle mais eficaz sobre todos os ingressos e dispêndios a serem administrados pelo ente público.

9. O princípio da uniformidade determina a existência de um único orçamento para cada ente da Federação, que contemple todas as receitas previstas e despesas fixadas das entidades da administração direta e indireta.

10. Conforme o princípio do equilíbrio orçamentário, a execução financeira deve desenvolver-se independentemente da execução orçamentária e da programação de desembolso.

Solução

8. Certo, o princípio da universalidade permite, não garante. Apesar das receitas e despesas extraorçamentárias estarem fora desse controle, a banca considerou certo.

9. Errado, o princípio da uniformidade estabelece que a LOA deve possuir estrutura comparável. Os conceitos citados na assertiva referem-se ao princípio da universalidade com a ressalva de que as despesas das empresas operacionais estatais independentes estão fora da LOA.

10. Errado, pelo princípio do equilíbrio deve-se compatibilizar a programação orçamentária com a financeira a fim de evitar a contratação de ARO.

Gabarito:

8. **Certo**

9. **Errado**

10. **Errado**

11ª a 13ª Questões (FUB-DF Auxiliar Administrativo Cespe 2013): *Ainda a respeito dos princípios que norteiam o orçamento público, julgue os seguintes itens.*

11. A discriminação ou especialização orçamentária consiste na priorização das metas incrementais em detrimento daquelas já constituídas em exercícios anteriores.

12. O princípio da publicidade determina que o conteúdo da lei orçamentária seja divulgado pelos veículos oficiais de comunicação e divulgação, para efeito de conhecimento público, eficácia e validade de seu teor.

13. O princípio da unidade orçamentária é reforçado pelo princípio da unidade de caixa, segundo o qual todas as receitas e despesas convergem para um fundo geral, denominado conta única.

Solução

11. Errado, o princípio da discriminação determina que são vedadas dotações globais.

12. Certo, deve ser publicado na imprensa oficial e dado conhecimento ao público.

13. Certo, um princípio reforça o outro. Se tem uma única LOA, facilita ter um único caixa e vice-versa.

Gabarito:

11. **Errado**
12. **Certo**
13. **Certo**

14ª Questão (DNIT Analista ESAF 2013): *A respeito do princípio orçamentário da exclusividade, é correto afirmar:*

a) determina que na Lei Orçamentária Anual sejam incluídas somente matérias relacionadas à fixação da despesa e à previsão da receita, além das orientações para as modificações na lei tributária.

b) exige que a Lei Orçamentária Anual não contenha matéria estranha à previsão da receita e à fixação despesa, exceto a autorização para abertura de créditos adicionais e a contratação de operações de crédito.

c) trata-se de conceito relacionado à proibição de que o orçamento de uma esfera de governo contenha matéria orçamentária de outras esferas.

d) está relacionado à competência exclusiva do Congresso Nacional em legislar sobre matéria orçamentária e à fixação dos gastos do governo.

e) está relacionado com a competência exclusiva do chefe do poder executivo em enviar ao poder legislativo a proposta de lei orçamentária anual.

Solução

a) Errado, apenas 2 itens podem estar na LOA além da previsão da receita e da despesa: a autorização para a abertura de créditos suplementares e contratação de operações de crédito, ainda que por antecipação de receita. Orientar modificação na LOA não consta na LOA, mas na LDO.
b) Certo, apenas 2 itens podem estar na LOA além da previsão da receita e da despesa: a autorização para a abertura de créditos suplementares e contratação de operações de crédito, ainda que por antecipação de receita.
c) Errado, este conceito estaria mais para unidade.
d) Errado, a competência para fixação dos gastos é do Executivo.
e) Errado, a afirmação está até certa em termos conceituais, mas não tem relação com o princípio da exclusividade.

Gabarito: **B**

15ª Questão (TRT-18ª Região Analista FCC 2013): *A elaboração do Orçamento Público deve basear-se em alguns princípios que o tornam mais transparente, facilitando seu controle e avaliação. Dentre os princípios orçamentários, inclui-se o princípio*

a) da universalidade, segundo o qual o orçamento deve ser aplicável a todos os órgãos da Administração direta e indireta, indistintamente.
b) da periodicidade, segundo o qual o orçamento deve ser reelaborado, periodicamente, a cada término de mandato eletivo.
c) da anualidade, segundo o qual a fixação de despesas deve ser alterada anualmente.
d) do equilíbrio, segundo o qual deve haver certa equidade orçamentária entre os Estados da Federação.
e) da unidade, segundo o qual cada ente federado deve ter apenas um orçamento.

Solução

a) Errado, universalidade tem relação com todas as receitas e despesas públicas na LOA.
b) Errado, periodicidade/anualidade tem relação com o fato do exercício financeiro com o ano civil.
c) Errado, periodicidade/anualidade tem relação com o fato do exercício financeiro com o ano civil.
d) Errado, equilíbrio tem relação com as despesas não superarem as receitas e com a regra de ouro.
e) Certo, existe uma LOA para União, uma para cada Estado e uma para cada Município.

Gabarito: **E**

16ª Questão (TRE-RO Analista FCC 2013): *Após cassação do prefeito de Lindolândia, o vice-prefeito ao assumir a prefeitura encaminhou à Câmara Municipal proposta orçamentária, para um período de 12 meses, 01/07/2013 a 30/06/2014, prevendo receitas e fixando despesas no total de R$ 950.000,00. Com relação aos princípios orçamentários, é correto afirmar que a proposta orçamentária NÃO atende ao princípio da*

a) prudência
b) anualidade
c) exclusividade
d) universalidade
e) unidade

Solução

A prefeitura desrespeitou o princípio da anualidade que determina que o ano financeiro coincide com o ano civil.

Gabarito: **B**

17ª Questão (MP-MT Analista FCC 2013): *No que tange aos princípios orçamentários, considere:*

I. O princípio da unidade orçamentária significa que o orçamento deve ser elaborado em documento único, ou seja, em um só orçamento, conforme dispõe a Constituição Federal.

II. As leis orçamentárias devem prever todas as receitas e despesas dos Poderes, dos órgãos, dos fundos e entidades da Administração.

III. De acordo com o princípio da exclusividade, a Lei Orçamentária Anual não conterá dispositivo estranho à previsão da receita e à fixação da despesa, não se incluindo na proibição a autorização para abertura de créditos suplementares e contratação de operações de crédito, ainda que por antecipação de receita, nos termos da lei.

IV. A Constituição Federal determina que seja observado o princípio da não afetação ou não vinculação, ou seja, o princípio que veda a vinculação de receita de impostos a órgão, fundo ou despesa, excluindo-se dessa disposição tão somente a destinação de recursos para as ações e serviços públicos de saúde e para manutenção e desenvolvimento do ensino.

Está correto o que se afirma APENAS em:

a) I e II.
b) II e III.
c) III e IV.
d) I e IV.
e) II e IV.

Solução

I. Errado. Entendo que a banca quis dizer que dentro da LOA existem 3 orçamentos em um: fiscal, seguridade e investimento. Mas a questão foi mal formulada.

II. Certo, pois seguiu a literalidade da lei 4320/1964. O princípio da universalidade gera essas controvérsias, pois é sabido que as receitas e despesas extraorçamentárias estão fora da LOA.

III. Certo, são duas as exceções ao princípio da exclusividade.

IV. Errado, além de saúde e ensino existem mais 3 exceções: transferências constitucionais, despesas como administração tributária e garantias as ARO.

Gabarito: **B**

18ª Questão (TRT 14ª Região Analista FCC 2013): *O orçamento do TRT da 15° Região previu dotações globais para custear programas especiais de trabalho que, por sua natureza, não podem ser cumpridas subordinadamente às normas gerais da execução da despesa. Esse fato representa exceção ao princípio orçamentário da*

a) Unidade.
b) Universalidade.
c) Exclusividade.
d) Especificação.
e) Periodicidade.

Solução

O uso da dotação global: programas especiais de trabalho é exceção ao princípio da especificação.

Gabarito: **D**

19ª Questão (ALE-MT Consultor FGV 2013): *Os princípios orçamentários objetivam assegurar o cumprimento dos fins a que se propõe o orçamento, são premissas, linhas norteadoras de ação a serem observadas. Quanto à determinação para que todas as receitas e despesas constem da Lei Orçamentária Anual pelos seus totais, vedando quaisquer deduções, estar-se referindo ao princípio orçamentário*

a) do orçamento bruto
b) da exclusividade
c) da unidade
d) da anualidade
e) do equilíbrio

Solução

Seria princípio do orçamento-bruto.

Gabarito: **A**

20ª Questão (ALE-MT Consultor FGV 2013): *Correlacione os princípios orçamentários apresentados a seguir com as respectivas definições.*

1. Anualidade
2. Unidade
3. Universalidade
4. Exclusividade
5. Equilíbrio

( ) todas as receitas e despesas devem constar da LOA pelos valores totais

( ) refere-se à periodicidade do orçamento

( ) atende a política fiscal definida pela LC 101/00

( ) os orçamentos fiscal, de seguridade social e de investimentos são aprovados juntos na LOA

( ) somente receitas e despesas devem constar da LOA

Assinale a alternativa que apresenta a sequência correta, de cima para baixo.

a) 2 - 1 - 5 - 3 - 4

b) 3 - 1 - 5 - 2 - 4

c) 3 - 5 - 1 - 4 - 2

d) 4 - 1 - 2 - 3 - 5

e) 4 - 5 - 1 - 2 - 3

Solução

( ) todas as receitas e despesas devem constar da LOA pelos valores totais
Universalidade.

( ) refere-se à periodicidade do orçamento
Anualidade.

( ) atende a política fiscal definida pela LC 101/00
Equilíbrio.

( ) os orçamentos fiscal, de seguridade social e de investimentos são aprovados juntos na LOA
Unidade.

( ) somente receitas e despesas devem constar da LOA
Exclusividade.

Gabarito: **B**

21ª Questão (ALE-MT Consultor FGV 2013): *Sobre os princípios orçamentários, analise as afirmativas a seguir.*

I. O princípio da universalidade é completado pela regra do orçamento bruto, pela qual estão vedadas quaisquer deduções para a elaboração da lei orçamentária.

II. O princípio da exclusividade faz parte do quadro normativo orçamentário, já que neste é possível a abertura de créditos suplementares e contratação de operações de crédito, ainda que por antecipação da receita.

III. O princípio da periodicidade ou anualidade estabelece que o orçamento público deve ser elaborado por um período de tempo, determinação criada com o objetivo de detalhar as ações de cada unidade federativa.

IV. O princípio do equilíbrio orçamentário entre receitas e despesas públicas ganhou força em decorrência da Lei de Responsabilidade Fiscal que estabelece, como premissa básica, o equilíbrio das contas públicas.

Assinale:

a) se somente as afirmativas I e IV estiverem corretas.
b) se somente as afirmativas II e IV estiverem corretas.
c) se somente as afirmativas I e III estiverem corretas.
d) se somente as afirmativas III e IV estiverem corretas.
e) se somente as afirmativas II e III estiverem corretas.

Solução

I. Certo.

II. Errado. Discordo o gabarito, questão mal formulada, pois os 2 itens são exceções ao princípio.

III. Errado, que tem o objetivo de detalhar as ações de cada unidade federativa seria o princípio da especificação.

IV. Certo. O princípio do equilíbrio é suportado pela CF/1988, pela LRF e pela LDO.

Gabarito: **A**

22ª Questão (SEGEP-MA Analista FGV 2014): *Na Lei Orçamentária Anual do Ente constou um artigo autorizando a abertura de créditos adicionais ao orçamento até determinado valor. Este caso constitui uma exceção ao descumprimento do princípio orçamentário da*

a) prudência
b) legalidade
c) legitimidade
d) exclusividade
e) oportunidade

Solução

Seria princípio da exclusividade.

Gabarito: **D**

23ª Questão (SEGEP-MA Analista FGV 2014): *A Lei Orçamentária Anual, na forma prevista no Art. 2º da Lei n. 4320/64, obedecerá aos seguintes princípios orçamentários:*

a) unidade, exclusividade e compreensibilidade.
b) unidade, legalidade e continuidade.
c) unidade, materialidade e entidade.
d) unidade, legitimidade e economicidade.
e) unidade, universalidade e anualidade.

Solução

Conforme consta na Lei 4320/1964: Art. 2º A Lei do Orçamento conterá a discriminação da receita e despesa de forma a evidenciar a política econômica financeira e o programa de trabalho do Governo, obedecidos os princípios de unidade, universalidade e anualidade.

Gabarito: **E**

24ª Questão (Prefeitura do Recife Auditor FGV 2014): *Determinado Chefe do Poder Executivo, preocupado em obedecer ao princípio orçamentário da unidade, solicita esclarecimentos de como deve apresentar suas receitas e despesas. Sobre tal dúvida, assinale a opção correta.*

a) A obediência ao princípio da unidade requer a apresentação do orçamento em um só documento.
b) O orçamento deve contemplar os valores líquidos das despesas e receitas do Estado.
c) Os orçamentos fiscal, de investimento e de seguridade social devem ser harmônicos entre si.
d) O princípio em comento obriga que, na peça orçamentária, só se possa tratar de receitas e despesas públicas.
e) O orçamento em deve prever o remanejamento de recursos, para fazer face à carência de verbas em determinada dotação.

Solução

a) Errado, discordo, pois no entendimento do autor a assertiva quis dizer que existem 3 orçamentos em 1, mas questão mal formulada.
b) Errado, pois contraria o princípio do orçamento-bruto.
c) Certo, sem comentários adicionais.

d) Errado, seria o princípio da exclusividade.

e) Errado, pela proibição do estorno, a regra é que não cabe remanejamento.

Gabarito: **C**

25ª Questão (TRT 19ª Região Analista FCC 2014): *O princípio orçamentário da especificação, também denominado discriminação ou especialização, veda a consignação na Lei Orçamentária Anual - LOA de dotações globais destinadas a atender indiferentemente as despesas com pessoal, transferências ou quaisquer outras. Alguns tipos de dotação de despesa, todavia, podem ser previstos de forma global, como é o caso da destinada a*

a) licitações
b) convênios
c) encargos sociais
d) reserva de contingência
e) aposentadoria

Solução

As duas dotações globais conhecidas são: programas especiais de trabalho de investimentos e reserva de contingência.

Gabarito: **D**

26ª Questão (TRT 19ª Região Analista FCC 2014): *Os débitos de tesouraria compõem a dívida flutuante e são resultantes de operações de crédito por antecipação da receita orçamentária (ARO). A previsão desse tipo de operação de crédito na Lei Orçamentária Anual - LOA configura exceção ao princípio orçamentário da*

a) Unidade
b) Universalidade
c) Anualidade
d) Exclusividade
e) Discriminação

Solução

A questão foi mal formulada, o que consta na LOA é a autorização para contratar ARO como exceção ao princípio da exclusividade.

Gabarito: **D**

27ª Questão (TRT 2ª Região Analista FCC 2014): *A inclusão de dispositivos que autorizam a criação de cargos públicos na Lei Orçamentária Anual é vedada porque fere o princípio orçamentário*

a) da exclusividade
b) da unidade
c) da universalidade
d) do orçamento bruto
e) da publicidade

Solução

Apenas 2 coisas itens estar na LOA além da previsão da receita e da despesa: a autorização para a abertura de créditos suplementares e contratação de operações de crédito, ainda que por antecipação de receita. Assim, não se pode incluir a autorização a criação de cargos públicos.

Gabarito: **A**

28ª Questão (ALE-PE Consultor FCC2014): *Para cumprir com o previsto na Lei de Responsabilidade Fiscal, o chefe do Poder Executivo de um município brasileiro decidiu incluir na Lei Orçamentária Anual um dispositivo que determina o critério de limitação de empenho de despesas não obrigatórias por unidade orçamentária, caso seja verificado que a arrecadação da receita poderá não comportar o cumprimento das metas de resultado primário. Entretanto, a inclusão deste dispositivo na Lei Orçamentária Anual não é permitida porque fere o princípio orçamentário*

a) da universalidade.
b) do orçamento bruto.
c) da exclusividade.
d) da anualidade.
e) da unidade.

Solução

Apenas 2 coisas podem estar na LOA além da previsão da receita e da despesa: a autorização para a abertura de créditos suplementares e contratação de operações de crédito, ainda que por antecipação de receita. Assim, não se pode incluir um dispositivo que determine o critério de limitação de empenho de despesas não obrigatórias por unidade orçamentária, caso seja verificado que a arrecadação da receita poderá não comportar o cumprimento das metas de resultado primário. Gabarito C.

Gabarito: **C**

29ª Questão (ALE-PE Consultor FCC 2014): *Considere a seguinte assertiva: O orçamento deve conter todas as receitas e despesas do governo e dar prévia autorização para a respectiva arrecadação e realização. A referida afirmação traduz o princípio orçamentário da*

a) universalidade.

b) não-afetação.

c) anualidade.

d) exclusividade.

e) especialização.

Solução

Todas as receitas e despesas na LOA tem relação com o princípio da universalidade.

Gabarito: **A**

30ª Questão (TRT 16ª Região Analista FCC 2014): *Na elaboração de seus orçamentos, os entes públicos deverão atender às regras norteadoras básicas estabelecidas pelos princípios orçamentários. O princípio orçamentário da exclusividade*

a) obriga registrarem-se receitas e despesas na Lei Orçamentária Anual - LOA pelo valor total e bruto, vedadas quaisquer deduções.

b) veda vinculação da receita de impostos a órgão, fundo ou despesa, salvo exceções estabelecidas pela própria Constituição Federal.

c) delimita o exercício financeiro orçamentário: período de tempo ao qual a previsão das receitas e a fixação das despesas registradas na LOA irão se referir.

d) estabelece que a LOA não conterá dispositivo estranho à previsão da receita e à fixação da despesa. Ressalvam-se dessa proibição a autorização para abertura de crédito suplementar e a contratação de operações de crédito, nos termos da lei.

e) determina que a LOA de cada ente federado deverá conter todas as receitas e despesas de todos os poderes, órgãos, entidades, fundos e fundações instituídas e mantidas pelo Poder Público.

Solução

a) Errado, seria o princípio do orçamento bruto.

b) Errado, seria o princípio da não afetação.

c) Errado, seria o princípio da anualidade.

d) Certo, sem comentários adicionais.

e) Errado, seria o princípio da universalidade.

Gabarito: **D**

31ª Questão (TRT 16ª Região Analista FCC 2014): *De acordo com a Constituição federal e a Lei no 4.320/64, a elaboração e o controle do orçamento público no Brasil devem obedecer aos princípios fundamentais de*

a) unidade, periodicidade e universalidade.
b) unidade, universalidade e exclusividade.
c) equilíbrio, exclusividade e discriminação.
d) universalidade, exclusividade e discriminação.
e) periodicidade, equilíbrio e afetação das receitas.

Solução

Eis o artigo 2º da lei 4320/1964:

> Art. 2º A Lei do Orçamento conterá a discriminação da receita e despesa de forma a evidenciar a política econômica financeira e o programa de trabalho do Governo, obedecidos os princípios de unidade, universalidade e anualidade.

Gabarito: **A**

32ª Questão (TCE-GO Analista de Controle Externo FCC 2014): *No primeiro ano de seu mandato, o Governador de determinado Estado enviou à Assembleia Legislativa projeto de lei orçamentária para o período restante de seu mandato, ou seja, 3 anos. Consta, no artigo 18 do projeto, a criação de dez cargos de assessores de imprensa para o gabinete do Governador. Considerando os princípios orçamentários, o projeto encaminhado NÃO atende aos princípios*

a) anualidade e universalidade.
b) exclusividade e moralidade.
c) anualidade e moralidade.
d) anualidade e exclusividade.
e) exclusividade e universalidade.

Solução

A LOA ao ser de 3 anos contraria o princípio da anualidade.

A LOA ao conter a criação de dez cargos de assessores de imprensa para o gabinete do Governador contraria o princípio da exclusividade.

Gabarito: **D**

33ª Questão (TCE-GO Analista de Controle Externo FCC 2014): *Sob a justificativa de dar maior transparência aos gastos públicos, o Poder Executivo de determinado Estado elaborou e encaminhou à Assembleia Legislativa dois projetos de Lei Orçamentária Anual para o exercício de 2015. Um projeto de Lei Orçamentária destinado somente ao Poder*

Executivo e o outro projeto somente para o Poder Legislativo. Considerando as regras norteadoras para elaboração do orçamento, NÃO foi atendido o princípio orçamentário

a) do orçamento bruto.
b) da independência orçamentária.
c) do equilíbrio.
d) da competência orçamentária.
e) da unidade.

Solução

Ao elaborar 2 LOAs para 2015 foi contrariado o princípio da unidade.

Gabarito: **E**

34ª Questão (MTUR Analista ESAF 2014): *São princípios orçamentários, exceto:*

a) universalidade ou da globalização.
b) anualidade.
c) reciprocidade.
d) unidade.
e) exclusividade.

Solução

O único princípio que não existe consta na letra C.

Gabarito: **C**

35ª e 36ª Questões (TCDF Técnico Cespe 2014): *A respeito das noções de administração financeira, bem como dos princípios e das diretrizes do orçamento público, julgue os itens a seguir*

35. Suponha que determinado município tenha instituído contribuição de melhoria sobre imóveis localizados próximos de obra pública concluída. Nessa situação, em respeito ao princípio da não vinculação, o município estará proibido de determinar a destinação do produto da arrecadação da referida contribuição ao atendimento de despesa pública específica.

36. O princípio da universalidade está expresso no dispositivo constitucional que proíbe a concessão ou utilização de créditos ilimitados.

Solução

35. Errado, o princípio da não afetação não se aplica as contribuições de melhoria.

36. Errado, o princípio da universalidade determina que todas as receitas e despesas públicas constem na LOA.

Gabarito:

35. **Errado**

36. **Errado**

37ª a 39ª Questões (Câmara dos Deputados Consultor Cespe 2014): *Acerca dos princípios orçamentários, julgue os itens subsecutivos.*

37. O princípio da exclusividade tem o objetivo de impedir que a lei de orçamento seja utilizada como meio de aprovação de matérias estranhas às questões orçamentárias.

38. O princípio do orçamento bruto, embora bastante representativo, não está integrado à legislação brasileira.

39. De acordo com a lei, o Poder Executivo pode encaminhar ao Poder Legislativo proposta para a criação de imposto destinado à construção de novas rodovias federais. Nesse caso, não haverá razão para o Poder Legislativo questionar se os recursos em questão serão efetivamente gastos com a construção das rodovias, sendo suficiente a inclusão de artigo vinculando o imposto aos gastos que justifiquem sua criação.

Solução

37. Certo, não se pode matéria estranha na LOA.

38. Errado, o princípio do orçamento bruto está totalmente integrado e deve ser respeitado.

39. Errado, pelo princípio da não afetação, apenas se pode vincular receitas de impostos para: saúde, educação, administração tributária, transferências constitucionais e garantias às ARO. Não consta despesas com construção de rodovias, área de transporte.

Gabarito:

37. **Certo**

38. **Errado**

39. **Errado.**

40ª e 41ª Questões (ANTAQ Analista Cespe 2014): *Julgue os itens a seguir.*

40. Em razão do princípio da universalidade, o valor recebido referente à multa aplicada pela ANTAQ somente será registrado como receita do exercício corrente se houver previsão dessa multa na lei orçamentária anual.

41. O princípio da anualidade orçamentária determina que o orçamento de cada um dos entes da Federação deve ser elaborado e encaminhado ao Poder Legislativo no ano anterior ao da sua execução.

Solução

40. Errado, todas as receitas e despesas orçamentárias devem constar na LOA ainda que não previstas inicialmente.

41. Errado, o princípio da anualidade determina que o exercício financeiro coincide com o ano civil.

Gabarito:

40. **Errado**

41. **Errado**

42ª e 43ª Questões (DEPEN Agente Cespe 2015): *Julgue os itens a seguir.*

42. De acordo com o princípio da universalidade, o orçamento deve englobar todas as receitas e despesas do Estado para que seja realizada a programação financeira de arrecadação de tributos necessários para custear as despesas projetadas pelo governo.

43. O princípio orçamentário da unidade, que prescreve a formulação de um orçamento único, não é observado pela Constituição Federal brasileira, que determina a existência dos orçamentos fiscal, da seguridade social e de investimentos das estatais.

Solução

42. Certo, todas as receitas e despesas públicas devem constar na LOA.

43. Errado, mesmo sendo composta por três orçamentos o princípio da unidade encontra-se plenamente atendido.

Gabarito:

42. **Certo**

43. **Errado**

44ª a 46ª Questões (STJ Técnico Cespe 2015): *Julgue os itens a seguir.*

44. Se determinado órgão público precisar efetuar um empréstimo que tenha sido previamente autorizado, o produto dessa operação será incluído no orçamento tanto no que se refere à receita quanto no que se refere à despesa.

45. Se todos os entes da Federação elaborassem e executassem um único orçamento, essa ação seria embasada pelo princípio orçamentário da uniformidade.

46. Se determinado estado assinar contrato com empresa privada, prevendo a prestação de contragarantias financeiras por parte do ente público, a vinculação de uma parcela da receita oriunda do Fundo de Participação dos Estados para esta finalidade poderá ser feita sem que haja desrespeito ao princípio da não vinculação de recursos.

Solução

44. Certo, pelo princípio da universalidade todas as receitas e despesas devem constar na LOA. Assim, em caso de contratação de operação de crédito, tanto a origem quanto o destino constam na LOA.

45. Errado, cada ente possui uma LOA. Isso é que prescreve o princípio na unidade. Uniformidade tem relação com adotar uma mesma estrutura de LOA ao longo do tempo.

46. Errado, seriam 5 exceções: Transferências tributárias constitucionais, despesas com saúde, despesas com educação, despesas com administração tributária e garantias a operações de crédito e ARO. Porém, as garantias seriam para as operações de crédito e ARO, não para contratos comuns.

Gabarito:
44. **Certo**
45. **Errado**
46. **Errado**

47ª e 48ª Questões (TCU Procurador Cespe 2015): *Julgue os itens a seguir.*

47. O princípio do equilíbrio orçamentário encontra-se expresso na CF e impõe a precisa e necessária identidade entre os valores realizados de receita e de despesa na LOA.

48. Decorre do princípio da anualidade orçamentária a exigência de que a LOA autorize a arrecadação de determinado tributo de modo a assegurar a previsibilidade das relações sociais e a segurança jurídica.

Solução

47. Errado, o princípio do equilíbrio está de forma implícita na regra de ouro e determina apenas que as operações de crédito não superem as despesas de capital.

48. Errado, esse conceito se aplica ao princípio da universalidade.

Gabarito:
47. **Errado**
48. **Errado**

49ª Questão (TJ-RO Analista FGV 2015): *A vedação à realização de operações de créditos que excedam o montante das despesas de capital no texto constitucional está diretamente relacionada ao princípio orçamentário do(a):*

a) equilíbrio;
b) exatidão;
c) especificação;

d) orçamento bruto;

e) uniformidade.

Solução

Seria princípio do equilíbrio.

Gabarito: **A**

50ª Questão (Prefeitura de Salvador Procurador Cespe 2015): *Assinale a opção correta no que diz respeito aos princípios orçamentários.*

a) A criação de créditos adicionais - suplementares ou especiais - está sujeita a previsão na lei orçamentária, em razão do princípio da unidade.

b) A divisão do orçamento em três peças - LOA, LDO e lei do PPA - constitui exceção ao princípio da unidade orçamentária.

c) Conforme o princípio da exclusividade de matéria orçamentária, somente pode constar do orçamento matéria pertinente às previsões de receitas e despesas, não se admitindo as chamadas caudas orçamentárias nem a previsão de operações de crédito por antecipação de receita.

d) Os orçamentos e créditos adicionais somente poderão ser aprovados por lei formal, sendo vedada a edição de medida provisória que verse sobre matéria orçamentária.

e) O orçamento deve atender a determinados princípios, entre os quais os da unidade, da universalidade, da anualidade, da proibição de estorno, da não afetação de receita e da exclusividade de matéria orçamentária.

Solução

a) Errado, o princípio da unidade determina que a LOA é única.

b) Errado, o princípio da unidade se aplica a LOA e não tem exceção. A LOA se divide em orçamento fiscal, da seguridade e de investimento.

c) Errado, conforme o princípio da exclusividade pode haver na LOA autorização para abrir créditos suplementares e autorização para contratar operações de crédito, inclusive ARO.

d) Errado, os créditos extraordinários são por medida provisória.

e) Certo, são todos princípios.

Gabarito: **E**

51ª Questão (TCE-RN Auditor Cespe 2015): *Considerando as regras e os princípios relacionados à receita pública, à despesa pública e à execução orçamentária no Brasil, julgue o seguinte item.*

51. A transposição, o remanejamento ou a transferência de recursos de uma categoria de programação para outra ou de um órgão para outro são proibidos se não houver prévia autorização legislativa, exceto no âmbito das atividades de ciência, tecnologia e inovação, quando o objetivo for viabilizar os resultados de projetos restritos a essas funções.

Solução

Certo, esta questão já está totalmente alinhada as alterações promovidas pela EC 85/2015.

Gabarito: **Certo**

52ª Questão (TCM-GO Analista de Controle Externo FCC 2015): *Sob o limite de 10% da despesa fixada, a Lei Orçamentária Anual - LOA autorizou transposições, remanejamentos e transferências. Em razão disso, conclui-se que*

a) ocorreu ofensa ao princípio da não afetação da despesa pública.

b) a autorização mostra-se regular, considerando que transposições, remanejamentos e transferências nada mais são do que créditos adicionais especiais.

c) houve afronta ao princípio da exclusividade orçamentária, visto que transposições, remanejamentos e transferências são mecanismos que diferem do crédito adicional suplementar.

d) essa prática é nociva ao equilíbrio fiscal, visto que abre portas para o déficit de execução orçamentária.

e) a permissão está regular, conquanto transposições, remanejamentos e transferências requerem, caso a caso, lei específica.

Solução

A regra é que não se admite o remanejamento, a transposição e transferência (digo regra, pois existe exceção no caso das atividades de ciência, tecnologia e inovação). Porém, essa pré-autorização do Legislativo não pode constar na LOA pelo princípio da exclusividade.

Gabarito: **C**

53ª Questão (CNMP Analista FCC2015): *A Lei Orçamentária Anual - LOA do exercício de 2015 de um determinado ente federativo contém dotações orçamentárias suficientes para suportar 24 meses de despesas com pessoal e encargos. Este procedimento*

a) contraria o princípio orçamentário da unidade.

b) não atende o princípio orçamentário da universalidade.

c) não atende o princípio orçamentário da competência.

d) contraria o princípio orçamentário da anualidade.

e) está em consonância com o princípio orçamentário da oportunidade.

Solução

A LOA não pode ser executada por mais de 1 ano, pois contraria o princípio da anualidade.

Gabarito: **D**

54ª Questão (TCE-CE Analista de Controle Externo FCC 2015): *Na proposta orçamentária de determinado ente público, encaminhada ao Poder Legislativo para ao exercício de 2015, consta autorização ao Poder Executivo para doar um terreno à iniciativa privada para construção de um clube recreativo. Com relação aos princípios orçamentários, a proposta orçamentária não atende ao princípio da*

a) exclusividade.
b) moralidade.
c) legalidade.
d) competência.
e) universalidade.

Solução

Apenas 2 itens podem estar na LOA além da previsão da receita e da despesa: a autorização para a abertura de créditos suplementares e contratação de operações de crédito, ainda que por antecipação de receita. Assim, não se pode incluir um dispositivo que autorize ao Poder Executivo doar um terreno à iniciativa privada para construção de um clube recreativo.

Gabarito: **A**

55ª Questão (TCE-CE Analista de Controle Externo FCC 2015): *Considere que, hipoteticamente, o projeto da Lei Orçamentária Anual do Estado do Ceará teve de ser alterado porque não previa as operações de crédito autorizadas em lei. Da forma como foi originalmente apresentado havia afronta ao princípio orçamentário*

a) da universalidade.
b) da anualidade.
c) da não vinculação.
d) do orçamento bruto.
e) da discriminação.

Solução

Se foi retirada alguma receita orçamentária, é porque foi contrariado o princípio da universalidade.

Gabarito: **A**

56ª Questão (TCM-RJ Analista FCC 2015): *Quando a Constituição Federal veda, com ressalvas, a vinculação de receita de impostos a órgão, fundo ou despesa e dispõe que a Lei Orçamentária Anual não conterá dispositivo estranho à previsão da receita e à fixação da despesa, com exceções, está consagrando, respectivamente, os princípios da*

a) exclusividade e da anterioridade.
b) não afetação e da exclusividade.
c) anualidade e da universalidade.
d) especialização e da anualidade.
e) unidade e da não afetação.

Solução

Seria princípio da não afetação e da exclusividade.

Gabarito: **B**

57ª Questão (TCM-RJ Analista FCC 2015): *A Constituição Federal, no § 8º de seu art. 165, estabelece: "Art. 165 - ... ... § 8º - A lei orçamentária anual não conterá dispositivo estranho à previsão da receita e à fixação da despesa, não se incluindo na proibição a autorização para abertura de créditos suplementares e contratação de operações de crédito, ainda que por antecipação de receita, nos termos da lei." A vedação constitucional que impede que a lei orçamentária anual contenha dispositivo estranho à previsão da receita e à fixação da despesa materializa o princípio denominado*

a) da clareza.
b) da não vinculação ou não afetação de receitas.
c) do equilíbrio.
d) da exclusividade.
e) da transparência.

Solução

Seria princípio da exclusividade.

Gabarito: **D**

58ª Questão (TCM-RJ Analista FCC 2015): *Lei Federal 4.320/1964, em seus arts. 2º, caput, 3º e 4º estabelece:*

"Art. 2º - A Lei do Orçamento conterá a discriminação da receita e despesa de forma a evidenciar a política econômica financeira e o programa de trabalho do Governo, obedecidos os princípios. ...

Art. 3 º - A Lei de Orçamentos compreenderá todas as receitas, inclusive as de operações de crédito autorizadas em lei.

Parágrafo único. Não se consideram para os fins deste artigo as operações de crédito por antecipação da receita, as emissões de papel-moeda e outras entradas compensatórias, no ativo e passivo financeiros.

Art. 4 º - A Lei de Orçamento compreenderá todas as despesas próprias dos órgãos do Governo e da administração centralizada, ou que, por intermédio deles se devam realizar, observado o disposto no artigo 2º."

Essas regras materializam o princípio orçamentário conhecido como princípio da

a) universalidade.
b) flexibilidade.
c) uniformidade.
d) exatidão.
e) programação.

Solução

Seria princípio da universalidade.

Gabarito: **A**

59ª Questão (MP-PB Analista FCC 2015): *O orçamentista de uma Prefeitura do Estado da Paraíba recebeu orientação para consignar no orçamento dotação para programa especial de trabalho que, por sua natureza, não poderia cumprir-se subordinadamente às normas gerais de execução da despesa. Assim, esse programa foi consignado em dotação global, classificado como despesa de capital. Esse fato representou uma exceção legal ao princípio orçamentário da*

a) clareza.
b) especificação.
c) exclusividade.
d) não-vinculação.
e) universalidade.

Solução

A existência de dotações globais configura exceção ao princípio da especificação.

Gabarito: **B**

60ª Questão (TRF 3ª Região Analista FCC 2015): *A ausência na lei orçamentária de determinado ente da federação de todas as receitas e despesas de uma fundação instituída e mantida pelo referido ente, NÃO atende ao princípio orçamentário*

a) da exclusividade.
b) da competência administrativa.

c) do orçamento bruto.
d) da discriminação.
e) da universalidade.

Solução

Seria princípio da universalidade.

Gabarito: **E**

61ª Questão (TRF 3ª Região Analista FCC 2015): *Um analista do Tribunal Regional do Trabalho da 3ª Região - TRT - 3ª Região, ao elaborar a peça orçamentária do órgão, teve cuidado com os seguintes aspectos:*

I. Incluiu somente assuntos pertinentes à previsão da receita e à fixação da despesa.

II. Incluiu todas as receitas e despesas.

Esses aspectos são importantes porque atendem, respectivamente, aos princípios orçamentários da

a) exclusividade e universalidade.
b) não-afetação e universalidade.
c) exclusividade e unidade.
d) especificação e unidade.
e) especificação e equilíbrio.

Solução

I. Incluiu somente assuntos pertinentes à previsão da receita e à fixação da despesa.

Respeitou-se o princípio da exclusividade.

II. Incluiu todas as receitas e despesas.

Respeitou-se o princípio da universalidade.

Gabarito: **A**

62ª Questão (DPE-SP Analista FCC 2015): *Na elaboração da proposta orçamentária deve-se observar as regras norteadoras básicas, estabelecidas nos princípios orçamentários. São princípios orçamentários, EXCETO, o seguinte princípio:*

a) orçamento bruto.
b) continuidade.
c) unidade ou totalidade.
d) anualidade ou periodicidade.
e) universalidade.

Solução

O único princípio que não existe é o que consta na opção B.

Gabarito: **B**

63ª Questão (DPE-SP Analista FCC 2015): *No projeto da Lei Orçamentária Anual, para o exercício de 2015, de determinada entidade do setor público, o art. 8º autoriza o Poder Executivo, quando houver excesso de arrecadação, a concessão de reajustes aos servidores, para vigorar em abril de 2016. A autorização contida nesse artigo NÃO atende ao princípio orçamentário da:*

a) anualidade ou periodicidade.
b) universalidade.
c) não vinculação de receita.
d) exclusividade.
e) moralidade.

Solução

Apenas 2 itens podem estar na LOA além da previsão da receita e da despesa: a autorização para a abertura de créditos suplementares e contratação de operações de crédito, ainda que por antecipação de receita. Assim, não se pode incluir um dispositivo que autorize o Poder Executivo, quando houver excesso de arrecadação, a concessão de reajustes aos servidores, para vigorar em abril de 2016.

Gabarito: **D**

64ª Questão (DPE-SP Analista FCC 2015): *As regras norteadoras para todo o processo orçamentário válido para os Poderes Executivo, Legislativo e Judiciário de todos os entes federativos - União, Estados, Distrito Federal estão estabelecidas em princípios orçamentários. O princípio orçamentário da*

I. Isonomia determina que os orçamentos da Administração direta e indireta não tenham tratamento diferenciado quando houver necessidade de limitação de empenho.

II. Unidade ou Totalidade determina a existência de orçamento único para cada um dos entes federados - União, Estados, Distrito Federal e Municípios.

III. Exclusividade determina que os Poderes Executivo, Legislativo e Judiciário não realizarão despesas não compatíveis com a Lei de Diretrizes Orçamentárias.

IV. Anualidade ou Periodicidade delimita o exercício financeiro orçamentário: período de tempo ao qual a previsão das receitas e a fixação das despesas registradas na LOA irão se referir.

V. Universalidade determina que a LOA de cada ente federado deverá conter todas as receitas e despesas de todos os poderes, órgãos, entidades, fundos e fundações instituídas e mantidas pelo Poder Público.

Está correto o que se afirma APENAS em

a) II, IV e V.

b) I e V.

c) III, IV e V.

d) I, II e III.

e) I, III e IV.

Solução

I. Errado, não existe tal princípio.

II. Certo.

III. Errado, exclusividade tem relação com a vedação de matéria estranha na LOA.

IV. Certo.

V. Certo.

Gabarito: **A**

65ª Questão (DPE-RR Analista FCC 2015): *Considere os itens abaixo.*

I. Autorização para abertura de créditos suplementares.

II. Autorização para contratação de operações de crédito.

III. Autorização para contratação de operações de crédito por antecipação da receita orçamentária.

Em atendimento ao princípio orçamentário da exclusividade, a Lei Orçamentária Anual não conterá dispositivo estranho à previsão de receita e à fixação da despesa.

É exceção legal a essa regra o que consta em

a) I, apenas.

b) II e III, apenas.

c) I, II e III.

d) I e II, apenas.

e) III, apenas.

Solução

Apenas 2 coisas itens estar na LOA além da previsão da receita e da despesa: a autorização para a abertura de créditos suplementares e contratação de operações de crédito, ainda que por antecipação de receita.

Gabarito: **C**

66ª Questão (TJ-SC Analista FGV 2015): *A prática de subestimar a previsão de receitas ou ainda de não incluir receitas que se espera arrecadar na proposta orçamentária, com vistas a obter maior flexibilidade na alocação de recursos durante a execução orçamentária, está em desacordo com o princípio do (a):*

a) anualidade;
b) legalidade;
c) orçamento bruto;
d) unidade;
e) universalidade.

Solução

Ao não incluir todas as receitas desrespeita o princípio da universalidade.

Gabarito: **E**

67ª Questão (Câmara Municipal de Caruaru Consultor FGV 2015): *De acordo com a Lei nº 4.320/64, a Lei do Orçamento irá conter a discriminação da receita e despesa de forma a evidenciar a política econômica financeira e o programa de trabalho do Governo, obedecidos os princípios de*

a) clareza, não vinculação de receitas e publicidade.
b) universalidade, publicidade e equilíbrio.
c) unidade, universalidade e anualidade.
d) legalidade, unidade e exclusividade.
e) legalidade, universalidade e anualidade.

Solução

Conforme a Lei 4320/1964: Art. 2° A Lei do Orçamento conterá a discriminação da receita e despesa de forma a evidenciar a política econômica financeira e o programa de trabalho do Governo, obedecidos os princípios de unidade, universalidade e anualidade.

Gabarito: **C**

68ª Questão (TCM-SP Auditor FGV 2015): *Uma descrição típica para uma Lei Orçamentária Anual do município de São Paulo seria: "Estima a receita e fixa a despesa do Município de São Paulo para o exercício financeiro de ___ e dá outras providências". Uma providência que pode ser dada na LOA sem ferir o princípio da exclusividade é:*

a) autorização para contratação de operações de créditos;
b) definição de critérios e forma de limitação de empenho;
c) definição sobre forma de utilização da reserva de contingência;

d) estimativa e compensação da renúncia de receita;

e) estabelecimento de limite para abertura de créditos adicionais especiais.

Solução

Apenas 2 itens podem estar na LOA além da previsão da receita e da despesa: a autorização para a abertura de créditos suplementares e contratação de operações de crédito, ainda que por antecipação de receita.

Gabarito: **A**

69ª Questão (TCM-SP Auditor FGV 2015): *A concepção doutrinária do princípio da unidade é que o orçamento deve ser uno, ou seja, cada unidade orçamentária deve possuir apenas um orçamento. A análise desse princípio, quanto às disposições constitucionais e legais para a elaboração da Lei Orçamentária Anual, permite afirmar que:*

a) a divisão da LOA em múltiplos orçamentos - fiscal, de investimento das empresas e da seguridade social - fere diretamente o princípio da unidade;

b) a existência do orçamento de investimento das estatais fere explicitamente o princípio da unidade, apesar de não constituir efetivamente um orçamento;

c) a ocorrência de situações de urgência e calamidade pública são justificativas para permitir a existência de orçamentos paralelos;

d) a consolidação dos múltiplos orçamentos não atenua o descumprimento do princípio da unidade;

e) os múltiplos orçamentos - fiscal, de investimento das empresas e da seguridade social - seguem a concepção da totalidade orçamentária.

Solução

a) Errado, tal situação não fere princípio da unidade.

b) Errado, tal situação não fere princípio da unidade

c) Errado, ao abrir crédito extraordinário, o mesmo retifica a LOA, mas não cria nova LOA em paralelo.

d) Errado, na verdade nem descumpre.

e) Certo, totalmente alinhado com a doutrina.

Gabarito: **E**

70ª Questão (TJ-RO FGV Analista 2015): *Durante a elaboração do orçamento do Judiciário, um analista sugeriu que fossem considerados valores líquidos de impostos e quaisquer deduções. Nesse caso, a sugestão fere o princípio orçamentário de:*

a) anualidade;

b) exclusividade;

c) orçamento bruto;

d) totalidade;

e) universalidade.

Solução

Seria princípio do orçamento-bruto.

Gabarito: **C**

71ª Questão (MPU Analista Cespe 2015): *Julgue o item a seguir.*

De acordo com o princípio da exclusividade, é vedado ao Poder Executivo incluir na lei orçamentária anual (LOA) autorização para contratação de operação de crédito.

Solução

Errado, são duas exceções: autorização para abrir créditos suplementares e autorização para contratar operações de crédito, inclusive ARO.

Gabarito: **Errado**

72ª Questão (MRE Oficial de Chancelaria FGV 2016): *Na Lei Orçamentária Anual do Município X não constou a previsão de todas as receitas, bem como a autorização de todas as despesas da administração direta e indireta, relativas aos três Poderes. Assinale a opção que indica o princípio orçamentário violado na hipótese apresentada.*

a) Princípio da Legalidade.

b) Princípio da Anualidade.

c) Princípio da Exclusividade.

d) Princípio da Publicidade.

e) Princípio da Universalidade.

Solução

Se deixou de incluir todas as receitas previstas, foi desrespeitado o princípio da universalidade.

Gabarito: **E**

73ª Questão (TRF 13ª Região Analista FCC 2016): *Um Analista Judiciário – Especialidade Contadoria verificou a peça orçamentária do Poder Judiciário Federal e constatou que foi incluída a concessão de isenção para determinadas taxas judiciais. Esse aspecto feriu o princípio orçamentário da:*

a) clareza.

b) especificação.

c) programação.
d) universalidade.
e) exclusividade.

Solução

Como foi incluído elemento estranho na LOA, foi contrariado o princípio da exclusividade.

Gabarito: **E**

74ª Questão (TRF 13ª Região Analista FCC 2016): *Um analista judiciário examinou o orçamento previsto para o Poder Judiciário referente ao exercício de 2015 e verificou que a peça orçamentária abordou aspecto relacionado ao cumprimento do princípio orçamentário da exclusividade. Ele chegou a essa conclusão porque a peça orçamentária:*

a) incluiu todas as receitas e todas as despesas.
b) foi elaborada para um período determinado.
c) autorizou a contratação de operação de crédito.
d) conteve dotações específicas para despesas com pessoal.
e) foi autorizada pelo Poder Legislativo.

Solução

Apenas 2 itens podem estar na LOA além da previsão da receita e da despesa: a autorização para a abertura de créditos suplementares e contratação de operações de crédito, ainda que por antecipação de receita.

Gabarito: **C**

75ª Questão (TRT 20ª Região Analista Administrativo FCC 2016): *O orçamento público, um dos instrumentos de planejamento previstos na Constituição Federal, deve atender as regras básicas dos princípios orçamentários, a fim de conferir racionalidade, eficiência e transparência aos processos de elaboração, execução e controle. Quanto aos princípios orçamentários, é certo afirmar:*

a) A universalidade – determina que nos orçamentos dos entes públicos a despesa fixada não pode ser superior a receita prevista.
b) A não afetação das receitas – veda a vinculação da receita de impostos a órgão, fundo ou despesa, exceto para reajuste de servidores e pagamento da dívida pública.
c) O orçamento bruto – preconiza o registro das receitas e despesas na Lei Orçamentária Anual – LOA pelo valor total e bruto, permitindo apenas as deduções de receitas pertencentes a outras entidades públicas.

d) A exclusividade – estabelece que a LOA não conterá dispositivo estranho à previsão da receita e à fixação da despesa. Ressalvam-se dessa proibição a autorização para abertura de créditos suplementares e a contratação de operações de crédito, ainda que por Antecipação de Receitas Orçamentárias – ARO, nos termos da lei.

e) A anualidade ou periodicidade – apregoa que a previsão das receitas e a fixação das despesas deve referir a um período de tempo que corresponda, pelo menos, um exercício financeiro.

Solução

a) Errado, seria o princípio do equilíbrio que determina que nos orçamentos dos entes públicos a despesa fixada não pode ser superior a receita prevista.

b) Errado, são 5 exceções: despesas com saúde, educação, administração tributária, transferência constitucionais e garantias. Reajustes de servidores não está entre elas.

c) Errado, não há exceções ao princípio do orçamento bruto.

d) Certo, gabarito.

e) Errado, pois seria de um exercício financeiro. No Brasil coincide com o ano civil, em outros países como os EUA seria de 01 de julho do ano corrente a 30 de junho do ano seguinte.

Gabarito: **D**

76ª e 77ª Questões (TCE-PR Auditor Cespe 2016): *Julgue os itens a seguir.*

76. Segundo o princípio da universalidade, os recursos vinculados a órgão, fundo ou despesa obrigatória serão consolidados e escriturados de forma coletiva.

77. A diferença entre o montante das despesas de capital e o montante previsto para as receitas de operações de crédito no projeto de LOA deverá ser igual ou superior a zero.

Solução

76. Errado, quem versa sobre vinculação é o princípio da não afetação e mesmo assim o conceito não está alinhado com o disposto na questão.

77. Certo, é o que diz a regra de ouro, pela qual as operações de crédito devem ser menores ou iguais as despesas de capital.

Gabarito:

76. **Errado**

77. **Certo**

78ª Questão (TCE-PR Auditor Cespe 2016): *Assinale a opção correta a respeito dos princípios orçamentários.*

a) O PPA segue o princípio da periodicidade e seu orçamento é definido bienalmente.

b) Dado o princípio da exclusividade, cada ente da Federação deverá ter o seu próprio orçamento.

c) O princípio da unidade visa evitar múltiplos orçamentos dentro da mesma pessoa política.

d) De acordo com o princípio do orçamento bruto, as receitas devem constar no orçamento pelos seus totais, deduzindo-se destes somente os impostos.

e) Dado o princípio da totalidade, o orçamento de cada estado deverá conter todas as receitas e despesas de seus órgãos mantidos pelo poder público.

Solução

a) Errado, o princípio da periodicidade vale para LOA apenas. O PPA é de 4 anos.

b) Errado, seria princípio da unidade.

c) Certo.

d) Errado, pois de acordo com o princípio do orçamento bruto, as receitas devem constar no orçamento pelos seus totais, vedadas quaisquer reduções.

e) Errado, seria o princípio da universalidade.

Gabarito: **C**

79ª Questão (TCE-PR Auditor Cespe 2016): *A Lei de Responsabilidade Fiscal reforça o princípio segundo o qual as obrigações assumidas no exercício devem ser compatíveis com os recursos financeiros obtidos no mesmo exercício. O princípio orçamentário vinculado a essa norma denomina-se princípio da*

a) unidade.

b) uniformidade.

c) clareza.

d) anualidade.

e) legalidade

Solução

Considerando que o único princípio nas respostas que trata de utilização de recursos no mesmo exercício, trata-se do princípio da anualidade.

Gabarito: **D**

80ª Questão (TCE-PR Auditor Cespe 2016): *No que se refere aos princípios orçamentários estabelecidos na Lei nº 4.320/1964 e no MCASP, assinale a opção correta.*

a) O princípio da legalidade aplicado à administração pública prevê que cabe ao poder público fazer ou deixar de fazer somente aquilo que a lei orçamentária expressamente autorizar. Nesse sentido, não se deve efetuar despesa que não estiver prevista ou para a qual não haja recurso para executá-la.

b) O princípio da publicidade estabelece ser dever do ente público divulgar o orçamento público de forma ampla à sociedade.

c) O princípio da vinculação (afetação) da receita de impostos autoriza ao gestor que assuma um novo governo vincular os impostos conforme as necessidades da gestão que irá desenvolver, criando-se, com isso, uma obrigação definitiva para o ente federado.

d) Os princípios orçamentários visam prioritariamente estabelecer regras norteadoras específicas para conferir racionalidade, eficiência e transparência aos processos de execução e controle do orçamento público.

e) O princípio da universalidade determina que a lei orçamentária anual compreenda todas as receitas e despesas dos poderes, dos órgãos, das entidades e das empresas controladas pelo setor público.

Solução

a) Certo, gabarito.

b) Errado, tal conceito refere-se ao princípio da transparência.

c) Errado, tal conceito refere-se ao princípio da não afetação.

d) Errado. O princípio do equilíbrio busca racionalizar gastos, o princípio da programação busca eficiência e o transparência é um princípio. Acredito que o erro tenha sido regras específicas, quando deveria ser regras gerais.

e) Errado, as despesas operacionais das empresas as estatais independentes estão fora da LOA.

Gabarito: **A**

81ª Questão (TCE-PA Auditor Cespe 2016): *Jugue o item a seguir.*

De acordo com o princípio da unidade orçamentária, a vigência do orçamento deverá ser limitada a um exercício financeiro.

Solução

Errado, tal conceito refere-se ao princípio da anualidade.

Gabarito: **Errado**

82ª Questão (ANAC Analista ESAF 2016): *Conforme definido no Manual de Contabilidade Aplicada ao Setor Público (MCASP ? 6ª edição), são Princípios Orçamentários, exceto:*

a) Orçamento Bruto.
b) Legalidade.
c) Não vinculação (não afetação) de Receitas de Tributos.
d) Transparência.
e) Anualidade ou Periodicidade.

Solução

O erro consta na inclusão do termo tributos.

Gabarito: **C**

83ª Questão (ANAC Analista ESAF 2016): *Ao tratar dos Princípios Orçamentários, a Constituição Federal admite exceções nos seguintes casos:*

a) Não Vinculação das Receitas de Impostos e Exclusividade.
b) Orçamento Bruto e Anualidade.
c) Universalidade e Exclusividade.
d) Unidade e Universalidade.
e) Não Vinculação das Receitas de Impostos e Orçamento Bruto.

Solução

Conforme o quadro-resumo há exceções para os seguintes princípios: não vinculação, exclusividade e anualidade. Sobre o princípio da universalidade há controvérsias, pois todas as receitas e despesas públicas constam na LOA, ficando fora apenas as receitas e despesas extraorçamentárias.

Gabarito: **A**

84ª Questão (ANAC Analista ESAF 2016): *Em regra, os créditos adicionais possuem vigência limitada ao encerramento do exercício em que são autorizados. Admite-se, porém, exceção apenas no caso dos créditos*

a) suplementares.
b) especiais.
c) extraordinários.
d) suplementares e extraordinários.
e) especiais e extraordinários.

Solução

Podem ser reabertos sob determinadas circunstâncias os créditos especiais e extraordinários.

Gabarito: **E**

85ª Questão (MRE Oficial de Chancelaria FGV 2016): *Com o objetivo de reduzir os altos custos de publicação no Diário Oficial, um ente da Federação, ao elaborar a Lei Orçamentária Anual, incluiu, no mesmo dispositivo legal, autorização de créditos adicionais especiais e de descentralização de créditos. Essa prática está em desacordo com o princípio orçamentário do(a):*

a) discriminação;
b) exclusividade;
c) orçamento bruto;
d) publicidade;
e) transparência.

Solução

Apenas 2 itens podem estar na LOA além da previsão da receita e da despesa: a autorização para a abertura de créditos suplementares e contratação de operações de crédito, ainda que por antecipação de receita. Assim, não se pode incluir dispositivo legal para autorizar de créditos adicionais especiais e de descentralização de créditos.

Gabarito: **B**

86ª Questão (ALERJ Analista – Qualquer Cargo FGV 2017): *O orçamento público no Brasil é elaborado com base em princípios, os quais representam uma contribuição francesa para a evolução do orçamento público no mundo. O princípio orçamentário que impõe restrições e faz concessões quanto à alocação dos recursos é:*

a) equilíbrio;
b) legalidade;
c) exclusividade;
d) especificação ou discriminação;
e) não afetação da receita de impostos.

Solução

O princípio da não afetação restringe a vinculação dos impostos arrecadados.

Gabarito: **E**

87ª Questão (ALERJ Contador Cargo FGV 2017): *A elaboração do orçamento público é baseada em alguns princípios que servem como balizadores do formato e do conteúdo do orçamento. A elaboração detalhada do orçamento, que expresse a origem dos recursos e sua aplicação em cada exercício está em consonância com o princípio da:*

a) clareza;
b) especificação;
c) exclusividade;
d) publicidade;
e) transparência.

Solução

O detalhamento da despesa está relacionado ao princípio da especificação.

Gabarito: **B**

88 e 89ª Questões (TCE-PE Auditor de Contas Cespe 2017): *Julgue os itens a seguir.*

88. Dado o princípio da anualidade orçamentária, os orçamentos públicos das diversas esferas de governo devem ter vigência de um exercício financeiro e coincidir com o ano civil.

89. Em observância ao princípio da universalidade orçamentária, devem estar reunidos no orçamento estadual todos os recursos que um estado-membro esteja autorizado a arrecadar e todas as dotações necessárias ao custeio de serviços públicos estaduais.

Solução

88. Errado. O princípio da anualidade tem relação com a vigência do orçamento ser de 1 ano. Ocorre que no Brasil coincide com o ano civil. Em outros países, como nos EUA, ele vigora de 01 de julho e 30 de junho.

89. Certo. A universalidade tem relação com todas as receitas estarem presentes na LOA.

Gabarito:

88. **Errado.**

89. **Certo.**

90ª Questão (TCE-PB Auditor de Contas Públicas Cespe 2018): *A CF prevê, expressamente, o princípio orçamentário*

a) da programação.
b) da participação.
c) da uniformidade.

d) da exclusividade.

e) do orçamento bruto.

Solução

Não existe princípio da participação. Os princípios da programação e da uniformidade são princípios da doutrina. O princípio do orçamento bruto consta apenas na Lei 4320/1964. Assim, resta o princípio da exclusividade.

Gabarito: **D**

91ª Questão (TCE-PB Auditor de Contas Públicas Cespe 2018): *Com relação aos princípios que regem a atividade financeira do Estado, assinale a opção correta.*

a) A anualidade orçamentária exige que o orçamento deva ser aprovado antes do início do exercício financeiro, evitando que a lei nova possa atingir fatos passados.

b) De acordo com o princípio da unidade, os programas e projetos devem ser estabelecidos em um único sistema ou método orçamentário, ainda que não haja unidade documental.

c) A vedação à inclusão das chamadas caudas orçamentárias na lei que fixa as receitas e despesas decorre do princípio da universalidade.

d) Os programas de duração continuada devem constar do plano plurianual e são regidos pelo princípio da programação, embora, quanto à liberação de recursos, contemple a possibilidade de que a despesa não esteja antecipadamente prevista.

e) Segundo o princípio da não vinculação da receita derivada dos impostos, lei específica não poderá tratar de várias espécies de incentivos fiscais relativas a tributos diversos e ao mesmo tempo cuidar de matérias afins.

Solução

(A) Errado, a anualidade orçamentária exige que o orçamento deva ser de um exercício. Este exercício pode não necessariamente coincidir com o ano civil.

(B) Certo.

(C) Errado, pois a vedação à inclusão das chamadas caudas orçamentárias na lei que fixa as receitas e despesas decorre do princípio da exclusividade.

(D) Errado, poucos princípios de aplicam ao PPA: legalidade, publicidade e transparência. O princípio da programação apenas estabelece que se deve utilizar o orçamento-programa

(E) Errado, segundo o princípio da não vinculação da receita derivada dos impostos não pode em regra estar vinculada a despesas, órgãos ou fundos.

Gabarito: **B**

21. LISTA DE QUESTÕES DISCURSIVAS

1ª Questão (TCM-RJ Auditor FGV 2008):

Faça a distinção entre os princípios da unidade e universalidade do orçamento, destacando a finalidade de cada um.

Extensão de linhas: até 15.

Resolução da Questão

O princípio da unidade estabelece que o orçamento deve ser uno; ou seja, que deve existir uma única LOA (lei orçamentária anual) e não mais que um para cada exercício financeiro. A finalidade desse princípio é eliminar a existência de orçamentos paralelos. Esse princípio, prescrito inicialmente na lei 4320/1964, foi reforçado pela Constituição Federal de 1988, que determina que a LOA, que é única para cada exercício financeiro, é composta pelos orçamentos fiscal, da seguridade social e de investimento.

Já o princípio da universalidade determina que todas as receitas e todas as despesas constem na LOA. Esse princípio que está suportado pela lei 4320/1964 possui exceções: as entradas e saídas compensatórias do ativo financeiro e passivo financeiro, ou seja, as receitas e despesas extraorçamentárias. A finalidade desse princípio é que todas as receitas e todas as despesas orçamentárias constem na LOA.

2ª Questão (ENAP Administrador Cespe 2015):

O orçamento público é peça que constitui a base do controle e da fiscalização da ação estatal, além de ser elemento fundamental para planejamento e melhoria na qualidade da gestão pública. Para que seja efetivo, o orçamento deve ser organizado de maneira clara, por meio de regras básicas, as quais garantam a lógica e a racionalidade para seu processo de elaboração, execução, acompanhamento e avaliação.

Considerando que o texto acima tem caráter unicamente motivador, elabore um texto dissertativo sobre os princípios orçamentários, sua importância e fundamentação jurídica. Ao elaborar seu texto, faça o que se pede a seguir:

- Identifique e explique os princípios; [valor: 9,50 pontos]
- Discorra sobre a relação entre os diversos princípios para organização do orçamento; [valor: 7,50 pontos]
- Apresente a fundamentação jurídica dos princípios, discorrendo sobre a aceitação, ou não, dos princípios pelo ordenamento jurídico brasileiro. [valor: 11,50 pontos]

Extensão de linhas: até 30.

Resolução da Questão

Os princípios orçamentários visam estabelecer regras básicas para o processo de elaboração, execução e controle do orçamento público. Podem ser identificados na legislação orçamentária os seguintes princípios: unidade que estabelece que o orçamento deve ser uno; o universalidade que determina que todas as receitas e todas as despesas constem na LOA; anualidade que determina que o exercício financeiro coincide com o ano civil; exclusividade que veda a inclusão de matéria estranha na LOA; orçamento-bruto determina do orçamento bruto determina que as receitas e despesas devem constar pelos seus totais; e não afetação que veda em regra a vinculação da receita de impostos.

Cada um dos princípios anteriores afeta de forma distinta e específica a organização e estrutura da LOA. Em decorrência do princípio da unidade a LOA deve ser organizada em 3 (três) orçamentos: fiscal, seguridade social e investimentos das estatais. Com base na universalidade receitas e despesas extraorçamentárias não devem fazer parte da estrutura da LOA. A partir da anualidade as dotações da LOA devem se limitar ao período de um ano. Com base na exclusividade, além da receita prevista e despesa fixada, podem ser inseridos dispositivos autorizando a abertura de créditos suplementares e contratação de operação de crédito, inclusive por ARO. Com base no orçamento-bruto despesas do Fundo de Participação dos Estados devem fazer parte da estrutura da LOA federal, mesmo se sabendo que estes recursos não pertencem à União. A partir do princípio da não afetação a LOA admite em sua estrutura vinculações para as demais receitas.

Todos os princípios elencados estão suportados pela CF/1988 e pela Lei 4320/1964 e são de utilização obrigatória por todos os entes da federação. Outros normativos como pela Lei de Responsabilidade fiscal e a doutrina também suportam a utilizam dos princípios.

CAPÍTULO 04

EVOLUÇÃO DOS MODELOS ORÇAMENTÁRIOS

1. INTRODUÇÃO

O orçamento público moderno passou por um processo de evolução ao longo de história. Saindo de um modelo inicial representado pelo orçamento tradicional e chegando aos dias atuais a modelos mais avançados como: orçamento-programa, novo orçamento desempenho e PART. O Quadro a seguir mostra a evolução dos modelos orçamentários nos Estados Unidos da América (EUA) que servem de indutores para os modelos orçamentários de outros países, inclusive o Brasil.

Quadro 4.1: Tipos de Orçamento nos EUA

Período	Concepção	Ênfase
Início do Século XX	Orçamento por Objeto (tradicional) Orçamento Executivo	Controle
Década de 50	Orçamento de Desempenho	Administração Economia e eficiência
Década de 60	PPBS (Orçamento-Programa)	Planejamento Avaliação Eficácia
Décadas de 70 e 80	Orçamento Base-zero Orçamento Base-equilibrada Orçamento base-meta	Planejamento Priorização Redução do Orçamento

Período	Concepção	Ênfase
Década de 90	Novo Orçamento Desempenho	*Accountability* Eficiência e economia
Século XXI	PART	*Accountability* Eficiência Racionalidade

Fonte: Giacomoni (2017)

2. ORÇAMENTO TRADICIONAL

Segundo a Secretaria do Tesouro Nacional, o orçamento tradicional consiste no processo orçamentário em que apenas uma dimensão do orçamento é explicitada, qual seja, **o objeto de gasto**. Também é conhecido como ***Orçamento Clássico***.

O orçamento clássico teve sua origem na Inglaterra no ano de 1822 e surgiu como **uma forma de controle político**.

Neste modelo, o processo de orçamento é dissociado dos processos de planejamento e programa. E o aspecto econômico do orçamento (funções alocativa, distributiva e establizadora) tinha função secundária, considerando que as finanças públicas caracterizavam-se pela neutralidade.

Era dado maior destaque ao aspecto jurídico do orçamento. E o controle visa avaliar: a honestidade dos agentes do governo e a legalidade no cumprimento do orçamento.

Os principais critérios classificatórios: unidades administrativas e por objetos/item de despesa. E as decisões tomadas com base nas necessidades das unidades organizacionais.

1ª Questão (TRE-MS Analista Cespe 2013): *Julgue o item a seguir:*

O orçamento tradicional, além de ser um instrumento político, tinha o aspecto econômico como prioridade, pois buscava a economia e a eficiência.

Solução

Errado, pois no modelo do orçamento tradicional, o aspecto econômico era secundário.

Gabarito: **Errado**

3. ORÇAMENTO DESEMPENHO

Segundo a Secretaria do Tesouro Nacional, o orçamento desempenho consiste no processo orçamentário que se caracteriza por apresentar duas dimensões do orçamento: **o objeto de gasto e um programa de trabalho, contendo as ações desenvolvidas**. **Toda a ênfase reside no desempenho organizacional**, sendo também conhecido como ***orçamento funcional***.

O orçamento desempenho é orientado para instrumentalizar a ação gerencial, de modo que apresenta os propósitos e objetivos.

Neste tipo de orçamento já se consideram os custos dos programas propostos e se consideram dados quantitativos que meçam realizações, tudo voltado para o desempenho organizacional.

Uma deficiência do orçamento desempenho é que o mesmo não possui ainda a vinculação a um instrumento central de planejamento das ações de governo.

Dentro da escala de evolução, o orçamento desempenho está na transição entre o orçamento tradicional e o orçamento-programa.

2ª Questão (MME Analista Cespe 2013): *Julgue o item a seguir:*

O orçamento desempenho, denominado orçamento funcional, enfatiza o desempenho organizacional.

Solução

Certo, este é exatamente o conceito disposto pela STN.

Gabarito: **Certo**

4. ORÇAMENTO-PROGRAMA

Segundo a Secretaria do Tesouro Nacional, o orçamento-programa surgiu originalmente como **sistema de planejamento, programação e orçamentação**, introduzido nos Estados Unidos da América, no final da década de 50, sob a denominação de **PPBS *(Planning Programning Budgeting System)***. Principais características: integração, planejamento, orçamento; quantificação de objetivos e fixação de metas; relações insumo-produto; alternativas programáticas; acompanhamento físico-financeiro; avaliação de resultados; e gerência por objetivos.

O orçamento-programa é composto por um tripé de 3 fases ou dimensões: **planejamento, programação e orçamentação**. Entre estas três fases está o programa como módulo de integração.

A fase de planejamento procura identificar os objetivos presentes e futuros, para avaliar possíveis alternativas para alcance dos objetivos.

Na fase de programação a partir das alternativas levantadas na primeira fase ocorre a integraçãoentre as prioridades e os programas estruturados de acordo com a decisão dos diferentes níveis da escala hierárquica. Neste ponto, por exemplo, um conjunto amplo de prioridades seria de responsabilidade do Gabinete do Governo, enquanto o arranjo e otimização, dentro de cada programa, seria atribuído às agências.

A fase da orçamentação representava a tradução da programação plurianual em um conjunto específico de ações anuais, determinando quem faz, o que faz e quanto de recursos seriam destinados.

De forma simplificada, o planejamento seria composto por planos de longo e médio prazo, a programação conteria as prioridades no curto prazo e a orçamentação seria o orçamento propriamente dito.

O orçamento-programa é composto pelos seguintes elementos:

1. **Os objetivos e propósitos** perseguidos pela instituição e para cuja consecução são utilizados os recursos orçamentários;
2. **Os programas**, isto é, os instrumentos de integração dos esforços governamentais no sentido da concretização dos objetivos;
3. **Os custos dos programas** medidos por meio da identificação dos meios ou insumos (pessoal, material, equipamentos, serviços etc.) necessários para a obtenção dos resultados;
4. **Medidas de desempenho** com a finalidade de medir as realizações (produto final) e os esforços despendidos na execução dos programas.

A originalidade do orçamento-programa estava na sua organicidade, isto é, **possuía todos os componentes bem articulados**, o que lhe possibilitava reais chances de implantação generalizada em substituição ao antigo e arraigado orçamento tradicional.

O manual da ONU assim descreve o inter-relacionamento dos componentes do orçamento-programa: **Em primeiro lugar**, estabelecem-se programas e atividades significativos para cada função confiada a uma organização ou entidade, a fim de identificar exatamente os objetivos perseguidos pelos diversos órgãos. **Segundo**, o sistema de contas e gestão financeira passa a ser correlacionado com essa classificação. **Terceiro**, em relação a cada programa e suas subdivisões operacionais, estabelecem-se medidas de programas e de trabalho que permitam avaliar o rendimento.

O Quadro a seguir contém as principais diferenças entre o orçamento tradicional e o orçamento-programa:

Quadro 4.2: Diferenças entre orçamento tradicional e orçamento-programa

Orçamento Tradicional	Orçamento Programa
1. O processo orçamentário é dissociado dos processos de planejamento e programação.	1. O orçamento é o elo entre o planejamento e as funções executivas da organização.
2. A alocação de recursos visa à aquisição de meios.	2. A alocação de recursos visa à consecução de objetivos e metas.
3. As decisões orçamentárias são tomadas tendo em vista as necessidades das unidades organizacionais.	3. As decisões orçamentárias são tomadas com base em avaliações e análises técnicas das alternativas possíveis.

Orçamento Tradicional	Orçamento Programa
4. Na elaboração do orçamento são consideradas as necessidades financeiras das unidades organizacionais.	4. Na elaboração do orçamento são considerados todos os custos dos programas, inclusive os que extrapolam o exercício.
5. A estrutura do orçamento dá ênfase aos aspectos contábeis da gestão.	5. A estrutura do orçamento está voltada para os aspectos administrativos e de planejamento.
6. Principais critérios classificatórios: unidades administrativas e elementos.	6. Principal critério de classificação: funcional programático.
7. Inexistem sistemas de acompanhamento e medição do trabalho, assim como dos resultados.	7. Utilização sistemática de indicadores e padrões de medição do trabalho e dos resultados.
8. O controle visa a honestidade dos agentes governamentais e a legalidade no cumprimento do orçamento.	8. O controle visa a avaliar a eficiência, a eficácia e a efetividade das ações governamentais.

Fonte: Giacomoni (2017)

1ª Enquete do Autor: Quais as diferenças do orçamento desempenho para os demais modelos orçamentários: tradicional e orçamento-programa?

Solução

1. O orçamento desempenho considera custos, mas custos dos programas de trabalho. Não se confunde com os custos dos programas que extrapolam o exercício financeiro.
2. O orçamento desempenho considera programas de trabalho no âmbito da organização. Não chega a ter programas de governo transversais como o que existem no orçamento-programa. Para caracterizar a transversalidade faz-se necessário que existam 2 ou mais órgãos responsáveis por objetivos no mesmo programa.
3. O orçamento desempenho possui indicadores de eficácia e eficiência organizacionais (objetos entregues; economia auferida na obra; percentual de processo informatizados), mas não indicadores de nível macro para mudar uma realidade social (redução da taxa de mortalidade infantil) que são presença obrigatória no orçamento-programa.

Atenção

Enquanto o **objeto do gasto do orçamento tradicional** busca responder: ***o que vai ser adquirido?*** ;**<u>o objetivo do gasto no orçamento desempenho e no orçamento-programa</u>** busca responder: ***para que vai ser adquirido?***

A despeito da sua contribuição, **o orçamento-programa possui algumas limitações**: necessidade que os novos conceitos sejam de conhecimento de todos; dificuldade em se identificar os produtos finais; certas atividades do estado são intangíveis, seus resultados não se prestam a medições (GIACOMÓNI, 2014). As duas últimas limitações dificultam a formulação de indicadores de eficiência, eficácia e efetividade.

2ª Enquete do Autor: Existe Princípio Orçamentário da Programação?

Solução

Sim. É considerado um dos princípios orçamentários mais modernos, consistindo na organização das ações governamentais através de programas de trabalho, com objetivos claramente definidos e dispondo de meios para alcançá-los, sendo ainda elos de ligação entre o planejamento e o orçamento. Só há que se falar em princípio da programação se o ente utilizar o orçamento-programa e vice-versa.

3ª Enquete do Autor: Qual a diferença entre eficiência, eficácia e efetividade?

Solução

Reis (1992) considera que a ***eficiência*** está relacionada ao custo, à forma pela qual os meios são geridos. É a otimização dos recursos disponíveis, através da utilização de métodos, técnicas e normas, visando o menor esforço e o menor custo na execução das tarefas. A eficiência é, pois, um critério de desempenho. Exemplo: tempo de execução de uma obra, tempo de análise de processo, percentual de meta física entregue no prazo.

A ***eficácia*** diz respeito ao alcance dos objetivos e metas. Se uma organização tem claramente definido seus objetivos e estes são atingidos, a organização é eficaz. Exemplo: percentual de obras entregues, quantidade de casas entregues, número de professor por aluno, percentual de crianças vacinadas.

A ***efetividade*** refere-se à preocupação da organização com seu relacionamento externo, sua sobrevivência e atendimento das necessidades sociais, pressupondo ainda certo grau de eficiência e eficácia. Exemplo: redução de mortalidade infantil, aumento da taxa de sobrevivência.

No Brasil o orçamento-programa foi instituído pelo Decreto-Lei 200 de 1967, sendo este considerado seu o marco legal; apesar de a lei 4.320/64 ter dado um suporte inicial a esta mudança.

O orçamento-programa que se tornou de uso obrigatório para todos os entes públicos desde 1974 é materializado atualmente na classificação programática da despesa orçamentária composta por três subdivisões: Programas, Ações e Subtítulos (GIACOMONI, 2017).

3ª Questão (TCU AUFC Cespe 2011): *Julgue o item a seguir:*

O princípio orçamentário da programação não poderia ser observado antes da instituição do conceito de orçamento-programa.

4ª a 7ª Questões (Unipampa Contador Cespe 2013): *No que diz respeito a orçamento público, julgue os próximos itens.*

4. No orçamento-programa, são previstos todos os custos dos programas de governo, inclusive os que extrapolam o exercício da programação orçamentária.
5. O orçamento tradicional deve ser elaborado com base na dimensão estratégica governamental definida no processo de planejamento e programação econômico-financeira aprovada pelas unidades orçamentárias.
6. Um dos critérios de classificação dos gastos públicos é o funcional-programático, uma classificação híbrida própria do orçamento-programa.
7. No orçamento tradicional, utilizam-se indicadores e padrões de medição para a avaliação dos resultados obtidos na execução dos programas de governo.

8ª Questão (TRF 3ª Região Analista Cespe 2013): *Julgue o item a seguir:*

Os elementos essenciais do orçamento-programa são os objetivos e propósitos almejados, os mecanismos de medidas de desempenho, os programas e seus respectivos custos.

9ª a 10ª Questões (ANTT Analista Cespe 2013): *Julgue os itens a seguir:*

9. Para que o governo consiga atuar com eficiência e eficácia, faz-se necessária uma boa integração entre os diversos programas e projetos por ele desenvolvidos. Nesse sentido, o tripé planejamento, programação e orçamentação atua como elo fundamental para a obtenção de coerência das diversas ações desenvolvidas pelo governo.
10. Como técnica orçamentária, o orçamento de desempenho negligencia os propósitos e objetivos dos créditos, priorizando a construção de indicadores que permitam a aferição dos resultados a partir de medidas simples e objetivas de desempenho.

11ª Questão (DPF Administrador Cespe 2014): *Julgue o item a seguir:*

Na contabilização do total de receitas, deduzir o valor a ser inscrito na dívida ativa tributária da União descumpre o princípio orçamentário da programação.

Solução

3. Certo, só há que se falar em princípio da programação se o ente utilizar o orçamento-programa e vice-versa.

4. Certo, essa é a vantagem do orçamento-programa na fase de orçamentação que representa a tradução da programação plurianual em um conjunto específico de ações anuais, determinando quem faz, o que faz e quanto de recursos seriam destinados.

5. Errado, essa dimensão estratégica não é caracteristica do orçamento tradicional. O orçamento tradicional é elaborado com base na dimensão do objeto do gasto.

6. Certo, a classificação funcional-programática da despesa é própria do orçamento programa e vice-versa.

7. Errado, no orçamento tradicional inexistem sistemas de acompanhamento e medição do trabalho, assim como dos resultados.

8. Certo, eis os quatro elementos do orçamento-programa:

a. Os objetivos e propósitos perseguidos pela instituição e para cuja consecução são utilizados os recursos orçamentários;

b. Os programas, isto é, os instrumentos de integração dos esforços governamentais no sentido da concretização dos objetivos;

c. Os custos dos programas medidos por meio da identificação dos meios ou insumos (pessoal, material, equipamentos, serviços etc.) necessários para a obtenção dos resultados;

d. Medidas de desempenho com a finalidade de medir as realizações (produto final) e os esforços despendidos na execução dos programas.

9. Certo, estas três dimensões concorrem para o sucesso do orçamento-programa.

10. Errado, existem objetivos dos programas de trabalho e existem indicadores de eficiência e eficácia no orçamento desempenho.

11. Errado, essa hipótese descumpre o princípio do orçamento bruto apenas.

Gabarito:

3. **Certo**
4. **Certo**
5. **Errado**
6. **Certo**
7. **Errado**
8. **Certo**
9. **Certo**
10. **Errado**
11. **Errado**

5. ORÇAMENTO BASE-ZERO

Segundo a Secretaria do Tesouro Nacional, o orçamento base-zero ou por estratégia consiste na abordagem orçamentária desenvolvida nos Estados Unidos da América, pela Texas Instruments Inc., durante o ano de 1969. Foi adotada pelo estado de Geórgia (governador Jimmy Carter), com vistas ao ano fiscal de 1973. Principais características dessa técnica ou modelo: análise, revisão e avaliação de todas as despesas propostas e não apenas das solicitações que ultrapassam o nível de gasto já existente; todos os programas devem ser justificados cada vez que se inicia um novo ciclo orçamentário.

Eis algumas motivações de Arthur Burns, conselheiro do presidente americano em 1969, que levaram à criação desse modelo:

> *1. Costumeiramente os funcionários responsáveis por um programa devem justificar apenas o aumento solicitado.*
>
> *2. Todos os programas devem ser submetidos a uma avaliação de custos e resultados.*
>
> *3. O orçamento base-zero inclui o estabelecimento de objetivos, avaliação de programas e a tomada de decisão, além da formulação do orçamento.*

Assim, o orçamento base-zero trabalha com **duas questões centrais**:

1. As atividades atuais são eficientes e eficazes?

2. As atividades atuais devem ser eliminadas ou reduzidas de forma a custear novos programas de prioridade mais alta ou de modo a reduzir o orçamento atual?

A abordagem do orçamento base-zero **é composta pelas seguintes fases**:

Fase 1: Identificar unidades de decisão (unidades orçamentárias, centros de custos, ações orçamentárias: elementos que possam ser isolados para análise e tomada de decisão).

Fase 2: Analisar cada unidade de decisão em um pacote de decisão.

Fase 3: Avaliar e classificar todos os pacotes de decisão para desenvolver a solicitação de alocação.

Fase 4: Preparar os orçamentos operacionais detalhados, refletindo os pacotes de decisão aprovados na alocação do orçamento.

4ª Enquete do Autor: O que é um pacote de decisão?

Solução

É o elemento central das fases de orçamento base-zero. O pacote de decisão pode ser a organização, foco do orçamento desempenho, ou pode ser o programa, foco do orçamento-programa.

A seguir constam os elementos do pacote de decisão:

- Objetivo;
- Descrição das ações (o que se vai fazer e como vai fazê-lo);
- Custos e benefícios;
- Medidas de carga de trabalho e desempenho;
- Meios alternativos para a consecução dos objetivos;
- Vários níveis de esforço.

5ª Enquete do Autor: Qual o impacto do orçamento base-zero sobre o orçamento-programa?

Solução

O orçamento-programa é composto por três dimensões: planejamento, programação e orçamentação. E que no planejamento são definidos planos de longo e médio prazo. Assim, na medida em que o orçamento base-zero não garante direitos adquiridos para os programas de longo e médio prazo ele torna difícil, mas não impossível sua coexistência com orçamento-programa.

Assim, uma das críticas ao orçamento base-zero seria sua ***dificuldade em gerenciar planejamento de longo prazo e despesas de caráter continuado*** (exemplo: qual a razão de justificar mais uma vez benefícios de aposentados que já forma glosados no ano anterior?). Alguns acadêmicos chamam isso de aumento da burocratização no processo orçamentário.

6ª Enquete do Autor: Qual o impacto do orçamento base-zero sobre o ciclo orçamentário?

Solução

Um ciclo orçamentário é composto de etapas como: elaboração, aprovação, execução e avaliação. Ocorre que nos ciclos normais de orçamento a avaliação normalmente ocorre ex-post. O orçamento base-zero também altera essa lógica, pois obriga que os elementos de avaliação, normalmente ex-post, seja trazido para a fase de planejamento (elaboração e aprovação). ***Essa medida gera conflitos entre o corpo técnico de burocratas (funcionários) e o corpo político especialmente para aqueles programas que são vitrine de governo, mas foram mal avaliados.*** Assim, o que poderia ser uma vantagem (trazer a avaliação para o planejamento), pode acabar por agravar o conflito entre o corpo técnico e o corpo político.

12ª Questão (ABIN Oficial de Inteligência Administração Cespe 2010): *Julgue o item a seguir:*

O orçamento de base zero tem a grande vantagem de permitir a elaboração de proposta orçamentária por meio de processo mais célere e menos oneroso para os órgãos públicos.

13. (Unipampa Administrador Cespe 2013): *Julgue o item a seguir:*

No orçamento base zero, salvo os casos especificados em lei, os programas devem ser justificados a cada exercício financeiro, respeitando-se os direitos adquiridos sobre verbas anteriormente outorgadas.

14. (TCDF Técnico Cespe 2014): *Julgue o item a seguir:*

A proposta orçamentária elaborada pelo Poder Executivo federal embasa-se no conceito de orçamento base-zero, segundo o qual a existência de determinada dotação na lei orçamentária do exercício anterior não constitui garantia para a sua inclusão no exercício seguinte.

15. (ICMBIo Analista Cespe 2014): *Julgue o item a seguir:*

As dificuldades de se implementar a técnica de orçamento de base-zero incluem a resistência imposta pela burocracia quando a eficácia de seus programas é avaliada.

Solução

12. Errado, o orçamento de base zero não é mais célere, mas mais oneroso, pois aumenta os conflitos entre o corpo técnico e político.

13. Errado, no orçamento base zero sem exceção todos os programas devem ser justificados. Não há direitos adquiridos.

14. Errado, no governo federal utiliza-se formalmente o orçamento-programa apenas.

15. Certo, é exatamente isso. Conforme em caso de avaliações negativas, o corpo político pode não querer considerar a mesma.

Gabarito:

12. **Errado**
13. **Errado**
14. **Errado**
15. **Certo**

6. ORÇAMENTO PARTICIPATIVO

O orçamento participativo é baseado em três princípios: (a) participação aberta a todos os cidadãos, sem nenhum status especial atribuído às organizações comunitárias; (b) combinação de democracia direta e representativa, cuja dinâmica institucional atribui aos próprios participantes a definição das regras internas; e, (c) alocação dos recursos para investimento de acordo com uma combinação de critérios gerais e técnicos (ou seja, compatibilizando as decisões e as regras estabelecidas pelos participantes com as exigências técnicas e legais das ações governamentais, respeitadas também as limitações financeiras).

No Brasil um exemplo da utilização deste orçamento pode ser encontrado na Prefeitura de Porto Alegre/RS. Ou seja, **não é uma prática adotada formalmente no âmbito federal**, em que pese existirem momentos em que os cidadãos podem participar do orçamento: consultas públicas e denúncias.

7. ORÇAMENTO INCREMENTAL

Segundo a Secretaria do Tesouro Nacional consiste na abordagem orçamentária em que o Orçamento feito através de ajustes marginais nos seus itens de receita e despesa.

Baseando-se nos gastos do ano corrente, o orçamento propõe um aumento percentual para o ano seguinte, detendo-se no aumento ou diminuição dos gastos ocorrido com um número de itens do orçamento, tais como despesas de pessoal, material, entre outros.

Este método entende o orçamento como um processo de negociação política. Um de seus principais problemas é que, apesar de facilitar a implementação, gera custos maiores para que se chegue à decisão. É um dos modelos mais utilizados atualmente.

Em uma descrição mais detalhada apresentam-se suas principais características:

- O Orçamento Incremental não é compreensivo, no sentido de englobar despesas e objetivos das principais atividades do governo;
- As atividades do governo e de seus órgãos não são revisadas anualmente no sentido de se reconsiderar os valores de programas existentes comparados a todas as possíveis alternativas de execução dos mesmos, uma vez que não são elencados para fins orçamentários;
- É baseado no orçamento do último ano com foco fundamentalmente em aumentos e diminuições de valores em relação aos respectivos itens de despesa governamental. Esta atuação é voltada para um reduzido número de itens;
- Envolve muita negociação política em torno de aumentos e diminuições de valores dos itens que estão sendo analisados;
- É um orçamento por item na medida o processo orçamentário analisa despesas de pessoal, material e não objetivos de programas.

16ª Questão (TCU AUFC Cespe 2007): *Julgue o item a seguir:*

O orçamento-programa substitui vantajosamente o orçamento incremental visto que permite uma revisão na estrutura dos programas de governo, inclusive quanto à importância relativa de cada um deles na composição do orçamento público.

17ª Questão (TST Analista Cespe 2008): *Julgue o item a seguir:*

O orçamento-programa se diferencia do orçamento incremental pelo fato de que este último pressupõe uma revisão contínua da estrutura básica dos programas, com aumento ou diminuição dos respectivos valores.

18. (ABIN/2010/Administração): *Julgue o item a seguir:*

No Brasil, vigora o orçamento do tipo participativo, visto que todos os poderes e órgãos da administração direta e alguns da administração indireta têm a prerrogativa de elaborar suas próprias propostas orçamentárias.

Solução

16. Certo, apesar o termo substituir não ser o mais apropriado, o fato é que o orçamento-programa permite a revisão de programas.

17. Errado, é o orçamento-programa que pressupõe uma revisão contínua da estrutura básica dos programas, com aumento ou diminuição dos respectivos valores.

18. Errado, o orçamento participativo é utilizado de forma esparsa em alguns municípios. O Orçamento-Programa é o tipo de orçamento que deve ser adotado desde 1974 em todo o Brasil.

Gabarito:

16. **Certo**
17. **Errado**
18. **Errado**

8. NOVO ORÇAMENTO DESEMPENHO

Quanto às últimas tendências em matéria de orçamento e avaliação de resultados, os estudos apontam que existe uma linha consistente e comum de preocupação em melhorar desempenho do governo, bem como de se injetar mais "racionalidade" (medição e avaliação) nas decisões de orçamento (WILLOUBY, BENSON, 2011).

Quando de sua publicação em 1993, o GRPA (*Government Performance and Result Act*) estabeleceu alguns objetivos: desenvolverplanos estratégicoscomdeclarações de missãoe orientados para resultados objetivos; preparar planosanuais de desempenhode como perseguirmetas; elaborar relatórios queavaliassem as lacunasno cumprimentodas metas de desempenho. Ainda no período de vigência do GPRA houve tentativas, em 1999, de que as agências governamentais correlacionassem suas medidas de desempenho com suas requisições de orçamentos (WILLOUBY, BENSON, 2011).

O Novo Orçamento Desempenho ao invés de ter como principal medida de desempenho os produtos (outputs), possui uma nova característica de objetivos de desempenho: os resultados (*outcomes*). É composto de 3 (três) componentes básicos: (i) estrutura de programa; (ii) sistema de mensuração de desempenho; (iii) sistema de determinação de custos. O Quadro a seguir mostra os itens que compõe cada componente.

Quadro 4.3: Componentes do Novo Orçamento Desempenho

Componente	Detalhamento
Estrutura de programa	1. Quadro Estratégico Amplo: perspectiva plurianual. 2. Apoio à tomada de decisão política e à priorização. 3. Assegurar a responsabilização. 4. Gestão Orçamentária comprometida com o desempenho.

Componente	Detalhamento
Sistema de mensuração de desempenho	1. Produtos versus resultados. 2. Processo de criação de indicadores. 3. Dimensão qualitativa. 4. Desempenho relacionado aos insumos.
Sistema de determinação de custos	1. Desmembrar o programa em atividades e identificar unidades responsáveis. 2. Identificar os recursos e custos. 3. Segregar custos diretos e indiretos. 4. Consignar os custos diretos e indiretos nas atividades específicas segundo metodologia previamente acordada.

9. PART

O *Program Assessment Rating Tool* (PART), implementado entre 2001 e 2002 nos EUA, é um questionário utilizadopara avaliar o propósito, o desenho, o planejamento, a gestão, os resultados e a prestação de contasdos programas federais. O objetivo finalé determinar seum programaé eficaz efornecer recomendaçõespara melhorar os resultadosdo programa.

No PART cada questionário tem perguntas padrão e perguntas personalizadas, dependendo da categoria do programa[15]. O questionário consiste de 25-30 perguntas de diagnóstico que são divididos em quatro áreas: **finalidadee objetivos** (peso de 20%); **planejamento estratégico** (peso de 10%); **gestão** (peso de 20%); **resultados** (peso de 50%).

Para cada aréa serão respondidas perguntas que resultaram em quatro pontuações numéricas de 0 a 100, uma por área. Tal medida permite que se tenha uma maior atençãodas áreas com maior necessidade melhoria. As faixas de avaliações e os resultados associados são os seguintes: efetivo (de 85 a 100); moderadamente efetivo (70 a 84); adequado (50 a 69) e ineficiente (de 0 a 49).

Gilmour (2007) encontrou evidências de que as avaliações do PART tiveram um impacto sobre as decisões de alocação de recursos pelo Executivo.

Gilmour e Lewis (2006) buscaram verificar se havia relação entre os indicadores do PART e as decisões orçamentais nos anos fiscais 2004 e 2005, e obtiveram evidências que as avaliações do PART avaliações foram importantes para o presidente, mas foi apenas um dos muitos fatores no processo de tomada de decisão; que os programas menores, com menos defensores políticos sofreram mais cortes a partir da aplicação do PART; e que os escores do PART para a finalidade do programa e projeto se relacionaram com mudanças no orçamento fiscal em ambos os anos.

15 Direct Federal, Competitive Grant, Block/Formula Grant, Regulatory, Capital Assets and Service Acquisition, Credit, and Research and Development.

Gilmour e Lewis (2006) também constataram que os resultados do programa (que possuem ponderação de 50%) foram significativos no exercício financeiro de 2004, mas não no exercício de 2005.

Dessa forma, observa-se que existe a tendência americana de tornar o processo de alocação de recursos no orçamento mais objetivo e reacional, sendo o mecanismo de medição de desempenho dos programas uma das formas de viabilizar tal tendência.

7ª Enquete do Autor: Quais os pontos comuns entre o Novo Orçamento Desempenho, PART e o orçamento base-zero?

Solução

O novo Orçamento Desempenho e o PART, tal qual o orçamento base-zero, trazem questões técnicas e trazem racionalidade para o processo orçamentário. Em que pese essa vantagem, essa medida gera conflitos entre o corpo técnico de burocratas (funcionários) e o corpo político especialmente para aqueles programas que são vitrine de governo, mas foram mal avaliados.

19ª Questão (ABIN Oficial de Inteligência Contabilidade Cespe 2010): *Julgue o item a seguir:*

Os sistemas de determinação de custos são considerados como um dos componentes básicos no novo orçamento de desempenho. Assim, com a adoção da estrutura programática, é necessário conhecer os custos e associá-los aos produtos e aos benefícios.

Solução

Certo, o novo orçamento desempenho é composto de 3 (três) componentes básicos: (i) estrutura de programa; (ii) sistema de mensuração de desempenho; (iii) sistema de determinação de custos.

Gabarito: **Certo**

10. LISTA DE QUESTÕES OBJETIVAS

1ª Questão (CVM Analista ESAF 2010): *A abordagem orçamentária cujas principais características são a análise, revisão e avaliação de todas as despesas propostas e não apenas das solicitações que ultrapassam o nível de gasto já existente, de modo que todos os programas devem ser justificados cada vez que se inicia um novo ciclo orçamentário, denomina-se:*

a) orçamento tradicional.

b) orçamento de base zero.

c) orçamento de desempenho.

d) orçamento-programa.
e) orçamento incremental.

Solução

Seria o orçamento base zero.

Gabarito: **B**

2ª Questão (TRT 4ª Região Analista FCC 2011): *Analise:*

I. O orçamento-programa é o elo entre o planejamento e as funções executivas da organização.

II. O controle do orçamento-programa visa avaliar a honestidade dos agentes governamentais e a legalidade do seu cumprimento.

III. No orçamento-programa, as decisões orçamentárias são tomadas com base em avaliações e análises técnicas das alternativas possíveis.

Está correto o que consta APENAS em

a) I e II.
b) I e III.
c) II e III.
d) I.
e) III.

Solução

I. Certo, sem comentários adicionais.

II. Errado, pois essa seria uma característica do orçamento tradicional.

III. Certo, sem comentários adicionais.

Gabarito: **B**

3ª Questão (TRT 4ª Região Analista FCC 2011): *Em relação a conceito de Orçamento Público, considere as afirmativas abaixo:*

I. O Orçamento Público é uma lei formal, isto é, ela obriga o Poder Público a realizar uma despesa autorizada pelo Legislativo.

II. O Orçamento Público é uma lei temporária, pois tem vigência limitada a quatro anos.

III. O conceito tradicional ou clássico de Orçamento Público compreende apenas a fixação da despesa e a previsão da receita, sem nenhuma espécie de planejamento das ações do governo.

IV. O Orçamento Público é uma lei especial que possui processo legislativo diferenciado e trata de matéria específica.

V. O orçamento-programa é um plano de trabalho que estabelece objetivos e metas a serem implementados, bem como a previsão dos custos a ele relacionados.

Estão corretas, SOMENTE:

a) II e IV.
b) I, II e IV.
c) III, IV e V.
d) I, II, III e IV.
e) II, III, IV e V.

Solução

I. Errado, o orçamento autoriza o Executivo a gastar.

II. Errado, o Orçamento Público é uma lei temporária, pois tem vigência limitada a um ano.

III. Certo, sem comentários adicionais.

IV. Certo, sem comentários adicionais.

V. Certo, sem comentários adicionais.

Gabarito: **C**

4ª Questão (TRF 1ª Região Analista FCC 2011): *Com relação aos tipos de orçamentos, considere as afirmativas abaixo:*

I. No orçamento de tipo tradicional há grande preocupação com a clareza dos objetivos econômicos e sociais que motivaram a elaboração da peça orçamentária.

II. O orçamento base-zero exige a reavaliação de todos os programas cada vez que se inicia um novo ciclo orçamentário e não apenas as das solicitações que ultrapassam o nível de gasto já existente.

III. O orçamento-programa considera os objetivos que o Governo pretende atingir, num prazo pré-determinado.

IV. O orçamento de desempenho não pode ser considerado um orçamento-programa, pois não incorpora o controle contábil do gasto e o detalhamento da despesa.

V. No orçamento-programa a alocação dos recursos para unidades orçamentárias se dá com base na proporção dos recursos gastos em exercícios anteriores.

Está correto o que se afirma SOMENTE em:

a) I e IV.
b) I, III e IV.
c) II, III e V.
d) I, III, IV e V.
e) II e III.

Solução

I. Errado, no orçamento de tipo tradicional os aspectos econômicos possuíam aspectos secundários.

II. Certo, sem comentários adicionais.

III. Certo, sem comentários adicionais.

IV. Errado, o controle contábil e o detalhamento da despesa já existia no orçamento tradicional, não sendo uma característica que diferencia o orçamento de desempenho do orçamento-programa.

V. Errado, pois seria uma característica do orçamento incremental.

Gabarito: **E**

5ª Questão (TCE-AP Analista de Controle Externo FCC2012): *Um plano de governo como instrumento de gestão no qual não se adota programa de trabalho, projetos, atividades, nem objetivos a atingir e cujo principal critério de distribuição dos recursos a disposição do governo é o montante de gastos do exercício financeiro anterior, ajustado em algum percentual discricionário, é conhecido como orçamento*

a) clássico ou tradicional.
b) programa.
c) de desempenho.
d) base zero.
e) variável.

Solução

Poderia ser tradicional ou incremental, gabarito A.

Gabarito: **A**

6ª Questão (TJ-PE Analista FCC 2012): *O orçamento que enfatiza os fins, em vez de os meios, e que a base fundamental é o planejamento, em vez de ser apenas um instrumento contábil de controle, é o orçamento*

a) programa.
b) base zero.
c) clássico.
d) tradicional.
e) legislativo.

Solução

Poderia ser desempenho ou programa, gabarito A.

Gabarito: **A**

7ª Questão (TJ-RJ Analista FCC 2012): *Orçamento-Programa tem como característica principal:*

a) dar ênfase ao objeto do gasto.

b) promover a ampla integração da sociedade civil no processo de discussão da elaboração da peça orçamentária.

c) incentivar que a fixação das despesas das unidades orçamentárias sejam baseadas nas realizadas no ano anterior acrescidas de um percentual que refletirá a inflação esperada.

d) ser um instrumento de fiscalização dos gastos do Poder Executivo pelo Poder Legislativo.

e) efetuar a integração entre o planejamento do Governo e orçamento anual.

Solução

a) Errado, pois seria uma característica do orçamento tradicional.

b) Errado, pois seria uma característica do orçamento participativo.

c) Errado, pois seria uma característica do orçamento tradicional.

d) Errado, pois seria uma característica diferenciadora do orçamento-programa.

e) Certo, esse é um dos pilares.

Gabarito: **E**

8ª e 9ª Questões (TCE-ES Analista de Controle Externo Cespe 2012): *Julgue os itens a seguir.*

8. A principal função do orçamento, na sua forma tradicional, é o controle político; em sua forma moderna, o orçamento foca o planejamento.

9. A alocação dos recursos visa, no orçamento tradicional, à aquisição de meios e, no orçamento-programa, ao atendimento de metas e objetivos previamente definidos.

Solução

8. Certo, sem comentários adicionais.

9. Certo, o orçamento-programa tem por foco o objetivo do gasto: o que se pretende enquanto o orçamento tradicional o objeto: gasto.

Gabarito:

8. **Certo**

9. **Certo**

10ª Questão (DNIT Analista ESAF 2013): *São características do orçamento tradicional:*

a) privilegiava a classificação da receita segundo o objeto de arrecadação e as despesas segundo as necessidades de cada entidade.

b) fixação de dotações segundo os objetivos de cada órgão e previsão de receitas segundo estimativa global de arrecadação.

c) era vinculado ao sistema de planejamento e fixava a despesa segundo a estimativa de gasto dos órgãos e a receita segundo os parâmetros de arrecadação do ano anterior.

d) consistia de um documento de previsão de receitas e autorização de despesas, estas classificadas segundo o objeto gasto.

e) consistia de um documento de previsão de receitas e fixação de despesas com prioridade nas ações de cada órgão.

Solução

a) Errado, inexiste tal orçamento.
b) Errado, inexiste tal orçamento.
c) Errado, inexiste tal orçamento.
d) Certo, o objeto do gasto é a única dimensão.
e) Errado, seria o orçamento-programa ou desempenho.

Gabarito: **D**

11ª Questão (TRE-MS Analista Cespe 2013): *Julgue o item a seguir.*

O orçamento tradicional, além de ser um instrumento político, tinha o aspecto econômico como prioridade, pois buscava a economia e a eficiência.

Solução

Errado, o aspecto econômico era secundário.

Gabarito: **Errado**

12ª Questão (Ministério das Minas e Energia Analista Cespe 2013): *Assinale a opção correta no que se refere às técnicas orçamentárias e aos tipos de orçamento.*

a) O orçamento base-zero caracteriza-se como o instrumento empregado para o planejamento de ações dos programas de médio e de longo prazo.

b) O orçamento incremental caracteriza-se pela admissão de emendas que, ao longo do exercício financeiro, ampliam determinadas despesas, conforme as necessidades dos agentes públicos.

c) O orçamento tradicional ou clássico explicita duas dimensões do orçamento: o objeto de gasto e as suas fontes de financiamento.

d) O orçamento desempenho, denominado orçamento funcional, enfatiza o desempenho organizacional.

e) O orçamento programa destaca os gastos relacionados à execução de cada programa governamental.

Solução

a) Errado, neste caso seria o orçamento programa.

b) Errado, tal característica não é diferenciadora neste modelo orçamentário.

c) Errado, no orçamento tradicional existe apenas uma dimensão: objeto do gasto.

d) Certo, este é exatamente o conceito disposto pela STN.

e) Errado, o termo "destacar" no sentido de retirar está errado.

Gabarito: **D**

13ª a 16ª Questões (Unipampa Contador Cespe 2013): *No que diz respeito a orçamento público, julgue os próximos itens.*

13. No orçamento-programa, são previstos todos os custos dos programas de governo, inclusive os que extrapolam o exercício da programação orçamentária.

14. O orçamento tradicional deve ser elaborado com base na dimensão estratégica governamental definida no processo de planejamento e programação econômico-financeira aprovada pelas unidades orçamentárias.

15. Um dos critérios de classificação dos gastos públicos é o funcional-programático, uma classificação híbrida própria do orçamento-programa.

16. No orçamento tradicional, utilizam-se indicadores e padrões de medição para a avaliação dos resultados obtidos na execução dos programas de governo.

Solução

13. Certo, essa é a vantagem do orçamento-programa na fase de orçamentação que representa a tradução da programação plurianual em um conjunto específico de ações anuais, determinando quem faz, o que faz e quanto de recursos seriam destinados.

14. Errado, essa dimensão estratégica não é caracteristica do orçamento tradicional. O orçamento tradicional é elaborado com base na dimensão do objeto do gasto.

15. Certo, a classificação funcional-programática da despesa é própria do orçamento programa e vice-versa.

16. Errado, no orçamento tradicional inexistem sistemas de acompanhamento e medição do trabalho, assim como dos resultados.

Gabarito:

13. **Certo**
14. **Errado**
15. **Certo**
16. **Errado**

17ª Questão (TRF 3ª Região Analista Cespe 2013): *Julgue o item a seguir.*

Os elementos essenciais do orçamento-programa são os objetivos e propósitos almejados, os mecanismos de medidas de desempenho, os programas e seus respectivos custos.

Solução

Certo, eis os quatro elementos:

a. Os objetivos e propósitos perseguidos pela instituição e para cuja consecução são utilizados os recursos orçamentários;

b. Os programas, isto é, os instrumentos de integração dos esforços governamentais no sentido da concretização dos objetivos;

c. Os custos dos programas medidos por meio da identificação dos meios ou insumos (pessoal, material, equipamentos, serviços etc.) necessários para a obtenção dos resultados;

d. Medidas de desempenho com a finalidade de medir as realizações (produto final) e os esforços despendidos na execução dos programas.

Gabarito: **Certo**

18 e 19 ª Questões (ANTT Analista Cespe 2013): *Julgue os itens a seguir.*

18. Para que o governo consiga atuar com eficiência e eficácia, faz-se necessária uma boa integração entre os diversos programas e projetos por ele desenvolvidos. Nesse sentido, o tripé planejamento, programação e orçamentação atua como elo fundamental para a obtenção de coerência das diversas ações desenvolvidas pelo governo.

19. Como técnica orçamentária, o orçamento de desempenho negligencia os propósitos e objetivos dos créditos, priorizando a construção de indicadores que permitam a aferição dos resultados a partir de medidas simples e objetivas de desempenho.

Solução

18. Certo, estas três dimensões concorrem para o sucesso do orçamento-programa.

19. Errado, existem objetivos dos programas de trabalho e existem indicadores de eficiência e eficácia no orçamento desempenho.

Gabarito:

18. **Certo**

19. **Errado**

20ª Questão (Unipampa Administrador Cespe 2013): *Julgue o item a seguir.*

No orçamento base zero, salvo os casos especificados em lei, os programas devem ser justificados a cada exercício financeiro, respeitando-se os direitos adquiridos sobre verbas anteriormente outorgadas.

Solução

Errado, pois no orçamento base zero sem exceção todos os programas devem ser justificados a cada ciclo. Não há direitos adquiridos.

Gabarito: **Errado**

21ª Questão (TRT 5ª Região Analista FCC 2013): *No orçamento-programa, uma das dimensões do controle é a efetividade. Para isso, são utilizados indicadores que representam o produto final dos programas governamentais, tal como,*

a) aumento da expectativa de vida.

b) despesa per capita em educação.

c) número de hospitais.

d) professor/aluno.

e) número de consultas médicas.

Solução

Todos os indicadores são de eficácia, exceto o gabarito A que é de efetividade.

Gabarito: **A**

22ª Questão (ALE-PE Consultor FCC 2014): *Em relação ao Orçamento Programa, considere:*

I. O orçamento é elo entre o planejamento e as funções executiva da organização.

II. A alocação dos recursos visa o atendimento ao plano político de governo definido pelo gestor público.

III. O controle visa avaliar a eficiência, a eficácia e a efetividade das ações governamentais.

IV. Na elaboração do orçamento são considerados todos os custos do programa, inclusive os que extrapolam o exercício.

V. A estrutura do orçamento está voltada para os aspectos financeiros e de planejamento.

É correto o que se afirma APENAS em

a) I, II e III.

b) I, III e IV.

c) II, III e IV.

d) II, IV e V.

e) III, IV e V.

Solução

I. Certo, sem comentários adicionais.

II. Errado, a alocação de recursos visa à consecução de objetivos e metas.

III. Certo, sem comentários adicionais.

IV. Certo, sem comentários adicionais.

V. Errado, a estrutura do orçamento está voltada para os aspectos administrativos e de planejamento.

Gabarito: **B**

23ª Questão (TRT 16ª Região Analista FCC 2014): *O quadro abaixo exibe as substanciais diferenças entre o Orçamento-Programa e o Orçamento-Tradicional*

	ORÇAMENTO-PROGRAMA	ORÇAMENTO-TRADICIONAL
I. Finalidade	Ênfase no que o Governo compra, nas coisas por ele adquiridas	Ênfase nas ações que o Governo realiza e nos meios reais que utiliza.
II. Relação com o Planejamento	Constitui-se em um dos instrumentos do Planejamento	Normalmente não reflete ações planejadas
III. Identificação de Objetivos	Compatibiliza os objetivos e as metas com os planos de curto e médio prazo.	Compatibiliza os objetivos e as metas com os planos de médio e longo prazo.
IV. Processo de Elaboração	Base em diretrizes e prioridades. Estimativa real de recursos e cálculo real das necessidades	Revisa todos os percentuais dos Quantitativos Financeiros anteriores para Receita e Despesa.
V. Forma de Controle	Ênfase no controle financeiro legal e formal	Ênfase nas realizações físicas.

As diferenças estão retratadas corretamente APENAS em

a) II, III e V.

b) I, II e IV.

c) I e III.

d) II, IV e V.

e) II e IV.

Solução

Estão certos apenas os itens II e IV.

Gabarito: **E**

24ª Questão (DPF Administrador Cespe 2014): *Julgue o item a seguir.*

Na contabilização do total de receitas, deduzir o valor a ser inscrito na dívida ativa tributária da União descumpre o princípio orçamentário da programação.

Solução

Errado, essa hipótese descumpre o princípio do orçamento bruto apenas.

Gabarito: **Errado**

25ª Questão (TCDF Técnico Cespe 2014): *Julgue o item a seguir.*

A proposta orçamentária elaborada pelo Poder Executivo federal embasa-se no conceito de orçamento base-zero, segundo o qual a existência de determinada dotação na lei orçamentária do exercício anterior não constitui garantia para a sua inclusão no exercício seguinte.

Solução

Errado, no governo federal utiliza o orçamento-programa apenas.

Gabarito: **Errado**

26ª Questão (ICMBIo Analista Cespe 2014): *Julgue o item a seguir.*

As dificuldades de se implementar a técnica de orçamento de base-zero incluem a resistência imposta pela burocracia quando a eficácia de seus programas é avaliada.

Solução

Certo, é exatamente isso. Conforme em caso de avaliações negativas, o corpo político pode não querer considerar a mesma.

Gabarito: **Certo**

27ª Questão (DEPEN Agente Cespe 2015): *Julgue o item a seguir.*

O orçamento tradicional, cuja principal função é servir de instrumento de administração, é fundamental para disciplinar as finanças públicas, manter o equilíbrio financeiro e evitar a expansão dos gastos.

Solução

Errado, o orçamento tradicional é que tinha a função de ser um instrumento de controle político.

Gabarito: **Errado**

28ª Questão (TCM-RJ Auditor FCC 2015): *O orçamento do qual consta apenas a previsão da receita e a fixação da despesa, constituindo uma peça meramente contábil financeira, sem nenhuma espécie de planejamento da ação do governo, sem qualquer objetivo econômico e social de forma clara e sem preocupação com objetivos e metas e voltado preferencialmente às necessidades dos órgãos públicos, denomina-se orçamento*

a) de desempenho ou por realizações.
b) estatal.
c) clássico ou tradicional.
d) pragmático.
e) de base zero ou por estratégia.

Solução

Seria o orçamento tradicional.

Gabarito: **C**

29ª Questão (TCM-RJ Auditor FCC 2015): *A espécie de orçamento cuja técnica utilizada para sua confecção consiste em desconsiderar os valores do ano anterior como valor inicial mínimo, e proceder a uma análise crítica de todos os recursos solicitados pelos órgãos governamentais, e de suas efetivas necessidades, sem qualquer compromisso com montantes iniciais de dotações, denomina-se orçamento*

a) real ou efetivo.
b) de base zero ou por estratégia.
c) participativo.
d) democrático.
e) de desempenho ou por realizações.

Solução

O orçamento que não considera direitos adquiridos é o orçamento base zero.

Gabarito: **B**

30ª Questão (TJ-SC Analista FGV 2015): *A prática de elaboração de um orçamento para as atividades governamentais tem origem na Inglaterra e apresentou diversas características que marcam sua evolução ao longo do tempo. O método de elaboração de orçamento em que a cada novo exercício deve haver justificativa detalhada dos recursos solicitados é o orçamento:*

a) programa;
b) por desempenho;
c) participativo;
d) base zero;
e) operacional.

Solução

O orçamento que não considera direitos adquiridos é o orçamento base zero.

Gabarito: **D**

31ª Questão (DPE-RO Analista FGV 2015): *Uma característica do orçamento-programa, que se baseia em uma concepção moderna de orçamento, que o diferencia das práticas orçamentárias tradicionais é o (a):*

a) ênfase na função de controle;
b) ênfase no aspecto jurídico do orçamento;
c) foco nos insumos;
d) posição secundária do aspecto econômico;
e) vinculação entre orçamento e planejamento.

Solução

a) Errado, pois seria característica do orçamento tradicional.
b) Errado, pois seria característica do orçamento tradicional.
c) Errado, pois seria característica do orçamento tradicional.
d) Errado, pois seria característica do orçamento tradicional.
e) Certo.

Gabarito: **E**

32ª Questão (IBGE Analista de Orçamento FGV 2016): *As concepções que norteiam o desenvolvimento das técnicas orçamentárias passaram por constante evolução, sobretudo em decorrência da maior complexidade das atividades desempenhadas pelos entes estatais. Porém, os primeiros modelos de orçamento foram desenvolvidos a partir da concepção de orçamento tradicional. Uma caraterística associada a essa concepção inicial do orçamento é:*

a) alocação de recursos visando à consecução de objetivos e metas;
b) classificações suficientes para instrumentalizar o controle de despesas;
c) consideração dos custos dos projetos, inclusive os que extrapolam o exercício;
d) decisões orçamentárias tomadas com base em avaliações;
e) estrutura do orçamento relacionada a aspectos administrativos e de planejamento.

Solução

(A) Errado, pois seria característica do orçamento desempenho ou programa.

(B) Gabarito.

(C) Errado, pois seria característica do orçamento programa.

(D) Errado, pois seria característica do orçamento programa.

(E) Errado, pois seria característica do orçamento programa.

Gabarito: **B**

33ª Questão (IBGE Analista de Orçamento FGV 2016): *Como marco da evolução dos modelos e práticas orçamentárias, o orçamento base-zero (OBZ) surgiu nos Estados Unidos na década de 1970, no governo Jimmy Carter. Não obstante suas contribuições para o aperfeiçoamento da moderna concepção de orçamento, o OBZ não é considerado um método de organizar ou apresentar o orçamento público. Uma das razões é que:*

(A) apresenta resistência por parte da burocracia para sua adoção;

(B) não apresenta relação clara entre planejamento e orçamento;

(C) o controle de despesas constitui elemento secundário;

(D) propõe a alocação de recursos com o objetivo de aquisição de meios;

(E) tem foco somente na avaliação e tomada de decisão sobre despesas.

Solução

Essa questão deveria ter sido anulada. A questão foi muito contundente ao utilizar o tão somente na opção E. O fato é que o orçamento base zero privilegia o planejamento.

Gabarito: **E**

34ª Questão (IBGE Analista de Orçamento FGV 2016): *O orçamento-programa, na concepção original da Organização das Nações Unidas (ONU), é tido como um sistema em que se presta particular atenção às coisas que um governo realiza mais do que às coisas que adquire. Desta forma, caso um ente público elabore sua proposta orçamentária com base na técnica do orçamento-programa, um elemento que NÃO está entre os essenciais é a identificação dos(as):*

a) custos dos programas, identificados por meio dos insumos necessários para a obtenção dos resultados;

b) instrumentos de integração dos esforços governamentais para concretização dos objetivos (programas);

c) medidas de desempenho para as realizações e os esforços despendidos na execução dos programas;

d) necessidades das unidades organizacionais para subsidiar as decisões orçamentárias;

e) objetivos e propósitos perseguidos pela instituição e para os quais serão utilizados os recursos orçamentários.

Solução

Eis os quatro elementos:

a. Os objetivos e propósitos perseguidos pela instituição e para cuja consecução são utilizados os recursos orçamentários;

b. Os programas, isto é, os instrumentos de integração dos esforços governamentais no sentido da concretização dos objetivos;

c. Os custos dos programas medidos por meio da identificação dos meios ou insumos (pessoal, material, equipamentos, serviços etc.) necessários para a obtenção dos resultados;

d. Medidas de desempenho com a finalidade de medir as realizações (produto final) e os esforços despendidos na execução dos programas.

Assim, está fora dos elementos a opção D.

Gabarito: **D**

35ª Questão (ALERJ Analista – Qualquer Cargo FGV 2017): *Desde o surgimento da prática orçamentária no setor público, muitas concepções e modelos surgiram influenciados pelas necessidades da própria Administração Pública. Considere os modelos orçamentários e as características apresentadas no quadro a seguir:*

(1) Orçamento Tradiciona
(2) Orçamento por Desempenho
(3) Orçamento Base-Zero
(4) Orçamento Programa
(5) Orçamento Participativo

( ) Difundido a partir de esforço da ONU e da CEPAL
( ) Ênfase na classificação em unidades administrativas e elementos
( ) Ênfase na tomada de decisões sobre despesas
( ) Legalmente exigido no Brasil
( ) Organicidade dos componentes do planejamento
( ) Reduzida relevância dos aspectos econômicos
( ) Regulamentado por alguns entes federativos brasileiros
( ) Visa instrumentalizar a ação gerencial

A associação correta entre os modelos orçamentários e as características é:

a) 2-3-4-5-1-3-2-1;

b) 2-4-2-5-4-1-5-3;

c) 3-1-4-5-2-5-2-3;

d) 4-1-3-4-4-1-5-2;

e) 4-3-1-2-3-4-5-2.

Solução

O orçamento-programa surgiu na ONU. Assim, já se começa com o código 4. O orçamento tradicional é que dá ênfase a classificação em unidades administrativas e elementos da despesa. Assim, já se elimina as demais opções.

Gabarito: **D**

11. LISTA DE QUESTÕES DISCURSIVAS

1ª Questão (ANTAQ Analista Administração Cespe 2009):

O orçamento público é caracterizado por possuir uma multiplicidade de aspectos. Seu conceito tem sofrido significativas mudanças ao longo do tempo, em decorrência da evolução de suas funções, hoje marcadamente diversas daquelas que o distinguiam no passado.

James Giácomoni. ***Orçamento Público****. 13.ª edição, p. 65 (com adaptações)*

Considerando a importância da evolução do orçamento público, redija um texto dissertativo sobre as espécies de orçamento, abordando, necessariamente, os seguintes aspectos:

- a função principal e a ênfase do orçamento tradicional;
- o orçamento de desempenho na evolução orçamentária;
- as principais características do orçamento-programa.

Extensão de linhas: até 30.

Resolução da Questão

O orçamento tradicional surgido na Inglaterra em 1822 tinha como função principal ser um instrumento de controle político. Este tipo de orçamento possuía apenas uma dimensão ou ênfase: o objeto de gasto. Assim, a preocupação maior era em limitar os gastos do executivo e responder a seguinte questão: O que será adquirido?

Dentre suas características destacam-se: os principais critérios classificatórios eram: unidades administrativas e elementos; o controle visava avaliar a honestidade dos agentes governamentais e a legalidade no cumprimento do orçamento; inexistiam sistemas de acompanhamento e medição do trabalho, assim como dos resultados.

O orçamento desempenho surge na década de 50 nos Estados Unidos da América (EUA) com a função de ser um instrumento da administração. Este tipo de orçamento possuía duas dimensões ou ênfases: objeto do gasto e programa de trabalho. Já de preocupava com os objetivos do gasto no âmbito da organização, porém ainda não possuía um instrumento central de planejamento. Os acadêmicos consideram este orçamento na transição entre o orçamento tradicional e o orçamento-programa.

O orçamento-programa surgiu originalmente como sistema de planejamento, programação e orçamentação, introduzido nos EUA, no final da década de 50 e início dos anos 60, sob a denominação de PPBS (Planning Programning Budgeting System). Este orçamento tinha como função ser um instrumento de planejamento e possuía como dimensões ou ênfases: planejamento, programação e orçamentação, sendo o programa o módulo integrador entre estas dimensões. Dentre suas características destacam-se: os principais critérios classificatórios eram: funcional programático; o controle visava avaliar a eficiência, a eficácia e a efetividade das ações governamentais; utilização sistemática de indicadores e padrões de medição do trabalho e dos resultados.

2ª Questão (TCDF Técnico Cespe 2014):

O orçamento público é caracterizado por possuir uma multiplicidade de aspectos. Seu conceito tem sofrido significativas mudanças ao longo do tempo, em decorrência da evolução de suas funções, hoje marcadamente diversas daquelas que o distinguiam no passado.

Francisco Glauber Mota. ***Contabilidade aplicada ao setor público.*** *1.ª ed., Brasília: Estefania Gonçalves, p. 18 (com adaptações)*

Em face do texto acima apresentado, meramente motivador, redija um texto dissertativo acerca dos diversos tipos de orçamento público, abordando, necessariamente, os seguintes aspectos:

- o orçamento clássico ou tradicional; [**valor: 9,60 pontos**]
- o orçamento-programa; [**valor: 10,00 pontos**]
- o orçamento base-zero; [**valor: 9,00 pontos**]

Extensão de linhas: até 30.

Resolução da Questão

O orçamento tradicional surgido na Inglaterra em 1822 tinha como função principal ser um instrumento de controle político. Este tipo de orçamento possuía apenas uma dimensão ou ênfase: o objeto de gasto. Assim, a preocupação maior era em limitar os gastos do executivo e responder a seguinte questão: O que será adquirido? Dentre suas características destacam-se: os principais critérios classificatórios eram: unidades administrativas e elementos; o controle visava avaliar a honestidade dos agentes governamentais e a legalidade no cumprimento do orçamento; inexistiam sistemas de acompanhamento e medição do trabalho, assim como dos resultados.

O orçamento-programa surgiu originalmente como sistema de planejamento, programação e orçamentação, introduzido nos Estados Unidos da América (EUA), no final da década de 50 e início dos anos 60, sob a denominação de PPBS (Planning Programning Budgeting System). Este orçamento tinha como função ser um instrumento de planejamento e possuía como dimensões ou ênfases: planejamento, programação e orçamentação, sendo o programa o módulo integrador entre estas dimensões. Dentre suas características destacam-se: os principais critérios classificatórios eram: funcional programático; o controle visava avaliar a eficiência, a eficácia e a efetividade das ações governamentais; utilização sistemática de indicadores e padrões de medição do trabalho e dos resultados.

O orçamento base-zero consiste na abordagem orçamentária desenvolvida nos EUA durante o ano de 1969. Foi adotada pelo por Jimmy Carter com vistas ao ano fiscal de 1973. Nessa abordagem todos os gastos devem ser justificados sem exceção cada vez que se inicia um novo ciclo orçamentário. Assim, ele dificultava a adoção de planos de médio e longo prazo. Em sua formação utilizava quatro fases: (i) identificação das unidades de decisão (unidades orçamentárias, centros de custos, ações orçamentárias; (ii) analise de cada unidade de decisão em um pacote de decisão; (iii) avaliação e classificação de todos os pacotes de decisão; (iv) preparação dos os orçamentos operacionais detalhados.

3ª Questão (MPU Analista de Finanças e Controle Cespe 2015):

Discorra sobre o orçamento-programa abordando necessariamente os seguintes tópicos:

- Conceito (Valor 15,00 pontos)
- Elementos essenciais (Valor 15,00 pontos)
- Inter-relacionamento entre os componentes (Valor 8,00 pontos)

Extensão de linhas: até 30.

Resolução da Questão

O orçamento-programa surgiu originalmente como sistema de planejamento, programação e orçamentação, introduzido nos Estados Unidos da América (EUA), no final da década de 50 e início dos anos 60, sob a denominação de PPBS (Planning Programning Budgeting System). Este orçamento tinha como função ser um instrumento de planejamento e possuía como dimensões ou ênfases: planejamento, programação e orçamentação, sendo o programa o módulo integrador entre estas dimensões. Dentre suas características destacam-se: os principais critérios classificatórios eram: funcional programático; o controle visava avaliar a eficiência, a eficácia e a efetividade das ações governamentais;

utilização sistemática de indicadores e padrões de medição do trabalho e dos resultados.

De acordo com suas origens, o orçamento-programa era composto por quatro elementos essenciais: (i) os objetivos e propósitos perseguidos pela instituição e para cuja consecução são utilizados os recursos orçamentários; (ii) os programas, isto é, os instrumentos de integração dos esforços governamentais no sentido da concretização dos objetivos; (iii) os custos dos programas medidos por meio da identificação dos meios ou insumos (pessoal, material, equipamentos, serviços etc.) necessários para a obtenção dos resultados; (iv) as medidas de desempenho com a finalidade de medir as realizações (produto final) e os esforços despendidos na execução dos programas.

O inter-relacionamento dos componentes do orçamento-programa deve ocorrer em três fases. Em primeiro lugar, estabelecem-se programas e atividades significativos para cada função confiada a uma organização ou entidade, a fim de identificar exatamente os objetivos perseguidos pelos diversos órgãos. Em segundo, o sistema de contas e gestão financeira passa a ser correlacionado com essa classificação. Em terceiro, em relação a cada programa e suas subdivisões operacionais, estabelecem-se medidas de programas e de trabalho que permitam avaliar o rendimento.

CAPÍTULO 05

CATEGORIAS DE ORÇAMENTO NA RELAÇÃO ENTRE O EXECUTIVO E O LEGISLATIVO

1. TIPOS DE ORÇAMENTO QUANTO AO PAPEL DOS PODERES NO CICLO ORÇAMENTÁRIO

Segundo Rezende (2001) existem 3 tipos de orçamento: Legislativo, Executivo e Misto.

No orçamento Legislativo, a elaboração, a votação e o controle do orçamento são competências do Poder Legislativo, cabendo ao Executivo apenas a execução.

No orçamento Executivo: a elaboração, a votação, o controle e a execução são competências do Poder Executivo.

No orçamento Misto: a elaboração e a execução são de competência do Executivo, cabendo ao Legislativo a votação e o controle.

O Quadro 5.1 contém as principais diferenças entre os tipos de orçamento quanto às etapas do ciclo orçamentário.

Quadro 5.1: Tipos de Orçamento e o Ciclo Orçamentário

Tipo	Ciclo Orçamentário			
	Elaboração	Discussão, Votação e Aprovação	Execução	Controle e Avaliação
Legislativo	*Legislativo*	Legislativo	Executivo	Legislativo
Executivo	Executivo	**Executivo**	Executivo	**Executivo**
Misto	Executivo	Legislativo	Executivo	Legislativo

O Quadro 5.2 contém os tipos de orçamento adotados no Brasil ao longo das constituições.

Quadro 5.2: Tipos do Orçamento no Brasil

Constituição Federal	Principal característica	Tipo de Orçamento*
1824	O executivo elaborava a proposta orçamentária; a Assembleia Geral (Câmara dos Deputados e Senado) aprovava a lei orçamentária; A Câmara dos Deputados elaborava leis sobre impostos.	Misto
1891	A elaboração da proposta orçamentária passou a ser função privativa do Congresso Nacional (iniciava pela Câmara dos Deputados).	Legislativo
1934	A elaboração da proposta orçamentária passou a ser função privativa do Presidente da República (já havia ocorrida uma mudança infraconstitucional em 1922 com o Código de Contabilidade Nacional); o Legislativo encarregava-se da votação do orçamento e do julgamento das contas do Presidente da República.	Misto
1937	O orçamento era elaborado e decretado pelo Chefe do Executivo.	Executivo
1946	O Executivo elaborava o projeto de lei de orçamento e o encaminhava para discussão e votação nas casas legislativas. Com o instituto da emenda, os legisladores participavam da elaboração orçamentária.	Misto
1967	Retirada de prerrogativas do Legislativo quanto à iniciativa de leis ou emendas que criem ou aumentem despesas, inclusive emendas ao projeto de lei do orçamento.	Executivo
1988	Devolução ao Legislativo da prerrogativa de propor emendas sobre despesa ao projeto de lei do orçamento; Exigência de envio pelo Executivo ao Legislativo de projeto de lei das diretrizes orçamentárias. A partir da Emenda Constitucional 86/2015 parte do orçamento (1,2% da Receita Corrente Líquida) passa a ser de execução obrigatória pelo Executivo.	Misto

Fonte: Giacomoni (2017)

Legenda: *Segundo a classificação de Arizio de Viana apud Giacomoni (2017)

2. TIPOS DE ORÇAMENTO QUANTO À OBRIGATORIEDADE DE EXECUÇÃO DAS DOTAÇÕES APROVADAS NA 3ª ETAPA DA LOA

Quanto à obrigatoriedade, o orçamento pode ser classificado em: **autorizativo** e **impositivo**.

O orçamento autorizativo se traduz uma autorização para realizar os gastos públicos. Em essência, trata-se de uma permissão para que determinada programação seja executada, e não outra. Não pode, então, o Poder Executivo apresentar determinada programação ao Congresso e implementar uma diversa daquela. O ponto central, contudo, é que a programação é definida pelo Executivo, que, após a autorização parlamentar, a implementa. Não é, portanto, o parlamento que define em que e quanto se gastar, mas apenas autoriza que a programação seja feita.

Nos casos extremos, o parlamento diz apenas sim ou não. Era a situação brasileira antes da Constituição de 1988. Em casos intermediários, o parlamento pode ter algum poder de alterar a programação. **O ponto central do orçamento autorizativo, contudo, é que o núcleo da programação é definido no âmbito do Executivo**. Deduz-se, pois, o papel secundário do Congresso em matéria orçamentária.

Com o orçamento impositivo, há uma mudança profunda de enfoque. Não há muito sentido em se falar de orçamento impositivo sem mudar a responsabilidade pela programação. Um Congresso que não faz a programação não tende a ter muito interesse em obrigar que ela seja integralmente cumprida.

Com efeito, **adotar o orçamento impositivo implica, essencialmente, transferir a maior responsabilidade de programar o orçamento para o Congresso**.

É a situação dos Estados Unidos, país exemplo de um parlamento que exerce o principal papel no processo de destinação das despesas públicas. O seu parlamento é, de longe, o mais forte do mundo em matéria orçamentária (*Organization for Economic Cooperation and Development* - OCDE, 1996).

Duas figuras se destacam no orçamento impositivo: o *deferral* e o *rescission* (RIBEIRO, 2003).

No caso do *deferral*, o presidente pode solicitar que dotações aprovadas pelo Congresso sejam tornadas indisponíveis para comprometimento por determinado período de tempo. É algo parecido com o contingenciamento no Brasil, com a marcante diferença de que, nos Estados Unidos, quem na verdade contingencia é o Congresso, quando aprova a solicitação do presidente (RIBEIRO, 2003).

Pelo *rescission*, o chefe do Poder Executivo propõe ao Congresso o cancelamento - total ou parcial - de dotações incluídas no orçamento, que se tornaram desnecessárias para o atingimento de certos objetivos ou para viabilização de programas. Se, no prazo de 45 dias, ambas as Casas do Congresso não se manifestarem pela homologação da proposta de cancelamento, os recursos bloqueados serão tornados, de imediato, disponíveis (Ribeiro, 2003).

Chamada 13 do Autor: Orçamento Híbrido na União

Atenção

Em que pese a Emenda Constitucional 86/2015 que instituiu o orçamento impositivo para as emendas individuais no âmbito **federal** (1,2% da Receita Corrente Líquida, ***que em termos absolutos corresponde a aproximadamente a menos de 1% do total da LOA***), **na essência o orçamento federal continua sendo essencialmente autorizativo.**

3. LISTA DE QUESTÕES OBJETIVAS

1ª Questão (Prefeitura de São José dos Campos Contador VUNESP 2013): *A maneira pela qual o orçamento é elaborado, segundo o regime político vigente, variando de acordo com a forma de governo, é denominada tipo de orçamento. O tipo previsto nas Constituições Brasileiras de 1934, 1946, 1967 e 1988 é o:*

a) arrecadatório
b) judiciário
c) legislativo
d) executivo
e) misto

Solução

Existem 3 tipos de orçamento: executivo, legislativo e misto. O modelo atual é um orçamento misto.

Gabarito: **E**

2ª Questão (MPE-ES Contador VUNESP 2013): *O tipo de orçamento corresponde à característica que determina a maneira pela qual o orçamento é elaborado, segundo o regime político vigente, variando em função da:*

a) dimensão jurídica.
b) dimensão econômica.
c) forma de governo.
d) dimensão financeira.
e) dimensão técnica.

Solução

Seria a forma de governo.

Gabarito: **C**

3ª Questão (DPF Administrador Cespe 2014): *Julgue o item a seguir.*

No Brasil, elabora-se o orçamento do tipo legislativo, dada a competência para votar e aprovar o orçamento ser do Poder Legislativo.

Solução

Errado, adota-se o orçamento misto: o Executivo elabora na 1ª Etapa, o Legislativo propõe emendas na 2ª Etapa, o Executivo executa na 3ª Etapa e o Legislativo julga na 4ª Etapa.

Gabarito: **Errado**

4ª Questão (TCU AUFC Cespe 2015): *Julgue o item a seguir:*

Considerando a evolução conceitual da terminologia usada em referência ao orçamento, o Brasil utilizou o orçamento legislativo, o executivo e o misto ao longo de sua história.

Solução

Certo, o Brasil vivenciou os três tipos:

- Orçamento Legislativo: a elaboração, a votação e o controle do orçamento são competências do Poder Legislativo. Ao Executivo cabe apenas a execução. Exemplo: Constituição Federal de 1891.
- Orçamento Executivo: a elaboração, a votação, o controle e a execução são competências do Poder Executivo. Exemplo: Constituição Federal de 1937.
- Orçamento Misto: a elaboração e a execução são de competência do Executivo, cabendo ao Legislativo a votação e o controle. Exemplo: a atual Constituição Federal de 1988.

Gabarito: **Certo**

5ª Questão (MPU Analista Cespe 2015): *Julgue o item a seguir:*

Com a entrada em vigor da Constituição de 1988, restabeleceu-se ao Legislativo a prerrogativa de propor emendas ao projeto de lei do orçamento, um direito especial que lhe havia sido retirado pela Constituição outorgada de 1967.

Solução

Certo, o orçamento antes Executivo em 1967, voltou a ser Misto em 1988.

Gabarito: **Certo**

6ª Questão (Ministério do Planejamento APO ESAF 2015): *Julgue o item a seguir:*

A Emenda Constitucional 86/2015 tornou obrigatória a execução de todo o orçamento aprovado no âmbito do Poder Executivo.

Solução

Errado, apenas as emendas individuais são impositivas, sua execução é limita a 1,2% da Receita Corrente Líquida. Na prática menos de 1% do orçamento total. Ou seja, os 99% restantes continuam autorizativo.

Gabarito: **Errado**

Unidade Didática II
INSTRUMENTOS DE PLANEJAMENTO

Quais os instrumentos de planejamento orçamentário vigentes desde a CF/1988?

Qual a estrutura do PPA federal?

Quais atribuições da LDO estão presentes na CF/1988 e quais estão presentes na LRF ?

Quais os anexos da LDO?

Qual a estrutura da LOA?

Quais os anexos da LOA?

Quais as fontes de créditos adicionais e como mensurá-las?

CAPÍTULO 06

PLANO PLURIANUAL – PPA

1. PPA NA CONSTITUIÇÃO FEDERAL

A CF/1988 estabelece que:

> *Art. 165.*
>
> *§ 1º A lei que instituir o plano plurianual estabelecerá, de forma regionalizada, as diretrizes, objetivos e metas da administração pública federal para as despesas de capital e outras delas decorrentes e para as relativas aos programas de duração continuada.*

O Quadro 6.1 reexplora os conceitos presentes na CF/1988 anteriormente vistos no capítulo 2.

Em termos de planejamento, o PPA é um plano estratégico e tático; enquanto ao prazo trata-se de plano de médio prazo elaborado no primeiro ano de governo do Executivo e válido do início do segundo ano de governo até o término do primeiro ano do governo seguinte.

Desse modo, o Governo ordena suas ações com a finalidade de atingir objetivos e metas por meio do PPA: um plano de médio prazo elaborado no primeiro ano de mandato do presidente eleito, para execução nos quatro anos seguintes. Os prazos de envio e aprovação do PPA estão definidos hoje com base o ADCT da CF/1988 e resumidos no Quadro 6.2.

> ***ADCT. Art. 35. [...]***
>
> *2º – Até a entrada em vigor da lei complementar a que se refere o art. 165, § 9º, I e II, serão obedecidas as seguintes normas:*
>
> *I – **o projeto do plano plurianual**, para vigência até o final do primeiro exercício financeiro do mandato presidencial subsequente, será encaminhado até quatro meses antes do encerramento do primeiro exercício financeiro e devolvido para sanção até o encerramento da sessão legislativa;*
>
> ***Art. 165. [...]***
>
> ***§ 9º – Cabe à lei complementar:***
>
> *I – dispor sobre o **exercício financeiro, a vigência, os prazos, a elaboração e a organização** do plano plurianual, da lei de diretrizes orçamentárias e da lei orçamentária anual;*

Quadro 6.1: Explorando os conceitos do PPA na CF/1988

A lei que instituir o plano plurianual....	**....estabelecerá, de forma regionalizada....**	***...as diretrizes, objetivos e metas...***	**...da administração pública federal...**	**... para as despesas de capital...**	***...e outras delas decorrentes...***	**...e para as relativas aos programas de duração continuada.**
Trata-se de lei ordinária.	A regionalização é a localização espacial de gasto e é **obrigatória**. A regionalização pode ser dar: pelas cinco regiões administrativas, por estados, por municípios, por biomas (Caatinga, Amazônia Ocidental, Amazônia Oriental) e outros critérios espaciais.	Diretrizes são elementos estratégicos; objetivos e metas são elementos táticos.	Apesar do conceito mencionar administração pública federal, todos os entes da federação devem ter PPA, LDO e LOA. Assim, se for considerado 5.550 municípios tem-se **a cada 4 anos:** 1 PPA da União, 27 PPAs dos Estados inclusive o DF e 5.550 PPAs dos Municípios.	No caso da União nem todas as despesas de capital constam no PPA.	Seriam as despesas correntes derivadas de despesas de capital. No âmbito federal, nem todas as despesas correntes constam no PPA.	São os programas de área fim, que fornecem bens ou serviços diretamente a sociedade. Ou seja, não se considera o critério temporal.

Quadro 6.2: Prazos de elaboração e aprovação do PPA

Instrumento	Encaminhamento ao Congresso Nacional	Devolução para Sanção do Executivo
PPA	Até 31/08 (4 meses antes) do primeiro ano de mandato do Executivo	Até 22/12 (término da sessão legislativa) do primeiro ano de mandato do Executivo

1ª Enquete do Autor: Por que no PPA da União não constam todas as despesas de capital e não constam todas as despesas correntes?

Solução

Essa pergunta é complexa e necessita de um conhecimento adjacente: classificação da despesa orçamentária. Inicialmente cabe destacar que existem na União 9 classificações da despesa orçamentária. Essas 9 (nove) classificações vem apenas na LOA. Pelo menos duas dessas classificações constam de forma agregada ***no PPA*** federal: classificação quanto à natureza e classificação programática. A Figura 6.1 contém a distribuição das despesas dessas 2 classificações ***na LOA***.

Figura 6.1: Despesas que constam na LOA

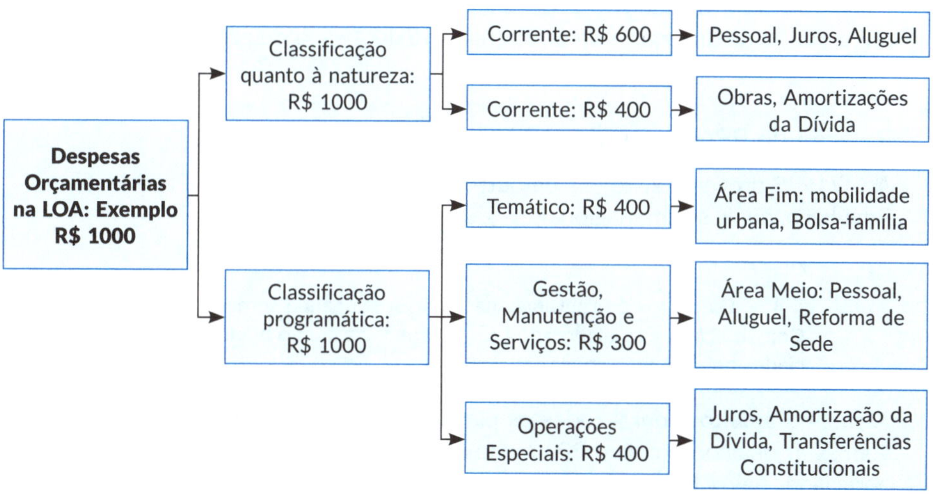

Independente da classificação na LOA, se o valor da LOA é de R$ 1.000; este valor é de R$ 1.000 em qualquer classificação da despesa orçamentária. Porém, diferentemente da LOA, ***não constam no PPA federal as despesas dos programas de operações especiais.***

Assim, pelo conceito da CF/1988, as despesas com capital devem constar no PPA, porém não todas (amortização da dívida fica de fora do PPA federal). As despesas correntes "decorrentes"/ "derivadas"/"consequentes" das despesas de capital também devem constar no PPA, porém não todas (juros e transferências constitucionais ficam fora de do PPA federal).

Assim, conclui-se que nem todas as despesas orçamentárias constam no PPA.

Observa-se que o prazo constante no Quadro 6.2 está definido no ADCT e ***que há uma lacuna jurídica em face da ausência da lei complementar prevista no Art. 165, § 9º, I.*** Assim, esse prazo é seguido na União e demais entes, mas existem Estados que possuem prazos distintos definidos nas suas constituições estaduais (por exemplo: no DF, o prazo de envio do PPA é até 15 de setembro do primeiro ano de mandato).

No âmbito **federal** não há restrição institucional para o Legislativo, caso este não aprove o PPA até 22 de dezembro do primeiro ano de mandato (término da sessão de legislativa), no entanto existem Estados que estabelecem restrições (por exemplo: em determinados entes da federação a sessão[1] não pode ser encerrada se o PPA não for aprovado pelo Poder Legislativo).

Curiosidade

Se por ventura ocorresse uma alteração na Constituição Federal e o mandato do chefe do Executivo passasse a ser de 6 anos (exemplo: 2019-2024, o PPA passaria a ser de 6 anos. Isso porque ele seria elaborado no 1° ano do início do mandato e teria validade de 1° de janeiro de 2020 (início do segundo mandato) até o dia 31 de dezembro de 2025 (término do 1° ano do próximo mandato).

Relação do PPA com outros Planos

A CF/1988 prevê a existência de outros planos de iniciativa do Presidente da República, quais sejam: nacionais, regionais e setoriais.

> Art. 165.[...]
>
> § 4° - Os planos e programas nacionais, regionais e setoriais previstos nesta Constituição serão elaborados em consonância com o plano plurianual e apreciados pelo Congresso Nacional.

Assim, no **âmbito federal** todos os planos nacionais, regionais e setoriais devem estar de acordo com o PPA e não o contrário. Esses planos e o PPA serão apreciados pelo Congresso Nacional e suas comissões, em especial, a Comissão Mista de Planos, Orçamento e Fiscalização (CMO).

Essa compatibilidade com PPA o pode gerar casos incomuns como o fato de um Plano Decenal de determinado tema, plano de longo prazo, ser compatível com o PPA que é um plano de médio prazo.

Devido a lacuna jurídica face a ausência da lei complementar prevista no Art. 165, § 9°, I, existem estados que vinculam o PPA a outros planos (por exemplo: no DF, o PPA deve ser compatível com o Plano Diretor de Ordenamento Territorial - PDOT vigente).

1 *Uma sessão legislativa é composta de dois períodos legislativos. Na União, o primeiro período se estende de 02 de fevereiro a 17 de julho, e o segundo período de 01 de agosto a 22 de dezembro:* ***CF/1988***

Art. 57. O Congresso Nacional reunir-se-á, anualmente, na Capital Federal, de 2 de fevereiro a 17 de julho e de 1° de agosto a 22 de dezembro.

1ª Questão (IPEA Técnico de Orçamento Cespe 2008): *Quanto às normas orçamentárias da CF, julgue o item seguinte:*

Entre os instrumentos de planejamento da atividade financeira do Estado previstos pela CF, o nível mais abstrato para a formulação do plano de trabalho do governo é constituído pelo Plano Plurianual (PPA).

2ª Questão (TCU AUFC Cespe 2008): *Julgue o item seguinte:*

A lei que institui o plano plurianual (PPA) deve estabelecer, de forma regionalizada, as diretrizes, os objetivos e as metas da administração pública federal para as despesas de capital e para outras delas decorrentes. Contudo, não existe um modelo legalmente instituído para organização, metodologia e conteúdo dos PPAs.

3ª Questão (ABIN Oficial de Inteligência - Administração Cespe 2010): *Julgue o item seguinte:*

Se, em consonância com as normas do PPA, o governo federal instituir um plano de combate a calamidades públicas ocorridas em certa região do país, não haverá necessidade de submeter esse plano ao Congresso Nacional.

4ª Questão (CNJ Analista Cespe 2013): *Julgue o item seguinte:*

A elaboração do orçamento compreende o estabelecimento de plano de médio prazo (quatro anos) ou PPA; lei orientadora ou lei de diretrizes orçamentárias (LDO); e orçamento propriamente dito ou LOA.

5ª Questão (ANTT Analista Cespe 2013): *Julgue o item seguinte:*

Apesar de ser um guia para a elaboração da LDO e para a LOA, o PPA não condiciona outros planos constitucionais que tenham duração superior ao período de quatro anos, tais como o plano decenal da educação.

6ª Questão (MPU Analista Cespe 2013): *Julgue o item seguinte:*

O PPA estabelece as diretrizes e os objetivos da administração pública federal para as despesas de capital e outras delas decorrentes e para as despesas relativas aos programas de educação continuada.

7ª Questão (PGE-PI Procurador Cespe 2015): *Julgue o item seguinte:*

Não existe, atualmente, dispositivo de lei complementar nacional que disponha acerca de vigência, prazos, elaboração e organização dos PPAs.

Solução

1. Certo, o nível mais abstrato é o PPA e o mais concreto a LOA.
2. Certo, até a presente data não existe a lei complementar de que trata o art. 165 Art. 165. § 9º, I.

3. Errado, trata-se de plano regional, logo deve ser compatível com o PPA e deve passar pela análise do Congresso Nacional.

4. Certo, o PPA é de médio prazo e os demais itens estão corretos.

5. Errado, os planos nacionais, regionais e setoriais inclusive de longo prazo devem ser compatíveis com o PPA.

6. Errado, pois a parte final deveria ser para as despesas relativas aos programas de duração continuada.

7. Certo, até a presente data não existe a lei complementar de que trata o art. 165 Art. 165. § 9º, I.

Gabarito:

1. **Certo**
2. **Certo**
3. **Errado**
4. **Certo**
5. **Errado**
6. **Errado**
7. **Certo**

2. LEI 13.249, DE 13 DE JANEIRO DE 2016

2.1. Estrutura

Atualmente a Lei nº 13.249, de 13 de janeiro de 2016, corresponde ao PPA 2016-2019 da União. A seguir consta o art. 1º da lei:

> *Art. 1º Esta Lei institui o* ***Plano Plurianual da União para o período de 2016 a 2019 - PPA 2016-2019****, em cumprimento ao disposto no § 1o do art. 165 da Constituição Federal.*
>
> *Art. 2º O PPA 2016-2019 é instrumento de planejamento governamental que define* ***diretrizes, objetivos e metas da administração pública federal*** *para as despesas de capital e outras delas decorrentes e para as relativas aos programas de duração continuada, com o propósito de viabilizar a implementação e a gestão das políticas públicas.*

Curiosidade: Prioridades no PPA da União? Mas isso não era na LDO?

A lei do PPA 2016-2019 traz as prioridades da administração pública federal:

> Art. 3º ***São prioridades*** da administração pública federal para o período 2016- 2019:
>
> I - as metas inscritas no Plano Nacional de Educação (Lei no 13.005, de 25 de junho de 2014);
>
> II - o Programa de Aceleração do Crescimento - PAC, identificado nas leis orçamentárias anuais por meio de atributo específico; e

III - o Plano Brasil sem Miséria - PBSM, identificado nas leis orçamentárias anuais por meio de atributo específico.

Parágrafo único. No prazo de noventa dias a contar da publicação desta Lei, o Poder Executivo informará ao Congresso Nacional o montante de recursos a ser destinado, no quadriênio 2016-2019, ao Programa de Aceleração do Crescimento - PAC e ao Programa de Investimentos em Logística - PIL.

Assim, somente deve-se considerar que as prioridades constam no PPA se a questão de forma explícita mencionar o PPA federal.

O PPA 2016-2019 possui as seguintes **diretrizes**:

Art. 4º Para o período 2016-2019, o PPA terá como diretrizes:

I – O desenvolvimento sustentável orientado pela inclusão social;

II – A melhoria contínua da qualidade dos serviços públicos;

III – A garantia dos direitos humanos com redução das desigualdades sociais, regionais, étnico-raciais, geracionais e de gênero;

IV – O estímulo e a valorização da educação, ciência, tecnologia e inovação e competitividade;

V – A participação social como direito do cidadão;

VI– A valorização e o respeito à diversidade cultural;

VII – O aperfeiçoamento da gestão pública com foco no cidadão, na eficiência do gasto público, na transparência, e no enfrentamento à corrupção; e

VIII – A garantia do equilíbrio das contas públicas.

Importante: Quais programas constam e quais não constam no PPA 2016-2019?

Existem 3 tipos de programas: temáticos; gestão, manutenção e serviço; e operações especiais. Constam no PPA ***apenas*** os programas temáticos e de gestão, manutenção e serviço.

Art. 5º O PPA 2016-2019 reflete as políticas públicas e organiza a atuação governamental por meio de Programas Temáticos e de Gestão, Manutenção e Serviços ao Estado, assim definidos:

I - ***Programa Temático***: que expressa e orienta a ação governamental para a entrega de bens e serviços à sociedade; e

II - ***Programa de Gestão, Manutenção e Serviços ao Estado***: que expressa e orienta as ações destinadas ao apoio, à gestão e à manutenção da atuação governamental.

Parágrafo único. ***Não integram o PPA 2016-2019 os programas destinados exclusivamente a operações especiais***.

A seguir, a figura 6.2 mostra a estrutura do PPA federal e sua integração do com a LOA federal.

Figura 6.2: Mosaico da estrutura do PPA federal e sua integração do com a LOA

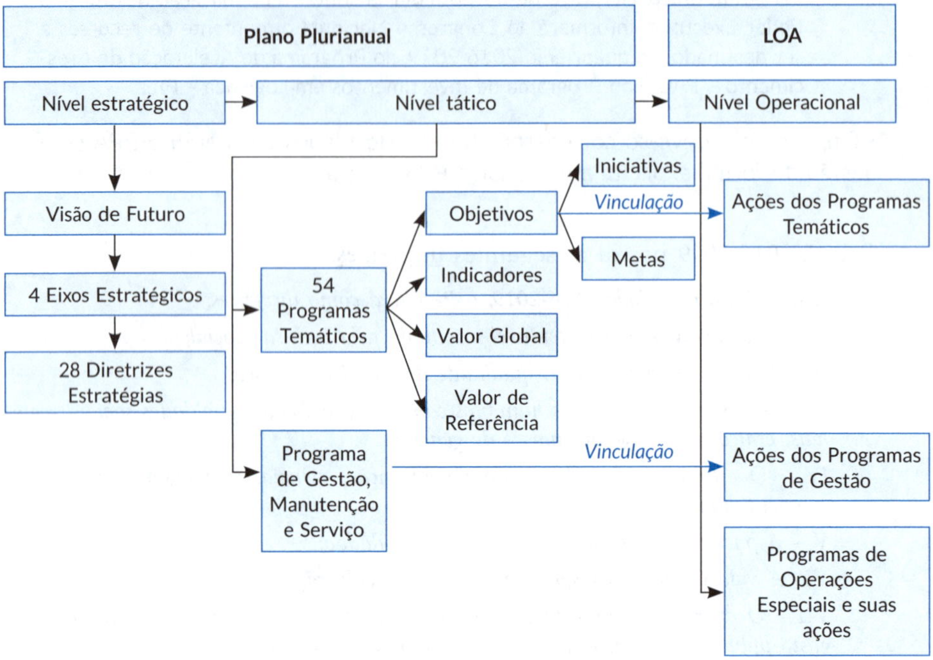

Relações Funcionais no PPA Federal 2016-2019

1. No PPA só existem programas temáticos e de gestão. Não constam no PPA os programas de operações especiais.

2. As ações são discriminadas exclusivamente na LOA.

3. Cada programa temático possui dois ou mais objetivos.

4. Os programas de gestão não possuem objetivos, nem indicadores.

5. Para cada objetivo existe um único órgão responsável.

6. Cada programa objetivo possui duas ou mais metas; e duas ou mais iniciativas.

7. Para cada meta existe um único órgão responsável.

8. Não existe órgão responsável por programa.

9. O módulo integrador dos programas temáticos do PPA com as ações da LOA são os objetivos. No caso dos porgramas de gestão, a ligação é direta. Assim, cada ação orçamentária da LOA estará vinculada a um único objetivo, exceto as ações padronizadas que podem se vincular a mais de um objetivo.

O quadro 6.3 traz os conceitos dos elementos centrais do PPA federal.

Quadro 6.3: Atributos dos Programas Temáticos

<table>
<tr><th>Atributos</th><th colspan="2">Descrição</th></tr>
<tr><td rowspan="3">Objetivos</td><td rowspan="3">Expressa as escolhas de políticas públicas para o alcance dos resultados almejados pela intervenção governamental. O que deve ser feito?</td><td>Órgão Responsável: órgão cujas atribuições mais contribuem para a implementação do Objetivo ou da Meta.</td></tr>
<tr><td>Meta: medida do alcance do Objetivo, podendo ser de natureza quantitativa ou qualitativa.</td></tr>
<tr><td>Iniciativa: declaração dos meios e mecanismos de gestão que viabilizam os Objetivos e suas Metas, explicitando a lógica da intervenção.</td></tr>
<tr><td>Indicadores</td><td colspan="2">É uma referência que permite identificar e aferir, periodicamente, aspectos relacionados a um Programa, auxiliando a avaliação dos seus resultados.</td></tr>
<tr><td>Valor Global</td><td colspan="2">É a estimativa dos recursos orçamentários e extraorçamentários previstos para a consecução dos objetivos, sendo os orçamentários segregados nas esferas Fiscal e da Seguridade Social e na esfera de Investimento das Empresas Estatais, com as respectivas categorias econômicas.</td></tr>
<tr><td>Valor de Referência</td><td colspan="2">É o parâmetro financeiro utilizado para fins de individualização de empreendimento como iniciativa no Anexo III (se o valor do empreendimento for maior ou igual de referência), estabelecido por Programa Temático e especificado para as esferas Fiscal e da Seguridade Social e para a esfera de Investimento das Empresas Estatais.</td></tr>
</table>

O que seriam ações padronizadas?

Inicialmente devemos saber que a classificação programática atualmente vigente está suportada pelas portarias MOG 42/1999, STN e SOF 163/2001, e Manual Técnico do Orçamento conforme abaixo.

1°	2°	3°	4°	1°	2°	3°	4°	5°	6°	7°	8°
				numérico	alfanuméricos			Numéricos			
				AÇÃO				SUBTÍTULO			

Programa

Assim, observa-se que a ação é o 2° nível da classificação programática. Estas ações podem ser padronizadas conforme a seguir.

Tipo	Característica	Exemplo
Setorial	São implementadas **por mais de uma UO do mesmo órgão.**	Funcionamento dos Hospitais de Ensino; Promoção da Assistência Técnica e Extensão Rural – ATER; Administração das Hidrovias
Multis-setorial	São executadas por mais de um órgão ou por UOs de órgãos diferentes, **considerando a temática** desenvolvida pelo setor à qual está vinculada.	Elevação da Escolaridade e Qualificação Profissional – ProJovem Urbano e Campo (realizada no MEC, MTE e Presidência).
União	Operações que perpassam diversos órgãos e/ ou UOs sem contemplar as especificidades do setor ao qual estão vinculadas. Caracterizam-se por apresentar base legal, finalidade, descrição e produto padrão, aplicável a qualquer órgão e, ainda, **pela gestão orçamentária realizada de forma centralizada pela SOF.**	Pagamento de Aposentadorias e Pensões; Contribuição da União, de suas Autarquias e Fundações para o Custeio do Regime de Previdência dos Servidores Públicos Federais; e Auxílio-Alimentação aos Servidores e Empregados.

Por fim, constam elementos que compõem o programa de mobilidade urbana do PPA 2016-2019, exemplo escolhido de forma aleatória.

Figura 6.3: Indicadores

INDICADORES	Unidade de Medida	Referência	
		Data	Índice
Demanda por dia útil nos sistemas metroferroviários federais	pessoa	31/12/2014	788.674,0000
Demanda total transportada nos sistemas metroferroviários federais	pessoa por ano	31/12/2014	239.251.395,0000
Índice de vítimas fatais de acidentes de trânsito	1/100.000 habitantes	31/12/2013	21,0000
Infraestrutura exclusiva para transporte público coletivo	km	26/08/2015	2.300,0000
Participação do modo de transporte sobre trilhos no Transporte Público Coletivo	%	31/12/2012	13,0000
Participação modal do transporte público coletivo	%	31/12/2012	29,0000

INDICADORES	Unidade de Medida	Referência	
		Data	Índice
Percentual de municípios com Plano de Mobilidade Urbana elaborado	%	31/03/2015	6,0000
Percentual de municípios integrados ao Sistema Nacional de Trânsito	%	18/08/2014	26,0000
Percentual de pessoas que gastam mais de 1 hora no percurso casa-trabalho	%	31/12/2013	11,0000
Percentual de pessoas que gastam mais de 1 hora no percurso casa-trabalho, em Regiões Metropolitanas	%	31/12/2013	21,0000
Regularidade dos sistemas metroferroviários federais	%	31/12/2014	96,0000

Figura 6.4: Valor Global e Valor de Referência

Esfera	Valor 2016 (mil R$)	Valor 2017-2019 (mil R$)
Orçamentos Fiscal e da Seguridade Social	**1.051.292**	**3.445.392**
Despesas Correntes	86.750	282.989
Despesas de Capital	964.542	3.162.402
Recursos Extraorçamentários	**20.568.789**	**41.028.246**
Crédito e Demais Fontes	18.961.645	35.528.417
Gastos Tributários	1.607.144	5.499.829
Valores Globais	**21.620.081**	**44.473.638**
	66.093.718	

Valor de Referência para Individualização de Empreendimentos como Iniciativas (mil R$)	
Orçamentos Fiscal e da Seguridade Social	500.000.000

Figura 6.5: Objetivo e Metas

Objetivo: 0574 – Apoiar a implantação, expansão e requalificação dos sistemas de mobilidade urbana com soluções acessíveis, sustentáveis e compatíveis com as características locais e regionais, priorizando os modos de transporte público coletivo e os não motorizados e promovendo a integração modal, física e tarifária.

Órgão Responsável: Ministério das Cidades

Metas 2016-2019

- 01QW – Apoiar a implantação e/ou requalificação de 1.480 km de sistemas sobre pneus em 72 municípios.

Órgão responsável: Ministério das Cidades

Regionalização da Meta	Total	Unidade
Região Centro-Oeste	86,00	quilômetro
Região Nordeste	297,00	quilômetro
Região Norte	140,00	quilômetro
Região Sudeste	758,00	quilômetro
Região Sul	199,00	quilômetro

- 01RS – Apoiar a qualificação e pavimentação de 4.000 km de infraestrutura de mobilidade urbana, incluindo obras civis, priorizando medidas moderadoras de tráfego, equipamentos urbanos e sinalização, mitigando os conflitos entre os diversos modos de transporte, com objetivo de promover a redução dos acidentes de trânsito.

Órgão responsável: Ministério das Cidades

- 01S3 – Apoiar a implantação de infraestrutura de transporte cicloviário.

Órgão responsável: Ministério das Cidades

- 01S4 – Apoiar a implantação de sistemas não motorizados: 8.000 km de calçadas.

Órgão responsável: Ministério das Cidades

- 03SX – Apoiar a implantação e/ou requalificação de 320 km de sistema sobre trilhos em 16 municípios.

Órgão responsável: Ministério das Cidades

Regionalização da Meta	Total	Unidade
Região Centro-Oeste	12,00	quilômetro
Região Nordeste	109,00	quilômetro
Região Norte	20,00	quilômetro
Região Sudeste	173,00	quilômetro
Região Sul	6,00	quilômetro

Figura 6.6: Iniciativas

Iniciativas

- 04T2 - Fomento à integração física e tarifária dos diferentes modos de transporte nos projetos apoiados.
- 04T3 - Apoio prioritário aos sistemas de transporte público coletivo de média e alta capacidade
- 04T4 - Apoio à implantação de medidas de moderação de tráfego e de segurança viária
- 04T5 - Apoio à implantação de sistemas hidroviários urbanos.
- 06HQ - Promoção da acessibilidade universal em todas as intervenções de mobilidade urbana
- 06HR - Adequação dos sistemas metroferroviários federais à acessibilidade universal
- 06ZM - Apoio a Projetos de Modernização de Acessos a Acessibilidade.
- 06ZU - Apoio a Projetos de Infraestrutura de Mobilidade Urbana
- 07A3 - Apoio à Infraestrutura de Transporte Cicloviário na Região Sudeste (VETADO).

Figura 6.7: Integração do PPA com a LOA

Tipos de Programa	Exemplo	Vínculo Plano-Orçamento
Temático	Reforma Agrária e Ordenamento da Estrutura Funciária	Cada Açã do Orçamento está vinculada a um único Objetivo do PPA (e, em decorrência, a um Programa)
Gestão, Manutenção e Serviços ao Estado	Programa de Gestão e Manutenção do Ministério da Agricultura, Pecuária e Abastecimento	Programa
Operações Especiais	Operações Especiais: Serviço da Dívida Externa (Juros e Amortizações)	Sem vínculo. Estes programas Integram somente o Orçamento.

2.2. Ciclo do PPA

Pode-se admitir que o PPA ***possui 4 fases***: implementação, monitoramento, avaliação e revisão.

> *Art. 12. A gestão do PPA 2016-2019 observará os princípios da publicidade, eficiência, impessoalidade, economicidade e efetividade e compreenderá* ***a implementação, o monitoramento, a avaliação e a revisão do Plano****.*
>
> *§ 1º Caberá ao Ministério do Planejamento, Orçamento e Gestão definir os prazos, as diretrizes e as orientações técnicas complementares para a gestão do PPA 2016-2019.*
>
> *§ 2º O Poder Executivo manterá* ***sistema informatizado de apoio à gestão do Plano****, cujas informações deverão ser atualizadas com periodicidade definida nos termos do § 1º.*

> *§ 3º O Poder Executivo adotará, em conjunto com representantes da sociedade civil,* ***mecanismos de participação social*** *nas etapas do ciclo de gestão do PPA 2016-2019.*

A ***implementação*** consiste na definição dos eixos, diretrizes e programas.

O Decreto 8.759, de 10 de maio de 2016, estabelece que o ***monitoramento e a avaliação*** do PPA 2016-2019 são atividades estruturadas a partir da implementação de cada Programa, orientada para o alcance das metas da administração pública federal.

O monitoramento incidirá sobre os Programas Temáticos e seus respectivos Indicadores, Objetivos, Metas e Iniciativas.

Quanto à ***avaliação***, a lei do PPA estabelece que:

> *Art. 13. O Poder Executivo:*
>
> *I – publicará em portal eletrônico dados estruturados e informações sobre a* ***implementação e o acompanhamento*** *do PPA 2016-2019; e*
>
> *II – encaminhará ao Congresso Nacional o* ***Relatório Anual de Avaliação*** *do Plano,* ***que conterá****:*
>
> *a) análise do comportamento das variáveis macroeconômicas que embasaram a elaboração do Plano, explicitando, se for o caso, as razões das discrepâncias verificadas entre os valores previstos e realizados;*
>
> *b) análise da situação, por Programa, dos Indicadores, Objetivos e Metas, informando as medidas corretivas a serem adotadas quando houver indicativo de que metas estabelecidas não serão atingidas até o término do Plano; e*
>
> *c) execução financeira das ações vinculadas aos objetivos dos Programas Temáticos.*

Pelo decreto 8.759, de 10 de maio de 2016, o relatório de avaliação deve ser **enviado até 31 de maio do ano subsequente ao avaliado**, e adotará as providências necessárias para a sua ampla divulgação.

A ***revisão*** consiste na exclusão, inclusão ou alteração de programas. Pelo Decreto 8.759/2016:

> Art. 10. Para a revisão do Plano que resulte em inclusão ou exclusão de Programa Temático, Objetivo ou Meta deverá ser encaminhado Projeto de Lei ao Congresso Nacional, contendo os respectivos atributos e observando a não superposição com a programação já existente no PPA 2016-2019.

Curisoidades: É possível alterar o PPA por Decreto? Existem alterações que necessariamente são por Lei?

Sim, a lei do PPA 2016-2019 define situações em que o PPA pode ser alterado *por ato próprio do Executivo* (decreto por exemplo). Porém, certas alterações do PPA necessitam projeto de Lei: *inclusão ou exclusão de programas temáticos, objetivos ou metas.*

> Art. 15. Fica o Poder Executivo autorizado a promover, por ato próprio, alterações no PPA 2016-2019 para:

I - compatibilizar as alterações promovidas pelas leis orçamentárias anuais e pelas leis de crédito adicional, podendo, para tanto:

a) alterar o Valor Global do Programa;

b) adequar as vinculações entre ações orçamentárias e objetivos; e

c) revisar ou atualizar Metas.

II - alterar Metas qualitativas; e

III - incluir, excluir ou alterar os seguintes atributos:

a) Indicador;

b) Órgão Responsável por Objetivo e Meta;

c) Iniciativa; e

d) Valor Global do Programa, em razão de alteração de fontes de financiamento com recursos extraorçamentários.

Parágrafo único. Quaisquer modificações realizadas com fulcro na autorização prevista no caput deverão ser informadas à Comissão Mista de Planos, Orçamentos Públicos e Fiscalização do Congresso Nacional e publicadas em portal eletrônico do governo federal.

Pelo decreto 8.759, de 10 de maio de 2016, a revisão do Plano consiste na atualização de Programas com vistas a proporcionar aderência à realidade de implementação das políticas públicas e, nos termos do art. 15 da Lei nº 13.249, de 2016, **poderá ser realizada pelo Ministério do Planejamento, Orçamento e Gestão, por ato próprio e a qualquer tempo**. Ou seja, houve uma delegação do Presidente ao Ministro do Planejamento, respeitado os casos que necessitam de lei.

2.3. Mensagem Presidencial do PPA federal

O Projeto de Lei do PPA 2016-2019 foi resultado de um processo de construção coletiva entre órgãos do governo e representações da sociedade, que envolveu mais de 4 mil pessoas, sendo realizadas 120 oficinas governamentais para a formulação dos programas temáticos, dois Fórum Interconselhos, seis fóruns regionais, quatro setoriais e amplo debate no Conselho Nacional de Secretários Estaduais de Planejamento (Conseplan).

ETAPAS NA ELABORAÇÃO DO PPA 2016-2019

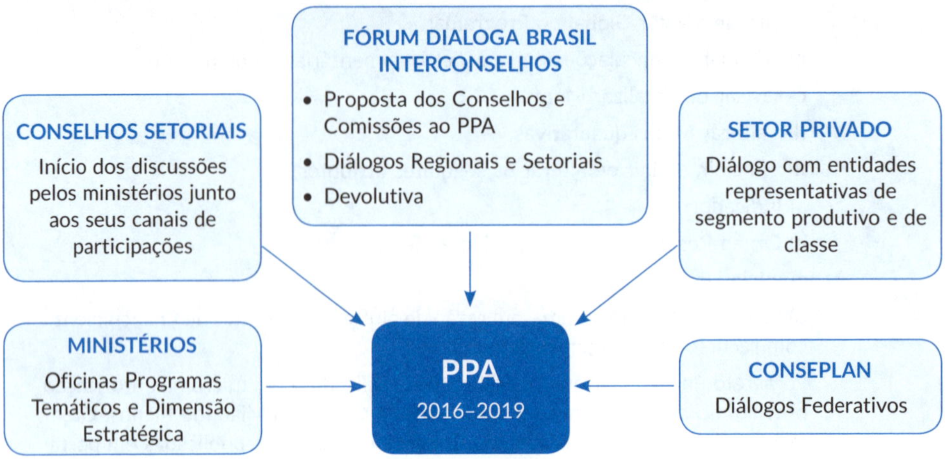

O novo PPA reforça a opção por um modelo de desenvolvimento com inclusão social e redução das desigualdades, com foco na qualidade dos serviços públicos e no equilíbrio da economia, e está organizado em duas partes: **dimensão estratégica**, composta pela **visão de futuro**, por quatro **eixos estratégicos** e pelas 28 **diretrizes estratégicas**, ***e a dimensão tática***, que apresenta os 54 **programas temáticos** e os **programas de gestão, manutenção e serviços ao Estado**.

Na dimensão tática, cada programa temático é integrado por objetivos, metas e iniciativas, entre outros atributos que detalham o planejamento para cada área de atuação governamental. Os objetivos orientam a atuação do governo para o que deve ser feito e apresentam o que será entregue à sociedade. As metas detalham essas entregas, resultando na medida do alcance do objetivo, podendo ser de natureza quantitativa ou qualitativa. As iniciativas apresentam os meios e mecanismos de gestão que serão efetivados pelo Estado para viabilizar os objetivos e suas metas. Ao todo, são 303 objetivos e 1.118 metas, além de 2.860 iniciativas que compõem o arranjo das políticas públicas para os próximos quatro anos.

O PPA 2016-2019 em relação ao PPA 2011-2015 não trouxe alterações significativas quanto a sua estrutura e conceitos. As mudanças concentraram-se em dois pontos.

O primeiro foi reforçar o caráter estratégico do Plano, estruturando-o em uma Dimensão Estratégica, contendo uma Visão de Futuro e um conjunto de Eixos e Diretrizes Estratégicas. O debate para a elaboração do PPA foi iniciado a partir das Diretrizes Estratégicas, previamente à elaboração dos Programas, tanto no âmbito interno do governo como com a sociedade civil. Buscou-se evidenciar o projeto estratégico de governo, que orienta a construção dos Programas Temáticos, expressando os cursos de ação propostos para o alcance dos resultados esperados para o Plano. Estabelece-se, assim, uma conexão lógica que permite visualizar como a estratégia geral do governo, anunciada na Dimensão Estratégica, orienta as escolhas das políticas públicas materializadas em Objetivos e Metas expostos na Dimensão Programática.

O segundo ponto teve como foco qualificar o conteúdo dos Programas Temáticos, que passam a expressar com maior clareza as escolhas estratégicas para cada área por meio de seus Objetivo e respectivas Metas, que por sua vez destacam de forma concisa as entregas mais relevantes e estruturantes para a implementação das políticas públicas.

2.3.1 Elementos Estratégicos

O PPA 2016-2019 assume como Visão de Futuro um Brasil que se reconheça e seja reconhecido como:

- uma sociedade inclusiva, democrática e mais igualitária, com educação de qualidade, respeito e valorização da diversidade e que tenha superado a extrema pobreza;
- uma economia sólida, dinâmica e sustentável, capaz de expandir e renovar competitivamente sua estrutura produtiva com geração de empregos de qualidade e com respeito ao meio ambiente.

Visão de Futuro

TRAJETÓRIA DAS ESTRATÉGIAS DOS PPAS 2004-2015

(Crescimento Econômico com Inclusão Social)

PPA 2004-2007	PPA 2008-2011	PPA 2012-2015
- Inclusão social - Desconcentração de renda (Valorização do salário mínimo) - Fortalecimento do Mercado Interno - Redução da vulnerabilidade extrema - Fortalecimento da democracia e da cidadania - investimento em infraestrutura	- Manutenção e expansão dos investimentos em Infraestrutura (DAC, MCMV) - Garantia para a educação de qualidade (PDE) - Agenda Social - Ampliação do Programa Bolsa Família	- Erradicação da Pobreza Extrema (BSM) - Manutenção e expansão dos investimentos em infraestrutura (PAC 2 e MCMV) - Apoio a manutenção do emprego e da renda - Qualificação da mão-de-obra (PRONATEC e PROGRAMA A CIÊNCIA SEM FRONTEIRAS)

Fonte: Planos Plurianuais do Governo Federal.
Elaboração: Ministério do Planejamento, Orçamento e Gestão.

Os Eixos Estratégicos mantêm o foco da ação governamental na melhoria das condições de vida da população que, após anos de crescimento econômico com redução das desigualdades, viu sua renda, assim como suas possibilidades de acesso a bens e serviços, aumentar fortemente.

EIXOS ESTRATÉGICOS DO PPA 2016-2019

Educação de qualidade como caminho para a cidadania e o desenvolvimento social e econômico

Inclusão social e redução de desigualdades, com melhor distribuição das oportunidades e do acesso a bens e serviços públicos de qualidade

Ampliação da produtividade e da competitividade da economia, com fundamentos macroeconômicos sólidos, sustentabilidade e ênfase nos investimentos públicos e privados, especialmente em infraestrutura

Fortalecimento das instituições públicas, com participação e controle social, transparência e qualidade na gestão

Para a superação dos desafios compreendidos em cada Eixo Estratégico, é proposto **um conjunto de Diretrizes** que norteiam as principais agendas para os próximos quatro anos, nos quais o PPA 2016-2019 propõe sustentar o processo de desenvolvimento inclusivo no Brasil por meio da retomada do crescimento econômico e da distribuição dos ganhos de produtividade na sociedade. **O vínculo entre as Diretrizes e os Eixos Estratégicos não é rígido**, podendo uma mesma Diretriz Estratégica colaborar para mais de um Eixo Estratégico. A seguir as diretrizes:

1. *Combate à pobreza e redução das desigualdades, promovendo o acesso equitativo aos serviços públicos e ampliando as oportunidades econômicas no campo e na cidade.*
2. *Promoção da qualidade e ampliação do acesso à educação com equidade, articulando os diferentes níveis, modalidades e sistemas, garantindo condições de permanência e aprendizado e valorizando a diversidade.*
3. *Promoção do emprego e do trabalho decente, com garantia de direitos trabalhistas, qualificação profissional e o fortalecimento do sistema público de emprego.*
4. *Garantia de acesso universal aos serviços de atenção básica e especializada em saúde, com foco na integralidade e qualidade do atendimento e no fortalecimento do Sistema Único de Saúde – SUS.*

5. *Garantia de acesso da população ao sistema previdenciário, com qualidade e equidade no atendimento e melhoria da gestão, contribuindo para a sustentabilidade do sistema.*
6. *Garantia de acesso com qualidade aos serviços de assistência social, por meio da consolidação do Sistema Único de Assistência Social - SUAS.*
7. *Garantia do direito humano à alimentação adequada e saudável, com promoção da soberania e da segurança alimentar e nutricional.*
8. *Fortalecimento da cidadania e dos direitos fundamentais, promovendo a participação social, o acesso à justiça, os direitos da pessoa idosa, dos jovens, da pessoa com deficiência, o respeito à população LGBT e o enfrentamento a todas as formas de violência.*
9. *Promoção da igualdade de gênero e étnico-racial e superação do racismo, respeitando a diversidade das relações humanas.*
10. *Promoção do desenvolvimento rural sustentável, visando a ampliação da produção e da produtividade agropecuária, com geração de emprego, renda, divisas e o acesso da população rural aos bens e serviços públicos.*
11. *Fortalecimento da governança fundiária e promoção da reforma agrária e da proteção dos direitos dos povos indígenas, povos e comunidades tradicionais e quilombolas.*
12. *Promoção do direito à comunicação e à inclusão digital, ampliando o acesso à Internet banda larga e expandindo a oferta de serviços e conteúdos de telecomunicações.*
13. *Fortalecimento da segurança pública e redução de homicídios, com integração de políticas públicas entre os entes federados, controle de fronteiras e promoção de uma cultura de paz.*
14. *Promoção do desenvolvimento urbano integrado e sustentável, ampliando e melhorando as condições de moradia, saneamento, acessibilidade, mobilidade urbana e trânsito, com qualidade ambiental.*
15. *Promoção da segurança hídrica, com investimentos em infraestrutura e aprimoramento da gestão compartilhada e da conservação da água.*
16. *Promoção da conservação, da recuperação e do uso sustentável dos recursos naturais.*
17. *Ampliação das capacidades de prevenção, gestão de riscos e resposta a desastres e de mitigação e adaptação às mudanças climáticas.*
18. *Redução das desigualdades regionais e intrarregionais e promoção do desenvolvimento territorial sustentável, respeitando as identidades e a diversidade cultural.*
19. *Promoção do desenvolvimento cultural e artístico e acesso à cultura, com valorização da diversidade e fortalecimento da economia da cultura.*
20. *Promoção da democratização do acesso ao esporte, da formação esportiva e da preparação de atletas, com foco na elevação da qualidade de vida da população.*

21. *Promoção da ciência, da tecnologia e da inovação e estímulo ao desenvolvimento produtivo, com ampliação da produtividade, da competitividade e da sustentabilidade da economia.*
22. *Promoção do desenvolvimento econômico, melhoria do ambiente de negócios e da concorrência, com justiça fiscal e equilíbrio das contas públicas.*
23. *Fortalecimento das micro e pequenas empresas e dos microempreendedores individuais, e promoção do trabalho associado, da cooperação, da autogestão e dos empreendimentos solidários.*
24. *Ampliação da atuação do Brasil no comércio internacional de bens e serviços, agregando valor, conteúdo tecnológico, e diversificando a pauta e o destino das exportações brasileiras.*
25. *Investimentos na melhoria do transporte de passageiros e de carga, buscando a integração modal, a eficiência da rede de transporte, a competitividade do país, o desenvolvimento sustentável e a integração regional, nacional e sul-americana.*
26. *Promoção de investimentos para ampliação da oferta de energia e da produção de combustíveis, com ênfase em fontes renováveis.*
27. *Garantia da defesa nacional e da integridade territorial, e promoção da paz, dos direitos humanos e da cooperação entre as nações.*
28. *Fortalecimento da capacidade de gestão do Estado, com foco no aumento da qualidade dos serviços prestados ao cidadão, na qualidade do gasto, na transparência, na comunicação e participação social, bem como da prevenção e do combate à corrupção.*

2.3.2 Elementos Táticos

PPA 2016-2019, PREVISÃO DE RECURSOS POR TIPO DE PROGRAMA (R4 BILHÕES)

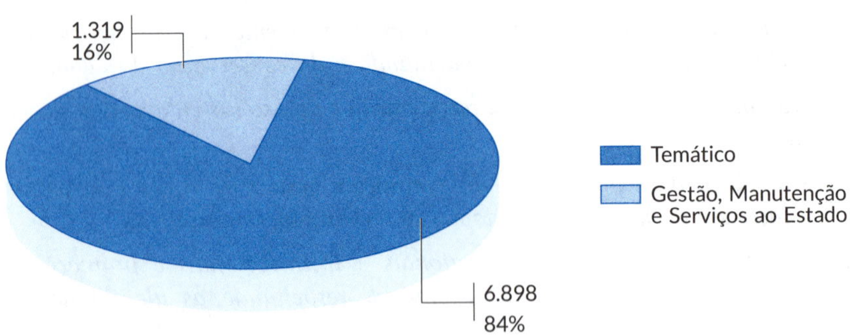

Fonte: SIOP/MP

Elaboração; Ministério do Planejamento, Orçamento e Gestão.

FONTES DE RECURSOS DO PPA 2016-2019 (R$ BILHÕES)

FONTES	R$ BILHÕES	%
ORÇAMENTÁRIA (1)	**5.456**	**66**
Fiscal/Seguridade	5.071	62
Investimento das Estatais	385	5
EXTRAORÇAMENTÁRIA (2)	**2.761**	**34**
Crédito e Demais Fontes	2.303	28
Gasto Tributário	458	6
TOTAL (1) + (2)	**8.217**	**100**

DISTRIBUIÇÃO DO ORÇAMENTO* POR PROGRAMAS TEMÁTICOS, 2016 A 2019 (%)

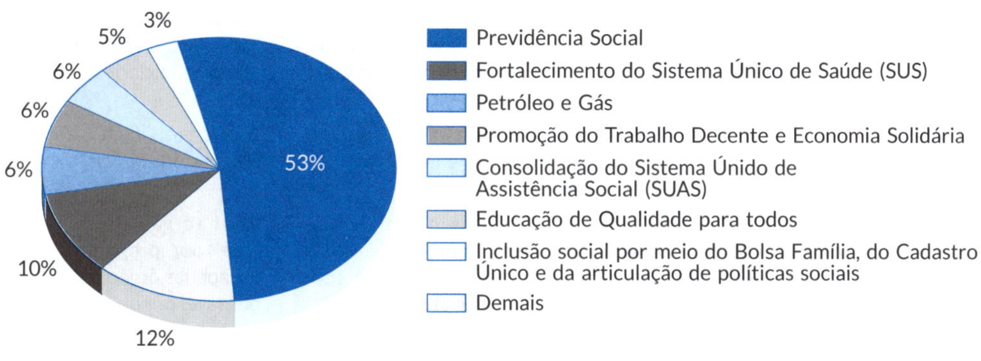

** Inclui Orçamentos da Seguridade Social, Ficas e de Investimento das Estatais*

Fonte: SIOP/MP

Elaboração; Ministério do Planejamento, Orçamento e Gestão.

VALORES ESTIMADOS PARA OS PROGRAMAS TEMÁTICOS DO PPA 2016-2019

ÁREA TEMÁTICA	Programas Temáticos	Valores estimados (em R$ bilhões)	%
Social e Segurança Pública	20	3.766	55
Infraestrutura	13	1.435	21
Desenvolvimento Produtivo e Ambiental	13	1.367	20
Temas Especiais	8	330	6
Total	**54**	**6.898**	**100**

Fonte: SIOP/MP

Elaboração; Ministério do Planejamento, Orçamento e Gestão.

2.4. Comparação do PPA federal atual com os anteriores

Quadro 6.4: Evolução do PPA federal

PPA	PPA 2008-2011	PPA 2012-2015	2016-2019
Níveis de Planejamento dentro do PPA	Estratégico, Tático e Operacional.	Estratégico (visão, valores e macrodesafios) e Tático (programas, objetivos e iniciativas).	Estratégico (visão, eixos e diretrizes) e Tático (programas, objetivos e iniciativas).
Elementos constitutivos	Programas e Ações	Programas, Objetivos, Metas e Iniciativas.	Programas, Objetivos, Metas e Iniciativas.
Responsabilidade pelos programas	Existem órgãos responsáveis por programas. Cada Programa possui um gerente e cada Ação um Coordenador.	Não há órgão responsável por programa. Há apenas órgão responsável por objetivo.	Não há órgão responsável por programa. Há apenas órgão responsável por objetivo e por meta.
Vinculação dos programas com as ações da LOA	Não havia necessidade, pois as ações já estavam no PPA.	As iniciativas fazem as vinculações das ações constantes na LOA.	Os objetivos fazem as vinculações das ações constantes na LOA.
Programas de Operações Especiais	Não constam no PPA	Não constam no PPA	Não constam no PPA

PPA	PPA 2008-2011	PPA 2012-2015	2016-2019
Discriminação das Ações	No PPA e na LOA	Apenas na LOA	Apenas na LOA
Sistema Utilizado	SIGPLAN	SIOP	SIOP
Análise Crítica Geral	Esta sobreposição confundia o PPA com o Orçamento à medida que mantinha níveis idênticos de agregação entre os instrumentos.	Delimitação dos Programas Temáticos conferindo novo significado à dimensão tática no Plano e qualificou a comunicação dentro do governo e deste com a sociedade. Aproximação dos os Programas Temáticos dos temas de políticas públicas possibilitando a definição de indicadores dotados de maior capacidade de revelar aspectos das políticas e contribuir com a gestão	Reforço do caráter estratégico do Plano e qualificação maior dos programas temáticos.

8ª Questão (IPAJM Técnico Superior Cespe 2010 Adaptada): *Julgue o item a seguir:*

O Poder Executivo pode proceder a alteração do órgão responsável pela execução de determinado objetivo incluído no PPA, sem necessidade de se utilizar projeto de lei.

9ª Questão (ANTT Analista Cespe 2013): *Julgue o item a seguir:*

O plano plurianual deve ser elaborado com vistas ao fortalecimento da unidade federativa, sendo, portanto, vedada qualquer forma de regionalização de objetivos ou de diretrizes governamentais.

10ª Questão (BACEN Analista Cespe 2013): *Com relação aos instrumentos de planejamento, orçamento e execução do programa de trabalho do governo, julgue o seguinte item:*

O programa temático, orientando a ação governamental, desdobra-se em objetivos e iniciativas e deve retratar, no âmbito do plano plurianual, a agenda de governo organizada pelos temas das políticas públicas.

11ª Questão (TCE-RO Analista de Controle Externo Cespe 2013): *Julgue o item a seguir:*

No contexto de elaboração do Plano Plurianual (PPA), o conceito de iniciativa é definido como a declaração dos meios e mecanismos de gestão que viabilizam os Objetivos e suas Metas, explicitando a lógica da intervenção.

12ª a 14ª Questões (TRT 10ª Região Analista Cespe 2013): *Julgue os itens a seguir:*

12. Os empreendimentos plurianuais cujo valor global estimado seja igual ou superior ao valor de referência são caracterizados de grande porte e deverão ser expressos no PPA 2012-2015, como iniciativas. Logo, são obrigatoriamente individualizados no PPA, os empreendimentos de grande porte financiados com recursos provenientes de transferências da União a estados, ao Distrito Federal e aos municípios.

13. Anualmente, o Poder Executivo encaminhará ao Congresso Nacional relatório anual de avaliação do PPA, que conterá, entre outras informações, a avaliação do comportamento das variáveis macroeconômicas que embasaram a elaboração do PPA, explicitando, se for o caso, as razões das discrepâncias verificadas entre os valores previstos e os realizados.

14. Além de programas destinados exclusivamente a operações especiais, o PPA integra as políticas públicas e organiza a atuação governamental, por meio de programas temáticos e de gestão, manutenção e serviços ao Estado.

15ª Questão (TJ-CE Analista Cespe 2014): *Julgue o item a seguir:*

No âmbito do plano plurianual, um programa temático é composto por uma série de atributos, entre os quais está indicador que consiste no instrumento que permite identificar e aferir aspectos relacionados ao programa, auxiliando o monitoramento da evolução de uma determinada realidade e gerando subsídios para a sua avaliação.

16ª Questão (DPF Administrador Cespe 2014): *Julgue o item a seguir:*

A contextualização do programa temático no âmbito do plano plurianual deve incluir a interpretação completa e objetiva da temática tratada, as oportunidades e os desafios associados, os contornos regionais que a política pública deverá assumir e as transformações que se deseja realizar.

Solução

8. Certo, de acordo como novo PPA faz-se necessário projeto de lei apenas nos casos de inclusão ou exclusão de programas, objetivos e metas.

9. Errado, a regionalização da diretrizes, objetivos e metas é obrigatória.

10. Certo, apenas o programa temático possui objetivos e iniciativas.

11. Certo, é exatamente o conceito do novo PPA 2016-2019.

12. Errado. A primeira parte está certa, a segunda parte está errada, pois as transferências do FPE e do FPM são operações especiais e constam apenas nos programas de operações especiais. Logo não constam no PPA.

13. Certo, até 31 de maio de cada exercício, o Executivo encaminhará ao Congresso Nacional o Relatório Anual de Avaliação do Plano, que conterá:

a) análise do comportamento das variáveis macroeconômicas que embasaram a elaboração do Plano, explicitando, se for o caso, as razões das discrepâncias verificadas entre os valores previstos e realizados;

b) análise da situação, por Programa, dos Indicadores, Objetivos e Metas, informando as medidas corretivas a serem adotadas quando houver indicativo de que metas estabelecidas não serão atingidas até o término do Plano; e

c) execução financeira das ações vinculadas aos objetivos dos Programas Temáticos.

14. Errado, os programas de operações especiais não constam no PPA.

15. Certo, é exatamente o conceito da lei 13.249/2016.

16. Certo, é uma questão genérica. Não tem nenhum aspecto mais técnico que a desabone.

Gabarito:

8. **Certo**
9. **Errado**
10. **Certo**
11. **Certo**
12. **Errado**
13. **Certo**
14. **Errado**
15. **Certo**
16. **Certo**

3. LISTA DE QUESTÕES OBJETIVAS

1ª Questão (Ministério da Cultura Agente FGV 2006): *Conforme estabelecido nas normas para gestão do Plano Plurianual (PPA) 2004-2007, o processo composto pelas etapas de implementação, monitoramento, avaliação e revisão dos programas, visando ao alcance de seu objetivo e contribuindo para o alcance da estratégia de desenvolvimento do Plano Plurianual, é o conceito referente:*

a) à implementação de programas.

b) ao monitoramento de programas.

c) ao monitoramento do PPA.

d) ao ciclo de gestão do PPA.

e) à gestão de programa.

Solução

Seguindo o novo PPA: a gestão do PPA 2016-2019 observará os princípios da publicidade, eficiência, impessoalidade, economicidade e efetividade e compreenderá a implementação, o monitoramento, a avaliação e a revisão do Plano.

Gabarito: **D**

2ª Questão (Ministério da Cultura Agente FGV 2006): *Conforme estabelecido no artigo 165, parágrafo 9º da Constituição Federal de 1988, caberá à lei complementar dispor sobre o exercício financeiro, a vigência, os prazos, a elaboração e a organização dos seguintes instrumentos de planejamento:*
a) PPA e LOA.

b) PPA e LDO.
c) LDO e LOA.
d) PPA, LDO e LOA.
e) apenas LOA.

Solução

Os instrumentos são PPA, LDO e LOA.

Gabarito: **D**

3ª Questão (CGU AFFC ESAF 2008): *A Constituição Federal instituiu o Plano Plurianual - PPA e a Lei de Responsabilidade Fiscal (Lei Complementar 101/2000) ratificou sua obrigatoriedade para todos os entes da federação. De acordo com a Constituição e os últimos planos aprovados para o governo federal, indique a opção incorreta.*

a) Toda ação finalística do Governo Federal deverá ser estruturada em Programas orientados para a consecução dos objetivos estratégicos definidos para o período do Plano Plurianual.
b) A regionalização prevista na Constituição Federal considera, na formulação, apresentação, implantação e avaliação do Plano Plurianual, as diferenças e desigualdades existentes no território brasileiro.
c) Na estrutura dos últimos planos plurianuais da União, as metas representam as parcelas de resultado que se pretende alcançar no período de vigência do PPA.
d) A Constituição Federal remete à lei complementar a disposição sobre a vigência, os prazos, a elaboração e a organização do PPA e, enquanto não for editada a referida lei, segue-se o disposto no Ato das Disposições Constitucionais Transitórias.
e) Após a Constituição Federal, não há mais a possibilidade da existência de planos e programas nacionais, regionais e setoriais, devendo ser consolidado em um único instrumento de planejamento que é o PPA.

Solução

a) Certo, nesse tipo de questão observa-se que não nenhum comprometimento técnico que desabone a questão.
b) Certo, nesse tipo de questão observa-se que não nenhum comprometimento técnico que desabone a questão.
c) Certo, nesse tipo de questão observa-se que não nenhum comprometimento técnico que desabone a questão.

d) Certo, nesse tipo de questão observa-se que não nenhum comprometimento técnico que desabone a questão.

e) Errado, nos planos nacionais, regionais e setoriais não só existem como devem ser compatíveis com o PPA.

Gabarito: **E**

4ª Questão (CGU AFFC ESAF 2008): *Considerando a premissa constitucional de elaboração do Plano Plurianual - PPA, o Governo Federal desde 1998 vem adotando ações no sentido de organizar a forma de elaboração e gestão do PPA e consolidou conceitos em relação ao Ciclo de Gestão do PPA. Segundo o previsto na legislação federal, indique a opção correta.*

a) O Ciclo de Gestão do PPA é um conjunto de eventos integrados que viabilizam o alcance dos objetivos de governo e compreende os processos de elaboração da programação orçamentária, a implementação, o monitoramento, a avaliação e a revisão dos projetos.

b) A Revisão do PPA se traduz no contínuo acompanhamento da implementação do Plano, referenciado na estratégia de desenvolvimento e nos desafios, com o objetivo de subsidiar a alocação dos recursos, identificar e superar restrições sistêmicas, corrigir rumos, sistematizar elementos para subsidiar os processos de avaliação e revisão, e, assim, contribuir para a obtenção dos resultados globais desejados.

c) Na fase de Elaboração do PPA, acontece a definição de orientações estratégicas, diretrizes e objetivos estruturados em programas com vistas ao alcance do projeto de Governo.

d) O Monitoramento do PPA é o processo sistemático de aferição periódica dos resultados e da aplicação dos recursos, segundo os critérios de eficiência, eficácia e efetividade, permitindo o aperfeiçoamento do Plano Plurianual e o alcance dos objetivos de governo.

e) Na fase da Avaliação do PPA, adequa-se o Plano às mudanças internas e externas da conjuntura política, social e econômica, por meio da alteração, exclusão ou inclusão de programa, resultante do processo de avaliação.

Solução

a) Errado, as fases são apenas estas: implementação, o monitoramento, a avaliação e a revisão dos programas. A elaboração da programação orçamentária faz parte do ciclo da LOA.

b) Errado, esse seria o conceito de monitoramento.

c) Certo, sem comentários adicionais.

d) Errado, esse seria o conceito de avaliação.

e) Errado, esse seria o conceito de revisão.

Gabarito: **C**

5ª Questão (SRF Analista Tributário ESAF 2009): *Segundo a Constituição Federal, um dos instrumentos em que se materializa o processo de planejamento do Governo Federal é o Plano Plurianual – PPA. Assinale a opção em que a afirmação se aplica inteiramente a esse instrumento.*

a) Embora de natureza constitucional, o PPA não abrange todos os projetos do ente, em razão das emergências não possíveis de serem previstas em lei.

b) O PPA tem seu foco nos programas de governo, seu período de abrangência é de quatro anos podendo ser revisado a cada ano.

c) A elaboração do PPA é feita no nível de cada órgão e sua submissão ao Congresso Nacional se dá por intermédio da presidência de cada um dos Poderes da República.

d) O PPA, embora fundamentado em programas de governo, tem como objetivo definir as modalidades de aplicação de recursos que priorizam o cumprimento das políticas públicas.

e) A inclusão de novos programas no PPA se dá na revisão anual e está condicionada ao cumprimento das metas anteriormente aprovadas.

Solução

a) Errado, PPA de fato não abrange todos os projetos do ente. Mas a justificativa dada "em razão das emergências não possíveis de serem previstas em lei" está errada.

b) Certo, e só um lembrete, a revisão só deve ocorrer por projeto de lei nos casos de inclusão ou exclusão de programa, objetivo ou meta.

c) Errado, a submissão é centralizada pelo Executivo.

d) Errado, a modalidade de aplicação da despesa consta apenas na LOA.

e) Errado, não existe essa condição: "condicionada ao cumprimento das metas anteriormente aprovadas".

Gabarito: **B**

6ª Questão (SEFAZ-CE Auditor ESAF 2010): *A gestão do Plano Plurianual 2008-2011 observará os princípios de eficiência, eficácia e efetividade. Com relação aos programas do PPA,* **não** *é correto afirmar que sua gestão compreenderá:*

a) a implementação.

b) a revisão.

c) a avaliação.

d) o monitoramento.

e) a revisão de programas destinados exclusivamente a operações especiais.

Solução

A única fase que não faz parte da gestão consta na opção E.

Gabarito: **E**

7ª Questão (Senado Consultor FGV 2012): *O Plano Plurianual de Ações - PPA 2012/2015 do governo federal traz modificações ao modelo anterior de PPA, utilizado pela União, com inclusão de*

a) iniciativas, que expressam o que deve ser feito pela administração em cada unidade do território nacional.

b) iniciativas, que são resultantes da coordenação de ações orçamentárias e outras e podem ser acompanhadas por indicadores.

c) iniciativas, que expressam a dimensão tática do plano e apresentam os meios e mecanismos para viabilizar os objetivos.

d) objetivos que expressam o que deve ser feito e se desdobram em programas e ações.

e) programas, que são detalhados em ações orçamentárias e representam a dimensão operacional do plano.

Solução

a) Errado, pois este seria o conceito de objetivo.

b) Errado, pois este seria o conceito de programa.

c) Certo, sem comentários adicionais

d) Errado, pois os objetivos se desdobram em metas e iniciativas.

e) Errado, os programas que são detalhados em ações orçamentárias na LOA representam a dimensão tática.

Gabarito: **C**

8ª Questão (MPOG EPPGG ESAF 2013): *O art. 5º da Lei n. 12.593, de 18/01/2012, estabelece a estrutura e organização do PPA. O PPA 2012-2015 reflete as políticas públicas e organiza a atuação governamental. De que forma o PPA 2012- 2015 realiza essas tarefas? Assinale a opção correta.*

a) O PPA atua por meio de Programas Temáticos e de Gestão, Manutenção e Serviços à Sociedade.

b) O PPA atua por meio do Programa Temático que expressa e orienta a ação governamental para a entrega de bens e serviços ao Estado.

c) O PPA atua por intermédio do Programa de Gestão, Manutenção e Serviços ao Estado: que expressa e orienta as ações destinadas ao apoio, à gestão e à manutenção da atuação governamental.

d) O Programa de Gestão, parte integrante do PPA, é composto por Objetivos, Indicadores, Valor Global e Valor de Referência.

e) Os programas destinados exclusivamente a operações especiais integram o PPA.

Solução

a) Errado, pois seriam Programas Temáticos e de Gestão, Manutenção e Serviços ao Estado.

b) Errado, pois nesse caso seria de Programa Gestão, Manutenção e Serviços ao Estado.

c) Certo, sem comentários adicionais.

d) Errado, pois nesse caso seria Programa Temático.

e) Errado, no PPA constam apenas: Programas Temáticos e de Gestão, Manutenção e Serviços ao Estado.

Gabarito: **C**

9ª Questão (TCE-ES Auditor Ciências Contábeis Cespe 2013): *Assinale a opção correta a respeito do plano plurianual (PPA):*

a) O projeto de lei do PPA é encaminhado anualmente, pelo Poder Executivo, ao Congresso Nacional, até quatro meses antes do encerramento do exercício e deve ser devolvido para sanção até o encerramento da sessão legislativa do exercício corrente.

b) O período de vigência do PPA corresponde ao período entre o início do segundo ano do mandato presidencial e o final do primeiro ano do exercício do mandato subsequente.

c) A regionalização, estabelecida no PPA para as diretrizes, objetivos e metas da administração pública federal, consiste na distribuição do planejamento e da programação conforme a concentração de municípios de cada unidade da Federação.

d) O PPA abrange as despesas de capital para efeito de um planejamento amplo, entretanto não prioriza as despesas correntes porque estas compreendem as inversões financeiras.

e) Os programas de duração continuada referem-se aos projetos e às operações especiais desenvolvidos pela gestão pública e contidos no PPA para um período de quatro anos.

Solução

a) Errado, essa regra se aplicaria à LOA. O PPA somente é enviado no primeiro ano de governo.

b) Certo, sem comentários adicionais.

c) Errado, não há um conceito oficial de regionalização. Mas a regionalização pode ser por regiões administrativas e por Estados também, não apenas por concentração de municípios.

d) Errado, as despesas correntes derivadas das despesas de capital devem constar no PPA.

e) Errado, os programas de duração continuada referem-se aos programas relacionados com a área fim. Os programas de operações especiais não constam no PPA.

Gabarito: **B**

10ª Questão (TCE-ES Auditor Direito Cespe 2013): *No que se refere à apreciação das proposições legislativas de matéria orçamentária, o topo da hierarquia material é ocupado*

a) pelos créditos extraordinários.
b) pelo plano plurianual.
c) pela lei de diretrizes orçamentárias.
d) pela lei orçamentária anual.
e) pelo orçamento monetário.

Solução

Seria o PPA. É o instrumento no nível estratégico e condiciona os demais.

Gabarito: **B**

11ª Questão (BACEN Analista Infraestrutura Cespe 2013): *Com relação aos instrumentos de planejamento, orçamento e execução do programa de trabalho do governo, julgue o seguinte item.*

O programa temático, orientando a ação governamental, desdobra-se em objetivos e iniciativas e deve retratar, no âmbito do plano plurianual, a agenda de governo organizada pelos temas das políticas públicas.

Solução

Certo, no âmbito federal o programa temático possui objetivos e iniciativas.

Gabarito: **Certo**

12ª Questão (ANTT Analista Cespe 2013): *Julgue o item a seguir.*

O plano plurianual deve ser elaborado com vistas ao fortalecimento da unidade federativa, sendo, portanto, vedada qualquer forma de regionalização de objetivos ou de diretrizes governamentais.

Solução

Errado, a regionalização é obrigatória.

Gabarito: **Errado**

13ª Questão (MPU Analista de Planejamento e Orçamento Cespe 2013): *De acordo com o plano plurianual, julgue o item subsequente.*

O PPA estabelece as diretrizes e os objetivos da administração pública federal para as despesas de capital e outras delas decorrentes e para as despesas relativas aos programas de educação continuada.

Solução

Errado, pois seria programa de duração continuada e não de educação continuada.

Gabarito: **Errado**

14ª e 15ª Questões (TCE-RO Auditor Cespe 2013): *Julgue os itens a seguir sobre o PPA federal.*

14. No contexto de elaboração do Plano Plurianual (PPA), o conceito de iniciativa é definido como a declaração dos meios e mecanismos de gestão que viabilizam os Objetivos e suas Metas, explicitando a lógica da intervenção.

15. O projeto de lei do plano plurianual (PPA) da União define as prioridades do governo por um período de quatro anos e deve ser enviado pelo presidente da República ao Congresso Nacional até o dia 31 de agosto do primeiro ano do seu mandato.

Solução

14. Certo, é exatamente este o conceito no PPA 2016-2019, lei 13.249/2016.

15. Certo, o PPA da União contém as prioridades, extrapolando as suas atribuições constitucionais. O prazo do ADCT está correta.

Gabarito:

14. **Certo**

15. **Certo**

16ª Questão (TRT 10ª Região Analista Cespe 2013): *Julgue o item a seguir.*

Além de programas destinados exclusivamente a operações especiais, o PPA integra as políticas públicas e organiza a atuação governamental, por meio de programas temáticos e de gestão, manutenção e serviços ao Estado.

Solução

Errado, os programas de operações especiais não constam no PPA.

Gabarito: **Errado**

17ª Questão (TCE-RS Auditor Cespe 2013): *Julgue o item a seguir.*

A CF, tendo previsto a elaboração do plano plurianual, da lei de diretrizes orçamentárias e dos orçamentos anuais, estabeleceu uma sistemática de planejamento orçamentário.

Solução

Certo, este modelo composto de PPA, LDO e LOA passou a vigorar com a CF/1988.

Gabarito: **Certo**

18ª Questão (TJ-CE Analista Cespe 2014): *Julgue o item a seguir.*

No âmbito do plano plurianual, um programa temático é composto por uma série de atributos, entre os quais está indicador que consiste no instrumento que permite identificar e aferir aspectos relacionados ao programa, auxiliando o monitoramento da evolução de uma determinada realidade e gerando subsídios para a sua avaliação.

Solução

Certo, é exatamente o conceito da lei 13.249/2016.

Gabarito: **Certo**

19ª Questão (DPF Administrador Cespe 2014): *Julgue o item a seguir.*

A contextualização do programa temático no âmbito do plano plurianual deve incluir a interpretação completa e objetiva da temática tratada, as oportunidades e os desafios associados, os contornos regionais que a política pública deverá assumir e as transformações que se deseja realizar.

Solução

Certo, é uma questão genérica. Não tem nenhum aspecto mais técnico que a desabone.

Gabarito: **Certo**

20ª e 21ª Questões (DPF Agente Cespe 2014): *Tendo em vista as normas que regem o orçamento público, julgue os itens que se seguem. Nesse sentido, considere que PPA se refere ao plano plurianual; LDO, à lei de diretrizes orçamentárias; e LOA, à lei orçamentária anual.*

20. Na CF, é prevista, para áreas específicas, a elaboração de planos nacionais de desenvolvimento, que, por sua importância, seguem uma dinâmica própria, independentemente de adequação ao PPA.

21. Dada a importância da integração entre planejamento e orçamento para o bom funcionamento da administração pública, é previsto na CF um ciclo de planejamento e execução do plano orçamentário integralmente constituído pelo PPA e pela LDO.

Solução

20. Errado, todos os planos nacionais, regionais e setoriais devem se adequar/ compatibilizar com o PPA.

21. Errado, não existe tal previsão: um ciclo de planejamento e execução do plano orçamentário integralmente constituído pelo PPA e pela LDO.

Gabarito:

20. **Errado**

21. **Errado**

22ª Questão (TRE-MT Analista FCC 2015): *Segundo a CF, a peça do sistema de planejamento e orçamento federal que condiciona a elaboração dos planos e programas nacionais, regionais e setoriais é o(a)*

a) lei orçamentária anual (LOA).
b) orçamento-programa.
c) LDO.
d) Lei de Responsabilidade Fiscal.
e) PPA.

Solução

Seria o PPA.

Gabarito: E

23ª Questão (TCE-CE Conselheiro FCC 2015): *A Lei Complementar nº 101/2000, conhecida como Lei de Responsabilidade Fiscal estabelece, no seu Capítulo II, referente ao planejamento, regras atinentes a:*

I. elaboração do Plano Plurianual – PPL.

II. elaboração da Lei de Diretrizes Orçamentárias – LDO.

III. elaboração da Lei Orçamentária Anual – LOA.

IV. execução orçamentária e ao cumprimento das metas.

Está correto o que se afirma APENAS em

a) I e III.
b) I, II e IV.
c) I e IV.

d) II e III.

e) II, III e IV.

Solução

Essa questão é difícil. O único item que foi vetado na LRF foi o referente ao PPA (PPL).

Gabarito: **E**

24ª Questão (DPE-RO Analista FGV 2015): *Dado que a última eleição para governadores dos Estados ocorreu em 2014, o PPA elaborado pelo governo eleito neste ano:*

a) terá vigência até o final de 2018;

b) terá vigência a partir do início de 2015;

c) orientará a elaboração de todos os orçamentos do mandato;

d) deverá ser votado até o final de 2015;

e) deverá manter os critérios de regionalização do PPA anterior.

Solução

a) Errado, no caso citado terá vigência até o final de 2019.

b) Errado, no caso citado terá vigência a partir de 2016.

c) Errado, trata-se de atribuição da LDO.

d) Certo, até 22/12/2015.

e) Errado, não existe tal regra constitucional.

Gabarito: **D**

25ª Questão (TCM-SP Agente FGV 2015): *O Plano Plurianual (PPA) é considerado uma inovação na Constituição Federal de 1988 em termos de orçamento, que estabeleceu seus objetivos e conteúdos. Acerca do PPA, avalie as afirmativas a seguir.*

I) O PPA deve estabelecer metas e prioridades da administração pública federal, incluindo as despesas de capital para o exercício financeiro subsequente.

II) No PPA federal, como programas de duração continuada, têm sido considerados apenas ações de natureza finalística.

III) Os critérios de regionalização dos objetivos das políticas a serem definidas no PPA devem ser regulamentados em Lei Complementar.

IV) A avaliação do cumprimento das metas previstas no Plano Plurianual é competência exclusiva do Poder Legislativo.

É correto somente o que se afirma em:

a) I e II;

b) II e III;

c) II e IV;

d) I, II e III;

e) II, III e IV.

Solução

I) Errado, neste caso seria a LDO.

II) Certo, esse é o entendimento da doutrina.

III) Certo, seria com base da lei complementar do artigo 165, parágrafo 9º, inciso I.

IV) Errado, avaliação do cumprimento das metas previstas no Plano Plurianual é competência do sistema de controle interno e externo.

Gabarito: **B**

26ª Questão (TCU AUFC Cespe 2015): *Julgue o item a seguir sobre o PPA federal:*

O valor global dos programas constantes do plano plurianual compreende os recursos do orçamento fiscal e do orçamento da seguridade social e deve ser especificado para cada ano de execução do plano.

Solução

Errado, no PPA federal que é que se deve considerar neste tipo de questão, tem-se o valor para o ano 1 e os valores para os anos 2, 3 e 4 estão agregados. Ver Figura 6.4.

Gabarito: **Errado**

27ª e 28ª Questões (MPU Analista Cespe 2015): *Julgue os itens a seguir*

27. O PPA possui duração de quatro anos, com vigência até o final do mandato presidencial subsequente, devendo ser encaminhado até quatro meses antes do encerramento do exercício financeiro e devolvido para a sanção até o encerramento da sessão legislativa.

28. De acordo com a Constituição Federal, os planos e os programas nacionais, regionais e setoriais devem ser elaborados em consonância com o plano plurianual (PPA) e apreciados pelo Congresso Nacional. Devido à sua relação com o PPA, os programas nacionais, regionais e setoriais não podem ter duração superior a quatro anos.

Solução

27. Errado, pois o PPA possui duração de quatro anos, com vigência com vigência até o final do 1° ano do mandato subsequente.

28. Errado, existem os planos nacionais, regionais e setoriais com duração superior a quatro anos e mesmo assim, devem ser compatíveis com o PPA.

Gabarito:

27. **Errado**

28. **Errado**

29ª Questão (STJ Técnico Cespe 2015): *Julgue o item a seguir.*

No plano plurianual, a fonte dos indicadores corresponde à receita ou ao conjunto de receitas que deverá ser utilizado para a realização do programa temático a que se refere cada indicador.

Solução

Errado, esse seria o valor global do programa: corresponde à receita ou ao conjunto de receitas que deverá ser utilizado para a realização do programa temático.

Gabarito: **Errado**

30ª Questão (ISS-Cuiabá Auditor FGV 2016): *A gestão do Plano Plurianual (PPA) de 2012-2015 inovou ao se dividir em gestão tática e gestão operacional, além de estabelecer a gestão estratégica. Relacione as dimensões estratégica, tática e operacional às respectivas características. 1. Dimensão Estratégica 2. Dimensão Tática 3. Dimensão Operacional ( ) Vincula os programas temáticos para alcance dos objetivos por meio de iniciativas definidas no PPA. ( ) Está vinculada ao orçamento anual e ao desempenho da ação do governo, buscando otimizar o uso dos recursos públicos e a qualidade dos produtos. ( ) Tem como base os macrodesafios e a visão de longo prazo do Governo Federal. Assinale a opção que indica a relação correta, de cima para baixo.*

a) 1 - 2 - 3.
b) 1 - 3 - 1.
c) 2 - 3 - 1.
d) 2 - 1 - 3.
e) 3 - 2 - 1.

Solução

-Vincula os programas temáticos para alcance dos objetivos por meio de iniciativas definidas no PPA à iniciativas são dimensão tática - 2.

- Está vinculada ao orçamento anual e ao desempenho da ação do governo, buscando otimizar o uso dos recursos públicos e a qualidade dos produtos à dimensão operacional - 3.
- Tem como base os macrodesafios e a visão de longo prazo do Governo Federal à iniciativas são dimensão estratégica - 1.

Gabarito: **C**

31ª Questão (TCE-PE Auditor Cespe 2017): *Julgue o item a seguir:*

No plano plurianual, é vedada a regionalização de metas por meio de critérios que abranjam territórios maiores que as macrorregiões econômicas.

Solução

A regionalização não se limita as macrorregiões econômicas.

Gabarito: **Errado**

4. LISTA DE QUESTÕES DISCURSIVAS

1ª Questão (MPOG Analista de Planejamento e Orçamento ESAF 2010):

"O Plano Plurianual - PPA é o instrumento de planejamento de médio prazo do Governo Federal que estabelece, de forma regionalizada, as diretrizes, objetivos e metas da Administração Pública Federal para as despesas de capital e outras delas decorrentes e para as relativas aos programas de duração continuada" - MTO-2010.

Considerando a conceituação do PPA listada, desenvolva um texto objetivo abordando os seguintes aspectos dos instrumentos de planejamento do governo federal:

a) a estrutura e organização do PPA e seus principais elementos (item 1);

b) a integração do PPA com a Lei de Diretrizes Orçamentárias - LDO e com a Lei Orçamentária Anual - LOA (item 2);

c) o alcance do PPA, como instrumento de planejamento, tendo em vista ser o Estado composto de entes com vários graus de autonomia (item 3);

d) sua limitação, tendo em vista a vinculação temporal à duração do mandato do Presidente da República e o alto grau de vinculação das receitas públicas (item 4).

Extensão de linhas: de 45 a 60 linhas.

Resolução da Questão

Conforme consta na CF/1998, a lei que instituir o plano plurianual estabelecerá, de forma regionalizada, as diretrizes, os objetivos e as metas da administração pública federal para as despesas de capital e outras delas decorrentes e para as relativas aos programas de duração continuada.

O PPA 2016-2019 está estruturado pelos seguintes anexos: (i) Anexo I - Programas Temáticos; (ii) Anexo II - Programas de Gestão, Manutenção e Serviços ao Estado; (iii) Anexo III - Empreendimentos Individualizados como Iniciativas. Os Programas Temáticos expressam e orientam a ação governamental para a entrega de bens e serviços à sociedade; enquanto os Programas de Gestão, Manutenção e Serviços ao Estado expressam e orientam as ações destinadas ao apoio, à gestão e à manutenção da atuação governamental. Não integram o PPA 2016-2019 os programas destinados exclusivamente a operações especiais.

Quanto à integração do PPA com os demais instrumentos de planejamento, a CF/1988 e a LRF estabelecem que a Lei de Diretrizes Orçamentárias (LDO) e a Lei Orçamentária Anual (LOA) sejam elaboradas de forma compatíveis com o PPA. Além disso, os orçamentos Fiscal e de Investimentos, compatibilizados com o plano plurianual, terão entre suas funções a de reduzir desigualdades inter-regionais, segundo critério populacional.

Apesar de os três instrumentos serem introduzidos no ordenamento jurídico por meio de leis ordinárias, o PPA está em nível estratégico e tático, enquanto a LDO e LOA estão em nível operacional. Assim, a LDO e a LOA devem sempre ser compatíveis com o PPA.

O PPA federal, como instrumento de planejamento, possui um alcance tanto regional quanto nacional. A CF/1988 estabelece que os planos e programas nacionais, regionais e setoriais previstos nesta Constituição serão elaborados em consonância com o plano plurianual e apreciados pelo Congresso Nacional.

Ressalta-se que compete à Comissão Permanente Mista de Planos e Orçamentos examinar e emitir parecer sobre os planos e programas nacionais, regionais e setoriais previstos nesta Constituição.

O PPA possui duração de quatro anos. Essa duração constitui inclusive uma inconsistência no planejamento governamental, pois planos nacionais, regionais e setoriais que possuem uma duração superior a quatro anos, em alguns casos superam 10 anos, devem ser compatibilizados com o PPA, que possui apenas quatro anos de duração.

O intervalo de duração do PPA é o mesmo intervalo de um mandato presidencial. Apesar dessa coincidência quanto à duração, o período de vigência não é o mesmo. Isso porque o chefe do Executivo deve no seu primeiro ano de mandato cumprir o último ano do PPA de seu antecessor.

Se, por um lado, esse artifício permite que os programas de determinado governo sejam mantidos no primeiro ano do próximo mandato presidencial, por outro, o alto grau de vinculação das despesas orçamentárias restringe a flexibilidade do Executivo no orçamento.

Quanto ao tema despesas vinculadas, a grande maioria dos recursos orçamentários (mais de 90%) já tem destinação obrigatória, o que não deixa qualquer margem para quem faz a programação orçamentária. Portanto, sobra pouca margem para dispêndios realmente discricionários por parte do Executivo.

2ª Questão (CNJ Analista Cespe 2013):

O planejamento, entendido como a escolha consciente de ações que possam aumentar as chances de se obter, no futuro, algo desejado no presente, é uma atividade que orienta possibilidades e arranjos institucionais e políticos. O planejamento é um processo, ao passo que o plano é o registro momentâneo desse processo, e o planejador é seu facilitador.

De acordo com o artigo 165 da Constituição Federal de 1988, cabe ao Poder Executivo realizar os processos de planejamento e orçamento, mediante a elaboração dos seguintes instrumentos: plano plurianual (PPA), lei de diretrizes orçamentárias e lei orçamentária anual, que devem estar profundamente conectados. Esses instrumentos de planejamento devem estabelecer muito mais que a entrega de bens e serviços à sociedade em um cronograma anual, devem prever como e por que determinados bens e serviços devem ser entregues à população, bem como o caminho que o país deve seguir para alcançar seus objetivos.

O monitoramento e a avaliação, segundo as leis brasileiras e o próprio PPA, constituem a missão primeira do ato de planejar.

MPOG. Almanaque do Planejamento: para entender e participar, p. 13 (com adaptações).

Considerando que o fragmento de texto acima tem caráter unicamente motivador, redija um texto dissertativo que atenda, necessariamente, o que se pede a seguir:

- conceitue monitoramento; [valor: 10,00 pontos]
- conceitue avaliação; [valor: 10,00 pontos]
- explane a respeito do Sistema de Monitoramento e Avaliação no âmbito do PPA: o que é, a que se destina, em que se fundamenta e principais diretrizes do referido sistema. [valor: 18,00 pontos]

Extensão de linhas: até 30.

Resolução da Questão

O monitoramento é a observação contínua de informações úteis, confiáveis e em tempo hábil para a correção de rumos. Monitorar é também dar um retorno sobre o andamento do projeto aos seus colaboradores, implementadores e beneficiários. O Monitoramento fornece informações que serão úteis para analisar a situação de uma comunidade e seus projetos; determinar se os recursos públicos estão sendo bem utilizados; identificar problemas e encontrar soluções; informar se as atividades estão sendo executadas corretamente pelas pessoas certas no tempo certo; utilizar lições de experiência de projetos anteriores; e avaliar se a maneira na qual o projeto foi elaborado é a mais apropriada para a resolução do problema em questão.

Avaliação é a investigação profunda de uma determinada intervenção e serve para questionarmos escolhas de objetivos e estratégias para alcançá-los. A avaliação envolve análise de informações obtidas por meio de monitoramento.

O sistema de monitoramento e avaliação no âmbito do PPA é a maneira escolhida para orientar a produção e o tratamento das informações sobre o andamento dos trabalhos do Governo em torno dos resultados esperados, e para se enxergar com atenção e cuidado especial cada ação particular em coerência com o todo.

Esse sistema se fundamenta nas atribuições do PPA previstas na Constituição Federal de 1988 e se destina a alcançar a visão de futuro definida no plano.

No âmbito do PPA 2016-2019, foram definidas as seguintes diretrizes de Monitoramento e Avaliação: subsidiar a implementação das políticas referenciadas no plano, de forma a viabilizar seus objetivos e metas; produzir, organizar e analisar informações sobre as políticas públicas e sua implementação; gerar subsídios para o aperfeiçoamento das políticas públicas e dos programas do plano; produzir subsídios para decisões relativas à alocação de recursos; e contribuir para a transparência, o controle e a participação social das ações do governo.

CAPÍTULO 07

LEI DE DIRETRIZES ORÇAMENTÁRIAS – LDO

1. ATRIBUIÇÕES DA LDO NA CONSTITUIÇÃO FEDERAL DE 1988

A CF/1988 estabelece que:

Art. 165.

§ 2º A ***lei de diretrizes orçamentárias*** *compreenderá as metas e prioridades da administração pública federal, incluindo as despesas de capital para o exercício financeiro subsequente, orientará a elaboração da lei orçamentária anual, disporá sobre as alterações na legislação tributária e estabelecerá a política de aplicação das agências financeiras oficiais de fomento.*

O Quadro 7.1 reexplora os conceitos presentes na CF/1988 anteriormente vistos no capítulo 2.

Em termos de planejamento, o LDO é um instrumento tático e operacional.

Os prazos de envio e aprovação da LDO estão definidos hoje com base o ADCT da CF/1988 e resumidos no Quadro 7.2.

ADCT. Art. 35. *[...]*

2º – Até a entrada em vigor da lei complementar a que se refere o art. 165, § 9º, I e II, serão obedecidas as seguintes normas:

II – ***o projeto de lei de diretrizes orçamentárias*** *será encaminhado até oito meses e meio antes do encerramento do exercício financeiro e devolvido para sanção até o encerramento do primeiro período da sessão legislativa;*

Art. 165. [...]

§ 9º – Cabe à lei complementar:

I – dispor sobre o ***exercício financeiro, a vigência, os prazos, a elaboração e a organização*** *do plano plurianual, da lei de diretrizes orçamentárias e da lei orçamentária anual;*

Quadro 7.1: Explorando os conceitos da LDO na CF/1988

A lei de diretrizes orçamentárias...	**....compreenderá as metas e prioridades...**	***...da administração pública federal,...***	**...incluindo as despesas de capital para o exercício financeiro subsequente,...**	**...orientará a elaboração da lei orçamentária anual....**	***....disporá sobre as alterações na legislação tributária...***	**... e estabelecerá a política de aplicação das agências financeiras oficiais de fomento.**
Trata-se de lei ordinária.	Seriam as metas fiscais e os programas de governo prioritários	Apesar do conceito mencionar administração pública federal, todos os entes da federação devem ter PPA, LDO e LOA. Assim, se for considerado 5.550 municípios ***tem-se a cada ano***: 1 LDO da União, 27 LDOs dos Estados incluindo o DF e 5.550 LDOs dos Municípios.	Seriam as despesas de capital prioritárias	Se todo ano tem-se uma LOA em execução, então todo ano tem-se uma LDO que orienta a LOA na 1ª Etapa da LOA: **ELABORAÇÃO.**	Apenas matérias reservadas lei ordinária. Na LDO federal tem-se tratado sobre renúncia de receitas.	No âmbito da União, trata-se de diretrizes para o Banco do Brasil S.A., a Caixa Econômica Federal, Banco do Nordeste do Brasil S.A., Banco da Amazônia S.A., Banco Nacional de Desenvolvimento Econômico e Social e Financiadora de Estudos e Projetos – FINEP.

Quadro 7.2: Prazos de elaboração e aprovação da LDO

Instrumento	**Encaminhamento ao Congresso Nacional no ano anterior à Execução da LOA**	**Devolução para Sanção do Executivo no ano anterior à Execução da LOA**
LDO	Até 15/04 (8 meses e meio antes) de cada exercício	Até 17/07 (Término do 1º período legislativo) de cada exercício

Observa-se que o prazo constante no Quadro 7.2 está definido no ADCT e ***que há uma lacuna jurídica face a ausência da lei complementar prevista no Art. 165, § 9º, I.*** Assim, esse prazo é seguido na União e demais entes, mas existem Estados que possuem prazos distintos definidos nas suas constituições estaduais (por exemplo: no DF, o prazo de envio do LDO é até 15 de maio do ano anterior ao ano de referência da LOA).

No âmbito **federal** há restrição institucional para o Legislativo, caso este não aprove a LDO até 17 de julho:

> ***CF/1988***
>
> *Art. 57. O Congresso Nacional reunir-se-á, anualmente, na Capital Federal, de 2 de fevereiro a 17 de julho e de 1º de agosto a 22 de dezembro.*
>
> *§ 2º –* ***A sessão legislativa não será interrompida sem a aprovação do projeto de lei de diretrizes orçamentárias.***

Curiosidade

A LDO acompanha a LOA desde sua elaboração até o término do ciclo orçamentário com o julgamento das contas do chefe do Executivo.

Assim, quando da publicação de uma nova LDO em 2020 que orientará a elaboração da LOA 2021, a LDO publicada em 2019 que orienta a LOA 2020 permanece válida.

2. ATRIBUIÇÕES DA LDO NA LRF

O art. 4º da LRF estabelece que:

> *Art. 4º A lei de diretrizes orçamentárias atenderá o disposto no § 2º do art. 165 da Constituição e:*
>
> *I – disporá também sobre:*
>
> *a) equilíbrio entre receitas e despesas;*
>
> *b) critérios e forma de limitação de empenho, a ser efetivada nas hipóteses previstas na alínea b do inciso II deste artigo, no art. 9º e no inciso II do § 1º do art. 31;*
>
> *e) normas relativas ao controle de custos e à avaliação dos resultados dos programas financiados com recursos dos orçamentos;*
>
> *f) demais condições e exigências para transferências de recursos a entidades públicas e privadas.*

O Quadro 7.3 explora os conceitos dessas atribuições.

Quadro 7.3: Explorando os conceitos da LDO na LRF

A lei de diretrizes orçamentárias atenderá o disposto no § 2º do art. 165 da Constituição e disporá também sobre equilíbrio entre receitas e despesas;	**Critérios e forma de limitação de empenho, a ser efetivada nas hipóteses previstas na alínea b do inciso II deste artigo, no art. 9º e no inciso II do § 1º do art. 31;**	***Normas relativas ao controle de custos e à avaliação dos resultados dos programas financiados com recursos dos orçamentos;***	**Demais condições e exigências para transferências de recursos a entidades públicas e privadas.**
A LDO é um dos instrumentos que prima pelo princípio do equilíbrio.	Durante a 3ª Etapa da LOA: **EXECUÇÃO ORÇAMENTÁRIA E FINANCEIRA**, em caso de frustração da receita ao término de um bimestre (receita arrecadada inferior a receita estimada), a LDO indica quais despesas sofrem limitação empenho e quais não sofre limitação de empenho.	Durante a 4ª Etapa da LOA: **CONTROLE E AVALIAÇÃO**, os programas devem ser avaliados segundos os critérios da LDO.	Durante a 3ª Etapa da LOA: **EXECUÇÃO ORÇAMENTÁRIA E FINANCEIRA**, as transferências voluntárias para Estados, Municípios e entidades privadas com e sem fins lucrativos devem obedecer as exigências constantes na LDO.

Análise Completa da Relação entre a LDO e LOA

Conjugando as informações do Quadro 7.1, do Quadro 7.3 e de que qualquer emenda na 2ª Etapa da LOA (DISCUSSÃO, VOTAÇÃO E APROVAÇÃO) deve ser compatível com a LDO, observa-se que a LDO está presente em todo o ciclo orçamentário da LOA.

Assim, espera-se que LDO esteja publicada ainda na 1ª Etapa da LOA, e que possa servir de parâmetro e referência nas etapas seguintes: 2ª, 3ª e 4ª etapas da LOA.

1ª Questão (CGU AFC ESAF 2012): *Assinale a opção que indica matéria que, segundo dispõe a Constituição Federal, não é objeto da Lei de Diretrizes Orçamentárias – LDO.*

a) Diretrizes para a elaboração dos orçamentos.
b) Estabelecimento da política de aplicação das agências financeiras de fomento.
c) Regras para alteração da legislação tributária.
d) Orientação relacionada aos gastos com transferências a terceiros.
e) Prioridades da Administração Pública Federal.

Solução

a) Errado, pois apesar de ser uma atribuição, consta na CF/1988.

b) Errado, pois apesar de ser uma atribuição, consta na CF/1988.

c) Errado, pois apesar de ser uma atribuição, consta na CF/1988.

d) Certo, é uma atribuição e consta na LRF.

e) Errado, pois apesar de ser uma atribuição, consta na CF/1988.

Gabarito: D

2ª Questão (ANTT Analista Cespe 2013): *Julgue o item a seguir:*

Ao realizar-se a integração entre o sistema de planejamento e o orçamento federal, o instrumento legal que explicita as metas e prioridades para cada ano, além das alterações na legislação tributária, é a lei orçamentária anual.

3ª Questão (DPF Administrador Cespe 2014): *Julgue o item a seguir:*

A LDO orienta a elaboração da LOA e auxilia na coerência entre o PPA e a LOA.

Solução

2. Errado, seria a LDO e não a LOA.

3. Certo, a LDO integra o PPA com a LDO.

Gabarito:

2. **Errado**

3. **Certo**

3. OUTRAS ATRIBUIÇÕES DA LDO NA CONSTITUIÇÃO FEDERAL DE 1988, NA LRF E NA PRÓPRIA LDO FEDERAL

3.1. Papel da LDO na relação entre os Poderes quando da elaboração da LOA

Conforme visto no capítulo 02, o PLOA 2018 deve ser enviado pelo Executivo ao Congresso Nacional até 31/08/2017. Porém, antes dessa data, os demais Poderes, MPU e DPU devem enviar suas propostas até 15/08/2017 para consolidação do Executivo[2].

2 Lei 13.473/2017 (LDO federal para a LOA federal 2018)

Art. 24. Os órgãos dos Poderes Legislativo e Judiciário, do Ministério Público da União e da Defensoria Pública da União encaminharão à Secretaria de Orçamento Federal do Ministério do Planejamento, Orçamento e Gestão, por meio do Sistema Integrado de Planejamento e Orçamento - SIOP, até 15 de agosto de 2017, suas respectivas propostas orçamentárias, para fins de consolidação do Projeto de Lei Orçamentária de 2018, observadas as disposições desta Lei.

A seguir, constam uma série de artigos da CF/1988 que determinam que a proposta orçamentária dos poderes, do MPU deve ser compatível com a LDO.

Poder Legislativo:

Art. 51. Compete privativamente à Câmara dos Deputados:

[...] IV – dispor sobre sua organização, funcionamento, polícia, criação, transformação ou extinção dos cargos, empregos e funções de seus serviços, e a iniciativa de lei para fixação da respectiva remuneração, observados os parâmetros estabelecidos ***na lei de diretrizes orçamentárias;***

Art. 52. Compete privativamente ao Senado Federal:

[...] XIII – dispor sobre sua organização, funcionamento, polícia, criação, transformação ou extinção dos cargos, empregos e funções de seus serviços, e a iniciativa de lei para fixação da respectiva remuneração, observados os parâmetros estabelecidos na ***lei de diretrizes orçamentárias***

Poder Judiciário:

Art. 99. Ao Poder Judiciário é assegurada autonomia administrativa e financeira.

§ 1º – Os tribunais elaborarão ***suas propostas orçamentárias*** *dentro dos limites estipulados conjuntamente com os demais Poderes* ***na lei de diretrizes orçamentárias.***

[...]

§ 4º Se as propostas orçamentárias de que trata este artigo forem encaminhadas em desacordo com os limites estipulados na forma do § 1º, ***o Poder Executivo procederá aos ajustes necessários*** *para fins de consolidação da proposta orçamentária anual.*

Ministério Público da União:

Art. 127. O Ministério Público é instituição permanente, essencial à função jurisdicional do Estado, incumbindo-lhe a defesa da ordem jurídica, do regime democrático e dos interesses sociais e individuais indisponíveis.

[...]

§ 3º O Ministério Público ***elaborará sua proposta orçamentária dentro dos limites estabelecidos na lei de diretrizes orçamentárias.***

§ 4º Se o Ministério Público não encaminhar a respectiva proposta orçamentária dentro do prazo estabelecido na lei de diretrizes orçamentárias, ***o Poder Executivo considerará, para fins de consolidação da proposta orçamentária anual, os valores aprovados na lei orçamentária vigente, ajustados de acordo com os limites estipulados na forma do § 3º.*** *(Incluído pela Emenda Constitucional nº 45, de 2004)*

§ 5º Se a proposta orçamentária de que trata este artigo ***for encaminhada em desacordo com os limites estipulados na forma do § 3º, o Poder Executivo procederá aos ajustes necessários para fins de consolidação da proposta orçamentária anual.*** *(Incluído pela Emenda Constitucional nº 45, de 2004)*

Defensoria Pública da União:

Art. 134. A Defensoria Pública é instituição permanente, essencial à função jurisdicional do Estado, incumbindo-lhe, como expressão e instrumento do regime democrático, fundamentalmente, a orientação jurídica, a promoção dos direitos humanos e a defesa, em todos os graus, judicial e extrajudicial, dos direitos individuais e coletivos, de forma integral e gratuita, aos necessitados, na forma do inciso LXXIV do art. 5º desta Constituição Federal. (Redação dada pela Emenda Constitucional nº 80, de 2014)

[...]

§ 2º Às Defensorias Públicas Estaduais ***são asseguradas autonomia funcional e administrativa e a iniciativa de sua proposta orçamentária dentro dos limites estabelecidos na lei de diretrizes orçamentárias*** *e subordinação ao disposto no art. 99, § 2º. (Incluído pela Emenda Constitucional nº 45, de 2004)*

§ 3º ***Aplica-se o disposto no § 2º às Defensorias Públicas da União e do Distrito Federal****. (Incluído pela Emenda Constitucional nº 74, de 2013)*

1ª Enquete do Autor: O que ocorre se a proposta de um dos demais Poderes estiver em desacordo com a LDO? O Executivo devolve ou ajusta e incorpora no PLOA?

Solução

A CF/1988 determina que o Poder Executivo deve proceder aos ajustes necessários para fins de consolidação da proposta orçamentária anual e enviar o PLOA até 31 de agosto. Desse modo, não existe previsão para devolver a proposta dos demais poderes em caso de incorreção.

3.2. Papel da LDO no aumento das despesas com Pessoal

Para se aumentar a despesas com pessoal para 2018, por exemplo; a CF/1988 estabelece dois requisitos gerais: (i) dotação na LOA 2017; (ii) prévia autorização na LDO que tramitou no Congresso em 2016 e que orientou o PLOA 2017 quando da sua elaboração. Observe-se o texto constitucional:

Art. 169. A despesa com pessoal ativo e inativo da União, dos Estados, do Distrito Federal e dos Municípios não poderá exceder os limites estabelecidos em lei complementar.

§ 1º ***A concessão de qualquer vantagem ou aumento de remuneração****, a criação de cargos, empregos e funções ou alteração de estrutura de carreiras, bem como a admissão ou contratação de pessoal, a qualquer título, pelos órgãos e entidades da administração direta ou indireta, inclusive fundações instituídas e mantidas pelo poder público,* ***só poderão ser feitas****:*

I – se ***houver prévia dotação orçamentária*** *suficiente para atender às projeções de despesa de pessoal e aos acréscimos dela decorrentes;*

II – se ***houver autorização específica na lei de diretrizes orçamentárias****, ressalvadas as empresas públicas e as sociedades de economia mista.*

2ª Enquete do Autor: Empresas Públicas e Sociedades de Economia Mista que constam no Orçamento de Investimento precisam dessa autorização?

Solução

Não. As únicas despesas que constam no orçamento de investimento são as despesas de capital de investimentos. As despesas com pessoal dessas empresas estão fora da LOA.

3.3. Outros papéis

A seguir constam atribuições pouco abordadas, mas que também estão relacionadas com a LDO.

> ***LRF***
>
> *Art. 5º. [...]*
>
> *§ 3º A atualização monetária do principal da dívida mobiliária refinanciada não poderá superar a **variação do índice de preços previsto na lei de diretrizes orçamentárias**, ou em legislação específica.*
>
> *Art.7º [...]*
>
> *§ 2º O impacto e o custo fiscal das operações realizadas pelo Banco Central do Brasil serão demonstrados trimestralmente, **nos termos em que dispuser a lei de diretrizes orçamentárias da União**.*
>
> ***Lei 13.473/2017***
>
> *Art. 1º São estabelecidas, em cumprimento ao disposto no § 2º do art. 165 da Constituição Federal, e na Lei Complementar no 101, de 4 de maio de 2000, Lei de Responsabilidade Fiscal, as diretrizes orçamentárias da União para 2018, compreendendo:*
>
> *I – as metas e prioridades da administração pública federal;*
>
> *II – a estrutura e organização dos orçamentos;*
>
> *III – as diretrizes para a elaboração e execução dos orçamentos da União;*
>
> *IV – as disposições para as transferências;*
>
> *V – as **disposições relativas à dívida pública federal**;*
>
> *VI – as disposições relativas às despesas com pessoal e encargos sociais e benefícios aos servidores, empregados e seus dependentes;*
>
> *VII – a política de aplicação dos recursos das agências financeiras oficiais de fomento;*
>
> *VIII – as disposições sobre alterações na legislação e sua adequação orçamentária;*
>
> *IX – as **disposições sobre a fiscalização pelo Poder Legislativo e sobre as obras e os serviços com indícios de irregularidades graves**;*
>
> *X – as **disposições sobre transparência**; e*
>
> *XI – as disposições finais.*

4ª Questão (IPEA Técnico de Orçamento Cespe 2008): *Julgue o item a seguir:*

Se o Banco do Brasil S.A. pretende conceder, em 2019, aumento salarial para seus empregados, então tal elevação somente poderá ser efetivada se prevista na LDO que tramitou no Congresso Nacional em 2018.

5ª Questão (Câmara dos Deputados Consultor Cespe 2014): *Julgue o item a seguir:*

Na LDO, constam os limites para a elaboração das propostas orçamentárias do Ministério Público.

Solução

4. Errado, o Banco do Brasil é uma Sociedade de Economia Mista que integra o orçamento de investimento, logo não se aplica a disposição para que o aumento das despesas com pessoal de seus empregados conste na LDO.

5. Certo, e caso esses limites sejam desrespeitados pelo MPU quando do envio da proposta ao Executivo, este efetua os ajustes e consolida e envia o PLOA no prazo.

Gabarito:

4. **Errado**

5. **Certo**

4. ANEXOS DA LDO

A CF/1988 não previa e não prevê anexos à LDO. Estes passaram a existir a partir da LRF.

Quadro 7.4: Observância pelos entes dos Anexos da LDO incluídos pela LRF

Anexo	Observância
Anexo de Metas Fiscais	Por todos os entes da Federação
Anexo de Riscos Fiscais	Por todos os entes da Federação
Anexo Específico da União	Apenas pela União

4.1. Anexo de Metas Fiscais - AMF

Chamada 14 do Autor: Metas Fiscais

Em primeiro lugar deve-se ter a clareza de quais são as 5 metas fiscais dispostas na LRF e em segundo lugar saber que o AMF não trata apenas de projeções para o futuro, mas trata de avaliações do passado.

A LRF estabelece as seguintes metas fiscais:

> *Art.4º [...]*
>
> *§ 1º Integrará o projeto de lei de diretrizes orçamentárias* ***Anexo de Metas Fiscais****, em que serão estabelecidas metas anuais, em valores correntes e constantes, relativas a receitas, despesas, resultados nominal e primário e montante da dívida pública, para o* ***exercício a que se referirem e para os dois seguintes****.*

As metas fiscais são compostas por: 1 – Receitas, 2 – Despesas, 3 – Resultado Primário, 4 – Resultado Nominal, 5 – Dívida Consolidada. A Figura 7.1 mostra a relação entre as três últimas metas.

Figura 7.1: Relação entre Resultado Primário, Resultado Nominal e Dívida Consolidada

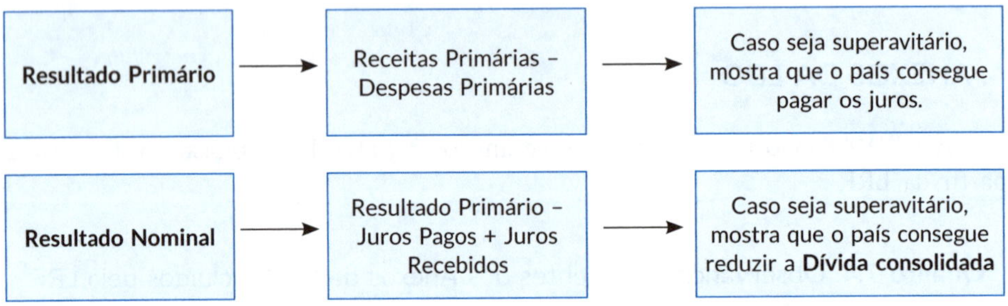

Observa-se que as fórmulas acima são simples, porém necessitam que o leitor saiba identificar e segregar receitas e despesas primárias das receitas e despesas financeiras. A Figura 7.2 auxilia nessa tarefa.

Figura 7.2: Receitas e despesas primárias e financeiras

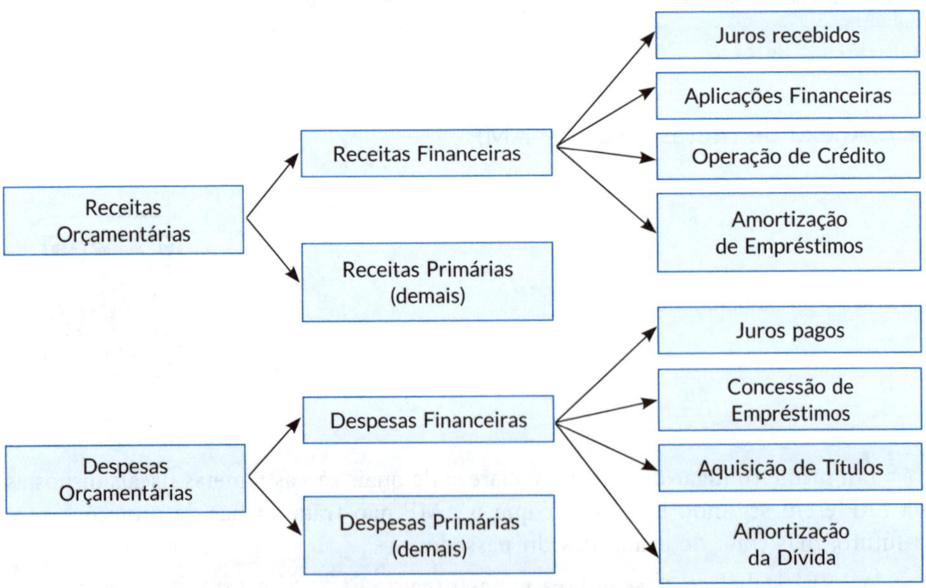

Após identificar quais seriam as metas fiscais e suas relações, seguem os demais do Anexo de Metas Fiscais - AMF em conformidade com a LRF:

> *LRF*
>
> *Art.4º [...]*
>
> *§ 1º Integrará o projeto de lei de diretrizes orçamentárias Anexo de Metas Fiscais, em que serão estabelecidas metas anuais, em valores correntes e constantes, relativas a receitas, despesas, resultados nominal e primário e montante da dívida pública,* ***para o exercício a que se referirem e para os dois seguintes.***
>
> *§ 2º O Anexo conterá, ainda:*
>
> *I - avaliação do* ***cumprimento das metas relativas ao ano anterior****;*
>
> *II - demonstrativo das metas anuais, instruído com memória e metodologia de cálculo que justifiquem os resultados pretendidos, comparando-as com as fixadas nos três exercícios anteriores, e evidenciando a consistência delas com as premissas e os objetivos da política econômica nacional;*
>
> *III -* ***evolução do patrimônio líquido****, também nos* ***últimos três exercícios****, destacando a* ***origem e a aplicação dos recursos obtidos com a alienação de ativos****;*
>
> *IV - avaliação da situação financeira e atuarial:*
>
> *a) dos regimes geral de previdência social e próprio dos servidores públicos e do Fundo de Amparo ao Trabalhador;*
>
> *b) dos demais fundos públicos e programas estatais de natureza atuarial;*
>
> *V -* ***demonstrativo da estimativa e compensação da renúncia de receita e da margem de expansão das despesas obrigatórias de caráter continuado.***

3ª Enquete do Autor: Quais seriam as metas fiscais da LDO publicada 2017 tendo por base a LOA a ser executada em 2018?

Solução

1. Metas anuais para o exercício de referência e os dois seguintes: 2018, 2019, 2020.
2. Avaliação do cumprimento das metas fiscais do exercício anterior: 2016.
3. Metas fiscais anuais de 2018, 2019 e 2020 comparadas com as fixadas nos 3 exercícios anteriores: 2016, 2015 e 2014.
4. Evolução do Patrimônio Líquido dos 3 exercícios anteriores: 2016, 2015 e 2014, destacando a origem e aplicação dos recursos obtidos com a alienação de ativos.
5. Avaliação Financeira e Atuarial do Regime Geral de Previdência Social e Regime Próprio dos Servidores para os próximos 75 anos: o ano 1 seria 2018.
6. Estimativa e compensação da renúncia de receita para 2018.
7. Margem de expansão das Despesas Obrigatórias de Caráter Continuado para 2018.

4.2. Anexo de Riscos Fiscais - ARF

A LRF estabelece que:

> *Art.4º [...]*
>
> *§ 3º A lei de diretrizes orçamentárias conterá* ***Anexo de Riscos Fiscais****, onde serão avaliados os passivos contingentes e outros riscos capazes de afetar as contas públicas, informando as providências a serem tomadas, caso se concretizem.*

O Quadro 7.5 identifica os tipos de riscos considerados no ARF da LDO.

Quadro 7.5: Tipos de Riscos na LDO

Tipo de Riscos	Característica
Orçamentários	Dizem respeito à **possibilidade das receitas e despesas projetadas** quando da elaboração do Projeto de Lei Orçamentária **não se confirmarem durante o exercício financeiro**. Tanto do lado da receita quanto da despesa, os riscos decorrem de fatos novos e imprevisíveis à época da elaboração do orçamento, como a não concretização das hipóteses e parâmetros utilizados nas projeções e/ou a ocorrência de decisões de alocação de recursos ou mudanças na legislação.
Da dívida	**O primeiro tipo de risco da dívida é inerente à administração da dívida pública mobiliária federal** e decorre do impacto de eventuais variações das taxas de juros, de câmbio e de inflação nos títulos vincendos. Essas variações, quando verificadas, geram impacto no orçamento anual, pois provocam variações no volume de recursos necessários ao pagamento do serviço da dívida dentro do período orçamentário. **O segundo tipo de risco de dívida é originado pelos denominados passivos contingentes** ("condicional e impreciso") e refere-se às novas obrigações causadas por evento que pode vir ou não a acontecer.

4ª Enquete do Autor: Riscos repetitivos deixam de ser riscos?

Solução

Sim. Riscos repetitivos deixam de ser riscos, devendo ser tratadas no âmbito do planejamento, ou seja, devem ser incluídas como ações na Lei de Diretrizes Orçamentárias e na Lei Orçamentária Anual do ente federativo. Por exemplo, se a ocorrência de catástrofes naturais - como secas ou inundações - ou de epidemias - como a dengue - tem sazonalidade conhecida, as ações para mitigar seus efeitos, assim como as despesas decorrentes, devem ser previstas na LDO (como metas e prioridades) e na LOA do ente federativo afetado, e não ser tratada como risco fiscal no Anexo de Riscos Fiscais.

5ª Enquete do Autor: Precatórios constam no ARF?

Solução

Não. Os precatórios decorrem de sentenças com transito e julgado, assim, devem constar na LOA. No ARF constam apenas as demandas judiciais em aberto.

Figura 7.3: Exemplo de ARF

DEMONSTRATIVO DE RISCOS FISCAIS E PROVIDÊNCIAS 2018			
ARF (LRF, art. 4º, § 3º)			R$ 1,00
PASSIVOS CONTINGENTES		**PROVICÊNCIAS**	
Descrição	Valor	Descrição	Valor
Assistências a epidemias	300,00	Abertura de créditos adicionais a partir da Reserva de Contingência	300,00
SUBTOTAL	300,00	SUBTOTAL	300,00
DEMAIS RISCOS FISCAIS PASSIVOS		**PROVIDÊNCIAS**	
Descrição	Valor	Descrição	Valor
Discrepância de projeções:	1.910.00		1.910,00
Taxa de juros	210,00	Abertura de créditos adicionais a partir da redução de dotação de despesas discricionárias	210,00
Salário mínimo	1.700,00	Abertura de créditos adicionais a partir da Reserva de Contingência	1.700,00
Frustação de receita	1.500,00	Limitação de empenho	1.500,00
SUBTOTAL	3.410,00	SUBTOTAL	3.410,00
TOTAL	**3.710,00**	**TOTAL**	**3.710,00**

4.3. Anexo Específico da União

A LRF estabelece que:

> *Art.4º [...]*
>
> *§ 4º A mensagem que encaminhar o projeto da União apresentará, em **anexo específico**, os **objetivos das políticas monetária, creditícia e cambial**, bem como os parâmetros e as projeções para seus principais agregados e variáveis, **e ainda as metas de inflação**, para o exercício subsequente.*

Unidade Didática II
Instrumentos de Planejamento

Figura 7.4: Exemplo de Anexo Específico da União

Os objetivos das políticas monetárias, creditícia e cambial são, respectivamente, o alcance, pelo Banco Central do Brasil (BCB), da meta de inflação fixada pelo Conselho Monetário Nacional (CMN); a manutenção das condições prudenciais e regulamentares para que a expansão do mercado de crédito ocorra em ambiente que preserve a estabilidade do sistema financeiro nacional; e a preservação do regime de taxa de câmbio flutuante. O alcance desses objetivos deve observar a evolução da economia brasileira, em linha com as medidas conjunturais implementadas.

6ª Questão (IPEA Técnico em Orçamento Cespe 2008): *Julgue o item a seguir:*

Os encargos da União decorrentes da assinatura de contratos de parceria público-privada (PPP) devem ser integralmente discriminados no anexo de riscos fiscais da LDO.

7ª Questão (SEFAZ-ES Consultor Executivo Contador Cespe 2010): *Julgue o item a seguir, relativo ao disposto no manual de demonstrativos fiscais.*

Riscos repetitivos não deixam de ser riscos, a exemplo de ocorrências de catástrofes naturais e epidemias de sazonalidade conhecida, devendo as ações para mitigar seus efeitos, assim como as despesas decorrentes, ser tratadas como risco fiscal no anexo de riscos fiscais.

8ª Questão (ABIN Oficial de Inteligência Administração Cespe 2010): *Julgue o item a seguir:*

O cálculo das necessidades de financiamento do governo central é realizado no início do ciclo orçamentário, embora as metas fiscais resultantes desse cálculo sejam acompanhadas durante toda a execução orçamentária e possam indicar alterações no montante global da despesa.

9ª Questão (DPU Analista Técnico Administrativo Cespe 2010): *Julgue o item a seguir:*

Metas fiscais são valores projetados para o exercício financeiro e que, depois de aprovados pelo Poder Legislativo, servem de parâmetro para a elaboração e a execução do orçamento. Para obrigar os gestores a ampliar os horizontes do planejamento, as metas devem ser projetadas para os próximos três anos, isto é, o exercício a que se referem e os dois seguintes.

10ª Questão (Ministério da Integração Analista Cespe 2013): *Julgue o item a seguir:*

Se a União for condenada em ação judicial de indenização, mas a sentença correspondente ainda não tiver transitado em julgado no momento da elaboração do projeto de LDO, deverá o valor da ação ser incluído no anexo de riscos fiscais da referida lei.

11ª Questão (BACEN Analista Cespe 2013): *Com relação aos instrumentos de planejamento, orçamento e execução do programa de trabalho do governo, julgue o seguinte item:*

Se determinado ente da Federação precisar estipular um limite para a expansão das despesas obrigatórias de caráter continuado, então a matéria deverá ser incluída no anexo de metas fiscais da lei de diretrizes orçamentárias.

12ª Questão (Câmara dos Deputados Consultor Cespe 2014): *Julgue o item a seguir:*

Entre os assuntos tratados nos anexos de riscos fiscais da LDO tem-se a evolução do patrimônio líquido, também nos últimos três exercícios.

Solução

6. Errado, pois os encargos contratuais são certos e não riscos, logo devem constar na LOA.

7. Errado, Riscos repetitivos deixam de ser riscos e devem constar na LOA.

8. Certo, as necessidades de financiamento são também conhecidas como resultado primário e resultado nominal. Caso se detecte que não serão cumpridas no orçamento essas metas, ajustes devem ser feitos na LOA.

9. Certo, com o AMF os horizontes foram ampliados. Desde a LRF pode-se considerar a LDO como um instrumento tanto tático, quanto operacional.

10. Certo, como ainda é sentença em aberto, deve ir para o ARF.

11. Certo, é um dos itens obrigatórios do AMF da LDO.

12. Errado, é um dos itens obrigatórios do AMF da LDO.

Gabarito:

6. **Errado.**
7. **Errado.**
8. **Certo.**
9. **Certo.**
10. **Certo.**
11. **Certo.**
12. **Errado.**

5. LISTA DE QUESTÕES OBJETIVAS

1ª Questão (CGU AFFC ESAF 2006): *Segundo a Constituição de 1988, no capítulo das Finanças Públicas, o Plano Plurianual-PPA é uma Lei que abrangerá os respectivos Poderes na União, nos Estados, no Distrito Federal e nos Municípios. No que diz respeito ao Plano Plurianual [PPA] e Lei de Diretrizes Orçamentárias (LDO), identifique a opção incorreta.*

Unidade Didática II
Instrumentos de Planejamento

a) A Lei que instituir o Plano Plurianual será elaborada no princípio do primeiro ano do mandato do executivo e terá vigência de quatro anos.

b) Com base no Plano Plurianual, o governo elaborará e enviará para o Poder Legislativo o projeto de Lei de Diretrizes Orçamentárias.

c) A Lei que instituir o Plano Plurianual definirá programas, objetivos e metas para o quadriênio, cabendo desta forma, à LDO definir, com base no PPA, quais serão as metas que serão desenvolvidas no exercício financeiro subsequente.

d) Com o advento da Lei de Responsabilidade Fiscal, em maio de 2000, passou a integrar à LDO, dois anexos: o Anexo de Metas Fiscais e o Anexo de Objetivos Fiscais.

e) A LDO antecipa o orçamento anual, com todas suas implicações alocativas e tributárias, e ainda fixa o programa das instituições financeiras da União.

Solução

a) Certo, sem comentários adicionais.
b) Certo, sem comentários adicionais.
c) Certo, sem comentários adicionais.
d) Errado, são 2 anexos obrigatórios a todos os entes: o Anexo de Metas Fiscais e o Anexo de Riscos Fiscais e um anexo específico para União.
e) Certo, ela dispõe sobre alterações na legislação tributária e sobre a política de aplicação das agencias financeiras oficiais de fomento.

Gabarito: **D**

2ª Questão (CGU AFFC ESAF 2008): *De acordo com a Constituição Federal, foi reservada à Lei de diretrizes Orçamentárias a função de:*

a) definir, de forma regionalizada, as diretrizes, os objetivos, as metas e prioridades da administração pública federal, incluindo as despesas de capital para o exercício financeiro subsequente.

b) estabelecer critérios e forma de limitação de empenho, nos casos previstos na legislação.

c) dispor sobre alterações na legislação tributária.

d) disciplinar as transferências de recursos a entidades públicas e privadas.

e) dispor sobre o equilíbrio entre receitas e despesas.

Solução

a) Errado, pois incluiu termos mais próprios do PPA: de forma regionalizada, as diretrizes, os objetivos.
b) Errado, apesar de ser uma atribuição da LDO consta na LRF.
c) Certo, é uma das atribuições da LDO na CF/1988.
d) Errado, apesar de ser uma atribuição da LDO consta na LRF.

e) Errado, apesar de ser uma atribuição da LDO consta na LRF.

Gabarito: **C**

3ª Questão (CGU AFFC ESAF 2008): *Com a publicação da Lei de Responsabilidade Fiscal (Lei Complementar n. 101/2000), a Lei de Diretrizes Orçamentárias - LDO assumiu novas prerrogativas, entre as quais a de apresentar o Anexo de Metas Fiscais - AMF e o Anexo de Riscos Fiscais - ARF.*

Em relação ao AMF e ARF não se pode afirmar:

a) no ARF, serão avaliados os passivos contingentes e outros riscos capazes de afetar as contas públicas, informando as providências a serem tomadas, caso se concretizem.

b) o AMF estabelece as metas de Receita, Despesa, Resultado Primário e Nominal e montante da dívida pública a serem observadas no exercício financeiro a que se refere, além de indicar as metas fiscais para os dois exercícios seguintes.

c) de acordo com as últimas Leis de Diretrizes Orçamentárias da União, os riscos fiscais podem ser classificados em duas grandes categorias: Riscos orçamentários e Riscos de dívida.

d) considerando os riscos dos déficits atuariais dos sistemas de previdência, a LRF determina que integre o ARF a avaliação da situação financeira e atuarial do regime próprio dos servidores públicos.

e) faz parte do AMF o demonstrativo da estimativa e compensação da renúncia de receita e da margem de expansão das despesas obrigatórias de caráter continuado.

Solução

a) Certo, sem comentários adicionais.

b) Certo, sem comentários adicionais.

c) Certo, sem comentários adicionais.

d) Errado, avaliação da situação financeira e atuarial do regime próprio dos servidores públicos consta no Anexo de Metas Fiscais.

e) Certo, sem comentários adicionais.

Gabarito: **D**

4ª Questão (MPOG APO ESAF 2008): *A Lei de Responsabilidade Fiscal (LRF) atribuiu novas e importantes funções ao orçamento e à Lei de Diretrizes Orçamentárias. Nos termos da LRF, a Lei de Diretrizes Orçamentárias recebeu novas e importantes funções entre as quais não se inclui:*

a) mostrar as despesas relativas à dívida pública, mobiliária ou contratual e respectivas receitas, sendo o financiamento da dívida demonstrado de forma separada nas leis de créditos adicionais.

b) estabelecer critérios e formas de limitação de empenho, na ocorrência de arrecadação da receita inferior ao esperado, de modo a comprometer as metas de resultado primário e nominal previstas para o exercício.

c) quantificar o resultado primário obtido com vistas à redução do montante da dívida e despesas com juros.

d) dispor sobre o controle de custos e avaliação dos resultados dos programas financiados pelo orçamento.

e) disciplinar as transferências de recursos a entidades públicas e privadas.

Solução

a) Errado, não é uma competência da LDO.

b) Certo, é uma competência prevista na LRF.

c) Certo, é uma competência prevista na LRF.

d) Certo, é uma competência prevista na LRF.

e) Certo, é uma competência prevista na LRF.

Gabarito: **A**

5ª Questão (CAERN Administrador FGV/ 2010): *A Lei de Diretrizes Orçamentárias – LDO, criada pela atual Carta Magna, inovou em matéria orçamentária ao estabelecer uma ponte, um link entre o PPA e a LOA. Nesse diapasão, compete à LDO, com base no previsto no PPA, dentre outros aspectos, elencar as metas e prioridades que deverão ser observadas na confecção do orçamento. Considerando o enunciado na Carta Magna e em outros normativos aplicáveis, é possível afirmar que ela NÃO conterá*

a) metas para as despesas de capital.

b) alterações da legislação tributária.

c) política de aplicação das agências de fomento.

d) a totalidade dos programas de trabalho a serem executados no próximo exercício, discriminados até o nível subelemento de despesa.

e) política de pessoal.

Solução

a) Certo, atribuição constante na CF/1988.

b) Certo, atribuição constante na CF/1988.

c) Certo, atribuição constante na CF/1988.

d) Errado, a despesa só é detalhada nesse nível na execução da LOA, pois na elaboração e publicação da LOA basta modalidade de aplicação.

e) Certo, atribuição constante na CF/1988: autorização para criação de cargos ou aumento de salário.

Gabarito: **D**

6ª Questão (CGU AFFC ESAF 2012): *Assinale a opção que indica matéria que, segundo dispõe a Constituição Federal,* **não** *é objeto da Lei de Diretrizes Orçamentárias - LDO.*

a) Diretrizes para a elaboração dos orçamentos.

b) Estabelecimento da política de aplicação das agências financeiras de fomento.

c) Regras para alteração da legislação tributária.

d) Orientação relacionada aos gastos com transferências a terceiros.

e) Prioridades da Administração Pública Federal.

Solução

a) Errado, é uma competência, mas prevista na CF/1988.

b) Errado, é uma competência, mas prevista na CF/1988.

c) Errado, é uma competência, mas prevista na CF/1988.

d) Certo, é uma competência, e prevista na LRF.

e) Errado, é uma competência, mas prevista na CF/1988.

Gabarito: **D**

7ª Questão (AL-MA Analista FGV 2013): *Lei Complementar n. 101/00, conhecida como Lei de Responsabilidade Fiscal, traz uma série de diretrizes para a produção de leis orçamentárias.*

Com relação à Lei de Diretrizes Orçamentárias (LDO), analise as afirmativas a seguir.

I. O projeto da lei de diretrizes orçamentárias conterá o anexo de metas fiscais que deverá conter a avaliação da situação financeira e atuarial.

II. A Lei de Diretrizes Orçamentárias conterá o anexo de riscos ficais onde serão avaliados os passivos contingentes e outros riscos capazes de afetar as contas públicas.

III. A Lei de Diretrizes Orçamentárias conterá a vedação a transferências de recursos a entidades públicas e privadas.

Assinale:

a) se somente a afirmativa I estiver correta.

b) se somente a afirmativa II estiver correta.

c) se somente a afirmativa III estiver correta.

d) se somente as afirmativas I e II estiverem corretas.

e) se todas as afirmativas estiverem corretas.

Solução

I. Certo, é um dos componentes obrigatórios.

II. Certo, é um dos componentes obrigatórios.

III. Errado, na verdade conterá demais condições para as transferências de recursos a entidades públicas e privadas.

Gabarito: **D**

8ª Questão (DNIT Contador ESAF 2013): *A Lei de Diretrizes Orçamentárias – LDO é integrada por Anexo de Metas Fiscais, em que serão estabelecidas metas anuais, em valores correntes e constantes, relativas a receitas, despesas, resultados nominal e primário e montante da dívida pública, para o exercício a que se referirem e para os dois seguintes. À vista disso, assinale a opção correta.*

a) Resultado nominal é a diferença entre os valores não financeiros das receitas e das despesas públicas.

b) Resultado primário é a diferença entre as receitas e as despesas públicas, incluindo as receitas e despesas financeiras, os efeitos da inflação e da variação cambial.

c) Metas estabelecidas em valores constantes são as metas quantificadas em moeda corrente.

d) A quantificação das metas fiscais é estipulada tendo em vista o montante necessário de recursos para a recondução da dívida aos limites de endividamento impostos em Resolução do Senado Federal.

e) O anexo de metas fiscais deve conter a avaliação dos passivos contingentes e outros riscos capazes de afetar as contas públicas.

Solução

a) Errado, seria resultado primário.

b) Errado, seria resultado nominal.

c) Errado, metas estabelecidas em valores nominais são as metas quantificadas em moeda corrente.

d) Certo, esse item se refere ao tema LRF que será aprofundado no capítulo 29.

e) Errado, seria anexo de riscos fiscais.

Gabarito: **D**

9ª Questão (DNIT Contador ESAF 2013): *De acordo com a Constituição Federal, o principal objetivo da Lei de Diretrizes Orçamentárias é:*

a) orientar as unidades orçamentárias e administrativas na formulação do seu planejamento anual e na elaboração da proposta orçamentária, bem como estabelecer as metas a serem alcançadas no exercício subsequente.

b) estabelecer as diretrizes, prioridades e metas para a organização das entidades com vistas à definição da proposta orçamentária anual a ser enviada ao Congresso Nacional.

c) criar as condições necessárias ao estabelecimento de um sistema de planejamento integrado com vistas à elaboração e aprovação do orçamento.

d) estabelecer as metas de despesas correntes e de capital para o exercício seguinte, as prioridades da administração e orientar a elaboração da proposta orçamentária.

e) estabelecer as metas e prioridades da administração pública federal, incluindo as despesas de capital para o exercício financeiro subsequente e orientar a elaboração da lei orçamentária.

Solução

A única opção que possui atribuições da LDO todas corretas é a alternativa E.

Gabarito: **E**

10ª Questão (MPE-AM Analista FCC 2013): *Lei de Diretrizes Orçamentárias (LDO)*

I. está atrelada ao Plano Plurianual (PPA) como instrumento de execução que determina a consecução dos programas governamentais.

II. deverá ser proposta por iniciativa privativa do Poder Legislativo.

III. tem, dentre suas competências, a de dispor sobre as alterações na legislação tributária.

IV. ganha complexidade, dispondo sobre mais elementos, a partir da publicação da Lei de Responsabilidade Fiscal (Lei Complementar nº 101/2000).

Está correto o que se afirma em:

a) III e IV, apenas.

b) I, II e III, apenas.

c) I, II e IV, apenas.

d) II e IV, apenas.

e) I, II, III e IV.

Solução

I. Errado, a LOA é instrumento de execução.

II. Errado, todos os instrumentos de planejamento são de iniciativa do Executivo.

III. Certo, conforme a CF/1988.

IV. Certo, foram incluídas novas atribuições.

Gabarito: **A**

11ª Questão (TCE-ES Auditor Ciências Contábeis Cespe 2013): *A finalidade e a abrangência da Lei de Diretrizes Orçamentárias (LDO) consiste em:*

a) expor a situação econômico-financeira da máquina pública, em função da dívida funda e flutuante; compreender as metas e prioridades da administração pública federal, incluindo-se as despesas de capital para o exercício financeiro subsequente e desenvolver a análise pormenorizada do projeto de lei do orçamento.

b) orientar a elaboração de lei orçamentária anual; dispor sobre alterações na legislação tributária; estabelecer a política de aplicação das agências financeiras oficiais de fomento; definir as metas e prioridades da administração pública federal, incluindo-se as despesas de capital para o exercício financeiro subsequente.

c) orientar a elaboração de lei orçamentária anual; definir as metas e prioridades da administração pública federal, incluindo-se as despesas de capital para o exercício financeiro subsequente; detalhar e mensurar os programas anuais de trabalho do governo e definir a programação do fluxo de caixa do Tesouro.

d) expor a situação econômico-financeira da máquina pública em função da dívida fundada e flutuante; definir as metas e prioridades da administração pública federal, incluindo-se as despesas de capital para o exercício financeiro subsequente; orientar a elaboração de lei orçamentária anual; dispor sobre alterações na legislação tributária.

e) orientar a elaboração de lei orçamentária anual; dispor sobre alterações na legislação tributária; estabelecer a política de aplicação das agências financeiras oficiais de fomento; definir de forma sucinta as principais finalidades de cada unidade administrativa, com indicação da respectiva legislação.

Solução

a) Errado, pois expor a situação econômico-financeira da máquina pública, em função da dívida funda e flutuante; e desenvolver a análise pormenorizada do projeto de lei do orçamento não são atribuições da LDO nem na LRF, nem na CF/1988.

b) Certo, sem comentários adicionais.

c) Errado, pois detalhar e mensurar os programas anuais de trabalho do governo e definir a programação do fluxo de caixa do Tesouro não são atribuições da LDO nem na LRF, nem na CF/1988.

d) Errado, pois expor a situação econômico-financeira da máquina pública em função da dívida fundada e flutuante não é atribuição da LDO nem na LRF, nem na CF/1988.

e) Errado, pois definir de forma sucinta as principais finalidades de cada unidade administrativa, com indicação da respectiva legislação não são atribuições da LDO nem na LRF, nem na CF/1988.

Gabarito: **B**

12ª Questão (ANCINE Analista Área 1 Cespe 2013): *Julgue o item a seguir.*

Os precatórios judiciais, após seu reconhecimento e quantificação, passam a constituir os riscos fiscais, sendo incluídos no Anexo de Riscos Fiscais, que integra a estrutura da Lei de Diretrizes Orçamentárias.

Solução

Errado, os precatórios devem constar na LOA. No ARF apenas demandas judiciais em aberto.

Gabarito: **Errado**

13ª a 15ª Questões (MPU Analista Cespe 2013): *A respeito do processo que conforma legalmente a Lei de Diretrizes Orçamentárias (LDO), julgue os próximos itens:*

13.Caso um cidadão, em 15/12/2012, estivesse preocupado com o aumento de preços ao consumidor, ele poderia ter obtido a previsão das metas de inflação para o ano subsequente por meio de consulta à peça integrante do processo em que se submeteu à deliberação do Congresso Nacional o texto do projeto de lei que dispõe sobre as diretrizes para elaboração e execução da Lei Orçamentária Anual de 2013.

14.De acordo com a legislação vigente, é objeto da LDO instituir normas de gestão financeira e patrimonial da administração direta e indireta bem como estabelecer condições para a instauração e o funcionamento de fundos.

15. Segundo a legislação vigente, na LDO devem constar as políticas de investimento em participações acionárias de fundos.

Solução

13. Certo, na LDO constam os agregados macroeconômicos:

> LRF
>
> Art.4º [...]
>
> § 4º A mensagem que encaminhar o projeto da União apresentará, em anexo específico, os objetivos das políticas monetária, creditícia e cambial, bem como os parâmetros e as projeções para seus principais agregados e variáveis, e ainda as metas de inflação, para o exercício subsequente.

14. Errado, não há essa atribuição para LDO.
15. Errado, não há essa atribuição para LDO.

Gabarito

13. **Certo**
14. **Errado**
15. **Errado**

16ª Questão (TCE-RS Auditor Cespe 2013): *No que se refere à Lei nº 4.320/1964 e ao planejamento orçamentário, julgue o item subsequente:*

A Lei de Diretrizes Orçamentárias estabelece metas e diretrizes a serem adotadas pela administração pública no período de quatro anos subsequentes ao de sua elaboração, estabelecendo um elo entre os instrumentos orçamentários previstos no plano plurianual e no orçamento anual.

Solução

Errado, pois seriam metas e prioridades, e que se aplicam apenas para a LOA do ano seguinte.

Gabarito: **Errado**

17ª Questão (TCE-RS Auditor FCC 2013): *Em relação a elaboração e aprovação das peças de planejamento, é correto afirmar:*

a) De acordo com a Constituição Federal, o Plano Plurianual - PPA deverá ser elaborado no 1º ano de mandato para quatro exercícios e, por tratar-se de plano de investimentos do governo, não deverá incluir os programas de duração continuada.

b) As despesas de capital serão consignadas no PPA, porém as despesas decorrentes destes gastos serão consignadas exclusivamente nas Leis de Diretrizes Orçamentárias - LDO e nas Leis Orçamentárias Anuais - LOA.

c) A Lei Orçamentária Anual não conterá dispositivo estranho à previsão da receita e fixação da despesa. Incluem-se nesta proibição a autorização para a antecipação de receita orçamentária, as denominadas AROs.

d) As emendas ao projeto da Lei Orçamentária Anual quando indicado os recursos necessários, podem ser aprovadas, mesmo que não estejam compatibilizadas com o PPA; porém, devem estar aderentes às metas fiscais estabelecidas na Lei de Diretrizes Orçamentárias.

e) A Lei de Diretrizes Orçamentárias deverá ser integrada com o anexo de metas fiscais que, dentre outras exigências, deverá conter a avaliação do cumprimento das metas relativas ao ano anterior e a evolução do patrimônio líquido dos últimos três exercícios.

Solução

a) Errado, pois é obrigatório incluir programas de duração continuada.
b) Errado, pois inclui as despesas decorrentes das de capital: despesas correntes.
c) Errado, não se inclui na proibição a autorização para a antecipação de receita orçamentária, as denominadas AROs.
d) Errado, as emendas à LOA sempre devem ser compatíveis com o PPA e a LDO.
e) Certo, sem comentários adicionais.

Gabarito: **E**

18ª Questão (TRT 16ª Região Analista 2014 FCC): *A Lei de Responsabilidade Fiscal (no 101/2000) ampliou o significado e a importância da Lei de Diretrizes Orçamentárias - LDO que passou a dispor sobre outros temas, EXCETO:*

a) Normas relativas ao controle de custos e à avaliação dos resultados dos programas financiados pelos orçamentos.

b) Demonstrações trimestrais apresentadas pelo Banco Central sobre o impacto e o custo fiscal das suas operações.

c) Limites para elaboração das propostas orçamentárias do Poder Judiciário e do Ministério Público.

d) Concessões ou ampliações de incentivo ou benefício de natureza tributária da qual decorra renúncia de receita.

e) Condições e exigências para transferências de recursos a entidades públicas e privadas.

Solução

a) Certo, tal atribuição consta na LRF.

b) Certo, tal atribuição consta na LRF.

c) Errado, é uma atribuição, mas consta na CF/1988.

d) Certo, tal atribuição consta na LRF.

e) Certo, tal atribuição consta na LRF.

Gabarito: **C**

19ª e 20ª Questões (ICMBio Analista Cespe 2014): *Com relação ao orçamento público no Brasil, julgue os itens seguintes.*

19. A lei de diretrizes orçamentárias (LDO) será acompanhada pelo anexo de riscos fiscais, que abrangem os riscos capazes de afetar as contas públicas e suas providências.

20. O período do plano plurianual (PPA) coincide com o período do mandato do chefe do Poder Executivo.

Solução

19. Certo, o AMF e o ARF são anexos obrigatórios da LDO.

20. Errado, o último ano do PPA do mandato anterior coincide com o 1º ano do mando do chefe do Executivo. Assim, não coincide o período, apesar de terem a mesma duração.

Gabarito:

19. **Certo**

20. **Errado**

21ª Questão (ALE-PE Consultor FCC 2014): *A respeito da Lei de Diretrizes Orçamentárias é correto afirmar que*

a) antecede o Plano Plurianual - PPA, estabelecendo as diretrizes, objetivos e metas da Administração para o ciclo correspondente.

b) condiciona a Lei Orçamentária Anual, estimando as receitas e fixando as despesas para o exercício subsequente.

c) obedece aos parâmetros fixados no Plano Plurianual e na Lei Orçamentária, constituindo instrumento de monitoramento e gestão.

d) orienta a elaboração da Lei Orçamentária Anual, estabelecendo metas e prioridades para o exercício subsequente.

e) substitui a Lei Orçamentária Anual quando a mesma não tenha sido aprovada até a data limite fixada na Constituição Federal.

Solução

a) Errado, a LDO vem após o PPA e define metas e prioridades.

b) Errado, a lei que estima receita e fixa despesas é a própria LOA.

c) Errado, a LDO está entre o PPA e a LOA, a assim, a LOA é que obedece a LDO.

d) Certo, sem comentários adicionais.

e) Errado, não há essa previsão. Neste caso, o Legislativo considera como projeto o orçamento vigente e aprovado no início do ano.

Gabarito: **D**

22ª Questão (ALE-PE Consultor FCC 2014): *A Lei de Diretrizes Orçamentárias – LDO disporá sobre:*

I. A distribuição dos recursos correntes e de capital de forma regionalizada.

II. As alterações na legislação tributária.

III. O equilíbrio entre receitas e despesas.

IV. As normas relativas ao controle de custos e a avaliação dos resultados dos programas financiados com recursos dos orçamentos.

V. As diretrizes, objetivos e metas para as despesas de capital e outras dela decorrentes e para os programas de duração continuada.

É correto o que se afirma APENAS em:

a) I, II e III.

b) I, III e IV.

c) II, III e IV.

d) I, II e V.

e) III, IV e V.

Solução

I. Errado, não há essa previsão.

II. Certo, consta na CF/1988.

III. Certo, consta na CF/1988.

IV. Certo, consta na CF/1988.

V. Errado, seria o PPA neste caso.

Gabarito: **C**

23ª Questão (Câmara Municipal de Caruaru Analista Legislativo FGV 2015): *A Lei de Diretrizes Orçamentárias - LDO é o documento que faz a ligação do plano plurianual com o orçamento anual. Com relação à LDO, assinale V para a afirmativa verdadeira e F para a falsa.*

I ( ) Compreenderá metas que poderão ser de caráter social, econômico e financeiro refletidas no Plano Plurianual e suas prioridades dirão respeito às atividades implantadas e já implementadas, dentre as quais as obrigatórias como educação e saúde.

II ( ) Tratará da metodologia de elaboração do orçamento.

III ( ) Será encaminhada até oito meses antes do encerramento do exercício financeiro e devolvida para sanção até o encerramento da sessão legislativa.

IV ( ) As emendas ao projeto de lei de diretrizes orçamentárias não poderão ser aprovadas quando incompatíveis com o plano plurianual.

As afirmativas são, respectivamente,

a) V, F, F e V.

b) V, V, F e V.

c) F, V, F e V.

d) F, V, F e F.

e) V, V, V e F.

Solução

I. Certo, porém houve extrapolação de raciocínio. Questão fora da curva.

II. Certo, a LDO orienta a LOA.

III. Errado, seria oito meses e meio.

IV. Certo, sempre devem ser compatíveis.

Gabarito: **B**

24ª Questão (TCE-CE Técnico FCC 2015): *A iniciativa para a elaboração do Plano Plurianual - PPA, da Lei de Diretrizes Orçamentárias - LDO e da Lei Orçamentária Anual - LOA é*

a) do Poder Executivo.

b) do Poder Legislativo.

c) do Poder Judiciário.

d) dos Poderes Executivo e Legislativo.

e) dos Poderes Executivo, Legislativo e Judiciário.

Solução

Apenas o Presidente tem a iniciativa dessas leis.

Gabarito: **A**

25ª Questão (TCU AUFC Cespe 2015): *Julgue o item a seguir:*

É vedado à lei de diretrizes orçamentárias prever a indisponibilidade de determinadas dotações orçamentárias para a limitação de despesas, diante da hipótese de a realização da receita não comportar o cumprimento das metas de resultado primário ou nominal.

Solução

Errado, a LDO deve estabelece critérios de limitação de empenho exatamente para tal cenário.

Gabarito: **Errado**

26ª Questão (CGE-PI Analista Cespe 2015): *Julgue o item a seguir:*

A LRF atribuiu à LDO a responsabilidade de tratar de outras matérias não previstas na Constituição Federal de 1988, como a publicação da avaliação atuarial do regime próprio de previdência dos servidores públicos.

Solução

Certo, a LRF trouxe novas atribuições na LDO e sem seus anexos. A avaliação atuarial do regime próprio de previdência dos servidores públicos consta no AMF.

Gabarito: **Certo**

27ª Questão (STJ Técnico Cespe 2015): *Julgue o item a seguir:*

Entre as variáveis de conjuntura econômica que devem ser apresentadas em conjunto com a LDO estão as metas de inflação para o exercício a que se refira a lei.

Solução

Errado, seria para o exercício seguinte e os dois subsequentes.

Gabarito: **Errado**

28ª a 30ª Questões (TCU Procurador Cespe 2015): *Julgue os itens a seguir.*

28. A lei do PPA estabelecerá, de forma regionalizada, as diretrizes, os objetivos e as metas da administração pública federal para as despesas de capital, disporá

sobre as alterações na legislação tributária e estabelecerá a política de aplicação das agências financeiras oficiais de fomento.

29. A LDO exerce a função de planejamento da atividade financeira para o exercício subsequente, incumbindo-lhe dispor sobre o equilíbrio entre receitas e despesas, bem como sobre a avaliação dos passivos contingentes e outros riscos capazes de afetar as contas públicas, por meio do anexo de metas fiscais.

30. A elaboração do projeto da LOA conta com a participação dos Poderes Executivo, Legislativo e Judiciário, além do MP e da defensoria pública, que ofertarão as respectivas propostas de orçamento para consolidação e apresentação do projeto de lei de iniciativa privativa do chefe do Poder Executivo em até quatro meses antes do encerramento do exercício financeiro.

Solução

28. Errado, estas duas últimas atribuições (disporá sobre as alterações na legislação tributária e estabelecerá a política de aplicação das agências financeiras oficiais de fomento) são exclusivas da LDO.

29. Errado, a avaliação dos passivos contingentes consta no Anexo de Riscos Fiscais.

30. Certo, os poderes, MPU e DPU devem enviar suas propostas ao Executivo em conformidade com a LDO.

Gabarito

28. **Errado**

29. **Errado**

30. **Certo**

31ª Questão (Procurador Prefeitura de Salvador Cespe 2015): *Julgue o item a seguir:*

A LDO terá vigência de quatro anos, devendo estar em vigor até o final do exercício financeiro do primeiro ano do mandato eleitoral subsequente àquele no qual for elaborada.

Solução

Errado, seria o PPA e ele deve entrar em vigor no início do segundo ano.

Gabarito: **Errado**

32ª Questão (TRE-RR Analista FCC 2015): *O processo de elaboração da Lei Orçamentária Anual - LOA inicia-se com a formulação das propostas orçamentárias, observados o Plano Plurianual - PPA e a Lei de Diretrizes Orçamentária - LDO. No âmbito da União, o projeto de lei orçamentária anual é enviado*

a) pelo Presidente da República ao Congresso Nacional, até 31 de agosto de cada ano.

b) pelo Ministro do Planejamento Orçamento e Gestão ao Congresso Nacional, até 30 de setembro de cada ano.
c) pelo Poder Executivo ao Senado Federal, até 31 de agosto de cada ano.
d) pela Controladoria Geral da União ao Congresso Nacional, até 30 de setembro de cada ano.
e) pelo Poder Executivo à Câmara dos Deputados, até 31 de agosto de cada ano.

Solução

Apenas o Presidente tem a iniciativa dessas leis.

Gabarito: **A**

33ª Questão (TCE-CE Conselheiro FCC 2015): *O Anexo de Metas Fiscais, previsto na Lei Complementar no 101/2000,*

a) deve acompanhar o projeto do Plano Plurianual, com as metas anuais relativas a receitas e despesas e montante da dívida pública para os quatro exercícios de vigência da lei.
b) traz o resultado primário dos quatro exercícios de vigência do PPA, que equivale ao total da receita orçamentária deduzidas as operações de crédito e as provenientes de rendimentos de aplicações financeiras e retorno de operações de crédito (juros e amortizações).
c) traz critérios e forma de limitação de empenho, bem assim as normas relativas ao controle de custos e à avaliação dos resultados de programas financiados com recursos do orçamento.
d) inclui o relatório de Riscos Fiscais, no qual serão avaliados os passivos contingentes e outros riscos capazes de afetar as contas públicas.
e) estabelece metas anuais, em valores correntes e constantes, relativas a receitas, despesas, resultados nominal e primário e montante da dívida pública para o exercício a que se referirem e para os dois seguintes.

Solução

a) Errado, o AMF acompanha a LDO.
b) Errado, o AMF acompanha a LDO.
c) Errado, o AMF acompanha a LDO.
d) Errado, o AMF acompanha a LDO.
e) Certo.

Gabarito: **E**

34ª Questão (TRT 3ª Região Analista FCC 2016): *Sobre a Lei de Diretrizes Orçamentárias, considere:*

I. Condições e exigências para transferências de recursos a entidades públicas e privadas.

II. Metas anuais, em valores correntes e constantes, relativas a receitas, despesas, resultados nominal e primário e montante da dívida pública, para o exercício a que se referirem e para os dois seguintes.

III. Demonstrativo da estimativa e compensação da renúncia de receita.

IV. Demonstrativo da margem de expansão das despesas obrigatórias de caráter continuado.

V. Passivos contingentes e outros riscos capazes de afetar as contas públicas.

É conteúdo obrigatório da citada lei o que consta em

a) I, III, IV e V, apenas.
b) II, IV e V, apenas.
c) I, II e III, apenas.
d) II, III, IV e V, apenas.
e) I, II, III, IV e V.

Solução

I. Certo, pois é atribuição da LDO constante na LRF.

II. Certo, pois é atribuição da LDO constante na LRF - no AMF.

III. Certo, pois é atribuição da LDO constante na LRF - no AMF.

IV. Certo, pois é atribuição da LDO constante na LRF - no AMF.

V. Certo, pois é atribuição da LDO constante na LRF - no ARF.

Gabarito: **E**

35ª Questão (IBGE Analista de Orçamento FGV 2016): *O Quadro I a seguir foi originado de um dos instrumentos de planejamento de um ente municipal em um dado exercício.*

Descrição	Valor	Provicências	Valor
Frustração da cobrança de Dívida Ativa	21.250,000	Limitação de empenho	21.250.000
Demandas trabalhistas	37.410.000	Abertura de créditos adicionais	37.410.000
Restituição de tributos arrecadados a maior	13.920.000	Limitação de empenho	13.920.000

De acordo com as normas relativas ao planejamento orçamentário no Brasil, o quadro se refere _____ e deve constar ______.

As lacunas são devidamente preenchidas, respectivamente, com:

a) ao Anexo de Gestão Fiscal; na LDO;

b) ao Anexo de Metas Fiscais; na LOA;

c) ao Anexo de Metas Fiscais; no PPA;

d) ao Anexo de Riscos Fiscais; na LDO;

e) ao Anexo de Riscos Fiscais; na LOA.

Solução

Trata-se do anexo de riscos fiscais da LDO.

Gabarito: **D**

36ª Questão (TCE-PB Auditor de Contas Públicas Cespe 2018): *O anexo de metas fiscais, que integra o projeto de LDO, deve dispor sobre*

a) os critérios e a forma de limitação de empenho.

b) as normas relativas ao controle de custos.

c) a avaliação do RGPS.

d) as exigências para transferências de recursos a entidades privadas.

e) o equilíbrio entre receitas e despesas.

Solução

As opções A, B, D e E tratam de atribuições da LDO na LRF. Apenas a opção C possui item que compõe o Anexo de Metas Fiscais da LDO.

Gabarito: **C**

6. LISTA DE QUESTÕES DISCURSIVAS

1ª Questão (MPU Técnico de Controle Interno Cespe 2010):

As mudanças no projeto da Lei de Diretrizes Orçamentárias (LDO) para 2011 sugeridas pelo relator do projeto melhoram alguns pontos da proposta enviada pelo governo ao Congresso Nacional em abril.

Segundo uma das novas regras que o relator impõe para a execução orçamentária no próximo ano, os investimentos públicos devem crescer mais que as despesas com a manutenção da máquina administrativa.

Se isso de fato ocorrer em 2011, poderá ser o início de importante mudança na tendência da política fiscal, marcada pelo crescimento contínuo dos gastos com custeio e pela contínua redução proporcional dos investimentos, embora estes sejam essenciais para a expansão e a melhoria dos serviços públicos e da infraestrutura econômica.

O Estado de S. Paulo, 27/6/2010 (com adaptações).

Considerando que o fragmento de texto tem caráter unicamente motivador, redija um texto dissertativo acerca do seguinte tema.

A IMPORTÂNCIA DA LEI DE DIRETRIZES ORÇAMENTÁRIAS PARA O PLANEJAMENTO DA GESTÃO PÚBLICA

Extensão de linhas: de 45 a 60.

Resolução da Questão

A Lei de Diretrizes Orçamentárias (LDO), inicialmente introduzida no ordenamento jurídico brasileiro pela CF/1998, compreende as metas e prioridades da administração pública federal, incluindo as despesas de capital para o exercício financeiro subsequente, orientando a elaboração da lei orçamentária anual, dispondo sobre as alterações na legislação tributária e estabelecendo a política de aplicação das agências financeiras oficiais de fomento.

A lei complementar 101/2000 determinou que a LDO disponha ainda sobre equilíbrio entre receitas e despesas; critérios e forma de limitação de empenho; normas relativas ao controle de custos e à avaliação dos resultados dos programas financiados com recursos dos orçamentos; demais condições e exigências para transferências de recursos a entidades públicas e privadas.

Além disso, a LDO estabelece limites: para a fixação da remuneração do Legislativo Federal; para a elaboração das propostas orçamentárias do Poder Judiciário e do MPU; para a concessão de qualquer vantagem ou aumento de remuneração. Quanto à elaboração das propostas, caso as mesmas sejam encaminhadas em desacordo com os limites estipulados, o Poder Executivo procederá aos ajustes necessários para fins de consolidação da proposta orçamentária anual. Quanto à concessão de qualquer vantagem ou aumento de remuneração, faz-se necessário que conste autorização específica na LDO, ressalvadas as empresas públicas e as sociedades de economia mista.

Por fim, a LRF institui três anexos na LDO: anexo de metas fiscais (AMF), anexo de riscos fiscais (ARF) e anexo específico para a União. No AMF serão estabelecidas metas anuais, relativas a receitas, despesas, resultados nominal e primário e montante da dívida pública, para o exercício a que se referirem e para os dois seguintes; no ARF serão avaliados os passivos contingentes e outros riscos capazes de afetar as contas públicas; e no em anexo específico, os objetivos das políticas monetária, creditícia e cambial.

2ª Questão (TCM/RJ Auditor FGV 2008):

Na elaboração da Lei de Diretrizes Orçamentárias, ela deve conter o Anexo de Metas Fiscais. Esclareça, de forma sucinta, sua finalidade e conteúdo.

Resolução da Questão

O Anexo de Metas Fiscais – AMF conterá as metas anuais, em valores correntes e constantes, relativas a receitas, despesas, resultados nominal e primário e montante da dívida pública, para o exercício a que se referirem e para os dois seguintes. Dessa forma, a LDO, que em princípio seria um instrumento de vigência bienal (o ano de elaboração da LOA e o ano de execução da LOA), passa a ser, a partir da criação do AMF, um instrumento trienal de planejamento.

Além disso, o AMF conterá: avaliação do cumprimento das metas relativas ao ano anterior; demonstrativo das metas anuais, comparando-as com as fixadas nos três exercícios anteriores; evolução do patrimônio líquido, destacando a origem e a aplicação dos recursos obtidos com a alienação de ativos; avaliação da situação financeira e atuarial; demonstrativo da estimativa e compensação da renúncia de receita e da margem de expansão das despesas obrigatórias de caráter continuado.

CAPÍTULO 08

LEI ORÇAMENTÁRIA ANUAL - LOA

1. LOA NA CONSTITUIÇÃO FEDERAL E NA LRF

A LOA é a lei que fixa a despesa e estima a receita.

O Quadro 8.1 contém as entidades que fazem parte da LOA considerando os 3 tipos de orçamento: fiscal, seguridade social e investimento.

Quadro 8.1: Entidades abrangidas pelos orçamentos da LOA

Tipo de Orçamento	Entidades abrangidas	Despesas contempladas
Fiscal	Administração Direta, Autarquias, Fundações Públicas e Empresas Estatais Dependentes	Contempla todas as despesas orçamentárias não enquadradas no Orçamento da Seguridade e Orçamento de Investimento.
Seguridade Social		Contempla todas as despesas orçamentárias ***com saúde, previdência social e assistências social.***
Investimento	Empresas Estatais Independentes	Contempla **apenas** as despesas com investimentos das estatais independentes.

1ª Enquete do autor: Qual a diferença de empresas estatais dependentes (EDD) e independentes (EEI)?

Solução

Essa nomenclatura surgiu a partir da LRF. Ambas são empresas controladas (empresas públicas e sociedade de economia mista, incluindo suas subsidiárias): empresas em que o ente possui maioria do capital votante. Assim, empresa controlada seria o gênero, e EED e EEI espécies.

Uma empresa controlada "nasce" para ser independente (EEI), porém, ela pode estar passando por dificuldades e passa a receber recursos do ente. Nesse caso, ela passa a ser dependente (EED) em determinadas circunstâncias. A LRF assim, define EED:

> Art. 2º Para os efeitos desta Lei Complementar, entende-se como:
>
> [...]
>
> II – empresa controlada: sociedade cuja maioria do capital social com direito a voto pertença, direta ou indiretamente, a ente da Federação;
>
> III – empresa estatal dependente: empresa controlada que receba do ente controlador recursos financeiros para pagamento de despesas com pessoal ou de custeio em geral ou de capital, excluídos, no último caso, aqueles provenientes de aumento de participação acionária;

A seguir constam exemplos de EED e EEI.

Exemplo 1 do autor: Empresa Estatal Dependente

Determinada Sociedade de Economia Mista ou Empresa Pública recebe do ente controlador recursos, por 2 anos seguidos, para cobrir despesas com pessoal. Neste caso, ela é categorizada como Empresa Estatal Dependente.

Exemplo 2 do autor: Empresa Estatal Dependente

Determinada Sociedade de Economia Mista ou Empresa Pública recebe do ente controlador recursos, por 2 anos seguidos, para cobrir despesas custeio: água e luz. Neste caso, ela é categorizada como Empresa Estatal Dependente.

Exemplo 3 do autor: Empresa Estatal Dependente

Determinada Sociedade de Economia Mista ou Empresa Pública recebe do ente controlador recursos, por 2 anos seguidos, para cobrir despesas com investimentos (obras, aquisição de equipamentos). Neste caso, ela é categorizada como Empresa Estatal Dependente.

Exemplo 4 do autor: Empresa Estatal Independente

Determinada Sociedade de Economia Mista ou Empresa Pública recebe do ente controlador recursos em troca do aumento de participação acionária. Neste caso, ela continua sendo categorizada como Empresa Estatal Independente.

Exemplo 5 do autor: Empresa Estatal Independente

Determinada Sociedade de Economia Mista ou Empresa Pública federal, agencia financeira oficial de fomentos, administra um dos fundos constitucionais do setor produtivo: Fundo Constitucional do Norte, Nordeste ou Centro-Oeste. Neste caso, ela continua sendo categorizada como Empresa Estatal Independente.

Exemplo 6 do autor: Empresa Estatal Independente

Determinada Sociedade de Economia Mista ou Empresa Pública recebe recursos do ente em função de serviços prestados (atua como fornecedora de bens e serviços). Neste caso, ela continua sendo categorizada como Empresa Estatal Independente.

Figura 8.1: Empresas Estatais Dependentes no âmbito federal

Empresa	Atividade	NR
AMAZUL	Pesquisa, Implantação e Gestão de Projetos	100%
VALEC	Ferroviária	99%
CPRM	Pesquisa, Implantação e Gestão de Projetos	99%
CODEVASF	Pesquisa, Implantação e Gestão de Projetos	99%
EPE	Pesquisa, Implantação e Gestão de Projetos	98%
EMBRAPA	Pesquisa, Implantação e Gestão de Projetos	96%
EPL	Pesquisa, Implantação e Gestão de Projetos	96%
CEITEC	Fabricação de Dispositivos Microeletrônicos	95%
CBTU	Transporte Urbano	87%
EBSERH	Administração Hospitalar	86%
NUCLEP	Fabricação de Equipamentos Nucleares e Navais	84%
HCPA	Hospitais	80%
CONCEIÇÃO	Hospitais	78%
EBC	Comunicações	72%
TRENSURB	Transporte Urbano	72%
IMBEL	Fabricação de Material Bélico	66%
CONAB	Abastecimento Alimentar	64%
INB	Fabricação de Urânio Enriquecido	37%

Fonte: SEST

Legenda: Necessidade de Recursos: Percentual das despesas não cobertas com as receitas geradas pela empresa. Fórmula: [(Despesas totais – Receitas totais*)/Despesas totais]

A seguir constam os conceitos dos 3 (três) orçamentos que compõem a LOA à luz da CF/1988:

> *Art. 165. § 5º – A lei orçamentária anual compreenderá:*
>
> *I – **o orçamento fiscal** referente aos Poderes da União, seus fundos, órgãos e entidades da administração direta e indireta, inclusive fundações instituídas e mantidas pelo Poder Público;*
>
> *II – **o orçamento de investimento** das empresas em que a União, direta ou indiretamente, detenha a maioria do capital social com direito a voto; "abrange apenas investimentos das estatais, cuja a União detenha maioria do capital votante"; "deixa de fora receitas e despesas operacionais"*
>
> *III – o orçamento da seguridade social, abrangendo todas as entidades e órgãos a ela vinculados, da administração direta ou indireta, bem como os fundos e fundações instituídos e mantidos pelo Poder Público.*

Curiosidade

O que está por trás dos conceitos de Orçamento Fiscal e Seguridade Social?

Uma minoria de estatais consta no orçamento fiscal e seguridade social. Inicialmente deve-se esclarecer que o conceito quando cobrado de forma literal conforme consta na CF/1988 está totalmente certo.

Porém, observa-se que o conceito extrapola a realidade ao trazer os termos "órgãos e entidades da administração direta e indireta, inclusive fundações instituídas e mantidas pelo Poder Público".

Isso porque nem todas as empresas públicas e sociedades de economia mista constam no orçamento fiscal. Na verdade apenas as empresas estatais dependentes constam no orçamento fiscal e seguridade social, enquanto as empresas estatais independentes constam no orçamento de investimento.

Chamada 15 do Autor: Conceito de LOA na CF/1988 e na prática

2. ESTRUTURA GERAL DA LOA

A Figura 8.2 apresenta o mosaico da estrutura completa da LOA a partir dos artigos a seguir:

Chamada 16 do Autor: Mosaico da LOA

CF/1988

Art.165. [...]

§ 6º – O projeto de lei orçamentária será acompanhado de demonstrativo regionalizado do efeito, sobre as receitas e despesas, decorrente de isenções, anistias, remissões, subsídios e benefícios de natureza financeira, tributária e creditícia.

LRF

Art. 5º O projeto de lei orçamentária anual, elaborado de forma compatível com o plano plurianual, com a lei de diretrizes orçamentárias e com as normas desta Lei Complementar:

I – conterá, em ***anexo, demonstrativo da compatibilidade da programação dos orçamentos com os objetivos e metas*** *constantes do documento de que trata o § 1º do art. 4º (Anexo de Metas Fiscais);*

II – será acompanhado do ***documento a que se refere o § 6º do art. 165 da Constituição****, bem como das medidas de compensação a renúncias de receita e ao aumento de despesas obrigatórias de caráter continuado;*

III – ***conterá reserva de contingência****, cuja forma de utilização e montante, definido com base na receita corrente líquida, serão estabelecidos na lei de diretrizes orçamentárias, destinada ao:*

– atendimento de passivos contingentes e outros riscos e eventos fiscais imprevistos.

Lei 13473/2017

Art. 5º Os Orçamentos Fiscal e da Seguridade Social compreenderão o conjunto das receitas públicas, bem como das despesas dos Poderes, do Ministério Público da União e da Defensoria Pública da União, seus fundos, órgãos, autarquias, inclusive especiais, e fundações instituídas e mantidas pelo Poder Público, das empresas públicas, das sociedades de economia mista e das demais entidades em que a União, direta ou indiretamente, detenha a maioria do capital social com direito a voto e que dela recebam recursos do Tesouro Nacional, devendo a correspondente execução orçamentária e financeira, da receita e da despesa, ***ser registrada na modalidade total no Sistema Integrado de Administração Financeira do Governo Federal – SIAFI****.*

Parágrafo único. ***Excluem-se do disposto neste artigo:***

I – os fundos de incentivos fiscais, que figurarão exclusivamente como informações complementares ao Projeto de Lei Orçamentária de 2018;

II – os conselhos de fiscalização de profissão regulamentada, constituídos sob a forma de autarquia; e

III – as empresas públicas ou as sociedades de economia mista que recebam recursos da União apenas em virtude de:

a) participação acionária;

b) fornecimento de bens ou prestação de serviços;

c) pagamento de empréstimos e financiamentos concedidos; e

d) transferência para aplicação em programas de financiamento, nos termos da alínea "c" do inciso I do caput do art. 159 e no § 1º do art. 239 da Constituição.

Art. 12. A Reserva de Contingência, observado o inciso III do caput do art. 5º da Lei de Responsabilidade Fiscal, será constituída, ***exclusivamente, de recursos do Orçamento Fiscal****, equivalendo, no Projeto e na Lei Orçamentária de 2018, a,* ***no mínimo, dois décimos por cento da receita corrente líquida*** *constante do referido Projeto.*

Curiosidades

1. Não existe um limite mínimo para a reserva de contingência. O importante é que ela deve ser maior que zero e estar pré-definida na LDO.

2. Os conselhos profissionais apesar de serem autarquias federais, estão fora da LOA da União.

3. Os serviços sociais autônomos são entidades privadas sem fins lucrativos e estão fora da LOA da União.

4. Os fundos de incentivos fiscais (FINAM, FINOR, etc.) estão fora do orçamento fiscal e seguridade social, mas compõem a LOA. Nesse tipo de programa de incentivo fiscal, as empresas participantes possuem direito a aplicar os recursos de incentivos fiscais.

5. As empresas estatais independentes que recebem recursos em virtude de participação acionária (exemplo: ações alienadas), serviços prestados (exemplo: a empresa foi contratada para fornecer um serviço por meio de contrato), pagamento de empréstimos e financiamentos concedidos (exemplo: a empresa está recebendo um valor de um empréstimo devido pela União concedido antes da vigência da LRF), transferência para aplicação em programas de financiamento (Exemplo: o Banco da Amazônia recebe recursos do Fundo Constitucional do Norte e o Banco do Nordeste recebe recursos do Fundo Constitucional do Nordeste para realizar empréstimos às empresas que se enquadrarem os critérios definidos pela União) continuam sendo empresas estatais independentes. Todas as transações anteriores não caracterizam ajuda financeira, mas relações comerciais comuns.

Figura 8.2: Mosaico da Estrutura da LOA na União

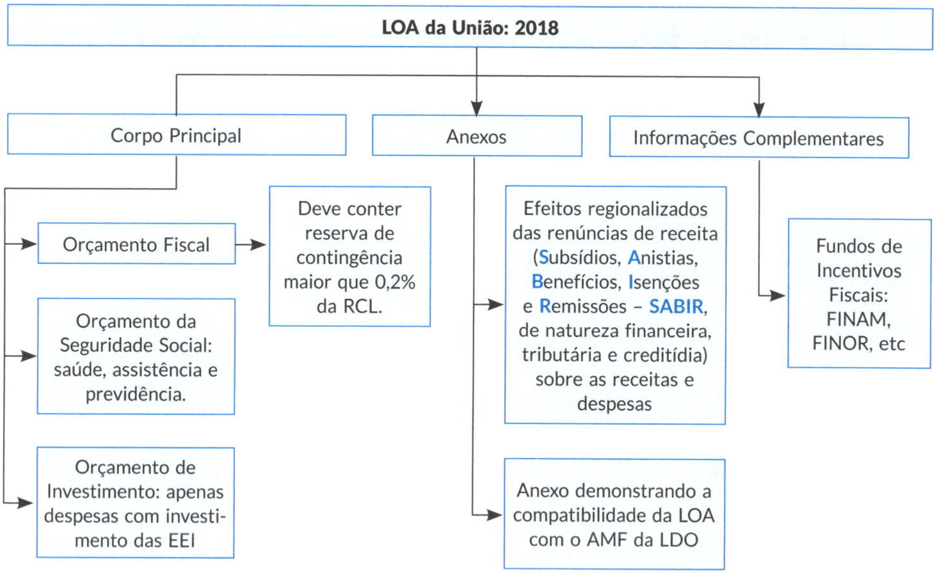

1ª Questão (TCU AUFC Cespe 2008): *Julgue o item a seguir:*

A Lei Orçamentária Anual (LOA) compreenderá o orçamento fiscal, o de investimento e o da seguridade social, devendo propiciar uma visão de conjunto e integrada das ações empreendidas pela administração pública. Devem integrar os orçamentos fiscal e da seguridade social os fundos de incentivos fiscais e as empresas que públicas que receberem transferências para aplicação em programas de financiamento ao setor produtivo das regiões Norte, Nordeste e Centro-Oeste.

2ª Questão (DPU Analista Técnico Administrativo Cespe 2010): *Julgue o item a seguir:*

A partir da LRF, além de opcional, a reserva de contingência terá o seu montante fixado na LPPA, discriminado o valor de cada exercício financeiro, em percentual da receita corrente líquida, e os seus recursos serão destinados exclusivamente ao atendimento dos passivos contingentes relacionados no anexo de riscos fiscais da LDO.

3ª Questão (ICMBio Analista Cespe 2014): *Julgue o item a seguir:*

Os orçamentos não compreendidos na LOA pelo orçamento fiscal incluem os orçamentos da saúde e do investimento das empresas.

Solução

1. Errado, os fundos de incentivos fiscais constam na LOA, mas não no orçamento fiscal e seguridade. As empresas que públicas que receberem transferências para aplicação em programas de financiamento ao setor produtivo das regiões Norte,

Nordeste e Centro-Oeste são as agências financeiras oficiais de fomento que são Empresa Estatais Independentes, logo estão no Orçamento de Investimento.

2. Errado, a reserva de contingência é obrigatória, sei montante consta na LDO. Além disso, ela pode ser fonte de créditos adicionais.

3. Certo, o orçamento da saúde está no da seguridade. O orçamento da seguridade e o orçamento de investimento são distintos do orçamento fiscal.

Gabarito:

1. **Errado**
2. **Errado**
3. **Certo**

2.1 Orçamento de Investimento

A seguir consta conceito do orçamento de investimento previsto na LDO da União.

> ***Lei 13473/2017***
>
> *Art. 42. O Orçamento de Investimento previsto no art. 165, § 5º, inciso II, da Constituição, abrangerá as empresas em que a União, direta ou indiretamente, detenha a maioria do capital social com direito a voto, ressalvado o disposto no § 5º deste artigo, e* ***dele constarão todos os investimentos realizados****, independentemente da fonte de financiamento utilizada.*
>
> *§ 5º As empresas cuja programação conste integralmente no Orçamento Fiscal ou no da Seguridade Social, de acordo com o disposto no art. 5º desta Lei, não integrarão o Orçamento de Investimento.*
>
> *§ 6º As normas gerais da Lei 4.320, de 1964, não se aplicam às empresas integrantes do Orçamento de Investimento no que concerne ao regime contábil, à execução do orçamento e às demonstrações contábeis.*

Desse modo, conclui-se que as empresas estatais independentes não elaboram as demonstrações contábeis conforme a lei 4320/1964: contabilidade pública; mas sim em conformidade com a lei 6404/1976: contabilidade societária.

Chegou o momento de detalhar as receitas e despesas que compõem o orçamento de investimento.

Quadro 8.2: Receitas e Despesas do Orçamento de Investimento[3]

Receita: fontes de financiamento do investimento	Despesa: apenas com investimento
Recursos: I - gerados pela empresa; II - de participação da União no capital social; III - da empresa controladora sob a forma de: a) participação no capital; e b) de empréstimos; IV - de operações de crédito junto a instituições financeiras: a) internas; e b) externas; e V - de outras operações de longo prazo.	Despesas com: I - aquisição de bens classificáveis no ativo imobilizado, excetuados os que envolvam arrendamento mercantil para uso próprio da empresa ou de terceiros e os valores do custo dos empréstimos contabilizados no ativo imobilizado; II - benfeitorias realizadas em bens da União por empresas estatais; e III - benfeitorias necessárias à infraestrutura de serviços públicos concedidos pela União.

As figuras 8.3 e 8.4 mostram exemplos do orçamento de investimento na União.

Figura 8.3: Fonte de Financiamento do Investimento

Anexo III - Fontes de Financiamento do Orçamento de Investimento

ESPECIFICAÇÃO	VALOR
RECURSOS PRÓPRIOS	**49.375.949.021**
GERAÇÃO PRÓPRIA	49.375.949.021
RECURSOS PARA AUMENTO DO PATRIMÔNIO LÍQUIDO	**2.037.142.226**
TESOURO	1.902.378.826
CONTROLADORA	72.679.000
OUTRAS FONTES	62.084.400

3 Lei 13.473/2017. Art. 42. [...]

§ 1º Para efeito de compatibilidade da programação orçamentária a que se refere este artigo com a Lei no 6.404, de 15 de dezembro de 1976, e suas atualizações, serão consideradas investimento, exclusivamente, as despesas com:

I - aquisição de bens classificáveis no ativo imobilizado, excetuados aqueles que envolvam arrendamento mercantil para uso próprio da empresa ou de terceiros e os valores do custo dos empréstimos contabilizados no ativo imobilizado;

II - benfeitorias realizadas em bens da União por empresas estatais; e

III - benfeitorias necessárias à infraestrutura de serviços públicos concedidos pela União.

ESPECIFICAÇÃO	VALOR
OPERAÇÕES DE CRÉDITO DE LONGO PRAZO	**39.571.307.711**
EXTERNAS	26.200.000.000
INTERNAS	13.371.307.711
OUTROS RECURSOS DE LONGO PRAZO	**5.756.135.278**
CONTROLADORA	556.135.278
OUTRAS FONTES	5.200.000.000
	326.517.000
OPERAÇÕES DE CRÉDITO DE LONGO PRAZO	326.517.000
TOTAL	**97.067.051.236**

Figura 8.4: Fonte de Financiamento do Investimento

Anexo IV – Despesa do Orçamento de Investimento

ESPECIFICAÇÃO	VALOR
22000 - Ministério da Agricultura, Pecuária e Abastecimento	47.835.687
24000 - Ministério da Ciência, Tecnologia e Inovação	46.297.250
25000 - Ministério da Fazenda	6.532.072.485
28000 - Ministério do Desenv., Indústria e Comércio Exterior	113.697.509
32000 - Ministério de Minas e Energia	86.897.735.644
33000 - Ministério de Previdência Social	200.000.000
36000 - Ministério da Saúde	329.185.227
39000 - Ministério dos Transportes	85.000
41000 - Ministério das Comunicações	1.622.509.932
52000 - Ministério da Defesa	3.530.000
62000 - Secretaria de Aviação Civil	816.535.162
68000 - Secretaria de Portos	457.567.340
TOTAL	**97.067.051.236**

2ª Enquete do autor: De onde vem os recursos para cobrir as despesas do orçamento de investimento?

Solução

Esses recursos provêm das próprias estatais que compõem o orçamento de investimento.

3ª Enquete do autor: Onde pode-se encontrar todas despesas das empresas estatais que fazem parte do orçamento de investimento?

Solução

O documento que contém todas das despesas de uma empresa estatal que consta no orçamento de investimento denomina-se PDG: programa de dispêndios globais.

Para deixar claro como exemplo: as despesas com investimento dessas estatais contam no Orçamento de Investimento e no PDG, as despesas com folha de pagamento constam apenas no PDG. Ou seja, o PGD é completo. Apenas as despesas com investimento do PDG, ***quadro 8.3***, é que também serão inclusas no orçamento de investimento.

Quadro 8.3: Estrutura de um Programa de Dispêndios Globais de uma Estatal

<table>
<tr><th>Receitas (100%)</th><th colspan="2">Despesas (100%)</th></tr>
<tr><td rowspan="3">Todas as Receitas da Empresa Estatal</td><td rowspan="3">Todas as Despesas da Estatal</td><td>**Despesas Operacionais (inclusive folha de pagamento de pessoal): 60%</td></tr>
<tr><td>*Despesas com Investimentos: 30%</td></tr>
<tr><td>**Demais Despesas: 10%</td></tr>
</table>

*Apenas os 30% é que vão compor o orçamento de investimento na LOA. Ou seja, as despesas com investimentos constam tanto no PDG quanto no orçamento de investimento da LOA.

**Os demais 70% são evidenciados apenas no PDG.

2.2. Orçamento da Seguridade Social

O Quadro 8.4 contém as receitas e despesas que compõem o orçamento da seguridade social.

Quadro 8.4: Receitas e Despesas do Orçamento da Seguridade Social[4]

Receitas da Seguridade	Despesas da Seguridade
Recursos: I - das contribuições sociais previstas na Constituição (***COFINS, CSLL, Concursos de Prognósticos, PIS, PASEP***), **exceto a de que trata o § 5º de seu art. 212** (***contribuição do salário educação***) **e as destinadas por lei às despesas do Orçamento Fiscal;** II - da contribuição para o plano de seguridade social do servidor, que será utilizada para despesas com encargos previdenciários da União; III - do Orçamento Fiscal; e IV - das demais receitas, inclusive próprias e vinculadas, de órgãos, fundos e entidades, cujas despesas integrem, **exclusivamente**, o orçamento da seguridade social, que deverão ser classificadas como receitas da seguridade social.	Despesas: Destinadas a atender às ações de saúde, previdência e assistência social (sejam despesas correntes, sejam despesas de capital).

Sobre as contribuições previstas na CF/1988 destinadas à seguridade social deve-se observar o que se segue:

> ***CF/1988***
>
> *Art. 195. A seguridade social será financiada por toda a sociedade, de forma direta e indireta, nos termos da lei, mediante recursos provenientes dos orçamentos da União, dos Estados, do Distrito Federal e dos Municípios, e das seguintes contribuições sociais:*
>
> *I- do empregador, da empresa e da entidade a ela equiparada na forma da lei, incidentes sobre: a folha de salários e demais rendimentos do trabalho pagos ou creditados, a qualquer título, à pessoa física que lhe preste serviço, mesmo sem vínculo empregatício [**esses recursos podem ser aplicados apenas benefícios do RGPS**]; a receita ou o faturamento [**esses recursos, ressalvados os 30% da desvinculação das receitas, devem ser aplicados em despesas da Seguridade Social**]; o lucro; [**esses recursos, ressalvados os 30% da desvinculação das receitas, devem ser aplicados em despesas da Seguridade Social**]*

4 Lei 13.473/2017. [...] Art. 38. O Orçamento da Seguridade Social compreenderá as dotações destinadas a atender às ações de saúde, previdência e assistência social, obedecerá ao disposto no inciso XI do caput do art. 167, nos arts. 194, 195, 196, 199, 200, 201, 203 e 204 e no § 4º do art. 212 da Constituição e contará, entre outros, com recursos provenientes:

I - das contribuições sociais previstas na Constituição, exceto a de que trata o § 5º do art. 212 e aquelas destinadas por lei às despesas do Orçamento Fiscal;

II - da contribuição para o plano de seguridade social do servidor, que será utilizada para despesas com encargos previdenciários da União;

III - do Orçamento Fiscal; e

IV - das demais receitas, inclusive próprias e vinculadas, de órgãos, fundos e entidades, cujas despesas integrem, exclusivamente, o orçamento referido no caput, que deverão ser classificadas como receitas da seguridade social.

§ 1º Os recursos provenientes das contribuições sociais de que tratam a alínea "a" do inciso I e o inciso II do caput do art. 195 da Constituição, no Projeto de Lei Orçamentária de 2018 e na respectiva Lei, não se sujeitarão à desvinculação e terão a destinação prevista no inciso XI do caput do art. 167 da Constituição.

*II– do trabalhador e dos demais segurados da previdência social, não incidindo contribuição sobre aposentadoria e pensão concedidas pelo regime geral de previdência social de que trata o art. 201; [**Apenas benefícios do RGPS**] Art. 167 Inciso XI/CF*

*III-sobre a receita de concursos de prognósticos; [**esses recursos, ressalvados os 30% da desvinculação das receitas, devem ser aplicados em despesas da Seguridade Social**]*

*IV– do importador de bens ou serviços do exterior, ou de quem a lei a ele equiparar. [**esses recursos, ressalvados os 30% da desvinculação das receitas, devem ser aplicados em despesas da Seguridade Social**]*

Assim, conclui-se que as receitas de contribuições previdenciárias podem ser aplicadas apenas em despesas da previdência social, as demais contribuições sociais podem ser aplicadas em saúde, assistência social e previdência social.

4ª Enquete do autor: Existem órgãos que estão integralmente na seguridade social?

Solução

Sim, existem ministérios e órgãos que estão integralmente na seguridade social, basta que eles tenham como áreas de atuação exclusiva: saúde, assistência ou previdência social.

Figura 8.5: Órgão que está integralmente na seguridade social

Despesas dos Orçamentos Fiscal e da Seguridade Social por Poder, Órgão, Unidade Orçamentária, Fontes de Recursos e Grupos de Natureza de Despesa

LDO - 2016, Anexo I, Inciso V — *Valores em R$ 1,00*

PODER / ÓRGÃO / UO GND / FONTE	FISCAL	SECURIDADE SOCIAL	VALOR
3600 - Ministério da Saúde		**118.472.939.932**	**118.472.939.932**
1 - Pessoal e Encargos Sociais		18.201.726.934	18.201.726.934
151 - Contribuição Social sobre o Lucro Líquido das Pessoas Jurídicas		15.608.207.764	15.608.207.764
156 - Contribuição do SErvidor par ao Plano de Seguridade Social do Servidor Público		894.738.526	894.738.526
169 - Contribuição Patronal para o Plano de Seguridade Social do Servidor Público		1.498.577.776	1.498.577.776
174 - Taxas e Multas pelo Exercício do Poder de Polícia e Multas Provenientes de Processos Judiciais		136.239.892	136.239.892

PODER / ÓRGÃO / UO GND / FONTE	FISCAL	SECURIDADE SOCIAL	VALOR
250 - Recursos Próprios Não-Financeiros		59.637	59.637
280 - Recursos Próprios Financeiros		12.017.303	12.017.303
900 - Recursos Ordinários		51.886.036	51.886.036
2 - Juros e Encargos da Dívida		1.956.000	1.956.000
144 - Títulos de Responsabilidade do Tesouro Nacional - Outras aplicações		1.956.000	1.956.000
3 - Outras Despesas Correntes		93.407.623.994	93.407.623.994
100 - Recursos Ordinários		17.501.965.615	17.501.965.615
118 - Contribuições sobre Concursos de Prognósticos		8.800.597	8.800.597
142 - Compensações Financeiras pela Produção de Petróleo, Gás Natural e Outros Hidrocarbonetos Fluídos		230.555	230.555
150 - Recursos Próprios Não-Financeiros		88.194.647	88.194.647
151 - Contribuição Social sobre o Lucro Líquido das Pessoas Jurídicas		9.421.787.623	9.421.787.623
153 - Contribuição para Financiamento da Seguridade Social - COFINS		55.343.383.458	55.343.383.458
174 - Taxas e Multas pelo Exercício do Poder de Polícia e Multas Provenientes de Processos Judiciais		325.882.183	325.882.183
180 - Recursos Próprios Financeiros		7.123.820	7.123.820
186 - Outras Receitas Vinculadas		4.570.600.209	4.570.600.209
188 - Remuneração das Disponibilidades do Tesouro Nacional		600.000.000	600.000.000
250 - Recursos Próprios Não-Financeiros		51.172.520	51.172.520
280 - Recursos Próprios Financeiros		1.774.716	1.774.716

PODER / ÓRGÃO / UO GND / FONTE	FISCAL	SECURIDADE SOCIAL	VALOR
281 - Recursos de Convênios		250.000	250.000
900 - Recursos Ordinários		86.458.051	86.458.051
4 - Investimentos		6.655.240.258	6.655.240.258

2.2.1. Composição das despesas da seguridade social na Federação

A CF/1988 estabelece que:

> *Art. 195. [...]*
>
> *§ 1º – As receitas dos Estados, do Distrito Federal e dos Municípios* ***destinadas à seguridade social constarão dos respectivos orçamentos, não integrando o orçamento da União.***

A lógica é que ***cada ente tem sua LOA*** e que cada LOA seja composta por orçamento fiscal, seguridade social e investimento.

Os estados e municípios podem até não ter gastos com assistência e previdência (pois não existe esse limite constitucional para esses gastos), mas existe vinculação de recursos de impostos para a saúde em estados e municípios:

> *Lei complementar 141/2012*
>
> *Art. 6º* ***Os Estados e o Distrito Federal aplicarão****, anualmente, em ações e serviços públicos de saúde, no mínimo,* ***12% (doze por cento) da arrecadação dos impostos*** *a que se refere o art. 155 e dos recursos de que tratam o art. 157, a alínea "a" do inciso I e o inciso II do caput do art. 159, todos da Constituição Federal, deduzidas as parcelas que forem transferidas aos respectivos Municípios.*
>
> *Art. 7º Os* ***Municípios e o Distrito Federal*** *aplicarão anualmente em ações e serviços públicos de saúde, no mínimo,* ***15% (quinze por cento) da arrecadação dos impostos*** *a que se refere o art. 156 e dos recursos de que tratam o art. 158 e a alínea "b" do inciso I do caput e o § 3º do art. 159, todos da Constituição Federal.*

Assim, necessariamente haverá orçamento da seguridade social em todas as LOAs da federação, ainda que esse orçamento da seguridade social seja composto apenas pelo orçamento da saúde.

2.2.2. Observância específica para o orçamento da seguridade na elaboração do PLOA

A CF/1988 estabelece que:

> Art. 195. [...]§ 2º – A proposta de orçamento da seguridade social ***será elaborada*** de forma integrada pelos órgãos responsáveis pela ***saúde, previdência social e assistência social***, tendo em vista as metas e prioridades estabelecidas na ***lei de diretrizes orçamentárias***, assegurada a cada área a gestão de seus recursos.

Unidade Didática II
Instrumentos de Planejamento

Assim, na etapa de elaboração da LOA, os órgãos responsáveis pela saúde, previdência social e assistência social devem atuar de forma integrada.

4ª Questão (IPEA Técnico de Orçamento Cespe 2008): *Julgue o item a seguir:*

Se a União utilizar recursos da contribuição social sobre o faturamento das empresas (COFINS), para o pagamento de despesas de natureza não previdenciária estará incorrendo em afronta a dispositivo constitucional.

5ª e 6ª Questões (TCU AUFC Cespe 2008): *Julgue os itens a seguir.*

5. As receitas dos estados, do Distrito Federal e dos municípios destinadas à seguridade social constarão do orçamento da União, que será elaborado de forma integrada pelos órgãos responsáveis pela saúde, pela previdência social e pela assistência social, tendo em vista as metas e prioridades estabelecidas na LDO, assegurada a cada área a gestão de seus recursos.

6. As despesas da seguridade social podem ser executadas por órgão ou entidade na esfera institucional da saúde, da previdência social ou da assistência social, ou seja, por órgão ou entidade vinculados aos ministérios correspondentes a essas áreas, independentemente da natureza da despesa.

Solução

4. Errado, a COFINS pode ser aplicada ainda em despesas da saúde e assistenciais (que são não previdenciárias).

5. Errado, as receitas dos Estados, do Distrito Federal e dos Municípios destinadas à seguridade social constarão dos respectivos orçamentos, não integrando o orçamento da União.

6. Certo, a assertiva traz as três áreas da seguridade social e no fim destaca que podem haver despesas na seguridade social corrente ou de capital (natureza da despesa).

Gabarito:

4. **Errado.**

5. **Errado.**

6. **Certo.**

2.3. Orçamento Fiscal

O orçamento fiscal é composto por todas as receitas e despesas que não se enquadraram nos orçamentos da seguridade social e orçamento de investimento.

Outra forma de analisar, o orçamento fiscal é composto pelas receitas e despesas de todas os órgãos da administração direta, autarquias, fundações públicas e empresas estatais dependentes que não constam no orçamento da seguridade social.

3. LISTA DE QUESTÕES OBJETIVAS

1ª Questão (TCE- GO ESAF Analista de Controle Externo 2007): *O orçamento é um instrumento fundamental de governo e seu principal documento de políticas públicas. Por meio dele, os governantes selecionam prioridades, decidindo como gastar os recursos extraídos da sociedade e como distribuí-los entre diferentes grupos sociais, conforme seu peso ou força política. No que diz respeito a orçamento, indique a opção falsa.*

a) Nas decisões orçamentárias, os problemas centrais de uma ordem democrática como representação estão presentes.

b) A Constituição de 1988 trouxe inegável avanço na estrutura institucional que organizou o processo orçamentário brasileiro.

c) A Constituição de 1988 não só introduziu o processo de planejamento no ciclo orçamentário, medida tecnicamente importante, mas, sobretudo, reforçou o Poder Legislativo.

d) A Constituição de 1988 indica que, por iniciativa do Poder Legislativo, devem ser estabelecidas, além do Plano Plurianual (PPA), a Lei de Diretrizes Orçamentárias (LDO) e a Lei Orçamentária Anual (LOA).

e) O Plano Plurianual é um instrumento de Planejamento no qual são apresentados, de quatro em quatro anos, os objetivos e as metas governamentais.

Solução

a) Certo, nesse tipo de questão observa-se que não nenhum comprometimento técnico que desabone a questão.

b) Certo, na medida em que institui PPA, LDO e LOA e reforçou o orçamento programa.

c) Certo, na medida em que deu poder ao Legislativo de efetuar emendas ao PLOA.

d) Errado, todos os instrumentos são de iniciativa do Executivo.

e) Certo, sem comentários adicionais.

Gabarito: **D**

2ª Questão (Processo Simplificado União Área geral ESAF 2008): *A Constituição Federal de 1988 criou um novo sistema de planejamento e orçamento da administração pública, tendo como principais instrumentos o PPA, a LDO e a LOA. Examine os enunciados a seguir e marque a resposta certa.*

a) O Plano Plurianual estabelecerá, de forma regionalizada, as diretrizes, objetivos e metas da administração pública federal para as despesas correntes e de capital e outras delas decorrentes e para as relativas aos programas de duração continuada.

b) A LOA não conterá dispositivo estranho à previsão da receita e à fixação da despesa, não se incluindo, na proibição, a autorização para abertura de créditos suplementares e contratação de operações de crédito, ainda que por antecipação de receita, nos termos da lei.

c) A LOA disporá sobre as alterações na legislação tributária e estabelecerá a política de aplicação anual de recursos das agências financeiras oficiais de fomento.

d) A LOA deverá conter o orçamento fiscal referente aos Poderes da União, o orçamento de investimento das empresas públicas e o orçamento da seguridade social.

e) A Lei de Diretrizes Orçamentárias (LDO) compreenderá as metas e prioridades da administração pública federal, incluindo as despesas correntes e de capital para o exercício financeiro subsequente e orientará a elaboração da Lei Orçamentária Anual (LOA).

Solução

a) Errado, não existe no conceito da CF/1988 de forma explícita o termo despesas correntes.

b) Certo, seria exatamente o que prevê o princípio da exclusividade.

c) Errado, compete à LDO.

d) Errado, seria o orçamento fiscal, o orçamento de investimento das empresas que a união possuía maioria do capital social votante e o orçamento da seguridade social.

e) Errado, não existe no conceito da CF/1988 de forma explícita o termo despesas correntes.

Gabarito: **B**

3ª Questão (CGU AFFC ESAF 2008): *Das afirmações a seguir relacionadas com a Lei Orçamentária Anual - LOA, assinale a que não se enquadra nas regras estabelecidas na legislação federal.*

a) A elaboração da Proposta de Lei Orçamentária Anual é uma prerrogativa do Poder Executivo, podendo o poder legislativo efetuar emendas.

b) As emendas ao Projeto de Lei Orçamentária não podem acarretar aumento na despesa total do orçamento, a menos que sejam identificados erros ou omissões nas receitas, devidamente comprovados.

c) Os recursos para emendas parlamentares não podem ter como fonte o cancelamento de despesas com pessoal, benefícios previdenciários, juros, transferências constitucionais e amortização de dívida.

d) Todas as empresas em que a União, direta ou indiretamente, detenha a maioria do capital social com direito a voto integram o orçamento de investimento das estatais, exceto aquelas enquadradas no conceito de empresa estatal dependente na forma da Lei de Responsabilidade Fiscal.

e) As empresas sob controle direto da União, que recebam no exercício financeiro recursos do Tesouro a título de aumento de participação acionária, deverão integrar os orçamentos Fiscal e da Seguridade Social.

Solução

a) Certo, sem comentários adicionais.

b) Certo, esse item se refere ao tema ciclo orçamentário. A questão foi trazida devidos aos demais itens.

c) Certo, esse item se refere ao tema ciclo orçamentário. A questão foi trazida devidos aos demais itens.

d) Certo, não constam no orçamento de investimento as empresas estatais dependentes.

e) Errado, se a empresa recebe recursos e em troca a União recebe ações, a empresa continua no orçamento de investimento.

Gabarito: **E**

4ª Questão (MPOG APO ESAF 2008): *O Plano Plurianual, a Lei de Diretrizes Orçamentárias e a Lei do Orçamento Anual são componentes básicos do planejamento governamental. Identifique a única opção incorreta no que diz respeito ao planejamento governamental.*

a) O planejamento governamental estratégico tem como documento básico o Plano Plurianual.

b) A Lei Orçamentária Anual compreende o orçamento fiscal e, ainda, o orçamento das autoridades monetárias e das empresas financeiras de economia mista.

c) O planejamento governamental operacional tem como instrumentos a Lei de Diretrizes Orçamentárias e a Lei do Orçamento.

d) A Lei de Diretrizes Orçamentárias compreende o conjunto de metas e prioridades da Administração Pública Federal, incluindo as despesas de capital para o exercício financeiro subsequente.

e) A Lei Orçamentária Anual (LOA) é o orçamento propriamente dito e possui a denominação de LOA por ser a consignada pela Constituição Federal.

Solução

a) Certo, atualmente o PPA é estratégico e tático. Porém, isso não compromete a questão.

b) Errado, a Lei Orçamentária Anual compreende o orçamento fiscal, seguridade social e de investimento.

c) Certo, sem comentários adicionais.

d) Certo, é uma competência prevista na CF/1988.

e) Certo, sem comentários adicionais.

Gabarito: **B**

5ª Questão (SUSEP Analista ESAF 2010): *A respeito dos prazos relativos à elaboração e tramitação da lei que institui o Plano Plurianual – PPA, da Lei de Diretrizes Orçamentárias – LDO e da Lei Orçamentária Anual – LOA, é correto afirmar:*

a) o projeto de PPA será encaminhado até cinco meses antes do término do exercício em que inicia o mandato do Presidente da República, enquanto a LOA deve ser encaminhada até quatro meses antes do término do exercício.

b) a proposta de LOA deverá ser remetida ao Congresso Nacional até quatro meses antes do término do exercício financeiro e o projeto aprovado da LDO deve ser devolvido para sanção até o encerramento do primeiro período da sessão legislativa.

c) os projetos de PPA e de LDO devem ser encaminhados juntos até seis meses antes do término do exercício uma vez que há conexão entre eles.

d) a Constituição Federal determina que esses projetos de lei são encaminhados ao Congresso Nacional de acordo com as necessidades do Poder Executivo, exceto no último ano de mandato do titular do executivo.

e) os projetos de LDO e de LOA devem ser encaminhados ao Congresso Nacional até seis meses antes do término do exercício e devolvidos para sanção até o encerramento da sessão legislativa.

Solução

a) Errado, o projeto de PPA será encaminhado até quatro meses antes do término do exercício em que inicia o mandato do Presidente da República, enquanto a LOA deve ser encaminhada até quatro meses antes do término do exercício.

b) Certo, sem comentários adicionais.

c) Errado, o projeto de PPA será encaminhado até quatro meses antes do término do exercício em que inicia o mandato do Presidente da República, enquanto a LOA deve ser encaminhada até oito meses e meio antes do término do exercício.

d) Errado, esses projetos possuem datas limites de envio. Não há discricionariedade.

e) Errado, ver comentários anteriores quanto ao prazo.

Gabarito: **B**

6ª Questão (ESAF Analista de TI SEFAZ 2010): *Assinale a opção falsa a respeito da Lei Orçamentária Anual de que trata o art. 165 da Constituição Federal.*

a) No âmbito do Congresso Nacional, é analisada por comissão mista, cuja atribuição é o exame de matérias de natureza orçamentária.

b) O envio da proposta de lei ao Congresso Nacional é de competência do Presidente da República, para o orçamento do Poder Executivo, e dos chefes dos demais Poderes, para os seus respectivos orçamentos.

c) Em obediência ao princípio orçamentário da exclusividade, não poderá conter matéria estranha ao orçamento.

d) O orçamento de investimento das empresas que a União detenha a maioria do capital votante integra a Lei Orçamentária Anual.

e) O projeto de lei orçamentária será acompanhado de demonstrativo regionalizado do efeito, sobre as receitas e despesas, decorrente de isenções, anistias, remissões, subsídios e benefícios de natureza financeira, tributária e creditícia.

Solução

a) Certo, sem comentários adicionais. Esse item se refere ao tema ciclo orçamentário. A questão foi trazida devidos aos demais itens.

b) Errado, o Presidente consolida todas as propostas e envia.

c) Certo, sem comentários adicionais.

d) Certo, sem comentários adicionais.

e) Certo, é um dos anexos obrigatórios da LOA.

Gabarito: **B**

7ª Questão (MPOG EPPGG ESAF 2013): *O modelo orçamentário brasileiro é definido na Constituição Federal de 1988 do Brasil. Compõe-se de três instrumentos: o Plano Plurianual - PPA, a Lei de Diretrizes Orçamentárias - LDO e a Lei Orçamentária Anual - LOA, conforme informa o art. 165: Art. 165. Leis de iniciativa do Poder Executivo estabelecerão: I - o plano plurianual; II - as diretrizes orçamentárias; III - os orçamentos anuais. Acerca do Planejamento no Brasil após a Constituição de 1988, assinale a opção correta.*

a) O PPA, com vigência de quatro anos, tem como função enunciar as políticas públicas e respectivas prioridades para o exercício seguinte.

b) Cabe à LDO estabelecer as diretrizes, objetivos e metas de médio prazo da administração pública.

c) A LOA, ao identificar no PPA as ações que receberão prioridade no exercício seguinte, torna-se o elo entre o PPA, que funciona como um plano de médio prazo do governo.

d) A LOA é a lei orçamentária da União que estima receitas e fixa as despesas para um exercício financeiro. De um lado, permite avaliar as fontes de recursos públicos no universo dos contribuintes e, de outro, quem são os beneficiários desses recursos.

e) A LDO tem como principais objetivos estimar a receita e fixar a programação das despesas para o exercício financeiro.

Solução

a) Errado, as prioridades constam na LDO.

b) Errado, seria PPA.

c) Errado, seria a LDO que faz o elo da LOA com o PPA.

d) Certo, sem comentários adicionais.

e) Errado, seria LOA.

Gabarito: **D**

8ª Questão (TCE-SP Auditor FCC 2013): *Consoante artigo 165 da Constituição Federal há três leis orçamentárias, todas de iniciativa do Executivo: o Plano Plurianual (PPA), a Lei de Diretrizes Orçamentárias (LDO) e a Lei Orçamentária Anual (LOA). Sobre elas, é correto afirmar:*

a) O Plano Plurianual (PPA), cuja lei instituidora vigora durante um triênio, estabelece, de forma regionalizada, as diretrizes, objetivos e metas da administração pública para as despesas de capital e outras delas decorrentes e para as relativas aos programas de duração continuada.

b) São anuais as Leis de Diretrizes Orçamentárias (LDO) e o Orçamento Anual (LOA). O projeto da Lei de Diretrizes Orçamentárias (LDO) deve ser encaminhado ao Poder Legislativo até oito meses e meio antes do encerramento do exercício financeiro e devolvido para sanção até o encerramento do primeiro período da sessão legislativa.

c) A Lei de Diretrizes Orçamentárias (LDO) tem natureza de lei complementar e compreende as metas e prioridades da Administração pública, incluindo as despesas de capital para o exercício financeiro subsequente; orienta a elaboração da lei orçamentária anual; dispõe sobre as alterações na legislação tributária e estabelece a política de aplicação das agências financeiras oficiais de fomento.

d) A vigência da Lei Orçamentária Anual (LOA) não coincide com o exercício financeiro. Já a da Lei de Diretrizes Orçamentárias (LDO) coincide.

e) O projeto do Plano Plurianual (PPA) deve ser encaminhado ao Poder Legislativo até oito meses antes do encerramento do primeiro exercício financeiro do mandato do Chefe do Poder Executivo e devolvido para sanção até o encerramento da sessão legislativa.

Solução

a) Errado, seria quadriênio.

b) Certo, é exatamente o prazo do ADCT.

c) Errado, a LDO é lei ordinária.

d) Errado, a vigência da LOA (que é diferente de ciclo orçamentário) coincide com o ano civil e exercício financeiro. A LDO já acompanha todo o ciclo orçamentário da LOA, desde a elaboração.

e) Errado, seria até quatro meses antes do encerramento do primeiro exercício.

Gabarito: **B**

9ª Questão (TRE-RO Analista FCC 2013): *Considerando como atuais instrumentos de planejamento orçamentário, o Plano Plurianual - PPA, a Lei de Diretrizes Orçamentárias - LDO e a Lei Orçamentária Anual - LOA, nos termos da Constituição Federal, pode-se afirmar que*

a) o Projeto de Lei relativo ao Plano Plurianual - PPA será apreciado somente pela Câmara dos Deputados.

b) a lei que instituir o Plano Plurianual - PPA compreenderá as metas e prioridades da Administração pública, incluindo as despesas de capital para o exercício financeiro subsequente, orientará a elaboração da Lei Orçamentária Anual - LOA, disporá sobre as alterações na legislação tributária e estabelecerá a política de aplicação das agências financeiras oficiais de fomento.

c) a Lei de Diretrizes Orçamentárias - LDO, dentre outros, compreenderá o orçamento da seguridade social, abrangendo todas as entidades e órgãos a ela vinculados, da Administração direta ou indireta, bem como os fundos e fundações instituídos e mantidos pelo Poder Público.

d) a Lei Orçamentária Anual - LOA não conterá dispositivo estranho à previsão da receita e à fixação da despesa, não se incluindo na proibição a autorização para abertura de créditos suplementares e contratação de operações de crédito, ainda que por antecipação de receita, nos termos da lei.

e) o projeto de Lei de Diretrizes Orçamentárias - LDO será acompanhado de demonstrativo regionalizado do efeito, sobre as receitas e despesas, decorrente de isenções, anistias, remissões, subsídios e benefícios de natureza financeira, tributária e creditícia.

Solução

a) Errado, pelas duas casas na forma do regimento comum.
b) Errado, seria LDO.
c) Errado, seria LOA.
d) Certo, este é o princípio da exclusividade.
e) Errado, este anexo é da LOA.

Gabarito: **D**

10ª Questão (TCE-RS Auditor Cespe 2013): *Julgue o item a seguir.*

O orçamento anual engloba o orçamento de investimentos, que consiste na previsão das receitas e na fixação das despesas das empresas cuja maioria do capital social com direito a voto pertença, direta ou indiretamente, à União.

Solução

Certo, ele não qualificou que tipo de receita e despesa consta no orçamento de investimento. Apesar disso, a questão não ficou comprometida.

Gabarito: **Certo**

11ª Questão (INEA Analista FGV 2013): *Com relação ao planejamento e às peças do orçamento público, analise as afirmativas a seguir:*

I. A LOA não conterá dispositivo estranho à previsão da receita e à fixação da despesa, não se incluindo na proibição a autorização para abertura de créditos suplementares e contratação de operações de crédito, ainda que por antecipação de receita, nos termos da lei.

II. A LDO compreenderá as metas e prioridades da administração pública federal, incluindo as despesas de capital para os exercícios financeiros subsequentes, orientará a elaboração da lei orçamentária anual, disporá sobre as alterações na legislação tributária e estabelecerá a política de aplicação das agências financeiras oficiais de fomento.

III. A lei que instituir o PPA estabelecerá, de forma generalizada, as diretrizes, objetivos e metas da administração pública federal para as despesas de capital e outras delas decorrentes e para as relativas aos programas de duração continuada.

Assinale:

a) se somente a afirmativa I estiver correta.

b) se somente a afirmativa II estiver correta.

c) se somente a afirmativa III estiver correta.

d) se somente as afirmativas II e III estiverem corretas.

e) se todas as afirmativas estiverem corretas.

Solução

I. Certo, o item se refere ao princípio da exclusividade.

II. Errado, seria para o exercício financeiro subsequente apenas.

III. Errado, de forma regionalizada.

Gabarito: **A**

12ª Questão (DNIT Contador ESAF 2013): *A Lei de Responsabilidade Fiscal - LRF estabelece que a Lei de Diretrizes Orçamentárias - LDO disporá sobre as matérias abaixo, exceto:*

a) equilíbrio entre receitas e despesas.

b) critérios e formas de limitação de empenhos.

c) índice de preços cuja variação servirá de limite para a atualização monetária do principal da dívida mobiliária.

d) situações extraordinárias que possibilitam a contratação de hora extra.

e) demonstrativo regionalizado do efeito, sobre as receitas e despesas, decorrente de isenções, anistias, remissões, subsídios e benefícios de natureza financeira, tributária e creditícia.

Solução

a) Certo, é uma competência, e prevista na LRF.

b) Certo, é uma competência, e prevista na LRF.

c) Certo, é uma competência, e prevista na LRF.

d) Certo, é uma competência, e prevista na LRF.

e) Errado, é um dos anexos obrigatórios da LOA.

Gabarito: **E**

13ª Questão (TJ-AM Analista FGV 2013): *Os instrumentos de planejamento utilizados na administração pública são definidos como: Plano Plurianual (PPA); Lei de Diretrizes Orçamentárias (LDO); Lei de Orçamento Anual (LOA). A esse respeito, leia o fragmento a seguir.*

"A lei _______ compreenderá _______ e prioridades da administração pública federal, incluindo as _______ de capital para o exercício financeiro subsequente, orientará a elaboração da lei orçamentária anual, disporá sobre as alterações na legislação _______ e estabelecerá a política de aplicação das agências financeiras oficiais de fomento.".

Assinale a alternativa que completa corretamente as lacunas do fragmento acima.

a) de diretrizes orçamentárias - as metas - despesas - tributária

b) de orçamento Anual - as metas - receitas - orçamentária

c) do Plano Plurianual - as metas - despesas - orçamentária

d) diretrizes orçamentárias - as metas - receitas- orçamentária

e) diretrizes orçamentárias - as metas - despesas - tributária

Solução

A questão foi literal e boba quanto à forma de cobrança: gabarito A.

Gabarito: **A**

14ª Questão (TCE-PI Auditor FCC 2014): *Conforme estabelecem a Constituição Federal e a Lei de Responsabilidade Fiscal, a Lei de Diretrizes Orçamentárias (LDO) deve apresentar, dentre outros conteúdos,*

a) critérios para limitação de empenhos, condições para transferir recursos a entidades privadas, alterações na legislação tributária.

b) despesas de capital, programas de duração continuada, critérios para limitação de movimentação financeira e condições para o Poder Executivo estabelecer a programação financeira mensal.

c) orçamento fiscal, orçamento da seguridade social e orçamento de investimento das empresas estatais.

d) metas e prioridades para o ano seguinte, alterações na legislação tributária, anexo de compatibilidade com as metas de resultado primário e nominal e reserva de contingência.

e) orçamento da seguridade social, orçamento de investimento das empresas dependentes do Tesouro e critérios para limitação de empenho.

Solução

a) Certo, sem comentários adicionais.

b) Errado, o item marcado está no PPA.

c) Errado, todos os itens são da LOA.

d) Errado, os itens marcados estão na LOA.

e) Errado, os itens marcados estão na LOA.

Gabarito: **A**

15ª e 16ª Questões (FGV/DPE-RJ/2014/Técnico):*ORIENTAÇÃO: As questões 15 e 16 tratam do texto "Processo de Aprovação de Orçamento" e devem ser respondidas com base nos dados a seguir.*

Processo de Aprovação de Orçamento

"A presidente Dilma Rousseff sancionou com vários vetos o projeto da Lei de Diretrizes Orçamentárias (LDO) da União para 2014, na virada da quinta para esta sexta-feira. Nenhum deles, entretanto, atingiu o artigo 52, que torna obrigatória a execução orçamentária e financeira, de forma equitativa, da programação de despesas incluídas no orçamento por emendas parlamentares individuais. A LDO resultante da sanção parcial foi publicada em edição extra do 'Diário Oficial da União' que circula hoje com data de ontem. Ao converter o projeto na Lei 12.919/2013 preservando a regra do 'orçamento impositivo', a presidente cumpriu acordo firmado com o Congresso para viabilizar politicamente a aprovação da lei orçamentária de 2014, concluída na madrugada do último dia 18. O Congresso só aprovou a proposta para a LDO de 2014 em novembro passado, quando o orçamento do ano que vem já estava em fase avançada de tramitação. Um dos motivos da demora foi a polêmica em torno da regra do orçamento impositivo, que também é objeto de uma Proposta de Emenda Constitucional (PEC)."

(http://www.valor.com.br/politica/3381006/dou-publica-ldo-2014-vetos-de-dilma--nao-atingem-orcamento-impositivo)

15. Considerando as circunstâncias envolvendo o trâmite da Lei Orçamentária Anual (LOA) de 2014 relatadas no texto "Processo de Aprovação de Orçamento", é correto afirmar que a sua elaboração foi orientada pela

a) disponibilidade na pauta de votações do Congresso Nacional em 2013.

b) Lei de Diretrizes Orçamentárias (LDO) de 2014.

c) Lei de Responsabilidade Fiscal (LRF) de 2001.

d) aprovação da regra relativa ao "orçamento impositivo" para 2014.

e) lei que instituiu o Plano Plurianual para o período 2011-2014.

Solução

A única lei que orienta a LOA é a LDO, gabarito B.

Gabarito: **B**

16. Considerando as circunstâncias envolvendo o trâmite da Lei de Diretrizes Orçamentárias (LDO) de 2014 relatadas no texto "Processo de Aprovação de Orçamento", é correto afirmar que

a) o poder executivo deve enviá-la ao Congresso até o dia 30 de junho.

b) o poder legislativo deve aprová-la até o dia 31 de agosto.

c) deve ser aprovada até dezembro, mas essa prática não é obrigatória.

d) se não aprovada pelo poder legislativo até 17 de julho, o congresso não pode ter recesso em julho.

e) o poder executivo deve enviá-la ao Congresso até o dia 31 de agosto.

Solução

A LDO deve ser enviada pelo Executivo até 15 de abril e devolvida até 17 de julho, sob pena se não haver recesso em julho. Gabarito D.

Gabarito: **D**

17ª Questão (TCE-PI Auditor FCC 2014): *Sobre o ciclo de Planejamento no Setor Público, considere:*

I. A LOA é um documento que integra o Planejamento Público, responsável pela operacionalização dos programas. Tem vigência de um ano, iniciando-se em 1º de janeiro e encerrando-se em 31 de dezembro.

II. A LDO é o documento componente do Planejamento Público responsável pela direção na elaboração do orçamento. A relação de programas que serão executados a integra. Por meio dela se estabelecem as metas e prioridades, alterações na legislação tributária, além de dispor sobre dívida pública e despesas com pessoal, entre outras.

III. O PPA integra o Planejamento Público para 4 anos. Nele estão presentes os programas e seus indicadores, as ações e suas metas. Possui uma dimensão estratégica estabelecida nos programas e apoiada, em grande parte, na campanha eleitoral.

IV. O PPA estabelece as diretrizes, objetivos e metas da Administração pública para as despesas de capital e outras delas decorrentes, e as relativas aos programas de duração continuada.

V. O ciclo de Planejamento e Orçamento Público é integrado pelo PPA, pela LDO, mas não o é pela LOA, pois esta se refere às receitas e despesas que serão executadas em um ano, sem qualquer relação com o que foi estabelecido pelo PPA, uma vez que sua vigência é deslocada de um ano em relação ao mandato do chefe do executivo.

Unidade Didática II
Instrumentos de Planejamento

Está correto o que se afirma APENAS em

a) II, III, IV e V.

b) I, II, III e IV.

c) II, IV e V.

d) I, III e V.

e) I e V.

Solução

I. Certo, sem comentários adicionais.

II. Certo, sem comentários adicionais.

III. Certo, sem comentários adicionais.

IV. Certo, sem comentários adicionais.

V. Errado, a LOA representa a dimensão operacional do planejamento e orçamento público.

Gabarito: **B**

18ª Questão (Câmara dos Deputados Consultor Cespe 2014): *O orçamento pode ser considerado como um plano que expressa, em termos de dinheiro e por um período de tempo definido, o programa de operações do governo e os meios de financiamento desse programa.*

Solução

Certo, pode ser considerado sim. Não há nada que desabone a questão.

Gabarito: **Certo**

19ª Questão (ICMBio Analista Cespe 2014): *Julgue o item a seguir:*

Os orçamentos não compreendidos na LOA pelo orçamento fiscal incluem os orçamentos da saúde e do investimento das empresas.

Solução

Certo, o orçamento da saúde está apenas no orçamento da seguridade social. O orçamento da seguridade e o orçamento de investimento são distintos do orçamento fiscal.

Gabarito: **Certo**

20ª e 21ª Questões (DPF Agente Cespe 2014): *Julgue os itens a seguir.*

20. No Brasil, a LOA é, de fato, composta por três orçamentos: o fiscal, o da seguridade social e o de investimento das empresas estatais.

21. A LDO orienta a elaboração da LOA e auxilia na coerência entre o PPA e a LOA.

Solução

20. Certo, são os três orçamentos que compõem a LOA.

21. Certo, a LDO faz essa intermediação.

Gabarito:

20. **Certo**

21. **Certo**

22ª Questão (TJ-SC Analista FGV 2015): *Os instrumentos de planejamento vigentes no Brasil, PPA, LDO e LOA, são integrados e devem ser elaborados de acordo com os prazos legais para que possam contribuir efetivamente no processo de planejamento. Se na esfera estadual houve eleições no ano de 2010 e os prazos do processo orçamentário foram obedecidos, é correto afirmar que:*

a) em 2011 entrou em vigor um novo PPA;

b) a LOA do segundo ano do mandato foi elaborada pela gestão anterior;

c) a LDO do segundo ano de mandato foi aprovada antes do PPA correspondente;

d) o governo eleito em 2010 foi responsável pela execução de todos os programas do PPA elaborado na gestão;

e) a LOA do último ano do PPA da gestão foi elaborada pelo governo eleito em 2010.

Solução

a) Errado, em 2012, PPA 2012-2015,

b) Errado, pelo governo eleito.

c) Errado, a LDO do primeiro ano de mandato foi aprovada antes do PPA correspondente 2012-2015.

d) Errado, pois o ano de 2015 do PPA fica por conta da próxima gestão.

e) Certo, a LOA de 2015 é elaborada em 2014 pelo governo eleito em 2010.

Gabarito: **E**

23ª Questão (DPE-MT Analista FGV 2015): *Com relação às Leis de iniciativa do Poder Executivo, assinale V para afirmativa verdadeira e F para a falsa.*

I ( ) A LDO compreenderá as metas e prioridades da administração pública, disporá sobre as alterações na legislação tributária e estabelecerá a política de aplicação das agências financeiras oficiais de fomento.

II ( ) A LOA tem como principais objetivos estimar a receita e fixar a programação das despesas para o exercício financeiro.

III ( ) O PPA tem como função estabelecer, de forma regionalizada, as diretrizes, objetivos e metas da administração pública para as despesas de capital e outras delas decorrentes e para as relativas aos programas de duração continuada.

As afirmativas são, respectivamente,

a) V, V e F.
b) F, V e V.
c) F, F e V.
d) F, V e F.
e) V, V e V.

Solução

I- Certo, é cópia da CF/1988.

II- Certo.

III- Certo, é cópia da CF/1988.

Gabarito: **E**

24ª Questão (TRT 3ª Região Analista FCC 2015): *Considere as informações:*

I. Diretrizes da Administração pública para despesas relativas aos programas de duração continuada.

II. Critérios e forma de limitação de empenho.

III. Normas relativas ao controle de custos e à avaliação dos resultados dos programas financiados com recursos do orçamento.

IV. Reserva de contingência.

V. Forma de utilização da reserva de contingência.

Sendo PPA – Plano Plurianual; LDO – Lei de Diretrizes Orçamentárias e LOA – Lei Orçamentária Anual, esses conteúdos devem constar, respectivamente, dos seguintes instrumentos de planejamento:

a) PPA – PPA – LDO – LDO e LOA.
b) PPA – LDO – LDO – LOA e LDO.
c) PPA – LDO – LDO – LOA e LOA.
d) LDO – LDO – LDO – LOA e LOA.
e) LDO – LOA – PPA – LDO e LDO.

Solução

I. Seria, atribuição do PPA na CF/1988.

II. Seria, atribuição da LDO na LRF.

III. Seria, atribuição da LDO na LRF.

IV. Seria, atribuição da LOA na LRF.

V. Seria, atribuição da LDO na LRF.

Gabarito: **B**

25ª Questão (TCM-GO Conselheiro FCC 2015): *Considerando o Plano Plurianual - PPA, a Lei de Diretrizes Orçamentárias - LDO e a Lei Orçamentária Anual - LOA, é correto afirmar que:*

a) O PPA apresenta gastos decorrentes dos novos investimentos; A LDO prevê horas extras quando superado o limite prudencial da despesa com pessoal; O Legislativo não entra em recesso sem antes aprovar a LOA.

b) O PPA sinaliza as alterações na política tributária; A LDO agrega o orçamento da seguridade social; A LOA deve estar compatível com o PPA e a LDO.

c) O PPA evidencia, para 4 anos, programas de duração continuada; O Legislativo não entra em recesso sem antes aprovar a LDO; O orçamento anual - LOA pode autorizar operações de crédito por antecipação da receita.

d) O PPA apresenta as despesas de capital para os próximos 4 anos; A LDO apresenta critérios para subvencionar entidades do 3º setor; A LOA evidencia as formas de limitação de empenho caso haja queda na receita prevista.

e) O PPA concede autorização para aumentar a remuneração dos servidores; A LDO permite que o Município custeie serviços da competência da União; A LOA contém o orçamento de investimento das empresas estatais.

Solução

a) Errado, O PPA apresenta gastos decorrentes dos novos investimentos plurianuais; A LDO prevê horas extras quando superado o limite prudencial da despesa com pessoal; O Legislativo não interrompe a sessão legislativa sem antes aprovar a LDO.

b) Errado, seria a LDO sinaliza as alterações na política tributária; a LOA agrega o orçamento da seguridade social; a LOA deve estar compatível com o PPA e a LDO.

c) Certo, sobre o item da LOA, o mesmo está aderente ao princípio da exclusividade.

d) Errado, o PPA apresenta as despesas de capital para os próximos 4 anos; a LDO apresenta critérios para transferir recursos a entidades públicas e privadas; a LDO evidencia as formas de limitação de empenho caso haja queda na receita prevista.

e) Errado, a LDO concede autorização para aumentar a remuneração dos servidores; A LOA contém o orçamento de investimento das empresas estatais.

Gabarito: **C**

26ª e 27ª Questões (TCU Procurador Cespe 2015): *Julgue os itens a seguir.*

26. As leis orçamentárias são de iniciativa privativa do chefe do Poder Executivo, que, conjuntamente ao projeto de lei orçamentária, deverá apresentar demonstrativo regionalizado do efeito sobre as receitas e despesas decorrente de isenções, anistias, remissões, subsídios e benefícios de natureza financeira, tributária e creditícia.

27. A LOA é integrada por três peças orçamentárias distintas: o orçamento fiscal, o orçamento da previdência social e o orçamento de investimento das empresas de ente federativo, direta ou indiretamente, detenha a maioria do capital social com direito a voto.

Solução

26. Certo, este anexo à LOA é obrigatório.

27. Errado, seria fiscal, seguridade social e investimento.

Gabarito:

26. **Certo**

27. **Errado**

28ª Questão (Prefeitura de Salvador Procurador Cespe 2015): *Julgue o item a seguir:*

O orçamento de investimento das empresas estatais é estabelecido em lei própria e aprovado conjuntamente com a LOA; contém o detalhamento das receitas patrimoniais e das respectivas despesas e deve compor o orçamento fiscal.

Solução

Errado, não existe lei própria para o orçamento de investimento. Ele faz parte da única lei: LOA. Ele contém apenas as despesas com investimento das estatais independentes e as respectivas fontes de financiamento.

Gabarito: **Errado**

29ª Questão (TCM-RJ Conselheiro FCC 2015): *A Constituição Federal fixa normas relacionadas com os Planos Plurianuais (PPLs), com as Leis de Diretrizes Orçamentárias (LDOs) e com as Leis Orçamentárias Anuais (LOA's). No que diz respeito especificamente à Lei Orçamentária Anual, o texto constitucional estabelece:*

I. Essa lei compreenderá o orçamento de investimento das empresas em que a União, direta ou indiretamente, detenha a maioria do capital social com direito a voto.

II. O seu projeto será acompanhado de demonstrativo regionalizado do efeito, sobre as receitas e despesas, decorrente de isenções, anistias, remissões, subsídios e benefícios de natureza financeira, tributária e creditícia.

III. Essa lei compreenderá o orçamento da seguridade social, abrangendo todas as entidades e órgãos a ela vinculados, da administração direta ou indireta, bem como os fundos e fundações instituídos e mantidos pelo Poder Público, sendo que este orçamento, que deverá ser compatibilizado com o plano plurianual, terá, entre suas funções, a de reduzir desigualdades inter-regionais, segundo critério populacional.

IV. Essa lei compreenderá o orçamento fiscal referente aos Poderes da União, seus fundos, órgãos e entidades da administração direta e indireta, inclusive fundações instituídas e mantidas pelo Poder Público.

Está correto o que se afirma APENAS em

a) I e III.
b) I, III e IV.
c) I, II e IV.
d) II e III.
e) II e IV.

Solução

I. Certo, trata-se da LOA.

II. Certo, trata-se da LOA.

III. Errado, apesar de tratar-se da LOA, os únicos orçamentos que devem ser compatibilizados com o plano plurianual, para reduzir desigualdades inter-regionais, segundo critério populacional são: fiscal e seguridade.

IV. Certo, trata-se da LOA.

Gabarito: **C**

30ª Questão (MRE Oficial de Chancelaria FGV 2016): *A Lei de Diretrizes Orçamentárias (LDO) é um instrumento que auxilia no planejamento orçamentário das entidades públicas brasileiras, a partir das disposições constitucionais e legais. Considerando tais disposições, é correto afirmar que a LDO deve:*

a) apresentar o orçamento fiscal para cada poder e órgão da administração direta;
b) apresentar o orçamento de investimento das empresas estatais;
c) consignar dotação para investimentos com prazo superior a doze meses;
d) dispor sobre as alterações na legislação tributária;
e) ser elaborada no primeiro ano de mandato para vigência nos demais anos.

Solução

a) Errado, seria a LOA.

b) Errado, seria a LOA.

c) Errado, seria o PPA.

d) Certa.

e) Errado, seria o PPA.

Gabarito: **D**

31ª Questão (TRT 3ª Região Analista FCC 2016): *Nos termos da Constituição Federal é conteúdo da Lei Orçamentária Anual:*

I. Orçamento fiscal referente aos fundos da União.

II. O orçamento de investimento das empresas em que a União, direta ou indiretamente, detenha a maioria do capital social com direito a voto.

III. Autorização para abertura de créditos suplementares.

IV. Autorização para contratação de operação de crédito por antecipação de receita.

V. Critérios e formas para limitação de empenho.

Está correto o que consta APENAS em

a) I, II, III e V.

b) I, II, III e IV.

c) II, III, IV e V.

d) I, III, IV e V.

e) I, II, IV e V.

Solução

I. Certo, incompleto, mas certo.

II. Certo, é um dos três orçamentos que integram a LOA.

III. Certo, pode constar tal artigo no corpo da LOA.

IV. Certo, pode constar tal artigo no corpo da LOA.

V. Errado, atribuição da LDO.

Gabarito: **B**

32ª Questão (FGV/IBGE/2016/Analista de Orçamento): *Os instrumentos de planejamento orçamentário vigentes no Brasil devem apresentar conteúdos específicos legalmente definidos. Dados os instrumentos (PPA, LDO e LOA) e os seguintes conteúdos:*

(1) PPA	( ) Autorização para abertura de créditos adicionais
(2) LDO	( ) Avaliação da situação financeira e atuarial dos regimes de previdência
	( ) Despesas relativas aos programas de duração continuada
(3) LOA	( ) Dotação relativa à reserva de contingência
	( ) Evolução do patrimônio líquido
	( ) Normas relativas ao controle de custos

A sequência que apresenta a associação correta é:

a) 1-3-2-1-3-1;

b) 2-1-3-2-1-2;

c) 2-2-1-2-1-3;
d) 3-1-3-3-2-1;
e) 3-2-1-3-2-2.

Solução

Autorização para créditos adicionais (suplementares) à LOA
Avaliação atuarial à AMF da LDO
Programas de duração continuada à PPA
Dotação da Reserva de Contingência à LOA
Evolução do PL à AMF da LDO
Normas de Custos à LDO

Gabarito: **E**

33ª Questão (TCE-PR Auditor Cespe 2016): *Assinale a opção correta acerca do PPA, da LDO e da LOA.*

a) As propostas orçamentárias que visem a criação de cargos, empregos e funções devem constar na LDO.
b) O projeto de LOA da União para o exercício seguinte deve ser enviado ao Congresso Nacional até o final do exercício corrente.
c) No nível federal, o Ministério da Fazenda é o órgão federal responsável pela elaboração do orçamento.
d) Conforme a LRF, a avaliação de riscos fiscais deverá estar contida no PPA.
e) De acordo com a CF, alterações na legislação tributária da União devem ser processadas em conformidade com princípios e determinações contidos na LOA.

Solução

a) Certo, só não é necessário para as empresas estatais do orçamento de investimento.
b) Errado, até 31/08.
c) Errado, Ministério do Planejamento.
d) Errado, no Anexo de Riscos Fiscais da LDO.
e) Errado, as diretrizes sobre as alterações na legislação tributária da União devem constar na LDO.

Gabarito: **A**

34ª Questão (ALERJ Analista – Qualquer Cargo FGV 2017): *De acordo com as disposições constitucionais, compete aos entes públicos desenvolver um adequado processo de planejamento, que auxilie no cumprimento das suas competências institucionais. Uma das peculiaridades do processo de planejamento do setor público é que:*

a) cada etapa do ciclo orçamentário pode ser cumprida de forma alternada pelos poderes;

b) as prioridades do PPA federal devem ser refletidas nos planos dos entes estaduais e municipais;

c) além do PPA, compete à União elaborar planos de desenvolvimento econômico e social;

d) há participação apenas dos poderes Executivo e Legislativo;

e) os instrumentos de planejamento são elaborados de forma independente.

Solução

(A) Errado, existem etapas em que o Executivo é o ator principal e outras etapas em que o Legislativo é o ator principal.;

(B) Errado, não existe essa vinculação.

(C) Certo.

(D) Errado, os demais poderes executam suas propostas orçamentárias.

(E) Errado, os instrumentos de planejamento são elaborados de forma integrada.

Gabarito: **C**

35ª Questão (TCE-PE Auditor Cespe 2017): *Julgue o item a seguir.*

Além de apresentar harmonia com o plano plurianual e estar voltado para a redução de desigualdades entre as diversas regiões brasileiras, o orçamento federal de investimento deve conter as previsões de receitas e despesas de todas as empresas nas quais a União detenha participação societária.

Solução

O orçamento de investimento contém apenas as despesas com investimentos das estatais independentes. As empresas estatais dependentes constam apenas no orçamento fiscal e seguridade social.

Gabarito: **Errado.**

CAPÍTULO 09

INTEGRAÇÃO DOS INSTRUMENTOS DE PLANEJAMENTO

1. PPA NA CONSTITUIÇÃO FEDERAL

1ª Enquete: Quais dos instrumentos combinados a seguir a CF/1988 possuem a função de reduzir desilgualdades inter-regionais segundo critério populacional?

a) PPA, LDO e LOA.

b) PPA, Orçamento Fiscal e Orçamento da Seguridade.

c) LDO, Orçamento Fiscal e Orçamento da Seguridade.

d) PPA, Orçamento Fiscal e Orçamento de Investimento.

e) LDO, Orçamento Fiscal e Orçamento de Investimento.

Solução:

De acordo com a CF/1988:

> Art. 165. [...]
>
> § 7º - Os orçamentos previstos no § 5º, I e II (***Fiscal e Investimento***), deste artigo, compatibilizados com o ***plano plurianual***, terão entre suas funções a de ***reduzir desigualdades inter-regionais***, segundo critério populacional.

Gabarito **D**. Assim, por mais que se saiba que vários programas sociais de combate à pobreza estejam no orçamento da seguridade social, para fins de concurso, devemos seguir estritamente a CF/1988 que considera: PPA, Orçamento Fiscal e Orçamento de Investimento.

1ª Questão (MPU Técnico de Apoio Orçamento Cespe 2010): *Julgue o item a seguir:*

O orçamento fiscal e o da seguridade social, integrantes da LOA, incluem, entre suas funções, a de reduzir desigualdades inter-regionais.

2ª Questão (MME Analista Cespe 2013): *Acerca da composição, da estrutura e da destinação do orçamento público no Brasil, assinale a opção correta.*

a) O orçamento fiscal abrange os poderes da União e seus fundos, órgãos e entidades da administração direta e indireta, inclusive as fundações instituídas e mantidas pelo poder público.

b) As empresas estatais que não recebem recursos financeiros da União para o pagamento de despesas com pessoal ou de custeio devem constar do orçamento fiscal.

c) As despesas relativas ao custeio de programas de saúde estão inseridas no orçamento fiscal.

d) As despesas das empresas estatais dependentes incluem-se no orçamento de investimento.

e) O orçamento da seguridade social destina-se, entre outras metas, a reduzir desigualdades inter-regionais, de acordo com o critério populacional.

3ª Questão (TJ-CE Técnico Cespe 2014): *A LDO tem a função constitucional de reduzir desigualdades inter-regionais.*

Solução

1. Errado, seria orçamento fiscal e de investimento.

2. a) Certo, é o conceito da CF/1988.

b) Errado, neste caso, elas deveriam estar no orçamento de investimento.

c) Errado, constam no orçamento da seguridade social.

d) Errado, constam no orçamento da fiscal.

e) Errado, seria orçamento fiscal ou de investimento.

3. Errado, seria PPA, orçamento fiscal ou de investimento.

Gabarito:

1. **Errado**
2. **A**
3. **Errado**

2. PRAZOS DOS INSTRUMENTOS DE PLANEJAMENTO

Os prazos dos instrumentos de planejamento estão definidos hoje com base o ADCT da CF/1988.

> ***ADCT. Art. 35.*** *[...]*
>
> *2º – Até a entrada em vigor da lei complementar a que se refere o art. 165, § 9º, I e II, serão obedecidas as seguintes normas:*

*I – **o projeto do plano plurianual**, para vigência até o final do primeiro exercício financeiro do mandato presidencial subsequente, será encaminhado até quatro meses antes do encerramento do primeiro exercício financeiro e devolvido para sanção até o encerramento da sessão legislativa;*

*II – **o projeto de lei de diretrizes orçamentárias** será encaminhado até oito meses e meio antes do encerramento do exercício financeiro e devolvido para sanção até o encerramento do primeiro período da sessão legislativa;*

*III – **o projeto de lei orçamentária da União** será encaminhado até quatro meses antes do encerramento do exercício financeiro e devolvido para sanção até o encerramento da sessão legislativa.*

Art. 165. [...]

§ 9º – Cabe à lei complementar:

*I – dispor sobre o **exercício financeiro, a vigência, os prazos, a elaboração e a organização** do plano plurianual, da lei de diretrizes orçamentárias e da lei orçamentária anual;*

II – estabelecer normas de gestão financeira e patrimonial da administração direta e indireta bem como condições para a instituição e funcionamento de fundos;

III – dispor sobre critérios para a execução equitativa, além de procedimentos que serão adotados quando houver impedimentos legais e técnicos, cumprimento de restos a pagar e limitação das programações de caráter obrigatório, para a realização do disposto no § 11 do art. 166.

O quadro 9.1 resume os prazos de elaboração e aprovação dos instrumentos, e a Figura 9.1 ilustra a relação entre os instrumentos.

Quadro 9.1: Prazos de elaboração e aprovação dos instrumentos de planejamento

Instrumento	Encaminhamento ao Congresso Nacional	Devolução para Sanção do Executivo
LOA	Até 31/08 (4 meses antes)	Até 22/12
LDO	Até 15/04 (8 meses e meio antes)	Até 17/07 (Término do 1º período legislativo)
PPA	Até 31/08 (4 meses antes)	Até 22/12

Figura 9.1: Integração entre os prazos dos instrumentos de planejamento

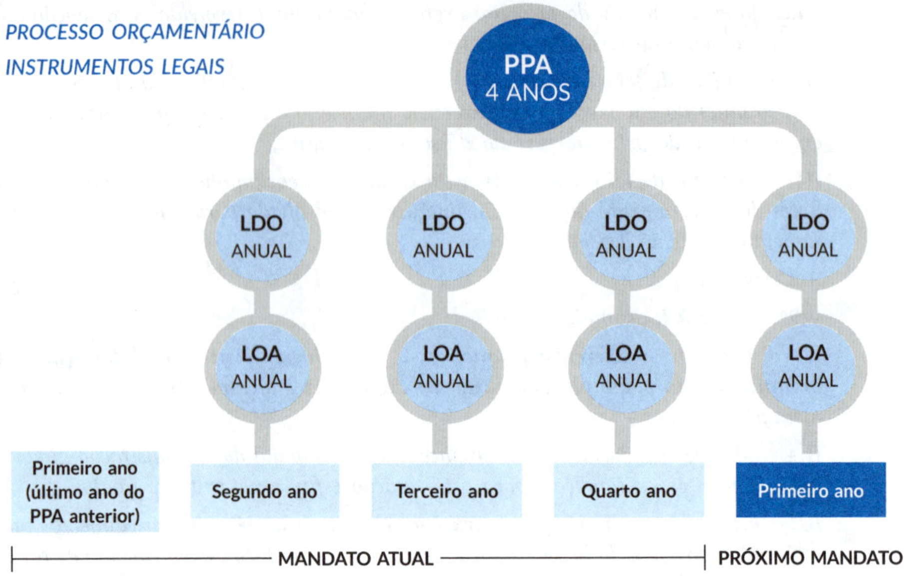

O quadro 9.1 resume os prazos de elaboração e aprovação dos instrumentos, e a Figura 9.1 ilustra a relação entre os instrumentos.

Observa-se que para cada exercício existe uma LDO que foi elaborada e aprovada no ano anterior que acompanha o ciclo orçamentário completo da LOA. Assim, dependendo da perspectiva podemos ter três LDO em vigor simultaneamente.

Exemplo 1 do autor: Vigência de LDOs e LOAs

Em 2020, existe uma LDO que orienta a LOA 2021 na etapa de elaboração; existe uma LDO que orienta a LOA 2020 na etapa de execução; existe uma LDO que serve de parâmetro para a LOA 2019 na etapa de controle e avaliação (prestação de contas do presidente).

É importante destacar que para um dos três instrumentos existe sanção institucional ao Legislativo federal caso este não aprove o projeto de lei no prazo:

CF/1988

Art. 57. O Congresso Nacional reunir-se-á, anualmente, na Capital Federal, de 2 de fevereiro a 17 de julho e de 1º de agosto a 22 de dezembro.

§ 2º – A sessão legislativa não será interrompida sem a aprovação do projeto de lei de diretrizes orçamentárias.

Essa mesma situação não ocorre para o caso do PPA e da LOA não serem aprovados pelo legislativo.

4ª Questão (IPEA Técnico de Orçamento Cespe 2008): *Julgue o item a seguir:*

O Poder Executivo Federal tem o dever de, até 31 de agosto do primeiro ano do mandato presidencial, enviar ao Congresso Nacional a proposta de LDO.

5ª Questão (ICMBio Analista Cespe 2014): *Julgue o item a seguir:*

O período do plano plurianual (PPA) coincide com o período do mandato do chefe do Poder Executivo.

6ª Questão (Cespe Procurador PGE-PI 2015): *Julgue o item a seguir:*

No âmbito estadual, o prazo de vigência do PPA deve coincidir integralmente com o do mandato de governador, ou seja, quatro anos.

Solução

4. Errado, poderia ser PPA ou LOA, a LDO deve ser enviada até 15/04.

5. Errado, em todos os entes, o PPA tem a mesma duração do mandato do chefe do Executivo, mas não pode coincidir integralmente.

6. Errado, em todos os entes, o PPA tem a mesma duração do mandato do chefe do Executivo, mas não pode coincidir integralmente.

Gabarito

4. **Errado**

5. **Errado**

6. **Errado**

3. LISTA DE QUESTÕES OBJETIVAS

1ª Questão (Ministério da Cultura Agente FGV 2006): *A respeito do ciclo orçamentário no Brasil, analise as afirmativas a seguir:*

I. O projeto do Plano Plurianual, para vigência até o final do primeiro exercício financeiro do mandato presidencial subsequente, será encaminhado até seis meses antes do encerramento do primeiro exercício financeiro e devolvido para sanção até o encerramento da sessão legislativa.

II. A Lei de Diretrizes Orçamentárias (LDO) compreenderá as metas e prioridades da administração pública federal, incluindo as despesas de capital para o exercício financeiro subsequente; orientará a elaboração da Lei Orçamentária Anual; disporá sobre as alterações na legislação tributária; e estabelecerá a política de aplicação das agências financeiras oficiais de fomento, sendo devolvido para sanção até o encerramento da sessão legislativa.

III. O projeto de lei orçamentária da União, que inclui o Orçamento Geral da União, é encaminhado até quatro meses antes do encerramento do exercício financeiro e devolvido para sanção até o encerramento da sessão legislativa.

Assinale:

a) se somente a afirmativa I estiver correta.

b) se somente a afirmativa II estiver correta.

c) se somente a afirmativa III estiver correta.

d) se somente as afirmativas I e II estiverem corretas.

e) se somente as afirmativas II e III estiverem corretas.

Solução

I. Errado, será encaminhado até quatro meses antes do encerramento do primeiro exercício financeiro e devolvido para sanção até o encerramento da sessão legislativa.

II. Errado, sendo devolvido para sanção até o encerramento do 1° período legislativo (uma sessão tem dois períodos).

III. Certo, sem comentários adicionais.

Gabarito: **C**

2ª Questão (CVM Analista ESAF 2010): *Nos termos da Constituição Federal, é correto afirmar que:*

a) o Plano Plurianual possui status de lei complementar.

b) a Lei de Diretrizes Orçamentárias compreende o orçamento fiscal, o orçamento de investimento das estatais e o orçamento da seguridade social.

c) o Poder Executivo deve publicar, até trinta dias após o encerramento de cada trimestre, relatório resumido da execução orçamentária.

d) o Plano Plurianual compreende as metas e prioridades da administração pública federal, incluindo as despesas de capital para o exercício financeiro subsequente.

e) os orçamentos fiscal e de investimento das estatais possuem, entre outras, a função de reduzir desigualdades inter-regionais, segundo critério populacional.

Solução

a) Errado, é lei ordinária.

b) Errado, seria LOA.

c) Errado, seria trinta dias após o encerramento de cada bimestre. Esse item se refere ao tema LRF. A questão foi trazida devidos aos demais itens.

d) Errado, seria LDO.

e) Certo, juntamente com o PPA.

Gabarito: **E**

3ª Questão (TCM-SP Agente FGV 2015): *A Lei de Diretrizes Orçamentárias está prevista na Constituição Federal e deve ser elaborada a partir das definições do PPA e também orientar a elaboração da LOA. Acerca da LDO, é correto afirmar que:*

a) as metas de apuração da receita corrente líquida serão definidas na LDO;

b) a realização de audiências públicas para discussão da LDO é facultativa;

c) a LDO deverá conter demonstrativo regionalizado do efeito, sobre receitas e despesas, decorrentes de isenções e anistias;

d) a LDO elaborada no primeiro ano de mandato não é baseada em PPA previamente aprovado;

e) um dos conteúdos da LDO é a definição das políticas de aplicação das agências financeiras de investimento.

Solução

a) Errado, sem essa previsão.
b) Errado, conforme LRF é obrigatório. Esse item será tratado em LRF.
c) Errado, trata-se de anexo da LOA.
d) Certo, a FGV assume uma posição de que a LDO no ano 1 de governo enviada em 15/04 se baseia no projeto do PPA que será enviado a posteriori em 31/08.
e) Errado, agências financeiras de fomento.

Gabarito: **D**

4ª Questão (TCE-PR Auditor Cespe 2016): *A respeito do orçamento público e das leis orçamentárias, assinale a opção correta.*

a) Em seu anexo de metas fiscais, a LDO deverá prever as metas anuais relativas a receitas, despesas, resultados nominal e primário e montante da dívida pública, para o período em que vigorar o PPA.

b) A única função do orçamento de investimentos da União é fixar as receitas e as despesas das empresas em que este ente central detenha, direta ou indiretamente, a maioria do capital social com direito a voto.

c) Caso se concretizem passivos contingentes e outros riscos capazes de afetar as contas públicas, a LDO deverá apresentar um anexo de riscos fiscais, para informar as providências a serem tomadas.

d) Sob pena de ser considerado inválido, o decreto que estabelece o PPA não pode deixar de especificar, de forma regionalizada, as metas e as prioridades do governo para os quatro anos seguintes à sua aprovação, relativamente às despesas de capital e outras delas decorrentes, e também as despesas de duração continuada.

e) Para dar maior concretude às previsões abstratas do PPA, a LDO não deve conter matéria estranha àquelas veiculadas no referido plano.

Solução

a) Errado, para o exercício seguinte e dos dois subsequentes.

b) Errado, ele tem como função constitucional reduzir as desigualdades inter-regionais segundo critério populacional.

c) Certo.

d) Errado, o PPA deve ser estabelecido por Lei. Seria programa de duração continuada.

e) Errado, essa regra refere-se ao princípio da exclusividade aplicado apenas a LOA.

Gabarito: **C**

5ª Questão (IBGE Analista de Orçamento FGV 2016): *A Lei de Diretrizes Orçamentárias (LDO) de um ente da Federação para um dado exercício continha o seguinte trecho:*

"As metas e prioridades da Administração Pública municipal para o exercício financeiro a que se refere esta lei serão estabelecidas no projeto de lei do Plano Plurianual - PPA para os próximos quatros anos, a ser enviado ao Poder Legislativo até 31 de agosto do corrente ano. "

A partir da análise do trecho e da legislação aplicável à elaboração e aprovação da LDO, e sabendo que o município obedece aos prazos legais, esta LDO refere-se:

a) ao primeiro ano de mandato do Poder Executivo;

b) ao segundo ano de mandato do Poder Executivo;

c) ao terceiro ano de mandato do Poder Executivo;

d) ao último ano de mandato do Poder Executivo;

e) não é possível definir, por se tratar de conteúdo específico da LDO.

Solução

A FGV assume uma posição de que a LDO no ano 1 de governo enviada em 15/04 se baseia no projeto do PPA que será enviado a posteriori em 31/08. Assim, seria a opção A -1° ano do mandato.

"Metas e prioridades da Administração Pública municipal para o exercício financeiro a que se refere esta lei serão estabelecidas no projeto de lei do Plano Plurianual - PPA"

Gabarito: **A**

CAPÍTULO 10

CRÉDITOS ADICIONAIS

1. FINALIDADES E FORMAS DE ABERTURA

Após o início da execução da LOA (3ª **etapa**), pode ser necessário retificar ou ajustar o orçamento, seja porque a dotação é insuficiente, seja porque não consta na LOA[5]. Os instrumentos que permitem essa alteração são denominados créditos adicionais. O Quadro 10.1 contém as características desses instrumentos retificadores do orçamento.

Quadro 10.1: Créditos Adicionais

Tipo de Crédito	Suplementar	Especial	Extraordinário
Finalidade[6]	Créditos destinados a ao reforço de dotação orçamentária.	Créditos destinados a despesas para as quais não haja dotação orçamentária específica.	Créditos destinados a despesas urgentes e imprevistas, em caso de guerra, comoção intestina ou calamidade pública.

5 Lei 4.320/1964. Art. 40. São créditos adicionais, as autorizações de despesa não computadas (créditos especiais) ou insuficientemente dotadas (créditos suplementares) na Lei de Orçamento.

6 Art. 41º da lei 4320/1964.

<table>
<tr><th>Tipo de Crédito</th><th>Suplementar</th><th>Especial</th><th>Extraordinário</th></tr>
<tr><td>Forma de abertura na Lei 4320/1964</td><td colspan="2">Serão autorizados por lei e abertos por decreto executivo.</td><td>Será aberto por decreto do Poder Executivo, que deles dará imediato conhecimento ao Poder Legislativo.</td></tr>
<tr><td>Forma de abertura na União e entes que dispuserem na forma na LDO</td><td>Lei Ordinária ou Decreto Executivo.</td><td>Lei Ordinária[7].</td><td>Medida Provisória.</td></tr>
<tr><td>Recursos</td><td colspan="2">Depende da existência de recursos disponíveis para ocorrer a despesa e será precedida de exposição justificativa.</td><td>Não dependem da existência prévia de recursos.</td></tr>
</table>

Observa-se que os créditos suplementares são para reforçar uma dotação previamente existente, ou seja, a despesa a ser reforçada já existia na LOA; enquanto que os créditos especiais se destinam a uma nova dotação, uma dotação que não estava prevista na LOA publicada no início de sua execução. Os créditos extraordinários se destinam a despesas imprevisíveis e urgentes.

Quanto à forma de abertura prevista na lei 4320/1964, os créditos suplementares e especiais serão autorizados por lei e abertos por decreto. Essa regra é aplicada nos Estados e Municípios. **Na União, haja vista dispositivo na LDO, consideram-se estes créditos abertos quando da sanção e publicação da respectiva lei ordinária.**

Ainda quanto à forma de abertura prevista na lei 4320/1964, os créditos extraordinários são abertos diretamente por decreto. Essa é a regra aplicada nos Estados e Municípios. **Na União o instrumento para abrir créditos extraordinários é a Medida Provisória**. Caso o Estado tenha a previsão de medida provisória, os créditos extraordinários serão abertos também por este instrumento.

Quanto ao tema fonte de recursos, o mesmo será aprofundado posteriormente no capítulo 10. Neste primeiro é importante saber que os créditos suplementares e especiais somente podem ser abertos se indicarem as fontes de recursos. ***Os créditos extraordinários não dependem para sua abertura da indicação das fontes de recursos***. Porém, nada impede que quando da abertura dos créditos extraordinários o chefe do Poder Executivo indique os recursos.

7 Lei 13.473/2017 (LDO para LOA 2018). Art. 44. **Os projetos de lei relativos a créditos suplementares e especiais serão encaminhados pelo Poder Executivo ao Congresso Nacional**, também em meio magnético, por Poder, sem prejuízo do disposto no § 12. [...]

§ 11. Os créditos de que trata este artigo, aprovados pelo Congresso Nacional, **serão considerados automaticamente abertos com a sanção e publicação da respectiva lei.**

Importante

Nas questões omissas em que não se mencione legislação federal e não se mencione o tipo de ente (União, Estados e Municípios), deve adotar a forma de abertura da lei 4.320/1964.

2. FONTES DE CRÉDITOS ADICIONAIS

O Quadro 10.2 contém as fontes de abertura de créditos adicionais previstas na lei 4320/1964.

Quadro 10.2: Fontes de recursos para créditos adicionais na lei 4320/1964

O superávit financeiro apurado em balanço patrimonial do exercício anterior.
Os provenientes de excesso de arrecadação.
Os resultantes de anulação parcial ou total de dotações orçamentárias ou de créditos adicionais, autorizados em Lei.
O produto de operações de credito autorizadas, em forma que juridicamente possibilite ao poder executivo realizá-las.

Chamada 17 do Autor: Fonte de Créditos Adicionais – Anulação de Dotação e Operações de Crédito

Chamada 18 do Autor: Fonte de Créditos Adicionais – Superávit Financeiro

Entende-se por **superávit financeiro** a diferença positiva entre o **ativo financeiro e o passivo financeiro**, conjugando-se, ainda, os saldos dos créditos adicionais transferidos e as operações de credito a eles vinculadas. **Este superávit é obtido a partir do balanço patrimonial do *exercício anterior*.**

Figura 10.1: Memória de Cálculo do Superávit Financeiro

SUPERÁVIT FINANCEIRO:

Ativo Financeiro (31 de Dezembro de 2020)

- Passivo Financeiro (31 de Dezembro de 2020)

= X

- Saldos de créditos especiais ou extraordinários abertos após 1° de setembro de 2020 **sem** operações de Crédito vinculadas aos mesmos.

= Superávit Financeiro de 2020 que pode ser utilizado em 2021 para abertura de créditos adicionais

Um crédito especial ou extraordinário aberto a partir de 1º de setembro de 2020 com operação de crédito vinculada significa que essa operação de crédito (empréstimo junto ao banco) será solicitada na medida em que se precisar realizar empenho e posterior pagamento. Assim, quando se reabre esses créditos em 2021, eles não afetam o superávit financeiro, pois já possuem recursos garantidos.

Chamada 19 do Autor: Fonte de Créditos Adicionais – Excesso de Arrecadação

Entende-se por **excesso de arrecadação**, o saldo positivo das diferenças acumuladas mês a mês entre a arrecadação prevista e a realizada, **considerando-se, ainda, a tendência do exercício**. **Este excesso é obtido a partir do balanço orçamentário do *exercício corrente*.**

A tendência do exercício seria um valor esperado do excesso (receita arrecadada reestimada maior que a receita arrecadada estimada inicialmente) ou frustração de arrecadação (receita arrecadada reestimada menor que a receita arrecadada estimada inicialmente). Ou seja, caso de calcule o excesso em 30 de abril de 2021, a tendência do exercício consideraria os valores de 01 de maio de 2021 a 31 de dezembro de 2021, podendo ser positiva ou negativa.

Para o fim de apurar os recursos utilizáveis, provenientes de excesso de arrecadação, serão deduzidos os créditos extraordinários abertos no exercício.

Figura 10.2: Memória de Cálculo do Excesso de Arrecadação

EXCESSO DE ARRECADAÇÃO

Receita Arrecadada em 2021

- Receita Estimada em 2021

= X

+/- Tendência do Exercício no restante do exercício

- Créditos extraordinários abertos no exercício (2021)

= Excesso de Arrecadação

Atenção

Do **superávit financeiro** devem ser deduzidos os **créditos extraordinários e especiais** **REABERTOS** no exercício.

Do **excesso de arrecadação** devem ser deduzidos os **créditos extraordinários** **ABERTOS** no exercício.

Por fim, há mais duas fontes de aberturas de créditos adicionais não previstas na lei 4320/1964: a **reserva de contingência**[8]; **os recursos que**, **em decorrência de veto, emenda ou rejeição do projeto de lei orçamentária anual**, **ficarem sem despesas correspondentes** (neste caso somente poderão ser utilizados mediante créditos especiais ou suplementares, com prévia e específica autorização legislativa) [9].

Chamada 20 do Autor: Fonte de Créditos Adicionais - Reserva de Contingência

Chamada 21 do Autor: Fonte de Créditos Adicionais - recursos que, em decorrência de veto, emenda ou rejeição do projeto de lei orçamentária anual, ficarem sem despesas correspondentes

8 Art. 8º da Portaria STN/SOF 163/2001: A dotação global denominada "**Reserva de Contingência**", permitida para a União no art. 91 do Decreto-Lei 200, de 25 de fevereiro de 1967, ou em atos das demais esferas de Governo, **a ser utilizada como fonte de recursos para abertura de créditos adicionais e para o atendimento de passivos contingentes**.

9 § 8º do Art. 166 da CF/1988.

Importante

As fontes são independentes. Assim, se uma fonte for negativa (déficit financeiro), ela não afeta as demais.

Outro ponto importante é que não existem outras fontes além das aqui citadas.

O Quadro 10.3 traz os impactos das 6 fontes sobre o orçamento.

Quadro 10.3: Impactos das fontes sobre o orçamento

Fonte	Impacto
Anulação de Dotação	O valor global da LOA permanece o mesmo. O valor da previsão atualizada não sofre alteração. O valor da dotação atualizada não sofre alteração, uma vez que se anula uma despesa e movimenta-se o crédito para outra despesa.
Utilização da reserva de contingência	O valor global da LOA permanece o mesmo. O valor da previsão atualizada não sofre alteração. O valor da dotação atualizada não sofre alteração, uma vez que se anula uma despesa e movimenta-se o crédito para outra despesa.
Operação de crédito	O valor global da LOA aumenta. O valor da previsão atualizada sofre alteração com a contratação do empréstimo e o valor da dotação atualizada sofre alteração com a alocação do recurso para atender a despesa.
Excesso de Arrecadação	O valor global da LOA aumenta. O valor da previsão atualizada sofre alteração devido a reestimativa otimista e o valor da dotação atualizada sofre alteração com a alocação do recurso para atender a despesa.
Superávit Financeiro	O valor global da LOA aumenta, porém, a previsão atualizada não sofre alteração, pois este recurso é de exercícios anteriores. O valor da dotação atualizada sofre alteração com a alocação do recurso para atender a despesa.
Recursos sem despesas correspondentes	A LOA já é publicada com desequilíbrio, pois a previsão inicial da receita é maior que a dotação inicial. Assim, na medida em que se abrem créditos suplementares ou especiais com essa fonte, o desequilíbrio vai reduzindo.

1ª a 3ª Questões Questão (IPEA Técnico de Orçamento Cespe 2008): *Julgue os itens a seguir.*

1. Estará violando norma constitucional o administrador público que abrir créditos suplementares ou extraordinários sem a indicação de recursos correspondentes.
2. Suponha que, em decorrência de uma crise cambial, uma série de obrigações do governo federal contratadas em moeda estrangeira tenham ultrapassado em 10% os valores originalmente aprovados no orçamento para essa finalidade. Nessa

situação, para honrar tais compromissos, somente a abertura de crédito especial poderá suprir a dotação orçamentária do montante necessário.

3. Suponha que, em um órgão público, pouco antes do final do exercício, se verifique ter havido excesso de arrecadação de R$ 500 mil, hajam sido abertos créditos extraordinários de R$ 50 mil, tenha havido economia de despesas de R$ 150 mil e que dotações de R$ 200 mil possam ser canceladas. Diante dessa situação, caso esse órgão pleiteie crédito especial, este poderá atingir o valor de R$ 800 mil.

4ª Questão (MPU Técnico de Apoio Orçamento Cespe 2010): *Julgue o item a seguir:*

Os créditos adicionais provocam, necessariamente, um aumento do valor global do orçamento aprovado.

5ª Questão (PGE-PI Cespe 2014): *Julgue o item a seguir:*

Os créditos adicionais, que incluem as autorizações de despesas não computadas ou insuficientemente dotadas na LOA, terão vigência adstrita ao exercício financeiro em que forem abertos, salvo expressa disposição legal em contrário quanto aos especiais e extraordinários.

6ª Questão (TCDF Técnico Cespe 2014): *Julgue o item a seguir:*

Caso o governo federal precise realizar gasto urgente e imprevisto, decorrente, por exemplo, da necessidade de atendimento às vítimas do desabamento de uma ponte em rodovia federal, poderá ser aberto crédito extraordinário por meio de medida provisória.

7ª Questão (DPF Agente Cespe 2014): *Julgue o item a seguir:*

Considere que, na fronteira entre Brasil e Bolívia, incidentes envolvendo membros das forças de segurança brasileira e traficantes tenham demandado operações extras da Polícia Federal na região e que, apesar de o orçamento prever recursos para essas operações, eles não sejam suficientes para financiá-las. Nessa situação, os recursos adicionais necessários devem ser providos por meio da abertura de créditos extraordinários.

Solução

1.Errado, os créditos extraordinários não precisam indicar a fonte.

2. Errado, se já estava originalmente na LOA, a primeira opção seria crédito suplementar.

3. Errado, temos duas fontes apenas:

Excesso de arrecadação de R$ 500 mil. Deduz-se 50 de créditos extraordinários. Valor final de 450 mil.

Anulação de dotação: dotações de R$ 200 mil possam ser canceladas.

Valor total final: 650 mil.

Atenção para os dados inúteis.

4.Errado, quando se anula a dotação ou se utiliza a reserva de contingência, o valor global da LOA permanece o mesmo.

5. Certo, apenas estes créditos podem ser reabertos nos limites de seus saldos.

6. Certo, este poderá tem sabor de deverá. É uma característica do Cespe.

7. Errado, a deixa na questão está aqui: apesar de o orçamento prever recursos para essas operações, eles não sejam suficientes para financiá-las. Como já estava na LOA, trata-se de crédito suplementar.

Gabarito:

1. **Errado**
2. **Errado**
3. **Errado**
4. **Errado**
5. **Certo**
6. **Certo**
7. **Errado**

3. LISTA DE QUESTÕES OBJETIVAS

1ª Questão (SEFAZ-CE Analista ESAF 2007): *Assinale a opção falsa em relação às regras impostas pela Constituição Federal/88 para a abertura de créditos adicionais.*

a) Admite-se a reabertura, no exercício seguinte, dos saldos remanescentes dos créditos especiais e extraordinários independentemente da data em que tenham sido abertos.

b) Os créditos especiais destinam-se às despesas para as quais não existe dotação específica.

c) Os créditos suplementares podem ser abertos mediante cancelamento de outros créditos consignados em lei.

d) Créditos Extraordinários podem ser abertos por Medida Provisória.

e) Na abertura de créditos extraordinários não é necessário indicar a fonte de recursos.

Solução

a) Errado, pois admite-se a reabertura, no exercício seguinte, dos saldos remanescentes dos créditos especiais e extraordinários independentemente da data em que tenham sido abertos.

b) Certo, sem comentários adicionais.

c) Certo, a anulação de dotação é um das fontes previstas.

d) Certo, sem comentários adicionais.

e) Certo, sem comentários adicionais.

Gabarito: **A**

2ª Questão (CGU AFFC ESAF 2008): *Ao longo do exercício financeiro, pode ocorrer a necessidade de abertura de créditos adicionais para cobrir despesas não-computadas ou insuficientemente dotadas. Com base na legislação vigente, relativa a esse assunto, identifique a opção incorreta.*

a) A abertura dos créditos suplementares e especiais depende da existência de recursos disponíveis para atender à despesa e será precedida de exposição justificada.

b) A vigência dos créditos especiais não pode ultrapassar o exercício financeiro em que foram autorizados, em respeito ao princípio orçamentário da anualidade.

c) Somente será admitida a abertura de crédito extraordinário para atender a despesas imprevisíveis e urgentes, como as decorrentes de guerra, comoção interna ou calamidade pública, observado o disposto na Constituição Federal.

d) Terão vigência até o final do exercício financeiro os créditos extraordinários cujo ato de autorização tenha sido promulgado nos primeiros 4 (quatro) meses do exercício financeiro.

e) Para fins de abertura de créditos suplementares e especiais, consideram-se recursos disponíveis os provenientes do excesso de arrecadação, ou seja, do saldo positivo das diferenças, acumuladas mês a mês, entre a arrecadação prevista e a realizada, considerando-se, ainda, a tendência do exercício.

Solução

a) Certo, estes dois tipos de crédito sempre devem apresentar a indicação dos recursos.

b) Errado, o crédito especial for autorizado nos últimos quatro meses e houve saldo remanescente no fim do ano, ele pode ser reaberto no ano seguinte.

c) Certo, sem comentários adicionais.

d) Certo, para que haja a possibilidade de abertura o ato de autorização deve ocorrer a partir de 1° de setembro.

e) Certo, o excesso de arrecadação é uma das seis fontes de créditos adicionais.

Gabarito: **B**

3ª Questão (STN AFFC ESAF 2008): *Assinale a opção correta, a respeito dos créditos adicionais.*

a) Os créditos suplementares somente podem ser abertos em razão de excesso de arrecadação ou por cancelamento de créditos consignados na Lei Orçamentária Anual.

Unidade Didática II
Instrumentos de Planejamento

b) Os créditos especiais podem ser reabertos no exercício seguinte pelos saldos remanescentes, caso o ato de autorização tenha sido promulgado nos últimos quatro meses do exercício.

c) Na abertura de créditos extraordinários, a indicação da fonte dos recursos é dispensada, caso haja grave ameaça à ordem pública.

d) Os créditos suplementares não necessitam de autorização legislativa para serem abertos, quando a abertura decorrer de calamidade pública.

e) O cancelamento de restos a pagar é fonte para a abertura de créditos adicionais.

Solução

a) Errado, excesso de arrecadação ou anulação de dotação são apenas duas das seis fontes que podem alimentar os créditos suplementares.

b) Certo, sem comentários adicionais.

c) Errado, a indicação da fonte nos créditos extraordinários é sempre dispensada.

d) Errado, sempre precisam de autorização legislativa prévia e reforçam dotação existente.

e) Errado, não é uma das seis fontes.

Gabarito: **B**

4ª Questão (Senado Consultor FGV 2008): *Não constitui fonte de recursos para a abertura de créditos adicionais:*

a) o superávit da execução orçamentária apurado no balanço financeiro do exercício anterior.

b) o saldo positivo das diferenças acumuladas mês a mês, entre a arrecadação prevista e a realizada, considerando-se ainda a tendência do exercício.

c) o produto das operações de crédito autorizadas, em forma que juridicamente possibilite ao Poder Executivo realizá-las.

d) os resultantes de anulação parcial ou total de dotações orçamentárias ou de créditos adicionais, autorizados em Lei.

e) a diferença positiva entre o ativo financeiro e o passivo financeiro, conjugando-se, ainda, os saldos dos créditos adicionais transferidos e as operações de credito a eles vinculadas.

Solução

Eis as fontes:

- O superávit financeiro apurado em balanço patrimonial do exercício anterior.
- Os provenientes de excesso de arrecadação.

- Os resultantes de anulação parcial ou total de dotações orçamentárias ou de créditos adicionais, autorizados em Lei.
- O produto de operações de credito autorizadas, em forma que juridicamente possibilite ao poder executivo realiza-las.
- Reserva de contingência.
- Recursos que, em decorrência de veto, emenda ou rejeição do projeto de lei orçamentária anual, ficarem sem despesas correspondentes.

Gabarito: **A**, pois não existe essa fonte.

5ª Questão (SAD-PE APG FGV 2009): *A respeito dos créditos adicionais, analise as afirmativas a seguir.*

I. Os créditos suplementares terão vigência no exercício em que forem abertos, salvo se o ato de autorização for promulgado nos últimos quatro meses daquele exercício, caso em que, reabertos nos limites de seus saldos, serão incorporados ao orçamento do exercício financeiro subsequente.

II. Os recursos que, em decorrência de veto, emenda ou rejeição do projeto de lei orçamentária anual, ficarem sem despesas correspondentes poderão ser utilizados, conforme o caso, mediante créditos especiais ou suplementares, com prévia e específica autorização legislativa.

III. A abertura de crédito especial sem prévia autorização legislativa e sem indicação dos recursos correspondentes somente será permitida para atender às despesas imprevisíveis e urgentes, como as decorrentes de guerra, comoção interna ou calamidade pública.

IV. A abertura de créditos suplementares e especiais depende da existência de recursos disponíveis para atender à despesa entre os quais se inclui o superávit financeiro apurado em balanço patrimonial do exercício anterior.

Assinale:

a) se somente as afirmativas I e II estiverem corretas.

b) se somente as afirmativas I e IV estiverem corretas.

c) se somente as afirmativas II e III estiverem corretas.

d) se somente as afirmativas II e IV estiverem corretas.

e) se somente as afirmativas III e IV estiverem corretas.

Solução

I. Errado, essa regra vale para especiais e extraordinários.

II. Certo, é a 6ª fonte.

III. Errado, seria extraordinário nesse caso.

IV. Certo, é uma das 6 fontes.

Gabarito: **D**

Unidade Didática II
Instrumentos de Planejamento

6ª Questão (SRF Analista Tributário ESAF 2009): *Assinale a opção falsa a respeito dos créditos adicionais.*

a) A abertura de crédito suplementar está condicionada à existência de despesa já pré-empenhada no exercício.

b) A abertura de créditos especiais exige a indicação da fonte dos recursos.

c) Os créditos adicionais aumentam a disponibilidade de crédito à despesa relacionada para emissão de empenho ou descentralização.

d) É permitida a reabertura de créditos especiais e extraordinários no exercício seguinte ao da abertura.

e) Créditos extraordinários têm sua abertura submetida a restrições de natureza constitucional.

Solução

a) Errado, não existe essa condição.

b) Certo, sempre exige indicação de recursos.

c) Certo, na medida em que reforça uma dotação, ele aumenta a capacidade de gasto naquela despesa.

d) Certo, desde que o ato de abertura ocorre a partir de 1° de setembro.

e) Certo, devem ser para despesas urgentes e imprevisíveis.

Gabarito: **A**

7ª Questão (CAERN Administrador FGV 2010): *Os créditos adicionais são autorizações concedidas ao chefe de Poder para que ele realize despesas além (ou de forma diferente) do que estava previsto no orçamento. Na prática, corresponde a uma autorização concedida pelo Poder Legislativo ao Poder Executivo. É necessário que essa autorização seja concedida por meio de lei, uma vez que o orçamento no Brasil é uma lei (LOA) e, para modificá-la, é preciso outra lei. Nesse diapasão, caso o Poder Executivo arrecade um valor maior do que o previsto (superávit na arrecadação), solicitará que o orçamento seja alterado, aumentando-se o poder de gasto. Assim, encaminhará ao Parlamento um projeto de lei pleiteando autorização para gastar um valor a maior em determinado programa de trabalho. Uma vez que a iniciativa no processo orçamentário compete ao Poder Executivo, somente ele poderá fazer esse encaminhamento. Ou seja, caso outro chefe de Poder (Judiciário ou Ministério Público) queira aumentar seu poder de gasto, deverá negociar sua solicitação com o Executivo. De acordo com a Lei 4.320/1964, os créditos adicionais compreendem três espécies, que alteram os valores originais constantes na LOA (créditos ordinários). A espécie que se destina a atender programas de trabalhos novos, que não estavam inicialmente previstos no orçamento, como, por exemplo, a criação de um novo órgão, pode ser definida como*

a) específico.

b) extraordinário.

c) suplementar.

d) especial.

e) complementar.

Solução

Como trata-se de despesas que não estava inicialmente prevista no orçamento: crédito especial.

Gabarito: **D**

8ª Questão (CAERN Administrador FGV 2010): *Os créditos adicionais são autorizações concedidas ao chefe de Poder para que ele realize despesas além (ou de forma diferente) do que estava previsto no orçamento. Na prática, corresponde a uma autorização concedida pelo Poder Legislativo ao Poder Executivo. É necessário que essa autorização seja concedida por meio de lei, uma vez que o orçamento no Brasil é uma lei (LOA) e, para modificá-la, é preciso outra lei. Nesse diapasão, caso o Poder Executivo arrecade um valor maior do que o previsto (superávit na arrecadação), solicitará que o orçamento seja alterado, aumentando-se o poder de gasto. Assim, encaminhará ao Parlamento um projeto de lei pleiteando autorização para gastar um valor a maior em determinado programa de trabalho. Uma vez que a iniciativa no processo orçamentário compete ao Poder Executivo, somente ele poderá fazer esse encaminhamento. Ou seja, caso outro chefe de Poder (Judiciário ou Ministério Público) queira aumentar seu poder de gasto, deverá negociar sua solicitação com o Executivo. De acordo com a Lei 4.320/1964, os créditos adicionais compreendem três espécies, que alteram os valores originais constantes na LOA (créditos ordinários). A espécie que se destina a atender programas de trabalhos novos, que não estavam inicialmente previstos no orçamento, como, por exemplo, a criação de um novo órgão, pode ser definida como*

a) específico.

b) extraordinário.

c) suplementar.

d) especial.

e) complementar.

Solução

Como trata-se de despesas que não estava inicialmente prevista no orçamento: crédito especial.

Gabarito: **D**

9ª Questão (SUSEP Analista ESAF 2010): *Assinale a opção falsa a respeito dos créditos adicionais de que tratam os artigos 40 a 46 da Lei n. 4.320/64.*

a) Crédito extraordinário é uma das classificações de créditos adicionais.

b) Créditos especiais e suplementares são autorizados por lei.

Unidade Didática II
Instrumentos de Planejamento

c) Créditos suplementares não podem ser abertos sem a indicação da fonte de recursos.

d) Os créditos suplementares abertos no exercício não podem exceder a um terço daqueles originalmente consignados na lei orçamentária.

e) O superávit financeiro apurado no balanço patrimonial pode ser fonte de recursos para a abertura de créditos adicionais.

Solução

a) Certo, sem comentários adicionais.
b) Certo, sem comentários adicionais.
c) Certo, sem comentários adicionais.
d) Errado, não existe tal previsão.
e) Certo, é uma das seis fontes.

Gabarito: **D**

10ª Questão (SUSEP Analista ESAF 2010): *Segundo a Lei n. 4.320/64, considera-se superávit financeiro:*

a) a diferença positiva entre o ativo e o passivo verificado no balanço patrimonial.

b) o saldo positivo apurado na conta de controle financeiro do ativo, conjugado com os saldos de fornecedores a pagar.

c) a diferença positiva apurada no confronto entre os ingressos e dispêndios do Balanço Financeiro.

d) o superávit apurado na demonstração das variações patrimoniais, observada a existência destes no balanço patrimonial.

e) a diferença positiva entre o ativo financeiro e o passivo financeiro, conjugando-se, ainda, os saldos dos créditos adicionais transferidos e as operações de credito a eles vinculadas.

Solução

A opção E contém o conceito correto.

Gabarito: **E**

11ª Questão (Analista de TI MPOG ESAF 2010): *Considerando que o Plano Plurianual – PPA, a Lei de Diretrizes Orçamentárias – LDO e a Lei Orçamentária Anual – LOA são os principais instrumentos de planejamento do setor público definidos pela Constituição Federal, é correto afirmar:*

a) a integração do PPA com a LOA se dá por intermédio do programa, enquanto a LDO define as metas e prioridades da Administração Federal.

b) os principais elementos de estruturação do PPA são a função e a subfunção de governo.

c) as propostas de alteração dos projetos de lei relativos ao PPA, a LDO e a LOA podem ser encaminhadas pelo Presidente da República e apreciadas pelo Congresso a qualquer tempo.

d) os recursos que ficarem sem despesa correspondente em razão de veto ou rejeição do projeto de lei orçamentária deverão ser transferidos ao exercício seguinte.

e) em razão da soberania do Congresso Nacional, a sua competência para alterar o projeto de lei orçamentária não sofre limitações.

Solução

a) Certo, sem comentários adicionais.

b) Errado, seria na dimensão estratégica: visão de futuro, eixos estratégicos e diretrizes; e na dimensão tática: programas, objetivos, metas e iniciativas.

c) Errado, existem prazos limites na CF/1988.

d) Errado, estes recursos podem apenas serem utilizados como fonte de créditos suplementares ou especiais.

e) Errado, existem limitações para as emendas ao PLOA. Esse item se refere ao tema ciclo orçamentário. A questão foi trazida devidos aos demais itens.

Gabarito: **A**

12ª Questão (TRT 6ª Região Analista FCC 2012): *Os dados a seguir foram obtidos do Estado Riacho Verde em 31.12.2011:*

Em R$ (mil)

Fixação do Crédito Especial 10.000,00

Execução do Crédito Especial 7.000,00

Ativo Financeiro........ 50.000,00

Passivo Financeiro 5.000,00

Previsão da Receita........ 90.000,00

Execução da Receita 110.000,00

Com base nessas informações e considerando os recursos para a abertura de créditos adicionais, é fonte de recursos para abertura de crédito adicional no exercício seguinte a 2011

a) o superávit financeiro de R$ (mil) 45.000,00.

b) o excesso de arrecadação de R$ (mil) 20.000,00.

c) a economia orçamentária da R$ (mil) 7.000,00.

d) a insuficiência de arrecadação de R$ (mil) 3.000,00.

e) o déficit financeiro de R$ (mil) 45.000,00.

Solução

O exercício seguinte a 2011 é o de 2012. Em 2012, a única fonte que pode ser usada vinda de 2011 é o superávit financeiro. SF = 50 mil - 5 mil = 45 mil.

Gabarito: **A**

13ª Questão (TRT 6ª Região Analista FCC 2012): *Um dos recursos para a abertura de créditos suplementares e especiais é o superávit financeiro apurado em balanço patrimonial do exercício anterior. O superávit financeiro, de acordo com a Lei Federal nº 4.320/64, é*

a) a diferença positiva entre o ativo financeiro e o passivo financeiro, apenas.

b) a diferença positiva entre os créditos a receber de curto prazo e as obrigações a pagar vencíveis até o término do exercício seguinte.

c) a diferença positiva entre o ativo financeiro e o passivo financeiro, conjugando-se, ainda, os saldos dos créditos adicionais transferidos e as operações de crédito a eles vinculadas.

d) o saldo positivo das diferenças acumuladas mês a mês entre a arrecadação prevista e a realizada, deduzida a importância dos créditos extraordinários abertos no exercício.

e) o saldo positivo das diferenças acumuladas mês a mês entre a arrecadação prevista e a realizada, deduzida a importância dos créditos suplementares abertos no exercício.

Solução

Sem comentários adicionais, trata-se de questão estritamente conceitual.

Gabarito: **C**

14ª Questão (TRF 2ª Região Analista FCC 2012): *Para saber se existe superávit financeiro do exercício anterior com o intuito de decidir sobre a abertura de créditos adicionais deve-se consultar*

a) o Balanço Orçamentário do exercício anterior.

b) o Balanço Financeiro do exercício anterior.

c) a Demonstração das Variações Patrimoniais.

d) a Demonstração do Resultado Econômico.

e) o Balanço Patrimonial do exercício anterior.

Solução

Sem comentários adicionais, trata-se de questão estritamente conceitual.

Gabarito: **E**

15ª Questão (Senado Consultor FGV 2012): *A Lei Orçamentária Anual (LOA) é um instrumento dinâmico. Durante seu exercício, alterações podem ser realizadas. Portanto, quais são, respectivamente, os tipos de crédito adicional a ser empregados quando: 1) a despesa prevista na lei orçamentária não obteve a respectiva receita necessária para cobrir o total do gasto? e 2) despesas para as quais não haja dotação ou categoria de programação específica na LOA?*

a) Crédito suplementar e crédito especial.
b) Crédito especial e crédito suplementar.
c) Crédito suplementar e crédito extraordinário.
d) Crédito extraordinário e crédito suplementar.
e) Crédito extraordinário e crédito especial.

Solução

A despesa prevista na lei orçamentária não obteve a respectiva receita necessária para cobrir o total do gasto à dotação insuficiente à crédito suplementar.

Despesas para as quais não haja dotação ou categoria de programação específica na LOA à crédito especial.

Gabarito: **A**

16ª Questão (Senado Contador FGV 2012): *No que se refere ao orçamento público, NÃO é correto afirmar que*

a) a proposta orçamentária que o Poder Executivo encaminhará ao Poder Legislativo nos prazos estabelecidos nas Constituições e nas Leis Orgânicas dos Municípios, compor-se-á de Mensagem, que conterá exposição circunstanciada da situação econômico-financeira, documentada com demonstração da dívida fundada e flutuante, saldos de créditos especiais, restos a pagar e outros compromissos financeiros exigíveis, Projeto de Lei de Orçamento e Tabelas explicativas.
b) a Lei Orçamentária Anual compreenderá: (I) o orçamento fiscal referente aos Poderes da União, seus fundos, órgãos e entidades da administração direta e indireta, inclusive fundações instituídas e mantidas pelo Poder Público; (II) o orçamento de investimento das empresas em que a União, direta ou indiretamente, detenha a maioria do capital social com direito a voto; e (III) o orçamento da seguridade social, abrangendo todas as entidades e órgãos a ela vinculados, da administração direta e indireta, bem como os fundos e fundações instituídos e mantidos pelo Poder Público.
c) o fato da LOA conter três orçamentos não fere o Princípio da Unidade.
d) os orçamentos fiscal e de investimento, compatibilizados com o Plano Plurianual, terão, entre suas funções, a de reduzir desigualdades inter-regionais, segundo o critério de distribuição de renda, nos termos da Constituição da República.

e) a Constituição destaca, ainda, que os recursos que, em decorrência de veto, emenda ou rejeição do projeto de lei orçamentária anual, ficarem sem despesas correspondentes, poderão ser utilizados, conforme o caso, mediante créditos especiais ou suplementares, com prévia e específica autorização legislativa.

Solução

a) Certo, questão complexa. Deveria ter se avaliado outras opções buscando o erro. Conforme da lei 4320/1964:

> Art. 22. A proposta orçamentária que o Poder Executivo encaminhará ao Poder Legislativo nos prazos estabelecidos nas Constituições e nas Leis Orgânicas dos Municípios, compor-se-á:
>
> I – Mensagem, que conterá: exposição circunstanciada da situação econômico--financeira, documentada com demonstração da dívida fundada e flutuante, saldos de créditos especiais, restos a pagar e outros compromissos financeiros exigíveis; exposição e justificação da política econômico-financeira do Governo; justificação da receita e despesa, particularmente no tocante ao orçamento de capital;
>
> II – Projeto de Lei de Orçamento;
>
> III – Tabelas explicativas, das quais, além das estimativas de receita e despesa, constarão, em colunas distintas e para fins de comparação:
>
> a) A receita arrecadada nos três últimos exercícios anteriores àquele em que se elaborou a proposta;
>
> b) A receita prevista para o exercício em que se elabora a proposta;
>
> c) A receita prevista para o exercício a que se refere a proposta;
>
> d) A despesa realizada no exercício imediatamente anterior;
>
> e) A despesa fixada para o exercício em que se elabora a proposta; e
>
> f) A despesa prevista para o exercício a que se refere a proposta.
>
> IV – Especificação dos programas especiais de trabalho custeados por dotações globais, em termos de metas visadas, decompostas em estimativa do custo das obras a realizar e dos serviços a prestar, acompanhadas de justificação econômica, financeira, social e administrativa.

b) Certo, cópia da CF/1988.

c) Certo, item bem explorado no capítulo 3.

d) Errado, pois seria segundo critério populacional.

e) Certo, seria a 6ª fonte de recursos.

Gabarito: **D**

17ª Questão (TCE-BA ACE FGV 2013): *Quanto aos créditos adicionais, analise as afirmativas a seguir.*

I. A chamada "janela orçamentária" é a inclusão de rubricas de valores pequenos na lei orçamentária anual a fim de, caso necessário, possibilitar a abertura de créditos suplementares.

II. Os créditos adicionais são autorizados por lei e abertos por decreto do executivo, podendo nos casos dos créditos especiais e extraordinários apresentar vigência para o ano seguinte de sua abertura.

III. A fonte de recurso de operações de créditos utiliza-se do cálculo da taxa de incremento em razão de seu limite de endividamento.

Assinale:

a) se somente a afirmativa I estiver correta.
b) se somente a afirmativa II estiver correta.
c) se somente a afirmativa III estiver correta.
d) se somente as afirmativas I e II estiverem corretas.
e) se todas as afirmativas estiverem corretas.

Solução

I. Certo, em que pese não ser um tema recorrente em prova está certo. Basicamente deve-se assimilar esse conceito para uma prova futura.

II. Errado, pois apenas os créditos suplementares e especiais precisam ser autorizados por lei e abertos por decreto do executivo. Os extraordinários são abertos por decreto, não necessitando de lei.

III. Errado, essa fonte foi totalmente inventada pela banca.

Questão totalmente fora do padrão, gabarito A.

Gabarito: **A**

18ª Questão (TCE-ES Auditor Ciências Contábeis 2013): *A respeito dos créditos adicionais, assinale a opção correta.*

a) Os créditos adicionais suplementares, extraordinários e especiais são destinados a reforçar os créditos orçamentários existentes para os quais haja dotações específicas.
b) Os créditos suplementares incorporam à lei orçamentária importâncias de pequeno vulto, portanto podem ser dispensados da exigibilidade de apresentação ou indicação dos recursos disponíveis.
c) Os créditos adicionais extraordinários configuram novas dotações à lei orçamentária, assim, devido a sua natureza de urgência, eles devem ser autorizados por lei e abertos por decreto do presidente da República.
d) Os recursos sem despesas correspondentes, em decorrência de veto, emenda ou rejeição do projeto de lei orçamentária, podem ser utilizados para abertura de créditos adicionais suplementares e especiais.
e) Os créditos adicionais são autorizações de despesas não computadas ou insuficientes, dotadas na proposta da lei de orçamento, que visam o redimensionamento do planejamento para o exercício seguinte.

Solução

a) Errado, seria suplementar apenas.

b) Errado, os suplementares e especiais sempre devem indicar a fonte.

c) Errado, a questão fala de presidente da república, logo trata do âmbito federal. No caso dos extraordinários deve ser por medida provisória.

d) Certo, seria a 6ª fonte de crédito adicional.

e) Errado, os créditos adicionais são autorizações de despesas não computadas ou insuficientes, dotadas na proposta da lei de orçamento, que visam o redimensionamento do planejamento para o que visam retificar o orçamento vigente.

Gabarito: **D**

19ª e 20ª Questões (MPU Planejamento e Orçamento Cespe 2013): *Em relação aos créditos ordinários e adicionais, julgue os seguintes itens.*

19. Considera-se recurso para a abertura de créditos suplementares e especiais o superávit financeiro do exercício anterior.

20. O Poder Legislativo, ao constatar a necessidade de realização de despesa insuficientemente dotada no orçamento anual, encaminha, com base em previsão adicional de receita, solicitação de crédito especial, que se incorpora ao orçamento, adicionando-se a importância autorizada à dotação orçamentária a que se destinou criar.

Solução

19. Certo, seria uma das quatro fontes da lei 4320/1964.

20. Errado, se foi insuficientemente dotada deve ser crédito suplementar.

Gabarito:

19. **Certo**

20. **Errado**

21ª Questão (BACEN Procurador Cespe 2013): *Assinale a opção correta no que diz respeito ao regramento constitucional dos créditos adicionais ao orçamento público.*

a) A abertura de crédito extraordinário serve para atender à necessidade de recursos de programas continuados do governo federal, ou seja, que ultrapassem um exercício financeiro.

b) Os recursos que, em decorrência de veto do projeto de lei orçamentária anual, ficarem sem despesas correspondentes poderão ser utilizados, conforme o caso, mediante créditos especiais ou suplementares, com prévia e específica autorização legislativa.

c) Os créditos especiais são destinados a despesas relacionadas a acontecimentos que impliquem a decretação de estado de calamidade pública, como enchentes e desabamentos.

d) O crédito suplementar serve para complementar recurso orçamentário, portanto sua abertura não requer autorização legislativa.

e) Embora seja necessária autorização legislativa para a abertura dos créditos especiais, seu caráter emergencial dispensa a indicação dos recursos correspondentes.

Solução

a) Errado, a finalidade do crédito extraordinário é atender despesas urgente e imprevisíveis.

b) Certo, seria a 6ª fonte de crédito adicional.

c) Errado, seria crédito extraordinário

d) Errado, o crédito suplementar sempre requer autorização legislativa prévia.

e) Errado, o especial cria nova dotação e requer indicação de recursos.

Gabarito: **B**

22ª a 23ª Questões (ANTT Analista Cespe 2013): *Previstos na Lei 4.320/1964, os créditos adicionais visam atender a despesas não computadas ou insuficientemente dotadas na lei orçamentária. Com referência a esse assunto, julgue os seguintes itens.*

22. Os créditos adicionais suplementares têm vigência limitada ao exercício financeiro em que foram abertos.

23. Um crédito especial solicitado no mês de agosto e autorizado no mês de setembro poderá ser incorporado ao orçamento financeiro subsequente, pelo valor do crédito ainda não aplicado.

Solução

22. Certo, apenas os especiais ou extraordinários podem ser reabertos nos limites dos seus saldos.

23. Certo, como foi autorizado nos últimos quatro meses, pode ser reaberto.

Gabarito:

22. **Certo**

23. **Certo**

24ª Questão (TCDF Analista Cespe 2014 Adaptada): *Julgue o item a seguir:*

Considere que nova ação do governo, não incluída na lei orçamentária anual, tenha se tornado inevitável e que todas as receitas previstas para o mês em que a ação tenha sido necessária já tenham sido comprometidas com outras despesas. Nesse caso, o crédito especial que se fará necessário poderá autorizar a contratação de uma operação de crédito.

Solução

Certo, como se trata de nova ação é crédito especial. E uma das fontes pode ser as operações de crédito.

Gabarito: **Certo**

25ª Questão (Câmara dos Deputados Consultor Cespe 2014): *Julgue o item a segui:*

De acordo com a norma legal pertinente, se uma grave calamidade pública provocar ação executiva de abertura de créditos extraordinários, será facultado ao Poder Executivo dar imediato conhecimento dessa ação ao Poder Legislativo ou fazê-lo após a solução da situação de calamidade.

Solução

Errado, após a abertura deve ser dado conhecimento imediato ao legislativo.

Gabarito: **Errado**

26ª Questão (TCE-GO ACE FCC 2014): *Considere as seguintes informações:*

- Determinado Estado, no mês de junho de 2014, abriu crédito extraordinário no valor de R$ 1.500.000,00, sem indicação dos recursos para realização de despesas.
- As despesas foram empenhadas e liquidadas pelo valor total do crédito extraordinário.
- Do total das despesas empenhadas e liquidadas foi pago até o mês de setembro o valor de R$ 1.200.000,00.
- No período de janeiro a outubro de 2014, apurou-se um excesso na arrecadação de receitas no valor de R$ 4.000.000,00.

Esse Estado, no mês de novembro de 2014, pretende abrir um crédito suplementar para reforço da dotação de serviços de coleta de lixo hospitalar, utilizando recursos do excesso de arrecadação. Nestas condições, nos termos da Lei Federal nº 4.320/1964, o valor dos recursos disponíveis para abertura é de, em reais,

a) 300.000,00

b) 2.800.000,00

c) 2.500.000,00

d) 4.000.000,00

e) 1.200.000,00

Solução

Tem-se um Excesso de Arrecadação de 4.000.000, mas deve-se deduzir os créditos abertos (pouco importa se foram ou não empenhados). Assim, tem-se:

4.000.000 – 1.500.000 = 2.500.000

Gabarito: **C**

27ª Questão (TCE-GO ACE FCC 2014): *No exercício de 2014, o Poder Executivo de determinado ente abriu um crédito adicional para reforço da dotação de material de consumo. Com relação às autorizações de despesa não computadas ou insuficientemente dotadas na Lei do Orçamento, considere:*

I. Os créditos suplementares serão autorizados por lei e abertos por decreto do Poder Executivo e terão vigência no exercício financeiro de abertura.

II. Os créditos especiais e extraordinários terão vigência no exercício financeiro em que forem autorizados, salvo se o ato de autorização for promulgado nos últimos quatro meses daquele exercício, caso em que, reabertos nos limites de seus saldos, serão incorporados ao orçamento do exercício financeiro subsequente.

III. Os créditos especiais serão autorizados e abertos por decreto do Poder Executivo e terão vigência somente no exercício financeiro em que forem autorizados.

IV. A abertura de crédito especial somente será admitida para atender a despesas imprevisíveis e urgentes, como as decorrentes de guerra, comoção interna ou calamidade pública.

V. É vedada a abertura de crédito suplementar ou especial sem prévia autorização legislativa e sem indicação dos recursos correspondentes.

Está correto o que se afirma APENAS em

a) II, IV e V.

b) I, II e V.

c) I, III e IV.

d) I e IV.

e) II e V.

Solução

Dica: como ele não fica claro se é no âmbito federal, deve-se seguir a lei 4320/1964.

I. Certo, sem comentários adicionais.

II. Certo, sem comentários adicionais.

III. Errado, podem ser reabertos se o ato de autorização ocorrer nos últimos quatro meses do exercício.

IV. Errado, seria o crédito extraordinário.

V. Certo, sem comentários adicionais.

Gabarito: **B**

28ª Questão (TCE-PI Auditor FCC 2014): *Os créditos adicionais*

a) dependem de autorização legislativa, sejam eles suplementares, especiais ou extraordinários.

b) amparam-se no superávit financeiro do ano anterior, que é a diferença positiva entre o ativo permanente e o passivo compensado.

c) solicitam específica permissão do Legislativo, mesmo que os de natureza suplementar já contem com prévia autorização na lei orçamentária anual.

d) suplementares e especiais serão autorizados por lei e abertos por decreto executivo.

e) não poderão, no ano seguinte, ser reabertos no limite de seus saldos.

Solução

a) Errado, os extraordinários não dependem de autorização legislativa

b) Errado, o superávit financeiro corresponde a diferença positiva entre o ativo financeiro e o passivo financeiro.

c) Errado, neste caso a autorização já ocorreu na LOA. Não precisa da segunda.

d) Certo, é a regra da lei 4320/1964.

e) Errado, os especiais e extraordinários podem ser reaberto no exercício seguinte nos limites do seu saldo.

Gabarito: **D**

29ª Questão (TRT-16ª Região Analista FCC 2014): *Considere os créditos adicionais previstos na Lei Federal no 4.320/64 e as informações abaixo. O Senhor Prefeito do município de Águas Cristalinas determinou a compra de seis ambulâncias para os hospitais públicos. Preliminarmente a realização da despesa, o contador verificou que não consta na Lei Orçamentária Anual para o exercício de 2014 dotação específica. A abertura do crédito adicional visando à aquisição das ambulâncias depende da existência de recursos disponíveis para ocorrer a despesa. Dentre eles, considera-se recurso disponível*

a) o superávit financeiro apurado durante a execução orçamentária do exercício.

b) os resultantes da economia orçamentária.

c) o excesso de arrecadação das receitas extraorçamentárias.

d) os resultantes de anulação parcial ou total de despesas empenhadas e não realizadas.

e) o superávit financeiro apurado em balanço patrimonial do exercício anterior.

Solução

Eis as fontes da lei 4320/1964:

- O superávit financeiro apurado em balanço patrimonial do exercício anterior.
- Os provenientes de excesso de arrecadação.
- Os resultantes de anulação parcial ou total de dotações orçamentárias ou de créditos adicionais, autorizados em Lei.
- O produto de operações de credito autorizadas, em forma que juridicamente possibilite ao poder executivo realizá-las.

Gabarito: **E**

30ª Questão (TCM-GO Conselheiro FCC 2015): *Os créditos suplementares e especiais podem ser financiados por*

a) saldo orçamentário, superávit econômico do ano anterior, transposições, remanejamentos e transferências.

b) superávit financeiro apurado no Balanço Patrimonial do ano anterior, superávit constatado na Demonstração das Variações Patrimoniais, excesso de arrecadação no exercício corrente.

c) Ativo Real Líquido do ano anterior, operações de crédito, recursos de anulação de créditos orçamentários.

d) superávit orçamentário do exercício pretérito, recursos provenientes da anulação de outras dotações, operações de crédito.

e) superávit financeiro do ano anterior, recursos decorrentes de gastos rejeitados pelo Legislativo, receitas arrecadadas em excesso no atual exercício.

Solução

Eis as fontes da lei 4320/1964:

- O superávit financeiro apurado em balanço patrimonial do exercício anterior.
- Os provenientes de excesso de arrecadação.
- Os resultantes de anulação parcial ou total de dotações orçamentárias ou de créditos adicionais, autorizados em Lei.
- O produto de operações de credito autorizadas, em forma que juridicamente possibilite ao poder executivo realizá-las.

Além disso, foi trazida a 6ª fonte: recursos que em virtude de emenda ficarem sem despesas correspondentes: recursos decorrentes de gastos rejeitados pelo Legislativo.

Gabarito: **E**

31ª Questão (TRT 3ª Região FCC Analista FCC 2015): *Pretende o Poder Executivo abrir um crédito adicional na dotação orçamentária destinada à aquisição de medicamentos para os hospitais públicos. Nos termos da Lei Federal no 4.320/1964, consideram-se, entre outros, recursos disponíveis para fins de abertura de créditos suplementares e especiais:*

I. o produto de operações de crédito por antecipação da receita orçamentária.

II. superávit orçamentário apurado no exercício.

III. os provenientes de excesso de arrecadação.

IV. a reserva legal.

V. o superávit financeiro apurado em balanço patrimonial do exercício anterior.

Está correto o que se afirma APENAS em

a) I e II.

b) II, III e V.

c) III e V.
d) I e IV.
e) I, IV e V.

Solução

I. Errado, seria apenas produto de operações de crédito. ARO é utilizada apenas quando há insuficiência da caixa.

II. Errado, seria superávit financeiro do ano anterior.

III. Certo, sem comentários adicionais.

IV. Errado, seria reserva de contingência, a 5ª fonte.

V. Certo, sem comentários adicionais.

Gabarito: **C**

32ª Questão (CNMP Analista FCC 2015): *O Município de Águas Escassas decretou estado de calamidade pública, em novembro de 2014, por causa da estiagem que atingia a região, sendo necessária a abertura de crédito adicional para a realização de despesa imprevisível na Lei Orçamentária Anual, com obras para o enfrentamento dos efeitos da estiagem. Neste caso, de acordo com a Lei nº 4.320/64, o Poder Executivo deveria abrir crédito adicional*

a) especial, desde que houvesse superávit financeiro do exercício anterior.
b) extraordinário, após autorização do Poder Legislativo.
c) especial, desde que houvesse excesso de arrecadação.
d) suplementar, desde que houvesse anulação de despesa corrente.
e) extraordinário, podendo ser reaberto no limite do seu saldo no exercício de 2015.

Solução

Ficou caracterizada a calamidade pública. Assim, trata-se de crédito extraordinário que não depende de prévia autorização legislativa. Assim, resta a opção E.

Gabarito: **E**

33ª Questão (TRT 3ª Região Analista FCC 2015): *O Secretário Municipal da Educação de determinado município autorizou a abertura de licitação para aquisição de cinquenta computadores novos para as escolas públicas municipais, pelo valor estimado de R$ 100.000,00. Entretanto, a dotação aprovada na Lei Orçamentária não é suficiente à aquisição dos computadores. Nestas condições, para viabilizar a realização da despesa, segundo a Lei Federal no 4.320/1964, será aberto crédito adicional*

a) suplementar e dependerá da existência de recursos disponíveis para ocorrer a despesa, a qual será classificada como inversões financeiras.

b) especial autorizado por lei e aberto por decreto, cuja despesa será classificada como investimentos.

c) especial e terá vigência adstrita ao exercício financeiro em que for aberto, cuja despesa será classificada como capital.

d) suplementar e poderá ser reaberto no exercício seguinte, se houver saldo na dotação orçamentária, cuja despesa será classificada como inversões financeiras.

e) suplementar autorizado por lei e aberto por decreto, cuja despesa será classificada como investimentos.

Solução

Ficou caracterizado gastos que não eram suficientes. Assim, trata-se de reforço que indica crédito suplementar, que não pode ser reaberto. A despesa será de investimento, pois são novos computadores.

Gabarito: **E**

34ª Questão (TCE-GO Analista Cespe 2015): *Julgue o item a seguir:*

Suponha que um ente público faça solicitação de crédito suplementar na metade de determinado exercício e que, no processo de verificação da viabilidade de se atender à solicitação feita, seja apurado o seguinte:

- arrecadação de um excesso de R$ 40 em todos os meses, tudo indicando manutenção dessa tendência;
- economia mensal de R$ 15, tudo indicando, igualmente, manutenção dessa tendência;
- abertura de crédito extraordinário no total de R$ 75;
- déficit financeiro de R$ 60 no balanço patrimonial do exercício anterior;
- reabertura de créditos especiais de R$ 90. Nessa situação, seria possível abrir o crédito demandado, no limite de R$ 435.

Solução

Até a metade houve excesso de 40 com a mesma tendência no segundo semestre, logo excesso de 480 (12x40). Deve-se deduzir a abertura de crédito extraordinário de 75, restando 405.

Houve déficit financeiro de 60.

Não há mais fontes (economia não é fonte) e uma fonte não afeta a outra.

Assim, há apenas R$ 405 para novos créditos adicionais.

Gabarito: **Errado**

35ª Questão (STJ Analista Cespe 2015): *Julgue o item a seguir:*

Situação hipotética: Determinado ente da administração pública, que necessita da abertura de um crédito especial, dispõe dos seguintes dados:

Diferença entre a receita realizada e a prevista: R$ 400; ativo financeiro no balanço patrimonial do exercício anterior: R$ 180; passivo financeiro no balanço patrimonial do exercício anterior: R$ 140; créditos extraordinários abertos no exercício: R$ 230; créditos adicionais reabertos: R$ 10.

Assertiva: Nessa situação, há margem para abertura do crédito especial de R$ 200.

Solução

Certo. Excesso de arrecadação: R$ 400. Deduz-se crédito extraordinários abertos de 230. A fonte fica com 170. Superávit Financeiro: 180 - 140 = 40. Deduz-se do Superávit Financeiro, os créditos extraordinários reabertos de 10. Esta fonte fica com 30. Soma total do Excesso de arrecadação + Superávit Financeiro: 200. Assim, pode ser aberto até 200.

Gabarito: **Certo**

36ª Questão (TJ-SC Analista FGV 2015): *Durante a execução orçamentária, em face da necessidade de inclusão de despesas não previstas no orçamento, ou ainda de aumento de dotações existentes, as entidades utilizam os créditos adicionais. A abertura de tais créditos requer a indicação de fonte de recursos. O excesso de arrecadação é uma fonte prevista em lei, cuja apuração do saldo disponível deve:*

a) acrescentar o produto de operações de crédito autorizadas;

b) acrescentar o superávit financeiro apurado no balanço patrimonial do exercício anterior;

c) excluir as operações de crédito vinculadas;

d) excluir o montante de créditos adicionais reabertos no exercício;

e) excluir o montante de créditos extraordinários abertos no exercício.

Solução

Observa-se a Figura a seguir sobre a Memória de Cálculo do Excesso de Arrecadação:

EXCESSO DE ARRECADAÇÃO

Receita Arrecadada em 2021

– Receita Estimada em 2021

= X

+/– Tendência do Exercício no restante do exercício

– Créditos extraordinários abertos no exercício (2021)

= Excesso de Arrecadação

Gabarito: **E**

37ª Questão (ISS-Cuiabá Auditor FGV 2016): *Em relação aos créditos adicionais do processo orçamentário, assinale V para a afirmativa verdadeira e F para a falsa.*

I ( ) Os créditos adicionais são autorizações de despesa não computadas ou insuficientemente dotadas na lei orçamentária.

II ( ) O crédito suplementar é um tipo de crédito adicional destinado a despesas para as quais não haja dotação orçamentária específica.

III ( ) O crédito especial é um crédito adicional destinado a despesas urgentes e imprevistas, como uma guerra ou uma calamidade pública.

As afirmativas são, respectivamente,

a) V, F e V.

b) V, F e F.

c) F, V e V.

d) F, F e V.

e) F, F e F.

Solução

I - Certo, conforme consta na LDO.

II - Errado, seria crédito especial.

III - Errado, seria crédito extraordinário.

Gabarito: **B**

38ª Questão (TCE-PR Auditor Cespe 2016): *Os créditos adicionais que demandam a abertura de um novo programa de trabalho após a aprovação da LOA são os créditos*

a) extraordinários e suplementares.

b) especiais e urgentes.

c) urgentes e complementares.

d) especiais e extraordinários.

e) suplementares e especiais.

Solução

Existem apenas créditos suplementares, especiais e extraordinários. Seria a rigor apenas crédito especial e não poderia ser em nenhuma hipótese crédito suplementar. Gabarito por eliminação D.

Gabarito: **D**

39ª Questão (TRT 3ª Região Analista FCC 2016): *A Lei no 4.320/1964 determina que os créditos adicionaisterão vigência adstrita ao exercício financeiro em queforem abertos. Essa regra é absoluta em relação*

a) aos créditos adicionais especial e extraordinário.

b) ao crédito adicional especial, apenas.

c) ao crédito adicional suplementar, apenas.

d) ao crédito adicional extraordinário, apenas.

e) aos créditos adicionais especial e suplementar.

Solução

Apenas os especiais e extraordinários podem ser reabertos, gabarito C.

Gabarito: **C**

40ª Questão (ALERJ Analista – Qualquer Cargo FGV 2017): *Durante o exercício financeiro, verificou-se que, em um ente público, a dotação para serviços de manutenção de equipamentos de informática foi dimensionada a menor. Em decorrência disso, foi solicitada a abertura de um crédito adicional. Esse crédito adicional:*

a) conserva a sua especificidade e não é incorporado ao orçamento;

b) deve ser coberto apenas com recursos de superávit financeiro;

c) pode ser reaberto no exercício seguinte, no caso de execução incompleta;

d) pode ser aberto dentro dos limites autorizados na LOA;

e) não pode gerar inscrição em restos a pagar.

Solução

Inicialmente trata-se de crédito suplementar, pois será necessário reforçar a dotação já existente. A letra A está errada, pois qualquer crédito adicional é incorporado à LOA. A letra B está errada, pois o crédito suplementar pode utilizar todas as fontes e não apenas o superávit financeiro. A letra C está errada, pois apenas os créditos especiais e extraordinários podem ser reabertos. A letra D está certa, pois a LOA pode conter artigo autorizando a abertura de créditos suplementares até determinado limite. A lera E está errada, pois qualquer despesa que foi empenhada (independente da origem: LOA ou crédito adicional) e não paga, pode ser inscrita em restos a pagar.

Gabarito: **D**

41ª Questão (ALERJ Analista – Qualquer Cargo FGV 2017): *A secretaria de planejamento de um ente público solicitou informações da secretaria de finanças para verificar a disponibilidade de recursos para abertura de créditos adicionais especiais durante a execução orçamentária. Foram fornecidas as seguintes informações:*

Descrição	Valor
Ativo financeiro	70.225.100,00
Passivo financeiro	28.544.765,00
Créditos especiais reabertos	13.465.080,00
Créditos extraordinários abertos no exercício	6.572.190,00
Excesso de arrecadação registrado até o mês	9.125.400,00
Reserva de contingência	5.000.000,00
Dotações passíveis de anulação	3.761.270,00

O montante do superávit financeiro utilizável para fins de abertura de créditos adicionais representa:

a) 21.643.065,00;
b) 28.215.255,00;
c) 30.768.465,00;
d) 39.529.735,00;
e) 41.680.335,00.

Solução

O superávit financeiro é o ativo financeiro menos o passivo financeiro.

Assim, tem-se 70.255.100,00 - 28.544.765 = 41.680.335.

Desse valor, deve-se deduzir os créditos reabertos.

Assim, tem-se 41.710.335 - 13.465.080 = 28.215.255.

Gabarito: **B**

42ª Questão (ALERJ Contador FGV 2017): *Durante o exercício financeiro, em um determinado ente público foram levantadas as informações apresentadas no quadro, a seguir, com o objetivo de apurar o montante do superávit financeiro do exercício anterior para fins de abertura de créditos adicionais.*

Ativo financeiro	185.000,00
Passivo financeiro	72.000,00
Créditos adicionais transferidos	53.000,00
Operações de crédito vinculadas não recebidas	21.000,00
Créditos extraordinários abertos no exercício	15.000,00

A partir das informações apresentadas, o montante disponível é:

Unidade Didática II
Instrumentos de Planejamento

a) 24.000,00;
b) 45.000,00;
c) 66.000,00;
d) 81.000,00;
e) 113.000,00.

Solução

O superávit financeiro é o ativo financeiro menos o passivo financeiro.

Assim, tem-se 185.000,00 - 72.000.000 = 113.000.00.

Desse valor, deve-se deduzir os créditos reabertos.

Assim, tem-se 113.000 - (53.000 - 21.000) = 113.000.000 - 32.000 = 81.000

O segredo é que só se abatem os créditos reabertos que não tenham operações de crédito a eles vinculadas.

Gabarito: **D**

43ª Questão (TCE-SP Auditor VUNESP 2017): *Em relação aos créditos orçamentários adicionais, é correto afirmar que*

a) os créditos especiais e extraordinários terão vigência unicamente no exercício financeiro em que se der a sua autorização, salvo se esta ocorrer nos últimos quatro meses desse exercício.
b) uma das fontes de seu financiamento é o superávit financeiro, que consiste na diferença positiva entre o ativo permanente e o passivo permanente do balanço patrimonial do ente público no exercício anterior.
c) o crédito especial destina-se ao reforço de dotação orçamentária já existente e está condicionado à existência de excesso de arrecadação para financiá-lo.
d) o crédito suplementar destina-se a financiar despesas para as quais não haja previsão de recursos na dotação orçamentária específica e independe de prévia existência de recursos para suportá-lo.
e) é admitida a abertura de crédito suplementar ou especial sem prévia autorização legislativa, desde que haja indicação dos recursos correspondentes para financiá-lo.

Solução

a) Gabarito.
b) Errado, uma das fontes de seu financiamento é o superávit financeiro, que consiste na diferença positiva entre o ativo financeiro e o passivo financeiro do balanço patrimonial do ente público no exercício anterior.
c) Errado, o crédito suplementar destina-se ao reforço de dotação orçamentária já existente e pode usar uma das 6 fontes.

d) Errado, o crédito especial destina-se a financiar despesas para as quais não haja previsão de recursos na dotação orçamentária específica e depende de prévia existência de recursos para suportá-lo.

e) Errado, não se admite a abertura de crédito suplementar ou especial sem prévia autorização legislativa, mesmo que haja indicação dos recursos correspondentes para financiá-lo.

Gabarito: **A**

4. LISTA DE QUESTÕES DISCURSIVAS

1ª Questão (Empresa de Pesquisa Energética Analista de Finanças e Orçamento Cesgranrio 2008)

O gestor de determinada autarquia federal necessita de recursos adicionais para viabilizar gasto público não previsto no orçamento inicial. Para tanto, solicitou a abertura de crédito adicional. Ao avaliar os recursos disponíveis, deparou-se com o seguinte:

- de uma receita prevista, até o mês de agosto, de R$140.000,00, já haviam sido arrecadados R$180.000,00, mas estimou-se que, no restante do exercício, deixariam de ser arrecadados R$20.000,00;
- já havia sido aberto um crédito extraordinário de R$7.000,00;
- o balanço patrimonial do exercício anterior apresentou R$12.000,00 no passivo e R$25.000,00 de superávit financeiro;
- está sendo reaberto um crédito especial de R$15.000,00, autorizado no mês de outubro do exercício anterior;
- obteve-se um empréstimo de R$20.000,00 para fazer face às novas despesas;
- R$10.000,00, em dotações não mais utilizáveis, foram anulados.

Com base no exposto,

a) conceitue e identifique a finalidade das espécies de créditos adicionais previstos na legislação (item 1);

b) pertinente identifique o tipo de crédito adicional a ser utilizado (item 2);

c) demonstre o cálculo e apresente o valor disponível para abertura do crédito adicional solicitado no enunciado (item 3).

Extensão de linhas: até 30

Resolução da Questão

A lei 4320/1964 conceitua os créditos adicionais como as autorizações de despesa não computadas ou insuficientemente dotadas na Lei de Orçamento. Considera-se que os créditos adicionais são instrumentos retificadores do orçamento, pois permitem ajustar ou alterar o orçamento inicialmente proposto.

Existem na legislação três tipos de créditos adicionais: suplementares, especiais e extraordinários. Os créditos suplementares destinam-se a ao reforço de dotação orçamentária; os créditos especiais destinam-se a despesas para as quais não haja dotação orçamentária específica; enquanto os créditos extraordinários destinam-se a despesas urgentes e imprevisíveis, em caso de guerra, comoção interna ou calamidade pública.

No caso em tela deve-se utilizar crédito especial, visto que se busca viabilizar gasto público não previsto no orçamento inicial. Não poderia ser utilizado o suplementar, pois este limita-se a reforço de dotação; nem se poderia utilizar o extraordinário, pois não se caracterizou urgência e imprevisibilidade.

Quanto ao valor disponível é importante segregar por fontes: excesso de arrecadação, superávit financeiro, operações de crédito e anulação de dotações.

Quanto ao excesso de arrecadação obteve-se um valor de 13 mil [180 mil (receita executada) - 140 mil (receita prevista) - 20 mil (tendência do exercício) - 7 mil (crédito extraordinário aberto)].

Quanto ao superávit financeiro obteve-se um valor de 10 mil [25 mil (superávit financeiro) - 15 mil (crédito especial reaberto)].

Quanto às operações de crédito obteve-se um valor de 20 mil; enquanto das despesas anuláveis obteve-se um valor de 10 mil.

Diante do exposto, o valor disponível para o crédito especial é de 53 mil [13 mil de excesso de arrecadação; 10 mil de superávit financeiro; 20 mil de operações de crédito; 10 mil de anulação de dotações].

2ª Questão (TCE-TO Analista de Controle Externo Contabilidade Cespe 2008)

Situações Adversas e o Orçamento Público

Os recentes acontecimentos no Sul e no Sudeste brasileiro foram devastadores em diversas cidades. As enchentes e seus reflexos desalojaram pessoas, destruíram plantações e, infelizmente, causaram diversas mortes. Mesmo com o auxílio dos demais estados brasileiros, a situação ainda é grave e requer intervenção do Estado. Diversos municípios foram alagados, e a situação dos moradores encontra-se precária.

Tendo como referência inicial esse texto e considerando que tal situação não poderia ser prevista na elaboração do orçamento redija, de forma sucinta, um texto dissertativo em que apresente a sequência lógica a ser adotada pelo Estado, em suas diversas esferas, em uma situação como essa. No seu texto, aborde, necessariamente, os seguintes aspectos:

→ características dos tipos de créditos adicionais, suas aplicações e previsões legais (item 1);

→ o tipo de crédito adequado para a situação apresentada (item 2);

→ sua vigência, bem como sua inter-relação com o orçamento já previsto anteriormente para a região (item 3).

Extensão de linhas: até 15.

Resolução da Questão

Existem na legislação três tipos de créditos adicionais: suplementares, especiais e extraordinários. Os suplementares destinam-se a ao reforço de dotação orçamentária, os especiais destinam-se a despesas para as quais não haja dotação orçamentária específica; enquanto os extraordinários destinam-se a despesas urgentes e imprevisíveis e que, no caso federal, são abertos por medida provisória.

No caso em tela deve-se utilizar crédito extraordinário, visto que se busca viabilizar gasto público urgente e imprevisível especificamente calamidade pública provocada pelas enchentes, desalojamento e mortes.

Os créditos extraordinários deverão ser utilizados até o final do exercício caso o ato de autorização ocorra até 31 de agosto. Caso o ato de abertura ocorra a partir de 1º de setembro, os saldos não utilizados podem ser reabertos no exercício seguinte.

3ª Questão (TCU Técnico Federal de Controle Externo Cespe 2009):

Nos últimos anos, tem havido uma proliferação de medidas provisórias para a abertura de créditos extraordinários, o que gerou críticas de diferentes setores, inclusive do Tribunal de Contas da União. A propósito, o Supremo Tribunal Federal chegou a conceder medida liminar em ação declaratória de inconstitucionalidade contra a abertura de um desses créditos, que estariam disfarçando créditos suplementares ou especiais.

Considerando esse texto, redija um texto dissertativo que responda, necessariamente, aos seguintes questionamentos:

→ A profusão da abertura dos citados créditos é sintoma de que características de atuação por parte do Poder Executivo (item 1)?

→ Por que motivos créditos suplementares ou especiais estariam disfarçados de créditos extraordinários (item 2)?

→ Que consequências a situação de que trata o texto provoca em termos de recomposição orçamentária (item 3)?

Resolução da Questão

A profusão da abertura dos créditos extraordinários por meio de medida provisória contribui tanto para a função atípica de natureza legislativa do Executivo, quanto acentua o papel de coadjuvante do Legislativo no processo, tornando-o menos colegial.

O disfarce dos créditos suplementares e especiais em extraordinários pode ser atribuído tanto pela facilidade e celeridade de os extraordinários serem disponibilizados quando da publicação da medida provisória (celeridade), quanto pela demora na apreciação dos créditos suplementares e especiais pelo Legislativo.

Em termos de recomposição orçamentária, essa situação dos créditos extraordinários prejudica em um primeiro momento, quando da abertura, o Excesso de Arrecadação; em um segundo momento, quando da eventual reabertura, o Superávit Financeiro. Em ambos os casos, essas fontes, que deveriam passar pelo crivo do Legislativo nos demais créditos, ficam comprometidas.

4ª Questão (Auditor Municipal de Controle Interno – Secretaria de Gestão do Município de São Paulo VUNESP 2015 Estudo de Caso)

ESTUDO DE CASO

Considere a situação hipotética a seguir:

Fortes Chuvas de verão ocasionaram grandes problemas ao Município de São Paulo ao provocarem o alagamento de um bairro residencial, resultando em enormes prejuízos aos munícipes, bem como oferecendo risco eminente à segurança dos moradores, motivos pelos quais a Defesa Civil avaliou a situação como calamidade pública.

Diante dessa situação hipotética, a Prefeitura Municipal decidiu construir, em regime emergencial, uma barragem para conter a cheia do rio que atravessa o bairro atingido. Para tanto, foi contratada, em caráter de urgência, uma empresa de construção civil, especializada nesse tipo de obra, que cobrou uma quantia de R$ 180.000.000,00 para sua execução

Sabendo que tal obra não consta no orçamento anual do Município, responda aos itens **a**, **b** e **c**, com base na Lei nº 4.320/64.

a) Explique como a obra pode ser justificada e realizada

b) Indique a classificação do recurso para a obra, de acordo com as normas contábeis aplicáveis às entidades públicas.

c) Indique as hipóteses de origens dos recursos para a execução da obra.

Extensão de linhas: Até 21 (vinte e uma) sendo 7 (sete) linhas por item.

Observação: os itens foram comentados em aulas anteriores e nesta aula.

CRITÉRIOS DE CORREÇÃO E GRADE

Descrição	Pontuação máxima
1. Justificativa do gasto para realização da obra.	35
2. Indicativa da classificação do recurso, de acordo com a Lei nº 4.320/64	35
3. Indicativa das possíveis origens dos recursos, de acordo com a Lei nº 4.320/64	40

Observações:

1. Problemas relacionados a objetividade, clareza, ortografia e gramática devem ser considerados como deméritos, descontando-se até **04** pontos.

Resolução da Questão

a) O fato ocorrido se caracteriza como situação extraordinária, urgente e imprevisível o que enseja a abertura de crédito adicional para sanar a referida construção da barragem.

b) De acordo com o art. 42 da lei 4320/1964 o recurso será obtido será classificado como crédito adicional. Neste caso, crédito adicional extraordinário por decreto que se destina a atender despesas urgentes e imprevistas visando a atender situações como guerra, comoção interna ou calamidade pública.

c) As fontes de créditos adicionais pela lei 4320/1964 são: operação de crédito, anulação de dotação, superávit financeiro do balanço patrimonial do exercício anterior e excesso de arrecadação.

5ª Questão (MPOG Analista de Planejamento e Orçamento ESAF 2016 Parecer Técnico)

A ocorrência de elevado período de estiagem e pluviosidade irregular levou certa região composta por grande quantidade de municípios populosos de três unidades distintas da Federação a conviver com dificuldade de suprimento de água potável. Embora os entes federados estejam atuando na busca para a solução do problema, a resolução definitiva e urgente demanda a construção de adutora para captação de água em uma represa pertencente à União e distribuí-la por toda a região. A respeito dessa solução observou-se o seguinte:

a) Os entes federados onde se localiza o problema não possuem os recursos necessários para a realização da obra e solicitam à União que a realize para evitar um colapso no fornecimento de água potável para a região já quase iminente;

b) Levantamentos iniciais indicam que a obra deve durar dois anos para ser concluída e que demandará investimentos de cerca de R$ 200 milhões;

c) Diante da impotência dos entes federados em resolver o problema o Governo Federal decidiu que realizará diretamente a obra em questão;

d) O PPA da União nem os dos entes federados contêm autorização para a realização do empreendimento;

e) O Governo Federal possui recursos no orçamento que comportariam os investimentos no exercício em curso, mas que demandaria remanejamento que não está previamente autorizado na Lei Orçamentária Anual;

f) O retardamento no início da obra acarretará uma demora ainda maior no seu término e provocaria uma crise sem precedentes no abastecimento de água da região.

Diante dessa situação, elabore um parecer técnico e fundamentado a respeito da realização da obra pelo Governo Federal abordando necessariamente os seguintes aspectos:

- A caracterização do problema;
- O planejamento do setor público;
- As questões orçamentárias envolvidas;

- As providências a serem adotadas pela administração para dar início ao empreendimento.

Extensão de linhas: de 45 a 60.

Resolução da Questão

Trata-se de parecer sobre *a realização de obra pública, construção de adutora para captação de água em uma represa pertencente à União, com a finalidade atender a população de três municípios afetada pela estiagem. Os entes federados onde se localiza o problema não possuem os recursos necessários para a realização da obra, a obra deve durar dois anos para ser concluída e que demandará investimentos de cerca de R$ 200 milhões, o Governo Federal decidiu que realizará diretamente a obra, O PPA da União nem os dos entes federados contêm autorização para a realização do empreendimento, O Governo Federal possui recursos no orçamento que comportariam os investimentos no exercício em curso, mas que demandaria remanejamento que não está previamente autorizado na Lei Orçamentária Anual, O retardamento no início da obra acarretará uma demora ainda maior no seu término e provocaria uma crise sem precedentes no abastecimento de água da região.* ***É o relatório inicial cujo do problema é caraterizado pela realização de obra pública em função de uma calamidade pública.***

O planejamento do setor público se pauta *por três tipos de instrumentos orçamentários: o plano plurianual – PPA, a lei de diretrizes orçamentárias – LDO e a lei orçamentária anual – LOA. O PPA estabelece de forma regionalizada as diretrizes, objetivos e metas para administração pública federal para as despesas de capital e outras delas decorrentes. A LDO estabelece as metas e prioridades da administração pública federal inclusive para as despesas de capital do exercício seguinte. A LOA estima a receita e fixa a despesa.*

No que tange as questões orçamentárias*, observa-se que como trata-se de obra, a despesas será classificada como investimento. Como será uma obra com duração superior a um exercício, a legislação determina que tal gasto esteja inserido o PPA ou em lei que autorize sua inclusão.*

Ainda quanto às questões orçamentárias*, observa-se que por se caracterizar uma situação de calamidade, poderia ser aberto crédito extraordinário que não necessita indicar fonte de recursos e daria mais celeridade para o início da obra. É a fundamentação técnica do parecer.*

Diante do exposto, recomendam-se as seguintes providências, na ordem disposta*, a serem adotadas pela administração para dar início ao empreendimento: (i) deve ser feito projeto de lei que inclua o investimento referente a obra adutora no PPA da União considerando o valor total do empreendimento; (ii) deve ser aberto crédito extraordinário retificando a LOA considerando o valor estimado a ser gasto no primeiro exercício; (iii) deve ser contratada empresa por dispensa de licitação considerando a situação de calamidade.*

É o parecer.

6ª Questão (MPOG Analista de Planejamento e Orçamento ESAF 2016 Parecer Técnico):

O Ministério Y recebeu a incumbência de realizar um projeto de relevante interesse público para o qual a Lei Orçamentária Anual do exercício de X1 não previa recursos. Para tanto, foi editada em maio de X1 lei concedendo crédito especial no montante suficiente para a realização do empreendimento. Tão logo os créditos foram tornados disponíveis a área responsável pelo projeto iniciou a elaboração de estudos e termos de referências para a contratação da empresa. Iniciado o procedimento licitatório ocorreram os seguintes fatos:

a) Uma empresa após ter a contestação do edital negada pela administração recorreu ao Poder Judiciário que suspendeu a licitação e solicitou informações detalhadas ao ente responsável pelo projeto;

b) Os esclarecimentos solicitados pelo Poder Judiciário levaram três meses para serem prestados em razão dos detalhes exigidos pelo magistrado;

c) No início do exercício de X2, após encerrados todos os procedimentos de execução orçamentária e financeira e também o exercício contábil do exercício de X1, o Poder Judiciário autorizou a continuidade do procedimento licitatório.

d) No exercício de X2 não foram consignados créditos no orçamento do ente para a realização do projeto.

Ante a essa situação, redija parecer técnico conclusivo e fundamentado a respeito da possibilidade ou não da continuidade do procedimento licitatório, abordando necessariamente os seguintes aspectos:

- A caracterização do problema;
- O planejamento no setor público;
- A questão orçamentária envolvida;
- O interesse público e a Constituição Federal;
- Os procedimentos a serem adotados pelo ente público.

Extensão de linhas: até 60.

Resolução da Questão

Trata-se de parecer sobre *a realização do empreendimento, um projeto de relevante interesse público, a partir de crédito especial aberto em maio de X1. Após o início dos procedimentos licitatórios ocorreram os seguintes fatos: (i) suspensão da licitação pelo judiciário até esclarecimento que durou três meses; (ii) em X2 foi autorizada pelo Poder Judiciário a continuidade do procedimento licitatório; (iii) em X2 não foram consignados créditos no orçamento do ente para a realização do projeto.* ***É o relatório inicial com a caraterização do problema.***

O planejamento do setor público pauta por três tipos de instrumentos orçamentários: *o plano plurianual - PPA, a lei de diretrizes orçamentárias - LDO e a lei orçamentária anual - LOA. O PPA estabelece de forma regionalizada as diretrizes, objetivos e metas para administração pública federal para as despesas de capital e outras delas decorrentes. A LDO estabelece as metas e prioridades da administração* *pública federal inclusive para as despesas de capital do exercício seguinte. A LOA estima a receita e fixa a despesa. Durante a execução da LOA pode-se fazer necessário a inclusão de dotações insuficientemente computadas ou não computadas.*

***No que tange as questões orçamentárias**, observa-se que como o crédito especial inicialmente aberto em X1 não pode ser reaberto em X2, haja vista ter disso aberto em maio de X1. Assim, com o fim do exercício de X1, o crédito especial não utilizado será perdido. Em X2, considerando que não foi consignado crédito na LOA de X2, faz-se necessário novo crédito especial.*

***Quanto ao interesse público**, há o entendimento de que o empreendimento se trata de projeto de relevante interesse público o que justifica a abertura de novo crédito especial em X2. É a fundamentação técnica do parecer.*

***Diante do exposto, recomenda-se as seguintes providências, na ordem disposta**, a serem adotadas pela administração para dar início ao empreendimento: (i) deve ser feito projeto de lei crédito especial que inclua a despesas na LOA do exercício de X2; (ii) deve ser retomado o processo de contratação da empresa.*

É o parecer.

Unidade Didática III
CICLO ORÇAMENTÁRIO NA UNIÃO

Quais os elementos constitutivos do sistema de planejamento e orçamento federal?

Qual a diferença entre o ciclo orçamentário da LOA e o ciclo orçamentário ampliado?

Quais as principais datas da 1ª Etapa da LOA?

Quais os requisitos para se aprovar uma emenda à LOA?

É possível o Executivo intervir no processo orçamentário após o envio ao Legislativo?

A LOA pode ser rejeitada?

Qual o efeito da Emenda Constitucional 86/2015 sobre o ciclo orçamentário federal?

Qual a composição da programação orçamentária e financeira?

Quais os procedimentos quando a meta de resultado primário não é alcançada?

Quais as principais datas da 4ª Etapa da LOA?

Quais vedações ao ciclo orçamentário são absolutas e quais são relativas?

CAPÍTULO 11

SISTEMA DE PLANEJAMENTO E ORÇAMENTO FEDERAL

1. SISTEMAS ORGANIZACIONAIS

O denominado ciclo de gestão está organizado sob a forma dos seguintes sistemas: de planejamento e de orçamento federal; de administração financeira federal; de contabilidade federal; e de controle interno do Poder Executivo Federal[1].

No estudo do tema sistemas organizacionais, é muito definir quem é o órgão responsável ou órgão central de cada sistema organizacional e quais sistemas estruturantes (informatizados) cada sistema organizacional utiliza.

O Quadro 11.1 mostra os sistemas organizacionais, com os respectivos órgãos centrais e setoriais, e com os respectivos sistemas informatizados que são usados.

Quadro 11.1: Sistemas organizacionais

Sistema organizacional	Órgão central do sistema	Sistema estruturante
Planejamento e Orçamento	Ministério do Planejamento, Desenvolvimento e Gestão (MPDG)[2]	SIOP[3]

1 Art. 1° da Lei 10180/2001

2 Inciso I do Art. 4° da lei 10.180/2001.

3 O SIDOR (Sistema Integrado de Dados Orçamentários) foi substituído pelo SIOP (Sistema de Planejamento e Orçamento). Desde a LDO de 2011 não há mais referência ao SIDOR, apenas ao SIOP.

Sistema organizacional	Órgão central do sistema	Sistema estruturante
Administração Financeira	Secretaria do Tesouro Nacional (STN) do Ministério da Fazenda[4]	SIAFI
Contabilidade	Secretaria do Tesouro Nacional (STN) do Ministério da Fazenda[5]	SIAFI
Controle Interno	Ministério da Transparência e Controladoria-Geral da União (CGU)[6]	Utiliza todos os sistemas

1ª Questão (INMETRO Analista Executivo em Metrologia e Qualidade – Contador Cespe 2009): *Julgue o item a seguir:*

A Secretaria do Tesouro Nacional é o órgão central do Sistema de Contabilidade Federal.

2ª Questão (TCU AUFC 2011): *Julgue o item a seguir:*

O órgão central do sistema de contabilidade federal também exerce as funções de órgão central do sistema de administração financeira federal.

Solução

1.Certo, conforme consta no Quadro 11.1.

2. Certo, o órgão central do sistema de contabilidade federal é a STN que também é o órgão central do sistema de administração financeira federal.

Gabarito:

1. **Certo**
2. **Certo**

Outro ponto importante é que cada sistema possui uma estrutura peculiar no que tange aos órgãos setoriais. O Quadro 11.2 mostra a composição de cada sistema organizacional.

4 Inciso I do Art. 11° da lei 10.180/2001.

5 Inciso I do Art. 17° da lei 10.180/2001.

6 Apesar do inciso I do Art. 22° da lei 10.180/2001 afirmar que o órgão central do Sistema de Controle Interno do Poder Executivo Federal (SCI-PEF) é a Secretaria Federal de Controle, o Decreto 4304/2002 que atualizou o Decreto 3591/2000 estabeleceu que a CGU é o órgão central do SCI-PEF.

Quadro 11.2: Composição dos Sistemas Organizacionais

Sistema organizacional	Órgão central	Órgão setorial	Órgão específico
Planejamento e Orçamento	MPDG	Unidades de planejamento e orçamento dos Ministérios, da Advocacia-Geral da União, da Vice-Presidência e da Casa Civil da Presidência da República.[7]	Aqueles vinculados ou subordinados ao órgão central do Sistema, cuja missão está voltada para as atividades de planejamento e orçamento.[8]
Administração Financeira	STN	Unidades de programação financeira dos Ministérios, da Advocacia-Geral da União, da Vice-Presidência e da Casa Civil da Presidência da República[9].	Não possui
Contabilidade	STN	-Unidades de gestão interna dos Ministérios e da Advocacia-Geral da União (lei 10.180/2001).[10] -Unidades de gestão interna dos Ministérios, da Advocacia-Geral da União, do Poder Legislativo, do Poder Judiciário e do Ministério Público da União, responsáveis pelo acompanhamento contábil no Sistema Integrado de Administração Financeira do Governo Federal – SIAFI de determinadas unidades gestoras executoras ou órgãos (Decreto 6976/2009).[11] -O órgão de controle interno da Casa Civil exercerá também as atividades de órgão setorial contábil de todos os órgãos integrantes da Presidência da República, da Vice-Presidência da República, além de outros determinados em legislação específica (Lei 10180/2001 e Decreto 6976/2009).[12]	Não possui

7 § 1° do art. 4° da lei 10.180/2001.

8 § 2° do art. 4° da lei 10.180/2001.

9 § 1° do art. 11° da lei 10.180/2001.

10 § 1° do art. 17° da lei 10.180/2001.

11 § 1° do art. 6° do Decreto 6976/2009.

12 § 2° do art. 17° da lei 10.180/2001 e § 2° do art. 6° do Decreto 6976/2009.

Sistema organizacional	Órgão central	Órgão setorial	Órgão específico
Controle Interno	CGU	-Os órgãos setoriais são aqueles de controle interno que integram a estrutura do Ministério das Relações Exteriores, do Ministério da Defesa, da Advocacia-Geral da União e da Casa Civil.[13] -O órgão de controle interno da Casa Civil tem como área de atuação todos os órgãos integrantes da Presidência da República e da Vice-Presidência da República, além de outros determinados em legislação específica[14].	Não possui

Observa-se que nos sistemas de Planejamento e Orçamento; de Administração Financeira; e de Contabilidade Federal, os Órgãos Setoriais estão representados por unidades nos Ministérios.

Ressalta-se que nestes três sistemas as unidades da Casa Civil da Presidência da República, da Vice-Presidência da República e da Advocacia Geral recebem destaque especial, com a ressalva de que no Sistema de Contabilidade Federal o Órgão de Controle Interno da Casa Civil acumulará os papéis de Órgão Setorial do Sistema de Controle Interno da Presidência e Vice-Presidência com os papéis de Órgão Setorial do Sistema de Contabilidade Federal.

Quanto ao Sistema de Controle Interno, observa-se que diferentemente dos três sistemas organizacionais anteriores demais, não há órgãos setoriais nos demais Ministérios. Isso porque a área de atuação do Órgão Central do Sistema de Controle Interno, a CGU, abrange todos os órgãos do Poder Executivo Federal, excetuados os órgãos setoriais que integram a estrutura do Ministério das Relações Exteriores, do Ministério da Defesa, da Advocacia-Geral da União e da Casa Civil (responsável pela Presidência e Vice-Presidência)[15].

Atenção

O sistema de planejamento e orçamento é o único que possui órgãos específicos. Esses órgãos específicos fazem parte da estrutura do órgão central e são especialistas em algum macroprocesso. Os principais órgãos específicos são: SEPLAN (Secretaria de Planejamento e Assuntos Econômicos), SOF (Secretaria de Orçamento Federal) e SEST (Secretaria de Coordenação e Governança das Empresas Estatais).

13 § 2º do art. 22º da lei 10.180/2001.

14 § 3º do art. 22º da lei 10.180/2001.

15 § 1º do art. 22º da lei 10.180/2001.

2. SISTEMA DE PLANEJAMENTO E ORÇAMENTO

O Sistema de Planejamento e de Orçamento Federal **tem por finalidade**: I - formular o planejamento estratégico nacional; II - formular planos nacionais, setoriais e regionais de desenvolvimento econômico e social; III - formular o plano plurianual, as diretrizes orçamentárias e os orçamentos anuais; IV - gerenciar o processo de planejamento e orçamento federal; V - promover a articulação com os Estados, o Distrito Federal e os Municípios, visando a compatibilização de normas e tarefas afins aos diversos Sistemas, nos planos federal, estadual, distrital e municipal[16].

O Sistema de Planejamento e de Orçamento Federal compreende as atividades de elaboração, acompanhamento e avaliação de planos, programas e orçamentos, e de realização de estudos e pesquisas socioeconômicas[17].

A figura 11.1 a seguir ilustra o mosaico do sistema de planejamento e orçamento. E a partir dela faremos as observações pertinentes.

Figura 11.1: Mosaico do Sistema de Planejamento e Orçamento

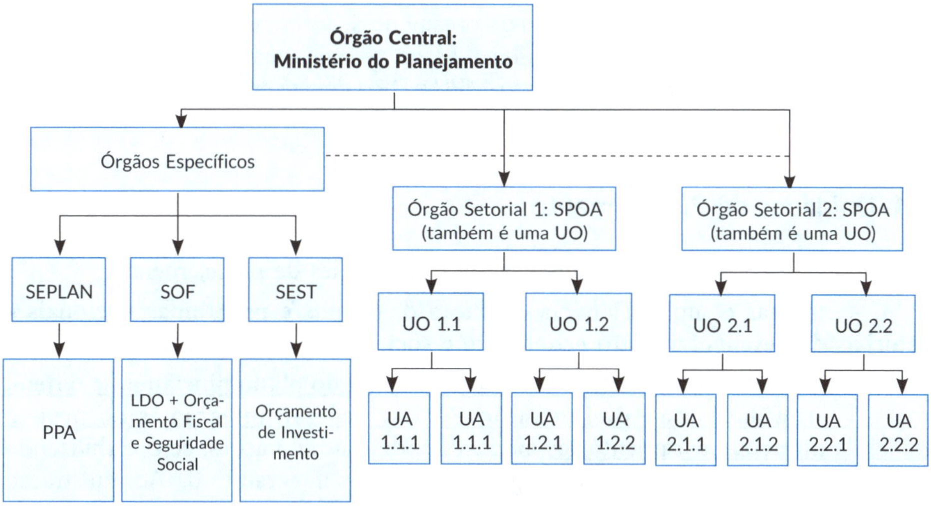

Legenda: SPOA - Subsecretaria de Planejamento, Orçamento e Administração; UO - Unidade Orçamentária; UA - Unidade Administrativa.

Importante

1. Os **órgãos setoriais** são as unidades de planejamento e orçamento dos Ministérios, da Advocacia-Geral da União, da Vice-Presidência e da Casa Civil da

16 Art. 2° da lei 10.180/2001

17 Art. 3° da lei 10.180/2001

Presidência da República. Estão representados na figura pela **SPOA (subsecretaria de planejamento, orçamento e administração)**[18].

2. Os órgãos específicos são aqueles vinculados ou subordinados ao órgão central do Sistema, cuja missão está voltada para as atividades de planejamento e orçamento[19]: **SEPLAN, SOF e SEST.**

3. Os órgãos setoriais e específicos ficam sujeitos à orientação normativa e à supervisão técnica do órgão central do Sistema, sem prejuízo da subordinação ao órgão em cuja estrutura administrativa estiverem integrados. Ou seja, **hierarquicamente a SPOA se submete ao ministro, mas normativamente e tecnicamente deve seguir as orientações dos órgãos específicos: SEPLAN, SOF e SEST**[20].

4. As unidades de planejamento e orçamento das **entidades vinculadas** (administração indireta: fundações públicas) **ou subordinadas** (órgãos singulares da administração direta: Receita Federal, Polícia Federal) aos Ministérios e órgãos setoriais **ficam sujeitas à orientação normativa e à supervisão técnica do órgão central e também**, no que couber, do respectivo **órgão setorial**[21].

5. Sem prejuízo das competências constitucionais e legais de outros Poderes, as unidades responsáveis pelos seus orçamentos ficam sujeitas à orientação normativa do órgão central do Sistema. Assim, **as unidades de planejamento e orçamento do Legislativo, Judiciário, MPU e DPU devem seguir as orientações do MPDG**[22].

2.1. Unidades de Planejamento

Compete às unidades responsáveis pelas atividades de planejamento[23]:

I – elaborar e supervisionar a execução de **planos e programas nacionais e setoriais de desenvolvimento econômico e social**;

II – **coordenar a elaboração dos projetos de lei do plano plurianual e o item, metas e prioridades da Administração Pública Federal, integrantes do projeto de lei de diretrizes orçamentárias**, bem como de suas alterações, compatibilizando as propostas de todos os Poderes, órgãos e entidades integrantes da Administração Pública Federal com os objetivos governamentais e os recursos disponíveis;

III – acompanhar física e financeiramente os planos e programas referidos nos incisos I e II deste artigo, bem como avaliá-los, quanto à eficácia e efetividade, com vistas a subsidiar o processo de alocação de recursos públicos, a política de gastos e a coordenação das ações do governo;

---

18 § 1° do Art. 4° da lei 10.180/2001.

19 § 2° do Art. 4° da lei 10.180/2001.

20 § 3° do Art. 4° da lei 10.180/2001.

21 § 4° do Art. 4° da lei 10.180/2001.

22 Art. 5° da lei 10.180/2001.

23 Art. 7° da lei 10.180/2001.

IV – assegurar que as unidades administrativas responsáveis pela execução dos programas, projetos e atividades da Administração Pública Federal mantenham rotinas de acompanhamento e avaliação da sua programação;

V – manter sistema de informações relacionados a indicadores econômicos e sociais, assim como mecanismos para desenvolver previsões e informação estratégica sobre tendências e mudanças no âmbito nacional e internacional;

VI – identificar, analisar e avaliar os investimentos estratégicos do Governo, suas fontes de financiamento e sua articulação com os investimentos privados, bem como prestar o apoio gerencial e institucional à sua implementação;

VII – realizar estudos e pesquisas socioeconômicas e análises de políticas públicas;

VIII – estabelecer políticas e diretrizes gerais para a atuação das empresas estatais.

Atenção

Consideram-se empresas estatais: as empresas públicas, as sociedades de economia mista, suas subsidiárias e controladas e demais empresas em que a União, direta ou indiretamente, detenha a maioria do capital social com direito a voto. Ou seja, se uma Sociedade de Economia Mista adquire 52% de uma empresa na China, essa empresa é considerada controlada.

2.2. Unidades de Orçamento

Compete às unidades responsáveis pelas atividades de orçamento[24]:

I – coordenar, consolidar e supervisionar a elaboração dos projetos **da lei de diretrizes orçamentárias e da lei orçamentária da União, compreendendo os orçamentos fiscal, da seguridade social e de investimento das empresas estatais**;

II – estabelecer normas e procedimentos necessários à elaboração e à implementação dos orçamentos federais, **harmonizando-os com o plano plurianual**;

III – realizar estudos e pesquisas concernentes ao desenvolvimento e ao aperfeiçoamento do processo orçamentário federal;

IV – acompanhar e avaliar a execução orçamentária e financeira, sem prejuízo da competência atribuída a outros órgãos;

V – **estabelecer classificações orçamentárias, tendo em vista as necessidades de sua harmonização com o planejamento e o controle**;

VI – propor medidas que objetivem a consolidação das informações orçamentárias das diversas esferas de governo.

2.3. Órgãos Específicos

À Secretaria de Planejamento e Assuntos Econômicos (**SEPLAN**)compete [25]:

24 Art. 8º da lei 10.180/2001.

25 Art. 45 do Decreto 9.035/2017.

I – apreciar e emitir pareceres técnicos, nos seus aspectos econômicos, sobre projetos de legislação ou regulamentação, de iniciativa do Ministério ou submetidos à sua análise;

II – acompanhar e projetar a evolução de indicadores econômicos e sociais selecionados e elaborar relatórios periódicos sobre a evolução da conjuntura econômica;

III – elaborar e apreciar propostas de política econômica que tenham impacto sobre o desenvolvimento econômico e social, e de política fiscal, de iniciativas do Ministério ou a este submetidas, e proceder ao acompanhamento das medidas aprovadas e à avaliação dos resultados;

IV – participar, no âmbito do Ministério, da elaboração de estudos ou de propostas relacionados à modernização do Estado e ao planejamento e orçamento governamental;

V – coordenar as ações de planejamento de governo, em articulação com os órgãos setoriais integrantes do Sistema de Planejamento e de Orçamento Federal;

VI – elaborar e coordenar mecanismos de participação social no planejamento;

VII – **estabelecer diretrizes e normas, coordenar, orientar e supervisionar a elaboração, a implementação, o monitoramento e a avaliação do plano plurianual e do planejamento territorial**;

VIII – **sistematizar e disponibilizar informações sobre a execução dos programas e das ações do Governo federal integrantes do plano plurianual**;

IX – realizar estudos e análises para a formulação, a revisão e a avaliação de políticas públicas;

X – coordenar as ações estratégicas de investimento governamental, quanto às dimensões econômica, social e territorial;

XI – exercer a supervisão da Carreira de Analista de Planejamento e Orçamento, em articulação com a Secretaria de Orçamento Federal, observadas as diretrizes do Comitê de Gestão das Carreiras do Ministério do Planejamento, Desenvolvimento e Gestão;

XII – assessorar o Ministro de Estado em sua participação no Conselho Monetário Nacional;

XIII – assessorar os dirigentes do Ministério na discussão das opções estratégicas do País, considerada a conjuntura atual e o **planejamento nacional de longo prazo**;

XIV – fornecer subsídios ao planejamento nacional de longo prazo;

XV – articular-se com o Governo federal e com a sociedade para formular a estratégia nacional de desenvolvimento de longo prazo; e

XVI – elaborar subsídios para a preparação de ações de governo.

À Secretaria de Orçamento Federal (**SOF**) compete[26]:

I – **coordenar, consolidar e supervisionar a elaboração da lei de diretrizes orçamentárias e da proposta orçamentária da União, compreendidos os orçamentos fiscal e da seguridade social**;

26 Art. 9º do Decreto 9.035/2017

II – estabelecer as normas necessárias à elaboração e à implementação dos orçamentos federais sob sua responsabilidade;

III – acompanhar a execução orçamentária, sem prejuízo da competência atribuída a outros órgãos;

IV – realizar estudos e pesquisas concernentes ao desenvolvimento e ao aperfeiçoamento do processo orçamentário federal;

V – **orientar, coordenar e supervisionar tecnicamente os órgãos setoriais de orçamento**;

VI – exercer a supervisão da Carreira de Analista de Planejamento e Orçamento, em articulação com a Secretaria de Planejamento e Assuntos Econômicos, observadas as diretrizes do Comitê de Gestão das Carreiras do Ministério do Planejamento, Desenvolvimento e Gestão;

VII – **estabelecer as classificações orçamentárias da receita e da despesa**;

VIII – acompanhar e avaliar o andamento da despesa pública e de suas fontes de financiamento e desenvolver e participar de estudos econômico-fiscais voltados ao aperfeiçoamento do processo de alocação de recursos;

IX – acompanhar, avaliar e realizar estudos sobre as políticas públicas e a estrutura do gasto público; e

X – acompanhar e propor, no âmbito de suas atribuições, normas reguladoras e disciplinadoras relativas às políticas públicas em suas diferentes modalidades.

À Secretaria de Coordenação e Governança das Empresas Estatais (**SEST**) compete[27]:

I – **coordenar a elaboração** do Programa de Dispêndios Globais – PDG, **do orçamento de investimento das empresas estatais e do demonstrativo da política de aplicação das instituições financeiras oficiais de fomento e compatibilizá-los com o plano plurianual** e com as metas de resultado primário fixadas;

II – acompanhar as execuções orçamentárias e da meta de resultado primário das empresas estatais e requerer, quando julgar convenientes e necessárias, ações corretivas por parte destas empresas;

[...].

3ª Questão (ANTT Analista Cespe 2013): *Julgue o item a seguir:*

No processo de elaboração da proposta orçamentária, a Secretaria de Orçamento Federal coordena, consolida e supervisiona a elaboração da LDO e da proposta orçamentária da União, compreendendo o orçamento fiscal e o orçamento da seguridade social.

4ª Questão (Ministério da Integração Analista Cespe 2013): *Julgue o item a seguir:*

A Secretaria de Orçamento Federal participa de todas as etapas do processo de elaboração da proposta de LOA.

27 Art. 41° do Decreto 9.035/2017

Solução

3.Certo, essa é exatamente a atribuição da SOF.

4. Errado, a SOF não participa da elaboração do Orçamento de Investimento que fica a cargo do SEST.

Gabarito:

3. **Certo**

4. **Errado**

Quadro 11.3: Produtos sob responsabilidade dos órgãos específicos

Órgão específico do Órgão Central de Planejamento e Orçamento	Produto sob sua responsabilidade
SEPLAN	PPA e planos nacionais, regionais e setoriais.
SOF	LDO, Orçamento Fiscal e Orçamento da Seguridade Social.
SEST	Orçamento de Investimento e os Programa de Dispêndios Globais.

2.4. Órgãos Setoriais

O órgão setorial **desempenha o papel de articulador no âmbito da sua estrutura, coordenando o processo decisório no nível subsetorial (UO)**.

Sua atuação no processo orçamentário envolve:

- **estabelecimento de diretrizes setoriais** para elaboração e alterações orçamentárias;
- definição e divulgação de instruções, normas e procedimentos a serem observados **no âmbito do órgão** durante o processo de elaboração e alteração orçamentária;
- avaliação da adequação da estrutura programática e mapeamento das alterações necessárias;
- coordenação do processo de atualização e aperfeiçoamento das informações constantes do cadastro de programas e ações;
- fixação, de acordo com as prioridades setoriais, dos referenciais monetários para apresentação das propostas orçamentárias e **dos limites de movimentação e empenho e de pagamento de suas respectivas UO**;
- **análise e validação das propostas e das alterações orçamentárias de suas UOs**; e
- **consolidação e formalização da proposta e das alterações orçamentárias do órgão**.

2.5. Unidades Orçamentárias

A UO desempenha o papel de coordenação do processo de elaboração da proposta orçamentária no seu âmbito de atuação, **integrando e articulando o trabalho das suas unidades administrativas**, tendo em vista a consistência da programação do órgão.

As UOs **são responsáveis pela apresentação da programação orçamentária detalhada da despesa por programa, ação e subtítulo**. Sua atuação no processo orçamentário compreende:

- estabelecimento de diretrizes no âmbito da UO para elaboração da proposta e alterações orçamentárias;
- estudos de adequação da estrutura programática;
- formalização, ao órgão setorial, da proposta de alteração da estrutura programática sob a responsabilidade de suas unidades administrativas;
- coordenação do processo de atualização e aperfeiçoamento das informações constantes do cadastro de ações orçamentárias;
- fixação dos referenciais monetários para apresentação das propostas orçamentárias e dos **limites de movimentação e empenho e de pagamento de suas respectivas unidades administrativas**;
- **análise e validação das propostas orçamentárias das unidades administrativas**; e
- **consolidação e formalização de sua proposta orçamentária**.

5ª Questão (IPEA Técnico Superior em Orçamento Cespe 2008): *Julgue o item a seguir:*

Na estrutura de planejamento da União, a unidade de planejamento de uma universidade federal se caracteriza como um órgão setorial.

6ª Questão (Câmara dos Deputados Analista Cespe 2014): *Julgue o item a seguir:*

A atuação do órgão setorial no processo orçamentário envolve formalizar as alterações orçamentárias do órgão.

Solução

5. Errado, a unidade de planejamento de uma universidade federal é uma unidade orçamentária apenas. O órgão setorial neste caso seria a SPOA do Ministério da Educação.

6. Certo, essa é exatamente a atribuição do órgão setorial.

Gabarito:

5. **Errado**

6. **Certo**

Quadro 11.4: Quadro comparativo

Órgão setorial	Unidade Orçamentária
Coordena o processo decisório **no nível subsetorial (UO).**	Coordena o trabalho das suas **unidades administrativas.**
Estabelecimento de diretrizes setoriais	As UOs são responsáveis pela apresentação da programação orçamentária detalhada da despesa por programa, ação e subtítulo.
Define e divulga instruções, normas e procedimentos a serem observados**no âmbito do órgão** durante o processo de elaboração e alteração orçamentária	Estabelecimento de diretrizes no **âmbito da UO** para elaboração da proposta e alterações orçamentárias
Fixa, de acordo com as prioridades setoriais, os referenciais monetários para apresentação das propostas orçamentárias e dos limites de movimentação e empenho e de pagamento **de suas respectivas UO**	Fixa os referenciais monetários para apresentação das propostas orçamentárias e dos limites de movimentação e empenho e de pagamento **de suas respectivas unidades administrativas.**
Analisa e valida das propostas e das alterações orçamentárias **de suas UOs**	Analisa e valida das propostas orçamentárias **das unidades administrativas**
Consolida e formaliza a proposta e das alterações orçamentárias **do órgão**.	Consolida e formaliza **sua proposta orçamentária.**

3. LISTA DE QUESTÕES OBJETIVAS

1ª Questão (ENAP Administrador ESAF 2006): *Com relação ao ciclo orçamentário no Brasil, pode-se afirmar que ele corresponde ao período no qual se processam as atividades peculiares do processo orçamentário. Identifique a única opção incorreta com relação ao referido processo.*

a) As unidades administrativas elaboram as propostas parciais e as consolida.

b) Os órgãos setoriais de orçamento traduzem as diretrizes ao nível setorial e consolida as propostas das unidades orçamentárias.

c) O órgão central de planejamento estabelece as diretrizes e realiza a consolidação geral.

d) O Poder Executivo envia a Mensagem e o Projeto de Lei Orçamentária para a discussão e aprovação do Poder Legislativo.

e) Sancionado o Projeto de Lei Orçamentária, o órgão central de orçamento elabora os Quadros de Detalhamento da Receita e o Quadro de Detalhamento da Despesa.

Solução

a) Errado, quem consolida as propostas das unidades administrativas é a unidade orçamentária.

b) Certo, sem comentários adicionais.

c) Certo, sem comentários adicionais.

d) Certo, sem comentários adicionais.

e) Certo, sem comentários adicionais.

Gabarito: **A**

2ª Questão (SERPRO Cespe 2008): *Julgue o item a seguir:*

O órgão central do sistema de planejamento e de orçamento federal é a Secretaria de Orçamento Federal.

Solução

Errado, o órgão central é o Ministério do Planejamento.

Gabarito: **Errado**

3ª e a 4ª Questões (IPEA Técnico Superior em Orçamento Cespe 2008): *Julgue os itens a seguir:*

Na estrutura de planejamento da União, a unidade de planejamento de uma universidade federal se caracteriza como um órgão setorial.

4. Promover a articulação com os estados, o Distrito Federal e os municípios, visando a compatibilização de normas e tarefas afins aos diversos sistemas, nos planos federal, estadual, distrital e municipal é uma das finalidades do Sistema de Planejamento e Orçamento Federal.

Solução

3. Errado, se caracteriza como unidade orçamentária. O órgão setorial é o próprio ministério da educação.

4. Certo, o Sistema de Planejamento e de Orçamento Federal tem por finalidade: I – formular o planejamento estratégico nacional; II – formular planos nacionais, setoriais e regionais de desenvolvimento econômico e social; III – formular o plano plurianual, as diretrizes orçamentárias e os orçamentos anuais; IV – gerenciar o processo de planejamento e orçamento federal; V – promover a articulação com os Estados, o Distrito Federal e os Municípios, visando a compatibilização de normas e tarefas afins aos diversos Sistemas, nos planos federal, estadual, distrital e municipal.

Gabarito:

3. **Errado**

4. **Certo**

Unidade Didática III
Ciclo Orçamentário na União

5ª Questão (Senado Analista FGV 2008): *O Sistema de Planejamento e de Orçamento Federal instituído pela Lei 10.180/01 compreende as finalidades descritas a seguir, à exceção de uma. Assinale-a.*

a) formular o planejamento estratégico nacional
b) formular planos nacionais, setoriais e regionais de desenvolvimento econômico e social
c) formular o plano plurianual, as diretrizes orçamentárias e os orçamentos anuais
d) gerenciar o processo de planejamento e o orçamento federal
e) promover a articulação com Estados, o Distrito Federal e os municípios visando à consolidação dos orçamentos.

Solução

A seguir constam as atribuições do Sistema de Planejamento e de Orçamento Federal: I - formular o planejamento estratégico nacional; II - formular planos nacionais, setoriais e regionais de desenvolvimento econômico e social; III - formular o plano plurianual, as diretrizes orçamentárias e os orçamentos anuais; IV - gerenciar o processo de planejamento e orçamento federal; V - promover a articulação com os Estados, o Distrito Federal e os Municípios, visando a compatibilização de normas e tarefas afins aos diversos Sistemas, nos planos federal, estadual, distrital e municipal.

Gabarito E, uma vez que o Sistema visa a compatibilização de normas e tarefas afins aos diversos Sistemas e não a consolidação dos orçamentos.

Gabarito: **E**

6ª Questão (Ministério da Integração Analista Cespe 2009): *Julgue o item a seguir:*

As diretrizes setoriais para a elaboração da proposta de lei orçamentária anual devem ser definidas no âmbito da Secretaria de Orçamento Federal.

Solução

Errado, são definidas pelo órgão setorial.

Gabarito: **Errado**

7ª Questão (Unipampa Contador Cespe 2009): *Julgue o item a seguir:*

As diretrizes setoriais para a elaboração da proposta orçamentária não devem ser estabelecidas pelo órgão central de planejamento e orçamento.

Solução

Certo, são definidas pelo órgão setorial.

Gabarito: **Certo**

8ª Questão (INMETRO Analista Executivo em Metrologia e Qualidade Contador Cespe 2009): *Julgue o item a seguir:*

A Secretaria do Tesouro Nacional é o órgão central do Sistema de Contabilidade Federal.

Solução

Certo, a STN é órgão central do Sistema de Contabilidade Federal e do Sistema de Administração Financeira Federal.

Gabarito: **Certo**

9ª Questão (SEFAZ-CE ESAF Analista 2010): *A Lei n. 10.180, de 06 de fevereiro de 2001, organizou e disciplinou o Sistema de Planejamento e Orçamento Federal. Identifique qual objetivo faz parte desse Sistema, segundo a referida Lei.*

a) Formular planos nacionais, setoriais e regionais de desenvolvimento econômico e social.

b) Administrar as operações de crédito sob a responsabilidade do Tesouro Nacional.

c) Gerir a dívida pública mobiliária federal e a dívida externa de responsabilidade do Tesouro Nacional.

d) Manter controle dos compromissos que onerem, direta ou indiretamente, a União junto a entidades ou organismos internacionais.

e) Editar normas sobre a programação financeira e a execução orçamentária e financeira, bem como promover o acompanhamento, a sistematização e a padronização da execução da despesa pública.

Solução

a) Certo, o Sistema de Planejamento e de Orçamento Federal tem por finalidade: I - formular o planejamento estratégico nacional; II - formular planos nacionais, setoriais e regionais de desenvolvimento econômico e social; III - formular o plano plurianual, as diretrizes orçamentárias e os orçamentos anuais; IV - gerenciar o processo de planejamento e orçamento federal; V - promover a articulação com os Estados, o Distrito Federal e os Municípios, visando a compatibilização de normas e tarefas afins aos diversos Sistemas, nos planos federal, estadual, distrital e municipal.

b) Errado, é objetivo do sistema de administração financeira.

c) Errado, é objetivo do sistema de administração financeira.

d) Errado, é objetivo do sistema de administração financeira.

e) Errado, é objetivo do sistema de administração financeira.

Gabarito: **A**

10ª Questão (SEFAZ-CE ESAF Analista 2010): *Segundo definido no Manual Técnico de Orçamento para o exercício de 2010 - MTO-2010, o sistema de planejamento e orçamento federal é integrado pelos seguintes órgãos:*

a) Todos os órgãos e entidades públicas e privadas que são responsáveis pela aplicação de recursos oriundos do orçamento.

b) Unidades setoriais de orçamento de cada ministério ou órgão.

c) Aqueles identificados na classificação institucional do orçamento e que relacionam os órgãos orçamentários e suas respectivas unidades orçamentárias.

d) Órgãos de programação orçamentária e financeira dos Poderes da União.

e) Unidades orçamentárias não relacionadas com estruturas administrativas.

Solução

a) Errado, integram o Sistema de Planejamento e de Orçamento Federal: I - o Ministério do Planejamento, Orçamento e Gestão, como órgão central; II - órgãos setoriais; III - órgãos específicos. Os órgãos setoriais são as unidades de planejamento e orçamento dos Ministérios, da Advocacia-Geral da União, da Vice-Presidência e da Casa Civil da Presidência da República.

b) Errado, apenas ministérios possuem e são órgão setoriais.

c) Certo, sem comentários adicionais.

d) Errado, seria do sistema de administração financeira.

e) Errado, integram o Sistema de Planejamento e de Orçamento Federal: I - o Ministério do Planejamento, Orçamento e Gestão, como órgão central; II - órgãos setoriais; III - órgãos específicos. Os órgãos setoriais são as unidades de planejamento e orçamento dos Ministérios, da Advocacia-Geral da União, da Vice-Presidência e da Casa Civil da Presidência da República.

Gabarito: **C**

11ª a 14ª Questões (MPU Analista Cespe 2010): *Julgue os itens a seguir:*

11. A elaboração do orçamento anual da União ocorre no âmbito do sistema de planejamento e de orçamento federal, que tem como órgão central o Ministério da Fazenda.

12. A formulação de planos nacionais, setoriais e regionais de desenvolvimento econômico e social e a formulação do plano plurianual (PPA) estão entre os objetivos do sistema de planejamento e de orçamento federal.

13. As unidades orçamentárias, na elaboração de suas propostas, devem discriminar a prioridade de gastos por tipo de detalhamento orçamentário compatível com as ações orçamentárias, mas as fontes de recursos para tais despesas devem ser indicadas somente pelo órgão central de planejamento.

14. As propostas dos órgãos setoriais somente devem ser enviadas à Secretaria de Orçamento Federal (SOF) quando os valores da programação estiverem de acordo com os limites orçamentários estabelecidos.

Solução

11. Errado, o órgão central é o Ministério do Planejamento.

12. Certo, o Sistema de Planejamento e de Orçamento Federal tem por finalidade: I - formular o planejamento estratégico nacional; II - formular planos nacionais, setoriais e regionais de desenvolvimento econômico e social; III - formular o plano plurianual, as diretrizes orçamentárias e os orçamentos anuais; IV - gerenciar o processo de planejamento e orçamento federal; V - promover a articulação com os Estados, o Distrito Federal e os Municípios, visando a compatibilização de normas e tarefas afins aos diversos Sistemas, nos planos federal, estadual, distrital e municipal.

13. Errado, de fato as UOs são responsáveis pela apresentação da programação orçamentária detalhada da despesa por programa, ação e subtítulo.

Porém, quando da elaboração da proposta orçamentária no executivo, a proposta será fonteada pela SOF, MPOG e Casa Civil vide Figura 11.2.

14. Errado, a proposta setorial pode ser diferente, pois a demanda pode ser maior que o limite. Neste caso, compete a SOF dar a apalavra final se o limite vai ou não ser alterado.

Gabarito:

11. **Errado**
12. **Certo**
13. **Errado**
14. **Errado**

15ª Questão (TCU AUFC Cespe 2011): *Julgue o item a seguir:*

O órgão central do sistema de contabilidade federal também exerce as funções de órgão central do sistema de administração financeira federal.

Solução

Certo, a STN é órgão central do Sistema de Contabilidade Federal e do Sistema de Administração Financeira Federal.

Gabarito: **Certo**

16ª Questão (TJ-PI Contador FCC 2012): *No ciclo orçamentário, a apresentação das propostas orçamentárias dentro da estrutura programática da despesa, por meio de programas de trabalho, projetos, atividades e operação especial, é competência*

a) da Secretaria do orçamento federal.

b) do órgão setorial.

c) do ministério do planejamento, orçamento e gestão.

d) da presidência da República.

e) da unidade orçamentária.

Solução

Observe o Quadro a seguir:

Órgão setorial	Unidade Orçamentária
Coordena o processo decisório no nível subsetorial (UO).	Coordena o trabalho das suas unidades administrativas.
Estabelecimento de diretrizes setoriais	As UOs são responsáveis pela apresentação da programação orçamentária detalhada da despesa por programa, ação e subtítulo.
Define e divulga instruções, normas e procedimentos a serem observados no âmbito do órgão durante o processo de elaboração e alteração orçamentária	Estabelecimento de diretrizes no âmbito da UO para elaboração da proposta e alterações orçamentárias
Fixa, de acordo com as prioridades setoriais, os referenciais monetários para apresentação das propostas orçamentárias e dos limites de movimentação e empenho e de pagamento de suas respectivas UO	Fixa os referenciais monetários para apresentação das propostas orçamentárias e dos limites de movimentação e empenho e de pagamento de suas respectivas unidades administrativas.
Analisa e valida das propostas e das alterações orçamentárias de suas UOs	Analisa e valida das propostas orçamentárias das unidades administrativas
Consolida e formaliza a proposta e das alterações orçamentárias do órgão.	Consolida e formaliza sua proposta orçamentária.

Gabarito: **E**

17ª Questão (TRT 15ª Região FCC 2013): *No âmbito federal, o sistema de planejamento e orçamento compreende as atividades de elaboração, acompanhamento e avaliação de planos, programas e orçamentos, e de realização de estudos e pesquisas socioeconômicas. Assim, nos termos da Lei nº 10.180/2001 integra o sistema, como órgão central,*

a) a Controladoria Geral da União.

b) o Ministério do Planejamento, Orçamento e Gestão.

c) o Ministério da Fazenda.

d) as unidades de planejamento e orçamento dos Ministérios.

e) a Secretaria de Orçamento Federal – SOF.

Solução

Gabarito B, sem comentários adicionais.

Gabarito: **B**

18ª Questão (ANTT Agente Cespe 2013): *Julgue o item a seguir:*

No processo de elaboração da proposta orçamentária, a Secretaria de Orçamento Federal coordena, consolida e supervisiona a elaboração da LDO e da proposta orçamentária da União, compreendendo o orçamento fiscal e o orçamento da seguridade social.

Solução

Certo, sem comentários adicionais.

Gabarito: **Certo**

19ª Questão (Ministério Integração Analista Cespe 2013): *Julgue o item a seguir.*

A Secretaria de Orçamento Federal participa de todas as etapas do processo de elaboração da proposta de LOA.

Solução

Errado, a SOF não participa da elaboração do Orçamento de Investimento que fica a cargo da SEST.

Gabarito: **Errado**

20ª Questão (IBAMA Analista Administrativo Cespe 2013): *Julgue o item a seguir:*

Compete às unidades responsáveis pelas atividades de orçamento exercer o controle das operações de crédito, avais e garantias, bem como dos direitos e haveres da União.

Solução

Errado, não está entre as atribuições a seguir:

I – coordenar, consolidar e supervisionar a elaboração dos projetos da lei de diretrizes orçamentárias e da lei orçamentária da União, compreendendo os orçamentos fiscal, da seguridade social e de investimento das empresas estatais;

II – estabelecer normas e procedimentos necessários à elaboração e à implementação dos orçamentos federais, harmonizando-os com o plano plurianual;

III – realizar estudos e pesquisas concernentes ao desenvolvimento e ao aperfeiçoamento do processo orçamentário federal;

IV – acompanhar e avaliar a execução orçamentária e financeira, sem prejuízo da competência atribuída a outros órgãos;

V – estabelecer classificações orçamentárias, tendo em vista as necessidades de sua harmonização com o planejamento e o controle;

VI – propor medidas que objetivem a consolidação das informações orçamentárias das diversas esferas de governo.

Essa atribuição é do sistema de administração financeira.

Gabarito: **Errado**

21ª Questão (TRE-MS Analista Judiciário Cespe 2013): *Julgue o item a seguir:*

A elaboração do orçamento anual desenvolve-se no âmbito do Sistema de Planejamento e de Orçamento Federal, cujo órgão central é o Ministério do Desenvolvimento Social.

Solução

Errado, o órgão central é o Ministério do Planejamento.

Gabarito: **Errado**

22ª Questão (MPOG Técnico Cespe 2013): *Julgue o item a seguir:*

O Ministério do Planejamento, Orçamento e Gestão, como órgão central do sistema, realiza estudos e pesquisas para acompanhamento da conjuntura socioeconômica e gestão dos sistemas cartográficos e estatísticos nacionais.

Solução

Certo, sem comentários adicionais.

Gabarito: **Certo**

23ª Questão (Ministério da Saúde Administrador Cespe 2013): *Julgue o item a seguir:*

Uma das finalidades do sistema de planejamento e de orçamento federal, cujo órgão central é o Ministério da Fazenda, é formular planos nacionais, setoriais e regionais de desenvolvimento.

Solução

Errado, o órgão central é o Ministério do Planejamento.

Gabarito: **Errado**

24ª Questão (MDIC Cespe 2014): *Julgue o item a seguir:*

Entre os órgãos setoriais do sistema de planejamento estão as unidades de planejamento e orçamento dos Ministérios e da Casa Civil da Presidência da República e a Secretaria de Orçamento Federal.

Solução

Errado, a SOF é órgão específico.

Gabarito: **Errado**

25ª Questão (Câmara dos Deputados Analista Cespe 2014): *Julgue o item a seguir:*

A atuação do órgão setorial no processo orçamentário envolve formalizar as alterações orçamentárias do órgão.

Solução

Certo, a formalização do órgão é do órgão setorial.

Gabarito: **Certo**

26ª Questão (TCE-RN Auditor Cespe 2015): *Julgue o item a seguir:*

A elaboração do projeto de lei orçamentária anual é iniciada e controlada pelo órgão central do sistema de administração financeira federal.

Solução

Errado, seria realizada pelo sistema de planejamento e orçamento.

Gabarito: **Errado**

27ª Questão (MPU Analista Cespe 2015): *Julgue o item a seguir:*

Os órgãos setoriais integram o Sistema de Planejamento e Orçamento Federal e atuam verticalmente no processo decisório, integrando os produtos gerados no nível subsetorial, coordenado pelas unidades. Esses órgãos setoriais ficam sujeitos à orientação normativa e à supervisão técnica do Ministério do Planejamento, Orçamento e Gestão.

Solução

Certo, sem comentários adicionais.

Gabarito: **Certo**

28ª a 30ª Questões (STJ Analista Cespe 2015): *Julgue os itens a seguir:*

28. O Ministério do Planejamento, Orçamento e Gestão, como órgão central do Sistema de Planejamento e de Orçamento Federal, é responsável pela orientação normativa aos órgãos setoriais e específicos, às unidades de planejamento e orçamento das entidades vinculadas aos ministérios, e às unidades responsáveis pelos orçamentos de outros poderes.

29. As propostas apresentadas pelos órgãos setoriais de planejamento e orçamento são consolidadas por programas, com o detalhamento das atividades, projetos e operações especiais.

30. Se determinado órgão integrante da estrutura administrativa de um ministério for responsável pela elaboração, pelo acompanhamento e pela avaliação das propostas

orçamentárias correspondentes ao seu ministério, então este órgão integrará, na qualidade de órgão específico, o Sistema de Planejamento e Orçamento Federal.

Solução

28. Certo, sem comentários adicionais.

29. Certo, as UOs são responsáveis pela apresentação da programação orçamentária detalhada da despesa por programa, ação e subtítulo. Assim, durante o processo de consolidação as propostas já vão por programas.

30. Errado, se determinado órgão integrante da estrutura administrativa de um ministério for responsável pela elaboração, pelo acompanhamento e pela avaliação das propostas orçamentárias correspondentes ao seu ministério, então este órgão integrará, na qualidade de órgão setorial, o Sistema de Planejamento e Orçamento Federal.

Gabarito:

28. **Certo**

29. **Certo**

30. **Errado**

31ª Questão (Ministério do Planejamento APO ESAF 2015): *Assinale a opção que indica uma finalidade que não pertence ao Sistema de Planejamento e Orçamento Federal.*

a) Gerenciar o processo de planejamento e orçamento federal.
b) Formular planos nacionais, setoriais e regionais de desenvolvimento econômico e social.
c) Formular o planejamento estratégico nacional.
d) Supervisionar a execução, pelos demais entes da federação, de planos nacionais em que a participação desses entes seja determinada por lei.
e) Promover a articulação com os Estados, o Distrito Federal e os Municípios, visando a compatibilização de normas e tarefas afins aos diversos Sistemas.

Solução

O Sistema de Planejamento e de Orçamento Federal tem por finalidade: I – formular o planejamento estratégico nacional; II – formular planos nacionais, setoriais e regionais de desenvolvimento econômico e social; III – formular o plano plurianual, as diretrizes orçamentárias e os orçamentos anuais; IV – gerenciar o processo de planejamento e orçamento federal; V – promover a articulação com os Estados, o Distrito Federal e os Municípios, visando a compatibilização de normas e tarefas afins aos diversos Sistemas, nos planos federal, estadual, distrital e municipal.

Assim, gabarito D.

Gabarito: **D**

32ª Questão (Ministério do Planejamento APO ESAF 2015): *Em relação às atribuições e funcionamento dos órgãos central e setoriais do Sistema de Planejamento e Orçamento Federal, é correto afirmar:*

a) o órgão central do sistema, nesta condição, subordina os setoriais dos demais Poderes em razão da necessidade de coordenação definida pela Constituição Federal.

b) os órgãos setoriais e específicos estão sujeitos à orientação normativa do órgão central do sistema sem prejuízo da subordinação ao órgão a qual pertencem.

c) os órgãos integrantes da Presidência da República, em razão da sua importância estratégica, possuem cada um o seu próprio órgão setorial.

d) os órgãos setoriais são as unidades de planejamento, orçamento e finanças dos Ministérios, da Advocacia-Geral da União, da Vice-Presidência e da Casa Civil da Presidência da República.

e) os órgãos integrantes do Sistema de Planejamento têm competência exclusiva para realizar a avaliação dos planos e programas no âmbito da Administração Pública Federal.

Solução

a) Errado, os órgãos setoriais e específicos ficam sujeitos à orientação normativa e à supervisão técnica do órgão central do Sistema, sem prejuízo da subordinação ao órgão em cuja estrutura administrativa estiverem integrados. Sem prejuízo das competências constitucionais e legais de outros Poderes, as unidades responsáveis pelos seus orçamentos ficam sujeitas à orientação normativa do órgão central do Sistema. Assim, as unidades de planejamento e orçamento do Legislativo, Judiciário, MPU e DPU devem seguir as orientações do MPOG.

b) Certo, sem comentários adicionais.

c) Errado, o órgão setorial da Casa Civil da Presidência da República tem como área de atuação todos os órgãos integrantes da Presidência da República, ressalvados outros determinados em legislação específica.

d) Errado, os órgãos setoriais são as unidades de planejamento e orçamento dos Ministérios, da Advocacia-Geral da União, da Vice-Presidência e da Casa Civil da Presidência da República.

e) Errado, seria o sistema de controle interno.

Gabarito: **B**

33ª Questão (TCM-SP Auditor FGV 2015): *O ciclo de aprovação, execução, controle e prestação de contas do orçamento público apresenta uma série de etapas com suas competências. Associe os órgãos/poderes e suas respectivas competências no ciclo orçamentário.*

(1) Controle interno
(2) Órgão central de contabilidade
(3) Órgão central de planejamento
(4) Unidade Orçamentária

( ) Elaboração do Projeto de Lei Orçamentária
( ) Elaboração do quadro de detalhamento da despesa
( ) Elaboração da proposta de Programação Financeira
( ) Acompanhamento, avaliação e correção de rumos

A associação correta é:

a) 3 - 3 - 2 - 4 - 1;
b) 3 - 2 - 1 - 4 - 2;
c) 4 - 3 - 2 - 3 - 1;
d) 4 - 3 - 2 - 2 - 1;
e) 2 - 1 - 3 - 4 - 2.

Solução

O gabarito seria A. A Elaboração do quadro de detalhamento da despesa faz parte do tema ciclo orçamentário.

Gabarito: **A**

34ª Questão (ANAC Analista ESAF 2016): *Analise as seguintes proposições sobre o Sistema de Contabilidade Federal, nos termos do definido na Lei 10.180/2001.*

I. A Secretaria de Orçamento Federal (SOF) é o órgão central.

II. O órgão de controle interno da Casa Civil exercerá as atividades de órgão setorial contábil de todos os órgãos integrantes da Presidência da República.

III. Os órgãos setoriais têm subordinação exclusiva ao órgão central do Sistema de Contabilidade Federal.

Podemos afirmar, acerca das proposições acima, que:

a) apenas a II está correta.
b) apenas a III está correta.
c) apenas a I está correta.
d) todas as proposições estão corretas.
e) todas as proposições estão erradas.

Solução

I. Errado, seria a STN.

II. Certo, sem comentários adicionais.

III. Errado, eles se sujeitam normativamente e tecnicamente.

Gabarito: **A**

CAPÍTULO 12

CICLO ORÇAMENTÁRIO DA LOA E CICLO ORÇAMENTÁRIO AMPLIADO

1. CICLO ORÇAMENTÁRIO DA LOA

O ciclo orçamentário da LOA é composto por 4 etapas ilustradas na Figura 12.1.

Figura 12.1: Ciclo Orçamentário da Lei Orçamentária Anual (LOA)

A Figura 12.2 ilustra as principais datas no ciclo orçamentário da União.

Figura 12.2: Ciclo Orçamentário da LOA **2018** na União

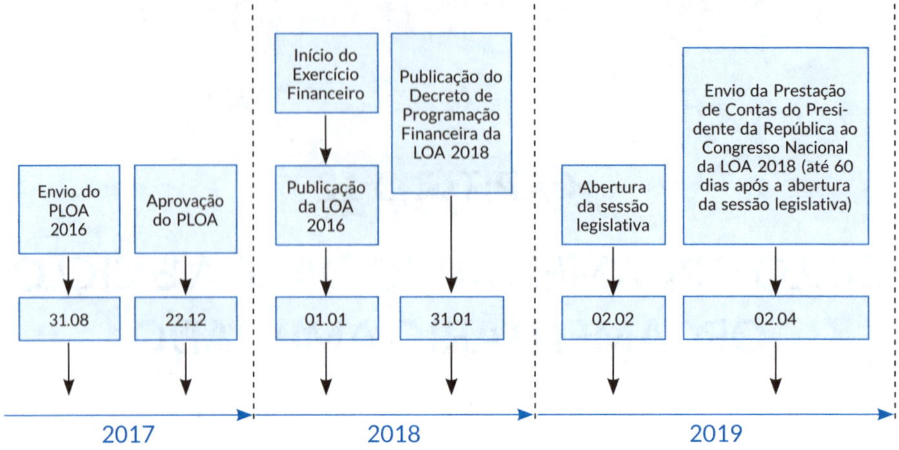

Legenda: considerou-se que entre 02.02.2019 e 02.04.2019 existem 60 dias.

Fazendo uma análise sobre o ciclo orçamentário da União, observa-se que **a etapa de Elaboração (1ª Etapa) e a <u>etapa de Discussão, Votação e Aprovação (2ª Etapa)</u> ocorrem em 2017**, ***enquanto a etapa de Execução Orçamentária Financeira (3ª Etapa) ocorre em 2018.***

Observa-se na Figura 1.2 que o ciclo orçamentário da LOA 2018 é maior que 1 ano, abrangendo pelo menos 3 (três) exercícios. Isso se for considerado que o julgamento das contas do chefe do Executivo (4ª etapa da LOA) de fato ocorra no ano seguinte ao da Execução da LOA (3ª Etapa da LOA). Há casos no âmbito federal, que o julgamento das contas demorou em torno de 10 anos.

Na União, a **1ª etapa da LOA – Elaboração** se encerra com o envio do PLOA até 31/08/2017, enquanto a **<u>2ª etapa da LOA – Discussão, Votação e Aprovação</u>** se encerra com a devolução da LOA aprovada até 22/12/2017.

A ***3ª etapa da LOA – Execução Orçamentária e Financeira*** se inicia em 01/01/2018 e se encerra em 31/12/2018.

Apesar **da etapa de Controle e Avaliação vir em 4° lugar**, a mesma pode ser observada em todas as etapas, haja vista serem observados três tipos de controle: prévio, concomitante e subsequente[28]. A seguir constam exemplos de controles que existem nas quatro etapas da LOA considerando todo o ciclo orçamentário.

28 Art. 77° da lei 4.320/1964.

Quadro 12.1: Exemplos de controles durante o ciclo orçamentário da LOA a ser executada em 2018

Exemplo	Em que consiste	Etapa em que ocorre	Ano
Controle sobre as propostas orçamentárias dos demais Poderes.	Caso as propostas orçamentárias dos demais Poderes, MPU e DPU estejam em desacordo como os limites da LDO, o Executivo efetuará os ajustes dentro dos limites da LDO[14].	1ª Etapa - Elaboração	2017
Exame sobre a admissibilidade de emendas na Comissão Mista de Orçamento.	Não são aceitas emendas, por exemplo, que estejam incompatíveis como o PPA e a LDO[15].	2ª Etapa - Discussão, Votação e Aprovação	2017
Atuação do controle interno ou externo sobre editais (antes da execução da despesa).	Os Tribunais de Contas e os órgãos integrantes do sistema de controle interno poderão solicitar para exame, até o dia útil imediatamente anterior à data de recebimento das propostas, cópia de edital de licitação já publicado, obrigando-se os órgãos ou entidades da Administração interessada à adoção de medidas corretivas pertinentes que, em função desse exame, lhes forem determinadas[16].	3ª Etapa - Execução Orçamentária e Financeira	2018
Prestação de Contas do Presidente da República	Até 60 dias após a abertura da sessão legislativa o Presidente da República deve enviar a prestação de contas ao Congresso Nacional [17].	4ª Etapa - Controle e Avaliação	2019

2. CICLO ORÇAMENTÁRIO AMPLIADO

Segundo Sanches [33] o ciclo orçamentário ampliado desdobrar-se em oito fases, quais sejam:

1. Formulação do planejamento plurianual, pelo Executivo;
2. Apreciação e adequação do plano, pelo Legislativo;

29 § 4° do Art. 99° da CF/1988

30 Inciso I do § 3° do Art. 166° da CF/1988.

31 § 2° do art. 113° da lei 8.666/1993.

32 Inciso XXIV do art. 84° da CF/1988.

33 SANCHES, Osvaldo Maldonado: *O ciclo orçamentário:* uma reavaliação à luz da Constituição de 1988: *Revista de Administração Pública*, Rio de Janeiro: FGV, v. 27, n.4, pp. 54-76, out./dez. 1993

3. Proposição de metas e prioridades para a administração e da política de alocação de recursos pelo Executivo;
4. Apreciação e adequação da LDO, pelo Legislativo;
5. Elaboração da proposta de orçamento, pelo Executivo;
6. Apreciação, adequação e autorização legislativa;
7. Execução dos orçamentos aprovados;
8. Avaliação da execução e julgamento das contas.

Chamada 22 do Autor: Ciclo Orçamentário Ampliado

Atenção

Observa-se que as 4 últimas etapas do ciclo de 8 etapas coincidem com as etapas da corrente majoritária: ciclo de quatro etapas.

1ª Questão (STF Analista Judiciário – Administração Cespe 2013): *Julgue o item a seguir:*

Nos termos da CF, o ciclo orçamentário desdobra-se em oito fases, cada uma com ritmo próprio, finalidade distinta e periodicidade definida.

Solução

1. Certo. Não se deve usar como parâmetro único para marcar certo ou errado em uma questão de ciclo, o fato dele ter 4 ou 8 etapas, pois ambas as abordagens podem estar certas conforme o contexto. Deve-se analisar outros elementos para marcar errado.

Gabarito:

1. **Certo**

3. LISTA DE QUESTÕES OBJETIVAS

1ª Questão (Ministério da Cultura Analista FGV 2006): *A respeito do ciclo orçamentário no Brasil, analise as afirmativas a seguir:*

I. O projeto do Plano Plurianual, para vigência até o final do primeiro exercício financeiro do mandato presidencial subsequente, será encaminhado até seis meses antes do encerramento do primeiro exercício financeiro e devolvido para sanção até o encerramento da sessão legislativa.

II. A Lei de Diretrizes Orçamentárias (LDO) compreenderá as metas e prioridades da administração pública federal, incluindo as despesas de capital para o exercício financeiro subsequente; orientará a elaboração da Lei Orçamentária Anual; disporá sobre as alterações na legislação tributária; e estabelecerá a política de aplicação das agências financeiras oficiais de fomento, sendo devolvido para sanção até o encerramento da sessão legislativa.

III. O projeto de lei orçamentária da União, que inclui o Orçamento Geral da União, é encaminhado até quatro meses antes do encerramento do exercício financeiro e devolvido para sanção até o encerramento da sessão legislativa.

Assinale:

a) se somente a afirmativa I estiver correta.
b) se somente a afirmativa II estiver correta.
c) se somente a afirmativa III estiver correta.
d) se somente as afirmativas I e II estiverem corretas.
e) se somente as afirmativas II e III estiverem corretas.

Solução

I. Errado, pois o projeto do Plano Plurianual, para vigência até o final do primeiro exercício financeiro do mandato presidencial subsequente, será encaminhado **até quatro meses antes** do encerramento do primeiro exercício financeiro e devolvido para sanção até o encerramento da sessão legislativa.

II. Certo, sem comentários adicionais.

III. Certo, sem comentários adicionais.

Gabarito: **E**

2ª Questão (TCE-GO Analista de Controle Externo ESAF 2007): *O orçamento é um instrumento fundamental de governo e seu principal documento de políticas públicas. Por meio dele, os governantes selecionam prioridades, decidindo como gastar os recursos extraídos da sociedade e como distribuí-los entre diferentes grupos sociais, conforme seu peso ou força política. No que diz respeito a orçamento, indique a opção falsa.*

a) Nas decisões orçamentárias, os problemas centrais de uma ordem democrática como representação estão presentes.
b) A Constituição de 1988 trouxe inegável avanço na estrutura institucional que organizou o processo orçamentário brasileiro.
c) A Constituição de 1988 não só introduziu o processo de planejamento no ciclo orçamentário, medida tecnicamente importante, mas, sobretudo, reforçou o Poder Legislativo.
d) A Constituição de 1988 indica que, por iniciativa do Poder Legislativo, devem ser estabelecidas, além do Plano Plurianual (PPA), a Lei de Diretrizes Orçamentárias (LDO) e a Lei Orçamentária Anual (LOA).
e) O Plano Plurianual é um instrumento de Planejamento no qual são apresentados, de quatro em quatro anos, os objetivos e as metas governamentais.

Solução

a) Certo, sem comentário adicionais.

b) Certo, Constituição de 1988 trouxe um novo modelo integrado: PPA, LDO e LOA.

c) Certo, pois se tomarmos por base a CF/1967 em que o Legislativo apenas tinha papel simbólico no processo orçamentário, na CF/1988 o Legislativo volta a propor emendas de mérito na LOA, fiscaliza a execução da LOA e julga o presidente.

d) Errado, a iniciativa dos instrumentos de planejamento (PPA, LDO e LOA) é do Poder Executivo.

e) Certo, é o conceito do art. 165 da CF/1988.

Gabarito: **D**

3ª Questão (TRF 5ª Região Analista Judiciário FCC 2008): *Elaboração, estudo/aprovação, execução e avaliação são sequências das etapas desenvolvidas pelo processo orçamentário denominado*

a) plano de diretrizes orçamentárias.

b) plano plurianual.

c) ciclo orçamentário.

d) plano de orçamentos anuais.

e) sistema de planejamento integrado.

Solução

Gabarito C, sem comentários adicionais.

Gabarito: **C**

4ª Questão (Bahia Gás Analista FCC 2010): *O ciclo orçamentário na gestão pública*

I. é um processo de caráter intermitente e simultâneo, por meio do qual se elabora, aprova, executa, controla e avalia a programação de dispêndios do setor público nos aspectos físico e financeiro.

II. corresponde ao período de tempo em que se processam as atividades típicas do orçamento público, desde sua concepção até a apreciação final.

III. envolve um período maior que o exercício financeiro, uma vez que abrange todas as fases do processo orçamentário: elaboração da proposta; discussão e aprovação; execução e acompanhamento; controle e avaliação do orçamento.

IV. é o espaço de tempo compreendido entre 1° de janeiro e 31 de dezembro de cada ano.

V. é a utilização sistemática de indicadores e padrões de medição do trabalho e dos resultados.

É correto o que consta APENAS em

a) I e IV.

b) II e III.

c) I, II e IV.

d) II, III e V.

e) III, IV e V.

Solução

I. Errado, o processo é continuo, e não intermitente como se afirma. O restante está correto

II. Certo, sem comentários adicionais.

III. Certo, sem comentários adicionais.

IV. Errado, pois este período citado corresponde apenas à 3ª etapa da LOA.

V. Errado, esses são atributos do conceito de orçamento-programa e não especificamente do ciclo orçamentário.

Gabarito: **B**

5ª Questão (TCM-CE Analista de Controle Externo FCC 2010): *É correto afirmar que o ciclo orçamentário*

a) começa com a aprovação da LOA.

b) termina com a aprovação da LOA.

c) é composto por etapa de competência do Poder Legislativo.

d) dura exatamente o período correspondente ao exercício financeiro.

e) inicia-se com ato do Poder Legislativo.

Solução

a) Errado, pois a aprovação da LOA corresponde ao o término da 2ª etapa da LOA.

b) Errado, pois a aprovação da LOA corresponde ao o término da 2ª etapa da LOA.

c) Certo, seria a 2ª Etapa.

d) Errado, pois o exercício financeiro corresponde apenas a 3ª etapa da LOA.

e) Errado, pois inicia-se com ato do Poder do Poder Executivo.

Gabarito: **C**

6ª Questão (TRE-CE Analista Judiciário FCC 2012): *Os procedimentos a serem realizados para elaboração, aprovação, execução e controle dos instrumentos orçamentários, cujas regras estão no artigo 35, parágrafo 2º do Ato das Disposições Constitucionais Transitórias (ADCT) da Constituição Federal de 1988, referem-se ao ciclo*

a) orçamentário.
b) de gestão do PPA - Plano Plurianual.
c) da LOA - Lei do Orçamento Anual.
d) de gestão do orçamento.

Solução

Gabarito A, sem comentários adicionais.

Gabarito: **A**

7ª Questão (ANTT Técnico Cespe 2013): *Julgue o item a seguir:*

No Brasil, o ciclo orçamentário se divide em duas etapas: a elaboração/planejamento da proposta orçamentária e a execução orçamentária/financeira.

Solução

Errado, o ciclo padrão é de 4 etapas: elaboração, aprovação, execução e avaliação. O ciclo ampliado é de 8 etapas. Não existe nenhuma outra abordagem diferente dessas.

Gabarito: **Errado**

8ª Questão (Ministério da Integração Analista Técnico Cespe 2013): *Julgue o item a seguir:*

O processo orçamentário é visto como autossuficiente, já que a primeira etapa do ciclo se renova anualmente a partir de resultados e definições constantes de uma programação de longo prazo.

Solução

Errado, o processo orçamentário não é autossuficiente, pois depende de outros processos e políticas públicas. Ele não é um fim em si mesmo. Além disso, o PPA que é o instrumento estratégico é de médio prazo.

Gabarito: **Errado**

9ª Questão (UNIPAMPA Contador Cespe 2013): *Julgue o item a seguir:*

O ciclo orçamentário corresponde ao período de tempo em que se processam as atividades típicas do orçamento público, desde sua concepção até a apreciação final.

Solução

Certo, desde a concepção (elaboração) até a apreciação final (julgamento das contas).

Gabarito: **Certo**

10ª Questão (MPDG EPPGG ESAF 2014): *Acerca da interrelação entre a Lei de Responsabilidade Fiscal (LRF) e as demais leis orçamentárias (LOA, LDO etc.), pode-se fazer as afirmativas abaixo, exceto:*

a) para a elaboração da LOA, nos termos do artigo 5º da Lei de Responsabilidade Fiscal (LRF), o Poder Executivo deve, obrigatoriamente, observar se possui previsão no PPA e LDO, mantendo a compatibilidade entre as peças do planejamento.

b) os indicadores das metas devem estar previstos na forma monetária para a realização de um exercício financeiro.

c) a programação das dotações orçamentárias permite que se tenha um maior detalhamento das despesas previstas no processo de planejamento.

d) a LRF exige um paralelismo entre o PPA, a LDO e a LOA, mas deixando cada uma delas independentes, de modo que, quando ocorre a aplicação de uma delas, a gestão dos recursos públicos certamente se torna mais independente, permitindo um diálogo entre as leis, ainda que sem nenhum vínculo entre elas.

e) pode-se afirmar que o orçamento público correlaciona- se com a LRF, que guarda estreita relação com o planejamento.

Solução

a) Certo, sem comentários adicionais.
b) Certo, sem comentários adicionais.
c) Certo, sem comentários adicionais.
d) Errado, o PPA, a LDO e a LOA são interdependentes e o PPA vincula a LDO e a LOA, a LDO vincula a LOA.
e) Certo, sem comentários adicionais.

Gabarito: **D**

11ª Questão (TCE-PI Auditor Cespe 2014): *Julgue o item a seguir:*

Sobre o ciclo de Planejamento no Setor Público, considere:

I. A LOA é um documento que integra o Planejamento Público, responsável pela operacionalização dos programas. Tem vigência de um ano, iniciando-se em 1º de janeiro e encerrando-se em 31 de dezembro.

II. A LDO é o documento componente do Planejamento Público responsável pela direção na elaboração do orçamento. A relação de programas que serão executa-

Unidade Didática III
Ciclo Orçamentário na União

dos a integra. Por meio dela se estabelecem as metas e prioridades, alterações na legislação tributária, além de dispor sobre dívida pública e despesas com pessoal, entre outras.

III. O PPA integra o Planejamento Público para 4 anos. Nele estão presentes os programas e seus indicadores, as ações e suas metas. Possui uma dimensão estratégica estabelecida nos programas e apoiada, em grande parte, na campanha eleitoral.

IV. O PPA estabelece as diretrizes, objetivos e metas da Administração pública para as despesas de capital e outras delas decorrentes, e as relativas aos programas de duração continuada.

V. O ciclo de Planejamento e Orçamento Público é integrado pelo PPA, pela LDO, mas não o é pela LOA, pois esta se refere às receitas e despesas que serão executadas em um ano, sem qualquer relação com o que foi estabelecido pelo PPA, uma vez que sua vigência é deslocada de um ano em relação ao mandato do chefe do executivo.

Está correto o que se afirma APENAS em

a) II, III, IV e V.

b) I, II, III e IV.

c) II, IV e V.

d) I, III e V.

e) I e V.

Solução

I. Certo, sem comentários adicionais.

II. Certo. A questão se excedeu no tange à relação de programas.

III. Certo. A questão deveria ter sido anulada, pois no PPA não constam as ações.

IV. Certo, é exatamente o conceito do art. 165 da CF/1988.

V. Errado, o ciclo orçamentário ampliado é integrado pelo PPA, LDO e LOA. A LOA sempre deve ser compatível com o PPA e a LDO.

Como o item V está totalmente errado, por eliminação o gabarito somente pode ser a alternativa B.

Gabarito: **B**

12ª a 15ª Questões (DEPEN Agente Cespe 2015): *Com relação ao disposto na CF acerca de ciclo orçamentário e orçamento público, julgue os itens subsecutivos.*

12. O ciclo orçamentário inicia-se com a formulação do planejamento plurianual pelo Poder Executivo e encerra-se com a avaliação da execução e do julgamento das contas.

13. As fases do ciclo orçamentário podem ser aglutinadas de acordo com suas finalidades e periodicidades.

14. Compete ao Poder Legislativo propor, no ciclo orçamentário, as metas e as prioridades para a administração pública.

15. A norma legal que institui o orçamento público anual deve definir, de forma regionalizada, as despesas para custear os investimentos em programas de duração continuada.

Solução

12. Certo, este é o ciclo de ampliado de 8 etapas: Formulação do planejamento plurianual, pelo Executivo; Apreciação e adequação do plano, pelo Legislativo; Proposição de metas e prioridades para a administração e da política de alocação de recursos pelo Executivo; Apreciação e adequação da LDO, pelo Legislativo; Elaboração da proposta de orçamento, pelo Executivo; Apreciação, adequação e autorização legislativa; Execução dos orçamentos aprovados; Avaliação da execução e julgamento das contas.

13. Errado, as fases possuem tempos e períodos específicos. A única etapa que pode perpassar todas seria a etapa de controle e avaliação.

14. Errado, é uma competência exclusiva do Executivo propor metas e prioridades da administração pública.

15. Errado, essa seria a norma que institui o PPA e não a LOA.

Gabarito:

12. **Certo**

13. **Errado**

14. **Errado**

15. **Errado**

16ª Questão (STJ Analista Cespe 2015): *Julgue o item a seguir:*

O ciclo orçamentário da despesa pública é concluído com a autorização de gasto dada pelo Poder Legislativo por meio da lei orçamentária anual (LOA), ressalvadas as eventuais aberturas de créditos adicionais no decorrer da vigência do orçamento.

Solução

Errado, o ciclo orçamentário se encerra do âmbito dos Poderes com o julgamento das contas do Presidente da República.

Gabarito: **Errado**

17ª Questão (TRE-MT Analista FCC 2015): *Cada uma das opções seguintes apresenta algumas das fases do ciclo orçamentário ampliado previsto na CF em vigor. Assinale a opção em que as fases apresentadas, embora não estejam em ordem de sucessão imediata, estejam em ordem lógica progressiva de acontecimentos no referido ciclo. Nesse* *sentido, considere que as siglas PPA e LDO, sempre que utilizadas, se referem ao plano plurianual e à lei de diretrizes orçamentárias.*

a) proposição de metas e prioridades para a administração e da política de alocação de recursos pelo Poder Executivo; elaboração da proposta de orçamento pelo Poder Executivo; execução dos orçamentos aprovados

b) formulação do PPA pelo Poder Executivo; apreciação, adequação e autorização legislativa para a formulação da LDO; proposição de metas e prioridades para a administração e da política de alocação de recursos pelo Poder Executivo

c) elaboração da proposta de orçamento pelo Poder Executivo; apreciação e adequação do planejamento plurianual pelo Poder Legislativo; execução dos orçamentos aprovados

d) formulação do PPA pelo Poder Executivo; avaliação da execução e julgamento das contas; apreciação e adequação da LDO pelo Poder Legislativo

e) elaboração da proposta de orçamento pelo Poder Executivo; apreciação, adequação e autorização legislativa; proposição de metas e prioridades para a administração e da política de alocação de recursos pelo Poder Executivo

Solução

Este é o ciclo de ampliado de 8 etapas: Formulação do planejamento plurianual, pelo Executivo; Apreciação e adequação do plano, pelo Legislativo; Proposição de metas e prioridades para a administração e da política de alocação de recursos pelo Executivo; Apreciação e adequação da LDO, pelo Legislativo; Elaboração da proposta de orçamento, pelo Executivo; Apreciação, adequação e autorização legislativa; Execução dos orçamentos aprovados; Avaliação da execução e julgamento das contas.

a) Certo, pois contém na sequência a 3ª, 5ª e 7ª etapas.

b) Errado, pois contém na sequência a 1ª, 4ª e 3ª etapas.

c) Errado, pois contém na sequência a 5ª, 3ª e 7ª etapas.

d) Errado, pois contém na sequência a 1ª, 8ª e 4ª etapas.

e) Errado, pois contém na sequência a 5ª, 6ª e 3ª etapas.

Gabarito: **A**

CAPÍTULO 13

1ª ETAPA: ELABORAÇÃO DA LOA

1. O SIOP NA FASE DE ELABORAÇÃO

O sistema de planejamento e orçamento (SIOP) se constitui em ferramenta essencial para elaboração da LOA. Ele permite a troca de informações entre o órgão central de planejamento (MPDG), órgãos específicos (SOF, SEPLAN e SEST), órgãos setoriais (ministérios), unidades de planejamento e orçamento dos poderes, unidades orçamentárias e unidades administrativas. Desse modo, o SIOP é utilizado por todo o sistema de planejamento e orçamento federal.

Atenção

É importante se saber de forma o SIOP interage na fase de elaboração e com quais instrumentos de planejamento.

Respondendo de forma objetiva o SIOP está presente em todo o ciclo orçamentário da LOA: 1ª, 2ª, 3ª e 4ª etapas.

Além disso, o SIOP é utilizado nos três instrumentos de planejamento: PPA, LDO e LOA.

Quadro 13.1: Módulos do SIOP e instrumentos de planejamento

Instrumento	Módulos do SIOP
PPA	Captação qualitativa para o PPA; Captação quantitativa para o PPA.
LDO	Módulo para captação de propostas para a LDO
LOA	Módulo para captação e acompanhamento da execução orçamentária das empresas estatais; Acompanhamento Físico das Ações Orçamentárias; Alterações Orçamentárias; Informações Complementares ao PLOA; Limites; Captação qualitativa para a LOA; Captação quantitativa para a LOA; Cadastro de SubUOs para o LOA; módulo de receita.

Conclui-se que o SIOP está presente em todo o ciclo orçamentário da LOA e que o mesmo também é utilizado na elaboração e acompanhamento do PPA.

2. ELABORAÇÃO DA LOA E A INTERAÇÃO ENTRE O EXECUTIVO E OS DEMAIS PODERES

A seguir constam na figura 13.1 os principais eventos até chegar o dia 31/08 – data limite de envio do Projeto de Lei Orçamentária Anual pelo Chefe do Executivo ao Congresso Nacional. O Quadro 13.2 contém os artigos que fundamentam os prazos da Figura 13.1.

Chamada 23 do Autor: 1ª Etapa da LOA

Figura 13.1: Detalhamento da 1ª Etapa (Elaboração) da LOA 2018

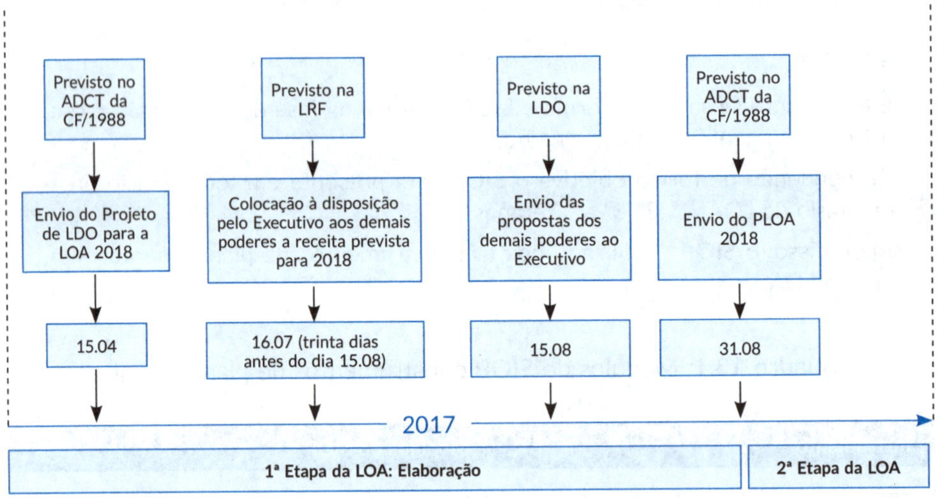

Quadro 13.2: Principais eventos da 1ª Etapa da LOA 2018 em ordem cronológica

Principais eventos na ordem cronológica	Fundamentação
Envio do PLDO definindo parâmetros fiscais para o ano seguinte	**ADCT** Art. 35. [...] § 2° Até a entrada em vigor da lei complementar a que se refere o art. 165, § 9°, I e II, serão obedecidas as seguintes normas: [...] II – o **projeto de lei de diretrizes orçamentárias será encaminhado até oito meses e meio antes** do encerramento do exercício financeiro e devolvido para sanção até o encerramento do primeiro período da sessão legislativa; [...].
Disponibilização do Executivo Federal aos demais poderes das informações referentes à receita estimada no ano seguinte	**LRF** Art. 11° [...] § 3° O Poder Executivo de cada ente colocará à disposição dos demais Poderes e do Ministério Público, **no mínimo trinta dias antes do prazo final para encaminhamento de suas propostas orçamentárias**, os estudos e as estimativas das receitas para o exercício subsequente, inclusive da corrente líquida, e as respectivas memórias de cálculo.
Prazo Limite de envio das propostas dos poderes ao Executivo Federal	**Lei 13.473/2017 (LDO para LOA 2018)** Art. 24. Os órgãos dos **Poderes Legislativo e Judiciário, do Ministério Público da União e da Defensoria Pública da União** encaminharão à Secretaria de Orçamento Federal do Ministério do Planejamento, Orçamento e Gestão, por meio do Sistema Integrado de Planejamento e Orçamento – SIOP, **até 15 de agosto de 2017**, suas respectivas propostas orçamentárias, para fins de consolidação do Projeto de Lei Orçamentária de 2017, observadas as disposições desta Lei.
Envio do PLOA pelo Executivo Federal ao Congresso Nacional	**CF/1988** Art. 166. [...] § 6° – Os projetos de lei do plano plurianual, das diretrizes orçamentárias e do orçamento anual serão enviados pelo Presidente da República ao Congresso Nacional, nos termos da lei complementar a que se refere o art. 165, § 9°. **ADCT** Art. 35. [...] § 2° Até a entrada em vigor da lei complementar a que se refere o art. 165, § 9°, I e II, serão obedecidas as seguintes normas: [...] III – o projeto de lei orçamentária da União será encaminhado **até quatro meses antes do encerramento do exercício financeiro** e devolvido para sanção até o encerramento da sessão legislativa.

Enquete 1 do autor: E se o Executivo não enviar o PLOA até 31/08?

Observa-se o que consta na lei 4.320/1964 e na CF/1988.

> *Lei 4320/64*
>
> *Art. 32. Se não receber a proposta orçamentária no prazo fixado nas Constituições ou nas Leis Orgânicas dos Municípios,* ***o Poder Legislativo considerará como proposta a Lei de Orçamento vigente.***
>
> ***CF/1988***
>
> *Art. 85. São crimes de responsabilidade os atos do Presidente da República que atentem contra a Constituição Federal e, especialmente, contra:*
>
> *[...]*
>
> ***VI – a lei orçamentária;***
>
> *[...]*
>
> *Parágrafo único. Esses crimes serão definidos em lei especial, que estabelecerá as normas de processo e julgamento.*

Assim, quanto ao fluxo do processo, o Legislativo utiliza como PLOA a LOA aprovada e publicada no início do exercício. Desse modo, o ciclo orçamentário segue seu ritmo.

Quanto a responsabilização, o chefe do Executivo está ssujeito a ser enqudrado em crime de responsabilidade.

3. PAPEL DOS INTEGRANTES DO SISTEMA DE PLANEJAMENTO E ORÇAMENTO NA ELABORAÇÃO DA LOA

A Figura 13.2 contém as subetapas na fase de elaboração da LOA conduzida no Executivo federal até o envio para o Congresso Nacional.

Figura 13.2: Subepatas na fase de Elaboração da LOA

ETAPAS	RESPONSÁVEIS	PRODUTO
Planejamento do Processo de Elaboração	- SOF	- Definição da estratégia do processo de elaboração - Etapas, produtos e agentes responsáveis no processo - Papel dos agentes - Metodologia de projeção de receitas e despesas - Fluxo do processo - Instruções para detalhamento da proposta setorial - Publicação de Portaria unificada de prazos do processo

ETAPAS	RESPONSÁVEIS	PRODUTO
Definição de Macrodiretrizes	- SOF - Assessoria Econômica/MP - Órgãos Setoriais - MF - Casa Civil/Presidência da República	- Diretrizes para a elaboração do PLOA: LDO - Parâmetros Macroeconômicos - Metas fiscais - Riscos fiscais - Objetivos das políticas monetária, creditícia e cambial - Demonstrativo de estimativa da margem de expansão das despesas obrigatórias de caráter continuado
Revisão da Estrutura Programática	- SOF, SPI e DEST - Órgãos Setoriais - UOs	- Estrutura programática do orçamento
Elaboração de Pré-proposta	- SOF - MP - Órgãos Setoriais - UOS	- Elaboração de estudos e projeções fiscais para 2018 - cenário PLDO - Definição e validação dos pré-limites - Divulgação dos referenciais monetários prévios - Exercício de elaboração de versão de pré-proposta pela SOF - Captação no SIOP da proposta Qualitativa - Captação da pré-proposta por órgão, análise e discussão com órgãos setoriais
Avaliação da NFGC para a Proposta Orçamentária	- SOF - Assessoria Econômica/MP - Órgãos Setoriais - MF - Casa Civil/Presidência da República	- Estimativa das receitas e das despesas que compõem a NFGC, para a proposta orçamentária
Estudo, Definição e Divulgação de Limites para a Proposta Setorial	- SOF - MP - Casa Civil/Presidência da República	- Referencial monetário para apresentação da proposta orçamentária dos órgãos setoriais
Captação da Proposta Setorial	- UOs - Órgãos Setoriais	- Proposta orçamentária dos órgãos setoriais, detalhada no SIOP

ETAPAS	RESPONSÁVEIS	PRODUTO
Análise e Ajuste da Proposta Setorial	- SOF	- Proposta orçamentária analisada, ajustada e definida
Fechamento, Compatibilização e Consolidação da Proposta Orçamentária	- SOF - MP - Casa Civil/Presidência da República	- Proposta orçamentária aprovada pelo MP e pela Presidência da República, fonteada, consolidada e compatibilizada em consonância com a CF, o PPA, a LDO e a LRF
Elaboração e Formalização da Mensagem Presidencial e do Projeto de lei Orçamentária	- SOF e SEST - Assessoria Econômica/MP - Órgãos Setoriais - Casa Civil/Presidência da República	- Mensagem Presidencial, texto e anexos do PLOA, elaborados e entregues ao Congresso Nacional
Elaboração e Formalização das informações Complementares ao PLOA	- SOF e SEST - Área Econômica - Órgãos Setoriais - Casa Civil - Presidência da República	- Informações complementares ao PLOA, elaboradas e entregues ao Congresso Nacional

4. COMPOSIÇÃO DO PLOA QUANDO DO ENVIO

A seguir constam os principais artigos que contêm a composição da LOA no momento do envio ao Legislativo.

Lei 4320/1964

Art. 2° A Lei do Orçamento conterá a discriminação da receita e despesa de forma a ***evidenciar a política econômica financeira e o programa de trabalho do Governo****, obedecidos os princípios de unidade universalidade e anualidade.*

§ 1° Integrarão a Lei de Orçamento:

I - Sumário geral da receita por fontes e da despesa por funções do Governo*;*

II - Quadro demonstrativo da Receita e Despesa segundo as Categorias Econômicas*, na forma do Anexo nº. 1;*

III - Quadro discriminativo da receita por fontes e respectiva legislação;

IV - Quadro das dotações por órgãos do Governo e da Administração*.*

§ 2º Acompanharão a Lei de Orçamento:

I - Quadros demonstrativos da receita e planos de aplicação dos fundos especiais;

II - Quadros demonstrativos da despesa, na forma dos Anexos de 6 a 9;

III – Quadro demonstrativo do programa anual de trabalho do Governo, em termos de realização de obras e de prestação de serviços.

Lei 4320/1964

Art. 22. A proposta orçamentária que o Poder Executivo encaminhará ao Poder Legislativo nos prazos estabelecidos nas Constituições e nas Leis Orgânicas dos Municípios, compor-se-á:

I – Mensagem, que conterá: exposição circunstanciada da situação econômico-financeira, documentada com demonstração da ***dívida fundada e flutuante, saldos de créditos especiais, restos a pagar e outros compromissos financeiros exigíveis****; exposição e justificação da política econômico-financeira do Governo; justificação da* ***receita e despesa, particularmente no tocante ao orçamento de capital****;*

II – Projeto de Lei de Orçamento;

III – Tabelas explicativas, das quais, além das estimativas de receita e despesa, constarão, em colunas distintas e para fins de comparação:

a) A receita arrecadada nos três últimos exercícios anteriores àquele em que se elaborou a proposta;

b) A receita prevista para o exercício em que se elabora a proposta;

c) A receita prevista para o exercício a que se refere a proposta;

d) A despesa realizada no exercício imediatamente anterior;

e) A despesa fixada para o exercício em que se elabora a proposta; e

f) A despesa prevista para o exercício a que se refere a proposta.

IV – Especificação dos programas especiais de trabalho *custeados por dotações globais, em termos de metas visadas, decompostas em estimativa do custo das obras a realizar e dos serviços a prestar, acompanhadas de justificação econômica, financeira, social e administrativa.*

Parágrafo único. Constará da proposta orçamentária, para cada unidade administrativa, descrição sucinta de suas principais finalidades, com indicação da respectiva legislação.

Lei 13.473/2017

Art. 8º O Projeto de Lei Orçamentária de 2018, que o Poder Executivo encaminhará ao Congresso Nacional, e a respectiva Lei serão constituídos de:

I – texto da lei*;*

II – quadros orçamentários consolidados relacionados no Anexo I;

III – anexo dos Orçamentos Fiscal e da Seguridade Social*, contendo:*

a) receitas, discriminadas por natureza, identificando as fontes de recursos correspondentes a cada cota-parte de natureza de receita, o orçamento a que pertencem e a sua natureza financeira (F) ou primária (P), observado o disposto no art. 6º da Lei no 4.320, de 1964; e

b) despesas, discriminadas na forma prevista no art. 7º e nos demais dispositivos pertinentes desta Lei;

IV – discriminação da legislação da receita e da despesa, referente aos Orçamentos Fiscal e da Seguridade Social; e

V – anexo do Orçamento de Investimento *a que se refere o § 5º, inciso II, do art. 165 da Constituição Federal, na forma definida nesta Lei.*

Lei 13.473/2017

Art. 11 A MENSAGEM que encaminhar o Projeto de Lei Orçamentária de 2017 conterá:

***I – resumo da política econômica do País,** análise da conjuntura econômica e atualização das informações de que trata o § 4º do art. 4º da Lei de Responsabilidade Fiscal, com indicação do cenário macroeconômico para 2017, e suas implicações sobre a proposta orçamentária de 2017;*

II – resumo das políticas setoriais do governo;

***III – avaliação das necessidades de financiamento do Governo Central relativas aos Orçamentos Fiscal e da Seguridade Social,** explicitando receitas e despesas e os resultados primário e nominal implícitos no Projeto de Lei Orçamentária de 2017, na Lei Orçamentária de 2016 e em sua reprogramação e os realizados em 2015, de modo a evidenciar:*

a) a metodologia de cálculo de todos os itens computados na avaliação das necessidades de financiamento; e

b) os parâmetros utilizados, informando, separadamente, as variáveis macroeconômicas de que trata o Anexo de Metas Fiscais referido no inciso II do § 2º do art. 4º da Lei de Responsabilidade Fiscal, verificadas em 2014 e suas projeções para 2015 e 2016;

IV – indicação do órgão que apurará os resultados primário e nominal, para fins de avaliação do cumprimento das metas;

***V – justificativa da estimativa e da fixação, respectivamente, dos principais agregados da receita e da despesa;** e*

***VI – demonstrativo sintético, por empresa, do Programa de Dispêndios Globais,** informando as fontes de financiamento, com o detalhamento mínimo igual ao estabelecido no § 3º do art. 37, bem como a previsão da sua respectiva aplicação, e o resultado primário dessas empresas com a metodologia de apuração do resultado.*

1ª Questão (TCU Auditor Federal de Controle Externo Cespe 2008): *Julgue o item a seguir:*

No mínimo sessenta dias antes do prazo final para a remessa da proposta do orçamento, o Poder Executivo deve colocar à disposição dos Poderes Legislativo e Judiciário, do TCU e do Ministério Público as estimativas das receitas para o exercício subsequente e as respectivas memórias de cálculos, devendo a concessão ou ampliação de benefício de natureza tributária, da qual decorra renúncia de receita, ser acompanhada de estimativa do impacto orçamentário-financeiro no exercício de sua vigência.

2ª Questão (PREVIC Analista Contábil 2011 Cespe): *Julgue o item a seguir:*

Caso o Poder Executivo se omita no encaminhamento de projeto de lei orçamentária ao Congresso Nacional, a lei orçamentária em vigor no próprio exercício será considerada como proposta.

3ª Questão (TCDF Auditor de Controle Externo 2014 Cespe): *Julgue o item a seguir.:*

Para a elaboração da proposta orçamentária no governo federal, os órgãos setoriais e as unidades orçamentárias devem utilizar o Sistema Integrado de Planejamento e Orçamento.

Solução

1. Errado, seria no mínimo 30 dias antes do prazo final para envio das propostas dos Poderes ao Executivo. TCU não é poder. E por fim, seria no exercício de sua referência e dos dois subsequentes.

2. Certo, é exatamente o prescrito na lei 4320/1964.

3. Certo, o SIOP deve ser utilizado por todos os órgãos no sistema de planejamento e orçamento.

Gabarito:

1. **Errado**
2. **Certo**
3. **Certo**

5. LISTA DE QUESTÕES OBJETIVAS

1ª Questão (TRE SP Analista FCC 2006): *Em relação ao ciclo orçamentário anual, é correto afirmar que*

a) a elaboração da lei orçamentária anual deve preceder à da Lei das Diretrizes Orçamentárias.

b) a Lei das Diretrizes Orçamentárias deve conter as despesas de capital do exercício seguinte.

c) somente os Poderes Executivo, Legislativo e Judiciário, segundo a Constituição Federal de 1988, têm autonomia para elaborar a proposta orçamentária.

d) a competência para a coordenação, consolidação e elaboração da proposta orçamentária da União é da Secretaria do Tesouro Nacional (STN).

e) a competência privativa para encaminhar o projeto de lei orçamentária anual da União ao Congresso Nacional é da Secretaria de Orçamento e Finanças (SOF).

Solução

a) Errado, a publicação da LDO precede à LOA.

b) Certo.

c) Errado, o MPU e a DPU também possuem autonomia para elaborar a proposta orçamentária.

d) Errado, seria o Ministério do Planejamento.

e) Errado, a competência privativa para encaminhar o projeto de lei orçamentária anual da União ao Congresso Nacional é do chefe do Poder Executivo.

Gabarito: **B**

Unidade Didática III
Ciclo Orçamentário na União

2ª Questão (SUSEP Analista ESAF 2010): *Se o Congresso Nacional não receber no tempo devido a proposta de lei orçamentária, será considerado como proposta:*

a) a Lei de Orçamento vigente.
b) a proposta orçamentária enviada no exercício anterior.
c) a média dos valores constantes dos orçamentos dos dois últimos anos.
d) a despesa executada no exercício vigente até a data limite para o envio da proposta.
e) a proposta elaborada pela Comissão Mista de Orçamento.

Solução

Conforme visto neste capítulo, a opção correta é a alternativa A.

Gabarito: **A**

3ª Questão (SEFAZ-CE Analista ESAF 2010): *Segundo definido no Manual Técnico de Orçamento para o exercício de 2010 - MTO-2010, o sistema de planejamento e orçamento federal é integrado pelos seguintes órgãos:*

a) Todos os órgãos e entidades públicas e privadas que são responsáveis pela aplicação de recursos oriundos do orçamento.
b) Unidades setoriais de orçamento de cada ministério ou órgão.
c) Aqueles identificados na classificação institucional do orçamento e que relacionam os órgãos orçamentários e suas respectivas unidades orçamentárias.
d) Órgãos de programação orçamentária e financeira dos Poderes da União.
e) Unidades orçamentárias não relacionadas com estruturas administrativas.

Solução

O sistema de planejamento e orçamento federal está disposto na Figura 13.2. Assim, das opções disponíveis tem-se como gabarito B.

Gabarito: **B**

4ª Questão (TCDF Técnico Cespe 2014): *Julgue o item a seguir.*

Para a elaboração da proposta orçamentária no governo federal, os órgãos setoriais e as unidades orçamentárias devem utilizar o Sistema Integrado de Planejamento e Orçamento.

Solução

Certo, o uso do SIOP no âmbito federal é obrigatório. Observe que mesmo em uma prova de nível estadual cobra-se aspecto de nível federal. O Cespe é assim.

Gabarito: **Certo**

5ª Questão (Câmara dos Deputados Consultor de Orçamentos Cespe 2014): *Julgue o item a seguir.*

A atuação do órgão setorial no processo orçamentário envolve formalizar as alterações orçamentárias do órgão.

Solução

Certo, reveja a Figura 13.2 que contém o detalhamento da etapa da elaboração na LOA no âmbito interno do Executivo Federal.

Gabarito: **Certo**

6ª Questão (CGE-PI Auditor Cespe 2015): *Julgue o item a seguir.*

O projeto da lei orçamentária anual deve ser encaminhado ao Congresso Nacional para exame por uma comissão mista de deputados e senadores em até seis meses antes do encerramento do exercício financeiro, de modo que sua devolução para sanção ocorra até o encerramento da sessão legislativa, pois, caso contrário, não haverá o recesso legislativo.

Solução

Errado, o envio do PLOA deve ocorrer em até quatro meses antes do encerramento do exercício financeiro. Por fim, não existe penalidade institucional ao Legislativo caso este poder não aprove a LOA até o término da sessão Legislativa.

Gabarito: **Errado**

7ª Questão (TRE-RR Analista FCC 2015): *O processo de elaboração da Lei Orçamentária Anual - LOA inicia-se com a formulação das propostas orçamentárias, observados o Plano Plurianual - PPA e a Lei de Diretrizes Orçamentária - LDO. No âmbito da União, o projeto de lei orçamentária anual é enviado*

a) pelo Presidente da República ao Congresso Nacional, até 31 de agosto de cada ano.
b) pelo Ministro do Planejamento Orçamento e Gestão ao Congresso Nacional, até 30 de setembro de cada ano.
c) pelo Poder Executivo ao Senado Federal, até 31 de agosto de cada ano.
d) pela Controladoria Geral da União ao Congresso Nacional, até 30 de setembro de cada ano.
e) pelo Poder Executivo à Câmara dos Deputados, até 31 de agosto de cada ano.

Solução

A data limite envio é 31/08.

Gabarito: **A**

6. LISTA DE QUESTÕES DISCURSIVAS

1ª Questão (MPU Analista Orçamento Cespe 2010):

Os senadores querem aprovar novo plano de cargos e salários para os servidores. Um projeto de lei foi elaborado pelo conselho de administração da Casa, sob a supervisão da diretoria-geral. A proposta precisa ser apreciada com pressa, se os senadores quiserem que ela seja implementada ainda no ano de 2010, porque se ela não for incluída no orçamento do Senado dentro do prazo, ficará fora da Lei Orçamentária Anual (LOA), portanto, sem destinação de verba para a execução. Em razão da proximidade do prazo, a equipe técnica deu prioridade à elaboração do projeto.

Daniela Lima. Correio Braziliense. 27/8/2009 (com adaptações).

Considerando o texto apresentado unicamente como motivador, redija um texto dissertativo acerca do processo de elaboração da proposta orçamentária do governo, que se fundamenta em componentes do sistema de planejamento da administração pública. Em seu texto, aborde, necessariamente, os seguintes tópicos:

→ Lei que institui o Plano Plurianual (PPA);

→ Lei de Diretrizes Orçamentárias (LDO);

→ Lei Orçamentária Anual (LOA).

Extensão de linhas: até 30.

Resolução da Questão

O sistema de planejamento e orçamento federal tem como uma de suas finalidades formular: o plano plurianual (PPA), as diretrizes orçamentárias (LDO) e os orçamentos anuais (LOA).

O PPA consiste no nível mais abstrato do planejamento orçamentário e estabelece de forma regionalizada as diretrizes, os objetivos e as metas da administração pública federal para as despesas de capital e outras delas decorrentes e para os programas de duração continuada. A LDO orientará a elaboração da LOA e compreenderá as metas e prioridades da administração pública federal, incluindo as despesas de capital para o exercício financeiro subsequente. A LOA estabelece em linhas gerais a despesa fixada e a receita estimada para um exercício financeiro, e deve ser elaborada em consonância com o PPA e a LDO.

A etapa de elaboração da LOA ocorre em sua grande parte do Poder Executivo, mas não se limita a este, pois órgãos dos poderes Legislativo, Judiciário e do MPU encaminharão à SOF suas respectivas propostas orçamentárias para fins de consolidação. Conforme disposto na CF/1988, caso as propostas orçamentárias do poder Judiciário e do Ministério Público da União estejam em desacordo com os limites fixados na LDO, o poder executivo procederá aos ajustes necessários para fins de consolidação do PLOA.

O processo de elaboração orçamentária se inicia com a definição de parâmetros econômicos: PIB, inflação, taxa de câmbio, realizados em meados de cada ano e que guardam relação direta com o anexo de metas fiscais da LDO. A etapa de elaboração se encerra com o envio do projeto de LOA (PLOA) ao Congresso Nacional, que deve ocorrer até 31 de agosto.

Dessa forma, os dispositivos constitucionais e legais proporcionam uma ligação entre o planejamento de médio prazo representado pelo PPA e o planejamento de curto prazo representado pela LOA.

CAPÍTULO 14

2ª ETAPA: DISCUSSÃO, VOTAÇÃO E APROVAÇÃO DA LOA

1. FLUXO GERAL DA ETAPA E PRINCIPAIS ATORES

A figura 14.1 que contém o fluxo da 2ª Etapa da LOA.

Figura 14.1: 2ª Etapa da LOA 2018

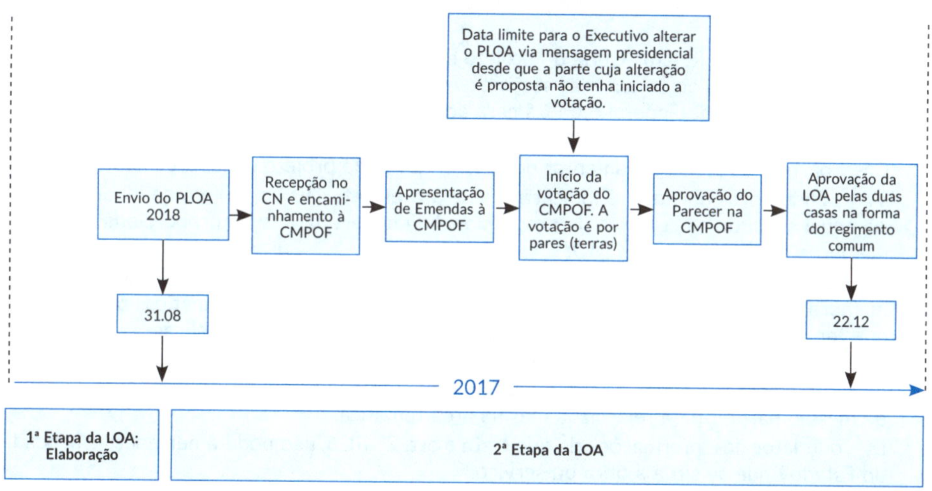

Observa-se que um dos atores principais dentro do Congresso Nacional é a Comissão Mista (Permanente) de Planos, Orçamento e Fiscalização (CMPOF), mais conhecida como **CMO**. A seguir consta a composição atual da CMO.

Composição	30 Deputados Federais
	10 Senadores

No âmbito da CMO será designado pelas lideranças partidárias um relator[34] geral da LOA que conduzirá os trabalhos nesta etapa. De acordo com a CF/1988 compete a CMO:

> *Art. 166.*
>
> *§ 1º Caberá a uma Comissão mista permanente de Senadores e Deputados:*
>
> *I – examinar e emitir parecer sobre os projetos referidos neste artigo e sobre as contas apresentadas anualmente pelo Presidente da República;*
>
> *II – examinar e emitir parecer sobre os planos e programas nacionais, regionais e setoriais previstos nesta Constituição e exercer o acompanhamento e a fiscalização orçamentária, sem prejuízo da atuação das demais comissões do Congresso Nacional e de suas Casas, criadas de acordo com o art. 58.*

---

34 **Resolução CN 01/2006**

Art. 16. A indicação e a designação dos Relatores observarão as seguintes disposições:

I – as lideranças partidárias indicarão o Relator-Geral e o Relator da Receita do projeto de lei orçamentária anual, o Relator do projeto de lei de diretrizes orçamentárias e o Relator do projeto de lei do plano plurianual;

II – o Relator do projeto de lei do plano plurianual será designado, alternadamente, dentre representantes do Senado Federal e da Câmara dos Deputados, não podendo pertencer ao mesmo partido ou bloco parlamentar do Presidente;

III – o Relator do projeto de lei de diretrizes orçamentárias e o Relator-Geral do projeto de lei orçamentária anual não poderão pertencer à mesma Casa, partido ou bloco parlamentar do Presidente;

IV – as funções de Relator-Geral do projeto de lei orçamentária anual e Relator do projeto de lei de diretrizes orçamentárias serão exercidas, a cada ano, alternadamente, por representantes do Senado Federal e da Câmara dos Deputados;

V – o Relator da Receita do projeto de lei orçamentária anual não poderá pertencer à mesma Casa, partido ou bloco parlamentar do Relator-Geral do projeto de lei orçamentária anual;

VI – as lideranças partidárias indicarão os Relatores Setoriais do projeto de lei orçamentária anual segundo os critérios da proporcionalidade partidária e da proporcionalidade dos membros de cada Casa na CMO;

VII – os Relatores Setoriais do projeto de lei orçamentária anual serão indicados dentre os membros das Comissões Permanentes afetas às respectivas áreas temáticas ou dentre os que tenham notória atuação parlamentar nas respectivas políticas públicas;

VIII – o critério de rodízio será adotado na designação dos Relatores Setoriais do projeto de lei orçamentária anual, de forma que não seja designado, no ano subsequente, membro de mesmo partido para relator da mesma área temática;

IX – o Relator das informações de que trata o art. 2º, III, *b*, não poderá pertencer à bancada do Estado onde se situa a obra ou serviço;

X – cada parlamentar somente poderá, em cada legislatura, exercer uma vez, uma das seguintes funções:

a) Relator-Geral do projeto de lei orçamentária anual;

b) Relator da Receita do projeto de lei orçamentária anual;

c) Relator Setorial do projeto de lei orçamentária anual;

d) Relator do projeto de lei de diretrizes orçamentárias;

e) Relator do projeto de lei do plano plurianual.

Enquete 1 do autor: A CMO encerra sua participação na 2ª etapa da LOA?

Veja a analise seguinte:

Atribuição conforme a CF/1988	Conclusão
Examinar e emitir parecer sobre PPA, LDO, LOA e créditos adicionais	A CMO participa da 2ª etapa dos demais instrumentos de planejamento.
Examinar e emitir parecer sobre as contas apresentadas anualmente pelo Presidente da República	A CMO participa da 4ª etapa da LOA.
Examinar e emitir parecer sobre os planos e programas nacionais, regionais e setoriais previstos nesta Constituição	A CMO participa da 2ª etapa de planos nacionais, regionais e setoriais.
Exercer o acompanhamento e a fiscalização orçamentária	A CMO participa da 3ª etapa da LOA.

Conclui-se que a CMO estende sua participação nas fases seguintes do ciclo orçamentário da LOA.

Enquete 2 do autor: Quem pode apresentar emendas à LOA?

Qualquer parlamentar pode apresentar emendas, sejam individuais, sejam coletivas (de comissão; de bancada estadual).

Enquete 3 do autor: Em qual instância apropriada as emendas devem ser apresentadas ?

Na CMO. A CF/1988 estabelece que:

> *Art. 166 [...]*
>
> *§ 2º – **As emendas serão apresentadas na Comissão mista**, que sobre elas emitirá parecer, e apreciadas, na forma regimental, pelo Plenário das duas Casas do Congresso Nacional.*

Enquete 4 do autor: É possível o Executivo intevir no PLOA durante a 2ª Etapa ?

Sim, dispõe a CF/1988 estabelece que:

> *Art. 166 [...]*
>
> *§ 5º – O Presidente da República **poderá enviar mensagem ao Congresso Nacional para propor modificação nos projetos** a que se refere este artigo **enquanto não iniciada a votação, na Comissão mista, da parte cuja alteração é proposta**.*

2. REQUISITOS PARA APROVAÇÃO DE EMENDAS À LOA

Chamada 24 do Autor: Emendas à LOA

Inicialmente devem-se observar os requisitos de uma emenda parlamentar (individual ou coletiva) à LOA na CF/1988.

> *Art. 166. [...]*
>
> *§ 3º – **As emendas ao projeto de lei do orçamento anual** ou aos projetos que o modifiquem somente podem ser aprovadas caso:*
>
> *I – sejam compatíveis com o plano plurianual e com a lei de diretrizes orçamentárias; à Sempre*
>
> *II– indiquem os recursos necessários, admitidos apenas os provenientes de anulação de despesa, excluídas as que incidam sobre:*
>
> *a) dotações para pessoal e seus encargos;*
>
> *b) serviço da dívida;*
>
> *c) transferências tributárias constitucionais para Estados, Municípios e Distrito Federal; **ou***
>
> *III – sejam relacionadas:*
>
> *a) com a correção de erros ou omissões; ou*
>
> *b) com os dispositivos do texto do projeto de lei.*

A CF/1988 define que:

> *Art. 63. Não será admitido aumento da despesa prevista:*
>
> *I – nos projetos de iniciativa exclusiva do Presidente da República, **ressalvado o disposto no art. 166, § 3º e § 4º** (§ 4º – As emendas ao projeto de lei de diretrizes orçamentárias não poderão ser aprovadas quando incompatíveis com o plano plurianual);*

Sobre a possibilidade da reestimativa da receita na LOA, a LRF dispõe que:

> *Art. 12. [...]*
>
> *§ 1º **Reestimativa de receita por parte do Poder Legislativo** só será admitida se comprovado erro ou omissão de ordem técnica ou legal.*

A Resolução CN 01/2006 também prevê a utilização de recursos de reestimativa de receitas para emendas parlamentares[35]. A Figura 14.2 mostra o entendimento correto que se deve ter sobre os requisitos das emendas.

35 Art. 56. A **Reserva de Recursos** será composta dos eventuais **recursos provenientes da reestimativa das receitas**, da Reserva de Contingência e outros definidos no Parecer Preliminar,

Figura 14.2: Requisitos das emendas parlamentares individuais e coletivas ao PLOA

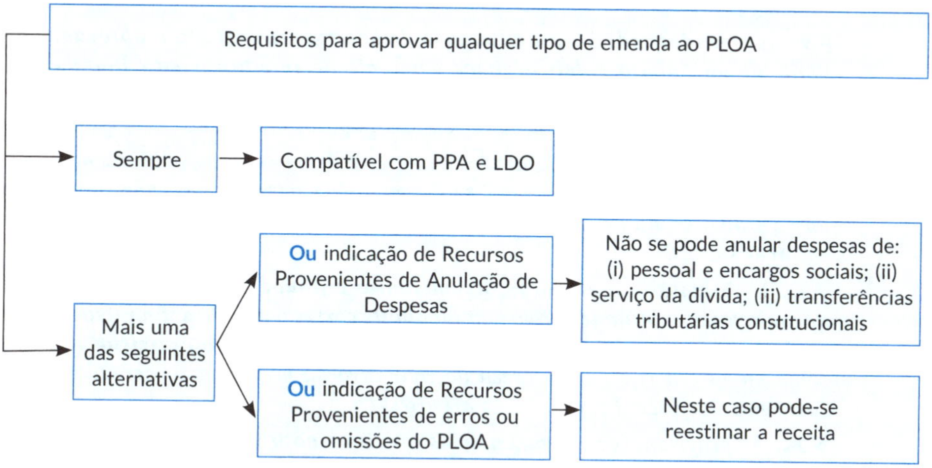

O estudo feito por este autor evidencia que o Legislativo federal vem a cada ano utilizado a reestimativa da receita como fonte de recursos para emendas[36].

3. ORÇAMENTO IMPOSITIVO E A EC 86 DE 2015

Antes dar início a questão as emendas individuais que se tornaram impositivas com a EC 86/2015 recomento a releitura do tópico 2 do capítulo 5 deste livro.

Enquete 4 do autor: Pode-se afirmar que a partir da EC 86/2015 a União passou a ter orçamento integralmente impositivo?

Não. Em termos absolutos, o orçamento federal possui a seguinte composição: aproximadamente 1% é impositivo e o restate permanece autorizativo (**ou seja, 99% continua autorizativo**).

---

deduzidos os recursos para atendimento de emendas individuais, de despesas obrigatórias e de outras despesas definidas naquele Parecer.

Art. 30. A análise da estimativa da Receita e das respectivas emendas é de competência do Relator da Receita.

§ 1º O Relatório da Receita será votado previamente à apresentação do Relatório Preliminar, observados os prazos estabelecidos no art. 82.

§ 2º No prazo de até 10 (dez) dias após a votação do último Relatório Setorial, **o Relator da Receita poderá propor a atualização da receita aprovada, tendo em vista eventual revisão de parâmetros e da legislação tributária**, com base em avaliação do Comitê de Avaliação da Receita.

§ 3º Os **recursos oriundos da reestimativa prevista no § 2º serão alocados nas emendas coletivas** de apropriação proporcionalmente aos atendimentos efetuados nos relatórios setoriais.

36 https://periodicos.ufsc.br/index.php/contabilidade/article/view/2175-8069.2015v12n26p141

Inicialmente constam os artigos da CF/1988 sobre as emendas individuais impositivas e depois a Figura 14.3 com a sistemática aplicada à LOA 2018.

> ***Art. 166. [...]***
>
> *§ 9º As* ***emendas individuais*** *ao projeto de lei orçamentária* ***serão aprovadas no limite de um inteiro e dois décimos por cento da receita corrente líquida prevista no projeto encaminhado pelo Poder Executivo****, sendo que a metade deste percentual será destinada a ações e serviços públicos de saúde.*
>
> *§ 10. A execução do montante destinado a ações e serviços públicos de saúde previsto no § 9º, inclusive custeio, será computada para fins do cumprimento do inciso I do § 2º do art. 198, vedada a destinação para pagamento de pessoal ou encargos sociais.*
>
> *§ 11.* ***É obrigatória a execução orçamentária e financeira das programações a que se refere o § 9º deste artigo, em montante correspondente a um inteiro e dois décimos por cento da receita corrente líquida realizada no exercício anterior****, conforme os critérios para a execução equitativa da programação definidos na lei complementar prevista no § 9º do art. 165*[37]*.*
>
> ***§ 12. As programações orçamentárias previstas no § 9º deste artigo não serão de execução obrigatória nos casos dos impedimentos de ordem técnica.***
>
> *§ 16. Os restos a pagar poderão ser considerados para fins de cumprimento da execução financeira prevista no § 11 deste artigo, até o limite de seis décimos por cento da receita corrente líquida realizada no exercício anterior.*
>
> *§ 17. Se for verificado que a reestimativa da receita e da despesa poderá resultar no não cumprimento da meta de resultado fiscal estabelecida na lei de diretrizes orçamentárias, o montante previsto no § 11 deste artigo poderá ser reduzido em até a mesma proporção da limitação incidente sobre o conjunto das despesas discricionárias.*

Chamada 25 do Autor: EC 86/2015 e o Orçamento Impositivo

37 *Art. 165*

§ 9º - Cabe à lei complementar:

III - dispor sobre critérios para a execução equitativa, além de procedimentos que serão adotados quando houver impedimentos legais e técnicos, cumprimento de restos a pagar e limitação das programações de caráter obrigatório, para a realização do disposto no § 11 do art. 166.

Figura 14.3: Sistemática o teto para as Emendas Individuais a partir da EC 86/2015 - Aplicação sobre a LOA 2018

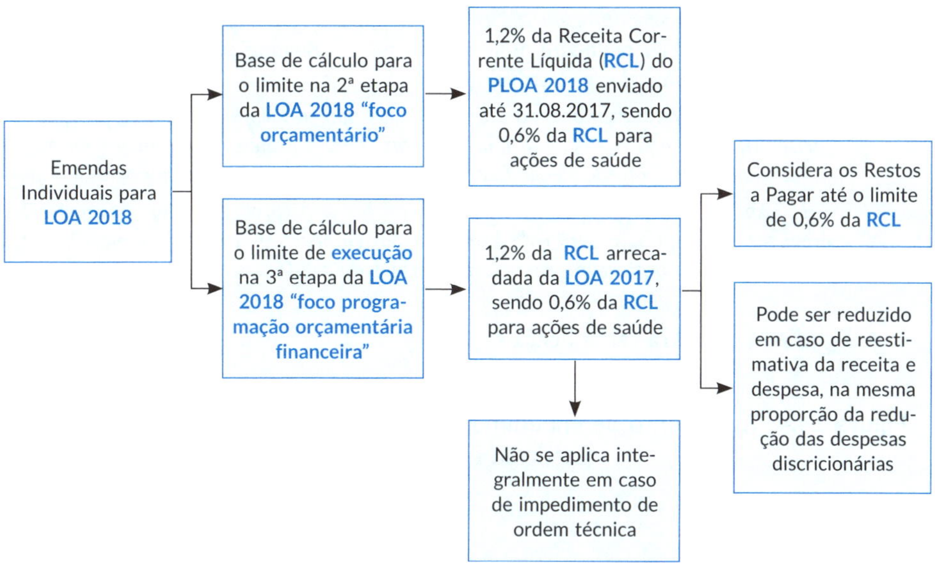

Atenção

1. Na 2ª etapa da LOA 2018, a base de cálculo das emendas individuais incide sobrea Receita Corrente Líquida **Estimada** do PLOA 2018. Na 3ª etapa da LOA 2018, a base de cálculo das emendas individuais incide sobre a Receita Corrente Líquida **Arrecadada** da LOA 2017.

2. Desse modo, é possível que ocorram discrepâncias entre os valores aprovados no início de 2018 e os valores autorizados a empenhar durante 2018.

3. No entendimento do autor, o objetivo dessa sistemática é o de se utilizar um valor mais próximo da realidade da expectativa da disponibilidade financeira, isso porque no PLOA 2018 se utilizou como base os resultados alcançados em 2016, 2015 e 2014 (avaliação das metas fiscais dos 3 exercícios anteriores - ver capítulo 07). Assim, no início de 2018, passa a se utilizar como limitador a receita arrecadada em 2017.

Mesmo as emendas individuais não são impositivas em qualquer situação. Impedimentos de ordem técnica podem retirar-lhes tal atributo. A CF/1988 define que:

> *§ 14. No caso de impedimento de ordem técnica, no empenho de despesa que integre a programação, na forma do § 11 deste artigo, serão adotadas as seguintes medidas:*
>
> *I - até cento e vinte dias após a publicação da lei orçamentária, o Poder Executivo, o Poder Legislativo, o Poder Judiciário, o Ministério Público e a Defensoria Pública enviarão ao Poder Legislativo as justificativas do impedimento;*

> *II - até trinta dias após o término do prazo previsto no inciso I, o Poder Legislativo indicará ao Poder Executivo o remanejamento da programação cujo impedimento seja insuperável;*
>
> *III - até 30 de setembro, ou até trinta dias após o prazo previsto no inciso II, o Poder Executivo encaminhará projeto de lei sobre o remanejamento da programação cujo impedimento seja insuperável;*
>
> *IV - se, até 20 de novembro, ou até trinta dias após o término do prazo previsto no inciso III, o Congresso Nacional não deliberar sobre o projeto, o remanejamento será implementado por ato do Poder Executivo, nos termos previstos na lei orçamentária.*
>
> *§ 15. Após o prazo previsto no inciso IV do § 14, as programações orçamentárias previstas no § 11 não serão de execução obrigatória nos casos dos impedimentos justificados na notificação prevista no inciso I do § 14.*

A Figura 14.4 ilustra tal aplicação.

Figura 14.4: Tratamento de impedimentos técnicos às emendas individuais a partir da EC 86/2015

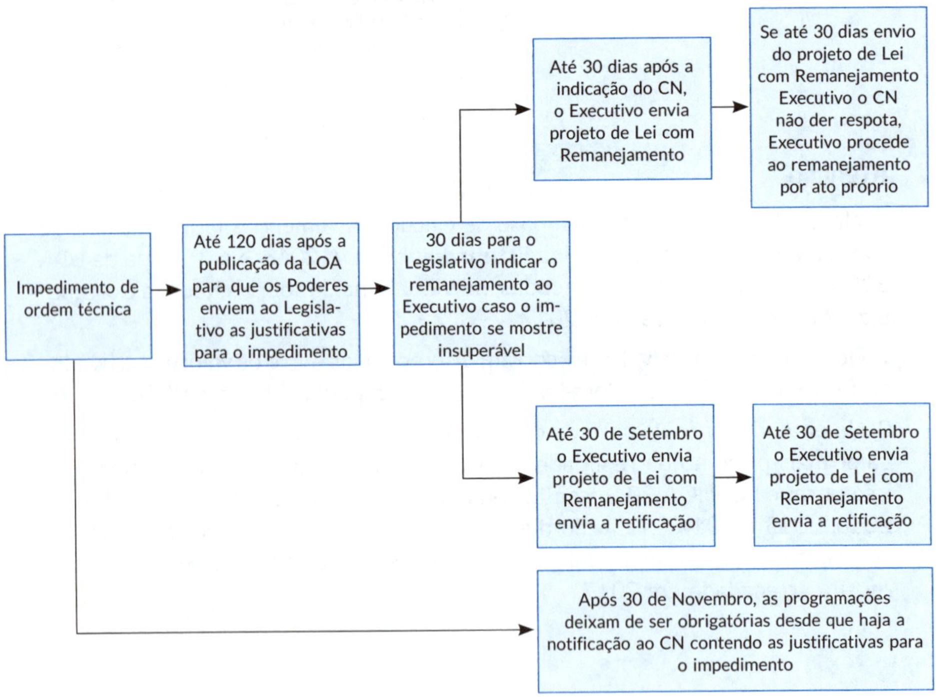

1ª Questão (IPEA Técnico em Orçamento Cespe 2008): *Julgue o item a seguir:*

Para a aprovação de um plano plurianual é exigido o voto favorável da maioria simples de cada casa do Congresso Nacional.

2ª Questão (ABIN Oficial de Inteligência Administração Cespe 2010): *Julgue o item a seguir:*

Ao Poder Executivo é permitido propor modificações no projeto de lei orçamentária, enquanto não iniciada a votação, pela comissão mista de senadores e deputados a que se refere o art. 166 da Constituição Federal, da parte cuja alteração é proposta.

3ª Questão (STM Analista Judiciário Especialista em Administração Cespe 2011): *Julgue o item a seguir:*

Uma vez aprovado no âmbito da Comissão Mista de Orçamentos, o projeto de lei orçamentária não poderá mais receber emendas, quando for submetido à votação no plenário do Congresso Nacional.

4ª Questão (MPU Analista Cespe 2013): *Julgue o item a seguir:*

Cabe ao Tribunal de Contas da União emitir parecer sobre as emendas apresentadas ao projeto de Lei Orçamentária Anual.

5ª Questão (DPF Cespe 2013): *Julgue o item a seguir:*

Exige-se, para a aprovação de emendas que acrescentem despesas a projeto de lei orçamentária anual, além da compatibilidade com o plano plurianual e com a lei de diretrizes orçamentárias, a indicação dos recursos necessários para custeá-las, que podem provir, por exemplo, da anulação de despesas, independentemente de sua natureza.

Solução

1. Certo, seria uma mesma sessão na forma do regimento comum: conduzida pelo presidente do Senado com a presença dos senadores e deputados. Os votos da sessão são computados separadamente em cada casa parlamentar: senado e câmara dos deputados. Essa regra se aplica para PPA, LDO, LOA e créditos adicionais.

2. Certo, é permitido ao Executivo intervir na 2ª etapa da LOA respeitada a condição descrita na questão.

3. Certo, a instância apropriada para propor emendas à LOA é na CMO.

4. Errado, tal atribuição compete à CMO.

5. Errado, não podem ser anuladas despesas com pessoal e encargos sociais, serviço da dívida e transferências tributárias constitucionais.

Gabarito:

1. **Certo**
2. **Certo**
3. **Certo**
4. **Errado**
5. **Errado**

4. LISTA DE QUESTÕES OBJETIVAS

1ª Questão (SEFAZ-CE Analista ESAF 2007): *A respeito da elaboração do Orçamento Geral da União, é correto afirmar, exceto:*

a) o Presidente da República poderá enviar mensagem ao Congresso Nacional propondo a alteração do projeto de lei orçamentária a qualquer tempo.

b) é prerrogativa do Presidente da República a iniciativa dos projetos de lei orçamentária.

c) as emendas parlamentares aos projetos de lei orçamentária anual não poderão indicar como despesas a serem anuladas as destinadas ao pagamento de pessoal e seus encargos.

d) na fase de tramitação no Congresso Nacional, cabe a uma comissão mista de Senadores e Deputados examinar e emitir parecer sobre os projetos de lei que tratam de orçamento.

e) a proposta orçamentária para o exercício seguinte deverá ser enviada ao Congresso Nacional até 31 de agosto do ano anterior.

Solução

a) Errado, o Presidente da República poderá enviar mensagem ao Congresso Nacional propondo a alteração do projeto de lei orçamentária desde que a parte cuja alteração é proposta não tenha iniciado a votação na CMO.

b) Certo, sempre.

c) Certo, não podem ser anuladas despesas com: pessoal e seus encargos, serviço da dívida, transferências tributárias constitucionais.

d) Certo, sem comentários adicionais.

e) Certo, sem comentários adicionais.

Gabarito: **A**

2ª Questão (CGU Auditor ESAF 2008): *Das afirmações a seguir relacionadas com a Lei Orçamentária Anual - LOA, assinale a que não se enquadra nas regras estabelecidas na legislação federal.*

a) As empresas sob controle direto da União, que recebam no exercício financeiro recursos do Tesouro a título de aumento de participação acionária, deverão integrar os orçamentos Fiscal e da Seguridade Social.

b) As emendas ao Projeto de Lei Orçamentária não podem acarretar aumento na despesa total do orçamento, a menos que sejam identificados erros ou omissões nas receitas, devidamente comprovados.

c) Os recursos para emendas parlamentares não podem ter como fonte o cancelamento de despesas com pessoal, benefícios previdenciários, juros, transferências constitucionais e amortização de dívida.

d) Todas as empresas em que a União, direta ou indiretamente, detenha a maioria do capital social com direito a voto integram o orçamento de investimento das estatais, exceto aquelas enquadradas no conceito de empresa estatal dependente na forma da Lei de Responsabilidade Fiscal.

e) A elaboração da Proposta de Lei Orçamentária Anual é uma prerrogativa do Poder Executivo, podendo o poder legislativo efetuar emendas.

Solução

a) Errado, as empresas sob controle direto da União, que recebam no exercício financeiro recursos do Tesouro a título de aumento de participação acionária devem continuar integrando o orçamento de investimento.

b) Certo, a LRF e a CF/1988 admitem a reestimativa da receita em caso de erros ou omissões.

c) Certo, tais despesas não podem ser anuladas nessa 2ª etapa da LOA pelos parlamentares.

d) Certo, as empresas estatais independentes fazem parte do orçamento de investimento.

e) Certo, é o modelo de orçamento misto adotado no Brasil pela CF/1988.

Gabarito: **A**

3ª Questão (TCM-RJ Auditor FGV 2008): *A respeito do orçamento público, assinale a afirmativa correta.*

a) Leis de iniciativa do Poder Executivo ou do Poder Legislativo estabelecerão o plano plurianual, as diretrizes orçamentárias e os orçamentos anuais.

b) As emendas ao projeto de lei do orçamento anual ou aos projetos que o modifiquem somente podem ser aprovadas caso indiquem os recursos necessários, admitidos apenas os provenientes de anulação de despesa, incluindo as que incidam sobre as dotações para pessoal e seus encargos, serviço da dívida e transferências tributárias constitucionais para Estados, Municípios e Distrito Federal.

c) Cabe à lei ordinária dispor sobre o exercício financeiro, a vigência, os prazos, a elaboração e a organização do plano plurianual, da lei de diretrizes orçamentárias e da lei orçamentária anual.

d) O projeto de lei orçamentária será acompanhado de demonstrativo regionalizado do efeito, sobre as receitas e despesas, decorrente de isenções, anistias, remissões, subsídios e benefícios de natureza financeira, tributária e creditícia.

e) As emendas ao projeto de lei de diretrizes orçamentárias poderão ser aprovadas ainda que incompatíveis com o plano plurianual, pois este poderá ser alterado futuramente, já que é elaborado para um período de quatro anos.

Solução

a) Errado, a iniciativa das leis orçamentárias é do Executivo apenas.

b) Errado, as emendas ao projeto de lei do orçamento anual ou aos projetos que o modifiquem somente podem ser aprovadas caso indiquem os recursos necessários, admitidos apenas os provenientes de anulação de despesa excluídas as que incidam sobre as dotações para pessoal e seus encargos, serviço da dívida e transferências tributárias constitucionais para Estados, Municípios e Distrito Federal.

c) Errado, compete à lei complementar conforme consta o art. 166, § 9º, Inciso I: dispor sobre o exercício financeiro, a vigência, os prazos, a elaboração e a organização do plano plurianual, da lei de diretrizes orçamentárias e da lei orçamentária anual

d) Certo, é um dos anexos obrigatórios da LOA.

e) Errado, as emendas à LDO sempre devem ser compatíveis com o PPA.

Gabarito: **D**

4ª Questão (PGE-RJ Técnico FCC 2009): *No ciclo orçamentário, a etapa de elaboração do orçamento envolve a previsão das receitas públicas em que, conforme a Lei Complementar nº 101/2000,*

a) a estimativa do impacto orçamentário-financeiro da renúncia de receita não será considerada na previsão de receitas na lei orçamentária, desde que as metas de resultados fiscais não sejam afetadas.

b) as estimativas serão realizadas com base na escolha de um dos seguintes critérios: evolução histórica das receitas arrecadadas, mudança da legislação tributária, variação dos índices de preço ou crescimento econômico.

c) a reestimativa da receita poderá ser feita pelo Poder Legislativo se comprovado erro ou omissão de ordem técnica ou legal.

d) os montantes de receitas de operações de crédito poderão ser superiores aos das despesas de capital constantes do projeto de lei orçamentária.

e) o Poder Executivo colocará os estudos e as estimativas à disposição dos demais Poderes e do Ministério Público no prazo máximo de trinta dias após o encaminhamento da proposta orçamentária.

Solução

a) Errado, em caso de renúncia, sempre deve constar a avaliação do impacto orçamentário e financeiro do exercício de referência e os 2 seguintes.

b) Errado, devem ser considerados todos os elementos citados: evolução histórica das receitas arrecadadas, mudança da legislação tributária, variação dos índices de preço ou crescimento econômico.

c) Certo, este é o único caso que o montante total da LOA pode ser elevado pelo Legislativo.

d) Errado, a LRF não estabelece tal medida.

e) Errado, pelo menos 30 dias antes da data limite de envio das propostas dos poderes ao Executivo.

Gabarito: **C**

5ª Questão (TRE TO Analista FCC 2011): *Em relação ao ciclo orçamentário,*

a) o Poder Judiciário goza de autonomia administrativa e financeira e suas propostas orçamentárias não estão sujeitas a qualquer limite para preservar a independência desse poder em relação ao Executivo.

b) a consolidação de todas as propostas orçamentárias, no âmbito da União, é efetuada pela Secretaria do Tesouro Nacional, órgão vinculado ao Ministério da Fazenda.

c) o projeto de Lei Orçamentária Anual da União será apreciado pelas duas Casas do Congresso Nacional em sessão conjunta.

d) as emendas ao projeto de lei do orçamento anual podem ser aprovadas independentemente da existência de recursos necessários à sua execução.

e) não há prazos para que o Poder Judiciário e o Ministério Público encaminhem suas propostas orçamentárias para consolidação pelo Poder Executivo.

Solução

a) Errado, as propostas dos poderes com autonomia se submetem à LDO.

b) Errado, a consolidação de todas as propostas orçamentárias, no âmbito da União, é efetuada pelo MPDG: Ministério do Planejamento.

c) Certo, mesma sessão, mas respeitada a maioria simples de cada casa separadamente.

d) Errado, para uma emenda ser aprovada sempre deve ser compatível com o PPA e a LDO, e sempre deve indicar os recursos.

e) Errado, existe, no âmbito federal o prazo atualmente é 15 de agosto.

Gabarito: **C**

6ª Questão (TRE-PE Analista FCC 2011): *Sobre o ciclo orçamentário anual no Brasil, é correto asseverar:*

a) Embora a Constituição assegure autonomia administrativa e financeira ao Poder Judiciário, a sua proposta orçamentária será elaborada pelo Poder Executivo.

b) O orçamento fiscal e o de investimentos constantes do projeto de lei orçamentária anual terão, entre suas funções, a de reduzir as desigualdades interregionais, segundo critério populacional.

c) O projeto de plano plurianual deve viger até o último exercício do mandato do Chefe do Poder Executivo.

d) A Constituição Federal de 1988 permite que emendas ao projeto de lei do orçamento anual sejam aprovadas, mesmo que não contenham indicação dos recursos necessários ao seu financiamento.

e) Leis de iniciativa do Poder Legislativo estabelecerão o plano plurianual, as diretrizes orçamentárias e o orçamento anual.

Solução

a) Errado, cada poder, MPU e DPU elabora sua proposta respeitando os limites da LDO.

b) Certo, pode-se incluir com essa mesma atribuição também o PPA.

c) Errado, o projeto de plano plurianual deve viger até o 1º ano do mandato subsequente do chefe do executivo que elaborou o PPA.

d) Errado, para uma emenda ser aprovada sempre deve ser compatível com o PPA e a LDO, e sempre deve indicar os recursos.

e) Errado, a iniciativa é sempre do Executivo.

Gabarito: **B**

7ª Questão (TJ-PE Analista FCC 2012): *No ciclo orçamentário, as audiências públicas, emissão de parecer preliminar, proposição de emendas, emissão de relatório setoriais, de relatórios da comissão mista e relatório geral do congresso são etapas do processo de*

a) controle.

b) tomada de contas.

c) elaboração.

d) execução.

e) aprovação.

Solução

A proposição de emenda ocorre na 2ª etapa da LOA, logo, trata-se da etapa denominada aprovação. Gabarito E.

Gabarito: **E**

8ª Questão (Senado Consultor FGV 2012): *Análise as seguintes proposições acerca do Direito Financeiro:*

I. O orçamento monetário deverá se compatibilizar com o Plano Plurianual – PPA e Lei de Diretrizes Orçamentárias – LDO, bem como deverá estabelecer de forma regionalizada, as diretrizes, objetivos e metas da administração pública para as despesas de capital e programas de duração continuada.

II. As emendas ao projeto de lei orçamentária anual, ou projetos que o modifiquem somente podem ser aprovados caso indiquem os recursos necessários, admitidos os provenientes de anulação de despesa que incidam sobre transferências tributárias constitucionais para os entes federativos.

III. A LDO compreenderá as metas da administração pública, incluindo as despesas de capital para o exercício financeiro subsequente, orientará a elaboração da Lei Orçamentária Anual e disporá sobre alterações da legislação tributária e política de aplicação das agências financeiras oficiais de fomento.

IV. As emendas ao projeto de lei orçamentária anual, ou projetos que o modifiquem somente podem ser aprovados caso indiquem os recursos necessários, admitidos os provenientes de anulação de despesa excluídas as que incidam sobre serviços da dívida e dotação para pessoal e seus encargos.

Estão corretas apenas as afirmativas

a) I e IV.

b) I e III.

c) I, II e III.

d) III e IV.

e) II e III.

Solução

I. Errado, não existe desde a CF/1988 o orçamento monetário. Os conceitos descritos na sequencia se referem ao PPA.

II. Errado, não admitidos recursos os provenientes de anulação de despesa, as despesas com: pessoal, serviço da dívida e transferências tributárias constitucionais para os entes federativos.

III. Certo, sem comentários adicionais.

IV. Certo, sem comentários adicionais.

Gabarito: **D**

9ª Questão (Senado Contador FGV 2012): *No que se refere ao orçamento e à contabilidade aplicáveis ao setor público,* **NÃO** *é correto afirmar que*

a) a dívida ativa compreende os créditos do Poder Público junto a terceiros. É uma espécie de "contas a receber" na contabilidade. Divide-se em dívida ativa tributária (quando decorre de impostos, taxas e contribuições) e não tributária (as demais).

b) uma vez que a iniciativa das leis orçamentárias (PPA, LDO e LOA) compete ao Poder Executivo, cabe a este Poder a responsabilidade de formular a sua proposta e consolidar as propostas encaminhadas pelos demais Poderes.

c) depois de consolidada pelo Poder Executivo, a proposta orçamentária é, então, encaminhada ao Legislativo, em até quatro meses do encerramento do exercício (nos termos dos Atos das Disposições Constitucionais Transitórias – ADCT).

d) Presidente da República pode encaminhar ao Congresso mensagem propondo retificação no projeto de lei orçamentária encaminhado, desde que não tenha sido concluída na comissão mista a votação da parte que se pretende alterar.

e) no que tange às emendas parlamentares à lei orçamentária anual, há regras constitucionais que precisam ser observadas para que sejam válidas, dentre as quais é possível citar a necessidade de serem compatíveis com o PPA e a LDO.

Solução

a) Certo. Esse item está fora do contexto da aula, mas foi trazido devido a questão como um todo.

b) Certo, o Executivo consolida as propostas, pois apenas ele pode enviar o PLOA.

c) Certo, sem comentários adicionais.

d) Errado, Presidente da República pode encaminhar ao Congresso mensagem propondo retificação no projeto de lei orçamentária encaminhado, desde que não tenha sido iniciada na comissão mista a votação da parte que se pretende alterar.

e) Certo, sempre as emendas a LOA devem ser compatíveis com o PPA e LDO e indicar a fonte de recursos.

Gabarito: **D**

10ª Questão (AL-MA Contador FGV 2013): *Com relação ao Orçamento Público, analise as afirmativas a seguir.*

I. A lei que institui o plano plurianual estabelece, de forma regionalizada, as diretrizes, objetivos e metas da administração pública federal para as despesas de capital e as relativas aos programas de duração continuada, alcançando os quarenta e oito meses do mandato de sua elaboração.

II. As emendas ao projeto de lei do orçamento anual ou aos projetos que o modifiquem somente podem ser aprovadas caso sejam compatíveis com o plano plurianual e com a lei de diretrizes orçamentárias.

III. A lei de diretrizes orçamentárias compreenderá as metas e prioridades da administração pública federal, incluindo as despesas de capital para o exercício financeiro subsequente, acompanhado de demonstrativo regionalizado do efeito, sobre as receitas e despesas.

Assinale:

a) se somente a afirmativa I estiver correta.

b) se somente a afirmativa II estiver correta.

c) se somente a afirmativa III estiver correta.

d) se somente as afirmativas I e III estiverem corretas.

e) se todas as afirmativas estiverem corretas.

Solução

I. Errado, o PPA alcança 36 meses do mandato do Chefe do Executivo que elabora o PPA e 12 meses do próximo mandato.

II. Certo, as emendas ao projeto de lei do orçamento anual ou aos projetos que o modifiquem sempre devem ser compatíveis com o PPA e a LDO.

III. Errado, o demonstrativo regionalizado do efeito, sobre as receitas e despesas é integrante da LOA e não da LDO.

Gabarito: **B**

11ª Questão (TCM-RJ Procurador FGV 2015): *A respeito da tramitação legislativa das leis orçamentárias, é correto afirmar:*

a) As emendas aos projetos de leis orçamentárias serão apresentadas na Comissão Mista, que sobre elas emitirá parecer, e apreciadas, na forma regimental, pelo Plenário das duas Casas do Congresso Nacional.

b) O projeto de lei relativo ao Plano Plurianual deve ser discutido e votado em cada casa do Congresso Nacional, em dois turnos, e será aprovado pela maioria absoluta dos parlamentares de ambas as casas.

c) As emendas ao projeto de Lei do Orçamento Anual devem ser compatíveis com o Plano Plurianual, não havendo necessidade de ser compatível com a Lei de Diretrizes Orçamentárias.

d) O Presidente da República através de medida provisória, pode dispor sobre o exercício financeiro, a vigência, os prazos, a elaboração e a organização do Plano Plurianual, da Lei de Diretrizes Orçamentárias e da Lei Orçamentária Anual.

e) As emendas individuais ao projeto de lei orçamentária serão aprovadas no limite de 2,2% da receita corrente líquida prevista no projeto encaminhado pelo Poder Executivo, sendo que a metade desse percentual será destinada a ações e serviços públicos de educação.

Solução

a) Certo.

b) Errado, o projeto de lei relativo ao Plano Plurianual deve ser discutido e votado na forma do regimento comum e será aprovado pela maioria por maioria simples da cada casa.

c) Errado, as emendas a LOA sempre devem ser compatíveis com o PPA e a LDO.

d) Errado, seria matéria de competência da Lei Complementar: art. 169 § 9º inciso I.

e) Errado, as emendas individuais ao projeto de lei orçamentária serão aprovadas no limite de 1,2% da receita corrente líquida prevista no projeto

Unidade Didática III
Ciclo Orçamentário na União

encaminhado pelo Poder Executivo, sendo que a metade desse percentual será destinada a ações e serviços públicos de saúde.

Gabarito: **A**

12ª Questão (TJ-SC Analista FGV 2015): *As competências dos poderes em matéria orçamentária, os conteúdos e os prazos dos instrumentos de planejamento são tratados na Constituição, na Lei de Responsabilidade Fiscal (LRF) e na Lei nº 4.320/1964. O Poder Executivo envia a proposta orçamentária no prazo estabelecido no ADCT, mas poderá propor modificações:*

a) antes do início do exercício a que o orçamento se refere;
b) antes de iniciada a discussão do orçamento;
c) antes de encerrada a votação do orçamento;
d) antes de iniciada a votação da parte a que se refere a alteração;
e) antes da proposição de emendas pelos parlamentares.

Solução

Conforme vimos neste capítulo e comentários anteriores, gabarito D.

Gabarito: **D**

13ª Questão (TCE-RJ Auditor FGV 2015): *O processo orçamentário no Brasil tem regras definidas na Constituição Federal e na legislação complementar e ordinária, principalmente no que tange às competências de cada poder na definição das receitas e despesas para um exercício. No que se refere às regras relativas às emendas à Lei do Orçamento, analise as afirmativas a seguir:*

I – As emendas parlamentares são permitidas somente para alteração das despesas de custeio.

II – É obrigatória a execução das emendas individuais dos parlamentares ao Orçamento da União, no mínimo em 1,2% da receita corrente líquida prevista na Lei Orçamentária.

III – A execução das emendas individuais tratadas na EC nº 86/2015 obedecerá ao valor mínimo de 50% aplicado no custeio de ações e serviços públicos de saúde, exceto o pagamento de pessoal e encargos.

É correto somente o que se afirma em:

a) I;
b) II;
c) III;
d) I e II;
e) II e III.

Solução

I - Errado, as emendas podem alcançar qualquer despesa. Apenas não podem anular despesas com pessoal, serviço da dívida e transferências tributárias constitucionais.

II - Errado, na 3ª etapa da LOA, a base de referência para execução da RCL - receita corrente líquida é a LOA executada no exercício anterior.

III - Certo, conforme a EC 86/2015.

Gabarito: **C**

14ª Questão (TCE-RJ Auditor FGV 2015): *Segundo a Constituição Federal, leis de iniciativa do Poder Executivo estabelecerão o Plano Plurianual; as Diretrizes Orçamentárias e os Orçamentos Anuais. A respeito da tramitação das referidas leis, é correto afirmar*

a) A discussão e votação dos projetos de leis orçamentárias terão início no Senado Federal.

b) De forma alguma será admitido aumento de despesas previstas nos projetos das referidas leis orçamentárias.

c) O Presidente da República poderá enviar mensagem ao Congresso Nacional para propor modificação nos projetos de leis orçamentárias enquanto não iniciada a votação, na Comissão mista, da parte cuja alteração é proposta.

d) Caberá, na Câmara dos Deputados, a uma Comissão permanente composta exclusivamente de Deputados examinar e emitir parecer sobre os projetos das referidas leis e sobre as contas apresentadas anualmente pelo Presidente da República.

e) O Plano Plurianual (PPA) compreenderá as metas e prioridades da Administração pública federal, incluindo as despesas de capital para o exercício financeiro subsequente, orientará a elaboração da Lei Orçamentária Anual, disporá sobre as alterações na legislação tributária e estabelecerá a política de aplicação das agências financeiras oficiais de fomento.

Solução

a) Errado, a discussão e votação dos projetos de leis orçamentárias terão início na Comissão Mista de Orçamento.

b) Errado, será admitido aumento de despesas em caso da reestimativa da receita em virtude de erros ou omissões.

c) Certo, é exatamente a intervenção admitida pelo Executivo na 2ª etapa da LOA.

d) Errado, caberá a uma Comissão permanente composta de 30 deputados e 10 senadores examinar e emitir parecer sobre os projetos das referidas leis e sobre as contas apresentadas anualmente pelo Presidente da República.

e) Errado, seria a LDO e não o PPA.

Gabarito: **C**

15ª Questão (DPE-SP Agente FCC 2015): *Os instrumentos de planejamento público estão previstos na Constituição Federal, entre eles, a Lei de Diretrizes Orçamentárias. As emendas ao projeto de lei de diretrizes orçamentárias, segundo a Constituição Federal, não poderão ser aprovadas quando incompatíveis com*

a) a Lei Orçamentária Anual.
b) o Plano Plurianual.
c) a Lei de Responsabilidade Fiscal.
d) o anexo de metas fiscais.
e) a política de equilíbrio das contas públicas.

Solução

As emendas à LDO sempre devem ser compatíveis com o PPA. Gabarito B.

Gabarito: **B**

16ª Questão (TCE-CE ACE FCC 2015): *Em março de 2015, as mesas da Câmara dos Deputados e do Senado Federal promulgaram a Emenda Constitucional nº 86/15, que trata do chamado ORÇAMENTO IMPOSITIVO. Essa emenda, que acrescentou vários dispositivos ao texto constitucional, inseriu, no art. 166 da Constituição Federal, nove parágrafos novos. O § 9º desse artigo estabelece que as emendas individuais ao projeto de lei orçamentária serão aprovadas no limite de 1,2% da receita corrente líquida prevista no projeto encaminhado pelo Poder Executivo, sendo que a metade deste percentual será destinada a ações e serviços públicos de saúde. Afastada a possibilidade de não cumprimento da meta de resultado fiscal estabelecida na Lei de Diretrizes Orçamentárias, a execução orçamentária e financeira das programações referidas no § 9º, acima transcrito, é*

a) obrigatória, inclusive nos casos de impedimento de ordem técnica, em montante correspondente a 1,2% da receita corrente líquida realizada no exercício anterior, conforme os critérios para a execução equitativa da programação definidos em Resolução do Senado Federal, de iniciativa do Presidente da República.
b) obrigatória, exceto nos casos de impedimento de ordem técnica, em montante correspondente a 0,6% da média da receita corrente líquida realizada nos três exercícios imediatamente anteriores conforme os critérios para a execução equitativa da programação definidos em lei ordinária federal.
c) obrigatória, exceto nos casos de impedimento de ordem técnica, em montante correspondente a 1,2% da receita corrente líquida realizada no exercício anterior conforme os critérios para a execução equitativa da programação, sendo considerada equitativa a execução das programações de caráter obrigatório que atenda de forma igualitária e impessoal às emendas apresentadas, independentemente da autoria.
d) voluntária, em montante correspondente a 0,6% da receita corrente líquida realizada no exercício anterior conforme os critérios para a execução equitativa da programação, sendo considerada equitativa a execução das programações de caráter obrigatório que atenda de forma igualitária e impessoal a todas

as unidades federadas, independentemente de critérios quantitativos populacionais e da representação política parlamentar do proponente da emenda.

e) obrigatória, inclusive nos casos de impedimento de ordem técnica, em montante correspondente a 0,6% da receita corrente líquida realizada no exercício anterior conforme os critérios para a execução equitativa da programação definidos na lei complementar prevista no § 9º do art. 165 da Constituição Federal, sendo considerada equitativa a execução das programações de caráter obrigatório que atenda de forma proporcional a todas as unidades federadas, tendo em conta critérios quantitativos populacionais e de representação política parlamentar do proponente da emenda.

Solução

Pontos chaves das emendas individuais:

- É obrigatória, exceto nos casos de impedimento de ordem técnica.
- Na 2ª etapa da LOA, o 1,2% da RCL incide sobre PLOA enviado.
- Na 3ª etapa da LOA, o 1,2% da RCL incide sobre a LOA do ano anterior: receita arrecadada
- pelo menos 50% será destinado das emendas individuais será destinado a saúde.

Gabarito: **C**

Unidade Didática III
Ciclo Orçamentário na União

17ª Questão (CGE-PI Auditor Cespe 2015): *Julgue o item a seguir.*

As emendas ao projeto de lei orçamentária anual que tenham por propósito a modificação das despesas nele previstas deverão demonstrar a sua compatibilidade com o plano plurianual e a lei de diretrizes orçamentárias e, ainda, indicar os recursos necessários à sua satisfação, admitindo-se, nessa hipótese, a adoção de medidas para aumento permanente de receita.

Solução

Errado, os recursos necessários podem vir de duas fontes:

(i) anulação de despesas, exceto despesas com pessoal, serviço da dívida, transferências tributárias constitucionais.

(ii) erros ou omissões do PLOA.

A assertiva erra ao restringir.

Gabarito: **Errado**

18ª Questão (STJ Analista Cespe Analista): *Julgue o item a seguir.*

O chamado orçamento impositivo se caracteriza, entre outros aspectos, pela obrigatoriedade de execução das emendas parlamentares individuais, até o limite de 1,2% da receita corrente líquida anual prevista no projeto de lei orçamentária encaminhado pelo Poder Executivo ao Poder Legislativo.

Solução

Errado, na 3ª etapa da LOA, a base de cálculo a Receita Corrente Líquida observa a receita executada (arrecadada) no ano anterior e não a receita corrente líquida anual prevista no projeto de lei orçamentária encaminhado pelo Poder Executivo ao Poder Legislativo.

Gabarito: **Errado**

19ª Questão (TCU Auditor Cespe 2015): *Julgue o item a seguir.*

Ainda que não esteja compatível com o plano plurianual, a emenda ao projeto de lei orçamentária que pretender consignar recursos para transferência a empresa estatal com o objetivo de financiar a construção de uma usina hidrelétrica poderá ser apresentada na Comissão Mista de Orçamento por qualquer parlamentar.

Solução

Certo, poderá ser apresentada, mas não poderá ser aprovada. Questão polêmica.

Gabarito: **Certo**

20ª Questão (TRF 1ª Região Juiz Cespe 2015): *Conforme recente emenda constitucional, o limite das emendas individuais ao projeto de lei orçamentária é calculado com base na*

a) receita corrente líquida definida pelo Congresso Nacional para o exercício a que se destine a proposta.
b) receita corrente líquida prevista para o ano em que esteja sendo encaminhada a proposta.
c) receita corrente líquida realizada no exercício anterior.
d) média das receitas correntes líquidas realizadas nos dois exercícios anteriores à proposta.
e) receita corrente líquida prevista no projeto encaminhado pelo Poder Executivo.

Solução

Pelas opções observa-se que a questão trata da 2ª etapa da LOA. Na 2ª da LOA, a base da RCL é o PLOA encaminhado pelo Executivo. Gabarito E.

Gabarito: **E**

21ª Questão (TCU Procurador Cespe 2015): *Considerando que a CF estabelece rito legislativo específico para a elaboração, proposta e aprovação das leis orçamentárias, assinale a opção correta acerca do processo legislativo orçamentário.*

a) À comissão mista permanente de senadores e deputados cabe apreciar as emendas ao projeto de LOA, estando a sua aprovação condicionada à compatibilidade com o PPA e a LDO e à indicação dos recursos necessários à satisfação do novo elemento de despesa, admitidos apenas aqueles decorrentes de anulação de despesa anteriormente indicada, ressalvando-se apenas o serviço da dívida.

b) As emendas individuais ao projeto de lei orçamentária serão aprovadas no limite de 1,2% da receita corrente líquida prevista no projeto encaminhado pelo Poder Executivo, devendo a realização das despesas direcionar-se integralmente à saúde e educação e observar a programação financeira e o cronograma de execução mensal de desembolso estabelecidos pelo Poder Executivo.

c) Admite-se alteração da LOA já aprovada pelo Poder Legislativo por medida provisória, desde que para a abertura de créditos especiais e extraordinários.

d) A elaboração do projeto da LOA conta com a participação dos Poderes Executivo, Legislativo e Judiciário, além do MP e da defensoria pública, que ofertarão as respectivas propostas de orçamento para consolidação e apresentação do projeto de lei de iniciativa privativa do chefe do Poder Executivo em até quatro meses antes do encerramento do exercício financeiro.

e) No exercício da atribuição conferida constitucionalmente ao Poder Executivo de reunir as propostas orçamentárias dos órgãos dotados de autonomia para consolidação e envio para a análise do Poder Legislativo, admite-se a adequação das propostas orçamentárias enviadas, ainda que compatíveis com a LDO, para atendimento de passivos contingentes e outros riscos e eventos fiscais imprevistos.

Solução

a) Errado, à comissão mista permanente de senadores e deputados cabe apreciar as emendas ao projeto de LOA, estando a sua aprovação condicionada à compatibilidade com o PPA e a LDO e à indicação dos recursos necessários à satisfação do novo elemento de despesa, admitidos apenas aqueles decorrentes de anulação de despesa anteriormente indicada, ressalvando-se apenas despesas com pessoal, serviço da dívida e transferências tributárias constitucionais.

b) Errado, pelo menos 50% das emendas individuais devem ser alocadas em saúde.

c) Errado, a medida provisória somente pode ser usada para créditos extraordinários.

d) Certo, os poderes devem remeter suas propostas ao Executivo até 15/08 para que o PLOA seja enviado até 31/08.

e) Errado, as propostas dos demais Poderes somente serão ajustadas pelo Executivo se estiverem incompatíveis com a LDO.

Gabarito: **D**

22ª Questão (TCE-PE Auditor de Contas Públicas Cespe 2017): *Acerca dos instrumentos de planejamento e orçamento, julgue os itens a seguir.*

Para que determinada emenda ao projeto de lei orçamentária seja aprovada, é suficiente que ela tenha sido apresentada na Comissão Mista de Orçamentos e não anule despesas de pessoal e encargos sociais, do serviço da dívida ou de transferências constitucionais.

Solução

Não é suficiente, pois sempre a emenda à LOA deve ser compatível com o PPA e a LDO.

Gabarito: **Errado**

5. LISTA DE QUESTÕES DISCURSIVAS

1ª Questão (Câmara dos Deputados Analista Cespe 2012):

Projeto de lei orçamentária anual enviado à Câmara dos Deputados pelo Poder Executivo federal sofreu emenda parlamentar que implicou aumento de despesa. A liderança do governo na Casa alegou que a referida emenda era inconstitucional de acordo com disposição prevista na Constituição que veda a apresentação de emendas parlamentares a projetos de lei de iniciativa do presidente da República que ensejem aumento de despesa pública.

Em face dessa situação hipotética, redija um texto dissertativo que responda aos questionamentos a seguir, justificando, necessariamente, suas respostas à luz do texto constitucional.

- → A lei orçamentária deve, obrigatoriamente, ser da iniciativa do chefe do Poder Executivo? [item 1 – valor: 30,00 pontos]
- → Em qualquer caso, os parlamentares estão impedidos de apresentar emenda que implique aumento de despesa em projeto de lei de iniciativa do presidente da República? [item 2 – valor: 52,50 pontos]

Extensão de linhas: até 30.

Resolução da Questão

A situação hipotética descrita caracteriza a segunda etapa do ciclo orçamentário em que o chefe do poder executivo federal envia o Projeto de Lei Orçamentária Anual ao Congresso Nacional.

Conforme consta na CF/1988, compete privativamente ao Presidente da República enviar ao Congresso Nacional o plano plurianual, o projeto de lei de diretrizes orçamentárias e as propostas de orçamento. Assim, não resta dúvida de que o projeto de lei orçamentária anual deve ser enviado pelo Presidente da República ao Congresso Nacional.

Sobre a possibilidade de emendas que aumentem o valor da despesa originalmente prevista, a regra geral é da não admissibilidade. A ressalva reside justamente nas emendas à LOA e à LDO.

O constituinte estabeleceu restrições sobre as emendas ao PLOA. Para ser aprovada pela CMO, uma emenda deve obrigatoriamente estar compatível com o PPA e com a LDO. Além disso, deve necessariamente indicar a fonte de recursos. Quanto a esse último requisito, o texto constitucional faz duas considerações.

A primeira consideração é que não podem ser indicados recursos decorrentes de anulação de despesas provenientes de: dotações para pessoal e seus encargos; serviço da dívida; transferências tributárias constitucionais para estados, municípios e Distrito Federal.

A segunda consideração é que os recursos podem advir da correção de erros ou omissões; ou com os dispositivos do texto do projeto de lei. Quanto a essa última consideração, a mesma foi reforçada pela LRF, que afirma que a reestimativa de receita por parte do Poder Legislativo só será admitida se comprovado erro ou omissão de ordem técnica ou legal.

Assim, conclui-se que, caso o Poder Legislativo deseje acrescentar uma despesa na proposta orçamentária, usar como fonte a reestimativa da receita desde que se comprove a existência de erro ou omissão de ordem técnica ou legal no cálculo efetuado pelo Poder Executivo.

2ª Questão (ANAC Analista ESAF 2016):

Com a promulgação da Emenda Constitucional nº 86, em março de 2015, a execução de parte da programação orçamentária passou a ser obrigatória.

Dito isso, em um mínimo de 45 (quarenta e cinco) e em um máximo de 60 (sessenta) linhas, elabore um texto explicativo e opinativo em resposta aos seguintes questionamentos:

(i) de que tratou a referida Emenda quanto à natureza - ao caráter - do orçamento (**item 1**)?

(ii) quais os reflexos nas emendas parlamentares (**item 2**)?

(iii) quais os reflexos nos investimentos em saúde feitos pela União (**item 3**)?

Extensão de linhas: até 60.

Resolução da Questão

A emenda constitucional 86 (EC/86), de março de 2015, institui novo procedimento em relação à programação orçamentária, segundo o qual parte do orçamento, especificamente as emendas parlamentares individuais, passaram a adotar o caráter impositivo. Sob o ponto de vista da relação entre os Poderes, a EC/86 estabeleceu maior equilíbrio entre o Poder Executivo e Poder Legislativo.

Um primeiro reflexo trazido pela EC/86 foi a determinação de que a parcela de 1,2% da Receita Corrente Líquida (RCL) seja destinada a cobrir as despesas oriunda das emendas parlamentares individuais, sendo que metade desse percentual, 0,6%, deve necessariamente custear projetos na área de saúde.

Um segundo reflexo, é que a EC/1986 não alterou a observância das regras para aprovação de emendas como um todo. Cumpre observa que, independente da nova vinculação instituída pela EC/86 toda emenda à LOA deve continuar sendo compatível com o PPA (Plano Plurianual) e a LDO (Lei de Diretrizes Orçamentárias).

Além disso, permanece a observância quanto à indicação de recursos mediante: (i) anulação de dotações, ressalvadas as despesas com pessoal, serviço da dívida e transferências constitucionais; ou (ii) a detecção de erros ou omisso do projeto de LOA.

Um terceiro reflexo diz respeito ao cálculo do percentual destinado às emendas individuais. Observa-se que na segunda etapa da LOA, a parcela compreenderá os valores constantes no PLOA; enquanto na terceira etapa da LOA, a parcela compreenderá os valores executados na LOA do exercício anterior.

Um quarto reflexo, diz respeito que a obrigatoriedade de execução não é absoluta. Há que se observar que, em relação à aplicação do montante de 1,2% da RCL relativo às emendas individuais, é possível o não cumprimento da exigência constitucional caso se identifique impedimento de ordem técnica.

Desse modo, a EC/86 contribuiu pata que o orçamento público ganhasse maior previsibilidade, melhorando a relação entre o planejado e o executado propiciando que os parlamentares passassem de fato a decidi a alocação de recursos orçamentários, ainda que em parte.

A despeito dos avanços do orçamento misto (elaborado pelo Executivo e discutido e votado pelo Legislativo), o orçamento impositivo não foi capaz de alterar a essência da natureza do orçamento que continua preponderantemente autorizativo, uma vez que montante de 1,2% da RCL das emendas impositivas é residual em relação ao restante do orçamento.

Importante destacar que mesmo de caráter autorizativo, o orçamento federal não propicia liberdade total ao Executivo, haja vista o elevado grau de vinculação dos recursos públicos fundamentados em preceitos constitucional, legais ou contratuais.

Por fim, no que se refere aos investimentos em saúde determinados pela EC/86, observa-se que houve um reforço no âmbito federal para se alcançar o volume de despesas nessa área sensível de gasto. Diferente do que ocorre na educação em que se possui percentual fixo vinculado (18% dos impostos), na saúde há um montante a ser alcançado: 15% da RCL. Assim, a EC/86 ao vincular 0,6% da RCL para a saúde contribui para o alcance da meta anterior.

Em termos qualitativos, a ampliação da participação do Legislativo na definição da execução do orçamento contribui de forma democrática para que as decisões de governo sejam mais alinhadas com a sociedade, sobretudo na área de saúde.

CAPÍTULO 15

EVENTOS POSSÍVEIS ENTRE A APROVAÇÃO E PUBLICAÇÃO DA LOA

1. GENERALIDADES

Após a esperada aprovação da LOA pelo Congresso Nacional até 22 de dezembro, a expectativa é que a LOA seja sancionada até 31 de dezembro.

A seguir serão apresentadas 3 hipóteses: (i) e se o Congresso ao invés de aprovar, rejeitar a LOA? (ii) o que ocorre quando o presidente veta parcialmente a LOA?; (iii) quais as consequências caso a LOA não for aprovada até 22 de dezembro e, por conseguinte, o Presidente da República ficar impedido de sancioná-la até 31 de dezembro?

Por fim, ocorrendo tudo dentro do esperado como se dá a inserção de dados orçamentários do SIOP (Sistema de Planejamento e Orçamento) no SIAFI (Sistema de Administração Financeiro).

2. A LOA PODE SER REJEITADA?

A CF/1988 dispõe que:

> *Art. 166.*
>
> *§ 8º – Os recursos que, em decorrência de veto, emenda ou* ***rejeição do projeto de lei orçamentária anual****, ficarem sem despesas correspondentes poderão ser utilizados, conforme o caso, mediante créditos especiais ou suplementares, com prévia e específica autorização legislativa.*

Assim, conclui-se que o PLOA pode ser rejeitado pelo Congresso Nacional na sessão do regimento comum.

3. O QUE OCORRE QUANDO O PRESIDENTE VETA PARCIALMENTE A LOA?

A CF/1988 dispõe que:

> *Art. 166.*
>
> *§ 8º – Os recursos que, em decorrência de **veto**, emenda ou rejeição **do projeto de lei orçamentária anual**, ficarem sem despesas correspondentes poderão ser utilizados, conforme o caso, **mediante créditos especiais ou suplementares, com prévia e específica autorização legislativa**.*

Conclui-se que a CF/1988 previu situações em que quando do veto presidencial, pode haver sobra de recursos em virtude de veto ou emenda ao PLOA. Os Quadros a seguir contêm simulações dessa situação de veto.

Quadro 15.1: PLOA 2018 aprovado pelo Legislativo até 22.12.2017

PLOA devolvido aprovado			
Receitas		**Despesas**	
Impostos	300	Pessoal	400
Patrimoniais	300	Diárias e Passagens	100
Operações de Crédito	400	**Investimento**	**500**
Total	1000	**Total**	**1000**

Quadro 15.2: LOA 2018 sancionada pelo Executivo em 26.12.2017

PLOA devolvido aprovado			
Receitas		**Despesas**	
Impostos	300	Pessoal	400
Patrimoniais	300	Diárias e Passagens	100
Operações de Crédito	400	**Investimento**	**400**
Total	1000	**Total**	**900**

Observa-se no Quadro 15.2 que o presidente vetou R$ 100 de despesas com investimentos. Assim, se esse veto for mantido, haverá uma LOA aprovada com a receita maior que a despesa em R$ 100. Este recurso pode ser usado como fonte de créditos suplementares ou especiais apenas. Seria a 6ª fonte de créditos adicionais vista no capítulo 10.

4. E SE A LOA NÃO FOR SANCIONADA ATÉ 31/12?

Chamada 26 do Autor: Início de Exercício sem a LOA aprovada

Neste caso, **se inicia o ano sem ter uma LOA vigente.** A LDO para a LOA 2018, dispõe que:

Lei 13.473/2017 (LDO)

*Art. 57. Se o Projeto de **Lei Orçamentária de 2018 não for sancionado pelo Presidente da República até 31 de dezembro de 2017**, a programação dele constante poderá ser executada para o atendimento de:*

*I – **despesas com obrigações constitucionais ou legais da União relacionadas** na Seção I do Anexo III;*

*II – ações de **prevenção a desastres** classificadas na subfunção Defesa Civil;*

*III – **concessão de financiamento ao estudante**;*

IV – dotações destinadas à aplicação mínima em ações e serviços públicos de saúde, classificadas com o Identificador de Uso 6 – IU 6;

*V – **outras despesas correntes de caráter inadiável, até o limite de um doze avos do valor previsto para cada órgão no Projeto de Lei Orçamentária de 2018, multiplicado pelo número de meses decorridos até a data de publicação da respectiva Lei**; e*

VI – realização de eleições e continuidade da implantação do sistema de automação de identificação biométrica de eleitores pela Justiça Eleitoral.

§ 1º Será considerada antecipação de crédito à conta da Lei Orçamentária de 2018 a utilização dos recursos autorizada neste artigo.

§ 2º Os saldos negativos eventualmente apurados entre o Projeto de Lei Orçamentária de 2018 enviado ao Congresso Nacional e a respectiva Lei serão ajustados, considerando-se a execução prevista neste artigo, por ato do Poder Executivo, após a sanção da Lei Orçamentária de 2018, por intermédio da abertura de créditos suplementares ou especiais, mediante remanejamento de dotações, até o limite de vinte por cento da programação objeto de cancelamento, desde que não seja possível a reapropriação das despesas executadas.

§ 3º O disposto no art. 43 aplica-se, no que couber, aos recursos liberados na forma deste artigo.

§ 4º A autorização de que trata o inciso I do caput não abrange as despesas a que se refere o art. 98.

A Figura 15.1ilustra o artigo 57 da LDO.

Figura 15.1: Execução de despesas quando a LOA não é sacnionada até 31/12

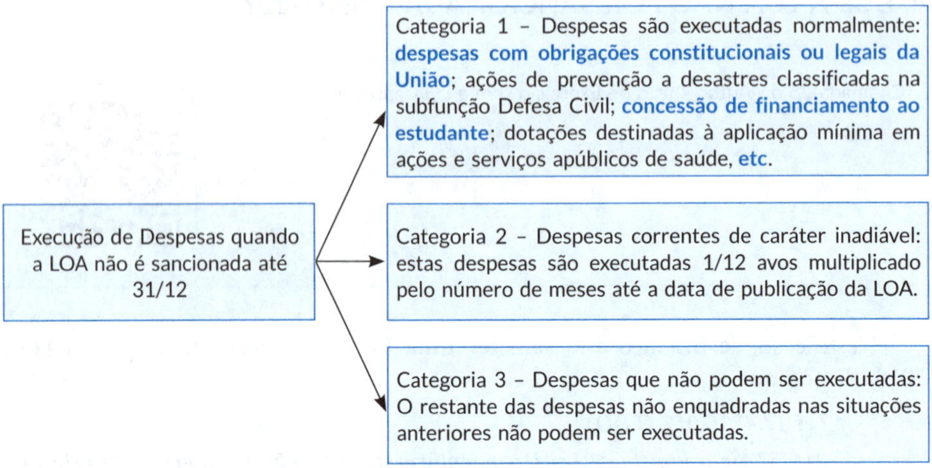

Exemplo 1 do autor: Categoria 1 - Despesas com execução normal em 2018 quando a LOA 2018 não foi sancionada em 31.12.2017

Suponha-se que em janeiro de 2018 ocorreu uma catástrofe que necessite de dotações de R$ 2 milhões para reparo de instalações e compra de cestas básicas, itens enquadrados em ações de prevenção a desastres classificadas na subfunção defesa civil, sendo que o valor no PLOA era R$ 4,8 milhões.A LOA 2018 não foi sancionada em 31.12.2017, ou seja, não há LOA 2018 vigente.

Nessa situação poderá se executar esses R$ 2 milhões, mesmo eles sendo superiores a 1/12 avos (R$ 400 mil). Isso porque estes gastos entram na categoria 1 e podem ser executados normalmente.

Exemplo 2 do autor: Categoria 2 - Despesas correntes de caráter inadiávelem 2018 quando a LOA 2018 não foi sancionada em 31.12.2017

Suponha-se em 31 de janeiro de 2018 seja necessário renovar o contrato de segurança patrimonial (depesas com serviços de terceitos pessoa jurídica) de determinado Ministériono valor de R$ 100 mil mês sendo que o valor no PLOA deste ministério para outras despesas correntes é de R$ 24 milhões de reais.

A LOA 2018 não foi sancionada em 31.12.2017, ou seja, não há LOA 2018 vigente.

Nessa situação,o Ministério somente poderá executar (empenhar) em janeiro 1/12 avos de 24 milhões, ou seja, 2 milhões.

Assim, o ordenador de despesas pode efetuar empenho das parcelas previstas no contrato de 01 de fevereiro a 31 de dezembro, 11 meses, equivalente a R$ 1,1 milhão de reais (11 meses multiplicado por R$ 100 mil).

Ocorre que ao fazer isso, o ordenador de despesas fica com um crédito remanescente de R$ 900 mil em janeiro para atender as outras despesas correntes: diárias, passagens, suprimeno de fundos, outros contratos.

Imortante destacar que o ordenador de despesas, em seu despacho que autoriza esse empenho, deve informar que esse contrato de segurança patrimonial é imprescindível para o Ministério, razão pela qual a despesas corrente se torna inadiável.

Exemplo 3 do autor: Categoria 3 - Despesas que não podem ser executadas quando a LOA 2018 não foi sancionada em 31.12.2017

Suponha-se em 31 de janeiro de 2018 seja necessário expropriar imóvel para dar início a construção de novo edifício sede de determinado Ministério.

A LOA 2018 não foi sancionada em 31.12.2017, ou seja, não há LOA 2018 vigente.

Nessa situação, o Ministério não pode dar sequencia a esse projeto, pois o mesmo não encontra amparo nas categorias 1 e 2. Assim, deve-se aguardar a aprovação e publicação da LOA 2018.

Durante esse período de transição até a situação normalizar (publicação da LOA 2018), o Presidente da República e chefes dos poderes e órgãos publicam normativos com **a programação orçamentária e financeira "provisória".**

5. COMO SE DÁ A INSERÇÃO DE DADOS NO SIAFI?

A SOF (Secretaria de Orçamento Federal) procederá à efetivação, no SIOP (Sistema de Planejamento e Orçamento), dos créditos publicados e transmitirá as informações à STN (Secretaria do Tesouro Nacional), para que seja efetuada a sua disponibilização no SIAFI, por intermédio de notas de dotação para que as unidades gestoras possam utilizar os respectivos créditos.

1ª Questão (Bacen Procurador Cespe 2013): *Assinale a opção correta no que diz respeito ao regramento constitucional dos créditos adicionais ao orçamento público.*

a) abertura de crédito extraordinário serve para atender à necessidade de recursos de programas continuados do governo federal, ou seja, que ultrapassem um exercício financeiro.

b) Os recursos que, em decorrência de veto do projeto de lei orçamentária anual, ficarem sem despesas correspondentes poderão ser utilizados, conforme o caso, mediante créditos especiais ou suplementares, com prévia e específica autorização legislativa.

c) Os créditos especiais são destinados a despesas relacionadas a acontecimentos que impliquem a decretação de estado de calamidade pública, como enchentes e desabamentos.

d) O crédito suplementar serve para complementar recurso orçamentário, portanto sua abertura não requer autorização legislativa.

e) Embora seja necessária autorização legislativa para a abertura dos créditos especiais, seu caráter emergencial dispensa a indicação dos recursos correspondentes.

Solução

a) Errado, a abertura de crédito extraordinário serve para atenderdespesas urgentes e imprevisíveis.

b) Certo, seria a 6ª fonte de créditos adicionais.

c) Errado, seriam os créditos extraordinários.

d) Errado, o crédito suplementar requer autorização legislativa.

e) Errado, o crédito especial visa criar nova dotação e requer indicação dos recursos.

Gabarito: B

6. LISTA DE QUESTÕES OBJETIVAS

1ª Questão (Ministério da Cultura Analista FGV 2006): *De acordo com os procedimentos de elaboração do projeto da lei orçamentária e da sua tramitação no Congresso Nacional, assinale a alternativa correta.*

a) A Comissão Mista do Orçamento só poderá aprovar emendas que indicam os recursos necessários, admitidos, nesse caso, somente os provenientes do excesso de arrecadação verificado no exercício anterior.

b) O chefe do Poder Executivo poderá encaminhar mensagem alterando a proposta da Lei Orçamentária enviada ao Congresso Nacional, desde que não tenha sido iniciada, na Comissão Mista responsável pela redação final, a votação da parte cuja alteração está sendo proposta.

c) O projeto da lei do orçamento fiscal deverá ser elaborado pelo Poder Executivo e encaminhado ao Congresso Nacional até a data limite do término do primeiro período da sessão legislativa.

d) Os recursos que, em decorrência de veto, emenda ou rejeição do projeto de lei orçamentária anual, ficarem sem despesas correspondentes poderão ser utilizados, conforme o caso, mediante créditos adicionais, a serem abertos com prévia e específica autorização do Congresso Nacional.

e) Caso o projeto de lei orçamentária não seja sancionado pelo Presidente da República até 31 de dezembro, as despesas do exercício financeiro seguinte poderão ser executadas à razão de um doze avos dos valores de cada datação da Lei Orçamentária vigente do exercício anterior.

Solução

a) Errado, os recursos podem vir apenas de anulação de despesas ou de erros e omissões.

b) Certo, é exatamente a forma de intervenção do Executivo no Legislativo durante a 2ª etapa da LOA.

c) Errado, deve ser enviado até 31/08, quatro meses antes do término do exercício financeiro.

d) Errado, os recursos da 6ª fonte de créditos adicionais podem ser utilizados apenas para créditos suplementares e especiais.

e) Errado, quando se inicia o exercício sem que a LOA tenha sido sancionada ocorre o seguinte procedimento:

(i) algumas despesas são executadas normalmente;

(ii) as despesas correntes de caráter inadiável são executadas na proporção de 1/12 avos multiplicado pelo número de meses até a publicação da LOA.

(iii) algumas despesas não podem ser executadas até a aprovação da LOA. A base dessas despesas será o próprio PLOA.

Gabarito: **B**

2ª Questão (TCM-RJ FGV Auditor 2008): *Assinale a afirmativa incorreta.*

a) As emendas ao projeto de lei do orçamento anual ou aos projetos que o modifiquem podem, entre outras hipóteses, ser aprovadas caso sejam relacionadas com a correção de erros ou omissões ou com os dispositivos do texto do projeto de lei.

b) Os recursos que, em decorrência de veto, emenda ou rejeição do projeto de lei orçamentária anual, ficarem sem despesas correspondentes não poderão ser utilizados mediante créditos especiais, mas somente como créditos suplementares, com prévia e específica autorização legislativa.

c) Os projetos de lei relativos ao plano plurianual, às diretrizes orçamentárias, ao orçamento anual e aos créditos adicionais serão apreciados pelas duas Casas do Congresso Nacional, na forma do regimento comum.

d) Caberá a uma Comissão mista permanente de Senadores e Deputados examinar e emitir parecer sobre os projetos referidos neste artigo e sobre as contas apresentadas anualmente pelo Presidente da República.

e) O Presidente da República poderá enviar mensagem ao Congresso Nacional para propor modificação nos projetos a que se refere este artigo enquanto não iniciada a votação, na Comissão mista, da parte cuja alteração é proposta.

Solução

a) Certo, é uma das hipóteses.

b) Errado, os recursos da 6ª fonte de créditos adicionais (os recursos que, em decorrência de veto, emenda ou rejeição do projeto de lei orçamentária anual, ficarem sem despesas correspondentes) podem ser utilizados para créditos suplementares e especiais.

c) Certo, sem comentários adicionais.

d) Certo, sem comentários adicionais.

e) Certo, é exatamente a forma de intervenção do Executivo no Legislativo durante a 2ª etapa da LOA.

Gabarito: **B**

3ª Questão (Senado Contador FGV 2012): *No que se refere ao orçamento público,* **NÃO** *é correto afirmar que*

a) a proposta orçamentária que o Poder Executivo encaminhará ao Poder Legislativo nos prazos estabelecidos nas Constituições e nas Leis Orgânicas dos Municípios, compor-se-á de Mensagem, que conterá exposição circunstanciada da situação econômico-financeira, documentada com demonstração da dívida fundada e flutuante, saldos de créditos especiais, restos a pagar e outros compromissos financeiros exigíveis, Projeto de Lei de Orçamento e Tabelas explicativas.

b) a Lei Orçamentária Anual compreenderá: (I) o orçamento fiscal referente aos Poderes da União, seus fundos, órgãos e entidades da administração direta e indireta, inclusive fundações instituídas e mantidas pelo Poder Público; (II) o orçamento de investimento das empresas em que a União, direta ou indiretamente, detenha a maioria do capital social com direito a voto; e (III) o orçamento da seguridade social, abrangendo todas as entidades e órgãos a ela vinculados, da administração direta e indireta, bem como os fundos e fundações instituídos e mantidos pelo Poder Público.

c) o fato da LOA conter três orçamentos não fere o Princípio da Unidade.

d) os orçamentos fiscal e de investimento, compatibilizados com o Plano Plurianual, terão, entre suas funções, a de reduzir desigualdades inter-regionais, segundo o critério de distribuição de renda, nos termos da Constituição da República.

e) a Constituição destaca, ainda, que os recursos que, em decorrência de veto, emenda ou rejeição do projeto de lei orçamentária anual, ficarem sem despesas correspondentes, poderão ser utilizados, conforme o caso, mediante créditos especiais ou suplementares, com prévia e específica autorização legislativa.

Solução

a) Certo, trata-se de exigência da lei 4320/1964, ver capítulo 13.

b) Certo, está totalmente de acordo com o artigo 165 da CF/1988.

c) Certo, está totalmente de acordo com o artigo 165 da CF/1988.

d) Errado, segundo critério populacional.

e) Certo, seria a 6ª fonte de crédito adicional.

Gabarito: **D**

4ª Questão (TRT 16ª Região Analista FCC 2014): *Entendendo o ciclo orçamentário como a sequência das etapas desenvolvidas pelo processo orçamentário, com relação ao projeto de lei orçamentária, nos termos da Constituição Federal, no âmbito da União, é correto afirmar que*

a) será elaborado pelo Poder Legislativo e apreciado até quatro meses antes do encerramento do exercício financeiro e remetido ao Executivo para sanção até o encerramento da sessão legislativa.

b) será encaminhado até quatro meses antes do encerramento do exercício financeiro e devolvido para sanção até o encerramento da sessão legislativa.

c) será encaminhado até oito meses e meio antes do encerramento do exercício financeiro e devolvido para sanção até o encerramento do primeiro período da sessão legislativa.

d) estabelecerá, de forma regionalizada, as diretrizes, objetivos e metas da Administração pública federal para as despesas de capital e outras delas decorrentes e para as relativas aos programas de duração continuada.

e) os recursos que, em decorrência de veto, emenda ou rejeição do projeto de lei orçamentária anual, ficarem sem despesas correspondentes poderão ser utilizados, para atender somente as despesas imprevisíveis e urgentes.

Solução

a) Errado, será elaborado pelo Executivo e não pelo Legislativo.
b) Certo, sem comentários adicionais.
c) Errado, esse texto se refere à LDO.
d) Errado, esse texto se refere ao PPA.
e) Errado, a 6ª fonte de recursos somente pode ser usada como fonte de créditos suplementares e especiais.

Gabarito: **B**

5ª Questão (DEPEN Agente Cespe 2015): *Com relação ao disposto na CF acerca de ciclo orçamentário e orçamento público, julgue os itens subsecutivos.*

5. Se uma dotação orçamentária for cancelada em decorrência de emenda parlamentar, e o valor da referida dotação for destinado para uma despesa vetada pelo chefe do Poder Executivo, esse valor poderá ser empregado para abertura de crédito especial durante o exercício de vigência da lei que tenha sofrido o veto.

Solução

Certo, essa seria a 6ª fonte de créditos adicionais e pode ocorrer na transição da 2ª para 3ª etapa da LOA. Atenção, a 6ª fonte pode ser usada apenas para abrir créditos suplementares e especiais.

Gabarito: **Certo**

7. LISTA DE QUESTÕES DISCURSIVAS

1ª Questão (TCE-RJ - Analista de Controle Externo - Área de Controle Externo - Ciências Contábeis FEMPERJ 2012)

Tendo o Chefe do Poder Executivo encaminhado projeto de lei orçamentária até quatro meses antes do término do exercício financeiro, o projeto não foi promulgado tempestivamente pelo Parlamento e, por conseguinte, não foi sancionado pelo Executivo até o encerramento da sessão legislativa. Nesses termos, como serão realizadas as despesas do próximo exercício financeiro, enquanto não aprovada a lei orçamentária anual? Justifique sua resposta.

Extensão de linhas: mínimo de 15 (quinze) e máximo de 60 (sessenta).

Resolução da Questão

Quando na transição da segunda etapa (discussão, votação e aprovação) para a terceira etapa (execução orçamentária e financeira), o Legislativo não devolve o PLOA aprovado até 22/12 e, por conseguinte, o Executivo não sanciona a LOA até 31 de dezembro, o Executivo está autorizado a executar algumas despesas na integralidade e outras despesas correntes de caráter inadiável parcialmente. Ressalta-se que as despesas que não se enquadrem nas situações anteriores não podem ser realizadas até a publicação da LOA.

No caso federal, as despesas que podem ser incluídas na programação financeira provisória são: despesas com obrigações constitucionais ou legais da União; bolsas de estudo, bem como Bolsa-Atleta e bolsistas do Programa Segundo Tempo; pagamento de estagiários e de contratações temporárias por excepcional interesse público; ações de prevenção a desastres classificadas na subfunção Defesa Civil; formação de estoques públicos vinculados ao programa de garantia dos preços mínimos; realização de eleições pela Justiça Eleitoral; outras despesas correntes de caráter inadiável; concessão de financiamento ao estudante; ações em andamento decorrentes de acordo de cooperação internacional com transferência de tecnologia.

Quanto às outras despesas correntes de caráter inadiável, estas poderão ser executados respeitado o limite de um doze avos do valor previsto em cada ação no Projeto de Lei Orçamentária, multiplicado pelo número de meses decorridos até a sanção da respectiva Lei.

CAPÍTULO 16

3ª ETAPA: EXECUÇÃO ORÇAMENTÁRIA E FINANCEIRA

1. PRAZOS E COMPONENTES DA PROGRAMAÇÃO ORÇAMENTÁRIA E FINANCEIRA

A preocupação de manter o equilíbrio entre receitas e despesas no momento da execução orçamentária já constava na Lei no 4.320, de 1964, prevendo a necessidade de estipular cotas trimestrais das despesas que cada unidade orçamentária ficava autorizada a utilizar.

> ***Lei 4.320/1964***
>
> *Art. 47. Imediatamente após a promulgação da Lei de Orçamento e com base nos limites nela fixados, o Poder Executivo aprovará um quadro de cotas trimestrais da despesa que cada unidade orçamentária fica autorizada a utilizar.*

Esse mecanismo foi aperfeiçoado pela Lei de Responsabilidade Fiscal (LRF), Lei Complementar 101/2000, que determina que no prazo de 30 dias após a publicação dos orçamentos deve ocorrer a elaboração da programação financeira e do cronograma mensal de desembolso, bem como a fixação das metas bimestrais de arrecadação.

> ***Lei Complementar 101/2000 (LRF)***
>
> *Art. 8º Até trinta dias após a publicação dos orçamentos, nos termos em que dispuser a lei de diretrizes orçamentárias e observado o disposto na alínea c do inciso I do art. 4º, o poder executivo estabelecerá a programação financeira e o cronograma de execução mensal de desembolso.*

Chamada 27 do Autor: Composição da Programação Orçamentária e Financeira

Enquete 1 do autor: O que deve conter a programação financeira?

Metas bimestrais de arrecadação e um cronograma mensal de desembolso.

O decreto 93.872/1986, que trata dos aspectos no âmbito do Executivo Federal, dispõe que:

> *Art. 9º As diretrizes gerais da programação financeira da despesa autorizada na Lei de Orçamento anual* ***serão fixadas em decreto****, cabendo à Secretaria do Tesouro Nacional, em ato próprio, aprovar o limite global de saques de cada Ministério ou Órgão, tendo em vista o montante das dotações e a previsão do fluxo de caixa do Tesouro Nacional.*
>
> *§ 1º Na alteração do limite global de saques, observar-se-ão o quantitativo das dotações orçamentárias e o comportamento da execução orçamentária.*
>
> *§ 2º* ***Serão considerados, na execução da programação financeira de que trata este artigo, os créditos adicionais****, as* ***restituições de receitas*** *e o* ***ressarcimento em espécie a título de incentivo ou benefício fiscal*** *e os* ***Restos a Pagar****, além das* ***despesas autorizadas na Lei de Orçamento anual.***

Assim, conclui-se que constam no cronograma de desembolso: **(i)** as despesas orçamentárias da própria LOA publicada; **(ii)** os créditos adicionais que retificam a LOA; **(iii)** os restos a pagar (despesas que foram empenhadas em anos anteriores, mas ainda pendentes de pagamento); **(iv)** a restituição de receita (exemplo: a restituição do imposto de renda que deve ser considerada na programação financeira); **(v)** ressarcimento em espécie de incentivo fiscal (programas fiscais em que o contribuinte indica o CPF e depois recebe o dinheiro dentro de um cronograma de ressarcimento).

Atenção

1 Os restos a pagar pendentes de pagamento não constam na LOA publicada (seja nos anexos, seja nos volumes), porém são inseridos na programação financeira, pois afetam a disponibilidade financeira.

2. Devido ao fato da programação financeira considerar os créditos adicionais, é razoável que a programação financeira sofra alterações no mesmo exercício.

Enquete 2 do Autor: No ambito federal, cada Poder possui sua Programação Financeira?

Sim, apesar do artigo 8º da LRF induzir o leitor a pensar que o Executivo é responsável pela programação financeira, uma leitura mais completa na LDO elucida a questão.

> ***Lei Complementar 101/2000***
>
> *Art. 8º* ***Até trinta dias*** *após a publicação dos orçamentos, nos termos em que dispuser a lei de diretrizes orçamentárias e observado o disposto na alínea c do inciso I do art. 4º,* ***O PODER EXECUTIVO ESTABELECERÁ a programação financeira e o cronograma de execução mensal de desembolso.***

Lei 13.473/2017

Art. 55. ***Os Poderes, o Ministério Público da União e a Defensoria Pública da União deverão elaborar e publicar por ato próprio****, até trinta dias após a publicação da Lei Orçamentária de 2018, cronograma anual de desembolso mensal, por órgão, nos termos do art. 8º da Lei de Responsabilidade Fiscal, com vistas ao cumprimento da meta de superávit primário estabelecida nesta Lei.*

Assim, no âmbito do Executivo federal esse ato é formalizado pelo decreto de programação orçamentária e financeira, enquanto nos outros poderes o ato é formalizado por resolução.

Em resumo, os objetivos dessa programação são:

a) estabelecer normas específicas de execução orçamentária e financeira para o exercício;

b) estabelecer um cronograma de compromissos (empenhos) e de liberação (pagamento) dos recursos financeiros para o Governo;

c) cumprir a legislação orçamentária (LRF, LDO etc.); e

d) assegurar o equilíbrio entre receitas e despesas ao longo do exercício financeiro e proporcionar o cumprimento da meta de resultado primário.

Enquete 3 do Autor: Considerando que o Executivo possui o controle sobre os recursos do caixa devido ao princípio da unidade de caixa, de que forma os demais poderes tem acesso a sua disponiblidade financeira?

A CF/1988 dispõe que:

Art. 168. Os recursos correspondentes às dotações orçamentárias, compreendidos os créditos suplementares e especiais, destinados aos órgãos dos Poderes Legislativo e Judiciário, do Ministério Público e da Defensoria Pública, ***ser-lhes-ão entregues até o dia 20 de cada mês, em duodécimos***, na forma da lei complementar a que se refere o art. 165, § 9º.

Assim, considerando que a programação financeira de cada poder foi feita de forma compatível com a LOA e com a LDO, compete ao Executivo entregar os recursos financeiros aos demais poderes. **É importante destacar que no momento dessa entrega na forma de duodécimos, o recurso não sai da conta única**. Ele só sai da conta única quando o Poder ou Órgão for para pagar um fornecedor.

1ª Questão (IPEA Técnico de Orçamento Cespe 2008): *Julgue o item a seguir:*

Tendo em vista que são constituídos por recursos correspondentes a exercícios financeiros já encerrados, os restos a pagar não integram a programação financeira do exercício em curso.

Solução

1. Errado, os restos a pagar compõem a programação financeira.

Gabarito: **Errado**

2ª e 3ª Questões (TCDF Técnico Cespe 2014): *Julgue os itens a seguir:*

2. Os valores regularmente inscritos em restos a pagar são excluídos da programação financeira do exercício em que devam ser pagos, por corresponderem a recursos do exercício financeiro anterior.

3. A finalidade básica do decreto de programação orçamentária e financeira e de limitação de empenho e movimentação financeira é garantir que a parcela do plano plurianual prevista para o exercício em curso seja efetivamente realizada.

Solução

2. Errado, os restos a pagar compõem a programação financeira.

3. Errado, o objetivo é promover o equilíbrio entre a receita e a despesa na LOA e alcançar as metas fiscais da LDO. O PPA está em um nível estratégico e tático. A programação financeira é de nível operacional.

Gabarito:

2. **Errado**
3. **Errado**

2. CONTROLES EXISTENTES SOBRE O FLUXO DE INGRESSOS E DISPÊNDIOS

O controle sobre os ingressos e dispêndios se dá através de metas bimestrais de arrecadação e do cronograma mensal de desembolso (despesas da LOA, créditos adicionais, restos a pagar, restituições e ressarcimentos). A Figura 16.1 contém o cenário base ideal.

Chamada 28 do Autor: Controles da Programação Orçamentária e Financeira - cenário ideal

Figura 16.1: Controle sobre o Fluxo de Ingressos e Dispêndios – Cenário base ideal

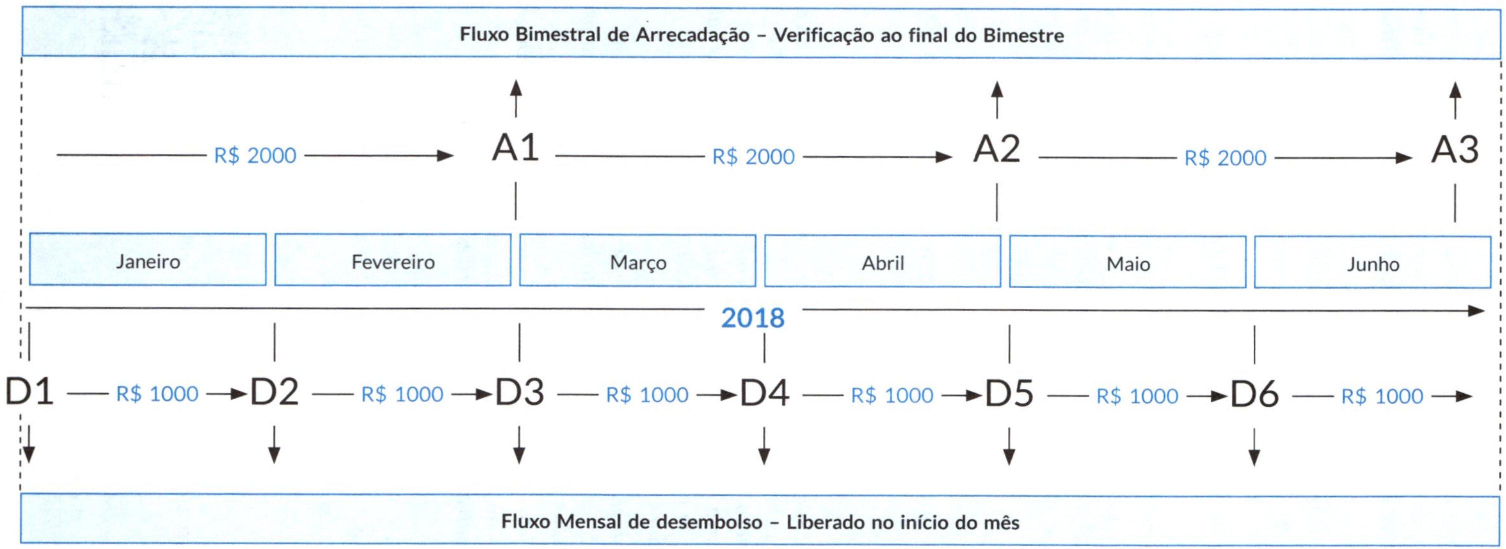

Legenda:

Arrecadação (seta de fluxo de caixa para cima): A1 – Fluxo de entrada de caixa apurado ao final do 1º bimestre; A2 – Fluxo de entrada de caixa apurado ao final do 2º bimestre; A3 – Fluxo de entrada de caixa apurado ao final do 3º bimestre.

Desembolsos (seta de fluxo de caixa para baixo): D1 – Fluxo de Saída de caixa autorizado no início do 1º mês; D2 – Fluxo de Saída de caixa autorizado no início do 2º mês; D3 – Fluxo de Saída de caixa autorizado no início do 3º mês; D4 – Fluxo de Saída de caixa autorizado no início do 4º mês; D5 – Fluxo de Saída de caixa autorizado no início do 5º mês; D6 – Fluxo de Saída de caixa autorizado no início do 6º mês.

Após a publicação da Lei de Meios e a decretação das diretrizes de programação financeira, tem início a execução orçamentária, a partir de 1º de janeiro. As Unidades Orçamentárias podem, a partir daí, **efetuar a movimentação dos créditos, independentemente da existência de saldos bancários ou recursos financeiros**.

Isso é possível, pois a despesa para ser executada (empenhada) precisa apenas de crédito orçamentário disponível. A disponibilidade financeira será necessária apenas após a liquidação e antes do pagamento. Assim, no fluxo de ingressos e dispêndios do cenário base de, a despesa de R$ 1.000 é autorizada no início do mês **com a expectativa que durante e até o final do bimestre** alcance a meta de arrecadação de R$ 2.000.

Desse modo, quando se autorizam desembolsos no início mês de janeiro, R$ 1.000, e no início do mês de fevereiro, R$ 1.000, as unidades começam a gastar (empenhar) com a expectativa de que ao final do bimestre a meta de arrecadação seja alcançada, R$ 2.000, e haja recursos financeiros suficientes para pagamento. Tudo correndo bem, não há necessidade de ajustes.

Enquete 4 do Autor: O que acontece quando a meta de arrecadação não é alcançada?

A LRF dispõe que:

> *Art. 9º Se verificado, ao final de um **bimestre**, que **a realização da receita poderá não comportar o cumprimento das metas de resultado primário ou nominal** estabelecidas no Anexo de Metas Fiscais, os Poderes e o Ministério Público promoverão, **por ato próprio e nos montantes necessários, nos trinta dias subsequentes**, limitação de empenho e movimentação financeira, segundo os critérios fixados pela lei de diretrizes orçamentárias.*
>
> *§ 1º No caso de restabelecimento da receita prevista, ainda que parcial, a recomposição das dotações cujos empenhos foram limitados **dar-se-á de forma proporcional às reduções efetivadas**.*
>
> *§ 2º **Não serão objeto de limitação as despesas** que **constituam obrigações constitucionais e legais do ente**, inclusive aquelas destinadas ao pagamento do serviço da dívida, **e as ressalvadas pela lei de diretrizes orçamentárias**.*

A Figura 16.2 contém a aplicação do art. 9º da LRF. A situação do caput está representada no ponto crítico A, enquanto a situação do § 1º está no ponto crítico B.

Chamada 29 do Autor: Controles da Programação Orçamentária e Financeira – cenário restritivo

Figura 16.2: Controle sobre o Fluxo de Ingressos e Dispêndios – Cenário restritivo em que a meta não foi alcançada

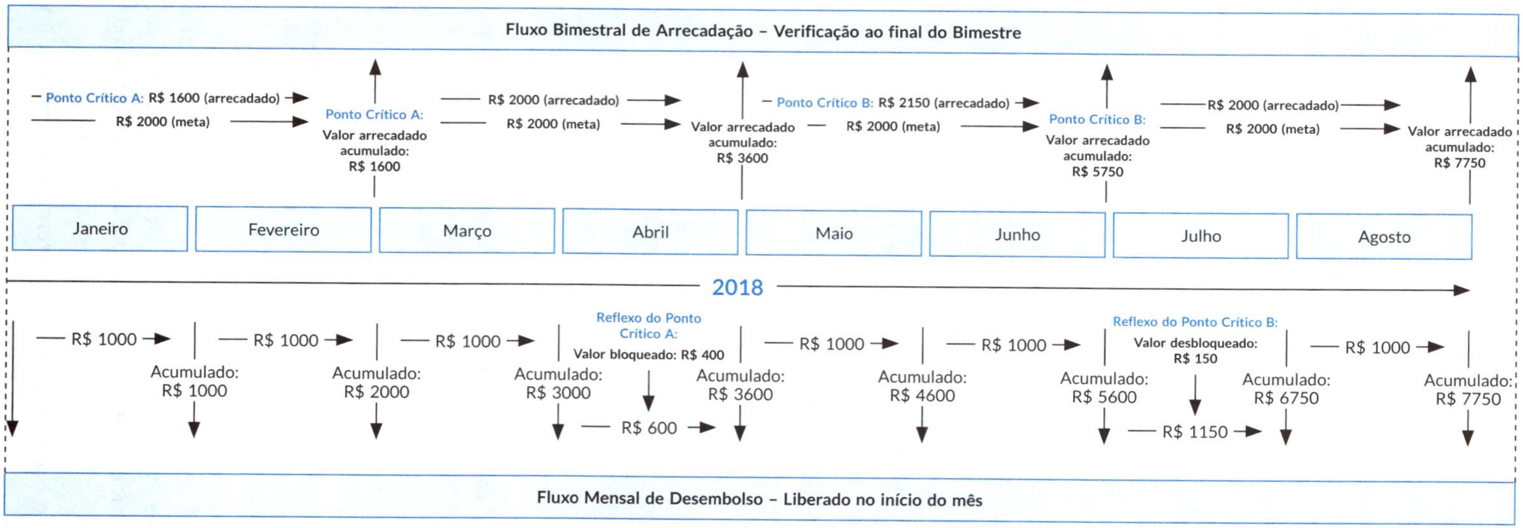

Legenda:

Arrecadação (seta de fluxo de caixa para cima): metas bimestrais de arrecadação de R$ 2000 – cenário base.

Desembolsos (seta de fluxo de caixa para baixo): cronograma mensal de desembolso de R$ 1000 – cenário base.

Ponto Crítico A: Observa-se que ao final no primeiro bimestre houve frustração de receita de R$ 400. Esse valor deve ser contingenciado em até 30 dias após o dia 28/02, ou seja, até 30/03. Assim, esse contingenciamento recai sobre o mês de abril.

Ponto Crítico B: No 3º bimestre houve uma recomposição parcial da receita de R$ 150. Esse valor pode ser desbloqueado imediatamente no início do 4º bimestre, no mês de julho.

Enquete 5 do Autor: Existem despesas que não podem ser contingenciadas?

Sim. A LRF dispõe que:

> *Art. 9º (...)*
>
> *§ 2º Não serão objeto de limitação as despesas que constituam obrigações constitucionais e legais do ente, inclusive aquelas destinadas ao pagamento do serviço da dívida, e as ressalvadas pela lei de diretrizes orçamentárias.*

Assim, não podem ser contingenciadas:

1. Obrigações constitucionais ou legais (ex. folha de pagamento);
2. Serviço da dívida (ex. amortização da dívida e juros);
3. Outras despesas selecionadas pela LDO (ex. despesas cuja fonte seja convênios ou doações).

Enquete 6 do Autor: Qual seria a saída para atender um caixa insuficiência de caixa face a desembolsos que não podem ser contingenciados?

Quando não se possui recurso para pagar despesas obrigatórias, justifica-se a contratação de ARO (antecipação de receita orçamentária).

Existem ainda dois pontos importantes: vinculação de recursos e relatório de avaliação das metas.

Enquete 7 do Autor: Qual o efeito da LRF sobre a vinculação de recursos no âmbito de uma programação orçamentária e fiancneira? E se o exercício encerra, o recurso permance vinculado?

A LRF dispõe que:

> *Art. 8º [...]*
>
> *Parágrafo único.* ***Os recursos legalmente vinculados a finalidade específica serão utilizados exclusivamente para atender ao objeto de sua vinculação****, ainda que em exercício diverso daquele em que ocorrer o ingresso.*
>
> *Art. 50. Além de obedecer às demais normas de contabilidade pública, a escrituração das contas públicas observará as seguintes:*
>
> *I – a disponibilidade de caixa constará de registro próprio,* ***de modo que os recursos vinculados a órgão****, fundo ou despesa obrigatória* ***fiquem identificados e escriturados de forma individualizada****;*

Assim, a programação financeira deve respeitar a vinculação de recursos. Assim, podem ocorrer situações que existem recurso financeiro no caixa, mas falte recurso para pagar despesas com saúde, pois o recurso depositado e disponível destina-se apenas a educação.

Outro ponto importante é que mesmo que o exercício se encerre, a vinculação permanece válida para os exercícios seguintes.

Por fim, cabe ao Executivo compete ao Executivo divulgar os resultados dos quadrimestres do exercício financeiro na CMPOF.

> *Art. 9º [...]*
>
> *§ 4º **Até o final dos meses de maio, setembro e fevereiro**, o Poder Executivo demonstrará e avaliará o cumprimento das metas fiscais de cada quadrimestre, em audiência pública na comissão referida no § 1º do art. 166 da Constituição ou equivalente nas Casas Legislativas estaduais e municipais.*

4ª Questão (STM Especialista em Contabilidade Cespe 2011): *Julgue o item a seguir:*

A partir da publicação da Lei de Meios e a decretação das diretrizes de programação financeira, as unidades orçamentárias podem efetuar a movimentação dos créditos, independentemente da existência de recursos financeiros.

Solução

Certo, para se movimentar crédito após a publicação da LOA e da programação financeiro, não se necessita de disponibilidade financeira.

Gabarito: Certo

5ª Questão (Câmara dos Deputados Consultor de Orçamentos Cespe 2014): *Julgue o item a seguir:*

Se problemas na execução orçamentária enfrentados por um ministério impedirem que recursos vinculados, não incluídos na desvinculação de recursos da União, sejam gastos, tais recursos poderão, no próximo exercício, ser gastos em despesas diferentes daquelas a que originalmente eles foram vinculados.

Solução

Errado, mesmo com o término do exercício a vinculação permanece a finalidade do gasto, ainda que se mude o projeto. Por exemplo, se o recurso fosse para educação para uma construção de uma escola no Município X, nada impediria se utilizar o recurso no Município Y desde continuasse vinculado a educação.

Gabarito: Errado

3. DETALHAMENTO SOBRE A LIMITAÇÃO DE EMPENHO NOS DEMAIS PODERES

Existem duas questões importantes sobre o contingenciamento dos demais poderes. A primeira seria: e se um Poder não efetua o contingenciamento, pode outro poder limitar por esse Poder? A segunda seria: em que situação tal medida de contingenciamento se aplica aos poderes?

Enquete 8 do Autor: Se um Poder não efetua o contingenciamento, pode outro poder limitar por esse Poder?

Um Poder não pode limitar empenho de outro Poder. A LRF dispõe que:

> *Art. 9º (...)*
>
> *§ 3º No caso de os Poderes Legislativo e Judiciário e o Ministério Público não promoverem a limitação no prazo estabelecido no caput, é o Poder Executivo autorizado a limitar os valores financeiros segundo os critérios fixados pela lei de diretrizes orçamentárias. (Vide ADIN 2.238-5)*

Observa-se que existe o termo ADIN ao lado do artigo. Desse modo, não de admite que um Poder contingencie empenho de outro Poder, mesmo em caso de omissão deste último. Importante destacar que a lei de crimes fiscais estabelece penalidades para o chefe do Poder nessa situação[38].

Enquete 9 do Autor: Em que circunstâncias o contingenciamento se aplica aos demais poderes?

Como os demais Poderes já possuem garantido os duodécimos, normalmente não sofrem restrição desde que sigam o cronograma mensal de desembolso. No entanto, existem situações em que se fará necessário o contingenciamento de todos os Poderes e Órgãos.

A LDO dispõe que:

> ***Lei 13.473/17 (LDO)***
>
> *Art. 56.* ***Se for necessário efetuar a limitação de empenho e movimentação financeira de que trata o art. 9º da Lei de Responsabilidade Fiscal, o Poder Executivo apurará o montante necessário e informará a cada órgão orçamentário dos Poderes Legislativo e Judiciário, do Ministério Público da União e da Defensoria Pública da União, até o vigésimo segundo dia após o encerramento do bimestre****, observado o disposto no § 4º.*

---

38 Lei 10.028/2000:

Art. 5º Constitui infração administrativa contra as leis de finanças públicas:

I – deixar de divulgar ou de enviar ao Poder Legislativo e ao Tribunal de Contas o relatório de gestão fiscal, nos prazos e condições estabelecidos em lei;

II – propor lei de diretrizes orçamentárias anual que não contenha as metas fiscais na forma da lei;

III – **deixar de expedir ato determinando limitação de empenho e movimentação financeira, nos casos e condições estabelecidos em lei**;

IV – deixar de ordenar ou de promover, na forma e nos prazos da lei, a execução de medida para a redução do montante da despesa total com pessoal que houver excedido a repartição por Poder do limite máximo.

§ 1º **A infração prevista neste artigo é punida com multa de trinta por cento dos vencimentos anuais do agente que lhe der causa, sendo o pagamento da multa de sua responsabilidade pessoal**.

§ 2º A infração a que se refere este artigo será processada e julgada pelo Tribunal de Contas a que competir a fiscalização contábil, financeira e orçamentária da pessoa jurídica de direito público envolvida.

§ 1º O montante da limitação a ser promovida pelo Poder Executivo e pelos órgãos referidos no caput ***será estabelecido de forma proporcional à participação de cada um no conjunto das dotações orçamentárias iniciais classificadas como despesas primárias discricionárias****, identificadas na Lei Orçamentária de 2018 na forma das alíneas "b", "c", "d" e "e" do inciso II do § 4º do art. 6º,* ***excluídas as atividades dos Poderes Legislativo e Judiciário, do Ministério Público da União e da Defensoria Pública da União constantes da Lei Orçamentária de 2018****.*

§ 2º No caso de a ***estimativa atualizada da receita primária líquida de transferências constitucionais e legais****, demonstrada no relatório de que trata o § 4º,* ***ser inferior àquela estimada no Projeto de Lei Orçamentária de 2018, a exclusão das despesas de que trata o § 1º será reduzida na proporção da frustração da receita estimada no referido Projeto****.*

§ 3º Os Poderes Executivo, Legislativo e Judiciário, o Ministério Público da União e a Defensoria Pública da União, com base na informação a que se refere o caput, ***editarão ato, até o trigésimo dia subsequente ao encerramento do respectivo bimestre****, que evidencie a limitação de empenho e a movimentação financeira.*

§ 4º O Poder Executivo divulgará em sítio eletrônico e encaminhará ao Congresso Nacional e aos órgãos referidos no caput, no prazo nele previsto, relatório que será apreciado pela Comissão Mista a que se refere o § 1º do art. 166 da Constituição, contendo:

I – a memória de cálculo das novas estimativas de receitas e despesas primárias e a demonstração da necessidade da limitação de empenho e movimentação financeira nos percentuais e montantes estabelecidos por órgão;

II – a revisão dos parâmetros e das projeções das variáveis de que tratam o inciso XXI do Anexo II e o Anexo de Metas Fiscais;

III – a justificativa das alterações de despesas obrigatórias, explicitando as providências que serão adotadas quanto à alteração da dotação orçamentária, bem como os efeitos dos créditos extraordinários abertos;

IV – os cálculos relativos à frustração das receitas primárias, que terão por base demonstrativos atualizados de que trata o inciso XI do Anexo II, e demonstrativos equivalentes, no caso das demais receitas, justificando os desvios em relação à sazonalidade originalmente prevista;

V – a estimativa atualizada do resultado primário das empresas estatais, acompanhada da memória dos cálculos referentes às empresas que responderem pela variação;

VI – a justificativa dos desvios ocorridos em relação às projeções realizadas nos relatórios anteriores;

VII – detalhamento das dotações relativas às despesas obrigatórias com controle de fluxo financeiro, com a identificação dos respectivos órgãos, programas, ações e valores envolvidos; e

VIII – (VETADO).

§ 5º ***Aplica-se somente ao Poder Executivo a limitação de empenho e a movimentação financeira cuja necessidade tenha sido identificada fora da avaliação bimestral****, devendo o relatório a que se refere o § 4º ser divulgado em sítio eletrônico e encaminhado ao Congresso Nacional no prazo de até sete dias úteis, contado da data em que entrar em vigor o respectivo ato.*

§ 6º ***O restabelecimento dos limites de empenho e movimentação financeira poderá ser efetuado a qualquer*** *tempo, devendo o relatório a que se refere o § 4º ser divulgado em sítio eletrônico e encaminhado ao Congresso Nacional e aos órgãos referidos no caput.*

A Figura 16.3 ilustra os casos de contingenciamento no âmbito dos demais Poderes.

Figura 16.3: Situação em que os demais poderes devem contingenciar despesas

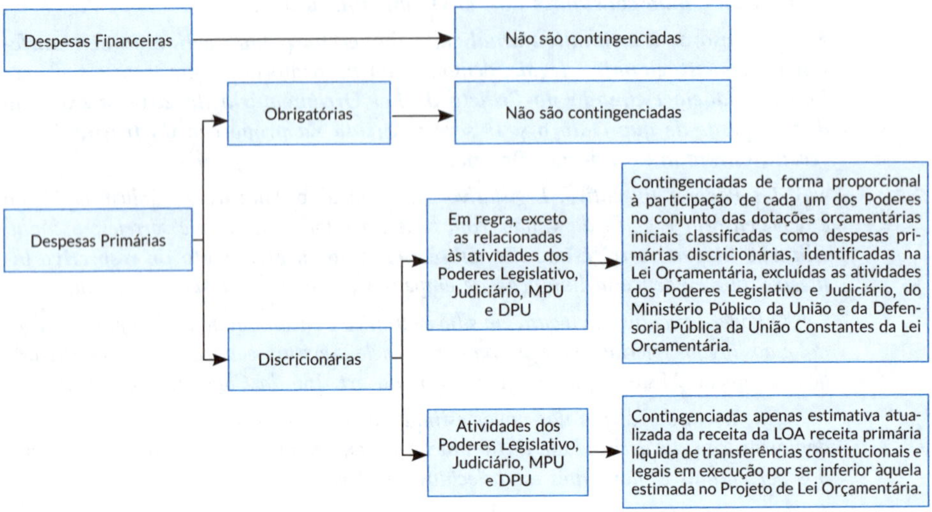

Diante de todo o exposto na LDO e na Figura 16.3, observa-se que o contingenciamento no âmbito dos Poderes se dá de forma proporcional à participação de cada um no conjunto das dotações orçamentárias iniciais classificadas como despesas primárias discricionárias.

Mesmo nesse caso, **ficariam fora as despesas primárias discricionárias relacionadas as atividades dos Poderes exceto** nos casos em que se verifique que a estimativa atualizada da receita primária líquida de transferências constitucionais e legais seja ser inferior àquela estimada no Projeto de Lei Orçamentária.

6ª e 7ª Questões (IPEA Técnico em Orçamento Cespe 2008): *Julgue os itens a seguir:*

6. Não estão sujeitas a limitação de empenho e movimentação financeira as despesas relativas às atividades dos Poderes Legislativo e Judiciário e do Ministério Público da União, exceto no caso de frustração da receita estimada, caracterizada por ser a estimativa atualizada da receita inferior à receita estimada na própria proposta orçamentária.

7. Quando for necessário promover a limitação de empenho, por insuficiência de receita, a LDO pode autorizar os poderes da República a excluir da limitação a totalidade dos recursos previstos para tipos de despesa específicos.

Solução

6. Certo, as despesas das atividades dos demais poderes só passam a ser limitadas em caso de reestimativa inferior.

7. Certo, a LDO não permite limitar as atividades dos poderes, exceto se a reestimativa da receita for inferior à do PLOA.

Gabarito

6. **Certo**

7. **Certo**

8ª Questão (MPU Analista Cespe 2013): *Julgue o item a seguir:*

É permitido ao Ministério Público, sem prejuízo dos critérios fixados pela Lei de Diretrizes Orçamentárias, promover, por ato próprio, limitação de empenho nos trinta dias subsequentes ao bimestre em que a realização da receita demonstre que poderá não comportar o cumprimento das metas de resultado primário estabelecidas no anexo de metas fiscais.

Solução

Certo, se a receita não permitir o cumprimento da meta de resultado primário ou nominal, cada Poder, inclusive MPU e DPU devem efetuar a limitação de empenho por ato próprio.

Gabarito: **Certo**

9ª Questão (Câmara dos Deputados Consultor de Orçamentos Cespe 2014): *Julgue o item a seguir:*

Compete ao Poder Legislativo realizar as devidas limitações de empenho e movimentação financeira dos demais poderes e do Ministério Público, adequando-as à LDO.

Solução

Errado, cada poder efetua sua limitação de empenho por ato próprio.

Gabarito: **Errado**

10ª Questão (TCDF Analista Cespe 2014): *Julgue o item a seguir:*

Se for necessário efetuar limitação de empenho em virtude da frustração na realização de receita, o montante da limitação a ser promovida nos Poderes Executivo, Legislativo e Judiciário e no Ministério Público será estabelecido de forma proporcional à participação de cada um no conjunto das dotações orçamentárias iniciais classificadas como despesas primárias discricionárias.

Solução

Certo, a base de cálculo para a limitação de empenho entre poderes são as despesas primárias discricionárias.

Gabarito: Certo

4. DESCENTRALIZAÇÃO DE CRÉDITO E DE RECURSOS

A descentralização de crédito e de recursos está intimamente ligada aos estágios da despesa. A Figura 16.4 ilustra essa ligação.

Figura 16.4: Estágios da Despesa e Descentralizações

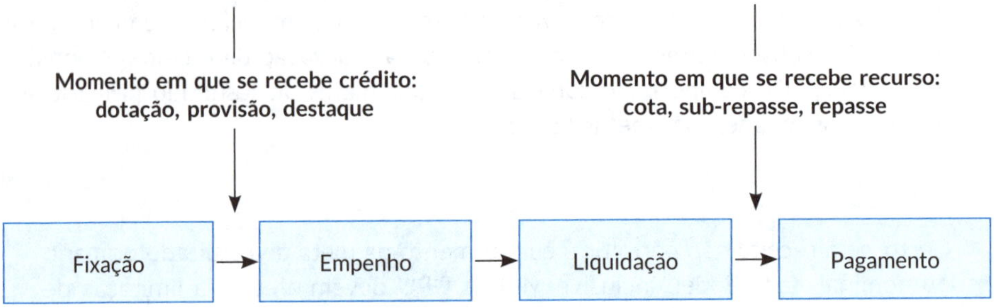

Observa-se inicialmente que:

1º A descentralização de crédito ocorre antes do empenho.

2º A descentralização de recursos ocorre após a liquidação e antes do pagamento.

4.1. Descentralização de créditos

As descentralizações de créditos orçamentários ocorrem quando for efetuada movimentação de parte do orçamento, mantidas as classificações institucional, funcional, programática e econômica, para que outras unidades administrativas possam executar a despesa orçamentária.

As descentralizações de créditos orçamentários não se confundem com transferências e transposição, pois: não modificam a programação ou o valor de suas dotações orçamentárias (créditos adicionais); e não alteram a unidade orçamentária (classificação institucional) detentora do crédito orçamentário aprovado na lei orçamentária ou em créditos adicionais.

Quando a descentralização envolver unidades gestoras de um mesmo órgão tem-se a descentralização interna, também chamada de PROVISÃO. Se, porventura, ocorrer entre unidades gestoras de órgãos ou entidades de estrutura diferente, ter-se-á uma descentralização externa, também denominada de DESTAQUE.

Atenção

Para a União, de acordo com o inciso III do § 1º do art.1º do Decreto nº 6.170/2007, a descentralização de crédito externa dependerá de termo de cooperação, ficando vedada a celebração de convênio para esse efeito.

Na descentralização, as dotações serão empregadas obrigatória e integralmente na consecução do objetivo previsto pelo programa de trabalho pertinente, respeitadas fielmente a classificação funcional e a estrutura programática. Portanto, a única diferença é que a execução da despesa orçamentária será realizada por outro órgão ou entidade. A Figura 16.5 ilustra a descentralização de créditos na União.

Figura 16.5: Descentralização de créditos na União

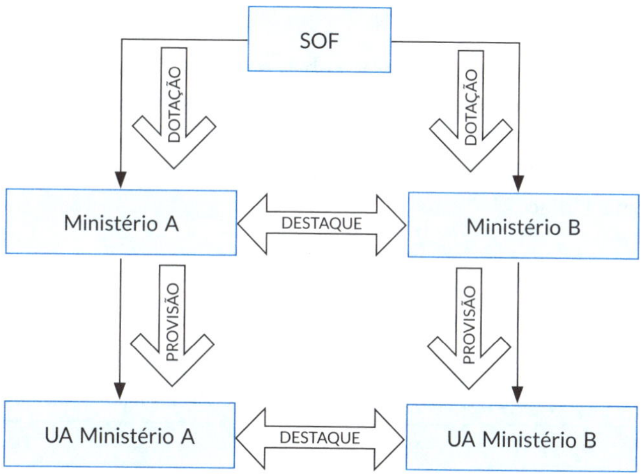

4.2. Descentralização de Recursos

Posteriormente a descentralização de crédito, ocorrerá a descentralização de recursos. Quando a descentralização envolver unidades gestoras de um mesmo órgão tem-se a descentralização interna, também chamada de SUB-REPASSE. Se, porventura, ocorrer entre unidades gestoras de órgãos ou entidades de estrutura diferente, ter-se-á uma descentralização externa, também denominada de REPASSE. A Figura 16.6 ilustra a descentralização de recursos na União.

Figura 16.6: Descentralização de recursos na União

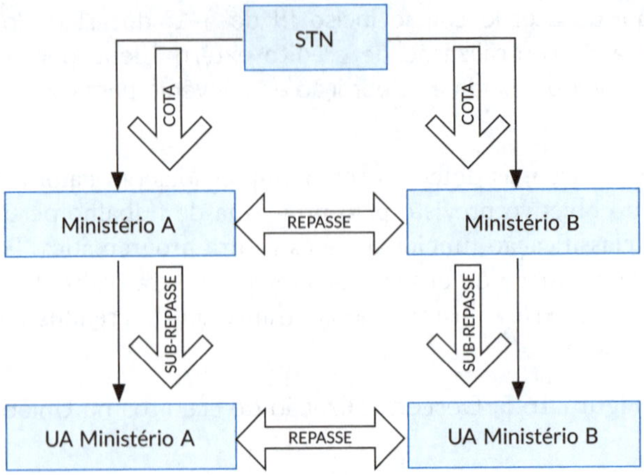

Assim, podemos concluir que um sub-repasse está associado a uma provisão anteriormente concedida, enquanto que um repasse está associado a um destaque anteriormente concedido.

Por fim, a Figura 16.7 ilustra a comparação entre a descentralização de crédito e de recursos na União.

Figura 16.7: Descentralização de créditos e recursos na União

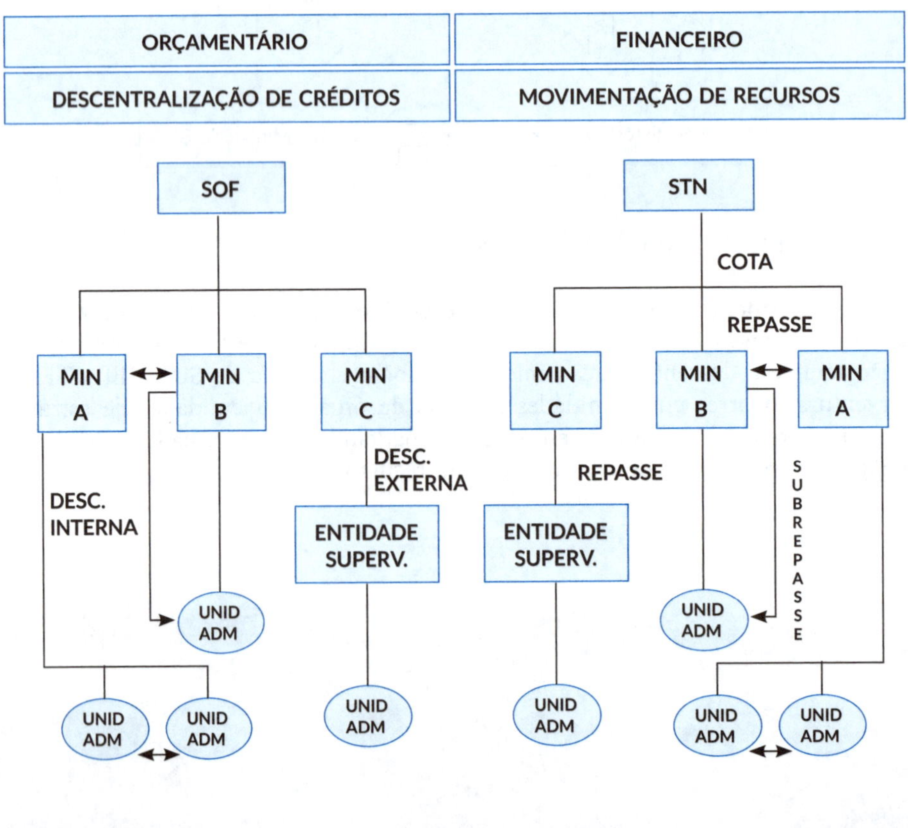

Atenção

A Secretaria do Tesouro Nacional estabelece que:

UNIDADE GESTORA (UG) - Unidade orçamentária ou administrativa que realiza atos de gestão orçamentária, financeira e/ou patrimonial.

UNIDADE ORÇAMENTÁRIA (UO) - Segmento da administração direta a que o **orçamento da União consigna dotações especificas** para a realização de seus programas de trabalho e sobre os quais exerce o poder de disposição.

UNIDADE ADMINISTRATIVA (UA) - Segmento da administração direta ao qual a lei orçamentária anual não consigna recursos e que **depende de destaques ou provisões** para executar seus programas de trabalho.

Enquete 10 do autor: Como se denomina a movimentação de crédito ou de recurso de um Ministério para uma entidade supervisionada do ministério (Autarquia ou Fundação Pública)?

Seria destaque para crédito e repasse para recurso.

12ª Questão (MPU Analista Atuarial Cespe 2010): *Julgue o item a seguir:*

A movimentação dos recursos entre as unidades do sistema de programação financeira é executada por meio de cota, repasse e sub-repasse. A cota é a movimentação intraSIAFI dos recursos da conta única do órgão central para o setorial de programação financeira, enquanto o repasse é a liberação de recursos do órgão setorial de programação financeira para entidades da administração indireta.

Solução

Certo, cota, repasse e sub-repasse são termos para movimentação de recursos. O repasse configura a movimentação de recursos para entidades supervisionadas: administração indireta.

Gabarito: **Certo**

13ª Questão (STM Analista Judiciário Cespe 2011): *Julgue o item a seguir:*

A unidade administrativa se distingue da unidade orçamentária, porque depende de destaques ou provisões para executar seus programas de trabalho.

Solução

Certo, é exatamente o conceito oficial da STN.

Gabarito: **Certo**

5. LISTA DE QUESTÕES OBJETIVAS

1ª Questão (SEFAZ-CE Analista ESAF 2007): *De acordo com a Lei Complementar n. 101/2000, o estabelecimento da programação financeira e do cronograma de execução mensal de desembolso obedecerá, entre outras diretrizes, à*

a) manutenção dos recursos legalmente vinculados à finalidade específica no mesmo exercício em que ocorrer o ingresso.

b) avaliação trimestral do cumprimento das metas de resultado primário e nominal.

c) possibilidade de limitação das despesas destinadas ao pagamento do serviço da dívida.

d) recomposição ilimitada das dotações orçamentárias objeto de limitação de empenho, em caso de restabelecimento da receita prevista.

e) extensão da limitação de empenho aos Poderes Legislativo, Judiciário e Ministério Público.

Solução

a) Errado, manutenção dos recursos legalmente vinculados à finalidade específica independente do exercício que ocorrer o ingresso.

b) Errado, seria avaliação quadrimestral nos meses de maio, setembro e fevereiro.

c) Errado, não se pode limitar: obrigações constitucionais e legais, serviço da dívida, outras indicadas pela LDO.

d) Errado, recomposição proporcional das dotações orçamentárias objeto de limitação de empenho, em caso de restabelecimento da receita prevista

e) Certo, cada poder deve editar ato promovendo sua respectiva limitação de empenho.

Gabarito: **E**

2ª Questão (CGU Auditor ESAF 2008): *A LRF estabelece a obrigatoriedade do Poder Executivo elaborar a programação financeira e o cronograma de execução mensal de desembolso e, quando for o caso, poderá ser promovida a limitação de empenho e de movimentação financeira. No que se refere a esses procedimentos, assinale a opção correta.*

a)Em nenhuma hipótese serão objeto de limitação as despesas que constituam obrigações constitucionais e legais do ente, inclusive aquelas destinadas ao pagamento do serviço da dívida.

b) Se verificada a necessidade de contingenciamento, cada um dos poderes, por ato próprio e nos montantes necessários, terá até o final do bimestre seguinte para efetuar a limitação de empenho e movimentação financeira.

c) No governo federal, os saldos de caixa apurados ao final do exercício e que integraram o superávit primário são utilizados para pagamento da dívida pública, independentemente de sua vinculação.

d) Os critérios para realização da limitação de empenho e de movimentação financeira serão estabelecidos na Lei Orçamentária Anual.

e) A limitação de que trata a LRF somente acontecerá se verificado que ao final do quadrimestre a realização da receita poderá não comportar o cumprimento das metas de resultado primário e nominal estabelecidas na LDO.

Solução

a) Certo, na 3ª etapa da LOA não se pode limitar: obrigações constitucionais e legais, serviço da dívida, outras indicadas pela LDO.

b) Errado, se verificada a necessidade de contingenciamento, cada um dos poderes, por ato próprio e nos montantes necessários, terá até 30 dias após o término do bimestre em que foi detectada a necessidade de contingenciamento.

c) Errado, a vinculação pela LRF é eterna, não possui ressalvas. Assim, as sobras de recursos do ano anterior devem ser aplicadas nas despesas para as quais sejam vinculadas.

d) Errado, Os critérios para realização da limitação de empenho e de movimentação financeira serão estabelecidos na LDO.

e) Errado, a limitação de que trata a LRF acontecerá se verificado que ao final de um bimestre a realização da receita poderá não comportar o cumprimento das metas de resultado primário e nominal estabelecidas na LDO.

Gabarito: **A**

3ª Questão (TCE-GO ACE FCC 2009): *No ciclo orçamentário, uma das atividades realizadas durante o processo de elaboração do orçamento é*

a) a proposição pelo poder legislativo de emendas ao projeto de lei do orçamento.

b) a aprovação de um quadro de cotas trimestrais de despesa que cada unidade fica autorizada a utilizar.

c) a apresentação das premissas, metodologia e memórias de cálculos de previsões de receita pelo poder executivo.

d) o estabelecimento da programação financeira e do cronograma de execução mensal de desembolso.

e) a publicação resumida do relatório de execução orçamentária.

Solução

a) Errado, pois é ato da 2ª etapa.

b) Errado, pois é ato da 3ª etapa. Lembrando que após a LRF, o quadro de cotas trimestrais foi substituído pelas metas bimestrais de arrecadação e pelo cronograma mensal de desembolso.

c) Certo, pois é ato da 1ª etapa.

d) Errado, pois é ato da 3ª etapa.

e) Errado, pois é ato da 3ª etapa.

Gabarito: **C**

4ª Questão (Secretaria da Receita Federal Analista Tributário ESAF 2010): *Assinale a opção que indica uma exceção aos objetivos do decreto de programação financeira, no âmbito federal.*

a) Cumprir a Legislação Orçamentária.

b) Estabelecer normas específicas de execução orçamentária e financeira para o exercício.

c) Limitar o volume de recursos destinados a investimentos colocados à disposição das unidades orçamentárias.

d) Estabelecer um cronograma de compromissos (empenhos) e de liberação (pagamento) dos recursos financeiros para o Governo Federal.

e) Assegurar o equilíbrio entre receitas e despesas ao longo do exercício financeiro e proporcionar o cumprimento da meta de resultado primário.

Solução

Das opções dispostas, apenas a opção C contém elemento estranho às finalidades do decreto de contingenciamento.

Gabarito: **C**

5ª Questão (TCE RO Auditor FGV 2010): *Em relação ao ciclo orçamentário, é correto afirmar:*

a) O Congresso Nacional poderá apresentar emendas ao projeto de lei orçamentária, desde que estas sejam compatíveis com os objetivos e metas do processo de planejamento e indiquem os recursos necessários a seu financiamento.

b) Os Poderes Legislativo e Judiciário, bem como o Ministério Público, não têm autonomia para apresentar suas propostas orçamentárias, devendo submeter-se à alocação de recursos proposta pelo Poder Executivo.

c) A apreciação e a votação do projeto de lei orçamentária anual da União deverão ser efetuadas separadamente pelas duas Casas do Congresso Nacional, sendo mandatório que a aprovação seja feita por maioria absoluta dos membros da Câmara dos Deputados e do Senado Federal.

d) A consolidação do projeto de lei orçamentária deverá ser efetuada por uma Comissão Mista de Senadores e Deputados, que analisará sua compatibilidade com o Plano Plurianual de Investimentos e a Lei das Diretrizes Orçamentárias.

e) A descentralização financeira de execução por meio de cotas, repasses ou sub-repasses é vedada às unidades setoriais orçamentárias de cada órgão com dotação orçamentária.

Solução

a) Certo, as emendas sempre devem ser compatíveis com o PPA e com a LDO.

b) Errado, os Poderes Legislativo e Judiciário, bem como o Ministério Público e DPU possuem autonomia submetendo-se aos limites definidos na LDO.

c) Errado, apreciação e a votação do projeto de lei orçamentária anual da União deverão ser efetuadas na forma do regimento comum: mesma sessão e contagem de votos separada por cada casa.

d) Errado, a consolidação é feita pelo Executivo. Não existe Plano Plurianual de Investimentos, apenas PPA.

e) Errado, a descentralização é o mecanismo normal para execução das despesas.

Gabarito: **A**

6ª Questão (DETRAN-RJ Assessor FGV 2010): *Fixação é o estágio desenvolvido pela despesa orçamentária. É cumprida por ocasião da edição da discriminação das tabelas explicativas, baixadas através da Lei de Orçamento." Entretanto, o estágio da Fixação deve obedecer a alguns critérios, de natureza financeira, que devem ser observados para sua utilização, como:*

I. Imediatamente, após a promulgação da lei de orçamento e base nos limites nela fixados, o Poder Executivo aprovará um quadro de cotas trimestrais da despesa que cada unidade orçamentária fica autorizada a utilizar.

II. Até 30 dias após a publicação dos orçamentos, nos termos em que dispuser a Lei de Diretrizes Orçamentárias, o Poder Executivo estabelecerá a programação financeira e o cronograma de execução mensal de desembolso.

III. Os recursos legalmente vinculados à finalidade específica serão utilizados exclusivamente para atender ao objeto de sua vinculação, exceto em exercício diverso daquele em que ocorrer o ingresso.

IV. No caso de restabelecimento da receita prevista, ainda que parcial, a recomposição das dotações, cujos empenhos foram limitados, dar-se-á de forma proporcional às reduções efetivadas.

Está(ão) correta(s) apenas a(s) afirmativa(s):

a) II, III, IV

b) I

c) II, III

d) I, IV

e) II, IV

Solução

I. Errado, com a LRF, o quadro de contas trimestrais foi substituído pelas metas bimestrais de arrecadação e o cronograma mensal de desembolso.

II. Certo, é a cópia do art. 8° da LRF.

III. Errado, pelo parágrafo único do art. 8° da LRF, mesmo após o encerramento do exercício, o recurso permanece vinculado a sua finalidade.

IV. Certo, a recomposição é parcial.

Gabarito: **E**

7ª Questão (TRT 8ª Região Analista Cespe 2013): *A descentralização interna de crédito realizada durante o processo de execução previsto no ciclo orçamentário é denominada*

a) destaque
b) dotação
c) repasse
d) sub-repasse
e) provisão

Solução

A descentralização interna de crédito denomina-se provisão e a descentralização externa: destaque. Gabarito E.

Gabarito: **E**

8ª Questão (TRF 5ª Região Analista FCC 2013): *Quanto ao ciclo orçamentário, é correto afirmar que, na proposta orçamentária, constará*

a) créditos adicionais suplementares do período anterior ao que a proposta se refere e que serão reabertos durante a execução do orçamento.
b) projeto de lei do orçamento apresentado pelo Poder Judiciário em conjunto com o Poder Executivo.
c) quadro de cotas trimestrais da despesa que cada unidade orçamentária fica autorizada a utilizar.
d) emendas propostas pelo Poder Legislativo ao projeto de Lei do Orçamento Anual.
e) descrição sucinta das principais finalidades de cada unidade administrativa, com indicação da respectiva legislação.

Solução

a) Errado, apenas os créditos especiais e extraordinários podem ser reabertos.
b) Errado, o único Poder que apresenta o PLOA é Poder o Executivo.
c) Errado, o quadro de cotas trimestrais foi substituído na LRF pelas metas bimestrais de arrecadação e cronograma mensal de desembolso. Além disso, ele ocorria na 3ª etapa da LOA.

d) Errado, tal medida ocorre na 3ª etapa na LOA e não na 1ª etapa conforme enunciado da questão.

e) Certo, é uma as necessidades definidas pela lei 4320/1964.

Gabarito: **E**

9ª Questão (SUDENE Contador FGV 2013): *A responsabilidade na gestão fiscal pressupõe a ação planejada e transparente, em que se previnem riscos e se corrigem desvios capazes de afetar o equilíbrio das contas públicas.*

Em relação à execução orçamentária e ao cumprimento das metas, analise as afirmativas a seguir.

I. O Poder Executivo estabelecerá a programação financeira e o cronograma de execução mensal de desembolso até trinta dias após a publicação dos orçamentos.

II. No caso de restabelecimento da receita prevista, ainda que parcial, a recomposição das dotações cujos empenhos foram limitados dar-se-á de forma proporcional às reduções efetivadas.

III. Até o final dos meses de abril, agosto e janeiro, o Poder Executivo demonstrará e avaliará o cumprimento das metas fiscais de cada quadrimestre, em audiência pública.

Assinale:

a) se somente as afirmativas I e III estiverem corretas

b) se somente a afirmativa III estiver correta

c) se somente a afirmativa II estiver correta

d) se somente as afirmativas I e II estiverem corretas

e) se todas as afirmativas estiverem corretas

Solução

I. Certo, é o que diz o art. 8º da LRF.

II. Certo, a recomposição é proporcional à recuperação.

III. Errado, seria nos meses de maio, setembro e fevereiro.

Gabarito: **D**

10ª a 13ª Questões (TCDF Técnico Cespe 2014): *Julgue os itens a seguir.*

10. A finalidade básica do decreto de programação orçamentária e financeira e de limitação de empenho e movimentação financeira é garantir que a parcela do plano plurianual prevista para o exercício em curso seja efetivamente realizada.

11. O controle e a avaliação da receita devem ser realizados em fase posterior às etapas de planejamento e execução.

12. Os valores regularmente inscritos em restos a pagar são excluídos da programação financeira do exercício em que devam ser pagos, por corresponderem a recursos do exercício financeiro anterior.

13. Se for necessário efetuar limitação de empenho em virtude da frustração na realização de receita, o montante da limitação a ser promovida nos Poderes Executivo, Legislativo e Judiciário e no Ministério Público será estabelecido de forma proporcional à participação de cada um no conjunto das dotações orçamentárias iniciais classificadas como despesas primárias discricionárias.

Solução

10. Errado, a finalidade é promover o equilíbrio entre a receita e a despesa. Além disso, a base de referência do decreto é a LOA e não o PPA.

11. Errado, o controle deve ser prévio, concomitante e a posteriori.

12. Errado, fazem parte da programação: a LOA, os créditos adicionais, os restos a pagar, as restituições de receitas, e o ressarcimento em espécie de incentivos fiscais.

13. Certo, pois as despesas financeiras não são contingenciadas e as despesas primárias obrigatórias também não. Assim, a redução proporcional incide sobre as despesas primárias discricionárias.

Gabarito:

10. **Errado**

11. **Errado**

12. **Errado**

13. **Certo**

14ª a 16ª Questões (Câmara dos Deputados Consultor de Orçamento Cespe 2014): *Considere que, no âmbito da União, tenha-se verificado, ao final de um bimestre, que a realização da receita não comportaria o cumprimento das metas de resultado primário ou nominal. Com base nessa situação hipotética, julgue os próximos itens, que se referem à execução orçamentária e financeira do setor público.*

14. O Poder Executivo poderá reduzir a meta do superávit primário, de acordo com os critérios fixados pela LDO.

15. Caso o Poder Executivo federal reconheça, por meio de decreto, a existência de uma calamidade pública, fica dispensada a necessidade de limitação de empenho durante o primeiro trimestre.

16. Compete ao Poder Legislativo realizar as devidas limitações de empenho e movimentação financeira dos demais poderes e do Ministério Público, adequando-as à LDO.

Solução

14. Errado, a LDO não admite a redução da meta fiscal. Porém, o que não foi perguntado, mas pode, é que o Executivo proponha ao Legislativo retificação da LDO para alterar a meta.

15. Errado, primeiro que a limitação é avaliada a cada bimestre, segundo que a LRF não estabelece exceções para limitação de empenho, exceto: obrigações constitucionais e legais, serviço da dívida, e outras despesas que a LDO indicar.
16. Errado, compete ao Executivo informar aos demais poderes, MPU e DPU. E compete a cada pode efetuar por ato próprio sua limitação.

Gabarito:

14. Errado

15. Errado

16. Errado

17ª Questão (TJ-SC Analista FGV 2015): *Durante a execução orçamentária, as receitas e despesas não se executam de forma perfeitamente ajustada, para isso a Lei de Responsabilidade Fiscal dispõe sobre o estabelecimento da programação financeira e do cronograma de desembolsos. De acordo com as disposições legais relativas à programação financeira e ao cronograma de desembolsos:*

a) as metas de arrecadação são desdobradas em cotas trimestrais;
b) as operações extraorçamentárias não são incluídas na programação financeira;
c) o cronograma de desembolsos é de execução mensal;
d) os recursos legalmente vinculados não precisam ser desdobrados em metas de arrecadação;
e) por ser objeto de publicação oficial, o cronograma só pode ser alterado com autorização legislativa.

Solução

a) Errado, as cotas trimestrais deixaram de existir com a LRF que institui metas bimestrais de arrecadação e cronograma mensal de desembolso.
b) Errado, as operações extraorçamentárias fazem parte da programação.
c) Certo.
d) Errado, não existe tal previsão.
e) Errado, o cronograma de desembolso é publicado por ato próprio de cada Poder. Assim, não passa pelo Legislativo.

Gabarito: **C**

18ª Questão (TCM-GO Analista FCC 2015): *De acordo com a disciplina atinente à execução orçamentária e ao cumprimento das metas estabelecidas na Lei Complementar nº 101/2000 – Lei de Responsabilidade Fiscal, considere:*

I. Os recursos legalmente vinculados à finalidade específica serão utilizados exclusivamente para atender ao objeto de sua vinculação, ainda que em exercício diverso daquele em que ocorrer o ingresso.

II. O Poder Executivo estabelecerá a programação financeira e o cronograma de execução mensal de desembolso em até 30 dias após a publicação dos orçamentos, nos termos em que dispuser a lei de diretrizes orçamentárias.

III. Quando verificado, ao final de um bimestre, que a realização da receita poderá não comportar o cumprimento das metas de resultado primário ou nominal estabelecidas no Anexo de Metas Fiscais, ficam os Poderes Legislativos da União, dos Estados e dos Municípios autorizados a instituir contribuições de intervenção no domínio econômico, nas suas respectivas áreas de atuação, por prazo não superior a 6 meses.

IV. Serão igualmente objeto de limitação, no limite e na proporção da receita não realizada, as despesas que constituam obrigações constitucionais e legais do ente, inclusive aquelas destinadas ao pagamento do serviço da dívida, e as ressalvadas pela lei de diretrizes orçamentárias.

Está correto o que se afirma em

a) II e III, apenas.

b) III e IV, apenas.

c) I e II, apenas.

d) I, II, III e IV.

e) I e IV, apenas.

Solução

I. Certo, é a cópia do parágrafo único do art. 8º da LRF.

II. Certo, é a cópia do art. 8º da LRF.

III. Errado, nesse caso deve haver limitação de empenho e movimentação financeiro por ato próprio de cada Poder.

IV. Errado, não podem ser objeto de limitação: obrigações constitucionais e legais do ente, inclusive aquelas destinadas ao pagamento do serviço da dívida, e as ressalvadas pela lei de diretrizes orçamentárias.

Gabarito: **C**

19ª Questão (DPE-SP Agente FCC 2015): *De acordo com o Manual de Contabilidade Aplicada ao Setor Público, uma das etapas da despesa é o planejamento, o qual abrange, entre outros, a programação financeira e o cronograma de execução mensal de desembolso, a qual, segundo a Lei complementar no 101/2000, será estabelecida pelo*

a) Poder Legislativo, até trinta dias após a publicação dos orçamentos.

b) Departamento Financeiro da entidade, após ciência ao Tribunal de Contas.

c) Controle interno, após ciência ao órgão de controle externo.

d) Poder Executivo, até trinta dias após a publicação dos orçamentos.

e) Poder Executivo, após ciência ao Tribunal de Contas.

Solução

Após a publicação da LOA compete ao Executivo publicar a programação financeira em até 30 dias, gabarito D.

Gabarito: **D**

20ª Questão (TCE-CE Procurador FCC 2015): *Nos termos da Lei nº 4.320/1964, a programação da despesa*

a) é feita sempre pelo sistema de duodécimos.

b) é estabelecida em um quadro de cotas trimestrais, para cada unidade orçamentária.

c) é estabelecida em um quadro de cotas duodecimais, com o cronograma mensal de desembolso.

d) não leva em conta os créditos adicionais e as operações extraorçamentárias.

e) não admite que haja alteração durante o exercício das cotas programadas, salvo se por lei.

Solução

Pela lei 4320/1964 a programação é definida por meio do quadro de cotas trimestrais. Gabarito B.

Gabarito: **B**

21ª Questão (MPU Analista Cespe 2015): *Julgue o item a seguir:*

A programação orçamentária e financeira consiste na compatibilização do fluxo dos pagamentos com o fluxo dos recebimentos, visando o ajuste da despesa fixada às novas projeções de resultados e da arrecadação.

Solução

Certo, essa é uma das funções do decreto de programação financeira.

Gabarito: **Certo**

22ª a 25ª Questões (STJ Analista Cespe 2015): *Julgue os itens a seguir:*

22. A transferência por parte do STJ de um crédito e de seu respectivo recurso para o CNJ, com vistas à realização de treinamento de seus servidores, representa uma descentralização caracterizada, respectivamente, por um destaque e por um repasse.

23. Caso seja necessário fazer-se um destaque da programação orçamentária de determinado órgão, deverão ser autorizadas a modificação e a classificação programática da despesa conforme a necessidade.

24. As descentralizações de créditos orçamentários não se confundem com transferências e transposição de dotações orçamentárias.

25. Ao reconhecer-se, ao final de um bimestre, a frustração na realização da receita, pode ser necessário rever as metas fiscais estabelecidas na lei de diretrizes orçamentárias (LDO), uma vez que, dependendo das dimensões do problema, o descumprimento de tais metas poderia comprometer também o cumprimento dos objetivos do plano plurianual (PPA). Isso evidencia que, mesmo durante a execução do orçamento anual, é possível e, por vezes necessário, promover alterações na LDO e no PPA.

Solução

22. Certo, no âmbito do mesmo Poder, mas entre órgãos distintos a movimentação externa de crédito denomina-se destaque e movimentação externa posterior de recursos decorrente do destaque denomina-se repasse.

23. Errado, na provisão e no destaque não ocorre qualquer alteração da classificação da despesa.

24. Certo, não se confundem, pois as provisões e destaques não alteram a classificação da despesa

25. Certo, é possível o Executivo propor a alteração das metas da LDO.

Gabarito:

22. **Certo**

23. **Errado**

24. **Certo**

25. **Certo**

26ª Questão (MPDG APO ESAF 2015): *Sobre o conteúdo, tramitação e prazos relacionados à elaboração da Lei de Diretrizes Orçamentárias – LDO, é correto afirmar:*

a) no caso da necessidade de limitação de empenho e movimentação financeira prevista no art. 9º da Lei Complementar n. 101/2000, a LDO 2015 determina que cada Poder apurará o montante necessário e procederá à limitação necessária.

b) em obediência à disposição constitucional vigente, o projeto de lei de diretrizes orçamentárias será encaminhado até oito meses e meio antes do encerramento do exercício financeiro e devolvido para sanção até o encerramento do primeiro período da sessão legislativa.

c) o parecer da Comissão Mista Permanente de que trata o § 1º do art. 166 da Constituição Federal restringir-se-á à adequação dos limites a serem obedecidos pela Lei Orçamentária Anual ? LOA.

d) na hipótese de não aprovação e sanção da lei orçamentária anual para o exercício, a LDO autoriza a execução provisória limitando-se as despesas globais a oito doze avos dos montantes constantes do projeto de lei do orçamento.

e) o Congresso Nacional tem a prerrogativa de rejeitar o projeto de lei de diretrizes orçamentárias, caso em que a Constituição Federal determina a aplicação da lei promulgada no exercício anterior.

Solução

a) Errado, o Executivo apura o montante e informa a cada Poder que efetuará a respectiva limitação por ato próprio.

b) Certo, sem comentários adicionais.

c) Errado, o parecer a CMO contempla entre outras coisas o exame de admissibilidade das emendas.

d) Errado, quando se inicia o exercício sem que a LOA tenha sido sancionada ocorre o seguinte procedimento:

(i) algumas despesas são executadas normalmente;

(ii) as despesas correntes de caráter inadiável são executadas na proporção de 1/12 avos multiplicado pelo número de meses até a publicação da LOA.

(iii) algumas despesas não podem ser executadas até a aprovação da LOA.

e) Errado, não existe tal dispositivo na CF/1988 em caso de rejeição. A rigor a CF/1988 defende a abertura de crédito suplementar ou especial com o recurso que sobrou em virtude da rejeição da LOA.

Gabarito: **B**

27ª Questão (MPDG APO ESAF 2015): *A respeito dos conceitos orçamento impositivo versus orçamento autorizativo e das práticas observadas na elaboração e execução do orçamento no Brasil em anos recentes, é correto afirmar, exceto:*

a) existe um rol de despesas que as leis e a Constituição Federal definem como obrigatórias.

b) restos a pagar não processados podem ser prorrogados para além do exercício subsequente ao exercício de sua inscrição.

c) a Emenda Constitucional 86/2015 tornou obrigatória a execução de todo o orçamento aprovado no âmbito do Poder Executivo.

d) as transferências constitucionais não podem ser objeto de limitação de empenhos determinados pela Lei de Responsabilidade Fiscal.

e) a emissão da nota de empenho por unidade gestora não garante a realização da despesa, uma vez que pode ser anulado.

Solução

a) Certo, existem despesas obrigatórias e discricionárias.

b) Certo, os restos a pagar não processados têm validade de um ano e meio. Esse tema será aprofundado no capítulo 25.

c) Errado, aproximadamente 99% do orçamento federal continua autorizativo.

Unidade Didática III
Ciclo Orçamentário na União

d) Certo, não podem ser contingenciadas:

1 - Obrigações constitucionais ou legais (ex. folha de pagamento);

2 - Serviço da dívida (ex. amortização da dívida e juros);

3 - Outras despesas selecionadas pela LDO (ex. despesas cuja fonte seja convênios ou doações).

e) Certo, o empenho pode ser anulado a posteriori. Esse tema será aprofundado no capítulo 24.

Gabarito: **C**

28ª Questão (MPDG APO ESAF 2015): *Denomina-se _________ o instrumento por meio do qual é ajustada a descentralização de crédito entre órgãos e/ou entidades integrantes dos Orçamentos Fiscal e da Seguridade Social da União para execução de ações de interesse da unidade orçamentária descentralizadora e consecução do objeto previsto no programa de trabalho, respeitada fielmente a classificação funcional programática. Assinale a opção que preenche corretamente a lacuna acima.*

a) Convênio.

b) Termo de Cooperação.

c) Termo de Parceria.

d) Termo de Execução Descentralizada.

e) Contrato de Repasse.

Solução

Para a descentralização de crédito externo utiliza-se o documento denominado termo de execução descentralizada. Gabarito D.

Gabarito: **D**

29ª Questão (IBGE Analista de Orçamento FGV 2016): *De acordo com o Decreto nº 93.872/1986, as diretrizes gerais da programação financeira da despesa autorizada na Lei de Orçamento Anual serão fixadas por meio de Decreto do Poder Executivo em cada exercício financeiro. Porém, o Decreto nº 93.872/1986 identifica os itens que devem ser incluídos na programação financeira. Com base nessas disposições, analise os itens a seguir:*

I. Créditos adicionais

II. Despesas autorizadas na LOA

III. Restos a Pagar

IV. Restituições de receitas

V. Ressarcimento em espécie a título de incentivo ou benefício fiscal

Devem ser considerados na execução da programação financeira os itens:

a) somente I, II e III;
b) somente I, II, IV e V;
c) somente II e III;
d) somente II, IV e V;
e) I, II, III, IV e V.

Solução

Conforme vimos no tópico 1 deste capítulo, todos os itens compõem a programação financeira.

Gabarito: **E**

30ª Questão (IBGE Analista de Orçamento FGV 2016): *Em um dado exercício, em decorrência de cenário desfavorável para a arrecadação da receita prevista no orçamento, o Poder Executivo de um ente da Federação expediu um ato que impede a emissão de novos empenhos, mantendo as dotações até que a arrecadação se recupere. Esse ato está diretamente associado ao conceito de:*

a) contingenciamento;
b) gestão fiscal;
c) limitação de dotação;
d) limitação de empenho;
e) risco fiscal.

Solução

Gabarito A, sem comentários adicionais.

Gabarito: **A**

31ª Questão (IBGE Analista de Orçamento FGV 2016): *A Lei de Responsabilidade Fiscal (LRF) atribui à LDO a fixação de critérios para limitação de empenho e movimentação financeira, porém define despesas que não podem ser objeto de limitação. Das despesas seguintes, podem ser objeto de limitação somente as:*

a) decorrentes de obrigações constitucionais;
b) contratadas e liquidadas;
c) inscritas em restos a pagar não processados;
d) relativas ao pagamento do serviço da dívida;
e) ressalvadas na lei de diretrizes orçamentárias.

Solução

Não podem ser contingenciadas pela LRF, as opções A, D e E. Das opções que restam: B e C, a despesa que ainda não se tornou uma obrigação efetiva é o Restos a Pagar não processado. Logo, gabarito C.

Gabarito: **C**

32ª Questão (IBGE Analista de Orçamento FGV 2016): *No processo de execução orçamentária, nem sempre as despesas autorizadas são executadas exatamente pela Unidade Orçamentária à qual foi consignada a dotação. Na situação em que o Ministério da Educação descentraliza um crédito orçamentário para uma Instituição Federal de Ensino Superior tem-se um(a):*

a) destaque;
b) provisão;
c) repasse;
d) transferência;
e) transposição.

Solução

A movimentação de crédito de um órgão para uma entidade da administração indireta ainda que no mesmo ministério ou órgão é um destaque, gabarito A.

Gabarito: **A**

33ª Questão (IBGE Analista de Orçamento FGV 2016): *Em um determinado exercício, foi verificado, ao final de um bimestre, que a realização da receita da União poderá não comportar o cumprimento das metas de resultado primário ou nominal estabelecidas na legislação. Diante dessa situação, os Poderes e o Ministério Público promoverão, por ato próprio e nos montantes necessários, nos trinta dias subsequentes, limitação de empenho e movimentação financeira, seguindo critérios fixados:*

a) no Decreto de programação financeira e o cronograma de execução mensal de desembolso;
b) na Lei de Diretrizes Orçamentárias - LDO;
c) no Plano Plurianual - PPA;
d) na Lei Orçamentária Anual - LOA;
e) no Decreto de Abertura do Crédito Especial.

Solução

O normativo que estabelece os critérios para limitação de empenho é a LDO, gabarito B.

Gabarito: **B**

34ª Questão (TCE-SP Agente de Fiscalização VUNESP 2017): *A Lei da Responsabilidade Fiscal determina, em seu artigo 8º, que o cronograma de execução do desembolso seja estabelecido em até*

a) 60 dias da publicação do orçamento e na periodicidade trimestral.
b) 90 dias da publicação do orçamento, e sua periodicidade fica a critério da autoridade ordenadora da despesa.
c) 30 dias da publicação do orçamento e na periodicidade mensal.
d) 60 dias da publicação do orçamento e na periodicidade mensal.
e) 30 dias da publicação do orçamento e na periodicidade trimestral.

Solução

O cronograma mensal de desembolso deve ser publicado até 30 dias após a publicação da LOA.

Gabarito: **C**

35ª Questão (TCE-PB Auditor de Contas Públicas Cespe 2018): *A respeito do ato de limitação de empenho decorrente do acompanhamento da execução orçamentária, assinale a opção correta.*

a) Cabe ao Poder Executivo definir os critérios de limitação de empenho.
b) A recomposição das dotações, objeto do ato de limitação, depende do restabelecimento integral da receita.
c) A limitação de empenho implica a desvinculação dos recursos previamente vinculados a finalidade específica.
d) É vedada a limitação de despesas que constituam obrigações constitucionais e legais do ente.
e) O referido ato pode ser publicado em qualquer momento da execução, a critério do Poder Executivo.

Solução

a) Errado, pois cabe à LDO definir os critérios de limitação de empenho.
b) Errado, pois a recomposição das dotações, objeto do ato de limitação, se dá de forma proporcional à recuperação.
c) Errado, a vinculação dos recursos é permanente.
d) Certo.
e) Errado, o referido ato quando necessário deve ser publicado em até 30 dias após o término do bimestre de referência

Gabarito: **D**

6. LISTA DE QUESTÕES DISCURSIVAS

1ª Questão (ANTAQ Analista Especialidade Cespe 2009):

Há bastante tempo, vem-se discutindo a viabilidade e a conveniência da adoção do chamado orçamento impositivo na administração pública, em contraposição ao sistema hoje em vigor no país, caracterizado como meramente autorizativo. Nos moldes atuais, o Poder Legislativo, não obstante todas as prerrogativas asseguradas pela Constituição de 1988, transforma-se em uma espécie de figurante no processo orçamentário, praticamente controlado pelo Poder Executivo.

Considerando que o texto tem caráter unicamente motivador, redija um texto dissertativo acerca do seguinte tema:

ORÇAMENTO AUTORIZATIVO: algumas consequências e alternativas.

Ao elaborar seu texto, aborde, necessariamente, os seguintes aspectos:

→ a profusão de créditos suplementares, que alteram os montantes e a composição da lei orçamentária inicialmente aprovada (item 1);

→ a liberalidade dos contingenciamentos e a discricionariedade da programação financeira (item 2);

→ a prática da negociação para a execução do orçamento nas relações entre os poderes Executivo e Legislativo (item 3).

Em todas essas situações, proponha mecanismos ou instrumentos para eliminação/minimização das possíveis distorções.

Extensão de linhas: até 30.

Resolução da Questão

O modelo orçamentário, denominado "orçamento autorizativo" no caso brasileiro, é agravado pela profusão de créditos suplementares. Esses créditos podem ser abertos tanto por atos próprios dos poderes se estiverem enquadrados na flexibilidade conferida na LOA ou por lei ordinária. O fato é que a distribuição desse considerável montante de recursos constante não recebe a mesma atenção da Comissão Mista de Orçamento despendida na segunda etapa da LOA. A situação se agrava mais ainda caso seja utilizada como fonte de recursos anulação de dotações reconfigurando o orçamento já aprovado pelo Legislativo. Como medida mitigadora, sugere-se a implementação de restrições quanto ao uso da fonte e quanto à anulação de dotações nos créditos suplementares.

Quanto à liberalidade dos contingenciamentos e a discricionariedade da programação financeira, no caso federal, cada poder publica a sua programação, sendo que a maior materialidade das políticas públicas está no Decreto do Executivo. No modelo atual, o Presidente da República pode contingenciar ou deixar de contingenciar recursos que sejam ou não de seu interesse, ressalvadas as emendas parlamentares individuais, relegando ao CN um papel complementar nas emendas coletivas. Como medida mitigadora sugere-se que o Decreto de Programação Financeira seja único e que haja maior participação do Legislativo nas alterações orçamentárias.

Quanto à prática da negociação no orçamento nas relações entre os poderes, parte da comunidade acadêmica sugere que há relação entre a liberação de recursos para execução das dotações previstas nas emendas individuais e o apoio ao Executivo em votações nominais. Outros autores indicam que o Poder Executivo, ao executar recursos alocados por parlamentares mediante emendas individuais, não está cedendo a pressões, pois a alocação de recursos feita pelos legisladores é complementar, e não contrária, à do Executivo. Como medida mitigadora sugere-se a adoção de critérios mais técnicos na proposição de emendas.

2ª Questão (Ministério da Integração Nacional - Administrador Cespe 2013):

A Constituição Federal de 1988 introduziu mudanças significativas no campo da orçamentação pública. Entre elas, importa salientar: a obrigatoriedade do planejamento de médio prazo, dado o caráter imperativo da norma que institui o plano plurianual; o envolvimento do Poder Legislativo na fixação de metas e prioridades para a administração pública e na formulação das políticas públicas de arrecadação e de alocação de recursos, em virtude do conteúdo dado à lei das diretrizes orçamentárias, e o desdobramento da lei orçamentária anual em três orçamentos distintos: fiscal; de investimentos de estatais; e da seguridade social.

Osvaldo Maldonado Sanches. O ciclo orçamentário: uma reavaliação à luz da Constituição de 1988. (com adaptações).

Considerando que o texto acima tem caráter unicamente motivador, redija um texto dissertativo acerca do seguinte tema.

PLANEJAMENTO PÚBLICO NA VIGÊNCIA DA CONSTITUIÇÃO DE 1988

Ao elaborar seu texto, faça, necessariamente, o que se pede a seguir:

- aponte e comente os principais problemas na implementação das normas constitucionais; [valor: 3,50 pontos]
- analise, criticamente, as diversas fases em que se desdobra o planejamento; [valor: 3,00 pontos]
- aponte e comente aspectos negativos vinculados especificamente à lei orçamentária anual. [valor: 3,00 pontos]

Extensão de linhas: até 30.

Resolução da Questão

Dentre os principais problemas na implementação das normas constitucionais destacam-se: (i) precária separação entre orçamento fiscal e orçamento da seguridade social, parte pelo descompasso entre os preceitos constitucionais e as normas legais vigentes; (ii) ausência de implementação da descentralização político-administrativa e a participação da população na formulação de políticas, exigidas para as políticas de assistência social; (iii) poucos avanços nos procedimentos orientados para a alocação de recursos com a finalidade de reduzir as desigualdades inter-regionais; (iv) a ausência da lei complementar que deverá substituir a Lei nº 4.320/1964, que, não obstante seus méritos, apresenta grandes lacunas em relação à ordem constitucional vigente e gera incertezas não apenas na esfera federal, mas também nos estados e municípios.

Quanto as diversas fases em que se desdobra o planejamento cabe destacar que que o planejamento público não se encerra no ciclo de elaboração, discussão, votação, aprovação, execução e controle da lei orçamentária anual. A existência de vários documentos de planejamento com características e, principalmente, com prazos de vigência distintos, entretanto, impõe uma dificuldade adicional para a efetiva implementação, diante da superposição de datas fatais, como são os casos do PPA e da LOA no primeiro ano de um mandato presidencial. Por fim, devido à ausência de uma legislação atualizada e abrangente sobre planejamento público, surgem discordâncias doutrinárias e técnicas.

Quanto aos aspectos negativos vinculados especificamente à lei orçamentária anual observa-se, em que pese o caráter impositivo das emendas individuais, que a LOA continua autorizativa. Desse modo, não sendo o Poder Executivo obrigado a executar as ações consignadas no orçamento, o plano de trabalho ali previsto não passa de uma declaração de intenções, que pode, ou não, virar realidade. Por fim, diversas regras legais relativas à gestão orçamentária, principalmente as relacionadas com as chamadas renúncias de receitas (que exige a necessidade de demonstração de neutralidade da medida proposta em relação às metas fiscais ou de apresentação de compensação, por meio de novas fontes de receitas) não vem sendo cumpridas.

CAPÍTULO 17

4ª ETAPA: CONTROLE E AVALIAÇÃO

1. PRINCIPAIS ATORES E ATRIBUIÇÕES

De acordo com a constituição federal, existem dois sistemas de controle: externo e interno.

> *Art. 70. A fiscalização contábil, financeira, orçamentária, operacional e patrimonial da União e das entidades da administração direta e indireta, quanto à legalidade, legitimidade, economicidade, aplicação das subvenções e renúncia de receitas, será exercida pelo **Congresso Nacional, mediante controle externo**, e pelo sistema de controle interno de cada Poder.*
>
> *Parágrafo único. Prestará contas qualquer pessoa física ou jurídica, pública ou privada, que utilize, arrecade, guarde, gerencie ou administre dinheiros, bens e valores públicos ou pelos quais a União responda, ou que, em nome desta, assuma obrigações de natureza pecuniária.*

No controle externo, além do Congresso Nacional, o TCU atua de forma relevante.

> *Art. 71. **O controle externo**, a cargo do Congresso Nacional, **será exercido com o auxílio do Tribunal de Contas da União**, ao qual compete:*
>
> *[...]*

Além disso, a CMO também atua nesta etapa do ciclo.

> Art. 72. ***A Comissão mista permanente a que se refere o art. 166***, § 1º, diante de indícios de despesas não autorizadas, ainda que sob a forma de investimentos não programados ou de subsídios não aprovados, ***poderá solicitar à autoridade governamental responsável que, no prazo de cinco dias***, preste os esclarecimentos necessários.

Enquete 1 do autor: Quem julga as contas do Presidente da República?

O Congresso Nacional. O TCU aprecia e emite parecer prévio.

São competências do controle interno:

Art. 74. Os Poderes Legislativo, Executivo e Judiciário manterão, de forma integrada, sistema de controle interno com a finalidade de:

I - avaliar o cumprimento das metas previstas no plano plurianual, a execução dos programas de governo e dos orçamentos da União;

II - comprovar a legalidade e avaliar os resultados, quanto à eficácia e eficiência, da gestão orçamentária, financeira e patrimonial nos órgãos e entidades da administração federal, bem como da aplicação de recursos públicos por entidades de direito privado;

III - exercer o controle das operações de crédito, avais e garantias, bem como dos direitos e haveres da União;

IV - apoiar o controle externo no exercício de sua missão institucional.

*§ 1º - Os **responsáveis pelo controle interno**, ao tomarem conhecimento de qualquer irregularidade ou ilegalidade, dela darão ciência ao Tribunal de Contas da União, sob pena de **responsabilidade solidária**.*

*§ 2º - **Qualquer cidadão, partido político, associação ou sindicato** é parte legítima para, na forma da lei, denunciar irregularidades ou ilegalidades perante o Tribunal de Contas da União.*

Enquete 2 do autor: Quais os momentos do controle sobre a execução orçamentária?

Pela Lei 4320/1964:

Art. 77. A verificação da legalidade dos atos de execução orçamentária será ***prévia, concomitante e subsequente***.

2. CONTROLE DURANTE A EXECUÇÃO ORÇAMENTÁRIA

O Quadro 17.1 contempla os três principais controles que devem ser realizados durante a execução orçamentária.

Quadro 17.1: Controles durante a execução orçamentária

Controle conforme o art. 75 da Lei 4.320/1964	Aplicação	Responsável
O controle da execução orçamentária compreenderá a legalidade dos atos de que resultem a arrecadação da receita ou a realização da despesa, o nascimento ou a extinção de direitos e obrigações.	Qualquer ato de gere receita (cobrança de tributos, cobrança de multas) ou despesa (editais de licitação, transferências voluntárias) pode ser auditado.	Sistema de Controle Interno e Externo.
O controle da execução orçamentária compreenderá a fidelidade funcional dos agentes da administração, responsáveis por bens e valores públicos	O servidor responsável pelo almoxarifado, por suprimento de fundos pode ser auditado quanto à correção de suas atribuições.	Sistema de Controle Interno e Externo.

Controle conforme o art. 75 da Lei 4.320/1964	Aplicação	Responsável
O controle da execução orçamentária compreenderá o cumprimento do programa de trabalho expresso em termos monetários e em termos de realização de obras e prestação de serviços	Deve ser avaliada a finalidade do gasto, isto é, se o gasto cumpriu seu fim. Se não houve desvio.	Sistema de Controle Interno e Externo; órgão incumbido da elaboração da proposta orçamentária[18].

Por fim, a lei 4320/1964 possui outros artigos relacionados ao controle na execução orçamentária.

> *Art. 78. Além da prestação ou tomada de contas anual, quando instituída em lei, ou por fim de gestão,* ***poderá haver, a qualquer tempo, levantamento, prestação ou tomada de contas*** *de todos os responsáveis por bens ou valores públicos.*
>
> *Art. 81.* ***O controle da execução orçamentária, pelo Poder Legislativo, terá por objetivo*** *verificar a probidade da administração, a guarda e legal emprego dos dinheiros públicos e o cumprimento da Lei de Orçamento.*

3. CONTROLE *EX-POST*: PRESTAÇÃO DE CONTAS DO PRESIDENTE DA REPÚBLICA

Chamada 30 do Autor: Prestação de Contas do Presidente da República

A Lei 4320/1964 dispõe que:

> Art. 82. O ***Poder Executivo, anualmente, prestará contas ao Poder Legislativo***, no prazo estabelecido nas Constituições ou nas Leis Orgânicas dos Municípios.

A seguir, a Figura 17.1 e o Quadro 17.2 contêm com os principais eventos nesta etapa considerando a legislação federal.

39 Art. 79. Ao órgão incumbido da elaboração da proposta orçamentária ou a outro indicado na legislação, caberá o controle estabelecido no inciso III do artigo 75 [cumprimento do programa de trabalho].

Quadro 17.2: Principais eventos da 4ª Etapa da LOA

Principais eventos na ordem cronológica	Fundamentação
Elaboração da Prestação de Contas	**Lei 10.180/2001** Art. 24. Compete aos órgãos e às unidades do Sistema de Controle Interno do Poder Executivo Federal: [...] X. elaborar a Prestação de Contas Anual do Presidente da República a ser encaminhada ao Congresso Nacional, nos termos do art. 84, inciso XXIV, da Constituição Federal
Envio da Prestação de Contas	**CF/1988** Art. 84. Compete privativamente ao Presidente da República: XXIV – prestar, anualmente, ao Congresso Nacional, dentro de sessenta dias após a abertura da sessão legislativa [02 de fevereiro], as contas referentes ao exercício anterior;
Recepção da prestação de contas pelo Congresso e envio ao TCU que deve elaborar parecer prévio.	**CF/1988** Art. 71. O controle externo, a cargo do Congresso Nacional, será exercido com o auxílio do Tribunal de Contas da União, ao qual compete: I-apreciar as contas prestadas anualmente pelo Presidente da República, mediante parecer prévio que deverá ser elaborado em sessenta dias a contar de seu recebimento;
Recepção da prestação de contas pelo Congresso e envio à CMO que deve elaborar parecer prévio.	**CF/1988** Art. 166. Os projetos de lei relativos ao plano plurianual, às diretrizes orçamentárias, ao orçamento anual e aos créditos adicionais serão apreciados pelas duas Casas do Congresso Nacional, na forma do regimento comum. § 1º - Caberá a uma **Comissão mista permanente** de Senadores e Deputados: I-examinar e emitir parecer sobre os projetos referidos neste artigo e sobre as contas apresentadas anualmente pelo Presidente da República;
Julgamento das contas	**CF/1988** Art. 49. É da competência exclusiva do Congresso Nacional: IX – julgar anualmente as contas prestadas pelo Presidente da República e apreciar os relatórios sobre a execução dos planos de governo;

Enquete 3 do autor: E se o Presidente não enviar a prestação de contas do Prazo?

Neste caso, a Câmara dos deputados efetua a tomada de contas.

CF/1988

Art. 51. ***Compete privativamente à Câmara dos Deputados:***

II – proceder à tomada de contas do Presidente da República*, quando não apresentadas ao Congresso Nacional dentro de sessenta dias após a abertura da sessão legislativa [02 de Fevereiro].*

Enquete 4 do autor: Qual a diferença entre prestação e tomada de contas na visão do TCU?

Prestação de contas: quando a iniciativa de apresentar contas tiver sido da unidade ou do responsável obrigado a apresentá-las. Neste caso, será autuado no TCU um Processo de Prestação de Contas Ordinárias.

Tomada de conta: quando uma unidade ou responsável estiver, pelas normas, obrigada a apresentar contas, mas, não o fazer no prazo estabelecido. Assim, um órgão de controle (interno ou externo) tomará as contas dessa unidade ou responsável, sendo autuado no TCU um Processo de Tomada de Contas Ordinárias.

Figura 17.1: 4ª Etapa da LOA 2018

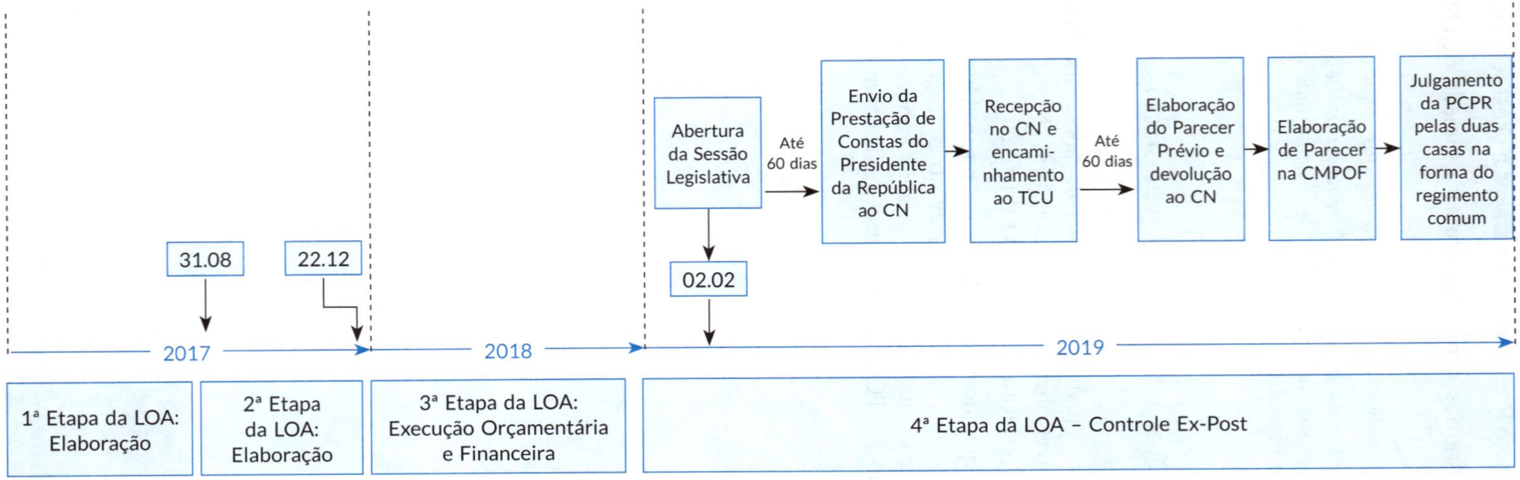

Legenda: PCPR – Prestação de Contas do Presidente da República; CN – Congresso Nacional; CMPOF – Comissão Mista Permanente de Planos, Orçamento e Fiscalização.

1ª Questão (MPU Técnico de Apoio Orçamento Cespe 2010): *Julgue o item a seguir:*

O controle da execução orçamentária, como item do ciclo orçamentário, é executado apenas pelo controle interno, consoante previsão constitucional.

Solução

Errado, o controle da execução orçamentária, como item do ciclo orçamentário, é executado pelo controle interno e externo.

Gabarito: Errado

2ª Questão (ABIN Administração Cespe 2010): *Julgue o item a seguir:*

A comissão mista permanente de senadores e deputados a que se refere o art. 166 da CF encerra sua participação no ciclo orçamentário com a aprovação de parecer ao projeto de lei orçamentária e seu encaminhamento ao plenário das duas Casas do Congresso Nacional.

Solução

Errado, o momento citado na questão ocorre na 2ª etapa. A CMO participa ainda na 3ª e 4ª etapa da LOA.

Gabarito: Errado

3ª Questão (SESA Analista Cespe 2011): *A respeito da aplicação prática do orçamento público e do ciclo orçamentário no Brasil, julgue o item que se segue:*

Caso a Controladoria-Geral da União realize inspeção na Receita Federal do Brasil, para verificar se a tributação dos bens incluídos na bagagem de passageiros brasileiros oriundos de países estrangeiros está de acordo com a lei pertinente, essa inspeção será considerada ato de controle da execução orçamentária.

Solução

Certo, como se trata de controle durante a execução orçamentária relacionado a ato que gere receita, a CGU ou o TCU podem realizar inspeção sobre os demais órgãos nesse sentido.

Gabarito: Certo

4ª Questão (ANTT Analista Cespe2013): *Julgue o item a seguir:*

A prestação ou tomada de contas daqueles que sejam responsáveis por bens ou valores públicos poderá ser realizada a qualquer tempo, mesmo antes do encerramento do exercício financeiro.

Unidade Didática III
Ciclo Orçamentário na União

Solução

Certo, conforme consta na lei 4320/1964.

Gabarito: Certo

5ª Questão (MTE Agente Administrativo Cespe 2014): *Julgue o item a seguir:*

No momento da promulgação da lei orçamentária anual, encerra-se a participação do Congresso Nacional no ciclo orçamentário.

Solução

Errado, o momento citado na questão ocorre na transição da 2ª etapa para a 3ª etapa. A CMO participa ainda na 3ª e 4ª etapa da LOA.

Gabarito: ***Errado***

6ª Questão (TC DF Técnico Cespe 2014): *Julgue o item a seguir:*

O controle e a avaliação da receita devem ser realizados em fase posterior às etapas de planejamento e execução.

Solução

Errado, o controle é prévio, concomitante ou a posteriori.

Gabarito: ***Errado***

7ª e 8ª Questões (Câmara dos Deputados Consultor de Orçamento Cespe 2014): *Julgue os itens a seguir.*

7. No julgamento das contas do presidente da República, cabe ao Tribunal de Contas da União (TCU) emitir parecer prévio, que deverá ser encaminhado ao Congresso Nacional.

8. O controle interno poderá ser realizado previamente, concomitante e subsequentemente aos atos administrativos, a fim de evitar o desperdício dos recursos e o uso indevido de recursos e bens públicos.

Solução

7. Certo, o TCU emite parecer prévio conclusivo.

8. Certo, o controle é prévio, concomitante ou a posteriori.

Gabarito:

7. **Certo**

8. **Certo**

4. LISTA DE QUESTÕES OBJETIVAS

1ª Questão (ENAP Administrador ESAF 2006): *A elaboração da Proposta Orçamentária processa-se em passos determinados. Desta forma, o ciclo orçamentário é composto por fases. Assinale a única opção incorreta no que diz respeito ao ciclo orçamentário.*

a) O ciclo orçamentário não se confunde com o exercício financeiro, pois este corresponde a uma das fases do ciclo, ou seja, à execução do orçamento.

b) A liberação do orçamento aprovado é feita para todos os órgãos contemplados na Lei Orçamentária Anual (LOA).

c) Depois de aprovada pelo Legislativo e sancionada pelo chefe do Poder Executivo, a proposta orçamentária é transformada em lei.

d) Segundo o Art. 71 da Constituição Federal do Brasil, o controle externo é de competência do Poder Legislativo, exercido com o auxílio do Tribunal de Contas, cabendo a este, entre outras atribuições, avaliar o cumprimento das metas previstas no Plano Plurianual, a execução dos programas de governo e dos orçamentos da União.

e) A execução é a fase em que é realizado aquilo que fora previsto nos projetos e atividades da referida Lei do Orçamento.

Solução

a) Certo, o exercício financeiro é a 3ª etapa.

b) Certo, a SOF envia a STN as dotações dos órgãos.

c) Certo, sem comentários adicionais.

d) Errado, segundo o Art. 71 da Constituição Federal do Brasil, o controle externo é de competência do Poder Legislativo, exercido com o auxílio do Tribunal de Contas, cabendo a este, avaliar o cumprimento das metas previstas no Plano Plurianual, a execução dos programas de governo e dos orçamentos da União são atribuições do controle interno.

e) Certo, sem comentários adicionais.

Gabarito: **D**

2ª Questão (ESAF MPDG APO ESAF 2008): *Acerca do orçamento público, assinale a opção incorreta.*

a) O Presidente da República não pode baixar medida provisória que verse sobre créditos adicionais.

b) O Poder Executivo não é obrigado a realizar todas as despesas que estejam previstas na lei orçamentária.

c) Mesmo sem apreciação, pelo Congresso Nacional, do projeto de lei orçamentária, é possível que a programação dele constante seja executada para o atendimento de determinadas despesas.

d) A fiscalização orçamentária da União, exercida mediante controle externo e pelo sistema de controle interno de cada Poder, abrange a verificação de requisitos necessários à realização da despesa.

e) Há circunstâncias inerentes à lei orçamentária que lhe retiram, do ponto de vista material, o caráter de lei.

Solução

a) Errado, pois pode baixar medida para os créditos extraordinários.

b) Certo, o orçamento federal continua aproximadamente 99% autorizativo.

c) Certo, quando se inicia o exercício sem que a LOA tenha sido sancionada ocorre o seguinte procedimento:(i) algumas despesas são executadas normalmente; (ii) as despesas correntes de caráter inadiável são executadas na proporção de 1/12 avos multiplicado pelo número de meses até a publicação da LOA; (iii) algumas despesas não podem ser executadas até a aprovação da LOA.

d) Certo, a verificação da legalidade dos atos que gerem despesa é uma das três formas de controle durante a execução orçamentária.

e) Certo, formalmente é uma lei, materialmente é um ato.

Gabarito: **A**

3ª Questão (SEFAZ-CE Analista ESAF 2010): *Assinale a opção* **falsa** *a respeito do ciclo orçamentário no Brasil.*

a) É um processo integrado de planejamento das ações e compreende a elaboração do Plano Plurianual, da Lei de Diretrizes Orçamentárias e da Lei Orçamentária Anual, bem como a execução e avaliação desses instrumentos.

b) É o processo de elaboração da Lei Orçamentária Anual, que se inicia no envio da proposta de orçamento ao Congresso Nacional e se encerra na sanção da lei.

c) Na elaboração dos instrumentos que compõem o ciclo orçamentário, o Congresso Nacional tem competência para realizar modificações nas propostas a ele encaminhadas.

d) É um processo contínuo, dinâmico e flexível para a elaboração, aprovação, execução, controle e avaliação dos programas do setor público.

e) A Comissão Mista de Orçamento tem papel importante nas etapas de elaboração e fiscalização.

Solução

a) Certo, sem comentários adicionais.

b) Errado, o ciclo se encerra com a avaliação e julgamento das contas.

c) Certo, sem comentários adicionais.

d) Certo, sem comentários adicionais.

e) Certo, sem comentários adicionais.

Gabarito: **B**

4ª Questão (TRF 23ª Região Analista FCC 2011): *Em relação ao ciclo orçamentário, é correto afirmar que*

a) a iniciativa de apresentação do projeto da Lei Orçamentária Anual cabe ao Congresso Nacional.

b) é assegurada ao Poder Judiciário autonomia administrativa e financeira.

c) não é possível fazer-se emendas ao projeto da Lei Orçamentária Anual.

d) o órgão responsável pela consolidação do projeto da Lei Orçamentária Anual é o Ministério da Fazenda, através da Secretaria do Tesouro Nacional.

e) a fiscalização contábil, financeira, orçamentária, operacional e patrimonial dos entes públicos será executada pelo Poder Judiciário, através do Tribunal de Contas respectivo.

Solução

a) Errado, pois cabe ao chefe do Poder Executivo.

b) Certo, respeitado os limites da LDO.

c) Errado, é permitido emendas.

d) Errado, seria pelo MPDG: Ministério do Planejamento, Desenvolvimento e Gestão.

e) Errado, a fiscalização contábil, financeira, orçamentária, operacional e patrimonial dos entes públicos será executada pelo Poder Legislativo, através do Tribunal de Contas respectivo.

Gabarito: **B**

5ª Questão (TCE-BAACE FGV 2013): *O parecer prévio circunstanciado do Tribunal de Contas sobre a prestação de contas de uma Prefeitura é o resultado do controle do tipo*

a) Interno

b) Preventivo

c) Concomitante

d) Subsequente

e) Independente

Solução

Seria exemplo de controle ex-post, subsequentemente.

Gabarito: **D**

6ª Questão (SUDENE Contador FGV 2013): *Quanto ao orçamento público, analise as afirmativas a seguir.*

I. O Poder Legislativo é responsável pela aprovação da proposta orçamentária elaborada pelo Poder Executivo, bem como pelo controle da execução orçamentária.

II. O instrumento constitucional de planejamento que liga o plano plurianual de investimento com a lei de diretrizes orçamentárias, é a lei orçamentária anual.

III. A lei orçamentária anual é exclusiva para as receitas e despesas públicas sendo aprovada no todo ou em partes de acordo com sua divisão em orçamento fiscal, da seguridade social e de investimentos em empresas estatais.

Assinale:

a) se somente a afirmativa I estiver correta.

b) se somente as afirmativas I e II estiverem corretas.

c) se somente as afirmativas I e III estiverem corretas.

d) se somente as afirmativas II e III estiverem corretas.

e) se todas as afirmativas estiverem corretas.

Solução

I. Certo, além disso, o Legislativo julga as contas do Executivo.

II. Errado, não existe PPA de investimento, apenas PPA. A LDO é quem liga o PPA a LOA.

III. Errado, a LOA deve ser aprovada conjuntamente comum um todo: orçamento fiscal, da seguridade social e de investimentos em empresas estatais.

Gabarito: **A**

7ª e 8ª Questões (Câmara dos Deputados Consultor de Orçamentos Cespe 2014): *Julgue os itens a seguir.*

7. No julgamento das contas do presidente da República, cabe ao Tribunal de Contas da União (TCU) emitir parecer prévio, que deverá ser encaminhado ao Congresso Nacional.

8. O controle interno poderá ser realizado previamente, concomitante e subsequentemente aos atos administrativos, a fim de evitar o desperdício dos recursos e o uso indevido de recursos e bens públicos.

Solução

7. Certo, o TCU elabora parecer prévio conclusivo. Cuidado conclusivo é diferente de definitivo. A definição do julgamento das contas fica por conta do plenário do Congresso Nacional.

8. Certo, são as três formas definidas pela Lei 4320/1964.

Gabarito:

7. **Certo**

8. **Certo**

9ª Questão (MTE Agente Cespe 2014): *Julgue o item a seguir:*

No momento da promulgação da lei orçamentária anual, encerra-se a participação do Congresso Nacional no ciclo orçamentário.

Solução

Errado, pois a promulgação culmina o início da 3ª etapa da LOA, sendo que o Congresso fiscaliza a execução na 3ª etapa e julga as contas na 4ª etapa.

Gabarito: **Errado**

10ª Questão (TCM-SP Agente FGV 2015): *O ciclo de aprovação, execução, controle e prestação de contas do orçamento público apresenta uma série de etapas com suas competências. Associe os órgãos/poderes e suas respectivas competências no ciclo orçamentário.*

(1) Controle interno	( ) Elaboração do Projeto de Lei Orçamentária
(2) Órgão central de contabilidade	( ) Elaboração do quadro de detalhamento da despesa
(3) Órgão central de planejamento	( ) Elaboração da proposta de Programação Financeira
(4) Unidade Orçamentária	( ) Execução do Orçamento
	( ) Acompanhamento, avaliação e correção de rumos

A associação correta é:

a) 3 - 3 - 2 - 4 - 1;

b) 3 - 2 - 1 - 4 - 2;

c) 4 - 3 - 2 - 3 - 1;

d) 4 - 3 - 2 - 2 - 1;

e) 2 - 1 - 3 - 4 - 2.

Solução

A sequência correta consta na opção A.

Gabarito: **A**

11ª Questão (DPE-RO Analista FGV 2015): *No processo orçamentário no Brasil, mostra-se fundamental a atuação da Comissão Mista de Planos, Orçamentos Públicos e Fiscalização, no legislativo. Um servidor público cometeu um erro no processo e apontou ao dirigente máximo da organização onde atua, equivocadamente, que é competência dessa comissão:*

a) examinar planos e programas nacionais, regionais e setoriais;

b) emitir parecer sobre contas prestadas pelos poderes da República;

c) analisar projetos de lei relativos ao orçamento anual e aos créditos adicionais;

d) elaborar o plano plurianual e o projeto de lei de diretrizes orçamentárias;

e) estudar e elaborar parecer sobre o relatórios de gestão fiscal previstos na LDO.

Solução

A opção errada é a alternativa D que é de competência do Executivo.

Gabarito: **D**

12ª Questão (TCM-GO Analista FCC 2015): *O controle da execução do orçamento, de acordo com a Lei no 4.320/1964, compreenderá,*

a) exclusivamente, o exame da fidelidade funcional dos agentes da administração, responsáveis por bens e valores públicos, podendo haver, a qualquer tempo, como forma de controle interno, levantamento, prestação ou tomada de contas do principal responsável legal por bens ou valores públicos.

b) apenas, a análise da legalidade dos atos de que resultem a arrecadação da receita ou a realização da despesa, o nascimento ou a extinção de direitos e obrigações, sendo que a verificação da legalidade dos atos de execução orçamentária será sempre subsequente à prática do ato.

c) entre outros procedimentos legais, a análise do cumprimento do programa de trabalho expresso em termos monetários e em termos de realização de obras e prestação de serviços e será exercido, internamente, de modo preferencial e privativo, pelo Poder Legislativo.

d) unicamente, o exame da fidelidade funcional dos agentes da administração, responsáveis por bens e valores públicos, podendo haver, a qualquer tempo, como forma de controle externo, levantamento, prestação ou tomada de contas de todos os responsáveis por bens ou valores públicos.

e) entre outros procedimentos legais, a análise do cumprimento do programa de trabalho expresso em termos monetários e em termos de realização de obras e prestação de serviços, e será exercido, internamente, pelo Poder Executivo.

Solução

Observe o quadro a seguir:

Quadro: Controles durante a execução orçamentária

Controle conforme o art. 75 da Lei 4.320/1964	Responsável
O controle da execução orçamentária compreenderá a legalidade dos atos de que resultem a arrecadação da receita ou a realização da despesa, o nascimento ou a extinção de direitos e obrigações.	Sistema de Controle Interno e Externo.
O controle da execução orçamentária compreenderá a fidelidade funcional dos agentes da administração, responsáveis por bens e valores públicos	Sistema de Controle Interno e Externo.
O controle da execução orçamentária compreenderá o cumprimento do programa de trabalho expresso em termos monetários e em termos de realização de obras e prestação de serviços	Sistema de Controle Interno e Externo; órgão incumbido da elaboração da proposta orçamentária.

Gabarito: **E**

13ª Questão (TCM-RJ Procurador FGV 2015): *A Lei nº 4.320/1964 refere-se aos controles internos e externo da execução orçamentária e dispõe:*

a) O controle da execução orçamentária compreenderá a legalidade dos atos de que resultem a arrecadação da receita ou a realização da despesa, o nascimento ou a extinção de direitos e obrigações; a fidelidade funcional dos agentes da administração, responsáveis por bens e valores públicos; o cumprimento do programa de trabalho expresso em termos monetários e em termos de realização de obras e prestação de serviços.

b) Ao se referir expressamente ao controle externo dispõe que o Poder Executivo exercerá os três tipos de controle da execução orçamentária, sem prejuízo das atribuições do Tribunal de Contas ou órgão equivalente.

c) A verificação da legalidade dos atos de execução orçamentária será sempre prévia, sendo vedados os controles concomitante e subsequente.

d) As contas do Poder Executivo serão submetidas ao Poder Judiciário, com Parecer prévio do Tribunal de Contas ou órgão equivalente.

e) Quando, no Município não houver Tribunal de Contas ou órgão equivalente, a Câmara de Vereadores poderá designar qualquer cidadão, contador ou não, para verificar as contas do prefeito e sobre elas emitirem parecer.

Solução

a) Certo, conforme quadro 17.1.

b) Errado, seria controle interno.

c) Errado, será prévia, concomitante ou a posteriori.

d) Errado, as contas do Poder Executivo serão submetidas ao Poder ao Poder Legislativo.

e) Errado, pela Lei 4320/1964: Art. 81. § 2º Quando, no Município não houver Tribunal de Contas ou órgão equivalente, a Câmara de Vereadores poderá designar peritos contadores para verificarem as contas do prefeito e sobre elas emitirem parecer

Gabarito: **A**

14ª Questão (TCM-RJ Auditor Substituto FGV 2015): *Uma das atuações previstas para o Controle Interno diz respeito à proposta orçamentária. Nos termos previstos na Lei no 4.320/1964, ao órgão incumbido dessa proposta caberá o controle*

a) da fidelidade funcional dos agentes da administração.
b) da legalidade dos atos de que resultam a arrecadação da receita ou da utilização da despesa.
c) da legalidade dos atos que resultam o nascimento ou a extinção de direitos e obrigações.
d) da fidelidade funcional dos responsáveis por bens e valores públicos.
e) do cumprimento do programa de trabalho expresso em termos monetários e de realização de obras e prestação de serviços.

Solução

Dos 3 controles durante a execução orçamentária apenas o cumprimento do programa de trabalho é também exercido pelo órgão responsável pela elaboração da LOA.

Gabarito: **E**

15ª Questão (TCM-RJ Auditor Substituto FGV 2015): *Uma das áreas de interesse do Controle Interno está relacionada à execução orçamentária. A atuação do Controle Interno, nesse caso, ocorre de forma*

a) prévia, concomitante e subsequente, uma vez que o Controle Interno participa de todas as fases desse processo.
b) concomitante e subsequente apenas, uma vez que o Controle Interno não participa da elaboração da proposta orçamentária.
c) subsequente apenas, uma vez que ao Controle Interno cabe exclusivamente o acompanhamento dos atos já realizados.
d) prévia apenas, uma vez que o Controle Interno é o responsável por monitorar os atos de planejamento.
e) prévia e subsequente apenas, uma vez que os atos de execução têm aspectos discricionários que não estão sob o jugo do Controle Interno.

Solução

Conforme consta no Quadro 17.1.

Gabarito: **A**

CAPÍTULO 18

VEDAÇÕES GERAIS AO CICLO ORÇAMENTÁRIO

1. VEDAÇÕES ABSOLUTAS E RELATIVAS

Durante o ciclo orçamentário são impostas vedações gerais ao mesmo. Algumas dessas vedações são aplicáveis na etapa de elaboração e discussão, outras são aplicáveis na etapa de execução.

O mais importante é que existem vedações que possuem exceções e, por conseguinte, podem ocorrer respeitado os procedimentos necessários: vedações relativas, enquanto existem vedações que não possuem qualquer tipo de ressalva: absolutas. O Quadro 18.1 contém essas vedações.

Quadro 18.1: Vedações gerais ao ciclo

Descrição na CF/1988	Tipo de Vedação	Aplicação
Art. 167. São vedados: I - o início de programas ou projetos não incluídos na lei orçamentária anual;	Absoluta	Qualquer programa ou projeto deve constar na LOA. Não há essa obrigação para o PPA, tanto é que no âmbito federal, os programas de operações especiais não constam no PPA.
Art. 167. São vedados: II - a realização de despesas ou a assunção de obrigações diretas que excedam os créditos orçamentários ou adicionais;	Absoluta	Não se pode começar uma licitação sem ter o crédito disponível. Não se consegue empenhar no SIAFI além do limite do crédito disponível.

Descrição na CF/1988	Tipo de Vedação	Aplicação
Art. 167. São vedados: IV – a vinculação de receita de impostos a órgão, fundo ou despesa, **ressalvadas** a repartição do produto da arrecadação dos impostos a que se referem os arts. 158 e 159, a destinação de recursos para as ações e serviços públicos de **saúde**, para manutenção e desenvolvimento do **ensino** e para realização de atividades da **administração tributária**, como determinado, respectivamente, **pelos arts. 198, § 2º, 212 e 37, XXII**, e a **prestação de garantias às operações de crédito por antecipação de receita**, previstas no art. 165, § 8º, bem como o disposto no § 4º deste artigo; § 4.º É permitida a vinculação de receitas próprias geradas pelos impostos a que se referem os arts. 155 e 156, e dos recursos de que tratam os arts. 157, 158 e 159, I, a e b, e II, **para a prestação de garantia ou contragarantia à União e para pagamento de débitos para com esta**.	Relativa	A não afetação se aplica apenas para os impostos. Para as demais receitas podem haver vinculações suportadas pela CF/1988, por leis, por contratos ou por convênios. Mesmo para os impostos, existem cinco exceções. Revisitar o capítulo 3.
Art. 167. São vedados: III – a realização de operações de créditos que excedam o montante das despesas de capital, ressalvadas as autorizadas mediante créditos suplementares ou especiais com finalidade precisa, aprovados pelo Poder Legislativo por maioria absoluta	Relativa	Essa é a regra de ouro. A regra de ouro pode ser quebrada, desde que obtenha maioria absoluta junto ao Poder Legislativo. Revisitar o capítulo 3.
Art. 167. São vedados: VI – a transposição, o remanejamento ou a transferência de recursos de uma categoria de programação para outra ou de um órgão para outro, sem prévia autorização legislativa; § 5º A transposição, o remanejamento ou a transferência de recursos de uma categoria de programação para outra poderão ser admitidos, no âmbito das atividades de ciência, tecnologia e inovação, com o objetivo de viabilizar os resultados de projetos restritos a essas funções, mediante ato do Poder Executivo, sem necessidade da prévia autorização legislativa prevista no inciso VI deste artigo.	Relativa	O **remanejamento** altera o órgão; a **transposição** ocorre no mesmo órgão, mas altera o programa; a **transferência** ocorre no mesmo órgão e programa, mas altera a categoria econômica. É possível incluir na LDO situações que justifiquem o remanejamento, transposição e transferência. **A EC 85/2015** inclui a possibilidade de o Executivo realizar tais procedimentos no âmbito das atividades de ciência, tecnologia e inovação.

Descrição na CF/1988	Tipo de Vedação	Aplicação
Art. 167. São vedados: VII - a concessão ou utilização de créditos ilimitados;	Absoluta	Mesmo em uma situação de crédito extraordinário deve-se indicar o valor. Já indicação da fonte de recursos é facultativa.
Art. 167. São vedados: VIII - a utilização, sem autorização legislativa específica, de recursos dos orçamentos fiscal e da seguridade social para suprir necessidade ou cobrir déficit de empresas, fundações e fundos, inclusive dos mencionados no art. 165, § 5º;	Relativa	É possível utilizar recursos públicos para suprir entidades privadas com fins lucrativos. O nome dessa despesa seria subvenção econômica, mas exige-se lei específica.
Art. 167. São vedados: IX - a instituição de fundos de qualquer natureza, sem prévia autorização legislativa.	Relativa	Para se criar um fundo é necessária autorização legislativa.
Art. 167. São vedados: X - a transferência voluntária de recursos e a concessão de empréstimos, inclusive por antecipação de receita, pelos Governos Federal e Estaduais e suas instituições financeiras, para pagamento de despesas com pessoal ativo, inativo e pensionista, dos Estados, do Distrito Federal e dos Municípios.	Absoluta	Não pode a União conceder transferências voluntárias ou um banco federal (Banco do Brasil, CEF ou BNDES) conceder empréstimo a Estados ou Municípios cuja finalidade seja pagamento de despesas com pessoal destes.
Art. 167. São vedados: XI - a utilização dos recursos provenientes das contribuições sociais de que trata o art. 195, I, a, e II, para a realização de despesas distintas do pagamento de benefícios do regime geral de previdência social de que trata o art. 201.	Absoluta	Não se pode utilizar as contribuições previdenciárias patronais ou dos empregados para pagar despesas não previdenciárias.
Art. 167. São vedados: § 1º - Nenhum investimento cuja execução ultrapasse um exercício financeiro poderá ser iniciado sem prévia inclusão no plano plurianual, ou sem lei que autorize a inclusão, sob pena de crime de responsabilidade.	Absoluta	Despesas plurianuais de investimentos devem constar no PPA ou lei que autorize sua inclusão (exemplo um crédito adicional que criar dotação de investimento plurianual e retifica a LOA e o PPA simultaneamente).
Art. 167. São vedados: § 2º - Os créditos especiais e extraordinários terão vigência no exercício financeiro em que forem autorizados, salvo se o ato de autorização for promulgado nos últimos quatro meses daquele exercício, caso em que, reabertos nos limites de seus saldos, serão incorporados ao orçamento do exercício financeiro subsequente.	Relativa	Esse seria o princípio da anualidade. Em regra, só podem ser reabertos em determinadas condições: os créditos especiais ou extraordinários. Os créditos suplementares nunca.

Unidade Didática III
Ciclo Orçamentário na União

Descrição na CF/1988	Tipo de Vedação	Aplicação
Art. 167. São vedados: § 3º – A abertura de crédito extraordinário somente será admitida para atender a despesas imprevisíveis e urgentes, como as decorrentes de guerra, comoção interna ou calamidade pública, observado o disposto no art. 62.	Absoluta	Os créditos extraordinários só podem ser utilizados para despesas urgentes e imprevisíveis.

1ª a 3ª Questões (IPEA Técnico em Orçamento Cespe 2008): *Julgue os itens a seguir:*

1. É vedado ao administrador público exceder os créditos orçamentários ou adicionais, e tal vedação envolve não apenas a realização de despesas, mas, também, a assunção de obrigações diretas.

2. Se o Poder Executivo Federal promover a transposição de recursos de uma categoria de programação orçamentária para outra, ainda que com autorização legislativa, incorrerá em violação de norma constitucional.

3. Se o BNDES empresta recursos a um estado para completar o valor necessário ao pagamento da folha de salários de seus servidores, tal procedimento fere a CF.

Solução

1. Certo, trata-se de vedação absoluta.

2. Errado, a transposição com prévia autorização legislativa não afronta a CF/1988.

3. Certo, não pode a União, incluído aí todas as suas estatais, conceder empréstimos cuja finalidade seja pagamento de pessoal.

Gabarito:

1. **Certo**
2. **Errado**
3. **Certo**

4ª Questão (MPU Técnico em Orçamento Cespe 2010): *Julgue o item a seguir:*

As garantias às operações de crédito são exceções ao princípio orçamentário da não afetação.

Solução

Certo, é uma das 5 exceções ao princípio da não afetação.

Gabarito: **Certo.**

5ª Questão (STM Analista Judiciário Especialista em Administração Cespe 2011): *Julgue o item a seguir:*

Mesmo que, em determinado exercício financeiro, as despesas de capital fixadas no orçamento sejam integralmente financiadas com recursos de operações de crédito, novos empréstimos poderão ser realizados para cobrir despesas correntes, desde que autorizados por maioria absoluta do respectivo Poder Legislativo.

Solução

Certo, para quebrar a regra de ouro, faz-se necessária maioria absoluta do Legislativo.

Gabarito: Certo

2. LISTA DE QUESTÕES OBJETIVAS

1ª Questão (MPOG APO ESAF 2008): *Acerca das finanças públicas na Constituição de 1988, assinale a opção correta.*

a) É possível anular despesas com o serviço da dívida para criar os recursos necessários à aprovação de emenda ao projeto de lei do orçamento anual.

b) Investimento, cuja execução ultrapasse um exercício financeiro, só pode ser iniciado se previamente incluído no plano plurianual ou se essa inclusão tiver sido autorizada por lei.

c) Para que o Presidente da República possa propor modificação no projeto de lei de diretrizes orçamentárias, é imprescindível que este ainda não tenha sido posto em votação.

d) O orçamento da seguridade social, compreendido na lei orçamentária anual e compatibilizado com o plano plurianual, tem, entre suas funções, a de reduzir desigualdades inter-regionais, segundo critério populacional.

e) A autorização para contratação de operações de crédito por antecipação de receita, destinadas a suprir insuficiências momentâneas de caixa, representa elemento estranho à lei orçamentária anual.

Solução

a) Errado, na 2ª etapa da LOA, não podem ser anuladas despesas com pessoal e encargos sociais, serviço da dívida e transferências tributárias constitucionais

b) Certo, é a cópia do art. 167 da CF/1988.

c) Errado, essa regra vale apenas para a LOA e a votação a que se refere ao caso da LOA é na CMO.

d) Errado, pela CF/1988 essa função é reservada ao Orçamento Fiscal, ao Orçamento de Investimento e ao PPA.

e) Errado, não representa, pois o próprio princípio da exclusividade admite.

Gabarito: **B**

Unidade Didática III
Ciclo Orçamentário na União

2ª Questão (Receita Federal Analista Tributário ESAF 2009): *Assinale a opção correta a respeito do ciclo orçamentário no âmbito da Administração Federal brasileira.*

a) Em razão das vedações constitucionais, não é possível fazer ajustes no orçamento sem trâmite pelo Poder Legislativo.

b) A elaboração das propostas orçamentárias é de responsabilidade exclusiva da Secretaria de Orçamento Federal.

c) Na fase de aprovação, as Comissões de Finanças e Tributação das duas casas do Congresso Nacional têm a palavra final.

d) Na fase de preparação do orçamento para a execução, a alocação dos créditos na classificação programática é atribuição da unidade orçamentária.

e) A abertura de créditos extraordinários, em razão da sua especificidade, somente pode ser feita por lei complementar.

Solução

a) Errado, é possível abrir créditos extraordinários e abrir créditos suplementares por decreto do Executivo.

b) Errado, pois cada Poder elabora sua proposta orçamentária.

c) Errado, a Comissão Mista de Orçamento é que tem papel nessa 2ª etapa da LOA. Além disso, a palavra final é do plenário do Congresso Nacional.

d) Certo, essa é uma competência da unidade orçamentária.

e) Errado, a abertura de créditos extraordinários, em razão da sua especificidade ocorre por meio de medida provisória.

Gabarito: **D**

3ª Questão (SAD-PE ACI Cespe 2009): *A respeito da disciplina constitucional da elaboração do orçamento público, assinale a alternativa correta.*

a) O plano plurianual, instituído por decreto do Presidente da República, estabelecerá, de forma regionalizada, diretrizes, objetivos e metas da administração pública federal para as despesas de capital e outras delas decorrentes e para as relativas aos programas de duração continuada.

b) A lei orçamentária anual compreenderá o orçamento fiscal referente aos Poderes Executivo e Legislativo. O Poder Judiciário goza de autonomia financeira, cabendo ao Conselho Nacional de Justiça aprovar o orçamento deste Poder, que será integrado dos recursos provenientes do recolhimento de custas judiciais.

c) Os créditos especiais e extraordinários terão vigência no exercício financeiro em que forem autorizados, salvo se o ato de autorização for promulgado nos últimos quatro meses daquele exercício, caso em que, reabertos nos limites de seus saldos, serão incorporados ao orçamento do exercício financeiro subsequente.

d) O Presidente da República poderá utilizar até 20% dos recursos do orçamento fiscal e da seguridade social para suprir necessidade ou cobrir déficit de empresas, fundações e fundos. A medida deverá ser submetida à aprovação do Congresso Nacional até o final do exercício financeiro respectivo.

e) É vedado o início de programas e projetos não incluídos na lei orçamentária anual, ressalvados aqueles que tenham sido previstos na lei de diretrizes orçamentárias com cláusula expressa de autoexecutoriedade.

Solução

a) Errado, o plano plurianual, instituído por instituído por lei ordinária.

b) Errado, a LOA elaborada pelo Executivo contempla todos os Poderes, MPU e DPU. Apenas o Executivo envia, e apenas o Legislativo aprova.

c) Certo, seria a exceção ao princípio da anualidade.

d) Errado, não existe tal regra. Mas é possível que o se usem recursos do orçamento fiscal e da seguridade social para cobrir déficit de empresas, fundações e fundos com prévia e específica autorização legislativa.

e) Errado, não existe essa ressalva. Trata-se de vedação absoluta.

Gabarito: **C**

4ª Questão (Senado Analista FGV 2012): *Com relação à matéria orçamentária, analise as afirmativas a seguir:*

I. O Orçamento Público é uma lei, em sentido formal (quanto à forma, rito e competência), e um ato administrativo, quanto ao aspecto material (matéria, assunto tratado no orçamento).

II. O ciclo orçamentário é de um ano.

III. O orçamento conterá apenas previsão de receita e fixação de despesa para o próximo exercício, salvo autorização para abertura de créditos adicionais suplementares e para a contratação de operações de crédito, inclusive Antecipação de Receita Orçamentária.

Assinale

a) se somente a afirmativa I estiver correta.

b) se somente a afirmativa II estiver correta.

c) se somente a afirmativa III estiver correta.

d) se as afirmativas I e II estiverem corretas.

e) se as afirmativas I e III estiverem corretas.

Solução

I. Certo, sem comentários adicionais.

II. Errado, um ano é apenas a 3ª etapa do ciclo.

III. Certo, é exatamente o que dispõe o princípio da exclusividade.

Gabarito: **E**

5ª Questão (MTE Agente Cespe 2014): *Julgue o item a seguir:*

A Constituição Federal de 1988 (CF) permite a realização de operação de crédito que exceda o montante das despesas de capital, se essa operação for aprovada pelo Poder Legislativo por maioria absoluta.

Solução

Certo, é possível quebrar a regra de ouro por maioria absoluta do Legislativo.

Gabarito: **Certo**

6ª Questão (SEFAZ-SP Auditor ESAF 2009): *O orçamento público pode ser entendido como um conjunto de informações que evidenciam as ações governamentais, bem como um elo capaz de ligar os sistemas de planejamento e finanças. A elaboração da Lei Orçamentária Anual (LOA), segundo a Constituição Federal de 1988, deverá espelhar:*

a) exclusivamente os investimentos.

b) as metas fiscais somente para as despesas.

c) a autorização para a abertura de créditos adicionais extraordinários.

d) as estimativas de receita e a fixação de despesas.

e) a autorização para criação de novas taxas.

Solução

a) Errado, a LOA contém todas as despesas orçamentárias.

b) Errado, as metas fiscais primárias decorrem das receitas menos despesas primárias. Assim, deve considerar as receitas também

c) Errado, a LOA pode conter autorização de créditos suplementares, mas não extraordinários.

d) Certo.

e) Errado, na LOA além da estimativa da receita e da fixação da despesa, pode haver apenas: autorização de créditos suplementares; autorização para contratação de operação de crédito, inclusive por meio de ARO (antecipação de receita orçamentária).

Gabarito: **D**

7ª Questão (TRE RO Analista FCC 2013): *O ciclo orçamentário, constituído por fases, compreende o período de tempo em que se processam as atividades típicas do Orçamento Público. Com relação à fase de execução orçamentária, nos termos da Lei Complementar nº 101/2000 – LRF, é correto afirmar que*

a) o projeto de Lei Orçamentária enviado ao Poder Legislativo pelo Poder Executivo compreende apenas as receitas e despesas da Administração direta.

b) a dotação consignada na Lei Orçamentária para investimentos terá duração superior a um exercício financeiro desde que esteja previsto no Plano Plurianual ou em lei que autorize a sua

c) até trinta dias após a publicação dos orçamentos, nos termos em que dispuser a Lei de Diretrizes Orçamentárias, o Poder Executivo estabelecerá a programação financeira e o cronograma de execução mensal de desembolso.

d) os recursos legalmente vinculados à finalidade específica serão utilizados, exclusivamente, para atender ao objeto de sua vinculação, até o término do exercício em que ocorrer o ingresso.

e) o Poder Executivo estabelecerá, no prazo de 30 dias, após a publicação da Lei Orçamentária Anual, os limites financeiros que cada entidade poderá utilizar para pagamento de suas despesas.

Solução

a) Errado, o projeto de Lei Orçamentária enviado ao Poder Legislativo pelo Poder Executivo compreende todas as receitas e despesas da administração direta, Autarquias, Fundações Pública e Empresas Estatais Dependentes.

b) Errado, na LOA as dotações referem-se a um exercício. As dotações plurianuais estão em mais de uma LOA. Esses investimentos que constam em várias LOAs é que devem estar previstos no Plano Plurianual ou em lei que autorize a sua inclusão.

c) Certo, é a cópia do art. 8° da LRF.

d) Errado, os recursos legalmente vinculados à finalidade específica serão utilizados, exclusivamente, para atender ao objeto de sua vinculação, independente do exercício que ocorrer o ingresso. Assim, mesmo com o encerramento do exercício, a vinculação é mantida.

e) Errado, o Poder Executivo estabelecerá a programação financeira e o cronograma de execução mensal de desembolso.

Gabarito: **C**

8ª Questão (Prefeitura de Recife Auditor FGV 2014): *No que tange às leis orçamentárias, sob o prisma das disposições constitucionais sobre o assunto, assinale a afirmativa correta.*

a) É possível a abertura de crédito suplementar ou especial sem prévia autorização legislativa e sem indicação dos recursos correspondentes.

b) Não é possível a transposição, o remanejamento ou a transferência de recursos de uma categoria de programação para outra ou de um órgão para outro sem prévia autorização legislativa, exceto nos casos nas atividades de ciência, tecnologia e inovação.

c) É possível o início de programas ou projetos não incluídos na lei orçamentária anual.

d) Não é possível a vinculação de receita de impostos, mesmo quanto à repartição do produto da arrecadação do imposto da União sobre a renda e proventos de qualquer natureza pertencentes aos municípios.

e) É possível a concessão de créditos ilimitados.

Solução

a) Errado, não existe exceção a essa vedação.

b) Certo, é exatamente o entendimento da EC 85/2015 que atualizou o princípio da proibição do estorno.

c) Errado, não existe exceção a essa vedação.

d) Errado, é possível a vinculação de impostos para despesas em educação, saúde, administração tributária, para transferências constitucionais e para garantias às ARO (Antecipação de Receita Orçamentária).

e) Errado, não existe exceção a essa vedação.

Gabarito: **B**

9ª Questão (Prefeitura de Caruaru Analista da Câmara FGV 2015): *As afirmativas a seguir apresentam características da Lei do Orçamento Anual – LOA, à exceção de uma. Assinale-a.*

a) Não é permitido que se consigne em orçamento recursos para serviços não criados anteriormente.

b) As emendas ao projeto de lei do orçamento anual que o modifiquem, só poderão ser aprovadas caso estejam relacionadas com a correção de erros ou omissões ou com os dispositivos do texto do projeto de lei.

c) A LOA não conterá dispositivo estranho à previsão da receita e à fixação da despesa, incluindo-se na proibição a autorização para abertura de créditos suplementares e a contratação de operações de crédito, ainda que por antecipação de receita, nos termos da lei.

d) A LOA compreenderá o orçamento fiscal referente aos poderes, seus fundos, órgãos e entidades da administração direta e indireta, inclusive fundações instituídas e mantidas pelo poder público.

e) As emendas individuais ao projeto de lei orçamentária serão aprovadas no limite de 1,2% (um inteiro e dois décimos por cento) da receita corrente líquida prevista no projeto encaminhado pelo Poder Executivo, sendo que a metade deste percentual será destinada a ações e serviços públicos de saúde.

Solução

a) Certo. Termo não abordado na LRF e na CF/1988. Porém discordo, pois caso se utilize um crédito especial será incluindo novo crédito para um novo serviço.

b) Certo. Porém discordo, pois existem outras formas para se modificar a LOA: indicando os recursos mediante anulação de despesas.

c) Errado, em conformidade com o princípio da exclusividade, excluem-se da proibição a autorização para abertura de créditos suplementares e a contratação de operações de crédito, ainda que por antecipação de receita, nos termos da lei.

d) Certo. É o conceito da CF/1988 no art. 165.

e) Certo, em conformidade com a EC 86/2015.

Gabarito: **C**

10ª Questão (CNPQ Analista FCC 2015): *Com relação aos instrumentos de planejamento: lei orçamentária anual, lei de diretrizes orçamentárias e plano plurianual, nos termos da Constituição Federal, considere:*

I. O projeto de lei orçamentária para o exercício seguinte deve ser enviado pelo Presidente da República ao Congresso Nacional até 31 de agosto de cada ano.

II. Os recursos que, em decorrência de veto, emenda ou rejeição do projeto de lei orçamentária anual, ficarem sem despesas correspondentes poderão ser utilizados, conforme o caso, mediante créditos especiais ou suplementares, com prévia e específica autorização legislativa.

III. Os projetos de lei relativos aos créditos adicionais e as autorizações para realização de operações de créditos serão apreciados pelo Senado Federal na forma do regimento interno.

IV. São vedados início de programas ou projetos não incluídos na lei orçamentária anual, exceto para atender a despesas imprevisíveis e urgentes, como as decorrentes de guerra, comoção interna ou calamidade pública.

V. A abertura de crédito suplementar ou especial sem prévia autorização legislativa e sem indicação dos recursos correspondentes só é permitida, para atender despesas não computadas ou insuficientemente dotadas na lei orçamentária anual.

Está correto o que se afirma APENAS em

a) I e II.
b) I, II e IV.
c) III e IV.
d) II, III e V.
e) I e V.

Solução

I. Certo, sem comentários adicionais.

II. Certo, seria a 6ª fonte de créditos adicionais.

III. Errado, serão apreciados pela CMO na forma do regimento comum.

IV. Errado, não existe ressalva para essa vedação.

V. Errado, não existe ressalva para essa vedação.

Gabarito: **A**

11ª Questão (TCE-RN Auditor Cespe 2015): *Julgue o item a seguir:*

A transposição, o remanejamento ou a transferência de recursos de uma categoria de programação para outra ou de um órgão para outro são proibidos se não houver prévia autorização legislativa, exceto no âmbito das atividades de ciência, tecnologia e inovação, quando o objetivo for viabilizar os resultados de projetos restritos a essas funções.

Solução

Certo, essa é a visão completa e atualizada do princípio da proibição do estorno após a EC 85/2015.

Gabarito: **Certo**

12ª Questão (DPE-RN Defensor FCC 2015): *Assinale a opção correta acerca do regime constitucional dos gastos públicos.*

a) A existência de prévia autorização legislativa é requisito suficiente para a abertura de crédito suplementar ou especial.

b) A transposição, o remanejamento ou a transferência de recursos de uma categoria de programação para outra ou de um órgão para outro não depende de prévia autorização legislativa.

c) A instituição de fundos de qualquer natureza pode ser autorizada por decreto do Poder Executivo, circunstância em que tal ato terá a natureza de decreto autônomo.

d) Para se iniciar investimento cuja execução ultrapasse um exercício financeiro, basta que esse investimento esteja previsto na LOA do primeiro exercício financeiro de sua execução.

e) O início de programas e projetos governamentais não será possível sem a inclusão deles na LOA.

Solução

a) Errado, é requisito necessário, uma vez que ainda falta indicar a fonte de recursos.

b) Errado, em regra depende prévia autorização legislativa, exceto nos casos das atividades de ciência, tecnologia e inovação.

c) Errado, mediante prévia autorização legislativa, logo necessita lei.

d) Errado, esse investimento deve constar no PPA ou em lei que autorize sua inclusão no PPA.

e) Certo, trata-se de cópia dos incisos do art. 167 da CF/1988. É uma vedação absoluta.

Gabarito: **E**

13ª Questão (STJ Analista Cespe 2015): *Julgue o item a seguir:*

A vedação ao início de um investimento que ultrapasse o exercício financeiro antes de sua inclusão no PPA evidencia o modelo integrado entre o planejamento e o orçamento concebido e incorporado à Constituição Federal de 1988.

Solução

Certo, pode-se considerar como uma evidência sim.

Gabarito: **Certo**

14ª Questão (TCE-PE Auditor Cespe 2017): *Julgue o item a seguir:*

Se determinado projeto não for incluído na relação de prioridades e metas da lei de diretrizes orçamentárias, sua inclusão na lei orçamentária anual será vedada.

Solução

Nem todo projeto é meta e prioridade. Assim, é natural que existam projetos que não constem na LDO. Porém, todo projeto deve constar na LOA.

Gabarito: **Errado**

15ª Questão (TCE-SP Agente de Fiscalização VUNESP 2017): *Em relação ao Plano Plurianual (PPA), à Lei das Diretrizes Orçamentárias (LDO) e à Lei Orçamentária Anual (LOA), previstos para cada esfera de Governo pela Constituição Federal de 1988, é correto afirmar que*

a) as emendas parlamentares individuais ao projeto de lei orçamentária anual serão aprovadas no limite de 1,2% (um inteiro e dois décimos por cento) da receita corrente líquida prevista no projeto encaminhado pelo Poder Executivo, sendo que a metade desse percentual será destinada a ações e serviços públicos de saúde.

b) o projeto de lei das diretrizes orçamentárias será acompanhado de demonstrativo regionalizado do efeito, sobre as receitas e despesas, decorrente de isenções, anistias, remissões, subsídios e benefícios de natureza financeira, tributária e creditícia.

c) integrará o projeto da lei orçamentária anual um Anexo de Metas Fiscais, em que serão estabelecidas metas anuais, em valores correntes e constantes, relativas a receitas, despesas, resultados nominal e primário e montante da dívida pública, para o exercício a que sereferirem e para os dois seguintes.

d) o projeto de lei do plano plurianual deve viger no mesmo prazo do mandato do Chefe do Poder Executivo, devendo ser encaminhado até fevereiro do primeiro ano do respectivo mandato, com prazo final de aprovação até o mês de abril do mesmo ano.

e) o projeto de lei orçamentária anual poderá consignar dotação para investimento com execução superior a um exercício financeiro que não esteja previsto no plano plurianual, desde que sua relevância ou interesse sejam demonstrados pelo chefe do Poder Executivo, com a indicação das receitas que o financiarão.

Solução

a) Certo.

b) Errado, seria o projeto de LOA e não LDO.

c) Errado, o Anexo de Metas Fiscais integra a LDO e não a LOA.

d) Errado, o último ano do PPA vige no 1° ano do mandato seguinte. A data de envio é até 31 de agosto do primeiro ano de mandato.

e) Errado, o projeto de lei orçamentária anual não poderá consignar dotação para investimento com execução superior a um exercício financeiro que não esteja previsto no plano plurianual ou em lei que autorize sua inclusão no PPA.

Gabarito: **A**

16ª Questão (TCE-PB Auditor de Contas Públicas Cespe 2018): *No que se refere a vedações constitucionais em matéria orçamentária dispostas nas normas gerais de direito financeiro da CF, assinale a opção correta.*

a) A LOA permite a inclusão de dispositivo estranho à previsão da receita e à fixação da despesa.

b) A CF admite a edição de medida provisória para a abertura de crédito extraordinário para o atendimento de despesas imprevisíveis e urgentes, desde que haja autorização prévia do Poder Legislativo.

c) A CF não veda a abertura de crédito suplementar ou especial, mesmo sem a indicação dos recursos correspondentes e a prévia autorização legislativa.

d) O início de programas e projetos não incluídos na LOA é admitido excepcionalmente pela CF, desde que a sua execução não ultrapasse a previsão orçamentária fixada no exercício financeiro anterior.

e) A CF veda aos estados e às suas instituições financeiras a realização de transferência voluntária de recursos aos municípios para pagamento de despesas com pessoal.

Solução

a) Errado, a questão considerou que a autorização para abertura de créditos suplementares e operações de crédito apesar de serem exceções, não são dispositivos estranhos.

b) Errado, pois a edição de medida provisória não depende de autorização prévia do Poder Legislativo.

c) Errado, pois abertura de crédito suplementar ou especial depende da indicação dos recursos correspondentes e da prévia autorização legislativa.

d) Errado, é vedado o início de programas e projetos não incluídos na LOA. Trata-se de vedação absoluta.

e) Certo.

Gabarito: **E**

17ª Questão (TCE-PB Auditor de Contas Públicas Cespe 2018): *Considerando o regime constitucional das leis que tratam do orçamento público, assinale a opção correta.*

a) O plano plurianual tem por objetivo estabelecer a previsão da receita e a fixação da despesa para o período de quatro anos.

b) Em razão do princípio da eficiência orçamentária, o Poder Executivo, mesmo sem prévia autorização legislativa, pode utilizar os recursos que não tenham despesa correspondente aprovada em virtude de emenda no projeto da LOA.

c) A LOA compreende o orçamento da seguridade social das entidades e órgãos vinculados à União, inclusive de todas as fundações, autarquias, empresas públicas e sociedades de economia mista.

d) O modelo de orçamento anual adotado na CF é meramente autorizativo, apesar da existência de dispositivos constitucionais que tornam obrigatória a despesa nas áreas de saúde e educação.

e) A LOA prevê a realização de operações de crédito que excedam o montante das despesas de capital, desde que a proposta seja aprovada por maioria qualificada.

Unidade Didática III
Ciclo Orçamentário na União

Solução

a) Errado, seria a LOA que estima a receita e fixa a despesa para 1 exercício. O PPA estabelece diretrizes, objetivos e metas para 4 anos.

b) Errado, trata-se da 6ª fonte de créditos adicionais. A 6ª fonte somente pode ser utilizada para abrir créditos suplementares e especiais mediante prévia autorização legislativa.

c) Errado, pois fazem parte do orçamento da seguridade social das entidades e órgãos vinculados à União, inclusive de todas as fundações, autarquias e as empresas estatais dependentes. Assim, existem, empresas públicas e sociedades de economia mista que ficam de fora.

d) Certo. O modelo de orçamento anual adotado na CF é essencialmente autorizativo, pois existem uma pequena parcela que se tronou impositivo a partir da EC 86/2015.

e) Errado, a regra de outro pode ser quebrada durante a execução da LOA, mediante a abertura de créditos suplementares ou especiais aprovados por maioria absoluta do Legislativo.

Gabarito: **D**

18ª Questão (TCE-PB Auditor de Contas Públicas Cespe 2018 Adaptada): *À luz da CF, assinale a opção correta quanto às leis orçamentárias.*

a) Se o Poder Judiciário não encaminhar a proposta orçamentária no prazo previsto na LDO, o Poder Executivo deverá enviar para o Poder Legislativo o projeto da LOA sem contemplar os recursos destinados a esse poder.

b) A LDO deve anteceder a edição da LOA, independentemente da esfera federativa.

c) As eventuais alterações na legislação tributária com impacto na previsão de receita devem ser incorporadas à LOA.

d) O objetivo constitucional de construir um programa geoeconômico e social visando à redução das desigualdades regionais deve ser contemplado, prioritariamente, na LDO.

e) Ao presidente da República é vedado o envio de mensagem modificativa dos projetos relativos às leis orçamentárias subsequente ao parecer da comissão mista de deputados e Senadores.

Solução

a) Errado, não existe tal previsão. O mais sensato seria o Executivo enviar o PLOA com as estimativas fornecidas nos 30 anteriores ao dia 15 de agosto.

b) Certo, espera-se a LDO esteja publicada antes do envio do PLOA.

c) Errado, as eventuais alterações na legislação tributária com impacto na previsão de receita devem ser incorporadas à LDO.

d) Errado, as desigualdades inter-regionais constam no PPA, orçamento fiscal e orçamento de investimentos.

e) Errado, o presidente da República pode enviar mensagem modificativa dos projetos relativos às leis orçamentárias desde que a parte cuja alteração é proposta não tenha iniciado a votação na CMO.

Gabarito: **B**

Unidade Didática IV
ELEMENTOS ORÇAMENTÁRIOS NA FEDERAÇÃO

Como diferenciar um ingresso orçamentário de um ingresso extraorçamentário?

Quais as classificações de receita e de despesa orçamentárias existentes?

Qual o significado do termo "em liquidação"?

CAPÍTULO 19

INGRESSOS E DISPÊNDIOS

1. INGRESSOS E DISPÊNDIOS

Os ingressos são todas as entradas de recursos, em determinado período de tempo, que o Estado utiliza para financiar seus gastos, podendo ou não se incorporar ao seu patrimônio. Pode ser de natureza orçamentária ou extraorçamentária.

Os ingressos de recursos financeiros nos cofres do Estado denominam-se receitas públicas catalogadas como **receitas orçamentárias** quando representam disponibilidades de recursos financeiros que podem ser utilizadas pelo erário para financiar as políticas públicas; ***ou*** como **receitas extraorçamentárias**, quando representam disponibilidades de recursos que não podem ser utilizadas pelo erário para financiar as políticas públicas.

Chamada 31 do Autor: Ingressos e Dispêndios

O Quadro a seguir contém os conceitos relacionados aos ingressos que ocorrem nos cofres públicos.

Quadro 19.1: Conceitos de ingressos no setor público

<table>
<tr><td rowspan="10">Ingressos (receitas públicas em sentido amplo)</td><td rowspan="5">Orçamentários (receitas públicas em sentido estrito)</td><td>Entradas financeiras que aumentam o saldo do patrimônio financeiro.</td></tr>
<tr><td>São disponibilidades de recursos financeiros que ingressam durante o exercício orçamentário e constituem elemento novo para o patrimônio público.</td></tr>
<tr><td>Instrumento por meio do qual se viabiliza a execução das políticas públicas, a Receita Orçamentária é fonte de recursos utilizada pelo Estado em programas e ações cuja finalidade precípua é atender às necessidades públicas e demandas da sociedade.</td></tr>
<tr><td>Pertencem ao Estado, transitam pelo patrimônio do Poder Público, aumentam-lhe o saldo financeiro, e, via de regra, por força do Princípio Orçamentário da Universalidade, estão previstas na Lei Orçamentária Anual – LOA[1].</td></tr>
<tr><td>Exemplos: impostos, taxas, aluguéis.</td></tr>
<tr><td rowspan="5">Extraorçamentários</td><td>Entradas que provocam alterações do patrimônio financeiro, porém não modificam o seu saldo.</td></tr>
<tr><td>Ela não integra o orçamento público, não constituindo renda da Administração, uma vez que a sua execução não se vincula à execução do orçamento.</td></tr>
<tr><td>Não constitui renda do Estado, sendo o mesmo mero depositário dos valores assim recebidos. Possui caráter temporário.</td></tr>
<tr><td>O Estado apenas é considerado seu depositário quando do seu ingresso e nesse momento é gerado um aumento de igual valor no ativo e no passivo, ambos financeiros, mantendo inalterado o saldo patrimonial financeiro.</td></tr>
<tr><td>Exemplos: Depósitos em caução, Fianças, Operações de Crédito por Antecipação de Receita Orçamentária – ARO, Emissão de moeda e outras entradas compensatórias no ativo e passivo financeiros.</td></tr>
</table>

A despesa pública é o conjunto de dispêndios realizados pelos entes públicos para o funcionamento e manutenção dos serviços públicos prestados à sociedade. Os dispêndios, assim como os ingressos, são tipificados em orçamentários e extraorçamentários. O Quadro a seguir contém os conceitos relacionados aos dispêndios que ocorrem nos cofres públicos.

Quadro 19.2: Conceitos de dispêndios no setor público

<table>
<tr><td rowspan="5">Dispêndios (despesas públicas em sentido amplo)</td><td rowspan="2">Orçamentários (despesas públicas em sentido estrito)</td><td>Saídas ou despesas financeiras que diminuem o saldo do patrimônio financeiro.</td></tr>
<tr><td>É o fluxo que deriva da utilização de crédito consignado no orçamento da entidade, podendo ou não diminuir a situação líquida patrimonial.</td></tr>
<tr><td rowspan="3">Extraorçamentários</td><td>Saídas financeiras ou despesas que provocam alterações no patrimônio financeiro, sem que ocorram modificações no saldo patrimonial financeiro.</td></tr>
<tr><td>Saída financeira que gera diminuição de igual valor no ativo financeiro e no passivo financeiro.</td></tr>
<tr><td>É a aquele que não consta na lei orçamentária anual, compreendendo as diversas saídas de numerários, decorrentes de depósitos, pagamentos de restos a pagar, resgate (pagamento) de operações de crédito por antecipação de receita e saídas de recursos transitórios (pagamento de pensão alimentícia); e outras saídas compensatórias no ativo e passivo financeiros.</td></tr>
</table>

Dos conceitos anteriores, conclui-se:

a) Ingresso (receita pública sentido amplo): **entrada de recurso.**

b) Ingresso extraorçamentário: **entrada compensatória no ativo financeiro e passivo financeiro.**

c) Ingresso orçamentário (receita pública sentido estrito): entrada de recursos que não seja enquadrada como ingresso extraorçamentário.

d) Dispêndio (despesa pública sentido amplo): **saída de recurso.**

e) Dispêndio extraorçamentário: **saída compensatória no ativo financeiro e passivo financeiro.**

f) Dispêndio orçamentário (despesa pública sentido estrito): saída de recursos que não seja enquadrada como dispêndio extraorçamentário

A fim de auxiliar a aplicação dos conceitos anteriores, deve-se observar o Quadro 19.3 contendo o Balanço Patrimonial em conformidade com a Lei 4.320/1964.

1 Nem todas as receitas orçamentárias passam pelo estágio da previsão.

Quadro 19.3: Estrutura do Balanço Patrimonial conforme Lei 4.320/1964

ATIVO	PASSIVO
ATIVO FINANCEIRO (AF): Caixa	PASSIVO FINANCEIRO (PF): Dívida flutuante
ATIVO PERMANENTE (AP)	PASSIVO PERMANENTE (PP)
Soma do Ativo Real (AF + AP)	Soma do Passivo Real (PF+PP)
	SALDO PATRIMONIAL (Ativo real - Passivo Real)

Assim, quando ocorre **evento que aumente simultaneamente o ativo financeiro** (caixa ou equivalente-caixa) **e o passivo financeiro** (dívida flutuante) classifica-se o mesmo como receita extraorçamentária.

Se ocorrer ***evento que diminua simultaneamente o ativo financeiro*** (caixa ou equivalente-caixa) ***e o passivo financeiro*** (dívida flutuante) é despesa extraorçamentária.

A dívida flutuante que está inserida no Passivo Financeiro é formada pelos seguintes subitens:

- Restos a pagar;
- Serviço da dívida a pagar;
- Cauções, depósitos (inclusive judiciais), consignações, retenções;
- Débitos de Tesouraria (Antecipação de Receita Orçamentária);
- Papel moeda.

Os subitens da dívida flutuante são itens estáticos, ou seja, são obrigações. Desse modo, quando um desses subitens da dívida flutuante aumenta devido a entrada de recursos financeiros no caixa, ocorre receita extraorçamentária; quando um desses subitens da dívida flutuante diminui devido a saída de recursos financeiros no caixa ocorre despesa extraorçamentária. O Quadro 19.4 mostra a aplicação do entendimento anterior

Quadro 19.4: Identificação de receitas extraorçamentárias e despesas extraorçamentárias

Item da Dívida Flutuante à Obrigação do Passivo Financeiro	Fluxo de entrada: aumenta o caixa e aumenta a dívida flutuante à Receita extraorçamentária	Fluxo de saída: diminui o caixa e diminui a dívida flutuanteà *Despesa extraorçamentária*
Restos a pagar	Inscrição de Restos a Pagar	Pagamento de Restos a Pagar
Serviço da Dívida a Pagar	Inscrição de Serviço da Dívida a Pagar	Pagamento de Serviço da Dívida a Pagar

Item da Dívida Flutuante à Obrigação do Passivo Financeiro	Fluxo de entrada: aumenta o caixa e aumenta a dívida flutuante à Receita extraorçamentária	Fluxo de saída: diminui o caixa e diminui a dívida flutuanteà *Despesa extraorçamentária*
Cauções, depósitos, consignações, retenções	Recebimento de cauções e depósitos.	Devolução de cauções e depósitos.
	Registro da consignação, retenção.	Pagamento da consignação, retenção.
Antecipação de Receita Orçamentária	Contratação de ARO.	Pagamento de ARO.
Papel moeda	Emissão de Papel Moeda.	Resgate/Baixa do Papel Moeda.

2. SITUAÇÕES ESPECIAIS

2.1. Restos a Pagar e Serviço da Dívida a Pagar: inscrição e cancelamento

Os restos a pagar são as despesas empenhadas e não pagas. Tal tema será aprofundado no capítulo25. O serviço da dívida a pagar são os restos a pagar de juros e amortização da dívida. Ou seja, todas as demais despesas empenhadas e não pagas que não forem enquadradas em serviço da dívida a pagar são classificadas como restos a pagar (exemplos: pessoal, outras despesas correntes, investimento e inversões financeiras).

O importante é que os restos a pagar ou os serviços da dívida a pagar quando de sua inscrição em 31 de dezembro do exercício financeiro em que ocorreu o empenho não geram nova entrada de recursos, apenas bloqueiam a disponibilidade financeira já existente no caixa.

Tal medida visa garantir que quando do estágio do pagamento de restos a pagar nos exercícios seguintes haja recursos disponível. Desse modo, quando do cancelamento dos restos a pagar ou dos serviços da dívida a pagar não há entrada de recursos, mas apenas o desbloqueio do recurso já existente no caixa.

Apesar disso, **considera-se a inscrição de restos a pagar ou os serviços da dívida a pagar receita extraorçamentária para fins de ajustes contábeis no Balanço Financeiro**. Tal tema não será aprofundado, pois é exigido apenas em contabilidade pública.

Já **o cancelamento de restos a pagar não é ingresso de qualquer natureza**, mas tão somente a recomposição da disponibilidade financeira devido ao desbloqueio por não existir mais obrigação respectiva.

2.2. SOC – Superávit do Orçamento Corrente

A Lei 4.320/1964 considera o Superávit do Orçamento Corrente[2] – SOC como receita de capital sem, no entanto, constituir item da receita orçamentária. **Essencialmente não é receita, *mas formalmente é receita de capital.***

O SOC é um **indicador contábil** que pode ser demonstrado no cenário simulado a seguir:

RECEITA		DESPESA	
TÍTULOS	**Previsão**	**TÍTULOS**	**Fixação**
Receitas Correntes	**300.000**	**Despesa Corrente**	**250.000**
Tributária	150.000	Pessoal	200.000
Patrimoniais	50.000	Juros	50.000
Contribuições	100.000		
Receitas de Capital	**200.000**	**Despesa de Capital**	**250.000**
Operações de crédito	150.000	Investimentos	125.000
Alienação de bens	50.000	Amortização da Dívida	125.000
SOMA	**500.000**	**SOMA**	**500.000**

Observa-se que o SOC foi de R$ 50.000. Este SOC foi obtido comparando a receita corrente prevista com a despesa corrente fixada. Essa sobra será aplicada no pagamento das despesas de capital, daí uma justificativa para o SOC ser considerado receita de capital.

No entanto, ***o SOC não é ingresso de qualquer natureza (orçamentário ou extraorçamentário), pois não enseja nova entrada recurso***. Trata-se apenas de "folga planejada" de recursos de receitas correntes que será utilizada para custear despesas de capital.

2 Lei 4.320/1964. Art. 11. § 3º – O *superávit* do Orçamento Corrente resultante do balanceamento dos totais das receitas e despesas correntes, apurado na demonstração a que se refere o Anexo nº 1, não constituirá item de receita orçamentária.

2.3. Receitas dos Conselhos Profissionais

Os conselhos profissionais são autarquias federais que arrecadam de forma coercitiva as contribuições profissionais.

As contribuições profissionais são receitas públicas, pois apenas o Poder Público tem o poder de império. No entanto os conselhos profissionais estão fora da Lei Orçamentária Anual (LOA) da União.

Logo, as receitas de contribuições profissionais não constam na LOA federal, nem por isso são receitas extraorçamentárias. Isso porque não se tratam de entradas compensatórias no ativo financeiro e passivo financeiro, mas de receitas genuinamente orçamentárias dos conselhos profissionais, constando inclusive nos orçamentos dos mesmos.

3. LISTA DE QUESTÕES OBJETIVAS

1ª Questão (ENAP ESAF 2006): *A receita pública, quanto à sua natureza, é dividida em Orçamentária e Extraorçamentária. Assinale abaixo a única receita que é classificada como Receita Orçamentária.*

a) Depósitos de terceiros.
b) Receita de operações de crédito.
c) Consignações.
d) Operações de crédito por antecipação de receita.
e) Cauções em dinheiro.

Solução

Todos os casos de ingressos e dispêndios extraorçamentárias envolvem a dívida flutuante no Quadro 19.4. Assim, resta apenas a opção B.

Gabarito: **B**

2ª e 3ª Questões (Senado Federal Consultor de orçamentos FGV 2008): *Analise a receita a seguir discriminada e responda às questões 2 e 3.*

Receitas	Valores
Imposto de renda	20.000
Operações de crédito por antecipação de receita	2.000
Contribuição social s/ o lucro líquido	5.000

Receitas	Valores
Amortização de empréstimos	6.000
Compensações financeiras	3.000
Inscrição do serviço da dívida a pagar	2.000
Contribuição social do salário-educação	2.000
Aplicações financeiras	1.000
Aluguel de imóveis	2.000
Cauções recebidas em dinheiro	2.000
Consinações em folha de pagamento	3.000
Emolumentos e custas judiciais	2.000
Operações de crédito	2.000
Alienação de bens	2.000
Concessões e permissões	3.000
Inscrição de despesas em restos a pagar	2.000
Recebimento da dívida ativa	3.000
Depósitos de terceiros	2.000

2. As receitas de natureza extraorçamentárias somam:

a) 13.000.

b) 16.000.

c) 15.000.

d) 18.000.

e) 14.000.

Solução

Das receitas evidenciadas do demonstrativo são receitas extraorçamentárias: operação de crédito por antecipação de receita, cauções recebidas em dinheiro, consignações em folha de pagamento, inscrição do serviço da dívida a pagar, inscrição de restos a pagar, depósito de terceiros. Dessa forma, temos o somatório de R$ 13.000 (2.000 + 2.000 + 3.000 + 2.000 + 2.000 + 2.000). O gabarito é a alternativa A.

Gabarito: **A**

3. O valor das receitas orçamentárias é:

a) 50.000.
b) 48.000.
c) 51.000.
d) 46.000.
e) 49.000.

Solução

Das receitas evidenciadas do demonstrativo são receitas orçamentárias: imposto de renda (20.000), contribuição social sobre o lucro líquido (5.000), amortização de empréstimos (6.000), compensações financeiras (3.000), contribuição social sobre o salário educação (2.000), aplicações financeiras (1.000), aluguel de imóveis (2.000), emolumentos e custas judiciais (2.000), operações de crédito (2.000), alienação de bens (2.000), concessões e permissões (3.000), recebimento da dívida ativa (3.000). Dessa forma, tem-se o somatório de R$51.000. O gabarito é a alternativa C.

Gabarito: **C**

4ª Questão (Senado Federal Analista Legislativo – Administração FGV 2008):
Analise a tabela a seguir e responda à questão 4.

Receitas	Valores
Aplicações Financeiras	2.000
Concessões e permissões de uso	6.000
Aluguel de imóveis	3.000
Cauções recebidas em dinheiro	2.000
Consignações em folha de pagamento	3.000
Depósitos de terceiros	2.000
Amortização de empréstimos	5.000
Operações de crédito	6.000

Unidade Didática IV
Elementos Orçamentários na Federação

Receitas	Valores
Alienação de bens	3.000
Cota parte de royalties	4.000
Inscrição de despesas em restos pagar	4.000
Recebimento da dívida ativa	5.000
Fundo de participação dos municípios (FPM)	3.000

4. As receitas de natureza extraorçamentária são:

a) 13.000.
b) 11.000.
c) 17.000.
d) 14.000.
e) 16.000.

Solução

Das receitas evidenciadas do demonstrativo são receitas extraorçamentárias: cauções recebidas em dinheiro, consignações em folha de pagamento, depósito de terceiros, inscrição de restos a pagar. Dessa forma, temos o somatório de R$ 11.000 (2.000 + 3.000 + 2.000 + 4.000). O gabarito é a alternativa B.

Gabarito: **B**

5ª Questão (TCM-RJ Auditor FGV 2008 Adaptada): *Julgue o item a seguir:*

Para a doutrina moderna, ingresso e receita são sinônimos, pois em ambos o dinheiro recolhido entra nos cofres públicos e em ambas as situações incorporam-se ao patrimônio do Estado.

Solução

Errado, ingresso é um conceito mais amplo que receita. O ingresso pode ou não incorporar-se ao patrimônio. Caso se incorpore é receita orçamentária, caso não se incorpore é receita extraorçamentária.

Gabarito: **Errado**

6ª Questão (TJ-CE Analista Cespe 2008): *Julgue o item a seguir:*

A legislação classifica como receitas orçamentárias as operações de crédito, ainda que não previstas no orçamento, inclusive as decorrentes de antecipação de receita.

Solução

Errado, contratação de ARO - antecipação de receita orçamentária é receita extraorçamentária. Deve-se recordada dívida flutuante.

Gabarito: **Errado**

7ª Questão (TRT 17ª Região Analista Cespe 2009): *Julgue o item a seguir:*

No conceito de receita orçamentária, estão incluídas as operações de crédito por antecipação de receita, mas excluídas as emissões de papel-moeda e outras entradas compensatórias no ativo e passivo financeiros.

Solução

Errado, todos os exemplos citados são receitas extraorçamentárias.

Gabarito: **Errado**

8ª Questão (CVM Analista ESAF 2010): *Por se tratarem de recursos financeiros de caráter temporário, que não se incorporam ao patrimônio público, os seguintes ingressos constituem item da receita extraorçamentária, exceto:*

a) depósitos em caução.
b) fianças.
c) operações de crédito.
d) emissão de moeda.
e) outras entradas compensatórias no ativo e passivo financeiros.

Solução

A única opção que não é receita extraorçamentária é a opção C.

Gabarito: **C**

9ª Questão (DNIT Analista ESAF 2013): *Classifica-se como receita extraorçamentária:*

a) doação.
b) tributos relativos a exercícios anteriores.
c) antecipação de receitas orçamentárias.
d) receita de serviços não prevista no orçamento.
e) venda de bens inservíveis.

Solução

a) Trata-se de receita orçamentária se for doação de recursos financeiros e seria acréscimo patrimonial ser for doação de bens móveis e imóveis.

b) Trata-se de receita orçamentária.

c) Trata-se de receita extraorçamentária, gabarito.

d) Trata-se de receita orçamentária.

e) Trata-se de receita orçamentária.

Gabarito: **C**

10ª Questão (ANS Técnico Cespe 2013): *Julgue o item a seguir:*

Os valores recebidos a título de caução devem integrar a receita pública do exercício em que esses valores ingressarem.

Solução

Errado, essas receitas são extraorçamentárias. O termo receita pública nessa questão estava se referindo às receitas orçamentárias. Houve recursos, mas os mesmos não prosperaram.

Gabarito: **Errado**

11ª Questão (MPU Cargo 8 Cespe 2013): *Julgue o item a seguir:*

Constitui uma receita extraorçamentária o pagamento de taxa ou contribuição efetuado por uma fundação a uma autarquia da mesma esfera de governo.

Solução

Errado, seria receita orçamentária.

Gabarito: **Errado**

12ª Questão (TCE-GO Auditor de Controle Externo FCC 2014): *Referem-se, respectivamente, às receitas extraorçamentárias (ingressos) e às despesas extraorçamentárias (dispêndios):*

a) obtenção de operações de crédito por antecipação da receita orçamentária, e a quitação de consignações em folha de pagamento.

b) recebimento de receita de aluguel não prevista na Lei Orçamentária, e devolução de caução.

c) não alteram o patrimônio líquido, e aumentam o passivo não circulante.

d) aumentam as disponibilidades, e alteram o patrimônio líquido.

e) recebimento em doação de dois imóveis, e pagamento de indenizações a servidores públicos.

Solução

a) Certo.

b) Errado, aluguel é receita orçamentária. Devolução de caução de fato é despesa extraorçamentária.

c) Errado, não alteram o PL, mas aumentam o Passivo Circulante.

d) Errado, as receitas extraorçamentárias e despesas extraorçamentárias não alteram o saldo financeiro, logo não alteram as disponibilidades. Também não alteram o PL.

e) Errado, recebimento de imóveis nem receita é. Pagamento de indenizações é despesa orçamentária

Gabarito: **A**

13ª Questão (Câmara dos Deputados Consultor Cespe 2014): *Julgue o item a seguir:*

As emissões de papel-moeda estão entre as receitas compreendidas na lei de orçamento.

Solução

Errado, neste caso seriam receitas extraorçamentárias.

Gabarito: **Errado**

14ª Questão (MDIC Analista Cespe2014): *Julgue o item a seguir:*

Entre as receitas incluídas na lei orçamentária anual estão as operações de crédito por antecipação de receita.

Solução

Errado, neste caso seriam receitas extraorçamentárias.

Gabarito: **Errado**

15ª Questão (TRT 3ª RegiãoAnalistaFCC2015): *Durante o exercício houve a necessidade da realização de operação de crédito que não estava prevista originalmente no orçamento. Essa operação não teve a natureza de antecipação de receita. Essa receita deverá ser classificada como*

a) bruta.
b) paraorçamentária.
c) extraorçamentária.
d) orçamentária.
e) a classificar.

Solução

As operações de crédito que não foram inseridas originalmente na LOA e que não são ARO são as operações de crédito para abrir créditos adicionais. Logo são receitas orçamentárias. Gabarito D.

Gabarito: **D**

16ª Questão (TRT 4ª Região Analista FCC 2015): *Constituem exemplos de despesa e receita extraorçamentária, respectivamente,*

a) pagamento do serviço da dívida pública e rendimentos das disponibilidades de caixa do Tesouro.

b) pagamento de precatórios e superávit financeiro de exercício anteriores.

c) execução de restos a pagar não processados e excesso de arrecadação.

d) inversões financeiras e receitas proveniente da alienação de ativos.

e) restituição de cauções e produto de operação de crédito por antecipação de receita orçamentária.

Solução

a) São respectivamente: despesa orçamentária e receita orçamentária.

b) São respectivamente: despesa orçamentária e fonte de crédito adicional.

c) São respectivamente: despesa extraorçamentária e fonte de crédito adicional.

d) São respectivamente: despesa orçamentária e receita orçamentária.

e) Gabarito.

Gabarito: **E**

17ª Questão (ISS-Cuiabá Auditor FGV 2016): *Assinale a opção que indica a correta contabilização das operações de crédito por antecipação da receita.*

a) Receitas Extraordinárias.

b) Receitas Extraorçamentárias.

c) Ativo não Circulante.

d) Passivo não Circulante.

e) Patrimônio Líquido.

Solução

ARO consta na da dívida flutuante, logo só resta a opção B.

Gabarito: **B**

CAPÍTULO 20

RECEITA ORÇAMENTÁRIA: CLASSIFICAÇÕES

1. CLASSIFICAÇÕES EXISTENTES

A seguir constam as classificações das receitas orçamentárias existentes.

Quadro 20.1: Classificações Existentes

Tipo de Classificação	Critérios	É uma classificação oficial na LOA na União?	Reconhecida formalmente no MCASP (aplica-se a toda a federação)?	É padronizada para todos os entes?
Natureza (Econômica)	Corrente e Capital	**Sim**	**Sim**	**Sim**
Fonte	Ordinária e Vinculada	**Sim**	**Sim**	Não
Resultado Primário	Primária e Financeira	**Sim**	**Sim**	Não
Esfera Orçamentária	Fiscal, Seguridade e Investimento	**Sim**	Não	Não
Coercitividade (Acadêmica)	Originária e Derivada	Não	Não	Não
Contábil (impacto no Patrimônio Líquido)	Efetiva e Não Efetiva	Não	Não	Não
Periodicidade (Regularidade)	Ordinária e Extraordinária	Não	Não	Não

A **classificação quanto à natureza** é obrigatória e padronizada para União, Estados e Municípios.

Quanto à ***classificação por fonte e quanto à classificação por resultado primário***, todos os entes devem adotar ainda que com códigos diferentes dos adotados pela União.

A **classificação por esfera orçamentária** em que pese não ter sido reconhecida formalmente pelo MCASP (Manual de Contabilidade Aplicada ao Setor Pública) da Secretaria do Tesouro Nacional é uma classificação adotada na Leio Orçamentária Anual (LOA)da União pela SOF – Secretaria de Orçamento Federal. Essa mesma classificação acaba sendo adotada pelos demais entes, pois eles seguem a mesma estrutura de Lei Orçamentária Anual prevista na CF/1988: orçamento fiscal, orçamento da seguridade social e orçamento de investimento[3].

As demais classificações quanto à ***coercitividade***, ao ***impacto do Patrimônio Líquido*** e à ***regularidade são classificações não oficiais***.

2. CLASSIFICAÇÃO DA RECEITA QUANTO À NATUREZA

A classificação econômica foi instituída pela Lei 4.320/1964 e é adotada até hoje com algumas evoluções promovidas na Portaria 163/2001 que passou denomina-la de classificação quanto à natureza.

Em que pese haver elevado grau de concordância entre os conteúdos da Lei 4.320/1964 e da portaria 163/2001, nem todos os conteúdos são idênticos. Inicialmente o Quadro 20.2 contém a classificação econômica instituída pela Lei 4.320/1964.

Quadro 20.2: Classificação da Receita conforme a Lei 4.320/1964

Receita Corrente	Tributária	Impostos, Taxas, Contribuições de Melhoria.
	Contribuições	Profissionais, Sociais (COFINS, CSLL), Interventivas (CIDE--combustível).

3 CF/1988. Art. 165. § 5º A lei orçamentária anual compreenderá:

I – o orçamento fiscal referente aos Poderes da União, seus fundos, órgãos e entidades da administração direta e indireta, inclusive fundações instituídas e mantidas pelo Poder Público;

II – o orçamento de investimento das empresas em que a União, direta ou indiretamente, detenha a maioria do capital social com direito a voto;

III – o orçamento da seguridade social, abrangendo todas as entidades e órgãos a ela vinculados, da administração direta ou indireta, bem como os fundos e fundações instituídos e mantidos pelo Poder Público.

Receita Corrente	Patrimonial	Receitas imobiliárias, receitas de valores mobiliários, participações e dividendos, outras receitas patrimoniais.
	Agropecuária	-
	Industrial	Receita de Serviços Industriais, outras Receitas Industriais
	Serviços	Juros sobre empréstimos concedidos.
	Outras	Multas, Cobrança da Dívida Ativa, Outras Receitas Diversas.
	Provenientes de recursos financeiros recebidos de outras pessoas de direito público ou privado, quando destinadas a atender despesas classificáveis em Despesas Correntes	Recebimento de recursos de transferências de pessoas (doações) e de entes (convênios)
Receita de Capital	As provenientes da realização de recursos financeiros oriundos de constituição de dívidas	Operações de Crédito.
	Da conversão, em espécie, de bens e direitos.	Alienação de Bens Móveis e Imóveis, Amortização de Empréstimos Concedidos.
	Recursos recebidos de outras pessoas de direito público ou privado.	Transferências de Capital.
	Destinados a atender despesas classificáveis em Despesas de Capital. O *superávit* do Orçamento Corrente **a.**	Outras Receitas de Capital.

Legenda: (**a**)o superávit do Orçamento Corrente resultante do balanceamento dos totais das receitas e despesas correntes, apurado na demonstração a que se refere o Anexo nº 1, não constituirá item de receita orçamentária.

A classificação da receita conforme a portaria 163/2001 possibilita a identificação detalhada dos recursos que ingressam nos cofres públicos. Esta classificação é formada por um código numérico de 8 dígitos que se subdivide em **cinco** níveis: categoria econômica (1º dígito), origem (2º dígito), espécie (3º dígito), desdobramento para identificação de peculiaridades (4º, 5º, 6º e 7º dígitos), tipo (8º dígito): **C.O.E.DESD.T**

A Figura 20.1 ilustra a classificação quanto à natureza da receita estabelecida pela portaria 163/2001 e que deve ser seguida por todos os entes (União, Estados, DF e Municípios)[4].

Figura 20.1: Classificação quanto à natureza estabelecida pela portaria 163/2001 atualizada

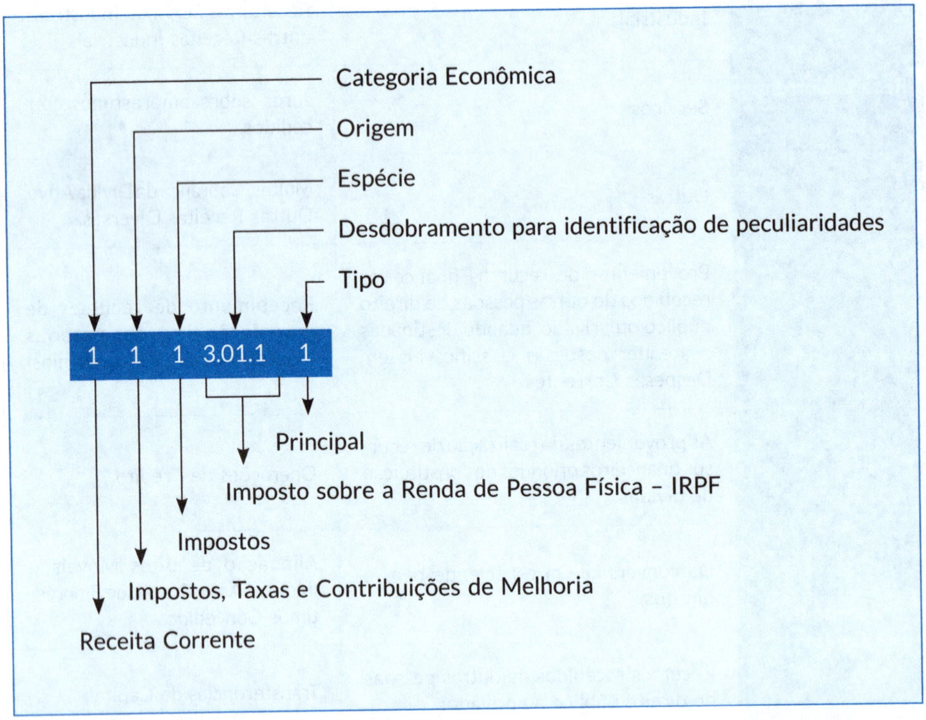

Importante destacar que essas subdivisões na portaria 163/2001 não constam na Lei 4.320/1964.

O Quadro 20.3 mostra os conceitos relacionados a cada nível da receita orçamentária.

4 Art. 2º A classificação da receita, a ser utilizada por todos os entes da Federação, consta do Anexo I desta Portaria, ficando facultado o seu desdobramento para atendimento das respectivas peculiaridades.

Quadro 20.3: Conceitos associados a cada nível da classificação quanto à natureza da receita

Nível		Conceito
1º	Categoria Econômica	**Impacto das decisões do Governo na Economia Nacional**(para estatísticos e consolidação do sistema de contas Nacional).
2º	Origem	Identifica a **precedência ao fato gerador**.
3º	Espécie	Permitem **qualificar com maior detalhe o fato gerador** (a origem) de tais receitas.
4º	Desdobramento para Identificação de Peculiaridades	Tem finalidade de identificar peculiaridades de cada receita, caso seja necessário. Desse modo, esses dígitos **podem ou não ser utilizados** conforme a necessidade de especificação do recurso. No caso de receitas exclusivas de Estados e Municípios, o quarto dígito geral (1º dígito do desdobramento) utilizará o número "8".
5º	Tipo	O tipo, correspondente ao último dígito na natureza de receita, tem **a finalidade de identificar o tipo de arrecadação** a que se refere aquela natureza.

Fonte: MTO

2.1. Classificação da receita quanto à categoria econômica – 1º nível quanto à natureza

Quanto à categoria econômica as receitas se classificam em Receitas Correntes e Receitas de Capital. O Quadro a seguir contém os conceitos relacionados às receitas correntes e de capital.

Quadro 20.4: Receitas correntes e de capital

Receita Corrente	São arrecadadas dentro do exercício, aumentam as disponibilidades financeiras do Estado, em geral com efeito positivo sobre o Patrimônio Líquido, e constituem instrumento para financiar os objetivos definidos nos programas e ações correspondentes às políticas públicas.
	Classificam-se como correntes as receitas provenientes de tributos; de contribuições; da exploração do patrimônio estatal (Patrimonial); da exploração de atividades econômicas (Agropecuária, Industrial e de Serviços); de recursos financeiros recebidos de outras pessoas de direito público ou privado, quando destinadas a atender despesas classificáveis em Despesas Correntes (Transferências Correntes); e demais receitas que não se enquadram nos itens anteriores (Outras Receitas Correntes).

Receita de Capital	São arrecadadas dentro do exercício, aumentam as disponibilidades financeiras do Estado. Porém, de forma diversa das Receitas Correntes, as Receitas de Capital em regra não provocam efeito sobre o Patrimônio Líquido.
	Receitas de Capital são as provenientes tanto da realização de recursos financeiros oriundos da constituição de dívidas e da conversão, em espécie, de bens e direitos, quanto os recursos recebidos de outras pessoas de direito público ou privado e destinados a atender despesas classificáveis em Despesas de Capital.

A fim de evitar a dupla contagem entre operações que ocorrem entre entidade do orçamento fiscal e seguridade social do mesmo foram criados códigos para as receitas intraorçamentárias.

As operações intraorçamentárias são aquelas realizadas entre órgãos e demais entidades da Administração Pública integrantes dos Orçamentos Fiscal e da Seguridade Social do mesmo ente federativo. Não representam novas entradas de recursos nos cofres públicos do ente, mas apenas remanejamento de receitas entre seus órgãos.

As receitas intraorçamentárias são contrapartida de despesas intraorçamentárias, que, devidamente identificadas, evitam a dupla contagem na consolidação das contas governamentais.

Assim, a Portaria Interministerial STN/SOF 338/2006 incluiu as Receitas Correntes Intraorçamentárias e Receitas de Capital Intraorçamentárias representadas, respectivamente, pelos códigos 7 e 8 em suas categorias econômicas. Essas classificações não constituem novas categorias econômicas de receita, mas apenas especificações das categorias econômicas Receitas Correntes e Receitas de Capital. A Figura 20.2 ilustra essa codificação.

Figura 20.2: Codificação das receitas intraorçamentárias

Código	Categoria Econômica
1	Receitas Correntes
7	Receitas Correntes Intraorçamentárias
2	Receitas de Capital
8	Receitas de Capital Intraorçamentárias

2.2. Classificação da receita quanto à origem – 2º nível quanto à natureza

A Figura 20.3 contém a relação entre as categorias econômicas e as origens.

Figura 20.3: Classificação quanto à origem

Categoria Econômica (1º Dígito)	Origem (2º Dígito)
1. Receitas Correntes 7. Receitas Correntes Intraorçamentárias	1. Impostos, Taxas e Contribuições de Melhoria 2. Contribuições 3. Receita Patrimonial 4. Receita Agropecuária 5. Receita Industrial 6. Receita de Serviços 7. Transferências Correntes 9. Outras Receitas Correntes
2. Receitas de Capital 8. Receitas de Capital Intraorçamentárias	1. Operações de Crédito 2. Alienação de Bens 3. Amortização de Empréstimos 4. Transferências de Capital 9. Outras Receitas de Capital

A classificação quanto à origem estabelecida pela portaria 163/2001 segue lógica similar da classificação da Lei 4.320/1964 exposta no Quadro 20.2. Os quadros a seguir contêm as receitas correntes e as receitas de capital.

Quadro 20.5: Receitas abrangidas pelas receitas correntes

Receitas Correntes	Receitas que estão abrangidas
Impostos, Taxas e Contribuições de Melhoria	Englobam os **impostos, as taxas e as contribuições de melhoria**, previstos no art. 145 da CF.
Receitas de Contribuições	Reúnem-se nessa origem as **contribuições sociais, de intervenção no domínio econômico e de interesse das categorias profissionais ou econômicas,** conforme preceitua o art. 149 da CF.
Receitas Patrimoniais	São receitas provenientes da **fruição do patrimônio de ente público**, como, por exemplo, bens mobiliários e imobiliários (foros, laudêmios, arrendamentos) ou, ainda, bens intangíveis e participações societárias. Exemplos: **compensações financeiras/*royalties***[5], concessões e permissões, entre outras.

Receitas Correntes	Receitas que estão abrangidas
Receitas Agropecuárias	Trata-se de receita originária, auferida pelo Estado quando atua como empresário, em posição de igualdade com o particular. **Decorrem da exploração econômica**, por parte do ente público, de atividades agropecuárias, tais como a **venda de produtos agrícolas** (grãos, tecnologias, insumos etc), **pecuários** (sêmens, técnicas em inseminação, matrizes etc), **para reflorestamentos** etc.
Receitas Industriais	São provenientes de atividades industriais exercidas pelo ente público, como: **indústria de extração mineral**, de **transformação**, **de construção**, entre outras.
Receitas de Serviços	Decorrem da prestação de serviços por parte do ente público, tais como: **financeiros (juros)**, comércio, transporte, comunicação, serviços hospitalares, armazenagem, serviços recreativos, culturais etc. Tais serviços são remunerados mediante **preço público**, também **chamado de tarifa**.
Transferências Correntes	**Recursos financeiros recebidos de outras pessoas de direito público ou privado destinados** a atender despesas de manutenção ou funcionamento, a fim de atender finalidade pública específica que não seja contraprestação direta em bens e serviços a quem efetuou essa transferência. Os recursos assim recebidos se vinculam à consecução da finalidade pública objeto da transferência. **As transferências ocorrem entre entidades públicas**(seja dentro de um mesmo ente federado, seja entre diferentes entes) **ou entre entidade pública e instituição privada.**
	Transferências de Convênios: são recursos **transferidos por meio de convênios firmados** entre entes públicos ou entre eles e organizações particulares destinados a custear despesas correntes e com finalidade específica: realizar ações de interesse comum dos partícipes.
	Transferências de Pessoas: compreendem as contribuições e **as doações que pessoas físicas** realizem para a Administração Pública.
Outras Receitas Correntes	Constituem-se pelas receitas cujas características não permitam o enquadramento nas demais classificações da receita corrente, tais como indenizações, restituições, ressarcimentos, multas previstas em legislações específicas, entre outras.

5 ***As compensações financeiras e os royalties têm origem na exploração do patrimônio do Estado***, constituído por recursos minerais, hídricos, florestais e outros, definidos no ordenamento jurídico. As compensações financeiras são forma de se recompor financeiramente prejuízos, danos ou o exaurimento do bem porventura causados pela atividade econômica que explora esse patrimônio estatal. Os royalties são forma de participação no resultado econômico que advém da exploração do patrimônio público. O § 1º do art. 20 da CF versa sobre o assunto e assegura que os entes federados e a administração direta da União terão participação nos recursos auferidos a esses títulos.

Quadro 20.6: Receitas abrangidas pelas receitas de capital

Receitas de Capital	Receitas que estão abrangidas
Operações de Crédito	Recursos financeiros oriundos da **colocação de títulos públicos** ou da **contratação de empréstimos** junto a entidades públicas ou privadas, internas ou externas.
Alienação de Bens	**Ingressos financeiros provenientes da alienação de bens móveis ou imóveis de propriedade do ente público**. O art. 44 da LRF veda a aplicação da receita de capital decorrente da alienação de bens e direitos que integrem o patrimônio público para financiar despesas correntes, salvo as destinadas por lei ao RGPS ou ao regime próprio do servidor público.
Amortização de Empréstimos	**Ingressos financeiros provenientes da amortização de financiamentos ou de empréstimos que o ente público haja previamente concedido**. Embora a amortização do empréstimo seja origem da categoria econômica Receitas de Capital, os juros recebidos associados ao empréstimo são classificados em Receitas Correntes/ de Serviços/ Serviços Financeiros, pois os juros representam a remuneração do capital.
Transferências de Capital	**São os recursos financeiros recebidos de outras pessoas de direito público ou privado e destinados a atender despesas com investimentos ou inversões financeiras**, a fim de satisfazer finalidade pública específica que não seja contraprestação direta a quem efetuou essa transferência. Os recursos assim recebidos vinculam-se à consecução da finalidade pública objeto da transferência. As transferências ocorrem entre entidades públicas (seja dentro de um mesmo ente federado, seja entre diferentes entes) ou entre entidade pública e instituição privada.
Outras Receitas de Capital	**Registram-se nesta origem receitas cuja característica não permita o enquadramento nas demais classificações da receita de capital**, como: Resultado do Banco Central, Remuneração das Disponibilidades do Tesouro Nacional, Integralização do Capital Social, entre outras

2.3. Classificação da receita quanto à espécie e quanto ao desdobramento para identificação de peculiaridades da receita – 3º e 4º níveis quanto à natureza

Quanto ao 3º nível, por exemplo, no caso das receitas correntes código 1.1 "impostos, taxa e contribuições de melhoria" tem-se as seguintes espécies: impostos, taxa e contribuições de melhoria.

O 4º nível, composto por 4 dígitos, será facultativo exceto no caso de receitas exclusivas de Estados e Municípios quando o quarto dígito geral (1º dígito do desdobramento) utilizará o número "8".

Exemplo 1 do autor: Receita de IPVA – 1.1.1.8.X.Y.Z.1

Nesse exemplo, temos a seguinte discriminação a seguir:

1. Receita Corrente

1. Impostos, taxa e contribuições de melhoria

1. Impostos

8. Receita Exclusiva do Estado

X.Y.Z. Códigos a serem utilizados para identifica o IPVA

1. Principal do Imposto

2.4. Classificação da receita quanto ao Tipo – 5º nível quanto à natureza

O tipo de receita, correspondente ao último dígito na natureza de receita, tem a finalidade de identificar o tipo de arrecadação a que se refere aquela natureza, sendo:

- "0", quando se tratar de natureza de receita não valorizável ou agregadora;
- "1", quando se tratar da arrecadação Principal da receita;
- "2", quando se tratar de Multas e Juros de Mora da respectiva receita;
- "3", quando se tratar de Dívida Ativa da respectiva receita; e
- "4", quando se tratar de Multas e Juros de Mora da Dívida Ativa da respectiva receita.

Assim, todo código de natureza de receita será finalizado com um dos dígitos mencionados, e as arrecadações de cada recurso – sejam elas da receita propriamente dita ou de seus acréscimos legais – ficarão agrupadas sob um mesmo código, sendo diferenciadas apenas no último dígito.

Figura 20.4: Tipo (5º nível da natureza da receita)

Dígito	1º	2º	3º	4º a 7º	8º	
Significado	Cat. Econ.	Origem	Espécie	Desdobramentos	Tipo	Descrição-Padrão dos Códigos de Tipo
Código					0	Natureza Agregadora
					1	Receita Principal
	x	x	x	x.xx.x	2	Multa e Juros da Receita Principal
					3	Dívida Ativa da Receita Principal
					4	Multa e Juros da Dívida Ativa da Receita Principal

O quadro a seguir, mostra a aplicação dos códigos do 5º nível.

Quadro 20.7: Aplicação do 5° nível da classificação quanto à natureza

Exemplo	Classificação	Código
Impostos – Principal	Receita Tributária	1.1.1.X.X.X.X.1
Multas e/ou juros pelo atraso no pagamento de impostos	Receita Tributária	1.1.1.X.X.X.X.2
Dívida Ativa de Impostos – Principal	Receita Tributária	1.1.1.X.X.X.X.3
Multas e/ou juros pelo atraso no pagamento na Dívida Ativa de Impostos	Receita Tributária	1.1.1.X.X.X.X.4
Alugueis	Receita Patrimonial	1.3.X.X.X.X.X.1
Multas pelo atraso no pagamento de alugueis	Receita Patrimonial	1.3.X.X.X.X.X.2
Dívida Ativa de alugueis	Receita Patrimonial	1.3.X.X.X.X.X.3
Multas e/ou juros pelo atraso no pagamento na Dívida Ativa de alugueis	Receita Patrimonial	1.3.X.X.X.X.X.4
Multas de trânsito ou multas pelo atraso na devolução de livros na biblioteca pública	Outras Receitas Correntes	1.9.X.X.X.X.X.1

Exemplo 2 do Autor: Aplicação do 5° nível da natureza da receita – tipo

Com base no Quadro 20.7, suponha que em 2018 se uma Pessoa Física ou Jurídica aluga um bem dominial da União com valor mensal de R$ 10.000,00 e paga em dia, essa receita de aluguel será contabilizada como: -Receita patrimonial com o código 1.3.X.X.X.X.X.**1**.

Se essa mesma Pessoa Física ou Jurídica, atrasasse um mês de aluguel de 2018 acarretando multa e juros de mora de R$ 1.500,00. Quando do pagamento do aluguel e dos juros/multassem 2018 seriam utilizados os seguintes códigos:

-R$ 10.000.00: 1.3.X.X.X.X.X.**1**.

-R$ 1.500,00: 1.3.X.X.X.X.X.**2**.

Em uma nova situação diferente das anteriores, suponha-se que em 2018 esta Pessoa Física ou Jurídica não pagasse os últimos 6 meses de aluguel equivalente a R$ 60.000. Suponha-se que incidam juros e multas de R$ 20.000. E que em 2019 foi realizada a inscrição de dívida ativa total de R$ 90.000 a ser paga com esse valor até 30.06.2019. Se esta Pessoa Física ou Jurídica pagar o valor de R$ 90.000 no prazo será utilizado o seguinte código 1.3.X.X.X.X.X.**3**.

Caso essa mesma Pessoa Física ou Jurídica, atrasasse um mês do pagamento da dívida ativa negociada para pagar até 30.06.2019, acarretando multa e juros de mora de R$ 5.000,00. Quando do pagamento da dívida ativa e dos juros/multas em 2019 seriam utilizados os seguintes códigos:

- R$ 90.000,00: 1.3.X.X.X.X.X.**3**.
- R$ 5.000,00: 1.3.X.X.X.X.X.**4**.

O código tipo "0" é utilizado quando da elaboração da LOA quando se deseja estimar de forma agrupada todas as situações que utilizam os demais códigos: 1, 2, 3 e 4. Por isso, possui natureza agregadora.

Exemplo 3 do Autor: Multas "autônomas"

As multas de trânsito ou multas pelo atraso na devolução de livros na biblioteca pública não existiriam se o contribuinte tivesse agido dentro do previsto na legislação. Desse modo, elas não estão associadas a nenhuma receita anterior (como no caso das multas pelo atraso no aluguel que estão associadas ao aluguel). **Essas multas "autônomas"** (sem vinculação uma receita anterior) **são contabilizadas como outras receitas correntes - código 1.9.**

2.5. Situações Especiais

2.5.1. Taxa de Ocupação de Imóveis

A **taxa de ocupação** de imóveis é uma **receita patrimonial - código 1.3** e não receita de impostos, taxas e contribuições de melhoria - código 1.1.

2.5.2. "Taxa" de Inscrição em concursos públicos

A "taxa" de inscrição em concursos públicos é uma tarifa ou preço público, pois é facultativa a participação da pessoa física no certame. **O preço público ou tarifa é receita de serviços - código 1.6.**

2.5.3. Dividendos e Royalties

Os dividendos decorrem da distribuição do lucro líquido das empresas controladas ao ente controlador tendo por base a proporção de sua respectiva participação no capital social da empresa.

Os royalties decorrem de compensações financeiras devido, por exemplo, ao desgaste ou dano causado pela empresa controlada ao explorar o patrimônio público quando da realização de suas atividades.

Ocorre que os royalties de uma empresa estatal federal podem ser devidos tanto à União, quanto a Estados e a Municípios. Assim, **os royalties devidos ao próprio ente controlador são contabilizados como receita patrimoniais - código 1.3.4.0.0.0.0.0 - Compensações Financeiras**; enquanto os royalties devidos pela empresa estatal aos demais entes são depositados na conta única da união e depois transferidos para as contas únicas dos demais entes sendo contabilizados como receitas de transferências correntes - ***quota parte de compensações financeiras - código 1.7.1.2.2.0.0 - Transferência de Compensação Financeira***.

2.5.4. Juros e Aplicações financeiras

As **receitas de juros de empréstimos concedidos** no passado e que geram retorno futuro são contabilizados como **receita de serviços - código 1.6**. Os ***rendimentos de aplicações em títulos bancários e poupança*** são contabilizados como ***receitas patrimoniais - código 1.3.***

2.5.5. Juros e Amortização de Empréstimos

As receitas de juros de empréstimos concedidos no passado e que geram retorno futuro são contabilizados como receita de serviços - código 1.6. A devolução do principal do empréstimo concedido é contabilizado como **receita de amortização em empréstimo - código 2.3.**

2.5.6. Concessões, Permissões e Pedágios

As concessões e permissões de canais de TV e rádio por exemplo são contabilizados como receita patrimonial - código 1.3. Quando, porém, a administração pública realiza leilão para que determinada empresa explore uma rodovia sem custo para União, mas com cobrança de pedágio. Este pedágio é uma receita pública em sentido amplo e classificada como preço público ou tarifa ainda que não entre nos cofres públicos da União. ***O preço público ou tarifa é receita de serviços - código 1.6.***

2.5.7. Alienação de Bens Apreendidos ou Caucionados

A alienação em leilão ou outra forma de bens aprendidos ou caucionados decorrentes de operações da polícia federal ou receita federal é contabilizada como **outras receitas correntes - código 1.9**.

2.5.8. Empréstimos Compulsórios

Os empréstimos compulsórios são tributos em sentido amplo pela ótica do direito tributário. Porém para fins de direito financeiro e contabilidade pública são contabilizados como **receita de operações de crédito - código 2.1.**

2.5.9. Alienação de Estoques Reguladores

Os estoques reguladores são alienados quando se faz necessário controlar o preço dos principais grãos do mercado agrícola. A venda desses estoques é considerada **receita capital de alienação de bens – código 2.2.**

2.5.10. Receitas de transferências correntes e receitas de transferência de capital

A diferença entre receitas de **transferências correntes – código 1.7** e ***receitas de transferências de capital – código 2.4*** é que as primeiras se destinam a atender despesas de manutenção ou funcionamento (despesas correntes) e as demais se destinam a atender despesas com investimentos ou inversões financeiras (despesas de capital).

Desse modo, a informação quanto ao destino do recurso é essencial para se definir a classificação da receita.

Não se pode confundir este conceito anterior com o conceito de receitas correntes e receitas de capital. Isso porque admite-se e incentiva-se a aplicação de receitas correntes em despesas de capital.

2.5.11. Doações

Doações de recursos financeiros serão contabilizados como receitas de **transferências correntes – código 1.7** ou ***receitas de transferências de capital – código 2.4*** conforme sua destinação.

Se forem doações de bens móveis ou imóveis não serão ingressos.

2.5.12. Aplicações Financeiras no mercado e Aplicações Financeiras na Conta única

Os **rendimentos de aplicações em títulos bancários e poupança são contabilizados como receitas patrimoniais – código 1.3.** Os ***rendimentos de aplicações na conta única,*** remuneração das disponibilidades do tesouro nacional, são contabilizados como ***receitas de capital outras receitas de capital – código 2.9.***

3. CLASSIFICAÇÃO DA RECEITA POR FONTE

A classificação orçamentária por Fontes/Destinações de recursos tem como objetivo de identificar as fontes de financiamento dos gastos públicos. As Fontes/ Destinações de recursos reúnem certas Naturezas de Receita conforme regras previamente estabelecidas. Por meio do orçamento público, essas Fontes/Destinações são associadas a determinadas despesas de forma a evidenciar os meios para atingir os objetivos públicos.

Como mecanismo integrador entre a receita e a despesa, o código de Fonte/ Destinação de recursos exerce um duplo papel no processo orçamentário.

Para a receita orçamentária, esse código tem a finalidade de indicar a destinação de recursos para a realização de determinadas despesas orçamentárias. Para a despesa orçamentária, identifica a origem dos recursos que estão sendo utilizados.

Figura 20.5: Fonte de recurso: relação entre receita e despesa

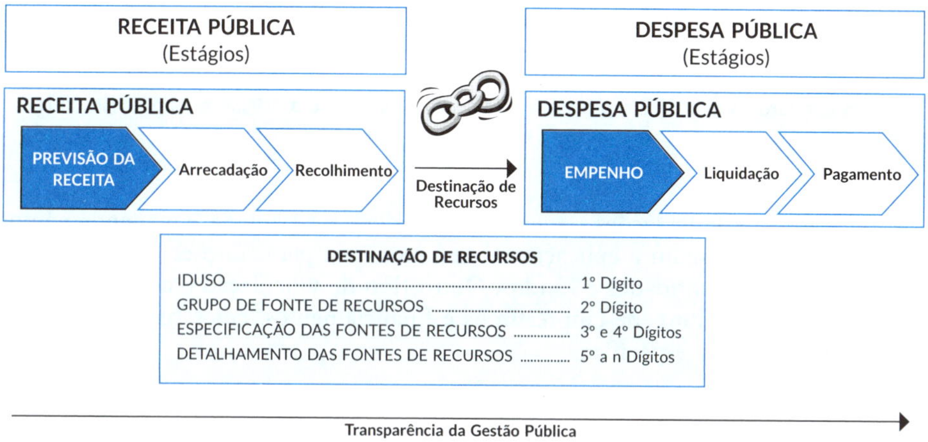

Observa-se que a classificação por fonte de recursos é ao mesmo tempo uma classificação da receita e da despesa. Assim, o mesmo código utilizado para controle das destinações da receita orçamentária também é utilizado na despesa, para controle das fontes financiadoras da despesa orçamentária. **Importante destacar que a classificação por fonte é obrigatória,** ***mas níveis e os códigos utilizados pela União não são obrigatórios para Estados e Municípios como são os níveis e os códigos da classificação quanto à natureza.***

Desta forma, este mecanismo contribui para o atendimento do parágrafo único do art. 8º da LRF e o art. 50, inciso I da mesma Lei:

> *Art. 8º [...]*
>
> *Parágrafo único. Os recursos legalmente vinculados a finalidade específica serão utilizados exclusivamente para atender ao objeto de sua vinculação, ainda que em exercício diverso daquele em que ocorrer o ingresso.*
>
> *Art. 50. Além de obedecer às demais normas de contabilidade pública, a escrituração das contas públicas observará as seguintes:*
>
> *I – a disponibilidade de caixa constará de registro próprio, de modo que os recursos vinculados a órgão, fundo ou despesa obrigatória fiquem identificados e escriturados de forma individualizada;*

A natureza da receita orçamentária busca identificar a origem do recurso segundo seu fato gerador. Existe, ainda, a necessidade de identificar a destinação dos recursos arrecadados. Para tanto, a classificação por Fonte/Destinação de Recursos identifica se os recursos são vinculados ou não e, no caso dos vinculados, pode indicar a sua finalidade. A destinação pode ser classificada em vinculada e ordinária. O Quadro 20.8 mostra os conceitos de cada destinação.

Quadro 20.8: classificação das destinações de recursos

Tipo de destinação	Conceito
Destinação Vinculada	É o processo de vinculação entre a origem e a aplicação de recursos, em atendimento às finalidades específicas estabelecidas pela norma.
Destinação Ordinária	É o processo de alocação livre entre a origem e a aplicação de recursos, para atender a quaisquer finalidades.

A criação de vinculações para as receitas deve ser pautada em mandamentos legais que regulamentam a aplicação de recursos, seja para funções essenciais, seja para entes, órgãos, entidades e fundos. Outro tipo de vinculação é aquela derivada de convênios e contratos de empréstimos e financiamentos, cujos recursos são obtidos com finalidade específica.

3.1. Códigos Utilizados na União

A classificação de fonte de recursos na União consiste em um código de três dígitos. O 1º dígito representa o grupo de fonte, enquanto o 2º e o 3º representam a especificação da fonte. O Quadro 20.9 mostra a classificação por fonte de recursos.

Quadro 20.9: Classificação por fonte de recursos na União

Classificação por fonte de recursos	Grupo fonte de recursos	Especificação das fontes de recursos
Finalidade	Identifica se os recursos são ou não do tesouro nacional; e se pertencem ao exercício atual ou anteriores.	É o código que individualiza cada destinação. Possui a parte mais significativa da classificação, pois demonstra de onde vem o recurso e para onde vai.
Exemplo de código	1	00
Descrição do código	Tesouro nacional exercício corrente	Recursos ordinários

Observa-se no exemplo acima que os recursos são originários do Tesouro Nacional e podem ser aplicados em quaisquer finalidades.

A Figura 20.6 contém os demais códigos do grupo fonte de recursos (1º nível).

Figura 20.6: Código de grupo fonte de recursos

Código	GRUPO da fonte de Recurso (1° Dígito)
1	Recurso do Tesouro - Exercício Corrente
2	Recursos de Outras Fontes - Exercício Corrente
3	Recursos do Tesouro - Exercícios Anteriores
6	Recursos de Outras Fontes - Exercícios Anteriores
9	Recursos Condicionados

Os Recursos do Tesouro são aqueles geridos de forma centralizada pelo Poder Executivo, que detém a responsabilidade e controle sobre as disponibilidades financeiras.

Os Recursos de Outras Fontes são aqueles arrecadados e controlados de forma descentralizada e cuja disponibilidade está sob responsabilidade desses órgãos e entidades, mesmo nos casos em que dependam de autorização do Órgão Central de Programação Financeira para dispor desses valores. De forma geral esses recursos têm origem no esforço próprio das entidades, seja pelo fornecimento de bens, prestação de serviços ou exploração econômica do patrimônio próprio.

Os Recursos Condicionados, que são aqueles incluídos na previsão da receita orçamentária, mas que dependem da aprovação de alterações na legislação para integralização dos recursos. Quando confirmadas tais proposições, os recursos são remanejados para as destinações adequadas e definitivas.

Prosseguindo na classificação por fonte de recursos, a Figura 20.7 contém alguns exemplos de códigos da especificação da fonte de recursos, enquanto a Figura 20.8 contém combinações dos grupos fontes e especificações das fontes.

Figura 20.7: Exemplos de especificações de fonte de recursos

RECURSOS	FONTES
Ingresso de operações de crédito	46,47, 48 e 49
Recursos próprios não-financeiros e financeiros	50 e 80
Taxas	74 e 75
Outras contribuições econômicas e sociais	11, 72 e 76

RECURSOS	FONTES
Doações	94, 95 e 96
Convênios	81
Restituição de Convênios e Congêneres	82
Compensações financeiras pela exploração de petróleo ou gás natural	42
Recursos das Operações Oficiais de Crédito	59, 60, 71, 73 e 89
Resultado do Banco Central	52
Alienação de Títulos e Valores Mobiliários	87
Recursos das Operações Oficiais de Crédito – Retorno de Refinanciamento de Dívidas do Clube de Paris	89

Figura 20.8: Exemplos de combinações entre grupo e especificações de fonte de recursos

1º DÍGITO (Grupo da Fonte)	2º E 3º DÍGITOS (Especificação da Fonte)	FONTE
1 – Recursos do Tesouro – Exercício Corrente	12 – Recursos Destinados à Manutenção e Desenvolvimento do Ensino	112
2 – Recursos de Outras Fontes – Exercício Corrente	50 – Recursos Próprios Não Financeiros	250
2 – Recursos de Outras Fontes – Exercício Corrente	93 – Produto da Aplicação dos Recursos à Conta do Salário-Educação	293
3 – Recursos do Tesouro – Exercícios Anteriores	12 – Recursos Destinados à Manutenção e Desenvolvimento do Ensino	312
6 – Recursos de Outras Fontes Exercícios Anteriores	93 – Produto da Aplicação dos Recursos à Conta do Salário-Educação	693
9 – Recursos Condicionados	00 – Recursos Ordinários	900

3.2. Aplicações da fonte de recursos na União

O objetivo dessa seção é demonstrar que uma mesma receita arrecadada pode no momento da arrecadação ter mais de uma fonte. Por exemplo, a receita de imposto de renda terá 3 especificações de fontes distintas: 00, 01 e 12.

A fonte 00 corresponde aos Recursos Ordinários: receitas do Tesouro Nacional, de natureza tributária, de contribuições, patrimonial, de transferências correntes e outras, sem destinação específica, isto é, que não estão vinculadas a nenhum órgão ou programação e nem são passíveis de transferências para os Estados, o Distrito Federal e os Municípios. Constituem recursos disponíveis para livre programação.

Temos como exemplos: a Receita do Principal do Imposto de Importação, do imposto de renda, do imposto de produtos industrializados. Impostos Extraordinários, Aluguéis, arrendamentos.

A fonte 01 corresponde às transferências do imposto sobre a renda e sobre produtos industrializados: É a fonte composta pelas transferências dos recursos provenientes da arrecadação desses tributos, segundo o art. 159 da Constituição Federal (alterado pela Emenda Constitucional nº 55, de 20 de setembro de 2007). O Quadro 20.10 mostra a repartição desses impostos.

Quadro 20.10: Repartição do imposto de renda e do imposto dos produtos industrializados

TRANSFERÊNCIAS	IR (%)	IPI (%)
Fundo de Participação dos Estados	21,5	21,5
Fundo de Participação dos Municípios	24,5	24,5
Estados Exportadores	-	10
Programas de Financiamento ao Setor Produtivo	3,0	3,0

Isso significa que quando a União arrecada R$ 100,00 de imposto de renda, R$ 24,50 são destinados ao Fundo de Participação dos Municípios; R$ 21,50, ao Fundo de Participação dos Estados; e R$ 3,00, aos fundos constitucionais do Norte, Nordeste e Centro-Oeste.

A fonte 12 corresponde aos recursos destinados à manutenção e desenvolvimento do ensino: É a fonte composta pela parcela mínima de 18% do produto da arrecadação dos impostos, líquidos de transferências constitucionais, que a União deve aplicar na manutenção e desenvolvimento do ensino, de acordo com o art. 212 da Constituição Federal. No caso dos Estados, Distrito Federal e Municípios o valor a ser aplicado é de 25% sobre os impostos líquidos de transferências constitucionais.

Por fim, apresento a Figura 20.9 que contém a distribuição de uma receita de arrecadada de R$ 100,00 de imposto de renda. Os Quadros 20.11 e 20.12 contêm a memória de cálculo dos valores da Figura 20.9.

Figura 20.9: Repartição de R$ 100,00 de imposto de renda

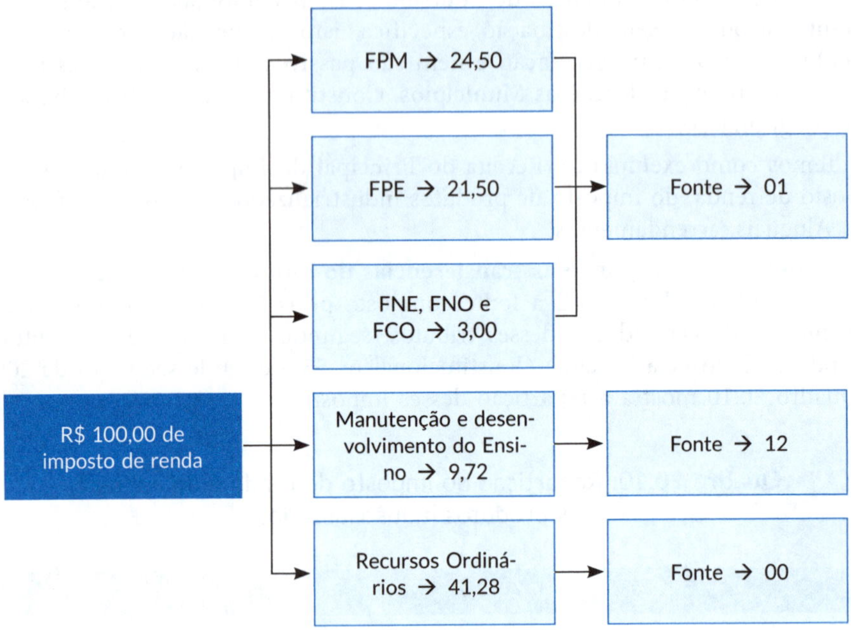

Quadro 20.11: Memória de cálculo dos recursos destinados à manutenção e desenvolvimento do ensino

A – Imposto de renda bruto	R$ 100,00
B– FPE (C = A x 21,5%)	R$ 21,50
C– FPM (D = A x 24,5%)	R$ 24,50
D – Imposto de renda líquido (D = A – B – C)	R$ 54,00
Valor a ser aplicado à manutenção e desenvolvimento do ensino (D x 18%)	R$ 9,72

Quadro 20.12: Memória de cálculo dos recursos ordinários

A - Imposto de renda bruto	R$ 100,00
B- FPE (B = A x 21,5%)	R$ 21,50
C- FPM (D = A x 24,5%)	R$ 24,50
D - FNE, FNO e FCO (D = A x 3%)	R$ 3,00
E - Manutenção e desenvolvimento do ensino	R$ 9,72
F - Recursos ordinários (F = A - B - C - D - E)	R$ 41,28

4. CLASSIFICAÇÃO DA RECEITA PARA APURAÇÃO DO RESULTADO PRIMÁRIO

Esta classificação orçamentária instituída pela União e válida para os demais entes tem por objetivo identificar quais são as receitas e as despesas que compõem o resultado primário, que é representado pela diferença entre as Receitas Primárias e as Despesas Primárias.

As receitas do Governo podem ser divididas entre **primárias** e ***não primárias (financeiras).***

O primeiro grupo refere-se predominantemente a receitas correntes e é composto daquelas que advêm dos tributos, das contribuições sociais, das concessões, dos dividendos recebidos pela União, da cota-parte das compensações financeiras, das decorrentes do próprio esforço de arrecadação das unidades orçamentárias, das provenientes de doações e convênios e outras também consideradas primárias.

Já as receitas não primárias (financeiras) são aquelas que não contribuem para o resultado primário ou não alteram o endividamento líquido do Governo (setor público não financeiro) no exercício financeiro correspondente, uma vez que criam uma obrigação ou extinguem um direito, ambos de natureza financeira, junto ao setor privado interno e/ou externo, alterando concomitantemente o ativo e o passivo financeiros.

São adquiridas junto ao mercado financeiro, decorrentes da emissão de títulos, da contratação de operações de crédito por organismos oficiais, das receitas de aplicações financeiras da União (juros recebidos, por exemplo), das privatizações e outras.

Quadro 20.13: Comparação entre as receitas primárias e financeiras com a classificação quanto à natureza

Classificação	Exemplo de receita corrente	Exemplo de receita de capital
Receita Primária	Demais, em regra.	Demais, em regra.
Receita Financeira	Juros e aplicações financeiras.	Operações de Crédito e Amortização de Empréstimos.

Unidade Didática IV
Elementos Orçamentários na Federação

5. CLASSIFICAÇÃO POR ESFERA ORÇAMENTÁRIA

A classificação por esfera orçamentária tem por finalidade identificar se a receita pertence ao Orçamento Fiscal, da Seguridade Social ou de Investimento das Empresas Estatais, conforme distingue o § 5º do art. 165 da CF.

Além das características comuns à classificação da despesa por esfera orçamentária, vale destacar os seguintes constantes do quadro a seguir.

Quadro 20.14: Receitas por esfera orçamentária

Receitas do Orçamento de Investimento das Empresas Estatais	Referem-se aos recursos arrecadados pelas empresas estatais independentes em que a União, direta ou indiretamente, detenha a maioria do capital social com direito a voto. **São os recursos suficientes e necessários para custear as despesas com investimento das estatais independentes.**
Receitas do Orçamento da Seguridade Social	Abrangem as receitas de todos os órgãos, entidades, fundos e fundações vinculados à Seguridade Social, ou seja, **às áreas de Saúde, Previdência Social e Assistência Social.**
Receitas do Orçamento Fiscal	Referem-se às receitas arrecadadas pelos Poderes da União, seus órgãos, entidades fundos e fundações, inclusive pelas empresas estatais dependentes. **Compreendem, por exclusão, as receitas não classificadas nos Orçamentos da Seguridade Social e de Investimento.**

6. CLASSIFICAÇÃO DA RECEITA QUANTO AOS EFEITOS SOBRE O PATRIMÔNIO LÍQUIDO – ASPECTO CONTÁBIL

Para fins contábeis, quanto ao impacto na situação líquida patrimonial, a receita pode ser "efetiva" ou "não-efetiva". O Quadro 20.15 mostra a diferença entre as receitas efetivas e não efetivas.

Quadro 20.15: Receitas efetivas e não efetivas em comparação com a classificação quanto à natureza

Classificação	Conceito	Exemplo de receita corrente	Exemplo de receita de capital
Receita Orçamentária Efetiva	Aquela que, no momento do reconhecimento do crédito, aumenta a situação líquida patrimonial da entidade. Constitui fato contábil modificativo aumentativo.	**Em Regra.** Receitas tributárias, de contribuições, patrimoniais, agropecuárias, industriais, de serviços, de transferências correntes.	Transferências de capital, Remuneração da Disponibilidades do Tesouro Nacional, Resultado do BACEN.

Classificação	Conceito	Exemplo de receita corrente	Exemplo de receita de capital
Receita Orçamentária não Efetiva (por mutação patrimonial)	Aquela que não altera a situação líquida patrimonial no momento do reconhecimento do crédito e, por isso, constitui fato contábil permutativo.	Cobrança da dívida ativa, alienação de bens apreendidos/caucionados.	Em regra. Operações de crédito, alienação de bens, amortização de empréstimos.

Em regra, as receitas correntes são receitas efetivas e as receitas de capital são não efetivas. Porém, existem receitas correntes não efetivas (cobrança da dívida ativa e alienação de bens apreendidos/caucionados) e receitas de capital efetivas (transferências de capital).

Na receita não efetiva, o estado recebe dinheiro a partir da perda de um bem ou de um direito ou da incorporação de uma obrigação. Na receita efetiva o estado recebe o dinheiro sem perder um bem ou direito, ou sem incorporar uma obrigação. O Quadro 20.16 mostra alguns exemplos.

Quadro 20.16: Exemplos de receitas não efetivas (por mutação patrimonial)

Exemplo de receita	É baixado um bem/direito ou é incorporada uma obrigação?	Como se dá o processo?
Operação de crédito	É incorporada uma obrigação (empréstimos a pagar).	No momento da arrecadação quando ocorre do aumento do caixa (no ativo), ocorre simultaneamente um aumento de uma obrigação (no passivo).
Alienação de bens	É baixado um bem móvel ou imóvel.	No momento da arrecadação quando ocorre do aumento do caixa (no ativo), ocorre simultaneamente uma baixa de um bem (no ativo).
Amortização de empréstimo	É baixado um direito (empréstimo a receber).	No momento da arrecadação quando ocorre do aumento do caixa (no ativo), ocorre simultaneamente uma baixa de um direito (no ativo).
Recebimento da dívida ativa	É baixado um direito (dívida ativa a receber).	No momento da arrecadação quando ocorre do aumento do caixa (no ativo), ocorre simultaneamente uma baixa de um direito (no ativo).

Legenda: O patrimônio é composto por bens, direitos e obrigações.

7. CLASSIFICAÇÃO DA RECEITA QUANTO À COERTICIVIDADE

A doutrina classifica as receitas públicas, quanto à procedência, em originárias e derivadas. Essa classificação possui uso acadêmico e não é normatizada; portanto, não é utilizada como classificador oficial da receita pelo poder público. O Quadro 20.17 mostra os conceitos e exemplos de cada uma.

Quadro 20.17: Receitas derivadas e originárias

Classificação	Conceito	Exemplo de receita corrente	Exemplo de receita de capital
Receitas públicas originárias	Segundo a doutrina, são as **arrecadadas por meio da exploração de atividades econômicas pela Administração Pública**. Resultam, principalmente, de rendas do patrimônio mobiliário e imobiliário do Estado (receita de aluguel), de **preços públicos ou tarifas**, de prestação de serviços comerciais e de venda de produtos industriais ou agropecuários. São receitas voluntárias.	Receitas patrimoniais, agropecuárias, industriais, de serviços.	Operações de créditos, alienação de bens, amortização de empréstimos.
Receitas públicas derivadas	Segundo a doutrina, **são as obtidas pelo poder público por meio da soberania estatal.** Decorrem de norma constitucional ou legal e, por isso, **são auferidas de forma impositiva.** São receitas compulsórias.	Receitas tributárias e de contribuições.	Receitas de empréstimos compulsórios.

Existem receitas correntes que são derivadas e que são originárias. Assim, como existem receitas de capital que são derivadas (empréstimos compulsórios) e que são originárias.

Taxas são compulsórias (decorrem de lei). O que legitima o Estado a cobrar a taxa é a prestação de serviços públicos específicos e divisíveis ou o regular exercício do Poder de Polícia. A relação decorre de lei, sendo regida por normas de direito público.

Preço Público, sinônimo de tarifa, decorre da utilização de serviços facultativos que a Administração Pública, de forma direta ou por delegação (concessão ou permissão), coloca à disposição da população, que poderá escolher se os contrata ou não. São serviços prestados em decorrência de uma relação contratual regida pelo direito privado.

8. CLASSIFICAÇÃO DA RECEITA QUANTO À PERIODICIDADE

A última classificação, pouco usual, refere-se à periodicidade da receita. O Quadro a seguir contém os conceitos.

Quadro 20.18: Receitas quanto à periodicidade em comparação com a classificação quanto à natureza

Classificação	Conceito	Exemplo de receita corrente	Exemplo de receita de capital
Receita Ordinária	Entradas periódicas e constantes, compondo de forma permanente o orçamento do Estado, isto é, ingressam com regularidade por meio do normal desenvolvimento da atividade financeira do Estado	Receitas tributárias	Operações de Crédito, se considerarmos que desde 1988 os orçamentos públicos obtêm seu equilíbrio por meio de empréstimos.
Receita Extraordinária	Se aufere excepcionalmente e de forma temporária em decorrência de determinada circunstância, como por exemplo, o empréstimo compulsório (art.148 da CF/88), o imposto extraordinário (art.154,II, da CF/88) ou uma doação ao Estado	Imposto extraordinário de Guerra, doações de recursos financeiros destinados a despesas correntes.	Empréstimo Compulsório para guerra ou calamidade, doações de recursos financeiros destinados a despesas de capital.

9. TABELA RESUMO

Receita quanto à categoria econômica	Classificação quanto à coercitividade		Classificação quanto aos efeitos sobre o Patrimônio Líquido		Classificação quanto ao resultado primário	
	Derivada	Originária	Efetiva	Não efetiva	Primária	Financeira
Corrente	Tributária, Contribuições.	Patrimoniais, Agropecuárias, Industriais, Serviços, transferências correntes.	Em regra.	Receita do recebimento da dívida ativa; Receita de alienação de bens apreendidos.	Em regra, as receitas correntes.	Receita de aplicação financeira (integram as receitas patrimoniais); receitas de juros (integram as receitas de serviços)
Capital	Empréstimos Compulsórios.	Operações de crédito; alienação de bens; amortização de empréstimos; transferências de capital.	Transferências de capital, Remuneração da Disponibilidades do Tesouro Nacional, Resultado do BACEN.	Em regra.	Empréstimos compulsórios; Alienação de bens móveis e imóveis; transferências de capital.	Em regra, as receitas de capital.

Não há generalizações, ou seja, não se pode afirmar que todas as receitas correntes são receitas originárias, que todas as receitas de capital são receitas financeiras.

Existe uma divergência normativa entre o MTO (Manual de Técnico do Orçamento) e o MDF (Manual de Demonstrativos Fiscais).

Pelo MDF as receitas de capital de alienação de bens são receitas financeiras.

Pelo MTO uma parte das receitas de capital de alienação de bens são receitas financeiras (alienação de Estoques da Política de Garantia de Preços Mínimos – PGPM), enquanto outra parte são receitas primárias (Alienação de Títulos Mobiliários, alienação de bens móveis, alienação de bens imóveis, alienação de embarcações, alienação de equipamentos). Ou seja, pelo MTO alguns tipos de alienação de estoques são receitas financeiras. Todas as demais receitas de alienação de bens são receitas primárias.

10. LISTA DE QUESTÕES OBJETIVAS

1ª Questão (Senado Federal Analista Legislativo – Administração FGV 2008):

Analise a tabela a seguir e responda à questão 1.

RECEITAS	R$
Aplicações Financeiras	2.000
Concessões e Permissões de Uso	6.000
Aluguel de Imóveis	3.000
Cauções Recebidas em Dinheiro	2.000
Consignações em Folha de Pagamento	3.000
Depósitos de Terceiros	2.000
Amortização de Empréstimos	5.000
Operações de Crédito	6.000
Alienação de Bens	3.000
Cota Parte de Royalties	4.000
Inscrição de Despesas em Restos a pagar	4.000
Recebimento da Dívida Ativa	5.000
Fundo de Participação dos Municípios (FPM)	3.000

1. As receitas correntes e de capital somam respectivamente:

a) 23.000 e 14.000.

b) 21.000 e 16.000.

c) 20.000 e 17.000.

d) 17.000 e 20.000.

e) 28.000 e 9.000.

Solução

Das receitas evidenciadas do demonstrativo, são receitas orçamentárias correntes: aplicações financeiras (2.000), concessões e permissões de uso (6.000), aluguel de imóveis (3.000), Cota Parte de Royalties (4.000), recebimento da dívida ativa (5.000), Fundo de Participação dos Municípios (3.000). Dessa forma, tem-se o somatório de R$23.000.

Das receitas evidenciadas do demonstrativo, são receitas orçamentárias de capital: amortização de empréstimos (5.000), operações de crédito (6.000), alienação de bens (3.000). Dessa forma, tem-se o somatório de R$14.000.

Gabarito: **A**

2ª Questão (SRFB ESAF Analista Tributário 2009): *A respeito da classificação orçamentária da receita, é correto afirmar:*

a) alienação de bens de qualquer natureza integrantes do ativo redunda em receita de capital.

b) receitas de contribuições integram as receitas de capital quando oriundas de intervenção no domínio econômico.

c) as receitas agropecuárias se originam da tributação de produtos agrícolas.

d) as receitas intraorçamentárias decorrem de pagamentos efetuados por entidades integrantes do Orçamento Fiscal e da Seguridade Social.

e) receitas correntes para serem aplicadas em despesa de capital dependem da inexistência de receitas de capital no exercício.

Solução

a) Errado, pois a alienação de bens apreendidos ou caucionados é receita corrente.

b) Errado, as receitas de contribuições integram as receitas correntes.

c) Errado, tributos referem-se as receitas tributárias. As receitas agropecuárias decorrem da exploração econômica, por parte do ente público, de atividades agropecuárias, tais como a venda de produtos agrícolas, pecuários, e para reflorestamentos

d) Certo.

e) Errado, pode-se aplicar receitas correntes em despesas de capital independentemente da existência de receitas de capital. Na verdade, essa é a situação fiscal ideal.

Gabarito: **D**

3ª Questão (SEFAZ-SP ESAF 2009): *Constituem modalidade de receita derivada, exceto:*

a) tributos.
b) penalidades pecuniárias.
c) multas administrativas.
d) taxas.
e) preços públicos.

Solução

A única opção que não é receita derivada é a opção E.

Gabarito: **E**

4ª Questão (ANAC Analista Administrativo Cespe 2009): *No que se refere à destinação de recursos na contabilidade pública e a suas peculiaridades, julgue o item a seguir.*

A criação de vinculações para as receitas deve ser pautada em mandamentos legais que regulamentam a aplicação de recursos, seja para funções essenciais, seja para entes, órgãos, entidades e fundos. Outro tipo de vinculação deriva de convênios e contratos de empréstimos e financiamentos, cujos recursos são obtidos com finalidade específica.

Solução

Existem todas essas vinculações: constitucionais, legais e contratuais.

Gabarito: **Certo**

5ª Questão (MPDG APO ESAF 2010): *Assinale a opção que indica uma afirmação verdadeira a respeito da conceituação e classificação da receita orçamentária.*

a) As receitas orçamentárias são ingressos de recursos que transitam pelo patrimônio do poder público, podendo ser classificadas como efetivas e não-efetivas.
b) As receitas orçamentárias decorrem de recursos transferidos pela sociedade ao Estado e são classificadas como permanentes e temporárias.
c) Todos os ingressos de recursos, financeiros e não-financeiros, são classificados como receita orçamentária, porque transitam pelo patrimônio público.

d) As receitas orçamentárias restringem-se aos ingressos que não geram contrapartida no passivo do ente público.

e) Recursos financeiros de qualquer origem são registrados como receitas orçamentárias para que possam ser utilizados pelos entes públicos.

Solução

a) Certo.

b) Errado, não há essa classificação.

c) Errado, nem todos os recursos que transitam pelo patrimônio público são ingressos orçamentários.

d) Errado, as receitas orçamentárias de operações de crédito geram contrapartida no passivo do ente público.

e) Errado, nem todos os recursos que transitam pelo patrimônio público são ingressos orçamentários.

Gabarito: **A**

6ª Questão (DPU Contador Cespe 2010): *O código de classificação de fontes de recursos é composto por três dígitos, sendo que o primeiro indica o grupo de fontes de recursos, e o segundo e terceiro, a especificação das fontes de recursos. O indicador de grupo de fontes de recursos identifica se o recurso é ou não originário do Tesouro Nacional e se pertence ao exercício corrente ou a exercícios anteriores.*

Solução

Certo, são os códigos 1, 2, 3 e 6 do grupo fonte que permitem tal identificação.

Gabarito: **Certo**

7ª Questão (MPU Técnico de apoio-orçamento Cespe 2010): *Julgue o item a seguir:*

A classificação de receitas intraorçamentárias correntes e de capital foi incorporada à lei que trata das normas gerais de orçamento, dada a necessidade de registro de receitas provenientes de órgãos pertencentes ao mesmo orçamento, evitando-se as duplas contagens na consolidação das contas públicas.

Solução

Errado, as receitas intraorçamentárias decorrem de operações entre entes integrantes do orçamento fiscal e da seguridade social. Assim, a assertiva errou ao incorporar no conceito o termo "mesmo orçamento", pois incluiu o orçamento de investimento.

Gabarito: **Errado**

8ª Questão (CGU ESAF 2012 Adaptada): *A respeito da classificação econômica da receita de que tratam a Lei n. 4.320/64 e a Portaria SOF/STN 163/2001, é correto afirmar, exceto:*

a) ingressos extraorçamentários são recursos financeiros de caráter temporário que entram no caixa do ente público mediante a constituição de passivos.

b) o conceito de natureza da receita e a correspondente classificação somente se aplica ao governo federal.

c) quanto ao impacto no patrimônio, as receitas são classificadas como efetivas e não efetivas.

d) o conceito de receita originária e derivada não é utilizado como classificador na receita pública.

e) a receita intraorçamentária se origina de operações com órgãos e entidades do orçamento fiscal e seguridade social.

Solução

a) Certo, são entradas compensatórias o ativo e passivo financeiro.

b) Errado, o conceito de natureza da receita deve ser observado por todos os entes.

c) Certo, sem comentários adicionais.

d) Certo, o conceito de receita originária e derivada é uma classificação acadêmica.

e) Certo, sem comentários adicionais.

Gabarito: **B**

9ª Questão (ANP Analista Cespe 2013): *Julgue o item a seguir:*

As receitas dos royalties são originadas pela exploração do patrimônio do Estado, que é constituído por recursos minerais, hídricos e florestais. Essas receitas são classificadas como patrimoniais, dentro da categoria econômica receitas correntes.

Solução

Certo. Royalties são receitas correntes patrimoniais

Gabarito: **Certo**

10ª Questão (ANTAQ Cespe 2014): *Julgue o item a seguir:*

Caso se pretenda identificar, dentro de cada espécie de receita, uma qualificação mais específica ou agregar determinadas receitas com características próprias e semelhantes entre si, deve-se utilizar o nível de codificação da receita denominado rubrica.

Solução

Errado, não existe o nível rubrica. Os níveis são: categoria econômica, origem, espécie, desdobramento para identificar as peculiaridades da receita e tipo.

Gabarito: **Errado**

11ª Questão (MTE Cespe 2014): *No que se refere aos conceitos e às categorias econômicas das receitas e das despesas públicas, julgue o seguinte item:*

Para fins contábeis, a receita orçamentária efetiva aumenta a situação líquida patrimonial da entidade.

Solução

Certo. Trata-se de fato modificativo aumentativo do Patrimônio Líquido. Em regra, as receitas correntes são efetivas.

Gabarito: **Certo**

12ª Questão (TCDF Cespe 2014 Adaptada): *Julgue o item a seguir:*

As contribuições parafiscais, assim como os impostos, são classificadas como receitas de impostos, taxas e contribuições de melhoria, e sua arrecadação é destinada ao custeio de atividade paraestatal.

Solução

Errado, são receitas de contribuições (código 1.2).

Gabarito: **Errado**

13ª Questão (STJ Cespe 2015): *Julgue o item a seguir:*

A classificação destinada a identificar as receitas de acordo com sua inclusão no resultado fiscal do governo divide-se em receitas de resultado primário e secundário.

Solução

Errado, seria classificação quanto ao resultado primário e a divisão seria: primária e financeira.

Gabarito: **Errado**

14ª Questão (FGV Conselheiro TCE-RJ 2015): *O Estado X aufere receitas de variadas fontes. A alternativa que só compreende receitas derivadas é:*

a) royalties do petróleo, taxa pela fiscalização ambiental e taxa pela ocupação de imóvel cedido a particular;
b) ICMS (imposto sobre a circulação de mercadorias e serviços específicos), IPVA (imposto sobre a propriedade de veículos automotores) e taxa pela ocupação de imóvel cedido a particular;
c) ICMS (imposto sobre a circulação de mercadorias e serviços específicos), IPVA (imposto sobre a propriedade de veículos automotores) e ITD (imposto sobre a transmissão causa mortis ou doação);
d) dividendos oriundos da participação societária do Estado em sociedade de economia mista, taxa pelo serviço público de combate a incêndio e ITD (imposto sobre a transmissão causa mortis ou doação);
e) taxa pela ocupação de imóvel cedido a particular, royalties do petróleo e dividendos oriundos da participação societária do Estado em sociedade de economia mista.

Solução

a) Errado, royalties é receita patrimonial, logo é originária.
b) Errado, taxa de ocupação de imóvel é receita patrimonial, logo é originária.
c) Certo.
d) Errado, dividendos é receita patrimonial, logo é originária.
e) Errado, todas são receitas patrimoniais, logo são originárias.

Gabarito: **C**

Unidade Didática IV
Elementos Orçamentários na Federação

15ª Questão (TCE-PR Cespe 2016): *Assinale a opção correta a respeito de receita pública.*

a) Operações de crédito são receitas de capital originárias da contratação de empréstimos junto a entidades públicas ou privadas, internas ou externas.
b) Durante o exercício, as receitas cujos valores extrapolarem o originalmente previsto na LOA serão classificadas como ingressos extraordinários.
c) No âmbito da União, o órgão que normatiza a classificação orçamentária da receita é a Secretaria do Tesouro Nacional.
d) Segundo a classificação oficial, as receitas públicas podem ser originárias ou complementares.
e) As receitas de capital e as receitas correntes provocam, ambas, efeito positivo no patrimônio líquido do Estado.

Solução

a) Certo, apenas os empréstimos compulsórios são derivadas. Todas as demais receitas de capital são originárias.

b) Errado, serão receitas orçamentárias. Ingressos extraordinários são: empréstimos compulsórios guerra, doações de recursos financeiros.

c) Errado, seria a SOF – Secretaria de Orçamento Federal.

d) Errado, a classificação coercitiva é acadêmica – não oficial. Ela divide a receita entre: derivada e originária.

e) Errado, em regra, as receitas correntes provocam efeito positivo no patrimônio líquido, e em regra as receitas de capital não alteraram o patrimônio líquido (PL).

Gabarito: **A**

16ª Questão (MPDG APO ESAF 2016): *A principal característica que diferencia receitas correntes de receitas de capital é:*

a) as receitas correntes destinam-se ao financiamento das despesas correntes enquanto as receitas de capital financiam as despesas de capital.

b) as receitas correntes decorrem do poder de tributação do Estado enquanto as receitas de capital decorrem das atividades operacionais.

c) ambas, quando presentes no orçamento da entidade, demonstram a capacidade da instituição em arrecadar tributos e realizar a prestação de serviços não financeiros.

d) em ambas as receitas o aumento da disponibilidade financeira do ente arrecadador está condicionado à destinação que se dará aos recursos.

e) ambas têm o poder de aumentar a disponibilidade financeira do Estado, porém, as receitas de capital, na sua maioria, não provocam efeitos sobre o patrimônio líquido.

Solução

Tanto as receitas correntes, quanto as receitas de capital aumentam a disponibilidade financeira. Em regra, as correntes aumentam o PL e as de capital não alteram o PL, gabarito E.

Gabarito: **E**

17ª Questão (MPDG APO ESAF 2016): *A respeito da integração entre a origem e a destinação dos recursos arrecadados pelo Estado no processo orçamentário federal, é correto afirmar:*

a) a natureza de receita orçamentária busca identificar a origem do recurso segundo seu fato gerador enquanto a fonte/destinação de recursos possui a finalidade de identificar o destino da sua aplicação.

b) a fonte/destinação indica a origem dos recursos segundo seu agente financiador enquanto a natureza da despesa orçamentária possui finalidade precípua de indicar a classificação econômica do gasto.

c) a natureza da receita orçamentária busca identificar a origem dos recursos segundo o fato de natureza tributária enquanto a fonte/destinação indica a instituição responsável pela aplicação.

d) a natureza de receita orçamentária vincula os recursos ao fato gerador enquanto a função, o programa de governo e a fonte/destinação indicam as áreas em que devem ser aplicados.

e) a fonte/destinação vincula os recursos às áreas de atuação do Estado enquanto a natureza da receita orçamentária vincula os fatos geradores ao setor produtivo do qual provêm os recursos.

Solução

A classificação quanto à natureza possui a origem do recurso e indica os impactos na economia. A classificação por fonte se preocupa com a destinação, vincula a origem à aplicação. Gabarito A.

Gabarito: **A**

18ª Questão (IBGE Contador FGV 2016): *Considere os dados do Quadro I a seguir, extraídos da execução orçamentária de um ente público e expressos em milhares de reais.*

RECEITAS	VALOR
Depósitos em garantia	1.716,00
Amortização de empréstimos	2.580,50
Receitas de serviços	3.107,00
Antecipação da receita orçamentária	4.433,00
Receitas patrimoniais	4.842,00
Receitas de alienação de bens	6.142,50
Receitas de operações de crédito	10.530,00
Receitas de contribuições	17.758,00
Receitas tributárias	39.877,50
Transferências correntes	60.554,00

A partir dos dados apresentados no Quadro I e dos conceitos de receita pública, o valor total da receita orçamentária é:

a) 139.249,50;

b) 141.011,00;

c) 142.811,50;

d) 145.392,00;

e) 151.541,00.

Solução

As receitas orçamentárias seriam todas menos os depósitos em garantia e ARO.

Assim, tem-se: 2.580,50 + 3.107 + 4.842,50 + 6.142,50 + 10.530 + 17.758 + 39.877,50 + 60.554.

Observa-se que o somatório termina em número inteiro. Elimina-se A e C.

Gabarito D: 145.392

Gabarito: **D**

19ª Questão (IBGE Analista de Orçamento FGV 2016): *Considere o Quadro III a seguir, originado da execução orçamentária de um ente municipal referente ao último exercício financeiro.*

RECEITAS	VALOR
Receita de cessão de direitos	64.270,00
Receita de serviços	95.350,00
Receitas imobiliárias	215.510,00
Contribuição de iluminação pública	242.860,00
Receita de concessões e permissões	336.400,00
Taxas	409.125,00
Contribuições sociais	531.485,00
Receitas de valores mobiliários	699.300,00
Receita de transferências – FPM	6.352.465,00
Impostos	9.294.500,00
Total	18.241.265,00

Considerando a classificação das receitas públicas, quanto à procedência, em originárias e derivadas, as receitas auferidas de forma impositiva, em relação à receita total, representam:

a) 34,8%;
b) 57,4%;
c) 89,4%;
d) 92,3%;
e) 98,3%.

Solução

São receitas derivadas: contribuição iluminação - 242.860, taxas - 409.125, contribuições sociais - 531.485, FPM - 6.352.485, impostos 9.294.500.

Somatório: 16.830.455

Logo: 16.830.455 / 18.241.265 = 0.9226. Gabarito D.

Gabarito: **D**

20ª Questão (IBGE Analista de Orçamento FGV 2016 Adaptada): *Na origem de receita denominada "Outras Receitas Correntes" enquadram-se as espécies de recursos, arrecadados pelo ente público, não vinculados às demais origens previstas em lei. Uma espécie de receita vinculada à origem "Outras Receitas Correntes" são os(as):*

a) compensações financeiras;
b) receitas de concessões e permissões;
c) repasses de convênios;
d) indenizações;
e) taxas de fiscalização.

Solução

a) Errado, compensações financeiras são classificadas como receitas patrimoniais ou como receita de transferências correntes (se for a quota parte repassada da União para Estados ou Municípios).
b) Errado, receitas de concessões e permissões são classificadas como receitas patrimoniais.
c) Errado, repasses de convênios são classificadas como receitas de transferências correntes ou como receita de transferências de capital a depender do objeto do convênio.
d) Certo, indenizações são classificadas como outras receitas correntes.
e) Errado, taxas de fiscalização são classificadas como receitas impostos, taxas e contribuições de melhoria.

Gabarito: **D**

21ª Questão (TRE-SP Analista Judiciário FCC 2016 Adaptada): *O ICMS de determinado contribuinte foi inscrito em dívida ativa, no exercício de 2015, no valor de R$ 485.500.000. No exercício de 2016, o contribuinte quitou a dívida com juros e multas de mora, perfazendo um total de R$ 515.000.000. Com relação à classificação por origem da receita orçamentária, é correto afirmar que*

a) é tributária, no valor de R$ 485.500.000 e receitas diversas, no valor de R$ 29.500.000.
b) é patrimonial, no valor de R$ 515.000.000.
c) é dívida ativa, R$ 485.500.000 e receitas diversas, no valor de R$ 29.500.000.
d) é tributária R$ 515.000.000.
e) são outras receitas correntes, no valor de R$ 515.000.000.

Solução

Desde 01/01/2016 que as receitas da dívida ativa de impostos são classificadas com o código 1.1 (receitas correntes de impostos, taxa de contribuições de melhoria).

Gabarito: **D**

22ª Questão (FUNAI Contador ESAF 2016): *Acerca das receitas públicas, assinale a opção correta.*

a) Receitas extraorçamentárias são ingressos de recursos financeiros que não se incorporam definitivamente ao patrimônio, pois não pertencem à entidade que os recebe, transitando apenas momentaneamente pelo patrimônio para serem restituídos oportunamente ao seu proprietário.
b) Receitas orçamentárias são ingressos de recursos financeiros que se incorporam definitivamente ao patrimônio público, pois pertencem à entidade que os recebe. Também são chamadas de receitas efetivas.
c) As Antecipações de Receitas Orçamentárias (AROs) são receitas orçamentárias.
d) O superávit financeiro apurado no balanço patrimonial do exercício anterior é considerado receita orçamentária, uma vez que com ele podem ser realizadas despesas por meio dos créditos adicionais.
e) Receitas derivadas são aquelas oriundas da atividade empreendedora do Estado, ou seja, receitas de economia privada ou de Direito Privado como alugueis ou receitas de produção industrial.

Solução

a) Certo, gabarito.
b) Errado, as receitas orçamentárias podem ser efetivas e não efetivas. Receita efetiva é a receita orçamentária que aumenta o PL.
c) Errado, as Antecipações de Receitas Orçamentárias são receitas extraorçamentárias.

d) Errado, o superávit financeiro apurado no balanço patrimonial do exercício anterior é fonte de crédito adicional.

e) Errado, receitas originárias são aquelas oriundas da atividade empreendedora do Estado, ou seja, receitas de economia privada ou de Direito Privado como alugueis ou receitas de produção industrial.

Gabarito: **A**

23ª Questão (TCE-PR Auditor Cespe 2016 Adaptada): *Considere que determinado estado receba compensação financeira pela exploração de recursos hídricos para fins de geração de energia elétrica em seu território. Nessa situação hipotética, em sua contabilidade, o estado deverá lançar as receitas da compensação financeira como*

a) receita de contribuição.
b) transferências correntes.
c) outras receitas correntes.
d) receita patrimonial.
e) receita industrial.

Solução

Seria receita de transferências correntes - quota parte de compensações financeiras.

Gabarito: **B**

24ª Questão (TRT 20ª Região Contador FCC 2016): *No setor público, classificam-se, respectivamente, como receitas orçamentárias e extraorçamentárias (ingressos extraorçamentários), as transações referentes a*

a) amortização de empréstimos concedidos e a contratação de operações créditos por antecipação da receita orçamentária.
b) rendimentos de aplicações financeiras e os ganhos com alienação de bens do ativo imobilizado.
c) consignações em folha de pagamento e os depósitos em caução para execução de obras públicas.
d) arrecadação de impostos e a arrecadação de receita de multas e juros não previstos na Lei Orçamentária Anual - LOA.
e) alienações de bens imóveis e os recebimentos de créditos inscritos em dívida ativa.

Solução

a) Certo: Receita orçamentária e receita extraorçamentária.

b) Errado, ambas são receitas orçamentárias.
c) Errado, ambas são receitas extraorçamentárias.
d) Errado, ambas são receitas orçamentárias.
e) Errado, ambas são receitas orçamentárias.

Gabarito: **A**

25ª Questão (ARTESP Contador FCC 2017): *Na classificação das receitas orçamentárias, as receitas de concessão e permissão são uma espécie da origem*

a) Receita de Capital.
b) Receita Patrimonial.
c) Receita de Serviços.
d) Receita de Valores Mobiliários.
e) Outras Receitas Correntes.

Solução

Seria patrimonial.

Gabarito: **B**

26ª Questão (DPE-PR Contador Inaz do Pará 2017): *Em função de acordo contratual, o Estado do Paraná recebeu um depósito como garantia na contratação das obras de construção de escolas na sua região metropolitana. Uma das cláusulas firmada era de conclusão das obras em um semestre, no entanto, a empresa responsável descumpriu e abandonou o serviço, dando motivos para execução da garantia. Face ao exposto, o valor dado em garantia pela empresa, após seu abandono e quebra contratual ficou classificado como:*

a) Receita Extraorçamentária.
b) Receita Extraordinária.
c) Ganho Equivalente.
d) Receita Orçamentária.
e) Execução Judicial.

Solução

Se a receita extraorçamentária de depósitos é convertida em recurso próprio a posteriori, ela passa a se classificar como receita orçamentária.

Gabarito: **D**

27ª Questão (DPE-PR Contador Inaz do Pará 2017): *O Estado do Paraná, no mês de janeiro/2017 efetuou o pagamento de seus funcionários públicos e reteve o Imposto de Renda retido na folha. Deste modo, como se reconhece a contabilização do Imposto de Renda:*

a) Receita Derivada.
b) Receita Extraorçamentária.
c) Receita Orçamentária Corrente Tributária.
d) Receita de Capital.
e) Outras Receitas de Capital.

Solução

O imposto de renda retido na fonte pelo Estado dos servidores do Estado é contabilizado como receita orçamentária do Estado: receita corrente de impostos, taxas e contribuições de melhoria.

Gabarito: **C**

28ª Questão (ALERJ Analista Legislativo – Qualquer Cargo FGV 2017): *Considere as informações sobre receitas constantes no Quadro a seguir.*

(1) Decorrem da exploração de atividades econômicas	( ) Operações de Crédito
(2) Não devem ultrapassar o valor das despesas de capital	( ) Receita de alienação de bens
(3) Não impactam a situação líquida patrimonial	( ) Receitas extraorçamentárias
(4) Receitas de caráter coercitivo	( ) Receitas originárias
(5) Recursos financeiros de caráter temporário	( ) Receitas tributárias
(6) Reduzem a autonomia financeira do ente	( ) Transferências correntes

A sequência que apresenta a correspondência correta é:

a) 2 – 3 – 5 – 1 – 4 – 6;
b) 2 – 6 – 4 – 5 – 1 – 3;
c) 3 – 2 – 5 – 6 – 1 – 4;
d) 3 – 2 – 5 – 1 – 4 – 6;
e) 5 – 2 – 3 – 1 – 6 – 4.

Solução

Pela regra de outro as operações de crédito não podem ser superiores as despesas de capital. Assim, pode ser opção A e B.

Receita de alienação de bens por ser receita orçamentária aumenta a disponibilidade financeira e é receita não efetiva. Logo, só pode ser opção A.

Gabarito: **A**

29ª e 30ª Questões (TCE-PE Auditor Cespe 2017): *Julgue os itens a seguir:*

29. Para identificar a origem de determinada receita pública de acordo com o acontecimento real que ocasionou o ingresso da receita nos cofres públicos, utiliza-se a classificação por natureza de receita.

30. A entrada de recurso decorrente da venda, em leilões, de automóveis usados que integrem o patrimônio público é classificada como receitas de capital.

Solução

29. O 3º nível da classificação da natureza da receita denominado espécie permite isso.

30. Alienação de bens é receita de capital.

Gabarito:

29. **Certo**

30. **Certo**

31ª Questão (TCE-SP Agente de Fiscalização VUNESP 2017): *No que concerne ao esquema de classificação da receita pública, a amortização de empréstimos corresponde à*

a) operação de crédito.
b) receita patrimonial.
c) receita de contribuições.
d) receita de capital.
e) transferência corrente.

Solução

Seria receita de capital.

Gabarito: **D**

32ª Questão (TCE-SP Agente de Fiscalização VUNESP 2017): *É classificada como uma receita de capital aquela que decorre*

a) de cauções recebidas como garantia do cumprimento de contratos celebrados com o ente público.

b) das contribuições de melhoria cobradas pelo ente público.

c) da alienação de imóveis de propriedade do ente público.

d) da multa e de juros de mora cobrados sobre a Dívida Ativa de Impostos do ente público.

e) de dividendos pagos por empresas nas quais o ente da federação tiver a maioria do capital social votante.

Solução

(A) Errado, seria receita extraorçamentária.

(B) Errado, seria receita corrente de impostos, taxas e contribuições de melhoria.

(C) Certo.

(D) Errado, seria receita corrente de impostos, taxas e contribuições de melhoria.

(E) Errado, seria receita corrente patrimonial.

Gabarito: **C**

11. LISTA DE QUESTÕES DISCURSIVAS

1ª Questão (TCU Auditor Federal de Controle Externo Obras Cespe 2009):

Em maio de 2009, pela primeira vez em sua história, a universidade pública X foi contratada pela universidade particular Y para realizar o vestibular em benefício da contratante. Todos os custos foram pagos diretamente pela universidade privada, ficando a cargo da universidade pública X apenas a administração do empreendimento e a alocação de pessoal para realizar todo o processo. Em face da prestação do referido serviço, a universidade pública auferiu da contratante uma receita de prestação de serviços que não estava prevista na lei orçamentária federal.

Diante dessa situação hipotética, discorra, de modo fundamentado, se a receita auferida pela universidade pública X é orçamentária ou extraorçamentária e esclareça, também de modo fundamentado, sob que tipo de classificação essa receita deveria ser contabilizada.

Extensão de linhas: até 20.

Resolução da Questão

Na situação hipotética descrita, a receita auferida pela Universidade, devido à prestação do serviço com a finalidade de realizar o vestibular em benefício da contratante, deve ser considerada orçamentária.

Dentre as razões que corroboram a afirmação anterior destacam-se: trata-se de disponibilidades de recursos financeiros que ingressaram durante o exercício orçamentário constituindo elemento novo para o patrimônio público; constitui renda do Estado, e sendo assim, o Estado não é mero depositário dos valores assim recebidos, podendo aplicar nas políticas públicas. Ressalta-se que o fato de não estar prevista na LOA não é critério para considerá-la extraorçamentária, a exemplo das receitas de doações de recursos que são orçamentárias, mas não passam pelo estágio da previsão.

Sob a égide do Manual Técnico de Orçamento, a receita deve ser classificada como receita corrente de serviço. Essas receitas decorrem da prestação de serviços por parte do ente público, tais como: financeiros (juros), comércio, transporte, comunicação, serviços hospitalares, armazenagem, serviços recreativos, culturais etc. Tais serviços são remunerados mediante preço público, também chamado de tarifa.

2ª Questão (TCE-PA Analista de Controle Externo – Direito AOCP 2010):

Conceitue Taxa e Preço Público e estabeleça as suas diferenças.

Extensão de linhas: até 15.

Resolução da Questão

Taxas são receitas compulsórias (decorrem de lei). O que legitima o Estado a cobrar a taxa é a prestação de serviços públicos específicos e divisíveis ou o regular exercício do Poder de Polícia. A relação decorre de lei, sendo regida por normas de direito público.

Preço Público, sinônimo de tarifa, é um tipo de receita que decorre da utilização de serviços facultativos que a Administração Pública, de forma direta ou por delegação (concessão ou permissão), coloca à disposição da população, que poderá escolher se os contrata ou não. São serviços prestados em decorrência de uma relação contratual regida pelo direito privado.

Enquanto as taxas sofrem as limitações impostas pelos princípios gerais de tributação (legalidade, anterioridade), o serviço estatal oferecido pelo ente público, ou por seus delegados, que não tenha natureza obrigatória é remunerado mediante preço público e não sofre essas limitações.

3ª Questão (ANCINE Analista Cespe 2013):

De acordo com o § 1.º do art. 8.º da Lei nº 4.320/1964, os itens da discriminação da receita, mencionados no art. 11 dessa lei, serão identificados por números de código decimal. Esse código já está devidamente denominado. Por outro lado, o detalhamento das classificações orçamentárias da receita, no âmbito da União, é normatizado por meio de portaria da Secretaria de Orçamento Federal (SOF), órgão do MPOG. Nesse caso, as receitas orçamentárias são classificadas segundo critérios predefinidos, ao passo que a doutrina classifica as receitas públicas, em relação à procedência, em originárias e derivadas. Essa classificação possui uso acadêmico e não é normatizada; portanto, não é recepcionada como classificador oficial da receita pelo poder público.

Manual de Contabilidade Aplicada ao Setor Público. Parte I – Procedimentos Contábeis Orçamentários – Aplicado à União, Estados, Distrito Federal e Municípios. Válido a partir do exercício de 2013 (com adaptações).

Considerando que o fragmento de texto acima tem caráter unicamente motivador, redija um texto dissertativo acerca das receitas orçamentárias.

Ao elaborar seu texto, faça, necessariamente, o que se pede a seguir.

- Informe e numere os critérios utilizados pela SOF para a classificação das receitas orçamentárias. **[Valor: 6,50 pontos]**
- Descreva cada um dos critérios apresentados. **[Valor: 12,50 pontos]**

Extensão de linhas: até 30.

Resolução da Questão

De acordo com a SOF existem 4 (quatro) classificações oficiais da receita: quanto à esfera orçamentária, quanto à natureza, quanto à fonte e quanto ao resultado primário.

Quanto à esfera orçamentária os critérios adotados consistem em identificar e segregar as receitas nos três orçamentos: fiscal, seguridade social e investimentos.

A classificação quanto à natureza utiliza os níveis ou critérios a seguir: categoria econômica, origem, espécie, desdobramento para identificação de peculiaridades, tipo de receita. Quanto à categoria econômica a receita se desdobra em corrente e capital. Ambas aumentam as disponibilidades financeiras, porém as correntes em regra aumentam o patrimônio líquido, enquanto as de capital em regra não alteram o patrimônio líquido. As receitas correntes se desdobram em: tributárias, contribuições, patrimoniais, agropecuárias, industriais, serviços, transferências correntes e outras receitas correntes. As receitas de capital se desdobram em: operações de crédito, alienação de bens, amortização de empréstimos, transferências de capital, outras receitas de capital.

A classificação quanto à fonte utiliza os níveis ou critérios a seguir: grupo fonte e especificação da fonte. O grupo fonte possui um dígito e identifica se os recursos são do tesouro ou de outras fontes, e se os recursos pertencem ao exercício corrente ou aos exercícios anteriores. A especificação da fonte possui 2 (2) dois dígitos e identifica se os recursos são ordinários (livre aplicação) ou vinculados (a determinada finalidade constitucional, legal ou contratual).

Quanto ao resultado primário, a receita é segregada em dois tipos: receitas primárias e receitas financeiras. As receitas financeiras não entram do cálculo do resultado primário, enquanto as receitas primárias entram do cálculo do resultado primário.

CAPÍTULO 21

RECEITA ORÇAMENTÁRIA: ETAPAS E ESTÁGIOS

1. ETAPAS E ESTÁGIOS DA RECEITA ORÇAMENTÁRIA

A Figura 21.1 ilustra duas etapas da receita: planejamento e execução.

Figura 21.1: Estágios da receita

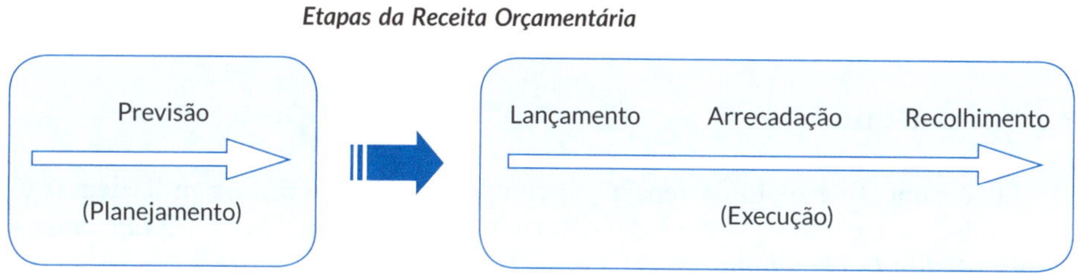

Fonte: MTO

Formalmente, o Manual Técnico do Orçamento (MTO) e o Manual de Contabilidade Aplicada ao Setor Público (MCASP) reconhecem 2 etapas da receita. No entanto, este autor, tendo por base inclusive versões anteriores desses normativos e a Lei 4.320/1964, **reconhece uma 3ª etapa denominada controle e avaliação**.

2. ETAPA DE PLANEJAMENTO

Esta etapa compreende o estágio de previsão da arrecadação da receita orçamentária constante da Lei Orçamentária Anual – LOA, resultante de metodologias de projeção usualmente adotadas, observada as disposições constantes na Lei de Responsabilidade Fiscal – LRF.

A previsão implica planejar e estimar a arrecadação das receitas orçamentárias que constarão na proposta orçamentária. Isso deverá ser realizado em conformidade com as normas técnicas e legais correlatas e, em especial, com as disposições constantes na Lei de Responsabilidade Fiscal (LRF).

Conforme a LRF as previsões de receita observarão as normas técnicas e legais, considerarão os efeitos das alterações na legislação, da variação do índice de preços, do crescimento econômico ou de qualquer outro fator relevante e serão acompanhadas de demonstrativo de sua evolução nos últimos três anos, da projeção para os dois seguintes àquele a que se referirem, e da metodologia de cálculo e premissas utilizadas.

No âmbito federal, a metodologia de projeção de receitas orçamentárias busca assimilar o comportamento da arrecadação de determinada receita em exercícios anteriores, a fim de projetá-la para o período seguinte, com o auxílio de modelos estatísticos e matemáticos. A busca deste modelo dependerá do comportamento da série histórica de arrecadação e de informações fornecidas pelos órgãos orçamentários ou unidades arrecadadoras envolvidas no processo.

A previsão de receitas é a etapa que antecede à fixação do montante de despesas que irão constar nas leis de orçamento, além de ser base para se estimar as necessidades de financiamento do governo.

3. ETAPA DE EXECUÇÃO

A etapa de execução da receita se dá em três estágios: o lançamento, a arrecadação e o recolhimento.

3.1. Lançamento

O lançamento é o ato da repartição competente, que verifica a procedência do crédito fiscal e a pessoa que lhe é devedora e inscreve o débito desta[6]. ***O lançamento é uma atividade vinculada.***

Por sua vez, para do Código Tributário Nacional, lançamento é o procedimento administrativo que verifica a ocorrência do fato gerador da obrigação correspondente, determina a matéria tributável, calcula o montante do tributo devido, identifica o sujeito passivo e, sendo o caso, propõe a aplicação da penalidade cabível[7].

Uma vez ocorrido o fato gerador, procede-se ao registro contábil do crédito tributário em favor da fazenda pública em contrapartida a uma variação patrimonial aumentativa.

Observa-se que, segundo o Código Tributário Nacional, a etapa de lançamento situa-se no contexto de constituição do crédito tributário, ou seja, aplica-se a impostos, taxas e contribuições de melhoria. Uma corrente de autores considera que passam por este estágio de lançamento apenas as receitas provenientes de tributos

6 Art. 53º Lei 4.320/1964.

7 Art. 142º lei 5.172/1966.

ou derivadas. Segundo essa corrente, as receitas originárias, não estão sujeitas a lançamento e ingressam diretamente no estágio da arrecadação.

Este autor considera que o estágio do lançamento também se aplica a receitas originárias desde que consiga se precisar o crédito fiscal a ser recebido e o sujeito passivo. Tal entendimento está suportado pela Lei 4.320/1964 que afirma são objeto de lançamento os impostos diretos e ***as rendas com vencimento determinado em lei, regulamento ou contrato***[8]. Assim, uma receita de aluguel com vencimento determinado em contrato está sujeita ao reconhecimento do crédito fiscal e do registro do lançamento. O Quadro 21.1 contém as diferenças entre as receitas derivadas e receitas originárias, enquanto o quadro 21.2 contém os exemplos de lançamentos.

Quadro 21.1: Diferenças entre as receitas derivadas e receitas originárias

Receitas públicas originárias	Segundo a doutrina, **são as arrecadadas por meio da exploração de atividades econômicas pela Administração Pública**. Resultam, principalmente, de rendas do patrimônio mobiliário e imobiliário do Estado (receita de aluguel), de preços públicos, de prestação de serviços comerciais e de venda de produtos industriais ou agropecuários.
Receitas públicas derivadas	Segundo a doutrina, são as **obtidas pelo poder público por meio da soberania estatal**. Decorrem de norma constitucional ou legal e, por isso, **são auferidas de forma impositiva**, como, por exemplo, as receitas tributárias, as de contribuições especiais (profissionais, interventivas e sociais), empréstimos compulsórios.

Quadro 21.2: Tipos de Lançamento

Tipo de Lançamento	Característica	Exemplo
Direto ou de ofício	Sem participação do contribuinte.	IPTU, IPVA.
Declaração ou misto	Contribuinte presta informações indispensáveis.	ITCMD, ITBI, II e IE.
Homologação ou autolançamento	Realizado pelo sujeito passivo que antecipa impostos.	ICMS, IPI, IR, PIS, Confins.

3.2. Arrecadação

Corresponde à entrega dos recursos devidos ao Tesouro pelos contribuintes ou devedores, por meio dos agentes arrecadadores ou instituições financeiras autorizadas pelo ente.

8 Art. 52° Lei 4.320/1964.

Dessa forma, é neste estágio que o contribuinte quita suas obrigações junto ao estado por intermédio dos agentes arrecadadores ou bancos autorizados pelo ente.

Segundo o art. 35 da Lei nº 4.320/1964 pertencem ao exercício financeiro as receitas nele arrecadadas, o que representa a adoção do regime de caixa para o ingresso das receitas públicas.

3.3. Recolhimento

É a transferência dos valores arrecadados à conta específica do Tesouro, responsável pela administração e controle da arrecadação e programação financeira, observando-se o Princípio da Unidade de Tesouraria ou de Caixa, representado pelo controle centralizado dos recursos arrecadados em cada ente.

É o momento em que efetivamente os recursos financeiros entram no caixa do ente público.

4. ETAPA DE CONTROLE E AVALIAÇÃO

Esta fase compreende a fiscalização realizada pela própria administração, pelos órgãos de controle e pela sociedade.

O controle do desempenho da arrecadação deve ser realizado em consonância com a previsão da receita, destacando as providências adotadas no âmbito da fiscalização das receitas e combate à sonegação, as ações de recuperação de créditos nas instâncias administrativa e judicial, bem como as demais medidas para incremento das receitas tributárias e de contribuições.

Tal etapa encontra suporte na Lei 4.320/1964:

> *Art. 75. O controle da execução orçamentária compreenderá:*
>
> *I - a legalidade dos atos de que resultem a arrecadação da receita ou a realização da despesa, o nascimento ou a extinção de direitos e obrigações;*
>
> *II - a fidelidade funcional dos agentes da administração, responsáveis por bens e valores públicos;*
>
> *III - o cumprimento do programa de trabalho expresso em termos monetários e em termos de realização de obras e prestação de serviços.*
>
> *Art. 77. A verificação da legalidade dos atos de execução orçamentária será prévia, concomitante e subsequente.*

Desse modo, compete aos órgãos de controle verificar tanto na etapa de planejamento, quanto na etapa de execução se os atos que resultem arrecadação da receita estão atendendo os requisitos da lei.

5. CONSIDERAÇÕES FINAIS

5.1. Receitas Orçamentárias

Nem todas as etapas e estágios ocorrem para todos os tipos de receitas orçamentárias. Pode ocorrer arrecadação não só das receitas que não foram previstas, mas também das receitas que não foram "lançadas". ***A receita orçamentária de doação em espécie recebida pelos entes públicos passa apenas pelos estágios da arrecadação e recolhimento.***

Apesar disso, considera-se que previsão e lançamento são estágios da receita. Em que pese não se aplicarem a todas as receitas.

5.2. Receitas Extraorçamentárias

As receitas extraorçamentárias passam apenas pelos estágios da arrecadação e recolhimento.

6. LISTA DE QUESTÕES OBJETIVAS

1ª Questão (Processo Simplificado ESAF 2008): *Assinale a opção correta, a respeito da classificação e registro contábil da receita pública no âmbito federal.*

a) As operações de crédito, embora sejam ingressos, não são registradas como receitas.

b) Os ingressos, oriundos de tributos, são classificados como receitas correntes.

c) As receitas de capital são reconhecidas pela contabilidade somente quando alteram a situação patrimonial dos entes públicos.

d) As receitas tributárias são reconhecidas pela contabilidade no lançamento do tributo.

e) As receitas de contribuição são classificadas como receitas de capital.

Solução

a) Errado, são receitas de capital.

b) Certo.

c) Errado, para fins orçamentários toda e qualquer receita corrente e de capital é reconhecida na arrecadação.

d) Errado, para fins orçamentários toda e qualquer receita corrente e de capital é reconhecida na arrecadação.

e) Errado, são receitas correntes.

Gabarito: **B**

2ª Questão (SEPLAG-DF Assistente de Educação Cespe 2009): *A Lei nº 4.320/1964 estabelece como estágios da execução da receita pública orçamentária o lançamento, a arrecadação e o recolhimento. Acerca do estágio do recolhimento, julgue o item subsequente:*

O estágio do recolhimento consiste na transferência de valores arrecadados à conta específica do Tesouro, responsável pela administração e pelo controle da arrecadação bem como pela programação financeira.

Solução

Certo, o recurso entra efetivamente na conta única quando do recolhimento.

Gabarito: **Certo**

3ª Questão (SEFAZ-RJ Auditor Fiscal FGV 2011): *No que diz respeito à receita pública, é correto afirmar que:*

a) a previsão do que será arrecadado no próximo ano é feita com base em cálculos que consideram as receitas arrecadadas nos últimos exercícios e a receita prevista para o exercício em que se elabora a proposta, ajustando-se o valor encontrado em função do cenário econômico projetado. Vale ressaltar que o Poder Executivo (detentor da iniciativa no processo orçamentário) deve disponibilizar a memória de cálculo para os outros Poderes (Legislativo, Judiciário e MP), nos termos da LRF, a fim de que eles possam apreciá-la e, se for o caso, contestá-la, antes do envio das suas respectivas propostas orçamentárias pelo Poder Executivo.

b) esse ato, definido no Código Tributário Nacional – CTN, consiste na identificação do sujeito ativo e do objeto, somente. Na prática, ocorre, por exemplo, quando o Secretário de Fazenda inscreve (lança no sistema) a dívida de IPTU de um determinado contribuinte proprietário de imóvel em área urbana. É preciso destacar que essa modalidade de lançamento, anterior ao pagamento do tributo, é conhecida como "de ofício". As outras são: "por declaração", quando o contribuinte informa ao Poder Público a situação passível de tributação, sendo conferida posteriormente pelos agentes fiscais (IR, por exemplo), e "por homologação", quando a autoridade fazendária reconhece o pagamento do tributo (ISS ou ICMS), verifica as condições da operação e ratifica sua legalidade e exatidão. Assim, conforme se pôde verificar, nem sempre o lançamento ocorrerá antes da arrecadação do tributo, próximo estágio.

c) a arrecadação se dá quando o contribuinte vai até a rede bancária e faz o pagamento do carnê-leão, da guia do IPTU ou da Previdência Social. Esse estágio não configura a realização da receita, nos termos da Lei 4.320/1964. A partir daí, ainda não é possível contar com os recursos, em função do princípio orçamentário da indisponibilidade dos recursos, previsto na CRFB/88.

d) quanto à afetação e à competência, as receitas podem ser classificadas em correntes ou de capital.

e) as receitas patrimoniais são exemplos de receitas derivadas.

Solução

a) Certo. Adiciono apenas que essa disponibilização deve ocorrer 30 dias antes da data limite de envio das propostas dos poderes ao Executivo.

b) Errado, para do Código Tributário Nacional, lançamento é o procedimento administrativo que verifica a ocorrência do fato gerador da obrigação correspondente, determina a matéria tributável, calcula o montante do tributo devido, identifica o sujeito passivo e, sendo o caso, propõe a aplicação da penalidade cabível.

c) Errado, a arrecadação configura a arrecadação da receita.

d) Errado, receitas correntes e de capital referem-se à classificação econômica.

e)Errado, são receitas originárias.

Gabarito: **A**

4ª Questão (CGU ESAF 2012): *Com base nas normas e procedimentos adotados no âmbito do governo federal, assinale a opção incorreta a respeito dos conceitos e estágios relacionados com a receita pública.*

a) A receita arrecadada não pode ser superior ao montante previsto pela lei orçamentária.

b) No lançamento de receitas, é verificada a procedência do crédito fiscal e a pessoa devedora.

c) O recolhimento das receitas deve obedecer ao princípio da unidade de tesouraria e é vedada a criação de caixas especiais.

d) A entrega dos recursos ao tesouro obedece ao regime de caixa em obediência a definições da Lei n. 4.320/64.

e) A previsão da receita deve considerar as alterações na legislação, a variação do índice de preço e o crescimento econômico.

Solução

a) Errado, pode ser. Tanto é que existe o excesso de arrecadação.

b) Certo.

c) Certo.

d) Certo.

e) Certo, conforme consta na LRF.

Gabarito: **A**

5ª Questão (MPU Cargo 13 Cespe 2013): *Julgue o item a seguir:*

Somente a receita orçamentária reúne condições de percorrer os estágios de previsão, lançamento, arrecadação e recolhimento.

Solução

Certo, apenas as receitas orçamentárias percorrem esses estágios.

Gabarito: **Certo**

6ª Questão (TCE-GO Auditor de Controle Externo FCC 2014): *As receitas orçamentárias arrecadadas pelo Estado são utilizadas como fontes de recursos em programas e ações cuja finalidade precípua é atender às necessidades públicas e demandas da sociedade. Nos termos da Lei Federal no 4.320/1964, a realização das receitas tributárias se dá nos estágios*

a) previsão, arrecadação e contabilização.
b) lançamento, arrecadação e recolhimento.
c) planejamento, previsão e arrecadação.
d) planejamento, previsão e recolhimento.
e) lançamento, arrecadação e contabilização.

Solução

A etapa de execução da receita é composta pelos seguintes estágios: lançamento, arrecadação e recolhimento. Opção B.

Gabarito: **B**

7ª Questão (TCE-AM FCC 2015): *A Lei Federal no 4.320 foi promulgada em 1964, vários anos antes, portanto, da promulgação do Código Tributário Nacional. Por sua vez, o ato de lançamento definido na referida Lei é essencialmente diferente, tanto em forma, como em substância, do procedimento de lançamento definido no CTN. Sob a óptica do Direito Financeiro, e de acordo com o que estabelece a Lei Federal no 4.320/1964, o lançamento da receita é*

a) ato da repartição competente e tem por finalidade, verificar a procedência do crédito fiscal, verificar a pessoa que é devedora desse crédito e inscrever o débito desse devedor.
b) procedimento da repartição competente e tem por finalidade verificar a procedência do crédito fiscal, verificar a existência de causas extintivas, suspensivas e excludentes desse crédito, e verificar a pessoa que é dele devedora.
c) ato do contribuinte ou da repartição competente e tem por finalidade verificar a procedência do crédito fiscal, verificar a existência de causas extintivas desse crédito e inscrever o débito desse devedor.
d) procedimento da repartição competente e tem por finalidade, apenas, verificar a pessoa que é devedora desse crédito e inscrever o débito desse devedor.
e) procedimento do contribuinte ou da repartição competente e tem por finalidade verificar a procedência do crédito fiscal, verificar a existência de causas extintivas, suspensivas e excludentes desse crédito e inscrever o débito desse devedor.

Solução

Conforme art. 53 da Lei 4.320/1964: O lançamento é o ato da repartição competente, que verifica a procedência do crédito fiscal e a pessoa que lhe é devedora e inscreve o débito desta. Gabarito A.

Gabarito: **A**

8ª Questão (TRF 1ª Região Juiz Cespe 2015): *Tendo em vista que as receitas públicas podem ser classificadas em originárias e derivadas, assinale a opção correta.*

a) A receita patrimonial é originária, uma vez que decorre da exploração do patrimônio público.

b) A receita corrente é originária, haja vista a sua tendência de sempre se repetir.

c) A receita de tributos cujo lançamento se opera de ofício é considerada originária, porque nasce a partir de ato da administração pública.

d) A receita de capital é, por natureza, derivada, pois decorre da aplicação do dinheiro público.

e) A receita de lucro de estatais é derivada, pois provém de ente privado para o poder público.

Solução

a) Certo.

b) Errado, existem receitas correntes derivadas: tributos e contribuições.

c) Errado, toda receita de tributos é derivada.

d) Errado, apenas empréstimos compulsórios que é receita de capital é originária.

e) Errado, essa receita seria na verdade os dividendos das estatais que é receita originária.

Gabarito: **A**

9ª Questão (TCU Procurador Cespe 2015): *Julgue o item a seguir:*

A arrecadação é o estágio final do processamento da receita pública e corresponde à entrada efetiva dos recursos nos cofres públicos, sendo antecedida pelas fases previsão da receita e recolhimento.

Solução

Errado, o estágio final de execução é o recolhimento. Esse estágio é precedido por previsão, lançamento e arrecadação.

Gabarito: **Errado**

10ª Questão (TCU Procurador Cespe 2015): *Julgue o item a seguir:*

A estimativa da receita terá por base demonstrações mensais da receita arrecadada durante os dois últimos exercícios, bem como as circunstâncias de ordem conjuntural que possam afetar a arrecadação total de cada fonte de receita, admitida a reestimativa por parte do Poder Executivo.

Solução

Errado, a receita tem por base a avaliação da arrecadação dos últimos 3 anos corrigida pelos efeitos crescimento econômico, inflação e legislação. A reestimativa é permitida pelo Poder Legislativo na fase de aprovação do orçamento.

Gabarito: **Errado**

11ª Questão (TRE – PE Analista Judiciário Cespe 2017): *As etapas da receita orçamentária*

a) seguem a ordem cronológica dos fenômenos econômicos.
b) consistem no planejamento das receitas orçamentárias que constarão na proposta orçamentária.
c) dependem do comportamento da série histórica de arrecadação.
d) ocorrem para todos os tipos de receitas orçamentárias.
e) incluem o empenho, a liquidação e o pagamento.

Solução

a) Certo.
b) Errado, na proposta na LOA consta apenas a previsão.
c) Errado, não dependem, a série histórica ajustada pelos fatores inflação, crescimento econômico e legislação é usada na previsão na etapa de planejamento.
d) Errado, receitas de doações não passam pela previsão e lançamento.
e) Errado, esses seriam estágios da despesa.

Gabarito: **A**

12ª Questão (ARTESP Contador FCC 2017): *Para fins de apuração do resultado de execução orçamentária, as receitas referentes à prestação de serviços de fiscalização por uma autarquia são consideradas realizadas quando são*

a) lançadas.
b) arrecadadas.
c) recolhidas para o caixa único.
d) inscritas em dívida ativa.
e) previstas.

Solução

Receita realizada é receita arrecadada.

Gabarito: **B**

13ª Questão (ALERJ Analista Legislativo – Qualquer Cargo FGV 2017): *No primeiro mês do exercício financeiro, o orçamento de um ente público ainda não havia sido aprovado pelo Poder Legislativo. Porém, algumas receitas foram recolhidas aos cofres públicos nos primeiros dias do ano. Considerando que as receitas estão relacionadas ao orçamento do exercício e o ente não atravessa situações extraordinárias, as receitas arrecadadas antes da aprovação do orçamento poderiam ser classificadas nas seguintes categorias, EXCETO:*

a) receitas tributárias;
b) receitas de contribuições;
c) receitas originárias;
d) receitas de operações de crédito;
e) receitas de dívida ativa.

Solução

A única receita em que a iniciativa de realizá-la é do próprio ente é a receita de operações de crédito. Nas demais receitas, a iniciativa é do contribuinte. Assim, quando a LOA não é aprovada ficam pendente apenas as receitas em que a iniciativa de realizá-la é do próprio ente.

Gabarito: **D**

14ª Questão (ALERJ Analista Legislativo – Qualquer Cargo FGV 2017): *O estágio de execução da receita orçamentária que, a partir da ocorrência do fato gerador, identifica o sujeito passivo é o (a):*

a) arrecadação;
b) empenho;
c) lançamento;
d) liquidação;
e) previsão.

Solução

Seria o estágio do lançamento.

Gabarito: **C**

15ª Questão (TCE-PB Auditor de Contas Públicas Cespe 2018): *A respeito de receita pública e da sua repartição no sistema constitucional, assinale a opção correta.*

a) A retenção de recursos públicos atribuídos aos estados e derivados da receita dos impostos é vedada à União, razão pela qual é inconstitucional o condicionamento do repasse ao pagamento de créditos devidos ao governo federal.

b) As parcelas do imposto sobre a renda retidas na fonte incidente sobre os rendimentos pagos pelos estados lhes pertencem, incorporando-se, desde logo, às respectivas receitas correntes.

c) As multas administrativas não são incluídas no conceito de receita pública porque são atos punitivos.

d) Todo ingresso de receita nos cofres do Estado pressupõe sua previsão na lei orçamentária, pois a movimentação de recursos financeiros exige a prévia autorização legislativa.

e) O princípio da unidade de tesouraria implica a centralização de todo o ingresso de receitas no tesouro público para que seja contabilizado como receita provisória.

Solução

a) Errado, a retenção de recursos públicos atribuídos aos estados e derivados da receita dos impostos é permitida à União nos casos em que a União vá executar uma contragarantia em desfavor do Estado.

b) Certo.

c) Errado, as multas administrativas são incluídas no conceito de receita pública.

d) Errado, as receitas de doações de recursos não passam pelo estágio da previsão e são orçamentárias.

e) Errado, o princípio da unidade de tesouraria implica a centralização de todo o ingresso de receitas no tesouro público em uma conta única. Não existe essa relação com receita provisória.

Gabarito: **B**

16ª Questão (TCE-PB Auditor de Contas Públicas Cespe 2018): *A respeito da receita pública e de sua classificação, assinale a opção correta.*

a) As contribuições sociais e de melhoria, assim como as multas decorrentes do não pagamento de impostos, classificam-se como receitas tributárias.

b) A definição de receita pública originária inclui a caução dada em garantia pelo particular que contrata com o poder público.

c) O pagamento pelo consumo de energia elétrica e a taxa de prevenção a incêndio constituem exemplos de receita pública originária e derivada, respectivamente.

d) A receita proveniente da arrecadação tributária dos estados é classificada como originária por estar diretamente relacionada ao exercício da competência constitucional daqueles entes federativos.

e) O recebimento de amortização da dívida pública e o ingresso de recursos financeiros decorrentes de operações de crédito se classificam como receita corrente.

Solução

a) Errado, as contribuições de melhoria e as multas decorrentes do não pagamento de impostos são receitas tributárias - 1.1. Já as receitas de contribuições sociais são receitas de contribuições - 1.2.

b) Errado, caução é receita extraorçamentária.

c) Certo.

d) Errado, a receita proveniente da arrecadação tributária dos estados é classificada como derivada.

e) Errado, o recebimento de amortização da dívida pública e o ingresso de recursos financeiros decorrentes de operações de crédito se classificam como receita de capital.

Gabarito: **C**

CAPÍTULO 22

DÍVIDA ATIVA

1. DÍVIDA ATIVA

Antes de detalhar os conceitos relacionados à dívida ativa, a Figura 22.1 contém a classificação quanto à natureza da receita.

Figura 22.1: Classificação quanto à natureza até o 2º nível

Categoria Econômica (1º Dígito)	Origem (2º Dígito)
1. Receitas Correntes 7. Receitas Correntes Intraorçamentárias	1. Impostos, Taxas e Contribuições de Melhoria 2. Contribuições 3. Receita Patrimonial 4. Receita Agropecuária 5. Receita Industrial 6. Receita de Serviços 7. Transferências Correntes 9. Outras Receitas Correntes
2. Receitas de Capital 8. Receitas de Capital Intraorçamentárias	1. Operações de Crédito 2. Alienação de Bens 3. Amortização de Empréstimos 4. Transferências de Capital 9. Outras Receitas de Capital

A receita da dívida ativa desde 01.01.2016 acompanha a origem. Assim, admite-se existe receita da dívida ativa em quaisquer das oito origens da receita corrente ou das cinco origens da receita de capital.

Inicialmente o art. 39 da Lei 4.320/1964 estabelece que os créditos da Fazenda Pública, de natureza tributária ou não tributária, serão escriturados como receita do exercício em que forem arrecadados, nas respectivas rubricas orçamentárias. Isso reforça o art. 35º que afirma que pertencem ao exercício as receitas nele arrecadadas.

O parágrafo 1º do art. 39º por sua vez estabelece que **os créditos de natureza tributária ou não tributária**, **exigíveis pelo transcurso do prazo para pagamento**, **serão inscritos**, na forma da legislação própria, **como Dívida Ativa**, em registro próprio, **após apurada a sua liquidez e certeza**, e a respectiva receita será escriturada a esse título.

Conclui-se assim que há a dívida ativa tributária e a não tributária. O Quadro 1 mostra os conceitos desses dois tipos conforme estabelece a Lei 4.320/1964.

Quadro 22.1: Tipos de dívida ativa

Tipo de dívida ativa	Descrição
Tributária	É o crédito da Fazenda Pública dessa natureza, proveniente de obrigação legal relativa **a tributos e respectivos adicionais e multas.**
Não tributária	São os demais créditos da Fazenda Pública, tais como os **provenientes de empréstimos compulsórios, contribuições estabelecidas em lei, multa de qualquer origem ou natureza**, exceto as tributárias, foros, laudêmios, alugueis ou taxas de ocupação, custas processuais, preços de serviços prestados por estabelecimentos públicos, indenizações, reposições, restituições, alcances dos responsáveis definitivamente julgados, bem assim os créditos decorrentes de obrigações em moeda estrangeira, de sub-rogação de hipoteca, fiança, aval ou outra garantia, de contratos em geral ou de outras obrigações legais.

Ressalta-se inicialmente que a regra, prescrita no § 1º do art. 39, (apuração da liquidez e certeza) aplica-se aos créditos de natureza tributária e não tributária.

Feita a inscrição e esgotadas as oportunidades, mediante cobrança amigável, para a quitação administrativa do débito, **será proposta ação de cobrança judicial**, **instruída com a Certidão de Dívida Ativa (CDA)** extraída do Termo de Inscrição.

Verifica-se, portanto, que o ato de inscrição em Dívida Ativa visa a desempenhar uma razão de dupla instrumentalidade: cumprir a finalidade contábil expressa na Lei nº 4.320, de 1964, **e viabilizar a criação do título executivo extrajudicial**, consubstanciado na CDA.

Atenção

A referência aos créditos que constituem a Dívida Ativa Não-Tributária, contida no Quadro 22.1 anterior, **é meramente exemplificativa**. **Qualquer crédito da Fazenda Pública que não decorra de uma obrigação tributária** é **crédito não** tributário e todos os créditos não tributários, cuja liquidez e certeza possam ser apuradas pela Administração, integram, em tese, a Dívida Ativa Não Tributária.

Assim, as receitas de contribuições e as receitas de empréstimos compulsórios apesar de serem coercitivas (derivadas) são inscritas como dívida ativa não tributária.

O valor do crédito da Fazenda Nacional em moeda estrangeira **será convertido ao correspondente valor na moeda nacional à taxa cambial oficial**, PARA COMPRA, **na data da notificação ou intimação do devedor**, pela autoridade administrativa, ou, à sua falta, na data da inscrição da Dívida Ativa, incidindo, a partir da conversão, **a atualização monetária e os juros de mora**, de acordo com preceitos legais pertinentes aos débitos tributários[9].

A receita da Dívida Ativa abrange os créditos mencionados nos parágrafos anteriores, bem como os valores correspondentes à respectiva atualização monetária, à multa e juros de mora e aos demais encargos previstos na legislação[10].

A inscrição em Dívida Ativa é ato jurídico que visa legitimar a origem do crédito em favor da Fazenda Pública, revestindo o procedimento dos necessários requisitos jurídicos para as ações de cobrança.

A Lei nº 6.830, de 22 de setembro de 1980, em seu art. 2º, parágrafo 3º, determina que cabe ao órgão competente apurar a liquidez e certeza dos créditos, qualificando a inscrição como ato de controle administrativo da legalidade. Depreende-se, portanto, que os Entes Públicos **deverão outorgar a um órgão a competência para este procedimento**, **dissociando, obrigatoriamente, a inscrição do crédito em Dívida Ativa e a origem desse crédito**.

No caso da União, a Dívida Ativa da União será apurada e inscrita na Procuradoria da Fazenda Nacional[11].

Os créditos inscritos em Dívida Ativa compõem o cadastro de Dívida Ativa da União.

Apesar de essa ser a regra estabelecida pela Lei 4.320/1964, o Manual de Contabilidade Aplicada ao Setor Público detalha outros responsáveis pela inscrição da dívida ativa e que constam no Quadro 22.2.

9 § 3º da Lei 4.320/1964.

10 § 4º da Lei 4.320/1964.

11 § 5º da Lei 4.320/1964.

Quadro 22.2: Órgãos responsáveis pela inscrição da dívida ativa apenas no âmbito da União

Órgão responsável	Competência
Procuradoria Geral da Fazenda Nacional	Responsável pela gestão administrativa e judicial da Dívida Ativa da União.
Procuradoria-Geral Federal (PGF)	Responsável pela apuração de certeza e liquidez, Inscrição em dívida ativa e proceder à cobrança amigável e judicial, dos créditos das Autarquias e Fundações Públicas, bem como pela representação judicial e extrajudicial dessas entidades.
Procuradoria do BACEN	Responsável pela apuração de certeza e liquidez, inscrição em Dívida Ativa e gestão administrativa e judicial dos créditos do BACEN.
Procuradoria do INSS	Responsável pela apuração de certeza e liquidez, inscrição em Dívida Ativa e gestão administrativa e judicial das contribuições sociais previdenciárias.

As demais esferas governamentais, Estados, Distrito Federal e Municípios, **disporão sobre competências de órgãos e entidades para gestão administrativa e judicial da Dívida Ativa pertinente**.

Normalmente nos Estados a gestão administrativa e judicial da dívida ativa ocorre no âmbito da Secretaria da Fazenda.

2. LISTA DE QUESTÕES OBJETIVAS

1ª Questão (Prefeitura de Jaboatão dos Guararapes Auditor FCC 2006): *Com relação à Dívida Ativa considere as seguintes afirmações:*

I. Existe somente a Dívida Ativa Tributária.

II. A receita da Dívida Ativa abrange os créditos em seu valor original sem considerar atualização monetária, multa, juros e encargos.

III. Dívida Ativa Tributária é crédito da Fazenda Pública oriundo de obrigação legal referente a tributos e acréscimos.

IV. Dívida Ativa Não Tributária são os empréstimos compulsórios, contribuições legais e aluguéis entre outros.

SOMENTE estão corretas

a) I e II.

b) I e III.

c) I e IV.

d) II e III.

e) III e IV.

Solução

I. Errado, existe tributária e não tributária.

II. Errado, A receita da Dívida Ativa abrange os créditos em seu valor original e inclui a atualização monetária.

III. Certo, sem comentários adicionais.

IV. Certo, sem comentários adicionais.

Gabarito: **E**

2ª Questão (MPU Analista FCC 2007): *Integram a Dívida Ativa Tributária os créditos da Fazenda Pública provenientes de*

a) foros, laudêmios ou taxas de ocupação.

b) preços de serviços prestados por estabelecimentos públicos.

c) créditos decorrentes de obrigações em moeda estrangeira, de sub-rogação de hipoteca, fiança, aval ou outra garantia.

d) empréstimos compulsórios, contribuições estabelecidas em lei e aluguéis de bens imóveis.

e) multas por descumprimento de obrigação legal relativa a tributos.

Solução

Gabarito E. Todos os demais compõem a dívida ativa não tributária.

Gabarito: **E**

3ª Questão (Câmara dos Deputados Analista Patrimonial FCC 2007): *A Dívida Ativa da União será apurada e inscrita*

a) no Ministério Público da União.

b) na Advocacia Geral da União.

c) na Receita Federal do Brasil.

d) na Procuradoria da Fazenda Nacional.

e) na Secretaria do Tesouro Nacional.

Solução

Seria a PGFN, gabarito D.

Gabarito: **D**

4ª Questão (TCM-RJ Auditor FGV 2008): *De acordo com as informações listadas na tabela abaixo, responda à questão.*

Rúbricas	Previsão	Lançamento	Arrecadação	Recolhimento
Transferência de Capital	1.200		900	900
Dívida Ativa Tributária	1.000		800	800
ISS	2.000	1.500	1.200	1.000
Amortização de Empréstimos Concedidos	1.500		1.400	1.400
Aluguéis	700	700	500	500
Multa	800	600	500	300
Total	7.200	2.800	5.300	4.900

Ao final da execução orçamentária, o valor a ser inscrito em Dívida Ativa Tributária será de:

a) 200.
b) 300.
c) 700.
d) 500.
e) 400.

Solução

Gabarito: B. Seria 1500 - 1200 = 300.

Gabarito: **B**

5ª Questão (PGE-RJ Técnico FCC 2009): *O recebimento pelo Estado de valores inscritos em dívida ativa corresponde a uma*

a) redução de dívida fundada.
b) receita extraorçamentária.
c) despesa extraorçamentária.
d) despesa orçamentária.
e) receita orçamentária.

Solução

Trata-se de receita orçamentária, gabarito E.

Gabarito: **E**

6ª Questão (ANA Analista ESAF 2009): *Acerca da Dívida Ativa, é correto afirmar:*

a) a Dívida Ativa inscrita goza da presunção de liquidez e certeza, e tem equivalência de prova pré-constituída contra o devedor.
b) no âmbito da União, compete à Receita Federal do Brasil apurar a liquidez e certeza dos créditos tributários a serem inscritos em Dívida Ativa.
c) apenas créditos tributários são passíveis de inscrição em Dívida Ativa.
d) considera-se absoluta a presunção de liquidez e certeza de crédito inscrito em Dívida Ativa.
e) no âmbito da União, compete à Receita Federal do Brasil apurar a liquidez e certeza dos créditos não-tributários a serem inscritos em Dívida Ativa.

Solução

a) Certo, sem comentários adicionais.
b) Errado, compete à PGFN apurar a liquidez e certeza dos créditos tributários a serem inscritos em Dívida Ativa.
c) Errado, os créditos não tributários também são inscritos em dívida ativa.
d) Errado, é relativa a presunção de liquidez e certeza de crédito inscrito em Dívida Ativa.
e) Errado, compete à PGFN e não a Receita Federal.

Gabarito: **A**

7ª Questão (Unipampa Contador Cespe 2010): *Julgue o item a seguir:*

Dívida ativa constitui-se nos créditos da fazenda pública, tributários ou não, que – não pagos no vencimento – são inscritos em registro próprio, após apurada sua liquidez e certeza, de acordo com legislação específica. Assim, a dívida ativa compõe o passivo da União, dos estados e dos municípios.

Solução

Errado, compõe o ativo e não o passivo.

Gabarito: **Errado**

8ª a 11ª Questão (MPU Analista Cespe 2010): *Julgue os itens a seguir.*

8. A dívida ativa é formada pelo conjunto de obrigações do Tesouro Nacional perante terceiros, desde que regularmente constituídas, formalizadas e reconhecidas.

9. A dívida ativa constitui-se dos passivos da fazenda pública, para com terceiros, não pagos no vencimento, que são inscritos em registro próprio, após apurada sua exigibilidade.

10. O direito de inscrever créditos na dívida ativa e cobrá-los pela via executiva judicial é estendido às autarquias e empresas públicas.

11. A notificação de lançamento tributário dirigida ao contribuinte constitui ato que implica o exercício de uma pretensão de liquidez do crédito correspondente.

Solução

8. Errado, a dívida ativa é formada pelo conjunto de conjunto de créditos vencidos e não pagos.

9. Errado, A dívida ativa constitui-se em ativos da fazenda pública.

10. Errado, O direito de inscrever créditos na dívida ativa estende-se a administração direta, autarquias e fundações públicas.

11. Certo, o estágio do lançamento com a posterior notificação é fase importante no reconhecido da certeza e liquidez do crédito.

Gabarito:

8. **Errado**
9. **Errado**
10. **Errado**
11. **Certo**

12ª Questão (ABIN Oficial de Inteligência Cespe 2010): *Julgue o item a seguir:*

A dívida ativa das contribuições previdenciárias recebidas é considerada receita da dívida ativa tributária e classificada como receita tributária, de acordo com o respectivo tributo.

Solução

Errado, constitui dívida ativa não tributária. Desde 01.01.2016 a dívida ativa das contribuições previdenciárias é classificada como receita de contribuições.

Gabarito: **Errado**

13ª Questão (DETRAN-ES Contador Cespe 2010): *Julgue o item a seguir:*

Caso determinado débito seja inscrito na dívida ativa de impostos e não seja pago, o órgão competente da fazenda pública será obrigado a propor uma ação de execução fiscal no prazo estabelecido em lei, sob pena de o ente respectivo ficar proibido de receber transferências voluntárias de outros entes.

Solução

Certo, a LRF determina que o ente deve instituir, prever e arrecadar todos os impostos de sua competência sob pena de não receber transferências voluntárias. Assim, caso haja omissão do ente na dívida ativa de impostos, tal restrição também será aplicada.

Gabarito: **Certo**

14ª Questão (TRE-RJ Analista Cespe 2012 Adaptada): *Julgue o item a seguir:*

Considerando que determinado gestor público tenha sido julgado em alcance pelo Tribunal de Contas da União, por não ter arrecadado as taxas atribuídas pela legislação ao órgão que ele dirigia, o montante definido para ressarcimento ao erário, se não for pago até o vencimento fixado, constituirá dívida ativa tributária.

Solução

Certo, sob à luz do MCASP 7ª edição, se considerarmos que essa multa decorre da não arrecadação da taxa, essa multa acompanha a origem: receita tributária. Ou seja, é diferente da multa de trânsito ou da multa de não devolução do livro a uma biblioteca pública, que são contabilizadas como outras receitas correntes.

Gabarito: **Certo**

15ª Questão (ANAC Analista Cespe 2012): *Julgue o item a seguir:*

A dívida ativa constitui-se dos créditos não financeiros oriundos de tributos lançados e não arrecadados em um exercício, bem como dos autos de infração não contestados.

Solução

Certo, qualquer direito devido à fazenda pública, e devidamente reconhecido, não pago será inscrito em dívida ativa.

Gabarito: **Certo**

16ª Questão (TJ-AL Analista Cespe 2012): *Julgue o item a seguir:*

A dívida ativa tributária é o crédito da fazenda pública, proveniente de obrigação legal relativa a tributos e respectivos adicionais e multas.

Solução

Certo, é exatamente o conceito.

Gabarito: **Certo**

17ª Questão (Senado Consultor FGV 2012): *O estoque da dívida ativa no exercício encerrado em 31/12/2006 era de R$ 100.000. No exercício de 2007 foram inscritos créditos de R$ 30.000 e recebidos 50% do estoque de 2006. Pode-se afirmar que em 2007 o estoque da dívida ativa apresentou:*

a) aumento de R$ 30.000.

b) redução de R$ 30.000.

c) aumento de R$ 20.000.

d) redução de R$ 20.000.

e) aumento de R$ 50.000.

Solução

Saldo Inicial: 100.000

Entrada (inscrição): +30.000

Saída (cobrança): (50.000)

Saldo Final: 100 + 30 – 50 = 80.000.

Ou seja, reduziu 20 mil. Gabarito: D.

Gabarito: **D**

18ª Questão (Senado Consultor FGV 2012): *Uma receita de imposto inscrita na dívida ativa, por não ter sido arrecadada no exercício em que foi previsto, começou a ser arrecadada no exercício da inscrição na dívida ativa, estendendo-se por 60 vezes mensais, de acordo com parcelamento combinado. Nesse caso pode-se afirmar que:*

a) houve registro de receita tributária arrecadada pelos valores recebidos no primeiro exercício do parcelamento.

b) somente houve de previsão de receita orçamentária no exercício original antes da inscrição na dívida ativa.

c) o registro de arrecadação de receitas ocorreu depois de recebidas todas as parcelas devidas.

d) a receita foi registrada ao longo dos exercícios da arrecadação, mas classificada como receita tributária.

e) a receita total foi registrada pelo total no exercício em que foi inscrita na dívida ativa, sendo registrado um ativo realizável de longo prazo.

Solução

A receita da dívida ativa é reconhecida no momento da arrecadação. Desde 01.01.2016, a receita da dívida acompanha o 3º nível da classificação da receita quanto à natureza. Se era oriundo de imposto, continua sendo receita tributária. Gabarito D.

Gabarito: **D**

19ª Questão (AL-MA Consultor FGV 2013): *Leia as informações a seguir e responda a questão. Com relação à execução orçamentária da receita do ano de 2012, analise as informações a seguir.*

Receitas	Previsão	Lançamento	Arrecadação	Recolhimento
Impostos	100	90	80	80
Amortização de Empréstimos	80		70	70
Multas de Trânsito	60	50	30	30
Dividendos	40		40	40

Conforme a Lei n. 4.320/64, o valor a ser inscrito em Dívida Ativa Não Tributária será de

a) 0.

b) 10.

c) 20.

d) 30.

e) 40.

Solução

Gabarito: C. Seria 50 – 30 = 20.

Gabarito: **C**

20ª Questão (AL-MA Consultor FGV 2013): *Com base nas informações a seguir, responda a questão.*

Rúbricas	Previsão	Lançamento	Arrecadação
Cobrança da Dívida Ativa Tributária	100		70
ICMS	300	250	230
Alienação de Bens Móveis	100		80

Considerando que o saldo inicial da conta Dívida Ativa é $100, determine seu saldo final com base nos dados informados da execução das receitas orçamentárias.

a) 20.
b) 30.
c) 50.
d) 90.
e) 120.

Solução

Saldo Inicial: 100

Entrada (inscrição): +20

Saída (cobrança): (70)

Saldo Final: 100 + 20 - 70 = 50. Gabarito: C.

Gabarito: **C**

21ª Questão (DNIT Analista ESAF 2013): *A respeito dos créditos relacionados à dívida ativa de que tratam a Lei n. 4.320/1964, bem como seu reflexo no patrimônio do ente público, é correto afirmar, exceto:*

a) créditos que não de origem tributária podem ser inscritos em dívida ativa.
b) os créditos não recebidos no exercício e inscritos em dívida ativa são reconhecidos como receita orçamentária somente no exercício do recebimento.
c) quando o crédito a ser inscrito em dívida ativa estiver em moeda estrangeira, deverá ocorrer a conversão para moeda nacional na data da inscrição.
d) os juros, as multas de mora e as atualizações incidentes sobre os créditos também constituem receitas da dívida ativa.
e) no âmbito da União, a apuração e inscrição da dívida ativa devem ser realizadas pelos órgãos da administração detentores dos créditos.

Solução

a) Certo, sem comentários adicionais.
b) Certo, só se considera receita na arrecadação/recebimento.
c) Certo, sem comentários adicionais.
d) Certo, sem comentários adicionais.
e) Errado, no âmbito da União, a apuração e inscrição da dívida ativa devem ser realizadas pelos órgãos responsáveis pela gestão da dívida ativa: PGFN, por exemplo.

Gabarito: **E**

22ª Questão (CNJ Analista Cespe 2013): *Julgue o item a seguir:*

A dívida ativa é composta por créditos a favor da fazenda pública, os quais não foram efetivamente recebidos nas datas aprazadas e cuja certeza e liquidez foram apuradas. Constitui, portanto, fonte certa de recursos.

Solução

Errado, existe a probabilidade de não sejam recebidos, logo não é fonte certa de recursos.

Gabarito: **Errado**

23ª Questão (MME Analista Cespe 2013): *Em relação à dívida ativa da União, assinale a opção correta.*

a) Na dívida ativa, são inscritos unicamente os débitos referentes a pessoas jurídicas.
b) Os débitos junto ao Instituto Nacional do Seguro Social não compõem a dívida ativa da União.
c) A dívida ativa é atualizada anualmente pela taxa de juros de longo prazo.
d) A dívida ativa corresponde aos créditos da fazenda pública de natureza exclusivamente tributária.
e) Embora sejam admitidos recurso e prova em contrário, a certidão de dívida ativa possui caráter líquido e certo.

Solução

a) Errado, as pessoas físicas também estão sujeitas à inscrição na dívida ativa.
b) Errado, compõem e são geridos pela Procuradoria do INSS, logo compõem a dívida ativa da União.
c) Errado, a Dívida Ativa da União é atualizada mensalmente pela Taxa SELIC.
d) Errado, pode ser de natureza tributária e não tributária.
e) Certo, é uma de suas características.

Gabarito: **E**

24ª Questão (Ministério da Integração Analista Cespe 2013): *Julgue o item a seguir:*

O órgão público que disponha de crédito, em moeda estrangeira, que não tenha sido pago depois de transcorrido o prazo contratual deve inscrevê-lo na dívida ativa, convertendo o seu valor em moeda nacional à taxa de câmbio oficial para compra na data da notificação ou da intimação do devedor ou, à sua falta, na data da inscrição na dívida ativa.

Solução

Certo, é exatamente o que consta na Lei 4.320/1964.

Gabarito: **Certo**

25ª Questão (CPRM Analista Cespe 2013): *Julgue o item a seguir:*

Os créditos da fazenda pública exigíveis pelo transcurso do prazo para pagamento são inscritos, na repartição administrativa competente, como dívida ativa. No caso da União, a dívida ativa é apurada e inscrita na Procuradoria da Fazenda Nacional.

Solução

Certo, em questões omissas, assume-se que a PGFN é o órgão responsável pela apuração e inscrição da dívida ativa da União.

Gabarito: **Certo**

26ª e 27ª Questões (ANTT Analista Cespe 2013): *Julgue os itens a seguir.*

26. A inclusão do contribuinte na dívida ativa tem como requisito a apuração da certeza e liquidez da dívida.

27. As multas aplicadas pela ANTT como sanção por descumprimento das normas de conduta dispostas e não pagas devem ser inscritas na dívida ativa de natureza não tributária.

Solução

26. Certo, compete a PGFN a inscrição e cobrança amigável ou judicial das dívidas ativas juntos aos contribuintes, após a apuração de sua liquidez e certeza.

27. Certo, essas multas são classificadas como outras receitas correntes e quando não pagas devem ser inscritas na dívida ativa não tributária.

Gabarito:

26. **Certo**

27. **Certo**

28ª e 29ª Questões (TCE-RO Auditor Cespe 2013): *Julgue os itens a seguir.*

28. As receitas decorrentes da dívida ativa da amortização de empréstimos são classificadas como receita de capital.

29. Considere que a Procuradoria da Fazenda tenha ajuizado ação judicial de execução de determinado crédito, que, anteriormente, havia sido inscrito na dívida ativa da União. Nessa situação, o ato de ajuizar a ação integra o ciclo orçamentário.

Solução

28. Certo, desde 01.01.2016, as receitas da dívida ativa acompanham o 2° e 3° níveis da classificação da natureza: origem e espécie.

29. Errado, não se confunde ciclo da dívida ativa com ciclo orçamentário. Porém, o valor inscrito e a recebe subsidia as informações da receita a arrecadar - útil para a 1ª etapa LOA - Elaboração da LOA. O valor efetivamente recebido está presente nas informações da 3ª etapa da LOA - Execução Orçamentária e Financeira.

Gabarito:

28. **Certo**

29. **Errado**

30ª e 31ª Questões (FUNASA Analista Cespe 2013): *Julgue os itens a seguir.*

30. A inscrição na dívida ativa por órgão competente fornece uma presunção de certeza e liquidez apenas relativa a respeito da existência do débito a ser pago.

31. Os registros contábeis da dívida ativa não incluem atualização monetária e juros de mora, que são registrados em contas específicas de natureza distinta das contas dos créditos de dívida ativa.

Solução

30. Certo, pois ainda pode haver contestação e eventual cancelamento da dívida ativa inscrita.

31. Errado, os registros contábeis da dívida ativa incluem atualização monetária, juros de mora e multas.

Gabarito:

30. **Certo**

31. **Errado**

32ª Questão (Prefeitura do Recife Auditor FGV 2014): *Com relação à certidão da dívida ativa, assinale a afirmativa correta.*

a) Possível o protesto das certidões de dívida ativa da União, dos Estados, do Distrito Federal, dos Municípios e das respectivas autarquias e fundações públicas.

b) Incabível o protesto das certidões de dívida ativa.

c) Não existe óbice ao protesto das certidões de dívida ativa, desde que proposta ação de execução fiscal.

d) O protesto das certidões de dívida ativa não encontra respaldo na Lei de Execuções Fiscais, sendo, portanto, vedado.

e) O protesto das certidões de dívida ativa representa ofensa aos princípios constitucionais do contraditório e do devido processo legal.

Solução

A reposta mais adequada consta na opção A.

Gabarito: **A**

33ª Questão (TCE-PB Procurador Cespe 2014): *Uma relação obrigacional será classificada como dívida ativa quando, entre outros requisitos,*

a) sua origem tiver natureza estritamente tributária.
b) tiver sido ajuizada ação de cobrança para sua constituição.
c) qualquer das partes for órgão público, autarquia ou fundação pública.
d) o credor for um ente público.
e) o devedor for um ente público.

Solução

a) Errado, pode ser também não tributária.
b) Errado, a constituição/inscrição vem antes do possível ajuizamento.
c) Errado, uma parte é órgão público, autarquia ou fundação pública e a outra parte é uma pessoa física ou jurídica de direito privado.
d) Certo.
e) Errado, o devedor é uma pessoa física ou jurídica de direito privado.

Gabarito: **D**

34ª Questão (Câmara dos Deputados Consultor Cespe 2014): *Julgue o item a seguir.*

A dívida ativa é um crédito da fazenda pública, de natureza tributária ou não, exigível em virtude do transcurso do prazo de pagamento.

Solução

Certo, sem comentários adicionais.

Gabarito: **Certo**

35ª Questão (ANTAQ Analista Cespe 2014): *Julgue o item a seguir.*

O valor de um imposto vencido e não pago no prazo legal, apuradas a sua liquidez e certeza, poderá ser inscrito na dívida ativa. O mesmo não ocorrerá com um aluguel devido a determinada entidade pública, vencido e não pago no prazo legal.

Solução

Errado, no primeiro caso do imposto temos dívida ativa tributária, enquanto no segundo dívida ativa não tributária.

Gabarito: **Errado**

36ª Questão (ALE-PE Analista FCC 2014): *A Constituição Federal permite que a União institua empréstimos compulsórios mediante lei complementar. O art. 148 de seu texto tem a seguinte dicção: "Art. 148. A União, mediante lei complementar, poderá instituir empréstimos compulsórios:*

I. para atender a despesas extraordinárias, decorrentes de calamidade pública, de guerra externa ou sua iminência;

II. no caso de investimento público de caráter urgente e de relevante interesse nacional, observado o disposto no art. 150,

III, "b". Parágrafo único. A aplicação dos recursos provenientes de empréstimo compulsório será vinculada à despesa que fundamentou sua instituição."

De acordo com a Lei Federal nº 4.320/64, o montante do referido empréstimo, exigível pela União após transcurso do prazo para pagamento, será inscrito, na forma da legislação própria, em registro próprio, após apurada a sua liquidez e certeza, como

a) Dívida Ativa Tributária.
b) Dívida Ativa não Tributária.
c) Crédito Tributário a ajuizar.
d) Crédito não Tributário a ajuizar.
e) Crédito sujeito à prescrição.

Solução

O não recebimento dos empréstimos compulsórios enseja inscrição de Dívida Ativa não Tributária.

Gabarito: **B**

37ª Questão (TCE-GO Analista FCC 2014): *Uma vez não pago um crédito devido à Administração pública, devidamente constituído nos termos da lei, para sua cobrança deve ser*

a) feito o prévio protesto da dívida e posterior inscrição na dívida ativa.
b) feita a notificação extrajudicial do devedor para pagar, sob pena de inscrição na dívida ativa e consequente negativação do nome nos órgãos de proteção ao crédito.
c) feita a inscrição do débito na dívida ativa, depois de esgotado o prazo, fixado pela lei ou por decisão final procedida em processo administrativo, para pagamento.

Unidade Didática IV
Elementos Orçamentários na Federação

d) proposta, de imediato, a execução fiscal para cobrança deste débito, desde que tenha natureza tributária.
e) emitida uma certidão dando conta da mora para fins de protesto extrajudicial, que dará publicidade desta mora, autorizando a inscrição em dívida ativa, para posterior execução fiscal.

Solução

A resposta mais adequada consta na opção C.

Gabarito: **C**

38ª Questão (MPE-PB Analista FCC 2014): *Os créditos relativos à dívida ativa devem ser escriturados como receita do exercício em que forem arrecadados, nas respectivas rubricas, e se dividem em naturezas*

a) pública e privada.
b) orçamentária e financeira.
c) mobiliária e imobiliária.
d) patrimonial e extrapatrimonial.
e) tributária e não tributária.

Solução

Gabarito E, sem comentários adicionais.

Gabarito: **E**

39ª Questão (STJ Analista Cespe 2015): *Julgue o item a seguir.*

Caso determinado cidadão pague uma parcela de dívida de natureza tributária que esteja inscrita na dívida ativa da União e cujo prazo para pagamento tenha vencido, então a receita correspondente deverá ser classificada como outras receitas correntes.

Solução

Errado, desde 01.01.2016 ela deve ser contabilizada como receita corrente tributária.

Gabarito: **Errado**

40ª Questão (TCU Procurador Cespe 2015): *Julgue o item a seguir.*

A dívida ativa tributária compreende os créditos de natureza tributária dotados de liquidez, certeza e exigibilidade, sendo inscritos em registro próprio.

Solução

Certo, sem comentários adicionais.

Gabarito: **Certo**

41ª a 43ª Questões (TRE-MT Analista Cespe 2015): *Julgue os itens a seguir.*

41. No caso da União, a dívida ativa será apurada pela Controladoria-Geral da União.
42. A inscrição em dívida ativa dá-se por ausência de liquidez do respectivo valor.
43. A dívida ativa representa débitos do ente público junto a terceiros.

Solução

41. Errado, no caso da União, a dívida ativa será apurada pela PGFN.
42. Errado, a dívida ativa é dotada de liquidez.
43. Errado, a dívida ativa representa crédito públicos junto a terceiros.

Gabarito:

41. **Errado.**
42. **Errado.**
43. **Errado.**

44ª Questão (TRE-MT Analista Cespe 2015): *Julgue o item a seguir.*

A inscrição em dívida ativa é condição necessária à respectiva execução.

Solução

Certo, a inscrição antecede a execução.

Gabarito: **Certo**

45ª Questão (TCE-PR Auditor Cespe 2016): *Julgue o item a seguir.*

Dívida ativa corresponde à despesa originada em exercício anterior, presente no orçamento corrente.

Solução

Errado, trata-se de créditos da fazenda pública exigíveis pelo transcurso do prazo para pagamento.

Gabarito: **Errado**

46ª Questão (DPU Contador Cespe 2016): *Considere que a Defensoria Pública da União (DPU) tenha contraído, em janeiro de 2014, um empréstimo internacional junto ao Banco Interamericano de Desenvolvimento (BID) no valor R$ 100 milhões, para pagamento em vinte anos, com carência de cinco anos.*

Julgue o item a seguir:

A contratação do empréstimo não implica alteração na dívida ativa da DPU.

Solução

Certo, neste caso seria afetada a dívida passiva: dívida consolidada.

Gabarito: **Certo**

47ª Questão (TRE-PI Analista Cespe 2016): *Julgue o item a seguir.*

A inscrição em dívida ativa de natureza tributária da União compete à SOF.

Solução

Errado, compete à PGFN.

Gabarito: **Errado**

48ª Questão (TRT 8ª Região Analista Cespe 2016): *A receita de dívida ativa proveniente da inclusão do nome de contribuintes que não efetuam o pagamento de seus impostos até o final do exercício financeiro deve ser classificada, pela administração pública, como receita corrente tributária.*

Solução

Certo, desde 01.01.2016 a receita da dívida ativa acompanha o 3° nível da receita quando à natureza. Se a receita original era de imposto, a receita da dívida ativa continua sendo de imposto.

Gabarito: **Certo**

49ª Questão (TCE-PE Auditor Cespe 2017): *Julgue o item a seguir.*

A inscrição de crédito em dívida ativa corresponde à representação contábil de um fato permutativo resultante da transferência de valor não recebido no prazo estabelecido, dentro do próprio ativo.

Solução

Essa questão foi disponibilizada em uma prova de AFO e Direito Financeiro. Porém, trata-se de questão de contabilidade pública. Em suma, a inscrição da dívida ativa e o recebimento da dívida ativa é fato permutativo.

Gabarito: **Certo**

CAPÍTULO 23

DESPESA ORÇAMENTÁRIA: CLASSIFICAÇÕES

1. CLASSIFICAÇÕES EXISTENTES

A seguir constam as classificações das despesas orçamentárias existentes.

Programação	Tipo de Classificação	Critérios	É uma classificação oficial na LOA na União?	Reconhecida formalmente no MCASP (aplica-se a toda a federação)?	É padronizada para todos os entes?
Qualitativa (De trabalho)	Esfera Orçamentária	Fiscal, Seguridade e Investimento	Sim	Não	Não
	Institucional	Órgão e Unidade Orçamentária	Sim	Sim	**Parcialmente**
	Funcional	Função e Subfunção	Sim	Sim	Sim
	Programática	Temático; Gestão, Manutenção e Serviços; Operações Especiais	Sim	Sim	**Parcialmente**

Programação	Tipo de Classificação	Critérios	É uma classificação oficial na LOA na União?	Reconhecida formalmente no MCASP (aplica-se a toda a federação)?	É padronizada para todos os entes?
Quantitativa (Financeira)	IDOC (identificador de operação de crédito)	Número da Operação de Crédito ou da Doação Internacional	Sim	Não	Não
	IDUSO (identificador de uso)	Com contrapartida ou sem contrapartida	Sim	Não	Não
	Fonte	Ordinária e Vinculada	Sim	Sim	Não
	Natureza	Corrente e Capital	Sim	Sim	Sim
	Resultado Primário	Primária e Financeira	Sim	Sim	Não
Não se aplica	Contábil (impacto no Patrimônio Líquido)	Efetiva e Não Efetiva	Não	Não	Não

A **classificação por esfera orçamentária** ***em que pese não ter sido reconhecida formalmente pelo MCASP*** (Manual de Contabilidade Aplicada ao Setor Pública) da Secretaria do Tesouro Nacional, é uma classificação adotada na Leio Orçamentária Anual (LOA) da União pela SOF – Secretaria de Orçamento Federal. **Essa mesma classificação acaba sendo adotada pelos demais entes, pois eles seguem a mesma estrutura de Lei Orçamentária Anual prevista na CF/1988**: orçamento fiscal, orçamento da seguridade social e orçamento de investimento[12].

A **classificação institucional** é ***obrigatória para todos os entes*** e está suportada pelo art. 14 da Lei 4.320/1964: "Constitui unidade orçamentária o agrupamento

12 CF/1988. Art. 165. § 5º A lei orçamentária anual compreenderá:

I – o orçamento fiscal referente aos Poderes da União, seus fundos, órgãos e entidades da administração direta e indireta, inclusive fundações instituídas e mantidas pelo Poder Público;

II – o orçamento de investimento das empresas em que a União, direta ou indiretamente, detenha a maioria do capital social com direito a voto;

III – o orçamento da seguridade social, abrangendo todas as entidades e órgãos a ela vinculados, da administração direta ou indireta, bem como os fundos e fundações instituídos e mantidos pelo Poder Público.

de serviços subordinados ao mesmo órgão ou repartição a que serão consignadas dotações próprias".

A classificação funcional é ***obrigatória e padronizada para todos os entes*** e está suportada pela portaria 42 do MOG/1999. Ela identifica a área do gasto.

A classificação programática é ***obrigatória para todos os entes*** e está suportada pela portaria 42 do MOG/1999. Porém, conforme estabelecido no art. 3º da Portaria MOG nº 42/1999, a **União, os Estados, o Distrito Federal e os Municípios estabelecerão, em atos próprios, suas estruturas de programas, códigos e identificação, respeitados os conceitos e determinações nela contidos**. Desse modo, todos os entes devem ter seus trabalhos organizados por programas e ações, mas cada um estabelecerá seus próprios programas e ações de acordo com a referida Portaria.

O IDOC (identificador de operação de crédito) e IDUSO (identificador de uso) ***são classificações específicas da União.*** Eventualmente os Estados e Municípios podem utilizar mecanismos similares de controle.

A classificação quanto à natureza é ***obrigatória e padronizada*** para União, Estados e Municípios.

Tanto a classificação por fonte, quanto à classificação por resultado primário ***devem ser adotadas pelos Estados e Municípios*** ainda que com níveis e códigos diferentes dos que são adotados pela União.

Na União, as seguintes classificações oficiais compõem a programação de trabalho (***qualitativa***): esfera orçamentária, institucional, funcional, programática; enquanto as seguintes classificações oficiais compõem a programação financeira (***quantitativa***): IDOC (identificador de operação de crédito), IDUSO (identificador de uso), fonte, natureza, resultado primário.

A classificação quanto ao impacto do Patrimônio Líquido ***não é uma classificação oficial.***

2. CLASSIFICAÇÃO DA DESPESA POR ESFERA ORÇAMENTÁRIA

A classificação por esfera orçamentária tem por finalidade identificar se a despesa pertence ao Orçamento Fiscal, da Seguridade Social ou de Investimento das Empresas Estatais, conforme disposto no § 5º do art. 165 da CF/1988.

Na União, na base de dados do SIOP (Sistema de Planejamento e Orçamento), o campo destinado à esfera orçamentária é composto de dois dígitos conforme consta na Figura 23.1 e estará associado à ação orçamentária.

Figura 23.1: Código da Esfera Orçamentária na União

CÓDIGO	ESFERA ORÇAMENTÁRIA
10	Orçamento Fiscal
20	Orçamento da Seguridade Social
30	Orçamento de Investimento

O Orçamento Fiscal (código 10) corresponde aos Poderes da União, seus fundos, órgãos e entidades da administração direta e indireta, inclusive fundações instituídas e mantidas pelo Poder Público.

O Orçamento da Seguridade Social (código 20) abrange todas as entidades e órgãos a ela vinculados, da administração direta ou indireta, bem como os fundos e fundações instituídos e mantidos pelo Poder Público. O § 2º do art. 195 da CF estabelece que a proposta de Orçamento da Seguridade Social será elaborada de forma integrada pelos órgãos responsáveis pela saúde, previdência social e assistência social, tendo em vista as metas e prioridades estabelecidas na LDO, assegurada a cada área a gestão de seus recursos.

O Orçamento de Investimento (código 30) compreende orçamento das empresas em que a União, direta ou indiretamente, detenha a maioria do capital social com direito a voto.

ASPECTOS IMPORTANTES

1º Existem 3 espécies de leis orçamentárias que norteiam o planejamento orçamentário segundo a CF/1988: o Plano Plurianual (PPA), a Lei de Diretrizes Orçamentárias (LDO) e a Lei Orçamentária Anual (LOA).

2º Todas são leis ordinárias.

3º A LDO deve estar de acordo com o PPA; enquanto a LOA deve estar de acordo com o PPA e a LDO.

4º A LOA é composta por três orçamentos: Orçamento Fiscal (OF), Orçamento da Seguridade Social (OSS) e Orçamento de Investimento (OI).

5º Compõem a estrutura do OF e do OSS todas as receitas e todas da despesas da administração direta, das autarquias, das fundações públicas e das empresas estatais dependentes.

6º Compõem a estrutura do OI apenas as despesas relacionadas aos investimentos das empresas estatais independentes. As despesas operacionais (pessoal, juros, custeio) da Petrobrás, por exemplo, estão fora da LOA. As despesas totais (operacionais, financiamento e de investimento) das empresas estatais independentes constam no PDG – Programa de Dispêndios Globais.

7º A principal diferença entre as despesas que compõem o OF e as despesas que compõem o OSS, é que estão enquadradas no OSS, todos dos gastos relacionados à saúde, à previdência social e à assistência social. Os gastos das demais áreas (educação, cultura, transporte etc.) estão no OF.

8º A LOA possui 4 etapas: 1ª Etapa –Elaboração; 2ª Etapa – Discussão, Votação e Aprovação; 3ª Etapa – Execução Orçamentária e Financeira; 4ª Etapa – Controle e Avaliação. As etapas de Elaboração e Discussão ocorrem no ano anterior da Execução. A execução da LOA coincide com o ano civil.A etapa Controle e Avaliação ocorre no ano anterior da Execução, no ano da Execução e no ano posterior à Execução.

Por exemplo, a execução da LOA 2018 ocorre de 01 de janeiro de 2018 até 31 de dezembro de 2018. Assim, a 1ª e 2ª etapas ocorrem em 2017, e a 4ª etapa em 2017, 2018 e 2019.

9º Durante a 3ª Etapa - Execução Orçamentária e Financeira pode ser necessário retificar o orçamento (LOA). Para tanto o chefe do executivo conta com os créditos adicionais: suplementares, especiais e extraordinários. Os créditos suplementares visam reforçar a dotação já existente na LOA; os créditos especiais visam incluir nova dotação na LOA; e os créditos extraordinários visam atender despesas urgentes e imprevisíveis.

3. CLASSIFICAÇÃO INSTITUCIONAL

A classificação institucional está suportada pelo art. 14 da Lei 4.320/1964: "*Constitui unidade orçamentária o agrupamento de serviços subordinados ao mesmo órgão ou repartição a que serão consignadas dotações próprias*".

No âmbito da União, a classificação institucional reflete as estruturas organizacional e administrativa e compreende dois níveis hierárquicos: ***órgão orçamentário e unidade orçamentária (UO).*** As dotações orçamentárias, especificadas por categoria de programação em seu menor nível, são consignadas às UOs, que são as responsáveis pela realização das ações. Já o órgão orçamentário é o agrupamento de UOs.

No âmbito da União, o código da classificação institucional, conforme consta na Figura 23.2, é formado por cinco dígitos, sendo os dois primeiros reservados à identificação do órgão e os demais à UO.

Figura 23.2: Classificação Institucional

1º	2º	3º	4º	5º
ÓRGÃO ORÇAMENTÁRIO		UNIDADE ORÇAMENTÁRIA		

Cabe ressaltar que nem todo órgão ou Unidade Orçamentária não corresponde necessariamente a uma estrutura administrativa, como ocorre, por exemplo:

- 71.000: Encargos Financeiros da União;
- 73.000: Transferências a Estados, Distrito Federal e Municípios;
- 74.000: Operações Oficiais de Crédito;
- 75.000: Refinanciamento Dívida Pública Mobiliária Federal;
- 90.000: Reserva de Contingência.

Essas dotações anteriores são controladas por outros órgãos. Por exemplo: os Encargos Financeiros da União são controlados pelo Ministério da Fazenda e pelo Ministério do Planejamento.

Importante

Já foi cobrado em provas de concursos de nível federal a codificação das unidades orçamentárias. **Porém como gravar mais de 60 códigos?** Segue a dica:

- Do código 01.000 até o 09.000 → Poder Legislativo;

- Do código 10.000 até o 19.000 → ***Poder Judiciário***;
- Do código 20.000 até o 90.000 → **Poder Executivo**;
- Código 34.000 e 59.000 → Respectivamente ***Ministério Público da União e Conselho Nacional do Ministério Público.***
- Código 29.000 → **Defensoria Pública.**

1ª Questão (IPEA Cespe 2008): *Julgue o item a seguir.*

Na classificação institucional há órgãos setoriais e unidades orçamentárias que não correspondem aos órgãos e entidades que compõem a administração pública. Essas unidades orçamentárias, todavia, são um conjunto de dotações que são administradas por órgãos do governo que também têm suas próprias dotações.

2ª Questão (STM Cespe 2011): *Julgue o item a seguir:*

Na classificação institucional da despesa, cada unidade orçamentária é subdividida em diversos órgãos.

3ª Questão (ANS Técnico Cespe 2013): *Julgue o item a seguir:*

Por meio da classificação institucional, pode-se identificar o responsável pela programação da despesa pública.

4ª Questão (ANS Técnico Cespe 2013): *Julgue o item a seguir:*

Por meio da classificação por esfera orçamentária, pode-se identificar se determinada despesa ou receita pertence ao orçamento fiscal, da seguridade social ou de investimento.

Solução

1. Certo, basta se lembrar dos exemplos: Encargos Financeiros da União ou da Reserva de Contingência que são órgãos orçamentários e são gerenciados por outros órgãos.
2. Errado, o órgão é que é subdivido em unidades orçamentárias.
3. Certo, pode identificar o órgão responsável.
4. Certo, a classificação por esfera existe na receita e na despesa e identifica o tipo orçamento.

Gabarito:

1. **Certo**
2. **Errado**
3. **Certo**
4. **Certo**

4. CLASSIFICAÇÃO FUNCIONAL

A classificação funcional é formada por **funções e subfunções** e busca responder basicamente à indagação ***"em que área de despesa a ação governamental será realizada?"***.

A atual classificação funcional foi instituída pela Portaria n° 42, de 14 de abril de 1999, do então Ministério do Orçamento e Gestão (MOG), e é composta de um rol de funções e subfunções prefixadas, que servem como agregador dos gastos públicos por área de ação governamental nos três níveis de Governo.

Trata-se de uma classificação independente dos programas e de **aplicação comum e obrigatória**, no âmbito dos ***Municípios, dos Estados, do Distrito Federal e da União***, o que permite a consolidação nacional dos gastos do setor público.

Existem dois campos correspondentes à classificação funcional conforme constam na Figura 23.3.

Figura 23.3: Classificação Funcional

1°	2°	3°	4°	5°
FUNÇÃO		SUBFUNÇÃO		

4.1. Função

A função pode ser traduzida como o **maior nível de agregação das diversas áreas de atuação do setor público**. Reflete a competência institucional do órgão, como, por exemplo, cultura, educação, saúde, defesa, que guarda relação com os respectivos Ministérios.

A função Encargos Especiais (função 28) engloba as despesas que não podem ser associadas a um bem ou serviço a ser gerado no processo produtivo corrente, tais como dívidas, ressarcimentos, indenizações e outras afins, representando, portanto, uma agregação neutra.

A Figura 23.4 contém as subfunções integrantes da função Encargos Especiais padronizada para todos os entes, enquanto a Figura 23.5 contém os programas (1° nível da classificação programática) destinados exclusivamente às operações especiais no âmbito federal.

Figura 23.4: Subfunções integrantes da Função 28 (Encargos Especiais) para todos os entes

Função	Subfunções
28 - ENCARGOS ESPECIAIS	841 - Refinanciamento da Dívida Interna 842 - Refinanciamento da Dívida Externa 843 - Serviço da Dívida Interna 844 - Serviço da Dívida Externa 845 - Outras Transferências 846 - Outros Encargos Especiais 847 - Transferências para a Educação Básica

Figura 23.5: Programas destinados exclusivamente às operações especiais na União

CÓDIGO	TIPO	TÍTULO
901	Operações Especiais	Cumprimento de Sentenças Judiciais
902	Operações Especiais	Financiamentos com Retorno
903	Operações Especiais	Transferências Constitucionais e as Decorrentes de Legislação Específica
904	Operações Especiais	Outras Transferências
905	Operações Especiais	Serviços da Dívida Interna (Juros e Amortização)
906	Operações Especiais	Serviço da Dívida Externa (Juros e Amortizações)
907	Operações Especiais	Refinanciamento da Dívida Interna
908	Operações Especiais	Refinanciamento da Dívida Externa
909	Operações Especiais	Outros Encargos Especiais
910	Operações Especiais	Gestão da Participação em Organismos Internacionais
913	Operações Especiais	Participação do Brasil em Organismos Financeiros Internacionais

Exemplo 1 do autor: Relação entre programas de operações especiais e a função 28 encargos especiais

Na União, caso se utilize a classificação funcional 28.843 (função e subfunção), necessariamente se utilizará a classificação programática 0905 (programa).

4.2. Subfunção

A **subfunção** ***(2º nível da classificação funcional)*** representa um nível de agregação imediatamente inferior à função e deve evidenciar cada área da atuação governamental, por intermédio da identificação da natureza das **ações** ***(2º nível da classificação programática).***

As subfunções podem ser combinadas com funções diferentes daquelas relacionadas na Portaria MOG nº 42, de 1999. A isso se dá o nome de matricialidade.

Deve-se adotar como função aquela que é típica ou principal do órgão. Assim, a programação de um órgão, via de regra, é classificada em uma única função, ao passo que a subfunção é escolhida de acordo com a especificidade de cada ação.

As ações devem estar sempre conectadas às subfunções que representam sua área específica.

Exemplo 02 do autor: Relação entre a subfunção e a ação

Assim, a função está relacionada ao órgão, enquanto a subfunção está relacionada à ação. Observe os exemplos a seguir:

ÓRGÃO	22	Ministério da Agricultura, Pecuária e Abastecimento
AÇÃO	4641	Publicidade de Utilidade Pública
SUBFUNÇÃO	131	Comunicação Social
FUNÇÃO	20	Agricultura

ÓRGÃO	32	Ministério de Minas e Energia
AÇÃO	4641	Publicidade de Utilidade Pública
SUBFUNÇÃO	131	Comunicação Social
FUNÇÃO	25	Energia

Observa-se no exemplo a confirmação de que a função Energia está ligada ao MME, enquanto a função Agricultura está ligada ao MAPA.

Em ambos os casos, a subfunção comunicação social **está ligada à ação** Publicidade de Utilidade Pública.

Exemplo 3 do autor: Exceção à matricialidade

As funções e subfunções podem combinar entre si. Observe conforme consta na Lei Orçamentária Anual da União de 2016.

12. Educação	90.341.581.118	13.178.941.635	103.520.522.753
122. Administração Geral	5.829.549.968	579.743.665	6.409.293.633
123. Administração Financeira	267.822.566		267.822.566
128. Formação de Recursos Humanos	106.508.682	9.255.926	115.764.608
131. Comunicação Social	27.344.560	1.000.000	28.344.560
301. Atenção Básica		609.334.869	609.334.869
302. Assistência Hospitalar e Ambulatorial		6.975.522.651	6.975.522.651
303. Suporte Profilático e Terapêutico		1.000.000	1.000.000
306. Alimentação e Nutrição		3.899.900.000	3.899.900.000
331. Proteção e Benefícios ao Trabalhador	1.280.504.660	338.085.492	1.618.590.152
363. Ensino Profissional	10.667.841.281		10.667.841.281
364. Ensino Superior	30.079.800.434	765.099.032	30.844.899.466
365. Educação Infantil	532.117.808		532.117.808
366. Educação de Jovens e Adultos	489.900.000		489.900.000
368. Educação Básica	6.582.884.373		6.582.884.373
571. Desenvolvimento Científico	715.391.381		715.391.381
573. Difusão do Conhecimento Científico e Tecnológico	346.633.846		346.633.846
694. Serviços Financeiros	18.204.906.359		18.204.906.359
846. Outros Encargos Especiais	259.896.733		259.896.733
847. Transferências para a Educação Básica	14.950.478.467		14.950.478.467

Observa-se que dentro da função 12 consta as subfunções 846 e 847 que tipicamente integram a função encargos especiais.

Por outro lado, dentro da função 28 encargos especiais encontram-se **apenas** as subfunções típicas próprias daquela função (841, 842, 843, 844, 845, 846 e 847). Ou seja, **a função 28 não aceita subfunções de outras funções.**

5ª Questão (IPEA Cespe 2008): *A respeito das classificações orçamentárias e do ciclo orçamentário, julgue o item a seguir:*

Na atual estrutura de classificação das despesas, as subfunções podem ser combinadas com funções diferentes daquelas a que estejam vinculadas e, do mesmo modo, as ações, independentemente das funções e subfunções em que forem incluídas.

6ª Questão (TCE-RO Cespe 2013): *Julgue o item a seguir:*

As subfunções típicas da função administração não podem ser combinadas com a função educação, em razão de os objetivos finalísticos da atuação governamental, em cada uma dessas funções, serem distintos.

7ª Questão (Ministério da Saúde Administrador Cespe 2013): *Julgue o item a seguir:*

A legislação vigente autoriza a classificação da subfunção educação infantil combinada à função saúde.

8ª Questão (Ministério da Saúde Administrador Cespe 2013): *Julgue o item a seguir:*

A classificação funcional e a classificação institucional fazem parte da programação qualitativa da estrutura da programação orçamentária.

Solução

5. Errado, existe também a possibilidade de matricialidade na conexão entre função e subfunção, ou seja, combinar qualquer função com qualquer subfunção, mas não na relação entre ação e subfunção.

6. Errado, a regra geral é a matricialidade. Dica: não se deve preocupar em gravar o nome das 28 funções. Deve-se assumir que as funções dadas na questão existem.

7. Certo, a regra geral é a matricialidade.

8. Certo, a programação qualitativa é composta pelas classificações: por esfera orçamentária, institucional, funcional e programática.

Gabarito:

5. **Errado**
6. **Errado**
7. **Certo**
8. **Certo**

5. CLASSIFICAÇÃO PROGRAMÁTICA

O Quadro 23.1 contém a classificação programática. São três níveis com cada um contendo 4 códigos.

Quadro 23.1: Classificação Programática

Programa	Ação		Subtítulo
AAAA	B	BBB	CCCC
Numérico[13]	Numérico	Alfanumérico	Numérico

No âmbito dos Estados e Municípios, deve ser seguida essa mesma estrutura conceitual de programa, ação e subtítulo ainda que haja nomenclatura distinta para programas e subtítulos.

5.1. Programa

O programa é o instrumento de organização da ação governamental que visa à concretização dos objetivos pretendidos. Existem 3 tipos de programas conforme constam no Quadro 23.2.

Quadro 23.2: Tipos de programa na LOA da União

Tipo de Programa	Descrição
Programa Temático	Aquele que expressa e orienta a ação governamental para a entrega de bens e serviços à sociedade.
	É composto por Objetivos, Indicadores, Valor Global e Valor de Referência.
Programa de Gestão, Manutenção e Serviços ao Estado	Aquele que expressa e orienta as ações destinadas ao apoio, à gestão e à manutenção da atuação governamental.
Operações Especiais	Composto exclusivamente por ações do tipo operações especiais.

13 O manual utiliza o termo dígitos (que poderiam ser interpretados como letras ou números), porém na prática são 4 números.

Figura 23.6: Integração das ações orçamentárias com o PPA no âmbito federal

Tipo de Programa	Exemplo	Vínculo Plano-Orçamento
Temático	Reforma Agrária e Ordenamento da Estrutura Fundiária	Cada Ação do Orçamento está vinculada a um único Objetivo do PPA (e, em decorrência, a um Programa)
Gestão, Manutenção e Serviço ao Estado	Programa de Gestão e Manutenção do Ministério da Agricultura, Pecuária e Abastecimento	Programa
Operações Especiais	Operações Especiais: Serviço da Dívida Externa (Juros e Amortizações)	Sem vínculo. Estes programas integram somente o Orçamento.

Atenção

No PPA federal não são discriminadas as Ações, estas são discriminadas exclusivamente na LOA[14].

No PPA federal não constam programas de operações especiais.

No âmbito dos Estados e Municípios pode ser adotada nomenclatura distinta de tipos de programa.

5.2. Ação

A ação é uma operação da qual **resultam produtos (bens ou serviços) que contribuem para atender ao objetivo de um programa.** Incluem-se também no conceito de ação as transferências obrigatórias ou voluntárias a outros entes da Federação e a pessoas físicas e jurídicas, na forma de subsídios, subvenções, auxílios, contribuições, entre outros, e os financiamentos. Existem 3 tipos de ações conforme mostra o Quadro 8.3.

Quadro 23.3: Tipos de Ações aplicáveis a todos os entes

<table>
<tr><th>Atividade</th><th>Projetos</th><th>Operações Especiais</th></tr>
<tr><td colspan="2">Instrumento de programação utilizado para alcançar o objetivo de um programa</td><td rowspan="3">Despesas que não contribuem para a manutenção, expansão ou aperfeiçoamento das ações de governo, das quais não resulta um produto e não geram contraprestação direta sob a forma de bens ou serviços.</td></tr>
<tr><td>Envolve um conjunto de operações contínua e permanente</td><td>Envolve um conjunto operações limitadas no tempo</td></tr>
<tr><td>Resulta produto/serviços necessário a manutenção da ação de governo</td><td>Resulta produto que concorre para a expansão ou o aperfeiçoamento da ação de governo</td></tr>
</table>

14 § 1º do art. 8º da lei 13.249/2016 (Plano Plurianual 2016-2019): As ações orçamentárias serão discriminadas exclusivamente nas leis orçamentárias anuais.

Atividade	Projetos	Operações Especiais
Mantêm o mesmo nível da produção pública.	Expandem a produção pública ou criam infraestrutura para novas atividades, ou, ainda, implementam ações inéditas num prazo determinado.	As operações especiais caracterizam-se por não retratar a atividade produtiva no âmbito federal, podendo, entretanto, contribuir para a produção de bens ou serviços à sociedade, quando caracterizada por transferências a outros entes.
É vedada a utilização dos elementos da despesa 41, 42, 43, 45 e 81 (contribuições, auxílios, subvenções sociais, subvenções econômicas e distribuições de caráter constitucional ou legal)[15].		Elementos da despesa 41, 42, 43, 45 e 81[16].

Os conceitos do Quadro 23.3 são obrigatórios a todos os entes da federação. Na sequência a Figura 23.7 retrata a composição da ação orçamentária e a Figura 23.8 mostra a padronização que deve ocorre no 1º dígito da ação.

Figura 23.7: Composição da Ação para todos os entes da federação

1º	2º	3º	4º	5º	6º	7º	8º
Numérico	alfanuméricos			numéricos			
AÇÃO				SUBTÍTULO			

Figura 23.8: 1º Dígito da Ação para todos os entes da federação

1º DÍGITO	TIPO DE AÇÃO
1, 3, 5 ou 7	Projeto
2, 4, 6 ou 8	Atividade
0	Operação Especial

A partir da identificação do 1º dos 4º dígitos da Ação pode-se identificar o tipo de Ação. **No âmbito dos Estados e Municípios deve ser adotada a mesma nomenclatura de tipos de ação, inclusive quanto aos códigos do 1º digito** ***(para os 3 dígitos subsequentes não).*** Por fim, a Figura 23.9 contém os exemplos de operações especiais no âmbito federal.

15 Será detalhado na classificação quanto à natureza da despesa: tópico 7 deste capítulo.

16 Será detalhado na classificação quanto à natureza da despesa: tópico 7 deste capítulo.

Figura 23.9: Exemplos de Operações Especiais na União

OPERAÇÕES ESPECIAIS
1. Amortização e refinamento e encargos de financiamento da dívida contratual e mobiliária interna e externa.
2. Transferência ao Governo do Distrito Federal e antigos Territórios para o pagamento de assistência médica e pré-escolar, auxílio-alimentação e auxílio-transporte.
3. Coberturas de garantia, complementação e compensação financeira, remuneração à instituição financeira e constraprestação da União com as PPP.
4. Operações de financiamento e encargos delas decorrentes (empréstimos, financiamentos diretos, concessão de créditos, equalizações, coberturas de garantias, coberturas de resultados, honras de aval, assistência (financeira), reembolsáveis ou não.
5. Contribuição a organismos e/ou entidades nacionais e internacionais
6. Contribuição à previdência privada
7. Contribuição patronal da União para o custeio do Regime de Previdência dos Servidores Públicos Federais.
8. Ações de reservas técnicas (centralização de recursos para atender concursos, provimentos, nomeações, reestruturação de carreiras, etc.)
9. Cumprimento de sentenças judiciais (precatórios, sentenças de pequeno valor, sentenças contra empresas, débitos vincendos, etc.)
10. Integralização de cotas junto a entidades nacionais, internacionais e Fundos
11. Pagamento de aposentadorias e pensões
12. Pagamento de indenizações, abonos, seguros, auxílios, benefícios previdenciários e de assistência social.
13. Participação da União do capital de empresas nacionais ou internacionais e operações relativas à subscrição de ações.
14. Encargos financeiros (decorrentes da aquisição de ativos, questões previdenciárias ou outras situações em que a União assuma garantia de operação).
15. Ressarcimentos.
16. Subvenções econômicas e subsídios.
17. Transferências constitucionais, legais e voluntárias.
18. Outros temas.

5.3. Subtítulos

As atividades, os projetos e as operações especiais serão detalhados em subtítulos, utilizados especialmente para identificar a localização física da ação orçamentária, não podendo haver, por conseguinte, alteração de sua finalidade, do produto e das metas estabelecidas.

Vale ressaltar que o critério para a priorização da localização física da ação orçamentária no território é o da localização dos respectivos beneficiados.

A adequada localização do gasto permite maior controle governamental e social sobre a implantação das políticas públicas adotadas, além de evidenciar a focalização, os custos e os impactos da ação governamental.

No âmbito federal, a localização do gasto poderá ser de abrangência nacional, no exterior, por Região (Norte, Nordeste, Centro Oeste, Sudeste, Sul), por Estado ou Município ou, excepcionalmente, por um critério específico, quando necessário.

Importante

O subtítulo deverá ser usado para indicar a localização geográfica da ação ou operação especial da seguinte forma:

1. Projetos: localização da obra;
2. Atividades: localização dos beneficiários/público-alvo da ação (atributo novo no cadastro);
3. Operações especiais: utilização do subtítulo apenas quando for possível, por exemplo, para identificar a localização do recebedor dos recursos provenientes de transferências.

5.4. Plano Orçamentário

O Plano Orçamentário – PO ***é uma identificação orçamentária federal***, **de caráter gerencial** (**não constante da LOA, mas constante no SIOP – Sistema de Planejamento e Orçamento e no SIAFI – Sistema de Administração Financeira**), **vinculada à ação orçamentária**, que tem por finalidade permitir que, tanto a elaboração do orçamento quanto o acompanhamento físico e financeiro da execução, **ocorram num nível mais detalhado do que o do subtítulo/localizador de gasto.**

Os POs são vinculados a uma ação orçamentária, entendida esta ação como uma combinação de **esfera-unidade orçamentária-função-subfunção-programa--ação**. Por conseguinte, variando qualquer um destes classificadores, o conjunto de POs varia também.

Figura 23.10: Inserção do PO na classificação da Despesa no âmbito federal

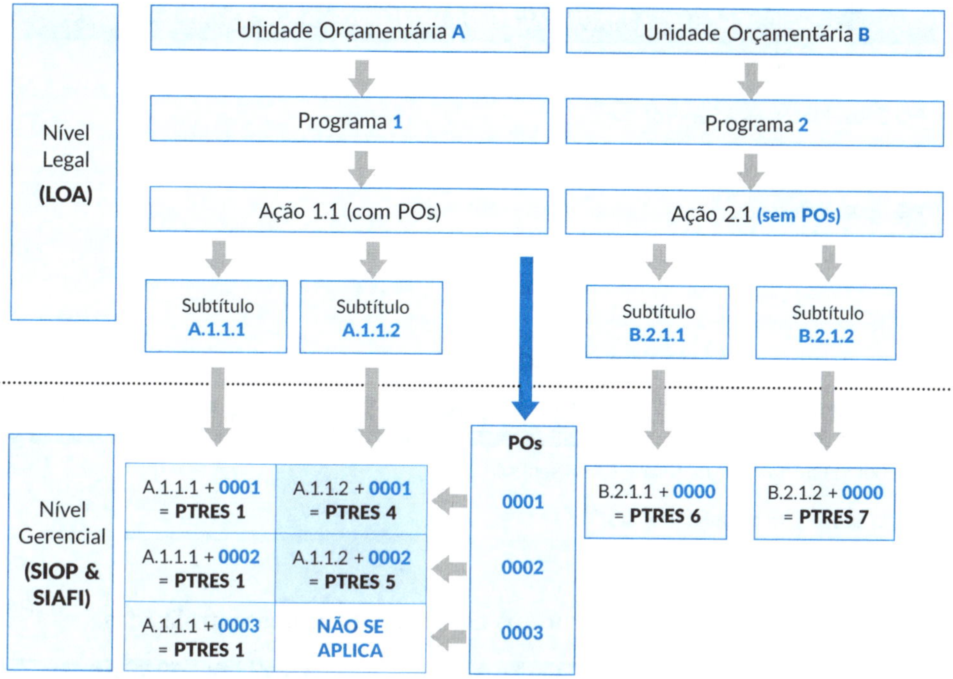

Exemplo 5 do Manual: Aplicações dos POs

1. Identificar Produção pública intermediária.
2. Identificar Etapas de projeto.
3. Mecanismo de acompanhamento intensivo.
4. Funcionamento de estruturas administrativas descentralizadas.

Identificar Produção pública intermediária

AÇÃO: 20VY – APOIO À IMPLEMENTAÇÃO DA POLÍTICA NACIONAL DE EDUCAÇÃO AMBIENTAL
PO 0001: Gestão Compartilhada da Educação Ambiental
PO 0002: Gestão Compartilhada da Educação Ambiental
PO 0003: Produção e Difusão de Informação Ambiental de Caráter Educativo
PO 0004: Apoio a Ações de Formação e Capacitação, Presenciais e a Distância

Identificar Etapas de projeto

AÇÃO: 1A79 - INSTALAÇÃO DA HEMEROTECA NACIONAL
PO 0001: Projeto inicial
PO 0002: Materiais e Serviços
PO 0003: Instalações
PO 0004: Reformas
PO 0005: Aquisição de Mobiliário e Equipamentos de Informática

Mecanismo de acompanhamento intensivo

AÇÃO: 12QC - IMPLANTAÇÃO DE OBRAS E EQUIPAMENTOS PARA OFERTA DE ÁGUA
PO 0001: Oferta de água (Plano Brasil sem Miséria)
PO 0002: Oferta de água (Demais)

Funcionamento de estruturas administrativas descentralizadas

ÓRGÃO: 32263 - DEPARTAMENTO NACIONAL DE PRODUÇÃO MINERAL
AÇÃO: 2000 - ADMINISTRAÇÃO DA UNIDADE
PO 0004: Administração da Superintendendência das Alagoas
PO 0008: Administração da Superintendendência do Ceará
PO 000A: Administração da Superintendendência de Goiás
PO 000C: Administração da Superintendendência de Minas Gerais
PO 000N: Administração da Superintendendência do Rio de Janeiro
(...)

Assim, nem toda ação vai se desdobrar em PO. O PO evita a criação de novas ações na medida que permite detalhar as mesmas. Os POs não aparecem na LOA publicada nos diários oficiais, sendo um instrumento existente apenas nos sistemas corporativos na União.

5.5. Padronização de ações no âmbito federal

É possível também, padronizar ações orçamentárias. O Quadro a seguir contém as ações padronizadas no âmbito federal.

Quadro 23.4: Ações padronizadas no âmbito federal

Tipo	Característica	Exemplo
Setorial	São implementadas por mais de uma UO do ***mesmo órgão***.	Funcionamento dos Hospitais de Ensino; Promoção da Assistência Técnica e Extensão Rural - ATER; Administração das Hidrovias
Multissetorial	São executadas ***por mais de um órgão ou por UOs de órgãos diferentes***, considerando a temática desenvolvida pelo setor à qual está vinculada.	Desenvolvimento de Produtos e Processos no Centro de Biotecnologia da Amazônia - CBA (implementada no MCTI, SUFRAMA e MMA); Fomento para a Organização e o Desenvolvimento de Cooperativas Atuantes com Resíduos Sólidos (executada no MEC, MDS, MMA e MTE); e Elevação da Escolaridade e Qualificação Profissional - ProJovem Urbano e Campo (realizada no MEC, MTE e Presidência).
União	***Operações que perpassam diversos órgãos e/ ou UOs sem contemplar as especificidades do setor ao qual estão vinculadas.*** Caracterizam-se por apresentar base legal, finalidade, descrição e produto padrão, aplicável a qualquer órgão e, ainda, pela gestão orçamentária realizada de forma centralizada pela SOF.	Pagamento de Aposentadorias e Pensões; Contribuição da União, de suas Autarquias e Fundações para o Custeio do Regime de Previdência dos Servidores Públicos Federais; e Auxílio-Alimentação aos Servidores e Empregados.

5.6. Meta física

A meta física é a quantidade de produto a ser ofertado por ação, de forma regionalizada, se for o caso, num determinado período, e instituída para cada ano. As metas físicas são indicadas em nível de subtítulo e agregadas segundo os respectivos projetos, atividades ou operações especiais.

Ressalta-se que a territorialização das metas físicas é expressa nos localizadores de gasto (subtítulo) previamente definidos para a ação. Exemplo: No caso da vacinação de crianças, a meta será regionalizada pela quantidade de crianças a serem vacinadas ou de vacinas empregadas em cada Estado (localizadores de gasto), ainda que a campanha seja de âmbito nacional e a despesa paga de forma centralizada. O mesmo ocorre com a distribuição de livros didáticos.

9ª Questão (TCU Auditor Ministro Substituto Cespe 2007): *Julgue o item a seguir:*

As despesas chamadas transferências são consideradas operações especiais, caracterizadas como neutras em relação ao ciclo produtivo sob a responsabilidade do administrador público.

10ª Questão (ABIN Oficial de Inteligência Administração Cespe 2010): *Julgue o item a seguir:*

O instrumento de programação, que envolve uma ou mais operações que se realizam de modo contínuo e permanente, resulta em um produto ou um serviço necessário à manutenção da atuação governamental.

11ª Questão (CPRM Cespe 2013): *Julgue o item a seguir:*

O plano orçamentário, uma identificação de caráter gerencial transmitida ao sistema integrado de administração financeira (SIAFI) que não consta da lei orçamentária anual (LOA), tem por finalidade permitir o acompanhamento físico e financeiro da execução em um nível de detalhamento maior que o da LOA.

12ª Questão (TCDF Técnico Cespe 2014): *Julgue o item a seguir:*

O plano orçamentário, constante da lei orçamentária anual, é o código de identificação das ações orçamentárias destinado a efetuar o vínculo entre a referida lei e o plano plurianual.

13ª Questão (TJ-CE Técnico Cespe2014): *Julgue o item a seguir:*

O plano orçamentário consiste no segmento do plano plurianual a ser executado no exercício financeiro seguinte.

14ª Questão (CADE Analista Técnico Administrativo Cespe 2014): *Julgue o item a seguir:*

De acordo com as especificidades das ações orçamentárias de governo existentes, a padronização dessas ações pode ser local ou interfederativa.

Solução

9. Certo, as transferências são ação do tipo operações especiais.

10. Apesar da assertiva não ter dito com todas as letras que se referia a uma atividade, todos os conceitos se referem a mesma e estão compatíveis, razão pela qual o gabarito está CERTO.

11. Certo, o PO é um instrumento gerencial que não consta na LOA, mas existe no SIAFI e no SIOP, e que permite o detalhamento da ação orçamentária que só consta na LOA.

12. Errado, o PO é um instrumento gerencial que não consta na LOA. O objetivo é que faz o vínculo entre o PPA e a ação orçamentária na LOA.

13. Errado, o PO é um instrumento gerencial que não consta na LOA, mas existe no SIAFI e no SIOP, e que permite o detalhamento da ação orçamentária que só consta na LOA.

14. Errado, existem três tipos de padronização por setor: setorial, multissetorial, união.

Gabarito:

9. **Certo**
10. **Certo**
11. **Certo**
12. **Errado**
13. **Errado**
14. **Errado**

6. CLASSIFICAÇÃO POR IDOC, IDUSO E FONTE DE RECURSOS

A seguir o Quadro 23.5 contendo classificação por IDOC, IDUSO e Fonte de Recurso.

Quadro 23.5: Classificação por IDOC, IDUSO e Fonte de Recurso

IDOC	IDUSO	Fonte
AAAA.	B	C.DD

Para fins de aprendizagem, foi selecionado inicialmente o IDUSO. O IDUSO destina-se a indicar se os recursos compõem contrapartida nacional de empréstimos ou de doações ou destinam-se a outras aplicações, constando da LOA e de seus créditos adicionais. A especificação é a que consta na Figura 23.11.

Figura 23.11: IDUSO

CÓDIGO	DESCRIÇÃO
0	Recursos não destinados à contrapartida
1	Contrapartida de empréstimos do BIRD
2	Contrapartida de empréstimos do BID
3	Contrapartida de empréstimos por desempenho ou com enfoque setorial amplo
4	Contrapartida de outros empréstimos
5	Contrapartida de doações
6	Recursos não destinados à contrapartida, para identificação dos recursos destinados á aplicação mínima em ações e serviços públicos de saúde
7	Recursos não destinados à contrapartida, para identificação das despesas com manutenção e desenvolvimento do ensino, de acordo com os arts. 70 e 71 da Lei nº 9.394, de 20 de dezembro de 1996, no âmbito do Ministério da Educação.

Já o IDOC identifica as operações de crédito contratuais com ou sem contrapartida de recursos da União ou as doações de entidades internacionais alocadas nas ações orçamentárias.

Os gastos referentes à **contrapartida de empréstimos serão programados com o IDUSO igual a "1", "2", "3" *ou "4" e o IDOC com o número da respectiva operação de crédito***, enquanto que, **para as contrapartidas de doações, serão utilizados o IDUSO "5" e respectivo IDOC**.

O número do IDOC também pode ser usado nas ações de pagamento de amortização, juros e encargos para identificar a operação de crédito a que se referem os pagamentos.

Quando os recursos não se destinarem à contrapartida **nem se referirem a doações internacionais ou operações de crédito, o IDOC será "9999".** Nesse sentido, para as doações de pessoas, de entidades privadas nacionais e as destinas ao combate à fome, deverá ser utilizado o IDOC "9999".

A classificação por fonte de recursos é o instrumento criado para assegurar que receitas vinculadas por lei a finalidade específica sejam exclusivamente aplicadas em programas e ações que visem a consecução de despesas ou políticas públicas associadas a esse objetivo legal, as fontes/destinações de recursos agrupam determinadas naturezas de receita conforme haja necessidade de mapeamento dessas aplicações de recursos no orçamento público, segundo diretrizes estabelecidas pela SOF.

Como mecanismo integrador entre a receita e a despesa, o código de fonte/destinação de recursos exerce duplo papel no processo orçamentário: na receita, indica o destino de recursos para o financiamento de determinadas despesas; na despesa, identifica a origem dos recursos que estão sendo utilizados.

As Figuras 23.12 e 23.13 retratam respectivamente os grupos fontes e especificação das fontes.

Figura 23.12: Grupo Fonte

CÓDIGO	GRUPO DA FONTE DE RECURSO (1° DÍGITO)
1	Recursos do Tesouro - Exercício Corrente
2	Recursos de Outras Fontes - Exercício Corrente
3	Recursos do Tesouro - Exercícios Anteriores
6	Recursos de Outras Fontes - Exercícios Anteriores
9	Recursos Condicionados

Figura 23.13: Especificação da Fonte

CÓDIGO	ESPECIFICAÇÃO
00	Recursos Ordinários
01	Transferências do Imposto sobre a Renda e sobre Produtos Industrializados

CÓDIGO	ESPECIFICAÇÃO
02	Transferência do Imposto Territoral Rural
03	Fundo Nacional de Desenvolvimento Regional
11	Contribuição de Intervenção no Domínio Econômico - Combustíveis
12	Recursos Destinados à Manutenção e Desenvolvimento do Ensino
13	Contribuição do Salário-Educação
15	Contribuição para os Programas Especiais (Pin e Proterra)
16	Recursos de Outorga de Direitos de Uso de Recursos Hídricos
18	Contribuições sobre Concursos de Prognósticos
19	Imposto sobre Operações Financeiras - Ouro
20	Contribuições sobre a Arrecadação dos Fundos de Investimentos Regionais
23	Contribuição para o Custeio das Pensões Militares
27	Custas Judiciais
29	Recursos de Concessões e Permissões
30	Contribuição para o Desenvolvimento da Indústria Cinematográfica Nacional
31	Selos de Controle e Lojas Francas
32	Juros de Mora da Receita de Impostos e Contribuições Administrados pela RFB/MF
33	Recursos do Programa de Administração Patrimonial Imobiliário
34	Compensações Financeiras pela Utilização de Recursos Hídricos
35	Cota-Parte do Adicional ao Frete para Renovação da Marinha Mercante
39	Alienação de Bens Apreendidos
40	Contribuições para os Programas PIS/PASEP
41	Compensações Financeiras pela Exploração de Recursos Minerais
42	Compensações Financeiras pela Exploração de Petróleo ou Gás Natural
43	Títulos de Responsabilidade do Tesouro Nacional - Refinanciamento da Dívida Pública Federal
44	Títulos de Responsabilidade do Tesouro Nacional - Outras Aplicações
46	Operações de Crédito Internas - em Moeda
47	Operações de Crédito Internas - em Bens e/ou Serviços
48	Operações de Crédito Externas - em Moeda
49	Operações de Crédito Externas - em Bens e/ou Serviços
50	Recursos Próprios Não-Financeiros

CÓDIGO	ESPECIFICAÇÃO
51	Contribuição Social sobre o Lucro Líquido das Pessoas Jurídicas
52	Resultado do Banco Central
53	Contribuição para Financiamento da Seguridade Social - COFINS
54	Contribuições Previdenciárias para o Regime Geral de Previdência Social
55	Contribuição sobre Movimentação Financeira
56	Contribuição do Servidos para o Plano de Seguridade Social do Servidos Público
57	Receitas de Honorários de Advogados
58	Multas Incidentes sobre a Receita de Impostos e Contribuições Ministrados pela RFB/MF
59	Recursos das Operações Oficiais de Crédito - Retorno de Refinanciamento de Dívidas de Médio e Longo Prazos
60	Recursos das Operações Oficiais de Crédito
61	Certificados de Privatização
62	Reforma Patrimonial - Alienação de Bens
63	Reforma Patrimonial - Privatizações
64	Títulos das Dívida Agrária
65	Alienação de Obrigações do Fundo Nacional de Desenvolvimento
67	Notas do Tesouro Nacional - Série "P"
69	Contribuição Patronal para o Plano de Seguridade Social do Servidos Público
71	Recursos das Operações Oficiais de Crédito - Retorno de Operações de Crédito - Estados e Municípios
72	Outras Contribuições Econômicas
73	Recursos das Operações Oficiais de Crédito - Retorno de Operações de Crédito - Estados e Municípios
74	Taxas e Multas pelo Exercício do Poder de Polícia
75	Taxas por Serviços Públicos
76	Outras Contribuições Sociais
79	Fundo de Combate e Erradicação da Pobreza
78	Fundo de Fiscalização das Telecomunicações
80	Recursos Próprios Financeiros
81	Recursos de Convênios
82	Restituição de Recursos de Convênios e Congêneres

CÓDIGO	ESPECIFICAÇÃO
84	Contribuições sobre a Remuneração Devida ao Trabalhador e Relativa à Despedida de Empregado sem Justa Causa
85	Desvinculação Parcial de Recursos de Compensações Financeiras pela Exploração de Petróleo ou Gás Natural
86	Outras Receitas Originárias
87	Alienação de Títulos e Valores Mobiliários
88	Remuneração das Disponibilidades do Tesouro Nacional
89	Recursos das Operações Oficiais de Crédito - Retorno de Refinanciamento de Dívidas do Clube de Paris
91	Recurso correspondente à Reserva de Contingência Específica
93	Produto da Aplicação dos Recursos à Conta do Salário-Educação
94	Doações para o Combate à Fome
95	Doações de Entidades Internacionais
96	Doações de Pessoas ou Intituições Privadas Nacionais
97	Dividendos da União
98	Desvinculação de Recursos de Superávit Financeiro

Assim, cada código da Figura 23.13 representa uma possível fonte de receita. **Cada fonte representa uma ou mais origens com um ou mais destinos.**

Relembrando ***o exemplo visto no capítulo 20***, o código 01 representa as origens decorrentes do imposto de renda e do IPI e os seguintes destinos: Fundo de Participação dos Estados, Fundo de Participação dos Municípios e Fundos Constitucionais do Norte, Nordeste e Centro-Oeste.

Exemplo 6 do autor: Combinação do IDOC, IDUSO e Fonte

Situação	IDOC	IDUSO	Fonte de Recursos	Exemplo Origem e Destino de Recursos do Recurso
1	**9999**	**0**	**1.00**	**Receita de Imposto destinado a pagar despesas em geral**
2	**9999**	**0**	**1.00**	**Receita de Aluguéis destinado a pagar despesas em geral**
3	2001 (seria o número imaginário da operação de crédito)	2	1.00	Receita de Imposto destinado a cumprir a contrapartida de empréstimo

Situação	IDOC	IDUSO	Fonte de Recursos	Exemplo Origem e Destino de Recursos do Recurso
4	9999	0	1.48	Receita da Operação de Crédito Externa
5	9999	0	2.94	Receita de doação destinada ao combate à fome
6	9999	0	2.96	Receita de Doação Nacional
7	9999	0	2.95	Receita de Doação Internacional
8	1001 (seria o número imaginário da doação internacional)	5	1.00	Receita de Imposto destinado a cumprir a contrapartida de doação internacional

Na situação 1 observa-se que estão se arrecadando recursos de impostos e que esses recursos serão gastos sem quaisquer finalidades. Como não se refere a contrapartida de empréstimos utiliza-se IDUSO 0 e IDOC 9999.

Na situação 2 observa-se que estão se arrecadando recursos alugueis e que esses recursos serão gastos em quaisquer finalidades. Como não se refere a contrapartida de empréstimos utiliza-se IDUSO 0 e IDOC 9999.

Para ilustrar melhor as situações 3 e 4, suponha-se que a União realize contrato de empréstimo com o BID cujo valor do contrato seja R$ 30.000.000 e cujo objeto seja modernizar a arrecadação federal. O BID vai entrar com 70% equivalente à R$ 21.000.000 e a União com 30% a título de contrapartida equivalente à R$ 9.000.000.

Na situação 3 observa-se que estão se arrecadando recursos de impostos e que esses recursos serão gastos para cumprir a parte da União perante o BID: R$ 9.000.000. Como se refere a contrapartida de empréstimos utiliza-se o IDUSO 2 (BID) e o IDOC referente a número da operação de crédito (2001).

Na situação 4 observa-se que estão se arrecadando recursos de operações de crédito: R$ 21.000.000. O recurso do banco não se confunde com a contrapartida que deve ser dada com recursos próprios da União. Utiliza-se para o valor recebido por empréstimo o IDUSO 0,o IDOC 9999 e a fonte 1.48.

Na situação 5 observa-se que estão se arrecadando recursos de doações para combate à fome sem contrapartida. Utiliza-se o IDUSO 0, o IDOC 9999 e a fonte 2.94.

Na situação 6 observa-se que estão se arrecadando recursos de doações nacionais sem contrapartida. Utiliza-se o IDUSO 0, o IDOC 9999 e a fonte 2.96.

Para ilustrar melhor as situações 7 e 8, suponha-se que a União receba doação de organismo internacional que exija contrapartida cujo valor do projeto seja R$ 10.000.000 e cujo objeto seja aperfeiçoar o programa da prevenção de doenças sexualmente transmissíveis. O doador vai entrar com 90% equivalente a R$ 9.000.000 e a União com 10% a título de contrapartida equivalente a R$ 1.000.000.

Na situação 7 observa-se que estão se arrecadando recursos de doações internacionais: R$ 9.000.000. O recurso do doador não se confunde com a contrapartida que deve ser dada com recursos próprios da União. Utiliza-se para a doação recebida o IDUSO 0, o IDOC 9999 e a fonte 2.95.

Na situação 8 observa-se que estão se arrecadando recursos de impostos e que esses recursos serão gastos para cumprir a parte da União perante o doador: R$ 1.000.000. Como se refere a contrapartida de doações internacionais utiliza-se o IDUSO 5 (doação) e o IDOC referente a número da doação internacional (1001).

15ª Questão (IPEA Gestão em Orçamento Cespe 2008): *Julgue o item a seguir:*

A classificação por fonte de recursos é, a um só tempo, uma classificação da receita e da despesa.

16ª Questão (IPEA Gestão em Orçamento Cespe 2008): *Julgue o item a seguir:*

Suponha que a União tenha assinado contrato com um organismo internacional para a realização de um programa de conscientização da população em relação à disseminação de doenças sexualmente transmissíveis. Parte do programa será financiado por recursos externos, enquanto outra parte ficará sob a responsabilidade da União, a título de contrapartida. Nessa situação, o registro da parcela custeada pela União, a natureza de contrapartida do gasto será especificada na classificação da despesa correspondentes à fonte de recursos.

Solução

15. Certo, o código de fonte/destinação de recursos exerce duplo papel no processo orçamentário: na receita, indica o destino de recursos para o financiamento de determinadas despesas; na despesa, identifica a origem dos recursos que estão sendo utilizados.

16. Errado, quando há contrapartida, tal registro fica evidenciado na classificação por Identificador de USO (IDUSO).

Gabarito:

15. **Certo**

16. **Errado**

7. CLASSIFICAÇÃO QUANTO À NATUREZA ("CLASSIFICAÇÃO ECONÔMICA")

Assim como as receitas, as despesas orçamentárias quanto à natureza se subdividem em despesas correntes e de capital. O Quadro 23.6 mostra as diferenças entre as despesas correntes e as despesas de capital.

Quadro 23.6: Diferenças entre despesas correntes e de capital

Despesas correntes	As que **não contribuem**, diretamente, para a formação ou aquisição de um bem de capital.
Despesas de capital	As que **contribuem**, diretamente, para a formação ou aquisição de um bem de capital.

7.1. Classificação da despesa quanto à categoria econômica visão 4320/1964

A classificação econômica foi instituída pela Lei 4.320/1964 e **é adotada até hoje com as devidas modificações instituídas pela Portaria SOF/STN 163/2001**. O Quadro 23.7 que contém a classificação econômica instituída pela Lei 4.320/1964.

Importante

As discrepâncias entre os conteúdos da Lei 4.320/1964 e da portaria 163/2001 são maiores do que as que existem nas receitas. As bancas examinadoras cobram tanto as classificações em conformidade com Lei 4.320/1964 quanto pela Portaria 163/2001.

Quadro 23.7: Classificação da Despesa conforme a Lei 4.320/1964

Despesa Corrente	Despesas de Custeio	Aquelas dotações para manutenção de serviços anteriormente criados, inclusive as destinadas a atender a obras de conservação e adaptação de bens imóveis.
	Transferências Correntes	Aquelas dotações para despesas as quais não corresponda contraprestação direta em bens ou serviços, inclusive para contribuições e subvenções destinadas a atender à manifestação de outras entidades de direito público ou privado.
Despesa de Capital	Investimentos	As dotações para o planejamento e a execução de obras, inclusive as destinadas à aquisição de imóveis considerados necessários à realização destas últimas, bem como para os programas especiais de trabalho, aquisição de instalações, equipamentos e material permanente e constituição ou aumento do capital de empresas que não sejam de caráter comercial ou financeiro.

Despesa de Capital	Inversões Financeiras	Despesas relacionadas à: I - aquisição de imóveis, ou de bens de capital já em utilização; II - aquisição de títulos representativos do capital de empresas ou entidades de qualquer espécie, já constituídas, quando a operação não importe aumento do capital; III - constituição ou aumento do capital de entidades ou empresas que visem a objetivos comerciais ou financeiros, inclusive operações bancárias ou de seguros.
Despesa de Capital	Transferências de Capital	São Transferências de Capital as dotações para investimentos ou inversões financeiras que outras pessoas de direito público ou privado devam realizar, independentemente de contraprestação direta em bens ou serviços, constituindo essas transferências auxílios ou contribuições, segundo derivem diretamente da Lei de Orçamento ou de lei especialmente anterior, bem como as dotações para amortização da dívida pública.

Legenda: observe as classificações com duplo grifo, pois elas serão reposicionadas pela portaria 163/2001.

Observa-se que dentro das despesas de transferências correntes estão inseridas as subvenções. Consideram-se subvenções as transferências destinadas a cobrir despesas de custeio das entidades beneficiadas, distinguindo-se em sociais e econômicas.

Importante

As subvenções sociais se destinam a instituições públicas ou privadas de caráter assistencial ou cultural, sem finalidade lucrativa.

As subvenções econômicas se destinam a empresas públicas ou privadas de caráter industrial, comercial, agrícola ou pastoril.

Ainda quanto às despesas, o Quadro 23.8 mostra a relação entre a classificação da despesa conforme a Lei 4.320/1964 e os elementos da despesa.

Quadro 23.8: Relação entre a classificação da despesa e os elementos da despesa

Despesa Corrente	Despesas de Custeio	Pessoa Civil, Pessoal Militar, **Material de Consumo**, Serviços de Terceiros, Encargos Diversos.
	Transferências Correntes	**Subvenções Sociais, Subvenções Econômicas, Inativos, Pensionistas**, Salário Família e Abono Familiar, **Juros da Dívida Pública**, Contribuições de Previdência Social, Diversas Transferências Correntes.

Despesa de Capital	Investimentos	**Obras Públicas**, Serviços em Regime de Programação Especial, **Equipamentos e Instalações, Material Permanente**, Participação em Constituição ou Aumento de Capital de Empresas ou Entidades Industriais ou Agrícolas.
	Inversões Financeiras	**Aquisição de Imóveis**, Participação em Constituição ou Aumento de Capital de Empresas ou Entidades Comerciais ou Financeiras, Aquisição de Títulos Representativos de Capital de Empresa em Funcionamento, Constituição de Fundos Rotativos, **Concessão de Empréstimos**, Diversas Inversões Financeiras.
	Transferências de Capital	Amortização da Dívida Pública, Auxílios para Obras Públicas, **Auxílios** para Equipamentos e Instalações, **Auxílios** para Inversões Financeiras, **Outras Contribuições**.

Atenção

A classificação vista (classificação da Lei 4.320/1964) não é seguida nas atuais leis orçamentárias da União, Estados, DF e Municípios, apesar disso a mesma é cobrada em prova.

A classificação que é seguida nas leis orçamentárias atuais (União, Estados, DF e Municípios) consta no tópico 7.2: classificação quanto à natureza conforme a Portaria 163/2001 também cobrada em provas.

17ª Questão (FNDE Cespe 2012): *Julgue o item a seguir.*

Classificam-se como despesas de custeio as dotações para a manutenção de serviços anteriormente criados, incluindo-se as destinadas a obras de conservação e adaptação de bens imóveis.

18ª Questão (Câmara dos Deputados Consultor Cespe2014): *Julgue o item a seguir.*

Se, para responder ao aumento no número de seus deputados estaduais, determinada assembleia legislativa realizar reformas em seu plenário com o objetivo de adaptá-lo ao maior número de parlamentares, essa despesa deverá ser classificada como despesa de custeio.

19ª Questão (TCE-PB Procurador Cespe 2014): *Em consonância com o disposto na Lei 4.320/1964, quando um ente público previr em sua lei orçamentária despesa com subvenções sociais e despesa com inativos, deverá classificá-las como*

a) despesas de investimento, tanto uma como a outra.

b) despesa de custeio e de transferência corrente, respectivamente.

c) despesa de investimento e de custeio, respectivamente.

d) despesas de custeio, tanto uma como a outra.

e) despesas de transferência corrente, tanto uma como a outra.

Solução

17. Certo, obras de conservação e adaptação de bens imóveis é contabilizada como despesa corrente de custeio. Dica: se foi utilizado o termo custeio, parte--se da premissa que se refere à Lei 4.320/1964.

18. Certo, se foi utilizado o termo "reformas para adaptar", parte-se da premissa que se refere a despesa de custeio.

19. Pela Lei 4.320/1964 tanto subvenções, quanto despesas com inativos e pensionistas é contabilizada como despesa com transferências correntes.

Gabarito:

17. **Certo**
18. **Certo**
19. **E**

7.2. Classificação da despesa quanto à natureza – Portaria 163/2001 – Visão Geral

Os arts. 12 e 13 da Lei 4.320/1964 tratam da classificação da despesa por categoria econômica e elementos, os quais foram tratados nos Quadros 23.7 e 23.8.

Ocorre que os Quadros 23.7 e 23.8 atualmente estão consubstanciados, **com modificações**, no Anexo II da Portaria Interministerial STN/SOF 163/2001[17].

O conjunto de informações que formam o código é conhecido como classificação por natureza da despesa e informa a **categoria econômica da despesa (1º código)**, ***o grupo natureza da despesa (2º código)*** a que ela pertence, a **modalidade de aplicação (3º e 4º códigos)** e o ***elemento da despesa (5º e 6º códigos).*** A Figura 23.14 ilustra os níveis e códigos, enquanto a Figura 23.15 ilustra o que cada nível pretende se propõe a responder.

17 Art. 5º Em decorrência do disposto no art. 3º a estrutura da natureza da despesa a ser observada na execução orçamentária de TODAS AS ESFERAS DE GOVERNO será "c.g.mm.ee.dd", onde:

a) "c" representa a categoria econômica;
b) "g" o grupo de natureza da despesa;
c) "mm" a modalidade de aplicação;
d) "ee" o elemento de despesa; e
e) "dd" o desdobramento, facultativo, do elemento de despesa.

Art. 3º A classificação da despesa, segundo a sua natureza, compõe-se de:
I – categoria econômica;
II – grupo de natureza da despesa;
III – elemento de despesa.

Figura 23.14: Níveis da classificação quanto à natureza para todos os entes da federação

<table>
<tr><th>1º</th><th>2º</th><th>3º</th><th>4º</th><th>5º</th><th>6º</th><th>7º</th><th>8º</th></tr>
<tr><td>Categoria Econômica</td><td>Grupo de Natureza da Despesa</td><td colspan="2">Modalidade de Aplicação</td><td colspan="2">Elemento de Despesa</td><td colspan="2">Subelemento</td></tr>
</table>

Figura 23.15: Níveis e perguntas a serem respondidas para todos os entes da federação

Categoria Econômica da Despesa	Qual o efeito econômico da realização da despesa?
Grupo de Natureza de Despesa	Em qual classe de gasto será realizada a despesa?
Modalidade de Aplicação	Qual a estratégia para realização da despesa?
Elemento de Despesa	Quais insumos que se pretende utilizar ou adquirir?

A Figura 23.16 ilustra a classificação quanto à natureza para a despesa estabelecida pela portaria 163/2001 e que deve ser seguida por todos os entes (União, Estados, DF e Municípios).

Figura 23.16: Classificação quanto à natureza estabelecida pela portaria 163/2001

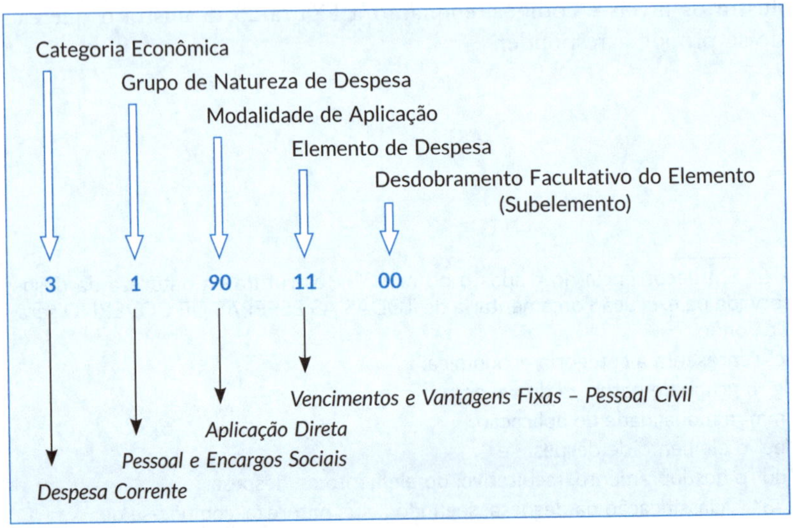

Ressalta-se que a adoção do subelemento é facultativa.

7.2.1. Grupo Natureza da Despesa - 2º nível da classificação da despesa quanto à natureza

A seguir, **constam os conceitos referentes ao 2º nível – Grupo Natureza da Despesa**, **pois no 1º nível – Categoria econômica não há diferença (despesas correntes e de capital)**. A Figura 23.17 mostra a relação entre a categoria econômica e os grupos de natureza da despesa.

Figura 23.17: Categoria econômica e os grupos de natureza da despesa

Categoria econômica	Grupos de natureza da despesa
3. Despesas Correntes	3.1. Pessoal e encargos sociais
	3.2. Juros e encargos da dívida
	3.3. Outras despesas correntes
4. Despesas de Capital	4.4. Investimentos
	4.5. Inversões Financeiras
	4.6. Amortização da dívida

Atenção

1. Fazendo uma comparação entre a Figura 23.17 e o Quadro 23.7 observa-se que há uma diferença quanto à classificação no 2º nível.

2. Outro ponto importante é que não se pode relacionar o 2º nível das despesas correntes com despesas de capital seja na visão da Lei 4.320/1964, seja na visão da portaria 163/2001.

Dessa forma, não se pode associar despesas de pessoal (2º nível) com despesas de capital (1º nível). Nem despesas com investimentos (2º nível) com despesas correntes (1º nível).

Desse modo, ao utilizar despesas com investimentos, se subtende que se trata despesas de capital; ao utilizar despesas com juros, se subtende que se trata despesas correntes.

O Quadro 23.9 contém os conceitos do 2º nível segundo a portaria 163/2001: grupo natureza da despesa. Lembro que o grupo natureza da despesa é um agregador de elemento de despesa com as mesmas características quanto ao objeto de gasto.

Quadro 23.9: Despesas do grupo natureza da despesa conforme a portaria 163/2001

Pessoal e Encargos Sociais	**Despesas orçamentárias com pessoal ativo, inativo e pensionistas**, relativas a mandatos eletivos, cargos, funções ou empregos, civis, militares e de membros de Poder, com quaisquer espécies remuneratórias, tais como vencimentos e vantagens, fixas e variáveis, subsídios, proventos da aposentadoria, reformas e pensões, inclusive adicionais, gratificações, horas extras e vantagens pessoais de qualquer natureza, bem como encargos sociais e contribuições recolhidas pelo ente às entidades de previdência, conforme estabelece o caput do art. 18 da Lei Complementar 101, de 2000.
Juros e Encargos da Dívida	Despesas orçamentárias com o **pagamento de juros, comissões e outros encargos** de operações de crédito internas e externas contratadas, bem como da dívida pública mobiliária.
Outras Despesas Correntes	Despesas orçamentárias com **aquisição de material de consumo, pagamento de diárias, contribuições, subvenções**, auxílio-alimentação, auxílio-transporte, além de outras despesas da categoria econômica "Despesas Correntes" não classificáveis nos demais grupos de natureza de despesa.
Investimentos	Despesas orçamentárias **com softwares** e com o **planejamento e a execução de obras**, inclusive com a **aquisição de imóveis** considerados necessários à realização destas últimas, e com a aquisição de instalações, equipamentos e material permanente.
Inversões Financeiras	Despesas orçamentárias com **a aquisição de imóveis ou bens de capital já em utilização;** aquisição de títulos representativos do capital de empresas ou entidades de qualquer espécie, já constituídas, quando a operação não importe aumento do capital; e com a **constituição ou aumento do capital de empresas**, além de outras despesas classificáveis neste grupo.
Amortização da Dívida	Despesas orçamentárias com o **pagamento e/ou refinanciamento do principal** e da **atualização monetária** ou cambial da dívida pública interna e externa, contratual ou mobiliária.

Fazendo uma comparação entre o Quadro 23.9 e os Quadros 23.7 e 23.8, observa-se que existem diferenças as quais foram evidenciadas no Quadro 23.10.

Quadro 23.10: Diferenças entre a portaria 163/2001 e a Lei 4.320/1964

Elemento	Portaria 163/2001	Lei 4.320/1964
Juros	Juros e encargos da dívida	Transferências Correntes
Material de Consumo	Outras despesas correntes	Custeio

Elemento	Portaria 163/2001	Lei 4.320/1964
Inativos e Pensionistas	Pessoal	Transferências Correntes
Aquisição de Software	Despesa de capital investimento	Omissa
Subvenções e Contribuições	Outras despesas correntes	Transferências correntes
Contribuições e Auxílios	Investimentos e Inversões Financeiras	Transferências de capital
Constituição ou Aumento de Capital de Empresas ou Entidades que não visem a objetivos comerciais ou financeiros (Industriais ou Agrícolas)	Inversões Financeiras	Investimentos
Constituição ou aumento do capital de entidades ou empresas que visem a objetivos comerciais ou financeiros		Inversões Financeiras

7.2.2 Modalidade de aplicação – 3º nível da classificação da despesa quanto à natureza

O **3º nível** (3º e 4º códigos) denomina-se **a modalidade de aplicação** e **define a estratégia de utilização do gasto**. Existem 3 tipos de estratégias de aplicação as quais constam no Quadro 23.11.

Quadro 23.11: Estratégias de aplicação dos recursos

Estratégia	Forma de aplicação
Diretamente	**Pela unidade detentora do crédito orçamentário OU, em decorrência de descentralização de crédito orçamentário**, por outro órgão ou entidade integrante dos Orçamentos Fiscal ou da Seguridade Social.
Indiretamente, mediante transferência	Por outras esferas de governo, seus órgãos, fundos ou entidades ou por entidades privadas, **exceto as que forem por delegação.**
Indiretamente, mediante delegação	Por **outros entes da Federação ou consórcios públicos** para a aplicação de recursos em ações de responsabilidade exclusiva da União **que impliquem preservação ou acréscimo no valor de bens públicos federais.**

A modalidade de aplicação objetiva também **eliminar a dupla contagem dos recursos transferidos ou descentralizados**, conforme discriminado na Figura 23.18.

Figura 23.18: Modalidades de aplicação utilizadas

CÓDIGO	MODALIDADES DE APLICAÇÃO
20	Transferências à União
22	Execução Orçamentária Delegada à União
30	Transferências a Estados e ao Distrito Federal
31	Transferências a Estados e ao Distrito Federal – Fundo a Fundo
32	Execução Orçamentária Delegada a Estados e ao Distrito Federal
35	Transferências Fundo a Fundo aos Estados e ao Distrito Federal à conta de recursos de que tratam os §§ 1º e 2º do art. 24 da Lei Complementar nº 141, de 2012
36	Transferências Fundo a Fundo aos Estados e ao Distrito Federal à conta de recursos de que trata o art. 25 da Lei Complementar nº 141, de 2012
40	Transferências a Municípios
41	Transferências a Municípios – Fundo a Fundo
42	Execução Orçamentária Delegada a Municípios
45	Transferências Fundo a Fundo aos Municípios à conta de recursos de que trata os §§ 1º e 2º do art. 24 da Lei Complementar nº 141, de 2012
46	Transferências Fundo a Fundo aos Municípios à conta de recursos de que trata o art. 25 da Lei Complementar nº 141, de 2012
50	Transferências a Instituições Privadas sem Fins Lucrativos
60	Transferências a Instituições Privadas com Fins Lucrativos
67	Execução de Contrato de Parceria Público-Privada – PPP
70	Transferências a Instituições Multigovernamentais
71	Transferências a Consórcios Públicos mediante contrato de rateio
72	Execução Orçamentária Delegada a Consórcios Públicos
73	Transferências a Consórcios Públicos mediante contrato de reateio à conta de recursos de que trata os §§ 1º e 2º do art. 24 da Lei Complementar nº 141, de 2012
74	Transferências a Consórcios Públicos mediante contrato de rateio à conta de recursos de que trata o art. 25 da Lei Complementar nº 141, de 2012

CÓDIGO	MODALIDADES DE APLICAÇÃO
75	Transferências a Instituições Multigovernamentais à conta de recursos de que tratam os §§ 1° e 2° do art. 24 da Lei Complementar n° 141, de 2012
76	Transferências a Instituições Multigovernamentais à conta de recursos de que tratam o art. 25 da Lei Complementar n° 141, de 2012
80	Transferências ao Exterior
90	Aplicações Diretas
91	Aplicação Direta Decorrente de Operação entre Órgãos, Fundos e Entidades Integrantes dos Orçamentos Fiscal e da Seguridade Social
93	Aplicação Direta Decorrente de Operação de Órgãos, Fundos e Entidades Integrantes dos Orçamentos Fiscal e da Seguridade Social com Consórcio Público do qual o Ente Participe.
94	Aplicação Direta Decorrente de Operação de Órgaõs, Fundos e Entidades Integrantes dos Orçamentos Fiscal e da Seguridade Social com Consórcio Público do qual o Ente não Participe
95	Aplicação Direta à conta de recursos de que tratam os §§ 1° e 2° do art. 24 da Lei Complementar n° 141, de 2012
96	Aplicação Direta à conta de recursos de que tratam o art. 25 da Lei Complementar n° 141, de 2012
99	A Definir

A fim de minimizar os esforços quanto à absorção dos códigos, o Quadro 23.12 contém um esquema de memorização.

Quadro 23.12: Modalidades de aplicação - esquema de memorização

Estratégia	Códigos da modalidade	Dica
Diretamente	90, 91, 93, 94, 95 e 96	Começa com 9
Indiretamente, mediante delegação[18]	22, 32, 42 e 72	Termina com 2
Indiretamente, mediante transferência	As demais.	As demais

18 A entrega de recursos aos Estados, Distrito Federal, Municípios e consórcios públicos em decorrência de delegação para a execução de ações de responsabilidade exclusiva da União, das quais resulte preservação ou acréscimo no valor de bens públicos federais, não se configura como transferência voluntária e observará modalidades de aplicação específicas. É facultativa a exigência de contrapartida na delegação de que trata o caput.

Antes de adentrar nas diferenças entre delegação e transferência, é importante destacar a modalidade de aplicação 91 – Aplicação Direta Decorrente de Operação entre Órgãos, Fundos e Entidades Integrantes dos Orçamentos Fiscal e da Seguridade Social. Essa modalidade é que combinada com a classificação da receita intraorçamentária (4.7 e 4.8) evita a dupla contagem.

Exemplo 6 do Autor: Operação Intraorçamentária

Suponha que a CGU (administração direta) resolva fazer um concurso e que contrate mais uma vez a ESAF (integra a estrutura do Ministério da Fazenda). Assim, a CGU e a ESAF fazem parte do Orçamento Fiscal e da Seguridade Social. A seguir, segue a forma como seria computada a receita e a despesa neste caso.

Exemplo de operação intraorçamentária

Órgãos e entidades integrantes do Orçamento Fiscal e da Seguridade Social	
Despesa para a CGU	**Receita para a ESAF**
Despesa com serviços de terceiros- pessoa jurídica.	Receita de serviços.
3.3.91.39	7.6.x.x.xx.xx
Despesa corrente/outras despesas correntes/ **Aplicação Direta Decorrente de Operação entre Órgãos, Fundos e Entidades Integrantes dos Orçamentos Fiscal e da Seguridade Social**/ **Serviços de terceiros pessoa jurídica**	Receita **intraorçamentária corrente**/**serviços**

Legenda: cada grifo simples ou duplo relaciona os códigos a descrição.

Retornando a questão das transferências e das delegações, o Quadro 23.13 traz mais elementos conceituais que diferenciam ambas.

Quadro 23.13: Diferença entre transferência e delegação

Transferência	A designação "transferência", nos termos do art. 12 da Lei no 4.320/1964 (Quadro 10), corresponde à entrega de recursos financeiros **a outro ente da Federação, a consórcios públicos ou a entidades privadas, com e sem fins lucrativos**, a que não corresponda contraprestação direta em bens ou serviços.
	Os bens ou serviços gerados ou adquiridos com a aplicação desses recursos pertencem ou se incorporam ao patrimônio do ente ou da entidade recebedora.

<table>
<tr><td rowspan="2">Delegação</td><td>Entende-se por delegação a entrega de recursos financeiros a outro ente da Federação ou a consórcio público para execução de ações de responsabilidade ou competência do ente delegante. Deve observar a legislação própria do ente e as designações da Lei de Diretrizes Orçamentárias, materializando-se em situações em que o recebedor executa ações em nome do transferidor.</td></tr>
<tr><td>Os bens ou serviços gerados ou adquiridos com a aplicação desses recursos pertencem ou se incorporam ao patrimônio de quem os entrega, ou seja, do transferidor.</td></tr>
</table>

Exemplo 7 do Autor: Transferência Constitucional do FPE e FPM

Suponha que em janeiro de 2018, a União arrecadou R$ 100.000.000,00 de imposto de renda. Nessa situação a União deve transferir 21,5% desse valor aos Estados devido ao Fundo de Participação dos Estados e transferir 24,5% desse valor aos Municípios devido ao Fundo de Participação dos Municípios. Esse valor pertence aos Estados e Municípios pelo pacto federativo da CF/1988 competindo à União a arrecadação centralizada desse imposto. Quando da realização das transferências se utilizará os seguintes códigos na União:

3.3.***30***.**81**: Despesas Correntes – Outras Despesas Correntes – ***Transferências a Estados e ao DF*** – **Distribuição Constitucional ou Legal de Receitas**

3.3.***40***.**81**: Despesas Correntes – Outras Despesas Correntes – ***Transferências a Municípios*** – Distribuição **Constitucional ou Legal de Receitas**

As transferências constitucionais se constituem em gastos não efetivos, uma vez que os produtos gerados não se incorporam ao patrimônio do ente transferidor, mas ao patrimônio do ente recebedor.

As transferências constitucionais se constituem em despesas efetivas, uma vez que reduzem o patrimônio líquido.

Exemplo 8 do Autor: Transferência Voluntária

Suponha que em janeiro de 2018, a União decida realizar convênio para construção de hospital de regional em um grande município do interior de São Paulo. O valor da obra está orçado em R$ 50.000.000,00. A União vai entrar com 90% do valor e o Município com 10% de contrapartida. Nessa situação, a União deve transferir R$ 45.000.000 ao Município. Quando da realização da transferência se utilizará o seguinte código na União:

4.4.***40***.**42**: Despesas de Capital – Investimento – ***Transferências a Municípios*** – **Auxílios**

Após a construção do hospital, o Município deve prestar contas da utilização do recurso **e o hospital fica sob a jurisdição municipal.**

As transferências voluntárias se constituem em gastos não efetivos, uma vez que os produtos gerados não se incorporam ao patrimônio do ente transferidor, mas ao patrimônio do ente recebedor.

As transferências voluntárias se constituem em despesas efetivas, uma vez que reduzem o patrimônio líquido.

Exemplo 9 do Autor: Delegação

Suponha que em 2018, a União detecte que determinada rodovia federal localizada no Estado de Goiás necessite de recuperação. Em janeiro de 2019 há dotação orçamentária para tal obra, no entanto não há capacidade operacional para conduzir o processo de licitação e fiscalização da obra. Em março de 2019, a União decide em comum acordo como Estado de Goiás convênio na modalidade delegação para obra de recuperação de rodovia federal no valor de R$ 20.000.000,00. A União vai entrar com 100% do valor. Nessa situação, a União deve transferir R$ 20.000.000 ao Município. Quando da realização da despesa se utilizará o seguinte código na União:

4.4.**32**.**51**: Despesas de Capital – Investimento – ***Execução Orçamentária Delegada a Estado se ao DF*** – **Obras**

Após a construção da rodovia federal, o Estado deve prestar contas da utilização do recurso **e a rodovia revitalizada continua sob a jurisdição federal.**

As delegações se constituem em gastos efetivos, uma vez que os produtos gerados não se incorporam ao patrimônio do ente recebedor, mas continuam pertencendo ao patrimônio do ente transferidor dos recursos.

As delegações podem se constituir em despesas efetivas ou não efetivas dependendo do objeto do gasto. No caso de obras, seria despesa não efetiva.

7.2.3 Elemento da Despesa – 4º nível da classificação da despesa quanto à natureza

O elemento de despesa tem por finalidade identificar os objetos de gasto, tais como vencimentos e vantagens fixas, juros, diárias, material de consumo, serviços de terceiros prestados sob qualquer forma, subvenções sociais, obras e instalações, equipamentos e material permanente, auxílios, amortização e outros que a Administração Pública utiliza para a consecução de seus fins. Os códigos dos elementos da despesa variam de 1 a 99 e constam na Figura 23.19.

Figura 23.19: Elementos da Despesa

ELEMENTO DE DESPESA	
1	Aposentadorias do RPPS, Reserva Remunerada e Reformas dos Militares
3	Pensões do RPPS e do militar
4	Contratação por Tempo Determinado
5	Outros Benefícios Previdenciários do servidor ou do militar
6	Benefício Mensal ao Deficiente e ao Idoso
7	Contribuição a Entidades Fechadas de Previdência
8	Outros Benefícios Assistencias do servidor e do militar
9	Salário Família
10	Seguro Desemprego e Abono Salarial
11	Vencimentos e Vantagens Fixas - Pessoal Civil
12	Vencimentos e Vantagens Fixas - Pessoal Militar
13	Obrigações Patronais
14	Diárias - Civil
15	Diárias - Militar
16	Outras Despesas Variáveis - Pessoal Civil
17	Outras Despesas Variáveis - Pessoal Militar
18	Auxílio Financeiro e Estudantes
19	Auxílio-Fardamento
20	Auxílio Financeiro a Pesquisadores
21	Juros sobre a Dívida por Contrato
22	Outros Encargos sobre a Dívida por Contrato
23	Juros, Deságios e Descontos da Dívida Mobiliária
24	Outros Encargos sobre a Dívida Mobiliária
25	Encargos sobre Operações de Crédito por Antecipação da Receita
26	Obrigações decorrentes de Política Monetária
27	Encargos pela Honra de Avais, Garantias, Seguros e Similares
28	Remuneração de Cotas de Fundos Autárquicos
29	Distribuição de Resultado de Empresas Estatais Dependentes
30	Material de Consumo

ELEMENTO DE DESPESA	
31	Premiações Culturais, Artísticas, Científicas, Desportivas e Outras
32	Material, Bem ou Serviço para Distribuição Gratuita
33	Passagens e Despesas com Locomoção
34	Outras Despesas de Pessoal decorrentes de Contratos de Terceirização
35	Serviços de Consultoria
36	Outros Serviços de Terceiros - Pessoa Física
37	Locação de Mão-de-Obra
38	Arrendamento Mercantil
39	Outros Serviços de Terceiros - Pessoa Jurídica
41	Contribuições
42	Auxílios
43	Subvenções Sociais
45	Subvenções Econômicas
46	Auxílio-Alimentação
47	Obrigações Tributárias e Contributivas
48	Outros Auxílios Financeiros a Pessoas Físicas
49	Auxílio-Transporte
51	Obras e Instalações
52	Equipamentos e Material Permanente
53	Aposentadorias do RGPS - Área Rural
54	Aposentadorias do RGPS - Área Urbana
55	Pensões do RGPS - Área Rural
56	Pensões do RGPS - Área Urbana
57	Outros Benefícios do RGPS - Área Rural
58	Outros Benefícios do RGPS - Área Urbana
59	Pensões Especiais
61	Aquisição de Imóveis
62	Aquisição de Produtos para Revenda
63	Aquisição de Títulos de Crédito
64	Aquisição de Títulos Representativos de Capital já Integralizado

ELEMENTO DE DESPESA	
65	Constituição ou Aumento de Capital de Empresas
66	Concessão de Empréstimos e Financiamentos
67	Depósitos Compulsórios
70	Rateio pela Participação em Consórcio Público
71	Principal da Dívida Contratual Resgatado
72	Principal da Dívida Mobiliária Resgatado
73	Correção Monetária ou Cambial da Dívida Contratual Resgatada
74	Correção Monetária ou Cambial da Dívida Mobiliária Resgatada
75	Correção Monetária da Dívida de Operações de Crédito por Antecipação de Receita
76	Principal Corrigido da Dívida Mobiliária Refinanciado
77	Principal Corrigido da Dívida Contratual Refinanciado
81	Distribuição Constitucional ou Legal de Receitas
91	Sentenças Judiciais
92	Despesas de Exercícios Anteriores
93	Indenizações e Restituições
94	Indenizações e Restituições Trabalhistas
95	Indenização pela Execução de Trabalhos de Campo
96	Ressarcimento de Despesas de Pessoal Requisitado
97	Aporte para Cobertura do Déficit Atuarial do RPPS
98	Compensações ao RGPS
99	A Classificar

Atenção

1. Existem grupos natureza da despesa que não podem ser utilizados como qualquer tipo de modalidade de aplicação. Por exemplo, despesas com pessoal (GND 1), com juros (GND 2) e amortização da dívida (GND 6) não podem ser transferidas, nem delegadas a terceiros. Logo somente pode-se utilizar a modalidade de aplicação direta.

2. Existem elementos da despesa (ED) que estão associados obrigatoriamente a determinadas modalidade de aplicação. Por exemplo, despesas com pessoal civil (ED 11) e despesas com pessoal militar (ED 12) ensejam utilizar a modalidade de aplicação direta. Já Contribuições (ED 41), Auxílios (ED 42), Subvenções Sociais (ED 43), Subvenções econômicas (ED 45) e Distribuição Constitucional

ou Legal de Receitas (ED 81) somente podem ser utilizadas com a modalidade de aplicação transferências.

3. Existem elementos da despesa que estão associados obrigatoriamente a determinados grupos natureza da despesa e outros elementos que podem ser utilizados por mais de determinados grupos natureza da despesa. Por exemplo, obras (ED 51) somente pode ser utilizado com Investimentos (GND 4); material permanente (ED 52), pode ser utilizado com Investimentos - veículos novos (GND 4) ou Inversões Financeiras - veículos usados (GND 5); material de consumo (ED 30) pode ser pode ser utilizado com Outras Despesas Correntes - troca da memória de computador por uma de mesma capacidade (GND 3) ou Investimentos - troca da memória de computador por uma de maior capacidade (GND 4).

7.2.4. Situação Especial - Gastos efetivos e não efetivos

A seguir constam os elementos da despesa dos gastos não efetivos. Estes gastos não geram impacto direto na geração de riqueza no PIB (Produto Interno Bruto). Os demais elementos da despesa são gastos efetivos.

Quadro 23.14: elementos da despesa dos gastos não efetivos - transferências

Elemento	Descrição conforme a Portaria 163/2001
41 - Contribuições	Despesas orçamentárias para as **quais não correspondam contraprestação direta** em bens e serviços e não sejam reembolsáveis pelo recebedor, inclusive as destinadas a atender a despesas de **manutenção de outras entidades de direito público ou privado**, observado o disposto na legislação vigente.
42 - Auxílios	**Despesas orçamentárias destinadas a atender a despesas de investimentos ou inversões financeiras** de outras esferas de governo ou de entidades privadas sem fins lucrativos, observado, respectivamente, o disposto nos arts. 25 e 26 da Lei Complementar no 101/2000.
43 - Subvenções sociais	**Despesas orçamentárias para cobertura de despesas de instituições privadas de caráter assistencial ou cultural**, sem finalidade lucrativa, de acordo com os arts. 16, parágrafo único, e 17 da Lei no 4.320, de 1964, observado o disposto no art. 26 da LRF[19].
	Fundamentalmente e nos limites das possibilidades financeiras a concessão de subvenções sociais visará a **prestação de serviços essenciais de assistência social, médica e educacional**, **sempre que a suplementação de recursos de origem privada aplicados a esses objetivos, revelar-se mais econômica**[20].

19 MTO.

20 Art. 16º da Lei 4.320/1964.

Elemento	Descrição conforme a Portaria 163/2001
45- Subvenções econômicas	**Despesas orçamentárias com o pagamento de subvenções econômicas**, a qualquer título, autorizadas em leis específicas, tais como: **ajuda financeira a entidades privadas com fins lucrativos**; **concessão de bonificações a produtores, distribuidores e vendedores**; **cobertura, direta ou indireta, de parcela de encargos de empréstimos e financiamentos e dos custos de aquisição, de produção, de escoamento, de distribuição, de venda e de manutenção de bens, produtos e serviços em geral**; **e, ainda, outras operações com características semelhantes**[21].
	A cobertura dos déficits de manutenção das empresas públicas, de natureza autárquica ou não, far-se-á mediante subvenções econômicas expressamente incluídas nas despesas correntes do orçamento da União, do Estado, do Município ou do Distrito Federal.[22]
	As dotações destinadas a cobrir a diferença entre os preços de mercado e os preços de revenda, pelo Governo, de gêneros alimentícios ou outros materiais
	As dotações destinadas ao pagamento de bonificações a produtores de determinados gêneros ou materiais.
81- Distribuição Constitucional ou Legal de Receitas	Despesas orçamentárias **decorrentes da transferência a outras esferas de governo de receitas tributárias, de contribuições e de outras receitas vinculadas**, prevista na CF ou em leis específicas, cuja competência de arrecadação é do órgão transferidor.

Ao realizar a leitura dos conceitos do Quadro 23.14, observa-se que ainda não fica totalmente claro se as contribuições, auxílios e subvenções são despesas correntes ou de capital. Dessa forma, elaborou-se o Quadro 23.14 para suprir essa lacuna final de conhecimento.

21 MTO.

22 Art. 17º da Lei 4.320/1964.

Quadro 23.15: Diferenças entre contribuições, auxílios e subvenções

<table>
<tr><th>Características</th><th colspan="2">Contribuições</th><th>Auxílios</th><th>Subvenção Social</th><th>Subvenção Econômica</th></tr>
<tr><td>Categoria Econômica</td><td>Despesa Corrente</td><td colspan="2">Despesa de Capital</td><td colspan="2">Despesa Corrente</td></tr>
<tr><td rowspan="2">Entidade Destinatária</td><td colspan="3">Entidades públicas ou privadas sem fins lucrativos</td><td rowspan="2">Entidades privadas sem fins lucrativos que exerçam atividades nas áreas de assistência social, saúde e educação</td><td rowspan="2">Entidades privadas com fins lucrativos; concessão de bonificações a produtores, distribuidores e vendedores etc.</td></tr>
<tr><td>Que não sejam as das subvenções sociais</td><td></td><td>Série de condições constantes na LDO</td></tr>
<tr><td>Deve estar prevista</td><td>LOA</td><td>Antes em Lei Especial</td><td colspan="2">LOA</td><td>Antes em Lei Específica</td></tr>
</table>

Fonte: Portaria 163/2001; Lei 4.320/1964; LDO.

Exemplo 10 do autor: Gastos efetivos

Em um gasto efetivo o ente público está gerando riqueza na economia. Temos como exemplos, planejamento e execução de obras, aquisição de imóveis, aquisição de veículos, aquisição de material de consumo, serviços de terceiros, pagamento da folha de pessoal.

Observa-se que dentro dos gastos efetivos, existem despesas efetivas (aspecto contábil) como pessoal, e serviços de terceiros, e despesas não efetivas (aspecto contábil) como planejamento e execução de obras, aquisição de imóveis, aquisição de veículos, aquisição de material de consumo.

Os gastos efetivos são registrados como projetos ou atividade.

Exemplo 11 do autor: Gastos não efetivos

Em um gasto não efetivo o ente público não está gerando riqueza na economia no momento do gasto. Enquadram-se nessa situação: juros, amortização da dívida, transferências.

As atuais despesas com juros e amortização da dívida são gastos não efetivos, pois no passado, por exemplo, o ente optou por tomar empréstimo para realizar obras. No passado foi gerada a riqueza, pois o valor do empréstimo foi aplicado em despesas com obras – gastos efetivos. No presente, o pagamento de juros e amortização da dívida não gera nova riqueza.

As transferências constitucionais ou voluntárias também são gastos não efetivos, pois no momento das transferências a União por exemplo está apenas transferindo recursos para os benefícios (Estados, Municípios, entidades com e sem fins lucrativos). A riqueza para economia será gerada no momento em que esses beneficiários utilizarem os recursos recebidos.

Observa-se que as **transferências se constituem em gastos não efetivos,** uma vez que os produtos gerados não se incorporam ao patrimônio do ente transferidor, mas ao patrimônio do ente recebedor.

Os gastos não efetivos são registrados como operações especiais.

20ª Questão (TRE-ES Analista Judiciário Cespe 2011): *Julgue o item a seguir:*

Denomina-se auxílio a transferência de recursos consignados na lei de orçamento anual de um ente da Federação para outro para a aquisição de títulos representativos do capital de empresas já constituídas.

21ª Questão (ANP Cespe 2013): *Julgue o item a seguir:*

A estratégia para a realização da despesa está presente na modalidade de aplicação.

22ª Questão (MTE Cespe 2014): *Julgue o item a seguir:*

Na classificação orçamentária da despesa, a modalidade de aplicação indica, entre outros, se recursos do orçamento da União se destinam à aplicação por entidades privadas sem fins lucrativos ou por outras instituições.

23ª Questão (TEM Cespe 2014): *Julgue o item a seguir:*

A aquisição de material permanente é classificada como despesa corrente. Por essa razão, uma nota fiscal dessa aquisição que não contiver a descrição correta, de acordo com o empenho regularmente emitido, deve ser corrigida durante o estágio da liquidação.

Solução

20. Certo, a aquisição de títulos é uma despesa de capital de inversões financeiras. Auxílios são despesas orçamentárias destinadas a atender a despesas de investimentos ou inversões financeiras de outras esferas de governo ou de entidades privadas sem fins lucrativos. Assim, a assertiva se refere de fato à despesa com auxílios.

21. Certo, é exatamente este o conceito.

22. Certo, dependendo do código da modalidade de aplicação se identifica o destino do recurso quanto à entidade beneficiária.

23. Errado, material permanente sempre será despesa de capital. Já o material de consumo pode ser despesa corrente ou de capital conforme for o caso.

Gabarito:
20. **Certo**
21. **Certo**
22. **Certo**
23. **Errado**

8. CLASSIFICAÇÃO DA DESPESA POR IDENTIFICADOR DE RESULTADO PRIMÁRIO

O identificador de resultado primário indica se as despesas dos Entes (União, Estados e Municípios) são primárias ou financeiras. As despesas primárias do Orçamento Fiscal e Orçamento da Seguridade Social afetam as metas fiscais da LDO.

Na União utilizam-se os seguintes códigos conforme disposição do Quadro 23.16.

Quadro 23.16: Códigos para identificação do resultado primária na União

<table>
<tr><th>Qual orçamento?</th><th>Afeta resultado primário?</th><th colspan="2">Obrigatória?</th><th>Código?</th></tr>
<tr><td rowspan="6">Orçamento Fiscal e da Seguridade Social</td><td>Financeira: Não afeta o resultado primário</td><td colspan="2">Obrigatória</td><td>0</td></tr>
<tr><td rowspan="5">Primária: afeta o resultado primário</td><td colspan="2">Obrigatória</td><td>1</td></tr>
<tr><td rowspan="4">Discricionária</td><td>Não abrangida pelas demais alíneas deste inciso</td><td>2</td></tr>
<tr><td>Abrangida pelo Programa de Aceleração do Crescimento (PAC)</td><td>3</td></tr>
<tr><td>Decorrente de programações incluídas ou acrescidas por emendas individuais e de execução obrigatória nos termos da Constituição Federal (1,2% da RCL)</td><td>6</td></tr>
<tr><td>Decorrente de programações incluídas ou acrescidas por emendas de bancada estadual e de execução obrigatória nos termos da LDO (0,6% da RCL)</td><td>7</td></tr>
<tr><td rowspan="2">Primária do Orçamento de Investimento</td><td rowspan="2">Não afeta resultado primário</td><td rowspan="2">Discricionária</td><td>Não abrangida pelo PAC</td><td>4</td></tr>
<tr><td>Abrangida pelo PAC</td><td>5</td></tr>
</table>

Importante destacar que no orçamento de investimento constam apenas despesas com investimentos, logo todas são primárias. Ocorre que as despesas do orçamento de investimento não compõem a meta de resultado primário definida na LDO e na Lei de Responsabilidade Fiscal. O quadro 8.17 compara a classificação quanto à natureza com a classificação quanto ao resultado primário.

Quadro 23.17: Comparação da despesa quanto à natureza com a classificação quanto ao resultado primário.

Natureza	Classificação quanto ao resultado primário	
	Primária	Financeira
Corrente	Pessoal e Encargos sociais (GND 1) e Outras Despesas Correntes (GND 3).	Juros e Encargos da Dívida (GND 2)
Capital	Investimentos (GND 4), Inversões Financeiras (GND 5).	Amortização da Dívida (GND 6); Concessão de Empréstimos e Aquisição de Título de Capital já integralizado (tipos de Inversões Financeiras - GND 5).

9. CLASSIFICAÇÃO DA DESPESA QUANTO AOS EFEITOS SOBRE O PATRIMÔNIO PÚBLICO: EFETIVAS E NÃO EFETIVAS (POR MUTAÇÃO)

Para fins contábeis, quanto ao impacto na situação líquida patrimonial, a despesa pode ser "**efetiva**" ou "**não-efetiva**". O Quadro 23.18 mostra a diferença entre as despesas efetivas e não efetivas.

Quadro 23.18: Despesas efetivas e não efetivas

Classificação	Conceito	Exemplo de despesa corrente	Exemplo de despesa de capital
Despesa Orçamentária Efetiva	Aquela que, no momento de sua realização, **reduz a situação líquida patrimonial da entidade.** Constitui **fato contábil modificativo diminutivo.**	Despesas de pessoal e encargos sociais; juros de encargos da dívida.	Despesas com transferências de capital (despesas com auxílios).

Classificação	Conceito	Exemplo de despesa corrente	Exemplo de despesa de capital
Despesa Orçamentária não Efetiva (por mutação patrimonial)	Aquela que, no momento da sua realização, **não reduz a situação líquida patrimonial da entidade** e **constitui fato contábil permutativo**.	Despesa como aquisição de material de consumo.	Despesas com investimentos, inversões financeiras e amortização da dívida.

Atenção

Em regra, as despesas correntes são despesas efetivas e as despesas de capital são não efetivas. Porém, existem despesas correntes não efetivas (despesa com aquisição de material de consumo para estoque e despesa com adiantamento) e despesas de capital efetivas (transferências de capital).

Na despesa não efetiva ocorre a saída de recursos financeiros a partir da "incorporação de um bem" ou da "incorporação de um direito" ou "da baixa de uma obrigação anteriormente contraída". Na despesa efetiva, ocorre a saída de recursos financeiros sem que seja "incorporado um bem ou um direito", ou sem que seja dada "baixa em uma obrigação anterior contraída". O Quadro 23.19 contém alguns exemplos.

Quadro 23.19: Exemplos de despesas não efetivas

Exemplo de despesas	É "incorporado" um bem/ direito ou é dada "baixa em uma obrigação"?	Como se dá o processo?
Investimento	É dada a entrada de um bem intangível (software).	Ao final da execução da despesa (empenho, liquidação e pagamento) ocorre uma diminuição do caixa (no ativo) e um aumento de um bem no ativo permanente (ativo intangível).
Inversões Financeiras	É dada a entrada de um bem imóvel já em utilização.	Ao final da execução da despesa (empenho, liquidação e pagamento) ocorre uma diminuição do caixa (no ativo) e um aumento de um bem no ativo permanente (ativo imobilizado).
Amortização da Dívida	É dada a baixa em uma obrigação (empréstimos a pagar).	Ao final da execução da despesa (empenho, liquidação e pagamento) ocorre uma diminuição do caixa (no ativo) e uma diminuição de uma obrigação (no passivo).

Exemplo de despesas	É "incorporado" um bem/ direito ou é dada "baixa em uma obrigação"?	Como se dá o processo?
Aquisição de material de consumo	É dada a entrada de um bem (material de consumo).	Ao final da execução da despesa (empenho, liquidação e pagamento) ocorre uma diminuição do caixa (no ativo) e um aumento de um bem, aumento do estoque de material de consumo (também no ativo).

Legenda: O patrimônio é composto por bens, direitos e obrigações.

10. TABELA-SÍNTESE DA CLASSIFICAÇÃO DA DESPESA

Despesa quanto à categoria econômica	Classificação quanto aos efeitos sobre o Patrimônio Líquido		Classificação quanto ao resultado primário	
	Efetiva	Não efetiva	Primária	Financeira
Corrente	Em regra, as despesas correntes.	Aquisição de material de consumo.	Pessoal e Encargos sociais (GND 1) e Outras Despesas Correntes (GND 3).	Juros e Encargos da Dívida (GND 2)
Capital	Despesas com transferências de capital: auxílios e contribuições de capital.	Em regra, as despesas de capital.	Investimentos (GND 4), Inversões Financeiras (GND 5).	Amortização da Dívida (GND 6); Concessão de Empréstimos e Aquisição de Título de Capital já integralizado (tipos de Inversões Financeiras – GND 5).

Importante

1. As transferências correntes e de capital (subvenções, auxílios e contribuições) e juros são despesas efetivas para fins de impacto no Patrimônio Líquido, mas são gastos não efetivos para fins de impacto no PIB. A amortização da dívida é despesa não efetiva para fins de impacto no Patrimônio Líquido e é gasto não efetivos para fins de impacto no PIB.

2. A classificação quanto ao resultado primário mostrada na Tabela Síntese corresponde a classificação constante no Manual de Demonstrativos Fiscais (MDF). Destaca-se que no Grupo Natureza da Despesa Inversões Financeiras (GND 5) existem alguns tipos de despesas financeiras (Concessão de Empréstimos e Aquisição de Título de Capital já integralizado), enquanto as demais despesas primárias são primárias. Caso a questão seja omissa, considera-se que as inversões financeiras são despesas primárias.

24ª Questão (ABIN Administração Cespe 2010 Adaptada): *O orçamento público é organizado por meio de um sistema de classificação estruturado para oferecer, de maneira detalhada, informações relevantes a respeito do uso dos recursos públicos. A estrutura completa de programação orçamentária, constante dos manuais técnicos de orçamento, da Secretaria de Orçamento Federal, é composta de trinta e sete dígitos, que indicam, pela ordem, a esfera orçamentária, composta por dois dígitos; a classificação institucional; a classificação funcional; o programa, a ação; o subtítulo, composto por 4 dígitos; os identificadores de operação de crédito e de uso, ambos totalizando cinco dígitos; a fonte de recursos; a categoria econômica, o grupo e a modalidade de aplicação da despesa; e o identificador de resultado primário. Com base nessas informações, julgue os itens a seguir, tendo como referência a seguinte estrutura completa de programação orçamentária:*

10.13.101.04.123.0750.2272.0001.9999.0.100.3390.2.

1. Pela estrutura de programação apresentada, é correto inferir que serão aplicados recursos do Tesouro Nacional na modalidade direta.

2. A dotação orçamentária pode referir-se à aquisição de material de consumo ou ao pagamento de diárias.

3. A despesa pode ser objeto de limitação de empenho ou de movimentação financeira.

4. A dotação orçamentária refere-se a órgão do Poder Executivo na esfera fiscal.

Solução

1. Certo. Primeiro deve-se localizar a classificação quanto à natureza:

10.13.101.04.123.0750.2272.0001.9999.0.100.3390.2.

Assim, observa-se que os códigos representam: 3: Despesas Correntes; 3: Outras Despesas Correntes; e 90: Aplicação Direta, corroborando esta última a questão.

2. Certo. Tendo em vista que quando da publicação da LOA não é detalhado o elemento da despesa, tal situação ocorre.

3. Certo. Primeiro deve-se localizar a classificação quanto ao identificador de resultado primário:

10.13.101.04.123.0750.2272.0001.9999.0.100.3390.2. Assim, observa-se que o código representa: despesa primária discricionária. Esse tipo de despesa pode sofrer limitação de empenho ou de movimentação financeira.

4. Errado. Primeiro deve-se localizar a classificação por esfera e institucional:

10.13.101.04.123.0750.2272.0001.9999.0.100.3390.2.

A esfera fiscal (10) está correta. Porém, a classificação institucional representa um Órgão do Poder Judiciário.

Gabarito:

1. **Certo**
2. **Certo**
3. **Certo**
4. **Errado**

Importante

A fim de aprofundar o item 2 da questão anterior, seguem comentários sobre o princípio orçamentário da especificação/discriminação extraídos no MCASP (Manual de Contabilidade Aplicada ao Setor Público).

A Lei nº 4.320/64, em seu art. 15, determina que, na Lei de Orçamento, a discriminação da despesa far-se-á no mínimo por elementos. Já a Portaria STN/SOF nº 163/2001, determina que, na Lei de Orçamento, a discriminação da despesa, quanto à sua natureza, far-se-á, no mínimo, por categoria econômica, grupo de natureza de despesa e modalidade de aplicação. ***Como a esfera federal trata a elaboração do orçamento, quanto ao nível de desdobramento da despesa?***

A Portaria Interministerial STN/SOF nº 163/2001, em seu artigo 6º determina que "Na lei orçamentária, a discriminação da despesa, quanto à sua natureza, far-se-á, no mínimo, por categoria econômica, grupo de natureza de despesa e modalidade de aplicação".

Por conta disso, passou a ser opcional o detalhamento por elemento de despesa. Assim, **o detalhamento por elemento de despesa deverá então ser realizado no momento da execução.** Desta forma, **em âmbito do Governo Federal o orçamento é aprovado por grupo de natureza da despesa, acrescida da informação gerencial modalidade de aplicação, sendo o elemento indicado no momento da execução da despesa.**

A Lei nº 4.320/1964 introduziu em seus dispositivos a necessidade de o orçamento evidenciar os programas de governo.

"Art. 2º. A Lei do Orçamento conterá a discriminação da receita e despesa de forma a evidenciar a política econômico-financeira e o programa de trabalho do governo, obedecidos aos princípios de unidade, universalidade e anualidade."

A partir da edição da **Portaria MOG nº 42/1999** aplicada à União, Estados, Distrito Federal e Municípios, **passou a ser obrigatória** a identificação, nas leis orçamentárias, das ações em termos **de funções, subfunções, programas, projetos, atividades e operações especiais**: "Art. 4º Nas leis orçamentárias e nos balanços, as ações serão identificadas em termos de funções, subfunções, programas, projetos, atividades e operações especiais."

Dessa forma, **é consolidada a importância da elaboração do orçamento por programa**, com a visão de que o legislativo aprova as ações de governo buscando a aplicação efetiva do gasto, e não necessariamente os itens de gastos. A ideia é dar transparência à população e ao legislativo sobre o que será realizado em um determinado período, por meio de programas e ações e quanto eles irão custar à sociedade e não o de apresentar apenas objetos de gastos que, isoladamente, não garantem a transparência necessária.

A aprovação e a alteração da lei orçamentária elaborada até o nível de elemento de despesa poderá ser mais burocrática e, consequentemente, menos eficiente, pois exige esforços de planejamento em um nível de detalhe que nem sempre será possível ser mantido. Por exemplo, se um ente tivesse no seu orçamento um gasto previsto no elemento 39 – Outros Serviços de Terceiros – Pessoa Jurídica e pudesse realizar esse serviço com uma pessoa física, por um preço inferior, uma alteração orçamentária por meio de lei demandaria tempo e esforço de vários órgãos, o que poderia levar em alguns casos, a contratação de um serviço mais caro.

No entanto, sob o enfoque de resultado, pouco deve interessar para a sociedade a forma em que foi contratado o serviço, se com pessoa física ou jurídica, mas se o objetivo do gasto foi alcançado de modo eficiente.

Observa-se que a identificação, nas leis orçamentárias, das funções, subfunções, programas, projetos, atividades e operações especiais, em conjunto com a classificação do crédito orçamentário por categoria econômica, grupo de natureza de despesa e modalidade de aplicação, atende ao princípio da especificação. Por meio dessa classificação, evidencia-se como a administração pública está efetuando os gastos para atingir determinados fins.

É importante destacar que, a interpretação da Lei 4.320/64, no que se refere a elemento, não é a mesma do elemento da despesa da Portaria STN/SOF nº 163/2001. O conceito trazido na lei indica a necessidade de desdobramento das categorias econômicas correntes e de capital. Destacamos abaixo o disposto no artigo 15 da Lei 4.320/64: § 1º Entende-se por elementos o desdobramento da despesa com pessoal, material, serviços, obras e outros meios de que se serve a administração pública para consecução dos seus fins.

A Lei de Diretrizes Orçamentária da União aprova exatamente conforme a Portaria STN/SOF nº 163/2001, **de maneira que a Lei Orçamentária Anual detalha até o grupo de natureza da despesa, acrescentando a modalidade de aplicação como informação gerencial.**

11. LISTA DE QUESTÕES OBJETIVAS

1ª Questão (ENAP ESAF 2006): *A despesa pública brasileira pode ser classificada segundo categorias econômicas, grupos de despesa e modalidades de aplicação. Identifique a única opção que não pertence aos grupos de natureza de despesa.*

a) Pessoal e Encargos.

b) Juros e Encargos da Dívida Pública.

c) Outras Despesas Correntes.

d) Transferências a Instituições Privadas sem Fins Lucrativos.

e) Inversões Financeiras e Amortização da Dívida Pública.

Solução

Apenas a alternativa D possui uma modalidade de aplicação, as demais opções possuem grupos natureza da despesa.

Gabarito: **D**

2ª Questão (Ministério da Cultura Analista FGV 2006): *Com base na estrutura programática utilizada atualmente nos orçamentos públicos, analise as seguintes afirmativas:*

I. Atividade é o instrumento de programação utilizado para alcançar o objetivo de um programa, envolvendo um conjunto de operações que se realizam de modo contínuo e permanente, das quais resulta um produto ou serviço necessário à manutenção da ação do Governo.

II. Projeto é o instrumento para alcançar o objetivo de um programa, envolvendo um conjunto de operações, limitadas no tempo, das quais resulta um produto que concorre para expansão ou aperfeiçoamento da ação do Governo.

III. Operações Especiais são as despesas realizadas que contribuem para a manutenção, expansão ou aperfeiçoamento das ações de Governo, das quais não resulta um produto e não geram contraprestação direta em bens ou serviços.

Assinale:

a) se somente a afirmativa II estiver correta.

b) se somente as afirmativas I e II estiverem corretas.

c) se somente as afirmativas I e III estiverem corretas.

d) se somente as afirmativas II e III estiverem corretas.

e) se todas as afirmativas estiverem corretas.

Solução

I. Certo, sem comentários adicionais.

II. Certo, sem comentários adicionais.

III. Errado, as operações especiais não contribuem para manutenção, expansão ou aperfeiçoamento das ações de Governo. São gastos neutros.

Gabarito: **B**

3ª Questão (TCE-GO ESAF 2007): *De acordo com a Lei n. 4.320, de 1964, assinale a opção que representa uma transferência corrente.*

a) Juros da Dívida Pública.

b) Despesa com serviços de terceiros.

c) Despesa com pessoal civil.
d) Serviços em regime de programação especial.
e) Concessão de empréstimos.

Solução

A opção correta é a alternativa A. Os itens B e C são despesas com custeio. O item D é investimento e o item E é inversão financeira.

Gabarito: **A**

4ª Questão (CGU Área geral ESAF 2008): *A classificação funcional e a estrutura programática visam ao fornecimento de informações das realizações do governo e é considerada a mais moderna das classificações orçamentárias da despesa. A junção das duas, quando da execução da despesa no SIAFI, forma o Programa de Trabalho com a seguinte estrutura: Programa de Trabalho: AA.BBB.CCCC.DDDD.EEEE Com relação ao assunto, indique a opção correta.*

a) Na estrutura do Programa de Trabalho, a codificação CCCC representa o Programa e a codificação EEEE a ação governamental.
b) A ação, reconhecida na estrutura pelo código DDDD, determina a escolha da subfunção, reconhecida pela codificação BBB, estabelecendo uma relação única.
c) A subfunção, código BBB, poderá ser combinada com qualquer função, código AA, em razão da competência do órgão responsável pelo programa.
d) Quando o primeiro dígito da codificação DDDD for um número ímpar significa que a ação é uma atividade.
e) As operações especiais são ações que não contribuem para a manutenção das ações de governo, das quais não resultam um produto, e não geram contraprestação direta sob a forma de bens ou serviços e são identificadas pelo primeiro dígito da codificação EEEE.

Solução

a) Errado, EEEE é subtítulo.
b) Certo, a ação indica a subfunção apropriada.
c) Errado, a função 28 admite apenas suas subfunções.
d) Errado, códigos 2, 4, 6 e 8: atividade; 1, 3, 5 e 7: projetos; 0: operação especial.
e) Errado, pela codificação seria DDDD.

Gabarito: **B**

5ª Questão (CGU Área geral ESAF 2008): *Sobre os conceitos e classificações relacionados com Despesa Pública, assinale a opção correta.*

a) Segundo a Portaria Interministerial n. 163/2001, a discriminação da despesa, quanto à sua natureza, deverá constar da Lei Orçamentária, no mínimo, por categoria econômica, grupo de natureza de despesa, modalidade de aplicação e elemento da despesa.

b) Os Grupos de Natureza da Despesa podem relacionar-se indistintamente com qualquer Categoria Econômica da Despesa.

c) A Modalidade de Aplicação permite a identificação das despesas intraorçamentárias.

d) São exemplos de despesas de capital aquelas derivadas do pagamento do serviço da dívida: Juros e amortização da dívida.

e) Toda despesa corrente é uma despesa primária, mas nem toda despesa primária é uma despesa corrente.

Solução

a) Errado, a discriminação da despesa, quanto à sua natureza, deverá constar da Lei Orçamentária, no mínimo, por categoria econômica, grupo de natureza de despesa e modalidade de aplicação.

b) Errado, não se pode relacionar despesas de pessoal com despesas de capital.

c) Certo, por meio do código 91.

d) Errado, pois juros é despesa corrente.

e) Errado, pois juros é despesa corrente e despesa financeira.

Gabarito: **C**

6ª Questão (SRFB Analista Tributário ESAF 2009): *Assinale a opção correta, em relação à classificação programática e econômica da despesa, no âmbito da Administração Federal.*

a) Os programas são compostos por ações que, articuladas, concorrem para o cumprimento de um objetivo comum, enquanto que a classificação econômica define objeto do gasto.

b) Os programas delineiam as áreas de atuação e a classificação econômica define a origem dos recursos a serem aplicados.

c) A classificação programática constitui-se na definição das áreas de atuação do governo e a classificação econômica define os critérios de pagamentos da despesa.

d) A classificação econômica se preocupa com a origem dos recursos, enquanto os programas definem as prioridades do ponto de vista macroeconômico.

e) A classificação programática tal como a classificação econômica pode ser mensurada por indicadores de desempenho.

Solução

a) Certo, sem comentários adicionais.

b) Errado, a classificação funcional delineia as áreas de atuação e a classificação econômica define a origem dos recursos a serem aplicado.

c) Errado, a classificação funcional delineia as áreas de atuação e a classificação econômica define a origem dos recursos a serem aplicado.

d) Errado, a classificação por fonte de recursos se preocupa com a origem dos recursos, enquanto os programas são compostos por ações que, articuladas, concorrem para o cumprimento de um objetivo comum.

e) Errado, os programas temáticos possuem indicadores de desempenho, os de gestão, manutenção e serviços não.

Gabarito: **A**

7ª Questão (SEFAZ-SPESAF 2009): *A classificação programática é considerada a mais moderna classificação orçamentária de despesa pública. A portaria n. 42/99, do Ministério do Planejamento, Orçamento e Gestão, propôs um elenco de funções e subfunções padronizadas para a União, Estados e Municípios. Assim, de acordo com a referida Portaria, a despesa que não se inclui na nova classificação é a despesa por:*

a) Função.

b) Projeto.

c) Subprograma.

d) Atividade.

e) Subfunção.

Solução

A portaria 42 instituiu a classificação funcional: função e subfunção; e a programática: programa, ação e subtítulo.

Gabarito: **C**

8ª Questão (SEFAZ-SP ESAF 2009): *São componentes da programação financeira dos gastos públicos:*

a) funcional programática, classificação econômica e modalidade de aplicação.

b) projeto e/ou atividade, programa e classificação econômica.

c) órgão central de programação financeira, órgão setorial financeiro e unidade executora.

d) natureza da despesa, categoria de programação financeira e modalidade de aplicação.

e) natureza da despesa, modalidade de aplicação, grupo de natureza da despesa e categoria econômica.

Solução

a) Errado, a classificação funcional programática compõe a programação de trabalho (qualitativa).

b) Errado, projeto e/ou atividade, programa compõem a programação de trabalho (qualitativa).

c) Errado, a classificação institucional compõe a programação de trabalho (qualitativa).

d) Errado, não existe a classificação categoria de programação financeira.

e) Certo.

Gabarito: **E**

9ª Questão (MPOG APO ESAF 2010): *À luz da disciplina constitucional e legal das despesas públicas e do orçamento, é correto afirmar:*

a) as dotações para despesas as quais não corresponda contraprestação direta em bens ou serviços, inclusive para contribuições e subvenções destinadas a atender manifestação de outras entidades de direito público ou privado, são classificadas como transferências de capital.

b) a aquisição de títulos representativos do capital de empresas ou entidades de qualquer espécie, já constituídas, quando a operação não importe aumento do capital, é classificada como investimento.

c) as dotações destinadas à constituição de entidades ou empresas que visem objetivos comerciais ou financeiros, inclusive operações bancárias, classificam-se como investimento.

d) consideram-se subvenções sociais as destinadas a atender despesas de investimentos de instituições públicas ou privadas de caráter assistencial ou cultural, sem finalidade lucrativa.

e) as leis orçamentárias são de iniciativa exclusiva do Poder Executivo, mesmo em relação ao Poder Judiciário e ao Ministério Público.

Solução

a) Errado, seriam transferências correntes.

b) Errado, seriam inversões financeiras.

c) Errado, seriam inversões financeiras.

d) Errado, seriam despesas com custeio.

e) Certo, sem comentários adicionais.

Gabarito: **E**

10ª Questão (SUSEP ESAF 2010): *O administrador público federal, ao elaborar o orçamento nas modalidades de aplicação 30, 40, 50 e 90, está sinalizando para a sociedade que*

a) a estratégia na aplicação dos recursos prioriza a região onde se localiza a entidade, embora mediante transferência.

b) a estratégia será entregar os recursos a outra entidade pública da mesma esfera de governo e que a aplicação ocorrerá sob sua supervisão.

c) a estratégia, na realização da despesa, será transferir os recursos a estados, municípios e entidades privadas, bem como aplicar, ela mesma, parte destes.

d) a entidade possui projetos e atividades tanto da área fim quanto da área meio.

e) os bens e serviços a serem adquiridos serão utilizados pela própria entidade no desempenho de suas atividades.

Solução

As modalidades 30,40 e 50 são transferências, enquanto a modalidade 90 é aplicação direta. Assim, a opção mais adequada é a opção C.

Gabarito: **C**

11ª Questão (CVM ESAF 2010): *Acerca da classificação funcional da despesa, é correto afirmar que:*

a) a subfunção, indicada pelos dois primeiros dígitos da classificação funcional, representa um nível de agregação imediatamente inferior à função.

b) as subfunções não podem ser combinadas com funções diferentes das quais estejam originariamente relacionadas.

c) via de regra, a programação de um órgão é classificada em uma única função e subfunção.

d) não é possível haver matricialidade na relação entre ação e subfunção.

e) a função, indicada pelos três primeiros dígitos da classificação funcional, representa o maior nível de agregação das diversas áreas de atuação do setor público.

Solução

a) Errado, a subfunção, indicada pelos três últimos dígitos funcional, representa um nível de agregação imediatamente inferior à função.

b) Errado, as subfunções podem ser combinadas com funções diferentes das quais estejam originariamente relacionadas.

c) Errado, a programação de um órgão possui diversas subfunções.

d) Certo, possuem uma relação única.

e) Errado, a função, indicada pelos dois primeiros dígitos da classificação funcional, representa o maior nível de agregação das diversas áreas de atuação do setor público.

Gabarito: **D**

12ª Questão (CGU AFC ESAF 2012): *Tendo por base as regras definidas pela Lei n. 4.320/64, assinale a opção cuja operação, do ponto de vista econômico, não é classificada como realização de despesa corrente.*

a) Pagamento da despesa com pessoal efetivo da instituição.
b) Pagamento de juros da dívida pública.
c) Contribuições à previdência social.
d) Subvenções sociais.
e) Aumento da participação no capital de empresas industriais ou agrícolas.

Solução

A única despesa de capital é a opção E. As demais são despesas correntes.

Gabarito: **E**

13ª Questão (PGFN ESAF 2012): *Suponha-se que a União pretenda adquirir o imóvel onde atualmente está instalada, mediante contrato de aluguel, a sede da Procuradoria-Geral da Fazenda Nacional. Nesse caso, a despesa pública será classificada como*

a) despesa corrente, por ser destinada à manutenção de serviço anteriormente criado.
b) transferência corrente, por ser destinada à manutenção de entidade de direito público.
c) investimento, por acarretar aumento patrimonial.
d) inversão financeira, por ser destinada à aquisição de imóvel.
e) transferência de capital, por implicar diminuição da dívida pública.

Solução

Como se trata de aquisição de imóvel já em uso (já era alugado), trata-se de uma despesa com inversão financeira.

Gabarito: **D**

14ª Questão (TJ-AL Analista Cespe 2012): *Classificam-se, respectivamente, como despesas correntes e despesas de capital*

a) o salário família e as subvenções econômicas.

b) o pagamento de juros da dívida interna ou externa e a aquisição de bens de capital.

c) o material de consumo e os serviços de terceiros.

d) a concessão de empréstimos e as subvenções sociais e econômicas.

e) as obras públicas e o pagamento de pensionistas.

Solução

a) Errado, ambas são despesas correntes.

b) Certo.

c) Errado, ambas são despesas correntes.

d) Errado, a primeira é despesa de capital e a segunda é despesa corrente.

e) Errado, a primeira é despesa de capital e a segunda é despesa corrente.

Gabarito: **B**

15ª Questão (TJ-ES Analista Cespe 2012): *Julgue o item a seguir.*

15. De acordo com o grupo de natureza da despesa, as despesas com amortização, juros e encargos da dívida pública são grupos das despesas de capital, enquanto as despesas de custeio pertencem ao grupo das despesas correntes.

Solução

Errado. Em primeiro lugar, juros e encargos da dívida são despesas de correntes; em segundo lugar, a nomenclatura custeio é da Lei 4.320/1964, enquanto a nomenclatura grupo natureza da despesa é da Portaria 163/2001.

Gabarito: **Errado**

16ª Questão (Senado Analista FGV 2012): *respeito do orçamento público, assinale a afirmativa* **INCORRETA**.

a) As subvenções sociais são as que se destinem a instituições públicas ou privadas de caráter assistencial ou cultural, sem finalidade lucrativa.

b) As subvenções econômicas destinam-se a empresas públicas.

c) As subvenções econômicas destinam-se a empresas privadas de caráter industrial, comercial, agrícola ou pastoril.

d) São exemplos de investimentos as despesas de capital com Obras Públicas e Serviços em Regime de Programação Especial.

e) São exemplos de inversões financeiras as despesas de capital relacionadas com aumento de capital de empresas ou entidades industriais.

Solução

a) Certo, sem comentários adicionais.
b) Certo, sem comentários adicionais.
c) Certo, sem comentários adicionais.
d) Certo, sem comentários adicionais.
e) Errado, neste caso seria investimento que considera: aumento de capital de empresas ou entidades industriais ou agrícolas.

Gabarito: **E**

17ª Questão (DNIT Analista Contábil ESAF 2013): *Assinale a opção que indica uma afirmação verdadeira a respeito da classificação funcional da despesa pública nos termos da regulamentação atual.*

a) As funções e subfunções demonstram em que área de atuação governamental a despesa foi realizada, constituem-se de um rol fixo e têm sua aplicação obrigatória nas três esferas de governo.

b) As funções indicam a área de atuação da ação governamental, enquanto a subfunção identifica as ações realizadas por cada Poder ou entidade.

c) As funções e subfunções são agregadores da ação governamental e indicam o montante dos recursos aplicados pelos vários entes na mesma esfera de governo.

d) No âmbito do governo federal, as funções constituem-se de um rol fixo, enquanto as subfunções têm seu número variável dependendo do Poder a que se referem.

e) A classificação funcional da despesa na União indica as prioridades da ação governamental, enquanto as subfunções detalham cada uma das prioridades.

Solução

a) Certo, sem comentários adicionais.
b) Errado, a subfunção não possui esse propósito.
c) Errado, não possuem esse propósito.
d) Errado, ambas funções e subfunções possuem rol fixo.
e) Errado, não possuem esse propósito.

Gabarito: **A**

18ª Questão (DNIT Analista Contábil ESAF 2013): *Assinale a opção em que a operação caracteriza-se por ser uma despesa orçamentária de capital e constitui-se em uma despesa efetiva para o ente público.*

a) Aquisição de veículo para posterior doação.

b) Pagamento de juros da dívida contratual.

c) Baixa de bem móvel por ter se tornado inservível.

d) Aquisição de terreno para a construção de imóvel.

e) Transferências de capital.

Solução

a) Errado, pois é despesa não efetiva.

b) Errado, pois é despesa efetiva e despesa corrente.

c) Errado, não é despesa, é decréscimo patrimonial.

d) Errado, pois é despesa não efetiva.

e) Certo.

Gabarito: **E**

19ª Questão (CNJ Analista Cespe 2013): *Julgue o item a seguir.*

19. Se um ente governamental realizar despesa que tenha como objetivo o custeio de servidores públicos com atividade ligada à manutenção predial, então esses recursos serão classificados como despesas de capital.

Solução

Errado. Despesas de custeio são despesas correntes. Note que nessa prova de 2013, a banca usou a nomenclatura da 4320/1964.

Gabarito: **Errado**

20ª Questão (ALE-MA Procurador FGV 2013): *Na elaboração do orçamento, o Poder Executivo apresentou seu projeto de lei contendo a seguinte descrição em uma de suas despesas fixadas: "Capacitação de Recursos Humanos com a finalidade de promover de forma integrada a qualificação de pessoal em todos os níveis de serviços de modo que obtenham melhores índices de produtividade".*

Considerando a classificação funcional programática e que, para a execução dessa despesa será necessária apenas a aplicação de recursos em custeio, é correto afirmar que

a) tal ação representa uma função.

b) tal ação representa um programa.

c) tal ação representa um subprograma.

d) tal ação representa um projeto.

e) tal ação representa uma atividade.

Solução

Capacitação é algo contínuo e permanente, logo seria uma atividade.

Gabarito: **E**

21ª Questão (ALE-MA Procurador FGV 2013): *Com referência à receita pública, assinale a alternativa em que as duas afirmativas estão corretas e a segunda completa o sentido da primeira.*

a) As operações de crédito realizadas pelo governo constituem receitas correntes. // Essas operações serão vinculadas ao financiamento de bens de capital.
b) As receitas públicas classificam-se, segundo um critério econômico, em de capital e corrente. // A receita com os impostos é de capital, convertendo-se em moeda nos cofres públicos.
c) As tarifas são receitas derivadas, não-tributárias, devidas ao Estado prestador de serviço público. // Essas receitas correspondem a ingressos comerciais de caráter obrigatório.
d) As transferências destinadas a cobrir despesas de custeio de entidades elegíveis são classificadas como subvenções. // As que se destinam às instituições de caráter cultural, sem fins lucrativos, são sociais.
e) As dotações para execução de obra são classificadas como despesas de custeio. // Os imóveis adquiridos para a execução de obras também recebem o mesmo enquadramento.

Solução

a) Errado, são receitas correntes e podem ser destinadas a despesas correntes em determinados casos.
b) Errado, receita de imposto é corrente.
c) Errado, tarifa é receita originária. É de caráter facultativo.
d) Certo, sem comentários adicionais.
e) Errado, ambos os casos seriam despesas com investimento.

Gabarito: **D**

22ª Questão (TRF 2ª Região Juiz Federal Cespe 2013): *As despesas que caracterizam inversão financeira incluem a dotação para*

a) pagamento de juros da dívida pública.
b) aquisição de material permanente.
c) amortização da dívida pública.
d) obra pública.
e) aquisição de títulos representativos do capital de empresas em funcionamento.

Solução

a) Errado, seria despesa corrente.
b) Errado, seria despesa de capital com investimento (como foi omisso considera-se que o material permanente que não foi usado).
c) Errado, seria despesa de capital com amortização da dívida.
d) Errado, seria despesas de capital com investimento
e) Certo.

Gabarito: **E**

23ª Questão (TJ-CE Cespe 2014): *Julgue o item a seguir.*

As despesas com os serviços da dívida pública, entre as quais se incluem o principal e os juros, são despesas correntes.

Solução

Errado, o pagamento do principal é despesa de capital, o pagamento de juros despesa corrente.

Gabarito: **Errado**

24ª e 25ª Questões (TCE-RS Auditor FCC 2014): *Instrução: Para responder às questões de números 24 e 25, considere a classificação das despesas por Categoria Econômica, "Grupo de Natureza da Despesa", "Modalidade de Aplicação" e as informações a seguir: A Prefeitura de Planície do Sul, no primeiro semestre de 2014, empenhou e pagou as seguintes despesas orçamentárias:*

Código	Descrição	Valor (em reais)
3.1.90.04.00	Contratação por Tempo Determinado	60
3.2.90.91.00	Sentenças Judiciais	30
3.3.90.18.00	Auxílio Financeiro a Estudantes	15
3.1.90.11.00	Vencimentos e Vantagens Fixas	90
4.4.90.61.00	Aquisição de Imóveis	70
3.1.90.94.00	Indenizações e Restituições Trabalhistas	40
3.3.50.43.00	Subvenções Sociais	25
4.4.90.37.00	Locação de Mão de obra	20
3.3.90.36.00	Outros Serviços de Terceiros – Pessoa Física	50
3.3.90.49.00	Auxílio Transporte	30

24. O montante das despesas empenhadas e pagas classificadas no grupo de natureza da despesa Pessoal e Encargos Sociais foi de, em reais,

a) 220,00
b) 240,00
c) 205,00
d) 235,00
e) 190,00

Solução

Dica: selecionar todas as despesas com código 3.1.
Resolução: 60 + 90 + 40 = 190.

Gabarito: **E**

25. A soma das despesas correntes empenhadas e pagas na modalidade Aplicação Direta foi de, em reais,

a) 315,00
b) 340,00
c) 375,00
d) 310,00
e) 280,00

Solução

Dica: selecionar todas as despesas com código: 3.x.90
Resolução: 60 + 30 + 15 + 90 + 40 + 50 + 30 = 315, gabarito A.

Gabarito: **A**

26ª Questão (SEGEP-MA Analista FGV 2014): *Um Órgão Público realizou a compra de ambulâncias para o Serviço de Atendimento Móvel de Urgência. A função, a categoria econômica da despesa e o grupo a que pertence são, respectivamente,*

a) saúde, de capital e investimentos.
b) saúde, corrente e investimentos.
c) assistência social, de capital e investimentos.
d) assistência social, corrente e inversões financeiras.
e) transporte, corrente e outras.

Solução

Seria saúde pois é uma ambulância.

Seria de capital pois é um bem móvel.

Gabarito: **A**

27ª e 28ª Questões (TCE-GO FCC 2014): *Com relação às receitas orçamentárias efetivas e as despesas orçamentárias não efetivas, e com base nas informações, a seguir, responda as questões de números 27 e 28. Determinada entidade pública, durante o 6º bimestre de 2014, realizou as seguintes transações*

Transações Realizadas no 6º bimestre de 2014 Valor R$

- Recebimento de Impostos 250,00
- Aquisição de Veículos 120,00
- Cota-Parte do ICMS e IPVA 230,00
- Recebimento de Alugueis 70,00
- Consumo de Material de Almoxarifado 60,00
- Alienação de dois Imóveis Urbanos 150,00
- Taxas pela Prestação de Serviços 60,00
- Recebimento de Caução de empresa para execução de obras de pavimentação de estradas 30,00
- Aquisição de Terreno 180,00
- Amortização da Dívida de Longo Prazo 150,00
- Recebimento de Contribuição de Melhoria decorrente de valorização de imóveis 90,00
- Recebimento de Multas e Juros sobre impostos atrasados 50,00
- Despesa com locação de imóveis 40,00

27. As receitas orçamentárias efetivas totalizam, em reais,

a) 900,00
b) 660,00
c) 750,00
d) 780,00
e) 710,00

Solução

De receitas efetivas tem-se: Recebimento de Impostos 250,00; Cota-Parte do ICMS e IPVA 230,00; Recebimento de Alugueis 70,00; Taxas pela Prestação de Serviços 60,00; Recebimento de Contribuição de Melhoria decorrente de valorização de imóveis 90,00; Recebimento de Multas e Juros sobre impostos atrasados 50,00.

Totalizando: 750.

Gabarito: **C**

28. A soma das despesas orçamentárias não efetivas é de, em reais,

a) 450,00
b) 490,00
c) 300,00
d) 550,00
e) 510,00

Solução

De despesas não efetivas tem-se: Aquisição de Veículos 120,00; Aquisição de Terreno 180,00; Amortização da Dívida de Longo Prazo 150,00. Totalizando: 450.

Gabarito: **A**

29ª Questão (TJ-PI FCC 2015): *A despesa empenhada para a realização dos serviços de conservação e manutenção de bens imóveis, sob o aspecto orçamentário, classifica-se no elemento de despesa denominado*

a) despesas patrimoniais.
b) despesas de capital.
c) investimentos.
d) outros serviços de terceiros – Pessoa Jurídica.
e) despesas imobiliárias.

Solução

A única opção que possui elemento da despesa é a opção D. A opção B trabalha com categoria econômica e a opção C com grupo natureza da despesa.

Gabarito: **D**

30ª Questão (TCE-CE FCC 2015): *Durante o exercício de 2014 o Governo do Estado do Ceará teve despesas com a manutenção de serviços anteriormente criados, a exemplo da adaptação de bens imóveis. Essas despesas devem ser classificadas como*

a) de capital.
b) imobiliárias.
c) subvenções econômicas.
d) transferências correntes.
e) de custeio.

Solução

Despesas com adaptação de bens imóveis é custeio.

Gabarito: **E**

31ª Questão (TCE-CE FCC 2015): *Nos termos da Lei no 4.320/1964, as inversões financeiras e os investimentos*

a) são sinônimos para espécie de receita corrente.

b) divergem porque as inversões financeiras são despesas corrente e os investimentos são despesas de capital.

c) são despesas de capital que divergem, em síntese, porque os investimentos geram serviços e, em consequência, podem aumentar o Produto Interno Bruto – PIB, enquanto as inversões financeiras não geram serviços e, normalmente, não incrementam o PIB.

d) são despesas de custeio que divergem, dentre outras hipóteses, porque os investimentos visam a constituir capital de entidades e empresas que visam lucro, enquanto as inversões financeiras visam constituir capital de entidades e empresas sem caráter comercial.

e) divergem porque as inversões financeiras têm por objeto aquisição de material permanente e os investimentos têm por objeto a aquisição de bens de capital já em utilização.

Solução

a) Errado, ambas são despesas de capital.

b) Errado, ambas são despesas de capital.

c) Certo, excelente forma de conceituar.

d) Errado, ambas são despesas de capital. Além disso trocou os conceitos, basta inverter os termos que fica certo.

e) Errado, ele trocou os conceitos, basta inverter os termos que fica certo.

Gabarito: **C**

32ª (TCE-CE FCC 2015): *As subvenções sociais*

a) são classificadas como Receitas Correntes.

b) são a regra quando se trata de financiamento de ações de iniciativa privada relacionadas com esportes.

c) são despesas de custeio com assistência social, saúde e educação.

d) visam, enquanto transferências correntes, a prestação de serviços essenciais de assistência social, médica e educacional, sempre que a suplementação de recursos de origem privada aplicados a esses objetivos revelar-se mais econômica.

e) classificam-se, enquanto ajuda financeira, como despesa corrente concedida, a qualquer título, para cobertura de déficits de manutenção das empresas públicas, de natureza autárquica ou não, destinadas a cobrir a diferença entre os preços de mercado e os preços de revenda.

Solução

a) Errado, esse conceito refere-se a despesas correntes de transferências correntes.
b) Errado, esse conceito refere-se a serviços essenciais de assistência social, médica e educacional.
c) Errado, esse conceito refere-se a despesas correntes de transferências correntes.
d) Certo, sem comentários adicionais.
e) Errado, esse conceito refere-se as subvenções econômicas.

Gabarito: **D**

33ª (TCE-CE FCC 2015): *Previsão na lei orçamentária de determinado Estado de despesa consistente em pagamento de bonificação a produtores de determinado gênero alimentício cuja produção deva ser estimulada é tipificada como*

a) transferência corrente.
b) investimento.
c) inversão financeira.
d) transferência de capital.
e) despesa de custeio.

Solução

Seria subvenção econômicas que é uma despesa corrente transferência corrente.

Gabarito: **A**

34ª Questão (DPE-SP FCC 2015): *Acerca da classificação da despesa orçamentária, no que tange à estrutura programática, a despesa realizada com a construção de um viaduto, nos termos da Portaria MOG no 42/1999, refere-se a uma ação de governo denominada de*

a) projeto.
b) subprograma.
c) atividade.
d) função.
e) obras e instalações.

Solução

Obras são projetos limitados no tempo, logo são ações do tipo: projetos.

Gabarito: **A**

35ª Questão (DPE-SP FCC 2015): *Considere as seguintes informações, relativamente a classificação da despesa orçamentária e abertura dos créditos adicionais: O secretário estadual da saúde de determinado ente público, no mês de março de 2015, autorizou a abertura de licitações, objetivando a aquisição de cinquenta computadores e impressoras para utilização nos hospitais públicos estaduais pelo valor estimado de R$ 140.000,00. As despesas orçamentárias com a aquisição dos cinquenta computadores e impressoras serão classificadas no elemento de despesa*

a) ativo imobilizado.
b) material permanente.
c) investimentos.
d) inversões financeiras.
e) bens móveis.

Solução

A única opção que possui elemento da despesa é a B. As opções C e D possuem grupo natureza da despesa. As opções A e E são contas do ativo.

Gabarito: **B**

36ª Questão (APO ESAF 2015): *A classificação funcional da despesa procura responder basicamente à seguinte indagação:*

a) de que forma os recursos públicos serão aplicados.
b) em que área territorial serão aplicados os recursos.
c) qual a amplitude da ação governamental que será realizada.
d) em que áreas de despesa a ação governamental será realizada.
e) em que instituição ou ministério serão alocados os recursos.

Solução

A funcional indica a área do gasto.

Gabarito: **D**

37ª Questão (MPU Cespe 2015): *Julgue o item a seguir.*

A discriminação da despesa quanto a sua natureza deve ser feita, na elaboração da lei orçamentária, por categoria econômica, grupo de natureza de despesa e modalidade de aplicação.

Solução

Certo, é o que diz a Portaria Interministerial STN/SOF 163/2001.

Gabarito: **Certo**

38ª Questão (TCU Cespe 2015): *Julgue o item a seguir.*

O segmento da classificação funcional da despesa pública que se relaciona com a missão institucional do órgão é denominado programa.

Solução

Errado, programa não é segmento da classificação funcional composta por: função e subfunção.

Gabarito: **Errado**

39ª Questão (TCE-RN Cespe 2015): *Julgue o item a seguir.*

São despesas extraorçamentárias os desembolsos realizados tanto para pagamento das operações de crédito por antecipação de receita quanto para satisfação das dívidas inscritas em restos a pagar.

Solução

Certo, os desembolsos relacionados aos itens de dívida flutuantes são extraorçamentários.

Gabarito: **Certo**

40ª Questão (TRE-MT Cespe 2015): *Julgue o item a seguir.*

É possível identificar a abrangência, nacional, regional ou local de um gasto público a partir do(a)

a) estrutura programática do orçamento.
b) classificação de recursos por destinações.
c) classificação funcional das despesas.
d) identificador de uso da respectiva despesa.
e) esfera orçamentária a que ele pertença.

Solução

A localização é obtida no subtítulo que faz parte da classificação programática.

Gabarito: **A**

41ª Questão (TJ-SC Analista FGV 2015): *O Orçamento Público no Brasil é definido anualmente pela Lei Orçamentária Anual, que visa atender aos objetivos e metas descritos no Plano Plurianual. Para tanto, deve seguir as orientações apresentadas na Lei de Diretrizes Orçamentárias (LDO), onde se encontram descritos os Grupos de Natureza de Despesa (GND), que agregam elementos de despesa de mesmas características. O GND no qual estão agregadas despesas relativas à execução de obras, à aquisição de instalações, equipamentos e material permanente e, ao aumento do capital do Estado sem caráter comercial ou financeiro é:*

a) GND 1: Pessoal e Encargos Sociais;
b) GND 2: Juros e Encargos da Dívida;
c) GND 3: Outras Despesas Correntes;
d) GND 4: Investimentos;
e) GND 5: Inversões Financeiras.

Solução

Obras é despesa com investimento.

Gabarito: **D**

42ª Questão (TRF 3ª Região FCC 2016): *O presidente de determinado órgão do Poder Judiciário Federal autorizou a aquisição de um terreno pelo valor de R$ 1.350.000,00 para a construção de sua sede na região sudeste do Brasil. Sob o aspecto orçamentário, segundo a Lei Federal no 4.320/1964 a aquisição do imóvel será classificada, no grupo de natureza de despesa*

a) inversões financeiras.
b) variações patrimoniais permutativas.
c) ativo permanente.
d) bens de capital.
e) investimentos.

Solução

As obras inclusive os terrenos para sua consecução são investimentos.

Gabarito: **E**

43ª Questão (TRF 3ª Região FCC 2016): *O orçamento anual do TRF da 3ª Região para 2016 previu despesas com material de consumo, equipamentos e instalações, serviços de terceiros, salário-família e material permanente. Nos termos dispostos na Lei no 4.320/1964, essas despesas são classificadas, respectivamente, como*

a) despesas de custeio, investimentos, transferências correntes, despesas de custeio e despesas de custeio.
b) despesas de custeio, investimentos, despesas de custeio, transferências correntes e investimentos.
c) despesas de custeio, inversões financeiras, transferências correntes, transferências correntes e transferências de capital.
d) transferências correntes, investimentos, despesas de custeio, despesas de custeio e investimentos.

e) transferências correntes, transferências de capital, transferências correntes, despesas de custeio e inversões financeiras.

Solução

Material de consumo é custeio; e material permanente investimento. Por eliminação, gabarito B.

Gabarito: **B**

44ª Questão (TCE-PR Cespe 2016): *Na estrutura da programação orçamentária da despesa, o bloco que identifica a unidade orçamentária é a classificação*

a) institucional.

b) funcional.

c) subfuncional.

d) programática.

e) por esfera.

Solução

O órgão e unidade orçamentária fazem parte da classificação institucional.

Gabarito: **A**

45ª Questão (TRT 8ª Região Analista Cespe 2016): *Acerca das receitas e despesas constantes do orçamento público, bem como suas classificações, assinale a opção correta.*

a) A administração pública, ao fazer investimento com a obtenção de títulos representativos de participação no capital social de outras entidades em funcionamento, devera classificar o gasto como despesas de capital ⍰ inversões financeiras.

b) Todas as despesas, sejam elas classificadas como orçamentarias ou extraorçamentárias, demandam autorização legislativa para serem realizadas.

c) No orçamento federal, o pagamento dos juros pela rolagem da dívida pública e as parcelas de amortização do principal da dívida são classificados como despesas de capital, na modalidade transferência de capital.

d) A entrega de um conjunto habitacional para moradia popular indica, na previsão orçamentaria, o aumento da receita corrente de contribuições, advinda da expectativa de aumento da arrecadação da taxa de limpeza pública.

e) A receita de dívida ativa proveniente da inclusão do nome de contribuintes que não efetuam o pagamento de seus impostos até o final do exercício financeiro deve ser classificada, pela administração pública, como outras receitas correntes.

Solução

a) Certo, sem comentários adicionais.

b) Errado, as despesas extraorçamentárias independem de autorização legislativa.

c) Errado, juros são correntes e não fazem parte da rolagem da dívida (que é formado pelo principal mais atualização monetária).

d) Errado, taxa é receita tributária, não de contribuições.

e) Errado, desde de 01/01/2016 na União e desde 01/01/2018 nos Estados e Municípios, a dívida ativa de imposto é classificada como receita tributária de impostos.

Gabarito: **A**

46ª Questão (Oficial de Chancelaria FGV 2016): *A despesa pública compreende o conjunto de dispêndios do Estado para assegurar o funcionamento dos serviços públicos e apresenta classificações legalmente requeridas para permitir um adequado controle ao longo da execução orçamentária. A classificação da despesa que possibilita indicar se os recursos são aplicados diretamente no âmbito da mesma esfera de Governo ou por outro ente da Federação e permite a eliminação da dupla contagem dos recursos transferidos ou descentralizados é:*

a) funcional;

b) institucional;

c) por elemento;

d) por natureza;

e) programática.

Solução

A classificação que identifica a despesa quanto aplicação direta e evita a dupla contagem é a modalidade de aplicação que integra a classificação por natureza.

Gabarito: **D**

47ª Questão (IBGE FGV 2016): *Uma das classificações da despesa orçamentária refere-se ao impacto na situação líquida patrimonial. Por meio dessa classificação, a despesa que representa um fato contábil modificativo pode ser exemplificada por:*

a) investimentos;

b) inversões financeiras;

c) transferências de capital;

d) amortização de empréstimos;

e) aquisição de materiais para estoque.

Solução

São despesas efetivas: transferências de capital.

Gabarito: **C**

48ª Questão (IBGE FGV 2016): *As classificações legais da despesa pública foram criadas com o objetivo de gerar informações que subsidiem a adequada aplicação e o controle dos recursos públicos.*

Analise as descrições a seguir com as classificações legais da despesa pública.

(1) Estrutura Programática	( ) As ações são classificadas em atividades, projetos ou operações especiais.
(2) Institucional	( ) A despesa é classificada em categorias econômicas.
(3) Por função	( ) Evidencia a realização dos objetivos estratégicos definidos no PPA.
(4) Por natureza	( ) É complementada pela informação gerencial denominada modalidade de aplicação.
	( ) Identifica em que área de ação governamental a despesa será realizada.
	( ) Reflete a estrutura de alocação dos créditos orçamentários em níveis hierárquicos.

A sequência que apresenta a associação correta é:

a) 1-4-1-4-3-2;

b) 1-3-2-3-4-2;

c) 3-1-4-2-1-3;

d) 4-1-3-2-1-3;

e) 4-4-1-1-2-3.

Solução

Gabarito A. Nenhum complicador na análise.

Gabarito: **A**

49ª Questão (IBGE FGV 2016): *A classificação da despesa em categorias econômicas apresenta desdobramento em grupos de natureza de despesa e elemento de despesa, com o objetivo de agregar itens com as mesmas características quanto ao objeto de gasto. Assim, despesas relacionadas com contribuições e subvenções são classificadas no grupo de natureza de despesa:*

a) aplicações diretas;
b) investimentos;
c) inversões financeiras;
d) outras despesas correntes;
e) transferências a instituições.

Solução

Seriam pela Lei 4.320/1964 transferências correntes e pela Portaria 163/2001 outras despesas correntes.

Gabarito: **D**

50ª Questão (TRE-SP Analista Judiciário FCC 2016): *O presidente do tribunal de fiscalização e controle eleitoral de uma região autorizou a contratação da empresa máxima engenharia ltda., para prestação de serviços de conservação e adaptação do imóvel, pelo prazo de seis meses: 01/10/2016 a 31/03/2017, no valor mensal de r$ 35.000. No exercício de 2016, sob o aspecto orçamentário, a despesa será empenhada no elemento de despesa*

(a) custeio, no valor de r$ 105.000.
(b) despesa de capital, no valor de r$ 210.000.
(c) locação de mão de obra, no valor de r$ 105.000.
(d) outros serviços de terceiros – pessoa jurídica, no valor de r$ 105.000.
(e) despesa corrente, no valor de r$ 210.000.

Solução

Despesas para prestação de serviços de conservação e adaptação do imóvel pela Lei 4.320/1964 seriam despesas de custeio, enquanto pela Portaria 163/2001 seriam outras despesas correntes.

Gabarito: **D**

51ª Questão (TRE-SP Analista Judiciário FCC 2016): *A lei orçamentária, para o exercício de 2017, de determinado ente da federação fixou despesas correntes e de capital, respectivamente, nos valores de R$ 1.649.677.500 e R$ 988.780.000 são classificadas, respectivamente, como despesas correntes e de capital, os empenhos que se referirem*

a) aos juros de operações de crédito internas de longo prazo; e aos serviços de manutenção em imóveis públicos.
b) à aquisição de pneus para veículos; e à alienação de bens imóveis.
c) ao uso de material de almoxarifado; e aos serviços de manutenção de escolas públicas.
d) à depreciação de bens móveis; e à aquisição de equipamentos de informática.

e) aos serviços de conservação de rodovias; e à amortização de dívidas de longo prazo.

Solução

a) Errado, ambas são despesas correntes.

b) Errado, a primeira é despesa corrente e a segunda é receita.

c) Errado, a primeira não é despesa e a segunda é despesa corrente.

d) Errado, a primeira não é despesa e a segunda é despesa de capital.

e) Certo.

Gabarito: **E**

52ª Questão (FUNAI Contador ESAF 2016): *Quanto à classificação das despesas públicas, assinale a opção incorreta.*

a) Classificam-se como despesas de capital aquelas despesas que contribuem, diretamente, para a formação ou aquisição de um bem de capital.

b) As despesas correntes podem ser subdivididas, segundo sua natureza, em: "Pessoal e Encargos Sociais", "Juros e Encargos da Dívida", e "Outras Despesas Correntes".

c) Uma despesa pública efetiva é aquela que, no momento da sua realização, reduz a situação líquida patrimonial da entidade. Logo, constitui fato contábil modificativo, seja ela uma despesa de capital ou corrente.

d) Aquisições de títulos representativos do capital de empresas são inversões financeiras. Porém, o aumento de capital de empresas comerciais é considerado um investimento.

e) Despesas com terceirização de mão de obra para substituição de servidores e empregados públicos são classificadas como "Outras Despesas Correntes".

Solução

a) Certo, conforme o MTO e a portaria 163/2001.

b) Certo, conforme o MTO e a portaria 163/2001.

c) Certo, conforme o MTO e a portaria 163/2001.

d) Errado, pela Lei 4.320/1964 o aumento de capital de empresas comerciais ou financeiras é inversão financeiras. Se fosse empresa agrícola ou industrial seria investimento.

e) Certo, para fins orçamentários são outras despesas correntes. Para fins de LRF entram no cálculo do Relatório de Gestão Fiscal como despesas com pessoal.

Gabarito: **D**

53ª Questão (TCE-PR Auditor Cespe 2016) *Texto 5A4AAA*

No primeiro dia de mandato do prefeito do município X, sua equipe apresentou-lhe a situação das contas municipais. A equipe alegou que não havia recursos suficientes em caixa para o pagamento das despesas correntes do município até o final do primeiro mês do ano, mas assegurou ao prefeito que ele poderia recorrer à ARO como forma de obter a quantia necessária ao atendimento das despesas. Na elaboração da proposta orçamentária do município X, mencionado no texto 5A4AAA, a equipe do prefeito deve classificar a amortização (pagamento do principal) da ARO, segundo a categoria econômica, como

a) transferência corrente.
b) investimento.
c) inversão financeira.
d) despesa extraorçamentária.
e) despesa de custeio.

Solução

Pela Lei 4.320/1964 seria despesa extraorçamentária. Apenas o pagamento de juros de ARO é despesa orçamentária.

Gabarito: **D**

54ª Questão (ARTESP Contador FCC 2017): *Considere as seguintes informações extraídas do Orçamento da Despesa referente ao exercício financeiro de 2017 de uma autarquia estadual:*

Em R$

122 – Administração Geral........................ 90.000,00
130 – Administração de Concessões........................ 60.000,00
090 – Aplicações Diretas........................ 150.000,00

Para a obtenção dessas informações, foram utilizadas as classificações da despesa orçamentária por

a) funções e tipo de aplicação.
b) grupos de natureza de despesa e institucional.
c) subfunções e modalidade de aplicação.
d) subfunções e espécie.
e) programas e categorias econômicas.

Solução

O código 122 Administração Geral é para subfunções, enquanto o código 090 é para modalidade de aplicação.

Gabarito: **C**

55ª Questão (Prefeitura de Maceió Analista de Controle Interno COPEVE-UFAL 2017): *A prefeitura de uma cidade fez uma operação de crédito para construção de uma obra pública no valor de R$ 2.000.000,00, com prazo de amortização de 30 meses e taxa de juros mensal de 3%. De acordo com a Lei nº 4.320, de 17 de março de 1964, a amortização desse financiamento*

a) é uma despesa corrente e os juros pagos são despesa de capital.
b) é uma despesa de capital e os juros pagos são despesa corrente.
c) e os juros pagos são classificados como despesa de investimento.
d) e os juros pagos são classificados como despesa de capital.
e) e os juros pagos são classificados como despesa corrente.

Solução

A amortização da dívida é despesa de capital, enquanto os juros são despesas correntes.

Gabarito: **B**

56ª Questão (DPE-PR Contador Inaz do Pará 2017): *No início de 2017, o Estado do Paraná honrou seu compromisso e efetivou o pagamento de uma de suas dívidas públicas no valor de R$ 752.355,78, sendo o valor do principal amortizado R$ 600.000,00 e os juros da dívida pública no valor R$ 152.355,78. Nesse sentido, pode-se classificar as despesas com amortização do principal da dívida e juros da dívida amortizados, respectivamente:*

a) Receita Corrente e Despesa de Capital.
b) Receita de Capital e Despesa Corrente.
c) Despesa de Capital e Despesa Corrente.
d) Despesa Corrente e Receita de Capital.
e) Despesa Orçamentária e Amortização de Juros.

Solução

A amortização da dívida é despesa de capital, enquanto os juros são despesas correntes.

Gabarito: **C**

57ª Questão (Conselho Federal de Odontologia Contador Quadrix 2017): *Julgue o item a seguir.*

57. Nos termos da Lei nº 4.320/1964, a aquisição de ações no mercado secundário constitui, para o ente público, uma inversão financeira.

Solução

Aquisição de títulos pela Lei 4.320/1964 é inversões financeiras.

Gabarito: **Certo**

58ª Questão (ALERJ Analista Legislativo – Qualquer Cargo FGV 2017): *As despesas públicas são apresentadas no orçamento e nos demonstrativos contábeis e fiscais de acordo com alguns critérios de classificação para fornecer informações de desempenho e controle. Algumas dessas classificações são legalmente requeridas e as categorias previamente definidas. Uma dessas classificações é:*

a) funcional;

b) institucional;

c) programática;

d) quanto à coercitividade;

e) quanto ao impacto patrimonial.

Solução

Das classificações existentes apenas a classificação funcional e quanto a natureza devem ser as mesmas em toda a federação.

Gabarito: **A**

59ª Questão (ALERJ Analista Legislativo – Qualquer Cargo FGV 2017): *De acordo com as disposições da Lei nº 4.320/1964 e do Manual de Contabilidade Aplicada ao Setor Público (MCASP), os bens ou serviços gerados ou adquiridos com a aplicação de recursos movimentados a partir de transferências (correntes e de capital) pertencem ou se incorporam ao patrimônio do ente ou da entidade recebedora. A entrega de recursos por meio de transferências correntes e de capital podem ser feitas aos seguintes entes, EXCETO:*

a) consórcios públicos;

b) entidades privadas com fins lucrativos;

c) entidades privadas sem fins lucrativos;

d) entidades integrantes do mesmo orçamento;

e) outro ente da Federação.

Solução

A movimentação de créditos entre entidade da mesma esfera e dos orçamentos fiscal e seguridade social se denomina: provisão e destaque.

Gabarito: **D**

60ª a 62ª Questões (TCE-PE Auditor de Contas Cespe 2017): *Julgue os itens a seguir.*

60. Se um projeto cujo objetivo seja a realização de obra resultar em incremento no custo das atividades regulares de determinado órgão público, o aumento de despesa deverá ser registrado nos atributos do subtítulo correspondente ao projeto.

61. Os códigos de identificação dos planos orçamentários podem ser modificados por meio do Sistema Integrado de Planejamento e Orçamento (SIOP).

62. Os gastos com a construção de um hospital público e com a aquisição de móveis usados são considerados despesas de capital, ao passo que a compra de papel para impressão e a quitação de juros da dívida pública se enquadram como despesas correntes.

Solução

60. Certo. Questão difícil, pois nos projetos o subtítulo (localizador do gasto) serve para registrar o valor dos mesmos.

61. Certo, haja vista que os planos orçamentários só existem dentro dos sistemas: SIOP e SIAFI.

62. Certo, sem comentários adicionais.

Gabarito:

60. **Certo**

61. **Certo**

62. **Certo**

63ª Questão (TCE-SP Agente de Fiscalização VUNESP 2017): *Acerca das despesas públicas, as dotações destinadas à aquisição de imóveis, ou de bens de capital já em utilização, são classificadas como*

a) contribuições.
b) subvenções econômicas.
c) investimentos.
d) inversões financeiras.
e) subvenções sociais

Solução

Aquisição de bens já em uso é inversões financeiras.

Gabarito: **D**

64ª Questão (TST Analista Judiciário – Contador FCC 2017): *O relatório de gestão referente ao exercício financeiro de 2016 de uma determinada entidade pública indica que o valor de R$ 1.350.000,00, classificado no grupo de natureza da despesa 4, teve a execução da dotação orçamentária efetuada por descentralização de créditos por meio* *de provisão concedida. Assim, a descentralização de crédito orçamentário no valor de R$ 1.350.000,00, do grupo de natureza da despesa*

a) investimentos, foi executada entre unidades gestoras do mesmo órgão.
b) investimentos, foi executada entre unidades gestoras integrantes de diferentes órgãos.
c) inversões financeiras, foi executada entre unidades gestoras do mesmo órgão.
d) inversões financeiras, foi executada entre unidades gestoras integrantes de diferentes órgãos.
e) outras despesas correntes, foi executada entre unidades gestoras integrantes de diferentes órgãos.

Solução

Ao se utilizar o grupo de natureza da despesa 4 na provisão (movimentação de crédito no mesmo órgão), a despesa quando da execução não altera nada classificação da despesa.

Gabarito: **A**

65ª Questão (TCE-PB Auditor de Contas Públicas Cespe 2018): *As operações especiais, ações que integram a estrutura programática,*

a) indicam a forma de implementação da ação, descrevendo todas as etapas do processo até a entrega do produto.
b) agrupam despesas que não contribuam para a manutenção, a expansão ou o aperfeiçoamento das ações de governo.
c) constituem um conjunto de operações das quais resulte um produto ou serviço necessário à manutenção da ação de governo.
d) destinam-se a mensurar a eficácia, eficiência ou efetividade alcançada com a execução do programa.
e) delimitam o conjunto de operações que resultem na expansão ou no aperfeiçoamento da ação de governo.

Solução

As ações do tipo projeto e atividade geram produtos e serviços. Os projetos são limitados no tempo e ampliam a ação de governo; e as atividades são continuas no tempo e mantêm a ação de governo. As operações especiais não contribuem para a manutenção, a expansão ou o aperfeiçoamento das ações de governo.

Gabarito: **B**

66ª Questão (TCE-PB Auditor de Contas Públicas Cespe 2018): *Se determinado órgão público precisar adquirir equipamentos novos necessários à execução de determinada obra, a despesa correspondente será classificada como*

a) subvenção econômica.

b) transferência de capital.

c) inversão financeira.

d) investimento.

e) subvenção social.

Solução

Como são equipamentos novos, trata-se de despesas com investimentos. Se fossem equipamos já utilizados seria inversão financeira.

Gabarito: **D**

CAPÍTULO 24

DESPESA ORÇAMENTÁRIA: ETAPAS E ESTÁGIOS

1. ETAPAS E ESTÁGIOS DA DESPESA ORÇAMENTÁRIA

Quadro 24.1: Etapas e estágios da despesa

Etapa	Estágio	Etapa reconhecida formalmente no MCASP?
1ª etapa: Planejamento	Fixação	**Sim**
	Descentralização de créditos orçamentários	**Sim**
	Programação orçamentária e financeira	**Sim**
	Processo de licitação e contratação	**Sim**
2ª etapa: Execução	Empenho	**Sim**
	Liquidação	**Sim**
	Pagamento	**Sim**
3ª etapa: Controle e Avaliação	-	Não

Formalmente, o Manual Técnico do Orçamento (MTO) e o Manual de Contabilidade Aplicada ao Setor Público (MCASP) reconhecem 2 etapas da despesa. No entanto, ***este autor, tendo por base inclusive versões anteriores desses normativos e a Lei 4.320/1964, reconhece uma 3ª etapa denominada controle e avaliação.***

2. ETAPA DE PLANEJAMENTO

A etapa do planejamento abrange, de modo geral, toda a análise para a formulação do plano e ações governamentais que serviram de base para a ***fixação da despesa orçamentária***, **a descentralização/ movimentação de créditos**, ***a programação orçamentária e financeira***, e o **processo de licitação e contratação**.

Importante destacar que o estágio de fixação da despesa inicia-se na Elaboração (1ª etapa) da LOA e conclui-se com a aprovação (2ª etapa) e publicação da LOA (início da 3ª etapa).

2.1. Estágio de Fixação

A fixação da despesa refere-se aos limites de gastos, incluídos nas leis orçamentárias com base nas receitas previstas, a serem efetuados pelas entidades públicas. A fixação da despesa orçamentária insere-se no processo de planejamento e compreende a adoção de medidas em direção a uma situação idealizada, tendo em vista os recursos disponíveis e observando as diretrizes e prioridades traçadas pelo governo.

Conforme art. 165 da Constituição Federal de 1988, os instrumentos de planejamento compreendem o Plano Plurianual, a Lei de Diretrizes Orçamentárias e a Lei Orçamentária Anual.

O processo da fixação da despesa orçamentária é concluído com a autorização dada pelo poder legislativo por meio da lei orçamentária anual, ressalvadas as eventuais aberturas de créditos adicionais no decorrer da vigência do orçamento. Sobre a fixação, a LRF estabelece que:

> *Art 16. A criação, expansão ou aperfeiçoamento de ação governamental que acarrete aumento da despesa será acompanhado de:*
>
> *I- estimativa do impacto orçamentário - financeiro no exercício em que deva entrar em vigor e nos dois subsequentes;*
>
> *II - declaração do ordenador da despesa de que o aumento tem adequação orçamentária e financeira com a lei orçamentária anual e compatibilidade com o plano plurianual e com a lei de diretrizes orçamentárias.*

2.2. Estágio de descentralização de créditos orçamentários

As descentralizações de créditos orçamentários ocorrem quando for efetuada movimentação de parte do orçamento, mantidas as classificações institucional, funcional, programática e econômica, para que outras unidades administrativas possam executar a despesa orçamentária.

As descentralizações de créditos orçamentários não se confundem com ***remanejamento*** (situação em que se muda o órgão), ***transposição*** (situação em que se mantém o mesmo órgão, mas se muda o programa ou ação) ou ***transferências*** (situação em que se mantém o mesmo órgão e o mesmo programa, mas se muda a categoria econômica), pois:

- não modificam a programação ou o valor de suas dotações orçamentárias; e

- não alteram a unidade orçamentária detentora do crédito orçamentário aprovado na lei orçamentária ou em créditos adicionais.

Quando a descentralização envolver unidades gestoras de um mesmo órgão tem-se a descentralização interna, também chamada de ***provisão***. Se, porventura, ocorrer entre unidades gestoras de órgãos ou entidades de estrutura diferente, ter-se-á uma descentralização externa, também denominada de ***destaque***. Enquadra-se também como ***destaque*** a movimentação de crédito no mesmo ministério entre órgão da administração direta e entidade supervisionada (fundação pública, autarquias e empresas estatais dependentes).

Na descentralização, as dotações serão empregadas obrigatória e integralmente na consecução do objetivo previsto pelo programa de trabalho pertinente, **respeitadas fielmente a classificação funcional e a estrutura programática**. Portanto, a única diferença é que a execução da despesa orçamentária será realizada por outro órgão ou entidade.

Para a União, o Decreto nº 6.170/2007, **a descentralização de crédito externa dependerá de termo de execução descentralizada (TED)**, ***ficando vedada a celebração de convênio para esse efeito.*** As descentralizações de créditos orçamentários devem ocorrer em projetos ou atividades e não em operações especiais.

Assim, nas transferências voluntárias devem ser utilizados os elementos de despesas típicos destas, quais sejam 41 –Contribuições, 42 – Auxílios, 43 – Subvenções Sociais, 45 – Subvenções Econômica; enquanto nas descentralizações devem ser usados os elementos denominados típicos de gastos, tais como 30 – Material de Consumo, 39 – Outros Serviços de Terceiros – Pessoa Jurídica, 51 – Obras e Instalações, 52 – Material Permanente, etc.

Na sequência, a Figura 9.1 ilustra a ***descentralização de créditos*** na União conduzida pela SOF – Secretaria de Orçamento Federal.

Figura 24.1: Descentralização de créditos na União

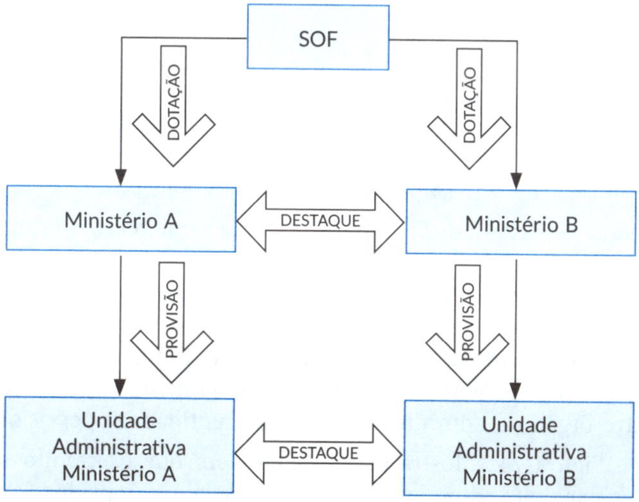

De acordo com a Figura 24.1, no âmbito federal quando da publicação da LOA, a SOF gera um comando no SIAFI e todas as unidades orçamentárias (unidades gestoras que possuem dotação na LOA) recebem seus créditos. A essa movimentação dá-se o nome de **dotação**. No exemplo da figura, foi a movimentação de crédito da SOF para os Ministérios A e B. Após isso, qualquer movimentação de crédito entre unidades dos mesmos ministérios **ou** de ministérios distintos recebe o nome de **provisão** (unidades gestoras do mesmo ministério) ou **destaque** (unidades gestoras de ministérios distintos ou a movimentação de crédito no mesmo ministério entre órgão da administração direta e entidade supervisionada).

É importante destacar que a movimentação de crédito em uma primeira fase, enseja em uma segunda fase a movimentação de Recursos. Na sequência, a Figura 24.2 ilustra a ***descentralização de recursos*** na União conduzida pela STN – Secretaria do Tesouro Nacional.

Figura 24.2: Descentralização de Recursos na União

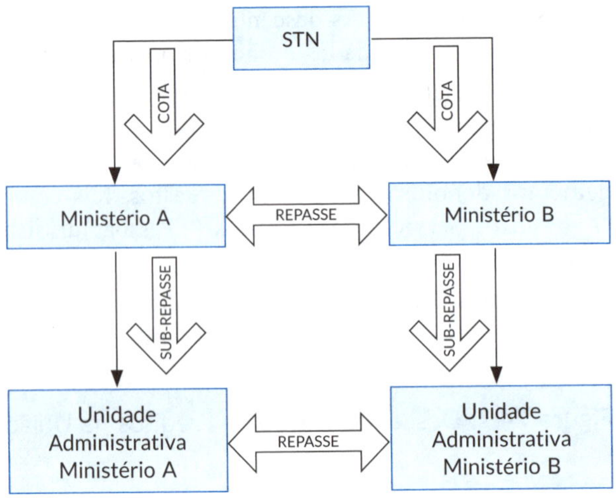

De acordo com a Figura 24.2, no âmbito federal na medida em que as unidades realizam suas despesas e precisam pagar suas obrigações, a STN libera via SIAFI os recursos financeiros. Importante destacar que nesse momento, são movimentações intrasistema, ou seja, não há saída de recursos da conta única.

A movimentação feita da STN para as unidades que recebem dotações em momento anterior dá-se o nome de **cota**. No exemplo da figura, foi a movimentação de recursos da STN para os Ministérios A e B. Após isso, qualquer movimentação de recurso entre as unidades dos mesmos ministérios ou de ministérios distintos recebe o nome de **sub-repasse** (unidades gestoras do mesmo ministério) ou **repasse** (unidades gestoras de ministérios distintos ou a movimentação de crédito no mesmo ministério entre órgão da administração direta e entidade supervisionada).

Por fim, a Figura 24.3 ilustra os momentos em que os créditos e os recursos são necessários para que os estágios da despesa sejam cumpridos.

Figura 24.3: Relação entre as descentralizações de créditos e de recursos e os estágios da despesa

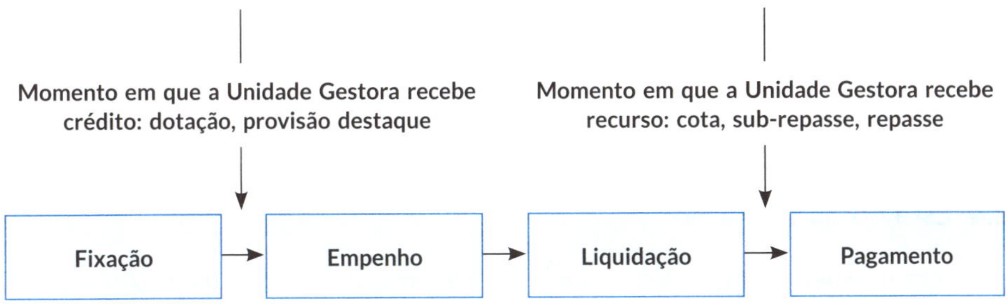

Para que seja possível o empenho por qualquer unidade gestora, é necessário que haja crédito disponível (recebido por dotação, provisão ou destaque).

Para que seja possível o pagamento por qualquer unidade gestora, é necessário que haja recurso disponível (recebido por cota, sub-repasse ou repasse).

Importante

1. Unidade gestora é qualquer unidade com capacidade para empenhar. As unidades gestoras podem ser unidades orçamentárias e unidades administrativas.
2. Somente unidades orçamentárias constam na LOA e recebem dotação. As unidades orçamentárias também podem receber provisões ou destaques.
3. As unidades administrativas não constam na LOA e não recebem dotação, logo dependem de provisão e destaque para realizar empenho.

2.3. Programação orçamentária e financeira

A programação orçamentária e financeira consiste na compatibilização do fluxo dos pagamentos com o fluxo dos recebimentos, visando ao ajuste da despesa fixada às novas projeções de resultados e da arrecadação.

Se houver frustração da receita estimada no orçamento, deverá ser estabelecida limitação de empenho e movimentação financeira, com objetivo de atingir os resultados previstos na LDO e impedir a assunção de compromissos sem respaldo financeiro, o que acarretaria uma busca de socorro no mercado financeiro, situação que implica em encargos elevados.

A LRF definiu procedimentos para auxiliar a programação orçamentária e financeira.

O primeiro é o decreto de programação financeira: até trinta dias após a publicação dos orçamentos, nos termos em que dispuser a lei de diretrizes orçamentárias o Poder Executivo estabelecerá a programação financeira e o cronograma de execução mensal de desembolso.

O segundo procedimento é o ajuste em caso de frustração: se verificado, ao final de um bimestre, que a realização da receita poderá não comportar o cumprimento das metas de resultado primário ou nominal estabelecidas no Anexo de Metas Fiscais, os Poderes e o Ministério Público promoverão, por ato próprio e nos montantes necessários, nos trinta dias subsequentes, limitação de empenho e movimentação financeira, segundo os critérios fixados pela lei de diretrizes orçamentárias.

No âmbito da União, por exemplo, mesmo após a liberação do crédito (por dotação, provisão ou destaque), pode haver um comando no SIAFI bloqueando o crédito devido ao monitoramento ocorrido neste estágio.

2.4. Estágio da Licitação

O processo de licitação compreende um conjunto de procedimentos administrativos que objetivam adquirir materiais, contratar obras e serviços, alienar ou ceder bens a terceiros, bem como fazer concessões de serviços públicos com as melhores condições para o Estado, observando os princípios da legalidade, da impessoalidade, da moralidade, da igualdade, da publicidade, da probidade administrativa, da vinculação ao instrumento convocatório, do julgamento objetivo e de outros que lhe são correlatos.

A Constituição Federal de 1988 estabelece a observância do processo de licitação pela União, Estados, Distrito Federal e Municípios.

A Lei nº 8.666/1993 regulamenta o art. 37, inciso XXI, da Constituição Federal, estabelecendo normas gerais sobre licitações e contratos administrativos pertinentes a obras, serviços, inclusive de publicidade, compras, alienações e locações.

Importante

1. A Lei nº 8.666/1993 exige que quando do início de um procedimento de aquisição haja crédito disponível.

2. Ocorre que em determinados casos o prazo de duração de um procedimento de aquisição seja longo e que um crédito outrora disponível esteja bloqueado quando da conclusão do processo.

3. Nesses casos, no âmbito federal, recomenda-se que seja realizado o pré-empenho, evento no SIAFI que bloqueia o crédito em favor daquele processo de aquisição.

1ª e 2ª Questões (Ministério da Saúde Cespe 2013): *Julgue os itens a seguir.*

1. Denomina-se sub-repasse a disponibilização, pelo Ministério do Esporte, de recursos financeiros para o Ministério da Educação, após a descentralização do crédito orçamentário.

2. A cessão de crédito orçamentário pelo Ministério do Esporte ao Ministério da Educação é denominada destaque.

3ª Questão (MTE Cespe 2014): *Julgue o item a seguir.*

Podem ser arrecadadas receitas não previstas na lei orçamentária anual (LOA), assim como é possível a realização de despesas orçamentárias durante o exercício que não estavam contempladas na dotação orçamentária inicial aprovada na mesma LOA.

Solução

1. Errado, como é para outro órgão seria repasse.
2. Certo, destaque é a movimentação externa de crédito.
3. Certo, nem todas as despesas constam na dotação inicial, pois existem os créditos adicionais.

Gabarito:

1. **Errado**
2. **Certo**
3. **Certo**

3. ETAPA DE EXECUÇÃO

A execução da despesa orçamentária se dá em três estágios previstos na Lei nº 4.320/1964: empenho, liquidação e pagamento. **Considera-se a despesa realizada ou executada no estágio do empenho.**

3.1. Estágio do Empenho

Empenho é o ato emanado de autoridade competente que cria para o Estado obrigação de pagamento pendente ou não de implemento de condição[23]. Consiste na reserva de dotação orçamentária para um fim específico.

Quadro 24.2: Conceito de Empenho

Explorando o conceito			
É o ato emanado de autoridade competente...	...que cria para o Estado obrigação de pagamento...	...pendente ou...	... ou não de implemento de condição
Seria o ordenador de Despesas	*Cria-se uma obrigação potencial*	Normalmente o fato gerador, recebimento da nota fiscal ou incorporação da obrigação ocorre após o empenho. Ou seja, em regra, estaria pendente a condição por parte do fornecedor.	*Há situações que no momento do empenho a obrigação contábil já patrimonialmente reconhecida (precatórios, empréstimos a pagar, etc).*

23 Art. 58º da Lei 4.320/1964.

O empenho será formalizado mediante a emissão de um documento denominado "Nota de Empenho", do qual deve constar o nome do credor, a especificação do credor e a importância da despesa, bem como os demais dados necessários ao controle da execução orçamentária.

Embora o art. 61 da Lei nº 4.320/1964 estabeleça a obrigatoriedade do nome do credor no documento Nota de Empenho, em alguns casos, como na Folha de Pagamento, torna-se impraticável a emissão de um empenho para cada credor, tendo em vista o número excessivo de credores (servidores).

Caso não seja necessária a impressão do documento "Nota de Empenho", o empenho ficará arquivado em banco de dados, em tela com formatação própria e modelo oficial, a ser elaborado por cada Ente da federação em atendimento às suas peculiaridades.

Importante

1. Toda despesa orçamentária deve ser empenhada. Porém, nem sempre será emitida a nota de empenho.
2. Em caso de urgência caracterizada na legislação em vigor, admitir-se-á que o ato do empenho seja contemporâneo à realização da despesa.

Quando o valor empenhado for insuficiente para atender à despesa a ser realizada, o empenho poderá ser reforçado. Caso o valor do empenho exceda o montante da despesa realizada, o empenho deverá ser anulado parcialmente. Será anulado totalmente quando o objeto do contrato não tiver sido cumprido, ou ainda, no caso de ter sido emitido incorretamente.

Importante

O empenho só é anulado totalmente quando o objeto do contrato não tiver sido cumprido, ou ainda, no caso de ter sido emitido incorretamente. Caso o valor do empenho exceda o montante da despesa realizada, o empenho deverá ser anulado parcialmente.

Existem três tipos de empenho. O Quadro 24.3 mostra os conceitos e exemplos dos tipos de empenho.

Quadro 24.3: Tipos de empenho

Modalidade do empenho	Conceito	Exemplo
Ordinário	É o tipo de empenho utilizado para as despesas de valor fixo e previamente determinado, cujo pagamento deva ocorrer de uma só vez.	Aquisição de material permanente.

Modalidade do empenho	Conceito	Exemplo
Estimativo	É o tipo de empenho utilizado para as despesas cujo montante não se pode determinar previamente.	Serviços de fornecimento de água e energia elétrica, aquisição de combustíveis e lubrificantes, fretes, diárias e passagens.
Global	É o tipo de empenho utilizado para despesas contratuais ou outras de valor determinado, sujeitas a parcelamento.	Compromissos decorrentes de aluguéis; obras.

É recomendável constar no instrumento contratual o número da nota de empenho, visto que representa a garantia ao credor de que existe crédito orçamentário disponível e suficiente para atender a despesa objeto do contrato. Nos casos em que o instrumento de contrato é facultativo, a Lei nº 8.666/1993 admite a possibilidade de substituí-lo pela nota de empenho de despesa, hipótese em que o empenho representa o próprio contrato.

4ª a 7ª Questões (Ministério da Justiça Cespe 2013): *Na Lei Orçamentária Anual (LOA) de 2013, consta crédito para o Ministério da Justiça relativo ao início da construção de um prédio, onde será instalada uma nova secretaria do órgão. Há previsão de pagamentos a serem realizados em parcelas durante a execução da obra, que será concluída em 2014. Considerando a situação hipotética acima apresentada, julgue os próximos itens, com base na legislação vigente.*

4. Caso seja necessário reforço da dotação orçamentária para finalização da construção do prédio, crédito adicional especial deverá ser solicitado.

5. A vigência do crédito disponibilizado na LOA de 2013 findar-se-á ao final de 2014.

6. O empenho para a realização da obra deverá ser realizado na modalidade global.

7. A característica da despesa apresentada indica que a ação orçamentária é classificada como uma operação especial.

Solução

4. Errado, como o crédito já constava na LOA, trata-se de crédito suplementar que visa reforçar a dotação.

5. Errado, em conformidade com o princípio da anualidade o crédito de 2013 não utilizado perde a validade em 31.12.2013.

6. Certo, pois o pagamento será parcelado.

7. Errado, como se trata de ação limitada do tempo (obra tem prazo para ser entregue) deve ser classificado como projeto.

Gabarito:

4. **Errado**

5. **Errado**

6. **Certo**

7. **Errado**

3.2. Estágio da Liquidação

A liquidação consiste na verificação do direito adquirido pelo credor tendo por base os títulos e documentos comprobatórios do respectivo crédito e tem por objetivo apurar[24]:

I - a origem e o objeto do que se deve pagar;

II - a importância exata a pagar;

III - a quem se deve pagar a importância, para extinguir a obrigação.

As despesas com fornecimento ou com serviços prestados terão por base:

I - o contrato, ajuste ou acordo respectivo;

II - a nota de empenho;

III - os comprovantes da entrega de material ou da prestação efetiva do serviço.

Importante

1. A obrigação em potencial ocorre no primeiro estágio de execução denominado empenho da despesa e resulta em potencialidade passiva.

2. A obrigação patrimonial (real) normalmente surge após o empenho e consiste na verificação do direito adquirido pelo credor, tendo por base os documentos hábeis que sustentam a efetiva realização da despesa correspondente. A Figura 24.4 e o Quadro 24.4 evidenciam as 3 situações possíveis relacionadas ao reconhecimento da obrigação patrimonial (fato gerador).

Figura 24.4: Situações de reconhecimento da obrigação

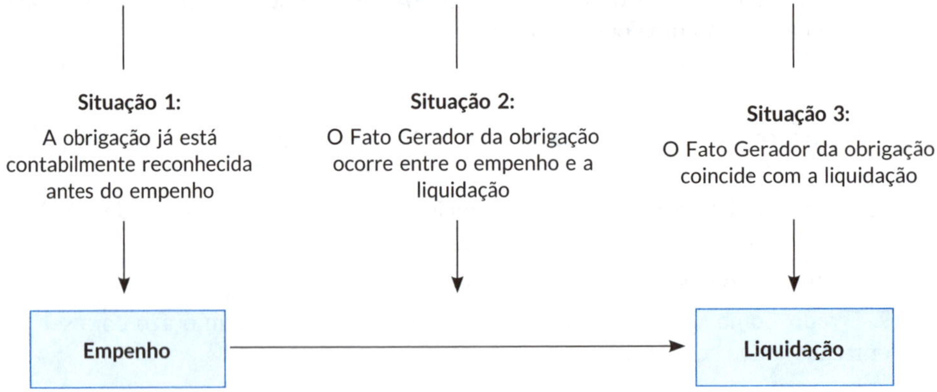

24 Art. 63º Lei 4.320/1964.

Quadro 24.4: Situações de reconhecimento da obrigação

Situação	Exemplo	Consequência Orçamentária	Consequência no passivo financeiro
1. A obrigação já está contabilmente reconhecida antes do empenho.	Precatórios, empréstimos a pagar, qualquer obrigação que já esteja registrada no passivo permanente.	Se utiliza a conta ***"em liquidação"***.	A obrigação deixa de fazer parte do passivo permanente a passa a fazer parte do passivo financeiro no empenho.
2. O fato gerador da obrigação ocorre entre o empenho e a liquidação.	Qualquer despesa em que se receba a nota fiscal, mas **haja uma demora** para conferir o material ou serviço.	Se utiliza a conta ***"em liquidação"***.	A obrigação surge no passivo financeiro **após o empenho e antes da liquidação.**
3. O fato gerador da obrigação coincide com liquidação.	Qualquer despesa em que se receba a nota fiscal e **se consiga em espaço reduzido de tempo conferir o material ou serviço.**	Não se utiliza a conta ***"em liquidação"***.	A obrigação surge no passivo financeiro no momento da liquidação.

Na situação 1, quando do empenho, não está pendente o implemento de condição; enquanto nas situações 2 e 3, quando do empenho, está pendente o implemento de condição. **Esse tratamento diferenciado demonstrado nas 3 situações e o uso dessa fase "em liquidação" nas situações 1 e 2, mostra a não vinculação do reconhecimento do fato gerador com os estágios de execução orçamentária: empenho ou liquidação da despesa**

3.3. Estágio do Pagamento

O pagamento consiste na entrega de numerário ao credor por meio de cheque nominativo, ordens de pagamentos ou crédito em conta, e só pode ser efetuado após a regular liquidação da despesa.

A ordem de pagamento como sendo o despacho exarado por autoridade competente, determinando que a despesa liquidada seja paga[25]. A ordem de pagamento só pode ser exarada em documentos processados pelos serviços de contabilidade.

8ª Questão (MPU Cargo 8 Cespe 2013): *Julgue o item a seguir.*

A verificação do montante de créditos a serem comprometidos com o fornecedor faz parte do estágio da despesa denominado liquidação.

25 Art. 64º da lei 4.320/1964.

9ª Questão (TCDF Cespe 2014): *Julgue o item a seguir.*

É vedada a realização de despesas públicas sem a emissão prévia da nota de empenho.

Solução

8. Errado, o crédito é comprometido no empenho.
9. Errado, a nota de empenho é dispensada na despesa com pessoal por exemplo.

Gabarito:

8. **Errado**
9. **Errado**

4. ETAPA DE CONTROLE E AVALIAÇÃO

Esta etapa **compreende a fiscalização realizada** pela **própria administração, pelos órgãos de controle** e **pela sociedade**.

A CF/1988 estabelece que o órgão de controle interno avalie o cumprimento das metas previstas no Plano Plurianual, a execução dos programas de governo e dos orçamentos da União; e comprovar a legalidade e avaliar os resultados, quanto à eficácia e à eficiência da gestão orçamentária, financeira e patrimonial nos órgãos e entidades da Administração Pública, bem como da aplicação de recursos públicos por entidades de direito privado.

Tal etapa encontra suporte na Lei 4.320/1964:

> *Art. 75. O controle da execução orçamentária compreenderá:*
>
> *I – **a legalidade dos atos de que resultem a arrecadação da receita** ou a realização da despesa, o nascimento ou a extinção de direitos e obrigações;*
>
> *II – a fidelidade funcional dos agentes da administração, responsáveis por bens e valores públicos;*
>
> *III – o **cumprimento do programa de trabalho expresso** em termos monetários e em termos de realização de obras e prestação de serviços.*
>
> *Art. 77. **A verificação da legalidade dos atos de execução orçamentária será prévia, concomitante e subsequente.***

Desse modo, compete aos órgãos de controle verificar tanto na etapa de planejamento, quanto na etapa de execução se os atos que resultem realização de despesas estão atendendo os requisitos da lei; bem como se o programa de trabalho está cumprindo sua finalidade.

5. CONSIDERAÇÕES FINAIS

5.1. Despesa Orçamentárias

Todas as despesas orçamentárias percorrem os estágios da fixação, empenho, liquidação e pagamento. No caso dos créditos extraordinários, primeiro se abre o abre o crédito e depois se utiliza o crédito. No caso de pagamento antecipados em que a legislação admitir como na contratação de artistas ou no pagamento de inscrições em cursos no estrangeiro quando for a prática do mercado; os estágios também são seguidos, com a diferença que no momento da liquidação surge a obrigação de prestar contas do evento ou do curso ao final.

5.2. Despesas Extraorçamentárias

As despesas extraorçamentárias normalmente não passam pelo estágio da fixação, empenho e liquidação, pois já surgem diretamente no passivo financeiro como contrapartida a entrada de recurso financeiro no caixa.

A exceção seriam os restos a pagar, item do próximo capítulo, que são despesas empenhadas em determinado exercício, mas que não foram pagas nesse mesmo exercício.

6. LISTA DE QUESTÕES OBJETIVAS

1ª Questão (TCM-RJ Auditor FGV 2008): *Em relação à despesa pública, assinale a afirmativa incorreta.*

a) Liquidação da despesa consiste na verificação do direito adquirido pelo credor tendo por base os títulos e documentos comprobatórios do respectivo crédito.

b) Empenho de despesa é ato emanado de autoridade competente que cria para o Estado obrigação de pagamento pendente ou não de implemento de condição.

c) Despesas de capital são voltadas para a manutenção de serviços já criados ou para a realização de obras de conservação de bens imóveis.

d) O pagamento da despesa só será efetuado quando ordenado após regular liquidação.

e) É vedada a realização de despesa sem prévio empenho.

Solução

a) Certo, sem comentários adicionais.

b) Certo, sem comentários adicionais.

c) Errado, seria despesa corrente.

d) Certo, sem comentários adicionais.

e) Certo, sem comentários adicionais.

Gabarito: **C**

2ª Questão (TJ-PI Analista Judiciário FCC 2009): *A liquidação é uma fase do estágio da despesa orçamentária que resultará na:*

a) obrigação de pagamento, pendente ou não de implemento de condição.
b) redução de uma obrigação a pagar, por meio da emissão de uma ordem bancária em favor do credor.
c) fixação de cotas trimestrais que cada unidade orçamentária poderá utilizar para realizar a sua programação de trabalho.
d) verificação do direito adquirido pelo credor, tendo por base os títulos e documentos comprobatórios respectivos.

Solução

a) Errado, este é o estágio do empenho.
b) Errado, este é o estágio do pagamento.
c) Errado, este é o estágio da programação orçamentária e financeira.
d) Certo.

Gabarito: **D**

3ª Questão (MPE-SE Analista FCC 2009): *De acordo com a doutrina majoritária, são estágios da despesa orçamentária:*

a) previsão, lançamento, empenho e pagamento.
b) fixação, reserva, empenho e liquidação.
c) previsão, empenho, fixação e pagamento.
d) fixação, liquidação, pagamento e cancelamento.
e) fixação, empenho, liquidação e pagamento.

Solução

A resposta correta é a letra E. Sem comentários adicionais.

Gabarito: **E.**

4ª Questão (DETRAN-RJ Assessor FGV 2010): *A fase da despesa em que a distribuição de cotas orçamentárias deverá ser feita imediatamente após a promulgação da Lei de Orçamento e com base nos limites fixados, onde o Poder Executivo aprovará um quadro de cotas trimestrais da despesa que cada unidade orçamentária fica autorizada a utilizar, é:*

a) Licitação.
b) Fixação.
c) Empenho.
d) Programação.
e) Liquidação.

Solução

As cotas são definidas no estágio da programação da etapa de planejamento. Gabarito D.

Gabarito: **D**

5ª Questão (DETRAN-RJ Assessor FGV 2010): *Empenho é o ato emanado de autoridade competente que cria para o Estado obrigação de pagamento pendente ou não de implemento de condição." Os gastos decorrentes de consumo de água e de despesas contratuais, onde o órgão público deverá pagar mensalmente o valor relativo à utilização de um imóvel alugado, sabendo-se que é vedada a realização da despesa sem prévio empenho, pode-se afirmar que as modalidades de empenho utilizadas neste caso serão, respectivamente:*

a) Ordinário e Normal.
b) Normal e Global.
c) Global e Global.
d) Por Estimativa e Global.
e) Por Estimativa e Por Estimativa.

Solução

Os gastos decorrentes de consumo de água utilizam o empenho por estimativa; enquanto, os gastos decorrentes de despesas contratuais onde o órgão público deverá pagar mensalmente o valor relativo à utilização de um imóvel alugado utiliza o empenho global. Gabarito D.

Gabarito: **D**

6ª Questão (SUSEP ESAF 2010): *Assinale a opção que indica a finalidade da liquidação da despesa pública, segundo disposição da Lei n. 4.320/64.*

a) Determinar o momento da contabilização da despesa.
b) Verificar a origem do objeto a pagar, a importância a pagar e a quem se deve pagar a importância.
c) Levantar o valor a ser pago e determinar a classificação orçamentária da despesa a ser realizada.
d) Identificar o credor da nota de empenho, o montante a ser pago e a unidade gestora responsável pelo pagamento.
e) Proporcionar a contabilização da despesa antes que seja feito o devido pagamento.

Solução

a) Errado, este procedimento ocorre no empenho.

b) Gabarito.
c) Errado, a classificação já vem definida no estágio da fixação.
d) Errado, seria verificar a origem do objeto a pagar, a importância a pagar e a quem se deve pagar a importância.
e) Errado, este procedimento ocorre no empenho.

Gabarito: **B**

7ª Questão (TRF 4ª Região Analista Judiciário FCC 2010): *O empenho é o estágio da despesa pública em que:*

a) é escolhido o fornecedor que apresenta proposta mais vantajosa para contratação de obras.
b) é estabelecido um cronograma de dispêndio para os créditos orçamentários.
c) há verificação do direito líquido e certo do credor do ente público em função dos serviços prestados.
d) ocorre um ato emanado de autoridade competente que cria para o Estado obrigação de pagamento.
e) o credor é pago pelo ente público.

Solução

a) Errado, este é o estágio da licitação.
b) Errado, este é o estágio da programação orçamentária e financeira.
c) Errado, este é o estágio da liquidação.
d) Certo.
e) Errado, este é o estágio do pagamento.

Gabarito: **D**

8ª Questão (TRT Analista Judiciário 3ª Região FCC 2010): *A redução da dotação orçamentária disponível referente a determinado item de despesa ocorre no estágio da despesa de*

a) liquidação.
b) empenho.
c) licitação.
d) pagamento.
e) recolhimento.

Solução

A redução da dotação orçamentária disponível (crédito disponível) ocorre no estágio do empenho. Assim, a resposta correta é a letra B.

Gabarito: **B**

9ª Questão (SEFAZ-RJ Auditor FGV 2011): *A despesa, no serviço público, é contabilizada segundo o "regime de competência". Isso significa ser passível de lançamento contábil quando ocorre seu fato gerador, ou seja, o empenho (seu primeiro estágio). Apesar de a realização da despesa ser um ato complexo, em termos de Direito Administrativo, basta a realização do empenho para haver o registro. Isso significa que não é necessário haver desembolso para caracterizar a despesa. Regra geral, é possível serem contabilizados milhões de reais em despesas sem ter havido pagamento algum. Ou seja: despesa não é sinônimo de pagamento. Quanto às despesas, é INCORRETO afirmar que:*

a) o empenho "é o ato emanado de autoridade competente que cria para o Estado obrigação de pagamento pendente ou não de implemento de condição".

b) o empenho é, na verdade, um compromisso, por parte da Administração Pública, no sentido de pagar por algo em que tenha interesse e, por parte do fornecedor, de prestar o serviço ou entregar determinada mercadoria. Com o empenho, a despesa já existe, embora ainda não tenha sido paga. Em termos orçamentários, sua realização diminui os créditos disponíveis (valor autorizado para gasto).

c) o empenho possui duas etapas: a autorização, que consiste na verificação no orçamento da existência de crédito orçamentário suficiente para a realização daquela despesa, e a formalização, caracterizada a partir da elaboração da nota de empenho (NE), que possui os dados referentes à compra ou à contratação (dados do contratante, data da entrega, valor, objeto, classificação da despesa etc.).

d) o empenho (registro da despesa) pode ser de três tipos: ordinário, quando o valor a ser empenhado é conhecido e o pagamento deverá ser feito de uma só vez; estimativo, quando não é possível conhecer-se, com precisão, o montante de todas as despesas a serem realizadas durante o exercício; global, quando o valor não é conhecido e o pagamento se dará de maneira parcelada.

e) principalmente na situação do empenho estimativo (mas não somente), caso o valor compromissado seja insuficiente para atender aos gastos efetivamente ocorridos, pode ser feito um reforço de empenho. Isso é particularmente comum quando envolve concessionários (energia elétrica, água, telefone etc.), uma vez que, conforme mencionado, não se sabe com certeza o quantum a ser realizado até o final do exercício. Caso ocorra o contrário (valor empenhado maior do que despesas ocorridas), pode ser feito um cancelamento (estorno) parcial do empenho, de forma que o saldo não utilizado seja remanejado para outras despesas por meio dos chamados créditos adicionais.

Solução

a) Certo, sem comentários adicionais.
b) Certo, sem comentários adicionais.
c) Certo, sem comentários adicionais.
d) Errado, no empenho global o valor é conhecido e o pagamento ocorre de forma parcelada.
e) Certo, sem comentários adicionais.

Gabarito: **D**

10 a 11ª Questões (Previc Analista Cespe 2011): *Com base nas informações da tabela abaixo, referente à execução orçamentária, em milhões de reais, da função previdência social no orçamento de 2009, julgue os itens a seguir:*

programa (cod/dese)	autorizado	empenhado
0083 - previdência social básica	223.604,49	220.989,89
0085 - qualidade dos serviços previdenciários	1.004,14	592,31
0086 - previdência complementar	4,83	3,12
0088 - indenizações e pensões especiais de responsabilidade da União	1.134,13	1.061,88
0089 - previdência de inativos e pensionistas da União	63.920,85	63.659,46
0750 - apoio administrativo	3.772,55	3.750,53
1009 - regimes de previdência dos servidores públicos da União, estados, municípios e Distrito Federal	18,74	3,20
1079 - educação previdenciária	3,16	2,10
1401 - reparação de violações e defesa dos direitos humanos	964,72	954,20
total	294.498,20	291.079,26

10. Apesar de a lei orçamentária de 2009 autorizar uma despesa de R$ 4,83 milhões para o programa de previdência complementar, os valores pagos alcançaram apenas o montante de R$ 3,12 milhões.

11. As despesas liquidadas na função previdência na lei orçamentária de 2009 podem ser superiores a R$ 294.498,20 milhões, desde que, para cada programa orçamentário, tenha sido extraída a respectiva nota de empenho.

Solução

10. Errado, não se pode afirmar nada sobre os valores pagos. Esse valor de 3,12 milhões corresponde ao valor empenhado. Para o programa de previdência complementar somente se pode liquidar esse valor

11. Errado, as despesas liquidadas não podem superar 291.089,26 milhões que foi o valor empenhado.

Gabarito:

10. **Errado**

11. **Errado**

12ª Questão (Senado Analista FGV 2012): *No que diz respeito à despesa orçamentária, assinale a afirmativa* **INCORRETA**.

a) A liquidação consiste na verificação do direito adquirido pelo credor, consistindo em etapa necessária para a realização do pagamento.

b) A liquidação é um ato complexo, uma vez que depende da entrega da mercadoria (no caso de compra) ou conclusão da prestação do serviço (ou etapa), de verificação/conferência por parte da Administração Pública da adequação mercadorias entregues/serviços prestados, e do processamento pela contabilidade.

c) Quanto à categoria econômica, as despesas podem ser classificadas em correntes ou de capital.

d) Classificam-se como despesas de custeio as dotações para manutenção de serviços anteriormente criados, inclusive as destinadas a atender a obras de conservação e adaptação de bens imóveis.

e) Classificam-se como transferências correntes as dotações para despesas às quais corresponda contraprestação direta em bens ou serviços.

Solução

a) Certo, sem comentários adicionais.

b) Certo, sem comentários adicionais.

c) Certo, sem comentários adicionais.

d) Certo, sem comentários adicionais.

e) Errado, classificam-se como transferências correntes aquelas dotações para despesas as quais não corresponda contraprestação direta em bens ou serviços, inclusive para contribuições e subvenções destinadas a atender à manifestação de outras entidades de direito público ou privado.

Gabarito: **E**

13ª Questão (Senado Analista FGV 2012): *No tocante à despesa pública, analise as afirmativas a seguir:*

I. O empenho tem duas etapas: a autorização, que consiste na verificação no orçamento da existência de crédito orçamentário suficiente para a realização daquela despesa; e a formalização, caracterizada a partir da elaboração da Nota de Empenho (NE), que possui os dados referentes à compra ou à contratação.

II. O empenho (registro da despesa) pode ser de três tipos: ordinário, estimativo e global.

III. O empenho estimativo é aplicável quando o valor é conhecido, mas o pagamento se dará de maneira parcelada. É comum nos casos de entrega parcelada de bens, situação em que o pagamento é feito obedecendo-se à proporção entre o montante pactuado e o volume entregue, e no caso de obras, quando, da mesma forma, o pagamento se dá em função do andamento da obra.

Assinale

a) se somente a afirmativa I estiver correta.
b) se somente a afirmativa II estiver correta.
c) se somente a afirmativa III estiver correta.
d) se as afirmativas I e II estiverem corretas.
e) se as afirmativas I e III estiverem corretas.

Solução

I. Certo, sem comentários adicionais.

II. Certo, sem comentários adicionais.

III. Errado, seria o empenho global.

Gabarito: **D**

14ª Questão (PGM – João Pessoa Procurador FCC 2012): *Sobre os estágios da despesa, é correto afirmar que*

a) depois de empenhada a despesa, não cabe mais o seu cancelamento.
b) todo empenho é precedido de uma nota de empenho.
c) o pagamento da despesa só será efetuado quando ordenado após sua regular liquidação.
d) a liquidação é a ordem de pagamento exarada me diante despacho de autoridade competente.
e) quando se trata de crédito de pequeno valor, o pagamento é imediato, independente de empenho, bastando a ordem de pagamento.

Solução

a) Errado, pode ocorrer o cancelamento do empenho por exemplo quando da liquidação, devido à não entrega do produto ou serviço.
b) Errado, dispensa-se a nota de empenho em determinados casos (exemplo, despesa com pessoal).
c) Certo.
d) Errado, esse é o estágio do pagamento.
e) Errado, o empenho sempre é necessário para as despesas orçamentárias.

Gabarito: **C**

15ª Questão (TRF 2ª Região Técnico FCC 2012): *Empenho é*

a) um valor deduzido da dotação orçamentária, podendo exceder o limite de crédito concedido.
b) ordinário quando utilizado para os casos de despesas contratuais e outras sujeitas a parcelamento.

c) global nos casos em que não se possa determinar o montante da despesa.

d) por estimativa quando utilizado para as despesas normais que não tenham nenhuma característica especial.

e) o ato emanado de autoridade competente que cria para o Estado obrigação de pagamento, pendente ou não, de implemento de condição.

Solução

a) Errado, não pode exceder o crédito concedido.

b) Errado, neste caso é o empenho global.

c) Errado, neste caso é o empenho por estimativa.

d) Errado, neste caso é o empenho ordinário.

e) Certo.

Gabarito: **E**

16ª Questão (CGU AFC ESAF 2012): *De acordo com os arts. 58, 62 e 63 da Lei n. 4.320/64, o empenho, a liquidação e o pagamento são procedimentos essenciais à realização da despesa pública e são denominados estágios na realização desta. Diante desse fato, assinale a opção incorreta, a respeito desses procedimentos.*

a) Despesas empenhadas podem ter seu pagamento transferido para o exercício seguinte.

b) Para unidades gestoras não contempladas com créditos diretamente na contabilização e inicial do orçamento, o recebimento de provisão é um fato que precede a emissão de empenhos.

c) O pagamento pode ser realizado antes da liquidação da despesa nos casos em que a espera pela liquidação pode comprometer a segurança de pessoas.

d) A liquidação da despesa é o reconhecimento do direito adquirido pelo credor, tendo por base o exame de documentos comprobatórios do respectivo crédito.

e) A emissão da nota de empenho reduz a disponibilidade de créditos da unidade gestora emitente, pois reserva dotação para fim específico.

Solução

a) Certo, caso em que tornam restos a pagar não processados (despesas empenhadas, mas não liquidadas e não pagas).

b) Certo, seria o estágio da descentralização de crédito na etapa do planejamento da despesa.

c) Errado, não se pode inverter a ordem dos estágios e etapas da despesa.

d) Certo, sem comentários adicionais.

e) Certo, sem comentários adicionais.

Gabarito: **C**

17ª Questão (ANAC Analista Cespe 2012): *Julgue o item a seguir.*

Um exemplo de liquidação de despesa de capital consiste na emissão de uma ordem bancária a uma agência de veículos, como forma de pagamento pelo fornecimento de ambulâncias ao poder público.

Solução

Errado. A ordem bancária é emitida no pagamento.

Gabarito: **Errado**

18ª Questão (DPE-SP Agente FCC 2013): *Com relação aos Estágios da Despesa, é correto afirmar que*

a) a fixação da despesa representa a programação de pagamentos e o estabelecimento do cronograma mensal de desembolsos.

b) o empenho da despesa pode ser ordinário, global, ou por estimativa.

c) a liquidação tem por objetivo apurar a origem e o objeto do que se deve pagar, já que a importância exata foi estabelecida no estágio da fixação.

d) a liquidação tem como base os registros efetuados no Livro da Despesa, já que o pagamento foi efetuado nas fases anteriores.

e) o pagamento tem como base os registros efetuados no Livro da Despesa e representa, portanto, a realização da despesa.

Solução

a) Errado, esse é o estágio da programação orçamentária e financeira da etapa de planejamento.

b) Certo.

c) Errado, a importância exata a ser paga é definida na liquidação.

d) Errado, o pagamento sempre ocorre após a liquidação.

e)Errado, a realização da despesa ocorre no empenho.

Gabarito: **B**

19ª Questão (TCE-SP Auditor FCC 2013): *Quando da análise das contas públicas prestadas por Município, foi constatada a realização de inúmeras despesas públicas previstas no orçamento. Pode ser considerada irregular uma despesa*

a) contratual, sujeita a parcelamento, com empenho global.

b) cujo montante não se possa determinar, com empenho por estimativa.

c) com dispensa de empenho, quando esta excede o limite de crédito concedido.

d) com dispensa de nota de empenho, em casos especiais previstos em legislação específica.

e) empenhada no último semestre do mandato do prefeito municipal.

Solução

a) Tal situação é regular.
b) Tal situação é regular.
c) Errado, toda despesa orçamentária exige o empenho. O que se dispensa é a nota de empenho em alguns casos.
d) Tal situação é regular.
e) Tal situação é regular.

Gabarito: **C**

20ª Questão (TRF 2ª Região Juiz Federal Cespe 2013): *A verificação do direito adquirido pelo credor, tendo por base os títulos e documentos comprobatórios do respectivo crédito, constitui*

a) o pagamento da despesa.
b) a nota de extinção de obrigação.
c) a liquidação da despesa.
d) o empenho.
e) a ordem de pagamento.

Solução

O comando da questão refere-se a liquidação. Gabarito C.

Gabarito: **C**

21ª Questão (ANS Analista Cespe 2013): *Julgue o item a seguir.*

O processo de fixação da despesa orçamentária é concluído no pagamento, que somente pode ser efetuado após a regular liquidação da despesa.

Solução

Errado, o processo de fixação é concluído com a aprovação e publicação da LOA. O pagamento encerra a etapa de execução.

Gabarito: **Errado**

22ª Questão (ANTAQ Analista Cespe 2014): *Uma entidade pública realizou a compra de computadores e a entrega dos equipamentos foi devidamente atestada em 31/12/2013. Em virtude de procedimentos internos, o pagamento foi realizado trinta dias após a entrega dos bens. Considerando essa situação hipotética, julgue o próximo item:*

Apesar da liquidação da despesa, o estágio do recolhimento da despesa não foi concretizado em virtude do não pagamento ao fornecedor.

Solução

Errado, recolhimento não é estágio da despesa, mas da receita.

Gabarito: **Errado**

23ª Questão (TJ-CE Analista Cespe 2014): *Julgue o item a seguir.*

Na liquidação de uma despesa, ocorre redução do crédito disponível orçamentário e da disponibilidade financeira.

Solução

Errado, a redução do crédito ocorre no empenho, a redução da disponibilidade financeira no pagamento.

Gabarito: **Errado**

24ª Questão (TCDF Analista Cespe2014): *Julgue o item a seguir.*

É vedada a realização de despesas públicas sem a emissão prévia da nota de empenho.

Solução

Errado, admite-se sim, despesas com pessoal, por exemplo.

Gabarito: **Errado**

25ª Questão (APO ESAF 2015): *Assinale a opção incorreta a respeito da gestão e uso da receita e da realização da despesa orçamentária da União.*

a) A reabertura dos créditos especiais abertos no exercício anterior está condicionada à existência de saldos ainda não aplicados e a data de abertura dos mesmos.

b) A descentralização de créditos constitui-se no poder que uma unidade orçamentária ou administrativa dá a outra para utilizar os créditos que estão sob a sua supervisão.

c) O pré-empenho, embora provoque o bloqueio do crédito orçamentário, não tem os mesmos efeitos jurídicos do empenho da despesa.

d) Os limites para a movimentação e empenho dos créditos consignados no orçamento do Poder Executivo são definidos no Decreto de Programação Financeira.

e) O Empenho na modalidade global destina-se à realização de despesa cujo montante é previamente conhecido e o pagamento é realizado de uma só vez.

Solução

a) Certo, conforme princípio da anualidade.
b) Certo, sem comentários adicionais.
c) Certo, o pré-empenho ocorre na etapa de planejamento antes da licitação.
d) Certo, sem comentários adicionais.
e) Errado, seria empenho ordinário.

Gabarito: **E**

26ª Questão (TJ-SC Analista FGV 2015): *Texto I: No orçamento de um ente da federação, a previsão total de receitas para um exercício foi de R$ 240 milhões. As receitas lançadas totalizaram R$ 220,5 milhões. Foram arrecadados R$ 215 milhões e recolhidos R$ 213,5 milhões no período. Quanto às despesas, 95% do valor fixado foi empenhado, R$ 205 milhões foram liquidados, R$ 200 milhões foram pagos e R$ 28 milhões foram inscritos em restos a pagar.*

A partir do informado no texto I e de acordo com as disposições da Lei nº 4.320/1964, em termos de execução orçamentária, a despesa executada (em milhões de reais) foi de:

a) 28;
b) 200;
c) 205;
d) 228;
e) 240.

Solução

Deve-se considerar o valor empenhado: 95% x 240 milhões = 228 milhões. Gabarito D.

Gabarito: **D**

27ª Questão (TCM-RJ FCC 2015): *Sobre os estágios das despesas públicas, é correto afirmar que*

a) a emissão da Nota de Empenho não depende da emissão do Empenho.
b) a emissão da Nota de Empenho é indispensável.
c) o Empenho da despesa, excepcionalmente, poderá ser dispensado.
d) não existe diferença entre Empenho e Nota de Empenho.
e) o Empenho da despesa é um ato indispensável.

Solução

a) Errado, depende sim.
b) Errado, é dispensável nas despesas com pessoal por exemplo.
c) Errado, sempre deve haver o empenho.
d) Errado, existe. A nota é um documento e o empenho é o ato.
e) Certo, sem comentários adicionais.

Gabarito: **E**

28ª Questão (TRT-3ª Região FCC 2015): *Sobre execução do orçamento, é correto afirmar:*

a) Não se admite a realização de empenho de despesa cujo montante não se possa determinar.
b) Não se admite empenho global de despesas contratuais, ainda que sujeitas a parcelamento.
c) A nota de empenho é indispensável no processamento da despesa.
d) A liquidação da despesa por fornecimentos feitos terá por base, dentre outros, os comprovantes da entrega do material.
e) A ordem de pagamento deflagra o procedimento para pagamento da despesa, com o empenho e a liquidação.

Solução

a) Errado, admite-se e seria o empenho por estimativa.
b) Errado, admite-se.
c) Errado, é dispensável nas despesas com pessoal por exemplo.
d) Certo, sem comentários adicionais.
e) Errado, a liquidação deflagra o procedimento para pagamento que exige a emissão de ordem bancária.

Gabarito: **D**

29ª Questão (TRT 3ª Região Analista Judiciário 2015): *Considere, abaixo, as definições relacionadas às fases da despesa pública:*

I. Verificação do direito adquirido pelo credor tendo por base os títulos e documentos comprobatórios do respectivo crédito.

II. Ato emanado de autoridade competente que cria para o Estado obrigação de pagamento pendente ou não de implemento de condição.

III. Inclusão da despesa na lei orçamentária.

IV. Despacho exarado por autoridade competente, determinando que a despesa seja paga.

Essas definições devem ocorrer na seguinte ordem:

a) I, II, IV e III.

b) I, II, III e IV.

c) II, III, I e IV.

d) III, I, IV e II.

e) III, II, I e IV.

Solução

I. Seria a liquidação.

II. Seria o empenho.

III. Seria a fixação.

IV. Seria o pagamento.

Gabarito: **E**

30ª Questão (TCE-AM FCC 2015): *A Lei Federal no 4.320/1964 tem um de seus capítulos destinados a disciplinar exclusivamente a DESPESA. De acordo com as normas desse capítulo,*

a) o empenho da despesa pertencente a uma mesma rubrica só poderá exceder o limite dos créditos concedidos, por dois exercícios consecutivos, ou por três intercalados, em um intervalo de cinco anos.

b) salvo disposição expressa de ato normativo emanado do Poder Executivo, é vedada a realização de despesa sem prévio empenho.

c) em casos especiais previstos na legislação específica, será dispensada a emissão da nota de empenho.

d) é vedada a realização do empenho da despesa, cujo montante não se possa determinar.

e) o pagamento da despesa só será efetuado quando ordenado após a realização do empenho e antes de sua regular liquidação.

Solução

a) Errado, o empenho nunca pode exceder o crédito disponível.

b) Errado, não existe ressalva.

c) Certo, as despesas com pessoal dispensam a nota de empenho.

d) Errado, pode no empenho por estimativa.

e) Errado, o pagamento ocorre após a regular liquidação.

Gabarito: **C**

31ª Questão (TCU Técnico Cespe 2015): *Julgue o item a seguir.*

Realiza-se por meio de empenho global a reserva de dotação orçamentária de compromissos decorrentes de despesas contratuais com pagamento sujeito a parcelamento.

Solução

Certo, sem comentários adicionais.

Gabarito: **Certo**

32ª Questão (TCU Auditor Cespe 2015): *Com relação às técnicas e mecanismos de elaboração, à execução e ao controle do orçamento público, julgue o seguinte item.*

A etapa do planejamento de determinada despesa pública encerra-se com sua fixação na lei orçamentária anual.

Solução

Errado, encerra-se com o estágio da licitação.

Gabarito: **Errado**

33ª Questão (STJ Cespe 2015): *Julgue o seguinte item.*

Caso seja necessário fazer-se um destaque da programação orçamentária de determinado órgão, deverão ser autorizadas a modificação e a classificação programática da despesa conforme a necessidade.

Solução

Errado, na provisão e destaque a classificação orçamentária permanece totalmente inalterada.

Gabarito: **Errado**

34ª a 38ª Questão (AGU Cespe 2015): *Haja vista que a despesa pública segue estágios e que cada um destes esclarece em que momento a realização da despesa se encontra, julgue os itens a seguir.*

34. As despesas com contratos de construção civil, em que o pagamento só é realizado após a medição feita na obra, deve ser objeto de empenho por estimativa.

35. É na fase do pagamento da despesa que a lei prevê a juntada de atestado por parte do responsável, servidor público, de que o serviço foi prestado ou o bem ou mercadoria foi entregue como contratado.

36. O estágio da despesa pública que tem por finalidade o comprometimento de parte do orçamento público aprovado com determinado gasto é chamado de liquidação.

37. O empenho, que é estágio da despesa pública, não se confunde com a nota de empenho, pois nem todo empenho possui uma nota de empenho emitida.

38. Em regra, todos os empenhos podem ser anulados, excepcionando-se dessa regra apenas o empenho feito em caráter global.

Solução

34. Errado, como a medição é por etapas, a liquidação e pagamento são por etapas, logo empenho global.

35. Errado, seria liquidação.

36. Errado, seria empenho.

37. Certo, a exemplo das despesas com pessoal que são empenhadas, mas não possuem nota de empenho.

38. Errado, todos podem ser anulados.

Gabarito:

34. **Errado.**

35. **Errado.**

36. **Errado.**

37. **Certo.**

38. **Errado.**

39ª Questão (TRF 3ª Região FCC 2016): *O TRF da 3ª Região realizou despesa para a aquisição de microcomputadores, tablets e notebooks. As notas de empenho foram emitidas no mês de setembro. Em outubro do mesmo ano foram entregues os microcomputadores. Após essa primeira entrega, o TRF promoveu o pagamento total da despesa. No mês seguinte os demais itens também foram entregues. Esse relato evidencia que houve descumprimento da Lei no 4.320/1964, uma vez que foi constatada irregularidade*

a) nas fases de empenhamento, liquidação e pagamento da despesa.

b) na fase de planejamento da despesa.

c) nas fases de empenhamento e liquidação da despesa.

d) na fase de pagamento da despesa.

e) nas fases de liquidação e pagamento da despesa.

Solução

Observa-se que se trata de empenho global. Assim, o empenho foi correto e a liquidação parcial foi correta. O erro foi ter pago tudo ao invés do valor proporcional que fora liquidado parcialmente.

Gabarito: **D**

Unidade Didática IV
Elementos Orçamentários na Federação

40ª Questão (TRT 8ª Região Analista Cespe 2016): *No que se refere as etapas e estágios das despesas e receitas públicas, assinale a opção correta.*

a) O processo de fixação da despesa orçamentária estará concluído quando houver a verificação do direito adquirido pelo credor, comprovado por títulos e documentos do respectivo credito.

b) Se o instrumento de contrato for facultativo, ele poderá ser substituído pela ordem bancaria.

c) A previsão da receita é a base utilizada para estimar as necessidades de financiamento do governo.

d) No estágio da arrecadação da receita, e verificada a procedência do credito fiscal e a pessoa que lhe e devedora.

e) As doações em espécie recebidas pelos entes públicos devem passar pelo estagio do lançamento.

Solução

a) Errado, o último estágio da fixação é a licitação e não a liquidação.

b) Errado, pela nota de empenho.

c) Certo, sem comentários adicionais.

d) Errado, seria o lançamento.

e) Errado, essas receitas não passam pela previsão, nem pelo lançamento.

Gabarito: **C**

41ª Questão (ANAC Analista ESAF 2016): *Para a realização de Empenho de Despesa no SIAFI, relativo a despesas de uma Unidade Gestora, com energia elétrica ao longo do exercício, utiliza-se o denominado:*

a) empenho global.

b) empenho ordinário.

c) empenho estimativo.

d) empenho extraordinário.

e) pré-empenho.

Solução

Gabarito C, empenho por estimativa.

Gabarito: **C**

42ª Questão (IBGE FGV2016): *Em uma repartição pública, um servidor tem, entre outras, a função de conferir documentos de processos de despesa referentes a contratos de prestação de serviços. Nessa atividade o servidor identifica a origem e o objeto da* *despesa e a importância exata a pagar. Dois dos documentos objeto da conferência são o contrato e os comprovantes da prestação efetiva do serviço. Essa atividade refere-se ao estágio do(a):*

a) dotação;
b) empenho;
c) lançamento;
d) liquidação;
e) pagamento.

Solução

A conferência da documentação ocorre na liquidação.

Gabarito: **D**

43ª Questão (IBGE FGV 2016): *As informações do Quadro IV a seguir têm origem na execução orçamentária do último exercício de um ente da federação e os valores estão expressos em milhares de reais.*

Descrição	Valores
Dotação inicial	26.689.903,00
Dotação atualizada	28.491.775,00
Despesas empenhadas	24.487.589,00
Despesas liquidadas	23.885.743,00
Despesas pagas	21.707.193,00
Saldo da dotação	4.004.186,00

A partir das informações do Quadro IV, pode-se concluir que a despesa orçamentária executada no período, em milhares de reais, foi de:

a) 21.707.193,00;
b) 23.885.743,00;
c) 24.487.589,00;
d) 25.711.379,00;
e) 27.889.929,00.

Solução

A despesa executada é a empenhada.

Gabarito: **C**

44ª Questão (FUNAI Contador ESAF 2016): *No que se refere às etapas da receita orçamentária e da despesa orçamentária, assinale a opção correta.*

a) A receita orçamentária possui três etapas: planejamento, previsão e execução. A etapa da execução ainda pode ser dividida em dois estágios: lançamento e arrecadação.

b) O lançamento, como estágio da execução da receita orçamentária, é o ato da repartição competente, que verifica a procedência do crédito fiscal e a pessoa que lhe é devedora e inscreve o débito desta. Todas as receitas orçamentárias devem passar pelo estágio do lançamento.

c) A liquidação da despesa consiste na verificação do direito adquirido pelo credor tendo por base os títulos e documentos comprobatórios do respectivo crédito, visando apurar a origem e o objeto do que se deve pagar, a importância exata a pagar, e a quem se deve pagar a importância, para extinguir a obrigação.

d) Entre os estágios da execução orçamentária da despesa, pode ser citado o empenho. O empenho cria para o Estado obrigação de pagamento pendente ou não de implemento de condição, sendo que, em condições especiais definidas em lei, o empenho pode ser dispensado.

e) O empenho global é o tipo de empenho utilizado para as despesas cujo montante não se pode determinar previamente, tais como serviços de fornecimento de água e energia elétrica, aquisição de combustíveis e lubrificantes e outros.

Solução

a) Errado, seria: planejamento, execução, controle e avaliação. Previsão faz parte do planejamento.

b) Errado, nem todas as receitas orçamentárias passam pelo lançamento.

c) Certo, em conformidade com a Lei 4.320/1964.

d) Errado, o que pode ser dispensada é a emissão na nota de empenho, não o empenho.

e) Errado, seria por estimativa nesse caso.

Gabarito: **C**

45ª Questão (FUNAI Contador ESAF 2016): *Segundo a Lei nº. 4.320/1964, o ato emanado de autoridade competente que cria para o Estado obrigação de pagamento, pendente ou não de implemento de condição, é denominado:*

a) pagamento.

b) recolhimento.

c) liquidação.

d) arrecadação.

e) empenho.

Solução

Seria empenho.

Gabarito: **E**

46ª Questão (TRT 11ª Região Analista Judiciário FCC 2016): *O empenho em liquidação é o registro contábil de uma etapa intermediária entre os estágios de*

a) liquidação e reconhecimento no passivo exigível.
b) empenho e liquidação.
c) inscrição em restos a pagar processados e pagamento.
d) liquidação e pagamento.
e) lançamento e arrecadação.

Solução

Seria entre os estágios de empenho e liquidação.

Gabarito: **B**

47ª Questão (TRE-BA Contador Cespe 2017): *O processo de fixação da despesa orçamentária é concluído com*

a) a autorização do Poder Legislativo por meio da lei orçamentária anual, ressalvadas as eventuais aberturas de créditos adicionais no decorrer da vigência do orçamento.
b) as descentralizações de créditos orçamentários, mediante a realização da movimentação do orçamento.
c) a emissão da nota de empenho e a formalização da obrigação de pagamento pendente ou não de implemento de condição.
d) a liquidação da despesa orçamentária, após a verificação do direito adquirido pelo credor.
e) o pagamento da despesa orçamentária e a efetuação da entrega de numerário ao credor.

Solução

a) Certo.
b) Errado, as descentralizações de créditos orçamentários ocorrem após a fixação.
c) Errado, o empenho ocorre após a fixação.
d) Errado, a liquidação ocorre após a fixação.
e) Errado, o pagamento ocorre após a fixação.

Gabarito: **A**

48ª Questão (ALERJ Analista Legislativo – Qualquer Cargo FGV 2017): *A despesa orçamentária é executada em estágios que representam atos e fatos administrativos e geram registros contábeis para fins de controle. O estágio da despesa orçamentária em que, por definição, se considera ocorrido o fato gerador é:*

a) empenho;

b) lançamento;

c) licitação;

d) liquidação;

e) programação.

Solução

O fato gerador ocorre na liquidação ou no recebimento na nota fiscal: em liquidação.

Gabarito: **D**

49ª Questão (ALERJ Analista Legislativo Contador FGV 2017):*Em um dado exercício, o orçamento de uma entidade pública previu receitas de 80 milhões. A arrecadação excedeu em 10% a previsão. Foram abertos créditos adicionais, que aumentaram a despesa fixada em 6 milhões. Quanto à despesa, não houve economia orçamentária do montante fixado. A inscrição em restos a pagar totalizou 9,5 milhões. A partir das disposições do regime orçamentário, o montante da despesa executada foi de:*

a) 88 milhões;

b) 86 milhões;

c) 80 milhões;

d) 78,5 milhões;

e) 76,5 milhões.

Solução

A dotação inicial foi de 80 milhões e a dotação atualizada foi de 86 milhões. Como não houve economia de despesa, foi empenhado o valor total de 86 milhões. Considera-se realizada/executada a despesa empenhada.

Gabarito: **B**

50ª Questão (ALERJ Analista Legislativo Contador FGV 2017): *A operação que envolve o repasse de recursos financeiros da Secretaria de Fazenda do Estado do Rio de Janeiro para a Assembleia Legislativa do Estado do Rio de Janeiro é denominada:*

a) destaque;

b) descentralização interna;

c) provisão;
d) transposição;
e) transferência financeira.

Solução

A movimentação de recursos financeiro do Executivo para os demais Poderes denomina-se duodécimos. A banca utilizou o termo transferência financeira. De fato, não seria nenhuma das demais opções.

Gabarito: **E**

51ª Questão (TCE-SP Agente de Fiscalização VUNESP 2017): *A fase da execução da despesa que consiste na verificação do direito adquirido do credor, tendo por base títulos e documentos comprobatórios do respectivo crédito, denomina-se*

a) empenho.
b) habilitação.
c) licitação.
d) pagamento.
e) liquidação.

Solução

Seria a liquidação.

Gabarito: **E**

52ª Questão (TCE-PB Auditor de Contas Públicas Cespe 2018): *Para realizar uma despesa pública, a autoridade competente deve proceder, sucessivamente, às etapas de*

a) fixação, programação financeira, pagamento, empenho e liquidação.
b) programação financeira, empenho, fixação, liquidação e pagamento.
c) fixação, empenho, programação financeira, liquidação e pagamento.
d) programação financeira, fixação, empenho, pagamento e liquidação.
e) fixação, programação financeira, empenho, liquidação e pagamento.

Solução

Seria fixação, programação financeira, empenho, liquidação e pagamento.

Gabarito: **E**

53ª Questão (TCE-PB Auditor de Contas Públicas Cespe 2018): *Acerca da despesa pública, assinale a opção correta.*

a) O empenho é o ato da autoridade competente que estabelece o cronograma de pagamento segundo a estimativa da despesa prevista na lei orçamentária.

b) A despesa de custeio engloba os gastos públicos com o pagamento dos juros e encargos da dívida pública e sua amortização.

c) A liquidação da despesa pública é o pagamento mediante a apresentação de nota que certifica a prestação do serviço ou a entrega do produto.

d) As subvenções são transferências destinadas ao custeio de programas sociais e econômicos previamente aprovados na lei orçamentária.

e) O prévio empenho é dispensável na medida em que a legislação admite o adiantamento de pagamento de despesas que não se subordinam ao processo normal de aplicação.

Solução

(A) Errado, o empenho é o ato da autoridade competente que cria para o Estado obrigação pendente ou não de implemento de condição.

(B) Errado, a despesa de transferências correntes de acordo com a Lei 4.320/1964 engloba os gastos públicos com o pagamento dos juros e encargos da dívida pública e sua amortização.

(C) Errado, na liquidação não ocorre o pagamento.

(D) Certo.

(E) Errado, sempre há o prévio empenho nas despesas orçamentárias, o que se dispensa em determinados casos é a nota de empenho.

Gabarito: **D**

7. LISTA DE QUESTÕES DISCURSIVAS

1ª Questão (ANELL Nacional Analista Administrativo Cespe 2010):

Considerando que ao agente público cabe a grande responsabilidade de executar a despesa pública, em que um dos problemas recorrentes é a inversão dos estágios da despesa, redija um texto dissertativo acerca da despesa pública. Ao elaborar seu texto, aborde, necessariamente, os seguintes aspectos:

→conceito e características da despesa pública (item 1);

→descrição dos estágios da despesa pública e suas principais características (item 2).

Extensão de linhas: até 20.

Resolução da Questão

A despesa pública é o conjunto de dispêndios realizados pelos entes públicos para o funcionamento e a manutenção dos serviços públicos prestados à sociedade. Os dispêndios são tipificados em orçamentários e extraorçamentários. O dispêndio orçamentário é o fluxo que deriva da utilização de crédito consignado no orçamento da entidade, podendo ou não diminuir a situação líquida patrimonial; enquanto o extraorçamentário é saída financeira que gera diminuição de igual valor no ativo financeiro e no passivo financeiro.

A despesa pública orçamentária possui tradicionalmente os seguintes estágios de execução: (i) empenho, (ii) liquidação e (iii) pagamento. Em qualquer situação, a ordem dos estágios não pode ser alterada; assim, não se pode liquidar sem antes ser efetuado o empenho, por exemplo.

O empenho é o ato emanado de autoridade competente que cria para o Estado obrigação de pagamento pendente ou não de implemento de condição; a liquidação consiste na verificação do direito adquirido pelo credor tendo por base os títulos e documentos comprobatórios; enquanto o pagamento consiste na entrega de numerário ao credor e só pode ser efetuado após a regular liquidação da despesa.

2ª Questão (TCE-PR Nacional Auditor de Controle Externo: atuarial Cespe 2016):

Considerando a classificação das despesas orçamentárias, redija um texto acerca das diferenças entre despesas correntes e despesas de capital. Ao elaborar seu texto, faça o que se pede a seguir.

1 Conceitue despesas correntes. [valor: 1,25 ponto]

2 Conceitue despesas de capital. [valor: 1,25 ponto]

3 Disserte sobre as diferenças entre despesas correntes e despesas de capital quanto aos seus efeitos patrimoniais.

[valor: 2,25 pontos]

Extensão de linhas: até 15.

Resolução da Questão

De acordo com a portaria 163/2001, as despesas correntes são as despesas que não contribuem para a formação ou aquisição de um bem de capital.

De acordo com a portaria 163/2001, as despesas de capital são as despesas que contribuem para a formação ou aquisição de um bem de capital.

Quanto aos efeitos patrimoniais, em regra as despesas correntes são efetivas, ou seja, reduzem o patrimônio líquido. Porém, existem despesas correntes não efetivas como: concessão de suprimento de fundos e aquisição de material de consumo.

Quanto aos efeitos patrimoniais, em regra as despesas de capital são não efetivas, ou seja, não afetam o patrimônio líquido. Porém, existem despesas de capital efetivas como a concessão de auxílios – transferências voluntárias.

CAPÍTULO 25

RESTOS A PAGAR

1. CONCEITO

Consideram-se Restos a Pagar (resíduos passivos), as despesas empenhadas, mas não pagas até o dia 31 de dezembro distinguindo-se as processadas das não processadas. O registro dos Restos a Pagar far-se-á por exercício e por credor. Os restos a pagar se subdividem:

- ***Restos a pagar processados***: despesas empenhadas e liquidadas e não pagas;
- **Restos a pagar não processados**: despesas empenhadas, não liquidadas e não pagas.

Os restos a pagar constituem item específico da dívida flutuante no passivo financeiro. O serviço da dívida a pagar são os restos a pagar do juros e amortização da dívida. O Quadro 25.1 explora esses conceitos.

Quadro 25.1: Restos a Pagar e Serviço da Dívida a Pagar

<table>
<tr><th colspan="4">Explorando os conceitos</th></tr>
<tr><td rowspan="6">Restos a Pagar de...</td><td>...Pessoal e encargos sociais...</td><td rowspan="6">... no âmbito da Dívida Flutuante denominam-se ...</td><td>Restos a Pagar</td></tr>
<tr><td>...Juros...</td><td>Serviço da Dívida a Pagar</td></tr>
<tr><td>...Outras Despesas Correntes...</td><td>Restos a Pagar</td></tr>
<tr><td>...Investimentos...</td><td>Restos a Pagar</td></tr>
<tr><td>...Inversões Financeiras</td><td>Restos a Pagar</td></tr>
<tr><td>...Amortização da Dívida...</td><td>Serviço da Dívida a Pagar</td></tr>
</table>

As Figuras 25.1, 25.2 e 25.3 ilustram três situações distintas que relacionadas à execução da despesa orçamentária em determinado exercício financeiro[26].

Figura 25.1: Gasto que passou por todos os estágios da execução em 2018

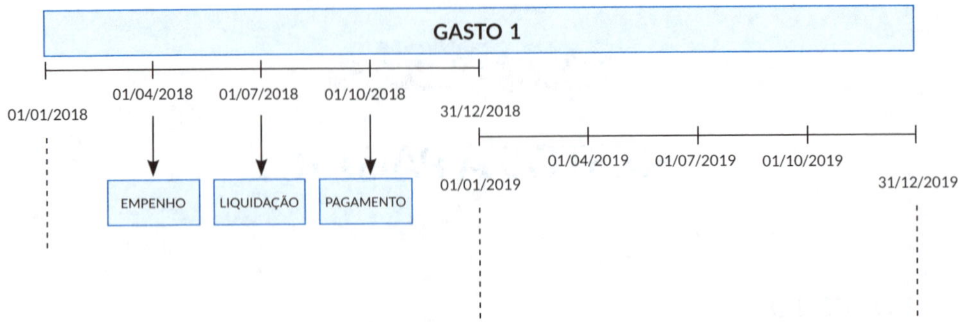

Na Figura 25.1 está presente a situação desejada por todo administrador público na qual em 2018 as despesas que foram empenhadas, também foram pagas. Note que se todas as despesas que foram empenhadas, foram pagas, é porque elas foram necessariamente liquidadas. Para pagar uma despesa orçamentária, ela deve ter passado pelo empenho e pela liquidação.

Figura 25.2: Gasto que passou apenas pelos estágios do empenho e da liquidação em 2018

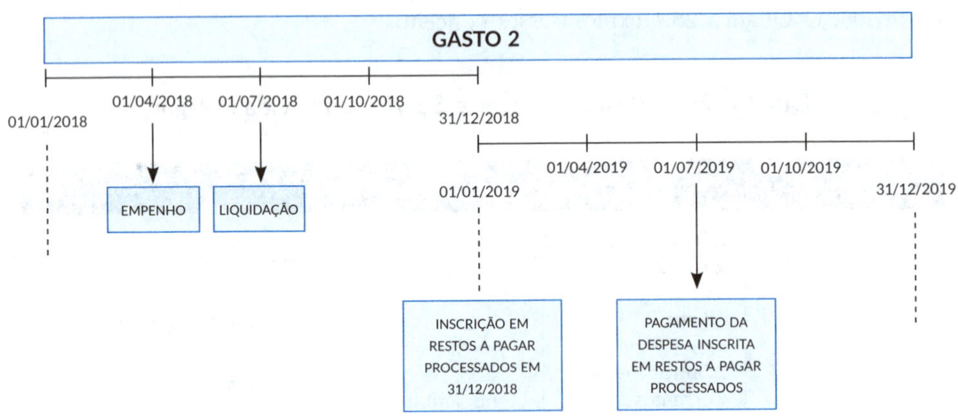

A Figura 25.2 contempla a situação dos restos a pagar processados. O gestor público realizou a licitação para adquirir computadores, por exemplo. Após o registro da assinatura do contrato foi realizado o empenho em 1º de abril de 2018, e no dia 01 de julho de 2018 o fornecedor entregou o material que foi conferido

26 No Brasil o exercício financeiro coincide com o ano civil.

pelo almoxarifado. Após a conferência, foi realizada a liquidação dessa despesa. Porém, devido a algum motivo, não foi possível realizar o pagamento ainda em 2018. Neste caso, a despesa foi registrada em 31 de dezembro de 2018 como restos a pagar processados.

Em 2019, observamos que quando o gestor já dispunha de recursos, realizou o pagamento dos restos a pagar processados. Note que o pagamento ocorrido em 2019 não é referente ao orçamento de 2019, mas de 2018. Isso reforça que o pagamento de restos a pagar é uma despesa extraorçamentária quando do seu pagamento em 2019.

Figura 25.3: Gasto que passou apenas pelo estágio do empenho em 2018

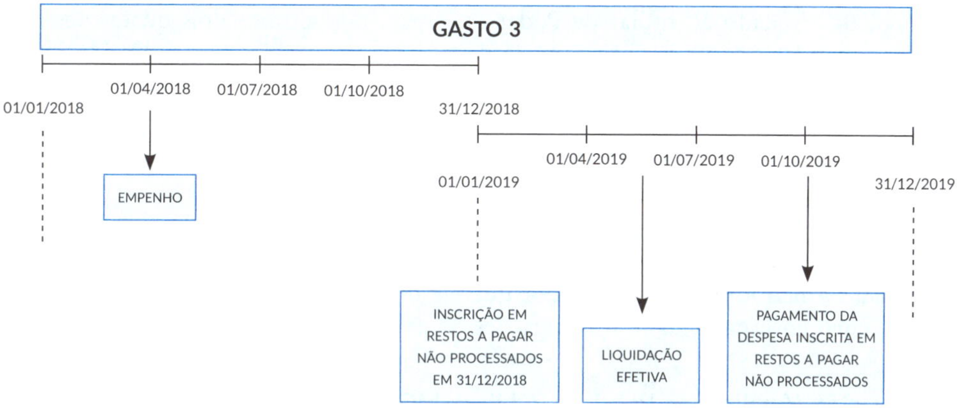

A Figura 25.3 contempla a situação dos restos a pagar não processados. O gestor público realizou a licitação para adquirir computadores, por exemplo. Após o registro da assinatura do contrato foi realizado o empenho em 1º de abril de 2018. Na sequência, chegou-se ao dia 31 de dezembro sem que os computadores tivessem sido entregues. Se não foi entregue o produto ou prestado o serviço não se pode realizar a liquidação; e sem liquidação não se pode realizar o pagamento.

Neste caso, no dia **31 de dezembro de 2018** a despesa legalmente empenhada foi registrada como restos a pagar não processados. Para que isso ocorra, faz-se necessário o uso do artifício da "**liquidação provisória**". **Em 2019,** observa-se que o fornecedor ainda tem que cumprir com sua obrigação contratual de entregar os computadores. No momento da entrega que ocorreu em 15 de maio de 2017, ocorre a "**liquidação efetiva**". Após a liquidação efetiva o gestor pode realizar o pagamento, que no exemplo ocorreu em 1º de outubro de 2019.

1ª Questão (UNIPAMPA Contador Cespe 2009): *Com relação ao disposto na Lei nº 4.320/1964 acerca da contabilidade orçamentária e financeira, julgue o seguinte item:*

O registro dos restos a pagar deverá ser feito por exercício e por credor, distinguindo-se as despesas processadas das não processadas.

Solução

Certo, em primeiro lugar, o credor já é identificado no empenho. Em segundo lugar os restos a pagar podem ir se acumulando até o prazo prescricional de 5 anos, por isso deve-se separar por exercício. Em terceiro lugar, eles devem ser segregados em processados e não processados.

Gabarito: Certo

2. CONTROLES GERAIS SOBRE RESTOS A PAGAR PREVISTOS NA LRF

De acordo com a LRF (Lei de Responsabilidade Fiscal, lei complementar 101/2000) é vedado ao titular de Poder ou órgão, nos últimos dois quadrimestres do seu mandato, contrair obrigação de despesa que não possa ser cumprida integralmente dentro dele, OU que tenha parcelas a serem pagas no exercício seguinte sem que haja suficiente disponibilidade de caixa para este efeito.[27]

Na determinação da disponibilidade de caixa serão considerados os encargos e despesas compromissadas a pagar até o final do exercício[28].

Em outras palavras, um governador de um Estado que esteja no último ano do seu mandato, só poderia inscrever em restos a pagar (despesas que foram empenhadas e não foram pagas) o valor que ele dispusesse em caixa. Assim, evita-se que o novo governante assuma obrigações do antecessor sem o respaldo financeiro.

2ª Questão (Analista de Políticas Públicas-MG Contador Dom Cintra 2012): *No final de um determinado exercício financeiro do último mandato do chefe do Executivo, foram levantadas as seguintes informações na contabilidade de uma prefeitura:*

Disponível	R$ 1.900.000
Crédito Orçamentário Disponível	R$ 300.000
Crédito Empenhado a Liquidar	R$ 750.000
Crédito Empenhado Pago	R$ 5.200.000
Crédito Empenhado Liquidado a Pagar	R$ 1.250.000
Receita Realizada	R$ 8.750.000

Sabendo-se que não há valores a restituir a terceiros e que o próximo exercício financeiro é o início de mandato do novo prefeito eleito, o montante que poderia ser inscrito em restos a pagar correspondeu a:

a) R$ 2.000.000

b) R$ 1.900.000

27 Art. 42º da LRF.

28 Parágrafo único do Art. 42 º da LRF.

c) R$ 1.250.000
d) R$ 750.000
e) R$ 300.000

Solução

No último ano do mandato a inscrição de Restos a Pagar está limitada às disponibilidades financeiras. Assim, apesar de existir potencialmente restos a pagar no valor de 2.000.000 (750.000 + 1.250.000), somente pode-se inscrever 1.900.000. Logo a opção correta é a alternativa B. Assim, devem ser cancelados 100.000 de restos a pagar não processados.

Gabarito: B

3 CONTROLES ESPECÍFICOS SOBRE OS RESTOS A PAGAR PROCESSADOS

A inscrição de despesas como restos a pagar no encerramento do exercício financeiro de emissão da Nota de Empenho depende da observância das condições estabelecidas na legislação para empenho e liquidação da despesa[29]. Prescreve em cinco anos a dívida passiva relativa aos Restos a Pagar[30] processados.

Os Restos a Pagar Processados não podem ser cancelados, tendo em vista que o fornecedor de bens/serviços cumpriu com a obrigação de fazer e a Administração não poderá deixar de cumprir com a obrigação de pagar.

A Figura 25.4 ilustra o prazo prescricional dos restos a pagar processados considerando o Gasto 2 da figura 25.2.

29 Art. 68 do decreto 93.872/1986

30 Art. 70 do decreto 93.872/1986.

Figura 25.4: Gasto que seguiu apenas os estágios do empenho e da liquidação em 2018

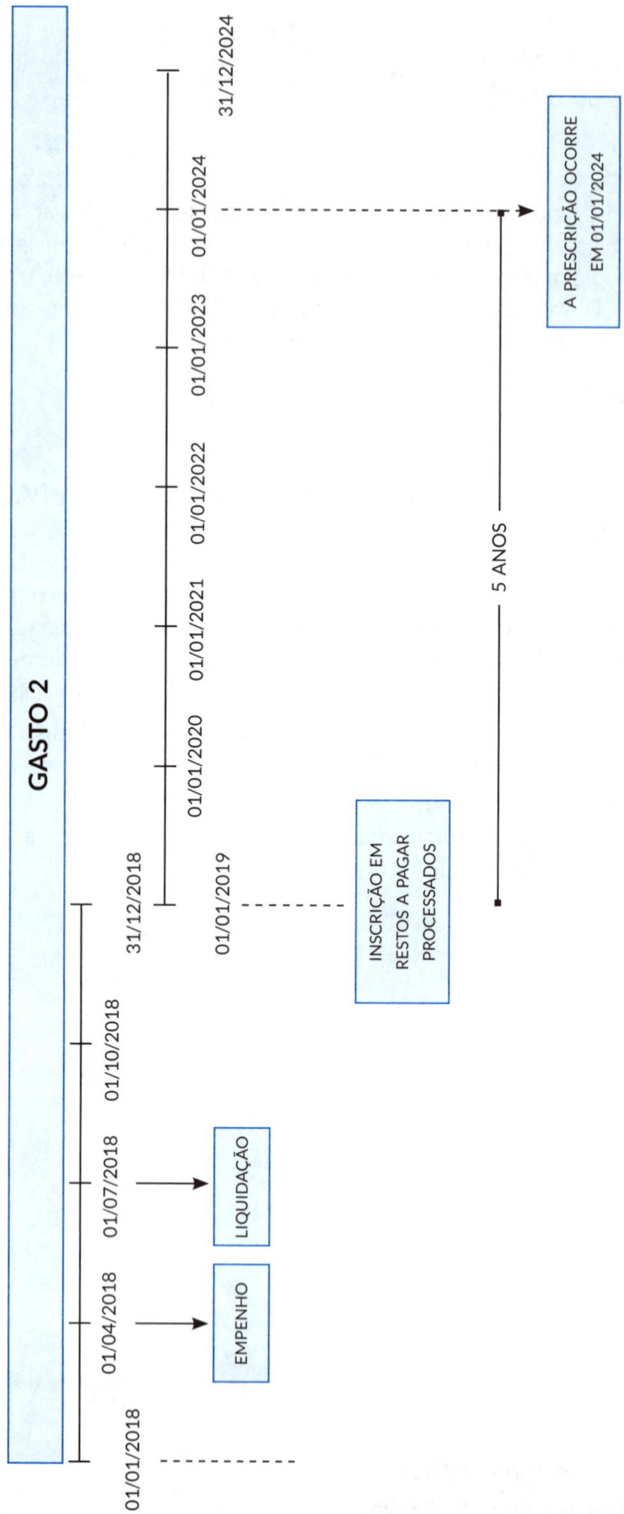

Assim, após a inscrição começar a correr o prazo prescricional que se efetivará 5 anos após a inscrição ocorrida em 31 de dezembro de 2018, ou seja, no dia 1º de janeiro de 2024. Dentro desse período os restos a pagar processados não podem ser cancelados e ao final desse período estão prescritos.

Cabe destacar que quando da inscrição dos restos a pagar processados, como se trata de uma despesa já liquidada que recebeu o ateste, não há necessidade de nenhuma confirmação do ordenador de despesas quanto à necessidade de inscrição.

4. CONTROLES ESPECÍFICOS SOBRE OS RESTOS A PAGAR NÃO PROCESSADOS

De acordo decreto 93.872/1986, os restos a pagar não processados devem atender determinadas condições para que ocorra em 31 de dezembro, a denominada "liquidação provisória". O Quadro 25.2 contém essas condições.

Quadro 25.2: Condições para inscrição de restos a pagar não processados

Condição para se inscrever restos a pagar não processados (basta atender uma delas).	Exemplo
Vigente o prazo para cumprimento da obrigação assumida pelo credor, nele estabelecida.	A licitação foi concluída em 30/11/2018, e o contrato dispunha que a entrega do material ou prestação de serviço poderia ocorrer até 30/03/2019
Vencido o prazo de que trata o item anterior, mas esteja em curso a liquidação da despesa.	A nota fiscal foi entregue, mas o gestor público ainda não conseguiu dar o ateste.
Seja de interesse da Administração exigir o cumprimento da obrigação assumida pelo credor.	Poder discricionário do ordenador de despesas.
Se destinar a atender transferências a instituições públicas ou privadas	Despesas relacionadas a transferências constitucionais, legais ou voluntárias (convênios ou contratos de repasse).
Corresponder a compromissos assumido no exterior.	Obrigações com organismos estrangeiros: ONU, BID, Banco Mundial.

A inscrição de despesas como restos a pagar no encerramento do exercício financeiro de emissão da Nota de Empenho depende da observância das condições estabelecidas no Quadro 25.2.

A inscrição como restos a pagar não processados fica condicionada à indicação pelo ordenador de despesas de uma dessas situações.

Observa-se que consta em uma das condições: ***o interesse da administração.*** Assim, os gestores conseguem justificar e, por conseguinte, realizar a inscrição dos restos a pagar não processados caso não consigam enquadrar em uma situação mais específica.

Importante

O **empenho** é considerado **insubsistente** quando não atendeu a um dos critérios do Quadro 25.2, devendo ser anulado.

A partir da inscrição, inicia um prazo prescricional de cinco anos relacionado a dívida passiva relativa aos Restos a Pagar[31] não processados.

No âmbito federal, caso os restos a pagar não processados não sejam liquidados até 30 de junho do segundo ano subsequente ao da inscrição, eles devem, em regra, ser cancelados. Essa regra não se aplica apenas nos seguintes casos constantes no Quadro 25.3

Quadro 25.3: Situações em que os Restos a Pagar não processados que não foram liquidados até 30 de junho do segundo ano subsequente ao da inscrição permanecem abertos até o fim do prazo prescricional

Os restos a pagar inscritos na condição de não processados e não liquidados posteriormente ***terão validade até 30 de junho*** do ***segundo ano subsequente ao de sua inscrição***[32], ressalvado:	**Despesas executadas** diretamente pelos órgãos e entidades da União ou mediante transferência ou descentralização aos Estados, Distrito Federal e Municípios, **com EXECUÇÃO INICIADA até 30 de junho do segundo ano subsequente ao de sua inscrição**[33].
	As despesas relacionadas ao Programa de Aceleração do Crescimento – PAC.
	As despesas relacionadas ao Ministério da Saúde.
	As despesas relacionadas ao Ministério da Educação financiadas com recursos da Manutenção e Desenvolvimento do Ensino.

Considera-se como execução iniciada nos casos de aquisição de bens, a despesa verificada pela quantidade parcial entregue, atestada e aferida; e nos casos de realização de serviços e obras, a despesa verificada pela realização parcial com a medição correspondente atestada e aferida.

A Figura 25.5 contém os restos a pagar não processados que foram liquidados até 30 de junho do segundo ano subsequente ao de sua inscrição, enquanto a Figura 25.6 contém os restos a pagar não processados que não foram liquidados efetivamente até 30 de junho do segundo ano subsequente ao de sua inscrição.

31 Art. 70 do decreto 93.872/1986.

32 § 2º do art. 68º do decreto 93.872/1986.

33 I do § 3º do art. 68º do decreto 93.872/1986.

Figura 25.5: Restos a pagar não processados que foram liquidados até 30 de junho do segundo ano subsequente ao de sua inscrição

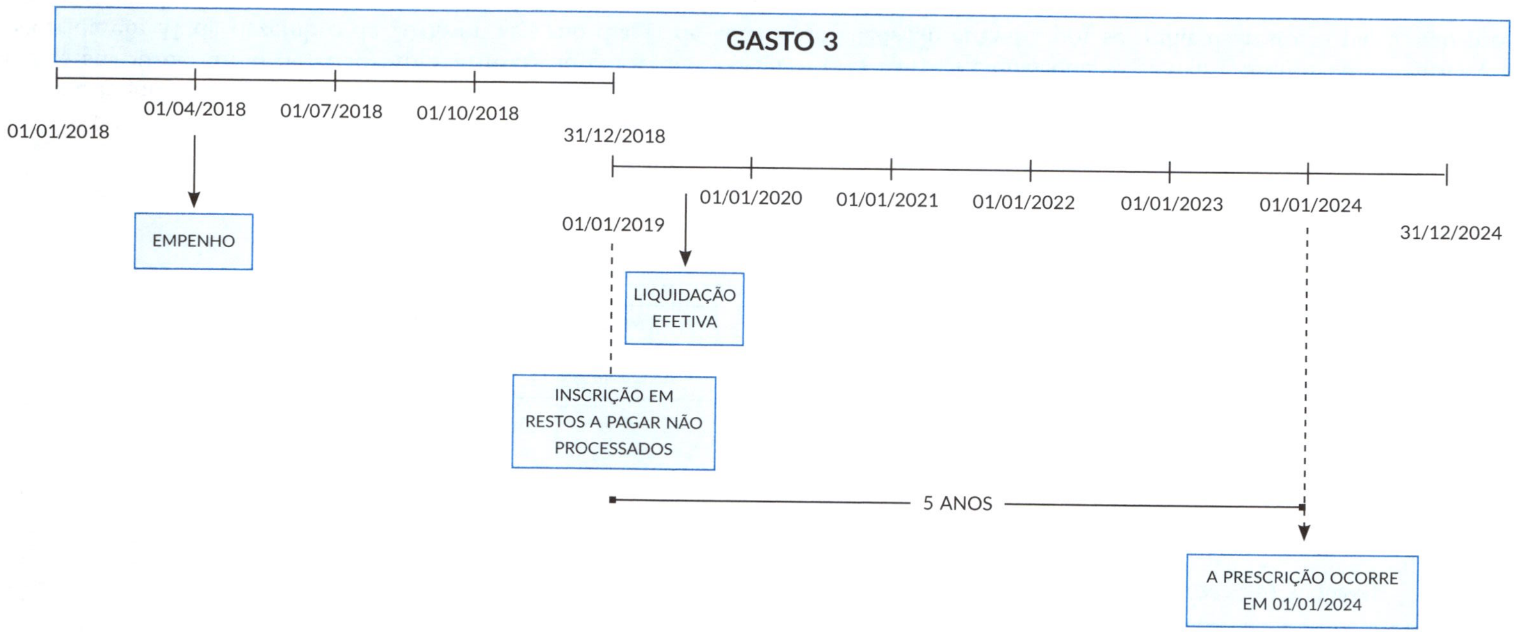

Na Figura 25.5 consta a situação dos restos a pagar não processados (vista anteriormente na Figura 25.3), mas que foram liquidados em 2019. Após a inscrição começar a correr o prazo prescricional que se efetivará 5 anos após a inscrição ocorrida em 31 de dezembro de 2018, ou seja, no dia 1º de janeiro de 2024. No entanto, por se tratar de restos a pagar não processados, ainda está pendente a liquidação efetiva, que no exemplo da Figura 25.5 ocorre em 2019 (antes de 30 de junho de 2020). A partir da liquidação efetiva ocorrida em 2019, **os restos a pagar não processados que sofreram a liquidação efetiva não podem mais ser cancelados**. Os restos a pagar não processados liquidados se "equiparam" agora aos restos a pagar processados.

Figura 25.6: Restos a pagar não processados que não foram liquidados efetivamente até 30 de junho do segundo ano subsequente ao de sua inscrição

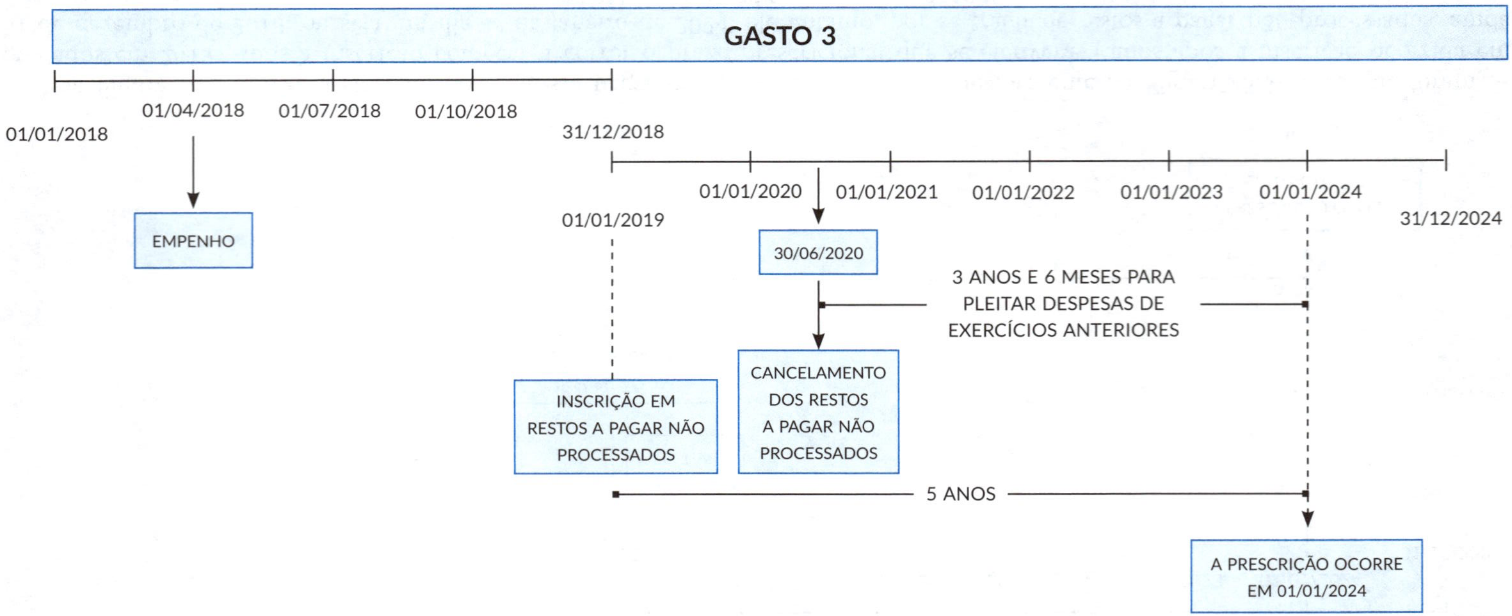

Na Figura 25.6 consta a situação dos restos a pagar não processados (vista anteriormente na Figura 25.3) que não foram liquidados até 30 de junho de 2020. Após a inscrição começar a correr o prazo prescricional que se efetivará 5 anos após a inscrição ocorrida em 31 de dezembro de 2018, ou seja, no dia 1º de janeiro de 2024. No entanto, por se tratar de restos a pagar não processados, ainda está pendente a liquidação efetiva. Seguindo o prescrito na legislação, **se não ocorrer a liquidação até 30 de junho de 2020, os restos a pagar não processados e não liquidados, em regra, devem ser cancelados**. Se restar comprovado que estes restos a pagar não processados se enquadram em uma das situações do Quadro 25.3, os mesmos não serão cancelados.

3ª Questão (MPU Analista de Orçamento Cespe 2010): *Julgue o item seguinte.*

Resíduos passivos consistem em despesas empenhadas, mas não pagas até o dia 31 de dezembro, que não tenham sido canceladas pelo processo de análise e depuração e que atendam aos requisitos previstos na Lei 4.320/1964, podendo ser inscritas como tal por constituírem encargos incorridos no exercício vigente.

4ª Questão (MPU Cespe 2013): *Julgue o item seguinte.*

Se, em determinado órgão público, for empenhada despesa, em dezembro de 2013, data em que os bens forem entregues e recebidos, mas com pagamento para janeiro de 2014, essa situação exemplificará os restos a pagar processados.

5ª Questão (Câmara dos Deputados Consultor Contador Cespe 2014): *Julgue o item seguinte.*

Considere a seguinte situação hipotética. No dia 15 de outubro de determinado ano, o setor de compras de um órgão público adquiriu novas cadeiras para seus servidores, tendo realizado o devido empenho dos recursos. Em função de problemas na produção, o vencedor da licitação informou que as cadeiras seriam entregues apenas no dia 22 de janeiro do ano seguinte. Nessa situação hipotética, a referida despesa, no orçamento subsequente, deverá classificada como restos a pagar processados.

Solução

3. Certo, esse processo de análise e depuração são os critérios utilizados para detectar restos a pagar insubsistentes.

4.Certo, como houve a liquidação e resta o pagamento, seria o caso de restos a pagar processados.

5. Errado, como houve não a liquidação, seria caso de restos a pagar não processados.

Gabarito:

3. **Certo**
4. **Certo**
5. **Errado**

5. RESTOS A PAGAR DE DESPESAS PLURIANUAIS

A Lei 4.320/1964 estabelecia que: "*os empenhos que sorvem a conta de créditos com vigência plurienal, que não tenham sido liquidados, só serão computados como Restos a Pagar no último ano de vigência do crédito*".

Dessa forma, se houvesse um crédito que fosse destinado a um projeto de 3 anos e ao final do primeiro ano tivesse ocorrido apenas o empenho, o mesmo seria cancelado. A questão seguinte trata do tema.

6ª Questão (STM Analista Judiciário Cespe 2011): *Acerca das normas gerais de direito financeiro estabelecidas pela Lei nº 4.320/1964, julgue o item que se segue.*

Se o projeto de construção de uma ponte está previsto para ser concluído em três anos e, no primeiro ano, parte dos empenhos emitidos não tiver sido integralmente paga, a parcela ainda em aberto deverá ser cancelada.

Solução

Esta questão foi anulada. Porém, o gabarito preliminar estava dado como certo. Segue a transcrição da banca: "A redação do item não permitiu concluir se a afirmação está ou não correta, motivo pelo qual se opta por sua anulação".

A meu ver foi anulado porque ao invés de se utilizar o termo liquidado, se utilizou o termo pago.

Gabarito: Anulada.

Ressalto, porém, **que essa regra formal da Lei 4.320/1964, e cobrada na questão anterior, não é aplicada atualmente na execução orçamentária** conforme pode-se observar no Decreto 93.872/1986 e no Decreto 6.170/2008.

> ***Decreto 93872/1986***
>
> *Art. 27. As despesas relativas a contratos, convênios, acordos ou ajustes de vigência plurianual,* ***serão empenhadas em cada exercício financeiro pela parte nele a ser executada****.*
>
> *Art. 31. É vedada a celebração de contrato, convênio, acordo ou ajuste, para investimento* ***cuja execução ultrapasse um exercício financeiro, sem a comprovação****, que integrará o respectivo termo,* ***de que os recursos para atender as despesas em exercícios seguintes estejam assegurados por sua inclusão no orçamento plurianual de investimentos****, ou* ***por prévia lei que o autorize e fixe o montante das dotações que anualmente constarão do orçamento****, durante o prazo de sua execução.*
>
> ***Decreto 6.170/2007***
>
> *Art. 9º No ato de celebração do convênio ou contrato de repasse, o concedente deverá empenhar o valor total a ser transferido no exercício e efetuar,* ***no caso de convênio ou contrato de repasse com vigência plurianual, o registro no SIAFI, em conta contábil específica, dos valores programados para cada exercício subsequente****.*
>
> *Parágrafo único. O registro a que se refere o caput acarretará a obrigatoriedade de ser consignado crédito nos orçamentos seguintes para garantir a execução do convênio.*

Dessa forma, **conclui-se que na legislação atual** os empenhos de convênios plurianuais seguirão a mesma regra dos demais empenhos, ou seja, serão inscritos em restos a pagar não processados. O valor empenhado e não pago será inscrito em 31 de dezembro. A única diferença é que registro acarretará a obrigatoriedade de ser consignado crédito nos orçamentos seguintes para garantir a execução da despesa plurianual.

Exemplo 1 do autor: Despesas Plurianuais

Determinada obra estadual com valor global de R$ 50.000.000 possui o seguinte cronograma físico-financeiro: (i) fase 1 em 2020 com 20% de entrega com equivalente à R$ 10.000.000; (ii) fase 2 em 2021 com 30% de entrega com equivalente à R$ 15.000.000; (iii) fase 3 em 2022 com 50% de entrega com equivalente à R$ 25.000.000.

Assim, durante 2020 (de 01 de janeiro a 31 de dezembro), o estado somente pode empenhar R$ 10.000.000. Caso a entrega não seja concluída somente se inscreve em restos a pagar esses R$ 10.000.000.

6. PRESCRIÇÃO E CANCELAMENTO DE RESTOS A PAGAR

Diferente do cancelamento que não se aplica a todos os restos a pagar, ***há o instituto da prescrição que se aplica a todos dos restos a pagar***. A prescrição começa a contar do momento da inscrição.

Sobre a prescrição a favor da fazenda o Decreto-Lei 4.597 de 1942 estabelece que:

> Art. 3º A prescrição das dívidas, direitos e ações a que se refere o Decreto nº 20.910, de 6 de janeiro de 1932, somente pode ser interrompida uma vez, e recomeça a correr, pela metade do prazo, da data do ato que a interrompeu, ou do último do processo para a interromper; consumar-se-á a prescrição no curso da lide sempre que a partir do último ato ou termo da mesma, inclusive da sentença nela proferida, embora passada em julgado, decorrer o prazo de dois anos e meio.

Ou seja, de acordo com o Decreto-Lei nº 4.597/42, o prazo de vigência do direito do credor, neste caso, ***estender-se-ia por mais dois anos e meio.***

Sobre o tema prescrição, a Súmula 383 do STF estabelece que:

> "A prescrição em favor da Fazenda Pública recomeça a correr, por dois anos e meio, a partir do ato interruptivo, ***mas não fica reduzida aquém de cinco anos***, embora o titular do direito a interrompa durante a primeira metade do prazo".

Assim, têm-se duas situações:

(i) Uma vez havendo inscrição em **Restos a Pagar Processados**, em tese, é inconteste o direito de recebimento pelo credor. Enquanto tais despesas permanecem inscritas em Restos a pagar corre a prescrição a partir da data de sua inscrição. E como tais restos a pagar não podem ser cancelados **a prescrição será de 5 anos**.

(ii) Uma vez havendo inscrição em **Restos a Pagar Não Processados**, os mesmos podem ser cancelados. Como o cancelamento ocorre na 1ª metade dos 5 anos (observa-se que ocorre 1 ano e meio após a inscrição), o prazo remanescente continua a ser de 3 anos e meio, uma vez que se fosse dois anos e meio o prazo total da prescrição reduziria para 4 anos o que contrariaria a Súmula 383. Dessa forma, **a prescrição também será de 5 anos.**

7. CANCELAMENTO E "REINSCRIÇÃO" DE RESTOS A PAGAR

Caso os restos a pagar inscritos em anos anteriores sejam cancelados, não existe a possibilidade de reinscrição. Ou seja, não existe o instituto da reinscrição. Caso tal situação ocorra e fornecedor do material ou serviço se habilitar para o pagamento, deve haver o registro de despesas de exercícios anteriores.

7ª a 11ª Questões (Elaboração do autor): *Julgue os itens seguintes.*

7. O prazo prescricional dos restos a pagar é de 5 anos a contar da inscrição que ocorre em 31 de dezembro do ano do empenho.
8. Os restos a pagar permanecem válidos até 30 de junho do segundo ano seguinte à inscrição.
9. Caso um valor de restos a pagar processados seja cancelado equivocadamente, o mesmo será reinscrito em 31 de dezembro do ano do cancelamento.
10. A inscrição dos restos a pagar não processados é automática em 31 de dezembro.
11. Após a inscrição, todos os restos a pagar não processados que não tiveram execução iniciada dentro do prazo previsto na legislação devem ser cancelados.

Solução

7. Certo, a prescrição vale para ambos os restos a pagar.
8. Errado, essa regra geral se aplica apenas para os restos a pagar não processados.
9. Errado, não de admite o instituto da reinscrição. Seria um caso de despesas de exercícios anteriores.
10. Errado, a inscrição dos restos a pagar não processados é por indicação do ordenador de despesas.
11. Errado, conforme consta no quadro 10.3, existem situações que os restos a pagar não processados permanecem válidos após 30 de junho do segundo ano subsequente ao da inscrição.

Gabarito:

7. **Certo.**
8. **Errado.**
9. **Errado.**
10. **Errado.**
11. **Errado.**

8. LISTA DE QUESTÕES OBJETIVAS

1ª Questão (Prefeitura do Recife ESAF 2003): *Observando a indagação em seguida exposta, assinale* **V**, *se verdadeira a afirmação, e* **F**, *se falsa a afirmação, optando, ao final, pela opção correspondente. Sobre as despesas assumidas por entes federativos em dado exercício financeiro, é correto afirmar que:*

I ( ) despesas empenhadas e liquidadas, mas não pagas no exercício, são inscritas em Restos a Pagar.

II ( ) é vedada a assunção de obrigação de despesas que não possa ser cumprida no mesmo exercício, após o dia 1º de maio.

III ( ) é vedada a assunção de despesa após o dia 1º de maio, que produza parcelas a serem quitadas no exercício seguinte, em qualquer caso.

IV ( ) despesas não empenhas e não inscritas, ao final do exercício, devem ser canceladas.

a) V, V, V, V

b) V, F, F, V

c) V, V, F, V

d) V, V, V, F

e) V, F, F, F

Solução

I – Verdadeiro, sem comentário adicionais.

II– Falso. Essa vedação vale para o último ano do mandato do chefe do Poder, e mesmo assim pode-se assumir obrigações desde haja disponibilidades financeiras.

III– Falso. Essa vedação vale para o último ano do mandato do chefe do Poder, e mesmo assim pode-se assumir obrigações desde haja disponibilidades financeiras.

IV– Verdadeiro, se o empenho não passou nos critérios de inscrição ele deve ser cancelado.

Gabarito: **B**

2ª Questão (ANEEL ESAF 2006): *Assinale a opção que indica a ocorrência de restos a pagar processados.*

a) Empenho, liquidação e pagamento da despesa no mês de dezembro.

b) Pagamento em dezembro de despesa empenhada e liquidada em novembro do mesmo ano.

c) Pagamento em fevereiro de despesa empenhada em dezembro do ano anterior cuja entrega dos bens foi realizada em fevereiro.

d) Empenho da despesa em fevereiro para liquidação e pagamento em março do mesmo ano.

e) Pagamento em janeiro de despesa empenhada em dezembro do ano anterior cuja entrega dos bens tenha-se dado também no mês do empenho da despesa.

Solução

a) Errado, neste caso o ciclo de execução foi completo.

b) Errado, neste caso o ciclo de execução foi completo.

c) Errado, seria restos a pagar (RP) não processado.

d) Errado, neste caso o ciclo de execução foi completo.

e) Certo, gabarito.

Gabarito: **E**

3ª Questão (CGU AFFC ESAF 2008): *Existem ocorrências especiais na execução da despesa pública, tais como os restos a pagar. No que diz respeito a esse assunto, julgue os itens que se seguem e marque a opção que corresponde à sequência correta.*

I. Compreendem somente despesas empenhadas, liquidadas ou não, e não-pagas até o final do exercício.

II. O pagamento da despesa inscrita em Restos a Pagar independe de autorização orçamentária.

III. A despesa empenhada e liquidada é passível de inscrição em Restos a Pagar – Processados, enquanto as despesas empenhadas, mas não-liquidadas, somente são passíveis de inscrição em Restos a Pagar – Não-Processados, se forem atendidas determinadas condições.

IV. O superávit financeiro do exercício deve ser reservado preferencialmente para pagamento de Restos a Pagar.

V. As dívidas de exercícios anteriores, reconhecidas na forma da legislação pelo ordenador de despesa e que não foram pagas no exercício deverão ser inscritas como Restos a Pagar.

a) V, V, F, F, F

b) F, F, V, F, F

c) V, V, V, F, F

d) V, F, F, V, V

e) F, F, V, V, V

Solução

I. Verdadeiro, sem comentários adicionais.

II. Verdadeiro, uma vez que já houve a autorização orçamentária quando do empenho.

III. Verdadeiro, sem comentários adicionais.

IV. Falso, superávit financeiro do exercício é fonte de créditos adicionais. Além disso, os restos a pagar já foram considerados no cálculo do superávit financeiro do exercício pois compõem a dívida flutuante que compõe o passivo financeiro.

V. Falso, devem ser pagas como despesas de exercícios anteriores.

Gabarito: **C**

4ª Questão (Senado Federal Analista Legislativo - Administração FGV 2008): *Sobre restos a pagar, assinale a afirmativa correta.*

a) Compreendem despesas empenhadas e não pagas até 31 de dezembro do ano seguinte, distinguindo-se as despesas processadas das não processadas.

b) O registro dos restos a pagar far-se-á por exercício, por credor e por destinação de acordo com a modalidade de aplicação.

c) Após o cancelamento da inscrição das despesas como restos a pagar, o pagamento que vier a ser reclamando poderá ser atendido à conta de dotação destinada a despesas de exercícios anteriores.

d) Os restos a pagar de despesas processadas e não processadas compreendem respectivamente as despesas não liquidadas e as despesas liquidadas.

e) O registro dos Restos a Pagar far-se-á por exercício e por devedor e será automático, no encerramento do exercício financeiro de emissão da Nota de Empenho.

Solução

a) Errado, é do ano do empenho.

b) Errado, far-se-á por exercício, por credor e por tipo de crédito.

c) Certo, seria o caso de restos a pagar com prescrição interrompida.

d) Errado, os restos a pagar de despesas processadas e não processadas compreendem respectivamente as despesas empenhadas e liquidadas e as despesas empenhadas e não liquidadas.

e) Errado, far-se-á por exercício e por credor.

Gabarito: **C**

Unidade Didática IV
Elementos Orçamentários na Federação

5ª a 6ª Questões (TCM-RJ Auditor FGV 2008): *Observe as informações a seguir referentes ao primeiro ano de mandato de um governo municipal e responda às questões 5ª e 6ª.*

RUBRICAS	FIXAÇÃO	EMPENHO	LIQUIDAÇÃO	PAGAMENTO
Aquisição de material de escritório para estoque	2.000	1.500	1.000	1.000
Pessoal Ativo e encargos	4.000	3.500	3.500	3.500
Aquisição de frota de veículos	6.000	4.500	3.500	3.500
Construção de Hospital	9.000	9.000	7.000	6.500
Serviços de manutenção preventiva	5.000	4.500	4.000	4.000
Total	26.000	23.000	19.000	18.000

5. O valor da Despesa de Capital em atendimento ao que prescreve a Lei 4.320/64 é:

a) 11.500.

b) 10.500.

c) 9.500.

d) 13.500.

e) 15.000.

Solução

As despesas empenhadas (pertencem ao exercício as despesas legalmente empenhadas) de capital somam 13.500 (4.500 da frota de veículos e 9.000 da construção de hospital).

Gabarito: **D**

6. O valor oriundo das despesas correntes a ser inscrito em Restos a Pagar Não Processados será:

a) 1.000.

b) 4.000.

c) 2.000.

d) 3.000.

e) 1.500.

Solução

Foram empenhadas em despesas correntes no valor de 9.500 (1.500 com aquisição de material de escritório, 3.500 com pessoal e 4.500 com manutenção preventiva). Foram liquidadas despesas correntes no valor de 8.500 (1.000 com aquisição de material de escritório, 3.500 com pessoal e 4.000 com manutenção preventiva). Assim, serão inscritos em Restos a Pagar não processados R$ 1.000.

Gabarito: **A**

7ª Questão (ANA Contador ESAF 2009): *Inscreve-se em 'Restos a Pagar Não--Processados' a despesa que ainda não tenha concluído a seguinte fase:*

a) Dotação inicial.

b) Empenho.

c) Liquidação.

d) Pagamento.

e) Recolhimento.

Solução

A diferença entre Restos a Pagar processados e não processados é o estágio da liquidação. Gabarito C.

Gabarito: **C**

8ª Questão (DETRAN-ES Contador Cespe 2010): *Quando a despesa pública é realizada em exercício diverso daquele a que se refere, é necessário que determinadas normas sejam observadas. Acerca desse assunto, julgue o item seguinte.*

8. No final de um exercício financeiro, os restos a pagar referentes ao exercício anterior e ainda não pagos devem ser reinscritos para o exercício subsequente.

Solução

Existem dois conceitos importantes

- Reinscrição: não existe à seria a reinscrição após o cancelamento. Neste caso deve-se reconhecer Despesas de Exercícios Anteriores.
- Revalidação: antes de expirar o prazo final dos restos a pagar não processados é dado um novo prazo.

O Cespe gosta de cobrar o instituto da reinscrição que não existe. Ou seja, se um Restos a Pagar não processados inscrito em 2018 é cancelado em 30 de junho de 2020 (e o fornecedor se habilita, não ocorre a reinscrição dos Restos a Pagar não processados, mas o reconhecimento de Despesas de Exercícios Anteriores.

Gabarito: **Errado**

9ª e 12ª Questão (EBC Contador Cespe 2011): *Julgue os próximos itens, relativos a restos a pagar:*

9. Todos os empenhos que, ao final do exercício financeiro, não forem liquidados, deverão ser cancelados para que seja evitada a sua inscrição em restos a pagar.

10. O pagamento das despesas de 2010 inscritas em restos a pagar processados dependerá do requerimento da empresa fornecedora do material ou serviço, o que dará origem ao seu processo de reconhecimento da dívida de exercícios anteriores.

11. Os restos a pagar inscritos no exercício X1, que forem cancelados no exercício X2, mas vierem a ser pagos no exercício X4, representam despesas extraorçamentárias do exercício X4.

12. Todos os empenhos que, ao final do exercício financeiro, não forem liquidados, deverão ser cancelados para que seja evitada a sua inscrição em restos a pagar.

Solução

9. Errado, se o empenho atender um dos requisitos no art. 35° do Decreto 93872/1986, o mesmo deve ser inscrito em restos a pagar.

10. Errado, no caso dos restos a pagar processados, o fornecedor já cumpriu todos os requisitos, restando apenas o pagamento por parte da administração pública.

11. Errado. Após o cancelamento dos restos a pagar em X2, os valores pagos em X4 devem ser pagos como despesas de exercícios anteriores. As despesas de exercícios anteriores são despesas orçamentárias de X4.

12. Errado, as despesas que forem apenas empenhadas desde que cumpram determinados requisitos são inscritas em restos a pagar não processados.

Gabarito:

9. **Errado.**
10. **Errado.**
11. **Errado.**
12. **Errado.**

13ª Questão (TCE-SP FCC 2012): *Em 30/11/X10, uma determinada prefeitura empenhou despesa com material de consumo no valor de R$ 10.000,00, mas até o final do exercício a despesa não havia sido liquidada. Todavia, no dia 30/01/X11, o fornecedor entregou a mercadoria conforme havia contratado com a prefeitura. Considerando que o empenho da despesa* **NÃO** *foi anulado em X10, o ordenador de despesa deveria*

a) solicitar a reversão do registro da inscrição de restos a pagar não processados ao setor de contabilidade.

b) solicitar a inscrição de restos a pagar não processados em 30/01/X11 e, em seguida, emitir a ordem de pagamento ao credor.

c) empenhar e liquidar despesa com material de consumo e, posteriormente, emitir a ordem de pagamento ao credor.

d) empenhar e liquidar despesa de exercícios anteriores no orçamento de X11 e, posteriormente, emitir a ordem de pagamento ao credor.

e) solicitar a liquidação de restos a pagar não processados e, posteriormente, emitir a ordem de pagamento ao credor.

Solução

Se não foi cancelado é porque houve a inscrição de Restos a Pagar não processados. Assim, em X11 deve ocorrer a liquidação do Restos a Pagar não processados, gabarito E.

Gabarito: **E**

14ª e 15ª Questões (DPE-RS FCC 2013): *Atenção: Considerando a Lei Federal nº 4.320/64, responda as questões 19 e 20. Determinada entidade pública, no exercício de 2012, empenhou despesas referente ao contrato de manutenção de elevadores no* *total de R$ 150. Ao final do referido exercício, a entidade cancelou empenho no valor de R$ 50, liquidou despesas no valor de R$ 90 e pagou R$ 60.*

14. O valor das despesas liquidadas ou processadas inscritas em restos a pagar é

a) 100

b) 10

c) 40

d) 90

e) 30

Solução

Total dos empenhos válidos em 2012: R$ 100.

Total liquidado: R$ 90.

Total pago: R$ 60.

Restos a pagar não processados: 100 - 90 = 10.

Restos a pagar processados: 90 - 60 = 30.

Gabarito: **E**

15. O montante das despesas não liquidadas ou não processadas inscritas em restos a pagar é

a) 40

b) 10

c) 60

d) 20

e) 90

Solução

Total dos empenhos válidos em 2012: R$ 100.

Total liquidado: R$ 90.

Total pago: R$ 60.

Restos a pagar não processados: 100 - 90 = 10.

Restos a pagar processados: 90 - 60 = 30.

Gabarito: **B**

16ª Questão (TCE-GO FCC 2014): *Determinado ente público contratou uma empresa para prestação de serviços de coleta de lixo hospitalar, no valor mensal de R$ 3.000,00 pelo prazo de 12 meses, com vigência a partir de primeiro de maio de 2013 a 30 de abril de 2014. Do total da despesa empenhada para o exercício de 2013, referente a* *prestação desses serviços, foi pago no próprio exercício, o valor de R$ 5.000,00. Nestas condições, nos termos da Lei Federal nº 4.320/1964, a despesa empenhada e não paga inscrita em restos a pagar soma, em reais,*

a) 19.000,00

b) 21.000,00

c) 24.000,00

d) 18.000,00

e) 12.000,00

Solução

Despesa Empenhada = 3.000 x 8 meses = 24 mil.

Restos a Pagar = 24 mil - 5 mil = 19 mil. Gabarito A.

Gabarito: **A**

17ª e 18ª Questão (TCE-RS Auditor FCC 2014): *Instrução: Para responder às questões de números 17 e 18, considere o Balanço Orçamentário do exercício de 2013 do Estado Floresta do Norte (valores em reais).*

Despesas Orçamentárias	Dotação Atualizada	Despesas Empenhadas	Despesas Liquidadas	Despesas Pagas	Saldo da Dotação
Despesas Correntes	**700**	**500**	**440**	**390**	**200**
Pessoal e Encargos Sociais	450	300	250	200	150
Outras Despesas Correntes	250	200	190	190	50
Despesas de Capital	**850**	**600**	**540**	**450**	**250**
Investimentos	510	350	340	300	160
Inversões Financeiras	340	250	200	150	90
Total	**1.550**	**1.100**	**980**	**840**	**450**

17. O montante das despesas inscritas no exercício em restos a pagar não processados é de, em reais,

a) 200,00

b) 120,00

c) 450,00

d) 530,00

e) 650,00

Solução

Restos a Pagar Não Processados = Despesas Empenhadas – Despesas Liquidadas = 1100 - 980 = 120.

Gabarito: **B**

18. O valor total dos restos a pagar inscritos no exercício foi de, em reais,

a) 390,00

b) 570,00

c) 710,00

d) 260,00

e) 140,00

Solução

Total de Restos a Pagar (processados e não processados) = Despesas Empenhadas – Despesas Pagas = 1100 – 840 = 260.

Gabarito: **D**

19ª Questão (SEFAZ-PI FCC 2015): *Nos termos da Lei Federal no 4.320/1964, o valor empenhado e não pago até 31/12/2014 classifica-se como*

a) devedores – passivo circulante.

b) contas a pagar – dívida flutuante.

c) credores – passivo circulante.

d) dívida ativa – passivo não circulante.

e) restos a pagar – dívida flutuante.

Solução

As despesas empenhadas e não pagas são restos a pagar os quais compõem a dívida flutuante.

Gabarito: **E**

20ª Questão (SEFAZ-PI FCC 2015): *Considere os estágios da despesa e as informações a seguir:*

A Secretaria Estadual de Educação de determinado ente público contratou uma empresa para prestação de serviços de higienização e limpeza nas dependências da escola professor Cabral da Gama, no valor mensal de R$ 40.000,00, pelo prazo de 12 meses: 01/10/2014 a 30/09/2015. Relativamente às referidas despesas, até 31/12/2014 foi empenhado o montante de R$ 120.000,00 e pago o valor de R$ 80.000,00.

20. O valor da despesa empenhada para o período de 01/01/2015 a 30/09/2015 totaliza, em reais:

a) 480.000,00

b) 360.000,00

c) 400.000,00

d) 120.000,00

e) 40.000,00

Solução

Foram empenhadas 3 parcelas de 40 mil em 2014, assim, restam 9 parcelas a serem empenhadas em 2015, 360 mil.

Gabarito: **B**

21ª Questão (STJ Cespe 2015): *Julgue o item seguinte.*

São passíveis de inscrição em restos a pagar as despesas empenhadas e liquidadas, mas não pagas. Logo, o empenho da despesa não liquidada será considerado anulado, salvo em situações específicas, como, por exemplo, se for do interesse do gestor efetuar a inscrição sem que o serviço tenha sido executado, por estarem as partes em fase de negociação para assinatura de um contrato.

Solução

Errado, se nem o contrato foi assinado, não houve nem empenho. Para haver inscrição de restos a pagar não processados tem que ter havido o empenho.

Gabarito: **Errado**

22ª Questão (STJ Cespe 2015): *Julgue o item seguinte.*

São pagas à conta de despesa de exercícios anteriores as despesas anteriormente inscritas em restos a pagar, depois cancelados e posteriormente reinscritos, por reconhecimento do direito do credor, sem que haja necessidade de novos créditos orçamentários.

Solução

Errado. Existem dois conceitos importantes

-Reinscrição: não existe à seria a reinscrição após o cancelamento. Neste caso deve-se reconhecer Despesas de Exercícios Anteriores.

-Revalidação: ante de expirar o prazo final dos restos a pagar não processados é dado um novo prazo.

Gabarito: **Errado**

23ª Questão (TRT-16ª Região FCC2016): *O departamento de contabilidade de determinado ente público emitiu nota de empenho visando a contabilização de despesa com serviços de limpeza do gabinete do secretário da fazenda, referente ao segundo semestre de 2015, no valor de R$ 120.000,00. Por insuficiência de recursos financeiros, os serviços prestados referentes aos meses de novembro e dezembro de 2015 não foram pagos no próprio exercício. Nesta situação, sob o aspecto orçamentário, nos temos da Lei Federal no 4.320/1964, deve a entidade*

a) cancelar a despesa não paga no exercício de 2015 e inscrever o valor em Restos a Pagar.

b) demonstrar a despesa empenhada no Balanço Orçamentário do exercício de 2015 e registrar no ativo circulante do Balanço Patrimonial o valor não pago.

c) cancelar a despesa não paga no exercício de 2015 e emitir novo empenho no exercício de 2016.

d) estornar a despesa não paga no exercício de 2015 e contabilizá-la no exercício em que for liquidada e paga.

e) reconhecer a despesa no exercício de 2015 e inscrever o valor não pago em Restos a Pagar.

Solução

Em primeiro lugar, a nota de empenho não pode ser cancelada neste caso. Em segundo lugar o valor não pago deve ser inscrito em restos a pagar.

Gabarito: **E**

24ª Questão (TCE-PR Cespe 2016): *Julgue o item seguinte.*

É vedado a titular de poder, em qualquer hipótese, contrair obrigações de despesas nos últimos dois quadrimestres de seu mandato, quando essas obrigações forem contratadas em parcelas vincendas no exercício seguinte.

Solução

Errado, pois ele pode assumir as obrigações caso possua a disponibilidade financeira respectiva.

Gabarito: **Errado**

25ª Questão (ANAC ESAF 2016): *Acerca do tema "Restos a Pagar", tal como prescreve o Decreto n. 93.872/86 e suas alterações, é correto afirmar que*

a) Restos a Receber são as receitas lançadas, mas não recolhidas dentro do exercício financeiro, ou seja, até 31 de dezembro.

b) a inscrição em Restos a Pagar decorre da estrita observância ao regime de caixa para as despesas.

c) em regra, os restos a pagar inscritos na condição de não processados e não liquidados posteriormente terão validade até 30 de junho do segundo ano subsequente ao de sua inscrição.

d) a inscrição em Restos a Pagar será automática no encerramento do exercício financeiro de emissão da Nota de Empenho.

e) a dívida passiva relativa aos Restos a Pagar é imprescritível.

Solução

a) Errado, não existe restos a receber.

b) Errado, segue regime de competência, pois se reconhece a despesa antes mesmo da saída do recurso financeiro.

c) Certo, eles só permanecem válidos após 30 de junho nos casos de: despesas com execução iniciada, despesas do ministério da saúde, despesas do ministério da educação da fonte 12, despesas do PAC.

d) Errado, apenas para os processados, para os não processados não.

e) Errado, a prescrição é de 5 anos a contar da inscrição.

Gabarito: **C**

26ª Questão (TCE-PE Auditor de Contas Públicas Cespe 2017): *Com relação aos métodos de classificação e outros conceitos técnicos da administração orçamentária, julgue o item que se segue.*

A parcela da dívida flutuante que não for paga até o final do exercício financeiro será obrigatoriamente inscrita em restos a pagar.

Solução

Errado, os restos a pagar integram dívida flutuante. Os restos a pagar são as despesas orçamentárias empenhadas e não pagas até o final do exercício financeiro.

Gabarito: **Errado**

27ª Questão (TCE-SP Agente de Fiscalização VUNESP 2017): *Os restos a pagar*

a) têm sua origem no fato de que as despesas públicas são registradas pelo regime de caixa, conforme dispõe a Lei no 4.320/1964.

b) podem ser inscritos nos dois últimos quadrimestres do último ano do mandato do chefe do Poder Executivo, sem qualquer restrição.

c) a serem pagos no exercício seguinte devem constar do orçamento relativo a esse exercício, constituindo, pois, despesas orçamentárias.

d) não constituem necessariamente obrigações a pagar do ente público, a menos que já estejam liquidados.

e) processados são despesas empenhadas, não liquidas e não pagas durante o exercício corrente.

Solução

a) Errado, têm sua origem no fato de que as despesas públicas são registradas pelo regime de competência, conforme dispõe a Lei no 4.320/1964.

(B) Errado, podem ser inscritos nos dois últimos quadrimestres do último ano do mandato do chefe do Poder Executivo, respeitados os limites da LRF (haver disponibilidade financeira).

(C) Errado, o pagamento de restos a pagar é despesas extraorçamentárias.

(D) Errado.

(E) Errado, os a pagar não processados é que são despesas empenhadas, não liquidas e não pagas durante o exercício corrente.

Gabarito: **D**

28ª e 29ª Questões (TST Analista FCC 2017):

Atenção: Para responder às questões de números 28 e 29, considere as informações abaixo.

As seguintes informações foram extraídas do sistema de contabilidade de uma determinada entidade pública referentes a operações ocorridas no mês de novembro de 2016:

- Empenho de despesa referente à aquisição de material de consumo no valor de R$ 30.000,00. O material adquirido foi entregue e a despesa liquidada em 21/12/2016. O valor total da despesa empenhada foi pago em 10/01/2017.
- Empenho de despesa referente à aquisição de um prédio no valor de R$ 3.000.000,00, cuja despesa pelo valor total empenhado foi liquidada e paga em 23/12/2016. O prédio pertencia a terceiros, mas já era utilizado como sede de tal entidade desde 2013.
- Pagamento de despesa referente à aquisição de um terreno onde será construído o estacionamento do edifício-sede de tal entidade pública no valor de R$ 500.000,00.
- Empenho de despesa referente à aquisição de um veículo novo no valor de R$ 70.000,00. O veículo foi entregue e a despesa liquidada em 13/01/2017. O valor total empenhado foi pago em 20/01/2017.
- Liquidação de despesa referente a serviços de terceiros – pessoa física no valor de R$ 3.500,00, cujo pagamento ocorreu em 16/01/2017.
- Empenho de despesa referente a horas extras realizadas por servidores de tal entidade pública no valor de R$ 5.000,00, cuja liquidação ocorreu em 12/12/2016 e pagamento em 23/01/2017.
- Pagamento de despesa referente aos proventos da aposentaria dos servidores de tal entidade pública no valor de R$ 50.000,00.

28. Com base nessas informações tomadas em conjunto, as despesas orçamentárias totais com pessoal e encargos sociais e investimentos que impactaram o resultado de execução orçamentária, conforme Lei no 4.320/1964, de tal entidade pública no mês de novembro de 2016 foram, respectivamente, em reais,

a) 5.000,00 e 3.070.000,00.
b) 58.500,00 e 3.570.000,00.
c) 58.500,00 e 570.000,00.
d) 55.000,00 e 3.070.000,00.
e) 5.000,00 e 70.000,00.

Solução

As despesas que impactam a execução orçamentária são as despesas empenhadas em novembro (liquidação e pagamento não afetam).

Assim, as despesas com pessoal somam:

- Empenho de despesa referente a horas extras realizadas por servidores de tal entidade pública no valor de R$ 5.000,00, cuja liquidação ocorreu em 12/12/2016 e pagamento em 23/01/2017.

E as despesas com investimento somam:

- Empenho de despesa referente à aquisição de um veículo novo no valor de R$ 70.000,00. O veículo foi entregue e a despesa liquidada em 13/01/2017. O valor total empenhado foi pago em 20/01/2017.

Gabarito: **E**

29. Com base nessas informações tomadas em conjunto, os restos a pagar processados e não processados de tal entidade pública inscritos em 31/12/2016 foram, respectivamente, em reais,

a) 70.000,00 e 38.500,00.
b) 75.000,00 e 108.500,00.
c) 108.500,00 e 75.000,00.
d) 38.500,00 e 70.000,00.
e) 108.500,00 e 38.500,00.

Solução

Os restos a pagar são as despesas empenhas e não pagas. Assim, tem-se:

- Empenho de despesa referente à aquisição de material de consumo no valor de R$ 30.000,00. O material adquirido foi entregue e a despesa liquidada em 21/12/2016. O valor total da despesa empenhada foi pago em 10/01/2017à**RP processado de 30.000 em 31.12.2016.**
- Empenho de despesa referente à aquisição de um prédio no valor de R$ 3.000.000,00, cuja despesa pelo valor total empenhado foi liquidada e paga

em 23/12/2016. O prédio pertencia a terceiros, mas já era utilizado como sede de tal entidade desde 2013. **Sem impacto de RP em 31.12.2016.**

- Pagamento de despesa referente à aquisição de um terreno onde será construído o estacionamento do edifício-sede de tal entidade pública no valor de R$ 500.000,00. **Sem impacto de RP em 31.12.2016.**
- Empenho de despesa referente à aquisição de um veículo novo no valor de R$ 70.000,00. O veículo foi entregue e a despesa liquidada em 13/01/2017. O valor total empenhado foi pago em 20/01/2017à**RP não processado de 70.000 em 31.12.2016.**
- Liquidação de despesa referente a serviços de terceiros – pessoa física no valor de R$ 3.500,00, cujo pagamento ocorreu em 16/01/2017à**RP processado de 3.500 em 31.12.2016.**
- Empenho de despesa referente a horas extras realizadas por servidores de tal entidade pública no valor de R$ 5.000,00, cuja liquidação ocorreu em 12/12/2016 e pagamento em 23/01/2017à**RP processado de 5.000 em 31.12.2016.**
- Pagamento de despesa referente aos proventos da aposentaria dos servidores de tal entidade pública no valor de R$ 50.000,00à**Sem impacto de RP em 31.12.2016.**

Total de RP processados: 30.000 + 3.500 + 5.000 = 38.500

Total de RP não processados: 70.000.

Gabarito: **D**

9. LISTA DE QUESTÕES DISCURSIVAS

1ª Questão (TCE-PR Auditor de Controle Externo: Contabilidade Cespe 2016):

Controles internos e tribunais de contas de diversos entes federativos têm destinado atenção aos restos a pagar, dada a sua utilização para gerenciar o caixa dos governos, o que, consequentemente, resultou em uma drástica evolução dos estoques de restos a pagar, desde meados de 2001. Com essa evolução, o resultado primário tem sido afetado, devido às diversas formas utilizadas para realizar seu cálculo.

Além disso, em exercícios seguintes à inscrição dos restos a pagar, os entes federativos têm utilizado o cancelamento de restos a pagar para auferir liberação de orçamento e efetuar novos gastos.

Isso tem afetado os gastos mínimos em ações de educação, saúde e segurança, uma vez que, em determinado período, com a inscrição em restos a pagar, cumpre-se o mínimo em determinadas ações e, em períodos seguintes, com seu cancelamento, os gastos mínimos não são efetivamente atingidos.

Um exemplo disso são os gastos com educação: os estados têm de cumprir um mínimo de gastos nesse segmento; assim, empenham despesas (liquidam em restos a pagar) a serem pagas em períodos futuros, com suficiência financeira; nos períodos futuros, entretanto, eles cancelam determinados restos a pagar e liberam orçamento.

Tendo as informações do texto acima como referência inicial, considere os seguintes fatos hipotéticos, ocorridos na administração pública de determinado estado da Federação:

I. Um gestor, no último ano de seu mandato, determinou, em dezembro de 2015, a inscrição, em restos a pagar, da quantia de R$ 1.500.000, tendo restado em caixa o saldo de R$ 1.250.000. Desse saldo, a quantia de R$ 250.000 está destinada ao pagamento de benefícios previdenciários.

II. Adicionalmente, esse gestor cancelou da conta restos a pagar a quantia de R$ 500.000, referente a 2014, prevista para gastos em ações e serviços públicos em saúde.

Considerando as informações apresentadas, elabore um parecer fundamentado, sempre que necessário, na Lei de Responsabilidade Fiscal e no Manual de Contabilidade Aplicada ao Setor Público (6.ª ed.) a respeito das ações realizadas pelo referido gestor. Em seu texto, aborde os seguintes aspectos:

1 - limites para a inscrição em restos a pagar; **[valor: 6,50 pontos]**

2 - depósito das disponibilidades de caixa dos benefícios previdenciários; **[valor: 6,50 pontos]**

3 - aplicação do valor cancelado da conta restos a pagar. **[valor: 6,00 pontos]**

Extensão de linhas: até 60.

Resolução da Questão

Trata o presente parecer sobre as medidas adotadas por gestor no encerramento do exercício de 2015: determinação, em dezembro de 2015, da inscrição, em restos a pagar, da quantia de R$ 1.500.000, tendo restado em caixa o saldo de R$ 1.250.000, sendo que desse saldo, a quantia de R$ 250.000 estava destinada ao pagamento de benefícios previdenciários; cancelamento da conta restos a pagar a quantia de R$ 500.000, referente a 2014, prevista para gastos em ações e serviços públicos em saúde. **É o relatório inicial.**

Observa-se que o valor máximo a ser inscrito em restos a pagar estava limitado a R$ 1.250.000 embutidos nesse valor a quantidade de R$ 250.000 de destinada ao pagamento de benefícios previdenciários, sendo o que o gestor estadual inscreveu R$ 1.500.000. Ou seja, houve descumprimento da Lei de Responsabilidade Fiscal que veda a assunção de obrigações acima da disponibilidade financeira.

Quanto ao depósito das disponibilidades de caixa dos benefícios previdenciários, observa-se que pela LRF, devem-se levar em consideração os valores já vinculados com saúde, educação e outros gastos. Assim, dos valores inscritos em restos a pagar: R$ 1.000.000 estão de livre alocação e R$ 250.000 devem ser reservados ao pagamento de benefícios previdenciários.

Quanto à aplicação do valor cancelado da conta restos a pagar vinculados aos gastos em ações e serviços públicos em saúde (ASPS), o valor cancelado não poderá ser gasto com outras despesas (a não ser com ASPS). Assim, o valor máximo a ser considerado para inscrição de restos a pagar de livre alocação deverá ser R$ 1.000.000.

Diante da fundamentação técnica anterior, recomenda-se: (i) o cancelamento de R$ 250.000 em restos a pagar; (ii) a inscrição máxima em restos a pagar de livre alocação em R$ 1.000.000; (iii) a observância em reservar R$ 250.000 para destinada ao pagamento de benefícios previdenciários; (iv) a observância em reutilizar os recursos sobressalentes do cancelamento de restos a pagar de ASPS apenas neste tipo de gasto.

É o parecer.

CAPÍTULO 26

DESPESAS DE EXERCÍCIOS ANTERIORES

1. CONCEITO

O art. 37 da Lei nº 4.320/1964 dispõe que as despesas de exercícios encerrados, para as quais *(i)* o orçamento respectivo consignava crédito próprio, com saldo suficiente para atendê-las, que não se tenham processado na época própria, *(ii)* bem como os Restos a Pagar com prescrição interrompida e *(iii)* os compromissos reconhecidos após o encerramento do exercício correspondente, poderão ser pagos à conta de dotação específica consignada no orçamento, discriminada por elementos, obedecida, sempre que possível, a ordem cronológica. ***As três situações anteriores são independentes.***

As Despesas de Exercícios Anteriores (***DEA***) **são despesas orçamentárias**, logo, vão passar pelos estágios do empenho, liquidação e pagamento.

Quando do empenho de uma DEA, a classificação quanto à natureza sofre uma alteração no elemento da despesa, pois deve-se utilizar o elemento 92 – Despesas de Exercícios Anteriores.

As despesas de exercícios anteriores não se confundem com restos a pagar, tendo em vista que se referem a obrigações: (i) que sequer foram empenhadas; ou (ii) que tiveram seus empenhos anulados ou cancelados.

O reconhecimento da obrigação de pagamento das despesas com exercícios anteriores cabe à autoridade competente para empenhar a despesa: ***o ordenador de despesas.***

2. SITUAÇÃO 1 – DESPESAS QUE NÃO SE TENHAM PROCESSADO NA ÉPOCA PRÓPRIA

Aquelas cujo empenho tenha sido considerado insubsistente e anulado no encerramento do exercício correspondente, mas que, dentro do prazo estabelecido, o credor tenha cumprido sua obrigação.

Exemplo 1 do autor: despesas não processada na época própria

Em 30 de novembro de 2018 foi realizado empenho referente à aquisição de 200 *laptops* (código de classificação quanto à natureza: 4.4.90.***52– elemento da despesa 52 – material permanente***) cujo prazo de entrega contratural era até 31 de março de 2019. Em tal situação, deveria ter ocorrido a inscrição de restos a pagar não processados em 31 de dezembro de 2018. Ocorre que por um erro não ocorre a inscrição e o empenho é cancelado. Em 15 de março de 2019 o fornecedor comparece ao almoxarifado da repartição pública para realizar a entrega, porém não há nenhum registro aberto no sistema que permita a entrega (se houvesse ocorrido a inscrição de restos a pagar, haveria como liquidar os restos a pagar não processados).

Desse modo, faz-se necessário o reconhecimento de dívida em 2019 e realizaçao subequente do empenho e da liquidação em 2019. Nesse empenho de 2019, que utililizará créditos da LOA 2019, será utlizado o código de classificação quanto à natureza: 4.4.90.***9292– elemento da despesa 92 – despesas de exercícios anteriores***.

3. SITUAÇÃO 2 – RESTOS A PAGAR COM PRESCRIÇÃO INTERROMPIDA

São os restos a pagar cancelados, mas ainda vigente o direito do credor. Esta situação está em extinção de exemplos, pois os restos a pagar processados não devem ser cancelados, mas deve ser absorvida em teoria. Isso porque os restos a pagar processados não podem ser cancelados (vide seção anterior). Os restos a pagar não processados, mas liquidados no exercício seguinte também não podem ser cancelados (vide seção anterior). Assim, apenas os restos a pagar não processados e que não foram liquidados no ano subsequente podem ser cancelados.

Exemplo 2 do autor: restos a pagar não processados cancelado por erro

Em novembro de 2018, o Ministério da Saúde realizou empenho para aquisição de equipamentos de alta complexidade (código de classificação quanto à natureza: 4.4.90.***52– elemento da despesa 52 – material permanente***) com entrega prevista para 30 de novembro de 2019. Em 31 de dezembro de 2018, ocorreu a inscrição de restos a pagar não processados. Em outubro de 2019, o fornecedor alega que devido a variação do dólar e problemas de alfandega, os equipamentos serão entregues até 31 de agosto de 2020. O gestor do Ministério da Saúde ciente das regras do Decreto 93872/1986 que permite que os restos a pagar não processados de todo o Ministério permaneçam abertos após 30 de junho de 2020 defere o pedido. Ocorre que o setor responsável esquece de colocar o deferimento no processo e em 30 de junho de 2020 e os restos a pagar não processados são cancelados. Em 31 de julhode 2020 o fornecedor comparece ao almoxarifado da repartição pública para realizar a entrega, porém não há nenhum registro aberto no sistema que permita a entrega (se os restos pagar não processados estivessem abertos, haveria como liquidá-los).

Desse modo, faz-se necessário o reconhecimento de dívida em 2020 e realizaçao subequente do empenho e da liquidação em 2020. Nesse empenho de 2020, que utililizará créditos da LOA 2020, será utlizado o código de classificação quanto à natureza: 4.4.90.***92– elemento da despesa 92 – despesas de exercícios anteriores***.

4 SITUAÇÃO 3 - COMPROMISSOS RECONHECIDOS APÓS O ENCERRAMENTO DO EXERCÍCIO

São aqueles compromissos cuja obrigação de pagamento foi criada em virtude de lei, mas somente reconhecido o direito do reclamante após o encerramento do exercício correspondente.

Exemplo 3 do autor: entrega tardia de documento referente ao auxílio natalidade

Em novembro de 2018 nasce o filho de servidora e o mesmo pela lei 8.112/1992 faz jus ao auxílio natalidade. Por qualquer motivo alheio (saúde, esquecimento), a servidora somente dá entrada na papelada em 2019. Neste caso, a obrigação deverá ser empenhada e liquidada em 2019. Nesse empenho de 2019, que utililizará créditos da LOA 2019, será utlizado o código de classificação quanto à natureza: 3.1.90.***92***- ***elemento da despesa 92 - despesas de exercícios anteriores***.

Exemplo 4 do MCASP adaptado pelo autor: detecção tardia de perda benefício em função de recadastramento

Devido ao recadastramento no sistema de pagamento o auxílio ao custeio do plano de saúde (3.3.90.***93*** - ***elemento da despesa 93 - restituições***) de determinado servidor não foi recadastrado, apesar do mesmo ter entregado toda a documentação. Ocorre que o servidor deixou de receber os meses de novembro e dezembro de 2018 e os meses de janeiro e fevereiro de 2019, e só percebeu isso em março. Os valores referentes aos meses de novembro e dezembro serão pagos como despesas de exercícios anteriores (3.3.90.***92***- ***elemento da despesa 92 - despesas de exercícios anteriores***), enquanto os valores de janeiro e fevereiro serão pagos como outras despesas correntes (3.3.90.***93*** - ***elemento da despesa 93 - restituições***).

Exemplo 5 do autor: inserção tardia do valor referente à promoção de servidor à chefe

Em novembro de 2018 o servidor é promovido a chefe de setor. O ano encerra o o servidor não detectou que o valor da chefia não havia sido incorporado ao contracheque. Neste caso, a obrigação pendente de novembro e deembro deverá ser empenhada e liquidada em 2019. Nesse empenho de 2019, que utililizará créditos da LOA 2019, será utlizado o código de classificação quanto à natureza: 3.1.90.***92***.

Exemplo 6 do autor: inscrição de restos a pagar não processados de empenho por estimativa

Suponha que foi feito um empenho por estimativa no valor de R$ 10.000,00 reais em 20 de dezembro de 2018 referente a despesas com energia elétrica(código de classificação quanto à natureza: 3.3.90.***39***- ***elemento da despesa 39 - serviços de terceiros - pessoa jurídica***) e que a fatura somente chegará em 10 de janeiro

Unidade Didática IV
Elementos Orçamentários na Federação

de 2019. Em 31 de dezembro de 2018 deve ocorrer a inscrição em Restos a Pagar Não Processados. Quando a fatura chegar em 2019 três situações podem ocorrer:

(i) o valor ser exatamente igual a R$ 10.000 à ocorre a liquidação efetiva sobre R$ 1000;

(ii) o valor ser menor que R$ 10.000, por exemplo R$ 9.000à ocorre a liquidação efetiva sobre R$ 9.000,00 e cancela-se R$ 1.000 de RP Não Processados;

(iii) o valor ser maior que R$ 10.000, por exemplo R$ 11.000àocorre a liquidação efetiva sobre R$ 10.000,00 e **reconhece-se DEA sobre R$ 1.000** (3.3.90.***92– elemento da despesa 92 – despesas de exercícios anteriores***).

1ª Questão (MPU Cespe 2013): *Julgue o item seguinte.*

Uma das características das despesas de exercícios anteriores é que essas despesas são pagas de acordo com a conta dos créditos do exercício em que tenha ocorrido o fato gerador.

Solução

Errado, elas são pagas de acordo com os créditos do exercício em que a DEA foi reconhecida. Por exemplo, o empenho foi erroneamente cancelado em 31/12/2018. Quando o fornecedor se habilitar em 2020, a despesa será paga com créditos do exercício de 2020 e não de 2018.

Gabarito: Errado

2ª Questão (ANTT Cespe 2013): *Julgue o item seguinte.*

Se a ANTT, em resposta a necessidades urgentes, tivesse assumido compromissos no fim do ano sem que houvesse tempo hábil para o pagamento das obrigações, nem mesmo para o empenho, os valores em questão deveriam constar, no orçamento do ano seguinte, como despesas de exercícios anteriores.

Solução

Certo, seria o caso de compromissos assumidos após o encerramento do exercício.

Gabarito: Errado

3ª Questão (TCDF Cespe 2014): *Julgue o item seguinte.*

O pagamento de despesas de exercícios encerrados deve, sempre que possível, ser realizado em ordem cronológica.

Solução

Certo, é o que consta no art. 37 da Lei 4.320/1964.

Gabarito: Certo

4ª a 8ª Questões (Elaboração do autor): *Julgue os itens seguintes.*

4. A DEA é uma despesa extraorçamentária e deve preferencialmente respeitar a ordem cronológica.

5. Se um empenho de fornecedor de computadores, elemento da despesa 52, for equivocadamente cancelado em 31.12.2017 e este fornecedor habilitar-se para o pagamento em 2018, caracteriza-se uma situação de DEA. Neste caso, será usada a dotação de 2017 no mesmo elemento da despesa.

6. Os restos pagar com prescrição interrompida caracterizam um dos casos de DEA e representam os restos a pagar cancelados cujo fornecedor se habilitou dentro do prazo prescricional. Ressalta-se que na prática somente podem-se cancelar os restos a pagar não processados.

7. O valor de R$ 20.000,00 valor de uma conta de água foi empenhado em 20.12.2017. Em 05.01.2017, chega a nota fiscal com valor de R$ 25.000,00. Neste caso, reconhece-se uma DEA de R$ 5.000,00.

8. Em 01.10.2017 determinado servidor tomou posse no cargo de chefia. Por uma falha de processamento, o valor complementar de chefe equivalente a R$ 2.000,00 por mês somente foi registrado a contar de 01.03.2018. Nessa situação, reconhece-se uma DEA de R$ 10.000 referente a cinco meses.

Solução

4.Errado, a DEA é uma despesa orçamentária. O restante está certo.

5.Errado, neste caso será utilizada a dotação de 2018 no elemento da despesa específico da DEA - 92.

6.Certo, pois os restos a pagar processados não podem ser cancelados.

7.Certo, neste caso o valor complementar será reconhecido e empenhado como DEA.

8.Errado, neste caso somente se reconhece DEA referente a outubro, novembro e dezembro: DEA de R$ 6.000 - elemento da despesa 92. Os demais valores pendentes não são DEA, mas despesa com pessoal - elemento da despesa 11.

Gabarito:

4. **Errado.**
5. **Errado.**
6. **Certo.**
7. **Certo.**
8. **Errado.**

5. LISTA DE QUESTÕES OBJETIVAS

1ª Questão (SEFAZ-CE ESAF 2007): *Assinale a opção que não é uma característica da despesa de exercícios encerrados também conhecida como despesa de exercícios anteriores.*

a) São pagas à conta do orçamento do exercício.
b) A autoridade competente para o seu reconhecimento é a mesma competente para a emissão da nota de empenho.
c) Restos a Pagar com prescrição interrompida podem ser pagos como despesas de exercícios anteriores.
d) Obrigação de pagamento criada em virtude de lei, mas reconhecido o direito do reclamante depois de encerrado o exercício correspondente, pode ser paga à conta de exercícios anteriores.
e) Não é necessário respeitar a categoria econômica no reconhecimento da despesa.

Solução

a) Certo, a DEA é paga no exercício em que é reconhecida a dívida.
b) Certo, seria o ordenador de despesas.
c) Certo, seria uma das três hipóteses.
d) Certo, seria uma das três hipóteses.
e) Errado, o único nível da classificação da despesa quanto à natureza que altera é o elemento da despesa.

Gabarito: **E**

2ª Questão (ANA Contador ESAF 2009): *Quando do pagamento de Restos a Pagar referente a uma despesa qualquer, empenhada pelo valor estimado, verificou-se que o valor real a ser pago era superior ao valor inscrito. Nesse caso, a diferença a maior deverá ser:*

a) empenhada à conta do orçamento vigente, para ser paga no exercício subsequente.
b) inscrita em Restos a Pagar do exercício vigente.
c) empenhada à conta de Despesas de Exercícios Anteriores.
d) inscrita em Restos a Pagar do exercício da inscrição original.
e) empenhada e paga à conta do orçamento do exercício da inscrição original.

Solução

Observa-se que essa situação é um dos casos tratados no capítulo: obrigações reconhecidas após o encerramento do exercício.

Gabarito: **C**

3ª Questão (ANA Contador ESAF 2009): *Assinale a opção verdadeira a respeito dos aspectos conceituais e contábeis da despesa de exercícios anteriores (exercícios encerrados) de que trata o art. 37 da Lei n. 4.320/64.*

a) A despesa de exercícios já encerrados é reconhecida e paga à conta dos recursos do exercício corrente, porém os efeitos contábeis são levados a efeito no exercício correspondente à despesa.

b) O reconhecimento da despesa é atribuição exclusiva do dirigente máximo da entidade que, após exarar seu despacho, encaminha o respectivo processo para a homologação do ordenador de despesas.

c) O reconhecimento da despesa de exercícios encerrados acarreta sobrecarga adicional ao orçamento do exercício corrente, o que gera automaticamente direito à abertura de crédito suplementar em montante igual ao reconhecido.

d) Os restos a pagar que tenham sido cancelados, mas ainda vigente o direito do credor, podem ser reconhecidos como despesa de exercícios anteriores e os efeitos orçamentários e contábeis se verificam no exercício em que ocorrer o reconhecimento.

e) O reconhecimento de despesa de exercícios encerrados, em razão da sua excepcionalidade, não necessita observar a classificação orçamentária em que seria enquadrada no exercício correspondente.

Solução

a) Errado, os efeitos contábeis e orçamentários são levados a efeito no exercício corrente e na o exercício de origem da despesa.

b) Errado, o reconhecimento da obrigação de pagamento das despesas com exercícios anteriores cabe à autoridade competente para empenhar a despesa que é o ordenador de despesas. O ordenador de despesas pode ou não ser o dirigente máximo.

c) Errado, não há a previsão da legislação de direito à abertura automática de crédito suplementar em montante igual ao reconhecido.

d) Certo, os efeitos orçamentários e contábeis da DEA ocorrem no exercício do reconhecimento.

e) Errado, deve observar a categoria econômica e o grupo natureza da despesa. Porém, será utilizado o elemento da despesa 92.

Gabarito: **D**

4ª Questão (MRE FCC 2009): *Despesas de exercícios anteriores são despesas;*

a) contabilizadas pelo regime de caixa, mas pagas pelo regime de competência.

b) orçamentárias.

c) extraorçamentárias.

d) inscritas em restos a pagar no exercício anterior e não canceladas.

e) para as quais ainda não subsiste o direito do credor do ente público.

Solução

São despesas orçamentárias do exercício em que o direito do credor é reconhecido, ou seja, ainda deve subsistir o direito. A DEA decorre de 3 hipóteses: restos a pagar com prescrição interrompida, compromissos assumidos após o encerramento do exercício e despesas não processadas na época correta.

Gabarito: **B**

5ª Questão (TRT 3ª Região FCC 2009): *Em 20/11/X8, a Prefeitura Z empenhou despesa com material de consumo no valor de R$ 2.000,00, com prazo de entrega de 30 dias. Como, até o final do exercício, não havia recebido a mercadoria, decidiu anular o empenho e não inscrevê-lo em Restos a Pagar. Todavia, no início do exercício seguinte, o gestor aceitou a entrega a mercadoria. Neste caso, o ordenador de despesa deveria*

a) a solicitar a reversão do registro da anulação da despesa ao setor de contabilidade.

b) solicitar a inscrição de restos a pagar de exercícios anteriores e, posterior, pagamento ao credor.

c) empenhar despesa com material de consumo e, posteriormente, solicitar o pagamento ao credor.

d) empenhar despesa de exercícios anteriores no orçamento corrente e, posteriormente, solicitar o pagamento ao credor.

e) solicitar o pagamento ao credor e, posteriormente, empenhar despesa de exercícios anteriores no orçamento de capital.

Solução

Se o gestor aceitou o material trata-se de despesas que não se processaram na época correta. Como era despesa com material de consumo que é despesa corrente e a DEA mantém a classificação até modalidade de aplicação, gabarito D.

Gabarito: **D**

6ª Questão (TRE-AM FCC 2010): *Em 01/12/X8, a Secretaria de Educação empenhou despesa em dotação orçamentária própria para a aquisição de microcomputadores. No dia 31/12/X8, os equipamentos ainda não haviam sido entregues e a administração pública municipal resolveu cancelar o empenho e não inscrevê-lo em Restos a Pagar. Todavia, no início do exercício seguinte, o fornecedor entregou a mercadoria conforme havia contratado com a prefeitura. Neste caso, o ordenador de despesa deveria*

a) solicitar a reversão do registro da anulação da despesa ao setor de contabilidade.

b) solicitar a inscrição de restos a pagar de exercícios anteriores e, posteriormente, o pagamento ao credor.

c) empenhar despesa com material permanente e, posteriormente, solicitar o pagamento ao credor.

d) empenhar despesa de exercícios anteriores no orçamento de capital e, posteriormente, solicitar o pagamento ao credor.

e) empenhar despesa de exercícios anteriores no orçamento corrente e, posteriormente, solicitar o pagamento ao credor.

Solução

Se o gestor aceitou o material trata-se de despesas que não se processaram na época correta. Como era despesa com investimento que é despesa de capital e a DEA mantém a classificação até modalidade de aplicação.

Gabarito: **D**

7ª Questão (TRE TO FCC 2011): *As Despesas de Exercícios Anteriores são*

a) Restos a pagar processados e pagos no exercício subsequente ao do empenho.

b) Despesas correspondentes a períodos anteriores e pagas no presente exercício com dotação orçamentária específica para tal fim.

c) Restos a pagar cuja prescrição não tenha sido interrompida.

d) Despesas pagas em exercícios anteriores correspondentes a serviços prestados no corrente exercício.

e) Despesas correspondentes a serviços prestados no corrente exercício, mas cujo empenho foi feito em exercícios anteriores.

Solução

a) Errado, neste caso o ciclo de execução foi completo.

b) Certo, é uma das três situações de DEA.

c) Errado, seria restos a Pagar com prescrição interrompida.

d) Errado, neste caso foi uma despesa antecipada.

e) Errado, neste caso seria restos a pagar não processados liquidados.

Gabarito: **B**

8ª Questão (TCE-SE FCC 2011): *As despesas de exercícios anteriores*

a) devem estar inscritas em restos a pagar.

b) são geradas no exercício corrente, mas desembolsadas em exercícios anteriores, ou seja, não pagas antecipadamente.

c) decorrem de empenhos anulados em períodos anteriores, mas cuja obrigação tenha sido cumprida pelo credor no prazo estabelecido.

d) são consideradas despesas extraorçamentárias, porque seu pagamento não corre à custa do orçamento vigente.

e) correspondem a restos a pagar processados no exercício anterior e que devem ser pagos no exercício corrente.

Solução

São despesas orçamentárias do exercício em que o direito do credor é reconhecido, ou seja, ainda deve subsistir o direito. A DEA decorre de 3 hipóteses: RP com prescrição interrompida, compromissos assumidos após o encerramento do exercício e despesas não processadas na época correta.

Gabarito: **C**

9ª Questão (TCE-AP FCC 2012): *Conforme artigo 37 da Lei nº 4.320/64 vigente, bem como o artigo 22 do Decreto nº 93.872/86, um compromisso reconhecido após o encerramento do exercício, a obrigação de pagamento criada em virtude de lei a exemplo de uma promoção de funcionário público com data retroativa, devem ser contabilizadas como despesas*

a) antecipadas.

b) de exercícios anteriores.

c) de capital.

d) financeiras.

e) de restos a pagar.

Solução

Compromissos assumidos após o encerramento do exercício é um dos três casos de DEA.

Gabarito: **B**

10ª Questão (TCE-AP FCC 2012): *Em relação às despesas de exercícios anteriores, analise as afirmações a seguir.*

I. As despesas de exercícios anteriores somente poderão ser pagas se inscritas em restos a pagar.

II. Poderão ser pagos como despesas de exercícios anteriores os restos a pagar com prescrição interrompida.

III. O pagamento de despesas de exercícios anteriores é caracterizado como uma despesa extraorçamentária.

IV. Os compromissos reconhecidos após o encerramento do exercício, tais como aumentos salariais dos servidores com efeito retroativo ao exercício anterior, não poderão ser pagos como despesas do exercício seguinte, devendo ser reclassificados como restos a pagar.

Está correto o que se afirma APENAS em

a) I.

b) II.

c) III.

d) I e III.

e) I e IV.

Solução

I. Errado, os Restos a Pagar devem estar cancelados para gerar uma situação de DEA.

II. Certo, é uma das três situações.

III. Errado, o pagamento de despesas de exercícios anteriores é caracterizado como uma despesa orçamentária.

IV. Errado, os compromissos reconhecidos após o encerramento do exercício, tais como aumentos salariais dos servidores com efeito retroativo ao exercício anterior, poderão ser pagos como despesas do exercício seguinte, devendo ser reclassificados como restos a pagar.

Gabarito: **B**

11ª Questão (MDIC Analista de Comércio Exterior ESAF 2012): *Assinale a opção incorreta a respeito dos procedimentos administrativos, contábeis e orçamentários relacionados aos restos a pagar de que trata o art. 36, da Lei n. 4.320/64.*

a) A Lei de Responsabilidade Fiscal – LRF estabelece regras que devem ser observadas pelos administradores públicos no momento da inscrição de despesas em restos a pagar.

b) No pagamento de despesa cuja inscrição em restos a pagar tenha sido insuficiente, deve ser empenhado o restante à conta de despesas de exercícios anteriores.

c) O cancelamento de restos a pagar processados é uma decisão discricionária do administrador público.

d) Em obediência ao princípio da competência dos exercícios, saldos de restos a pagar não podem ser utilizados para o pagamento de despesas do exercício corrente.

e) A inscrição de restos a pagar não processados deve corresponder à contabilização de passivo financeiro de forma a proporcionar a correta evidenciação da situação financeira do ente público.

Solução

a) Certo. Uma das regras impede que o Chefe do Executivo assuma obrigações nos últimos dois quadrimestres sem que haja disponibilidade financeira.

b) Certo. Corresponde a uma das 3 situações de DEA.

c) Errado, os restos a pagar processados não podem ser cancelados.

d) Certo. Os saldos de restos a pagar (decorrente do cancelamento de restos a pagar não processados) aumentam a disponibilidade financeira, o superávit financeiro. Porém, neste caso o superávit financeiro somente poderá ser utilizado no exercício seguinte (e não no exercício corrente) como fonte de créditos adicionais.

e) Certo. Os restos a pagar não processados compõem a dívida flutuante que integra o passivo financeiro

Gabarito: **C**

12ª Questão (DPE-RS FCC 2013): *De acordo com a Lei Federal nº 4.320/64, classificam-se como despesas de exercícios anteriores, dentre elas,*

a) despesas processadas em época própria mas não pagas dentro do exercício por insuficiência de caixa.

b) despesas empenhadas no exercício e liquidadas no exercício subsequente.

c) despesas não realizadas no exercício por insuficiência de crédito orçamentário.

d) compromissos reconhecidos após o encerramento do exercício correspondente.

e) restos a pagar cancelado pela não concretização da despesa.

Solução

São três casos de DEA apenas: compromissos reconhecidos após o encerramento do exercício, restos a pagar com prescrição interrompida, despesas que não foram processadas na época correta. Gabarito D. Na alternativa A seria restos a pagar. Nos demais casos, a banca inventou.

Gabarito: **D**

13ª Questão (TCDF Cespe 2014): *Julgue o item a seguir.*

13. Suponha que a inscrição de determinada despesa como restos a pagar tenha sido cancelada em decorrência do decurso do prazo prescricional de cinco anos. Nessa situação, se o credor ainda tiver direito ao recebimento dos recursos e vier a reclamá-lo formalmente, o pagamento a que faz jus deverá ser efetuado à conta de dotação destinada a despesas de exercícios anteriores.

Solução

A questão deveria ter sido anulada, porém a mesma incluiu uma premissa que mesmo após a prescrição ainda restava garantido o direito do credor. Com premissa não se discute, se aceita.

Gabarito: **Certo**

14ª Questão (TCE-CE FCC 2015): *De acordo com a Lei Federal nº 4.320/1964, poderão ser pagos à conta de dotação específica consignada no orçamento, discriminada por elementos, obedecida, sempre que possível, a ordem cronológica:*

I. os compromissos reconhecidos após o encerramento do exercício correspondente.

II. as despesas de exercícios encerrados, para as quais o orçamento respectivo consignava crédito próprio, com saldo suficiente para atendê-las, e que não se tenham processado na época própria.

III. os Restos a Pagar com prescrição interrompida.

Está correto o que consta em:

a) I e II, apenas.
b) I, II e III.
c) I e III, apenas.
d) II, apenas.
e) III, apenas.

Solução

Todos os três casos são DEA.

Gabarito: **B**

15ª Questão (TCM-RJ FCC 2015): *Os restos a pagar*

I. com prescrição interrompida podem ser pagos a conta de despesas de exercícios anteriores, mediante o empenhamento da despesa na respectiva dotação orçamentária.

II. não processados também se enquadram no conceito de despesas de exercícios anteriores, visto que são obrigações resultantes de compromissos gerados em exercício financeiro anterior àquele em que ocorrer o pagamento.

III. com prescrição interrompida podem ser pagos a conta de despesas de exercícios anteriores, mediante o reconhecimento do passivo financeiro, sem onerar o orçamento do exercício em que ocorrer o pagamento.

Está correto o que se afirma APENAS em

a) I e III.
b) II.
c) III.
d) I.
e) I e II.

Solução

I. Certo, seria um dos três casos de DEA.

II. Errado, apenas os Restos a Pagar com prescrição interrompida.

III. Errado, quando do reconhecimento da dívida incialmente se registra no passivo permanente e o impacto é no orçamento corrente quando do empenho.

Gabarito: **D**

16ª Questão (Oficial de Chancelaria FGV 2016): *Os restos a pagar são despesas que não completaram todos os estágios da execução orçamentária até o encerramento de um exercício financeiro. De acordo com as disposições da Lei de Responsabilidade Fiscal, os restos a pagar:*

a) devem ser inscritos com suficiente disponibilidade de caixa;

b) devem ser cancelados, caso não sejam processados no exercício seguinte;

c) não podem ser inscritos no último ano de mandato;

d) podem ser inscritos à conta de despesas de exercícios anteriores;

e) podem ser processados em regime de adiantamento.

Solução

a) Certo, é o que a LRF determina.

b) Errado, os não processados que atenderem critérios são inscritos (em curso a liquidação, dentro do prazo contratual, interesse da administração, transferências a entidades públicas ou privadas, compromissos assumidos no exterior). Os processados são inscritos automaticamente

c) Errado, pode desde que haja disponibilidade de caixa.

d) Errado, DEA não se confunde com Restos a Pagar. Na DEA não há mais registro do sistema de administração financeira do ente (SIAFI na União) empenho ou restos a pagar ativo: válido.

e) Errado, suprimento de fundo não se confunde com restos a pagar.

Gabarito: **A**

17ª Questão (TRT 11ª Região Analista Judiciário FCC 2016): *Considere as transações ocorridas em um Tribunal Regional do Trabalho no exercício financeiro de 2016:*

I. Em 31 de dezembro de 2016, a despesa com a prestação de serviço de instalação de equipamentos foi empenhada, mas o serviço ainda não havia sido executado.

II. Em 31 de dezembro de 2016, foi verificada e aceita, pelo Tribunal, a entrega de um lote de material adquirido de um fornecedor, cuja despesa foi empenhada e liquidada em 2016, mas não paga em 2016.

III. Em 10 de janeiro de 2016, foi reconhecida a obrigação com um credor, cuja despesa tinha sido empenhada e cancelada no exercício de 2015.

Em decorrência das transações I, II e III, foram registrados no exercício financeiro de 2016, respectivamente,

a) Restos a Pagar não Processados, Despesas de Exercícios Anteriores e Restos a Pagar Processados.

b) Despesas de Exercícios Anteriores, Restos a Pagar não Processados e Restos a Pagar Processados.

c) Despesas de Exercícios Anteriores, Restos a Pagar Processados e Restos a Pagar não Processados.

d) Restos a Pagar Processados, Restos a Pagar não Processados e Despesas de Exercícios Anteriores.

e) Restos a Pagar não Processados, Restos a Pagar Processados e Despesas de Exercícios Anteriores.

Solução:

I. Seria Restos a Pagar não Processados.

II. Seria Restos a Pagar Processados.

III. Seria um dos casos de Despesas de Exercícios Anteriores.

Gabarito: **E**

18ª Questão (MP-RN Contador COMPERVE 2017): *A despesa orçamentária pública é o conjunto de dispêndios realizados pelos entes públicos para o funcionamento e a manutenção dos serviços públicos prestados à sociedade. Sobre despesas orçamentárias, é correto afirmar:*

a) as autorizações de despesas não computadas ou insuficientemente dotadas na Lei Orçamentária são créditos adicionais, classificados em suplementares e extraordinários.

b) as despesas de exercícios anteriores, a devolução dos valores de terceiros, o pagamento das operações de crédito por antecipação de receita orçamentária e os depósitos compulsórios são exemplos de despesas orçamentárias.

c) as duas etapas das despesas orçamentárias são o planejamento e a execução, a qual possui três estágios: empenho, liquidação e pagamento.

d) as despesas orçamentárias, para fins contábeis, classificam-se, quanto ao impacto na situação patrimonial líquida, em despesa corrente e despesa de capital.

Solução

a) Errado, esse seria o conceito de créditos especiais (autorizações de despesas não computadas) e suplementares (insuficientemente dotadas na Lei Orçamentária).

b) Errado, as despesas de exercícios anteriores são exemplos de despesas orçamentárias, as demais extraorçamentárias.

c) Certo, a banca seguiu a visão formal do MCASP.

d) Errado, as despesas orçamentárias, para fins contábeis, classificam-se, quanto ao impacto na situação patrimonial líquida, em despesa efetivas e não efetivas.

Gabarito: **C**

19ª e 20ª Questões (Conselho Federal de Odontologia Contador Quadrix 2017): *Julgue os itens a seguir.*

19. Suponha-se que uma pendência judicial referente ao exercício anterior tenha sido solucionada, no exercício em curso, reconhecendo-se o direito de servidores a receberem determinado benefício. Nesse caso, o pagamento será feito, no exercício em curso, a título de despesas de exercícios anteriores.

20. Os restos a pagar com prescrição interrompida poderão ser pagos independentemente de reinserção na programação orçamentária.

Solução

19. Errado, os precatórios não se configuram como um dos casos de despesas de exercícios anteriores.

20. Errado, os restos a pagar com prescrição interrompida ao serem reconhecidos como despesas de exercícios anteriores, eles são reinseridos na programação orçamentária.

Gabarito:

19. **Errado**

20. **Errado**

21ª Questão (TCE-SP Agente de Fiscalização VUNESP 2017): *A respeito das despesas de exercícios anteriores, é correto afirmar que*

a) decorrem do fato de que se pode alterar o orçamento de um exercício após o seu encerramento.

b) podem decorrer de compromissos reconhecidos após o encerramento do exercício financeiro, criados em virtude de lei.

c) são restos a pagar de despesas empenhadas em exercícios anteriores que sejam pagas no exercício corrente.

d) não são despesas orçamentárias do exercício presente, por terem sido reconhecidas como despesas em exercícios anteriores.

e) são despesas antecipadas, ou seja, são despesas que são pagas antes do final da vigência do contrato entre o parceiro privado e o ente público.

Solução

a) Errado, isso seria créditos adicionais.

b) Certo.

c) Errado, isso seria despesas extraorçamentárias.

d) Errado, são despesas orçamentárias do exercício presente.

e) Errado, não são despesas antecipadas.

22ª Questão (TST Analista Judiciário FCC 2017): *Em janeiro de 2016, determinada entidade pública contratou serviços de terceiros – pessoa jurídica, com vigência contratual até 30/11/2016, para ampliação do estacionamento localizado no edifício-sede de tal entidade, sendo que a ampliação aumentou os benefícios econômicos do ativo. Ao término do mês de novembro de 2016, verificou-se que a ampliação não tinha sido concluída e, em conformidade com as regras contratuais, o prestador de serviços finalizou a ampliação do estacionamento em dezembro de 2016. Em 31/12/2016, o valor devido ao credor, referente aos serviços prestados em dezembro de 2016, foi classificado como Restos a Pagar não Processados em Liquidação, mas, em seguida, teve a sua inscrição cancelada pelo ordenador de despesa. Em janeiro de 2017, um novo empenho foi emitido para o pagamento referente ao serviço prestado em dezembro de 2016, cuja despesa deve ser classificada no elemento de despesa:*

a) 92 – Despesa de Exercícios Anteriores, sendo que o aumento do ativo referente à ampliação do estacionamento foi reconhecido no Balanço Patrimonial da entidade pública em dezembro de 2016.

b) 92 – Despesa de Exercícios Anteriores, sendo que o aumento do ativo referente à ampliação do estacionamento foi reconhecido no Balanço Patrimonial da entidade pública em janeiro de 2017.

c) 39 – Serviços de Terceiros – Pessoa Jurídica, sendo que o aumento do ativo referente à ampliação do estacionamento foi reconhecido no Balanço Patrimonial da entidade pública em dezembro de 2016.

d) 39 – Serviços de Terceiros – Pessoa Jurídica, sendo que o aumento do ativo referente à ampliação do estacionamento foi reconhecido no Balanço Patrimonial da entidade pública em janeiro de 2017.

e) 51 – Obras e Instalações, sendo que o aumento do ativo referente à ampliação do estacionamento foi reconhecido no Balanço Patrimonial da entidade pública em janeiro de 2017.

Solução

Como o Restos a Pagar foi cancelado, no ano seguinte deve-se reconhecer a dívida e realizar novo empenho utilizando o elemento da despesa 92. prestador de serviços finalizou a ampliação do estacionamento em dezembro de 2016, logo essa foi data de impacto no Balaço Patrimonial.

Gabarito: **A**

6. LISTA DE QUESTÕES DISCURSIVAS

1ª Questão (MPDG Analista de Planejamento e Orçamento ESAF 2016):

Uma entidade federal responsável pela prestação de serviços de saúde de média e alta complexidade realizou procedimento licitatório para a aquisição de sofisticado equipamento de diagnóstico por imagem não disponível para a venda no mercado interno. O certame licitatório foi concluído com êxito e a adjudicação do resultado não sofreu contestações. Durante os procedimentos seguintes à adjudicação ocorreram os seguintes fatos:

a) A chegada do equipamento ao porto brasileiro previsto inicialmente pela vencedora do certame para ocorrer em três meses levou o dobro do tempo;

b) Ao tentar a liberação alfandegária do equipamento observou-se um problema na documentação enviada pelo fabricante o que provocou atraso de mais dois meses;

c) Dois dias antes da resolução dos problemas da documentação pelo fabricante os trabalhadores do porto e da repartição alfandegária entraram em greve que durou um mês impedindo a empresa de realizar a entrega do equipamento;

d) Terminada a greve, o fornecedor está em condições de fazer a entrega do bem; ocorre que já é início do exercício seguinte e o Poder Executivo editou decreto determinando o imediato cancelamento de cinquenta por cento dos restos a pagar não processados inscritos no exercício anterior; isso atingiu em trinta por cento os recursos destinados ao pagamento do fornecedor do equipamento;

e) Em razão de disposição contratual, o recebimento do equipamento não implicará em aumento ou redução de custos para a administração.

Diante dessa situação, elabore parecer técnico e fundamentado a respeito de como deverá a administração proceder para receber o equipamento ou cancelar a compra, abordando necessariamente os seguintes aspectos:

- A caracterização do problema;
- Responsabilidade do fornecedor e o interesse público na recepção ou recusa do equipamento;
- As questões orçamentárias envolvidas;
- Os procedimentos a serem adotados pela administração para o recebimento e pagamento ou para o cancelamento da aquisição.

Extensão de linhas: até 60.

Resolução da Questão

Trata-se de parecer sobre a aquisição de sofisticado equipamento de diagnóstico por imagem não disponível para a venda no mercado interno por entidade federal responsável pela prestação de serviços de saúde de média e alta complexidade. Durante os procedimentos seguintes à adjudicação ocorreram os seguintes fatos: houve atraso de 3 meses na chegada ao porto brasileiro; na liberação alfandegária do equipamento observou-se um problema na documentação enviada pelo fabricante o que provocou atraso de mais dois meses com mais;

dois dias antes da resolução dos problemas da documentação pelo fabricante os trabalhadores do porto e da repartição alfandegária entraram em greve que durou um mês impedindo a empresa de realizar a entrega do equipamento. O equipamento foi entregue no ano seguinte, sendo que no ano anterior: trinta por cento dos valores foram cancelados e 70% foram inscritos em restos a pagar não processados. É o relatório inicial com a caraterização do problema.

Quanto à responsabilidade do fornecedor observa-se que: (i) o atraso no porto pode ser eventualmente de responsabilidade do fornecedor; (ii) a documentação errônea pode ser considerada de responsabilidade do fornecedor; (iii) a greve de forma nenhuma pode ser considerada de responsabilidade do fornecedor. Independente disso, foi observado o recebimento do equipamento não implicará em aumento ou redução de custos para a administração.

Quanto ao interesse público na recepção ou recusa do equipamento, observa-se que por se tratar da aquisição de sofisticado equipamento de diagnóstico por imagem não disponível para a venda no mercado interno, a entidade federal responsável pela prestação de serviços de saúde de média e alta complexidade deve aceitar o equipamento e instalá-lo o quanto antes.

No que tange as questões orçamentárias, observa-se que como houve o apenas a inscrição de setenta por cento do valor equivalente ao equipamento em restos a pagar não processados, faz-se necessário o reconhecimento de despesas de exercícios anteriores no ano seguinte quando do recebimento do equipamento. Tal medida encontra amparo na legislação, pois trata-se de despesas que não tenham se processado na época correta, ou seja, havia a dotação, mas o valor não foi inscrito em restos a pagar não processados.

Diante da fundamentação técnica exposta, recomenda-se as seguintes providências, na ordem disposta, a serem adotadas de forma sequencial pela administração: (i) deve-se receber o equipamento considerando a relevância social; (ii) após o recebimento deve-se liquidar os restos a pagar não processados equivalentes a setenta por cento do valor do equipamento; (iii) deve-se reconhecer despesa de exercício anterior equivalente a trinta por cento do valor do equipamento.

É o parecer.

CAPÍTULO 27

SUPRIMENTO DE FUNDOS

1. CONCEITO

O suprimento de fundos, conhecido como regime de adiantamento, consiste na entrega de numerário a servidor, sempre precedida de empenho na dotação própria, para o fim de realizar despesas que não possam subordinar-se ao processo normal de aplicação**34**, observados os dispositivos da Lei federal nº 4.320, de 17 de março de 1964.

Quadro 27.1: Conceito de Suprimento de Fundos

Explorando o conceito		
O suprimento de fundos conhecido como regime de adiantamento consiste na entrega de numerário a servidor ...	**...sempre precedida de empenho na dotação própria...**	***...para o fim de realizar despesas que não possam subordinar-se ao processo normal de aplicação***
Apenas servidor público pode receber.	Trata-se de despesa orçamentária para entidades do orçamento fiscal e seguridade.	Deve respeitar os princípios gerais de aquisições da lei 8666/1993. A diferença é que no suprimento de fundo existe uma etapa de final de prestação de contas.

No governo federal o regime de adiantamento será concedido preferencialmente por meio de Cartão de Pagamento do Governo Federal, em nome da Unidade Gestora. O Quadro 27.2 auxilia no entendimento do que seria o Cartão de Pagamento. Existem Estados e Municípios que utilizam outros meios, como cheques por exemplo.

34 Art. 68º Lei 4.320/1964.

Quadro 27.2: Cartão de Pagamento do Governo Federal

Conceitos previstos na Legislação Federal	A utilização do Cartão de Pagamento do Governo Federal - CPGF, pelos órgãos e entidades da administração pública federal integrantes do orçamento fiscal e da seguridade social, para pagamento das despesas realizadas com compra de material e prestação de serviços, nos estritos termos da legislação vigente[35].
	CPGF é instrumento de pagamento, emitido em nome da unidade gestora e operacionalizado por instituição financeira autorizada, utilizado exclusivamente pelo portador nele identificado, nos casos indicados em ato próprio da autoridade competente, respeitados os limites do Decreto 5355/2005.

Assim, no âmbito federal, apesar do ***regime de adiantamento ter como instrumento preferencial o cartão de pagamento***; **existe outra forma de utilização que seria o depósito em conta corrente do servidor - conta tipo B.**

Cada forma de utilização, seja cartão de pagamento, seja conta corrente, guarda peculiaridades. A Figura 27.1 contém as regras no uso do adiantamento, suprimento de fundos, no Governo Federal.

Figura 27.1: Modalidades de uso do adiantamento no Governo Federal

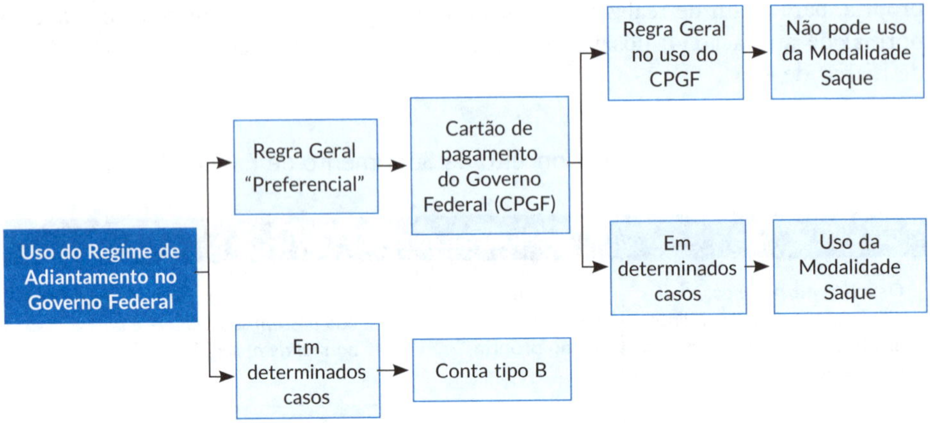

No governo federal admite-se o uso do CPGF na modalidade saque para os seguintes casos:

(i) para atender a peculiaridades dos órgãos essenciais da Presidência da República, da Vice-Presidência da República, do Ministério da Fazenda, do Ministério da Saúde, do Ministério da Agricultura, Pecuária e Abastecimento, do Departamento de Polícia Federal do Ministério da Justiça, do Ministério das Relações Exteriores, bem assim de militares e de inteligência, obedecerão ao Regime Especial de Exe-

35 Art. 1º do Decreto 5355/05.

cução estabelecido em instruções aprovadas pelos respectivos Ministros de Estado, vedada a delegação de competência.

(ii) decorrentes de situações específicas do órgão ou entidade, nos termos do autorizado em portaria pelo Ministro de Estado competente e nunca superior a trinta por cento do total da despesa anual do órgão ou entidade efetuada com suprimento de fundos.

(iii) decorrentes de situações específicas da Agência Reguladora, nos termos do autorizado em portaria pelo seu dirigente máximo e nunca superior a trinta por cento do total da despesa anual da Agência efetuada com suprimento de fundos.

2. SUPRIMENTO DE FUNDOS: FASES

A despesa com adiantamento (suprimento de fundo) se subdivide, para todos os entes, nas seguintes etapas: concessão, aplicação e prestação de contas. A Figura 27.2 ilustra o ciclo do adiantamento considerando os prazos do governo federal.

Figura 27.2: Ciclo do adiantamento do Governo Federal

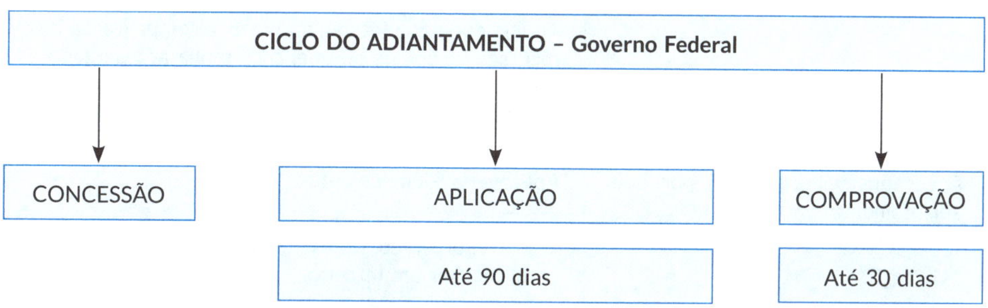

Observa-se que no governo federal após a concessão o Ordenador de Despesa pode estipular um prazo de até 90 dias para aplicar os recursos. Apesar desse prazo, o período de aplicação não pode ultrapassar 31 de dezembro.

Além disso, a importância aplicada até 31 de dezembro (ou seja, o último dia de aplicação coincide com 31 de dezembro) será comprovada até 15 de janeiro do exercício seguinte da concessão.

2.1. Concessão

A concessão é o ato do ordenador de despesas que registra a responsabilidade do agente suprido. A concessão é a critério do ordenador de despesa e ***sob sua inteira responsabilidade***[36].

36 Art. 45 do Decreto 93.872/1986.

O empenho da despesa deve ocorrer em fase anterior à concessão do suprimento de fundo. Assim, para fins contábeis quando o servidor recebe o numerário por meio da conta corrente a despesa já passou pelos estágios do empenho, liquidação e pagamento.

No caso do CPGF o limite do cartão somente é liberado após a liquidação.

Qualquer servidor público de carreira, comissionado ou temporário pode receber suprimento de fundo. Terceirizados ou fornecedores nunca.

Existem situações em que o servidor não pode receber o suprimento de fundos. O Quadro 27.3 mostra tais situações em que servidores que não podem receber o adiantamento.

Quadro 27.3: Situações em que servidores Públicos não podem receber o adiantamento

Situação impeditiva	Peculiaridades
Servidor declarado em alcance[37].	**Aplicável a todos os entes.**
	Aquele que não efetuou, no prazo, a comprovação dos recursos recebidos ou que, caso tenha apresentado a prestação de contas dos recursos, a mesma tenha sido impugnada total ou parcialmente.
A responsável (servidor) por dois adiantamentos[38].	**Aplicável a todos os entes.**
	Se já tiver prestado contas e a mesma tiver sido aprovada pode receber um terceiro.
A servidor que tenha a seu cargo a guarda ou utilização do material a adquirir, salvo quando não houver na repartição outro servidor.	**Específico da União.**
	Por exemplo, em regra não se poderia conceder o suprimento de fundo ao responsável pelo almoxarifado caso o material adquirido ficasse posteriormente sob sua guarda.
A responsável (servidor) por suprimento de fundos que, esgotado o prazo, não tenha prestado contas de sua aplicação.	**Específico da União.**
	Seria uma das situações que ensejariam o servidor ser declarado em alcance. A diferença é que pode ser que haja um lapso temporal entre a omissão de prestar contas e a declaração em alcance.

37 Art. 69 da Lei 4.320/1964.

38 Art. 69 da Lei 4.320/1964.

Na fase de concessão, o ordenador de despesas deve, no caso federal, verificar se os recursos destinados ao suprimento de fundo se enquadram em um dos requisitos do Quadro 27.4.

Quadro 27.4: Situações que justificam o uso do suprimento de fundo no governo federal

	Situação
1	Para atender **a despesas eventuais**, inclusive em viagem e com serviços especiais, que exijam pronto pagamento.
2	Quando a **despesa deva ser feita em caráter sigiloso**, conforme se classificar em regulamento.
3	Para atender a **despesas de pequeno vulto**[39], assim entendidas aquelas cujo valor, em cada caso, não ultrapassar limite estabelecido em ato normativo próprio.

Importante

No governo federal, ***existe um limite global para o ato de suprimento e um limite individual que são aplicáveis apenas para as despesas de pequeno vulto.***

Mesmo nas despesas de pequeno vulto é possível exceder este limite com a autorização do titular do ministério[40].

Por fim, o decreto 93872/1986 não estabelece um limite para suprimento de fundos para despesas relacionadas a viagens ou sigilosas.

Exemplo 1 do autor: despesas eventuais, inclusive em viagem – operaçào da polícia federal

Em novembro de 2018 foi deflagrada uma operação da polícia federal na fronteira para combater o tráfico de drogras e armas. Para essa operação foram mobilizados 100 policiais federais durante 10 dias que receberam diárias. Para a operação foram utilizadas 25 viaturas. Com o intuito de prevenir eventuais problemas operacionais, foi concedido suprimento de fundo de R$ 30.000 no elemento da despesa 39 para atender eventuais problemas nas viaturas ou eventos relacionados à missão.

Exemplo 2 do autor: despesas não processada na época própria – viagem do Itamaraty

Em outubro de 2018 foi realizada viagem pelos embaixadores e oficiais de chancerlaria com o objetivo de apresentar as novas medidas econômicas e regras

39 Conforme Portaria MF 95/2002.

40 § 3º Excepcionalmente, a critério da autoridade de nível ministerial, desde que caracterizada a necessidade em despacho fundamentado, poderão ser concedidos suprimentos de fundos em valores superiores aos fixados neste artigo.

de comércio ao governo espanhol e empresários espenhois. A reunião ocorreu em Madri. Para essa missão será necessário alugueis de salas e compras de souvenirs para os espanhois. Para locar salas e adquirir os produtos, foi concedido suprimento de fundo de R$ 1000.000 no elemento da despesa 39 ao oficial de chancelaria.

Exemplo 3 do autor: o agente suprido é o responsável pela guarda do material

Determinado posto de emissão de passaporte é composto por 1 servidor da polícia federal e 4 terceirizados. Ocorre que para fazer jus a manutenção da rotina administrativa (material de escritório, etc) foi necessário conceder suprimento de fundos de pequeno vulto no valor de R$ 5.000 (o teto seria R$ 8.000). Nesse caso, mesmo sendo o agente suprido sendo o responsável seria possível.

Exemplo 4 do autor: monitoramento de suspeito

Em setembro de 2018 foi realizado monitoramento de suspeito pela polícia federal. Para melhor realizaçào da missão foi necessário alugar imóvel próximo ao local e iniciar processo de confinamento (os policiais não poderiam sair do local para não estragar o disfarce). Os policiais são lotados na mesma sede da operação. Como trata-se de operação sigilosa, foi concedido suprimento de fundos de R$ 10.000 para o aluguel do imóvel e de $ 5.000 para compra de mantimentos. Como nesse caso, os policiais não recebem diárias, pode-se adquirir alimentos com o suprimento de fundos.

Na sequência o Quadro 27.5 contém os valores limites globais para cada adiantamento.

Quadro 27.5: **Limites globais** por ato de concessão de suprimento aplicável **nas despesas de pequeno vulto41.**

Modalidade Cartão de Pagamento	
Obras e serviços de engenharia	10% (dez por cento) do valor estabelecido na alínea a (convite) do inciso I do artigo 23, da Lei 8.666/93, alterada pela Lei 9.648/98 à R$ 15.000,00
Outros serviços e compras em geral	10% (dez por cento) do valor estabelecido na alínea a (convite) do inciso II do artigo 23, da Lei 8.666/93, alterada pela Lei 9.648/98 à R$ 8.000,00
Modalidade Conta Tipo B	
Obras e serviços de engenharia	5% (dez por cento) do valor estabelecido na alínea a (convite) do inciso I do artigo 23, da Lei 8.666/93, alterada pela Lei 9.648/98 à R$ 7.500,00
Outros serviços e compras em geral	5% (dez por cento) do valor estabelecido na alínea a (convite) do inciso II do artigo 23, da Lei 8.666/93, alterada pela Lei 9.648/98 à R$ 4.000,00

41 Portaria nº 95/MF de 19 de abril de 2002.

Assim, o valor máximo a ser concedido em um suprimento caso se utilize a conta tipo B que seja destinado a outros serviços e compras em geral é de R$ 4.000,00.

2.2. Aplicação

O prazo para aplicação varia conforme o ente. O Quadro 27.6 contém os prazos de aplicação para a União

Quadro 27.6: Prazos para aplicação do adiantamento na União

PRAZO	OBSERVAÇÃO
Até 90 dias.	Estabelecido pelo Ordenador de Despesas.
	Não pode ultrapassar 31 de dezembro do ano da concessão.

No caso federal, os valores de um suprimento de fundos entregues ao suprido poderão relacionar-se a mais de uma natureza de despesa, desde que precedidos dos empenhos nas dotações respectivas, respeitados os valores de cada natureza.

Assim, no mesmo ato de concessão de suprimento pode conter dois empenhos: o primeiro para material de consumo (elemento da despesa 30) e o outro para serviço (elemento da despesa 39).

2.3. Comprovação

Na prestação de contas o agente suprido deverá apresentar os documentos comprobatórios dentro do prazo previsto.

O servidor que receber adiantamento é obrigado a prestar contas de sua aplicação e se não a fizer no prazo assinalado, proceder-se-á, de imediato, à tomada de contas especial, sem prejuízo das providências administrativas para a apuração das responsabilidades e imposição das penalidades cabíveis[42]. O Quadro 27.7 contém os prazos de comprovação para a União.

Quadro 27.7: Prazos para efetuar a comprovação dos gastos realizados por adiantamento

ENTE	PRAZO	OBSERVAÇÃO
União	Até 30 dias	A importância aplicada até 31 de dezembro será comprovada até 15 de janeiro seguinte[43].

42 Art. 7º do Decreto 53.980/2009.

No caso federal, existe uma peculiaridade a mais, pois competem aos detentores de suprimentos de fundos fornecerem indicação precisa dos saldos em seu poder em 31 de dezembro, para efeito de contabilização e reinscrição da respectiva responsabilidade pela sua aplicação em data posterior, observados os prazos assinalados pelo ordenador da despesa.

Prosseguindo na fase da comprovação, quando do recebimento da prestação de contas relacionamento ao regime de adiantamento duas situações podem ocorrer: a aprovação e a impugnação. O Quadro 27.8 mostra os desdobramentos para cada caso.

Quadro 27.8: Desdobramentos quando da prestação de contas pelo agente suprido ao ordenador de despesas

Situação	Consequências
Aprovadas (não impugnadas)	As contas do agente suprido serão escrituradas e incluídas na tomada de contas do Ordenador de Despesas na forma prescrita.
Impugnadas	Deverá o ordenador determinar imediatas providências administrativas para a apuração das responsabilidades e imposição das penalidades cabíveis, sem prejuízo do julgamento da regularidade das contas pelo Tribunal de Contas.

Pode ser que o agente suprido possua recursos financeiros de sua posse quando da prestação de contas. Neste caso, ele deve recolher o dinheiro à conta única. O Quadro 27.9 mostra os impactos contábeis.

Quadro 27.9: Impactos contábeis quando da devolução de recurso

Situação	Contabilização
Devolução de recurso mesmo exercício da concessão	Anulação da Despesa
Devolução de recurso no exercício seguinte ao da concessão	Receita Orçamentária

A mesma regra anterior se aplica quando é devolvido recurso pelo agente suprido tendo em vista que aplicou incorretamente um valor e quando da glosa na prestação de contas tal evento foi detectado.

1ª Questão (TRF 5ª Região FCC 2004): *As despesas realizadas por meio de suprimentos são incluídas na tomada de contas do ordenador da despesa*

a) desde que por ele não impugnadas.

43 Art. 83° Decreto-lei 200/1967.

b) quando por ele impugnadas.

c) desde que ele assim decida.

d) desde que o responsável pelo suprimento assim deseje.

e) sempre.

Solução

Se as contas dos agentes supridos não forem impugnadas pelo Ordenador de Despesas, ou seja, se elas forem aprovadas, elas passam a compor a prestação de contas do Ordenador de Despesas. Gabarito A.

Gabarito: ***A***

2ª Questão (EBC Analista Cespe 2011): *Acerca do suprimento de fundos na administração pública federal, julgue o item a seguir.*

O valor do suprimento de fundos concedido a servidor declarado em alcance é limitado em R$ 4.000,00.

Solução

Errado, primeiro que o servidor declarado em alcance não pode receber suprimento de fundo, segundo porque o limite pode alcançar no caso do uso de cartão de pagamento R$ 15.000 no caso Obras e serviços de engenharia e R$ 8.000 no caso de outros serviços e compras em geral.

Gabarito: ***Errado***

3ª Questão (MPU Cespe 2013): *Acerca do suprimento de fundos na administração pública federal, julgue o item a seguir.*

Segundo o Decreto nº 93.872/1986, constituirá receita orçamentária a restituição de suprimento de fundos, ocorrida por falta de aplicação, parcial ou total, ou aplicação indevida, se recolhida após o encerramento do exercício.

Solução

Certo, se aplicação for no exercício subsequente à concessão do suprimento de fundo, deve ser contabilizada como receita orçamentário do ano seguinte.

Gabarito: ***Certo***

4ª Questão (Ministério da Integração Cespe 2013): *Acerca do suprimento de fundos na administração pública federal, julgue o item a seguir.*

O suprimento de fundos pode ser concedido para despesas de pequeno vulto para atender despesas eventuais e com serviços especiais, exceto em casos de viagens.

Solução

Errado, viagens está incluso nas possibilidades.

Gabarito: Errado

3. LISTA DE QUESTÕES OBJETIVAS

1ª Questão (CGU AFFC ESAF 2008): *A Administração Pública necessita, em determinadas situações, utilizar-se de sistemática especial, conhecida como Suprimento de Fundos, para realizar despesas que, por sua natureza ou urgência, não possam aguardar o processamento normal da execução orçamentária. No que diz respeito a esse assunto, julgue os itens que se seguem e marque, com V para os verdadeiros e F para os falsos, a opção que corresponde à sequência correta.*

I. O servidor que receber suprimento de fundos fica obrigado a prestar contas de sua aplicação procedendo-se, automaticamente, a tomada de contas se não o fizer no prazo assinalado.

II. Poderá ser concedido suprimento de fundos nos casos em que a despesa deva ser feita em caráter sigiloso, conforme se classificar em regulamento.

III. Não é permitida a concessão de suprimento de fundos para servidor que tenha a seu cargo a guarda ou utilização do material a adquirir, salvo quando não houver na repartição outro servidor.

IV. A autorização para concessão de suprimento de fundos cabe ao Ministro de Estado ou autoridade equivalente.

V. Na execução da despesa por meio de suprimento de fundos, o empenho é emitido após a prestação de contas do suprido, pois nesse momento tem-se a identificação da despesa realizada.

a) F, F, V, F, V

b) V, V, V, F, V

c) F, V, F, V, F

d) V, V, V, F, F

e) V, F, F, V, V

Solução

I. Verdadeiro, ele será declarado em alcance e será aberto procedimento de TCE (tomada de contas de especial).

II. Verdadeiro, é uma das três justificativas para conceder suprimento de fundos.

III. Verdadeiro, neste caso o servidor pode receber.

IV. Falso, a concessão é de inteira responsabilidade do ordenador de despesas.

V. Falso, o empenho é emitido na fase de concessão.

Gabarito: **D**

2ª Questão (Senado Federal Analista Legislativo – Contabilidade FGV 2008): *Consoante o disposto no Decreto 93.872/86, analise as afirmativas as seguir:*

I. A cooperação financeira da União à entidade pública far-se-á mediante subvenção, auxílio ou contribuição.

II. A concessão e aplicação de suprimento de fundos, ou adiantamentos, para atender a peculiaridades dos órgãos essenciais da Presidência da República, da Vice- Presidência da República, do Ministério da Fazenda, do Ministério da Saúde, do Ministério da Agricultura, Pecuária e Abastecimento, do Departamento de Polícia Federal do Ministério da Justiça, do Ministério das Relações Exteriores, bem assim de militares e de inteligência, obedecerão ao Regime Especial de Execução estabelecido em instruções aprovadas pelos respectivos Ministros de Estado, vedada a delegação de competência.

III. A concessão e a aplicação de suprimento de fundos restringem-se, com relação ao Ministério da Saúde, a atender às especificidades decorrentes da assistência à saúde indígena.

IV. A concessão e a aplicação de suprimento de fundos restringem-se, com relação ao Ministério das Relações Exteriores, a atender às especificidades das repartições do Ministério das Relações Exteriores no Brasil.

Assinale

a) se apenas as afirmativas I, II e IV estiverem corretas.

b) se apenas as afirmativas II, III e IV estiverem corretas.

c) se apenas as afirmativas I e III estiverem corretas.

d) se apenas as afirmativas II e IV estiverem corretas.

e) se apenas as afirmativas I, II, III e IV estiverem corretas.

Solução

I. Verdadeiro, esses são três os tipos de transferências voluntárias pelo Decreto 93.872/1986:

Art. 58. A cooperação financeira da União a entidade pública ou privada far-se-á mediante subvenção, auxílio ou contribuição.

II. Verdadeiro, pelo Decreto 93.872/1986:

Art. 47. A concessão e aplicação de suprimento de fundos, ou adiantamentos, para atender a peculiaridades dos órgãos essenciais da Presidência da República, da Vice-Presidência da República, do Ministério da Fazenda, do Ministério da Saúde, do Ministério da Agricultura, Pecuária e Abastecimento, do Departamento de Polícia Federal do Ministério da Justiça, do Ministério das Relações Exteriores, bem assim de militares e de inteligência, obedecerão ao Regime Especial de Execução estabelecido em instruções aprovadas pelos respectivos Ministros de Estado, vedada a delegação de competência.

III. Verdadeiro, pelo Decreto 93.872/1986:

Art. 47.

Parágrafo único. A concessão e aplicação de suprimento de fundos de que trata o caput (saque) restringe-se:

I - com relação ao Ministério da Saúde: a atender às especificidades decorrentes da assistência à saúde indígena;

II - com relação ao Ministério da Agricultura, Pecuária e Abastecimento: a atender às especificidades dos adidos agrícolas em missões diplomáticas no exterior; e

III - com relação ao Ministério das Relações Exteriores: a atender às especificidades das repartições do Ministério das Relações Exteriores no exterior.

IV. Verdadeiro, vide fundamentação o item III.

Gabarito: **E**

3ª Questão (Senado Federal Analista Legislativo – Contabilidade FGV 2008): *Analise as afirmativas a respeito da concessão de suprimento de fundos:*

I. Aplica-se para despesa que deva ser feita em caráter sigiloso conforme se classificar em regulamento.

II. Atende despesas eventuais, inclusive em viagens e com serviços especiais, que exijam pronto pagamento.

III. Aplica-se para despesas de pequeno vulto, assim entendidas aquelas cujo valor, em cada caso, não ultrapassar limite de R$ 10.000,00.

IV. Será concedido a servidor responsável por dois suprimentos, desde que não esteja em alcance.

V. As despesas com suprimento de fundos serão efetivadas por meio de cartão de pagamento do Governo Federal.

Assinale:

a) se as afirmativas I, II e IV estiverem corretas.
b) se as afirmativas II, III e V estiverem corretas.
c) se as afirmativas III, IV e V estiverem corretas.
d) se as afirmativas I, II e V estiverem corretas.
e) se as afirmativas II, IV e V estiverem corretas.

Solução

I. Certo.

II.Certo.

III. Errado, em caso de obras e serviços de engenharia e que se use CPGF pode-se chegar a 15 mil.

IV. Errado, é uma das situações que impede a concessão.

V. Certo, esta é a regra geral.

Gabarito: **D**

4ª Questão (TRE-MA Analista Judiciário Cespe 2009): *Julgue o item a seguir.*

É vedada a utilização de CPGF para pagar despesas realizadas fora do país.

Solução

Errado, esta é uma das situações que justifica.

Gabarito: **Errado**

5ª Questão (TCE-AC Analista de Controle Externo Cespe 2009): *O suprimento de fundos, também conhecido como regime de adiantamentos, é aplicável aos casos de despesas expressamente definidos em lei. No que concerne ao suprimento de fundos, assinale a opção correta.*

a) Para a sua concessão e execução, é dispensável o empenho.

b) Após aprovada as contas do agente suprido, deve ser contabilizado e incluído nas contas do ordenador como despesa realizada.

c) Não pode ser concedido para despesas de caráter secreto ou sigiloso.

d) A importância aplicada até 31 de dezembro deve ser comprovada até 31 de março do exercício financeiro subsequente.

e) O segundo suprimento de fundos não pode ser concedido a servidor já responsável por um suprimento de fundos.

Solução

a) Errado, o suprimento de fundos passa pelos três estágios de execução: empenho, liquidação e pagamento.

b) Certo.

c) Errado, esta é uma das situações que justifica.

d) Errado, neste caso o prazo de comprovação é até 15 de janeiro do exercício financeiro subsequente.

e) Errado, o mesmo servidor pode deter até dois suprimentos ao mesmo tempo.

Gabarito: **B**

6 a 8ª Questões (TCE-RN Cespe 2009): *Com referência ao suprimento de fundos, julgue os itens que se seguem.*

6. É vedada a concessão de três suprimentos de fundos ao mesmo servidor durante o exercício financeiro, independentemente das prestações de contas já realizadas pelo referido servidor.

7. Em uma mesma concessão de suprimento de fundos, pode ser autorizada a realização de despesa de serviços de pessoas físicas e a compra de material de consumo.

8. O servidor que receber suprimento de fundos deverá prestar contas da aplicação dos recursos até o encerramento do exercício financeiro. O saldo não aplicado será recolhido como uma nova receita.

Solução

6.Errado, se o agente suprido já apresentou uma prestação de contas e a mesma tiver sido aprovada, ele poderia receber o terceiro suprimento de fundos.

7. Certo, o suprimento de fundos pode relacionar-se a mais de uma natureza de despesa, desde que precedidos dos empenhos nas dotações respectivas.

8. Errado, se o prazo de aplicação for até 31 de dezembro, o agente suprido tem até 15 de janeiro do exercício subsequente para prestar contas.

O valores não aplicados quando devolvidos no mesmo exercício são considerados anulação de despesas.

O valores não aplicados quando devolvidos no exercício seguinte são considerados receita orçamentária do exercício da devolução.

Gabarito:

6. **Errado**

7. **Certo**

8. **Errado**

9ª e 10ª Questões (DETRAN-ES Contador Cespe 2010): *Julgue os itens a seguir, a respeito da concessão e do controle dos suprimentos de fundos*

9. Não podem ser classificadas como suprimentos de fundos as despesas realizadas por meio do cartão de pagamento do governo federal.

10. O ordenador de despesa transfere para o servidor beneficiado por suprimento de fundos a responsabilidade sobre a correta utilização dos recursos concedidos.

Solução

9. Errado, o cartão de pagamento é a modalidade de uso preferencial do suprimento de fundos.

10. Errado, a responsabilidade pela concessão do suprimento de fundos é do ordenador de despesas. Isto, porém, não exime de abertura de tomada de contas especial quando o agente suprido executar aplicações em desacordo com o pactuado.

Gabarito:

9. **Errado**

10. **Errado**

11ª a 14ª Questões (MPS Cespe 2010): *Julgue os itens subsequentes, relativos ao suprimento de fundos.*

11. Como regra geral, o suprimento de fundos deve ser concedido mediante a utilização de conta bancária do tipo B.

12. O suprimento de fundos não poderá ser concedido a terceirizado.

13. As despesas passíveis de suprimentos de fundos, necessariamente, deverão ser urgentes e eventuais.

14. De acordo com a portaria pertinente do Ministério da Fazenda, no âmbito do MPS, pode-se, excepcionalmente e a critério do titular desse ministério, conceder suprimento de fundos em valor superior a R$ 15.000,00.

Solução

11. Errado, a regra geral é o cartão de pagamento.

12. Certo, sem comentários adicionais.

13. Errado, ainda podem ser passíveis de suprimento de fundos: despesas sigilosas e de pequeno vulto.

14. Certo, sem comentários adicionais.

Gabarito:

11. **Errado**

12.**Certo**

13. **Errado**

14. **Certo**

15ª Questão (MPS Cespe 2010): *Julgue o item subsequente, relativo ao suprimento de fundos.*

O regime de adiantamento - suprimento de fundos - pode ser utilizado para atender despesas eventuais, inclusive em viagens ou com serviços especiais que exijam o pronto pagamento.

Solução

Certo, sem comentários adicionais.

Gabarito: **Certo**

16ª a 18ª Questões (MPU Analista de Orçamento Cespe 2010): *O suprimento de fundos é um instrumento especial para realizar despesas que, por sua natureza ou urgência, não possam aguardar o processo normal da execução orçamentária. Com relação a esse assunto, julgue os itens que se seguem.*

16. Devido à natureza emergencial das despesas pagas mediante suprimento de fundo, admite-se que, ao se utilizar desse instrumento, não sejam observados os estágios da despesa pública.

17. O suprimento de fundos deve ser contabilizado e incluído nas contas do ordenador como despesas realizadas, no momento da prestação de contas do servidor que tenha efetuado essas despesas.

18. Considere que um servidor público viaje a trabalho para representar o Brasil em congresso internacional sobre a convergência contábil no setor público e que, ao retornar, não preste contas de suprimento de fundos no prazo regulamentar. Nessa situação, o referido servidor é um servidor em alcance.

Solução

16. Errado, os estágios da despesa pública devem ser observados no suprimento de fundos.

17. Errado, o suprimento de fundos somente será contabilizado e incluído nas contas do Ordenador de Despesas após a aprovação da prestação de contas.

18. Certo, sem comentários adicionais.

Gabarito:

16. **Errado.**

17. **Errado.**

18. **Certo.**

19ª Questão (SAP-PE Cespe 2010): *Julgue o item subsequente, relativo ao suprimento de fundos.*

Um exemplo de instrumento utilizado para pagamento de suprimento de fundos na administração pública é o cartão de pagamento do governo federal, que, por ter características de cartão corporativo, é emitido em nome da unidade gestora, sendo vedado o seu uso para pagamento de despesa de caráter sigiloso.

Solução

Errado, esta é uma das situações que permite o uso do suprimento de fundos. E de fato o cartão emitido no nome da UG.

Gabarito: **Errado**

20ª Questão (TRE TO FCC 2011): *Analise as seguintes afirmações, relativas ao adiantamento de despesas (também conhecido como suprimento de fundos):*

I. Se o suprido não prestar contas no prazo regulamentar, sem justificativa, está sujeito à tomada de contas especial.

II. É proibido o adiantamento de despesas para servidor responsável por dois suprimentos.

III. O adiantamento de despesas não precisa ser precedido de empenho.

IV. É correto efetuar o adiantamento de despesas para atender gastos com prestação de serviços que exijam o pronto pagamento.

Está correto o que se afirma APENAS em

a) I e II.

b) I e III.

c) II, III e IV.

d) I, II e IV.

e) II e IV.

Solução

I. Certo, sem comentários adicionais.

II. Certo, sem comentários adicionais.

III. Errado, o empenho precede a concessão.

IV. Certo, sem comentários adicionais.

Gabarito: **D**

21ª Questão (TRE-PE FCC 2011): *O suprimento de fundos*

a) constitui um adiantamento feito a um servidor para financiamento de despesas urgentes, cujo empenho não foi realizado a tempo.

b) pode ser concedido a servidor que não tenha prestado contas de suprimento de fundos sob sua responsabilidade no prazo em que tinha de cumprir essa obrigação.

c) é inaplicável a despesas que tenham de ser realizadas em caráter sigiloso.

d) implica a prestação de contas do servidor que o recebeu, que deve inclusive, se for o caso, comprovar o recolhimento do saldo não utilizado.

e) não pode ser concedido para financiamento de serviços que exijam o pronto pagamento.

Solução

a) Errado, destinado a despesas eventuais inclusive com viagens, despesas sigilosas e despesas de pequeno vulto. Em todos os casos com prévio empenho.

b) Errado, se o servidor não prestou contas no prazo previsto, não pode receber novo suprimento.

c) Errado, é um dos três casos de suprimento.

d) Certo. O agente suprido tem obrigação de prestar contas.

e) Errado, é um dos três casos de suprimento.

Gabarito: **D**

22ª e 23ª Questões (EBC Contador Cespe 2011): *Acerca do suprimento de fundos na administração pública federal, julgue os itens a seguir.*

22. O valor do suprimento de fundos concedido a servidor declarado em alcance é limitado em R$ 4.000,00.

23. A concessão de suprimento de fundos objetiva atender despesas eventuais, de caráter sigiloso ou de pequeno vulto, o que não dispensa o empenho prévio da despesa.

Solução

22. Errado, primeiro que o servidor em alcance não pode receber suprimento de fundo; segundo que o limite pode atingir 15 mil do caso de suprimento de fundos para obras.

23. Certo, sem comentários adicionais.

Gabarito:

22. **Errado**

23. **Certo**

24ª Questão (Previc Analista Administrativo Cespe 2011): *Julgue o item subsequente, relativo ao suprimento de fundos.*

O ordenador de despesa no âmbito do programa previdência complementar, em caráter excepcional e sob sua inteira responsabilidade, pode conceder suprimento de fundos a servidor, obrigatoriamente precedido de empenho na dotação, para atender despesas eventuais em viagens e com serviços especiais que exijam pronto pagamento.

Solução

Certo, sem comentários adicionais.

Gabarito: **Certo**

25ª Questão (Senado Analista Legislativo FGV 2012): *Os suprimentos de fundos, conforme o disposto no Decreto 93.872/86, se destinam a*

I. despesas eventuais, inclusive em viagens e com serviços especiais, que exijam pronto pagamento;

II. despesas de caráter sigiloso, conforme se classificar em regulamento;

III. despesas de pequeno vulto, assim entendidas aquelas cujo valor, em cada caso, não ultrapassar limite estabelecido em Portaria do Ministro da Fazenda.

A fim de complementar o enunciado, assinale

a) se somente o item I estiver correto.

b) se somente o item II estiver correto.

c) se somente o item III estiver correto.

d) se somente os itens I e II estiverem corretos.

e) se todos os itens estiverem corretos.

Solução

I. Certo, sem comentários adicionais.

II. Certo, sem comentários adicionais.

III. Certo, sem comentários adicionais.

Gabarito: **E**

26ª Questão (TRE – SP FCC 2012): *Um servidor recebeu suprimento de fundos para fazer face a despesas de viagens, mas não precisou utilizar todo o recurso. A diferença entre o valor disponibilizado e o valor utilizado foi recolhida antes do encerramento do exercício, constituindo uma*

a) anulação de despesa.

b) despesa de restituição.

c) receita de restituição.

d) receita extraorçamentária.

e) despesa extraorçamentária.

Solução

Situação	Contabilização
Devolução de recurso mesmo exercício da concessão	Anulação da Despesa
Devolução de recurso no exercício seguinte ao da concessão	Receita Orçamentária

Gabarito: **A**

27ª Questão (TCE-AP FCC 2012): *O suprimento de fundos*

a) depende de prévio empenho na dotação orçamentária da despesa a ser realizada.

b) pode ser concedido a qualquer servidor, sem restrições de espécie alguma.

c) destina-se apenas e tão somente ao financiamento de despesas sigilosas.

d) independe de qualquer tipo de prestação de contas, quando concedido por meio de cartão corporativo.

e) deve ser movimentado por meio de abertura de conta bancária destinada.

Solução

a) Certo, sem comentários adicionais.
b) Errado, o servidor em alcance, o servidor responsável por 2 suprimento e em regra, o servidor responsável pelo material a adquirir não pode receber suprimento.
c) Errado, podem ser ainda para despesas eventuais e despesas de pequeno vulto.
d) Errado, sempre deve haver prestação de contas.
e) Errado, a regra é o cartão de pagamento e não a conta tipo B.

Gabarito: **A**

28ª Questão (DNIT Analista ESAF 2013): *Sobre o suprimento de fundos, assinale a opção incorreta.*

a) Pode ser utilizado para despesas de viagem.
b) Pode ser concedido para despesas de caráter sigiloso.
c) Consiste em adiantamento de numerário a servidor, sem prévio empenho, para o fim de realizar despesas que não possam subordinar-se ao processo normal de aplicação.
d) Altera a sequência normal dos estágios das despesas, invertendo as fases de liquidação e pagamento.
e) Pode ser utilizado para atender despesas com ornamentações, floriculturas, eventos, publicações, livros, ou outras afins.

Solução

a) Certo, é uma das três justificativas válidas.
b) Certo, é uma das três justificativas válidas.
c) Errado, o empenho sempre é prévio a concessão.
d) Certo. Este autor discorda desse gabarito, pois ocorre uma liquidação contábil antes da concessão do suprimento de fundo. Este autor concorda que essa liquidação contábil não ocorre da mesma forma que a liquidação padrão.
e) Certo, desde que se enquadrem em uma das três justificativas: despesas sigilosas, despesas com viagens/eventuais, despesas de pequeno vulto.

Gabarito: **C**

29ª Questão (Ministério das Minas e Energia Gerente de Projeto Cespe 2013): *No que concerne às despesas na forma de suprimento de fundos, assinale a opção correta.*

a) Pode-se conceder suprimento de fundos a servidor declarado em alcance.

b) É vedada a utilização de suprimento de fundos para a aquisição de material de escritório, seja qual for o seu valor.

c) Legalmente, o pagamento das despesas com suprimento de fundos somente pode ocorrer após o procedimento licitatório.

d) Qualquer despesa pode ser paga sob a forma de suprimento de fundos, desde que observados os devidos procedimentos licitatórios.

e) Despesas que devam ser feitas em caráter sigiloso podem ser pagas sob a forma de suprimento de fundos.

Solução

a) Errado, nessa situação é vedado.

b) Errado, não há essa vedação.

c) Errado, o rito do suprimento de fundos de utilização consiste na concessão, aplicação e prestação de contas. Não há licitação, mas deve-se respeitar os princípios gerais da licitação.

d) Errado, não é toda despesa, apenas as permitidas no Decreto 93872/1986 atualizado.

e) Certo.

Gabarito: **E**

30ª Questão (Ministério das Minas e Energia Assistente Financeiro Cespe 2013): *Assinale a opção correta à luz dos princípios a serem observados na execução da despesa por suprimento de fundos.*

a) Qualquer despesa pode ser realizada com recursos de suprimento de fundos.

b) A despesa por suprimento de fundos dispensa a obrigatoriedade de licitação.

c) As despesas relativas à alimentação de ministros de Estado em viagens ao exterior devem ser pagas por suprimento de fundos.

d) Em viagens dentro do país, é vedada a utilização de suprimento de fundos para pagamento de despesas com transportes.

e) A concessão de suprimento de fundos, por ter caráter excepcional, não observa os três estágios da despesa.

Solução

a) Errado, não é toda despesa, apenas as permitidas no Decreto 93872/1986.

b) Certo.

c) Errado, as despesas com alimentação devem normalmente serem pagas com diárias.

d) Errado, não há essa vedação.

e) Errado, na fase de concessão estágio do empenho é observado. No caso da conta tipo B, realiza-se o empenho, liquidação e pagamento. No caso do CPGF, na concessão realiza-se o empenho e a liquidação.

Gabarito: **B**

31ª Questão (Ministério das Minas e Energia Gerente Técnico de Projeto Cespe 2013): *Acerca da concessão de suprimentos de fundos nos órgãos públicos, assinale a opção correta.*

a) O suprimento de fundos pode ser concedido para pagamento de prestações de empréstimo no exterior, quando o servidor estiver em viagem.

b) A despesa realizada com suprimento de fundos só será contabilizada quando a prestação de contas for apresentada nos termos regulamentares.

c) As despesas com suprimento de fundos serão efetivadas por meio do cartão de pagamento do governo federal.

d) Em nenhuma hipótese será concedido suprimento de fundos a servidor que tenha a seu cargo a guarda ou a utilização do material a adquirir.

e) A abertura de conta bancária destinada à movimentação de suprimentos de fundos depende de autorização do ministro de Estado competente.

Solução

a) Errado, não há essa previsão.

b) Errado, a despesa é contabilizada como executada no estágio do empenho.

c) Certo.

d) Errado, excepcionalmente caso não haja outro servidor na unidade é possível.

e) Errado, a abertura de conta bancária depende de autorização do ordenador de despesas.

Gabarito: **C**

32ª Questão (CNJ Analista Cespe 2013): *Julgue o item subsequente, relativo ao suprimento de fundos.*

32. Considere que um servidor público tenha sido deslocado às pressas para uma área remota do país, dada a ocorrência de situação de emergência, e que tenha sido necessário realizar o adiantamento de valores em espécie. Nessa situação, quanto ao suprimento de fundos realizado, deverão ser cumpridos os três estágios da despesa – uma vez que se trata de despesa orçamentária -, mas a liquidação só deverá ocorrer após a prestação de contas do servidor.

Solução

Errado, a liquidação ocorre na fase de concessão que é antes da fase de prestação de contas. Essa questão está alinhada ao MCASP.

Gabarito: **Errado.**

33ª a 35ª Questões (TRT 10 Região Analista Contábil Cespe 2013): *No que se refere a suprimento de fundos e sua regulamentação, julgue os itens subsecutivos.*

33. Ao conceder o suprimento de fundos, a autoridade competente determinará a emissão do empenho ou fará referência ao empenho estimativo, solicitando que uma cópia da nota de empenho seja anexada à proposta de concessão de suprimento.

34. O prazo máximo para aplicação do suprimento de fundos será de até sessenta dias, a contar da data do ato de concessão do suprimento de fundos, e não ultrapassará, em hipótese alguma, o término do exercício financeiro.

35. No ato em que autorizar a concessão de suprimento, a autoridade ordenadora fixará o prazo da prestação de contas, que deverá ser apresentada dentro dos trinta dias subsequentes do término do período de aplicação.

Solução

33. Certo, sem comentários adicionais.

34. Errado, o prazo é de até 90 dias.

35. Certo, sem comentários adicionais.

Gabarito:

33. **Certo**

34. **Errado**

35. **Certo**

36ª Questão (APO ESAF 2015): *A realização de despesa por intermédio de Suprimento de Fundos de que trata o art. 68 da Lei n. 4.320/64 tem as seguintes características, exceto:*

a) os recursos devem ser movimentados por meio do Cartão de Pagamento do Governo Federal e excepcionalmente por meio de conta bancária.

b) quando a aplicação do suprimento de fundos se der por meio do Cartão de Pagamento do Governo Federal, é expressamente proibida a realização de saques em espécie.

c) a omissão da prestação de contas pelo agente suprido, após decorrido o prazo estabelecido em notificação, poderá ensejar o desconto da importância devida em folha de pagamento.

d) mesmo sendo de pequeno vulto, as compras que apresentam caráter repetitivo realizadas mediante suprimento de fundos caracterizam-se como fracionamento de despesa.

e) despesas de caráter sigiloso podem ser realizadas mediante suprimento de fundos, desde que haja regramento para esse fim.

Solução

a) Certo, existem duas modalidades de uso do suprimento de fundos e a regra é o CPGF.

b) Errado, a modalidade saque é permitida, apesar se não ser a regra.
c) Certo, em caso de omissão de prestar contas, a tomada de contas especiais pode ser utilizada para ressarcir o erário.
d) Certo, por ser uma aquisição, o suprimento de fundo segue os princípios gerais da licitação.
e) Certo, conforme o Decreto 93.872/1986.

Gabarito: **B**

37ª Questão (SEFAZ-PI FCC 2015): *O regime de adiantamento, também conhecido como suprimento de fundos, consiste na entrega de numerário a servidor, sempre precedida de prévio empenho, para a realização de despesas que não podem se subordinar ao processo normal de aplicação. Nos termos da Lei no 4.320/64, o servidor estará impedido de receber numerário para essa finalidade se*

a) não for responsável por fundo especial de despesa.
b) estiver em estágio probatório.
c) não ocupar cargo de chefia, assessoramento ou direção.
d) já for responsável por um outro adiantamento.
e) estiver em alcance.

Solução

a) Errado, não é vedação.
b) Errado, não é vedação.
c) Errado, não é vedação.
d) Errado, não é vedação. Neste caso, pode receber o segundo, mas não o terceiro.
e) Gabarito.

Gabarito: **E**

38ª Questão (TRT 3ª Região FCC 2015): *O regime de suprimento de fundos*

a) é aplicável a qualquer tipo de despesa.
b) pode ou não ser precedido de empenhamento.
c) pode ser feito por meio de dotação genérica.
d) é vedado o adiantamento de numerário a servidor responsável por um adiantamento.
e) é aplicável a despesas que não se subordinam ao processo normal de aplicação.

Solução

a) Errado, existem apenas três justificativas para o suprimento de fundos no âmbito federal.

b) Errado, sempre precedido de empenho.

c) Errado, deve-se empenhar em determinado elemento da despesa, geralmente material de consumo ou serviços de terceiros.

d) Errado, neste caso pode receber o segundo suprimento.

e) Certo, é a cópia da Lei 4.320/1964.

Gabarito: **E**

39ª Questão (TCE-CE FCC 2015): *A respeito do suprimento de fundos, considere:*

I. aplicável aos casos de despesas expressamente definidos em lei.

II. consiste na entrega de numerário a servidor.

III. o empenho pode ser prévio, se sabido o valor da despesa, ou a posteriori.

IV. destinado apenas às despesas que se subordinam ao processo normal de aplicação.

São requisitos para a concessão do suprimento de fundos o que consta APENAS em

a) I, III e IV.

b) I, II e III.

c) II e IV.

d) III e IV.

e) I e II.

Solução

I. Certo, os casos de suprimento de fundo de fato constam na Lei 4.320/1964.

II. Certo, apenas o servidor pode ser agente suprido.

III. Errado, sempre é precedido de prévio empenho.

IV. Errado, destina-se a despesas que não se subordinam ao processo normal de aplicação.

Gabarito: **E**

40ª Questão (TRT-23ª Região FCC 2016): *A Lei 4.320/64 rege a realização de despesas sob o regime de suprimento de fundos, também denominadas despesas*

a) sem prévio empenho.

b) sob o regime de adiantamento.

c) não processadas.

d) extraorçamentárias.

e) indiretas.

Solução

Seria regime de adiantamento.

Gabarito: **B**

41ª Questão (ANAC ESAF 2016): *De acordo com a norma vigente, não se deve conceder suprimento de fundos nos seguintes casos, exceto:*

a) a responsável por dois suprimentos.

b) a servidor que tenha sob sua guarda um exemplar do Cartão de Pagamento do Governo Federal (CPGF).

c) a servidor que tenha a seu cargo a guarda ou a utilização do material a adquirir, salvo quando não houver na repartição outro servidor.

d) a responsável por suprimento de fundos que, esgotado o prazo, não tenha prestado contas de sua aplicação.

e) a servidor declarado em alcance

Solução

a) Não pode receber.

b) Pode ser receber. Gabarito.

c) Não pode receber.

d) Não pode receber.

e) Não pode receber.

Gabarito: **B**

42ª Questão (IBGE FGV 2016): *O Cartão de Pagamento do Governo Federal (CPGF) é o instrumento de pagamento de despesas pelos órgãos e entidades da administração pública federal, emitido em nome da unidade gestora e operacionalizado por instituição financeira autorizada. A partir das regras definidas no Decreto nº 5.355/2005 para utilização do CPGF, analise as seguintes afirmativas:*

I. O CPGF é de uso exclusivo dos órgãos e entidades da administração pública federal integrantes do orçamento fiscal.

II. A utilização do CPGF para pagamento de despesas poderá ocorrer na aquisição de materiais e contratação de serviços enquadrados como suprimento de fundos.

III. Cabe ao ordenador de despesa definir o limite de utilização e o valor para cada portador de CPGF.

IV. Em casos expressamente autorizados, pode haver acréscimo no valor da despesa decorrente da utilização do CPGF.

Está correto somente o que se afirma em:

a) I e II;

b) I e III;

c) II e III;

d) III e IV;

e) II, III e IV.

Solução

I. Errado, O CPGF é de uso dos órgãos e entidades da administração pública federal integrantes do orçamento fiscal e seguridade social.

II. Certo, é um dos casos que justifica seu uso.

III. Certo, obedecendo ainda o limite máximo do Ministro da Fazenda nas despesas de pequeno vulto.

IV. Errado, mal formulada. Este autor entende que a banca quis dizer que depois de concedido o suprimento de fundos específico, se poderia haver acréscimo. Realmente não pode, pois na verdade, teria que haver novo suprimento.

Gabarito: **C**

43ª Questão (FUNAI Contador ESAF 2016): *No que se refere a suprimento de fundos, também chamado de regime de adiantamento de numerário, assinale a opção incorreta.*

a) O regime de adiantamento é aplicável aos casos de despesas expressamente definidos em lei e consiste na entrega de numerário a servidor, sempre precedida de empenho na dotação própria para o fim de realizar despesas, que não possam subordinar-se ao processo normal de aplicação.

b) Não se fará adiantamento a servidor em alcance nem a responsável por dois adiantamentos.

c) Despesas de caráter sigiloso e despesas de pequeno vulto, conforme limite estabelecido pelo Ministério da Fazenda, são exemplos de despesas que podem ser executadas por meio de suprimento de fundos.

d) Os órgãos do Poder Executivo Federal, exceto os comandos militares, não utilizam mais contas bancárias para movimentação de suprimento de fundos, devendo fazer uso somente do Cartão de Crédito Corporativo.

e) Não será concedido suprimento de fundos a servidor em estágio probatório.

Solução

a) Certo, em conformidade com o Decreto 93.872/1986.

b) Certo, em conformidade com o Decreto 93.872/1986.

c) Certo, em conformidade com o Decreto 93.872/1986.

d) Certo, em conformidade com o Decreto 93.872/1986.

e) Errado, não existe tal restrição.

Gabarito: **E**

44ª Questão (TRE-BA Contador Cespe 2017): *O regime de adiantamento denominado de suprimento de fundos consiste na entrega de numerário a servidor, sempre precedida de empenho na dotação própria, para o fim de realizar despesas que, pela excepcionalidade, a critério do ordenador de despesa e sob sua inteira responsabilida-*

de, não possam subordinar-se ao processo normal de aplicação. O prazo máximo para aplicação do suprimento de fundos será de até noventa dias a contar da data

a) do ato de concessão do suprimento de fundos, não podendo ultrapassar o término do exercício financeiro.
b) do ato de concessão do suprimento de fundos, podendo ultrapassar o término do exercício financeiro.
c) da utilização do recurso financeiro do suprimento de fundos, não podendo ultrapassar o término do exercício financeiro.
d) da liberação de recursos do suprimento de fundos, não podendo ultrapassar o término do exercício financeiro.
e) da liberação de recursos do suprimento de fundos, podendo ultrapassar o término do exercício financeiro.

Solução

O prazo de aplicação não pode ultrapassar o exercício financeiro da concessão.

Gabarito: **A**

45ª Questão (TCE-SP Agente de Fiscalização VUNESP 2017): *Os suprimentos de fundos*

a) podem ser concedidos sem emissão de empenho específico.
b) podem ser utilizados para aquisição de material permanente.
c) podem ser outorgados a servidor em alcance e a responsável por dois adiantamentos.
d) não estão sujeitos à prestação de contas do agente que os receber, por se tratar normalmente de despesas de pequeno vulto.
e) não podem ser outorgados a servidor que seja responsável pela guarda ou utilização do material adquirido, salvo se não houver outro servidor na repartição.

Solução

a) Errado, necessitam sempre de prévio empenho.
b) Errado, em regra não podem.
c) Errado, não podem ser outorgados a servidor em alcance e a responsável por dois adiantamentos.
d) Errado, estão sujeitos à prestação de contas do servidor público que os receber.
e) Certo.

Gabarito: **E**

4. LISTA DE QUESTÕES DISCURSIVAS

1ª Questão (DETRAN-ES Contador Cespe 2010):

O Cartão de Pagamento do Governo Federal (CPGF) foi criado para substituir o uso dos cheques na administração pública, eliminando, assim, várias etapas e processos de prestação de contas em papel. Com o CPGF, tudo é feito por meio eletrônico, tornando o processo mais transparente.

Internet: Portal da Transparência do Governo Federal.

Considerando o texto motivador transcrito, redija um texto dissertativo acerca do seguinte tema:

VANTAGENS E DESVANTAGENS DO USO DO CPGF.

Ao elaborar seu texto, aborde, necessariamente, os seguintes tópicos:

→ Aspectos contábeis relevantes no uso do CPGF (item 1);

→ Riscos inerentes ao uso do CPGF no caso de despesas sigilosas (item 2);

→ Encargos devidos às administradoras do CPGF (item 3).

Extensão de linhas: até 30.

Resolução da Questão

O regime de adiantamento, suprimento de fundos, consiste na entrega de numerário a servidor, sempre precedida de empenho, para o fim de realizar despesas que não possam subordinar-se ao processo normal de aplicação. Para fins contábeis, o suprimento deve atender os seguintes requisitos: respeito a todos os estágios da despesa; quando da liquidação será classificado como Pagamento Antecipado; será incluído nas contas do Ordenador como despesa realizada; em regra, é vedada a aquisição de material permanente por esse instrumento; os pagamentos efetuados à pessoa jurídica são isentos de retenção na fonte do imposto de renda.

Quanto aos riscos inerentes ao uso do CPGF no caso de despesas sigilosas, destaca-se que, diferentemente da modalidade das despesas de pequeno vulto, não há um limite máximo, o que pode gerar o desvirtuamento no seu uso. Além disso, o CPF dos responsáveis não é registrado no SIAFI.

Quanto aos encargos devidos às administradoras do CPGF, a legislação federal não admite cobrança de taxas de adesão, de manutenção, de anuidades ou de quaisquer outras despesas decorrentes da obtenção ou do uso do CPGF; exceto taxas de utilização do CPGF no exterior e encargos por atraso.

2ª Questão (TCU Técnico Federal de Controle Externo Cespe 2015):

Por meio de portaria, determinado órgão sujeito à fiscalização do TCU concedeu a um ocupante de cargo em comissão em efetivo exercício suprimento de fundos destinado a cobrir despesas de aquisição de material de consumo de pequeno vulto.

Esse servidor é a pessoa responsável pelo almoxarifado do referido órgão. Após a concessão do suprimento de fundos ao servidor, realizou-se o empenho da despesa. O suprido, então, sacou os recursos diretamente de uma conta bancária destinada à movimentação de suprimento de fundos aberta pelo ordenador de despesas. O suprido não prestou contas da aplicação dos recursos no prazo estabelecido pelo ordenador de despesas, tendo alegado, como justificativa para não fazê-lo, que até a referida data o material não havia sido comprado.

Redija um parecer técnico relativo à concessão de suprimento de fundos referida na situação hipotética acima, apontando eventuais impropriedades observadas no caso em questão. Seu parecer deve contemplar, necessariamente, os seguintes elementos:

1. Análise da observância dos procedimentos relacionados ao suprimento de fundos no que se refere ao(à):

- beneficiário da despesa coberta; [valor: 3,50 pontos]
- tipo de despesa coberta; [valor: 3,50 pontos]
- aplicação dos recursos recebidos pelo suprido; [valor: 3,50 pontos]
- prestação de contas dos recursos recebidos pelo suprido. [valor: 3,50 pontos]

2. Recomendações a serem apresentadas pelo TCU ao órgão que concedeu o suprimento de fundos, com vistas a sanar as possíveisirregularidades e evitar que elas voltem a ocorrer. [valor: 5,00 pontos]

Extensão de linhas: até 30.

Resolução da Questão

Trata o presente parecer sobre concessão de suprimento de fundos a um ocupante de cargo em comissão em efetivo exercício suprimento de fundos destinado a cobrir despesas de aquisição de material de consumo de pequeno vulto, sendo o servidor a pessoa responsável pelo almoxarifado do referido órgão. Após a concessão do suprimento de fundos ao servidor, realizou-se o empenho da despesa. O suprido sacou os recursos diretamente de uma conta bancária destinada à movimentação de suprimento de fundos aberta pelo ordenador de despesas. O suprido não prestou contas da aplicação dos recursos no prazo estabelecido pelo ordenador de despesas. **É o relatório inicial.**

Observa-se que o suprimento de fundos foi concedido a servidor comissionado. A legislação determina que o agente suprido deve ser servidor público, seja de carreira, seja comissionado. Além, disso a aquisição de despesas de pequeno vulto é um dos casos que justifica a concessão. Assim, se observa o cumprimento de tal preceito legal.

Observa-se que o suprimento de fundos foi concedido ao servidor responsável pelo material a adquirir o que em regra é vedado, exceto nos casos em que fique claro não haver outro servidor na unidade. Assim, cabe um aprofundamento sobre a existência ou não de outro servidor para receber o suprimento.

Observa-se que o empenho ocorreu posteriormente a concessão, quando a legislação determina que seja concedido previamente a concessão. Assim, ficou caracterizado o descumprimento de preceito legal.

Observa-se que foi utilizada conta corrente bancária para sacar o suprimento de fundos, quando a regra geral é o uso do cartão de pagamento, exceto para os demais poderes e comandos militares que ainda podem utiliza a conta tipo B.

Observa-se que o agente suprido não prestou contas do prazo regulamentar, fato que enseja sua declaração em alcance pelo ordenador de despesas.

Diante da fundamentação técnica anterior, recomenda-se: (i) que se avalie a existência de outro servidor na unidade que deveria ser o agente suprido ao invés do responsável pelo almoxarifado; (ii) que o ordenador de despesas passe a conceder suprimento de fundos somente após o empenho; (iii) que o ordenador de despesas utilize o cartão de pagamentos do governo federal; (iv) que o ordenador de despesas declare o alcance do agente suprido pela omissão no dever de prestar contas.

É o parecer.

Unidade Didática V
CONTROLE FISCAL NA FEDERAÇÃO

Qual a aplicabilidade da LRF?

Quais os requisitos para uma renúncia de receita?

Quais os requisitos para se gerar uma despesa obrigatória de caráter continuado?

Quais os limites da despesa com pessoal?

Quais as consequências quando se ultrapassam os diversos tipos de limites da despesa com pessoal?

Quais os controles existentes sobre a dívida consolidada?

Quais os instrumentos de transparência existem?

Qual a diferença entre Relatório de Gestão Fiscal e o Relatório Resumido de Execução Orçamentária?

Qual o impacto do Novo Regime Fiscal (EC 95/2016) sobre a União?

CAPÍTULO 28

LEI DE RESPONSABILIDADE FISCAL

1. BASE CONSTITUCIONAL E ABRANGÊNCIA DA LEI

A Constituição Federal de 1988 estabelece que lei complementar disporá *sobre 1:*

I. Finanças públicas;

II. Dívida pública externa e interna, incluída a das autarquias, fundações e demais entidades controladas pelo Poder Público;

III. Concessão de garantias pelas entidades públicas;

IV. Emissão e resgate de títulos da dívida pública;

V. Fiscalização financeira da administração pública direta e indireta;

VI. Operações de câmbio realizadas por órgãos e entidades da União, dos Estados, do Distrito Federal e dos Municípios;

VII. Compatibilização das funções das instituições oficiais de crédito da União, resguardadas as características e condições operacionais plenas das voltadas ao desenvolvimento regional.

Assim, a base constitucional da Lei de Responsabilidade Fiscal – LRF (Lei Complementar 101/2000) é o inciso I do artigo 163º da CF/1988. O objetivo da LRF é estabelecer normas de finanças públicas voltadas para a responsabilidade na gestão fiscal.

Ressalta-se que as disposições da LRF obrigam **a União, os Estados, o Distrito Federal e os Municípios considerados como administração direta, autarquias, fundações públicas e empresas estatais dependentes[2].**

Conclui-se que a LRF não se aplica para as Empresas Estatais Independentes.

2. PRINCÍPIOS

A LRF está fundamentada em 4 princípios: planejamento, transparência, controle e responsabilização.

1 Art. 163 da CF/1988.

2 Ou seja, **apenas os órgãos e entidades integrantes do Orçamento Fiscal e da Seguridade Social.**

O princípio do planejamento está representado pelas metas fiscais; limites para renúncia de receita e geração de despesa (com pessoal, com a seguridade social); limites para operações de crédito (inclusive Antecipação de Receita Orçamentária) e para concessão de garantias; obrigatoriedade de publicação do Plano Plurianual, Lei de Diretrizes Orçamentárias e Lei Orçamentária Anual.

O princípio da transparência está representado pela divulgação ampla via internet, planos, diretrizes, orçamentos, do Anexo de Metas Fiscais, do Relatório Resumido de Execução Orçamentária e do Relatório de Gestão Fiscal.

O princípio do controle está consubstanciado pela ação fiscalizadora mais efetiva dos tribunais de contas e estabelecimento de prazos para cumprimento dos limites.

O princípio da responsabilização está representado pela identificação e responsabilização dos agentes. A legislação prevê crimes relacionados ao descumprimento de itens previstos na LRF.

3. CONCEITOS INICIAIS

Neste tópico constam três conceitos importantes: empresa controlada, empresa estatal dependente e receita corrente líquida.

A empresa controlada é a sociedade cuja maioria do capital social com direito a voto (**ou seja, 50% dos votos mais 1**) pertença, direta ou **indiretamente**, a ente da Federação. Estão representadas pelas Sociedades de Economia Mista e Empresas Públicas[3].

A empresa estatal dependente (EED) é **empresa controlada** que receba do ente controlador recursos financeiros para pagamento de despesas com pessoal ou de custeio em geral ou de capital, **excluídos, no último caso, aqueles provenientes de aumento de participação acionária**[4].

Estão representadas aqui, por exemplo, pelas Sociedades de Economia Mista e Empresas Públicas que recebam recursos do Tesouro Nacional para cobrir despesas com pessoal. A Figura 28.1 ilustra atualmente as empresas estatais dependentes do Governo Federal.

Figura 28.1: Empresas Estatais Dependentes no âmbito federal

Empresa	Atividade	NR
AMAZUL	Pesquisa, Implantação e Gestão de Projetos	100%
VALEC	Ferroviária	99%
CPRM	Pesquisa, Implantação e Gestão de Projetos	99%
CODEVASF	Pesquisa, Implantação e Gestão de Projetos	99%
EPE	Pesquisa, Implantação e Gestão de Projetos	98%
EMBRAPA	Pesquisa, Implantação e Gestão de Projetos	96%

3 Inciso II do art. 2º da LRF.

4 Inciso III do art. 2º da LRF.

Empresa	Atividade	NR
EPL	Pesquisa, Implantação e Gestão de Projetos	96%
CEITEC	Fabricação de Dispositivos Microeletrônicos	95%
CBTU	Transporte Urbano	87%
EBSERH	Administração Hospitalar	86%
NUCLEP	Fabricação de Equipamentos Nucleares e Navais	84%
HCPA	Hospitais	80%
CONCEIÇÃO	Hospitais	78%
EBC	Comunicações	72%
TRENSURB	Transporte Urbano	72%
IMBEL	Fabricação de Material Bélico	66%
CONAB	Abastecimento Alimentar	64%
INB	Fabricação de Urânio Enriquecido	37%

Fonte: SEST
Legenda: Necessidade de Recursos: Percentual das despesas não cobertas com as receitas geradas pela empresa. Fórmula: [(Despesas totais - Receitas totais*)/Despesas totais]

1ª Questão (TCE-RO Auditor Cespe 2013): *Julgue o item a seguir.*

No contexto da LRF, empresa controlada é aquela que recebe do ente controlador recursos financeiros para pagamento de despesas com pessoal ou despesas de custeio em geral.

2ª Questão (ANP Analista Cespe 2013): *Julgue o item a seguir.*

As empresas estatais independentes não compõem o campo de aplicação da LRF.

Solução

1. Errado, a empresa controlada é a sociedade cuja maioria do capital social com direito a voto pertença, direta ou indiretamente, a ente da Federação.

2. Certo, sem comentários adicionais.

Gabarito:

1. **Errado**
2. **Certo**

A seguir será abordado o conceito de Receita Corrente Líquida.

É prudente associar a Receita Corrente Líquida a um número, a um montante.

Esse montante servirá de base de cálculo para aplicação dos percentuais dos diversos limites apresentados ao longo desse capítulo.

Chamada 32 do Autor: Receita Corrente Líquida

A receita corrente líquida é o somatório das **receitas tributárias, de contribuições, patrimoniais, industriais, agropecuárias, de serviços, transferências correntes e outras receitas também correntes**[5], deduzidos os seguintes itens que constam no Quadro 28.1.

Quadro 28.1: Cálculo da Receita Corrente Líquida na Federação

União	Estados	Municípios
Somatório das Receitas Correntes da União (-) os valores transferidos aos Estados e Municípios por determinação constitucional ou legal [*Exemplos: Fundo de Participação dos Estados; Fundo de Participação dos Municípios; 29% da CIDE Combustível que é destinado aos Estados; 50% do Imposto Territorial Rural*] (-) as contribuições mencionadas na alínea *a* do inciso I[6] e no inciso II[7] do art. 195, e no art. 239[8] da Constituição	**Somatório das Receitas Correntes do Estado** (-) as parcelas entregues aos Municípios por determinação constitucional [*Exemplos: 50% do IPVA pertence aos Municípios*].	**Somatório das Receitas Correntes do Município**
(-) a contribuição dos servidores para o custeio do seu sistema de previdência e assistência social e as receitas provenientes da compensação financeira citada no § 9º do art. 201 da Constituição[9].		

5 Ou seja, **são as todas as receitas correntes.**

6 Contribuição social do empregador, da empresa e da entidade a ela equiparada na forma da lei, incidentes sobre a folha de salários e demais rendimentos do trabalho pagos ou creditados, a qualquer título, à pessoa física que lhe preste serviço, mesmo sem vínculo empregatício → **contribuições previdenciárias patronais**.

7 Contribuição social do trabalhador e dos demais segurados da previdência social, não incidindo contribuição sobre aposentadoria e pensão concedidas pelo regime geral de previdência social →**contribuições previdenciárias dos segurados.**

8 Contribuições para Programa de Integração Social e Programa de Formação do Patrimônio do Servidor Público.

9 Por exemplo, um cidadão trabalha 20 anos na iniciativa privada e recolhe suas contribuições previdenciárias ao Regime Geral de Previdência Social, depois trabalha 15 anos pelo Regime Próprio dos Servidores Públicos; neste caso o RGPS deve pagar obrigações referentes de 20 anos.

Esse valor que será apurado somando-se as **receitas arrecadadas no mês em referência e nos onze anteriores**, excluídas as duplicidades, é utilizado para calcular os seguintes limites:

- Despesa de pessoal;
- Dívida Consolidada;
- Dívida Mobiliária;
- Operação de crédito;
- Garantias;
- Antecipação de Receitas Orçamentárias.

Assim, **trata-se de um montante anualizado (mês de referência e onze anteriores)**.

Por fim, o Quadro 28.2 discrimina detalhadamente as deduções a serem consideradas na Receita Corrente Líquida União.

Quadro 28.2: Deduções* a serem consideradas da RCL na União

1	Valores transferidos aos Estados e Municípios por determinação constitucional ou legal
2	Contribuições sociais para a seguridade social do trabalhador e dos demais segurados da previdência social
3	Contribuições sociais para a seguridade social do empregador, da empresa e da entidade a ela equiparada na forma da lei, incidentes sobre a folha de salários e demais rendimentos do trabalho pagos ou creditados, a qualquer título, à pessoa física que lhe preste serviço, mesmo sem vínculo empregatício
4	A contribuição dos servidores para o custeio do seu sistema de previdência
5	Arrecadação decorrente das contribuições para o Programa de Integração Social - PIS e para o Programa de Formação do Patrimônio do Servidor Público - PASEP
6	As receitas provenientes da compensação financeira dos diversos regimes de previdência, na contagem recíproca do tempo de contribuição na administração pública e na atividade privada, rural e urbana. É imprescindível, para tanto, que as referidas receitas estejam adequadamente contabilizadas em contas próprias que as identifiquem. Quando a compensação for entre o Regime Próprio de Previdência do Servidor e o Regime Geral de Previdência Social, essa receita deverá ser computada como intraorçamentária

Legenda: *As deduções diferentemente das duplicidades **estão incluídas nas receitas brutas e devem ser excluídas no processo de apuração da RCL.**

A Figura 28.2 mostra o cálculo da RCL da União.

3ª Questão (IPEA Técnico Superior - Orçamento Cespe 2008): *Julgue o item a seguir.*

No caso das transferências voluntárias de recursos públicos, a celebração de convênios para gastos correntes afetará diretamente a receita corrente líquida, principal denominador utilizado para verificação dos limites de gastos previstos na LRF, ainda que se leve em conta o fato de as transferências voluntárias não serem passíveis de utilização para pagamento de despesas com pessoal.

4ª Questão (ANP Analista Cespe 2013): *Julgue o item a seguir.*

A receita corrente líquida engloba todas as receitas correntes lançadas no mês de referência e nos onze meses anteriores.

Solução

3. Certo. Trouxe essa questão, pois ela trata de um aspecto radical. As receitas de transferências de convênios para gastos correntes que são receitas correntes do tipo transferências correntes compõem o somatório.

Além disso, elas não constam nas deduções do Quadro 1. E por fim conforme consta no inciso X do artigo 167º da CF/1988: é vedada a transferência voluntária de recursos e a concessão de empréstimos, inclusive por antecipação de receita, pelos Governos Federal e Estaduais e suas instituições financeiras, para pagamento de despesas com pessoal ativo, inativo e pensionista, dos Estados, do Distrito Federal e dos Municípios. Assim, apesar das receitas de transferências correntes comporem o cálculo da receita corrente líquida e que servirá de base de cálculo para os limites das despesas com pessoal, as receitas de transferências voluntárias não podem ser utilizadas para custear despesas com pessoal.

4. Errado, ela engloba/considera as receitas arrecadadas.

Gabarito:

3. **Certo**

4. **Errado**

Figura 28.2: Receita Corrente Líquida da União

RREO – Anexo III (LRF. Art. 53, inciso I) R$ 1,00

ESPECIFICAÇÃO	EVOLUÇÃO DA RECEITA REALIZADA NOS ÚLTIMOS 12 MESES												TOTAL (ÚLTIMOS 12 MESES)	REVISÃO ATUALIZADA EXERCÍCIO
	<MR-11>	<MR-10>	<MR-9>	<MR-8>	<MR-7>	<MR-6>	<MR-5>	<MR-4>	<MR-3>	<MR-2>	<MR-1>	<MR>		
RECEITAS CORRENTES (I)														
Receita Tributária														
Receita de Contribuições														
Receita Patrimonial														
Receita Agropecuária														
Receita Industrial														
Receita de Serviços														
Transferência de Correntes														
Outras Receitas Correntes														

ESPECIFICAÇÃO	EVOLUÇÃO DA RECEITA REALIZADA NOS ÚLTIMOS 12 MESES												TOTAL (ÚLTIMOS 12 MESES)	REVISÃO ATUALIZADA EXERCÍCIO
	<MR-11>	<MR-10>	<MR-9>	<MR-8>	<MR-7>	<MR-6>	<MR-5>	<MR-4>	<MR-3>	<MR-2>	<MR-1>	<MR>		
DEDUÇÕES (II)														
Transferências Constitucionais e Legais														
Contrib. Empregadores e Trab. para Seg. Social														
Contrib. para o Plano de Previdência do Servidor														
Contrib. para o Custeio das Pensões Militares														
Compensação Financ. entre Regimes Previdência														
Dedução de Receita para Formação do FUNDEB														
Contribuições para PIS/PASEP														
PIS														
PASEP														
Receita Corrente Líquida (III) = (I – II)														

Fonte: Sistema <Nome>, Unidade Responsável <Nome>, Data de emissão <dd/mm/aaaa> e hora de emissão <hhh e mmm>

4. RECEITA

Constituem requisitos essenciais da responsabilidade na gestão fiscal a instituição, previsão e efetiva arrecadação de **todos os tributos** da competência constitucional do ente da Federação[10].

É vedada a realização de **transferências voluntárias** para o ente que não observe o disposto no *caput,* no que se refere aos **IMPOSTOS**.

5ª Questão (IPEA Técnico Superior - Orçamento Cespe 2008): *Afronta o conceito de responsabilidade fiscal da receita o fato de, até a presente oportunidade, a União não ter instituído o imposto sobre grandes fortunas.*

Solução

Certo. A seguir constam os impostos na União, dos Estados e Municípios prescritos na CF/1988.

Art. 153. Compete à União instituir impostos sobre:

I - importação de produtos estrangeiros;

II - exportação, para o exterior, de produtos nacionais ou nacionalizados;

III - renda e proventos de qualquer natureza;

IV - produtos industrializados;

V - operações de crédito, câmbio e seguro, ou relativas a títulos ou valores mobiliários;

VI - propriedade territorial rural;

VII - grandes fortunas, nos termos de lei complementar.

Art. 155. Compete aos Estados e ao Distrito Federal instituir impostos sobre:

I - transmissão causa mortis e doação, de quaisquer bens ou direitos;

II - operações relativas à circulação de mercadorias e sobre prestações de serviços de transporte interestadual e intermunicipal e de comunicação, ainda que as operações e as prestações se iniciem no exterior;

III - propriedade de veículos automotores.

Art. 156. Compete aos Municípios instituir impostos sobre:

I - propriedade predial e territorial urbana;

II - transmissão "inter vivos", a qualquer título, por ato oneroso, de bens imóveis, por natureza ou acessão física, e de direitos reais sobre imóveis, exceto os de garantia, bem como cessão de direitos a sua aquisição;

III - serviços de qualquer natureza, não compreendidos no art. 155, II, definidos em lei complementar.

10 Art. 11º da LRF.

Desses impostos, no caso da União, de fato ainda não foi instituído o imposto sobre as grandes fortunas, razão pela qual a assertiva está certa.

Gabarito: ***Certo***

As previsões de receita observarão as normas técnicas e legais, considerarão **os efeitos das alterações na legislação, da variação do índice de preços, do crescimento econômico ou de qualquer outro fator relevante** e serão acompanhadas de demonstrativo de sua evolução nos últimos três anos, da projeção para os dois seguintes àquele a que se referirem, e da metodologia de cálculo e premissas utilizadas[11].

É importante destacar que a reestimativa de receita por parte do Poder Legislativo só será admitida se comprovado erro ou omissão de ordem técnica ou legal.

6ª Questão (TRE-ES Analista Cespe 2011): *Julgue o item a seguir.*

A reestimativa de receita por parte do Poder Legislativo só será admitida quando houver despesas não computadas ou insuficientemente dotadas na lei de orçamento

Solução

Errado, a reestimativa de receita por parte do Poder Legislativo só será admitida se comprovado erro ou omissão de ordem técnica ou legal.

Gabarito: ***Errado***

4.1. Renúncia de Receita

Um dos assuntos mais recorrentes é a renúncia de receitas. A Figura 28.3 ilustra as condições para a se renunciar uma receita.

Chamada 33 do Autor: Renúncia de Receitas

11 Art. 12° da LRF.

Figura 28.3: Condições para renúncia de receita.

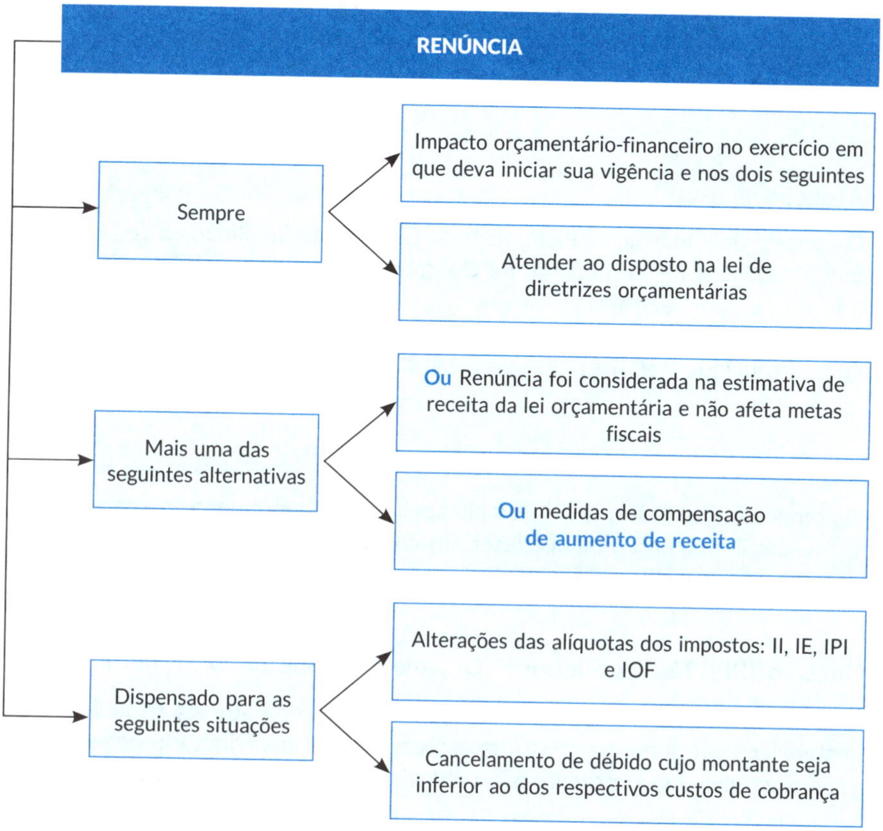

A LRF define que:

> *Art. 14.A concessão ou ampliação de incentivo ou benefício de natureza tributária da qual decorra RENÚNCIA DE RECEITA deverá estar acompanhada de* ***estimativa do impacto orçamentário-financeiro no exercício em que deva iniciar sua vigência e nos dois seguintes****, atender ao disposto na* ***lei de diretrizes orçamentárias*** *e a* ***pelo menos uma*** *das seguintes condições:*
>
> *I – demonstração pelo proponente de que a renúncia foi considerada na* ***estimativa de receita da lei orçamentária****, na forma do art. 12, e de que* ***não afetará as metas de resultados fiscais*** *previstas no anexo próprio da lei de diretrizes orçamentárias;*
>
> *II – estar acompanhada de* ***medidas de compensação****, no período mencionado no caput, por meio do aumento de receita, proveniente da elevação de alíquotas, ampliação da base de cálculo, majoração ou criação de tributo ou contribuição.*
>
> *§ 1º A renúncia compreende* ***anistia, remissão, subsídio, crédito presumido, concessão de isenção em caráter não geral****, alteração de alíquota ou modificação de base de cálculo que implique REDUÇÃO DISCRIMINADA de tributos ou contribuições, e outros benefícios que correspondam a TRATAMENTO DIFERENCIADO.*
>
> *§ 2º Se o ato de concessão ou ampliação do incentivo ou benefício de que trata o caput deste artigo decorrer da condição contida no inciso II, o benefício só entrará em vigor quando implementadas as medidas referidas no mencionado inciso.*

3º O disposto neste artigo ***não se aplica****:*

I – às alterações das alíquotas dos impostos previstos nos incisos I, II, IV e V do art. 153 da Constituição[12], na forma do seu § 1º;

II – ao cancelamento de débito cujo montante seja inferior ao dos respectivos custos de cobrança.

Atenção

O Imposto de Importação (II), Imposto de Exportação (IE), Imposto de Produtos Industrializados (IPI) e Imposto de Operações Financeiras (IOF) são impostos que têm caráter extrafiscal. Devido a esse cunho regulatório, caso o Poder Executivo Federal opte por reduzir a alíquota do II, o mesmo não precisará cumprir qualquer requisito do artigo 14° da LRF.

Curiosidade

As renúncias de caráter geral e amplo apesar de proporcionarem a redução da arrecadação não precisam obedecer aos critérios da LRF. Apenas as renúncias para grupos específicos de contribuintes precisam seguir os critérios da LRF.

7ª Questão (IPEA Técnico Superior – Orçamento Cespe 2008): *Julgue o item a seguir.*

Para a caracterização de incentivos ou benefícios de natureza tributária, a LDO estabelece que a norma constitua exceção ao sistema tributário de referência e não discrimine os contribuintes ao reduzir a arrecadação potencial.

8. (TCE-RO ACE Cespe 2013): *Julgue o item a seguir.*

Em se tratando de isenções de caráter geral, dispensam-se as exigências de previsão orçamentária e medidas de compensação previstas na LRF.

9. (Ministério da Integração Administrador Cespe 2013): *Julgue o item a seguir.*

Suponha que a União pretenda reduzir a zero a alíquota do imposto de produtos industrializados incidente sobre eletrodomésticos e utensílios de cozinha. Nessa situação, não será necessário demonstrar que a renúncia de receita foi considerada na estimativa de receita da lei orçamentária nem efetuar medidas de compensação por meio do aumento de receita.

12 I – importação de produtos estrangeiros (**II**); II – exportação, para o exterior, de produtos nacionais ou nacionalizados (**IE**); IV – produtos industrializados (**IPI**); V – operações de crédito, câmbio e seguro, ou relativas a títulos ou valores mobiliários (**IOF**).

Solução

7. Errado, para a LRF a renúncia compreende anistia, remissão, subsídio, crédito presumido, concessão de isenção em caráter não geral, alteração de alíquota ou modificação de base de cálculo que implique redução discriminada de tributos ou contribuições, e outros benefícios que correspondam a tratamento diferenciado.

8. Certo, as exigências são necessárias para isenções de caráter não geral.

9. Certo, é uma das exceções.

Gabarito:

7. **Errado**

8. **Certo**

9. **Certo**

5. DESPESA

A LRF estabelece que serão consideradas **não autorizadas, irregulares e lesivas** ao patrimônio público a geração de despesa ou assunção de obrigação que não atendam o disposto nos **artigos 16 e 17**[13].

O artigo 16º trata do aumento da despesa em geral, enquanto o artigo 17º trata das despesas obrigatórias de caráter continuado.

A Figura 28.4 resume o esquema dos próximos tópicos.

Figura 28.4: Relação entre os tipos de Despesas

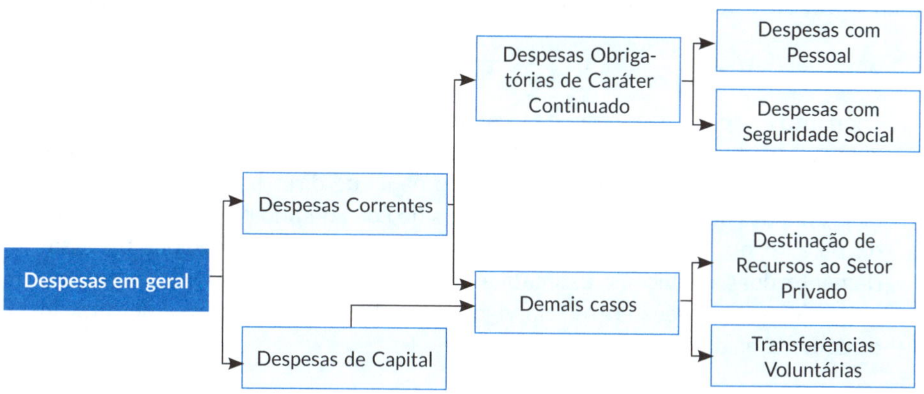

Assim, serão apresentadas as regras para aumento de despesas em geral e para casos específicos: despesas obrigatórias de caráter continuado (despesas com pessoal, despesas com a seguridade social: benefícios), destinação de recursos ao setor privado e transferências voluntárias.

13 Art. 15º da LRF.

5.1. Aumento das despesas em geral

Chamada 34 do Autor: Aumento das despesas em geral

A LRF estabelece que a criação, expansão ou aperfeiçoamento de ação governamental que **acarrete aumento da despesa** será acompanhado de [14]:

> *I – estimativa do impacto* ***orçamentário-financeiro no exercício em que deva entrar em vigor e nos dois subsequentes****[15];*
>
> *II –* ***declaração do ordenador da despesa*** *de que o aumento tem adequação orçamentária e financeira com a lei orçamentária anual e compatibilidade com o plano plurianual e com a lei de diretrizes orçamentárias.*

Considera-se a **adequada com a lei orçamentária anual**, a despesa objeto de dotação específica e suficiente, ou que esteja abrangida por crédito genérico, de forma que somadas todas as despesas da mesma espécie, realizadas e a realizar, previstas no programa de trabalho, não sejam ultrapassados os limites estabelecidos para o exercício.

Considera-se **compatível com o plano plurianual e a lei de diretrizes orçamentárias**, a despesa que se conforme com as diretrizes, objetivos, prioridades e metas previstos nesses instrumentos e não infrinja qualquer de suas disposições.

Atenção

Enquanto na **renúncia de receita** existem as seguintes condições: estimativa do impacto orçamentário-financeiro no exercício em que deva iniciar sua vigência e nos dois seguintes, atender ao disposto na lei de diretrizes orçamentárias e mais uma das duas opções seguintes: ter sido considerado na LOA ou aumento de receita; **no aumento da despesa em geral** devem ser seguidas necessariamente duas condições: estimativa do impacto orçamentário-financeiro no exercício em que deva entrar em vigor e nos dois subsequentes; e declaração do ordenador da despesa.

Apesar da regra estabelecida quanto ao aumento de despesas em geral, a própria LRF estabelece a **seguinte exceção**: **a despesa considerada irrelevante, nos termos em que dispuser a lei de diretrizes orçamentárias**.

A Figura 28.5 resume o que foi apresentado.

14 Art. 16º da LRF.

15 A qual será acompanhada das premissas e metodologia de cálculo utilizadas.

Figura 28.5: Condições para se gerar nova despesa

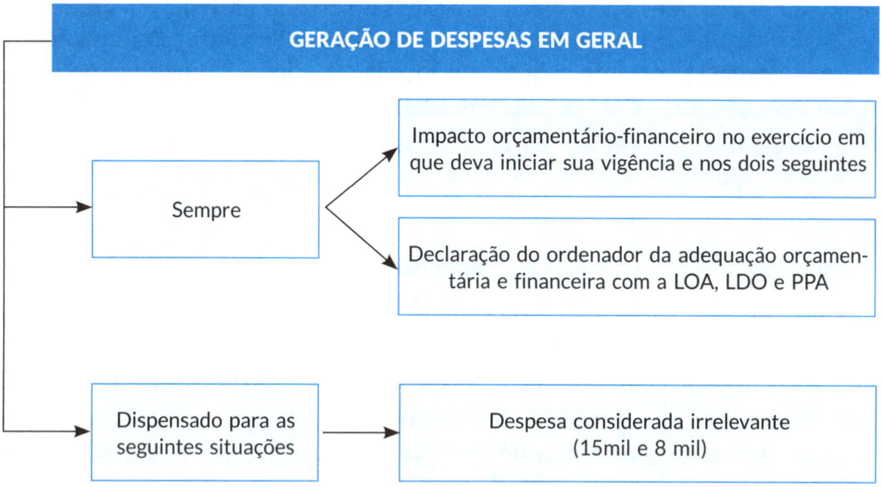

10ª Questão (TCE-RO ACE Cespe 2013): Julgue o item a seguir.

Aumento de despesa considerado relevante pela lei de diretrizes orçamentárias, como a realização de licitação para a aquisição de bens de alto valor, deve ser acompanhado de demonstração do impacto-financeiro no orçamento em vigor e nos dois subsequentes, não sendo necessária a declaração de responsabilidade por parte do ordenador de despesa sobre compatibilidade e adequação.

Solução

Errado, neste caso é necessária a declaração de responsabilidade por parte do ordenador de despesa sobre compatibilidade e adequação.

Gabarito: Errado

5.2. Despesas Obrigatórias de Caráter Continuado (DOCC)

Chamada 35 do Autor: Despesas Obrigatórias de Caráter Continuado

Considera-se **obrigatória de caráter continuado,** a **despesa corrente** derivada de **lei, medida provisória ou ato administrativo** normativo que fixe para o ente a obrigação legal de sua execução por **um período superior a dois exercícios**[16].

16 Art. 17º da LRF.

Atenção

Para as **despesas de capital e para as despesas correntes que sejam inferiores a 2 anos segue-se a regra do artigo 16º (aumento das despesas em geral)**; para as **despesas corrente cuja execução seja superior a um período de dois exercícios, segue-se a regra do artigo segue a regra do artigo 17º (DOCC)**.

Em casos omissos, e não se mencione despesas correntes por período superior a 2 anos, segue-se a regra do artigo 16º.

Enquete 1 do autor: Quais são as condições para se gerar uma DOCC?

1ª Os atos que criarem ou aumentarem DOCC deverão ser instruídos com a estimativa do impacto **orçamentário-financeiro no exercício em que deva entrar em vigor e nos dois subsequentes** e demonstrar a origem dos recursos para seu custeio.

2ª O ato será acompanhado de comprovação[17] de que a despesa criada ou aumentada **não afetará as metas de resultados fiscais previstas no anexo de metas fiscais da LDO** devendo seus efeitos financeiros, nos períodos seguintes, ser compensados pelo aumento permanente de receita[18] ou pela redução permanente de despesa.

Atenção

Enquanto na **renúncia de receita** pode-se utilizar como medida de compensação o aumento da receita; **no caso da DOCC** existem duas medidas de compensação: aumento permanente de receita ou pela redução permanente de despesa.

No caso da **renúncia de receita**, **a medida de compensação não é obrigatória**, pois se pode ter **considerado os impactos na renúncia na própria LOA.**

Apesar da regra estabelecida para a DOCC, a LRF estabelece a mesma não se aplica **nos seguintes casos**: **às despesas destinadas ao serviço da dívida nem ao reajustamento de remuneração de pessoal de que trata o inciso X do art. 37 da Constituição**[19].

O inciso X do art. 37 da CF/1988 dispõe que:

> a remuneração dos servidores públicos e o subsídio de que trata o § 4º do art. 39[20] somente poderão ser fixados ou alterados por lei específica, observada a iniciativa

17 Conterá as premissas e metodologia de cálculo utilizadas, sem prejuízo do exame de compatibilidade da despesa com as demais normas do plano plurianual e da lei de diretrizes orçamentárias.

18 Considera-se aumento permanente de receita o **proveniente da elevação de alíquotas, ampliação da base de cálculo, majoração ou criação de tributo ou contribuição**.

19 § 6º do art. 17 da LRF.

20 O membro de Poder, o detentor de mandato eletivo, os Ministros de Estado e os Secretários Estaduais e Municipais serão remunerados **exclusivamente por subsídio fixado** em parcela única, vedado o acréscimo de qualquer gratificação, adicional, abono, prêmio, verba de re-

privativa em cada caso, ***assegurada revisão geral anual***, sempre na mesma data e sem distinção de índices.

Por fim, considera-se aumento de despesa a prorrogação daquela criada por prazo determinado[21]. A Figura 28.6 resume o que foi apresentado.

Figura 28.6: Condições para se gerar uma DOCC

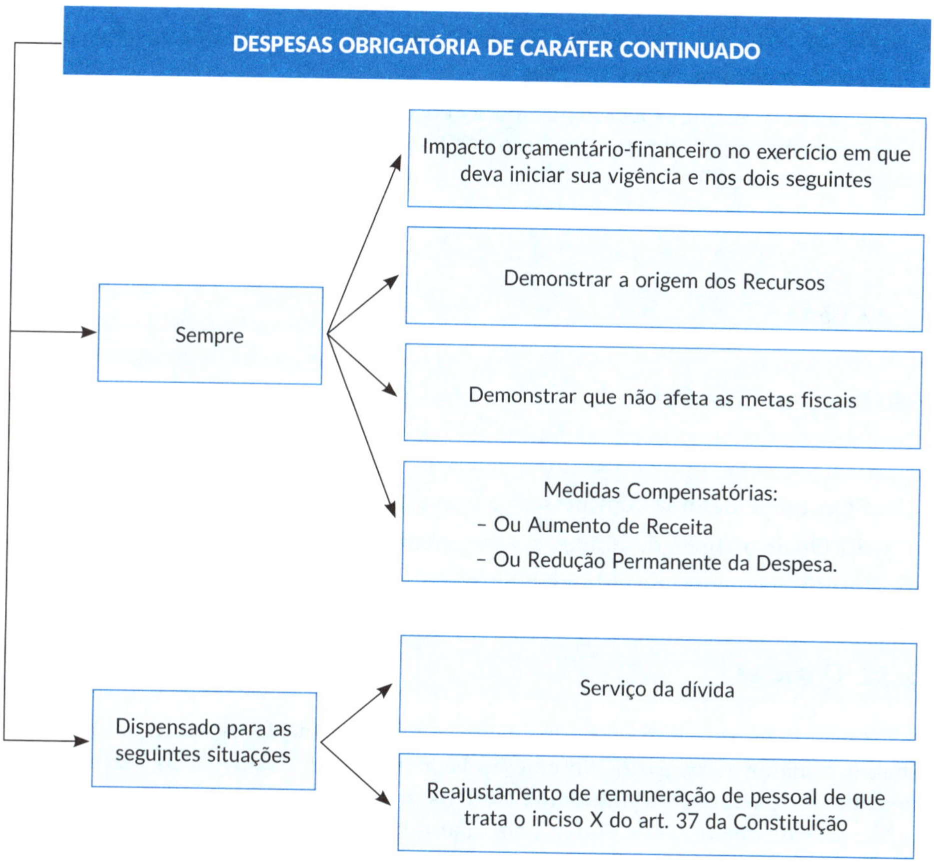

11ª Questão (FNDE Analista Cespe 2012): *Julgue o item a seguir.*

É obrigatória e de caráter continuado a despesa corrente cuja obrigação de execução, legalmente regulamentada, supere dois exercícios.

---

presentação ou outra espécie remuneratória, obedecido, em qualquer caso, o disposto no art. 37, X e XI.

21 § 7º do art. 17º da LRF.

12ª Questão (PGE-PI Analista Cespe 2014): *Julgue o item a seguir.*

Embora os atos que criarem ou majorarem despesas obrigatórias de caráter continuado devam ser instruídos com as estimativas de impacto previstas na LRF e com a demonstração da origem dos recursos para seu custeio, isso não se aplica a despesas destinadas ao serviço da dívida nem ao reajuste de servidores previsto na CF.

Solução

11. Certo, pois passou nos três requisitos: despesas correntes, decorrente de lei, obrigações superiores a 2 anos.

12. Certo, essas duas DOCC (despesas destinadas ao serviço da dívida nem ao reajuste de servidores previsto na CF) não precisam cumprir os requisitos do art. 17 da LRF.

Gabarito:

11. **Certo**

12. **Certo**

5.3. Despesa com Pessoal

As seguintes perguntas devem ser feitas quando se trata de despesa com pessoal:

(i) O que é despesa com pessoal e o que não é despesa com pessoal?

(ii) Quais os tipos de limites e seus percentuais?

(iii) O que ocorre quando os limites são ultrapassados?

5.3.1. O que é?

Quando ao primeiro questionamento, a LRF considera despesa total com pessoal: o somatório dos gastos do ente da Federação com os **ativos, os inativos e os pensionistas, relativos a mandatos eletivos, cargos, funções ou empregos, civis, militares e de membros de Poder**, com quaisquer espécies remuneratórias, tais como vencimentos e vantagens, fixas e variáveis, subsídios, proventos da aposentadoria, reformas e pensões, inclusive **adicionais, gratificações, horas extras e vantagens pessoais de qualquer natureza**, bem como encargos sociais e contribuições recolhidas pelo ente às entidades de previdência [22].

Ou seja, a despesa com pessoal **passa uma ideia de "tudo"** relacionado ao custeio com ativos, os inativos e os pensionistas, relativos a mandatos eletivos, cargos, funções ou empregos, civis, militares e de membros de Poder.

22 Art. 18º da LRF.

A despesa total com pessoal será apurada somando-se a realizada no **mês em referência com as dos onze imediatamente anteriores**, adotando-se o **regime de competência**[23].

Antes de apresentar o que será excluído da despesa com pessoal segue uma questão.

13ª Questão (TCU AUFC Cespe 2008): *Julgue o item a seguir.*

Para efeitos da LRF, a despesa total com pessoal engloba o somatório dos gastos do ente da Federação com os ativos, os inativos e os pensionistas, relativos a mandatos eletivos, cargos, funções ou empregos, civis, militares e de membros de poder, com quaisquer espécies remuneratórias, tais como vencimentos e vantagens, fixas e variáveis, subsídios, proventos da aposentadoria, reformas e pensões, inclusive adicionais, gratificações, horas extras e vantagens pessoais de qualquer natureza, bem como encargos sociais e contribuições recolhidas pelo ente às entidades de previdência.

Solução

Certo, conforme consta no art. 18º da LRF. Essa questão meio "covarde", pois o leitorcom certeza ficou pensando, será que a banca omitiu ou acrescentou algum item? Porém, vida de aluno é assim mesmo.

Gabarito: ***Certo***

Até o momento foi visto o que compõe a despesa com pessoal; mas o que deve ser excluído desse cálculo? A Figura 28.7 auxilia nessa análise.

Chamada 36 do Autor: Composição da Despesa com Pessoal

23 § 2º do art. 18º da LRF.

Figura 28.7: Demonstrativo da Despesa com Pessoal

RGF – Anexo I (LRF, art. 55, inciso I, alínea "a") R$ 1,00

DESPESA COM PESSOAL	DESPESAS EXECUTADAS (Últimos 12 Meses)	
	Liquidadas	Inscritas em restos a pagar não processados
DESPESA BRUTA COM PESSOAL (I)		
Pessoal Ativo		
Pessoal Inativo e Pensionistas		
Outras Despesas de Pessoal decorrentes de Contratos de Terceirização (§ 1° do art. 18 da LRF)		
DESPESAS NÃO COMPUTADAS (§ 1° do art. 19 da LRF) (II)		
Indenizações por Demissão e Incentivos à Demissão Voluntária		
Decorrentes de Decisão Judicial		
Despesas de Exercícios Anteriores		
Inativos e Pensionistas com Recursos Vinculados		
DESPESA LÍQUIDA COM PESSOAL (III) = (I – II)		
DESPESA TOTAL COM PESSOAL – DTP (IV) = (IIIa + IIIb)		
APURAÇÃO DO CUMPRIMENTO DO LIMITE LEGAL	**VALOR**	
RECEITA CORRENTE LÍQUIDA – RCL (V)		
% da DESPESA TOTAL COM PESSOAL – DTP sobre RCL (VI) = (IV/V) * 100		
LIMITE MÁXIMO (incisos I, II e III do art. 20 da LRF) – <%>		
LIMITE PRUDENCIAL (parágrafo único do art. 22 da LRF) – <%>		

FONTE: Sistem <Nome>, Unidade Responsável <Nome>, Data da emissão <dd/mm/aaaa> e hora de emissão <hh e mm>:

Nota: Durante o exercício, somente as despesas liquidadas são consideradas executadas. No encerramento do exercício, as despesas não liquidadas inscritas em restos a pagar não processados são também consideradas executadas. Dessa forma, para maior transparência, as despesas executadas estão segregadas em:

a) Despesas liquidadas, consideradas aquelas em que houve a entrega do material ou serviço, nos termos do art. 63 da Lei n° 4.320/64;

b) Despesas empenhadas mas não liquidadas, inscritas em restos a pagar não processados, consideradas liquidadas no encerramento do exercício, por força do inciso II do art. 35 da Lei n° 4.320/64.

No demonstrativo em referência **serão deduzidas (não computadas) apenas as seguintes despesas com pessoal**, desde que tenham sido inicialmente consideradas[24]:

a) **indenizações** por Demissão e com Programas de Incentivos à Demissão Voluntária;

b) **decorrentes de decisão judicial** da competência de período anterior ao da apuração, ou seja, o fato gerador é anterior a 12 meses;

c) **demais despesas da competência de período anterior ao da apuração**; e

d) **com inativos**, considerando-se também os pensionistas, ainda que por intermédio de fundo específico, **custeadas com recursos vinculados**, ou seja, provenientes da arrecadação de contribuições dos segurados e das demais receitas diretamente arrecadadas por fundo vinculado a tal finalidade, inclusive o produto da alienação de bens, direitos e ativos, bem como seu superávit financeiro.

Não poderão ser deduzidos:

a) as despesas com pessoal inativo e pensionista, **custeadas com recursos não vinculados**;

b) os valores transferidos a outro Ente da Federação **para fins da compensação financeira de que trata o § 9º do art. 201 da Constituição**, uma vez que esses valores não são computados como despesas de pessoal. Em contrapartida, os valores recebidos decorrentes dessa transferência poderão ser deduzidos pelo ente recebedor quando utilizados para o pagamento de inativos e pensionistas;

c) **o Imposto de Renda Retido na Fonte,** uma vez que, do ponto de vista do ente empregador, o IRRF não é despesa, mas receita tributária. De outra forma, a despesa com a remuneração bruta do servidor, a qual engloba o valor que, em um momento posterior, será retido para pagamento do IRRF, é despesa com pessoal.

Por fim, surge um último questionamento: **despesas com terceirizados compõem ou não a despesa com pessoal?** Vamos verificar o que apresentar a LRF sobre o tema:

> Os valores dos contratos de terceirização de mão-de-obra que se referem ***à substituição de servidores e empregados públicos*** serão contabilizados como ***"Outras Despesas de Pessoal"*** [25].

As **Outras Despesas de Pessoal** são as decorrentes de Contratos de Terceirização são as relativas à mão-de-obra, constantes dos contratos de terceirização, que **ou esteja empregada em atividade-fim da instituição**, ou **inerente a categorias funcionais abrangidas pelo respectivo plano de cargos e salários do quadro de pessoal**.

24 § 1º § do art. 19º da lei 101/2000.

25 § 1º do art. 18º da LRF.

Unidade Didática V
Controle Fiscal na Federação

14ª Questão (TCU AUFC 2008 Cespe): *Julgue o item a seguir.*

Na verificação da despesa total com pessoal da União, não serão computadas as despesas com indenização por demissão de servidores, as relativas à demissão voluntária e as decorrentes dos contratos de terceirização de mão-de-obra referentes a substituição de servidores e empregados públicos.

15ª Questão (CNJ Analista Cespe 2013): *Julgue o item a seguir.*

Considere que uma prefeitura tenha iniciado programa de demissão voluntária para não ultrapassar os limites com gastos com pessoal definidos na Lei de Responsabilidade Fiscal (LRF). Nessa situação, os gastos com o programa deverão compor a base de cálculo da despesa total com pessoal, o que diminui a eficácia da iniciativa para resolver o problema, uma vez que serão afetados os limites de gastos impostos pela LRF.

16ª Questão (Câmara dos Deputados Consultor Cespe 2014): *Considere a seguinte situação hipotética. Após sucessivos anos de baixo crescimento econômico, acompanhados de aumento constante nos salários e no número de funcionários concursados, certo poder público encontra-se em risco de ultrapassar os limites impostos pela Lei de Responsabilidade Fiscal (LRF).*

Nessa situação hipotética, para evitar que o risco se concretize, o poder público pode, entre outras medidas, iniciar um programa de demissão voluntária, pois, nesse caso, os gastos com os incentivos à demissão não deverão ser considerados para a verificação dos limites definidos pela LRF.

Solução

14. Errado, as despesas decorrentes dos contratos de terceirização de mão--de-obra referentes a substituição de servidores e empregados públicos são.

15. Errado, os gastos com demissão de pessoal apesar de serem classificados orçamentariamente no GND 1 – Pessoal, não entram no cálculo para fins de LRF.

16. Certo, pois os gastos com demissão devem ser excluídos.

Gabarito

14. **Errado**

15. **Errado**

16. **Certo**

5.3.2. *Limites e consequências pela sua ultrapassagem*

O Quadro 28.3 contém os limites totais de despesa com pessoal por esfera e poder.

Quadro 28.3: Limites Totais da Despesa com Pessoal conforme a LRF

Esfera	Poderes				
	Executivo	Legislativo	Judiciário	Ministério Público	Total
União	40,9%**	2,5%	6%	0,6%	50%
Estado	49% (48,6%)*	3% (3,4%)*	6%	2%	60%
Município	54%	6%	-	-	60%

Legenda: *Caso haja Tribunal de Contas dos Municípios (CE, GO, PA, BA); **Desse montante, 3% tem a seguinte repartição: 0,275% para o Tribunal de Justiça do Distrito Federal e dos Territórios; 0,092% para o Ministério Público do Distrito Federal e dos Territórios; 0,160% para o ex-Território de Roraima; 0,273% para o ex-Território do Amapá; 2,200% para o Distrito Federal (Forças auxiliares, etc.).

Enquete 2 do autor: Esse percentual do limite total é aplicado sobre qual base de cálculo?

Sobre a Receita Corrente Líquida.

Enquete 3 do autor: Por que o termo limite total, existem outros limites?

Sim, existem para as despesas com pessoal três limites: total (100%), prudencial (95%) e o de alerta (90%).

A melhor forma para explicar isso é por meio da Figura 28.8.

Figura 28.8: Limites de Despesa com Pessoal e restrições

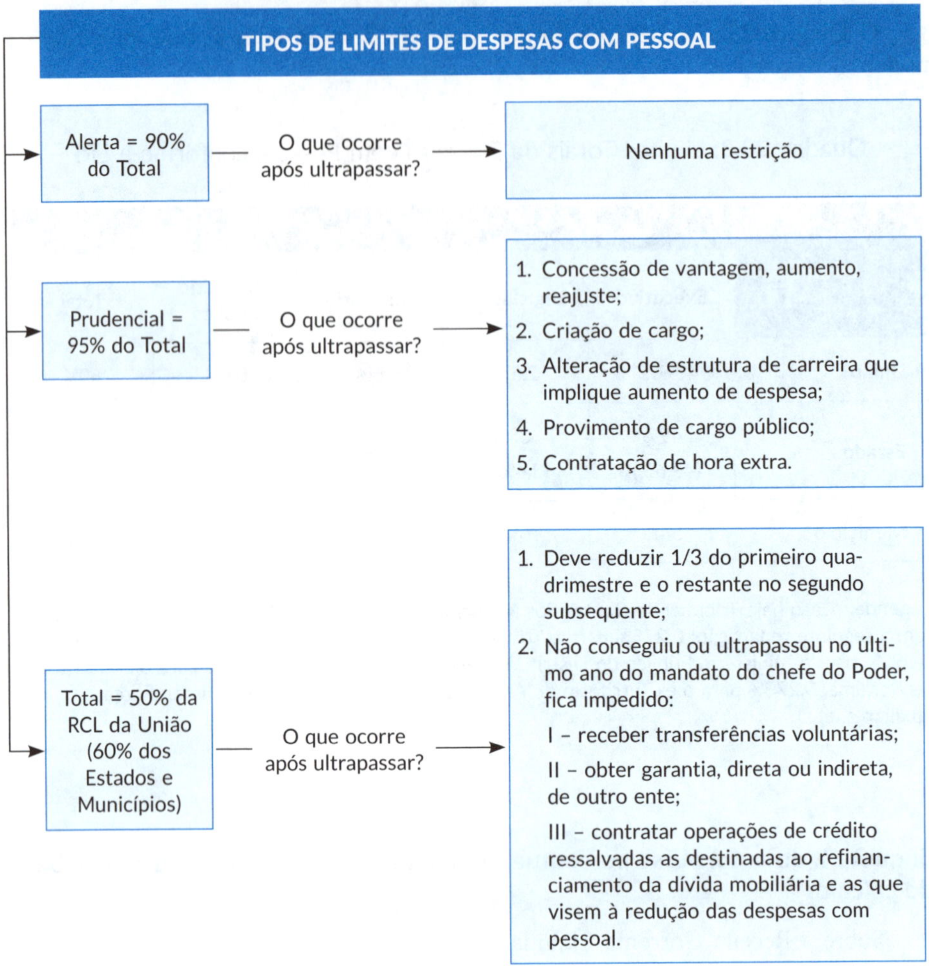

17ª Questão (TJ-ES Contador Cespe 2011): *Considerando a tabela abaixo, que apresenta dados contidos no relatório de gestão fiscal do Tribunal de Justiça do Estado do Espírito Santo (TJ/ES), de janeiro a dezembro de 2010, julgue o item que se segue com base na Lei de Responsabilidade Fiscal (LRF).*

DESPESAS COM PESSOAL	R$ MILHÕES
Despesas brutas com pessoal	602,7
Despesas não computadas (§ 1º do art. 19 da LRF)	208,7
Receita corrente líquida	7.909,0

Fonte: Tribunal de Justiça do Espírito Santo, Internet: <www.tj.es.gov.br> (com adaptações)

As despesas com pessoal do TJ/ES estão abaixo do limite prudencial estabelecido na LRF, não impedindo, portanto, o tribunal de conceder reajuste ou fazer adequação de remuneração dos seus servidores.

Solução

Certo. O Limite Prudencial corresponde a 95%. Mas 95% sobre o que? Resposta: Sobre o limite total. Assim, temos que: Limite Prudencial = 95% * 6% (Limite Total do Judiciário Estadual) * RCL (7.909) à Limite prudencial = 0,95* 0,06 * 7.909 = 450,81.

Por outro lado, tem-se que: Despesas de Pessoal = 602,7 - 208,7 = 394.

Logo as despesas com pessoal estão abaixo do limite prudencial.

Apesar da questão não ter pedido, vamos apresentar os demais limites:

(i) Limite Total: 6% * 7.909 = 474,54.

(ii) Limite Prudencial: 450,81.

(iii) Limite de Alerta: 90% * 6% * 7.909 = 427,09.

Assim, a segunda parte da questão, está certa, pois nessa situação não há restrições.

Gabarito: ***Certo***

Chamada 37 do Autor: Fluxo das medidas quando se ultrapassa o limite total da despesa com Pessoal

O Quadro 28.4 traz com mais detalhes, o que ocorre quando o limite total e o limite prudencial são ultrapassados.

Quadro 28.4: Medidas quando os limites são ultrapassados

Limite	O que ocorre quando o limite é ultrapassado?
Prudencial à (95%) * (o percentual estipulado para o ente/ RCL)	São vedados ao Poder ou órgão que houver incorrido no excesso: a) concessão de vantagem, aumento, reajuste ou adequação de remuneração a qualquer título, salvo os derivados de sentença judicial ou de determinação legal ou contratual, **ressalvada a revisão geral anual**, sempre na mesma data e sem distinção de índices; b) criação de cargo, emprego ou função; c) alteração de estrutura de carreira que implique aumento de despesa; d) provimento de cargo público, admissão ou contratação de pessoal a qualquer título, ressalvada a reposição decorrente de aposentadoria ou falecimento de servidores das áreas de educação, saúde e segurança; e) contratação de hora extra.

Limite	O que ocorre quando o limite é ultrapassado?
Total à (100%) * (o percentual estipulado para o ente/ RCL)	O excesso deve ser reduzido da seguinte forma: 1/3 do primeiro quadrimestre subsequente; 2/3 no segundo quadrimestre **adotando-se, entre outras, as providências previstas nos §§ 3º e 4º do art. 169 da Constituição.** Caso não seja alcançada a redução no prazo estabelecido, e enquanto perdurar o excesso, o ente não poderá: I - receber transferências voluntárias; II - obter garantia, direta ou indireta, de outro ente; III - contratar operações de crédito, **ressalvadas as destinadas ao refinanciamento da dívida mobiliária e as que visem à redução das despesas com pessoal.**
	Todavia, as restrições anteriores aplicam-se imediatamente se a despesa total com pessoal exceder o limite no primeiro quadrimestre do último ano do mandato dos titulares de Poder ou órgão referidos no Quadro 28.3.

Atenção

Não há restrições para o Poder ou Órgão quando o limite de alerta é ultrapassado.

As restrições do limite prudencial continuam valendo quando o limite total é ultrapassado, ou seja, são cumulativas.

Enquete 4 do autor: Quais são as medidas para reduzir as despesas com pessoal?

As providências previstas nos §§ 3º e 4º do art. 169 da Constituição são as seguintes:

> *§ 3º Para o cumprimento dos limites estabelecidos com base neste artigo, durante o prazo fixado na lei complementar referida no caput, a União, os Estados, o Distrito Federal e os Municípios adotarão as seguintes providências:*
>
> *I- **Redução em pelo menos vinte por cento** das despesas com cargos em comissão e funções de confiança;*
>
> *II- **Exoneração dos servidores não estáveis.***
>
> *§ 4º Se as medidas adotadas com base no parágrafo anterior não forem suficientes para assegurar o cumprimento da determinação da lei complementar referida neste artigo, o **servidor estável poderá perder o cargo**, desde que ato normativo motivado de cada um dos Poderes especifique a atividade funcional, o órgão ou unidade administrativa objeto da redução de pessoal.*

Importante destacar que as medidas são sucessivas, assim, não se pode exonerar servidores não estáveis antes de se reduzir pelo menos vinte por cento das despesas com cargos em comissão e funções de confiança.

18ª Questão (IPEA Técnico em Orçamento Cespe 2008): *Julgue o item a seguir.*

Considere a hipótese de um município em que as despesas de pessoal totais estão abaixo do limite global de 60% das receitas correntes líquidas, mas a Câmara de Vereadores respectiva gasta, com sua folha de pagamentos, mais do que seu limite próprio, de 6% do mesmo agregado de receita, e está nessa situação há dez meses. Nesse caso, as transferências voluntárias da União para esse município não precisam ser suspensas.

19ª Questão (TCU AUFC Cespe 2008): *Julgue o item a seguir.*

Sempre que a despesa total com pessoal exceder o limite prudencial, a União fica proibida de conceder vantagem, aumento, reajuste ou adequação de remuneração. Contudo, poderá fazer admissão ou contratação de pessoal das áreas de educação, saúde e segurança, a título de reposição em virtude de aposentadoria ou falecimento de servidores.

20ª Questão (FNDE Analista Cespe 2012): *Julgue o item a seguir.*

A despesa total com pessoal dos Executivos municipais limita-se à metade da receita corrente líquida.

Solução

18. Errado, nesse caso, as transferências voluntárias da União para esse município precisam ser suspensas. Pois em nessa situação o Legislativo está há pelo menos 10 meses com o limite acima de 6% da RCL, sendo que o excesso já deveria estar sendo reduzido.

19. Errado, mesmo que o limite prudência seja ultrapassado pode ser concedida a revisão geral anual, sempre na mesma data e sem distinção de índices; contudo, poderá fazer admissão ou contratação de pessoal das áreas de educação, saúde e segurança, a título de reposição em virtude de aposentadoria ou falecimento de servidores

20. Errado, o limite é de 54% e não de 50%.

Gabarito

18. **Errado**

19. **Errado**

20. **Errado**

21. (TJ-CE Analista Cespe 2014): *A Lei de Responsabilidade Fiscal instituiu limites para a despesa total com pessoal e encargos sociais baseados em percentuais da receita corrente líquida. Assinale a opção em que se apresenta um tipo de gasto que deve ser incluído no montante total de despesa de pessoal.*

a) pagamento de aposentadorias custeadas por recursos de arrecadação de contribuições dos segurados.

b) indenizações por demissão voluntária de servidores e empregados.

Unidade Didática V
Controle Fiscal na Federação

c) compensações decorrentes de convocação extraordinária do congresso Nacional.
d) contratos de terceirização de mão de obra em substituição a servidores e empregados.
e) despesas decorrentes do pagamento de decisões judiciais.

Solução

a) Errado, deve ser excluído.
b) Errado, deve ser excluído.
c) Errado, deve ser excluído.
d) Certo, é a única inclusão prevista na LRF.
e) Errado, deve ser excluído se a competência for anterior aos 12 meses do período de apuração. Do contrário deve ser mantido.

Gabarito: ***D***

Por fim, é importante lembrar que é nulo de pleno direito o ato que provoque aumento da despesa com pessoal e não atenda:

I – as exigências dos arts. 16 (despesas em geral) e 17 (DOCC) da LRF, e o disposto no inciso XIII do art. 37[26] e no § 1º do art. 169 da Constituição[27];

II – o limite legal de comprometimento aplicado às despesas com pessoal inativo.

Também é nulo de pleno direito o ato de que resulte aumento da despesa com pessoal expedido **nos cento e oitenta dias anteriores ao final do mandato do titular do respectivo Poder ou órgão** referido no Quadro 28.3.

5.4. Despesas com a Seguridade Social

A LRF estabelece que[28] **nenhum benefício ou serviço relativo à seguridade social** poderá ser **criado, majorado ou estendido** sem a indicação da fonte de custeio total, nos termos do § 5º do art. 195[29] da Constituição, atendidas ainda as exigências as **Despesas Obrigatórias de Caráter Continuado (DOCC)**.

26 É vedada a vinculação ou equiparação de quaisquer espécies remuneratórias para o efeito de remuneração de pessoal do serviço público.

27 Art. 169. A despesa com pessoal ativo e inativo da União, dos Estados, do Distrito Federal e dos Municípios não poderá exceder os limites estabelecidos em lei complementar.

§ 1º **A concessão de qualquer vantagem ou aumento de remuneração, a criação de cargos, empregos e funções ou alteração de estrutura de carreiras, bem como a admissão ou contratação de pessoal, a qualquer título, pelos órgãos e entidades da administração direta ou indireta, inclusive fundações instituídas e mantidas pelo poder público, só poderão ser feitas:**

I - **se houver prévia dotação orçamentária suficiente para atender às projeções de despesa de pessoal e aos acréscimos dela decorrentes;**

II - se houver autorização específica na lei de diretrizes orçamentárias, ressalvadas as empresas públicas e as sociedades de economia mista.

28 Art. 24º da LRF.

29 Nenhum benefício ou serviço da seguridade social poderá ser criado, majorado ou estendido sem a correspondente fonte de custeio total.

É **dispensada** a compensação referida da **DOCC** o aumento de despesa decorrente de:

I – concessão de benefício a quem satisfaça as condições de habilitação prevista na legislação pertinente;

II – expansão quantitativa do atendimento e dos serviços prestados;

III – reajustamento de valor do benefício ou serviço, a fim de preservar o seu valor real.

A Figura 28.9 resume o que foi apresentado.

Figura 28.9: Condições para se aumentar a despesa com a Seguridade Social

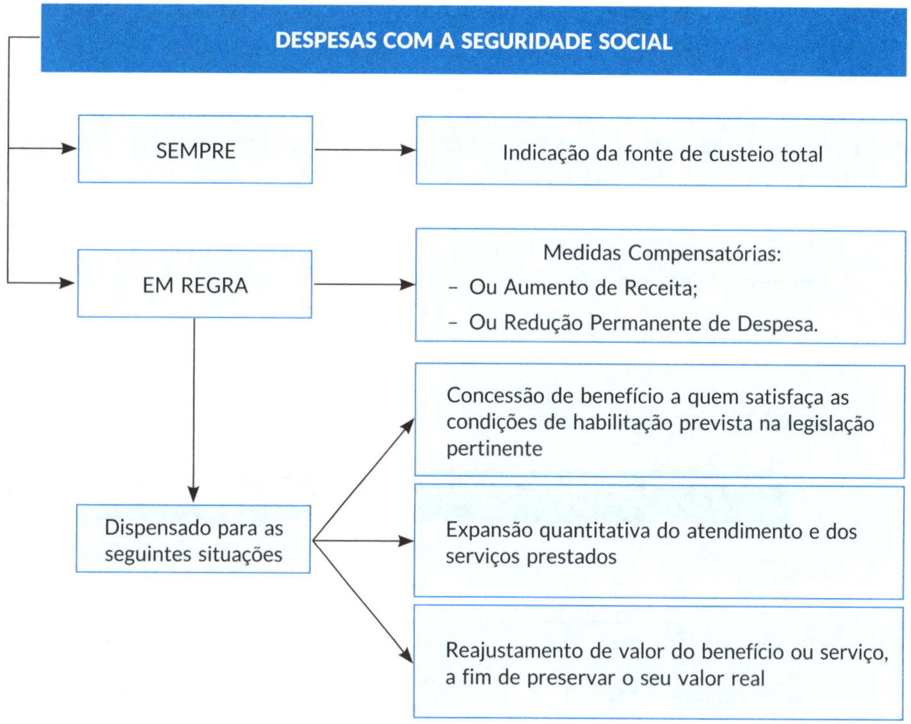

22ª Questão (TCU TFCE Cespe 2012): *Julgue o item a seguir.*

O reajustamento do valor de benefício da seguridade social, a fim de preservar o seu valor real, deve apresentar a origem dos recursos para o seu custeio e os seus efeitos financeiros nos períodos seguintes, que devem ser compensados pelo aumento permanente de receita e pela redução permanente de despesa da previdência.

Solução

Errado, neste caso de preservar o seu valor real esta exigência não é necessária.

Gabarito: ***Errado***

5.5. Destinação de Recursos para o Setor Privado

A destinação de recursos para, direta ou indiretamente, cobrir necessidades de pessoas físicas ou déficits de pessoas jurídicas deverá ser autorizada **por lei específica**, atender às condições estabelecidas na **lei de diretrizes orçamentárias e estar prevista no orçamento ou em seus créditos adicionais**[30].

Salvo mediante lei específica, não poderão ser utilizados recursos públicos, inclusive de operações de crédito, para socorrer instituições do Sistema Financeiro Nacional, ainda que mediante a concessão de empréstimos de recuperação ou financiamentos para mudança de controle acionário[31].

Tal regra, no entanto, **não proíbe o Banco Central do Brasil de conceder** às instituições financeiras operações de redesconto e **de empréstimos de prazo inferior a trezentos e sessenta dias.**

Em suma, é possível alocar recursos do orçamento fiscal e da seguridade social para entidades privadas com fins lucrativos, desde em regra haja lei específica, cumpra as condições da LDO e esteja prevista na LOA. Tal entendimento já constava no inciso VIII do art. 167º da CF/1988:

> É vedada utilização, ***sem autorização legislativa específica***, de recursos dos orçamentos fiscal e da seguridade social para suprir necessidade ou cobrir déficit de empresas, fundações e fundos.

A Figura 28.10 resume o que foi apresentado.

Figura 28.10: Condições para se transferir recursos para o setor privado

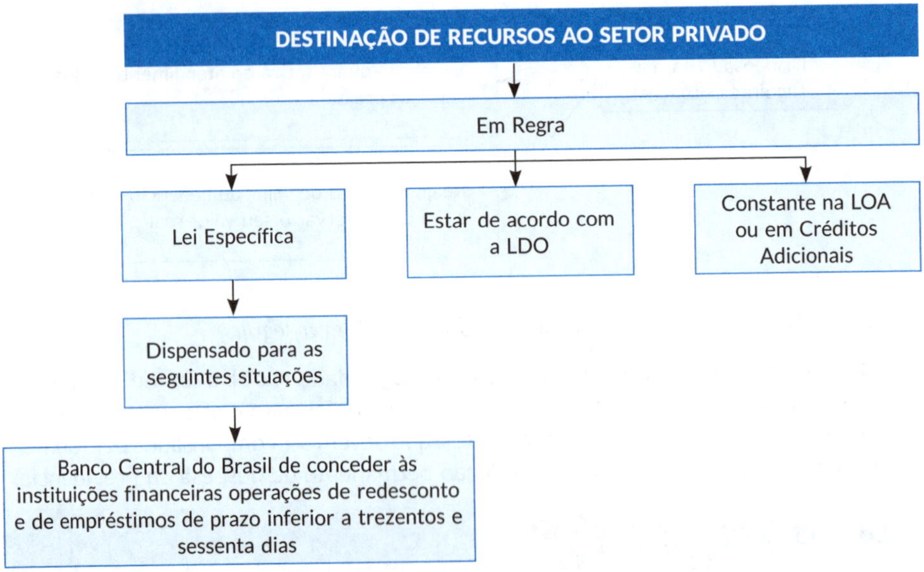

30 Art. 26° da LRF.

31 Art. 28° da LRF.

23ª Questão (IPEA Técnico - Gestão de Orçamento Cespe 2008): *Julgue o item a seguir.*

O socorro aos bancos afetados pela recente crise financeira internacional poderia ser feito sem necessidade de aprovação de lei autorizando especificamente a despesa.

Solução

Certo, tal situação é possível se os prazos dos empréstimos forem inferiores a 360 dias.

Gabarito: ***Certo***

5.6. Transferências Voluntárias

Para efeito LRF, **entende-se por transferência voluntária a entrega de recursos correntes ou de capital a outro ente da Federação**, a título de cooperação, auxílio ou assistência financeira, que não decorra de determinação constitucional, legal ou os destinados ao Sistema Único de Saúde. Assim, estão fora do escopo da LRF as transferências do Quadro 28.5.

Quadro 28.5: Transferências fora do Escopo da LRF

Transferências Constitucionais	São transferências, previstas na Constituição Federal, de parcelas das receitas federais arrecadadas pela União e que devem ser repassadas aos Estados, ao Distrito Federal e aos Municípios. O objetivo do repasse é amenizar as desigualdades regionais e promover o equilíbrio socioeconômico entre Estados e Municípios. Dentre as principais transferências da União para os Estados, o DF e os Municípios, previstas na Constituição, destacam-se: o Fundo de Participação dos Estados e do Distrito Federal (FPE); o Fundo de Participação dos Municípios (FPM); o Fundo de Compensação pela Exportação de Produtos Industrializados (FPEX); o Fundo de Manutenção e de Desenvolvimento do Ensino Fundamental e de Valorização do Magistério (FUNDEF); e o Imposto sobre a Propriedade Territorial Rural (ITR).
Transferências Legais	São as parcelas das receitas federais arrecadadas pela União, repassadas aos Estados, ao Distrito Federal e aos Municípios, previstas em leis específicas. Essas leis determinam a forma de habilitação, a transferência, a aplicação dos recursos e como deverá ocorrer a respectiva prestação de contas. Dentre as principais transferências da União para os Estados, o DF e os Municípios, previstas em leis, destacam-se: o Programa Nacional de Alimentação Escolar (PNAE), o Programa Nacional de Apoio ao Transporte do Escolar (PNATE), o Programa Dinheiro Direto na Escola (PDDE), o Programa de Apoio aos Sistemas de Ensino para Atendimento à Educação de Jovens e Adultos, entre outros.

Transferências destinadas ao Sistema Único de Saúde (SUS)	São transferências tratadas separadamente por conta da relevância do assunto, por meio da celebração de convênios, de contratos de repasses e, principalmente, de transferências fundo a fundo. O SUS compreende todas as ações e serviços de saúde estatais das esferas federal, estadual, municipal e distrital, bem como os serviços privados de saúde contratados ou conveniados. Os valores são depositados diretamente do Fundo Nacional de Saúde aos fundos de saúde estaduais, municipais e do Distrito Federal. Os depósitos são feitos em contas individualizadas, isto é, específicas dos fundos
Transferências Diretas ao Cidadão	São os recursos financeiros repassados pela União diretamente ao cidadão que participa de programas específicos. A União concede benefício monetário mensal, sob a forma de transferência de renda diretamente à população-alvo do programa
Transferências Voluntárias não cobertas pela LRF	Mediante convênios ou contratos de repasse em que o convenente (quem recebe os recursos) é uma entidade com ou sem fins lucrativos (desde que não seja um ente público: Estado ou Município, pois estes estão abrangidos pela LRF).

O Quadro 28.6 contém as exigências para a realização de transferência voluntária entre a União e os Estados e Municípios, ou entre Estados e Municípios, além daquelas que vierem a ser estabelecidas na lei de diretrizes orçamentárias (LDO).

Quadro 28.6: Condições para realizar uma Transferência Voluntária

1	Existência de **dotação específica**.
2	Observância do disposto no inciso X do art. 167 da Constituição àé ***vedada a transferência voluntária de recursos*** *e a concessão de empréstimos, inclusive por antecipação de receita, pelos Governos Federal e Estaduais e suas instituições financeiras,* ***para pagamento de despesas com pessoal ativo, inativo e pensionista****, dos Estados, do Distrito Federal e dos Municípios.*
3	Comprovação, por parte do beneficiário, de: a) Que se **acha em dia quanto ao pagamento de tributos, empréstimos e financiamentos devidos ao ente transferidor**, bem como quanto à prestação de contas de recursos anteriormente dele recebidos; b) Cumprimento dos **limites constitucionais relativos à educação e à saúde;** c) Observância dos **limites** das dívidas consolidada e mobiliária, de operações de crédito, inclusive por antecipação de receita(ARO), de inscrição em Restos a Pagar (RP) e de despesa total com pessoal; d) Previsão **orçamentária de contrapartida**.

É vedada a utilização de recursos transferidos em finalidade diversa da pactuada.

Atenção

Para fins da aplicação das **sanções de suspensão de transferências voluntárias** constantes da LRF, **excetuam-se aquelas relativas a ações de educação, saúde e assistência social.**

Ou seja, mesmo que o ente ultrapasse o limite total de despesas com pessoal e o limite da dívida consolidada, ainda assim, este ente pode receber de transferências voluntárias relativas a ações de educação, saúde e assistência social.

A Figura 28.11 resume o que foi apresentado.

Figura 28.11: Condições uma Transferência Voluntária

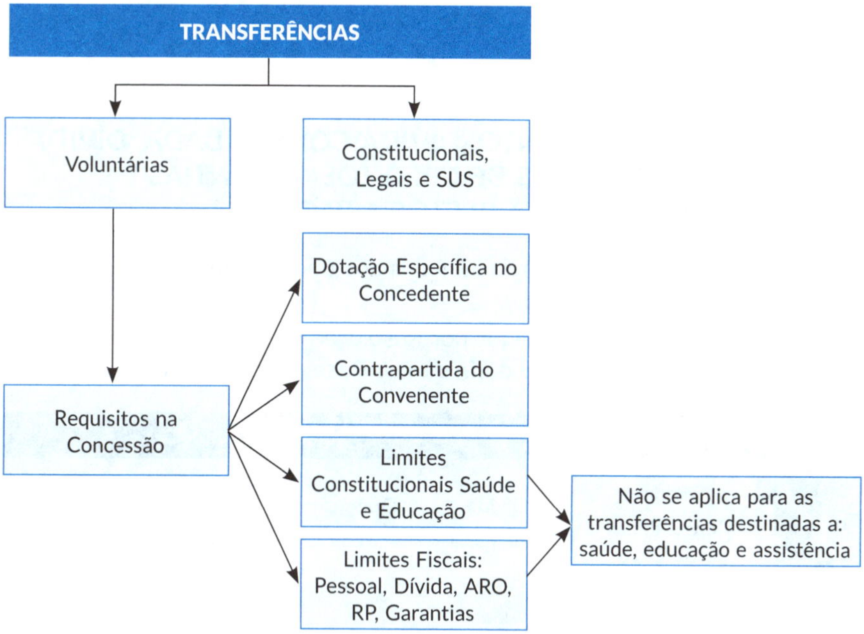

24ª Questão (IPEA Técnico – Gestão de Orçamento Cespe 2008): *Julgue o item a seguir.*

Se um convênio é firmado entre a União e um município do estado do Rio de Janeiro e se esse município não tem previsão orçamentária para a contrapartida exigida, tal transferência não pode ser realizada.

25ª Questão (BACEN Analista Cespe 2013): *Julgue o item a seguir.*

Considere que determinado município deseje receber transferências voluntárias da União. Nessa situação, além de obedecer aos limites e critérios estabelecidos na LRF, será indispensável a formalização da transferência por meio de convênio.

26ª Questão (Câmara dos Deputados Consultor Cespe 2014): *Julgue o item a seguir.*

Uma das exigências a serem atendidas pelo beneficiário da transferência voluntária é a observância dos limites de inscrição dos restos a pagar.

Solução

24. Certo, a contrapartida é um requisito necessário.

25. Errado, a questão foi pesada, pois foi além da LRF. Em termos gerais pode-se utilizar convênios e contratos de repasse.

26. Certo, esse é um dos limites a serem observados.

Gabarito:

24. **Certo**

25. **Errado**

26. **Certo**

6 DÍVIDAS E ENDIVIDAMENTO (DÍVIDA CONSOLIDADA, DÍVIDA MOBILIÁRIA, OPERAÇÕES DE CRÉDITOS/GARANTIAS E CONTRAGARANTIAS, ARO, RESTOS A PAGAR)

A seguir constam os limites relacionados aos tipos de dívida e endividamento.

Quadro 28.6: Limites estabelecidos por Resolução do Senado **(exceto a dívida mobiliária da União que deve ser definida por Resolução do Congresso Nacional)**

Esfera		Objeto de Limite			
	Dívida Consolidada desde 2016	**Dívida Mobiliária**	**Operação Crédito**	**Concessão de Garantia**	**ARO**
U	Ainda não foi definido **	Ainda não foi definido*	60%***	60%***	Ainda não foi definido***
E	200%**	Ainda não foi definido*	16%**	22%***	7%***
M	120%**	Ainda não foi definido*	16%**	22%***	7%***

Legenda:

* Definido por lei federal.

** Definido por proposta do Presidente com posterior resolução do senado.

*** Definido por resolução do senado.

Atenção

Os percentuais do Quadro 28.6 têm como base de cálculo a Receita Corrente Líquida.

Esses percentuais não constam no corpo na LRF, diferentemente dos percentuais da despesa com pessoal.

Com exceção do limite da dívida mobiliária da União que deve ser definida pelo Congresso Nacional, os demais percentuais são definidos pelo Senado Federal.

6.1. Dívida consolidada e mobiliária

A Dívida Consolidada – DC ou fundada corresponde ao montante total, apurado sem duplicidade, das obrigações financeiras, inclusive as decorrentes de emissão de títulos do Ente da Federação, assumidas em virtude de leis, contratos, convênios ou tratados e da realização de operações de crédito para amortização em prazo superior a 12 (doze) meses, dos precatórios judiciais emitidos a partir de 5 de maio de 2000 e não pagos durante a execução do orçamento em que houverem sido incluídos, e das operações de crédito, que, embora de prazo inferior a 12 (doze) meses, tenham constado como receitas no orçamento.

A Dívida Consolidada não inclui as obrigações existentes entre as administrações diretas do Ente da Federação e seus respectivos fundos, autarquias, fundações e empresas estatais dependentes, ou entre essas entidades da administração indireta. O Quadro 28.7 e a Figura 28.12 tratam dos os conceitos e componentes da dívida consolidada.

Quadro 28.7: Conceitos de dívida fundada ou consolidada

Normativo	Conceito da dívida fundada ou consolidada
Lei 4320/1964	A dívida fundada compreende os compromissos de exigibilidade **superior a doze meses**, contraídos para atender a desequilíbrio orçamentário ou a financeiro de obras e serviços públicos[32].
Decreto 93872/1986	Compreende os compromissos de **exigibilidade superior a 12 (doze) meses** contraídos mediante emissão de títulos ou celebração de contratos para atender a desequilíbrio orçamentário, ou a financiamento de obras e serviços públicos, **e que dependam de autorização legislativa para amortização ou resgate**[33].

32 Art. 98° da lei 4320/1964.

33 § 2° Art. 115° do Decreto 93872/1986.

Normativo	Conceito da dívida fundada ou consolidada
LRF	Corresponde ao montante total, apurado sem duplicidade, das obrigações financeiras do ente da Federação, assumidas em virtude de leis, contratos, convênios ou tratados e da realização de operações de crédito, **para amortização em prazo superior a doze meses.**[34]
	Também integram a dívida pública consolidada as **operações de crédito de prazo inferior a doze meses** cujas receitas tenham constado do orçamento[35].
	Os precatórios judiciais não pagos durante a execução do orçamento em que houverem sido incluídos integram a dívida consolidada, para fins de aplicação dos limites, posteriores a 5/5/2000 (inclusive)[36].

Figura 28.12: Composição da dívida consolidada

DÍVIDA CONSOLIDADE – DC (I)
Dívida Mobiliária
Dívida Contratual
Interna
Externa
Precatórios Posteriores a 05/05/2000 (Inclusive) – Vencidos e não Pagos
Demais Dívidas

Fonte: Manual de Demonstrativos Fiscais

A Figura 28.13 mostra o que não compõe a dívida consolidada.

34 Inciso I do art. 29º da LRF.

35 § 3º do art. 29º da LRF.

36 § 7º do art. 30º da LRF.

Figura 28.13: valores que não compõem a Dívida Consolidada

OUTROS VALORES NÃO INTEGRANTES DA DC
Precatórios Anteriores a 05/05/2000
Insuficiência Financeira
Depósitos
RP Processados de exercícios anteriores
Antecipações de receita orçamentária - ARO

A dívida mobiliária que integra a dívida consolidada consiste na dívida pública representada por títulos emitidos pela União, inclusive os do Banco Central do Brasil, Estados e Municípios.

O **refinanciamento do principal da dívida mobiliária** não excederá, ao término de cada exercício financeiro, o montante do final do exercício anterior, somado ao das operações de crédito autorizadas no orçamento para este efeito e efetivamente realizadas, acrescido de atualização monetária. **Conclui-se que a despesa com juros e encargos ficam fora do refinanciamento da dívida.**

Como funciona a emissão de títulos públicos na federação?

Na União, o Banco Central do Brasil parou de emitir títulos da dívida pública dois anos após a publicação da LRF.

Quanto aos Estados e Municípios, atualmente, o mercado primário de títulos públicos estaduais e municipais no Brasil, por força da Emenda Constitucional nº 3, de 17.3.1993, e mais recentemente também por força da Resolução do Senado Federal n.º 78, de 1.º.7.98, restringe-se basicamente à emissão de títulos com o objetivo de renegociar dívida antiga, existindo uma tendência para uma forte redução no tamanho desse mercado.

Para emitir títulos públicos, estados e municípios necessitam de autorização do Senado Federal, devidamente instruída com parecer do Banco Central do Brasil, bem como de autorização legislativa do próprio estado ou município interessado na emissão deste título.

Os estados ou os municípios interessados em emitir títulos públicos encaminham o pedido de emissão ao Banco Central, que analisa cada caso. O Banco Central envia ao Senado Federal um parecer, conclusivo, recomendando ou não a emissão. No Senado, este parecer é recebido pela Comissão de Assuntos Econômicos (CAE), composta por 27 senadores, a qual aprova ou rejeita o pedido, enviando-o em seguida para a instância decisiva, o plenário.

De posse da autorização do Senado Federal para emitir os títulos, o estado ou o município faz a emissão destes títulos, para em seguida tentar lançá-los no mercado.

Em suma:

1. Os títulos do BACEN compõem a dívida mobiliária da União;
2. Os Estados e Municípios ainda podem emitir títulos que compõem suas respectivas dívidas mobiliárias.

27ª Questão (IPEA Técnico – Gestão de Orçamento Cespe 2008): *Julgue o item a seguir.*

Os títulos emitidos pelo Banco Central do Brasil não são computados no cálculo da dívida pública.

28ª e 29ª Questões (MPU Cargo 6 Cespe 2013): *Com relação às normas de finanças públicas voltadas para a responsabilidade na gestão fiscal, julgue os itens seguintes.*

28. Os limites globais para o montante da dívida consolidada da União, estados e municípios propostos pelo presidente da República poderão ser verificados a partir de percentual da receita corrente líquida (RCL).

29. Para fins de ajustes da dívida pública consolidada aos limites fixados, os precatórios liquidados durante a previsão do orçamento bem como os precatórios não pagos não devem ser incluídos no montante da dívida consolidada.

Solução

27. Errado, os títulos do BACEN compõem a dívida pública da União. É verdade também que 2 anos após a publicação da LRF o BACEN ficou impedido de emitir títulos.LRF: Art. 34. O Banco Central do Brasil não emitirá títulos da dívida pública a partir de dois anos após a publicação desta Lei Complementar.

28. Certo, é exatamente o que consta na CF/1988.

29. Errado, os precatórios não pagos devem ser incluídos nos limites da dívida consolidada.

Gabarito:

27. **Errado**

28. **Certo**

29. **Errado**

Para todos os fins, **o conceito de endividamento utilizado na apuração dos respectivos limites**, com base na Receita Corrente Líquida, **deverá ser o da Dívida Consolidada Líquida**.

Observou-se no Quadro 28.5 que os limites globais para o montante da Dívida Consolidada Líquida de Estados e Municípios, ao final do décimo quinto exercício financeiro, contado a partir do final de 2001, não poderão exceder a 2 vezes a Receita Corrente Líquida, no caso dos Estados e do Distrito Federal, e 1,2 vezes a Receita Corrente Líquida, no caso dos Municípios.

Porém, no caso de desenquadramento, há duas regras de recondução aos limites e que constam no Quadro 28.8.

Quadro 28.8: Regras para recondução dos limites

Transitória	A regra transitória se aplica para os estados, DF e municípios que estavam desenquadrados no final do exercício de 2001. A regra determina o retorno ao limite máximo em até 15 anos, à razão de 1/15 ao ano. Se o ente descumprir a trajetória, ficará vedada a realização de operação de crédito, inclusive ARO, exceto para o refinanciamento de dívida mobiliária. Cabe durante a trajetória de ajuste o ente se enquadrar, ficando abaixo do limite máximo, ele passa a seguir a regra permanente.
	Não consta na LRF, mas em Resolução do Senado.
Permanente	A regra permanente se aplica para os entes que estavam enquadrados no final do exercício de 2001, mas que vierem a se desenquadrar a qualquer tempo, ou que estavam desenquadrados, conseguiram enquadrar-se, mas voltaram a se desenquadrar. A regra determina o retorno ao limite máximo em até 3 quadrimestres (1 ano), sendo pelo menos 25% do primeiro quadrimestre e o restante dos dois quadrimestres seguintes.
	Consta na LRF.
	Essa regra é aplicável para: Dívida Mobiliária, Operações de Crédito Interna e Externas[37].

37 § 5º do art. 31º da LRF.

A seguir, a Figura 28.14 ilustra o cálculo da Dívida Consolidada Líquida.

Figura 28.14: Dívida Consolidada Líquida

RGF – Anexo II (LRF, art. 55, inciso I, alínea "b") R$ 1,00

DÍVIDA CONSOLIDADA	SALDO DO EXERCÍCIO ANTERIOR	SALDO DO EXERCÍCIO DE <EXERCÍCIO>		
		Até o 1º Quadrimestre	Até o 2º Quadrimestre	Até o 3º Quadrimestre
DÍVIDA CONSOLIDADA – DC (I)				
Dívida Mobiliária				
Dívida Contratual				
Interna				
Externa				
Precatórios Posteriores a 05/05/2000 (Inclusive) – Vencidos e não Pagos				
Outras Dívidas				
DEDUÇÕES (II)				
Disponibilidade de Caixa Bruta				
Demais Haveres Financeiros				
(–) Resto a Pagar Processados (Exceto Precatórios)				
DÍVIDA CONSOLIDADA LÍQUIDA – DCL (III) = (I – II)				
RECEITA CORRENTE LÍQUIDA – RCL				
% DA DC SOBRE A RCL (I/RCL)				
% DA DCL SOBRE A RCL (III/RCL)				
LIMITE DEFINIDO POR RESOLUÇÃO DO SENADO FEDERAL – <%>				

DETALHAMENTO DA DÍVIDA CONTRATUAL				
DÍVIDA CONTRATUAL (IV = V + VI + VII + VIII)				
DÍVIDA DE PPP (V)				
PARCELAMENTO DE DÍVIDAS (VI)				
De Tributos				
De Contribuições Sociais Previdenciárias				
Demais Contribuições Sociais				
Do FGTS				
Com Instituição Não Financeira				

DETALHAMENTO DA DÍVIDA CONTRATUAL				
DÍVIDA COM INSTITUIÇÃO FINANCEIRA (VII)				
Interna				
Externa				
DEMAIS DÍVIDA CONTRATUAIS (VIII)				

OUTROS VALORES NÃO INTEGRANTES DA DC				
PRECATÓRIOS ANTERIORES A 05/05/2000				
INSUFICIÊNCIA FINANCEIRA				
DEPÓSITOS				
RP NÃO-PROCESSADOS DE EXERCÍCIOS ANTERIORES				
ANTECIPAÇÕES DE RECEITA ORÇAMENTÁRIA – ARO				

30ª Questão (Prefeitura de BH Analista de Políticas Públicas Contador Dom Cintra 2012): *Até final do exercício financeiro de 2000, um determinado município encontrava-se abaixo do limite máximo de endividamento, definido na legislação vigente. Entretanto, no final do exercício, foi verificado que esse limite foi ultrapassado, com base nas seguintes informações levantadas:*

Dívida Pública Consolidada .... R$ 12.000.000
Receita Corrente Líquida Apurada .... R$ 5.000.000
Disponibilidades Financeiras .... R$ 2.250.000

Considerando que não haverá alteração do montante da RCL nos próximos exercícios, o excesso de endividamento sobre o limite legal deverá ser reduzido, a cada ano, no valor mínimo de:

a) R$ 133.333,33
b) R$ 250.000,00
c) R$ 316.666,67
d) R$ 375.000,00
e) R$ 400.000,00

Solução

Inicialmente cabe ressaltar que o limite da dívida consolidada líquida para os Municípios é de 1,2% sobre a Receita Corrente Líquida. A Figura abaixo mostra o cálculo.

Unidade Didática V
Controle Fiscal na Federação

DÍVIDA CONSOLIDADA	SALDO DO EXERCÍCIO ANTERIOR	SALDO DO EXERCÍCIO DE <EXERCÍCIO>		
		Até o 1º Quadrimestre	Até o 2º Quadrimestre	Até o 3º Quadrimestre
DÍVIDA CONSOLIDADA - DC (I)				
Dívida Mobiliária				
Dívida Contratual				
Interna				
Externa				
Precatórios Posteriores a 05/05/2000 (Inclusive) - Vencidos e não Pagos				
Outras Dívidas				
DEDUÇÕES (II)				
Disponibilidade de Caixa Bruta				
Demais Haveres Financeiros				
(-) Resto a Pagar Processados (Exceto Precatórios)				
DÍVIDA CONSOLIDADA LÍQUIDA - DCL (III) = (I - II)				

Para se chegar a dívida consolidada líquida, deve-se deduzir da dívida consolidada, as disponibilidades financeiras e outros haveres. Assim, a dívida consolidada líquida é de 9.750.000 (12.000.000-2.250.000).

Assim, tem-se um excesso de dívida 3.750.000 [9.750.000 -(1,2 * 5.000.000)]. Este excesso deve ser reduzido 1/15 avos a cada ano.

Assim, tem-se como gabarito a opção B (3.750.000/15 = 250.000).

Gabarito: ***B***

Observou-se até aqui: **os limites e as formas de cálculo** quando os mesmos são excedidos. Porém, o não cumprimento dos limites e a falta de medidas saneadoras, nos prazos e condições estabelecidos em lei, podem sujeitar o titular do Poder ou órgão às punições constantes na Figura 28.15.

Figura 28.15: Penalidades relacionadas à dívida

LEGISLAÇÃO	TRANSGRESSÃO À LEI	PENALIDADES E RESTRIÇÕES			
		Responsável	Fiscal	Penal	Legislação
DÍVIDA					
LRF, art. 29, § 4°	Exceder, ao término de cada ano, o refinanciamento do principal da dívida mobiliária do exercício anterior, somado ao das operações de crédito autorizadas no orçamento para este efeito e efetivamente realizadas, acrescido da atualização monetária.	Prefeito Municipal		Perda do mandato.	Dec. Lei 201, art. 4º, Inciso VI.
LRF, art. 31	Deixar de ordenar a redução do montante da dívida consolidada, nos prazos estabelecidos em lei, quando o montante ultrapassar o valor resultante da aplicação do limite máximo fixado pelo Senado Federal.	Prefeito Municipal	Proibição de realizar operação de crédito. Obrigação de obter resultado primário, com limitação de empenho (LRF, art. 31, § 1º, incisos I e II.	Detenção de 3 meses a 3 anos. Perda do cargo e inabilitação por 5 anos.	Dec. Lei 201, art. 1º, Inciso XVI.
LRF, art. 31, § 1º, inciso II.	Não obter o resultado primário necessário à recondução da dívida ao limite, com limitação de empenho	Agente que lhe der causa		Multa de 30% dos vencimentos anuais	Lei 10.028/2000, art. 5º, inciso III.
LRF, art. 31, § 2°	Estar acima do limite da dívida mobiliária e das operações de crédito além do limite de prazo.	Prefeito Municipal	Proibição de receber transferências voluntárias, exceto relativas a ações de educação, saúde e assistência social. Proibição de realizar operação de crédito. Obrigação de obter resultado primário, com limitação de empenho LRF, art. 31, § § 2° e 3º)..	Perda de mandato.	Dec. Lei 201, art. 4º, inciso VII.

Chamada 38 do Autor: Fluxo das medidas quando se ultrapassa o limite total da dívida consolidada, dívida mobiliária ou operações de crédito

Análise de um Ente que segue a regra permanente

Suponha que um Estado que esteja dentro da regra permanente ao final de um quadrimestre esteja com uma dívida consolidada líquida de 220% em relação à receita corrente líquida.

Inicialmente questiona-se: **Quanto o Estado está acima do limite?** Reposta: **20%.**

Segundo, **quanto o mesmo deve reduzir nos quadrimestres seguintes?** Resposta: **5% no primeiro quadrimestre** subsequente (25%*20%); e **15% nos dois quadrimestres subsequentes** (75% *20%).

Terceiro, **caso o Estado não consiga cumprir esses limites o que ocorre?**

(i) estará **proibido de realizar operação de crédito interna ou externa**, inclusive por antecipação de receita, ressalvado o refinanciamento do principal atualizado da dívida mobiliária;

(ii) **obterá resultado primário necessário à recondução da dívida ao limite**, promovendo, entre outras medidas, limitação de empenho.

(iii) estará **impedido de receber transferências voluntárias da União**.

Caso seja o último ano mandato do Chefe do Executivo, **a vedação (iii) se aplica de imediato.**[38]

A Figura 28.16 resume o que foi apresentado.

38 § 3º do Art. 31º da LRF.

Figura 28.16: Tratamento para a Dívida Consolidada, Mobiliária e Operações de Crédito

Tipos de Limites da Dívida Consolidada, Mobiliária e Operações de Crédito

- **Alerta = 90% do total** — O que ocorre após ultrapassar? → Nenhuma restrição
- **Total** — O que ocorre após ultrapassar? →
  1. Deve Reduzir 1/4 do primeiro quadrimestre e o restante no segundo e terceiro subsequentes;
  2. Enquanto perdurar o excesso, o ente que nele houver incorrido:

     I – estará proibido de realizar operação de crédito interna ou externa, **inclusive por antecipação de receita**, ressalvado o refinanciamento do principal atualizado da dívida mobiliária;

     II – obterá resultado primário necessário à recondução da divida ao limite.
  3. Não conseguiu ou ultrapassou no último do mandato do chefe do Poder, fica impedido: **de receber transferências voluntárias.**

31ª Questão (MPU Cargo 6 Cespe 2013): *Com relação às normas de finanças públicas voltadas para a responsabilidade na gestão fiscal, julgue os itens seguintes.*

Se ultrapassar o respectivo limite ao final de um bimestre, a dívida fundada de um ente da Federação deverá ser a ele reconduzida até o término do bimestre subsequente, reduzindo-se o excedente em pelo menos 25%.

Solução

31. Errado, é quadrimestre nos dois casos. E seria pelo menos 25% no primeiro quadrimestre subsequente.

Gabarito: ***Errado***

6.2. Operações de Crédito

As operações de crédito, **que compõem a dívida consolidada conforme visto no tópico anterior**, são os compromissos financeiros assumidos em razão de mútuo, abertura de crédito, emissão e aceite de título, aquisição financiada de bens, recebimento antecipado de valores provenientes da venda a termo de bens e serviços, arrendamento mercantil e outras operações assemelhadas, inclusive com o uso de derivativos financeiros.

Equipara-se a operação de crédito **a assunção, o reconhecimento ou a confissão de dívidas pelo ente da Federação**, sem prejuízo do cumprimento das exigências dos artigos 15 e 16 da LRF (**geração das despesas**).

Ainda sobre o tema operações de crédito. São ainda consideradas operações de crédito, ***porém estão vedadas39***:

- Captação de recursos a título de antecipação de receita de tributo ou contribuição cujo fato gerador ainda não tenha ocorrido;
- Recebimento antecipado de valores de empresa em que o Poder Público detenha, direta ou indiretamente, a maioria do capital social com direito a voto, salvo lucros e dividendos, na forma da legislação;
- Assunção direta de compromisso, confissão de dívida ou operação assemelhada, com fornecedor de bens, mercadorias ou serviços, mediante emissão, aceite ou aval de título de crédito, não se aplicando esta vedação a empresas estatais dependentes;
- Assunção de obrigação, sem autorização orçamentária, com fornecedores para pagamento a posteriori de bens e serviços.

32ª Questão (DPU Economista Cespe 2010): *Para efeito do disposto na LRF, equipara-se às operações de crédito:*

I. a captação de recursos a título de antecipação de receita de contribuição cujo fato gerador ainda não tenha ocorrido.

II. a assunção direta de compromisso com fornecedor de mercadorias, mediante emissão de título de crédito.

III. o recebimento antecipado de dividendos regulares de empresa cuja maioria do capital social votante pertença ao poder público.

IV. a captação de recursos a título de antecipação de receita de tributo cujo fato gerador ainda não tenha ocorrido.

V. a assunção de obrigação com fornecedores, sem autorização orçamentária para pagamento a posteriori de bens e serviços.

Estão certos apenas os itens

a) I, II e III.

b) I, IV e V.

c) I, II, III e V.

d) I, II, IV e V.

e) II, III, IV e V.

39 Art. 37° LRF.

Solução

I. Certo, conforme disposto na LRF é uma operação de crédito ainda que vedada.

II. Certo, conforme disposto na LRF é uma operação de crédito ainda que vedada.

III. Errado, o recebimento antecipado dividendos regulares não se equipara a uma operação de crédito.

IV. Certo, conforme disposto na LRF é uma operação de crédito ainda que vedada.

V. Certo, conforme disposto na LRF é uma operação de crédito ainda que vedada.

Assim, a opção correta é a alternativa D.

Gabarito: ***D***

O Ministério da Fazenda verificará o cumprimento dos limites e condições relativos à realização de operações de crédito de cada ente da Federação, inclusive das empresas por eles controladas, direta ou indiretamente.

Para tanto, **o ente interessado formalizará seu pleito** fundamentando-o em parecer de seus órgãos técnicos e jurídicos, **demonstrando** **a relação custo-benefício**, **o interesse econômico e social da operação** e **o atendimento das seguintes condições** constantes no Quadro 28.9.

Quadro 28.9: Condições para pleitear uma operação de crédito

1	Existência de prévia e expressa autorização para a contratação, no texto da lei orçamentária, em créditos adicionais ou lei específica.
2	Inclusão no orçamento ou em créditos adicionais dos recursos provenientes da operação, exceto no caso de operações por antecipação de receita.
3	Observância dos limites e condições fixados pelo Senado Federal.
4	Autorização específica do Senado Federal, quando se tratar de operação de crédito externo.
5	Atendimento do disposto no inciso III do art. 167 da Constituição à "Regra de Ouro" à é vedada a realização de operações de créditos que excedam o montante das despesas de capital, ressalvadas as autorizadas mediante créditos suplementares ou especiais com finalidade precisa, aprovados pelo Poder Legislativo por maioria absoluta.
6	Observância das demais restrições estabelecidas na LRF.

Após apresentar os conceitos das operações de créditos e os requisitos necessários para realização das mesmas, apresento na sequência os conceitos relacionados às ARO. A Figura a seguir resume os requisitos.

Figura 28.17: Requisitos para contratar uma operação de crédito

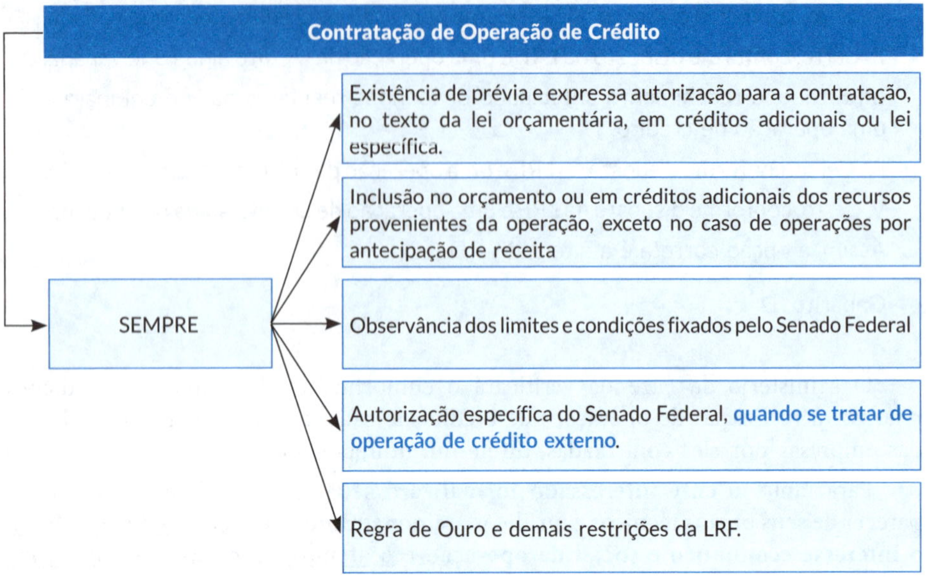

A seguir constam as vedações às operações de crédito.

> *Art. 35. É vedada a realização de operação de crédito entre um ente da Federação, diretamente ou por intermédio de fundo, autarquia, fundação ou empresa estatal dependente, e outro, inclusive suas entidades da administração indireta, ainda que sob a forma de novação, refinanciamento ou postergação de dívida contraída anteriormente.*
>
> *§ 1º Excetuam-se da vedação a que se refere o caput as operações entre instituição financeira estatal e outro ente da Federação, inclusive suas entidades da administração indireta, que não se destinem a:*
>
> *I – financiar, direta ou indiretamente, despesas correntes;*
>
> *II – refinanciar dívidas não contraídas junto à própria instituição concedente.*
>
> *§ 2º O disposto no caput não impede Estados e Municípios de comprar títulos da dívida da União como aplicação de suas disponibilidades.*
>
> *Art. 36. É proibida a operação de crédito entre uma instituição financeira estatal e o ente da Federação que a controle, na qualidade de beneficiário do empréstimo.*
>
> *Parágrafo único. O disposto no caput não proíbe instituição financeira controlada de adquirir, no mercado, títulos da dívida pública para atender investimento de seus clientes, ou títulos da dívida de emissão da União para aplicação de recursos próprios.*

Atenção

Assim, **não se admite que a União tome empréstimos com o Banco do Brasil ou Caixa Econômica Federal em nenhuma hipótese, pois a União controla essas estatais financeiras**.

Porém, o Banco do Brasil ou Caixa Econômica Federal podem emprestar dinheiro a Estado ou Município **desde que seja para pagar** despesa de capital ou que seja para renovar dívida anteriormente contraída com esta mesma instituição financeira.

Figura 28.18: Penalidades relacionadas às Operações de Crédito

LEGISLAÇÃO	TRANSGRESSÃO À LEI	PENALIDADES E RESRIÇÕES			
		Responsável	Fiscal	Penal	Legislação
OPERAÇÕES DE CRÉDITO					
LRF, art. 32	Ordenar, autorizar ou realizar operação de crédito com inobservância de limite, condição ou montante estabelecido em lei ou em resolução do Senado Federal	Agente que lhe der causa		Reclusão de 1 a 2 anos	CP, art. 359-A
		Qualquer agente público		Penas do art. 12, Inciso II, da Lei 8.429	Lei 8.429, art. 10, Inciso VI.
		Presidente da República, Ministro de Estado, Governador e Secretário Estadual.		Perda do cargo com inabilitação até cinco anos, para o exercício de qualquer função pública.	Lei 1.079, art. 11, item 3.
LRF, art. 32	Ordenar ou autorizar a abertura de crédito em desacordo com os limites, estabelecidos pelo Senado Federal, sem fundamento na LOA ou na de crédito adicional ou com inobservância de prescrição legal.	Prefeito Municipal		Detenção de 3 meses a 3 anos. Perda do cargo e inabilitação por 5 anos	Dec. Lei 201, art. 1º, inciso XVII
LRF, art. 32, § 1º, inciso VI.	Ordenar ou autorizar a destinação de recursos provenientes da emissão de títulos para finalidade diversa da prevista na lei que a autorizou	Prefeito Municipal		Detenção de 3 meses a 3 anos. Perda do cargo e inabilitação por 5 anos	Dec. Lei 201, art. 1º, inciso XVII

LEGISLAÇÃO	TRANSGRESSÃO À LEI	PENALIDADES E RESRIÇÕES			
		Responsável	Fiscal	Penal	Legislação
OPERAÇÕES DE CRÉDITO					
LRF, art. 32, § 1º.	Contratar operação de crédito, exceto quanto relativa à dívida mobiliária ou à externa, que não atende às condições e limites estabelecidos em lei.	Agente que lhe der causa	Nulidade do ato.	Reclusão de 1 a 2 anos.	CP, art. 359-A
LRF, art. 33, § 3º.	Deixar de promover ou de ordenar, na forma da lei, o cancelamento, a amortização ou a constituição de reserva para anular os efeitos de operação de crédito realizda com inobservância de lmite, condição ou montante estabelecdo em lei.	Prefeito Municipal	Proibição de receber transferências voluntárias, exceto relativas a ações de educação, saúde e assistência social. Proibição de obter garantia e contratar operações de crédito, ressalvadas as destinadas ao refinanciamento da dívida mobiliária e redução de despesca com pessoa.	Detenção de 3 meses a 3 anos. Perda do cargo e inabilitação por 5 anos.	Dec. Lei 201, art. 1º, inciso XVIII.
LRF, art. 35.	Ordenar ou autorizar, em desacordo com a lei, a realização de operação de crédito com qualquer um dos demais entes da Federação, inclusive suas entidades da Administração Indireta, ainda que na forma de novação, refinanciamento ou postergação de dívida contraída anteriormente.	Prefeito Municipal		Detenção de 3 meses a 3 anos. Perda do cargo e inabilitação por 5 anos.	Dec. Lei 201, art. 1º, inciso XX.

LEGISLAÇÃO	TRANSGRESSÃO À LEI	PENALIDADES E RESRIÇÕES			
		Responsável	Fiscal	Penal	Legislação
OPERAÇÕES DE CRÉDITO					
LRF, art. 36.	Contratar, na qualidade de beneficiário de crédito com instituição financeira estatal de ente da federação	Prefeito Municipal		Perda do mandato.	Dec. Lei 201, art. 4º, inciso VII.
LRF, art. 37, parágrafo único, inciso I.	Captar recursos a título de antecipação de receita de tributo ou de contribuição cujo fato gerador ainda não tenha ocorrido.	Prefeito Municipal		Detenção de 3 meses a 3 anos. Perda do cargo e inabilitação por 5 anos.	Dec. Lei 201, art. 1º, inciso XXI.
LRF, art. 37, parágrafo único, inciso II.	Receber antecipado valores de empresa em que o Poder Público detenha, direta ou indiretamente, a maioria do capital social com direito a voto, salvo lucros e dividendos.	Prefeito Municipal		Perda do mandato.	Dec. Lei 201, art. 4º, inciso VII.
LRF, art. 37, parágrafo único, inciso III.	Assunção direta de compromisso, confissão de dívida ou operação assemelhada, com fornecedor de bens, mercadorias ou serviços, mediante emissão, aceite ou aval de título de crédito, ressalvada a operação com empresa estatal dependente.	Prefeito Municipal		Perda do mandato.	Dec. Lei 201, art. 4º, inciso VII.
LRF, art. 37, parágrafo único, inciso IV.	Assunção de obrigação, sem autorização orçamentária, com fornecedores para pagamento *a posteriori* de bens e serviços.	Prefeito Municipal		Perda do mandato.	Dec. Lei 201, art. 4º, inciso VII.

6.3. Garantias e Contragarantias

As garantias e contragarantias estão associadas as operações de crédito.

Inicialmente o Quadro 28.10 traz algumas definições que serão utilizadas ao longo deste tópico.

Quadro 28.10: Conceitos relacionados ao demonstrativo de garantias e contragarantias

Garantia	Fianças e avais concedidos pelo ente federativo, em operações de crédito, inclusive com recursos de fundos de aval, a assunção de risco creditício em linhas de crédito, o seguro de crédito à exportação e outras garantias de natureza semelhante que representem compromisso de adimplência de obrigação financeira ou contratual.
Garantia Interna	Garantia relativa a obrigações contraídas no País junto a credores no país.
Garantia Externa	Garantia relativa a obrigações contraídas junto a organizações multilaterais de crédito, agências governamentais estrangeiras ou outros credores sediados no exterior.
Contragarantia	Contrapartida oferecida pelo ente federativo que irá receber uma garantia, de forma que seja em valor igual ou superior ao da garantia a ser concedida, e que abranja o ressarcimento integral dos custos financeiros decorrentes da cobertura de eventual inadimplemento.
Operação de Crédito	É o compromisso financeiro assumido em razão de mútuo, abertura de crédito, emissão e aceite de título, aquisição financiada de bens, recebimento antecipado de valores provenientes da venda a termo de bens e serviços, arrendamento mercantil e outras operações assemelhadas, inclusive com o uso de derivativos financeiros.
Operação de Crédito Interna	Operação de crédito relativa a obrigações contraídas no País junto a credores no País.
Operação de Crédito Externa	Operação de crédito relativa a obrigações contraídas junto a organizações multilaterais de crédito, agências governamentais estrangeiras ou outros credores sediados no exterior.
Aval em Operação de Crédito	É a garantia de pagamento de título de crédito, de natureza pessoal, dada a terceiros. Pelo aval, **o avalista torna-se codevedor**, **em obrigação solidária**, **e o pagamento da obrigação pode ser imputado diretamente a ele, sem que o seja, anteriormente, contra o avalizado**.
Fiança em Operação de Crédito	Pelo contrato de fiança, uma pessoa garante satisfazer ao credor uma obrigação assumida pelo devedor, caso este não a cumpra. **Como a fiança é obrigação subsidiária, o fiador responde apenas quando o afiançado não o faz.** O contrato pode ser firmado, no entanto, com renúncia do benefício de ordem, tornando-se obrigação solidária.

Os entes poderão conceder garantia em operações de crédito internas ou externas, observado o disposto no Quadro 28.9, e no caso da União, também os limites e as condições estabelecidos pelo Senado Federal[40].

A **garantia está condicionada ao oferecimento de contragarantia**, à comprovação de adimplemento da entidade que a pleitear, relativamente a suas obrigações junto ao garantidor e às entidades por este controladas, e à prestação de contas de recursos anteriormente deles recebidos, **observado o seguinte**[41]:

a) **não será exigida contragarantia de órgãos e entidades do próprio ente**;

b) **a contragarantia exigida pela União a Estado ou Município, ou pelos Estados aos Municípios, poderá consistir na vinculação de receitas tributárias diretamente arrecadadas e provenientes de transferências constitucionais**, com outorga de poderes ao garantidor para retê-las e empregar o respectivo valor na liquidação da dívida vencida.

No caso de operação de crédito junto a organismo financeiro internacional ou a instituição federal de crédito e fomento para o repasse de recursos externos, **a União só prestará garantia a outro ente que atenda**, além das condições citadas no parágrafo anterior, **as exigências legais para o recebimento de transferências voluntárias** [42].

É nula a garantia concedida acima dos limites fixados pelo Senado Federal[43].

É vedado às entidades da administração indireta, inclusive suas empresas controladas e subsidiárias, **conceder garantia**, ainda que com recursos de Fundos[44]. **Esta vedação não se aplica à concessão de garantia**[45]**:**

a) por empresa controlada a sua subsidiária ou controlada, nem à prestação de contragarantia nas mesmas condições;

b) por instituição financeira a empresa nacional, nos termos da lei.

Quando honrarem dívida de outro ente em razão de garantia prestada, a União e os Estados poderão condicionar as transferências constitucionais ao ressarcimento daquele pagamento[46].

O Ente da Federação, cuja dívida tiver sido honrada pela União ou por Estado em decorrência de garantia prestada em operação de crédito, **terá suspenso o acesso a novos créditos ou financiamentos até a total liquidação da mencionada dívida** [47].

A Figura 28.19 a seguir resume os requisitos.

Unidade Didática V
Controle Fiscal na Federação

40 Art. 40° da LRF.
41 § 1° do art. 40° da LRF.
42 § 2° do art. 40° da LRF.
43 § 5° do art. 40° da LRF.
44 § 6° do art. 40° da LRF.
45 § 7° do art. 40° da LRF.
46 § 9° do art. 40° da LRF.
47 § 10° do art. 40° da LRF.

Figura 28.19: Condições para concessão de Garantias em Operações de Crédito

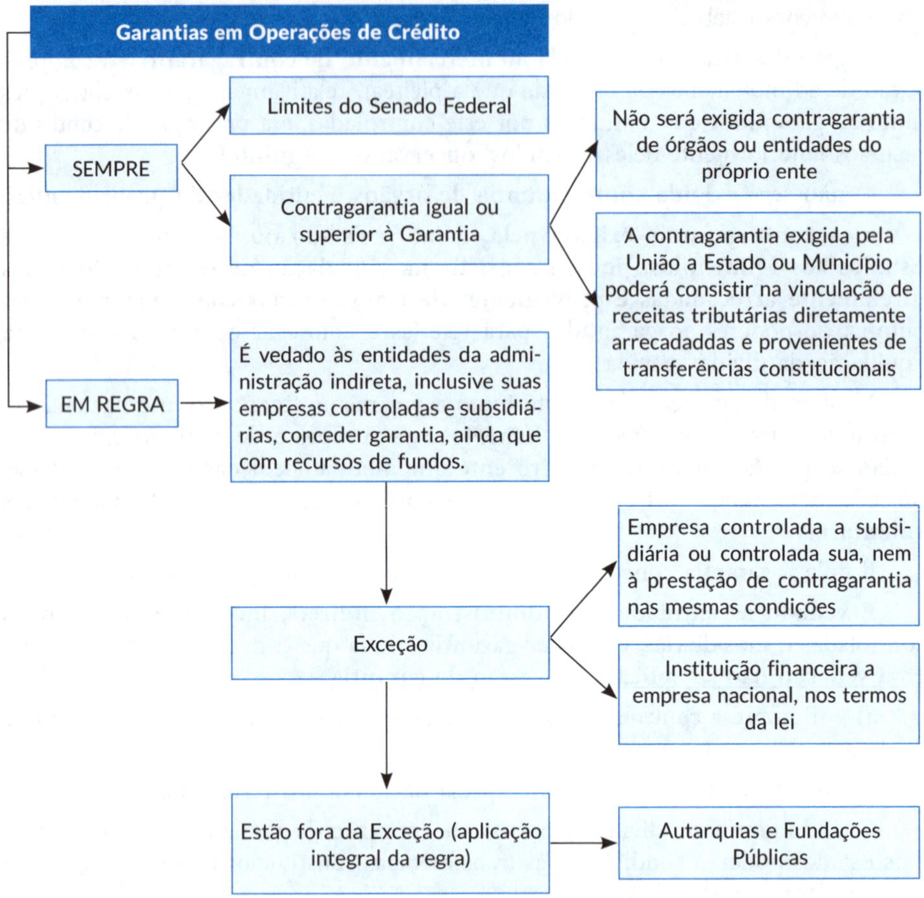

O não cumprimento dos limites e a falta de medidas saneadoras nos prazos e condições estabelecidos em lei podem sujeitar o titular do Poder ou órgão às punições citadas na Figura 28.20.

Figura 28.20: Penalidades relacionadas às Garantias

LEGISLAÇÃO	TRANSGRESSÃO À LEI	PENALIDADES E RESTRIÇÕES			
		Responsável	Fiscal	Penal	Legislação
GARANTIA E CONTRAGARANTIA					
LRF, art. 40.	Conceder garantia sem obedecer às condições legais para contratar operações de crédito e ás disposições da Lei.	Prefeito Municipal		Perda do mandato	Dec. Lei 201, art. 4º, inciso VII.
LRF, art. 40, § 1º.	Prestar garantia em operação de crédito sem que tenha sido constituída contragarantia em valor igual ou superior ao valor da garantia prestada na forma da lei.	Agente que lhe der causa		Detenção de 3 meses a 1 ano	CP, art. 359-E.
LRF, art. 40, § 5º.	Conceder garantia acima dos limites fixados pelo Senado Federal	Prefeito Municipal	Nulidade da garantia	Perda do mandato	Dec. Lei 201, art. 4º, inciso VII.
LRF, art. 40, § 6º.	Conceder garantia, ainda que com recursos de fundos, pela administração indireta, inclusive suas empresas controladas e subsidiárias.	Prefeito Municipal		Perda do mandato	Dec. Lei 201, art. 4º, inciso VII.
LRF, art. 40, § 9º.	Não sessarcir pagamento de dívida honrada pela União ou Estados, em decorrência de garantia prestada.		Condicionamento de transferências constitucionais		
LRF, art. 40, § 10º.	Não liquidar totalmente a dívida que tiver sido honrada pela União ou por Estado, em decorrência de garantia prestada em operação de crédito.		Suspensão de acesso a novos créditos ou financiamentos.		

33ª Questão (Ministério das Minas e Energia Analista Cespe 2013): *Julgue o item a seguir.*

A garantia oferecida pela União a outros entes estará condicionada à contragarantia, que não poderá ser inferior à garantia.

34ª Questão (TRF 2ª Região Juiz Cespe 2012): *Julgue o item a seguir.*

O limite da dívida mobiliária da União é matéria de lei federal, e o limite da dívida mobiliária dos estados e dos municípios é matéria de resolução do Senado Federal.

Solução

33. Certo, sem exceções.

34. Certo, a dívida mobiliária federal é definida em lei e a dos Estados e Municípios por resolução.

Gabarito:

33. **Certo**

34. **Certo**

6.4. ARO

A operação de crédito por antecipação de receita destina-se a atender insuficiência de caixa durante o exercício financeiro[48].

É importante compreender o cenário que antecede a contratação de uma ARO:

1. Inicialmente após a publicação da programação orçamentária e financeira na 3ª etapa da LOA pode ocorrer de o ente não alcançar a meta bimestral de arrecadação.
2. Como medida subsequente, o ente contingencia as despesas primárias discricionárias. Porém, a frustração de arrecadação foi de tal magnitude que o ente teria que contingenciar despesas obrigatória o que é vedado.
3. Está configurada a insuficiência de caixa.

Para contratar uma ARP o ente deve cumprir as exigências mencionadas no Quadro 28.9 e mais as seguintes constantes no Quadro 28.10.

48 Art. 38º da LRF.

Quadro 28.10: Demais condições para se realizar uma ARO

1	Realizar-se-á somente a partir do décimo dia do início do exercício.
2	Deverá ser liquidada, com juros e outros encargos incidentes, até o dia dez de dezembro de cada ano.
3	Não será autorizada se forem cobrados outros encargos que não a taxa de juros da operação, obrigatoriamente prefixada ou indexada à taxa básica financeira, ou à que vier a esta substituir.
4	Estará proibida: a) enquanto existir operação anterior da mesma natureza não integralmente resgatada; b) no último ano de mandato do Presidente, Governador ou Prefeito Municipal.

As ARO não serão computadas para efeito do que dispõe o inciso III do art. 167 da Constituição, desde que liquidadas até o dia dez de dezembro de cada ano.

As operações de crédito por antecipação de receita realizadas por Estados ou Municípios serão efetuadas mediante abertura de crédito junto à instituição financeira vencedora em processo competitivo eletrônico promovido pelo Banco Central do Brasil.

O Banco Central do Brasil manterá sistema de acompanhamento e controle do saldo do crédito aberto e, no caso de inobservância dos limites, aplicará as sanções cabíveis à instituição credora.

Chamada 39 do Autor: Quando a ARO afeta a regra de ouro?

A Figura a seguir resume os requisitos.

Figura 28.21: Requisitos para contratar uma ARO

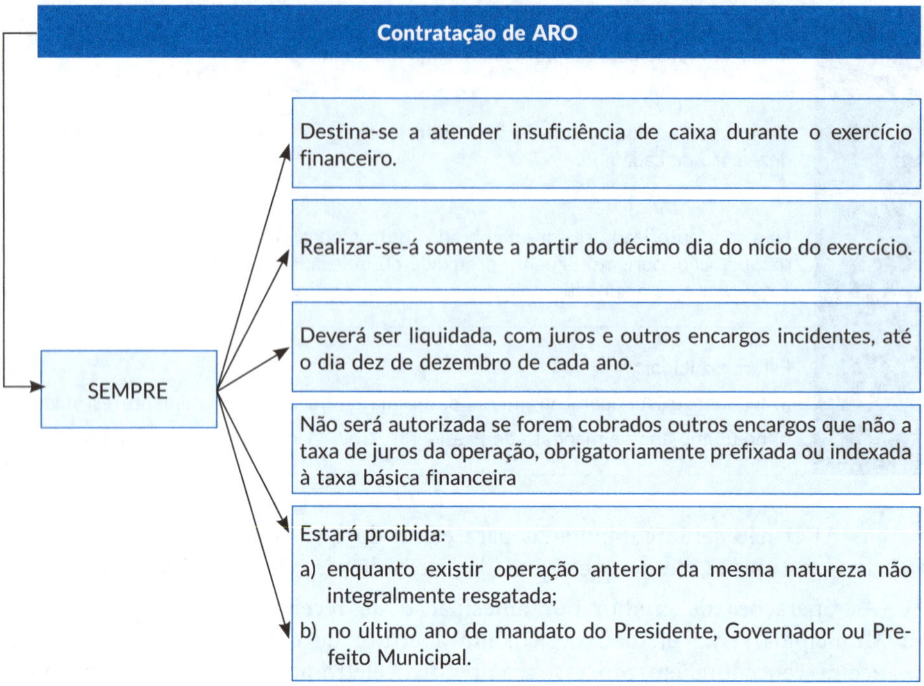

35ª Questão (IPEA Técnico – Gestão de Orçamento Cespe 2008): *Julgue o item a seguir.*

Em atendimento à chamada regra de ouro constante da LRF, as operações de crédito por antecipação de receitas orçamentárias, quando liquidadas no próprio exercício de sua contratação, devem ser computadas.

Solução

Errado, somente serão computadas as ARO não liquidas até o dia 10 de dezembro.

Gabarito: ***Errado***

Por fim, seguem as penalidades relacionas às ARO.

Figura 28.22: Penalidades relacionadas às ARO

LEGISLAÇÃO	TRANSGRESSÃO À LEI	PENALIDADES E RESTRIÇÕES			
		Responsável	Fiscal	Penal	Legislação
OPERAÇÃO POR ANTECIPAÇÃO DE RECEITA ORÇAMENTÁRIA					
LRF, art. 38, incisos I, III e IV.	Contratar ou resgatar operação de crédito por antecipação de receita orçamentária em desacordo com a lei.	Prefeito Municipal		Perda do mandato	Dec. Lei 201, art. 4º, inciso VII.
LRF, art. 38, inciso II	Deixar de promover ou de ordenar a liquidação integral das operações de crédito por antecipação de receita orçamentária, inclusive os respectivos juros e demais encargos, até o encerramento do exercício financeiro, especificamente até o dia 10 de dezembro de cada ano.	Prefeito Municipal		Detenção de 3 meses a 3 anos	Dec. Lei 201, art. 1º, inciso XIX.

6.5. Restos a Pagar

De acordo com a LRF, é vedado ao titular de Poder ou órgão, nos últimos dois quadrimestres do seu mandato, contrair obrigação de despesa que não possa ser cumprida integralmente dentro dele, ou que tenha parcelas a serem pagas no exercício seguinte sem que haja suficiente disponibilidade de caixa para este efeito. Na determinação da disponibilidade de caixa serão considerados os encargos e despesas compromissadas a pagar até o final do exercício.

36ª Questão (PGE-PI Analista Cespe 2014): *Julgue o item a seguir.*

É vedado ao chefe do Poder Executivo, nos últimos três quadrimestres do seu mandato, contrair obrigação de despesa que não possa ser cumprida integralmente dentro desses quadrimestres, ou que tenha parcelas a serem pagas no exercício seguinte sem que haja suficiente disponibilidade de caixa para esse efeito.

Solução

Errado, seria nos últimos dois quadrimestres.

Gabarito: ***Errado***

7. PRESERVAÇÃO DO PATRIMÔNIO PÚBLICO

É vedada a aplicação da receita de capital derivada da alienação de bens e direitos que integram o patrimônio público para o financiamento de despesa corrente, salvo se destinada por lei aos regimes de previdência social, geral e próprio dos servidores públicos[49].

A lei orçamentária e as de créditos adicionais só incluirão novos projetos após adequadamente atendidos os em andamento e contempladas as despesas de conservação do patrimônio público, nos termos em que dispuser a lei de diretrizes orçamentárias[50].

Atenção

Em suma, é possível aplicar recursos de receitas de capital de alienação de bens em despesas correntes: regimes de previdência social, geral e próprio dos servidores públicos.

49 Art. 44º da LRF.

50 Art. 45º da LRF.

8. INSTRUMENTOS DE TRANSPARÊNCIA

São instrumentos de transparência da gestão fiscal, aos quais será dada ampla divulgação, inclusive em meios eletrônicos de acesso público: **os planos, orçamentos e leis de diretrizes orçamentárias**; as prestações de contas e o respectivo parecer prévio; **o Relatório Resumido da Execução Orçamentária e o Relatório de Gestão Fiscal**; e as versões simplificadas desses documentos[51].

A transparência será assegurada também mediante [52]:

(i) **incentivo à participação popular** e realização de audiências públicas, durante os processos de elaboração e discussão dos planos, lei de diretrizes orçamentárias e orçamentos;

(ii) **liberação ao pleno conhecimento e acompanhamento da sociedade, EM TEMPO REAL**, de informações pormenorizadas sobre a execução orçamentária e financeira, em meios eletrônicos de acesso público[53];

(iii) **adoção de sistema integrado de administração financeira e controle**, que atenda a padrão mínimo de qualidade estabelecido pelo Poder Executivo da União.

Enquete 5 do autor: O que seria liberação de informações em tempo real?

O Decreto 7185/2010 estabelece que a liberação em tempo real consiste na disponibilização das informações, em meio eletrônico que possibilite amplo acesso público, **até o primeiro dia útil subsequente à data do registro contábil no respectivo SISTEMA**, sem prejuízo do desempenho e da preservação das rotinas de segurança operacional necessários ao seu pleno funcionamento.

Assim, considera-se em tempo real o acesso até o primeiro dia útil subsequente à data do registro contábil.

37ª Questão (TCU TFCE Cespe 2012): *Julgue o item a seguir.*

A transparência, um dos postulados da LRF, assegura o acesso às informações acerca da execução orçamentária e financeira da União, dos estados, do Distrito Federal e dos municípios.

Unidade Didática V
Controle Fiscal na Federação

---

51 Art. 48º da LRF.

52 Parágrafo único do art. 48º da LRF.

53 Para os fins a que se refere o inciso II do parágrafo único do art. 48, os entes da Federação disponibilizarão a qualquer pessoa física ou jurídica o acesso a informações referentes a:
I- quanto à despesa: todos os atos praticados pelas unidades gestoras no decorrer da execução da despesa, no momento de sua realização, com a disponibilização mínima dos dados referentes ao número do correspondente processo, ao bem fornecido ou ao serviço prestado, à pessoa física ou jurídica beneficiária do pagamento e, quando for o caso, ao procedimento licitatório realizado;
II- quanto à receita: o lançamento e o recebimento de toda a receita das unidades gestoras, inclusive referente a recursos extraordinários.

38ª Questão (Câmara dos Deputados Consultor Cespe 2014): *Julgue o item a seguir.*

De acordo com a LRF, é dever da União, dos estados e dos municípios disponibilizar à sociedade, de modo pormenorizado e em tempo real, informações sobre execução orçamentária e financeira.

Solução

37. Certo, deve ser dado amplo acesso a qualquer pessoa.

38. Certo, o acesso deve ser pormenorizado e em tempo real.

Gabarito:

37. **Certo**

38. **Certo**

Importante: Transparência sobre dados contábeis, orçamentários e fiscais

A Lei Complementar 156/2016 alterou a LRF incluindo obrigações adicionais de transparência

Assim, a União, os Estados, o Distrito Federal e os Municípios disponibilizarão suas informações e dados contábeis, orçamentários e fiscais conforme periodicidade, formato e sistema estabelecidos pelo órgão central de contabilidade da União, os quais deverão ser divulgados em meio eletrônico de amplo acesso público.

Os Estados, o Distrito Federal e os Municípios encaminharão ao Ministério da Fazenda, nos termos e na periodicidade a serem definidos em instrução específica deste órgão, **as informações necessárias para a constituição do registro eletrônico centralizado e atualizado das dívidas públicas interna e externa, de que trata o § 4º do art. 32.**

A inobservância aos itens anteriores impedirá até que a situação seja regularizada, que o ente da Federação receba transferências voluntárias e contrate operações de crédito, exceto as destinadas ao refinanciamento do principal atualizado da dívida mobiliária.

Todos os Poderes e órgãos referidos no art. 20, incluídos autarquias, fundações públicas, empresas estatais dependentes e fundos, do ente da Federação devem utilizar sistemas únicos de execução orçamentária e financeira, mantidos e gerenciados pelo Poder Executivo, resguardada a autonomia.

Chamada 40 do Autor: Comparação entre o RGF e o RREO

8.1. Relatório de Gestão Fiscal - RGF

O Relatório de Gestão Fiscal (RGF) é um dos instrumentos de transparência que está previsto na Lei Complementar nº 101, de 4 de maio de 2000, Lei de Responsabilidade Fiscal - LRF e ao contrário do Relatório Resumido de Execução Orçamentária (RREO) não está previsto na CF/1988.

A lei complementar 101/2000 (LRF) considera o RGF como um dos instrumentos de transparência da gestão fiscal.

*Art. 48. São **instrumentos de transparência da gestão fiscal**, aos quais será dada ampla divulgação, inclusive em meios eletrônicos de acesso público: os planos, orçamentos e leis de diretrizes orçamentárias; as prestações de contas e o respectivo parecer prévio; o Relatório Resumido da Execução Orçamentária e **o Relatório de Gestão Fiscal**; e as versões simplificadas desses documentos.*

8.1.1. Responsabilidade pela emissão

Estão obrigados a emitir o Relatório de Gestão Fiscal os seguintes órgãos[54] da União, os Estados, o Distrito Federal e os Municípios conforme consta no Quadro 28.11.

Quadro 28.11: Órgãos obrigados a emitir RGF

Esfera federal	Órgãos obrigados a emitir RGF
Esfera federal	Poder Executivo.
	Poder Legislativo representado pelas respectivas Casas do Poder Legislativo Federal e pelo Tribunal de Contas da União.
	Poder Judiciário representado pelos: - Supremo Tribunal Federal; - Conselho Nacional de Justiça; - Superior Tribunal de Justiça; - Tribunais Regionais Federais e Juízes Federais; - Tribunais e Juízes do Trabalho; - Tribunais e Juízes Eleitorais; - Tribunais e Juízes Militares; - Tribunal de Justiça do Distrito Federal e Territórios.
	Ministério Público da União (incluindo o Ministério Público do Distrito Federal).
	Defensoria Pública da União

54 § 2° art. 20 LRF.

Esfera federal	Órgãos obrigados a emitir RGF
Distrital	Poder Executivo.
	Poder Legislativo representado pela Câmara Legislativa e pelo Tribunal de Contas do Distrito Federal.
Estadual	Poder Executivo.
	Poder Legislativo representado pela Assembleia Legislativa e pelos Tribunais de Contas do Estado.
	Poder Judiciário representado pelos Tribunais e Juízes dos Estados.
	Ministério Público dos Estados e a Defensoria Pública Estadual.
Municipal	Poder Executivo.
	Poder Legislativo representado pela Câmara de Vereadores do Poder Legislativo Municipal e o Tribunal de Contas do Município, quando houver.

Após a emissão do Relatório de Gestão Fiscal (RGF), o mesmo deverá ser assinado pelos seguintes titulares dos Poderes e órgãos:

a) Chefe do Poder Executivo;

b) Presidente e demais membros da Mesa Diretora ou órgão decisório equivalente, conforme regimentos internos dos órgãos do Poder Legislativo;

c) Presidente de Tribunal e demais membros de Conselho de Administração ou órgão decisório equivalente, conforme regimentos internos dos órgãos do Poder Judiciário; e

d) Chefe do Ministério Público, da União e dos Estados.

O RELATÓRIO SERÁ ASSINADO, TAMBÉM, pelas autoridades responsáveis pela ADMINISTRAÇÃO FINANCEIRA E PELO CONTROLE INTERNO, bem como por outras definidas por ato próprio de cada Poder ou órgão.

39ª Questão (SAD-PE Contador Cespe 2010): *Julgue o item a seguir.*

O RGF será assinado pelas autoridades responsáveis pela administração financeira e pelo controle interno.

Solução

Certo, conforme está disposto na LRF.

Gabarito: ***Certo***

No caso da União a Portaria 637/2012 atribuiu ao órgão central do Sistema de Contabilidade Federal (STN) a competência para a elaboração e a divulgação do Relatório de Gestão Fiscal, na sua forma consolidada, abrangendo todos os Poderes e órgãos da União.

O Relatório de Gestão Fiscal dos Poderes e órgãos abrange administração direta, autarquias, fundações, fundos, empresas públicas e sociedades de economia mista, incluindo os recursos próprios, consignados nos orçamentos: fiscal e da seguridade social, para manutenção de suas atividades, excetuadas aquelas empresas que recebem recursos exclusivamente para aumento de capital oriundos de investimentos do respectivo ente.

Em resumo, devem estar contemplados no RGF todas as unidades que integram o Orçamento Fiscal e da Seguridade Social.

Retornando ao Quadro 28.11, serão abordados dois casos especiais: a Defensoria Pública Estadual e Conselho Nacional do Ministério Público.

A Defensoria Pública da União e Defensoria Pública dos Estados possuem autonomia funcional e administrativa e iniciativa de sua proposta orçamentária dentro dos limites estabelecidos na LDO, entretanto a sua inclusão como órgãos de autonomia orçamentário-financeira ocorreu após a edição da Lei Complementar 101/2000, e esta por sua vez estabeleceu limites que deverão ser demonstrados no RGF. Em que pese não possuírem limites expressos na LRF, as defensorias devem preencher os demonstrativos para fins de transparência da gestão e não preencher os campos relativos à comparação de limites.

Da mesma forma, o Conselho Nacional do Ministério Público possui autonomia funcional e administrativa, entretanto a sua inclusão como órgãos de autonomia orçamentário-financeira também ocorreu após a edição da Lei Complementar 101/2000, e esta por sua vez estabeleceu limites que deverão ser demonstrados no RGF. Em que pese o Conselho Nacional do Ministério Público não possuir limites expressos na LRF, deve preencher os demonstrativos para fins de transparência da gestão e não preencher os campos relativos à comparação de limites.

A LRF não faz distinção entre fundações públicas de direito público e fundações públicas de direito privado, conferindo a ambas o mesmo tratamento de modo genérico. Assim, as fundações públicas, independentemente de seu regime jurídico, deverão obedecer às normas de finanças públicas voltadas para a responsabilidade fiscal, tendo em vista serem entidades da administração indireta, compreendidas no conceito de ente da federação[55].

8.1.2. Estrutura do RGF e prazos para publicação

O Quadro 28.12 contém a estrutura do RGF.

55 Alínea b, inciso I do § 3° do artigo 1° da LRF

Quadro 28.12: Estrutura do RGF conforme a LRF

<table>
<tr><td rowspan="4">Comparativo com os limites de que trata a LRF, dos seguintes montantes:</td><td colspan="2">a) despesa total com pessoal, distinguindo a com inativos e pensionistas;</td><td>Todos os órgãos do Quadro 28.11</td></tr>
<tr><td colspan="2">b) dívidas consolidada e mobiliária;</td><td rowspan="3">Apenas para o Poder Executivo</td></tr>
<tr><td colspan="2">c) concessão de garantias;</td></tr>
<tr><td colspan="2">d) operações de crédito, inclusive por antecipação de receita;</td></tr>
<tr><td colspan="3">Indicação das medidas corretivas adotadas ou a adotar, se ultrapassado qualquer dos limites.</td><td rowspan="5">Todos os órgãos do Quadro 28.11</td></tr>
<tr><td rowspan="4">Demonstrativos, no <u>ÚLTIMO QUADRIMESTRE</u>:</td><td colspan="2">a) do montante das disponibilidades de caixa em trinta e um de dezembro;</td></tr>
<tr><td rowspan="3">b) da inscrição em Restos a Pagar, das despesas:</td><td>Liquidadas;</td></tr>
<tr><td>Empenhadas e não liquidadas, inscritas até o limite do saldo da disponibilidade de caixa;</td></tr>
<tr><td>Não inscritas por falta de disponibilidade de caixa e cujos empenhos foram cancelados.</td></tr>
</table>

Em todos os demonstrativos do Relatório de Gestão Fiscal, as receitas e despesas intraorçamentárias deverão ser computadas juntamente com as demais informações, não havendo, portanto, a necessidade de segregação em linhas específicas.

40ª Questão (SECONT Contador Cespe 2009): *Julgue o item a seguir.*

No último quadrimestre, o RGF será acompanhado de demonstrativo das projeções atuariais dos regimes de previdência social, geral e próprio dos servidores públicos.

Solução

Errado, no último quadrimestre o RGF conterá um demonstrativo do montante das disponibilidades de caixa em trinta e um de dezembro; e da inscrição em Restos a Pagar, das despesas liquidadas; empenhadas e não liquidadas, inscritas até o limite do saldo da disponibilidade de caixa; não inscritas por falta de disponibilidade de caixa e cujos empenhos foram cancelados. É o RREO que deve conter demonstrativo das projeções atuariais dos regimes de previdência social, geral e próprio dos servidores públicos.

Gabarito: ***Errado***

O relatório será publicado até trinta dias após o encerramento do período a que corresponder, **com amplo acesso ao público, inclusive por meio eletrônico.** As Figuras 28.23 a 28.26 contêm os prazos de divulgação e os componentes que devem constar em cada Quadrimestre.

Chamada 41 do Autor: Comparação dos RGFs dos Poderes

Figura 28.23: Prazos e conteúdo do RGF do Executivo

1º QUADRIMESTRE	
DEMONSTRATIVOS	**PRAZO PARA PUBLICAÇÃO**
Anexo 1 - Demonstrativo da Despesa com Pessoal	Até o dia 30 de maio
Anexo 2 - Demonstrativo da Dívida Consolidada	
Anexo 3 - Demonstrativo das Garantias e Contragarantias de Valores	
Anexo 4 - Demonstrativo das Operações de Crédito	
Anexo 7 - Demonstrativo Simplificado do Relatório de Gestão Fiscal	
2º QUADRIMESTRE	
DEMONSTRATIVOS	**PRAZO PARA PUBLICAÇÃO**
Anexo 1 - Demonstrativo da Despesa com Pessoal	Até o dia 30 de maio
Anexo 2 - Demonstrativo da Dívida Consolidada	
Anexo 3 - Demonstrativo das Garantias e Contragarantias de Valores	
Anexo 4 - Demonstrativo das Operações de Crédito	
Anexo 7 - Demonstrativo Simplificado do Relatório de Gestão Fiscal	

3º QUADRIMESTRE	
Anexo 1 - Demonstrativo da Despesa com Pessoal	Até o dia 30 de janeiro do ano subsequente ao de referência
Anexo 2 - Demonstrativo da Dívida Consolidada	
Anexo 3 - Demonstrativo das Garantias e Contragarantias de Valores	
Anexo 4 - Demonstrativo das Operações de Crédito	
Anexo 5 - Demonstrativo da Disponibilidade de Caixa	
Anexo 6 - Demonstrativo dos Restos a Pagar	
Anexo 7 - Demonstrativo Simplificado do Relatório de Gestão Fiscal	
Relatório de Gestão Fiscal Consolidado	Até 30 dias após a divulgação do relatório do último quadrimestre do exercício

Figura 28.24: Prazos e conteúdo do RGF do Legislativo, Judiciário e MPU

1º QUADRIMESTRE	
DEMONSTRATIVOS	**PRAZO PARA PUBLICAÇÃO**
Anexo 1 - Demonstrativo da Despesa com Pessoal	Até o dia 30 de maio
2º QUADRIMESTRE	
DEMONSTRATIVOS	**PRAZO PARA PUBLICAÇÃO**
Anexo 1 - Demonstrativo da Despesa com Pessoal	Até o dia 30 de setembro
3º QUADRIMESTRE	
DEMONSTRATIVOS	**PRAZO PARA PUBLICAÇÃO**
Anexo 1 - Demonstrativo da Despesa com Pessoal	Até o dia 30 de janeiro do ano subsequente ao de referência
Anexo 5 - Demonstrativo da Disponibilidade de Caixa	
Anexo 6 - Demonstrativo dos Restos a Pagar	
Anexo 7 - Demonstrativo Simplificado do Relatório de Gestão Fiscal	

Figura 28.25: Prazos e conteúdo do RGF do Executivo para Municípios com menos de 50 mil habitantes

1º SEMESTRE	
DEMONSTRATIVOS	**PRAZO PARA PUBLICAÇÃO**
Anexo 1 - Demonstrativo da Despesa com Pessoal	Até o dia 30 de julho
Anexo 2 - Demonstrativo da Dívida Consolidada	
Anexo 3 - Demonstrativo das Garantias e Contragarantias de Valores	
Anexo 4 - Demonstrativo das Operações de Crédito	
Anexo 7 - Demonstrativo Simplificado do Relatório de Gestão Fiscal	
2º SEMESTRE	
DEMONSTRATIVOS	**PRAZO PARA PUBLICAÇÃO**
Anexo 1 - Demonstrativo da Despesa com Pessoal	Até o dia 30 de janeiro do ano subsequente ao de referência
Anexo 2 - Demonstrativo da Dívida Consolidada	
Anexo 3 - Demonstrativo das Garantias e Contragarantias de Valores	
Anexo 4 - Demonstrativo das Operações de Crédito	
Anexo 7 - Demonstrativo Simplificado do Relatório de Gestão Fiscal	
Relatório de Gestão Fiscal Consolidado	Até 30 dias após a divulgação do relatório do último quadrimestre do exercício

Figura 28.26: Prazos e conteúdo do RGF do Legislativo, Judiciário e MPU para Municípios com menos de 50 mil habitantes

1º SEMESTRE	
DEMONSTRATIVOS	**PRAZO PARA PUBLICAÇÃO**
Anexo 1 - Demonstrativo da Despesa com Pessoal	Até o dia 30 de julho

2º SEMESTRE	
DEMONSTRATIVOS	**PRAZO PARA PUBLICAÇÃO**
Anexo 1 - Demonstrativo da Despesa com Pessoal	Até o dia 30 de janeiro do ano subsequente ao de referência
Anexo 5 - Demonstrativo da Disponibilidade de Caixa	
Anexo 6 - Demonstrativo dos Restos a Pagar	
Anexo 7 - Demonstrativo Simplificado do Relatório de Gestão Fiscal	

41ª Questão (TCU AUFC Cespe 2008): *Julgue o item a seguir.*

O relatório de gestão fiscal de um ente público, no demonstrativo de restos a pagar, deve evidenciar as despesas liquidadas e as despesas empenhadas, mas não liquidadas. Destas, uma parte será inscrita até o limite do saldo da disponibilidade de caixa, e a outra parte não será inscrita, por insuficiência da disponibilidade de caixa, sendo cancelados os respectivos empenhos.

42ª Questão (TCU AUFC Cespe 2007): *Julgue o item a seguir.*

O relatório de gestão fiscal de um ente público deve conter um demonstrativo da despesa com pessoal. Para verificação de cumprimento do limite, calculado em percentual da receita tributária líquida, são excluídas, entre outras, as despesas com pessoal terceirizado temporário e com horas extras.

Solução

41. Certo, o demonstra rito de Restos a Pagar tem essa finalidade.

42. Errado, o percentual dos limites: das despesas de pessoal, da dívida consolidada, das operações de crédito são estipulados com base na Receita Corrente Líquida.

Além disso, se os terceirizados foram contratados em substituição aos servidores/ empregados do órgão, esta despesa é computada como despesa com pessoal.

Gabarito:

41. **Certo**

42. **Errado**

Prosseguindo na nossa aula, observa-se pelas Figuras 28.26 e 28.27 que é **FACULTADO** aos Municípios com população inferior a cinquenta mil habitantes optar por divulgar, **SEMESTRALMENTE**, o Relatório de Gestão Fiscal.

Ressalta-se que o quadrimestre estabelecido pela LRF é entendido como um período fixo e não apenas como uma contagem consecutiva de quatro meses. Assim, o primeiro quadrimestre vai de janeiro a abril, o segundo, de maio a agosto e o terceiro, de setembro a dezembro.

O descumprimento dos prazos previstos nas Figuras 28.20 a 28.27 impedirá, até que a situação seja regularizada, que o ente da Federação receba transferências voluntárias e contrate operações de crédito, exceto as destinadas ao refinanciamento do principal atualizado da dívida mobiliária.[56]

43ª Questão (SECONT Contador Cespe 2009): *Julgue o item a seguir.*

A não divulgação do RGF, nos prazos e condições estabelecidos em lei, impedirá que o ente da federação receba transferências voluntárias até que a situação esteja regularizada.

Solução

Certo, a assertiva é exatamente igual ao prescrito no Art. 51º da LRF.

Gabarito: ***Certo***

Mesmo que o ente não cumpra o prazo de divulgação do RGF **ele ainda poderá receber transferências voluntárias caso estas transferências se destinem a ações de educação, saúde e assistência social.**[57]

Essa mesma regra vale para os casos em que o ente descumpra limites de pessoal, de dívida consolidada, de operações de crédito e mesmo para os casos em que deixe de instituir os impostos[58].

Ainda quanto aos limites, ressalta-se que se ultrapassados os limites relativos à despesa total com pessoal ou à dívida consolidada, enquanto perdurar essa situação, o Município com população inferior a cinquenta mil habitantes, que tiver optado em divulgar os referidos anexos do Relatório de Gestão Fiscal SEMESTRALMENTE, ficará sujeito aos MESMOS PRAZOS de verificação e de retorno ao limite definidos para os demais entes.

Caso o excesso seja verificado no primeiro semestre, o prazo para recondução da despesa ao limite será contado a partir do quadrimestre iniciado imediatamente após o período de apuração do excesso.

Exemplo 1 do autor: Município que publica o relatório semestralmente e descumpre os limites

O Município A, que se enquadra na flexibilidade de publicação e verificação semestral de limites para Despesa com Pessoal e Dívida Consolidada Líquida ultrapassa os respectivos limites no primeiro SEMESTRE do Ano X1, ou seja, na

56 § 2º Art. 51º LRF.

57 § 3º do art. 25º da LRF.

58 § 3º Art.25º

metade do 2.º quadrimestre (maio a agosto) de análise. Sendo assim, o município estará obrigado a publicar os demonstrativos QUADRIMESTRALMENTE a partir de agosto, término do 2º quadrimestre X1 e a verificar o cumprimento dos limites quadrimestralmente a partir do 3º quadrimestre do ano de X1 (setembro a dezembro), inclusive explicitando a trajetória de reenquadramento.

A não divulgação do referido relatório, nos prazos e condições estabelecidos em lei, constitui infração, punida com multa de trinta por cento dos vencimentos anuais do agente que lhe der causa, sendo o pagamento da multa de sua responsabilidade pessoal[59].

Ressalta-se ainda que o RREO e o RGF devem ser elaborados de forma padronizada, segundo modelos que poderão ser atualizados pelo conselho de que trata o art. 67. Este Conselho ainda não foi criado, sendo a STN o órgão responsável por esta atribuição.

8.2. RREO

O Relatório Resumido de Execução Orçamentária, ao contrário do Relatório de Gestão Fiscal, está previsto desde a edição da CF/1988:

> *Art. 165. [...]*
>
> *§ 3º – O PODER EXECUTIVO publicará, até trinta dias após o encerramento de cada bimestre, RELATÓRIO RESUMIDO DA EXECUÇÃO ORÇAMENTÁRIA.*
>
> *Observa-se assim que o RREO é uma peça bimestral. A lei complementar 101/2000 (LRF) de uma inovada no RREO. Inicialmente instrumento ressaltou sua importância como instrumento de transparência.*
>
> *Art. 48. São* ***instrumentos de transparência da gestão fiscal****, aos quais será dada ampla divulgação, inclusive em meios eletrônicos de acesso público: os planos, orçamentos e leis de diretrizes orçamentárias; as prestações de contas e o respectivo parecer prévio;* ***o Relatório Resumido da Execução Orçamentária*** *e o Relatório de Gestão Fiscal; e as versões simplificadas desses documentos.*

O RREO e seus demonstrativos abrangerão os órgãos da Administração Direta e entidades da Administração Indireta, de todos os Poderes, constituídos pelas autarquias, fundações, fundos especiais, empresas públicas e sociedades de economia mista que recebem recursos dos Orçamentos Fiscal e da Seguridade Social, inclusive sob a forma de subvenções para pagamento de pessoal ou de custeio em geral ou de capital, excluídos, no último caso, aqueles provenientes de aumento de participação acionária.[60]

O RREO será elaborado e publicado pelo Poder Executivo da União, dos Estados, do Distrito Federal e dos Municípios. O RREO apesar de ser de responsabilidade do Poder Executivo, o RREO abrangerá todos os Poderes e o Ministério Público[61].

---

59 § 1º do inciso I do art. 5º da Lei nº 10.028/2000.

60 Manual de Demonstrativos Fiscais.

61 Art. 52º LRF.

O RREO deverá ser **assinado pelo Chefe do Poder Executivo que estiver no exercício do mandato na data da publicação do relatório**, ou por pessoa a quem ele tenha legalmente delegado essa competência, **deve fazê-lo em conjunto com o profissional de contabilidade** responsável pela elaboração do relatório[62].

As informações deverão ser elaboradas a partir dos dados contábeis consolidados de todas as unidades gestoras, no âmbito da Administração Direta, autarquias, fundações, fundos especiais, empresas públicas e sociedades de economia mista.[63]

APESAR DE A PUBLICAÇÃO SER BIMESTRAL, a União já divulga o RREO, há vários anos, mensalmente. O objetivo dessa periodicidade é permitir que, cada vez mais, a sociedade, por meio dos diversos órgãos de controle, conheça, acompanhe e analise o desempenho da execução orçamentária do Governo Federal[64]. O Quadro 28.13 mostra a composição do RREO.

Quadro 28.13: Composição RREO

Balanço Orçamentário, que especificará, por categoria econômica, as[65]:	Receitas por fonte, informando as realizadas e a realizar, bem como a previsão atualizada.
	Despesas por grupo de natureza, discriminando a dotação para o exercício, a despesa liquidada e o saldo.
Demonstrativos da execução das[66]:	Receitas, por categoria econômica e fonte, especificando a previsão inicial, a previsão atualizada para o exercício, a receita realizada no bimestre, a realizada no exercício e a previsão a realizar.
	Despesas, por categoria econômica e grupo de natureza da despesa, discriminando dotação inicial, dotação para o exercício, despesas empenhada e liquidada, no bimestre e no exercício.
	Despesas, por função e subfunção.
Apuração da **RECEITA CORRENTE LÍQUIDA** sua evolução, assim como a previsão de seu desempenho até o final do exercício.[67]	
RECEITAS E DESPESAS PREVIDENCIÁRIAS a que se refere o inciso IV do art. 50 (**REGIME GERAL DE PREVIDÊNCIA SOCIAL E REGIME PRÓPRIO DOS SERVIDORES PÚBLICOS**).[68]	

62 Manual de Demonstrativos Fiscais.

63 Manual de Demonstrativos Fiscais.

64 Manual de Demonstrativos Fiscais.

65 Inciso I art. 52º da LRF.

66 Inciso II art. 52º da LRF.

67 Inciso I art. 53º da LRF.

68 Inciso II art. 53º da LRF.

Resultados: **NOMINAL E PRIMÁRIO.**[69]	
DESPESAS COM JUROS, na forma do inciso II do art. 4º.[70]	
RESTOS A PAGAR, detalhando, **POR PODER E ÓRGÃO** referido no art. 20, os valores inscritos, os pagamentos realizados e o montante a pagar.[71]	
Incluído pelo Manual de Demonstrativos Fiscais	Demonstrativo das Receitas e Despesas com Manutenção e Desenvolvimento do Ensino
	Demonstrativos das Receitas e Despesas com Ações e Serviços Públicos de Saúde
	Demonstrativo Simplificado do Relatório Resumido da Execução Orçamentária
	Demonstrativo das Parcerias Público-Privadas.

Caso seja o relatório referente ao último bimestre do exercício, O RREO será acompanhado também de demonstrativos que constam no Quadro 28.14.

Quadro 28.14: Itens que devem ser adicionados ao RREO do último bimestre

Demonstrativo do atendimento do disposto no inciso III do art. 167 da Constituição, conforme o § 3º do art. 32 (Relação entre receitas de Operações de Crédito e Despesas de Capital à "Regra de Ouro")[72].
Demonstrativos das projeções atuariais dos regimes de previdência social, geral e próprio dos servidores público[73].
Demonstrativo da variação patrimonial, evidenciando a alienação de ativos e a aplicação dos recursos dela decorrentes[74].

Por fim **quando for o caso**, serão apresentadas justificativas[75]:

- Da limitação de empenho;

69 Inciso III art. 53º da LRF.

70 Inciso IV art. 53º da LRF.

71 Inciso V art. 53º da LRF.

72 Inciso I do § 1º do Art. 53º da LRF.

73 Inciso II do § 1º do Art. 53º da LRF.

74 Inciso III § 1º do Art. 53º da LRF.

75 § 2º do Art. 53º da LRF.

- Da frustração de receitas, especificando as medidas de combate à sonegação e à evasão fiscal, adotadas e a adotar, e as ações de fiscalização e cobrança.

Os valores referentes ao refinanciamento da dívida mobiliária constarão destacadamente nas receitas de operações de crédito e nas despesas com amortização da dívida.[76]

Caso o ente da Federação não publique o RREO nos prazos previstos, o mesmo estará impedido de receber, até que a situação seja regularizada, transferências voluntárias e contratar operações de crédito, exceto as destinadas ao refinanciamento do principal atualizado da dívida mobiliária.

44ª Questão (SECONT Contador Cespe 2009): *Julgue o item a seguir.*

44. O RREO integrará o projeto de lei de diretrizes orçamentárias (LDO), estabelecendo metas anuais, em valores correntes e constantes, relativas a receitas, despesas, resultados nominal e primário e montante da dívida pública, para o exercício a que se referirem e para os dois seguintes.

Solução

Errado. O RREO não integra a LDO. Ele é instrumento de transparência da gestão fiscal autônomo. Além disso, ele apura o resultado nominal e primário alcançado. O instrumento que contém as metas anuais para o exercício a que se referirem e para os dois seguintes é o Anexo de Metas Fiscais que acompanha a LDO.

Gabarito: ***Errado***

Os limites constantes do Relatório Resumido da Execução Orçamentária são os seguintes: Ações e Serviços Públicos de Saúde, Manutenção e Desenvolvimento do Ensino – MDE, Receitas de Operações de Crédito e Despesas de Capital – Regra de Ouro, despesas decorrentes das parcerias público-privadas. **Cabe ressaltar que o resultado nominal e o resultado primário não representam limites propriamente ditos**, mas sim metas fiscais a serem alcançadas pelo ente, conforme estabelecido na Lei de Diretrizes Orçamentárias.

O relatório deverá ser publicado pelo Poder Executivo até 30 dias após o encerramento de cada bimestre, encerramento do período a que corresponder, **com amplo acesso ao público, inclusive por meio eletrônico.** Por fim, as Figuras 28.27 a 28.30 ilustram os prazos de envio do RREO.

Em caso de necessidade de republicação do referido relatório, deverão ser observados os procedimentos vigentes na época da publicação original.

Cabe ressaltar que o demonstrativo simplificado do RREO complementa a transparência provida pelo próprio RREO, mas não o substitui. Sendo assim, é necessária a publicação do RREO completo para fins de comprovação do disposto na LRF.

76 § 1º do Art. 52º da LRF.

Figura 28.27: Prazo para envio do RREO na União

PERIODICIDADE DE PUBLICAÇÃO	BIMESTRAL
ANEXOS	**DEMONSTRATIVOS**
1	Balanço Orçamentário
2	Demonstrativo da Execução das Despesas por Função/Subfunção
3	Demonstrativo da Receita Corrente Líquida
4	Demonstrativo das Receitas e Despesas Previdenciárias do Regime Geral de Previdência Social
4	Demonstrativo das Receitas e Despesas Previdenciárias do Regime Próprio de Previdência dos Servidores
5	Demonstrativo do Resultado Nominal
6	Demonstrativo do Resultado Primário
7	Demonstrativo dos Restos a Pagar por Poder e Órgão
8	Demonstrativo das Receitas e Despesas com Manutenção e Desenvolvimento do Ensino
12	Demonstrativo das Despesas Próprias com Ações e Serviços Públicos e Saúde
13	Demonstrativo das Parcerias Público-Privadas
14	Demonstrativo Simplificado do Relatório Resumido da Execução Orçamentária
PERÍODO	**PRAZOS PARA PUBLICAÇÃO**
Jan/Fev	Até 30 de março
Jan/Abr	Até 30 de maio
Jan/Jun	Até 30 de julho
Jan/Ago	Até 30 de setembro
Jan/Out	Até 30 de novembro
Jan/Dez	Até 30 de janeiro

PERIODICIDADE DE PUBLICAÇÃO	ANUAL
ANEXOS	**DEMONSTRATIVOS**
9	Demonstrativo das Receitas de Operações de Crédito e Despesas de Capital
10	Demonstrativo da Projeção Atuarial do Regime Geral de Previdência Social
10	Demonstrativo da Projeção Atuarial do Regime Próprio de Previdência dos Servidores
11	Demonstrativo da Receita de Alienação de Ativos e Aplicação dos Recursos
PERÍODO	**PRAZO PARA PUBLICAÇÃO**
Jan/Dez	Até 30 de Janeiro

Figura 28.28: Prazo para envio do RREO nos Estados

PERIODICIDADE DE PUBLICAÇÃO	BIMESTRAL
ANEXOS	**DEMONSTRATIVOS**
1	Balanço Orçamentário
2	Demonstrativo da Execução das Despesas por Função/Subfunção
3	Demonstrativo da Receita Corrente Líquida
4	Demonstrativo das Receitas e Despesas Previdenciárias do Regime Próprio de Previdência dos Servidores
5	Demonstrativo do Resultado Nominal
6	Demonstrativo do Resultado Primário
7	Demonstrativo dos Restos a Pagar por Poder e Órgão
8	Demonstrativo das Receitas e Despesas com Manutenção e Desenvolvimento do Ensino
13	Demonstrativo das Parcerias Público-Privadas
12	Demonstrativo das Receitas e Despesas com Ações e Serviços Públicos de Saúde
14	Demonstrativo Simplificado do Relatório Resumido da Execução Orçamentária

PERIODICIDADE DE PUBLICAÇÃO	BIMESTRAL
PERÍODO	**PRAZOS PARA PUBLICAÇÃO**
Jan/Fev	Até 30 de março
Jan/Abr	Até 30 de maio
Jan/Jun	Até 30 de julho
Jan/Ago	Até 30 de setembro
Jan/Out	Até 30 de novembro
Jan/Dez	Até 30 de janeiro
PERIODICIDADE DE PUBLICAÇÃO	ANUAL
ANEXOS	**DEMONSTRATIVOS**
9	Demonstrativo das Receitas de Operações de Crédito e Despesas de Capital
10	Demonstrativo da Projeção Atuarial do Regime Próprio de Previdência dos Servidores
11	Demonstrativo da Receita de Alienação de Ativos e Aplicação dos Recursos
PERÍODO	**PRAZO PARA PUBLICAÇÃO**
Jan/Dez	Até 30 de Janeiro

Figura 28.29: Prazo para envio do RREO nos Municípios

PERIODICIDADE DE PUBLICAÇÃO	BIMESTRAL
ANEXOS	**DEMONSTRATIVOS**
1	Balanço Orçamentário
2	Demonstrativo da Execução das Despesas por Função/Subfunção
3	Demonstrativo da Receita Corrente Líquida
4	Demonstrativo das Receitas e Despesas Previdenciárias do Regime Próprio de Previdência dos Servidores
5	Demonstrativo do Resultado Nominal

PERIODICIDADE DE PUBLICAÇÃO	BIMESTRAL
ANEXOS	**DEMONSTRATIVOS**
6	Demonstrativo do Resultado Primário
7	Demonstrativo dos Restos a Pagar por Poder e Órgão
8	Demonstrativo das Receitas e Despesas com Manutenção e Desenvolvimento do Ensino
12	Demonstrativo das Receitas e Despesas com Ações e Serviços Públicos de Saúde
13	Demonstrativo das Parcerias Público-Privadas
14	Demonstrativo Simplificado do Relatório Resumido da Execução Orçamentária
PERÍODO	**PRAZOS PARA PUBLICAÇÃO**
Jan/Fev	Até 30 de março
Jan/Abr	Até 30 de maio
Jan/Jun	Até 30 de julho
Jan/Ago	Até 30 de setembro
Jan/Out	Até 30 de novembro
Jan/Dez	Até 30 de janeiro
PERIODICIDADE DE PUBLICAÇÃO	ANUAL
ANEXOS	**DEMONSTRATIVOS**
9	Demonstrativo das Receitas de Operações de Crédito e Despesas de Capital
10	Demonstrativo da Projeção Atuarial do Regime Próprio de Previdência dos Servidores
11	Demonstrativo da Receita de Alienação de Ativos e Aplicação dos Recursos
PERÍODO	**PRAZO PARA PUBLICAÇÃO**
Jan/Dez	Até 30 de Janeiro

Figura 28.30: Prazo para envio do RREO nos Municípios com população inferior a 50 mil habitantes

PERIODICIDADE DE PUBLICAÇÃO	BIMESTRAL
ANEXOS	**DEMONSTRATIVOS**
1	Balanço Orçamentário
2	Demonstrativo da Execução das Despesas por Função/Subfunção
8	Demonstrativo das Receitas e Despesas com Manutenção e Desenvolvimento do Ensino
12	Demonstrativo das Receitas e Despesas com Ações e Serviços Públicos de Saúde
PERÍODO	**PRAZOS PARA PUBLICAÇÃO**
Jan/Fev	Até 30 de março
Jan/Abr	Até 30 de maio
Jan/Jun	Até 30 de julho
Jan/Ago	Até 30 de setembro
Jan/Out	Até 30 de novembro
Jan/Dez	Até 30 de janeiro
PERIODICIDADE DE PUBLICAÇÃO	SEMESTRAL
ANEXOS	**DEMONSTRATIVOS**
3	Demonstrativo da Receita Corrente Líquida
4	Demonstrativo das Receitas e Despesas Previdenciárias do Regime Próprio de Previdência dos Servidores
5	Demonstrativo do Resultado Nominal
6	Demonstrativo do Resultado Primário
7	Demonstrativo dos Restos a Pagar por Poder e Órgão
13	Demonstrativo das Parcerias Público-Privadas
14	Demonstrativo Simplificado do Relatório Resumido da Execução Orçamentária

PERÍODO	PRAZO PARA PUBLICAÇÃO
Jan/Jun	Até 30 de Julho
Jan/Dez	Até 30 de Janeiro
PERIODICIDADE DE PUBLICAÇÃO	**ANUAL**
ANEXOS	**DEMONSTRATIVOS**
9	Demonstrativo das Receitas de Operações de Crédito e Despesas de Capital
10	Demonstrativo da Projeção Atuarial do Regime Próprio de Previdência dos Servidores
11	Demonstrativo da Receita de Alienação de Ativos e Aplicação dos Recursos
PERÍODO	**PRAZO PARA PUBLICAÇÃO**
Jan/Dez	Até 30 de Janeiro

9. ESCRITURAÇÃO E CONSOLIDAÇÃO

Quanto à escrituração das contas públicas que deve obedecer também às demais normas de contabilidade pública a LRF estabelece que[77]:

-**A disponibilidade de caixa** constará de registro próprio, de modo que os **recursos vinculados a órgão, fundo ou despesa obrigatória** fiquem identificados e escriturados de forma individualizada;

- **a despesa** e a assunção de compromisso serão registradas segundo o **regime de competência**, apurando-se, em caráter complementar, o **resultado dos fluxos financeiros pelo regime de caixa**;
- **as demonstrações contábeis** compreenderão, **isolada e conjuntamente**, as transações e operações de cada órgão, fundo ou entidade da administração direta, autárquica e fundacional, **inclusive empresa estatal dependente**;
- as receitas e despesas **previdenciárias** serão apresentadas em **demonstrativos financeiros e orçamentários específicos**;
- as **operações de crédito, as inscrições em Restos a Pagar e as demais formas de financiamento ou assunção de compromissos** junto a terceiros, deverão ser escrituradas de modo a evidenciar **o montante e a variação da dívida pública no período**, detalhando, pelo menos, **a natureza e o tipo de credor**;
- a **demonstração das variações patrimoniais** dará destaque à origem e ao destino dos recursos provenientes **da alienação de ativos**.

77 Art. 50° LRF.

45ª a 47ª Questões (SECONT-ES Contador Cespe 2009): *Julgue os itens a seguir.*

45. A receita e a despesa serão registradas segundo o regime de competência, apurando-se, em caráter complementar, o resultado dos fluxos financeiros pelo regime de caixa.

46. As demonstrações contábeis compreenderão, isolada e conjuntamente, as transações e as operações de cada órgão, fundo ou entidade da administração direta, autárquica e fundacional, excetuando-se empresa estatal dependente.

47. As operações de crédito e as inscrições em restos a pagar deverão ser escrituradas de modo a evidenciar o montante e a variação da dívida pública no período, detalhando, pelo menos, a natureza e o tipo de credor.

Solução

45. Errado, as receitas, conforme a LRF, não são registradas segundo o regime de competência, mas sim pelo regime de caixa.

46. Errado, estão inseridas nas demonstrações contábeis para fins de consolidação as empresas estatais dependentes.

47. Certo, conforme está disposto na LRF.

Gabarito:

45. **Errado**

46. **Errado**

47. **Certo**

Retomando os aspectos inerentes à escrituração, **no caso das demonstrações conjuntas**, **devem ser excluídas as operações intragovernamentais**. Por fim, fazendo um cruzamento entre dívida pública e escrituração elaborou-se o Quadro 28.15 com os principais aspectos relacionados.

Quadro 28.15: Características da escrituração da dívida pública e dos títulos da dívida pública

Item	Características
Dívida Pública	Será escriturada com individualização e especificações que permitam verificar, a qualquer momento, a posição dos compromissos, bem como os respectivos serviços de amortização e juros.[78]
	Incluem-se os compromissos de caráter contingencial, **assim entendidas quaisquer garantias concedidas** diretamente pelo Tesouro Nacional, ou por intermédio de seus agentes financeiros.[79]

78 Art. 116° do Decreto 93.872/1986.

79 Parágrafo único do art. 116° do Decreto 93872/1986.

Item	Características
Títulos da dívida pública	Desde que devidamente escriturados em sistema centralizado de liquidação e custódia, **poderão** ser oferecidos em caução para garantia de empréstimos, ou em outras transações previstas em lei, pelo seu valor econômico, conforme definido pelo Ministério da Fazenda.[80]
	Os títulos da dívida pública são insuscetíveis de gravames de qualquer natureza que importem na obrigatoriedade de as repartições emitentes ou seus agentes exercerem controles prévios especiais quanto à sua negociabilidade, ao pagamento de juros ou efetivação do resgate.[81]

48ª Questão (SECONT-ES Contador Cespe 2009): *Julgue o item a seguir.*

Os títulos da dívida pública, ainda que devidamente escriturados em sistema centralizado de liquidação e custódia, não poderão ser oferecidos em caução para a garantia de empréstimos.

Solução

Errado, os títulos da dívida pública, desde que devidamente escriturados em sistema centralizado de liquidação e custódia, poderão ser oferecidos em caução para garantia de empréstimos, ou em outras transações previstas em lei, pelo seu valor econômico, conforme definido pelo Ministério da Fazenda.

Gabarito: ***Errado***

Quanto à consolidação, o Poder Executivo da União promoverá, até o dia trinta de junho, a consolidação, nacional e por esfera de governo, das contas dos entes da Federação relativas ao exercício anterior, e a sua divulgação, inclusive por meio eletrônico de acesso público. O Quadro 28.16 mostra os prazos de envio das contas dos demais entes ao Poder Executivo da União[82].

Quadro 28.16: Prazos de envio das contas dos demais entes ao Poder Executivo da União

Do	Para	Prazo de Envio
Município	Poder Executivo da União com cópia para o Poder Executivo do respectivo Estado	30/04

80 Art. 61º da LRF.

81 Art. 118º do Decreto 93872/1986.

82 Art. 51º da LRF.

Do	Para	Prazo de Envio
Estado	Poder Executivo da União	31/05
Prazo para consolidação Nacional e por Esfera de Governo		30/06

Caso o ente descumpra o prazo, o mesmo estará impedido, até que a situação seja regularizada, de receber transferências voluntárias e contrate operações de crédito, **exceto as destinadas ao refinanciamento do principal atualizado da dívida mobiliária**[83].

Outro ponto importante é que a edição de **normas gerais para consolidação** das contas públicas caberá ao órgão central de contabilidade da União, desempenhado pela Secretaria do Tesouro Nacional do Ministério da Fazenda, enquanto não implantado o conselho de gestão fiscal[84].

Por fim, ressalto que na seção da LRF referente à escrituração e consolidação das contas está o amparo legal para a instituição do sistema de custos. Conforme a LRF a Administração Pública manterá **sistema de custos** que permita a avaliação e o acompanhamento da gestão orçamentária, financeira e patrimonial[85].

10. FISCALIZAÇÃO

O **Poder Legislativo**, diretamente ou com o auxílio dos Tribunais de Contas, **e o sistema de controle interno de cada Poder e do Ministério Público**, fiscalizarão o cumprimento das normas da LRF, com ênfase aos seguintes itens constantes no Quadro 28.17 [86].

Quadro 28.17: Itens que são objeto de fiscalização pelo Legislativo, Sistema de Controle Interno e Ministério Público.

1	Atingimento das metas estabelecidas na lei de diretrizes orçamentárias.
2	Limites e condições para realização de operações de crédito e inscrição em Restos a Pagar.
3	Medidas adotadas para o retorno da despesa total com pessoal ao respectivo limite, nos termos dos arts. 22 e 23 da LRF à**Limite Prudencial e Limite Total**.

83 Parágrafo único do art. 51° da LRF.

84 § 2º do art. 50° da LRF.

85 § 3º do art. 50° da LRF.

86 Art. 59° da LRF.

4	Providências tomadas, conforme o disposto no art. 31 da LRF, para recondução dos montantes das dívidas consolidada e mobiliária aos respectivos limites à**Extrapolação dos limites da dívida consolidada**.
5	Destinação de recursos obtidos com a alienação de ativos, tendo em vista as restrições constitucionais e as da LRF.
6	Cumprimento do limite de gastos totais dos legislativos municipais, quando houver.

Os **Tribunais de Contas alertarão** os Poderes ou órgãos referidos no Quadro 28.11 quando constatarem[87]:

I – a possibilidade de que a realização da receita poderá não comportar o cumprimento das metas de resultado primário ou nominal estabelecidas no Anexo de Metas Fiscais;

II – que o **montante da despesa total com pessoal** ultrapassou **90% (noventa por cento) do limite**;

III – que os montantes das **dívidas consolidada e mobiliária, das operações de crédito e da concessão de garantia** se encontram **acima de 90% (noventa por cento) dos respectivos limites**;

IV – que os gastos com inativos e pensionistas se encontram acima do limite definido em lei;

V – **fatos que comprometam os custos ou os resultados** dos programas ou indícios de irregularidades na gestão orçamentária.

Compete ainda aos Tribunais de Contas **verificar os cálculos dos limites da despesa total com pessoal** de cada Poder e órgão constantes no Quadro 28.11.

Atenção

A LRF menciona **limites totais** (100%) **e de alerta** (90%) para: despesa total com pessoal, dívidas consolidada e mobiliária, das operações de crédito e da concessão de garantia.

A LRF menciona **limite prudencial (95%) apenas para a despesa total com pessoal.**

45ª Questão (TCU TFCE Cespe 2012): *Julgue o item a seguir.*

O TCU, atuando na fiscalização da gestão fiscal, deve acompanhar o cumprimento da proibição, imposta ao Tesouro Nacional, de adquirir títulos da dívida pública federal existentes na carteira do Banco Central do Brasil.

Solução

Certo, observe o que consta na RF:

---

87 § 1º do Art. 59º da LRF.

Art. 59

§ 2º Compete ainda aos Tribunais de Contas verificar os cálculos dos limites da despesa total com pessoal de cada Poder e órgão referido no art. 20.

§ 3º O Tribunal de Contas da União acompanhará o cumprimento do disposto nos §§ 2º, 3º e 4º do art. 39.

Art. 39.

§ 2º O Banco Central do Brasil só poderá comprar diretamente títulos emitidos pela União para refinanciar a dívida mobiliária federal que estiver vencendo na sua carteira.

§ 3º A operação mencionada no § 2º deverá ser realizada à taxa média e condições alcançadas no dia, em leilão público.

§ 4ºÉ vedado ao Tesouro Nacional adquirir títulos da dívida pública federal existentes na carteira do Banco Central do Brasil, ainda que com cláusula de reversão, salvo para reduzir a dívida mobiliária.

Gabarito: ***Certo***

11. LISTA DE QUESTÕES OBJETIVAS [CESPE]

1ª a 4ª Questão (TCU AUFC Cespe 2008): *Considerando os limites de apuração com gastos de pessoal constantes na Lei de Responsabilidade Fiscal (LRF), julgue os itens seguintes.*

1. O TCU deve alertar imediatamente o Poder Executivo, os órgãos dos Poderes Legislativo e Judiciário e o Ministério Público da União, sempre que as despesas de pessoal excederem 95% do limite autorizado na LRF.

2. Para efeitos da LRF, a despesa total com pessoal engloba o somatório dos gastos do ente da Federação com os ativos, os inativos e os pensionistas, relativos a mandatos eletivos, cargos, funções ou empregos, civis, militares e de membros de poder, com quaisquer espécies remuneratórias, tais como vencimentos e vantagens, fixas e variáveis, subsídios, proventos da aposentadoria, reformas e pensões, inclusive adicionais, gratificações, horas extras e vantagens pessoais de qualquer natureza, bem como encargos sociais e contribuições recolhidas pelo ente às entidades de previdência.

3. Na verificação da despesa total com pessoal da União, não serão computadas as despesas com indenização por demissão de servidores, as relativas à demissão voluntária e as decorrentes dos contratos de terceirização de mão-de-obra referentes a substituição de servidores e empregados públicos.

4. Sempre que a despesa total com pessoal exceder o limite prudencial, a União fica proibida de conceder vantagem, aumento, reajuste ou adequação de remuneração. Contudo, poderá fazer admissão ou contratação de pessoal das áreas de educação, saúde e segurança, a título de reposição em virtude de aposentadoria ou falecimento de servidores.

Solução

1. Certo. Questão polêmica, pois o limite de alerta é conhecido como o limite de 90% sobre o total. O que a banca considerou é que ocorre também um alerta por parte dos Tribunais de contas quando a despesa com pessoal ultrapassa 95% do limite total.

2. Certo. É cópia do art. 18 da LRF.

3. Errado, os valores dos contratos de terceirização de mão-de-obra que se referem à substituição de servidores e empregados públicos serão contabilizados como "Outras Despesas de Pessoal". Assim, são computados.

4. Errado, pode ser concedida a revisão prevista no inciso X do art. 37 da Constituição quando o limite prudencial é ultrapassado.

Gabarito:

1. **Certo**
2. **Certo**
3. **Errado**
4. **Errado**

5ª a 13ª Questões (IPEA Técnico em Orçamento Cespe 2008): *Julgue os itens seguintes em conformidade com o que dispõe a Lei de Responsabilidade Fiscal (LRF).*

5. Para efeitos da LRF, uma sociedade cuja maioria do capital social com direito a voto pertença, direta ou indiretamente, a um município, enquadra-se no conceito de empresa controlada.

6. Afronta o conceito de responsabilidade fiscal da receita o fato de, até a presente oportunidade, a União não ter instituído o imposto sobre grandes fortunas.

7. Se um convênio é firmado entre a União e um município do estado do Rio de Janeiro e se esse município não tem previsão orçamentária para a contrapartida exigida, tal transferência não pode ser realizada.

8. Os títulos emitidos pelo Banco Central do Brasil não são computados no cálculo da dívida pública.

9. Suponha que determinado órgão público mantenha contrato de terceirização de mão-de-obra para o serviço de operação de máquinas fotocopiadoras, uma atividade que não constadas atribuições de nenhum dos cargos do quadro de pessoal do órgão em questão. Nesse caso, as despesas do contrato de terceirização não devem ser contabilizadas como outras despesas de pessoal.

10. O socorro aos bancos afetados pela recente crise financeira internacional poderia ser feito sem necessidade de aprovação de lei autorizando especificamente a despesa.

11. Considere a hipótese de um município em que as despesas de pessoal totais estão abaixo do limite global de 60% das receitas correntes líquidas, mas a Câmara de Vereadores respectiva gasta, com sua folha de pagamentos, mais do que seu limite próprio, de 6% do mesmo agregado de receita, e está nessa situação há dez

meses. Nesse caso, as transferências voluntárias da União para esse município não precisam ser suspensas.

12. No caso das transferências voluntárias de recursos públicos, a celebração de convênios para gastos correntes afetará diretamente a receita corrente líquida, principal denominador utilizado para verificação dos limites de gastos previstos na LRF, ainda que se leve em conta o fato de as transferências voluntárias não serem passíveis de utilização para pagamento de despesas com pessoal.

13. Em atendimento à chamada regra de ouro constante da LRF, as operações de crédito por antecipação de receitas orçamentárias, quando liquidadas no próprio exercício de sua contratação, devem ser computadas.

Solução

5. Certo. O conceito está de acordo com a LRF.

6. Certo. A União continua omissa. É o único imposto que não foi instituído no âmbito federal.

7. Certo. A contrapartida financeira na LOA do beneficiário é obrigatória entre transferências voluntárias da União para os Estados ou para os Municípios.

8. Errado, os títulos emitidos pelo Banco Central do Brasil são computados. Porém cabe lembrar que o BACEN parou de emitir títulos após 2 anos de publicação da LRF.

9. Certo. Pois essa terceirização não foi para substituir servidores do órgão.

10. Certo, pois a concessão de empréstimos do BACEN aos bancos sem lei pode ser feita se o resgate for inferior a 360 dias.

11. Errado, uma vez que a Câmara de Vereadores do município está a mais de 10 meses acima do limite (ou seja, já ultrapassou o prazo do primeiro quadrimestre de recuperação); uma vez que o limite de um poder interfere nos demais, as transferências voluntárias precisam ser suspensas. Note que foi cobrada a regra geral das transferências, uma vez que as transferências para às áreas de saúde, educação e assistência social não se sujeitam as restrições da LRF.

12. Certo. As transferências voluntárias recebidas para cobrir despesas correntes são classificadas como receitas correntes e não são excluídas no cálculo da RCL. Assim, essas receitas acabam aumentando o valor da RCL e, por conseguinte o limite da despesa com pessoal, embora a CF/1988 vede a utilização desses recursos para pagamento de despesas com pessoal dos entes beneficiados.

13. Errado, apenas as AROs não liquidadas até o dia 10 de dezembro serão computadas na regra de ouro.

Gabarito:

5. **Certo**
6. **Certo**
7. **Certo**
8. **Errado**
9. **Certo**

10. **Certo**
11. **Errado**
12. **Certo**
13. **Errado**

14ª e 15ª Questões (ABIN Administração Cespe 2010): *A Lei Complementar nº 101/2000 - Lei de Responsabilidade Fiscal (LRF) -, estabelece normas de finanças públicas voltadas para a responsabilidade na gestão fiscal. Considerando o que dispõe a LRF, julgue os itens subsequentes.*

14. Incluem-se entre os instrumentos de transparência da gestão fiscal o relatório resumido da execução orçamentária, de periodicidade trimestral, e o relatório de gestão fiscal, de periodicidade semestral.

15. A LRF veda, em qualquer caso, a aplicação da receita de capital derivada da alienação de bens e direitos que integram o patrimônio público no financiamento de despesas correntes.

Solução

14. Errado, o RREO é bimestral e o RGF é quadrimestral.

15. Errado, a LRF permite que os recursos de alienação de bens sejam aplicados em despesas correntes do Regime Geral e do Regime Próprio.

Gabarito:

14. **Errado**
15. **Errado**

16ª a 20ª Questões (MPU Analista Cespe 2010): *Julgue os itens a seguir.*

16. Conforme dispõe a LRF, o estado ou município que não promover a instituição, previsão e efetiva arrecadação de todos os impostos de sua competência constitucional ficará impossibilitado de receber transferências voluntárias da União.

17. Os limites globais para o montante da dívida consolidada da União e para o montante da dívida mobiliária federal devem ser fixados, em percentual da receita corrente líquida, para cada esfera de governo.

18. As despesas relativas às pensões, por não constituírem gastos com servidores inativos, não fazem parte da limitação de despesas de pessoal prevista na LRF.

19. Se determinado órgão público for obrigado a pagar a seus servidores vantagens ou indenizações decorrentes de decisões judiciais, então ele deve, obrigatoriamente, excluir esses valores no cálculo de sua despesa total com pessoal para efeito da aplicação do limite imposto pela LRF.

20. Embora a admissão ou a contratação de pessoal a qualquer título possa ser proibida antes que o órgão público atinja o limite de despesas de pessoal, a exo-

neração de servidores não estáveis por excesso de despesa somente é possível depois que esse limite for ultrapassado.

Solução

16. Certo. É a cópia do artigo da LRF.

17. Certo, todos esses limites utilizam como base a RCL.

18. Errado, as despesas com pensionistas compõem a despesa com pessoal; ressalvadas aquelas que possuírem recursos vinculados. A questão, no entanto, cobrou a regra geral do art. 18 da LRF.

19. Errado, as despesas com pessoal decorrentes de sentenças judiciais serão incluídas no limite do respectivo Poder ou órgão apenas se o fato gerador ocorrer em período anterior ao período de apuração dos 12 meses.

20. Certo. Os §§ 3º e 4º do art. 169 devem ser aplicados quando o limite total é ultrapassado.

Gabarito:

16. **Certo**
17. **Certo**
18. **Errado**
19. **Errado**
20. **Certo**

21ª a 23ª Questão (DETRAN Técnico Superior Contador Cespe 2010): *Sabendo que a Lei de Responsabilidade Fiscal impõe restrições e limites para a gestão pública, julgue os itens seguintes:*

21. Um ente que não tenha cumprido os limites constitucionais relativos à educação e à saúde só poderá receber transferências voluntárias de outros entes destinadas a esses setores quando comprovar que atendeu aos limites constitucionais.

22. Se uma despesa for criada por prazo determinado, tendo sido atendidos todos os requisitos legais, sua eventual prorrogação não precisará ser precedida das medidas compensatórias previstas pela lei de responsabilidade fiscal, desde que essa prorrogação aconteça também por prazo determinado.

23. Os contratos de terceirização de mão de obra somente devem ser incluídos no montante global da despesa de pessoal quando se referem a atividades semelhantes às dos servidores ou empregados do quadro efetivo de cada órgão público.

Solução

21. Errado, para fins da aplicação das sanções de suspensão de transferências voluntárias excetuam-se aquelas relativas a ações de educação, saúde e assistência social. Assim, mesmo que o ente não esteja cumprindo os limites constitucionais ou da LRF, ele pode receber transferências voluntárias dessas três áreas.

22. Errado, para fins de DOCC considera-se aumento de despesa a prorrogação daquela criada por prazo determinado. As DOCC sempre exigem medidas de compensação.

23. Certo, pois nesse caso caracteriza a substituição.

Gabarito:

21. **Errado**

22. **Errado**

23. **Certo**

24ª a 28ª Questões (MPU Analista em Economia Cespe 2010): *Julgue os itens a seguir.*

24. A dívida pública mobiliária é representada por títulos emitidos pela União, inclusive os do Banco Central do Brasil, estados e municípios. Já a dívida pública consolidada ou fundada consiste no montante total, apurado sem duplicidade, das obrigações financeiras do ente da Federação, assumidas em virtude de leis, contratos, convênios ou tratados e da realização de operações de crédito, para amortização em prazo superior a doze meses.

25. A operação de crédito consiste no compromisso de adimplência de obrigação financeira ou contratual assumida por ente da Federação ou entidade a ele vinculada.

26. O refinanciamento da dívida mobiliária consiste na emissão de títulos para pagamento do principal acrescido da atualização monetária e juros de mora no percentual anual fixado pelo Banco Central do Brasil.

27. Despesa obrigatória de caráter continuado é aquela derivada de lei, medida provisória ou ato administrativo normativo que fixe para o ente a obrigação legal de sua execução por um período superior a dois exercícios e para a qual não haja a necessidade de demonstração da origem dos recursos envolvidos em seu custeio.

28. As disponibilidades de caixa dos regimes de previdência geral e próprio dos servidores públicos devem ficar depositadas em conta separada das demais disponibilidades de cada ente.

Solução

24. Certo. É exatamente esse o conceito.

25. Errado, esse é o conceito de concessão de garantia.

26. Errado, não entram os juros no refinanciamento da dívida, apenas o principal e a atualização monetária. O Limite é da dívida mobiliária é definido Congresso Nacional no caso federal e pelo Senado Federal para os demais entes.

27. Errado, faltou deixar claro que são despesas correntes. Além disso, devem ser demonstradas as medidas compensatórias.

28. Certo, conforme consta no tópico de escrituração.

Gabarito:

24. **Certo**
25. **Errado**
26. **Errado**
27. **Errado**
28. **Certo**

29ª a 31ª Questões (STM Analista Cespe 2011): *Com base na Lei de Responsabilidade Fiscal (LRF), que constitui um marco das finanças públicas brasileiras, julgue os itens subsequentes.*

29. Os municípios que não instituírem a taxa municipal de iluminação pública, bem como os que não a tenham previsto em seus orçamentos e não a estejam arrecadando, estão proibidos de receber transferências voluntárias de outros entes, ressalvadas aquelas destinadas a ações com saúde, educação e assistência social.

30. Para realização de despesa com o pessoal, o Poder Legislativo do Distrito Federal deve observar o limite estabelecido na Lei de Responsabilidade Fiscal para o legislativo da esfera municipal.

31. Considera-se nulo o ato de prefeito que reajustar o vencimento dos servidores municipais em 25%, resultando em aumento de despesa com pessoal, no penúltimo mês de seu mandato.

Solução

29.Errado, a vedação é para impostos e não para todos os tributos.

30.Errado, o DF segue o limite dos Estados.

31. Certo. É nulo de pleno direito o ato de que resulte aumento da despesa com pessoal expedido nos cento e oitenta dias anteriores ao final do mandato do titular do respectivo Poder.

Gabarito:

29. **Errado**
30. **Errado**
31. **Certo**

32ª a 37ª Questões (CNPQ Assistente Cespe 2011): *Julgue os itens a seguir.*

32. A despesa total com pessoal, para os efeitos da LRF, será apurada somando-se a despesa realizada no mês em referência com as despesas dos doze meses imediatamente anteriores, adotando-se o regime de caixa.

33. Sob a óptica da LRF, para a apuração da receita corrente líquida, serão englobados os valores referentes a receitas tributárias e de contribuições, incluídas aquelas advindas da contribuição dos servidores para o custeio do seu sistema de previdência e assistência social.

34. Considere que um ente federativo tenha adquirido 70% da empresa A e que a empresa A possua 80% do patrimônio da empresa B. Assim, para os efeitos da LRF, a empresa B é uma empresa controlada indiretamente pelo ente federativo.

35. No caso de um ente da federação sancionar lei que permita que uma despesa corrente possua período de execução superior a dois exercícios, essa despesa será classificada como obrigatória de caráter continuado.

36. Não se obriga a apresentação, por parte do gestor público, da estimativa do impacto orçamentário-financeiro de aumento de despesas, no exercício em que esse aumento entrar em vigor e nos dois subsequentes, quando esse aumento for considerado irrelevante.

37.Considerando-se que, em determinado município brasileiro, a despesa pública com pessoal corresponda a 55% da receita corrente líquida, é correto afirmar que essa despesa ultrapassa o limite previsto na LRF.

Solução

32. Errado, a despesa total com pessoal, para os efeitos da LRF, será apurada somando-se a despesa realizada no mês em referência com as despesas dos onze meses imediatamente anteriores, adotando-se o regime de competência.

33. Errado, essas contribuições estão fora, pois estão vinculadas ao pagamento de benefícios previdenciários.

34. Certo, pois nesse caso o ente possui indiretamente 56% (70%*80%).

35. Certo, pois neste caso foram atendidos os três requisitos: despesas corrente, por lei e obrigação superior a 2 anos.

36. Certo. Para as despesas irrelevantes não precisam ser adotadas medidas para aumento de despesas.

37. Errado. O limite total municipal é de 60%.

Gabarito:

32. **Errado**

33. **Errado**

34. **Certo**

35. **Certo**

36. **Certo**

37. **Errado**

38ª e 39ª Questões (TJ-ES Contador Cespe 2011): *Considerando a tabela abaixo, que apresenta dados contidos no relatório de gestão fiscal do Tribunal de Justiça do Estado do Espírito Santo (TJ/ES), de janeiro a dezembro de 2010, julgue os itens que se seguem com base na Lei de Responsabilidade Fiscal (LRF).*

Unidade Didática V
Controle Fiscal na Federação

DESPESAS COM PESSOAL	R$ MILHÕES
Despesas brutas com pessoal	602,7
Despesas não computadas (§ 1º do art. 19 da LRF)	208,7
Receita corrente líquida	7.909,0

Fonte: Tribunal de Justiça do Espírito Santo. Internet: <www.tj.es.gov.br> (com adaptações)

38. O montante da receita corrente líquida informada no relatório de gestão do TJ/ES corresponde ao somatório das receitas tributárias, de contribuições, patrimoniais, industriais, agropecuárias, de serviços, transferências correntes e outras receitas correntes, incluindo as transferências realizadas pelo estado do Espírito Santo para os municípios por determinação constitucional.

39. As despesas com pessoal do TJ/ES estão abaixo do limite prudencial estabelecido na LRF, não impedindo, portanto, o tribunal de conceder reajuste ou fazer adequação de remuneração dos seus servidores.

Solução

38. Errado, estão fora do montante da Receita Corrente Líquida dos Estados, as transferências constitucionais para os Municípios.

39. Certo. O Limite Prudencial corresponde a 95%. Mas 95% sobre o que? Resposta: Sobre o limite total. Assim, temos que: Limite Prudencial = 95% * 6% (Limite Total do Judiciário Estadual) * RCL (7.909) à Limite prudencial = 0,95* 0,06 * 7.909 = 450,81.

Por outro lado, tem-se que: Despesas de Pessoal = 602,7 - 208,7 = 394.

Logo as despesas com pessoal estão abaixo do limite prudencial.

Gabarito:

38. **Errado**

39. **Certo**

40ª a 44ª Questões (TCE-RO Auditor Cespe 2013): *No que diz respeito ao direito financeiro e tributário, julgue os itens que se seguem. Nesse sentido, considere que as siglas ICMS, IPI e LRF, sempre que utilizadas, se referem, respectivamente, a imposto sobre operações relativas à circulação de mercadorias e sobre prestação de serviços de transporte interestadual e intermunicipal e comunicação, imposto sobre produtos industrializados e Lei de Responsabilidade Fiscal.*

40. Em se tratando de isenções de caráter geral, dispensam-se as exigências de previsão orçamentária e medidas de compensação previstas na LRF.

41. Despesa obrigatória de caráter continuado é a despesa corrente oriunda de lei, de medida provisória ou de ato administrativo normativo que fixe para o ente estatal a obrigação legal de executá-la por um período superior a dois exercícios.

42. Aumento de despesa considerado relevante pela lei de diretrizes orçamentárias, como a realização de licitação para a aquisição de bens de alto valor, deve ser acompanhado de demonstração do impacto-financeiro no orçamento em vigor e nos dois subsequentes, não sendo necessária a declaração de responsabilidade por parte do ordenador de despesa sobre compatibilidade e adequação.

43. De acordo com a LRF, consideram-se montante da dívida pública consolidada as obrigações entre o município e seus respectivos fundos, autarquias, fundações e empresas estatais.

44. Em função da diminuição da receita tributária, considera-se renúncia de receita a diminuição de alíquota do IPI, devendo, portanto, ser atendidos todos os requisitos necessários para a concessão dessa redução, previstos na LRF.

Solução

40. Certo. Se for de caráter geral, então não houve discriminação, logo não é renúncia para fins de LRF.

41. Certo, pois neste caso foram atendidos os três requisitos: despesas corrente, por lei e obrigação superior a 2 anos.

42. Errado, se for relevante é necessária a declaração do Ordenador de Despesas e avaliação do impacto-orçamentário e financeiro.

43. Errado, pois as empresas estatais independentes estão fora.

44. Errado, o IPI, juntamente com o II, IE e IOF, é uma das exceções.

Gabarito:

40. **Certo**

41. **Certo**

42. **Errado**

43. **Errado**

44. **Errado**

45ª e 46ª Questões (TCE-RO Auditor Cespe 2013): *No que diz respeito ao direito financeiro e tributário, julgue os itens que se seguem. Nesse sentido, considere que as siglas ICMS, IPI e LRF, sempre que utilizadas, se referem, respectivamente, a imposto sobre operações relativas à circulação de mercadorias e sobre prestação de serviços de transporte interestadual e intermunicipal e comunicação, imposto sobre produtos industrializados e Lei de Responsabilidade Fiscal.*

45. A diminuição da base de cálculo do ICMS, ainda que aprovada por convênio no Conselho Nacional de Política Fazendária, é considerada renúncia de receita, para efeitos de responsabilidade fiscal.

Unidade Didática V
Controle Fiscal na Federação

46. De acordo com a LRF, o conceito de receita corrente líquida não engloba venda de imóveis.

Solução

45. Certo. Mesmo que a questão não tenha exposto a questão do caráter discriminatório.

46. Certo, pois trata-se de alienação de bens que é receita de capital.

Gabarito

45. **Certo**

46. **Certo**

47ª a 52ª Questões (ANTT Analista Cespe 2013): *A respeito das normas concernentes ao orçamento público e à Lei de Responsabilidade Fiscal, julgue os itens a seguir.*

47. Somente no caso de despesa obrigatória de caráter continuado, é facultada a declaração do ordenador da despesa decorrente de ação governamental que acarrete aumento de despesa de que o aumento é orçamentária e financeiramente adequado em relação à lei orçamentária anual e compatível com o plano plurianual e a lei de diretrizes orçamentárias (LDO).

48. A Lei de Responsabilidade Fiscal engloba normas de finanças públicas voltadas para a gestão fiscal, matéria já regulamentada pela Lei nº 4.320/1964.

49. São objetivos da Lei de Responsabilidade Fiscal a ação planejada na gestão fiscal e o estabelecimento de normas gerais sobre balanços contábeis.

50. É nulo de pleno direito o ato que resulte em aumento de despesa com pessoal expedido nos cento e oitenta dias imediatamente anteriores ao do final do mandato do titular de órgão do Poder Executivo.

51. O não recebimento de transferências voluntárias é penalidade a que está sujeito o órgão ou poder que, tendo excedido o limite de gasto com pessoal, não reduza o percentual excedente do limite de despesa com pessoal.

52. No orçamento fiscal, devem constar todos os investimentos das empresas e autarquias cuja maioria do capital social com direito a voto pertença, direta ou indiretamente, à União.

Solução

47. Errado, qualquer despesa que não seja considerada irrelevante nos termos da LDO.

48. Errado, a lei 4320/1964 regula sobre direito financeiro.

49. Errado, não há este propósito. Este último propósito é da lei 4320/1964.

50. Certo, conforme consta na LRF.

51. Certo. É uma penalidade institucional padrão para essa situação.

52. Errado, pela LRF apenas as estatais dependentes podem compor o orçamento fiscal.

Gabarito:

47. **Errado**
48. **Errado**
49. **Errado**
50. **Certo**
51. **Certo**
52. **Errado**

53ª Questão (TCE-PB Procurador Cespe 2014): *Em conformidade com a Lei de Responsabilidade Fiscal (LRF), se uma instituição financeira estiver sofrendo risco de falência, a prevenção de sua insolvência caberá a fundos e outros mecanismos constituídos pelas instituições integrantes do Sistema Financeiro Nacional (SFN).*

Solução

Certo, a LRF estabelece que:

Art. 28. Salvo mediante lei específica, não poderão ser utilizados recursos públicos, inclusive de operações de crédito, para socorrer instituições do Sistema Financeiro Nacional, ainda que mediante a concessão de empréstimos de recuperação ou financiamentos para mudança de controle acionário.

§ 1º A prevenção de insolvência e outros riscos ficará a cargo de fundos, e outros mecanismos, constituídos pelas instituições do Sistema Financeiro Nacional, na forma da lei.

§ 2º O disposto no caput não proíbe o Banco Central do Brasil de conceder às instituições financeiras operações de redesconto e de empréstimos de prazo inferior a trezentos e sessenta dias.

Gabarito: **Certo**

54ª a 58ª Questões (Câmara dos Deputados Consultor Cespe 2014): *Julgue os itens a seguir.*

54. As despesas com inativos custeadas com recursos de fundos próprios não são computadas para efeito do atendimento dos limites de despesa com pessoal definidos pela LRF.

55. Considere a seguinte situação hipotética. Determinado município apresentou despesa total com pessoal do Poder Executivo, em dezembro de 2010, no valor de cento e quatorze milhões, o equivalente a 57% de sua RCL. O prefeito desse município determinou a redução da despesa de pessoal do Poder Executivo em dez milhões, nos dois quadrimestres seguintes, e em um milhão, no primeiro quadrimestre, com a expectativa de que a RCL cresça 0,5% quadrimestralmente.

Nessa situação hipotética, tão logo sejam cumpridas as determinações do prefeito, o município estará em conformidade com os limites de gasto definidos pela LRF já no primeiro quadrimestre.

56. De acordo com a LRF, não se pode deixar dívidas para o mandato seguinte no âmbito da União, embora isso possa ser feito nas esferas dos estados e das prefeituras, desde que haja aprovação das respectivas casas legislativas.

57. A emissão de títulos de responsabilidade do Banco do Brasil S. A. será incluída na dívida pública consolidada da União.

58. São formas de renúncia fiscal: anistia, remissão, subsídio, crédito presumido e concessão de isenção em caráter não geral.

Solução

54. Certo, pois neste caso são despesas com inativos e pensionistas com recursos vinculados.

55. Errado.

Despesas com pessoal = R$ 114.000.000 = 57% da RCL.

1% RCL = R$ 2.000.000

Excesso = 3% da RCL.

Assim, deve-reduzir 1% no 1° quadrimestre, equivalente a R$ R$ 2.000.000 e 2% do 2° quadrimestre subsequente, equivalente a R$ 4.000.000.

Assim, a medida tomada foi errada considerando que estabeleceu apenas R$ R$ 1.000.000 ao invés de R$ 2.000.000 no 1° quadrimestre.

Porém, ainda há o crescimento de 0,5% por quadrimestre. Assim, deveria haver a redução de 4%, o equivalente a R$ 8.000.000. Neste caso ajustado a redução seria de pelo menos, R$ 2,67 milhões no 1° quadrimestre.

56. Errado, essa regra é obrigatória para todos os entes da federação independente de autorização legislativa.

57. Errado, apenas as emissões do BACEN e da STN. O Banco do Brasil S. A. é uma empresa estatal independente, logo suas obrigações e receitas estão fora do escopo da LRF.

58. Certo, são os exemplos trazidos na LRF.

Gabarito:

54. **Certo**

55. **Errado**

56. **Errado**

57. **Errado**

58. **Certo**

59ª a 61ª Questões (ANTAQ Analista Cespe 2014): *Com base nas disposições da Lei de Responsabilidade Fiscal (LRF), julgue os itens subsecutivos.*

59. Reajuste na remuneração de servidores públicos federais somente poderá ser concedido se o ato de concessão vier acompanhado da comprovação de que a despesa aumentada não afetará as metas de resultados fiscais.

60. Informações relativas a empréstimos e financiamentos concedidos, pelo Banco Nacional de Desenvolvimento Econômico e Social (BNDES), com recursos oriundos do orçamento fiscal, devem ficar disponíveis para todos os cidadãos e instituições da sociedade durante todo o exercício.

61. A apuração do montante de receita corrente líquida arrecadada pode envolver mais de um exercício financeiro.

Solução

59. Errado, o reajuste previsto no inciso X do art. 37 pode ser concedido sem ter que demonstrar esse requisito.

60. Certo, a LRF dispõe que:

> Art. 49. As contas apresentadas pelo Chefe do Poder Executivo ficarão disponíveis, durante todo o exercício, no respectivo Poder Legislativo e no órgão técnico responsável pela sua elaboração, para consulta e apreciação pelos cidadãos e instituições da sociedade.
>
> Parágrafo único. A prestação de contas da União conterá demonstrativos do Tesouro Nacional e das agências financeiras oficiais de fomento, incluído o Banco Nacional de Desenvolvimento Econômico e Social, especificando os empréstimos e financiamentos concedidos com recursos oriundos dos orçamentos fiscal e da seguridade social e, no caso das agências financeiras, avaliação circunstanciada do impacto fiscal de suas atividades no exercício.

61. Certo, pode. A RCL só envolve dados de um único exercício quando for calculada em relação a dezembro.

Gabarito:

59. **Errado**

60. **Certo**

61. **Certo**

62ª e 63ª Questões (TRE-GO Analista Cespe2015): *Julgue os próximos itens com base nas disposições e aplicações da Lei de Responsabilidade Fiscal (LRF)*

62. Caso o prefeito de determinado município, na metade do último ano de seu mandato, deseje renovar o contrato anual de coleta de lixo com empresa terceirizada, a administração municipal, para atender ao disposto na LRF relativamente ao impedimento de transferir dívida que não possa ser paga ao sucessor, deve lançar, em restos a pagar, todas as parcelas vincendas no exercício subsequente e certificar-se da existência de suficiente disponibilidade de caixa.

Unidade Didática V
Controle Fiscal na Federação

63. Considere a seguinte situação hipotética. Determinada administração propôs, no projeto de lei do orçamento anual, aumento anual do salário pago a seus servidores, em caráter geral e uniforme, a partir do exercício subsequente, mas não encaminhou, com a proposta, estimativa específica do impacto orçamentário-financeiro que esse aumento pode provocar. Nessa situação, a matéria pode ser aprovada por não ferir a LRF.

Solução

62. Errado. Questão muito interessante, pois ela combina LRF com o decreto 93.872/1986. Vejamos o decreto:

> Art. 27. As despesas relativas a contratos, convênios, acordos ou ajustes de vigência plurianual, serão empenhadas em cada exercício financeiro pela parte nele a ser executada.

Assim, as parcelas que devem inscritas em restos a pagar e que devem ter disponibilidade de caixa, referem-se apenas as de competência do último ano do mandado. As despesas cujo Fato Gerador seja no exercício seguinte, próximo mandato, não podem ter o empenho antecipado.

63. Certo, pois neste caso trata-se do aumento previsto no inciso X do art. 37 da CF/1988.

Gabarito:

62. **Errado**

63. **Certo**

64ª e 65ª Questões (MPU Analista Cespe 2015): *Julgue os itens a seguir, com base em dispositivos da Lei de Responsabilidade Fiscal (LRF).*

64. É facultado aos municípios com população inferior a cinquenta mil habitantes optar por divulgar, semestralmente, o relatório de gestão fiscal. A divulgação do relatório e demonstrativos fiscais deverá ser realizada em até trinta dias após o encerramento do semestre.

65. O titular do Poder não pode contrair obrigação de despesa, nos dois últimos quadrimestres do seu mandato, que não possa ser cumprida integralmente nesse período, ou que tenha parcelas a serem pagas no exercício seguinte sem que haja suficiente disponibilidade de caixa para esse efeito.

Solução

64. Certo, existe essa flexibilização para o RGF dos municípios com menos de 50 mil habitantes.

65. Certo, é exatamente a regra da LRF que afeta os restos a pagar.

Gabarito:

64. **Certo**

65. Certo

66ª a 68ª Questões (TCUAUFC Cespe 2015): *De acordo com a Lei Complementar n.º 101/2000 – Lei de Responsabilidade Fiscal (LRF) –, julgue os seguintes itens.*

66. O governador de um estado brasileiro que não tenha submetido suas contas ao Poder Executivo da União no prazo estabelecido será impedido, até que a situação seja regularizada, de receber transferências voluntárias e contratar operações de crédito, inclusas aquelas destinadas ao refinanciamento do principal da dívida.

67. Os limites da LRF estabelecidos para despesas com pessoal, concessão de garantias e contratação de operações de crédito são definidos em percentuais da receita corrente líquida e devem ser divulgados no relatório de gestão fiscal.

68. As operações de crédito compõem a dívida pública, sendo vedada, no último ano de mandato presidencial, a obtenção de operações de crédito por antecipação de receita para o atendimento de insuficiência de caixa.

Solução

66. Errado, pois mesmo em tal situação, pode-se refinanciar a dívida mobiliária.

67. Certo, são elementos integrantes do RGF de todos os quadrimestres do Poder Executivo.

68. Certo, o Executivo não pode contratar ARO no último ano do mandato.

Gabarito:

66. **Errado**

67. **Certo**

68. **Certo**

69ª e 70ª Questões (STJ Analista Cespe 2015): *Julgue os itens a seguir.*

69. Um parlamentar que pretenda apresentar projeto de lei estendendo por mais dez anos os subsídios destinados à produção de determinados alimentos deverá, entre outras exigências, apresentar a estimativa dos gastos correspondentes ao período dos dez anos seguintes e introduzir disposição que obrigue o Poder Executivo a incluir os valores correspondentes nas respectivas propostas orçamentárias.

70. O projeto da LRF foi concebido no bojo da busca pela estabilidade fiscal, visando à obtenção de superávits primários compatíveis com a estabilização da relação entre dívida externa e reservas internacionais.

Solução

69. Errado, a estimativa é exigida para 3 exercícios. No âmbito federal o limite de duração do benefício pela última LDO é de 5 anos. Existem duas formas e não apenas uma de atender a renúncia: incluir na LOA ou medidas compensatórias de aumento de receita. A questão restringiu indevidamente na primeira opção.

70. Errado, o foco não era as reservas internacionais, mas a relação entre dívida pública e despesas primárias como: pessoal e seguridade social.

Gabarito:

69. **Errado**

70. **Errado**

71ª e 72ª Questões (AGU Advogado Cespe 2015): *Julgue os itens a seguir.*

71. O balanço orçamentário, que tem a função de especificar, por categoria econômica, as receitas e as despesas, constitui parte do RREO.

72. O RGF é publicado bimestralmente e serve para divulgar, por demonstrativo, o resultado primário conseguido pela administração financeira.

Solução

71. Certo, o balanço orçamentário é parte integrante do RREO.

72. Errado, o RGF é quadrimestral. O resultado primário faz parte do RREO apenas.

Gabarito:

71. **Certo**

72. **Errado**

73ª a 77ª Questões (TELEBRAS Analista Cespe 2015): *De acordo com a Lei de Responsabilidade Fiscal (LRF), julgue os seguintes itens relativos às despesas públicas.*

73. As despesas com pessoal das empresas estatais federais dependentes estão sujeitas a limites específicos, compreendidos nos limites atribuídos ao Poder Executivo federal.

74. Para os efeitos de aplicação da LRF, a TELEBRAS está incluída na categoria de empresa estatal dependente.

75. O saldo da dívida consolidada líquida (DCL) é obtido deduzindo-se da dívida consolidada as disponibilidades de caixa, as aplicações financeiras e os demais haveres financeiros.

76. Caso um dado ente federado, ao final do segundo quadrimestre de 2015, tenha ultrapassado o limite de gasto com pessoal em R$ 600 milhões, isso significará que, até o final de dezembro de 2015, ele deverá reduzir em no mínimo R$ 300 milhões a despesa com pessoal, sob pena de ficar impedido de receber transferências voluntárias a partir de janeiro de 2016.

77. Caso seja ultrapassado o limite de gasto com pessoal e se esgotem tanto as providências elencadas na LRF quanto o prazo legal para sanear a situação, o ente federado poderá demitir servidores estáveis.

78. (TCE-RN/2015/Auditor) A realização de transferência voluntária deve-se operar, sob pena de contrariedade à LRF, por meio de convênio que estabeleça, entre outros pontos, a previsão orçamentária de contrapartida do ente recebedor da transferência e o compromisso de não utilizar os recursos transferidos em finalidade diversa da pactuada.

Solução

73. Certo, pois as empresas estatais federais estão abrangidas no escopo da LRF.

74. Errado. Não é preciso gravar quais são as Empresas estatais dependentes da Figura 28.1, mas se você vai fazer prova para um órgão, você deve conhecer suas características.

75. Certo. Observe o cálculo a seguir como simulação.

ESPECIFICAÇÃO	2010 (b)
DÍVIDA CONSOLIDADE (I)	45.000
DEDUÇÕES (II)	30.000
Ativo Disponível	38.000
Haveres Financeiros	2.000
(–) Restos a Pagar Processados	10.000
DÍVIDA CONSOLIDADE LÍQUIDA (III) = (I – II)	15.000

76. Errado, se o ente federado ultrapassou em agosto, até dezembro ele deve reduzir pelo menos 1/3 do excesso que dá R$ 200 milhões. A questão foi mais rigorosa no valor.

77. Certo, poderá. Mas lembrando que antes ele deve exonerar pelo menos 20% dos cargos comissionados e todos os servidores não estáveis.

Gabarito:

73. **Certo**
74. **Errado**
75. **Certo**
76. **Errado**
77. **Certo**

78ª a 82ª Questões (TCE-RN Auditor Cespe 2015): *Acerca do controle da despesa pública com pessoal, julgue os próximos itens de acordo com a lei e a jurisprudência pertinentes. Nesse sentido, considere que a sigla LRF, sempre que empregada, se refere à Lei de Responsabilidade Fiscal.*

78. A realização de transferência voluntária deve-se operar, sob pena de contrariedade à LRF, por meio de convênio que estabeleça, entre outros pontos, a previsão orçamentária de contrapartida do ente recebedor da transferência e o compromisso de não utilizar os recursos transferidos em finalidade diversa da pactuada.

79. O percentual de despesa com pessoal que supere o limite máximo previsto na LRF deve ser eliminado nos dois quadrimestres seguintes àquele em que foi

apurado o excesso, sob pena de o estado-membro ficar impedido de receber transferências voluntárias.

80. Se a despesa total com pessoal da administração pública estadual superar o limite máximo previsto na LRF, a eliminação do percentual excedente poderá ser alcançada tanto pela extinção de cargos e funções quanto pela redução dos valores a eles atribuídos.

81. Um município que, no último quadrimestre de 2015, apresentar pela primeira vez uma despesa de pessoal superior ao limite previsto na LRF poderá, em janeiro de 2016, receber transferências voluntárias da União.

82. O fato de um município não ter instituído o imposto sobre serviços de qualquer natureza (ISSQN) o impede de receber transferências voluntárias da União.

Solução

78. Errado, a transferência voluntária pode ser por convênio ou contrato de repasse.

79. Certo, está de acordo com as regras da LRF.

80. Errado, a legislação não admite redução de valores.

81. Certo, poderá, pois, ele terá até 30.04.2016 para reduzir um terço do excesso.

82. Certo, impede, pois fere um requisito essencial de gestão fiscal de receita.

Gabarito:

78. **Errado**

79. **Certo**

80. **Errado**

81. **Certo**

82. **Certo**

83ª Questão (TCU AUFC Cespe 2015): *Julgue o item a seguir.*

Situação hipotética: No demonstrativo do resultado nominal do governo federal constante do Relatório Resumido da Execução Orçamentária de maio de 2015, constavam as informações mostradas na tabela a seguir, e os restos a pagar processados apresentavam o valor de R$ 45.446.936.

ESPECIFICAÇÃO	SALDO (EM R$)
Dívida consolidada	3.610.068.016
Deduções	
Ativo disponível	720.847.465
Haveres financeiros	1.575.856.214

Solução

Certo, observe o cálculo:

1. Dívida Consolidada	**3.610.068.016**
2. Deduções	**2.251.256.743**
Ativo Disponível	720.847.465
Haveres Financeiros	1.575.856.214
(-) RP processados	45.446.936
Dívida Consolidada Líquida (1– 2)	**1.358.811.273**

Gabarito: **Certo**

84ª Questão (TCE-PR Auditor Cespe 2016): *Com base nas disposições da LRF, assinale a opção correta.*

a) Despesa obrigatória de caráter continuado corresponde a despesa de capital cuja execução extrapola o exercício.

b) No âmbito da União, despesa relativa a demissão voluntária é computada no limite de despesa total com pessoal.

c) A SOF é o órgão responsável por divulgar a relação dos entes que ultrapassarem os limites das dívidas consolidada e mobiliária.

d) Segundo o princípio da universalidade, os recursos vinculados a órgão, fundo ou despesa obrigatória serão consolidados e escriturados de forma coletiva.

e) A diferença entre o montante das despesas de capital e o montante previsto para as receitas de operações de crédito no projeto de LOA deverá ser igual ou superior a zero.

Solução

a) Errado, DOCC só pode ser despesa corrente e deve extrapolar 2 exercícios pelos menos.

b) Errado, despesa relativa a demissão voluntária é excluída.

c) Errado, seria o Ministério da Fazenda o órgão responsável por divulgar a relação dos entes que ultrapassarem os limites das dívidas consolidada e mobiliária.

d) Errado, os recursos vinculados a órgão, fundo ou despesa obrigatória serão consolidados e escriturados de forma de forma individualizada.

e) Certo, é o que diz a regra de ouro.

Gabarito: **E**

85ª Questão (TCE-PR Auditor Cespe 2016): *Assinale a opção correta a respeito de transparência, controle e fiscalização de acordo com a LRF.*

a) O relatório de gestão fiscal do Poder Legislativo deve conter um comparativo da dívida consolidada e mobiliária com os limites previstos na LRF.

b) Sempre que verificar que as despesas de pessoal de Poder Executivo estadual atingiram o limite prudencial - 95% do limite máximo das despesas com pessoal -, o TCE deverá emitir alerta sobre esse fato, na forma da LRF.

c) As contas prestadas pelo chefe do Poder Executivo serão objeto de parecer prévio do respectivo tribunal de contas no prazo de sessenta dias do recebimento, se outro lapso não estiver previsto no regimento interno desse tribunal.

d) O fato de o município não atender o prazo para a publicação do relatório de gestão fiscal lhe gera a mesma espécie de sanção prevista na LRF para a conduta de não encaminhar tempestivamente suas contas ao Poder Executivo da União.

e) O relatório de gestão fiscal, que deverá ser publicado em até trinta dias após o encerramento do período a que corresponder, com amplo acesso ao público, inclusive por meio eletrônico, engloba o relatório resumido de execução orçamentária.

Solução

a) Errado, essa comparação consta no Anexo de Metas Fiscais da LDO.

b) Errado, porém isso vai contra questão da própria banca em 2008 no concurso do TCU que afirma que também há alerta quando se ultrapassa o limite prudencial.

c) Errado, observe a LRF.

> Art. 57. Os Tribunais de Contas emitirão parecer prévio conclusivo sobre as contas no prazo de sessenta dias do recebimento, ***se outro não estiver estabelecido nas constituições estaduais ou nas leis orgânicas municipais***.
>
> § 1º No caso de Municípios que não sejam capitais e que tenham menos de duzentos mil habitantes o prazo será de cento e oitenta dias.
>
> § 2º Os Tribunais de Contas não entrarão em recesso enquanto existirem contas de Poder, ou órgão referido no art. 20, pendentes de parecer prévio.

d) Certo, em ambos os casos, o ente fica impedido de receber transferências voluntárias e contratar operações de crédito, exceto o refinanciamento de dívida mobiliária.

e) Errado, RGF e RREO são documentos distintos.

Gabarito: **D**

86ª Questão (DPU Economista Cespe 2016): *Julgue o item a seguir.*

No caso dos municípios, a receita corrente líquida corresponderá ao somatório das receitas tributárias, de contribuições, patrimoniais, industriais, agropecuárias, de serviços, transferências correntes e outras receitas também correntes.

Solução

Errado, pois faltaram as deduções. Esse conceito seria o da receita corrente bruta.

Gabarito: **Errado**

87ª a 90ª Questões (DPU Economista Cespe 2016): *Com relação às informações do demonstrativo apresentado, julgue os itens subsequentes, considerando a Lei de Responsabilidade Fiscal (LRF).*

Relatório de Gestão Fiscal

Demonstrativo Simplificado do Relatório de Gestão Fiscal

Orçamentos Fiscal e da Seguridade Social

Até o 3.º quadrimestre de 2014

RGF – Anexo VII (LRF, art. 48)

DESPESAS COM PESSOAL – PODER EXECUTIVO	% SOBRE A RCL
Despesa total com pessoal (DTP)	46,96
Limite máximo	????
Limite prudencial	????

87. Caso o demonstrativo se refira a governo municipal, o limite máximo de despesa total com pessoal será de 54% para o Poder Executivo e, nesse caso, o governo subnacional do demonstrativo não atingiu o limite prudencial da LRF.

88. Caso o demonstrativo se refira ao governo federal, o limite prudencial de despesa total com pessoal será de 40,9% para o Poder Executivo e, nesse caso, o governo subnacional do demonstrativo atingiu o limite prudencial da LRF.

89. A esfera de governo ou o órgão que tenha extrapolado o limite prudencial sem alcançar o limite máximo da DTP do ente Federado deverá reduzir o gasto com pessoal no próximo quadrimestre.

90. Caso o demonstrativo se refira a governo estadual, não foram atingidos os limites máximo e prudencial da LRF com relação à despesa total e prudencial com pessoal, já que o limite máximo de DTP é de 49% para o Poder Executivo.

Solução

87. Certo. Observe:

Limite total: 54%.

Limite Prudencial: 51,3%.

Limite de Alerta: 48,6%.

Nenhum deles foi ultrapassado.

88. Errado, se for âmbito federal, o limite total é que seria 40,9%.

89. Errado, ainda não, apenas sofrerá as restrições do limite prudencial.

90. Errado, observe:

Limite total: 49%.

Limite Prudencial: 46,55%.

Limite de Alerta:44,1%.

Já foi ultrapassado o limite prudencial.

Gabarito:

87. **Certo**

88. **Errado**

89. **Errado**

90. **Errado**

91ª Questão (TRT 8ª Região Analista Judiciário Cespe 2016): *Assinale a opção correta relativamente ao controle das finanças públicas e às determinações da Lei de Responsabilidade Fiscal (LRF).*

a) Uma das formas de controle estabelecida pela LRF é a obrigatoriedade, aos estados e municípios, de envio de suas contas ao executivo federal, em data limite, sob pena de não receberem os valores oriundos de transferências voluntárias.

b) O ordenador de despesa deve apresentar a estimativa de impacto orçamentário-financeiro para o exercício seguinte sempre que uma ação governamental representar o aumento de despesa pública e, sendo possível, o impacto para o exercício posterior.

c) No estabelecimento dos percentuais máximos da receita corrente líquida a serem gastos na despesa com pessoal, a LRF retira do cômputo da classificação os valores destinados ao pagamento de contribuição previdenciária.

d) Para viabilizar a transparência da gestão fiscal, a LRF estabelece que os entes da Federação disponibilizem o acesso a informações referentes a todos os pagamentos realizados às pessoas jurídicas fornecedoras de bens e serviços, excluídos os valores destinados à remuneração de pessoas físicas, para que a privacidade delas não seja violada.

e) As despesas públicas, correntes ou de capital, que ultrapassem o exercício financeiro subsequente, serão consideradas como obrigatórias de caráter continuado.

Solução

a) Certo, está de acordo com as regras da LRF.

b) Errado, qualquer aumento de despesa exige a avaliação do impacto orçamentário e financeiro para o exercício de referência e os dois subsequentes.

c) Errado, o valor pago como contribuição previdenciária patronal permanece no cálculo da despesa com pessoal.

d) Errado, não há restrições quanto à transparência orçamentária e financeira. Os valores destinados à remuneração de pessoas físicas devem ser evidenciados.

e) Errado, para ser DOCC tem que ser despesa corrente e gerar obrigações superiores a 2 exercícios.

Gabarito: **A**

92ª Questão (TRE-PI Analista Judiciário Cespe 2016): *À luz das disposições da Lei de Responsabilidade Fiscal (LRF), assinale a opção correta.*

a) A programação da despesa deve ser feita em até trinta dias após a publicação do orçamento.

b) A relação custo-benefício inclui-se entre os aspectos a serem considerados por uma entidade governamental nas análises das operações de crédito.

c) Para as operações de crédito, é suficiente que o controle seja feito ou no relatório resumido da execução orçamentária, ou no relatório de gestão fiscal, em demonstrativos.

d) A programação financeira é um instrumento que foi introduzido pela LRF.

e) O orçamento publicado deve conter, em suas receitas, as metas trimestrais de arrecadação, com a especificação das medidas de combate à sonegação.

Solução

a) Errado, seria a programação orçamentária e financeira: metas bimestrais de arrecadação e cronograma mensal de desembolso. A programação da despesa consta na LOA.

b) Certo. Observe a LRF.

> *Art. 32. O Ministério da Fazenda verificará o cumprimento dos limites e condições relativos à realização de operações de crédito de cada ente da Federação, inclusive das empresas por eles controladas, direta ou indiretamente.*
>
> *§ 1° O ente interessado formalizará seu pleito fundamentando-o em parecer de seus órgãos técnicos e jurídicos, demonstrando a relação custo-benefício, o interesse econômico e social da operação e o atendimento das seguintes condições:*

c) Errado, existem controles feitos pelo Ministério da Fazenda, pelos órgãos de controle externo e interno e pelo Ministério Público.

d) Errado, já existia na lei 4320/1964. Mas foi modificada. Antes era um quadro de cotas trimestrais, agora são as metas bimestrais de arrecadação e cronograma mensal de desembolso.

e) Errado, não é o orçamento publicado, mas o decreto de programação financeira que deve conter: metas bimestrais de arrecadação e cronograma mensal de desembolso.

Gabarito: B

93ª e 94ª Questões (TCE-PE Auditor de Contas Públicas Cespe 2017): *Com referência aos dispositivos da Lei Complementar nº 101/2000 (Lei de Responsabilidade Fiscal), julgue os próximos itens.*

93. Em respeito ao princípio constitucional da autonomia federativa, é facultativo que o titular do Poder Executivo de cada ente federativo envie à União as informações relativas às respectivas dívidas públicas interna e externa.

94. Determinado subsídio constituído por renúncia de receita pública poderá ser aprovado e colocado em execução ainda que não esteja incluído no demonstrativo da estimativa de renúncia de receita da lei de diretrizes orçamentárias.

Solução

93. Errado, desde a lei complementar 156/2016 passou a ser que o titular do Poder Executivo de cada ente federativo envie à União as informações relativas às respectivas dívidas públicas interna e externa.

94. Certo, pois existe a hipótese de indicar as medidas compensatórias.

Gabarito:

93. **Errado**

94. **Certo**

95ª Questão (TCE-PB Auditor de Contas Públicas Cespe 2018 Adaptada): *Com relação aos conceitos básicos, aos procedimentos de inscrição, à execução fiscal e à contabilização da dívida ativa da fazenda pública, assinale a opção correta.*

a) A execução da dívida ativa de impostos é requisito básico para o recebimento de transferências voluntárias.

b) A ocorrência do fato gerador da obrigação é suficiente para a inscrição na dívida ativa.

c) Cada unidade gestora é responsável pela inscrição de seus respectivos créditos na dívida ativa.

d) A inscrição de crédito na dívida ativa deve ser contabilizada como receita.

e) Somente os créditos de natureza tributária podem ser inscritos na dívida ativa.

Solução

a) Certo. Pela LRF:

> Art. 11. Constituem requisitos essenciais da responsabilidade na gestão fiscal a instituição, previsão e efetiva arrecadação de todos os tributos da competência constitucional do ente da Federação.
> Parágrafo único. É vedada a realização de transferências voluntárias para o ente que não observe o disposto no caput, no que se refere aos impostos.

Assim, ao deixar de arrecadar a dívida ativa de impostos, o ente fica impedido de receber transferências voluntárias.

b) Errado, deve ser realização a apuração.

d) Errado, pois na União seria a PGFN.

d) Errado, a inscrição de crédito na dívida ativa é fato permutativo. Para ser receita deve haver a entrada de recurso financeiro.

e) Errado, tanto os créditos de natureza tributária quanto os créditos de natureza não tributária podem ser inscritos na dívida ativa.

Gabarito: A

96ª Questão (TCE-PB Auditor de Contas Públicas Cespe 2018): *Se o limite de despesa de pessoal previsto na legislação vigente for ultrapassado, a indicação das medidas corretivas adotadas ou a serem adotadas devem ser demonstradas no*

a) relatório resumido da execução financeira.

b) anexo de metas fiscais.

c) demonstrativo de renúncia de receita.

d) relatório de gestão fiscal.

e) anexo de riscos fiscais.

Solução

Seria no RGF.

Gabarito: D

12. LISTA DE QUESTÕES OBJETIVAS [ESAF]

1ª Questão (SEFAZ-CE Analista ESAF 2007): *Não se equipara a operações de crédito a(o)*

a) captação de recursos a título de antecipação de receita de tributo ou contribuição cujo fato gerador ainda não tenha ocorrido, sem prejuízo do disposto no § 7º do art. 150 da Constituição.

b) recebimento antecipado de valores de empresa em que o Poder Público detenha, direta ou indiretamente, a maioria do capital social com direito a voto.

c) assunção direta de compromisso, confissão de dívida ou operação assemelhada, com fornecedor de bens, mercadorias ou serviços, mediante emissão, aceite ou aval de título de crédito, não se aplicando esta vedação a empresas estatais dependentes.

d) assunção de obrigação, sem autorização orçamentária, com fornecedores para pagamento a posteriori de bens e serviços.

e) recebimento antecipado de lucros e dividendos de empresa em que o Poder Público detenha, direta ou indiretamente, a maioria do capital social com direito a voto, na forma da legislação.

Solução

Observe a LRF:

> Art. 37. Equiparam-se a operações de crédito e estão vedados:
>
> I – captação de recursos a título de antecipação de receita de tributo ou contribuição cujo fato gerador ainda não tenha ocorrido, sem prejuízo do disposto no § 7º do art. 150 da Constituição;
>
> II – recebimento antecipado de valores de empresa em que o Poder Público detenha, direta ou indiretamente, a maioria do capital social com direito a voto, salvo lucros e dividendos, na forma da legislação;
>
> III – assunção direta de compromisso, confissão de dívida ou operação assemelhada, com fornecedor de bens, mercadorias ou serviços, mediante emissão, aceite ou aval de título de crédito, não se aplicando esta vedação a empresas estatais dependentes;
>
> IV – assunção de obrigação, sem autorização orçamentária, com fornecedores para pagamento a posteriori de bens e serviços.

Das opções citadas na questão, não consta no art. 37 da LRF a opção E.

Gabarito: **E**

2ª Questão (TCE-GO Analista ESAF 2007): *Os limites da despesa total com pessoal não poderá exceder os percentuais da receita corrente líquida discriminados na LRF. Esses percentuais*

a) não englobam as despesas com inativos custeadas com recursos provenientes da arrecadação de contribuição dos segurados.

b) são fixados de forma supletiva em relação à lei de diretrizes orçamentárias.
c) são fixados de forma taxativa e sujeitam o infrator às consequências da lei, entre as quais a impossibilidade de contratar, em qualquer hipótese, operações de crédito.
d) são repartidos em limites específicos por Poder e órgão nas esferas federal, estadual e municipal, podendo essa distribuição interna ser alterada pela lei de diretrizes orçamentárias, observado o limite global de cada ente.
e) são discriminados de forma igualitária para a União, Estados e Municípios.

Solução

a) Certo, as despesas com inativos com recursos vinculados são retiradas do cálculo.
b) Errado, os limites de despesa com pessoal constam na própria LRF.
c) Errado, o infrator pode ainda contratar operações de crédito visando o refinanciamento da dívida mobiliária.
d) Errado, a distribuição interna não pode ser alterada. Por exemplo, não se pode pegar 1% do Executivo e passar ao Legislativo na LDO.
e) Errado, na União é 50% da RCL e nos Estados e Municípios é 60% da RCL.

Gabarito: **A**

3ª Questão (TCE-GO Analista ESAF 2007): *Os limites globais para o montante da dívida consolidada da União, Estados e Municípios é estabelecido em*

a) decreto legislativo.
b) lei ordinária.
c) lei complementar.
d) lei delegada.
e) resolução do senado.

Solução

O único limite de dívida definido por lei é o da dívida mobiliária federal, os demais são por resolução do Senado.

Gabarito: **E**

4ª Questão (TCE-GO Analista ESAF 2007): *Os dispositivos da Lei de Responsabilidade Fiscal não obrigam:*

a) a administração direta municipal.
b) as autarquias e fundações estaduais.
c) os tribunais de contas municipais.

d) as empresas controladas não dependentes estaduais.

e) as empresas estatais federais que recebem recursos para pagamento de despesas com pessoal, custeio ou capital.

Solução

A LRF não obriga as empresas estatais independentes, gabarito D.

Gabarito: D

5ª Questão (SEFAZ-CE Analista ESAF 2007): *Acerca da repartição dos limites globais da despesa com pessoal estabelecidos na Lei Complementar n. 101/2000, é correto afirmar que:*

a) a despesa com pessoal dos Tribunais de Contas será inclusa nos limites do respectivo Poder Judiciário.

b) na esfera municipal, o limite para o Ministério Público está incluído no do respectivo Poder Executivo.

c) na União, inclui-se no limite do Poder Executivo as despesas com pessoal do Tribunal de Justiça e do Ministério Público do Distrito Federal e Territórios.

d) no ministério público de cada esfera, o limite será repartido entre seus ramos proporcionalmente à média das despesas com pessoal, em percentual da receita corrente líquida, verificadas nos três exercícios financeiros imediatamente anteriores ao da publicação da LRF.

e) a entrega dos recursos financeiros correspondentes à despesa total com pessoal do Poder Executivo será a resultante da aplicação dos limites com pessoal.

Solução

a) Errado, será inclusa no Poder Legislativo.

b) Errado, não existe Ministério Público no âmbito municipal.

c) Certo, dos 40,9% do Executivo Federal, 3% são destinados a despesas com pessoal do Tribunal de Justiça e do Ministério Público do Distrito Federal e Territórios.

d) Errado, não existe tal regra na LRF.

e) Errado, a entrega dos recursos com despesas com pessoal, independente da aplicação dos limites. Ou seja, não se cessa o pagamento dos servidores por esse motivo.

Gabarito: **C**

6ª Questão (CGU Auditor ESAF 2008): *A Lei de Responsabilidade Fiscal – LRF instituiu mecanismos mais rigorosos para a administração das finanças nas três esferas de governo e funciona como um código de conduta para os administradores públicos, que devem obedecer às normas e limites estabelecidos na lei. Com base na Lei de Responsabilidade Fiscal, assinale a opção incorreta.*

a) A LRF proíbe a realização de operação de crédito entre entes da Federação, inclusive por intermédio de fundo, ainda que sob a forma de novação de dívida contraída anteriormente.

b) São princípios gerais da LRF o Planejamento, a Transparência e a Responsabilização.

c) Estão sujeitos às disposições da LRF todos os entes da federação inclusive suas empresas estatais dependentes na forma definida na Lei.

d) São exemplos de instrumentos de transparência da gestão fiscal, segundo a LRF: os planos, orçamentos e leis de diretrizes orçamentárias; as prestações de contas e o respectivo parecer prévio; o Relatório Resumido da Execução Orçamentária e o Relatório de Gestão Fiscal.

e) A LRF estabelece limites para gastos com pessoal, sendo que na União esse limite chega a 50% do total das Receitas Correntes.

Solução

a) Certo, a assertiva ele trouxe a regra geral. Porém, admite-se que o Banco do Brasil conceda empréstimo a Estado nas seguintes situações: cobrir despesas de capital ou renovar dívida contraída anteriormente.

> Art. 35. É vedada a realização de operação de crédito entre um ente da Federação, diretamente ou por intermédio de fundo, autarquia, fundação ou empresa estatal dependente, e outro, inclusive suas entidades da administração indireta, ainda que sob a forma de novação, refinanciamento ou postergação de dívida contraída anteriormente.
>
> § 1° Excetuam-se da vedação a que se refere o caput as operações entre instituição financeira estatal e outro ente da Federação, inclusive suas entidades da administração indireta, que não se destinem a:
>
> I – financiar, direta ou indiretamente, despesas correntes;
>
> II – refinanciar dívidas não contraídas junto à própria instituição concedente.

b) Certo, faltou apenas o princípio do Controle.

c) Certo, ficam de fora apenas as empresas estatais independentes

d) Certo, sem comentários adicionais.

e) Errado, seria receita corrente líquida, apenas receita corrente não corresponde a realidade.

Gabarito: **E**

7ª Questão (CGU Auditor ESAF 2008): *A LRF estabelece a obrigatoriedade do Poder Executivo elaborar a programação financeira e o cronograma de execução mensal de desembolso e, quando for o caso, poderá ser promovida a limitação de empenho e de movimentação financeira. No que se refere a esses procedimentos, assinale a opção correta.*

a) A limitação de que trata a LRF somente acontecerá se verificado que ao final do quadrimestre a realização da receita poderá não comportar o cumprimento das metas de resultado primário e nominal estabelecidas na LDO.

Unidade Didática V
Controle Fiscal na Federação

b) Se verificada a necessidade de contingenciamento, cada um dos poderes, por ato próprio e nos montantes necessários, terá até o final do bimestre seguinte para efetuar a limitação de empenho e movimentação financeira.

c) No governo federal, os saldos de caixa apurados ao final do exercício e que integraram o superávit primário são utilizados para pagamento da dívida pública, independentemente de sua vinculação.

d) Os critérios para realização da limitação de empenho e de movimentação financeira serão estabelecidos na Lei Orçamentária Anual.

e) Em nenhuma hipótese serão objeto de limitação as despesas que constituam obrigações constitucionais e legais do ente, inclusive aquelas destinadas ao pagamento do serviço da dívida.

Solução

a) Errado, limitação de que trata a LRF será ao final do bimestre.

b) Errado, se verificada a necessidade de contingenciamento, cada um dos poderes, por ato próprio e nos montantes necessários terá até 30 dias após o encerramento do bimestre para efetuar a limitação de empenho e movimentação financeira.

c) Errado, no governo federal, os saldos de caixa apurados ao final do exercício e que integraram o superávit primário são utilizados para pagamento da dívida pública respeitada a vinculação dos recursos.

d) Errado, os critérios para realização da limitação de empenho e de movimentação financeira serão estabelecidos na LDO.

e) Certo, sem comentários adicionais.

Gabarito: E

8ª Questão (MPOGAPO ESAF 2008): *A Lei de Responsabilidade Fiscal, na seção que trata dos limites da Dívida Pública e das Operações de Crédito determina que, para fins de verificação do atendimento do limite, a apuração do montante da dívida consolidada será efetuada ao final de cada:*

a) mês.

b) semestre.

c) trimestre.

d) quadrimestre.

e) ano.

Solução

O limite da dívida é apurado no RGF que é quadrimestral.

Gabarito: **D**

9ª Questão (STN Auditor ESAF 2008): *Segundo dispõe a Lei Complementar n. 101/2000 - Lei de Responsabilidade Fiscal - LRF, as despesas de caráter continuado são as que têm a seguinte característica:*

a) são as despesas correntes e de capital definidas como necessárias à manutenção dos projetos criados no Plano Plurianual - PPA.

b) são as despesas correntes e de capital destinadas ao custeio da máquina administrativa decorrentes de determinações da Lei de Diretrizes Orçamentárias - LDO.

c) são os gastos relativos à implantação de programas e serviços decorrentes da reestruturação de órgãos do Estado.

d) são as despesas correntes derivadas de lei, medida provisória ou ato administrativo normativo que fixe para o ente a obrigação legal de sua execução por um período superior a dois exercícios.

e) são os gastos permanentes oriundos de determinação legal ou judicial e que devem ser pagos com recursos dos exercícios seguintes.

Solução

A única opção que atende os três requisitos da DOCC: despesas correntes, decorrente de lei, obrigações superiores a 2 anos, é a opção D.

Gabarito: D

10ª Questão (MPDG APO ESAF 2008): *De acordo com a jurisprudência do Supremo Tribunal Federal acerca da Lei Complementar n. 101, de 4 de maio de 2000 (Lei de Responsabilidade Fiscal):*

a) os entes da Federação não podem ser atingidos pelas limitações jurídicas que derivam da inscrição, em cadastros restritivos, de suas entidades da administração indireta.

b) o Poder Executivo pode limitar os valores financeiros segundo os critérios fixados pela lei de diretrizes orçamentárias se verificado, ao final de um bimestre, que a realização da receita poderá não comportar o cumprimento das metas fiscais e o Poder Legislativo ou Judiciário ou o Ministério Público não promova limitação de empenho e movimentação financeira no prazo legal.

c) o Distrito Federal, embora submetido a regime constitucional diferenciado, está bem mais próximo da estruturação dos Municípios do que da arquitetura constitucional dos Estados-membros.

d) o Distrito Federal custeia seu Poder Judiciário e Ministério Público.

e) a Lei de Responsabilidade Fiscal, ao disciplinar as operações de crédito efetuadas por fundos, vedando as que se deem entre um fundo de um ente da Federação e outro ente, atenta contra o princípio federativo.

Solução

a) Certo, tendo em vista que a LRF não se aplica as empresas estatais independentes.

b) Errado, o Executivo não pode limitar valores financeiros dos demais poderes.

c) Errado, o DF é equiparado a estado para fins de LRF.

d) Errado, o Poder Judiciário e Ministério Público do DF e territórios é custeado pela União.

e) Errado, não há nenhuma quebra ao princípio federativo relacionada com a LRF.

Gabarito: **A**

11ª Questão (MPDG APO ESAF 2008): *Acerca de receitas públicas, assinale a opção incorreta.*

a) Algumas receitas derivadas dos entes da Federação podem ser vinculadas à prestação de garantia ou contra garantia à União, mas não ao pagamento de débitos para com esta.

b) Tanto a taxa quanto o preço público têm pagamento compulsório, mas só a primeira pode ser cobrada pela mera disposição de um serviço público.

c) A estimativa do impacto orçamentário-financeiro e o atendimento à lei de diretrizes orçamentárias são condições necessárias mas não suficientes à renúncia de receita.

d) A receita originária caracteriza-se fundamentalmente pelo fato de sua percepção não ter o caráter coercitivo próprio da atividade do Estado.

e) Concessões de isenção em caráter não geral estão compreendidas no conceito legal de renúncia de receita.

Solução

a) Certo. A União não pode obrigar o Estado a pagar dívida deste com ela com recursos do IPVA, mas pode cobrar o recurso do IPVA se ele for oferecido como contragarantia em empréstimo que a União garantiu pelo Estado junto ao banco.

b) Errado, o preço público é facultativo. Ele que é cobrado por serviço público.

c) Certo, é um critério sempre exigido, mas não é suficiente.

d) Certo, é exatamente o conceito.

e) Certo, para ser enquadrado nas regras da LRF tem que ser de caráter não geral.

Gabarito: **B**

12ª Questão (STN Auditor ESAF 2008): *A Lei Complementar n. 101, de 4 de maio de 2000, no que se refere à consignação na lei orçamentária de créditos com finalidade imprecisa ou com dotação ilimitada:*

a) autoriza, com restrições, vinculando-se a consignação à indicação de fontes adicionais de recursos.

b) veda, explicitando proibição que não admite nenhuma exceção.

c) proíbe, excetuando-se consignações acompanhadas de justificativa do chefe do Poder Executivo responsável pela execução orçamentária.

d) não recomenda, excetuando-se consignações instruídas com justificativa do responsável pelo Poder proponente.

e) autoriza, conquanto que a consignação não alcance mais de um exercício financeiro.

Solução

Observe a LRF:

> Art. 5º
>
> § 4º É vedado consignar na lei orçamentária crédito com finalidade imprecisa ou com dotação ilimitada.

Gabarito: **B**

13ª Questão (STN Auditor ESAF 2008): *É requisito essencial da responsabilidade na gestão fiscal:*

a) a instituição, previsão e efetiva arrecadação de todos os tributos de competência constitucional do ente da Federação.

b) a previsão, alocação e fixação da arrecadação estimada de todos os tributos de competência legal do ente da Federação.

c) a fixação, indicação e estimativa da arrecadação de todos os impostos de competência constitucional do ente da Federação.

d) a previsão, instituição e fixação da arrecadação de todas as rubricas tributárias dos entes da Administração Indireta, inclusive.

e) a instituição, previsão e efetiva arrecadação de todos os impostos de competência legal do ente da Administração Federal, com exceção das receitas derivadas.

Solução

Conforme consta neste capítulo, gabarito A.

Gabarito: **A**

14ª Questão (STN Auditor ESAF 2008): *A concessão ou ampliação de incentivo ou benefício de natureza tributária da qual decorra renúncia de receita deverá estar acompanhada:*

a) de exposição de motivos que justifique politicamente a finalidade da renúncia.

b) de decreto regulamentador que identifique exatamente o valor da receita objeto da renúncia.

c) de estimativa do impacto orçamentário-financeiro no exercício em que deva iniciar sua vigência e nos dois seguintes.

d) de estudo de impacto orçamentário-financeiro que comprove a necessidade da renúncia, como instrumento de política fiscal que atenda ao plano plurianual.

e) de portaria regulamentadora expedida por autoridade competente que explicite, objetivamente, o valor da receita objeto da renúncia.

Solução

Conforme consta neste capítulo, gabarito C.

Gabarito: **C**

15ª Questão (STN Auditor ESAF 2008): *As regras relativas à concessão ou ampliação de incentivo ou benefício de natureza tributária, nos termos da lei de responsabilidade fiscal, não se aplicam aos seguintes impostos, exceto:*

a) Imposto de Importação.

b) Imposto de Exportação.

c) Imposto sobre Produtos Industrializados.

d) Imposto de Renda.

e) Imposto sobre Operações de Crédito, Câmbio e Seguro, ou relativas a Títulos ou Valores Mobiliários.

Solução

Com exceção do IR, todos os demais impostos são extrafiscais não se aplicando as regras da LRF.

Gabarito: **D**

16ª Questão (STN Auditor ESAF 2008): *Nos termos da lei de responsabilidade fiscal, e para os fins do disposto no caput do art. 169 da Constituição, a despesa total com pessoal, em cada período de apuração e em cada ente da Federação, não poderá exceder os percentuais da receita líquida, a seguir discriminados:*

a) União (40%), Estados (40%), Municípios (40%)

b) União (50%), Estados (50%), Municípios (50%)

c) União (60%), Estados (60%), Municípios (60%)

d) União (50%), Estados (40%), Municípios (30%)

e) União (50%), Estados (60%), Municípios (60%)

Solução

Conforme consta neste capítulo, gabarito E.

Gabarito: **E**

17ª Questão (Processo Simplificado ESAF 2008): *Segundo a Lei de Responsabilidade Fiscal - LRF (LC n. 101/2000), o projeto de lei orçamentária anual deverá obedecer às seguintes regras, exceto:*

a) necessariamente, deve ser compatível com o Plano Plurianual e com a Lei de Diretrizes Orçamentárias.

b) será acompanhado de documento com as medidas de compensação da renúncia de receitas e aumento das despesas obrigatórias de caráter continuado.

c) a atualização monetária do principal da dívida mobiliária refinanciada não poderá superar a variação do índice de preços previsto na Lei de Diretrizes Orçamentárias, ou em legislação específica.

d) o refinanciamento da dívida pública constará, separadamente, na lei orçamentária e no crédito adicional.

e) a consignação de dotação ilimitada ou com destinação imprecisa está limitada a cinco por cento do total.

Solução

a) Certo, sempre a LOA deve ser compatível com o PPA e com a LDO.

b) Certo, as DOCC sempre exigem medidas compensatórias.

c) Certo, observe a LRF:

> Art. 5º
>
> § 3º A atualização monetária do principal da dívida mobiliária refinanciada não poderá superar a variação do índice de preços previsto na lei de diretrizes orçamentárias, ou em legislação específica.
>
> d) Certo, observe a LRF:
>
> Art. 5º
>
> § 2º O refinanciamento da dívida pública constará separadamente na lei orçamentária e nas de crédito adicional.

e) Errado, não se admite consignação de dotação ilimitada ou com destinação imprecisa em hipótese nenhuma. Observe a LRF:

> Art. 5º

§ 4º É vedado consignar na lei orçamentária crédito com finalidade imprecisa ou com dotação ilimitada.

Gabarito: **E**

18ª Questão (Processo Simplificado ESAF 2008): *A Lei Complementar n. 101/2000 estabelece que a responsabilidade na gestão fiscal pressupõe a ação planejada e transparente, em que se previnem riscos e corrigem desvios capazes de afetar o equilíbrio das contas públicas, mediante o cumprimento de metas de resultados entre receitas e despesas e a obediência a limites e condições legalmente definidos. Sobre o que dispõe a Lei de Responsabilidade Fiscal – LRF, são corretos todos os enunciados abaixo, exceto:*

a) as disposições da LRF obrigam a União, os Estados, o Distrito Federal e os Municípios, compreendendo o Poder Executivo, o Poder Legislativo, neste abrangidos os Tribunais de Contas, o Poder Judiciário e o Ministério Público e as respectivas administrações diretas, fundos, autarquias, fundações e empresas estatais dependentes.

b) entende-se por transferência voluntária a entrega de recursos correntes ou de capital a outro ente da Federação, a título de cooperação, auxílio ou assistência financeira, que não decorra de determinação constitucional, legal ou os destinados ao Sistema Único de Saúde.

c) salvo mediante lei específica, não poderão ser utilizados recursos públicos, inclusive de operações de crédito, para socorrer instituições do Sistema Financeiro Nacional, ainda que mediante a concessão de empréstimos de recuperação ou financiamentos para mudança de controle acionário.

d) a despesa total com pessoal, em cada período de apuração e em cada ente da Federação, não poderá exceder os percentuais da receita corrente líquida, da União: 50% (cinquenta por cento); dos Estados: 60% (sessenta por cento); e dos Municípios: 60% (sessenta por cento).

e) a despesa total com pessoal compreende o somatório dos gastos do ente da Federação com os ativos, os inativos e os pensionistas, relativos a cargos, funções ou empregos, civis, militares e de membros de Poder, com vencimentos e vantagens fixas e variáveis bem como encargos sociais e contribuições recolhidas pelo ente às entidades de previdência.

Solução

a) Certo, todas entidades citadas são abrangidas pela LRF.

b) Certo, as transferências voluntárias da LRF são entre entes.

c) Certo, essa é a regra para utiliza recursos públicos no setor privado: lei específica.

d) Certo, sem comentários adicionais.

e) Gabarito oficial. Questão mal formulada, pois o erro está no sentido que o conceito está incompleto apenas. Observe a LRF:

> Art. 18. Para os efeitos desta Lei Complementar, entende-se como despesa total com pessoal: o somatório dos gastos do ente da Federação com os ativos, os inativos e os pensionistas, relativos a mandatos eletivos, cargos, funções ou empregos, civis, militares e de membros de Poder, ***com quaisquer espécies remuneratórias***, tais como vencimentos e vantagens, fixas e variáveis, subsídios, proventos da aposentadoria, reformas e pensões, ***inclusive adicionais, gratificações, horas extras e vantagens pessoais de qualquer natureza, bem como encargos sociais e contribuições recolhidas pelo ente às entidades de previdência.***

Gabarito: **E**

19ª (SRFB Analista Tributário ESAF 2009): *Para fins de cumprimento da "regra de ouro" estabelecida pela Lei de Responsabilidade Fiscal - LC n. 101/2000 -, não devem ser computados os ingressos decorrentes de:*

a) operações de crédito internas.
b) recebimento de cauções.
c) alienação de bens integrantes do patrimônio.
d) prestação de serviços pela administração pública.
e) financiamentos por organismos estrangeiros.

Solução

A regra de ouro da LRF remete a regra de ouro da CF/1988:

> Art.12.
>
> § 2º O montante previsto para as receitas de operações de crédito não poderá ser superior ao das despesas de capital constantes do projeto de lei orçamentária.

Alguns entendem também que o art. 44 seria uma regra de ouro:

> Art. 44. É vedada a aplicação da receita de capital derivada da alienação de bens e direitos que integram o patrimônio público para o financiamento de despesa corrente, salvo se destinada por lei aos regimes de previdência social, geral e próprio dos servidores públicos.

Assim, das opções citadas não se enquadram nos artigos 12 e 44: as opções B e D. O gabarito foi a letra B, pois no entendimento do autor trata-se de receita extraorçamentária.

Gabarito: **B**

20ª Questão (SEFAZ-SP Analista ESAF 2009): *Ainda sobre a Responsabilidade Fiscal da gestão pública,*

a) enquadra-se no conceito de empresa estatal dependente a sociedade de economia mista estadual que captar os recursos necessários ao seu custeio da venda de mercadorias e serviços ao ente controlador.

b) as despesas de pessoal das sociedades de economia mista estão incluídas no cálculo do limite das despesas de pessoal do ente que a controla.

c) no cálculo da dívida do Estado para pagamento de débitos com a União, feita com base na Receita Corrente Líquida Real, incluem-se os recursos destinados a Fundo de Desenvolvimento Social criado para financiar programas de apoio à inclusão e promoção social.

d) as empresas estatais dependentes estão sujeitas à Lei de Responsabilidade Fiscal.

e) o cancelamento de débito, cujo montante seja inferior ao dos respectivos custos de cobrança, não fere a Lei de Responsabilidade Fiscal se a remissão da dívida estiver acompanhada de estimativa do impacto orçamentário- financeiro, a renúncia tiver sido considerada na estimativa de receita da lei orçamentária ou ainda estiver acompanhada de medidas de compensação.

Solução

a) Errado, neste caso ela continua independente, pois trata-se de transação comercial normal.

b) Errado, apenas se elas fossem Empresas Estatais Dependentes.

c) Errado, de fato, as transferências legais do FUNDEB são excluídas da União, mas são incluídas como receitas nos Estados que as recebem. Além disso, o nome técnico correto é Receita Corrente Líquida.

d) Certo, as Empresa Estatais dependentes sujeitam-se a LRF.

e) Errado, neste caso (cancelamento de débito, cujo montante seja inferior ao dos respectivos custos de cobrança) não precisa de nenhum desses requisitos.

Gabarito: **D**

21ª Questão (ANA Analista ESAF 2009): *De acordo com a Lei de Responsabilidade Fiscal, considera-se obrigatória de caráter continuado a despesa corrente derivada de lei, medida provisória ou ato administrativo normativo, que fixe para o ente a obrigação legal de sua execução:*

a) por um período superior a três exercícios.

b) por um período superior a dois exercícios.

c) até o encerramento do Plano Plurianual vigente.

d) até o encerramento do Plano Plurianual subsequente.

e) por um período superior a um exercício.

Solução

Conforme consta neste capítulo.

Gabarito: **B**

22ª Questão (ANA Analista ESAF 2009): *Segundo a Lei de Responsabilidade Fiscal, o Anexo de Metas Fiscais, em que serão estabelecidas metas anuais, em valores correntes e constantes, relativas a receitas, despesas, resultados nominal e primário e montante da dívida pública, para o exercício a que se referirem e para os dois seguintes, deverá integrar o:*

a) Relatório de Gestão Fiscal.
b) Relatório Resumido da Execução Orçamentária.
c) Projeto da Lei do Plano Plurianual.
d) Projeto da Lei de Diretrizes Orçamentárias.
e) Projeto da Lei Orçamentária Anual.

Solução

O AMF integra a LDO.

Gabarito: **D**

23ª Questão (ANA Analista ESAF 2009): *De acordo com a Lei de Responsabilidade Fiscal, constituem requisitos essenciais da responsabilidade na gestão fiscal a instituição, a previsão e a efetiva arrecadação de todos os tributos da competência constitucional do ente da Federação. Nos casos em que um determinado ente deixe de observar tal dispositivo, ser-lhe-á vedada:*

a) a realização de transferências obrigatórias, qualquer que seja o tributo.
b) a realização de transferências obrigatórias, no que se refere aos impostos.
c) a realização de transferências voluntárias, qualquer que seja o tributo.
d) a realização de transferências voluntárias, no que se refere aos impostos.
e) a realização de transferências obrigatórias e voluntárias, no que se refere aos impostos.

Solução

Apenas o ente que deixar de instituir, prever ou arrecadar impostos fica impedido e receber transferências voluntárias.

Gabarito: **D**

24ª Questão (MPDG APO ESAF 2010): *Sobre a Lei de Responsabilidade Fiscal, é correto afirmar:*

a) se a despesa total com pessoal, do Poder ou Órgão de cada ente da Federação, ultrapassar os percentuais intralimites definidos no art. 20 da Lei de Responsabilidade Fiscal, o Poder Executivo do ente respectivo, enquanto o excedente não for eliminado, não poderá obter garantias diretas, indiretas e aval de outros entes, receber transferências voluntárias, bem como contratar operações de créditos, ressalvadas as destinadas ao refinanciamento da dívida mobiliária e as que visem à redução das despesas com pessoal.

b) o produto da arrecadação do imposto da União sobre renda e proventos de qualquer natureza, incidente na fonte, sobre rendimentos pagos, a qualquer título, por Estado, Município, suas autarquias e pelas fundações que instituírem e mantiverem, não deve ser excluído do somatório dos gastos com pessoal para efeito de apuração dos limites previstos na Lei de Responsabilidade Fiscal.

c) é vedada ao Banco Central do Brasil a emissão de títulos da dívida pública a partir da vigência da Lei Complementar n. 101, de 2000 (LRF).

d) é vedada a realização de operação de crédito entre instituição financeira estatal e outro ente da federação para refinanciar dívidas contraídas junto à instituição concedente.

e) se a dívida consolidada de um ente da Federação ultrapassar o respectivo limite no final de dois quadrimestres, deverá ser a ele reconduzida até o término dos três subsequentes, reduzindo o excedente em pelo menos 25% (vinte e cinco por cento) no primeiro.

Solução

a) Errado, imediatamente quando o limite é ultrapassado, a não ser que o chefe do Poder esteja no último ano do mandato, nenhuma restrição adicional é imposta ao ente, apenas restrições do limite prudencial continuam sendo aplicadas.

b) Certo, pois faz parte da receita corrente e não consta nas deduções.

c) Errado, vedada ao Banco Central do Brasil a emissão de títulos da dívida pública a partir de dois anos da vigência da LRF.

d) Errado, pode se for para cobrir despesas de capital ou se for para renovar dívidas anteriores.

e) Errado, a checagem é feita ao final de um quadrimestre. Se for detectada a ultrapassagem deverá ser a ele reconduzida até o término dos três subsequentes, reduzindo o excedente em pelo menos 25% (vinte e cinco por cento) no primeiro.

Gabarito: **B**

25ª Questão (PGFN Procurador ESAF 2012): *O art. 9º da Lei de Responsabilidade Fiscal estabelece: "Art. 9º. Se verificado, ao final de um bimestre, que a realização da receita poderá não comportar o cumprimento das metas de resultado primário ou nominal estabelecidas no Anexo de Metas Fiscais, os Poderes e o Ministério Público promoverão, por ato próprio e nos montantes necessários, nos trinta dias subsequentes, limitação de empenho e movimentação financeira, segundo os critérios fixados pela lei de diretrizes orçamentárias". Nesse caso,*

a) o restabelecimento da receita prevista ensejará a recomposição das dotações cujos empenhos foram limitados, de forma proporcional às reduções efetivadas, salvo se o restabelecimento for parcial.

b) poderão ser objeto de limitação temporária as despesas que constituam obrigações constitucionais e legais do ente, inclusive aquelas destinadas ao pagamento do serviço da dívida, e as ressalvadas pela lei de diretrizes orçamentárias.

c) na eventualidade de os Poderes Legislativo e Judiciário e o Ministério Público não promoverem a limitação no prazo estabelecido no caput, o Poder Executivo poderá limitar os valores financeiros segundo os critérios fixados pela lei de diretrizes orçamentárias.

d) até o final dos meses de maio, setembro e fevereiro, o Poder Executivo demonstrará e avaliará o cumprimento das metas fiscais de cada quadrimestre, em audiência pública na comissão mista permanente de Senadores e Deputados referida no § 1° do art. 166 da Constituição ou equivalente nas Casas Legislativas estaduais e municipais.

e) a Secretaria do Tesouro Nacional apresentará, no prazo legal, avaliação do cumprimento dos objetivos e metas das políticas monetária, creditícia e cambial, evidenciando o impacto e o custo fiscal de suas operações e os resultados demonstrados nos balanços.

Solução

a) Errado, mesmo com o restabelecimento for parcial está autorizada a recomposição das dotações cujos empenhos foram limitados, de forma proporcional às reduções efetivadas.

b) Errado, nenhuma dessas despesas (as despesas que constituam obrigações constitucionais e legais do ente, inclusive aquelas destinadas ao pagamento do serviço da dívida, e as ressalvadas pela lei de diretrizes orçamentárias) pode ser contingenciada.

c) Errado, apenas o próprio Poder pode limitar seus empenhos.

d) Certo. Observe a LRF:

> Art.9.
>
> § 4° Até o final dos meses de maio, setembro e fevereiro, o Poder Executivo demonstrará e avaliará o cumprimento das metas fiscais de cada quadrimestre, em audiência pública na comissão referida no § 1° do art. 166 da Constituição ou equivalente nas Casas Legislativas estaduais e municipais.

e) Errado, seria o BACEN.

> Art.9.
>
> § 5° No prazo de noventa dias após o encerramento de cada semestre, o Banco Central do Brasil apresentará, em reunião conjunta das comissões temáticas pertinentes do Congresso Nacional, avaliação do cumprimento dos objetivos e metas das políticas monetária, creditícia e cambial, evidenciando o impacto e o custo fiscal de suas operações e os resultados demonstrados nos balanços.

Gabarito: **D**

Unidade Didática V
Controle Fiscal na Federação

26ª Questão (PGFN Procurador ESAF 2012): *Caso as despesas de pessoal de um ente da Federação excedam, em determinado período de apuração, os percentuais da receita corrente líquida discriminados na Lei de Responsabilidade Fiscal - LRF,*

a) o percentual excedente terá de ser eliminado nos três quadrimestres seguintes, sendo pelo menos um terço no primeiro.

b) a recondução da despesa ao limite legal poderá ser alcançada tanto pela extinção de cargos e funções quanto pela redução dos valores a eles atribuídos.

c) não poderá ocorrer redução temporária da jornada de trabalho com adequação dos vencimentos à nova carga horária.

d) o ente não poderá contratar operações de crédito destinadas ao refinanciamento da dívida mobiliária.

e) o ente fica imediatamente impedido de receber transferências voluntárias, mesmo aquelas relativas a ações de educação, saúde e assistência social, se não alcançada a redução nos três quadrimestres seguintes, e enquanto perdurar o excesso.

Solução

a) Errado, são dois e não três quadrimestres de recuperação.

b) Errado, não se pode reduzir salários, mas pode-se demitir servidores não estáveis e estáveis.

c) Certo, não se pode reduzir salários.

d) Errado, mesmo nessa situação pode.

e) Errado, são dois quadrimestres de recuperação. E nesse período de recuperação, o ente pode receber transferências voluntárias nessas três áreas.

Gabarito: **C**

27ª Questão (PGFN Procurador ESAF 2012): *A Lei de responsabilidade fiscal estabelece normas de finanças públicas voltadas para a responsabilidade na gestão fiscal, cujo objetivo é controlar o endividamento com a fixação de regras, limites e postura gerencial. Neste sentido, a questão dos juros pode ser um tema relevante, sendo que o artigo relativo à recondução da dívida aos limites determina que:*

a) os juros de uma dívida podem ser rolados com o montante da dívida principal.

b) está concedido realizar operação de crédito interna, inclusive por antecipação de receita mediante manutenção do excesso.

c) se a dívida consolidada de um ente da Federação ultrapassar o respectivo limite ao final de um quadrimestre, deverá ser a ele reconduzida até o término dos três subsequentes, reduzindo o excedente em pelo menos 25% (vinte e cinco por cento) no primeiro.

d) o executivo deve editar uma resolução estabelecendo um limite ao montante da dívida para cada nível de governo.

e) se a dívida consolidada de um ente da Federação ultrapassar o respectivo limite ao final de um trimestre, deverá ser a ele reconduzida até o término dos três subsequentes, reduzindo o excedente em pelo menos 15% (quinze por cento) no primeiro.

Solução

a) Errado, a rolagem da dívida é composta apenas do principal e da atualização monetária.
b) Errado, a única operação de crédito admissível em situações de excesso de dívida é a relacionada a refinanciamento da dívida mobiliária. Questão mal formulada.
c) Certo, é exatamente a regra da LRF.
d) Errado, o Senado Federal deve estabelecer o limite da dívida consolidada para ente a partir de proposta do Presidente da República.
e) Errado, basta volta no item C.

Gabarito: **C**

28ª Questão (PGFN Procurador ESAF 2012): *A lei complementar n. 101, de 4 de maio de 2000, estabelece as normas de finanças públicas voltadas para a responsabilidade na gestão fiscal e dá outras providências. Nessa lei, a definição de dívida pública consolidada ou fundada é o montante total, apurado sem duplicidade, das obrigações financeiras do ente da Federação, assumidas em virtude de leis, contratos, convênios ou tratados e da realização de operações de crédito, para amortização em prazo superior a _____ meses.*

Assinale a opção correta que completa essa definição.

a) 6
b) 12
c) 18
d) 24
e) 36

Solução

A regra geral é que as obrigações 12 meses fazem parte da dívida consolidada.

Gabarito: **B**

29ª Questão (MPDGEPPGG ESAF 2013): *A Lei de Responsabilidade Fiscal (LRF), oficialmente Lei Complementar n. 101, de 4/5/2000, é a lei brasileira que impõe o controle dos gastos de estados e municípios, condicionados à capacidade de arrecadação de tributos desses entes políticos. Tal medida foi justificada pelo costume, na política brasileira, de gestores promoverem obras de grande porte no final de seus mandatos,* *deixando a conta para seus sucessores. A LRF também promove a transparência dos gastos públicos. A responsabilidade na gestão fiscal pressupõe os limites abaixo determinados, exceto:*

a) ação planejada e transparente.
b) prevenção de riscos e correção de desvios capazes de afetar o equilíbrio das contas públicas.
c) despesas baseadas em expectativas de receitas futuras anunciadas pelo governo federal.
d) cumprimento de metas de resultados entre receitas e despesas.
e) obediência a limites e condições no que tange à renúncia de receita, geração de despesas com pessoal, da seguridade social e outras, dívidas consolidada e mobiliária, operações de crédito, inclusive por antecipação de receita, concessão de garantia e inscrição em Restos a Pagar.

Solução

A única opção que evidencia pouca prudência e objetividade é a opção C.

Gabarito: **C**

30ª Questão (MPDG APO ESAF 2015): *Renúncia de Receita é a decisão de não arrecadar receita em função da concessão de isenções, anistias ou subsídios. Assinale a opção incorreta a respeito da renúncia de receita.*

a) A Lei Complementar n. 101/2000, conhecida como Lei de Responsabilidade Fiscal – LRF, admite tratamento diferenciado para a redução das alíquotas da importação de produtos estrangeiros, da importação de exportação, de renda, de imposto sobre produtos industrializados, e operações de crédito, câmbio e seguro ou relativas a títulos ou valores mobiliários.
b) A LRF, em seu artigo 14, trata especialmente da renúncia de receita, estabelecendo medidas a serem observadas pelos entes públicos que decidirem pela concessão ou ampliação de incentivo ou benefício de natureza tributária da qual decorra renúncia de receita.
c) Qualquer concessão de renúncia de receita deverá estar acompanhada de estimativa do impacto orçamentário-financeiro no exercício em que deva iniciar sua vigência e nos dois anos seguintes.
d) Demonstrar que a renúncia foi considerada na estimativa de receita da lei orçamentária, e de que não afetará as metas de resultados fiscais previstas no anexo de metas fiscais, da LDO.
e) Estar acompanhada de medidas de compensação no exercício em que deva iniciar suas vigências e nos dois seguintes, por meio do aumento de receita, proveniente de elevação de alíquotas, ampliação da base de cálculo, majoração ou criação de tributo ou contribuição.

Solução

a) Errado, o imposto de renda deve obedecer a todas as regras da LRF. Os demais impostos citados na assertiva não.

b) Certo, sem comentários adicionais.

c) Certo, sempre se faz necessário esse requisito.

d) Certo. Mas caberia anulação. Isso porque a estimativa ser considerada na LOA pode ser substituída pela medida compensatória de aumentar a receita.

e) Certo. Mas caberia anulação. Isso porque a medida compensatória de aumentar a receita pode ser substituída pela estimativa ser considerada na LOA.

Gabarito: **A**

31ª Questão (MPDG APO ESAF 2015): *Sobre os limites em relação à receita corrente líquida para os gastos com pessoal no âmbito federal estabelecidos pela Lei Complementar n. 101/2000, é correto afirmar, exceto:*

a) 3% (três por cento) para o Poder Legislativo incluindo o Tribunal de Contas da União.

b) 3% (três por cento) para custeio de despesas do Distrito Federal e dos ex-territórios.

c) 0,6% (seis décimos por cento) para o Ministério Público Federal.

d) 6% (seis por cento) para o Poder Judiciário.

e) 37,9% (trinta e sete inteiros e nove décimos por cento) para o Poder Executivo.

Solução

O único erro consta na opção A. O limite do Legislativo é de 2,5% da RCL.

Gabarito: **A**

32ª Questão (ANAC Analista ESAF 2016): *Acerca da Lei de Responsabilidade Fiscal (LRF 101/2000), é correto afirmar que suas disposições*

a) proíbem o refinanciamento da dívida mobiliária.

b) obrigam a União, os estados, o Distrito Federal e os municípios.

c) atribuem aos Tribunais de Contas o poder/dever de julgar as contas prestadas pelos chefes do Poder Executivo.

d) negam validade jurídica aos documentos divulgados nos meios eletrônicos de acesso público.

e) relegam o Planejamento a um nível secundário em relação à execução financeira.

Solução

a) Errado, admite-se em qualquer hipótese.

b) Certo, é o gabarito.

c) Errado, continua sendo o Legislativo, o titular para julgar as contas prestadas pelos chefes do Poder Executivo.

d) Errado, não existe tal dispositivo.

e) Errado, o planejamento foi reforçado e é um dos princípios.

Gabarito: **B**

33ª Questão (ANAC Analista ESAF 2016): *A Lei de Responsabilidade Fiscal define, em seu art. 25, o conceito de "Transferência Voluntária". A entrega de recursos correntes ou de capital a outro ente da federação deve ser registrado como "Receita" apenas no momento da efetiva transferência financeira ou quando houver uma cláusula contratual garantindo a transferência de recursos após o cumprimento de determinadas etapas do contrato. Assinale, entre as opções abaixo, aquela que se enquadra como "Transferência Voluntária", nos termos do definido na Lei Complementar no. 101/2000 e no Manual de Contabilidade Aplicado ao Setor Público (MCASP – 6ª edição).*

a) Recursos destinados ao Sistema Único de Saúde – SUS.

b) Recursos destinados a convênios firmados entre esferas do governo.

c) Recolhimento de tributos por empresas estatais.

d) Transferência de recursos oriunda dos fundos de participação constitucionais.

e) Transferência de recursos fundo-a-fundo, como os realizados pelo Fundo de Desenvolvimento da Educação Básica (FUNDEB).

Solução

a) Não é transferência voluntária para fins de LRF. É uma transferência do SUS.

b) Certo.

c) Nenhum tipo de transferência neste caso.

d) Não é transferência voluntária para fins de LRF. É uma transferência constitucional.

e) Não é transferência voluntária para fins de LRF. É uma transferência legal.

Gabarito: **B**

13. LISTA DE QUESTÕES OBJETIVAS [FCC]

1ª Questão (TCM-CEACE FCC 2010): *Considere a tabela abaixo.*

EXECUTIVO MUNICIPAL DE AZUL			
Mês	**Ano**	**Receita arrecadada**	**Despesas com Pessoal**
Dezembro	2008	300.000,00	100.000,00
Janeiro	2009	400.000,00	200.000,00
Fevereiro	2009	400.000,00	200.000,00
Março	2009	400.000,00	200.000,00
Abril	2009	400.000,00	200.000,00
Maio	2009	400.000,00	200.000,00
Junho	2009	400.000,00	200.000,00
Julho	2009	400.000,00	200.000,00
Agosto	2009	600.000,00	300.000,00
Setembro	2009	700.000,00	300.000,00
Outubro	2009	700.000,00	300.000,00
Novembro	2009	700.000,00	300.000,00
Dezembro	2009	500.000,00	400.000,00

(*) Receitas tributárias, de contribuições, patrimoniais, industriais, agropecuárias, de serviços, transferências correntes e outras também correntes, já realizadas as deduções previstas na LRF e excluídas as duplicidades. Nos termos estabelecidos pela Lei de Responsabilidade Fiscal, o percentual de gastos com pessoal sobre a receita corrente líquida do Executivo Municipal de Azul, calculado com base no mês de dezembro/2009, é

a) 49,21%

b) 50,00%

c) 54,00%

d) 80,00%

e) 125,00%

Solução

Como se quer verificar os gastos do mês de dezembro de 2009, deve-se somar a RCL de janeiro a dezembro de 2009 e a despesa com pessoal de janeiro a dezembro de 2009.

RCL = 7x 400.000 + 3x 700.000 + 600.000 + 500.000 = 2.800.000 + 2.100.000 + 1.100.000 = 6.000.0000

Despesas com pessoal = 7x 200.000 + 4x 300.000 + 400.000 = 1.400.000 + 1.200.000 + 400.000 = 3.000.000

Assim, 3.000.000/6.000.000 = 50%.

Gabarito: **B**

2ª Questão (TCM-CE ACE FCC 2010): *Tomando como referência o mês de dezembro de 2009, o Executivo Municipal de Amarelo registrou um percentual de gastos com pessoal sobre a receita corrente líquida de 48,70%. Em relação a esse percentual obtido, é correto afirmar que o Executivo não está acima do limite máximo a ele estabelecido, que é de*

a) 54%. Não há necessidade de adoção de medidas para recondução ao patamar permitido. Cabe emissão de alerta por parte do Tribunal de Contas.

b) 54%. Não há necessidade de adoção de medidas para recondução ao patamar permitido, nem cabe emissão de alerta por parte do Tribunal de Contas.

c) 60%. Haverá necessidade de adoção de medidas para recondução ao patamar permitido, caso tenha ocorrido queda na arrecadação da receita. Não cabe emissão de alerta por parte do Tribunal de Contas.

d) 60%. Cabe emissão de alerta por parte do Tribunal de Contas; não há necessidade de adoção de medidas para recondução ao patamar permitido, mas está vedada qualquer alteração de estrutura de carreira que implique aumento de despesa.

e) 54%. Cabe emissão de alerta por parte do Tribunal de Contas. Não há necessidade de adoção de medidas para recondução ao patamar permitido, mas está vedada qualquer alteração de estrutura de carreira que implique aumento de despesa.

Solução

O limite total é de 54%, o prudencial é de 51,3% e o de alerta é de 48,6%. Assim, apenas o limite de alerta foi ultrapassado o que não acarreta nenhuma restrição.

Gabarito: **A**

3ª Questão (TCE-RO Conselheiro FCC 2010): *Considere a tabela abaixo.*

PODER	RECEITA ARRECADADA (R$)	RECEITA COM PESSOAL (R$)
Excecutivo Municipal de Rosa	1.000.000,00	482.000,00
Excecutivo Municipal de Cravo	1.000.000,00	505.000,00
Excecutivo Municipal de Tulipa	1.000.000,00	550.000,00

(*) Receitas tributárias, de contribuições, patrimoniais, industriais, agropecuárias, de serviços, transferências correntes e outras receitas correntes, já realizadas as deduções previstas na LRF e excluídas as duplicidades.

(**) Receita e despesa referentes ao acumulado de janeiro a dezembro de 2009, tomado o mês de dezembro de 2009 como referência.

Com base nos dados apresentados, no que se refere ao percentual de gastos com pessoal sobre a receita corrente líquida, cabe alerta do Tribunal de Contas

a) apenas ao Executivo Municipal de Rosa.

b) apenas ao Executivo Municipal de Cravo.

c) apenas ao Executivo Municipal de Tulipa.

d) apenas aos Executivos Municipais de Cravo e Tulipa.

e) aos Executivos Municipais de Rosa, Cravo e Tulipa.

Solução

No executivo municipal, o limite total é de 54% equivalente a 540.0000, o prudencial é de 51,3% equivalente a 513.0000 e o de alerta é de 48,6% equivalente a 486.0000.

Assim, Tulipa ultrapassou todos os limites, Cravo e Rosa ultrapassaram apenas o limite de alerta.

Gabarito: **D**

4ª Questão (TRT 4ª Região Analista Judiciário FCC 2011): *Considere os dados, a seguir, extraídos do sistema contábil de um governo municipal referentes a despesas correntes do Poder Executivo referentes ao exercício financeiro de X1.*

Despesas liquidadas	R$ (mil)
Auxílio Financeiro a Estudantes	600,00
Contratação por tempo determinado (substituição de servidores)	3.000,00
Obrigações Patronais	15.000,00

Despesas liquidadas	R$ (mil)
Outras Despesas Variáveis - Pessoal Civil	6.000,00
Outras Despesas Variáveis - Pessoal Militar	2.000,00
Vencimentos e Vantagens Fixas - Pessoal Civil	20.000,00
Vencimentos e Vantagens Fixas - Pessoal Militar	8.000,00
Outros Serviços de Terceiros - Pessoa Jurídica	2.500,00

Com base nessas informações e sabendo que a receita corrente líquida do município no exercício de X1 foi R$ (mil) 100.000,00, é correto afirmar que o limite de despesa com pessoal definido pela Lei de Responsabilidade Fiscal

a) não foi atendido e o poder executivo deve reduzir a despesa em um montante correspondente a 3,1% da Receita Corrente Líquida.

b) não foi atendido e o poder executivo deve reduzir a despesa em um montante correspondente a 2,5% da Receita Corrente Líquida.

c) foi atendido, mas o poder executivo não pode criar cargos e funções e alterar a estrutura de carreiras que impliquem aumento de despesa.

d) foi atendido e a despesa com pessoal pode ser aumentada em um valor correspondente a 3% da Receita Corrente Líquida.

e) foi atendido e a despesa com pessoal pode ser aumentada em um valor correspondente a 15% da Receita Corrente Líquida.

Solução

Observe as despesas com pessoal para fins de LRF:

3.000 (substituição) + 15.000 (obrigações patronais) + 6.000 (variáveis civis) + 2.000 (variáveis militares) + 20.000 (fixas civis) + 8.000 (fixas militares).

Total = 54.000. Assim, 54.000/100.000 = 54%.

O limite total ainda não foi ultrapassado. Assim, cabem apenas as restrições do prudencial.

Gabarito: **C**

5ª Questão (TRT 23ª Região Analista Judiciário FCC 2011): Considere *as seguintes afirmações a respeito do conteúdo da Lei Complementar no 101/2000 (Lei da Responsabilidade Fiscal - LRF):*

I. Os efeitos financeiros das despesas obrigatórias de caráter continuado, nos períodos seguintes, devem obrigatoriamente ser compensados pelo aumento permanente de receita ou pela redução permanente de despesa.

II. A despesa total com pessoal, em cada período de apuração e em cada ente da Federação, não poderá exceder o percentual de 40% da receita corrente líquida.

III. A destinação de recursos para, direta ou indiretamente, cobrir necessidades de pessoas físicas ou déficits de pessoas jurídicas deverá ser autorizada por lei específica, atender às condições estabelecidas na lei de diretrizes orçamentárias e estar prevista no orçamento ou em seus créditos adicionais.

IV. Se a dívida consolidada de um ente da Federação ultrapassar o respectivo limite ao final de um quadrimestre, deverá ser a ele reconduzida até o término do quadrimestre subsequente, sendo que o excedente deverá ser reduzido em pelo menos 50%.

Está correto o que se afirma APENAS em

a) I e II.
b) I e III.
c) II e III.
d) II e IV.
e) III e IV.

Solução

I. Certo, sempre se faz necessária para DOCC as medidas compensatórias.

II. Errado, depende da esfera e do Poder. O Executivo Municipal chega a 54%.

III. Certo, todos esses requisitos são necessários.

IV. Errado, são três quadrimestres de recuperação, sendo pelo menos 25% do excesso no primeiro.

Gabarito: **B**

6ª Questão (TCE-PRACE FCC 2011): *A questão refere-se a: Lei de Responsabilidade Fiscal, Execução Orçamentária e Financeira e Licitações e Contratos. Com base nas informações a seguir e considerando os percentuais estabelecidos na Lei de Responsabilidade Fiscal que limita a despesa total com pessoal, responda à questão. Em determinado Estado da federação não há Tribunal de Contas dos Municípios e a receita corrente líquida, para efeito de apuração do limite da despesa total com pessoal, referente ao período de janeiro a dezembro de 2010 foi de R$ 900.000,00. Para o Poder Legislativo, incluindo o Tribunal de Contas do Estado, a despesa total com pessoal, não poderá exceder a*

a) R$ 5.400,00.
b) R$ 18.000,00.
c) R$ 22.500,00.
d) R$ 27.000,00.
e) R$ 54.000,00.

Solução

O limite total do Legislativo estadual é de 3% da RCL. Assim, temos:

3% x 900.000 = R$ 27.000.

Gabarito: **D**

7ª Questão (MP-AL Promotor FCC 2012): *A Lei de Responsabilidade Fiscal (Lei Complementar Federal nº 101/2000)*

a) é fruto de projeto de lei de conversão de medida provisória editada pelo Presidente da República.

b) regula a proibição de excesso de despesa com pessoal ativo e inativo da União, dos Estados, do Distrito Federal e dos Municípios.

c) estabelece limites para as despesas do Poder Executivo, Legislativo e Judiciário, os quais, se não forem cumpridos, implicam a exoneração, pelo menos em vinte por cento, de servidores estáveis.

d) permite, a partir de dois anos de sua publicação, que o Banco Central do Brasil emita títulos da dívida pública.

e) considera como instrumentos de transparência da gestão fiscal os planos, orçamentos, leis de diretrizes orçamentárias, decisões judiciais e as versões completa e simplificada do Relatório de Gestão Fiscal.

Solução

a) Errado, Medida Provisória não pode legislar em matéria de lei complementar.

b) Certo.

c) Errado, neste caso seriam os comissionados, não os servidores estáveis.

d) Errado, depois de 2 anos da lei o BACEN parou de emitir títulos.

e) Errado, as decisões judiciais estão fora. O restante está ok.

Gabarito: **B**

8ª Questão (Prefeitura João Pessoa Procurador FCC 2012): *A Lei de Responsabilidade Fiscal traz regras para que seja realizada a renúncia de receita. Sobre a renúncia de receita, é correto afirmar que*

a) a concessão de isenção de determinada taxa a todos os contribuintes de um determinado Município, pelo período de dois anos, não caracteriza renúncia de receita.

b) a remissão de crédito, ainda quando se trate de cancelamento de débito cujo montante seja inferior ao dos respectivos custos de cobrança, caracteriza renúncia de receita, devendo atender aos requisitos da Lei de Responsabilidade Fiscal.

c) a redução discriminada de base de cálculo de tributo não caracteriza renúncia de receita, estando o ente dispensado de atender aos requisitos da Lei de Responsabilidade Fiscal.

d) para que a renúncia de receita se realize de acordo com a Lei de Responsabilidade Fiscal basta que esteja acompanhada de estimativa do impacto orçamentário-financeiro no exercício em que deva iniciar sua vigência e nos dois seguintes.

e) depende de prévia autorização na lei de diretrizes orçamentárias e do comprometimento do ente em não realizar operações de crédito por antecipação de receitas.

Solução

a) Certo, pois para ser renúncia deve-se discriminar determinado grupo de contribuintes.
b) Errado, não se caracteriza para fins de LRF.
c) Errado, caracteriza para fins de LRF.
d) Errado, além disso deve ter sido considerada na LOA ou deve implementar medidas compensatórias. Esse "basta" tornou a questão errada.
e) Errado, não há essa limitação.

Gabarito: **A**

9ª Questão (TST Analista FCC 2012): *A criação, expansão ou aperfeiçoamento de ação governamental que acarrete aumento da despesa, de acordo com a Lei de Responsabilidade Fiscal – LRF, dentre outros, será acompanhado de:*

a) estimativa da arrecadação das receitas no exercício em que deva entrar em vigor o aumento da despesa e nos dois subsequentes.

b) declaração do ordenador da despesa de que o aumento será compensado mediante aumento das receitas nos exercícios subsequentes.

c) estimativa do impacto orçamentário-financeiro no exercício em que deva entrar em vigor e nos dois subsequentes.

d) justificativas do ordenador da despesa da necessidade do aumento demonstrando a origem dos recursos para o seu custeio no exercício em que deva entrar em vigor e nos dois subsequentes.

e) comprovação de que a despesa criada ou aumentada, independentemente de aumento na arrecadação de receitas, não provocará déficit orçamentário-financeiro no exercício em que deva entrar em vigor e nos demais subsequentes.

Solução

a) Errado, do impacto orçamentário-financeiro no exercício em que deva entrar em vigor e nos dois subsequentes.

b) Errado, declaração do ordenador da despesa de que a despesas está adequada com o PPA e a LDO.

c) Certo, sem comentários adicionais.

d) Errado, declaração do ordenador da despesa de que a despesas está adequada com o PPA e a LDO.

e) Errado, comprovação de que a despesa criada ou aumentada, independentemente de aumento na arrecadação de receitas, não provocará déficit orçamentário-financeiro no exercício em que deva entrar em vigor e nos dois subsequentes.

Gabarito: **C**

10ª Questão (TST Analista FCC 2012): *Os limites das despesas com pessoal, em cada período de apuração, de acordo com a Lei Complementar nº 101/2000 – LRF, não poderá exceder a determinados percentuais. No* **âmbito federal**, *no Legislativo, incluindo o Tribunal de Contas da União, e no Judiciário não poderá exceder, respectivamente:*

a) 0,6% e 2%
b) 6% e 2,5%
c) 3,5% e 8%
d) 2% e 0,6%
e) 2,5% e 6%

Solução

Esfera	Poderes				
	Executivo	Legislativo	Judiciário	Ministério Público	Total
União	40,9%**	2,5%	6%	0,6%	50%

Gabarito: **E**

11ª Questão (ARCE Analista FCC 2012): *O Governador do Estado, através de lei estadual, deseja criar incentivo que estabelecerá benefícios fiscais e tratamento tributário diferenciado para determinadas operações e serviços, com redução de alíquota dos tributos de sua competência, objetivando desenvolver o setor de comércio exterior estadual. Para que o referido projeto de lei seja aprovado pela Assembleia Legislativa, nos termos da Lei Complementar nº 101/2000, Lei de Responsabilidade Fiscal, deverá observar, necessariamente, a seguinte condição:*

a) a demonstração pelo proponente de que a renúncia foi considerada na estimativa de receita da lei orçamentária, e de que não afetará as metas de resultados fiscais previstas no anexo próprio da lei de diretrizes orçamentárias.

b) a concessão do referido incentivo deverá estar acompanhada de estimativa do impacto orçamentário-financeiro no exercício em que deva iniciar sua vigência e nos cinco seguintes.

c) o acompanhamento de medidas de compensação, pelo período de três anos, por meio do aumento de receita proveniente da elevação de alíquotas, ampliação da base de cálculo, majoração ou criação de tributo ou contribuição.

d) atender ao disposto no Plano Plurianual.

e) a concordância de todos os Municípios, em observância ao Princípio do Pacto Federativo.

Solução

a) Certo, porém há ainda a opção das medidas compensatórias.

b) Errado, a concessão do referido incentivo deverá estar acompanhada de estimativa do impacto orçamentário-financeiro no exercício em que deva iniciar sua vigência e nos dois subsequentes.

c) Errado, acompanhamento de medidas de compensação, pelo período de dois anos subsequentes.

d) Errado, disposto na LDO.

e) Errado, não há essa restrição.

Gabarito: **A**

12ª Questão (MP-AP Analista FCC 2012): *A despesa, de acordo com a Lei de Responsabilidade Fiscal – LRF, é considerada obrigatória de caráter continuado quando*

a) aprovada na lei orçamentária para atender dispositivos legais que fixem para o ente a obrigação legal de sua execução por um período de dois ou mais exercícios.

b) capital prevista no Plano Plurianual, cujo prazo de execução seja superior a dois exercícios financeiros.

c) prevista na lei diretrizes orçamentárias, derivada de lei específica, medida provisória ou ato administrativo normativo, cujo prazo de execução ultrapasse três exercícios financeiros.

d) corrente destinada a manutenção de serviços anteriormente criados, inclusive as destinadas a atender a obras de conservação e adaptação de bens imóveis independentemente do prazo de execução.

e) corrente derivada de lei, medida provisória ou ato administrativo normativo que fixem para o ente a obrigação legal de sua execução por um período superior a dois exercícios.

Solução

A opção que contém os três requisitos: despesas correntes, decorrente de lei, obrigações superiores a 2 anos, é a alternativa E.

Gabarito: **E**

13ª Questão (TCE-SP Auditor/SP FCC 2013): *Segundo a Lei de Responsabilidade Fiscal, a despesa total com pessoal, em cada período de apuração e em cada Estado, não poderá exceder a sessenta por cento da respectiva receita corrente líquida. A repartição deste limite global NÃO poderá exceder o percentual de*

a) dois inteiros e cinco décimos por cento para o Legislativo, incluído o Tribunal de Contas do Estado.
b) um por cento para o Tribunal de Contas do Estado.
c) dois por cento para o Legislativo, incluído o Tribunal de Contas do Estado.
d) três por cento para o Legislativo, incluído o Tribunal de Contas do Estado.
e) dois por cento para o Tribunal de Contas do Estado.

Solução

Conforme comentário da questão 10, a opção correta é a alternativa D.

Gabarito: **D**

14ª Questão (TRT 9ª Região Analista FCC 2013): *Em um determinado período de apuração, a Receita Orçamentária e a Receita Corrente Líquida de um determinado Estado foram, respectivamente, R$ (mil) 210.000,00 e R$ (mil) 200.000,00. Tomando por base as regras estabelecidas quanto à Despesa com Pessoal na Lei de Responsabilidade Fiscal é correto afirmar que a despesa com pessoal, apurada no mesmo período de referência,*

a) do Poder Executivo estadual não poderia exceder a R$ (mil) 98.000,00.
b) do Poder Judiciário estadual de R$ (mil) 12.500,00 estaria dentro do limite.
c) do Poder Legislativo estadual, incluindo o Tribunal de Contas do Estado, não poderia exceder a R$ (mil) 4.000,00.
d) do Ministério Público do estado de R$ (mil) 4.200,00 estaria dentro do limite.
e) do Poder Executivo de R$ (mil) 92.000,00 implicaria na proibição de criação de novos cargos pelo mesmo.

Solução

Observe os limites da despesa com pessoal tendo por base a RCL de 200 mil:

Esfera	Poderes				
	Executivo	Legislativo	Judiciário	Ministério Público	Total
Estado	49%	3%	6%	2%	60%
Valores	98.000	6.000	12.000	4.000	120.000

a) Certo.

b) Errado, o limite do Poder Judiciário é de 12 mil.
c) Errado, o limite do Poder Legislativo estadual, incluindo o Tribunal de Contas do Estado pode chegar a 6 mil.
d) Errado, o limite do Ministério Público é de 4 mil.
e) Errado, o limite prudencial é de 95% sobre os 98 mil. Assim, seria: 93.100 (ainda acima de 92 mil).

Gabarito: **A**

15ª Questão (TCE-SP Auditor/SP FCC 2013): *Em operação de crédito, atendendo aos requisitos exigidos pela Lei de Responsabilidade Fiscal, o Estado-membro deve conceder garantia. Neste caso,*

a) a operação referida será realizada no âmbito da iniciativa privada, não havendo limitação constitucional ou legal para a hipótese.
b) a garantia concedida pelo Estado-membro pode ser prestada pela União, mas está condicionada à prestação de contragarantia a esta, que pode ser a vinculação de receita de imposto de competência estadual.
c) o Estado-membro pode vincular receita proveniente de tributos de sua competência diretamente à instituição financeira que venha a figurar como credora na operação de crédito realizada pelo ente.
d) o Estado-membro está dispensado de oferecer contragarantia quando a União presta garantia em seu favor, por expressa previsão na Lei de Responsabilidade Fiscal.
e) o Congresso Nacional deve autorizar a União a conceder garantia em favor do Estado-membro, sob pena de nulidade da operação de crédito, salvo quando se tratar de garantia assegurada por contragarantia.

Solução

a) Errado, há limitações constitucionais e legais para as concessões de operações de crédito.
b) Certo.
c) Errado, a questão foi muito rigorosa, pois é permitida apenas a vinculação da receita de impostos para garantias de empréstimos. A vinculação de receitas tributárias vale apenas para contragarantias.
d) Errado, é exigida a contragarantia do Estado à garantia prestada pela União.
e) Errado, é nula a garantia concedida acima dos limites fixados pelo Senado Federal.

Gabarito: **B**

16ª Questão (TCE-SP Auditor/SP FCC 2013): *Nos termos da Lei de Responsabilidade Fiscal - LRF, dentro do mecanismo de fiscalização da gestão fiscal, o Tribunal de Contas de determinado Estado observou que o Poder Judiciário estadual está muito próximo do limite de despesa com pessoal. Neste caso, deve o Tribunal de Contas emitir alerta quando o montante da despesa com pessoal ultrapassar*

a) em 2% o limite estabelecido em lei.

b) em 5% o limite máximo estabelecido por lei.

c) em 10% o limite máximo estabelecido por lei.

d) 75% do limite estabelecido por lei.

e) 90% do limite estabelecido por lei.

Solução

O limite de alerta é de 90%.

Gabarito: **E**

17ª Questão (FHEMIG Técnico FCC 2013): *A Lei de Responsabilidade Fiscal (LRF) é o principal instrumento regulador das contas públicas do País. Em virtude disso, as organizações públicas apresentam limitações que não são encontradas nas organizações privadas comerciais e industriais. Nesse sentido, é correto afirmar que*

a) a lei não prevê gastos com pessoal, pois são ilimitados.

b) é permitido, no último ano de mandato, o aumento das despesas estabelecidas nos planejamentos orçamentários com contratação de pessoal.

c) aqueles que descumprirem as regras da LRF serão punidos pelo Código Penal e pelas sanções previstas em lei.

d) os objetivos econômicos e financeiros na gestão pública estão previstos no planejamento orçamentário anual, não havendo dessa forma nenhuma possibilidade de alteração no orçamento previsto.

e) a LRF sempre existiu e não trouxe nenhuma mudança institucional ou cultural no trato com o dinheiro público.

Solução

a) Errado, são definidos limites para as despesas com pessoal.

b) Errado, é vedado e nulo nos últimos 180 dias.

c) Certo, as sanções penais constam na lei 10.028/2000 e as penalidades institucionais constam na LRF.

d) Errado, a LOA continua podendo ser alterada.

e) Errado, ela passou a existir a partir 04.05.2000 e inovou em vários aspectos/princípios: planejamento, controle, transparência e responsabilização.

Gabarito: **C**

18ª Questão (TRT 18ª Região Analista Judiciário FCC 2013): *Em relação à LRF – Lei de Responsabilidade Fiscal (Lei 101/2000) que estabelece as normas de finanças públicas voltadas para a responsabilidade na gestão fiscal, considere:*

I. Desobriga a divulgação dos atos, contratos e outros instrumentos celebrados pela Administração pública direta.

II. Estabelece, em regime nacional, parâmetros a serem seguidos exclusivamente pela União, relativos aos gastos públicos.

III. Contém restrições orçamentárias que visam a preservar a situação fiscal dos entes federativos, de acordo com seus balanços anuais, com o objetivo de garantir a saúde financeira de estados e municípios.

IV. É um dos mais fortes instrumentos de transparência em relação aos gastos públicos e privados, indicando os parâmetros para uma administração eficiente.

Está correto o que se afirma APENAS em

a) I e II.

b) III e IV.

c) I e III.

d) I e IV.

e) II e III.

Solução

I. Errado, reforça a transparência de toda e qualquer execução da receita e despesa.

II. Errado, os parâmetros da LRF se aplicam a todos os entes.

III. Certo.

IV. Certo.

Gabarito: **B**

19ª Questão (TRE RO Analista Judiciário FCC 2013): *Maior parte das despesas orçamentárias realizadas decorre de gastos com a folha de pagamento de pessoal. A Lei Complementar nº 101/2000 – LRF, com o objetivo de controlar tais despesas, estabeleceu limites para a União, Estados e Municípios. Com relação à repartição dos limites globais, na esfera federal, NÃO poderá exceder os percentuais, respectivamente, para os seguintes órgãos*

a) 2,5% para o Legislativo, incluindo o Tribunal de Contas da União e 1,6% para o Ministério Público da União.

b) 6% para o Judiciário e 2,5% para o Legislativo, incluindo o Tribunal de Contas da União.

c) 6% para o Judiciário e 2% para o Ministério Público da União.

d) 40,9% para o Executivo e 2,5% para o Judiciário.

e) 40,9% para o Executivo e 3,5% para o Legislativo, incluindo o Tribunal de Contas da União.

Solução

Para esfera federal os limites são:

40,9% Executivo, 2,5% Legislativo, 6% Judiciário, 0,6% MPU.

Gabarito: **B**

20ª Questão (TRT 5ª Região Analista Judiciário FCC 2013): *Dentre as obrigações estabelecidas pela Lei de Responsabilidade Fiscal - LRF ao Presidente do TRT/BA está a de assinar documento que tem, entre outras informações, um comparativo com os limites para a despesa com pessoal, distinguindo inativos e pensionistas. Esse documento é*

a) o relatório resumido da execução orçamentária.

b) o parecer prévio.

c) a prestação de contas.

d) o plano de execução orçamentária.

e) o relatório de gestão fiscal.

Solução

O único documento que compete aos presidentes dos Tribunais e que no 1º e 2º quadrimestre no ano financeiro contém apenas despesa com pessoal é o RGF, gabarito E.

Gabarito: **E**

21ª Questão (TRT 5ª Região Analista Judiciário FCC 2013): *A Lei de Responsabilidade Fiscal - LRF estabelece normas de finanças públicas voltadas para a responsabilidade na gestão fiscal dos administradores dos órgãos públicos, o que inclui o TRT/BA. Nos termos previstos nesse regramento, a despesa objeto de dotação específica e suficiente, ou que esteja abrangida por crédito genérico, de forma que somadas todas as despesas da mesma espécie, realizadas e a realizar, previstas no programa de trabalho, não sejam ultrapassados os limites estabelecidos para o exercício, é considerada adequada com*

a) a Lei de Diretrizes Orçamentárias.

b) o Plano Plurianual.

c) a Lei Orçamentária Anual.

d) o relatório resumido da execução orçamentária.

e) o relatório de gestão fiscal.

Solução

Seria opção C. Condição de ser adequada com a LOA.

Gabarito: **C**

22ª Questão (MCP-MT Analista de Contas FCC 2013): *Tendo em vista a necessidade da boa gestão das receitas e despesas, a LRF destinou capítulo especial à dívida e ao endividamento público. Nos termos desse regramento, a assunção, o reconhecimento ou a confissão de dívida pelo ente da federação equipara-se*

a) ao endividamento público por estimativa.
b) à dívida principal consolidada.
c) ao refinanciamento da dívida pública.
d) à concessão de garantia.
e) à operação de crédito.

Solução

A confissão de dívida equivale a operação de crédito, gabarito E.

Gabarito: **E**

22ª Questão (MCP-MT Analista de Contas FCC 2013): *Na relação de despesas de uma Prefeitura constaram gastos com: A - subsídios; B - gratificações; C - incentivos à demissão voluntária; D -indenização por demissão de servidores; E - INSS. Nos termos da LRF, entram no cômputo dos gastos com pessoal as despesas*

a) A, B, C, D e E.
b) A, B e E, apenas.
c) A, C e D, apenas.
d) C e D, apenas.
e) B, C e E, apenas.

Solução

Estão fora do cálculo entre outras, quaisquer despesas com demissão de pessoas.

Gabarito: **B**

Unidade Didática V
Controle Fiscal na Federação

24ª Questão (TRT 19ª Região Analista Judiciário FCC 2014): *A Lei de Responsabilidade Fiscal - LRF estabelece que a criação, expansão ou aperfeiçoamento de ação governamental que acarrete aumento de despesa será acompanhada de estimativa de impacto orçamentário-financeiro e de declaração do ordenador de despesa atestando adequação orçamentária e financeira com a Lei Orçamentária Anual - LOA e compatibilidade com a Lei de Diretrizes Orçamentárias - LDO e o Plano Plurianual - PPA. É EXCEÇÃO legal a essa regra a despesa*

a) considerada irrelevante, nos termos da LDO.
b) de caráter continuado.
c) realizada sob o regime de adiantamento.

d) relacionada com os setores da saúde, educação e assistência social.

e) da área finalística do órgão.

Solução

A questão trata da regra geral para despesas em geral. Os requisitos nessa situação não são aplicados para despesas irrelevantes nos termos da LDO.

Gabarito: **A**

25ª Questão (TRT 19ª Região Analista Judiciário FCC 2014): *O Poder Judiciário Federal publicou documento referente ao período de setembro a dezembro de 2010, assinado, inclusive, pelo responsável pelo controle interno, contendo as seguintes informações: comparativo da despesa com pessoal com o limite da Lei de Responsabilidade Fiscal - LRF, distinguindo a realizada com inativos e pensionistas; demonstrativo do último quadrimestre referente à disponibilidade de caixa em 31/12; inscrição de restos a pagar. O documento publicado foi o*

a) Relatório Resumido da Execução Orçamentária.

b) Relatório de Gestão Fiscal.

c) Relatório Comparativo entre as Metas Fixadas e os Resultados Alcançados.

d) Anexos do Balanço Patrimonial com base em 31/12/10.

e) Relatório Gerencial Quadrimestral.

Solução

O documento do Judiciário do último quadrimestre que contém despesas com pessoal e restos a pagar é o RGF.

Gabarito: **B**

26ª Questão (ALE-PE Consultor FCC 2014): *Sobre a Lei de Responsabilidade Fiscal - LRF, em vigor no Brasil desde o ano 2000, coloca-se:*

I. A LRF garante maior transparência nas finanças públicas, posto que prevê um maior controle em relação aos gastos das esferas estadual e federal apenas, ficando os governantes responsabilizados pela divulgação de tempos em tempos do emprego do dinheiro arrecadado, durante todo o seu mandato.

II. A LRF impõe que nenhum governante crie uma nova despesa continuada por mais de dois anos, sem indicação de receita ou de redução de gastos já existentes, como também, impede que governantes em último ano de mandato façam despesas que ultrapassem esse período.

III. Se seguida, a LRF pode causar como efeito, o não aumento dos impostos, bem como, a não redução de investimentos em programas que atendem a sociedade, pois, ao gastar os valores arrecadados de forma mais organizada, serão suficientes os recursos advindos da tributação já existente.

Está correto o que se afirma APENAS em:

a) I.

b) I e II.

c) II.

d) II e III.

e) III.

Solução

I. Errado, pois a LRF se aplica a todos os entes.

II. Errado, o governante pode assumir despesas no último mandato que deixem parcelas para o próximo mandato, desde que haja disponibilidade financeira.

III. Certo.

Gabarito: **E**

27ª Questão (TCE-RSACE FCC 2014): *Visando garantir a transparência das contas públicas, a Lei de Responsabilidade Fiscal exigiu a emissão do Relatório de Gestão Fiscal. Levando-se em conta sua elaboração, considere:*

I. Os relatórios devem ser elaborados bimestralmente pelos poderes executivo, legislativo e judiciário.

II. Os Tribunais de Contas da União, Estados e Municípios, por serem órgãos de controle externo, não estão obrigados a emitir o Relatório de Gestão Fiscal.

III. Deverão ser elaborados quadrimestralmente e assinados pelo chefe do poder, autoridade responsável pela administração financeira e pelo controle interno.

IV. Deverão ser elaborados e publicados em até trinta dias do bimestre que se referir, devendo ser acompanhados dos demonstrativos da receita corrente líquida, das receitas e despesas previdenciárias, dos resultados primário e nominal entre outros.

Está correto o que se afirma APENAS em:

a) I e II.

b) I e III.

c) II e IV.

d) II e III.

e) III.

Solução

I. Errado, os relatórios devem ser elaborados quadrimestralmente. Além dos Poderes, inclui titulares de órgãos.

II. Errado, os Tribunais de Contas da União, Estados e Municípios, também estão abrangidos.

III. Certo, sem comentários adicionais.

IV. Errado, esses itens se aplicam ao RREO não ao RGF.

Gabarito: **E**

28ª Questão (TCE-RS ACE FCC 2014): *Com objetivo de controlar os gastos de pessoal a LRF estabeleceu limites e normas de controle destes gastos. Nesse sentido, considere:*

I. Por tratar de forma homogênea as três esferas de governo, a LRF não diferenciou os limites globais estabelecidos para a União, Estados e Municípios.

II. Os Tribunais de Contas deverão alertar as Fundações Públicas e as Autarquias quando estas ultrapassarem 90% dos seus limites de gastos de pessoal.

III. Dentre as vedações impostas pela LRF, nas situações em que o Poder Executivo, Legislativo ou Judiciário ultrapassar o limite de 90% de gastos de pessoal, não poderão prover cargo público, admitir ou contratar pessoal a qualquer título.

IV. A apuração dos gastos de pessoal deve ser realizada quadrimestralmente; caso haja extrapolação do limite na Câmara Municipal, o responsável pelo poder deverá reconduzir os gastos ao seu limite nos dois quadrimestres subsequentes.

V. Nas Prefeituras Municipais são vedadas as contratações de horas extras, quando estas estiverem acima de 95% do seu limite. Excetuam-se desta vedação as situações previstas na LDO e o disposto no inc. II do parágrafo 6º do art. 57 da Constituição Federal.

Está correto o que se afirma APENAS em

a) I e II.

b) II e IV.

c) IV e V.

d) III e V.

e) I, III e IV.

Solução

I. Errado, pois o limite global dos Estados é o mesmo dos Municípios.

II. Errado, os tribunais de contas alertam o chefe do Executivo neste caso. As Autarquias e as Fundações públicas não emitem RGF.

III. Errado, essa restrição é relativa e vale apenas para quando o limite ultrapassa 95%.

IV. Certo, sem comentários adicionais.

V. Certo, sem comentários adicionais.

Gabarito: **C**

29ª Questão (TCE-RS ACE FCC 2014): *A receita corrente líquida corresponde ao somatório das receitas tributárias, de contribuições, patrimoniais, industriais, agropecuárias, de serviços, transferências correntes e outras receitas também correntes. Entre as deduções que deverão ser efetuadas pelas três esferas do governo constam*

a) os ganhos com aplicações Financeiras.

b) as contribuições dos servidores para seu Sistema de Previdência e Assistência Social.

c) as contribuições Sociais do Empregador incidentes sobre a folha de pagamento.

d) as contribuições Sociais do Empregador incidentes sobre receita ou faturamento.

e) as transferências de recursos vinculados a Educação.

Solução

a) Errado, são mantidas na RCL de todos os entes.

b) Certo, são deduzidas.

c) Errado, são mantidas na RCL da União.

d) Errado, são mantidas na RCL da União.

e) Errado, são mantidas na RCL dos Estados e Municípios.

Gabarito: **B**

30ª Questão (TCE-GOACE FCC 2014): *A dívida consolidada de determinado ente da Federação, ao final do 2º quadrimestre de 2014, ultrapassou o respectivo limite. De acordo com a Lei de Responsabilidade Fiscal - LRF, a dívida deverá ser reconduzida aos limites e, para tanto, o ente da Federação deve*

a) renegociar a dívida com os credores.

b) obter superávit financeiro.

c) obter superávit nominal.

d) aumentar a arrecadação das receitas correntes.

e) obter superávit primário.

Solução

Quando se ultrapassa o limite total da dívida consolidada, dívida mobiliária ou operação de crédito o ente imediatamente: deve obter resultado primário e fica impedido de contratar operação de crédito, exceto se for para refinanciar a dívida mobiliária.

Gabarito: **E**

31ª Questão (TCE-GO ACE FCC 2014): *No período de janeiro a dezembro de 2013, a despesa total com pessoal de determinado Estado foi de R$ 1.250.000,00, representando 50% da receita corrente líquida - RCL. De acordo com a Lei de Responsabilidade Fiscal - LRF, as informações necessárias à verificação da conformidade da despesa com Pessoal, com os limites de que trata a referida lei, constará do*

a) relatório resumido da execução orçamentária.
b) anexo de metas fiscais.
c) relatório de gestão fiscal.
d) anexo de riscos fiscais.
e) demonstrativo da receita corrente líquida - RCL.

Solução

Gabarito C, sem comentários adicionais.

Gabarito: **C**

32ª Questão (CNMP Analista FCC 2015): *Suponha que, no exercício financeiro de X1, a receita corrente líquida da União tenha sido R$ 640 bilhões e a despesa total com pessoal do Ministério Público da União, conforme regime de competência e obedecidos os critérios estabelecidos pela Lei de Responsabilidade Fiscal, tenha sido R$ 3,7 bilhões. Deste valor, R$ 3,5 bilhões tenham sido pagos em X1. Com base nessas informações, o limite máximo de despesa com pessoal definido pela Lei de Responsabilidade Fiscal*

a) teria sido atendido, mas o Ministério Público não poderia fazer alteração de estrutura de carreira que implicasse em aumento de despesa.
b) não teria sido atendido e o percentual excedente deveria ser eliminado nos dois quadrimestres seguintes.
c) não teria sido atendido e a despesa total com pessoal deveria ter sido reduzida em R$ 1,78 bilhões.
d) teria sido atendido e o Ministério Público poderia criar novos cargos.
e) teria sido atendido e o Ministério Público poderia aumentar a despesa em até R$ 0,78 bilhão para ficar dentro do limite.

Solução

O limite total do MPU é de 0,6% da RCL. Assim, temos:

640 x 0,6% = 3,84 bilhões.

O limite prudencial é de 3,648 bilhões (0,95 x 3,84 bilhões).

O limite de alerta é de 3,456 bilhões (0,90 x 3,84 bilhões).

A despesa com pessoal para fins de LRF foi de 3,7 bilhões, logo o limite prudencial foi ultrapassado. O mesmo implica em uma série de restrições, dentre elas fica vedada a criação de cargos ou a reestruturação de cargos com impacto orçamentário.

Gabarito: **A**

33ª Questão (TCM-GO ACE FCC 2015): *É INCORRETO afirmar que*

a) a receita corrente líquida desconsidera a alienação de bens móveis e imóveis.

b) desde que se estenda por mais de dois anos e seja criada por lei, a despesa de capital é considerada obrigatória de caráter continuado.

c) Restos a Pagar são despesas empenhadas e não pagas até 31 de dezembro, estejam elas liquidadas ou não liquidadas.

d) anulada no próprio exercício financeiro, o valor da despesa reverte à dotação respectiva.

e) é considerada dependente a empresa estatal que, do Tesouro Central, recebe dinheiro para adquirir máquinas e equipamentos.

Solução

a) Certo, pois são receitas de capital e a RCL considera apenas as receitas correntes.

b) Errado, nunca uma DOCC será decorrente de despesa de capital.

c) Certo, sem comentários adicionais.

d) Certo, a anulação de despesa no mesmo exercício reverte a dotação, no exercício seguinte é receita orçamentária.

e) Certo, pois foi utilizado recursos do Tesouro para cobrir despesas de capital.

Gabarito: **B**

34ª Questão (TCM-GO ACE FCC 2015): *A dívida e o endividamento público são temas de grande relevância nas atribuições do controle externo, e é na Lei de Responsabilidade Fiscal – LRF que se encontra uma extensa regulação dos vários aspectos a eles relacionados. No tocante à composição da dívida e do endividamento, a LRF estabelece que*

a) o refinanciamento da Dívida Pública Mobiliária compreende a emissão de títulos para pagamento do principal acrescido da atualização monetária.

b) será incluída na Dívida Pública Consolidada da União a relativa a títulos da responsabilidade da Secretaria do Tesouro Nacional.

c) a Dívida Pública Consolidada ou Fundada compreende o montante total, com a inclusão de todas as duplicidades e das obrigações financeiras do ente da Federação.

d) a concessão de garantia é o compromisso de adimplência de obrigação não financeira ou contratual assumida por ente da Federação ou entidade a ele vinculada.

e) o refinanciamento do principal da Dívida Mobiliária não excederá, ao término de cada exercício, o montante do final do exercício anterior, subtraído ao das operações de crédito autorizadas no orçamento para este efeito e efetivamente realizadas.

Solução

a) Certo, é exatamente esse o conceito.

b) Errado, ele considerou errado, pois pensou-se no BACEN. Mas hoje no âmbito na União quem emite títulos é a STN. Deveria ter se anulado a questão.

c) Errado, a Dívida Pública Consolidada ou Fundada compreende o montante total com a exclusão das duplicidades.

d) Errado, a concessão de garantia é o compromisso de adimplência de obrigação financeira ou contratual.

e) Errado, faltou a atualização monetária. Observe a LRF:

> Art. 29.
>
> § 4º O refinanciamento do principal da dívida mobiliária não excederá, ao término de cada exercício financeiro, o montante do final do exercício anterior, somado ao das operações de crédito autorizadas no orçamento para este efeito e efetivamente realizadas, ***acrescido de atualização monetária***.

Gabarito: **A**

35ª Questão (TCM-GO ACE FCC 2015): *A fim de possibilitar maior participação da sociedade no controle dos resultados da administração, a Lei de Responsabilidade Fiscal - LRF estabeleceu vários instrumentos de transparência da gestão fiscal que são utilizados pelo TCM/GO no exercício de suas atribuições de controle externo. Dentre esses instrumentos, estão o Relatório Resumido da Execução Orçamentária e o Relatório de Gestão Fiscal. É correto afirmar que o*

a) Relatório de Gestão Fiscal será emitido ao final de cada quadrimestre e deverá conter, no último quadrimestre, demonstrativo do montante das disponibilidades de caixa em trinta e um de dezembro.

b) Relatório de Gestão Fiscal será emitido ao final de cada bimestre e deverá estar acompanhado pelo demonstrativo dos resultados nominal e primário.

c) Relatório Resumido da Execução Orçamentária será emitido ao final de cada bimestre e deverá conter o comparativo dos montantes da despesa total com pessoal com os limites da LRF.

d) Relatório de Gestão Fiscal será emitido ao final de cada quadrimestre e deverá estar acompanhado, no último quadrimestre, das projeções atuariais dos regimes de previdência social, geral e próprio dos servidores públicos.

e) Relatório Resumido da Execução Orçamentária será emitido ao final de cada quadrimestre e deverá estar acompanhado, no último quadrimestre, do demonstrativo da inscrição em restos a pagar, das despesas.

Solução

O RGF é quadrimestral e o RREO bimestral. Apenas o RGF do último quadrimestre possui os RP inscritos e cancelados e a respectiva disponibilidade de caixa.

Gabarito: **A**

36ª Questão (TCE-CE Conselheiro FCC 2015): *A Lei de Responsabilidade Fiscal (LRF) estabelece limites para a realização de gastos com pessoal pelo Poder Público e cabe aos Tribunais de Contas a apuração desses cálculos. Caso seja constatado que a despesa de determinado Poder tenha atingido o correspondente a 93% do limite a ele estabelecido, o Tribunal de Contas deverá*

a) julgar as contas irregulares.
b) julgar as contas irregulares com ressalvas.
c) alertar o Poder de que foi ultrapassado o patamar de 90% do limite.
d) cientificar o Ministério Público Estadual.
e) abrir tomada de contas especial.

Solução

Neste caso cabe apenas alerta e nada mais, gabarito C.

Gabarito: **C**

37ª Questão (TCE-CE Procurador FCC 2015): *A dívida consolidada líquida dos Estados, do Distrito Federal e dos Municípios, ao final do décimo quinto exercício financeiro contado a partir do encerramento do ano de publicação da Resolução no 40/2001, do Senado Federal, não poderá exceder,*

a) no caso dos Estados e do Distrito Federal, 1,2 (um inteiro e dois décimos) vezes a receita de capital da União e no caso dos Municípios, a receita de capital dos Estados.
b) no caso dos Estados e do Distrito Federal, 1,2 (um inteiro e dois décimos) vezes a receita corrente líquida da União e no caso dos Municípios, a receita corrente líquida dos Estados.
c) tanto para Estados e Distrito Federal como para Municípios, a 1,2 (um inteiro e dois décimos) vezes a receita corrente líquida.
d) tanto para Estados e Distrito Federal como para Municípios, a 2 (duas) vezes a receita corrente líquida.
e) no caso dos Estados e do Distrito Federal, 2 (duas) vezes a receita corrente líquida e no caso dos Municípios, 1,2 (um inteiro e dois décimos) vezes a receita corrente líquida.

Solução

Conforme visto no capítulo, gabarito E.

Gabarito: **E**

38ª Questão (TCE-CE ACE FCC 2015): *O total da receita corrente líquida utilizada para efeito de apuração do cumprimento do limite legal da despesa total com pessoal, do período de janeiro a dezembro de 2014, do Poder Executivo de determinado Estado da* *federação é de R$ 12.500.000,00. Considerando que no Estado há Tribunal de Contas dos Municípios, o valor referente ao limite máximo da despesa total com pessoal, nos termos da Lei Complementar nº 101/2000, seria de, em reais,*

a) 7.500.000,00.
b) 6.750.000,00.
c) 6.075.000,00.
d) 6.125.000,00.
e) 6.250.000,00.

Solução

Seria 48,6% x 12.500.000 = 6.075.000.

Gabarito: **C**

39ª Questão (TCE-CE ACE FCC 2015): *Nos termos da LRF, o montante total, apurado sem duplicidade, das obrigações financeiras do Estado do Ceará assumidas em virtude de contratos é denominada*

a) dívida pública consolidada.
b) dívida pública mobiliária.
c) operação de crédito.
d) refinanciamento da dívida pública.
e) obrigações públicas consolidadas.

Solução

Seria dívida consolidada.

Gabarito: **A**

40ª Questão (TCE-CE ACE FCC 2015): *Suponha que, em 2014, o Prefeito de um município do Ceará procurou o Governo do Estado e solicitou o repasse de transferências voluntárias, cujo pleito foi atendido. Em 2015, o TCE-CE fiscalizou as contas dos Poderes desse beneficiário e verificou que a despesa total com pessoal do município, com base na receita corrente líquida, encontrava- se em 65%. Nos termos da LRF, essa transferência voluntária deverá ser cessada, salvo se relacionada a ações do setor de*

a) transportes.
b) segurança pública.
c) defesa civil.
d) assistência social.
e) obras públicas.

Solução

Mesmo que o ente não cumpra quaisquer limites da LRF inclusive os constitucionais, ele pode receber transferências voluntárias nas áreas de educação, saúde e assistência social.

Gabarito: **D**

41ª Questão (TCE-CE ACE FCC 2015): *O Tribunal de Contas do Estado do Ceará – TCE-CE realizou evento de orientação aos entes por ele fiscalizados. Naquela oportunidade, o representante de uma sociedade, cuja maioria do capital social com direito a voto pertence indiretamente ao Estado do Ceará, questionou se essa sociedade, que recebeu recursos financeiros do Governo do Ceará para pagamento de despesas com pessoal, estava sujeita ou não aos ditames da Lei de Responsabilidade Fiscal – LRF. A resposta do TCE-CE foi afirmativa, tendo em vista que essa sociedade se enquadra no conceito de empresa*

a) paraestatal de capital controlado.
b) paraestatal dependente.
c) estatal dependente.
d) paraestatal controlada.
e) estatal de capital controlado.

Solução

Seria uma Empresa Estatal Dependente.

Gabarito: **C**

42ª Questão (TCM-RJ Procurador FCC 2015): *A Lei Complementar no 101/2000 (LRF) proíbe a operação de crédito entre uma instituição financeira estatal e o ente da Federação que a controle, na qualidade de beneficiário do empréstimo. Entretanto, a referida Lei NÃO proíbe*

a) recebimento antecipado de valores de empresa em que o Poder Público detenha, direta ou indiretamente, a maioria do capital social com direito a voto, salvo lucros e dividendos, na forma da legislação.
b) assunção direta de compromisso, confissão de dívida ou operação assemelhada, com fornecedor de bens, mercadorias ou serviços, mediante emissão, aceite ou aval de título de crédito, não se aplicando esta vedação a empresas estatais dependentes.
c) assunção de obrigação, sem autorização orçamentária, com fornecedores para pagamento a posteriori de bens e serviços.
d) que instituição financeira controlada por ente da Federação adquira, no mercado, títulos da dívida pública para atender investimento de seus clientes, ou títulos da dívida de emissão da União para aplicação de recursos próprios.

e) captação de recursos a título de antecipação de receita de tributo ou contribuição cujo fato gerador ainda não tenha ocorrido, sem prejuízo da substituição tributária prevista na Constituição Federal.

Solução

Observe a LRF:

> Art. 36. É proibida a operação de crédito entre uma instituição financeira estatal e o ente da Federação que a controle, na qualidade de beneficiário do empréstimo.
>
> Parágrafo único. ***O disposto no caput não proíbe instituição financeira controlada de adquirir, no mercado, títulos da dívida pública para atender investimento de seus clientes, ou títulos da dívida de emissão da União para aplicação de recursos próprios.***
>
> Art. 37. Equiparam-se a operações de crédito e estão vedados:
>
> I - captação de recursos a título de antecipação de receita de tributo ou contribuição cujo fato gerador ainda não tenha ocorrido, sem prejuízo do disposto no § 7° do art. 150 da Constituição;
>
> II - recebimento antecipado de valores de empresa em que o Poder Público detenha, direta ou indiretamente, a maioria do capital social com direito a voto, salvo lucros e dividendos, na forma da legislação;
>
> III - assunção direta de compromisso, confissão de dívida ou operação assemelhada, com fornecedor de bens, mercadorias ou serviços, mediante emissão, aceite ou aval de título de crédito, não se aplicando esta vedação a empresas estatais dependentes;
>
> IV - assunção de obrigação, sem autorização orçamentária, com fornecedores para pagamento a posteriori de bens e serviços.

Gabarito: **D**

43ª Questão (TCM-RJ Procurador FCC 2015): *Considere os dados, a seguir, do Município do Rio de Janeiro, referentes ao encerramento do 1° quadrimestre de 2015:*

- Limite de despesas de pessoal do Município, com base na receita corrente líquida: 60%
- Limite de despesas de pessoal do Poder Executivo, com base na receita corrente líquida: 54%
- Limite de despesas de pessoal do Poder Legislativo, incluindo o Tribunal de Contas - TCM/RJ, com base na receita corrente líquida: 6%
- Percentual de gastos com pessoal apurado do Poder Executivo: 52%
- Percentual de gastos com pessoal apurado do Poder Legislativo, incluindo o TCM/RJ: 5%. Com base nessas informações, ao TCM/RJ

a) cabe emitir alerta ao Poder Executivo, somente.

b) cabe emitir alerta ao Poder Legislativo, somente.

c) cabe emitir alerta aos Poderes Executivo e Legislativo.

d) não cabe emitir alerta a nenhum dos dois Poderes, uma vez que ambos estão com as despesas e gastos abaixo dos respectivos limites.

e) não cabe emitir alerta a nenhum dos dois Poderes, uma vez que a soma dos percentuais referentes a despesas e gastos não excedeu o limite geral do Município.

Solução

O limite total do Executivo Municipal é de 54%, o prudencial é de 51,3% e o de alerta é de 48,6%.

O limite total do Legislativo Municipal é de 6%, o prudencial é de 5,7% e o de alerta é de 5,4%.

Assim, o Executivo ultrapassou o limite de alerta e o prudencial e o Legislativo não ultrapassou nenhum limite.

Gabarito: **A**

44ª Questão (TRT 3ª Região Técnico FCC 2015): *Nos termos da Lei Complementar no 101/2000, NÃO é considerada no somatório da Receita Corrente Líquida:*

a) o rendimento de aplicações financeiras.

b) a arrecadação de contribuição de melhoria.

c) a taxa de aprovação do projeto de construção civil.

d) o serviço de venda de editais.

e) a alienação de bens imóveis.

Solução

A única opção que não possui receita corrente é a opção E.

Gabarito: **E**

45ª Questão (TRT 3ª Região Analista FCC 2015): *A Lei de Responsabilidade Fiscal - LRF disciplina a despesa com pessoal da Administração pública em todas as esferas de governo sob a forma de limites. No caso do Poder Judiciário Federal, que abrange o TRT-3ª Região, o limite de gastos com pessoal sobre a receita corrente líquida da União é, em %, igual a*

a) 2,5

b) 0,6

c) 6

d) 50

e) 40,9

Solução

O limite do Judiciário federal e estadual é o mesmo: 6% da RCL.

Gabarito: **C**

Unidade Didática V
Controle Fiscal na Federação

46ª Questão (TCE-AM Auditor FCC 2015): *A Lei de Responsabilidade Fiscal definiu o conteúdo mínimo de dois importantes instrumentos de transparência da Administração pública: o Relatório Resumido da Execução Orçamentária - RREO e o Relatório de Gestão Fiscal - RGF. Nos termos dessa lei, os demonstrativos relativos à apuração da receita corrente líquida, aos resultados nominal e primário e ao montante das disponibilidades de caixa em trinta e um de dezembro devem constar, respectivamente, de:*

a) RREO, RREO e RREO.

b) RREO, RGF e RGF.

c) RGF, RGF e RGF.

d) RREO, RREO e RGF.

e) RGF, RREO e RGF.

Solução

A RCL consta no RREO apenas.

Os resultados nominal e primário constam no RREO apenas

O montante das disponibilidades de caixa em trinta e um de dezembro consta no RGF do último quadrimestre apenas. Gabarito: D.

Gabarito: **D**

47ª Questão (TRT 23ª Região Analista Judiciário FCC 2016): *Para a apuração do cumprimento do limite legal da despesa com pessoal de determinado Tribunal, nos termos da Lei Complementar no 101/2000, referente ao período de janeiro a dezembro de 2015, o departamento de contabilidade apresentou as seguintes informações (dados hipotéticos):*

- Despesa Bruta com Pessoal 495.500.000,00
- Despesas não Computadas (§ 1º do art. 19 da LRF) 45.500.000,00
- Receita Corrente Líquida - RCL 360.000.000.000,00
- Limite Máximo (incisos I, II e III, art. 20 da LRF) ? <%> 0,15%

Considerando as informações apresentadas, o limite de alerta (inciso II do § 1º do art. 59 da LRF) é de

a) 540.000.000,00

b) 405.000.000,00

c) 486.000.000,00

d) 427.500.000,00

e) 513.000.000,00

Solução

O limite total seria de 0,15% x 360.000.000.000 = 540.000.000.

O limite de alerta seria de 90% de 540.000.000 = 486.000.000.

Gabarito: **C**

14. LISTA DE QUESTÕES OBJETIVAS [FGV]

1ª Questão (Ministério da Cultura Analista FGV 2006 Adaptada): *Com base nos preceitos da Lei de Responsabilidade Fiscal, analise as afirmativas a seguir:*

I. O anexo de metas fiscais (AMF) integrará a Lei Orçamentária e conterá as metas anuais, em valores correntes e constantes, relativas às receitas, despesas, montante da dívida pública para o exercício a que se referirem e para os dois seguintes.

II. O relatório resumido da execução orçamentária contemplará em todos os bimestres:o balanço orçamentário; o demonstrativo das variações patrimoniais; o demonstrativo da execução das receitas por categorias econômicas e fonte de recursos; e o demonstrativo da despesa por categoria econômica, grupo de despesa, função e subfunção.

III. O relatório de gestão fiscal conterá comparativo da despesa total de pessoal, da dívida, da concessão de garantia e das operações de crédito com os limites respectivos estabelecidos na lei.

Assinale:

a) se somente a afirmativa I estiver correta.
b) se somente a afirmativa II estiver correta.
c) se somente a afirmativa III estiver correta.
d) se somente as afirmativas I e III estiverem corretas.
e) se todas as afirmativas estiverem corretas

Solução

I. Errado, o AMF integra a LDO.

II. Errado, o demonstrativo das variações patrimoniais somente será evidenciado no último RREO: de novembro e dezembro.

III. Certo, conforme visto neste capítulo.

Gabarito: **C**

2ª Questão (TCM Auditor FGV 2008): *O Poder Executivo publicará, após o encerramento de cada bimestre, relatório resumido da execução orçamentária até:*

a) 60 dias.
b) 120 dias.

Unidade Didática V
Controle Fiscal na Federação

c) 90 dias.
d) 30 dias.
e) 150 dias.

Solução

O RREO deve ser publicado em até 30 dias após o término do bimestre.

Gabarito: **D**

3ª Questão (Senado Consultor FGV 2012): *A Lei de Responsabilidade Fiscal (Lei Complementar 101/00) menciona diversos instrumentos de transparência da gestão fiscal, a seguir relacionados. No que diz respeito a esse aspecto (transparência), assinale a afirmativa INCORRETA.*

a) São instrumentos de transparência da gestão fiscal: os planos, orçamentos e leis de diretrizes orçamentárias; as prestações de contas e o respectivo parecer prévio; o Relatório Resumido da Execução Orçamentária e o Relatório de Gestão Fiscal; e as versões simplificadas desses documentos.
b) Aos instrumentos de gestão fiscal deve ser dada ampla divulgação, inclusive em meios eletrônicos de acesso público.
c) A transparência será assegurada também mediante liberação ao pleno conhecimento e acompanhamento da sociedade, em tempo real, de informações pormenorizadas sobre a execução orçamentária e financeira, em meios eletrônicos de acesso público.
d) Para os fins a que se refere o inciso II do parágrafo único do art. 48 da LRF, os entes da Federação disponibilizarão a qualquer pessoa física ou jurídica o acesso a informações referentes ao lançamento e ao recebimento de toda a receita das unidades gestoras, inclusive referente a recursos extraordinários.
e) De acordo com o art. 49 da LRF, as contas apresentadas pelo Chefe do Poder Executivo ficarão disponíveis por pelo menos dois exercícios financeiros no respectivo Poder Legislativo e no órgão técnico responsável pela sua elaboração, para consulta e apreciação pelos cidadãos e instituições da sociedade.

Solução

a) Certo, conforme visto neste capítulo.
b) Certo, conforme visto neste capítulo.
c) Certo, conforme visto neste capítulo.
d) Certo, conforme visto neste capítulo.
e) Errado, as contas apresentadas pelo Chefe do Poder Executivo ficarão disponíveis, durante todo o exercício, no respectivo Poder Legislativo e no órgão técnico responsável pela sua elaboração, para consulta e apreciação pelos cidadãos e instituições da sociedade.

Gabarito: **E**

4ª Questão (Senado Consultor FGV 2012): *Considerando os índices definidos pela Lei de Responsabilidade Fiscal (Lei Complementar nº 101, de 4 de maio de 2000) e pela Resolução nº 40/2001 do Senado Federal como limites máximos a serem respeitados anualmente por Estados e Municípios, assinale a alternativa em que os índices correspondam aos dispositivos regulamentados por essas normas, respectivamente para os indicadores "Gastos com Pessoal/Receita Corrente Líquida" e "Dívida Consolidada Líquida/Receita Corrente Líquida":*

a) 50% nos Municípios e 120% nos Estados.
b) 60% nos Estados e 200% nos Municípios.
c) 60% nos Municípios e 200% nos Estados.
d) 50% nos Estados e 120% nos Municípios.
e) 60% nos Municípios e 120% nos Estados.

Solução

Conforme visto no capítulo, gabarito: C.

Gabarito: **C**

5ª Questão (INEA Contador FGV 2013): *A LC 101/00 (LRF), em um dos seus pilares - Transparência e Controle, determina que o Relatório Resumido da Execução Orçamentária (RREO) e o Relatório de Gestão Fiscal (RGF) devem ser periodicamente publicados e constar nas audiências públicas no Poder Legislativo, nos quais o Poder Executivo demonstrará e avaliará os cumprimentos das metas fiscais. Assinale a alternativa que indica, respectivamente, a periodicidade de levantamento do RREO e RGF e o limite mensal para cada audiência pública.*

a) Quadrimestral - bimestral - maio-setembro-fevereiro.
b) Semestral - bimestral - maio-setembro-fevereiro.
c) Bimestral - quadrimestral - fevereiro-maio-setembro.
d) Quadrimestral - semestral - fevereiro-maio-setembro.
e) Bimestral - quadrimestral - maio-setembro-fevereiro.

Solução

O RREO é bimestral, o RGF é quadrimestral. Até o final dos meses de maio, setembro e fevereiro o Poder Executivo demonstrará e avaliará o cumprimento das metas fiscais de cada quadrimestre em audiência pública. Gabarito: E.

Gabarito: **E**

6ª Questão (SEGEP-MA Procurador FGV 2013): *Com relação aos limites impostos para a despesa com pessoal na Lei de Responsabilidade Fiscal, assinale a afirmativa correta.*

a) Os serviços terceirizados não devem ser inseridos no limite de despesa com pessoal, mas sim contabilizados como serviços de terceiros e encargos.

b) O limite estabelecido para despesa de pessoal abrange os valores desembolsados de caráter remuneratório e indenizatório.

c) Os serviços terceirizados devem ser inseridos no limite de despesa com pessoal nas hipóteses em que a mão de obra contratada substitua servidor ou empregado público.

d) As despesas salariais de caráter continuado devem ser inseridas no limite de despesa com pessoal, apenas.

e) A despesa e os encargos decorrentes da terceirização dos serviços, em qualquer hipótese, devem ser inseridos nos limites legais arbitrados para pessoal.

Solução

Os serviços terceirizados serão contabilizados quando forem executadas tarefas em substituição aos servidores do plano de cargos e salários.

Gabarito: **C**

7ª Questão (TCE-BAACE FGV 2013): *O valor apurado da Receita Corrente Líquida (RCL) de um Estado da Federação, em determinado período, foi de 200 bilhões de reais. Considerando o que define a Lei de Responsabilidade Fiscal para a despesa total com pessoal, caberá ao Poder Legislativo Estadual, incluindo o Tribunal de Contas, o valor de*

a) 4 bilhões.

b) 5 bilhões.

c) 6 bilhões.

d) 7 bilhões.

e) 12 bilhões.

Solução

O Legislativo estadual tem como limite total 3% da RCL. Assim, 3% x 200 bilhões = 6 bilhões.

Gabarito:**C**

8ª Questão (SUDENE Contador FGV 2013): *A Lei de Responsabilidade Fiscal estabelece as diretrizes para a produção da Lei Orçamentária Anual.*

Com relação a essas diretrizes, analise as afirmativas a seguir.

I. A Lei Orçamentária Anual conterá reserva de contingência.

II. A Lei Orçamentária veda a consignação de créditos com finalidade imprecisa ou com dotação ilimitada.

III. A lei orçamentária poderá consignar dotação para investimento com duração superior a um exercício financeiro ainda que não esteja previsto no plano plurianual ou em lei que autorize a sua inclusão.

Assinale:

a) se as afirmativas I e II estiverem corretas.

b) se as afirmativas I e III estiverem corretas.

c) se as afirmativas II e III estiverem corretas.

d) se somente a afirmativa III estiver correta.

e) se somente a afirmativa II estiver correta.

Solução

I. Certo.

II. Certo.

III. Errado, essa é uma vedação da CF/1988. Assim, investimentos superiores a 1 exercício devem estar previstos no plano plurianual ou em lei que autorize a sua inclusão.

Gabarito: **A**

9ª Questão (AL-MA Consultor FGV 2013): *A LC n. 101/00 (Lei de Responsabilidade Fiscal – LRF) estabelece normas de finanças públicas voltadas para a responsabilidade na gestão fiscal, com amparo no Capítulo II do Título VI da Constituição. A respeito da LRF, assinale a afirmativa correta.*

a) Considera-se obrigatória de caráter continuado a despesa corrente derivada de lei, medida provisória ou ato administrativo normativo que fixem para o ente a obrigação legal de sua execução por um período superior a três exercícios.

b) Entende-se por transferência voluntária a entrega de recursos correntes ou de capital a outro ente da Federação, a título de cooperação, auxílio ou assistência financeira, que não decorra de determinação constitucional, legal ou os destinados ao Sistema Geral de Previdência.

c) Se a dívida consolidada de um ente da Federação ultrapassar o respectivo limite ao final de um quadrimestre, deverá ser a ele reconduzida até o término dos três subsequentes, reduzindo o excedente em pelo menos 50% (cinqüenta por cento) no primeiro.

d) A operação de crédito realizada com infração do disposto da Lei Complementar 101/00 será considerada nula, procedendo-se ao seu cancelamento, mediante a devolução do principal, vedados o pagamento de juros e demais encargos financeiros.

e) A concessão ou ampliação de incentivo ou benefício de natureza tributária da qual decorra renúncia de receita deverá estar acompanhada de estimativa do impacto orçamentário-financeiro no exercício em que deva iniciar sua vigência e nos dois seguintes, atender ao disposto na LDO e sempre estar acompanhada de medidas de compensação, por meio do aumento de receita, proveniente da elevação de alíquotas, ampliação da base de cálculo, majoração ou criação de tributo ou contribuição.

Solução

a) Errado, seriam dois exercícios e não três.
b) Errado, seria sistema único de saúde e não Sistema Geral de Previdência.
c) Errado, seria 25% e não 50%.
d) Certo.
e) Errado, existe a hipótese de já ter sido considerada na LOA a renúncia. Esse "sempre" tornou a questão errada.

Gabarito: **D**

10ª Questão (AL-MA Consultor FGV 2013): *Pela Lei de Responsabilidade Fiscal, a lei orçamentária anual passou a conter:*

a) o necessário equilíbrio entre receita e despesa.
b) a reserva de contingência, cuja forma de utilização e montante é definida com base na receita corrente líquida, será estabelecida em outro instrumento de planejamento orçamentário.
c) os critérios e as formas de limitação de empenho, a ser efetivada nas hipóteses previstas na própria LC 101/00.
d) o anexo de metas fiscais em que serão estabelecidos metas anuais, em valores correntes e constantes, relativas às receitas, despesas, resultado nominal e primário e montante da dívida pública.
e) o anexo de riscos fiscais onde serão avaliados os passivos contingenciais e outros riscos capazes de afetar as contas públicas

Solução

a) Errado, esse item está inserido na LDO.
b) Certo.
c) Errado, esse item está inserido na LDO.
d) Errado, esse item está inserido na LDO.
e) Errado, esse item está inserido na LDO.

Gabarito: **B**

11ª Questão (AL-MA Consultor FGV 2013): *De acordo com a Lei de Responsabilidade Fiscal, quanto às Receitas Públicas, assinale a afirmativa correta.*

a) Devem estar previstas, de acordo com as normas técnicas e legais, sendo certo que as previsões poderão ser revistas toda vez que houver variação de índices oficiais de preço.
b) O Estado-Membro que não observar a instituição, previsão e efetiva arrecadação de impostos e contribuições não poderá receber transferências voluntárias.

c) O Poder Legislativo Estadual poderá efetivar a reestimativa de receita, quando houver mudança de legislação tributária.

d) No caso de anistia, por se referir às multas por infrações, dispensa-se a demonstração do impacto orçamentário-financeiro da medida que a conceder.

e) O cancelamento de débito tributário cuja cobrança acarrete maior custo que o valor devido não necessita de estudo de impacto orçamentário-financeiro.

Solução

a) Errado, as previsões de receitas podem ser revistas pelo Legislativo apenas em casos de erros e omissões.

b) Errado, apenas a não observação da instituição, previsão e efetiva arrecadação de impostos gera o impedimento das transferências voluntárias.

c) Errado, apenas em casos de erros e omissões.

d) Errado, as anistias são renúncias e seguem a regra geral.

e) Certo.

Gabarito: **E**

12ª Questão (ISS-Recife Auditor FGV 2014): *Em relação à previsão e à arrecadação da receita pública, assinale a afirmativa correta.*

a) As previsões da receita devem ser acompanhadas de demonstrativo de sua evolução nos cinco anos anteriores e da projeção para os três seguintes àquele a que se referem.

b) As previsões de receita devem observar as normas técnicas e legais e considerar os efeitos das alterações na legislação, da variação do índice de preços, do crescimento econômico ou de qualquer outro fator relevante.

c) O Poder Executivo de cada ente deverá colocar à disposição do Ministério Público, no mínimo dez dias antes do prazo final para encaminhamento de suas propostas orçamentárias, os estudos e as estimativas das receitas para o exercício subsequente, com exceção da corrente líquida.

d) O montante previsto para as receitas de operações de crédito deve ser igual ou maior que o das despesas de capital do projeto de lei orçamentária.

e) A reestimativa de receita por parte do Poder Legislativo poderá ser admitida se comprovada fraude, erro ou mudança de política contábil.

Solução

a) Errado, as previsões da receita devem ser acompanhadas de avaliação dos 3 anos anteriores e previsão para o exercício de referência e os dois subsequentes.

b) Certo.

c) Errado, seria 30 dias antes e acompanha as receitas correntes líquidas.

d) Errado, O montante previsto para as receitas de operações de crédito não deve superar despesas de capital do projeto de lei orçamentária.

e) Errado, a reestimativa de receita por parte do Poder Legislativo poderá ser admitida em caso de erros ou omissões

Gabarito: **B**

13ª Questão (ISS-Recife Auditor FGV 2014): *De acordo com a Lei Complementar nº 101/2000, a operação de crédito representa um compromisso financeiro que pode ser assumido em razão dos motivos a seguir, à exceção de um. Assinale-o.*

a) Aquisição financiada de bens.
b) Abertura de crédito, emissão e aceite de título.
c) Contratação de serviços.
d) Recebimento antecipado de valores provenientes da venda a termo de bens e serviços.
e) Arrendamento mercantil.

Solução

As operações de crédito são os compromissos financeiros assumidos em razão de mútuo, abertura de crédito, emissão e aceite de título, aquisição financiada de bens, recebimento antecipado de valores provenientes da venda a termo de bens e serviços, arrendamento mercantil e outras operações assemelhadas, inclusive com o uso de derivativos financeiros.

A única opção citada na questão e que não consta no conceito é a alternativa C.

Gabarito: **C**

14ª Questão (ISS-Recife Auditor FGV 2014): *Segundo a Lei Complementar nº 101/200, se a dívida consolidada de um ente da Federação ultrapassar seu limite ao final de um quadrimestre, deverá ser reconduzida a ele até o término dos três quadrimestres subsequentes. Após vencido o prazo de retorno da dívida ao limite, e enquanto perdurar o excesso, o ente poderá*

a) realizar operação de crédito interna ou externa.
b) realizar operação de crédito por antecipação de receita.
c) receber transferências voluntárias da União.
d) receber transferências voluntárias do Estado.
e) refinanciar o principal atualizado da dívida monetária.

Solução

Se não se recuperar, o ente fica impedido de receber transferências voluntárias e de contratar operações de crédito, ressalvado o refinanciamento da dívida mobiliária. Gabarito E. Caberia recurso: não tem esse termo dívida monetária.

Gabarito: **E**

15ª Questão (SEGEP-MA Auditor FGV 2014): *De acordo com a Lei Complementar n. 101/00, as alternativas a seguir apresentam exigências para a realização de transferências voluntárias, à exceção de uma. Assinale-a.*

a) Estar em dias quanto ao pagamento de tributos, empréstimos e financiamentos devidos ao ente transferidor.

b) Cumprir os limites constitucionais relativos à educação e à saúde.

c) Cumprir os limites de dívida consolidada e mobiliária, de operações de crédito, inclusive de antecipação de receita, de inscrição de restos a pagar e de despesa total com pessoal.

d) Comprovar a existência de recursos orçamentários para atender à despesa com a execução dos recursos oriundos da transferência voluntária.

e) Comprovar a existência de previsão orçamentária de contrapartida.

Solução

a) Certo.

b) Certo.

c) Certo.

d) Errado, não há essa restrição. Na verdade, os recursos da transferência vêm do ente transferidor. Note que a assertiva não se refere à contrapartida.

e) Certo.

Gabarito: **D**

16ª Questão (ISS-Cuiabá Auditor FGV 2014): *Segundo a Lei de Responsabilidade Fiscal (Lei Complementar nº 101/2000), os valores dos contratos de terceirização de mão de obra, que se referem à substituição de servidores e empregados públicos, serão contabilizados como*

a) despesas de serviços de terceiros.

b) outras despesas de serviços de terceiros.

c) outras despesas gerais.

d) despesas de pessoal.

e) outras despesas de pessoal.

Solução

Gabarito E, outras despesas de pessoal.

Gabarito: **E**

17ª Questão (ISS-Cuiabá Auditor FGV 2014): *Em relação à Lei de Responsabilidade Fiscal (Lei Complementar nº 101/2000), assinale a afirmativa correta.*

a) Estabelece que os Tribunais de Contas, o Poder Judiciário e o Ministério Público não se sujeitam às obrigações da lei, uma vez que possuem autonomia administrativa e financeira.

b) Estabelece normas de finanças públicas voltadas para a responsabilidade na gestão fiscal, sendo que suas disposições obrigam a União, os Estados, o Distrito Federal e os Municípios.

c) Estabelece que a despesa total com pessoal não pode exceder a 80% do limite, vedando o órgão que incorreu no excesso a criação de cargo, emprego ou função.

d) Estabelece que as empresas públicas e as sociedades de economia mista devem se submeter a suas disposições.

e) Estabelece os limites da despesa total com pessoal para a União, os Estados e os Municípios em 50% da receita corrente líquida, em cada período de apuração.

Solução

(A) Errado, Tribunais de Contas, o Poder Judiciário e o Ministério Público estão sujeitos às regras da LRF.

(B) Certo.

(C) Errado, não existe esse limite 80% para despesas com pessoal.

(D) Errado, apenas as Empresas Estatais Dependentes estão sujeitas, as Empresas Estatais Independentes estão fora.

(E) Errado, 50% vale só para União.

Gabarito: **B**

18ª Questão (ISS-Cuiabá Auditor FGV 2014): *Algumas das condições exigidas pela Lei de Responsabilidade Fiscal (LRF, Lei Complementar nº 101/2000) para que sejam concedidos benefícios tributários dos quais decorra renúncia de receita, estão listadas a seguir.*

1. Observância ao princípio da anterioridade.
2. Estimativa do impacto orçamentário-financeiro.
3. Demonstração de que a renúncia fiscal não afetará as metas de resultados fiscais.
4. Medidas de compensação por meio do incremento da receita de outros tributos.
5. Produção gradual dos efeitos da renúncia, na proporção de 25% a cada exercício financeiro.

Dentre as condições acima enunciadas, estão previstas na LRF as de número:

a) 1, 3 e 5, apenas.
b) 1, 2 e 3, apenas.
c) 2, 4 e 5, apenas.
d) 2, 3 e 4, apenas.
e) 3, 4 e 5, apenas.

Solução

Observe o esquema visto no capítulo:

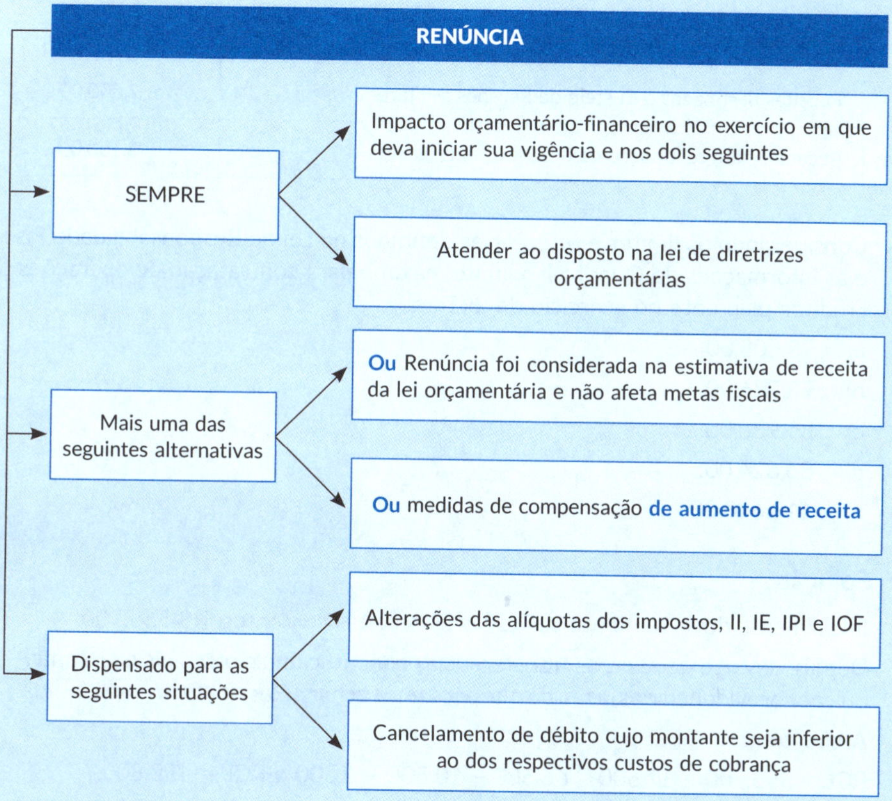

Assim, os itens 1 e 5 não existem.

Gabarito: **D**

19ª Questão (TJ-RO Analista FGV 2015): *Os dados apresentados no Quadro I abaixo referem-se à execução do orçamento de um Estado da Federação, nos doze meses do exercício de 2x14.*

ARRECADAÇÃO DE RECEITAS	(R$) MILHARES
Correntes	555.700,00
Capital	78.300,00
Extra-orçamentárias	7.450,00
Receitas destinadas a transferências constitucionais obrigatórias	17.600,00
Receitas destinadas à formação do FUNDEB	66.500,00
Contribuições destinadas ao Plano de Seguridade dos Servidores	10.500,00
Receitas destinadas a Custeio de Pensões Militares	2.300,00
Recursos para restituição de depósitos em garantia	3.150,00

Considerando os limites e referências definidos na Lei de Responsabilidade Fiscal e as informações do Quadro I, o limite máximo para contratação de operações de créditos pelo ente no exercício de 2x14 é:

a) 73.408,00;
b) 73.776,00;
c) 85.936,00;
d) 86.624,00;
e) 118.640,00.

Solução

Inicialmente deve-se identificar todas as receitas correntes: R$ 555.700.

Depois, deve-se deduzir: as transferências constitucionais ou legais e as contribuições previdenciárias, a fim de que possamos achar a Receita Corrente Líquida.

Assim, temos:

RCL = 555.700 - 17.600 - 66.500 - 10.500 - 2.300 à RCL = 458.800.

No âmbito dos Estados o limite de operação de crédito é 16% da RCL.

Assim, temos 16% x 458.800 à Limite = R$ 73.408.

Gabarito: **A**

20ª Questão (TJ-RO Analista FGV 2015): *A despesa total com pessoal de um órgão ultrapassou o limite definido na Lei de Responsabilidade Fiscal no segundo quadrimestre de 2011, em R$ 75.000,00. Considerando exclusivamente as informações dadas e as normas para recondução ao limite, o órgão deverá:*

a) eliminar ao menos 10% do excedente no quadrimestre subsequente;

b) eliminar pelo menos 1/3 do excesso até o primeiro quadrimestre de 2012;
c) eliminar todo o excedente até o final do exercício em que o limite foi ultrapassado;
d) reduzir o excedente em pelo menos R$ 37.500,00 até o final do exercício;
e) reduzir todo o excedente até o primeiro quadrimestre de 2012.

Solução

Se houve um excesso de 75 mil em 31.08.2011, deve-se reduzir pelo menos 25.000 até 30.12.2011 e o restante até 30.04.2012.

Das opções disponíveis, a menos errada seria a opção E.

Gabarito: **E**

21ª Questão (DPE-RO Contador FGV 2015): *De acordo com as disposições da Lei de Responsabilidade Fiscal, durante os processos de elaboração e discussão dos orçamentos, a realização de audiências públicas é:*

a) facultativa;
b) obrigatória;
c) recomendada;
d) delegada ao Poder Legislativo;
e) dispensada, se houver orçamento participativo.

Solução

São obrigatórias.

Gabarito: **B**

22ª Questão (DPE-RO Contador FGV 2015): *Ao final do exercício de 2014, o Estado de Rondônia apurou uma receita corrente líquida de R$ 5,5 bilhões. Em decorrência dos limites estabelecidos pela Lei de Responsabilidade Fiscal, a despesa total com pessoal do Poder Judiciário do Estado está limitada a:*

a) R$ 330 milhões;
b) R$ 165 milhões;
c) R$ 137,5 milhões;
d) R$ 110 milhões;
e) R$ 33 milhões.

Solução

O limite do judiciário é de 6% da RCL do Estado. Assim, temos:

Limite total de pessoal = 5.500.000.000 x 0,06 à

Unidade Didática V
Controle Fiscal na Federação

Limite total de pessoal = 330.000.0000. Gabarito A.

Gabarito: **A**

23ª Questão (TJ-SC Analista FGV 2015): *Ao final de um determinado exercício, o Estado de Santa Catarina apurou o montante de R$ 5,7 bilhões de Receita Corrente Líquida. A partir dessa referência, o limite prudencial da despesa total com pessoal do Poder Judiciário naquele exercício é (em milhões de reais):*

a) 114;

b) 171;

c) 307,8;

d) 324,9;

e) 342.

Solução

Dica: primeiro se calcula o limite total e depois o prudencial.

RCL = 5.700.000.000.

Limite total = 0,06 x 5.700.000.000 à

Limite total = 342.000.000

Limite prudencial = 95% do limite total à

Limite prudencial = R$ 324.900.000, gabarito D.

Gabarito: **D**

24ª Questão (TJ-SC Analista FGV 2015): *O Relatório de Gestão Fiscal é de elaboração obrigatória pelos Poderes e órgãos definidos na Lei de Responsabilidade Fiscal (LRF), porém com diferenças na periodicidade de publicação dos anexos. No que tange à obrigatoriedade de relatórios a serem elaborados pelos órgãos do Poder Judiciário, o Manual de Demonstrativos Fiscais orienta que:*

a) o Demonstrativo da Despesa com Pessoal é o único anexo obrigatório em todos os quadrimestres;

b) o Demonstrativo da Despesa com Pessoal e o Demonstrativo Simplificado do Relatório de Gestão Fiscal são anexos obrigatórios em todos os quadrimestres;

c) o Demonstrativo da Despesa com Pessoal é obrigatório apenas no último quadrimestre;

d) o Demonstrativo da Dívida Consolidada é anexo obrigatório apenas no último quadrimestre;

e) o Demonstrativo Simplificado do Relatório de Gestão Fiscal é obrigatório apenas para o Poder Executivo, que consolida todos os Poderes.

Solução

a) Certo.
b) Errado, o simplificado é exigido apenas no último.
c) Errado, o Demonstrativo da Despesa com Pessoal é obrigatório em todos os quadrimestres.
d) Errado, é obrigatório em todos os quadrimestres do RGF do Executivo.
e) Errado, o simplificado é obrigatório a todos os poderes no último quadrimestre.

Gabarito: **A**

25ª Questão (MRE Oficial de Chancelaria FGV 2016): *A Receita Corrente Líquida (RCL) é definida na Lei de Responsabilidade Fiscal como parâmetro para acompanhamento de metas e limites fiscais. A tabela a seguir apresenta os valores de arrecadação de um ente da federação durante um dado exercício.*

ORIGEM	VALORES
Receita industrial	9.800
Receita de alienação de bens	12.300
Receitas de depósitos e cauções	24.700
Antecipação da receita orçamentária	60.500
Receita de amortização de empréstimos	78.200
Receita de serviços	186.100
Receitas de operações de crédito internas	300.500
Receitas de contribuições	528.400
Receita patrimonial	923.100
Outras receitas correntes	1.950.600
Receitas tributárias	3.300.900
Transferências correntes	4.050.300

A partir das receitas apresentadas na tabela, o total das receitas que devem ser consideradas no cálculo da RCL é:

a) 7.375.100;
b) 10.399.400;

c) 10.949.200;

d) 11.340.200;

e) 11.425.400.

Solução

Essa questão foi simples, vide que a banca não inseriu deduções. Assim, bastava somar as receitas correntes: industrial, serviços, contribuições, patrimonial, outras receitas correntes, tributárias, transferências correntes.

RCL = 9.800 + 186.100 + 528.400 + 923.100 + 1.950.600 + 3.300.900 + 4.050.300 à

RCL = 10.949.200, gabarito C.

Gabarito: **C**

26ª Questão (MRE Oficial de Chancelaria FGV 2016): *Os dados do Quadro VII a seguir referem-se às receitas arrecadadas no primeiro bimestre do exercício financeiro de 201x por um ente da Federação e estão expressos em milhares de reais.*

RECEITA	VALORES
Alienação de bens	643,00
Amortização de empréstimos	72.224,00
Contribuições	44.956,00
Industrial	179,00
Operações de crédito	8.212,00
Patrimonial	177.014,00
Serviços	39.382,00
Transferências correntes	839.531,00
Transferência de capital	17.978,00
Tributárias	1.401.682,00

Considerando as categorias econômicas da receita orçamentária, a receita corrente líquida apurada totaliza:

a) 1.663.213,00;

b) 2.325.730,00;

c) 2.502.744,00;

d) 2.510.956,00;

e) 2.583.823,00.

Solução

Essa questão foi simples, vide que a banca não inseriu deduções. Assim, bastava somar as receitas correntes: contribuições, industrial, patrimonial, serviços, transferências correntes, tributárias.

RCL = 44.956 + 179 + 177.014 + 39.382 + 839.531 + 1.401.682à

RCL = 2.502.744,00, gabarito C.

Gabarito: **C**

27ª Questão (IBGE Analista FGV 2016): *O conceito de Receita Corrente Líquida (RCL) foi estabelecido pela Lei de Responsabilidade Fiscal e é utilizado como parâmetro para acompanhamento de metas fiscais e despesas públicas em áreas específicas. No cálculo da RCL da União, os itens a seguir devem ser deduzidos do somatório das receitas, EXCETO:*

a) compensações financeiras entre regimes previdenciários;

b) contribuições para custeio da seguridade social;

c) contribuições para custeio de pensões militares;

d) transferências constitucionais e legais;

e) transferências voluntárias.

Solução

Os itens das opções A, B, C e D são excluídos e o item E é excluído.

Gabarito: **E**

28ª Questão (IBGE Analista FGV 2016): *A Lei de Responsabilidade Fiscal (LRF) faz recomendações para adoção de medidas aos entes públicos que optarem pela concessão ou ampliação de incentivo ou benefício de natureza tributária da qual decorra renúncia de receita. A espécie de renúncia de receita que consiste no perdão da dívida, em circunstâncias legalmente previstas, tais como valor diminuto da dívida e inconveniência do processamento da cobrança dado o alto custo, é denominada:*

a) anistia;

b) crédito presumido;

c) isenção;

d) remissão;

e) subsídio.

Solução

Se perdoou toda a dívida é remissão. Gabarito D. Na anistia se perdoa a multa. E na isenção, o tributo nem é gerado.

Gabarito: **D**

29ª Questão (ALERJ Analista - Qualquer Cargo FGV 2017): *Em um determinado ente estadual, o limite da despesa total com pessoal no âmbito do Poder Legislativo é de 60% para a Casa Legislativa e 40% para o Tribunal de Contas.Sabendo-se que ao final do terceiro quadrimestre do último exercício financeiro encerrado, o ente estadual apurou uma receita corrente líquida de R$ 51,25 bilhões, o limite máximo da despesa total com pessoal da Assembleia Legislativa corresponde a:*

a) R$ 922.500.000;
b) R$ 1.025.000.000;
c) R$ 1.537.500.000;
d) R$ 1.845.000.000;
e) R$ 3.075.000.000.

Solução

O limite máximo das despesas com pessoal no âmbito do legislativo estadual seria de 3% da RCL. No caso hipotético 60% desses 3% seria da Assembleia Legislativa. Assim, o limite máximo seria:

51.250.000.000 x 0,6 x 0,03 à Limite máximo: 922.500.000.

Gabarito: **A**

30ª Questão (ALERJ Analista - Qualquer Cargo FGV 2017): *Na apuração da Receita Corrente Líquida (RCL) de um ente estadual, conforme definido pela LRF (Lei Complementar nº 101/2000 - Lei de Responsabilidade Fiscal), alguns itens devem ser deduzidos do somatório das receitas correntes.*

Dos itens a seguir, o que NÃO representa uma dedução da RCL estadual é:

a) contribuições para custeio de pensões militares;
b) contribuições para custeio do sistema de previdência dos servidores;
c) contribuições dos empregadores e trabalhadores para a Seguridade Social;
d) dedução da receita para formação do FUNDEB;
e) transferências constitucionais e legais.

Solução

A opção C é uma dedução exclusiva da União, pois ela gere o Regime Geral de Previdência Social.

Gabarito: **C**

31ª Questão (ALERJ Analista – Qualquer Cargo FGV 2017): *De acordo com a LRF, a renúncia de receita decorre da concessão ou ampliação de incentivo ou benefício de natureza tributária que correspondam a tratamento diferenciado. A renúncia de receita em que um ente estatal exclui do crédito tributário a parte relativa à multa aplicada ao sujeito passivo por infrações cometidas é denominada:*

a) isenção;
b) anistia;
c) redução;
d) remissão;
e) subsídio.

Solução

Se perdoou toda apenas a multa é anistia.

Gabarito: **B**

32ª Questão (ALERJ Contador FGV 2017): *"Art. 48. Fica limitado em 5% (cinco por cento) da Receita Corrente líquida do ano imediatamente anterior o impacto financeiro da concessão de novos programas de benefícios fiscais que forem instituídos". De acordo com as disposições legais e constitucionais quanto ao conteúdo dos instrumentos de planejamento, a determinação contida no texto:*

a) deve ser estabelecida na LOA;
b) deve ser estabelecida na LDO;
c) deve ser estabelecida no PPA;
d) pode ser estabelecida na LDO e na LOA;
e) não trata de um conteúdo dos instrumentos de planejamento.

Solução

Esse artigo trata-se de alterações na legislação tributária competência constitucional dada à LDO.

Gabarito: **B**

33ª Questão (ALERJ Contador FGV 2017): *A Lei nº 4.320/1964 define Restos a Pagar como despesas empenhadas, mas não pagas até o dia 31 de dezembro de cada exercício financeiro. Informações acerca dessas despesas podem ser acompanhadas a partir dos relatórios fiscais, conforme disposto na LRF.*

Acerca das informações fiscais dos restos a pagar, analise as afirmativas a seguir:

I) O Demonstrativo dos Restos a Pagar por Poder e Órgão é um anexo do Relatório Resumido da Execução Orçamentária (RREO) divulgado em todos os bimestres.

Unidade Didática V
Controle Fiscal na Federação

II) O Demonstrativo dos Restos a Pagar é um anexo do Relatório de Gestão Fiscal (RGF) divulgado apenas no terceiro quadrimestre.

III) As versões simplificadas tanto do RREO quanto do RGF apresentam informações sobre restos a pagar.

IV) No último ano de mandato, a LRF veda a inscrição de despesas em restos a pagar.

Está correto somente o que se afirma em:

a) I e II;

b) I, II e III;

c) II e III;

d) II, III e IV;

e) III e IV.

Solução

I) Certo.

II) Certo.

III) Certo.

IV) Errado, no último ano de mandato, a LRF autoriza a inscrição de despesas em restos a pagar limita a disponibilidade financeira.

Gabarito: **B**

34ª Questão (ALERJ Contador FGV 2017): *Os dados apresentados no quadro a seguir foram retirados do Relatório de Gestão Fiscal de um ente estadual relativo ao segundo quadrimestre de 2016 e estão expressos em milhares de reais.*

Dívida mobiliária	4.855
Divida contratual	102.870.680
Precatórios	410.645
Outras dívidas	16.225
Disponibilidde de caixa bruta	5.929.145
Demais haveres financeiros	1.914.340
Restos a pagar processados	3.072.730
RCL	48.793.305

De acordo com as disposições da LRF quanto à dívida consolidada líquida (DCL), é correto afirmar que, no quadrimestre:

a) a DCL do ente é de 95,5 bilhões de reais;

b) a DCL ultrapassou o limite máximo em menos de 2%;

c) a DCL ultrapassou o limite máximo em mais de 10%;

d) a DCL está abaixo do limite prudencial;

e) a DCL está 4,4% abaixo do limite máximo.

Solução

O limite máximo da DCL em estado é de 2,0 da RCL. Logo, o limite máximo da DCL seria:

2 x RCL = 48.793.305.000 à Limite máximo da DCL = 97.586.610.000.

A DCL seria:

Dívida Consolidada (Dívida Mobiliária + Dívida Contratual + Precatórios + Outras Dívidas) - Disponibilidade Financeira (Disponibilidade de Caixa Bruta + Haveres Financeiros - Restos a Pagar Processados).

Assim, tem-se:

Dívida Consolidada (4.855.000 + 102.870.680.000 + 410.645.000 + 16.225.000) = R$ 103.302.405.000.

Disponibilidade Financeira (5.929.145 + 1.914.340 - 3.072.730) = R$ 4.770.755.000

DCL = R$ 98.531.650.000

DCL Apurada/RCL = 98.531.650.000/ 48.793.305.000 = 2,019.

Assim, o limite total foi ultrapassado em 1,9% da RCL.

Gabarito: **B**

Unidade Didática V
Controle Fiscal na Federação

14. LISTA DE QUESTÕES DISCURSIVAS

1ª Questão (Empresa de Pesquisa Energética Analista de Finanças e Orçamento Cesgranrio 2008):

De acordo com a Lei de Responsabilidade Fiscal, a despesa total com pessoal, em cada período de apuração, não poderá exceder aos percentuais da receita corrente líquida definidos para cada ente da federação. Considere que a Receita

Corrente Líquida - RCL da União atingiu, no exercício de 2007, o montante de R$ 1.800.000.000,00.

Diante do exposto, indique a base legal e calcule os limites máximos de gastos com pessoal dos Poderes Executivo, Judiciário, Legislativo, incluindo o Tribunal de Contas da União, e do Ministério Público da União, respectivamente.

Indique ainda, o valor do limite prudencial e o procedimento a ser adotado, caso seja ultrapassado o limite prudencial e total permitido.

Extensão de linhas: até 50.

Resolução da Questão

A base legal dos limites das despesas com pessoal para todos os entes da federação consta na Lei de Responsabilidade Fiscal (LRF).

No caso concreto da União, o limite máximo global das despesas com pessoal é de 50% da Receita Corrente Líquida (RCL) que no caso hipotético alcançou R$ 1.800.000.000. Assim, o limite máximo global seria de R$ 900.000.000.

De acordo com a LRF, os limites máximos individuais dos poderes Executivo, Legislativo, Judiciário e Ministério Público são respectivamente: 40,9%; 2,5%; 6%; e 0,6%. Esses limites convertidos em valores a partir da RCL de 1.800.000.000 equivalem respectivamente: R$ 736.200.000; 45.000.000; 108.000.000; 10.800.000.

O limite prudencial é calculado sobre o limite total, equivalendo a 95% deste. No caso hipotético os valores dos poderes Executivo, Legislativo, Judiciário e Ministério Público são respectivamente: R$ 699.390.000; R$ 42.750.000; R$ 102.600.000; R$ 10.260.000.

Caso o limite prudencial seja ultrapassado, os ficam vedados ao Poder ou órgão que houver incorrido no excesso: a) concessão de vantagem, aumento, reajuste ou adequação de remuneração a qualquer título, salvo os derivados de sentença judicial ou de determinação legal ou contratual, ressalvada a revisão geral anual, sempre na mesma data e sem distinção de índices; b) criação de cargo, emprego ou função; c) alteração de estrutura de carreira que implique aumento de despesa; d) provimento de cargo público, admissão ou contratação de pessoal a qualquer título, ressalvada a reposição decorrente de aposentadoria ou falecimento de servidores das áreas de educação, saúde e segurança; e) contratação de hora extra.

Caso o limite total seja ultrapassado, o excesso deve ser reduzido da seguinte forma: 1/3 do primeiro quadrimestre subsequente; 2/3 no segundo quadrimestre adotando-se, entre outras, as providências previstas nos §§ 3º e 4º do art. 169 da Constituição. Caso não seja alcançada a redução no prazo estabelecido, e enquanto perdurar o excesso, o ente não poderá: I - receber transferências voluntárias; II - obter garantia, direta ou indireta, de outro ente; III - contratar operações de crédito, ressalvadas as destinadas ao refinanciamento da dívida mobiliária e as que visem à redução das despesas com pessoal.

2ª Questão (STF Analista Judiciário Administração Cespe 2008):

A Lei de Responsabilidade Fiscal (LRF) estabeleceu normas e consolidou entendimentos aplicáveis à administração orçamentária e financeira, tendentes, em grande medida, a promover e a manter o equilíbrio entre a realização da receita e da despesa. Nesse sentido, o caput do art. 16 da Lei Complementar nº 101/2000 determina que o ato de criação, expansão ou aperfeiçoamento de ação governamental que acarrete aumento da despesa será acompanhado: de estimativa do impacto orçamentário-financeiro no exercício em que deva entrar em vigor e nos dois subsequentes e de declaração do ordenador da despesa de que o aumento tem adequação orçamentária e financeira com a lei orçamentária anual e compatibilidade com o plano plurianual e com a lei de diretrizes orçamentárias.

Tendo esse texto como referência inicial, redija um texto dissertativo acerca do seguinte tema.

Requisitos para o aumento da despesa orçamentária nos termos da Lei de Responsabilidade Fiscal

Ao elaborar o seu texto, aborde, necessariamente, os seguintes aspectos:

→ significado e alcance das condições fixadas para o aumento das despesas (item 1);

→ hipótese(s) de aumento das despesas com dispensa do cumprimento dos requisitos prévios (item 2);

→ possíveis consequências e desdobramentos da aplicação ou não das disposições da LRF (item 3).

Extensão de linhas: até 30.

Resolução da Questão

As condições fixadas para o aumento de despesa nos termos da Lei de Responsabilidade Fiscal previnem riscos e corrigem desvios capazes de afetar o equilíbrio das contas públicas. Essas condições fortalecem uma ação planejada e transparente. As condições para o aumento de despesa alcançam todos os entes representados pela União, aos estados, ao Distrito Federal e aos municípios. Estão compreendidos nestes: o Poder Executivo, o Poder Legislativo, neste abrangidos os Tribunais de Contas, o Poder Judiciário e o Ministério Público; as respectivas administrações diretas, fundos, autarquias, fundações e empresas estatais dependentes. Ficam de fora as estatais independentes.

Em regra, para se aumentar a despesa, faz-se necessário o atendimento de dois requisitos: (i) estimativa do impacto orçamentário-financeiro no exercício em que deva entrar em vigor e nos dois subsequentes; (ii) declaração do ordenador da despesa de que o aumento tem adequação orçamentária e financeira com a LOA e compatibilidade com o PPA e com a LDO. Ambos os requisitos são dispensados para a despesa considerada irrelevante nos termos da LDO. O primeiro requisito é dispensado nos seguintes casos: despesas destinadas ao serviço da dívida; reajustamento de remuneração de pessoal de que trata o inciso X do art. 37 da Constituição.

A consequência imediata para o descumprimento da LRF é que a despesa é considerada não autorizada, irregular e lesiva ao patrimônio público. Outro desdobramento importante é que o agente que lhe der causa está sujeito à reclusão de 1 a 4 anos nos termos do código penal.

Unidade Didática V
Controle Fiscal na Federação

3ª Questão (TCM-RJ Auditor Administração FGV 2008):

Tendo como base o orçamento público da União, estabeleça a distinção entre o Anexo de Riscos Fiscais e o Relatório de Gestão Fiscal, abordando também em qual(is) documento(s) ambos devem estar previstos. Fundamente a resposta nos dispositivos pertinentes.

Extensão de linhas: até 15.

Resolução da Questão

A LRF estabelece que são instrumentos de transparência da gestão fiscal: os planos, orçamentos e leis de diretrizes orçamentárias (LDO); as prestações de contas e o respectivo parecer prévio; o Relatório Resumido da Execução Orçamentária e o Relatório de Gestão Fiscal.

A LRF estabelece ainda que a LDO conterá o Anexo de Riscos Fiscais (ARF), em que serão avaliados os passivos contingentes e outros riscos capazes de afetar as contas públicas.

Diante do exposto o RGF é instrumento de transparência tal qual a LDO; e incorporado à LDO está o ARF. Além disso, enquanto o ARF de publicação anual está direcionado para os riscos, orçamentários e da dívida, o RGF de publicação quadrimestral está direcionado a verificação de limites sobre: (i) despesa total com pessoal; (ii) dívidas consolidada e mobiliária; (iii) concessão de garantias; (iv) operações de crédito; (v) montante das disponibilidades; (vi) inscrição de restos pagar. Esses dois últimos itens constam apenas do RGF do último quadrimestre.

4ª Questão (TCU Auditor Federal de Controle Externo Auditoria Governamental Cespe 2008):

O princípio do equilíbrio entre receitas e despesas e o critério da transparência na gestão fiscal passaram a representar uma importância crescente na elaboração e execução orçamentárias.

Nesse sentido, a Constituição de 1988 já havia determinado que o projeto de lei orçamentária seria acompanhado de demonstrativo regionalizado do efeito, sobre as receitas e despesas, decorrente de isenções, anistias, remissões, subsídios e benefícios de natureza financeira, tributária e creditícia, bem como que qualquer subsídio ou isenção, redução de base de cálculo, concessão de crédito presumido, anistia ou remissão, relativos a impostos, taxas ou contribuições, só poderá ser concedido mediante lei específica, federal, estadual ou municipal, que regule exclusivamente essas matérias ou o correspondente tributo ou contribuição.

Diante disso, a Lei de Responsabilidade Fiscal atribuiu tratamento estrito às situações de renúncia de receita e de geração de despesa.

Considerando que esse texto tem caráter unicamente motivador, redija um parecer referente a uma proposição que estabelece, por um lado, incentivo fiscal com redução do imposto devido, e, por outro, cria um programa que acarretará dispêndio de recursos, em ambos os casos, por período indeterminado. Indique, no parecer, os critérios e as condições tanto para a aprovação do incentivo fiscal quanto do novo programa. Considere, especialmente, os requisitos necessários e as opções disponíveis para a implementação das duas iniciativas, tendo por base as disposições da Lei de Responsabilidade Fiscal.

Extensão de linhas: até 20.

Resolução da Questão

À luz da LRF, para a concessão de um incentivo fiscal, faz-se necessário que a proposta seja acompanhada sempre de estimativa do impacto orçamentário-financeiro no exercício em que deva iniciar sua vigência e nos dois seguintes, atender ao disposto na lei de diretrizes orçamentárias e a pelo menos uma das seguintes condições: (i)demonstração da renúncia foi considerada na lei orçamentária e que não afetará as metas de resultados fiscais; ou (ii)medidas de compensação por meio do aumento de receita, proveniente da elevação de alíquotas, ampliação da base de cálculo, majoração ou criação de tributo ou contribuição.

Para a criação de programa que acarretará dispêndio de recursos, em ambos os casos, por período indeterminado, faz-se necessário, em regra, o atendimento de dois requisitos: (i) estimativa do impacto orçamentário-financeiro no exercício em que deva entrar em vigor e nos dois subsequentes; (ii) declaração do ordenador da despesa de que o aumento tem adequação orçamentária e financeira com a LOA (com dotação específica e suficiente, ou que esteja abrangida por crédito genérico) e compatibilidade com o PPA e com a LDO (com diretrizes, objetivos, prioridades e metas previstos nesses instrumentos e não infrinja qualquer de suas disposições).

5ª Questão (SEFAZ-ES Consultor do Executivo Área Fazendária Formação 3: Ciências Contábeis Cespe 2008):

O Sistema Financeiro Nacional (SFN) passa, atualmente, por uma crise. Essa crise começou nos Estados Unidos da América (EUA) e tem afetado os demais países. A questão que se coloca é se o Estado brasileiro pode intervir para que não ocorra o chamado efeito dominó.

Redija um texto dissertativo acerca da possibilidade de o Estado brasileiro intervir no processo mencionado, à luz da Lei de Responsabilidade Fiscal (LRF). No seu texto, aborde, necessariamente, os seguintes aspectos:

→ características legais dessa hipótese (item 1);

→ características operacionais dessa hipótese (item 2).

Extensão de linhas: até 30.

Resolução da Questão

A Lei de Responsabilidade Fiscal (LRF) estabelece hipótese em que o setor público pode destinar recursos públicos para o setor privado.

Quanto às características legais dessa hipótese, a LRF determina inicialmente que a destinação de recursos para, direta ou indiretamente, cobrir déficits de pessoas jurídicas deverá ser autorizada por lei específica, atender às condições estabelecidas na lei de diretrizes orçamentárias e estar prevista no orçamento ou em seus créditos adicionais. A regra anterior não se aplica a instituições financeiras e o Banco Central do Brasil no exercício de suas atribuições precípuas.

Ainda quanto às características legais, a LRF determina que, salvo mediante lei específica, não poderão ser utilizados recursos públicos, inclusive de operações de crédito, para socorrer instituições do Sistema Financeiro Nacional, ainda que mediante a concessão de empréstimos de recuperação. A determinação anterior não proíbe o Banco Central do Brasil (BACEN) de conceder às instituições financeiras operações de redesconto e de empréstimos de prazo inferior a 360 dias.

Assim, observa-se que, para serem destinados recursos públicos ao setor privado, é necessária lei específica, exceto no caso de o Bacen conceder operações de redesconto e empréstimos em prazo inferior a 360 dias.

Quanto às características operacionais dessa hipótese, na concessão de crédito por ente da Federação a pessoa jurídica que não esteja sob seu controle direto ou indireto, os encargos financeiros, comissões e despesas congêneres não serão inferiores aos definidos em lei ou ao custo de captação.

6ª Questão (Tribunal de Contas do Estado-CE Analista de Controle Externo Auditoria Governamental FCC 2008):

Sintetize o conteúdo da Lei de Responsabilidade Fiscal enfatizando os seguintes aspectos:

a) objetivos da lei;

b) despesas de Pessoal;

c) despesas obrigatórias de caráter continuado;

d) renúncia de receitas;

e) gastos no último ano de mandato do Chefe do Executivo;

f) limites da dívida e medidas de recondução ao limite;

g) relatório resumido de execução orçamentária;

h) relatório de gestão fiscal.

Resolução da Questão

a) A LRF tem por objetivo prevenir riscos e corrigir desvios capazes de afetar o equilíbrio das contas públicas, mediante o cumprimento de metas de resultados entre receitas e despesas e a obediência a limites e condições no que tange a renúncia de receita, geração de despesas com pessoal, da seguridade social e outras, dívidas consolidada e mobiliária, operações de crédito, inclusive por antecipação de receita, concessão de garantia e inscrição em restos a pagar.

b) Quanto às despesas com pessoal compostas pelo somatório dos gastos do ente da Federação com os ativos, os inativos e os pensionistas, relativos a mandatos eletivos, cargos, funções ou empregos, civis, militares e de membros de Poder: a despesa total com pessoal será apurada somando-se a realizada no mês em referência com as dos 11 imediatamente anteriores, adotando-se o regime de competência. Uma das contribuições mais relevantes da LRF foi o estabelecimento de limites totais por esfera (federal: 50%, estadual: 60% e municipal: 60%) e por poder (Executivo, Legislativo, Judiciário e MPU). Esse limite utiliza como base de cálculo a Receita Corrente Líquida. Caso o ente ultrapasse os limites definidos ao final de um quadrimestre, o mesmo deve retornar ao limite máximo em até dois quadrimestres, sendo pelo menos um terço no primeiro quadrimestre e o restante no quadrimestre seguinte.

c) As despesas obrigatórias de caráter continuado (DOCC) são as despesas correntes derivadas de lei, medida provisória ou ato administrativo normativo que fixem para o ente a obrigação legal de sua execução por um período superior a dois exercícios.

   Para uma DOCC ser aprovada é necessário que haja a estimativa do impacto orçamentário-financeiro no exercício em que deva entrar em vigor e nos dois subsequentes; demonstrar a origem dos recursos para seu custeio; e declaração de que a despesa criada ou aumentada não afetará as metas de resultados fiscais, devendo os efeitos financeiros ser compensados: pelo aumento permanente de receita ou pela redução permanente de despesa.

d) Quanto à renúncia de receitas faz-se necessário que a proposta seja acompanhada sempre de estimativa do impacto orçamentário-financeiro no exercício em que deva iniciar sua vigência e nos dois seguintes, atender ao disposto na lei de diretrizes orçamentárias e a pelo menos uma das seguintes condições: (i)demonstração da renúncia foi considerada na lei orçamentária e que não afetará as metas de resultados fiscais; ou (ii) medidas de compensação por meio do aumento de receita, proveniente da elevação de alíquotas, ampliação da base de cálculo, majoração ou criação de tributo ou contribuição.

e) A LRF estabeleceu algumas restrições de gastos no último ano de mandato do Chefe do Executivo, em especial para: pessoal, ARO (antecipação de receitas orçamentárias), restos a pagar. Quanto às despesas com pessoal é nulo de pleno direito o ato de que resulte aumento da despesa com pessoal expedido nos 180 dias anteriores ao final do mandato. Quanto às AROs (antecipação de receitas orçamentárias), as mesmas são vedadas no último ano de mandato do Presidente, Governador ou Prefeito Municipal. Quanto aos restos a pagar é vedado ao chefe do Executivo nos últimos dois quadrimestres do seu mandato contrair obrigação de despesa que não possa ser cumprida integralmente dentro dele, ou que tenha parcelas a serem pagas no exercício seguinte sem que haja suficiente disponibilidade de caixa para esse efeito. Por fim, as restrições quando os limites totais de pessoal ou da dívida são ultrapassados no último ano do chefe do Executivo se aplicam imediatamente.

f) Quanto à administração da dívida, a LRF reforça a determinação anterior da CF/1988 para que o Legislativo (com exceção na dívida Mobiliária Federal que compete ao Congresso, os demais itens competem ao Senado) estabeleça limites para: Dívida Consolidada, Dívida Mobiliária; Operações de Crédito; Antecipação de Receitas Orçamentárias e Concessões de Garantias. Caso o ente ultrapasse os limites definidos ao final de um quadrimestre, o mesmo deve retornar ao limite máximo em até três quadrimestres (um ano), sendo pelo menos 25% do primeiro quadrimestre e o restante dos dois quadrimestres seguintes.

g) Conforme consta na CF/1988, o Relatório Resumido de Execução Orçamentária (RREO) será publicado pelo PODER EXECUTIVO até 30 dias após o encerramento de cada bimestre. Trata-se de um dos instrumentos de transparência. Compõem o RREO: o balanço orçamentário; demonstrativos da execução das receitas e das despesas; apuração da receita corrente líquida; receitas e despesas previdenciárias; resultados: nominal e primário; despesas com juros; restos a pagar, detalhando, por poder e órgão.

h) O Relatório de Gestão Fiscal (RGF) não consta na CF/1988; trata-se de um instrumento de transparência introduzido pela LRF. O RGF de publicação quadrimestral está direcionado a verificação de limites sobre: (i) despesa total com pessoal; (ii) dívidas consolidada e mobiliária; (iii) concessão de garantias; (iv) operações de crédito; (v) montante das disponibilidades; (vi) inscrição de restos pagar. Esses dois últimos itens constam apenas do RGF do último quadrimestre.

7ª Questão (TRE-MA – Analista Judiciário: Contabilidade Cespe2009):

A Lei de Responsabilidade Fiscal (LRF) é emblemática de um processo de transformação da sociedade brasileira. Mais do que um instrumento legal, é um documento que reflete a vontade dos cidadãos por uma nova cultura na administração pública. A expressão responsabilidade na gestão fiscal encontra-se definida na própria lei e pressupõe a ação planejada e transparente, em que se previnem riscos e se corrigem desvios capazes de afetar o equilíbrio das contas públicas, mediante o cumprimento de metas de resultados entre receitas e despesas e a obediência a limites e condições no que tange a renúncia de receita, geração de despesas com pessoal, da seguridade social e outras, dívidas consolidada e mobiliária, operações de crédito, inclusive por antecipação de receita, concessão de garantia e inscrição em restos a pagar.

José R. R. Afonso. Responsabilidade fiscal – Primeiros e próximos passos. In: O novo governo e os desafios do desenvolvimento. Rio de Janeiro: J. Olympio, 2002 (com adaptações).

Considerando que o texto tem caráter unicamente motivador, redija um texto dissertativo acerca do seguinte tema.

A GESTÃO DE RECURSOS PÚBLICOS DEPOIS DA LEI DE RESPONSABILIDADE FISCAL

Ao elaborar seu texto, contemple, necessariamente, os seguintes aspectos:

→ novas normas para a gestão das receitas (item 1);

→ novas normas para expansão das despesas não financeiras (item 2);

→administração da dívida (item 3).

Resolução da Questão

A gestão de receitas após a LRF foi impactada tanto na previsão e arrecadação, quanto na renúncia. No primeiro caso, a LRF considera requisito essencial da responsabilidade na gestão fiscal a instituição, previsão e efetiva arrecadação de todos os tributos da competência constitucional do ente. Como penalidade, o ente que não institua, preveja e arrecade todos os impostos, não pode receber transferências voluntárias. No segundo caso, faz-se necessário que a proposta de renúncia seja acompanhada sempre de estimativa do impacto orçamentário-financeiro no exercício em que deva iniciar sua vigência e nos dois seguintes e que atenda pelo menos uma das seguintes condições: (i) que a renúncia tenha sido considerada na LOA; ou (ii) medidas de compensação.

Quanto à expansão das despesas não financeiras, a LRF incluiu tópicos específicos sobre: despesas obrigatórias de caráter continuado (DOCC); despesas com pessoal e despesas da seguridade social (ambas variantes da DOCC). Para uma DOCC ser aprovada é necessário que haja a estimativa do impacto orçamentário-financeiro no exercício em que deva entrar em vigor e nos dois subsequentes; demonstrar a origem dos recursos para seu custeio; e declaração de que despesa criada ou aumentada não afetará as metas de resultados fiscais, devendo os efeitos financeiros ser compensados: pelo aumento permanente de receita ou pela redução permanente de despesa.

Quanto à administração da dívida, a LRF reforça a determinação anterior da CF/1988 para que o Legislativo (com exceção na dívida Mobiliária Federal, que compete ao Congresso, os demais itens competem ao Senado) estabeleça limites para: Dívida Consolidada, Dívida Mobiliária; Operações Crédito; Antecipação de Receitas Orçamentárias e Concessões de Garantias. Caso o ente ultrapasse os limites definidos ao final de um quadrimestre, o mesmo deve retornar ao limite máximo em até três quadrimestres, sendo pelo menos 25% do primeiro quadrimestre e o restante dos dois quadrimestres seguintes.

8ª Questão (SECONT – ES Auditor do Estado – Ciências Jurídicas – Cargo 4 Cespe 2009):

Proposta inserida no projeto de lei orçamentária, de redução escalonada do IPVA para veículos antigos de uso individual, foi encaminhada à Assembleia Legislativa do Estado do Espírito Santo. Como a medida teria caráter permanente e não se conhecia, com precisão, a frota de veículos do estado, preferiu-se não fazer estimativa do impacto orçamentário-financeiro da medida. Na exposição de motivos que acompanhou o projeto, estabeleceu-se que, caso o efeito na arrecadação fosse muito relevante, a ponto de comprometer as metas de resultados fiscais, seria proposta, no exercício seguinte, alguma medida compensatória, com aumento de outro tributo.

Em face da situação hipotética apresentada, elabore **relatório de auditoria** estruturado em introdução, descrição sucinta dos fatos e conclusão, com as recomendações pertinentes ao caso. Em seu relatório, aborde, necessariamente, os seguintes aspectos:

→ natureza e alcance da proposta (item 1);

→ constitucionalidade da proposta (iniciativa, competência e inserção no projeto de lei orçamentária) (item 2);

→ caráter discriminatório da renúncia fiscal e prazo de vigência do benefício (item 3);

→ impacto orçamentário-financeiro da medida, à luz da Lei de Responsabilidade Fiscal, e medidas compensatórias (item 4).

Resolução da Questão

O presente relatório de auditoria sobre avaliação de proposta inserida no projeto de lei orçamentária, de redução escalonada do IPVA para veículos antigos de uso individual. O PLOA foi encaminhado à Assembleia Legislativa do Estado do Espírito Santo. É o relato inicial.

Quanto à natureza e ao alcance da proposta, trata-se de renúncia de natureza tributária pela redução de imposto que alcança os contribuintes do ente estadual.

Como se trata de proposta inserida no projeto de lei orçamentária que foi encaminhada à Assembleia Legislativa do Estado do Espírito Santo, observa-se que tanto a iniciativa quanto a competência do envio do projeto de lei pelo Executivo e apreciação pelo Legislativo foram respeitadas; porém, houve falha grave quando à inclusão dessa redução do IPVA no Projeto de Lei Orçamentária Anual (PLOA). Não se pode incluir matéria estranha na LOA, ressalvada a autorização para a abertura de créditos suplementares e contratação de operações de crédito, ainda que por antecipação de receita.

Quanto ao caráter discriminatório da renúncia fiscal que é necessário para caracterizar a mesma, conforme a LRF, observa-se que foi cumprido o requisito, na medida em que a redução se refere a veículos antigos de uso individual caracterizando o tratamento diferenciado. Porém, quanto ao prazo de vigência do benefício, observou-se que houve outra falha grave pelo caráter permanente da medida, pois houve desrespeito à LDO, que determina que os projetos de lei aprovados, que acarretem renúncia de receita, deverão conter cláusula de vigência de no máximo cinco anos.

Quanto ao impacto orçamentário-financeiro da medida, que é outro requisito essencial para se aprovar a renúncia, identificou-se falha grave, pois se optou por não fazer estimativa do impacto orçamentário-financeiro da medida. Por fim, identificou-se outra falha grave ao postergar-se a medida compensatória para o exercício seguinte, quando a LRF determina que o benefício somente pode entrar em vigor quando forem implementadas as medidas.

Diante da fundamentação técnica anterior, conclui-se pela irregularidade da proposta e consequente exclusão do PLOA. É o relatório.

9ª Questão (Secretaria de Administração-PE – Analista em Gestão Administrativa – Qualificação: Contador – Administração Cespe 2010):

Costuma ser de indiferença, de maneira geral, a atitude que os cidadãos adotam em relação à elaboração e ao processo de negociação da peça orçamentária entre os Poderes Executivo e Legislativo. Por envolver números aparentemente frios e conter tecnicalidades muitas vezes indecifráveis para o cidadão comum, o Orçamento Público, onde estão dispostas as receitas e os gastos administrados pelo Estado, parece uma figura de ficção que somente interessa e é inteligível para os que são responsáveis pela sua elaboração/aprovação/execução. É nessa arena, entretanto, que são tomadas decisões sobre os objetivos de gasto do Estado e dos recursos necessários para o seu financiamento, que afetarão, para melhor ou pior, a vida dos cidadãos.

Fabrício Oliveira. Economia e política das finanças públicas no Brasil. *S.Paulo: Hucitec, 2009, p. 83 (com adaptações).*

Uma parte importante de toda a riqueza do nosso país é arrecadada pelo Estado por meio de impostos, taxas e contribuições. A aplicação desses recursos deveria (e deve) garantir os direitos de cidadãos e cidadãs, mas a decisão de como e onde gastar não depende somente de necessidades e prioridades. Depende também da disputa de interesses existente entre os mais variados setores e os grupos sociais. E essa disputa influi na elaboração do orçamento público, quando é decidido o que realmente os governos vão realizar - nos municípios, nos estados e no país.

INESC. O orçamento público a seu alcance. *Brasília: INESC, 2006, p. 9.*

Considerando que os fragmentos de texto têm caráter unicamente motivador, redija um texto dissertativo acerca do seguinte tema.

CONTROLE SOCIAL DO ORÇAMENTO PÚBLICO

Ao elaborar seu texto, aborde, necessariamente, os seguintes aspectos:

→ especificar os princípios orçamentários que viabilizam a participação popular no orçamento público e o seu controle social (item 1);

→ transparência da gestão fiscal, controle e fiscalização dos gastos públicos estabelecidos na Lei de Responsabilidade Fiscal (item 2);

→ participação da sociedade no processo e ciclo orçamentário (item 3).

Extensão de linhas: 20.

Resolução da Questão

Os dois princípios orçamentários que viabilizam a participação popular no orçamento público e o seu controle social são: o da publicidade e o da transparência. O primeiro justifica-se pelo fato de o orçamento ser fixado em lei, sendo esta a que autoriza aos Poderes a execução de suas despesas; enquanto o segundo determina que o governo deve divulgar o orçamento público de forma ampla à sociedade.

Quanto à transparência, na gestão fiscal a LRF estabelece que seja dada ampla divulgação, inclusive em meios eletrônicos de acesso público: as leis orçamentárias, as prestações de contas, o Relatório Resumido da Execução Orçamentária e o Relatório de Gestão Fiscal. Quanto ao controle e fiscalização, foram acrescidos itens adicionais de avaliação para o controle externo e interno, dos

Unidade Didática V
Controle Fiscal na Federação

quais, destacam-se: limites e condições para realização de operações de crédito; medidas adotadas para o retorno da despesa total com pessoal.

A participação da sociedade no processo e ciclo orçamentário pode ser observada: no incentivo à participação popular e realização de audiências públicas; na liberação ao pleno conhecimento e acompanhamento da sociedade em tempo real, de informações pormenorizadas sobre a execução orçamentária e financeira; na consulta e apreciação das contas apresentadas pelo Chefe do Poder Executivo.

10ª Questão (Auditoria Geral de Minas Gerais - Auditor Interno Cespe 2009):

Em atendimento à programação anual de trabalho da Auditoria-Geral do Estado, os auditores internos examinaram as despesas com pessoal do Estado, e apuraram que, nos últimos doze meses, terminados em agosto, elas totalizavam R$ 30 bilhões. No mesmo período, as receitas correntes atingiram R$ 50 bilhões e as de capital, R$ 30 bilhões. As transferências constitucionais para os municípios foram de R$ 10 bilhões. Os R$ 30 bilhões estavam assim repartidos:

I R$ 1,2 bilhão para a Assembleia Legislativa e o Tribunal de Contas do Estado;

II R$ 2,4 bilhões para o Tribunal de Justiça do Estado;

III R$ 0,8 bilhão para o Ministério Público Estadual;

IV R$ 25,6 bilhões para o Executivo.

Com base nos dados e informações apresentados acima, redija um relatório de auditoria composto pelas seguintes partes:

- introdução, explicitando a motivação, o objetivo do trabalho;
- desenvolvimento, em que sejam descritas as constatações, com ênfase nos parâmetros estabelecidos pela Lei de Responsabilidade Fiscal;
- conclusão, pela regularidade ou irregularidade da situação, e as recomendações pertinentes.

Extensão de linhas: até 60.

Resolução da Questão

Trata o presente relatório da avaliação da gestão fiscal das despesas com pessoal do Estado apuradas nos últimos doze meses. **É o relato inicial.**

Observa-se que a receita corrente líquida (RCL) foi de R$ 40 bilhões (50 bilhões de receitas correntes deduzidos 10 bilhões de transferências constitucionais). Pela Lei de Responsabilidade Fiscal o limite total do Estado é de 60% da RCL. Observa-se assim, que o limite máximo do Estado poderia chegar a R$ 24 bilhões, sendo que atualmente está em R$ 30 bilhões. Constata-se assim que o limite total do Estado foi ultrapassado em R$ 6 bilhões.

A fim de permitir a identificação dos poderes que contribuíram para tal situação foi calculado o limite máximo individual dos poderes Executivo, Legislativo, Judiciário e Ministério Público Estadual que possuem como limites respectivamente: 49%; 3%, 6% e 2%.

Desse modo, o limite total dos poderes Executivo, Legislativo, Judiciário e Ministério Público Estadual foram respectivamente: R$ 19,6 bilhões; R$ 1,2 bilhões; R$ 2,4 bilhões; 0,8 bilhões.

Comparando os valores dos limites máximos individuais com os valores efetivamente registrados: 25,6 bilhões para o Executivo; R$ 1,2 bilhão para a Assembleia Legislativa e o Tribunal de Contas do Estado; 2,4 bilhões para o Tribunal de Justiça do Estado; 0,8 bilhão para o Ministério Público Estadual; observa-se que apenas o Poder Executivo ultrapassou o limite total, enquanto os demais poderes e o Ministério Público Estadual ultrapassaram o limite prudencial.

Diante do exposto, conclui-se que a situação fiscal do Estado merece cuidado, pois o limite total de um dos poderes foi ultrapassado, e os limites prudenciais dos demais também.

Desse modo, recomenda-se ao Poder Executivo que reduza o excesso da seguinte forma: pelo menos 2 bilhões do primeiro quadrimestre subsequente; e o restante no segundo quadrimestre subsequente.

Recomenda-se comunicar aos controles internos dos demais poderes que os limites prudenciais foram ultrapassados, o que enseja as seguintes vedações: a) concessão de vantagem, aumento, reajuste ou adequação de remuneração a qualquer título, salvo os derivados de sentença judicial ou de determinação legal ou contratual, ressalvada a revisão geral anual, sempre na mesma data e sem distinção de índices; b) criação de cargo, emprego ou função; c) alteração de estrutura de carreira que implique aumento de despesa; d) provimento de cargo público, admissão ou contratação de pessoal a qualquer título, ressalvada a reposição decorrente de aposentadoria ou falecimento de servidores das áreas de educação, saúde e segurança; e) contratação de hora extra, ressalvadas as situações da LDO.

Não foi identificada irregularidade, mas existem medidas e restrições a serem observadas.

É o relatório.

11ª Questão (ABIN – Oficial de Inteligência – Administração Cespe 2010):

Um grande hospital municipal foi construído para tornar-se centro de referência regional no atendimento a casos urgentes de internação ou acidentes. Para a construção, foram utilizados recursos repassados ao município pelo governo federal mediante convênio, já integralmente realizado. A manutenção do hospital, todavia, ficará a cargo do próprio município, que contará com transferências voluntárias de todos os municípios vizinhos, os quais poderão encaminhar ao novo hospital seus pacientes em estado grave.

Considerando a situação hipotética apresentada, redija um texto dissertativo a respeito do impacto do novo hospital na administração financeira do município. Ao elaborar seu texto, aborde, necessariamente, os seguintes aspectos:

àconsequências da nova despesa nos limites impostos pela Lei de Responsabilidade Fiscal;

àsanções administrativas e orçamentárias previstas na legislação caso os limites sejam ultrapassados;

àmecanismos que o município pode adotar na administração da despesa caso os limites sejam excedidos.

Resolução da Questão

A situação hipotética em que outros municípios contribuem com as despesas de custeio de um município (manutenção do hospital regional) é permitida pela LRF desde que haja: (i) autorização na lei de diretrizes orçamentárias e na lei orçamentária anual dos municípios; (ii) convênio, acordo, ajuste ou congênere. Dentro do custeio, as despesas mais relevantes são: pessoal, serviços e material de consumo. Assim, a principal consequência consiste no aumento dessas despesas do município responsável pelo Hospital. Apesar disso, como o município contará com as receitas de transferências voluntárias dos outros municípios sua Receita Corrente Líquida (RCL) também será majorada.

Das despesas de custeio, apenas as despesas com pessoal possuem limites definidos na LRF. Assim, caso seja ultrapassado o limite total do município (60% da RCL), o mesmo deve retornar ao limite máximo em até dois quadrimestres, sendo pelo menos um terço no primeiro quadrimestre e o restante no quadrimestre seguinte. Caso não seja alcançada a redução no prazo estabelecido, e enquanto perdurar o excesso, o município não poderá: (i) receber transferências voluntárias; (ii) obter garantia, direta ou indireta, de outro ente; (iii) contratar operações de crédito, ressalvadas as destinadas ao refinanciamento da dívida mobiliária e as que visem à redução das despesas com pessoal.

No caso dos limites excedidos, o município deve, à luz da CF/1988, adotar as seguintes providências: (i) redução em pelo menos 20% das despesas com cargos em comissão e funções de confiança; (ii) Exoneração dos servidores não estáveis. Se medidas anteriores não forem suficientes para assegurar a redução da despesa, o servidor estável poderá perder o cargo, desde que ato normativo do Prefeito especifique a atividade funcional, o órgão ou unidade administrativa objeto da redução de pessoal.

12ª Questão (STM – Analista Judiciário – Cargo 1 Cespe 2010):

Em determinado município brasileiro, o prefeito assinou uma série de contratos com empresas fornecedoras sem a realização prévia de licitação. Ao final do exercício financeiro, as contas desse prefeito foram apresentadas no prazo legal, mas apenas ao tribunal de contas dos municípios de seu estado, que, por excesso de trabalho, não chegou a emitir parecer prévio, e para a câmara de vereadores local, onde a maioria decidiu votar pela sua aprovação. Durante a votação, no entanto, alguns vereadores de oposição exigiram o cumprimento das regras sobre transparência da gestão fiscal.

Considerando que a situação hipotética descrita **tenha apenas caráter motivador**, redija um texto dissertativo acerca do seguinte tema.

TRANSPARÊNCIA DA GESTÃO FISCAL

Ao elaborar seu texto, aborde, necessariamente, os seguintes aspectos:

à normas vigentes sobre a transparência da gestão fiscal (item 1);

à empecilhos à consolidação de uma gestão transparente (item 2);

à papel do planejamento no objetivo de transparência (item 3).

Extensão de linhas: 30.

Resolução da Questão

As normas vigentes sobre a transparência da gestão fiscal estão representadas principalmente pela CF/1988 e pela Lei de Responsabilidade Fiscal. Da CF/1988 pode-se elencar o princípio da publicidade, previsto no caput do art. 37; enquanto da LRF pode-se elencar os instrumentos de transparência: planos, orçamentos e leis de diretrizes orçamentárias; as prestações de contas e o respectivo parecer prévio; o Relatório Resumido da Execução Orçamentária e o Relatório de Gestão Fiscal; e as versões simplificadas deles.

Dentre os principais empecilhos à consolidação de uma gestão transparente destacam-se: o caráter técnico e complexo do orçamento; a falta de estrutura de pessoal e tecnológica dos municípios; o excesso de detalhamento das despesas e a prolixidade do orçamento que impedem a transparência, tornando o processo orçamentário muitas vezes incompreensível. A fragilidade de estrutura dos municípios pequenos, que representam mais de 90%, pode ser confirmada pelo prazo diferenciado deferido aos mesmos pela LRF: verificação do cumprimento dos limites totais de despesas com pessoal e elaboração do Relatório de Gestão Fiscal ao final de cada semestre e não quadrimestre.

O papel do planejamento no objetivo de transparência deve ser dar cumprimento ao que já consta na LRF focado para a sociedade e para os municípios. Quanto à sociedade, deve-se incentivar a participação popular e realização de audiências públicas, durante os processos de elaboração e discussão dos instrumentos de planejamento, bem como o acesso a informações da execução da despesa e da receita. Quanto aos municípios, a União deve prestar assistência técnica (pelo treinamento e desenvolvimento de recursos humanos e pela transferência de tecnologia) e cooperação financeira aos mesmos para a modernização das respectivas administrações tributária, financeira, patrimonial e previdenciária.

13ª Questão (Secretaria Especial da Controladoria Geral do Estado – PE Analista de Controle Interno – Finanças Públicas Cespe 2010):

Considerando que, além de obedecer às demais normas de contabilidade pública, a escrituração das contas públicas deverá observar disposições emanadas pela Lei de Responsabilidade Fiscal (LRF), redija um texto dissertativo acerca da escrituração e da consolidação das contas segundo a LRF. Ao elaborar seu texto, aborde, necessariamente, os seguintes aspectos:

ànormas de escrituração das contas públicas quanto à disponibilidade de caixa e demonstrações contábeis (item 1);

àconsolidação das contas e sua divulgação, bem como eventuais penalidades e restrições pelo descumprimento de prazos (item 2).

Extensão de linhas: até 20.

Resolução da Questão

A Lei de Responsabilidade Fiscal (LRF) estabeleceu parâmetros de escrituração das contas públicas. Quanto à disponibilidade de caixa e demonstrações contábeis a disponibilidade de caixa constará de registro próprio, de modo que os recursos vinculados a órgão, fundo ou despesa obrigatória fiquem identificados e escriturados de forma individualizada. Quanto às demonstrações contábeis, a LRF determina que as mesmas compreenderão, isolada e conjuntamente, as transações e operações de cada órgão, fundo ou entidade da administração direta, autárquica e fundacional, inclusive empresa estatal dependente. No caso das demonstrações conjuntas, devem ser excluídas as operações intragovernamentais.

A LRF também estabeleceu condições para a consolidação das contas e sua divulgação. O Poder Executivo da União promoverá, até o dia 30 de junho, a consolidação, nacional e por esfera de governo, das contas dos entes da Federação relativas ao exercício anterior, e a sua divulgação, inclusive por meio eletrônico de acesso público.

Caso o ente descumpra o prazo, o mesmo estará impedido, até que a situação seja regularizada, de receber transferências voluntárias e contrate operações de crédito, exceto as destinadas ao refinanciamento do principal atualizado da dívida mobiliária.

14ª Questão (STM - Analista Judiciário - Cargo 8 Cespe 2011):

Suponha que, em determinado órgão público federal, os servidores do quadro permanente tenham sido beneficiados com a aprovação de uma lei que modificou os critérios de enquadramento nas respectivas carreiras. Suponha, ainda, que o departamento de recursos humanos tenha estimado que a nova norma legal provocará um crescimento de 18% do total de despesas de pessoal do órgão e que o orçamento em curso não dispõe de dotações suficientes para os novos gastos.

Considerando essa situação, redija um texto dissertativo acerca da gestão de despesas de pessoal no órgão descrito.

Ao elaborar seu texto, aborde, necessariamente, os seguintes aspectos:

à as responsabilidades do ordenador de despesas (item 1);

à os requisitos legais para que a nova despesa seja realizada (item 2);

à possíveis consequências provocadas pela aplicação da norma (item 3).

Extensão de linhas: 30.

Resolução da Questão

A Lei de Responsabilidade Fiscal determina que o aumento da despesa será acompanhado de declaração do ordenador da despesa de que o aumento tem adequação orçamentária e financeira com a lei orçamentária anual e compatibilidade com o plano plurianual e com a lei de diretrizes orçamentárias. No caso em tela, o ordenador deve declarar que a despesa não está adequada com a lei orçamentária anual, uma vez inexistem dotações suficientes para o gasto, contrariando o estipulado na LRF.

Para que a despesa em tela seja realizada, faz-se necessário o atendimento dos seguintes requisitos constitucionais: prévia dotação orçamentária suficiente para atender às projeções de despesa de pessoal e aos acréscimos dela decorrentes; autorização específica na lei de diretrizes orçamentárias, exceto para as empresas públicas e as sociedades de economia mista. Além dos requisitos constitucionais, a LRF determina que devem ser cumpridos todos os requisitos das despesas em geral e das despesas obrigatórias de caráter continuado. Dentre esses critérios estão: a estimativa do impacto orçamentário-financeiro no exercício em que deva entrar em vigor e nos dois subsequentes; demonstração da origem dos recursos para seu custeio; e declaração que despesa criada ou aumentada não afetará as metas de resultados fiscais devendo os efeitos financeiros ser compensados.

Dentre as possíveis consequências decorrentes da aplicação da norma, podemos citar inicialmente a não aplicação imediata da lei por contrariar a LRF, e posteriormente a revisão da referida lei. Por não cumprir os requisitos da LRF, o ato que provocou o aumento da despesa com pessoal é nulo de pleno direito. Além da nulidade do ato, o agente que lhe der causa está sujeito a reclusão de um a quatro anos.

15ª Questão (TCE-RJ – Analista Controle Externo – Contabilidade FEMPERJ 2012):

A Lei complementar nº 101/2000 definiu o conceito de receita corrente líquida para fins de acompanhamento de limites de gastos e endividamento, auxiliando o controle da responsabilidade da gestão fiscal. Considere as informações apresentadas a seguir, referente ao hipotético Estado de Minas Fiscais:

DADOS DA ARRECADAÇÃO (ÚLTIMOS DOZE MESES):	$ MILHARES
Receitas tributárias	275.000,00
Receitas de contribuições	85.000,00
Receitas patrimoniais	38.000,00
Receitas de serviços	19.000,00
Receitas Industriais	23.000,00
Transferências correntes	361.000,00
Transferências de capital	45.000,00
Receias de amortização de empréstimos	39.000,00
Receita extra-orçamentárias (cauções)	72.000,00
Receitas obtidas em operações de crédito	125.000,00

INFORMAÇÕES ADICIONAIS (ÚLTIMOS DOZES MESES):	$ MILHARES
Valores de cauções devolvidas	27.000,00
Receitas arrecadadas que são destinadas a transferências constitucionais para municípios	85.000,00
Contribuições recebidas que são destinadas ao Plano de Seguridade dos Servidores	92.000,00
Contribuição para custeio de pensões militares	31.000,00
Receita para formação do FUNDEB	30.000,00
DESPESA COM PESSOAL (ÚLTIMOS DOZE MESES):	**$ MILHARES**
Ativos	159.000,00
Ocupantes de cargos eletivos	71.500,00
Militares	42.500,00
Inativos e os pensionistas	47.500,00

a) Calcule a receita corrente líquida do período de 12 meses para o Estado de Minas Fiscais;

b) As despesas com pessoal no Estado estão de acordo com os limites impostos pela Lei de Responsabilidade Fiscal? Justifique (de 10 a 20 linhas).

Memória de Cálculo

Receita Corrente = tributárias + contribuições + patrimoniais + serviços + industriais + transferências correntes.

Receita Corrente = 275.000 + 85.000 + 38.000 + 19.000 + 23.000 + 361.000.

Receita Corrente = 801.000

Deduções = transferências constitucionais + contribuições previdenciárias dos servidores + contribuições pensões militares + formação FUNDEB.

Deduções = 85.000 + 92.000 + 31.000 + 30.000

Deduções = 238.000.

Receita Corrente Líquida = 801.000 – 238.000.

Receita Corrente Líquida = 563.000

Resolução da Questão

A receita corrente líquida (RCL) é o somatório das receitas tributárias, de contribuições, patrimoniais, industriais, agropecuárias, de serviços, transferências correntes e outras receitas também correntes, deduzidos as parcelas entregues aos Municípios por determinação constitucional.

A receita corrente total decorre do somatório das receitas: tributárias, de contribuições, patrimoniais, serviços, industriais e de transferências correntes que equivalem a R$ 801.000.

Dessas receitas devem ser deduzidas: as transferências constitucionais, as contribuições previdenciárias dos servidores, as contribuições para custeio das pensões militares e das receitas destinadas à formação FUNDEB que equivalem a R$ 238.000.

Assim, a Receita Corrente Líquida equivale a R$ 563.000.

A despesa bruta com pessoal é o somatório das despesas com ativos, cargos eletivos, militares e inativos e pensionistas que equivalem a R$ 321.500.

Dessas despesas devem ser deduzidas das despesas com inativos e pensionistas com recursos vinculados que equivalem a R$ 47.500.

Desse modo, a despesa líquida com pessoal para fins de LRF equivale a R$ 274.000.

Observa-se pela LRF que o limite máximo do Estado é de 60% da RCL que equivale a R$ 337.000. O limite de alerta equivale a 90% do limite total corresponde a R$ 304.020. Assim, observa-se que o Estado das Minas Fiscais não ultrapassou nenhum limite da LRF.

16ª Questão (TCE-Controladoria-Geral da União – Auditor Federal Finanças e Controle ESAF 2012):

Sabe-se que o orçamento público, a um só tempo, é mecanismo de planejamento e de controle. Por sua vez, compreendida como forma permanente de responsabilização dos agentes públicos, sabe-se também que a accountability enseja dois desdobramentos: o vertical e o horizontal.

Nesse contexto, em um mínimo de 40 e um máximo de 60 linhas, sem deixar de conceituar e de estabelecer as relações de causalidade, elabore um texto dissertativo respondendo à seguinte pergunta:

Caracteriza-se o orçamento público por ser um instrumento de accountability nos seus desdobramentos vertical e horizontal?

Extensão de linhas: mínimo de 40 e máximo de 60.

Resolução da Questão

O orçamento público pode ser considerado um instrumento de accountability nos seus desdobramentos vertical e horizontal. Isso decorre do fato de a peça orçamentária refletir nos seus programas que visam a atender às demandas da sociedade (programas temáticos) e do próprio governo (programas de gestão, manutenção e serviços), bem como do arcabouço constitucional e legal que estabelece mecanismos de controle e fiscalização.

O termo accountabitiliy, por sua vez, engloba o dever de transparência, de publicar os atos públicos e de propiciar a participação da população nos processos das tomadas de decisões da administração pública. A accountability envolve ainda participação da população na cobrança de prestação de contas do gestor público.

Tomando por base o conceito anterior e considerando o ciclo orçamentário (composto pelas seguintes etapas: elaboração; discussão, votação e aprovação, execução orçamentária e financeira; controle e avaliação), observa-se que a accountability permeia o ciclo do início ao fim, seja pelo desdobramento horizontal, seja pelo desdobramento vertical.

A accountability horizontal está associada à existência de órgãos do Estado com poder de fiscalização e jurisdição para fiscalizar os atos de todos os entes do governo.

Dentro do ciclo orçamentário destacam-se os seguintes mecanismos de accountability horizontal: a fiscalização contábil, financeira, orçamentária, operacional e patrimonial da União e das entidades da administração direta e indireta, quanto à legalidade, legitimidade, economicidade, aplicação das subvenções e renúncia de receitas, exercida pelo Congresso Nacional, mediante controle externo, e pelo sistema de controle interno de cada Poder; a apreciação das contas pelo Tribunal de Contas da União (emissão do parecer prévio) e o julgamento pelo Congresso Nacional das Contas do Presidente da República; a necessidade dos responsáveis pelo controle interno de, ao tomarem conhecimento de qualquer irregularidade ou ilegalidade, darem ciência ao Tribunal de Contas da União, sob pena de responsabilidade solidária.

A accountability vertical inclui os mecanismos institucionais que possibilitam aos cidadãos exigirem prestação de contas por parte da Administração Pública, bem como influenciarem em seus direcionamentos. Para isso é necessário que exista um conjunto de liberdades à disposição da sociedade, como a liberdade de opinião, de associação e de acesso às fontes variadas de informações.

Dentro do ciclo orçamentário destacam-se os seguintes mecanismos de accountability vertical: a ampla divulgação à sociedade, inclusive em meios eletrônicos de acesso público, dos planos, orçamentos e leis de diretrizes orçamentárias, das prestações de contas e o respectivo parecer prévio do Relatório Resumido da Execução Orçamentária e do Relatório de Gestão Fiscal; a participação popular e realização de audiências públicas, durante os processos de elaboração e discussão dos planos, lei de diretrizes orçamentárias e orçamentos; a interação da sociedade a partir do acesso a informações da execução da despesa e da receita, no caso federal, disponíveis no portal da transparência; a consulta e apreciação pelos cidadãos e instituições da sociedade das contas apresentadas pelo Chefe do Poder Executivo.

Diante do exposto, conclui-se que tanto a CF/1988 quanto a LRF estabelecem mecanismos que permitem accountability horizontal e a accountability vertical no processo orçamentário.

17ª Questão (TCE-PA – Analista de Controle Externo – Direito AOCP 2012):

Conceitue Renúncia de Receita e descreva as condições exigidas na Lei de Responsabilidade Fiscal para as situações de renúncia.

Extensão de Linhas: 10 (dez) no mínimo e 15 (quinze) no máximo.

Resolução da Questão

A renúncia de receitas compreende anistia, remissão, subsídio, crédito presumido, concessão de isenção em caráter não geral, alteração de alíquota ou modificação de base de cálculo que implique redução discriminada de tributos ou contribuições, além de outros benefícios que correspondam a tratamento diferenciado.

À luz da LRF, para a concessão de renúncia de receitas faz-se necessário que a proposta seja acompanhada sempre de estimativa do impacto orçamentário-financeiro no exercício em que deva iniciar sua vigência e, nos dois seguintes, atender ao disposto na lei de diretrizes orçamentárias e a pelo menos uma das seguintes condições: (i)demonstração de que a renúncia foi considerada na lei orçamentária e não afetará as metas de resultados fiscais; ou (ii)medidas de compensação por meio do aumento de receita, proveniente da elevação de alíquotas, ampliação da base de cálculo, majoração ou criação de tributo ou contribuição.

18ª Questão (TCE-TCE-AM – Analista de Controle Externo FCC2013):

O equilíbrio das contas públicas é um dos maiores problemas enfrentados pelos municípios brasileiros e esse contexto serviu de base para a edição da Lei Complementar no 101, publicada em 5/5/2000, conhecida popularmente como a Lei da Responsabilidade Fiscal – LRF, em atenção ao disposto no artigo 163 da Constituição Federal de 1998. Um dos pontos de maior preocupação do legislador foram os gastos com pessoal, que representam a maior despesa de uma Prefeitura e essa relevância é a razão da LRF ter disciplinado mecanismos de planejamento e controle em proporção à receita corrente líquida do município. Sobre esse assunto e nos termos da LRF, elabore um texto que abranja os seguintes pontos:

a. Quais são, respectivamente, os limites percentuais de gastos com pessoal sobre a receita corrente líquida de um município, de um Poder Executivo municipal e de um Poder Legislativo municipal?

b. Explique em qual hipótese haverá alerta por parte do Tribunal de Contas do Amazonas em relação a gastos com pessoal de um Poder Executivo municipal.

c. Identifique outra hipótese geradora de alerta por parte dos Tribunais de Contas.

d. Explique se as despesas com terceirização de mão de obra devem ser classificadas como despesas com pessoal.

e. Gastos com horas extras e com compensação financeira de regimes de previdência social entram no cômputo dos gastos com pessoal?

f. Qual a periodicidade para a verificação do cumprimento dos limites com gastos de pessoal de um município?

g. A partir do alcance de qual percentual do limite máximo de gastos com pessoal é vedado a um Poder Executivo municipal criar cargos?

h. Se o Poder Executivo municipal exceder o limite máximo de gastos com pessoal poderá haver a concessão de revisão geral anual prevista no artigo 37, X, da Constituição Federal brasileira de 1998?

i. São Paulo e Rio de Janeiro são os únicos municípios brasileiros a contar com um Tribunal de Contas. Esses Tribunais estão sujeitos ao controle dos seus gastos com pessoal?

j. Qual o regime contábil adotado para a apuração da despesa total com pessoal?

Extensão de linhas: até 90.

Resolução da Questão

a) De acordo com a LRF os limites de gastos com pessoal no âmbito de um município para o Poder Executivo e Legislativo são respectivamente: 54% e 6% da receita corrente líquida.

b) haverá alerta por parte do Tribunal de Contas do Amazonas em relação a gastos com pessoal de um Poder Executivo municipal caso seja ultrapassado 90% do limite total, ou seja, caso a despesas com pessoal ultrapasse 48,6% receita corrente líquida.

c) haverá alerta por parte do Tribunal de Contas caso seja ultrapassado 90% do limite total da dívida consolidada, da dívida mobiliária ou das operações de crédito do respectivo ente.

d) As despesas com terceirização de mão de obra devem ser classificadas como despesas com pessoal para fins de cálculo dos limites da LRF apenas caso estes terceirizados estejam substituindo servidores do ente.

e) Os gastos com compensação financeira de regimes de previdência social devem ser excluídos do cálculo. Apenas as horas extras referentes à convocação extraordinária do Congresso Nacional devem ser excluídas do cálculo.

f) A periodicidade para a verificação do cumprimento dos limites com gastos de pessoal de um município é cada 4 meses. Porém, para municípios com até 50 mil habitantes, admite-se a verificação a cada 6 meses.

g) A partir da ultrapassagem do limite prudencial.

h) Caso o Poder Executivo municipal exceder o limite máximo de gastos com pessoal ainda assim poderá haver a concessão de revisão geral anual prevista no artigo 37, X, da Constituição Federal brasileira de 1998.

i) Os gastos com pessoal dos Tribunais de Contas dos municípios de São Paulo e Rio de Janeiro estão incorporados ao limite de 6% do Legislativo municipal.

j) O regime contábil adotado para a apuração da despesa total com pessoal é o de competência.

19ª Questão (TCDF – Analista de Controle Externo Cespe2014):

Tendo como base a Lei Complementar nº 101/2000 – Lei de Responsabilidade Fiscal (LRF) –, faça o que se pede a seguir.

- Descreva a respeito do objetivo central da LRF. [**valor 3,00 pontos**]
- Sob o enfoque da LRF, descreva a respeito das exigências para aumento das despesas. [**valor: 3,00 pontos**]
- Descreva a respeito dos tratamentos que são dados às despesas com pessoal na esfera estadual, particularmente em ano eleitoral. [**valor: 3,50 pontos**]

Extensão de linhas: até 20.

Resolução da Questão

A LRF tem por objetivo prevenir riscos e corrigir desvios capazes de afetar o equilíbrio das contas públicas, mediante o cumprimento de metas de resultados entre receitas e despesas e a obediência a limites e condições no que tange a renúncia de receita, geração de despesas com pessoal, da seguridade social e outras, dívidas consolidada e mobiliária, operações de crédito, inclusive por antecipação de receita, concessão de garantia e inscrição em restos a pagar.

Em regra, para se aumentar a despesa, faz-se necessário o atendimento de dois requisitos: (i) estimativa do impacto orçamentário-financeiro no exercício em que deva entrar em vigor e nos dois subsequentes; (ii) declaração do ordenador da despesa de que o aumento tem adequação orçamentária e financeira com a LOA e compatibilidade com o PPA e com a LDO. Ambos os requisitos são dispensados para a despesa considerada irrelevante nos termos da LDO.

Na esfera estadual, assim como nas demais, considera-se nulo de pleno direito o ato de que resulte aumento da despesa com pessoal expedido nos 180 dias anteriores ao final do mandato do titular do respectivo Poder ou órgão. Além disso, em ano eleitoral, caso o chefe do Poder ultrapasse o limite total da despesa com pessoal e enquanto perdurar o excesso, o ente fica impedido imediatamente de receber transferências voluntárias; de obter garantia, direta ou indireta, de outro ente; de contratar operações de crédito, ressalvadas as destinadas ao refinanciamento da dívida mobiliária e as que visem à redução das despesas com pessoal.

20ª Questão (TCU – Auditor Federal de Controle Externo Cespe 2015 Parecer Técnico):

Considere que a tabela apresentada abaixo, de caráter hipotético, compõe o Relatório de Gestão Fiscal do Supremo Tribunal Federal (STF) relativo ao 1.º quadrimestre de 2015. O Relatório foi assinado pelo presidente do STF, pelo responsável pela administração financeira e pelo responsável pelo controle interno do órgão e, em obediência ao disposto no art. 55, § 3.º, da Lei de Responsabilidade Fiscal, foi apresentado ao TCU no prazo legal de trinta dias após o encerramento do período a que se refere, embora não tenha havido publicação eletrônica. Considere, ainda, que todas as informações adicionais (como relatório da dívida consolidada, concessão de garantias e operações de crédito) integrantes do referido Relatório de Gestão Fiscal foram também apresentadas e estão regulares.

União – Poder Judiciário

Supremo Tribunal Federal

Relatório de Gestão Fiscal

Demonstrativo da Despesa com Pessoal

Orçamentos Fiscal e da Seguridade

Maio/2014 a Abril/2015

LRF, art. 55, inciso I, aline a – Anexo I **R$ 1,00**

DESPESA COM PESSOAL	DESPESA TOTAL
Despesa bruta com pessoal (I)	**318.511.709,30**
Pessoal ativo – total	209.199.780,87
Pessoal inativo e pensionista – total	109.311.928,43
Outras despesas de pessoal decorrentes de terceirização (§ 1º do art. 18 da LRF)	–
Despesas não computadas (§ 1º do art. 19 da LRF) (II)	**110.353.090,70**
Indenizações por demissão e incentivos à demissão voluntária	–
despesas decorrentes de decisão judicial	984.265,02
despesas de exercícios anteriores	56.897,25
despesas com pessoal inativo e pensionista em geral	100.652.984,67
despesas com inativos e pensionistas com recursos vinculados	8.658.943,76
Despesa líquida com pessoal (III) = (I – II)	**208.158.618,60**

APURAÇÃO DO CUMPRIMENTO DO LIMITE LEGAL	VALOR	% SOBRE A RCL
Receita corrente líquida – RCL (IV)	599.684.256.000,00	
% da despesa com pessoal sobre a RCL (V) = (III / IV) * 100		0,034711%
Limite máximo (VI) (incs. I, II e III, art. 20, da LRF)	442.123.214,58	0,073726%
Limite prudencial (VII) = (VI * 0,95) (§ único, art. 22, da LRF)	420.017.053,85	0,070040%
Limite de alerta (VIII) = (VI * 0,90) (inc. II, do § 1º, do art. 59, da LRF)	397.910.893,12	0,066353%

Por meio de portaria editada pelo presidente do STF, foi determinada a limitação de empenho das dotações orçamentárias consignadas ao órgão no montante exato de R$ 3,24 milhões, conforme informação do Poder Executivo, que, após a reavaliação da projeção das receitas e despesas, verificou a necessidade de limitação de empenho e de movimentação financeira das dotações orçamentárias aprovadas na lei orçamentária anual no valor global de R$ 4,4 bilhões, dos quais R$ 3,24 milhões caberiam ao STF.

Considerando a situação hipotética apresentada acima, redija um relatório de acompanhamento das informações fornecidas que subsidiará a decisão do plenário do TCU sobre o referido relatório. Seu relatório deverá conter, necessariamente, os seguintes elementos:

- Exposição da relevância do Relatório de Gestão Fiscal para o controle e o planejamento; [valor: 7,00 pontos]
- Avaliação das circunstâncias financeiras e orçamentárias relatadas, especialmente no que se refere a:
- observância do prazo e das condições de apresentação do relatório; [valor: 8,00 pontos]
- composição do limite de despesas de pessoal; [valor: 8,00 pontos]
- limitação do empenho e da movimentação financeira; [valor: 8,00 pontos]
- conclusões e procedimentos que se recomenda que sejam adotados pelo STF. [valor: 7,00 pontos]

Extensão de linhas: até 50.

Resolução da Questão

Trata o presente parecer sobre a consistência do Relatório de Gestão Fiscal (RGF) referente ao 1.º quadrimestre de 2015 enviado pelo Supremo Tribunal Federal (STF). O Relatório foi assinado pelo presidente do STF, pelo responsável pela administração financeira e pelo responsável pelo controle interno do órgão e, em obediência ao disposto na Lei de Responsabilidade Fiscal, foi apresentado ao TCU no prazo legal de trinta dias após o encerramento do período a que se refere, embora não tenha havido publicação eletrônica. **É o relatório inicial.** Cabe destacar que se trata de documento indispensável, pois a partir do RGF pode-se avaliar a observância dos limites e das normas de responsabilidade fiscal. Além disso, o RGF evidencia como estão sendo processados os principais componentes dos gastos públicos, bem como indica as medidas corretivas a serem adotadas quando qualquer limite for ultrapassado. Desse modo, constitui-se em importante subsídio para a elaboração de políticas públicas futuras.

Quanto a observância do prazo e das condições de apresentação do relatório, todos os órgãos públicos federais autônomos devem submeter seus respectivos RGF ao TCU. De acordo com a lei de crimes fiscais, constitui-se como infração administrativa deixar de divulgar ou de enviar ao Poder Legislativo e ao Tribunal de Contas o Relatório de Gestão Fiscal, nos prazos e condições estabelecidos em lei. A LRF determina sua ampla divulgação, inclusive por meios eletrônicos de acesso público, o que não foi feito no caso em tela. Além disso, deve ser também publicada a versão simplificada desse documento que também não foi feita.

Quanto à composição do limite de despesas de pessoal, o STF cumpriu a essência das regras impostas pela Lei de Responsabilidade Fiscal, apesar de algumas ressalvas. Dentre as despesas não computadas, foram incluídos os gastos com pessoal inativo e pensionista em geral, quando deveriam constar apenas as despesas com pessoal inativo e pensionista com recursos vinculados.

Apesar disso, o erro não constitui justificativa para um julgamento adverso, sobretudo porque, mesmo incluindo-se na despesa líquida total os gastos com pessoal inativo e pensionista equivocamente excluídos, o percentual chegaria a aproximadamente 0,051% da receita corrente líquida (RCL), ou seja, os limites máximo, prudencial e de alerta seriam todos obedecidos.

Quanto à limitação do empenho e da movimentação financeira, caso seja verificado, ao final de um bimestre, que a realização da receita poderá não comportar o cumprimento das metas estabelecidas no Anexo de Metas Fiscais, os Poderes e o Ministério Público promoverão, por ato próprio e nos montantes necessários, nos trinta dias subsequentes, limitação de empenho e de movimentação financeira, segundo os critérios fixados pela lei de diretrizes orçamentárias. Tal medida, porém, não seria necessária no caso hipotético relatado.

Diante da fundamentação técnica exposta, recomenda-se que em relatórios futuros, o montante correspondente às despesas com inativos e pensionistas em geral sejam excluídas da seção de despesas não computadas; e que o RGF seja disponibilizado em meios eletrônicos de acesso público. Sobre a limitação de empenhos e de movimentação financeira, nenhuma providência adicional se faz necessária, uma vez que o órgão examinado já executou a ação determinada em lei.

Tendo em vista todos os aspectos analisados, o relatório de acompanhamento elaborado deveria recomendar a aprovação com ressalvas do Relatório de Gestão Fiscal.

É o parecer.

21ª Questão (TCE-PR – Auditor de Controle Externo: Contabilidade Cespe 2016):

A prefeitura de determinado município solicitou ao respectivo tribunal de contas estadual (TCE) orientação sobre como proceder caso o limite prudencial estabelecido pela Lei de Responsabilidade Fiscal (LRF) para a despesa com pessoal no Poder Executivo municipal seja alcançado. Mais especificamente, o gestor municipal quer saber se é possível:

a) prover cargos de professor municipal com candidatos aprovados no último concurso público, cuja homologação é iminente;

b) conceder reajuste a duas categorias de servidores municipais, com as quais a negociação está próxima de ser concluída.

Com referência à situação hipotética acima, faça o que se pede no tópico 1 a seguir e responda, justificadamente, aos questionamentos apresentados nos tópicos 2 e 3.

1. Discorra sobre o limite prudencial previsto na LRF para a despesa com pessoal do Poder Executivo municipal, explicando seu objetivo e indicando

a porcentagem de receita corrente líquida do município que corresponde a esse limite. [**valor: 2,25 pontos**]

2. É permitido o provimento dos cargos de professor municipal, uma vez alcançado o limite prudencial? [**valor: 1,25 ponto**]
3. É cabível conceder reajuste salarial a servidores depois de alcançado o limite prudencial? [**valor: 1,25 ponto**]

Extensão de linhas: até 15.

Resolução da Questão

O limite prudencial corresponde a 95% do limite total da despesa com pessoal do Executivo Municipal, ou seja, 95% de 54% que equivale a 51,3% da receita corrente líquida. O objetivo desse limite é promover um controle de gastos e uma gestão fiscal responsável de modo a garantir o funcionamento das políticas públicas de modo sustentável.

Caso o limite prudencial seja ultrapassado, admite-se excepcionalmente o provimento de cargos a título de reposição em virtude de morte ou aposentadoria nas áreas de saúde, educação e segurança. Assim, seria possível contratar os professores, respeitada essa condição da LRF.

De igual modo, a regra geral da LRF é que após ultrapassado o limite prudencial não se pode conceder reajuste salarial a servidores. No entanto a própria LRF admite exceções como o reajuste por determinação judicial ou o reajuste nos termos do inciso X do art. 37 da LRF.

CAPÍTULO 29

PRECATÓRIOS

1. CONCEITO

Precatórios são requisições de pagamento contra a Fazenda Pública **decorrentes de decisões judiciais transitadas em julgado**, disciplinados pelo art. 100 da CF/1988.

A lei 4320/1964 estabelece:

> Art. 67. Os pagamentos devidos pela Fazenda Pública, em virtude de sentença judiciária, far-se-ão ***na ordem de apresentação dos precatórios*** e à conta dos créditos respectivos, ***sendo proibida a designação de casos ou de pessoas nas dotações orçamentárias e nos créditos adicionais*** abertos para esse fim.

A CF/1988 estabelece que:

> Art. 100. Os pagamentos devidos pelas Fazendas Públicas Federal, Estaduais, Distrital e Municipais, em virtude de sentença judiciária, far-se-ão ***exclusivamente na ordem cronológica de apresentação dos precatórios*** e à conta dos créditos respectivos, ***proibida a designação de casos ou de pessoas nas dotações orçamentárias e nos créditos adicionais*** abertos para este fim.

A regra relativa à expedição de precatórios **não se aplica aos pagamentos de obrigações definidas em leis como de pequeno valor** que as Fazendas referidas devam fazer em virtude de sentença judicial transitada em julgado.

É vedada a expedição de precatórios complementares ou suplementares de valor pago, bem como o fracionamento, repartição ou quebra do valor da execução para fins de enquadramento **como parcela de pequeno valor.**

Poderão ser fixados, por leis próprias, valores distintos às entidades de direito público, segundo as diferentes capacidades econômicas, **sendo o mínimo igual ao valor do maior benefício do regime geral de previdência social**.

A seu critério exclusivo e na forma de lei, a União poderá assumir débitos, oriundos de precatórios, de Estados, Distrito Federal e Municípios, refinanciando-os diretamente.

2. PRIORIDADE DE PAGAMENTO E CESSÃO DO CRÉDITO A TERCEIRO

Os débitos de natureza alimentícia compreendem aqueles decorrentes de salários, vencimentos, proventos, pensões e suas complementações, benefícios previdenciários e indenizações por morte ou por invalidez, fundadas em responsabilidade civil, em virtude de sentença judicial transitada em julgado, **e serão pagos com preferência sobre todos os demais débitos**, **exceto**:

os débitos de natureza alimentícia cujos titulares, originários ou por sucessão hereditária, tenham 60 (sessenta) anos de idade, ***ou*** *sejam portadores de doença grave,* ***ou*** *pessoas com deficiência, assim definidos na forma da lei, serão pagos com preferência sobre todos os demais débitos, até o valor equivalente ao triplo fixado em lei,* ***admitido o fracionamento para essa finalidade****, sendo que o restante será pago na ordem cronológica de apresentação do precatório*

Prioridades dos Precatórios

1º lugar: Os débitos de natureza alimentícia cujos titulares, originários ou por sucessão hereditária, tenham 60 (sessenta) anos de idade, ou sejam portadores de doença grave, ou pessoas com deficiência, assim definidos na forma da lei, serão pagos com preferência sobre todos os demais débitos, **até o valor equivalente ao triplo fixado em lei como de pequeno valor**.

2º lugar: Os débitos de natureza alimentícia.

3º lugar: Demais (**que não são de natureza alimentícia**) segundo ordem de cronológica de apresentação.

O credor poderá ceder, total ou parcialmente, seus créditos em precatórios a terceiros, **independentemente da concordância do devedor**, não se aplicando ao cessionário as prioridades.

Ou seja, se cede o crédito, não a prioridade.

A cessão de precatórios somente produzirá efeitos após comunicação, por meio de petição protocolizada, ao tribunal de origem e à entidade devedora.

3. INCLUSÃO NA LOA E DATA LIMITE DE PAGAMENTO

É obrigatória a inclusão, no orçamento das entidades de direito público, de verba necessária ao pagamento de seus débitos, oriundos de sentenças transitadas em julgado, constantes de precatórios judiciários apresentados até 1º de julho, fazendo-se o pagamento até o final do exercício seguinte, quando terão seus valores atualizados monetariamente.

Caso haja precatório com valor superior a 15% (quinze por cento) do montante dos precatórios apresentados, **15% (quinze por cento) do valor deste precatório serão pagos até o final do exercício seguinte e o restante em parcelas iguais nos cinco exercícios subsequentes**, acrescidas de juros de mora e correção monetária, ou mediante acordos diretos, perante Juízos Auxiliares de Conciliação de Precatórios, com redução máxima de 40% (quarenta por cento) do valor do crédito atualizado, desde que em relação ao crédito não penda recurso ou defesa judicial e que sejam observados os requisitos definidos na regulamentação editada pelo ente federado.

4. AQUISIÇÃO DE IMÓVEIS PÚBLICOS

É facultada ao credor, conforme estabelecido em lei da entidade federativa devedora, a entrega de créditos em precatórios para compra de imóveis públicos do respectivo ente federado.

5. COMPENSAÇÃO DE DÉBITOS LÍQUIDOS E CERTOS, INSCRITOS OU NÃO EM DÍVIDA ATIVA E CONSTITUÍDOS CONTRA O CREDOR ORIGINAL PELA FAZENDA PÚBLICA

No momento da expedição dos precatórios, **independentemente de regulamentação**, **deles deverá ser abatido, a título de compensação, valor correspondente aos débitos líquidos e certos, inscritos ou não em dívida ativa e constituídos contra o credor original pela Fazenda Pública devedora**, incluídas parcelas vincendas de parcelamentos, ressalvados aqueles cuja execução esteja suspensa em virtude de contestação administrativa ou judicial.

Antes da expedição dos precatórios, o Tribunal solicitará à Fazenda Pública devedora, para resposta em até 30 (trinta) dias, sob pena de perda do direito de abatimento, informação sobre os débitos que preencham as condições estabelecidas no parágrafo anterior.

6. ATUAÇÃO DO JUDICIÁRIO

As dotações orçamentárias e os créditos abertos serão consignados diretamente ao Poder Judiciário, cabendo ao Presidente do Tribunal que proferir a decisão exequenda determinar o pagamento integral e autorizar, **a requerimento do credor e exclusivamente para os casos de preterimento de seu direito de precedência** **ou** **de não alocação orçamentária do valor necessário à satisfação do seu débito**, **o sequestro da quantia respectiva**.

O Presidente do Tribunal competente que, por ato comissivo ou omissivo, retardar ou tentar frustrar a liquidação regular de precatórios incorrerá em crime de responsabilidade e responderá, também, perante o Conselho Nacional de Justiça.

Sequestro de Quantias: 2 casos

1. Casos de preterimento de seu direito de precedência.
2. Casos de não alocação orçamentária do valor necessário à satisfação do seu débito.

7. MONITORAMENTO E ATUALIZAÇÃO MONETÁRIA

A União, os Estados, o Distrito Federal e os Municípios aferirão mensalmente, em base anual, o comprometimento de suas respectivas **receitas correntes líquidas** com o pagamento de precatórios e obrigações de pequeno valor.

Caso o montante total de débitos decorrentes de condenações judiciais em precatórios e obrigações de pequeno valor, em período de 12 (doze) meses, ultrapasse a média do comprometimento percentual da receita corrente líquida nos 5 (cinco) anos imediatamente anteriores, **a parcela que exceder esse percentual poderá ser financiada**, excetuada dos limites de endividamento de que tratam os incisos VI e VII do art. 52[88] da Constituição Federal e de quaisquer outros limites de endividamento previstos, não se aplicando a esse financiamento a vedação de vinculação de receita prevista no inciso IV do art. 167 da Constituição Federal[89].

Atenção

Admite-se a contratação de operações de crédito para pagamento de precatórios.

Desde a promulgação da Emenda Constitucional 62/2009, a atualização de valores de requisitórios, após sua expedição, até o efetivo pagamento, **independentemente de sua natureza**, **será feita pelo índice oficial de remuneração básica da caderneta de poupança**, e, para fins de compensação da mora, incidirão juros simples no mesmo percentual de juros incidentes sobre a caderneta de poupança, **ficando excluída a incidência de juros compensatórios**.

8. REGIME ESPECIAL DE PAGAMENTO DE PRECATÓRIOS PARA ESTADOS E MUNICÍPIOS EM ATRASO: EC 62/2009

A Emenda Constitucional nº 62/2009 acrescentou o § 15º ao art. 100 da CF/1988, prevendo o estabelecimento de regime especial de precatórios para estados, Distrito Federal e municípios por meio de lei complementar. Até que seja editada esta lei complementar, o regime especial de precatórios será regido pelo art. 97 do ADCT:

---

88 Art. 52. Compete privativamente ao Senado Federal:

VI – fixar, por proposta do Presidente da República, limites globais para o montante da dívida consolidada da União, dos Estados, do Distrito Federal e dos Municípios;

VII – dispor sobre limites globais e condições para as operações de crédito externo e interno da União, dos Estados, do Distrito Federal e dos Municípios, de suas autarquias e demais entidades controladas pelo Poder Público federal;

89 Art. 167. São vedados:

IV – a vinculação de receita de impostos a órgão, fundo ou despesa, ressalvadas a repartição do produto da arrecadação dos impostos a que se referem os arts. 158 e 159, a destinação de recursos para as ações e serviços públicos de saúde, para manutenção e desenvolvimento do ensino e para realização de atividades da administração tributária, como determinado, respectivamente, pelos arts. 198, § 2º, 212 e 37, XXII, e a prestação de garantias às operações de crédito por antecipação de receita, previstas no art. 165, § 8º, bem como o disposto no § 4º deste artigo; (Redação dada pela Emenda Constitucional nº 42, de 19.12.2003)

CF/1988

Art. 100. [...]

§ 15. Sem prejuízo do disposto neste artigo, lei complementar a esta Constituição Federal poderá estabelecer regime especial para pagamento de crédito de precatórios de Estados, Distrito Federal e Municípios, dispondo sobre vinculações à receita corrente líquida e forma e prazo de liquidação.

ADCT

*Art. 97. Até que **seja editada a lei complementar de que trata o § 15 do art. 100 da Constituição Federal**, os Estados, o Distrito Federal e os Municípios que, na data de publicação desta Emenda Constitucional, estejam em mora na quitação de precatórios vencidos, relativos às suas administrações direta e indireta, inclusive os emitidos durante o período de vigência do regime especial instituído por este artigo, farão esses pagamentos de acordo com as normas a seguir estabelecidas, sendo inaplicável o disposto no art. 100 desta Constituição Federal, **exceto em seus §§ 2º, 3º, 9º, 10, 11, 12, 13 e 14**, e sem prejuízo dos acordos de juízos conciliatórios já formalizados na data de promulgação desta Emenda Constitucional."*

Pelo regime especial, **os entes que se encontravam em mora** na quitação de precatórios vencidos na data da referida emenda, devem centralizar os pagamentos dos precatórios nos Tribunais de Justiças locais, optando por um dos dois critérios do Quadro 29.1.

Quadro 29.1: Critérios para pagamento de precatórios

1	Pelo **depósito mensal** em conta especial de valor baseado em percentual variável de, no mínimo, 1% a 2% sobre 1/12 da Receita Corrente Líquida - RCL - apurada no segundo mês anterior ao pagamento.
2	Pela adoção do regime especial, pelo prazo de até 15 anos, que consiste em **depósito em conta especial correspondente, anualmente**, ao saldo total de precatórios somado à atualização prevista, sendo diminuído das amortizações e dividido pelo número de anos restantes no regime especial de pagamento.

A Resolução nº 115/2010 do Conselho Nacional de Justiça definiu que:

> "a mora é caracterizada pelo atraso de qualquer natureza no pagamento de precatórios consolidado até 9 de dezembro de 2009, proveniente de depósitos insuficientes ou não pagamento de verba anual orçamentária de 2008 ou das parcelas das moratórias concebidas pelos Arts. 33 e 78 do ADCT e, uma vez instaurado, abarca os novos débitos formados durante a vigência do regime especial."

Para os entes que não fizeram a opção pelo regime mensal ou anual no prazo de 90 dias, estipulado pelo art. 3º da Emenda Constitucional nº 62/2009, serão cobrados os depósitos no regime anual, conforme estabelece o art. 18 da Resolução nº 115/2010 do CNJ.

Os referidos depósitos **devem ser realizados a crédito de uma conta especial de propriedade do ente**, **porém administrada pelo Tribunal de Justiça (TJ)**, conforme previsão constitucional a seguir apresentada:

> *ADCT*
>
> *Art. 97 [...]*
>
> *§ 4º As contas especiais de que tratam os §§ 1º e 2º serão administradas pelo Tribunal de Justiça local, para pagamento de precatórios expedidos pelos tribunais.*

9. REGIME ESPECIAL DE PAGAMENTO DE PRECATÓRIOS PARA ESTADOS E MUNICÍPIOS EM ATRASO: EC 94/2016 E EC 99/2016

Em dezembro de 2016, foi publicada a Emenda Constitucional 94/2016 instituindo novo regime de especial de pagamento de precatórios para entes em atraso. Em dezembro de 2017, essa emenda sofreu novo ajuste pela Emenda Constitucional 99/2017.

De acordo com a EC 99/2017, os Estados, o Distrito Federal e os Municípios que, **em 25 de março de 2015, se encontravam em mora no pagamento de seus precatórios** quitarão, até 31 de dezembro de 2024, seus débitos vencidos e os que vencerão dentro desse período, **atualizados pelo Índice Nacional de Preços ao Consumidor Amplo Especial (IPCA-E)**, ou **por outro índice que venha a substituí-lo**, **depositando mensalmente em conta especial do Tribunal de Justiça local, sob única e exclusiva administração deste, 1/12 (um doze avos) do valor calculado percentualmente sobre suas receitas correntes líquidas apuradas no segundo mês anterior ao mês de pagamento**, em percentual suficiente para a quitação de seus débitos e, ainda que variável, nunca inferior, em cada exercício, ao percentual praticado na data da entrada em vigor do regime especial a que se refere este artigo, em conformidade com plano de pagamento a ser anualmente apresentado ao Tribunal de Justiça local.

O débito de precatórios será pago com recursos orçamentários próprios provenientes das fontes de receita corrente líquida referida e, adicionalmente, poderão ser utilizados recursos dos seguintes instrumentos:

1. Até 75% (setenta e cinco por cento) do montante dos depósitos judiciais e dos depósitos administrativos em dinheiro referentes a processos judiciais ou administrativos, tributários ou não tributários, nos quais o Estado, o Distrito Federal ou os Municípios, ou suas autarquias, fundações e empresas estatais dependentes, sejam parte.
2. Até 30% (trinta por cento) dos demais depósitos judiciais da localidade sob jurisdição do respectivo Tribunal de Justiça, mediante a instituição de fundo garantidor em montante equivalente aos recursos levantados, constituído pela parcela restante dos depósitos judiciais e remunerado pela taxa referencial do Sistema Especial de Liquidação e de Custódia (Selic) para títulos federais, nunca inferior aos índices e critérios aplicados aos depósitos levantados, destinando-se:

a) no caso do Distrito Federal, 100% (cem por cento) desses recursos ao próprio Distrito Federal;

b) no caso dos Estados, 50% (cinquenta por cento) desses recursos ao próprio Estado e 50% (cinquenta por cento) aos respectivos Municípios, conforme a circunscrição judiciária onde estão depositados os recursos, e, se houver mais de um Município na mesma circunscrição judiciária, os recursos serão rateados entre os Municípios concorrentes, proporcionalmente às respectivas populações, utilizado como referência o último levantamento censitário ou a mais recente estimativa populacional da Fundação Instituto Brasileiro de Geografia e Estatística (IBGE).

3. empréstimos, excetuados para esse fim os limites de endividamento de que tratam os incisos VI e VII do **caput** do art. 52 da Constituição Federal e quaisquer outros limites de endividamento previstos em lei, não se aplicando a esses empréstimos a vedação de vinculação de receita prevista no inciso IV do **caput** do art. 167 da Constituição Federal.

4. a totalidade dos depósitos em precatórios e requisições diretas de pagamento de obrigações de pequeno valor efetuados até 31 de dezembro de 2009 e ainda não levantados, com o cancelamento dos respectivos requisitórios e a baixa das obrigações, assegurada a revalidação dos requisitórios pelos juízos dos processos perante os Tribunais, a requerimento dos credores e após a oitiva da entidade devedora, mantidas a posição de ordem cronológica original e a remuneração de todo o período.

Os recursos adicionais 1, 2 e 4 serão transferidos diretamente pela instituição financeira depositária para a conta especial, sob única e exclusiva administração do Tribunal de Justiça local, e essa transferência deverá ser realizada em até sessenta dias contados a partir da entrada em vigor do regime, sob pena de responsabilização pessoal do dirigente da instituição financeira por improbidade.

No prazo de até seis meses contados da entrada em vigor do regime especial a que se refere este artigo, a União, diretamente, ou por intermédio das instituições financeiras oficiais sob seu controle, disponibilizará aos Estados, ao Distrito Federal e aos Municípios, bem como às respectivas autarquias, fundações e empresas estatais dependentes, linha de crédito especial para pagamento dos precatórios submetidos ao regime especial de pagamento de que trata este artigo, observadas as seguintes condições:

1. no financiamento dos saldos remanescentes de precatórios a pagar a que se refere este parágrafo serão adotados os índices e critérios de atualização que incidem sobre o pagamento de precatórios, nos termos do § 12 do art. 100 da Constituição Federal[90].

---

90 § 12. A partir da promulgação desta Emenda Constitucional, a atualização de valores de requisitórios, após sua expedição, até o efetivo pagamento, independentemente de sua natureza, será feita pelo índice oficial de remuneração básica da caderneta de poupança, e, para fins de compensação da mora, incidirão juros simples no mesmo percentual de juros

2. o financiamento dos saldos remanescentes de precatórios a pagar será feito em parcelas mensais suficientes à satisfação da dívida assim constituída.

3. o valor de cada parcela da **condição 2** será calculado percentualmente sobre a receita corrente líquida, respectivamente, do Estado, do Distrito Federal e do Município, no segundo mês anterior ao pagamento, em percentual equivalente à média do comprometimento percentual mensal de 2012 até o final do período referido no **caput** deste artigo, considerados para esse fim somente os recursos próprios de cada ente da Federação aplicados no pagamento de precatórios

4. nos empréstimos a que se refere este parágrafo não se aplicam os limites de endividamento de que tratam os incisos VI e VII do **caput** do art. 52 da Constituição Federal e quaisquer outros limites de endividamento previstos em lei.

Enquanto viger o regime especial previsto na Emenda Constitucional 99/2017, pelo menos 50% (cinquenta por cento) dos recursos que forem destinados ao pagamento dos precatórios em mora serão utilizados no pagamento segundo a ordem cronológica de apresentação, respeitadas as preferências dos créditos alimentares, e, nessas, as relativas à idade, ao estado de saúde e à deficiência, nos termos do § 2º do art. 100 da Constituição Federal, sobre todos os demais créditos de todos os anos.

A aplicação dos recursos remanescentes, por opção a ser exercida por Estados, Distrito Federal e Municípios, por ato do respectivo Poder Executivo, observada a ordem de preferência dos credores, poderá ser destinada ao pagamento mediante acordos diretos, perante Juízos Auxiliares de Conciliação de Precatórios, com redução máxima de 40% (quarenta por cento) do valor do crédito atualizado, desde que em relação ao crédito não penda recurso ou defesa judicial e que sejam observados os requisitos definidos na regulamentação editada pelo ente federado.

Na vigência do regime especial, **as preferências relativas à idade, ao estado de saúde e à deficiência serão atendidas até o valor equivalente ao quíntuplo fixado em lei** para os fins do disposto no § 3º do art. 100 da Constituição Federal[91], admitido o fracionamento para essa finalidade, e o restante será pago em ordem cronológica de apresentação do precatório

Enquanto os Estados, o Distrito Federal e os Municípios estiverem efetuando o pagamento da parcela mensal em conformidade com o regime especial, nem eles, nem as respectivas autarquias, fundações e empresas estatais dependentes poderão sofrer sequestro de valores, exceto no caso de não liberação tempestiva dos recursos

Na vigência do regime especial, ficam vedadas desapropriações pelos Estados, pelo Distrito Federal e pelos Municípios, cujos estoques de precatórios ainda pendentes de pagamento, incluídos os precatórios a pagar de suas entidades da administração indireta, sejam superiores a 70% (setenta por cento) das respectivas receitas correntes líquidas, **excetuadas as desapropriações para fins de necessidade pública nas áreas**

---

incidentes sobre a caderneta de poupança, ficando excluída a incidência de juros compensatórios.

91 § 3º O disposto no caput deste artigo relativamente à expedição de precatórios não se aplica aos pagamentos de obrigações definidas em leis como de pequeno valor que as Fazendas referidas devam fazer em virtude de sentença judicial transitada em julgado.

de saúde, educação, segurança pública, transporte público, saneamento básico e habitação de interesse social.

Texto 5A4BBB

João, com sessenta e cinco anos de idade, é credor de determinado estado da Federação pela importância de R$ 500.000, em virtude de sentença judiciária transitada em julgado que condenou o estado, após apuração da responsabilidade civil, a indenizá-lo pela morte de sua esposa.

1ª Questão (TCE-PR Auditor de Controle Externo Cespe 2016): *Acerca da situação hipotética apresentada no texto 5A4BBB, assinale a opção correta.*

a) Caso João ceda seu crédito a outra pessoa natural, esta poderá fazer uso das preferências e das propriedades de que o crédito gozava antes da cessão.

b) João pode pleitear o fracionamento do valor da execução, de modo que parte desse valor seja pago com a maior preferência admitida pela CF.

c) O crédito de João será integralmente pago, independentemente de haver débitos seus inscritos na dívida ativa do estado e não suspensos por decisão administrativa ou judicial.

d) Em virtude da natureza do crédito, João não pode utilizar seu crédito em precatório para adquirir imóvel público do referido estado.

e) Para ceder seu crédito a uma pessoa jurídica, João precisaria obter a concordância do estado.

Solução

A. Errado, se cede o crédito, não a prioridade.

B. Certo, limitado ao triplo do valor previsto em lei como de pequeno valor.

C. Errado, deve haver (haver débitos seus inscritos na dívida ativa) a compensação neste caso.

D. Errado, João poderia utilizar seu crédito em precatório para adquirir imóvel público do referido estado.

E. Errado, a cessão de precatórios somente produzirá efeitos após comunicação, por meio de petição protocolizada, ao tribunal de origem e à entidade devedora. Não precisa de concordância do estado.

Gabarito: B

2ª Questão (TCE-PR Auditor de Controle Externo Cespe 2016): *Considerando-se que a sentença referida no texto 5A4BBB tenha transitado em julgado em 1.º de março de 2016, para que o recebimento da indenização devida pelo estado ocorresse até o final de 2017, a data limite para a apresentação do precatório seria:*

a) 1.º de julho de 2016.

b) 10 de janeiro de 2017.

Unidade Didática V
Controle Fiscal na Federação

c) 31 de dezembro de 2016.

d) 1.º de junho de 2016.

E) 1.º de abril de 2016.

Solução

Para que seja incluído no PLOA 2017, o precatório deve ser apresentado até 1º de julho de 2016.

Gabarito: A

10. LISTA DE QUESTÕES OBJETIVAS

1ª Questão (IPAJM-ES Analista Cespe 2010): *Julgue o item a seguir.*

O pagamento de sentenças judiciais deve ser realizado de acordo com a ordem cronológica de apresentação dos precatórios, independentemente das condições de execução orçamentária e financeira.

Solução

Errado, a ordem cronológica deve ser atendida, porém caso haja precatório com valor superior a 15% (quinze por cento) do montante dos precatórios apresentados, 15% (quinze por cento) do valor deste precatório serão pagos até o final do exercício seguinte e o restante em parcelas iguais nos cinco exercícios subsequentes, acrescidas de juros de mora e correção monetária, ou mediante acordos diretos, perante Juízos Auxiliares de Conciliação de Precatórios, com redução máxima de 40% (quarenta por cento) do valor do crédito atualizado, desde que em relação ao crédito não penda recurso ou defesa judicial e que sejam observados os requisitos definidos na regulamentação editada pelo ente federado. Ou seja, mesmo que um precatório seja apresentado antes dos demais, caso ele corresponde a um valor superior a 15%, ele não será pago integralmente antes dos demais.

Gabarito: **Errado**

2ª Questão (SEFAZ-SP Analista FCC 2010): *Sobre a disciplina constitucional dos precatórios, é correto afirmar:*

a) A entrega de créditos em precatórios para compra de imóveis públicos do ente federado devedor é vedada ao credor.

b) O credor poderá ceder, total ou parcialmente, seus créditos em precatórios a terceiros, independentemente da concordância do devedor.

c) Não se admite a possibilidade de fixação de regime especial para pagamento de crédito de precatórios dos Estados, Distrito Federal e Municípios.

d) Os débitos de natureza alimentícia cujos titulares tenham mais de 60 anos de idade dispensam regime de precatório.

e) Os precatórios de créditos provenientes de obrigações definidas em lei como de pequeno valor devem ser pagos antes da sentença transitar em julgado.

Solução

a) Errado, é facultada ao credor, conforme estabelecido em lei da entidade federativa devedora, a entrega de créditos em precatórios para compra de imóveis públicos do respectivo ente federado.

b) Certo, sem comentários adicionais.

c) Errado, admite-se e está em execução pela EC 62/2009 e EC 99/2017

d) Errado, os débitos de natureza alimentícia cujos titulares tenham mais de 60 anos de idade estão no sistema de precatórios, porém com condições diferenciadas.

e) Errado, em primeiro lugar deve-se esperar o trânsito e julgado. Em segundo lugar que se for de pequeno valor fica fora do sistema de precatórios.

Gabarito: **B**

3ª Questão (PGE-AM Analista FCC 2010): *Levando-se em consideração as regras sobre precatórios, previstas na Constituição Federal e na Lei de Responsabilidade Fiscal, é INCORRETO afirmar:*

a) Os precatórios judiciais não pagos durante a execução do orçamento em que houverem sido incluídos integram a dívida consolidada, para fins de aplicação dos limites legais da dívida pública.

b) Os pagamentos devidos pelas Fazendas Públicas Federal, Estaduais, Distrital e Municipais, em virtude de sentença judiciária, far-se-ão exclusivamente na ordem cronológica de apresentação dos precatórios e à conta dos créditos respectivos, proibida a designação de casos ou de pessoas nas dotações orçamentárias e nos créditos adicionais abertos para este fim.

c) O Presidente do Tribunal competente que, por ato comissivo ou omissivo, retardar ou tentar frustrar a liquidação regular de precatórios incorrerá em crime de responsabilidade e responderá, também, perante o Conselho Nacional de Justiça.

d) No momento da expedição dos precatórios, independentemente de regulamentação, deles deverá ser abatido, a título de compensação, valor correspondente aos débitos líquidos e certos, inscritos ou não em dívida ativa e constituídos contra o credor original pela Fazenda Pública devedora, incluídas parcelas vincendas de parcelamentos, ressalvados aqueles cuja execução esteja suspensa em virtude de contestação administrativa ou judicial.

e) O credor poderá ceder, total ou parcialmente, seus créditos em precatórios a terceiros, mas a cessão de precatórios somente produzirá efeitos após a concordância expressa do devedor e a comunicação, por meio de petição protocolizada, ao tribunal de origem e à entidade devedora.

Solução

a) Certo, é uma das regras da CF/1988.
b) Certo, é uma das regras da CF/1988.
c) Certo, é uma das regras da CF/1988.
d) Certo, é uma das regras da CF/1988.
e) Errado, O credor poderá ceder, total ou parcialmente, seus créditos em precatórios a terceiros, mas a cessão de precatórios independe de concordância do devedor.

Gabarito: **E**

4ª Questão (TCE-RO Analista FCC 2010): *Sobre o regime constitucional dos precatórios, é correto afirmar que*

a) a inclusão no orçamento de verba necessária ao pagamento de débitos de entidades de direito público, oriundos de sentenças transitadas em julgado, está dispensada.
b) a União, a seu critério exclusivo e na forma da lei, poderá assumir débitos oriundos de precatórios de Estados, Distrito Federal e Municípios, refinanciando-os diretamente.
c) os débitos de qualquer natureza, cujos titulares tenham sessenta e cinco anos ou mais na data da expedição do precatório, serão pagos com preferência sobre todos os demais débitos.
d) o sequestro de bens públicos será admitido unicamente no caso de preterimento do direito de precedência no pagamento do precatório.
e) a compensação de crédito originário de precatório com débitos líquidos e certos devidos pelo credor à Fazenda Pública devedora, não será admitida, salvo disposição expressa em lei específica autorizadora.

Solução

a) Errado, é obrigatória a inclusão na LOA no ano seguinte se for apresentado até 1º de julho.
b) Certo, sem comentários adicionais.
c) Errado, apenas os de natureza alimentícia cujos titulares tenham a partir de sessenta anos.
d) Errado, são 2 casos que implicam sequestro. A requerimento do credor e exclusivamente para os casos: (i) de preterimento de seu direito de precedência ou (ii) de não alocação orçamentária do valor necessário à satisfação do seu débito,
e) Errado, a compensação é obrigatória e independe de regulamentação.

Gabarito: **B**

5ª Questão (TCE-RO Analista FCC 2010): *Poderá ser estabelecido regime especial para pagamento de crédito de precatórios de Estados, Distrito Federal e Municípios, com disposição sobre vinculações à receita corrente líquida e forma e prazo de liquidação. Este regime especial será estabelecido mediante*

a) lei complementar de competência da União.

b) lei complementar de competência dos Estados, Distrito Federal e Municípios, dentro de suas autonomias legislativas.

c) resolução do Senado Federal.

d) decreto legislativo do Congresso Nacional.

e) lei ordinária de competência da União.

Solução

O regime especial é para entes os entes que se encontravam em mora na quitação de precatórios vencidos na data da referida emenda: EC 62/2009. Esse regime deve ser instituído por lei complementar da União. Posteriormente, foi instituído novo regime especial: EC 94/2016 e EC 99/2017.

Gabarito: **A**

6ª Questão (TCE-SP Auditor FCC 2011): *Disciplina constitucional dos precatórios.*

I. Os pagamentos devidos pelas Fazendas Públicas Federal, Estaduais, Distrital e Municipais, em virtude de sentença judiciária, far-se-ão exclusivamente na ordem cronológica de apresentação dos precatórios e à conta dos créditos respectivos, proibida a designação de casos ou de pessoas nas dotações orçamentárias e nos créditos adicionais abertos para este fim.

II. Os débitos de natureza alimentícia compreendem aqueles decorrentes de salários, vencimentos, proventos, pensões e suas complementações, benefícios previdenciários e indenizações por morte ou por invalidez, fundadas em responsabilidade civil, em virtude de decisão judicial transitada em julgado, e serão pagos com preferência sobre todos os demais débitos, sem qualquer exceção.

III. Os débitos de natureza alimentícia e de qualquer valor, cujos titulares tenham 60 (sessenta) anos de idade ou mais na data de expedição do precatório, ou sejam portadores de doença grave, definidos na forma da lei, serão pagos com preferência sobre todos os demais débitos.

Está correto o que se afirma APENAS em

a) I.

b) II.

c) III.

d) I e II.

e) I e III.

Solução

I. Certo, sem comentários adicionais.

II. Errado, os débitos de natureza alimentícia a seguir têm prioridade sobre os demais. Os débitos de natureza alimentícia cujos titulares, originários ou por sucessão hereditária, tenham 60 (sessenta) anos de idade, ou sejam portadores de doença grave, ou pessoas com deficiência, assim definidos na forma da lei, serão pagos com preferência sobre todos os demais débitos, até o valor equivalente ao triplo fixado em lei, admitido o fracionamento para essa finalidade, sendo que o restante será pago na ordem cronológica de apresentação do precatório

III. Errado, os débitos de natureza alimentícia até o triplo do limite fixado em lei em lei como de pequeno valor cujos titulares tenham 60 (sessenta) anos de idade ou mais na data de expedição do precatório, ou sejam portadores de doença grave, definidos na forma da lei, serão pagos com preferência sobre todos os demais débitos.

Gabarito: **A**

7ª Questão (TCE-AP Analista FCC 2011): *Sobre o regime constitucional dos precatórios, considere os itens a seguir:*

I. Os débitos de natureza alimentícia dispensam o regime de precatórios se forem classificados por lei como decorrentes de obrigação de pequeno valor.

II. Admite-se o fracionamento do precatório cujo titular seja maior de 60 anos de idade ao tempo de sua expedição, para que parcela equivalente ao triplo do valor definido em lei como crédito de pequeno valor seja pago com preferência sobre todos os demais créditos.

III. A única hipótese que autoriza o sequestro de quantia respectiva é o preterimento do direito de precedência na ordem de pagamento dos precatórios.

IV. Havendo necessidade, será aberto crédito adicional com o fim específico de promover recursos para o pagamento de precatórios, sendo exigido, neste caso, a designação das pessoas que serão beneficiadas.

Está correto o que se afirma APENAS em

a) I e II.

b) I e III.

c) II e III.

d) II e IV.

e) III e IV.

Solução

I. Certo, qualquer débito de pequeno valor dispensa o regime de precatório.

II. Certo, sem comentários adicionais.

III. Errado, são 2 casos que implicam sequestro. A requerimento do credor e exclusivamente para os casos: (i) de preterimento de seu direito de precedência ou (ii) de não alocação orçamentária do valor necessário à satisfação do seu débito.

IV. Errado, é vedada a designações de pessoas nas dotações.

Gabarito: **A**

8ª a 11ª Questões (AGU Advogado-Geral Cespe2012): *Julgue os próximos itens, relativos aos precatórios.*

8. O credor preterido do seu direito de precedência referente à ordem cronológica de apresentação dos ofícios precatórios poderá requerer ao presidente do tribunal de origem da decisão exequenda a determinação do sequestro da quantia necessária à satisfação do seu crédito.

9. Incorrerá em crime de responsabilidade e responderá perante o Conselho Nacional de Justiça o presidente do tribunal competente que retardar ou tentar frustrar a liquidação regular de precatórios.

10. Créditos em precatórios não poderão ser cedidos, ainda que parcialmente, a terceiros.

11. Para efeito dos pagamentos devidos por pessoas políticas em virtude de sentença judicial, a ordem cronológica de apresentação dos precatórios deve ser rigorosamente respeitada, independentemente da natureza dos débitos.

Solução

8. Certo, as dotações orçamentárias e os créditos abertos serão consignados diretamente ao Poder Judiciário, cabendo ao Presidente do Tribunal que proferir a decisão exequenda determinar o pagamento integral e autorizar, a requerimento do credor e exclusivamente para os casos de preterimento de seu direito de precedência ou de não alocação orçamentária do valor necessário à satisfação do seu débito, o sequestro da quantia respectiva.

9. Certo, sem comentários adicionais.

10. Errado, é permitida a cessão independentemente da concordância do devedor. A cessão pode ser total ou parcial.

11. Errado, eis a ordem de prioridade:

> ***1.*** Os débitos de natureza alimentícia cujos titulares, originários ou por sucessão hereditária, tenham 60 (sessenta) anos de idade, ou sejam portadores de doença grave, ou pessoas com deficiência, assim definidos na forma da lei, serão pagos com preferência sobre todos os demais débitos, até o valor equivalente ao triplo fixado em lei.
>
> ***2.*** Os débitos de natureza alimentícia.
>
> ***3.*** Demais segundo ordem de cronológica de apresentação.

Gabarito:

8. **Certo**

Unidade Didática V
Controle Fiscal na Federação

9. **Certo**
10. **Errado**
11. **Errado**

12ª a 13ª Questões (TCE-ES Analista Cespe 2012): *Julgue os itens a seguir.*

12. Dos precatórios, no momento de sua expedição, deve ser abatido, a título de compensação, o valor correspondente aos débitos líquidos e certos, inscritos, ou não, em dívida ativa, constituídos contra o credor original pela fazenda pública devedora.

13. O precatório-requisitório consiste em ordem judicial de pagamento expedida pelo juízo da execução em ofício ao presidente do tribunal para que requisite as quantias a que tenha sido condenada a fazenda pública em processo com trânsito em julgado, apresentado até 1.º de julho, para que a despesa conste da lei orçamentária do exercício subsequente.

Solução

12. Certo, sem comentários adicionais.
13. Certo, sem comentários adicionais.

Gabarito:

12. **Certo**
13. **Certo**

14ª Questão (TCE-AP Analista FCC 2012): *Sobre a disciplina constitucional dos precatórios, considere:*

I. o credor pode, se houver previsão, e na forma de lei estadual, entregar os créditos em precatórios para compra de imóveis públicos do respectivo ente federado.

II. é admitido o fracionamento de precatório como forma de transformar o crédito em dois créditos, para que um deles seja caracterizado como de pequeno valor para fins de pagamento imediato.

III. é admitido o fracionamento de precatório de débitos de natureza alimentícia cujos titulares tenham 60 anos de idade ou mais na data de sua expedição, para pagamento preferencial até o valor equivalente ao triplo daquele definido em lei como de pequeno valor, devendo o restante ser pago na ordem cronológica de apresentação do precatório.

IV. é vedada a cessão de créditos em precatórios a terceiro sem a concordância do devedor e sem lei complementar que defina a forma como se fará esta cessão.

Está correto o que se afirma APENAS em

a) I e II.

b) I e III.

c) II e IV.

d) II e III.

e) III e IV.

Solução

I. Certo, sem comentários adicionais.

II. Errado, é vedado o fracionamento de precatório como forma de transformar o crédito em dois créditos, para que um deles seja caracterizado como de pequeno valor para fins de pagamento imediato

III. Certo, sem comentários adicionais.

IV. Errado, a cessão de créditos em precatórios independe de concordância do devedor e independente de lei complementar. A cessão de precatórios somente produzirá efeitos após comunicação, por meio de petição protocolizada, ao tribunal de origem e à entidade devedora.

Gabarito: **B**

15ª Questão (PGE-SP Procurador FCC 2012): *A Emenda Constitucional nº 62/09 trouxe inovações em relação à sistemática de pagamento de precatórios prevista na Constituição Federal. Uma das alterações foi a*

a) vinculação, para efeito de atualização dos valores requisitados, dos juros compensatórios aos juros incidentes sobre a caderneta de poupança.

b) possibilidade, independentemente da concordância do devedor, da cessão total ou parcial do precatório, que mantém a sua natureza para efeito de ordem de preferência de pagamento.

c) possibilidade da União, a seu critério exclusivo e na forma de lei, assumir e refinanciar os débitos oriundos de precatórios dos Estados, do Distrito Federal e dos Municípios.

d) criação de um regime especial para pagamento de crédito de precatórios, mediante depósito em conta especial de valor calculado sobre as receitas tributárias arrecadadas pelo Estado.

e) escolha do critério da idade do credor como preferência ao pagamento quando houver dúvida sobre a precedência cronológica das ordens de pagamento por natureza do crédito, idade e saúde.

Solução

a) Errado, não se admitem juros compensatórios.

b) Errado, se transmite o crédito, não a natureza para efeito de ordem de preferência de pagamento.

c) Gabarito.

d) Errado, seria sobre a receita corrente líquida.

e) Errado, as prioridades são essas:

1. Os débitos de natureza alimentícia cujos titulares, originários ou por sucessão hereditária, tenham 60 (sessenta) anos de idade, ou sejam portadores de doença grave, ou pessoas com deficiência, assim definidos na forma da lei, serão pagos com preferência sobre todos os demais débitos, até o valor equivalente ao triplo fixado em lei como de pequeno valor.

2. Os débitos de natureza alimentícia.

3. Demais (que não são de natureza alimentícia) segundo ordem de cronológica de apresentação.

Gabarito: **C**

16ª Questão (Prefeitura de João Pessoa Procurador FCC 2012): *No regime constitucional dos precatórios, terá cabimento o sequestro de dinheiro público*

a) quando não é realizado o pagamento do precatório dentro do exercício financeiro para o qual foi previsto pela lei orçamentária anual.

b) em caso de preterimento do direito de precedência do credor.

c) quando o Presidente do Tribunal competente, por ato comissivo ou omissivo, retardar ou tentar frustrar a liquidação regular dos precatórios.

d) em caso de insolvência do ente federado credor.

e) quando o crédito de pequeno valor não for pago em até sessenta dias de sua apresentação.

Solução

São 2 casos que implicam sequestro. A requerimento do credor e exclusivamente para os casos: (i) de preterimento de seu direito de precedência ou (ii) de não alocação orçamentária do valor necessário à satisfação do seu débito.

Gabarito: **B**

17ª Questão (Prefeitura de João Pessoa Procurador FCC 2012): *Sobre o regime constitucional dos precatórios, é correto afirmar que*

a) todos os débitos das Fazendas Públicas dos entes federados, em virtude de sentença judiciária, far-se-ão por precatório, não havendo qualquer exceção quanto a esta regra.

b) os débitos de natureza alimentícia deverão ser pagos por precatório, mas não precisam ser apresentados até primeiro de julho para sua inclusão no orçamento do exercício seguinte, pois basta sua apresentação para pagamento imediato.

c) é possível o fracionamento do valor da execução para fins de enquadramento de parcela do total como crédito de pequeno valor, cujo precatório dispensa apresentação até primeiro de julho para sua inclusão no orçamento do exercício seguinte.

d) o credor está autorizado constitucionalmente a adquirir imóveis públicos de qualquer ente federado com crédito na forma de precatório já apresentado até primeiro de junho para sua inclusão no orçamento do exercício seguinte, bastando que apresente o crédito quando da realização do pagamento.

e) o credor poderá ceder seus créditos em precatórios a terceiros, independentemente de concordância do devedor, mas o cessionário, se maior de 60 anos, não gozará das prerrogativas de preferência para pagamento quando o crédito tiver natureza alimentícia, bem como não se beneficiará do pagamento na forma de crédito de pequeno valor.

Solução

a) Errado, os débitos de pequeno valor estão fora do regime de precatórios.

b) Errado, as regras para inclusão na LOA e pagamento serve para todos os tipos de precatórios.

c) Errado, é vedado o fracionamento do valor da execução para fins de enquadramento de parcela do total como crédito de pequeno valor.

d) Errado, depende de regulamentação do ente.

e) Certo, se transmite o crédito, não a preferência.

Gabarito: **E**

18ª Questão (MPC-MT Analista FCC 2013): *De acordo com a Constituição Federal, os pagamentos devidos pelas Fazendas Públicas Federal, Estaduais, Distrital e Municipais, em virtude de sentença judiciária, far-se-ão, exclusivamente, na ordem cronológica de apresentação dos precatórios e à conta dos créditos respectivos, proibida a designação de casos ou de pessoas nas dotações orçamentárias e nos créditos adicionais abertos para este fim. Entretanto, NÃO há necessidade de expedição de precatório em relação aos*

a) pagamentos de obrigações definidas em leis como de pequeno valor que as Fazendas referidas devam fazer em virtude de sentença judicial transitada em julgado.

b) débitos de natureza alimentícia cujos titulares tenham sessenta anos de idade ou mais.

c) débitos de natureza alimentícia cujos titulares sejam portadores de doença grave, nos termos da lei.

d) pagamentos de natureza alimentícia decorrentes de salários, vencimentos, proventos, pensões e suas complementações, em virtude de sentença judicial transitada em julgado.

e) pagamentos decorrentes de benefícios previdenciários e indenizações por morte ou por invalidez, fundadas em responsabilidade civil, em virtude de sentença judicial transitada em julgado.

Solução

Gabarito A. Sem comentários adicionais.

Gabarito: **A**

19ª Questão (TRT 10ª Região Analista Cespe 2013): *Julgue o item a seguir.*

Os pagamentos devidos pela fazenda pública em virtude de sentença judiciária ocorrerão na ordem de apresentação dos precatórios e à conta dos créditos respectivos, devendo ser designado o beneficiário, pessoa física ou jurídica, nas dotações orçamentárias e nos créditos adicionais abertos para tal finalidade.

Solução

Errado, os pagamentos devidos pelas Fazendas Públicas Federal, Estaduais, Distrital e Municipais, em virtude de sentença judiciária, far-se-ão exclusivamente na ordem cronológica de apresentação dos precatórios e à conta dos créditos respectivos, proibida a designação de casos ou de pessoas nas dotações orçamentárias e nos créditos adicionais abertos para este fim.

Gabarito: **Errado**

20ª Questão (AGU Procurador Cespe 2013): *Considere a seguinte situação hipotética.*

Lauro, que é credor de precatório de natureza alimentícia, cedeu parcela desse crédito a Júlio, sem a concordância da entidade devedora. Júlio requereu, em juízo, a garantia de preferência da parcela do crédito de natureza alimentar a ele cedida, mas o presidente do tribunal indeferiu-lhe o pedido. Nessa situação, o ato do presidente do tribunal foi ilegal, pois tanto o crédito em questão quanto a preferência a ele garantida podem ser objeto de transação.

Solução

Errado, a cessão do precatório independente da concordância do devedor, porém não se aplica ao cessionário as prioridades.

Gabarito: **Errado**

21ª Questão (TCE-ES Analista Cespe 2013): *Considere que, atendendo-se a decisão em sentença transitada em julgado, tenha sido expedido, contra o estado do Espírito Santo, um precatório de montante correspondente a duas vezes o conceito de pequeno valor. Considerando essa situação hipotética, assinale a opção correta.*

a) Nas dotações orçamentárias, é indispensável constar o número do processo judicial do qual se originou o precatório.

b) Na definição da ordem de preferência de pagamento do precatório, deve-se considerar, primeiramente, a ordem de apresentação, independentemente da natureza do precatório e da idade do beneficiário.

c) Se tiver sido emitido em razão de indenização por responsabilidade civil do Estado, deve o precatório ser considerado como não alimentício.

d) O fato de o beneficiário estar sofrendo de doença grave não lhe dá direito à preferência na ordem de recebimento do precatório, ainda que esse precatório tenha natureza alimentícia.

e) O nome do beneficiário deve ser indicado no precatório, sendo proibida sua indicação na respectiva dotação orçamentária.

Solução

a) Errado, os pagamentos devidos pelas Fazendas Públicas Federal, Estaduais, Distrital e Municipais, em virtude de sentença judiciária, far-se-ão exclusivamente na ordem cronológica de apresentação dos precatórios e à conta dos créditos respectivos, proibida a designação de casos ou de pessoas nas dotações orçamentárias e nos créditos adicionais abertos para este fim.

b) Errado, se for de natureza alimentícia tem prioridade. E para os débitos de natureza alimentícia cujos titulares, originários ou por sucessão hereditária, tenham 60 (sessenta) anos de idade, ou sejam portadores de doença grave, ou pessoas com deficiência, assim definidos na forma da lei, serão pagos com preferência sobre todos os demais débitos, até o valor equivalente ao triplo fixado em lei, admitido o fracionamento para essa finalidade, sendo que o restante será pago na ordem cronológica de apresentação do precatório.

c) Errado, os débitos de natureza alimentícia compreendem aqueles decorrentes de salários, vencimentos, proventos, pensões e suas complementações, benefícios previdenciários e indenizações por morte ou por invalidez, fundadas em responsabilidade civil, em virtude de sentença judicial transitada em julgado.

d) Errado, ver comentário da opção B.

e) Certo, sem comentários adicionais.

Gabarito: **E**

22ª Questão (MDIC Analista Cespe 2014): *Julgue o item a seguir.*

Caso a União seja condenada em ação judicial a pagar indenização a determinado cidadão que se feriu em acidente ocorrido em prédio público, o precatório emitido deverá ser pago na ordem cronológica de apresentação, não sendo admitido direito de preferência.

Solução

Errado, neste caso será de natureza alimentícia. Desse modo, terá prioridade perante os demais que não são de natureza alimentícia.

Gabarito: **Errado**

23ª Questão (TRT 14ª Região Analista FCC 2014): *A Sra. Maria da Silva obteve sucesso em pleito judicial em face da União, cujo objeto do processo era o pagamento de R$ 1.000.000,00 em razão da desapropriação de sua casa. Em atendimento à ordem geral de apresentação dos precatórios, foi aberto crédito adicional para o pagamento, tendo constado na dotação orçamentária respectiva: "Pagamento de precatório em favor de Maria da Silva, no valor de R$ 1.000.000,00". Essa situação confirma ilegalidade porque*

a) não pode ser aberto crédito adicional para o pagamento de precatório.

b) precatório de R$ 1.000.000,00 ou mais deve integrar lista específica e prioritária.

c) antes de abrir o crédito adicional, em razão do valor, a União deve renegociar o montante do precatório.

d) não é permitida a designação expressa do nome do credor na dotação orçamentária do precatório.

e) pagamentos relativos à desapropriação independem de precatório.

Solução

a) A ilegalidade não consta aqui. Argumento falso.

b) É lícito tal argumento, pois é de natureza alimentícia.

c) Seria lícito tal argumento, se este precatório superasse 15% do montante dos precatórios apresentados.

d) Gabarito. É ilegal designar nomes de pessoas nas dotações.

e) É lícito tal argumento.

Gabarito: **D**

24ª Questão (TCM-RJ Auditor FCC 2015): *A Constituição Federal estabelece, em seu art. 100, que "Os pagamentos devidos pelas Fazendas Públicas Federal, Estaduais, Distrital e Municipais, em virtude de sentença judiciária, far-se-ão exclusivamente na ordem cronológica de apresentação dos precatórios e à conta dos créditos respectivos, proibida a designação de casos ou de pessoas nas dotações orçamentárias e nos créditos adicionais abertos para este fim". No § 1º desse mesmo artigo, o texto constitucional, depois de arrolar os débitos que considera de natureza alimentícia, estabelece que esses débitos serão pagos com preferência sobre todos os demais débitos, exceto sobre aqueles referidos no § 2º do mesmo artigo. De acordo com o texto constitucional,*

I. serão pagos, com preferência sobre todos os demais débitos, aqueles, cujos titulares tenham 60 anos de idade, ou mais, na data de expedição do precatório, tendo como limite para esse pagamento, nestes casos, valor equivalente ao triplo do fixado em lei para pagamentos de obrigações definidas como de pequeno valor.

II. serão pagos, com preferência sobre todos os demais débitos, aqueles de natureza alimentícia, cujos titulares sejam portadores de doença grave, definidos na forma da lei, independentemente do valor que deva ser pago.

III. o pagamento dos débitos de natureza alimentícia, cujos titulares tenham 60 anos de idade, ou mais, na data de expedição do precatório, poderá ser fracionado para fins de pagamento preferencial, sendo que, o que exceder o montante equivalente ao triplo do fixado em lei para pagamentos de obrigações definidas como de pequeno valor, será pago na ordem cronológica de apresentação do precatório.

IV. o pagamento dos débitos, cujos titulares sejam portadores de doença grave, definidos na forma da lei, poderá ser fracionado para fins de pagamento preferencial, sendo que, o que exceder o montante equivalente a dez vezes o fixado em lei para pagamentos de obrigações definidas como de pequeno valor, será pago na ordem cronológica de apresentação do precatório.

Está correto o que se afirma APENAS em

a) I.

b) I e IV.

c) II e III.

d) II e IV.

e) III.

Solução

I. Errado, apenas para os que forem de natureza alimentícia.

II. Errado, até o triplo do fixado em lei para pagamentos de obrigações definidas como de pequeno valor.

III. Certo.

IV. Errado, pagamento dos débitos, cujos titulares sejam portadores de doença grave, definidos na forma da lei, poderá ser fracionado para fins de pagamento preferencial, sendo que, o que exceder o montante equivalente três vezes o fixado em lei.

Gabarito: **E**

25ª Questão (TCE-AM Auditor FCC 2015): *A Constituição Federal estabelece, no caput do seu artigo 100, que os pagamentos devidos pelas Fazendas Públicas Federal, Estaduais, Distrital e Municipais, em virtude de sentença judiciária, far-se-ão exclusivamente na ordem cronológica de apresentação dos precatórios e à conta dos créditos respectivos. De acordo com a Constituição Federal, no momento da expedição desses precatórios, deles deverão ser abatidos, a título de compensação, determinados valores de que a Fazenda Pública devedora é titular em relação à pessoa beneficiária do precatório. Esse abatimento*

a) se efetivará nos termos e limites da regulamentação que deve ser baixada especificamente para esse fim.

b) só poderá ser feito com débitos líquidos e certos, constituídos contra o credor original pela Fazenda Pública devedora.

c) só poderá ser feito com débitos líquidos e certos, já inscritos em dívida ativa.

d) não poderá ser feito com parcelas vincendas de parcelamento.

e) poderá ser feito mesmo se o valor a ser compensado estiver sendo objeto de contestação administrativa.

Solução

Gabarito B, sem comentários adicionais.

Gabarito: **B**

26ª Questão(TCU Procurador Cespe 2015): *Julgue o item a seguir.*

O precatório de natureza alimentar cedido a pessoa com mais de sessenta anos de idade passa a ter prioridade de pagamento sobre todos os demais débitos, até o valor equivalente ao triplo do fixado em lei, admitido o fracionamento para essa finalidade, sendo o restante pago na ordem cronológica de apresentação do precatório.

Solução

Errado, quando se cede não são transferidos os direitos de preferência.

Gabarito: **Errado**

27ª Questão (Prefeitura de Salvador Procurador Cespe 2015): *Uma associação de servidores públicos que ingressou com ação judicial contra determinado estado da Federação obteve sentença judicial condenatória transitada em julgado em 2015, a qual condenou a fazenda pública a pagar a cada associado um valor certo e determinado, em razão de correção de remuneração não implementada corretamente pela administração. Nessa situação hipotética,*

a) não havendo a alocação de recursos suficientes para o pagamento dos débitos no prazo previsto na CF, caberá ao presidente do tribunal que proferir a decisão exequenda determinar ao chefe do Poder Executivo que inclua os recursos devidos na previsão orçamentária para o exercício financeiro imediatamente subsequente, vedado, nessa hipótese, o sequestro da quantia respectiva.

b) o pagamento deverá ser feito pelo sistema de precatórios judiciais, quaisquer que sejam os valores das condenações.

c) a depender do valor total da condenação, os pagamentos poderão ser fracionados em até dez anos, corrigidos monetariamente a cada pagamento.

d) se, na data da expedição dos precatórios, houver beneficiários com mais de sessenta anos de idade, os débitos a eles correspondentes deverão ser pagos com preferência sobre os demais, sem que se exceda o valor correspondente ao triplo do fixado em lei para pagamento de requisições de pequeno valor, admitindo-se o fracionamento para essa finalidade.

e) a atualização dos valores desde a expedição do requisitório até o pagamento efetivo será feita pela aplicação da taxa SELIC, não incidindo sobre tais valores juros de mora ou juros compensatórios.

Solução

a) Errado, a ordem cronológica deve ser atendida, porém caso haja precatório com valor superior a 15% (quinze por cento) do montante dos precatórios apresentados, 15% (quinze por cento) do valor deste precatório serão pagos até o final do exercício seguinte e o restante em parcelas iguais nos cinco exercícios subsequentes, acrescidas de juros de mora e correção monetária, ou mediante acordos diretos, perante Juízos Auxiliares de Conciliação de

Precatórios, com redução máxima de 40% (quarenta por cento) do valor do crédito atualizado, desde que em relação ao crédito não penda recurso ou defesa judicial e que sejam observados os requisitos definidos na regulamentação editada pelo ente federado.

b) Errado, se for de pequeno valor fica fora do sistema.

c) Errado, a regra é o não fracionamento.

d) Certo, sem comentários adicionais.

e) Errado, desde a promulgação da Emenda Constitucional 62/2009, a atualização de valores de requisitórios, após sua expedição, até o efetivo pagamento, independentemente de sua natureza, será feita pelo índice oficial de remuneração básica da caderneta de poupança, e, para fins de compensação da mora, incidirão juros simples no mesmo percentual de juros incidentes sobre a caderneta de poupança, ficando excluída a incidência de juros compensatórios.

Gabarito: **D**

28ª Questão (TCE-PR Auditor Cespe 2016): *Julgue o item a seguir.*

Desde a edição da Emenda Constitucional nº 62/2009, é inconstitucional a aplicação dos índices de remuneração da caderneta de poupança em correção monetária no regime de precatórios.

Solução

Errado, desde a promulgação da Emenda Constitucional 62/2009, a atualização de valores de requisitórios, após sua expedição, até o efetivo pagamento, independentemente de sua natureza, será feita pelo índice oficial de remuneração básica da caderneta de poupança, e, para fins de compensação da mora, incidirão juros simples no mesmo percentual de juros incidentes sobre a caderneta de poupança, ficando excluída a incidência de juros compensatórios.

Gabarito: **Errado**

29ª Questão (Prefeitura de Campinas Procurador FCC 2016): *Sobre o regime jurídico dos precatórios, considere:*

I. Os precatórios de natureza alimentar têm preferência sobre todos os demais débitos, inclusive sobre qualquer precatório devido aos maiores de sessenta anos.

II. Definidas em lei como de pequeno valor não se submetem ao regime de precatórios.

III. Os precatórios de natureza alimentar podem ser fracionados para serem pagos como requisição de pequeno valor somente em casos excepcionais, como para maiores de 60 anos, desde que portadores de doença grave assim definida em lei.

IV. Admite-se o sequestro de verba pública no respectivo valor do precatório em caso de preterimento no direito de precedência no seu pagamento ou de não alocação orçamentária do valor necessário à satisfação do débito, mediante requerimento do credor.

Está correto o que se afirma APENAS em

a) I e II.

b) II e IV.

c) II e III.

d) III e IV.

e) I e IV.

Solução

I. Errado, os precatórios de natureza alimentar têm preferência sobre todos os demais débitos, exclusive sobre os débitos de natureza alimentícia cujos titulares, originários ou por sucessão hereditária, tenham 60 (sessenta) anos de idade, ou sejam portadores de doença grave, ou pessoas com deficiência.

II. Certo, sem comentários adicionais.

III. Errado, o fracionamento ocorre apenas para a parte que superar o triplo dos débitos definidos como de pequeno valor. São 3 casos independentes entre si: débitos de natureza alimentícia cujos titulares, originários ou por sucessão hereditária, tenham 60 (sessenta) anos de idade, ou sejam portadores de doença grave, ou pessoas com deficiência.

IV. Certo, são apenas estes 2 casos.

Gabarito: **B**

30ª Questão (TCE-PE Auditor de Contas Públicas Cespe 2017): *Acerca do regime de precatórios no Brasil, julgue o item a seguir.*

Sem a concordância do ente público devedor, é vedada a cessão parcial de crédito em precatório cuja dívida seja de natureza alimentícia.

Solução

A cessão total ou parcial do precatório independe da concordância do ente público devedor.

Gabarito: **Errado**

31ª Questão (TCE-PB Auditor de Contas Públicas Cespe 2018): *Com relação à disciplina constitucional dos precatórios, assinale a opção correta.*

a) O pagamento dos precatórios deve ser feito rigorosamente de acordo com a ordem cronológica de sua apresentação, independentemente do valor da obrigação imposta pela condenação judicial.

b) Aos débitos judiciais dos conselhos de fiscalização profissional aplica-se o regime de precatórios e requisições de pequeno valor.

c) O Poder Executivo deverá abrir créditos adicionais com a indicação de recursos suficientes para saldar o débito no caso de esgotamento dos recursos destinados ao pagamento dos precatórios requisitados pelo Poder Judiciário.

d) Os créditos de natureza alimentícia devidos aos maiores de sessenta anos de idade terão preferência sobre os demais débitos inscritos em precatório, vedado o seu fracionamento para tal finalidade.

e) Os juros de mora devem incidir no período compreendido entre a data de elaboração dos cálculos e a data de expedição do precatório.

Solução

a) Errado, pois o regime de precatórios relativamente à expedição de precatórios não se aplica aos pagamentos de obrigações definidas em leis como de pequeno valor que as Fazendas referidas devam fazer em virtude de sentença judicial transitada em julgado.

b) Errado, aos débitos judiciais dos conselhos de fiscalização profissional não se aplica o regime de precatórios e requisições de pequeno valor.

c) Errado, as dotações orçamentárias e os créditos abertos serão consignados diretamente ao Poder Judiciário, cabendo ao Presidente do Tribunal que proferir a decisão exequenda determinar o pagamento integral e autorizar, a requerimento do credor e exclusivamente para os casos de preterimento de seu direito de precedência ou de não alocação orçamentária do valor necessário à satisfação do seu débito, o sequestro da quantia respectiva. Se havia dotação de 100 milhões para precatórios, o Executivo deve honrar. Não se trata de abrir novas dotações.

d) Errado, os débitos de natureza alimentícia cujos titulares, originários ou por sucessão hereditária, tenham 60 (sessenta) anos de idade, ou sejam portadores de doença grave, ou pessoas com deficiência, assim definidos na forma da lei, serão pagos com preferência sobre todos os demais débitos, até o valor equivalente ao triplo fixado em lei, admitido o fracionamento para essa finalidade, sendo que o restante será pago na ordem cronológica de apresentação do precatório.

d) Certo.

Gabarito: **E**

CAPÍTULO 30

CRÉDITO PÚBLICO

1. CONCEITOS

O crédito público é de grande importância na vida financeira dos Estados modernos, pois constitui uma **fonte regular de obtenção de dinheiro para a consecução das finalidades públicas**.

As receitas crediárias são receitas que correspondem ao crédito público, **mediante a de utilização de operações de empréstimos, contratos bancários**, colocação de títulos, entre outros.

Tipos de Operação de crédito no MTO (Manual Técnico do Orçamento)

1. Operação de Crédito Contratual.
2. Emissão de Títulos.
3. Empréstimos compulsórios.

A Operação de crédito corresponde ao compromisso financeiro assumido em razão de mútuo, abertura de crédito, emissão e aceite de título, aquisição financiada de bens, recebimento antecipado de valores provenientes da venda a termo de bens e serviços, arrendamento mercantil e outras operações assemelhadas, inclusive com o uso de derivativos financeiros.

O conceito de operação de crédito da LRF é bastante amplo. Dessa maneira, há operações que eventualmente podem não ser caracterizadas como operações de crédito pelo sistema financeiro, mas se enquadram no conceito da LRF, devendo, portanto, ser objeto de verificação prévia pelo Ministério da Fazenda.

As operações de crédito tradicionais são aquelas relativas aos contratos de financiamento, empréstimo ou mútuo.

A legislação englobou no mesmo conceito, ainda, as operações assemelhadas, tais como a compra financiada de bens ou serviços, o arrendamento mercantil e as operações de derivativos financeiros, inclusive operações dessas categorias realizadas com instituição não financeira.

2. CLASSIFICAÇÕES

O Quadro 30.1 contém os tipos de operação de crédito existentes.

Quadro 30.1: Tipos de crédito público

Tipo de Crédito	Exemplo
Operações de curto prazo (até 12 meses).	1. Operações por Antecipação de Receita Orçamentária (ARO) que integram a dívida flutuante. 2. Operações de Crédito que constam na LOA e que integram a dívida consolidada.
Operações de médio e longo prazos (acima de 12 meses)	Empréstimos contratuais.
Interno	Quando contratada com credores situados no País
Externo	Quando contratada com agências de países estrangeiros, organismos internacionais ou instituições financeiras estrangeiras
Operações de reestruturação e recomposição do principal de dívidas	Tem enquadramento especial quando significarem a troca de dívida (efeito permutativo) com base em encargos mais favoráveis ao Ente

3. REGRAS (CONDIÇÕES)

A contratação de operações de crédito, por Estados, Distrito Federal e Municípios, incluindo suas Autarquias, Fundações e Empresas Estatais Dependentes, subordina-se às normas da Lei Complementar nº 101, de 04/05/2000 (Lei de Responsabilidade Fiscal - LRF) e às Resoluções do Senado Federal (RSF) nº 40 e 43, de 2001.

A LRF estabelece que:

Art. 32.O Ministério da Fazenda verificará o cumprimento dos limites e condições relativos à realização de operações de crédito de cada ente da Federação, inclusive das empresas por eles controladas, direta ou indiretamente.

§ 1º O ***ente interessado formalizará seu pleito*** *fundamentando-o em parecer de seus órgãos técnicos e jurídicos,* ***demonstrando a relação custo-benefício****, o interesse econômico e social da operação e o atendimento das seguintes condições:*

I – existência de prévia e expressa autorização para a contratação, no texto da lei orçamentária, em créditos adicionais ou lei específica;

II – inclusão no orçamento ou em créditos adicionais dos recursos provenientes da operação, exceto no caso de operações por antecipação de receita;

III – observância dos limites e condições fixados pelo Senado Federal;

IV – autorização específica do Senado Federal, quando se tratar de operação de crédito externo;

V – atendimento do disposto no inciso III do art. 167 da Constituição;

VI – observância das demais restrições estabelecidas nesta Lei Complementar.

Ainda pela LRF:

Art. 33. ***A instituição financeira que contratar operação de crédito com ente da Federação****, exceto quando relativa à dívida mobiliária ou à externa,* ***deverá exigir comprovação de que a operação atende às condições e limites estabelecidos.***

§ 1º A operação realizada com infração do disposto nesta Lei Complementar será considerada nula, procedendo-se ao seu cancelamento, mediante a devolução do principal, vedados o pagamento de juros e demais encargos financeiros.

§ 2º Se a devolução não for efetuada no exercício de ingresso dos recursos, será consignada reserva específica na lei orçamentária para o exercício seguinte.

§ 3º Enquanto não efetuado o cancelamento, a amortização, ou constituída a reserva, aplicam-se as sanções previstas nos incisos do § 3º do art. 23.

§ 4º Também se constituirá reserva, no montante equivalente ao excesso, se não atendido o disposto no inciso III do art. 167 da Constituição, consideradas as disposições do § 3º do art. 32.

O Ministério da Fazenda, na condição de garantidor, por sua vez, **realiza uma análise financeira abrangente do estado ou do município que pleiteia a garantia** (classificação da situação financeira), estritamente para essa finalidade, cuja metodologia encontra-se definida na Portaria MF nº 306/2012, e na Portaria STN nº 543/2012.

O grau de atendimento dos critérios e indicadores elegidos na referida metodologia **pode elevar a análise da operação, nos termos da portaria, à alçada do Ministro da Fazenda**, para que, à vista das contragarantias oferecidas e da relevância dos investimentos a serem financiados, avalie a convencia da concessão da garantia. A RSF nº43 (art. 23, inciso I), finalmente, **requer o envio da análise financeira realizada pelo Ministério da Fazenda, quando se tratar de operação externa com garantia da União**, para fins de instrução do processo.

As operações externas de órgãos e entidades do setor público **dependem de registro e credenciamento prévio no Banco Central do Brasil**, assim como de pronunciamento prévio do Ministério da Fazenda.

A Figura 30.1 ilustra os principais requisitos.

Figura 30.1: Requisitos de uma Operação de Crédito

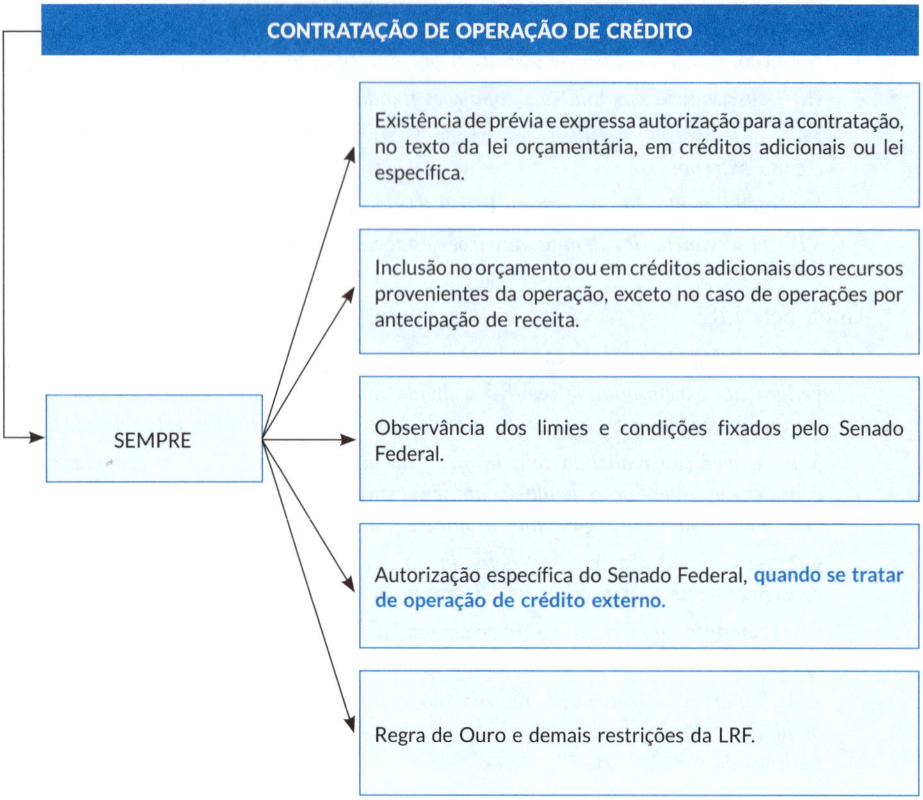

4. FASES

4.1. Operação de Crédito Interna

No fluxo de operações internas não foram incluídos procedimentos de análise de garantia da União, tendo em vista que a maior parte dessas operações não conta com a referida garantia. A seguir constam os passos.

1. O ente da Federação encaminha, por intermédio da instituição financeira, Pedido de Verificação de Limites e Condições (PVL) à STN: os documentos físicos são recebidos no Protocolo da STN e os eletrônicos por meio do SADIPEM.
2. O PVL aguarda análise na fila única de pleitos.
3. Análise do pleito. O prazo de conclusão para pleitos que atendem aos requisitos mínimos é de dez dias úteis, conforme definido no art. 31 da RSF nº 43/2001.
4. Caso os documentos estejam corretos e não exista questionamento jurídico.

5. É encaminhado ofício de exigência à instituição financeira. A instituição financeira é informada a respeito da eventual consulta.
6. São encaminhados ofícios ao ente da Federação e à instituição financeira comunicando o cumprimento, por parte do ente, dos limites e condições para a contratação da operação pleiteada.

4.2. Operação de Crédito Externa

As operações de crédito externo seguem, em parte, os mesmos trâmites das operações de crédito interno. Por não envolverem instituições integrantes do Sistema Financeiro Nacional, não necessitam observar as regras de crédito ao setor público do Conselho Monetário Nacional (CMN). Contudo, é requerida a Recomendação prévia da Comissão de Financiamentos Externos (COFIEX), órgão colegiado integrante da estrutura do Ministério do Planejamento, Desenvolvimento e Gestão (MP), que tem por finalidade avaliar e selecionar projetos ou programas de interesse do setor público, financiados por operações de crédito externo com entidades credoras do exterior.

A contratação está sujeita à autorização específica do Senado Federal (art. 52, inciso V, da CF/88 e art. 28 da RSF nº 43/2001). Conforme já relatado, é atribuição do Ministério da Fazenda a instrução do processo de autorização, que será encaminhado, após análise, ao Senado Federal.

Em operações de crédito externo, normalmente o credor exige garantia da União. Quando isso ocorre, a operação estará sujeita a análise específica, nos termos e condições definidos na RSF nº 48/2007.

Cabe destacar que, para a realização da operação de crédito externo, antes de sua tramitação final na STN, após a negociação das minutas contratuais do Acordo de Empréstimo, é necessário atender ao disposto pelas Resoluções nº 2515, de 29/6/1998 e nº 3844, de 23/3/2010 do Banco Central do Brasil, no que concerne ao Registro de Capital Estrangeiro no módulo Registro de Operações Financeiras – ROF do Registro Declaratório Eletrônico – RDE, junto ao Departamento Econômico (Depec), da Diretoria de Política Econômica (Dipec), do Banco Central do Brasil.

É de se registrar, por oportuno, que, para apreciação do pleito, o Senado Federal exige tradução juramentada dos contratos.

Os contratos relativos a operações de crédito externo **não podem conter qualquer cláusula:**

1. De natureza política;
2. Atentatória à soberania nacional e à ordem pública;
3. Contrária à Constituição e às leis brasileiras; e
4. Que implique compensação automática de débitos e créditos.

5. GARANTIAS

5.1. Estados e Municípios

A RSF nº 43/2001 dispõe sobre as operações de crédito interno e externo dos Estados, do Distrito Federal e dos Municípios, inclusive concessão de garantias, seus limites e condições de autorização, e dá outras providências.

A Concessão de Garantia é definida como compromisso de adimplência de obrigação financeira ou contratual assumida por Ente da Federação ou entidade a ele vinculada, não configurando operação de crédito, nos termos do inciso IV do art. 29 da LRF.

O pedido ao Ministério da Fazenda para verificação dos limites e condições origina-se de solicitação de garantia formulado ao Ente para que este se responsabilize por pagamentos de obrigações terceiros em caso de inadimplência. A garantia pode assumir diversas formas, seja a forma de garantia fidejussória ou garantia real de bens públicos.

A garantia da União é regulamentada pelo art. 40 da Lei de Responsabilidade Fiscal, pela RSF nº 48/2007, pela Portaria MF nº 497/1990 e por legislação complementar.

A análise da garantia da União compreende, entre outros:

1. A avaliação da capacidade de pagamento do Ente interessado, mediante critérios e metodologia estabelecidos na Portaria MF nº 306/2012;
2. O exame das contragarantias oferecidas (qualidade e suficiência), que devem ser suficientes para cobrir qualquer pagamento que a União venha a fazer, cuja metodologia de apuração está estabelecida na Portaria citada no item anterior;
3. As minutas negociadas do contrato de empréstimo e do contrato de garantia devem estar em termos satisfatórios para o garantidor, principalmente no que diz respeito ao custo e ao risco financeiro.

5.2. União

O **Ministro da Fazenda detém a competência de firmar os contratos de garantia em nome da União**, os quais deverão ser avaliados, do ponto de vista jurídico, pela PGFN, por meio da Coordenação-Geral de Operações Financeiras da União (PGFN/COF), quando a operação for externa, e da Coordenação-Geral de Assuntos Financeiros da União (PGFN/CAF), quando se tratar de operação interna. A competência do Ministro da Fazenda para assinar os contratos encontra-se subdelegada a determinados Procuradores da Fazenda.

Figura 30.2: Requisitos da Garantia

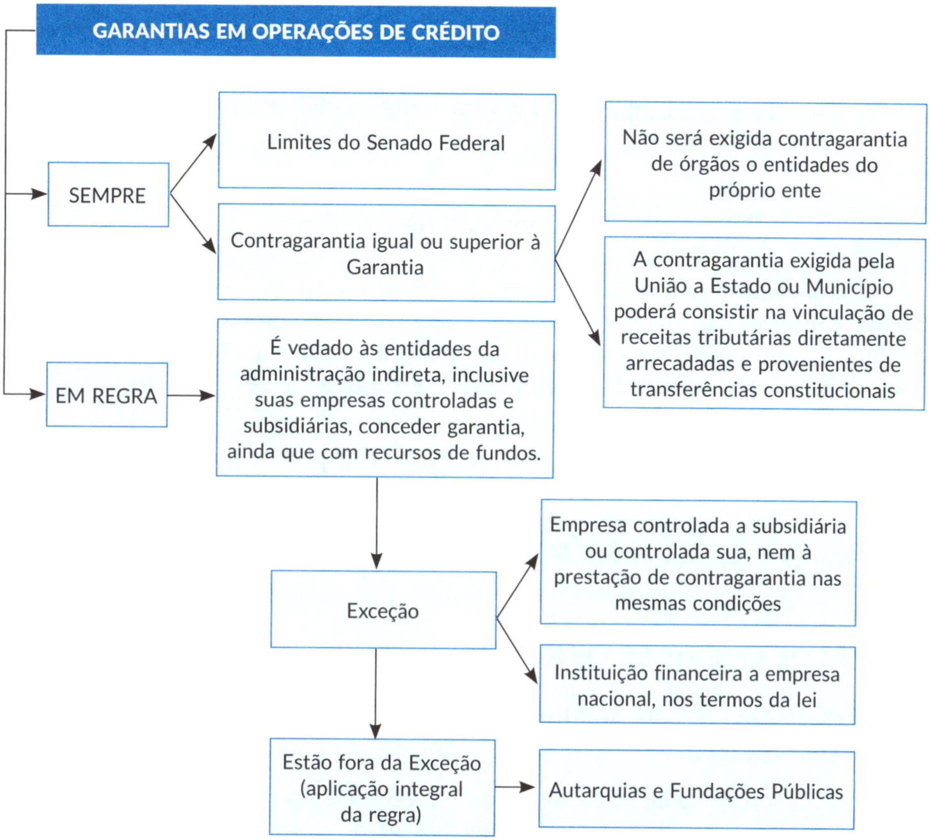

6. LIMITES GERAIS: ESTADOS E MUNICÍPIOS

6.1. Fluxo de Contratação de Operação de Crédito

O **montante global das operações realizadas** em um exercício financeiro **não poderá ser superior a 16,0% (dezesseis por cento) da receita corrente líquida – RCL** (inciso I do art. 7º da RSF nº 43/2001). Para o caso de operações de crédito com liberação prevista para mais de um exercício, este limite será calculado levando em consideração o cronograma anual de ingresso, projetando-se a receita corrente líquida de acordo com os critérios estabelecidos no § 6º do art. 7º da RSF nº 43/2001 (§ 1º do art. 7º da RSF nº 43/2001).

6.2. Estoque da Dívida

A **dívida consolidada líquida** dos Estados, do Distrito Federal e dos Municípios, ao final do décimo quinto exercício financeiro contado a partir do encerramento do ano de 2001, não poderá exceder, respectivamente, a (inciso III do art. 7º da RSF nº 43/2001, combinado com art. 3º da RSF nº 40/2001):

1. **No caso dos Estados e do Distrito Federal**: 2 (duas) vezes a receita corrente líquida;
2. **No caso dos Municípios**: 1,2 (um inteiro e dois décimos) vezes a receita corrente líquida.

6.3.Fluxo de Pagamento de Operação de Crédito

O comprometimento anual com amortizações, juros e demais encargos da dívida consolidada, inclusive relativos a valores a desembolsar de operações de crédito já contratadas e a contratar, **não poderá exceder a 11,5%**(onze inteiros e cinco décimos por cento) **da receita corrente líquida** (inciso II do art. 7º da RSF nº 43/2001).

O cálculo do comprometimento anual será feito pela média anual de todos os exercícios financeiros em que houver pagamentos previstos da operação pretendida da relação entre o comprometimento previsto e a receita corrente líquida projetada ano a ano (§ 4º do art. 7º da RSF nº 43/2001 e suas alterações).

7. LISTA DE QUESTÕES OBJETIVAS

1ª a 4ª Questões (TCE-PE Auditor Cespe 2004): *Julgue os itens a seguir, que versam sobre o crédito público.*

1. Constitucionalmente, a matéria de dívida pública federal, em sentido geral, deve ser tratada por meio de lei, apesar de o Senado Federal ter diversas atribuições relativas à matéria.
2. Cabe ao Senado Federal estabelecer o montante da dívida mobiliária federal.
3. A dívida pública consolidada corresponde ao montante total, apurado sem duplicidade, das obrigações financeiras do respectivo ente da Federação, assumidas em virtude de leis, contratos, convênios ou tratados e da realização de operações de crédito, para amortização em prazo superior a doze meses.
4. Para efeitos legais, se um estado celebra uma operação de arrendamento mercantil, estará fazendo uma operação de crédito.

Solução

1. Certo, é o senado que estabelece limites para as operações de crédito, por exemplo.
2. Errado, o montante da dívida mobiliária federal é a única que depende de lei ordinária, logo deve ser aprovada pelas duas casas do Congresso.
3. Certo, sem comentários adicionais.
4. Certo, sem comentários adicionais.

Gabarito:
1. **Certo**
2. **Errado**
3. **Certo**
4. **Certo**

5ª Questão (FCC/2006/TCM-CE): *A expressão "crédito público" NÃO significa:*

a) "receitas públicas originárias e derivadas".
b) "empréstimos públicos internos e externos".
c) "operações em que o Estado toma dinheiro".
d) "operações em que o Estado contrai dívida pública".
e) "dívida pública flutuante ou fundada".

Solução

O crédito público é receita originária apenas.

Gabarito: **A**

6ª Questão (TRT 23ª Região Técnico FCC 2007): *Em matéria de crédito público é correto afirmar:*

a) O Estado utiliza o empréstimo sempre com o objetivo de atender certas atividades, sem necessidade de assumir a dívida pública.
b) A captação de empréstimo, decorrente do uso do crédito público, só será possível ao Estado quando o investidor for nacional.
c) Sua natureza é contratual quando o Estado utilizando-se de sua soberania arrecada empréstimo unilateralmente.
d) A captação de empréstimo pelo Estado é um ato excepcional e independe da confiança do investidor.
e) Na captação de empréstimo o Estado pode procurar tanto o investidor nacional como o estrangeiro.

Solução

a) Errado, ao obter um crédito público, a dívida aumenta.
b) Errado, pode ser externo.
c) Errado, prevalecem as relações bilaterais de direito privado.
d) Errado, depende nas emissões de títulos. Trata-se de situação regular.
e) Certo.

Gabarito: **E**

7ª Questão (TCE-GO ACE ESAF 2007): *Identifique a opção falsa com relação ao Crédito Público.*

a) O crédito público envolve tanto as operações em que o Estado toma dinheiro como aquelas em que fornece pecúnia.

b) O crédito público é de grande importância na vida financeira dos Estados modernos, pois constitui uma fonte regular de obtenção de dinheiro para a consecução das finalidades públicas.

c) O crédito público compulsório é aquele obtido com a anuência do prestamista, visto que se assenta no ato de autoridade, no poder de império do Estado, ou seja, nos princípios tributários.

d) O crédito público de curto prazo e de longo prazo é aquele cujo reembolso dá-se no mesmo ou no exercício financeiro subsequente ao que foram contraídos.

e) O crédito público próprio é aquele que resulta da livre manifestação de vontade do credor (mutuante) e do devedor (mutuário), necessariamente uma entidade pública ou órgão da administração.

Solução

Gabarito C, pois se se fosse compulsório seria independente de anuência.

Gabarito: **C**

8ª Questão (SECGE ACI Cespe 2010): *A respeito de receita, despesa e crédito público, assinale a opção correta.*

a) As receitas próprias das autarquias e fundações instituídas e (ou) mantidas pelo poder público do estado de Pernambuco bem como as das empresas públicas e sociedades de economia mista dependentes do Tesouro do Estado de Pernambuco devem ser aplicadas, prioritariamente, em investimentos.

b) Nenhum tributo deve ser exigido ou aumentado sem lei que o estabeleça, tampouco deve ser cobrado tributo em cada exercício financeiro sem prévia autorização orçamentária.

c) A receita pública decorrente da arrecadação de tributos é considerada receita derivada.

d) Constitui dívida pública consolidada o montante total, apurado sem duplicidade, das obrigações financeiras do ente da Federação, assumidas em virtude de leis, contratos, convênios ou tratados e da realização de operações de crédito cuja amortização tenha prazo superior a doze meses.

e) Classifica-se como investimento a aquisição de imóveis ou de bens de capital já em utilização.

Solução

a) Errado, não existe essa regra.

b) Errado, pode-se aumentar a alíquota de alguns impostos por decreto.

c) Certo. Gabarito oficial.

d) Errado, essa também estaria certa. Observe o conceito da LRF: A dívida pública consolidada ou fundada: montante total, apurado sem duplicidade, das obrigações financeiras do ente da Federação, assumidas em virtude de leis, contratos, convênios ou tratados e da realização de operações de crédito, para amortização em prazo superior a doze meses.

e) Errado, seria inversão financeira.

Gabarito: **C**

9ª Questão (TCE-PR ACE FCC 2011): *Em operação de crédito público com instituição financeira privada, regularmente realizada nos termos constitucionais e legais, exige-se do Estado-membro a concessão de garantia. Essa garantia:*

a) dispensa a emissão de contragarantia por estar devidamente amparada em lei.

b) está condicionada ao oferecimento de contragarantia, em valor igual ou superior ao da garantia a ser concedida, bem assim a outras condições legais.

c) dispensa observância de limites fixados por Resolução do Senado Federal por se tratar de operação de crédito realizada pelo Estado-membro.

d) poderá ser concedida como garantia à vinculação de receita tributária proveniente de transferências voluntárias.

e) pode ser oferecida por entidade da administração indireta, desde que com recurso de fundos.

Solução

a) Errado. Não existe dispensa.

b) Certo.

c) Errado. Não existe dispensa.

d) Errado. Transferências voluntárias são convênios, logo não podem ser utilizadas como garantias para operações de crédito.

e) Errado. Em regra, não pode, vide figura 30.2.

Gabarito: **B**

10ª Questão (SEFAZ-SP APO VUNESP 2013): *Tratando-se de empréstimos públicos, a alteração feita pelo Estado, após a emissão de qualquer das condições fixadas para obtenção do crédito público, objetivando diminuir a carga anual do encargo que ele tem de suportar, em contrapartida à subscrição, denomina-se*

a) remissão.

b) conversão.

c) título da dívida pública.

d) crédito suplementar.

e) restos a pagar.

Solução

A banca considerou a opção B.

Gabarito: **B**

11ª Questão (PUC-PR PGE-PR Procurador 2013): *Com relação ao Crédito Público, analise as afirmativas a seguir.*

I. A competência para legislar sobre a matéria é reservada pela Constituição Federal à União.

II. Não editada lei federal, os Estados exercerão competência legislativa plena para atender às suas peculiaridades.

III. É de competência do Congresso Nacional, com sanção da Presidência da República, dispor sobre moeda.

IV. É de competência das Assembleias Legislativas Estaduais a autorização de operações externas de natureza financeira relativas aos Estados Membros.

Assinale:

a) se somente as afirmativas I e IV estiverem corretas.

b) se somente as afirmativas II e III estiverem corretas.

c) se somente as afirmativas II e IV estiverem corretas.

d) se somente as afirmativas I e III estiverem corretas.

e) se somente as afirmativas III e IV estiverem corretas.

Solução

I. Errado, é competência concorrente.

II. Certo.

III. Certo.

IV. Errado, seria competência do Senado Federal.

Gabarito: **B**

12ª Questão (TCM-RJ Procurador FCC 2015): *Considerando a legislação específica sobre crédito público, é INCORRETO afirmar:*

a) É vedada a realização de operações de créditos que excedam o montante das despesas de capital, ressalvadas as autorizadas mediante créditos suplementares ou especiais com finalidade precisa, aprovados pelo Poder Legislativo por maioria absoluta.

b) O Ministério da Fazenda verificará o cumprimento dos limites e condições relativos à realização de operações de crédito de cada ente da Federação, inclusive das empresas por eles controladas, direta ou indiretamente.

c) Para realização de operações de crédito externo, o ente interessado formalizará seu pleito fundamentando-o em parecer de seus órgãos técnicos e jurídicos, demonstrando a relação custo-benefício, o interesse econômico e social da operação, levando em consideração as condições previstas em lei, inclusive a autorização específica do Congresso Nacional.

d) As operações relativas à dívida mobiliária federal autorizadas, no texto da lei orçamentária ou de créditos adicionais, serão objeto de processo simplificado que atenda às suas especificidades.

e) A instituição financeira que contratar operação de crédito com ente da Federação, exceto quando relativa à dívida mobiliária ou à externa, deverá exigir comprovação de que a operação atende às condições e limites estabelecidos.

Solução

Gabarito C, pois haverá necessidade de autorização específica do Senado Federal apenas quando se tratar de operação de crédito externo. As demais estão certas.

Gabarito: **C**

CAPÍTULO 31

FUNDOS ESPECIAIS

1. CONCEITO

Conforme consta no art. 71 da lei 4320/1964, o fundo especial se constitui no produto de receitas especificadas por lei que se vinculam à realização de determinados objetivos ou serviços, facultada a adoção de normas peculiares de aplicação.

> Art. 71. Constitui Fundo Especial ***de natureza contábil ou financeira***, para fins deste decreto, a modalidade de gestão de parcela de recursos do Tesouro Nacional, ***vinculados por lei*** à realização de determinados objetivos de política econômica, social ou administrativa do Governo.

2. TIPOS

O Quadro 31.1 contém os tipos de fundos.

Quadro 31.1: Tipos de Fundos Especiais

Tipo de Fundo	Característica
Fundos Especiais de natureza contábil	Os constituídos por disponibilidades financeiras evidenciadas em **registros contábeis** destinados a atender a saques a serem **efetuados diretamente contra a caixa do Tesouro Nacional.**
Fundos Especiais de natureza financeira	Os constituídos mediante movimentação de recursos de caixa do Tesouro Nacional **para depósitos em estabelecimentos oficiais de crédito, segundo cronograma aprovado, destinados a atender aos saques previstos em programação específica**.

Basicamente no fundo de natureza contábil, o valor fica retido na conta única até o momento do saque (seria uma espécie de unidade orçamentária); enquanto no fundo de natureza financeira, o valor é depositado em estabelecimentos oficiais de crédito, segundo cronograma aprovado.

Entende-se que os fundos de natureza contábil movimentam recursos somente na Conta Única, enquanto que os fundos de natureza financeira movimentam recursos em outras contas correntes bancárias.

3. CARACTERÍSTICAS GERAIS DOS FUNDOS

O Quadro 31.2 contém as principais características dos fundos.

Quadro 31.2: Características dos Fundos

Características	Descrição	Fonte
Regras fixadas em lei complementar	As regras para a instituição e o funcionamento dos fundos deverão ser fixadas em lei complementar, tendo sido a Lei nº 4.320, de 1964, recepcionada como tal.	CF/88, art.165, § 9º
Prévia autorização legislativa	A criação de fundos dependerá de prévia autorização legislativa	CF/88, art.167, IX
Vedação à vinculação de receita de impostos	Não poderá ocorrer a vinculação de receita de impostos aos fundos criados, ressalvadas as exceções enumeradas pela própria Constituição Federal	CF/88, art.167, IV e § 4º
Programação em lei orçamentária anual	A aplicação das receitas que constituem os fundos públicos deve ser efetuada por meio de dotações consignadas na lei orçamentária ou em créditos adicionais	CF/88, art.165, § 5º e Lei nº 4320, art.72
Receitas especificadas	Devem ser constituídos de receitas especificadas, próprias ou transferidas	Lei nº 4320, art.71)
Vinculação à realização de determinados objetivos e serviços	A aplicação das receitas deve vincular-se à realização de programas de trabalho relacionados aos objetivos definidos na criação dos fundos	Lei nº 4320, art.71
Normas peculiares de aplicação, controle, prestação e tomada de contas	A lei que instituir os fundos poderá estabelecer normas adicionais de aplicação, controle, prestação e tomada de contas, ressalvadas as normas que tratam dos assuntos e a competência específica dos Tribunais de Contas	Lei nº 4320, arts.71 e 74

Características	Descrição	Fonte
Preservação do saldo patrimonial do exercício	O saldo apurado em balanço patrimonial do fundo será transferido para o exercício seguinte, a crédito do mesmo fundo.	Lei nº 4320, art.73 e LC nº 101, art.8º, § único
Identificação individualizada dos recursos	Na escrituração das contas públicas, a disponibilidade de caixa deverá constar de registro próprio, de modo que os recursos vinculados a órgão, fundo ou despesa obrigatória fiquem identificados e escriturados de forma individualizada	LC nº 101, art.50, I
Demonstrações contábeis individualizadas	As demonstrações contábeis dos entes devem apresentar, isolada e conjuntamente, as transações e operações de cada órgão, fundo ou entidade da administração direta, autárquica e fundacional, inclusive empresa estatal dependente.	LC nº 101, art.50, III
Obediência às regras previstas na LRF	As disposições da LRF obrigam a União, os Estados, o Distrito Federal e os Municípios, abrangendo os fundos a eles pertencentes.	LC nº 101, art.1º, § 3º, I,b
Inexistência de personalidade jurídica	Apesar de possuírem natureza jurídica, os fundos não possuem personalidade jurídica e estão vinculados a um órgão da administração direta ou indireta.	Doutrina

Conclui-se:

1. São despersonalizados.
2. Os Fundos Especiais pertencem ao orçamento fiscal e da seguridade social.
3. O fundo especial deve ser criado por lei, para posteriormente ser consignado na lei orçamentária.
4. O saldo positivo do fundo especial apurado em Balanço Patrimonial permanece vinculado ao mesmo.

4. LISTA DE QUESTÕES OBJETIVAS

1ª Questão (PGE-SP Analista FCC 2009): *Em relação aos fundos especiais de despesa e financiamento no Estado de São Paulo, é correto afirmar que*

a) possuem personalidade jurídica própria e autonomia patrimonial, devendo ser tratados como entidades integrantes da Administração Pública.

b) são instituídos por lei e permitem vincular receitas de taxas e emolumentos ao custeio de atividades específicas de interesse público.

c) os dispêndios dos recursos arrecadados são executados à margem do orçamento público e não estão sujeitos à fiscalização do Tribunal de Contas.

d) o gestor pode ser uma entidade privada com poderes para definir a política de aplicação dos recursos arrecadados e praticar todos os atos necessários para cumprimento das finalidades institucionais.

e) os recursos arrecadados não podem ser destinados à cobertura de necessidades de pessoas físicas ou de pessoas jurídicas do setor privado.

Solução

a) Errado, não possuem personalidade jurídica própria.

b) Certo.

c) Errado, estão no orçamento fiscal e seguridade social e estão sujeito à fiscalização do tribunal de contas.

d) Errado, o fundo é vinculado a uma entidade da administração direta ou indireta.

e) Errado, os recursos arrecadados podem ser destinados à cobertura de necessidades de pessoas físicas ou de pessoas jurídicas do setor privado, se houver previsão

Gabarito: **B**

2ª Questão (TCU TFCE Cespe 2012): *Julgue o item a seguir.*

Os fundos especiais da União terão normas particulares de controle, pois suas receitas são vinculadas a determinados objetivos e serviços, mas não serão submetidos à tomada de contas pelo TCU.

Solução

Errado, Os fundos especiais da União terão normas particulares de controle, pois suas receitas são vinculadas a determinados objetivos e serviços e serão submetidos à tomada de contas pelo TCU.

Gabarito: **Errado**

3ª Questão (SEAD-PA UEPA Procurador 2012): *Sobre os fundos especiais, é correto afirmar que:*

a) salvo determinação em contrário da lei que o instituiu, o saldo positivo do fundo especial apurado em balanço não será transferido para o exercício seguinte, a crédito do mesmo fundo.

b) cabe exclusivamente à lei ordinária dispor a respeito da instituição e do funcionamento de fundo de destinação.

c) desnatura o fundo especial o repasse posterior de recursos, mediante contrato, a empresas, a título de financiamento.

d) os fundos especiais não têm personalidade jurídica própria e correspondem a meros lançamentos fiscais.

e) a União poderá estabelecer condições para o repasse de recursos para ou de fundo de participação, previsto no art. 159 da Constituição Federal.

Solução

a) Errado, o saldo positivo do fundo especial apurado em balanço será transferido para o exercício seguinte, a crédito do mesmo fundo.

b) Errado, cabe exclusivamente à lei complementar dispor a respeito da instituição e do funcionamento de fundo de destinação.

c) Errado, pode se houver previsão.

d) Certo.

e) Errado, os repasses do Fundo de Participação dos Estados e do Fundo de Participação dos Municípios são obrigatórios.

Gabarito: **D**

5. LISTA DE QUESTÕES DISCURSIVAS

1ª Questão (ABIN Oficial de Inteligência – Administração Cespe 2011):

A Agência Brasileira de Inteligência (ABIN) *pretende criar um* **fundo especial de natureza contábil** *– denominado Fundo de Desenvolvimento das Atividades de Inteligência (FDAT) – para financiar as atividades de treinamento e preparação de seus oficiais e agentes técnicos de inteligência. Uma vez criado o fundo, ele deve constituir* **uma unidade orçamentária independente do ponto de vista financeiro**, *embora ainda subordinado administrativamente à ABIN. Uma equipe de servidores da própria agência ficará encarregada de elaborar as normas técnicas e legais necessárias à criação desse fundo.*

Considerando a situação hipotética apresentada, redija um texto a respeito da criação do FDAT, abordando, necessariamente, os seguintes aspectos:

→ Normas legais aplicáveis ao caso (item 1);

→ Procedimentos necessários à criação do FDAT e sua inclusão no orçamento (item 2);

→ Aspectos financeiros e orçamentários próprios dos fundos contábeis (item 3).

Extensão de linhas: até 30.

Resolução da Questão

As normas legais aplicáveis à criação de fundos especiais no sentido amplo são: a Constituição Federal, a lei 4320/1964, a lei de responsabilidade fiscal e o decreto 93872/1986.

Para a criação do FDAT, faz-se necessário que haja autorização legislativa. Conforme consta na lei 4320/1964 e no Decreto 93872/1986, o fundo especial se constitui no produto de receitas especificadas que, por lei, se vinculam à realização de objetivos de política econômica, social ou administrativa do Governo, facultada a adoção de normas peculiares de aplicação.

Diante do exposto, é necessário o envio de projeto de lei que crie o fundo para que posteriormente haja a consignação do FDAT na lei orçamentária anual.

Quanto aos aspectos financeiros e orçamentários, como, no caso em tela, se trata de fundo especial de natureza contábil, suas disponibilidades financeiras são evidenciadas em registros contábeis destinados a atender a saques a serem efetuados diretamente contra a caixa do Tesouro Nacional.

O FDAT integraria o orçamento fiscal e da seguridade social, e estaria vinculado à Abin. Conforme determina a LRF, as disponibilidades de caixa do fundo constariam de registro próprio, de modo que os recursos fiquem identificados e escriturados de forma individualizada; além disso, as demonstrações contábeis devem compreender, isolada e conjuntamente, as transações e operações do mesmo.

Os eventuais saldos positivos do fundo especial apurado em balanço serão transferidos para o exercício seguinte, a crédito do mesmo fundo. Por fim, a lei que instituir fundo especial poderá determinar normas peculiares de controle, prestação e tomada de contas, sem, de qualquer modo, elidir a competência específica do Tribunal de Contas ou órgão equivalente.

CAPÍTULO 32

EMENDA CONSTITUCIONAL 95 DE 2016: NOVO REGIME FISCAL DA UNIÃO

1. APLICABILIDADE

O Novo Regime Fiscal é aplicável aos Orçamentos Fiscal e da Seguridade Social **da União** durante vinte exercícios financeiros.

Os limites das despesas serão calculados sobre as despesas primárias.

Ficam de fora do Novo Regime Fiscal:

1. Todas as despesas do Orçamento de Investimentos da União.
2. As despesas financeiras dos orçamentos fiscal e seguridade social da União.
3. Estados e Municípios.

O Quadro 32.1 contém os poderes e órgãos que possuem limites individualizados.

Quadro 32.1: Poderes e órgãos da União com limites individualizados

Poder	Órgãos com limites individualizados
Executivo	-
Judiciário	Supremo Tribunal Federal, Superior Tribunal de Justiça, Conselho Nacional de Justiça, Justiça do Trabalho, Justiça Federal, Justiça Militar da União, Justiça Eleitoral, Justiça do Distrito Federal e Territórios.
Legislativo	Senado Federal, Câmara dos Deputados e Tribunal de Contas da União.

Poder	Órgãos com limites individualizados
Ministério Público da União	Ministério Público da União e Conselho Nacional do Ministério Público.
Defensoria Pública da União	-

2. METODOLOGIA

De acordo com o ADCT da CF/1988:

> *Art. 107.[...]*
>
> *I – para o exercício de 2017, à despesa primária paga no exercício de 2016, incluídos os restos a pagar pagos e demais operações que afetam o resultado primário, corrigida em 7,2% (sete inteiros e dois décimos por cento); e*
>
> *II – para os exercícios posteriores, ao valor do limite referente ao exercício imediatamente anterior, corrigido pela variação do Índice Nacional de Preços ao Consumidor Amplo – IPCA, publicado pelo Instituto Brasileiro de Geografia e Estatística, ou de outro índice que vier a substituí-lo,* ***para o período de doze meses encerrado em junho do exercício anterior a*** *que se refere a lei orçamentária.*

A Figura 32.1 ilustra a metodologia aplicável ao novo regime fiscal.

Figura 32.1: Metodologia para cálculo dos limites individualizados

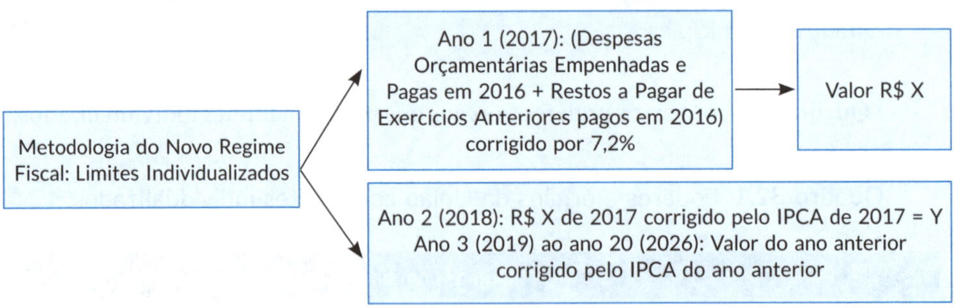

Importante destacar que quando da elaboração da PLOA 2018 a ser enviado até 31.08.2017, deve-se considerar o valor base de 2017 corrigido pelo IPCA de 01 de julho e 2016 a 30 de junho de 2017.

O Quadro 32.2 contém os itens que mesmo sendo despesas primárias ficam fora da base de cálculo.

Quadro 32.2: Despesas Primárias que ficam fora da base de cálculo

Item	Descrição
1	**Transferências constitucionais** estabelecidas no § 1º do art. 20 (**royalties e compensações financeiras**), no inciso III do parágrafo único do art. 146 (**simples nacional**), no § 5º do art. 153 (**IOF ouro**), no art. 157 (**Imposto de Renda dos Estados e DF; impostos residuais**), nos incisos I e II do art. 158 (**Imposto de Renda dos Municípios; 50% do Imposto Territorial Rural**), no art. 159 (**FPE, FPM, FCO, FNO e FNE**) e no § 6º do art. 212 (**As cotas estaduais e municipais da arrecadação da contribuição social do salário-educação**), as despesas referentes ao inciso XIV do caput do art. 21 (**polícia civil, a polícia militar e o corpo de bombeiros militar do Distrito Federal**), todos da Constituição Federal, e as complementações de que tratam os incisos V e VII do caput do art. 60 (**Complementação do FUNDEB**), deste Ato das Disposições Constitucionais Transitórias.
2	Créditos extraordinários a que se refere o § 3º do art. 167 da Constituição Federal.
3	Despesas não recorrentes da Justiça Eleitoral com a realização de eleições.
4	Despesas com aumento de capital de empresas estatais não dependentes.

É possível rever a metodologia?

Sim, a partir do décimo exercício por iniciativa do Presidente da República por meio de lei complementar.

> Art. 108. O ***Presidente da República poderá propor, a partir do décimo exercício da vigência do Novo Regime Fiscal, projeto de lei complementar*** para alteração do método de correção dos limites a que se refere o inciso II do § 1º do art. 107 deste Ato das Disposições Constitucionais Transitórias.
> Parágrafo único. ***Será admitida apenas uma alteração do método de correção dos limites por mandato presidencial."***

3. REFLEXOS NA AUTONOMIA ORÇAMENTÁRIA E FINANCEIRA DOS DEMAIS PODERES

Cabe destacar que a autonomia orçamentária e financeira dos demais poderes foi afetada pela EC 95/2016:

> *Art. 107.[...]*
>
> *§ 2º Os limites estabelecidos* ***na forma do inciso IV do caput do art. 51, do inciso XIII do caput do art. 52, do § 1º do art. 99, do § 3º do art. 127 e do § 3º do art. 134 da Constituição Federal não poderão ser superiores*** *aos estabelecidos nos termos deste artigo.*

Observe os impactos na CF/1988:

> *Art. 51. Compete privativamente à* ***Câmara dos Deputados****:*
>
> *IV – dispor sobre sua organização, funcionamento, polícia, criação, transformação ou extinção dos cargos, empregos e funções de seus serviços, e a iniciativa de lei*

para fixação da respectiva remuneração, observados os parâmetros estabelecidos na lei de diretrizes orçamentárias;

Art. 52. Compete privativamente ao ***Senado Federal****:*

XIII – dispor sobre sua organização, funcionamento, polícia, criação, transformação ou extinção dos cargos, empregos e funções de seus serviços, e a iniciativa de lei para fixação da respectiva remuneração, observados os parâmetros estabelecidos na lei de diretrizes orçamentárias;

Art. 99. Ao ***Poder Judiciário*** *é assegurada autonomia administrativa e financeira.*

§ 1º Os tribunais elaborarão suas propostas orçamentárias dentro dos limites estipulados conjuntamente com os demais Poderes na lei de diretrizes orçamentárias.

Art. 127. O ***Ministério Público*** *é instituição permanente, essencial à função jurisdicional do Estado, incumbindo-lhe a defesa da ordem jurídica, do regime democrático e dos interesses sociais e individuais indisponíveis.*

§ 3º O Ministério Público elaborará sua proposta orçamentária dentro dos limites estabelecidos na lei de diretrizes orçamentárias.

Art. 134. A ***Defensoria Pública*** *é instituição permanente, essencial à função jurisdicional do Estado, incumbindo-lhe, como expressão e instrumento do regime democrático, fundamentalmente, a orientação jurídica, a promoção dos direitos humanos e a defesa, em todos os graus, judicial e extrajudicial, dos direitos individuais e coletivos, de forma integral e gratuita, aos necessitados, na forma do inciso LXXIV do art. 5º desta Constituição Federal.*

§ 2º Às Defensorias Públicas Estaduais são asseguradas autonomia funcional e administrativa e a iniciativa de sua proposta orçamentária dentro dos limites estabelecidos na lei de diretrizes orçamentárias e subordinação ao disposto no art. 99, § 2º.

§ 3º Aplica-se o disposto no § 2º às Defensorias Públicas da União e do Distrito Federal.

Desse modo, todos esses artigos foram relativizados por força da emenda constitucional 95/2016.

4. REFLEXOS NO CICLO ORÇAMENTÁRIO

Elaboração da LOA

A mensagem presidencial que encaminhar o projeto de lei orçamentária demonstrará os valores máximos de programação compatíveis com os limites individualizados.

Execução da LOA

1. As despesas primárias autorizadas na lei orçamentária anual sujeitas aos limites individuais não poderão exceder os valores máximos constantes da mensagem presidencial.
2. É vedada a abertura de crédito suplementar ou especial que amplie o montante total autorizado de despesa primária.

5. COMPENSAÇÃO DE LIMITES ENTRE PODERES

De acordo com o ADCT da CF/1988:

> *Art. 107.[...]*
>
> *§ 7º Nos três primeiros exercícios financeiros da vigência do Novo Regime Fiscal, o Poder Executivo poderá compensar com redução equivalente na sua despesa primária, consoante os valores estabelecidos no projeto de lei orçamentária encaminhado pelo Poder Executivo no respectivo exercício, o excesso de despesas primárias em relação aos limites de que tratam os incisos II a V do caput deste artigo.*
>
> *§ 8º A compensação de que trata o § 7º deste artigo não excederá a 0,25% (vinte e cinco centésimos por cento) do limite do Poder Executivo.*
>
> *§ 9º Respeitado o somatório em cada um dos incisos de II a IV do caput deste artigo, a lei de diretrizes orçamentárias poderá dispor sobre a compensação entre os limites individualizados dos órgãos elencados em cada inciso.*

Desse modo, admite-se a compensação dos limites individualizados entre Poderes?

Sim. Nos exercícios de 2017, 2018 e 2019 **mediante a redução das despesas primárias do Executivo, este poderá ajudar os demais poderes com até 0,25% do seu limite.**

A LDO pode dispor sobre o tema.

6. RESTRIÇÕES EM CASO SE ULTRAPASSAGEM DOS LIMITES

A figura 32.2 indica as restrições.

Figura 32.2: Restrições em caso de ultrapassagem dos limites individuais

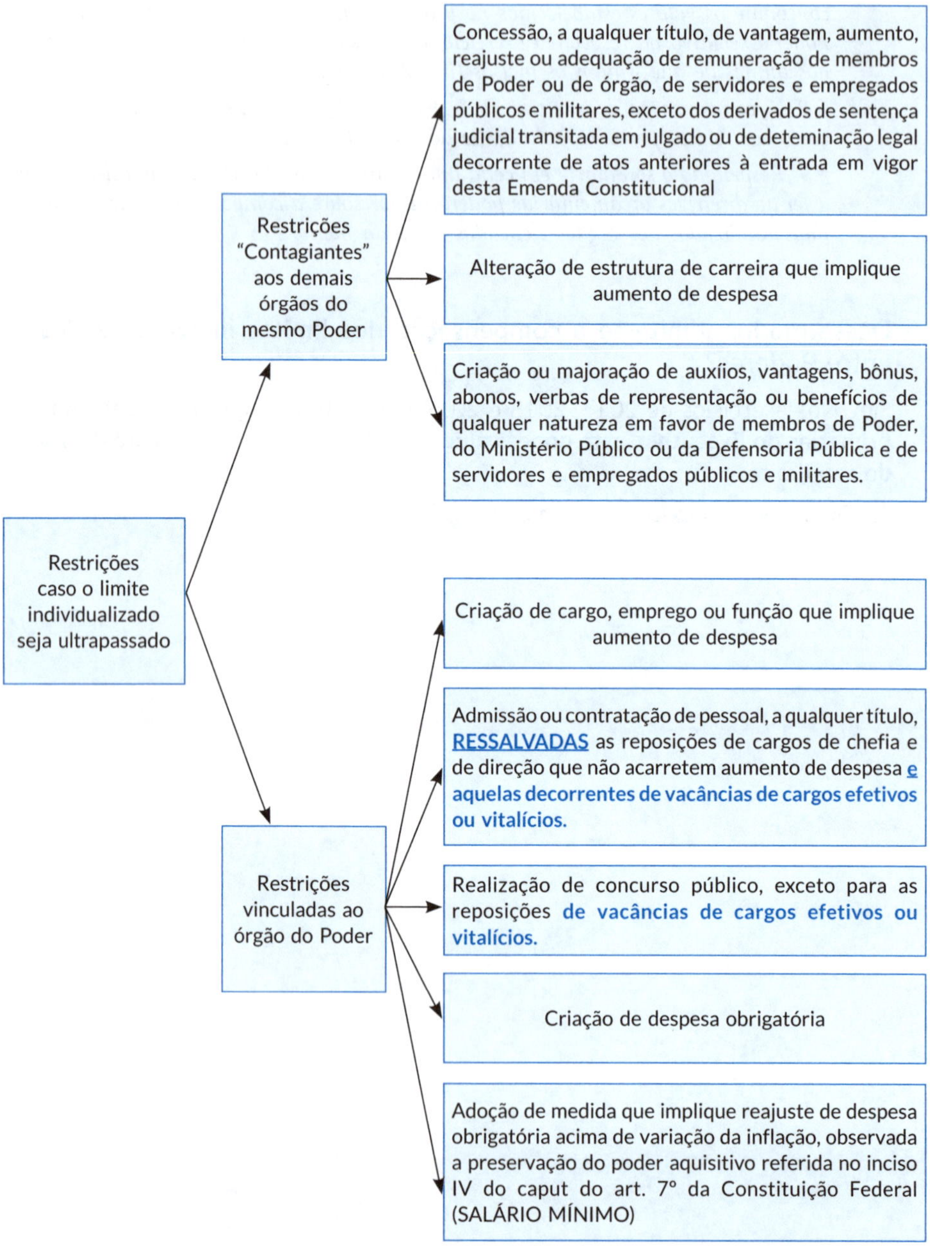

Apenas para o Executivo existem mais 2 restrições adicionais:

I – vedação para a criação ou expansão de programas e linhas de financiamento, bem como a remissão, renegociação ou refinanciamento de dívidas que impliquem ampliação das despesas com subsídios e subvenções; e

II – vedação para a concessão ou a ampliação de incentivo ou benefício de natureza tributária.

No caso de descumprimento de qualquer dos limites individualizados, fica vedada a concessão da revisão geral prevista no inciso X do caput do art. 37 da Constituição Federal.

Tipos de restrições

1. Vinculadas ao órgão do Poder: ver figura 32.2.
2. "Contagiantes" no âmbito do Poder: ver figura 32.2.
3. Específicas do Executivo (se outro Poder ultrapassar o seu respectivo limite, esta vedação não se aplica ao Executivo): **vedação para** a criação ou expansão de programas e linhas de financiamento, bem como a remissão, renegociação ou refinanciamento de dívidas que impliquem ampliação das despesas com subsídios e subvenções; e **vedação para** a concessão ou a ampliação de incentivo ou benefício de natureza tributária.
4. Geral (basta um Poder desrespeitar e todos estão sujeitos): vedação para a concessão da revisão geral prevista no inciso X do caput do art. 37 da Constituição Federal

Cenário Conservador sobre Concursos

Suponha que após a adoção da EC 95/2016 a Justiça Militar (um dos órgãos com limite individualizado) conte com um plano de cargos de 5000 servidores dos quais 2500 estejam efetivamente ocupados. Durante 2017, 150 servidores efetivos se aposentam. Ocorre que a Justiça Militar ultrapassou seu limite individualizado em 2017. Nesse sentido em 2018:

1. Pode haver concurso na Justiça Militar para repor os 150 servidores?

Pode, pois nesse caso será para repor vacâncias de servidores efetivos.

2. Pode haver concurso na Justiça Militar para repor além dos 150 servidores tendo em vista haver cargos vagos de 2500?

Neste caso não, pois o limite individualizado foi ultrapassado, e neste caso apenas podem ser repostos a título de reposição.

3. Os demais órgãos do Judiciário são afetados?

Não, tal restrição é vinculada ao órgão autônomo.

4. O Executivo fica impedido de a criação ou expansão de programas e linhas de financiamento?

Não, pois essa vedação só se aplica de o próprio Poder Executivo ultrapassar o limite.

5. Fica vedada a concessão da revisão geral prevista no inciso X do caput do art. 37 da Constituição Federal?

Sim, pois basta um órgão autônomo ou Poder ultrapassar seu limite para essa vedação se aplicar.

7. CASOS ESPECIAIS

De acordo com o ADCT da CF/1988:

> *Art. 110. Na vigência do Novo Regime Fiscal,* ***as aplicações mínimas em ações e serviços públicos de saúde e em manutenção e desenvolvimento do ensino equivalerão****:*
>
> *I – no exercício de 2017, às aplicações mínimas calculadas nos termos do inciso I do § 2º do art. 198 e do caput do art. 212, da Constituição Federal; e*
>
> *II – nos exercícios posteriores, aos valores calculados para as aplicações mínimas do exercício imediatamente anterior, corrigidos na forma estabelecida pelo inciso II do § 1º do art. 107 deste Ato das Disposições Constitucionais Transitórias."*
>
> *Art. 111. A partir do exercício financeiro de 2018, até o último exercício de vigência do Novo Regime Fiscal,* ***a aprovação e a execução previstas nos §§ 9º e 11 do art. 166 da Constituição Federal corresponderão ao montante de execução obrigatória para o exercício de 2017,*** *corrigido na forma estabelecida pelo inciso II do § 1º do art. 107 deste Ato das Disposições Constitucionais Transitórias."*
>
> *Art. 113. A proposição legislativa que crie ou altere* ***despesa obrigatória ou renúncia de receita*** *deverá ser acompanhada da estimativa do seu impacto orçamentário e financeiro."*
>
> *Art. 114. A tramitação de proposição elencada no caput do art. 59 da Constituição Federal, ressalvada a referida no seu inciso V,* ***quando acarretar aumento de despesa ou renúncia de receita****, será suspensa por até vinte dias, a requerimento de um quinto dos membros da Casa, nos termos regimentais, para análise de sua compatibilidade com o Novo Regime Fiscal."*

O Quadro 32.3 contém os casos especiais para cálculo de limites a partir do novo regime fiscal.

Quadro 32.3: Casos Especiais para cálculos de limites

Caso	Forma
Saúde	Ano 1 (2017): 15% da Receita Corrente Líquida arrecadada da LOA 2017.
	Demais Anos: o valor do exercício anterior corrigido pelo IPCA.
Educação	Ano 1 (2017): 18% dos impostos líquidos da LOA 2017.
	Demais Anos: o valor do exercício anterior corrigido pelo IPCA.
Emendas Individuais Impositivas da EC 86/2015	Ano 1 (2017): 1,2% da Receita Corrente Líquida arrecadada em 2016.
	Demais Anos: o valor do exercício anterior corrigido pelo IPCA.

8. REFLEXOS SOBRE OS DEMAIS DISPOSITIVOS DE METAS E LIMITES FISCAIS

De acordo com o ADCT da CF/1988:

> *Art. 112. As disposições introduzidas pelo Novo Regime Fiscal:*
>
> *I – não constituirão obrigação de pagamento futuro pela União ou direitos de outrem sobre o erário; e*
>
> *II – **não revogam, dispensam ou suspendem** o cumprimento de dispositivos constitucionais e legais **que disponham sobre metas fiscais ou limites máximos de despesas**.*"

Atenção

Os limites da LRF e os demais limites continuam válidos. Até porque o novo regime fiscal não inclui os Estados e os Municípios, e a LRF continua se aplicando a todos os entes.

9. LISTA DE QUESTÕES OBJETIVAS

1ª a 5ª Questões do Autor: Julgue os itens a seguir.

1. O novo regime fiscal da EC 95/2016 aplica-se a toda a LOA.
2. Pelo novo regime fiscal, caso um Tribunal Superior descumpra o limite, as restrições aplicam-se a todo o judiciário.
3. Pelo novo regime fiscal (EC 95/2016), são consideradas todas as despesas do orçamento fiscal e seguridade social.
4. Pelo novo regime fiscal (EC 95/2016), o valor de referência de 2017 (ano 1 do regime) considera as despesas executadas em 2016.
5. O novo regime fiscal (EC 95/2016) aplica-se a toda a federação.

Solução

1. Errado, fica de fora o orçamento de investimento: despesas de investimento das empresas estatais independentes.
2. Errado, apenas algumas restrições são contagiantes, por exemplo: concessão de reajuste.
3. Errado, apenas as despesas primárias entram no cálculo. Ficam de fora as despesas financeiras.
4. Errado. As despesas executadas são as despesas empenhadas. O novo regime fiscal considera as despesas orçamentárias de 2016 pagas em 2016 incluídos os restos a pagar de exercícios anteriores pagos 2016. Sobre esse montante aplica-se em 2017 a correção de 7,2%. Para os anos seguintes utilizar-se-á o valor do ano anterior corrigido pelo IPCA.
5. Errado, aplica-se apenas à União.

Gabarito:

1. **Errado**

2. **Errado**
3. **Errado**
4. **Errado**
5. **Errado**

6ª a 10ª Questões do Autor: Julgue os itens a seguir.

6. Existem despesas primárias que ficam fora da base de cálculo do novo regime fiscal.

7. Pelo novo regime fiscal (EC 95/2016), admite-se compensação de limites entre poderes.

8. Pelo novo regime fiscal (EC 95/2016), admite-se a revisão da metodologia proposta.

9. Caso a Câmara dos Deputados ultrapasse seu limite individual definido pelo novo regime fiscal (EC 95/2016), o TCU e o Senado ficam impedidos de realizar concurso.

10. Caso a Câmara dos Deputados ultrapasse seu limite individual definido pelo novo regime fiscal (EC 95/2016), ela ainda poderá realizar concurso.

Solução

6. Certo. Observe:

Transferências Constitucionais.

Créditos extraordinários.

Despesas não recorrentes da Justiça Eleitoral com a realização de eleições.

Despesas com aumento de capital de empresas estatais não dependentes.

7. Certo. Apenas nos três primeiros exercícios (2017, 2018 e 2019), e apenas do Poder Executivo para os demais Poderes. A Compensação não pode ultrapassar 0,25% do limite do Executivo.

8. Certo. A partir do ano de 2027 (dez anos após implantação) por meio de lei complementar o Presidente da República pode propor alteração do método de correção dos limites.

9. Errado, a realização de concurso público não entra nas vedações contagiantes" do art. 109 do ADCT da CF/1988.

10. Certo. Desde que seja concurso relacionado a reposição de vacâncias de cargos efetivos ou vitalícios.

Gabarito:

6. **Certo**
7. **Certo**
8. **Certo**
9. **Errado**
10. **Certo**

Unidade Didática VI
NOÇÕES DE ECONOMIA NO SETOR PÚBLICO

Existe necessidade de o Governo intervir na economia?

Quais as falhas de mercado existentes?

Quais as funções econômicas do orçamento?

CAPÍTULO 33

FALHAS DE MERCADO

1. INTERVENÇÃO DO ESTADO NA ECONOMIA: FALHAS DE MERCADO

A Escola Keynesiana defendia que o governo deveria interferir na economia por meio de políticas fiscais e monetárias, a fim de promover o pleno emprego, a estabilidade dos preços e o crescimento econômico (KEYNES, 1996).

Para combater a recessão ou a depressão, o governo deveria aumentar seus gastos ou reduzir os impostos (sendo que esta última opção aumentaria os gastos com consumo privado). Para conter a inflação ocasionada por gastos agregados excessivos, o governo deveria reduzir seus próprios gastos, aumentar os impostos para reduzir os gastos com consumo privado ou reduzir a oferta de moeda para elevar as taxas de juros, o que refrearia os gastos excessivos com investimentos (BRUE, 2005).

As figuras 33.1 e 33.2 ilustram respectivamente as formas direta e indireta do Estado intervir na economia.

Figura 33.1: Formas Intervenção Direta Estatal na Economia.

Fonte: Adaptado de Rezende (2001).

Figura 33.2: Formas Intervenção Indireta Estatal na Economia.

Observa-se, pelas Figuras 33.1 e 33.2, que o Estado pode intervir na economia de forma direta e indireta. Dentre as formas de intervenção direta destacam-se a política de despesas e as empresas estatais (REZENDE, 2001). Na política de despesas, a qual é refletida no orçamento, o Estado atua como principal cliente do mercado interno[1]; enquanto as estatais atuam em setores estratégicos da indústria.

Dentre as formas de intervenção indireta destacam-se a política de receitas e regulação (REZENDE, 2001). A política de receita, que está relacionada diretamente ao sistema tributário, compreende entre outras medidas o aumento de impostos ou a renúncia de receitas[2]; enquanto na regulação o governo, representado pelas agências reguladoras, interfere no preço, na qualidade e na quantidade das concessões públicas.

A Literatura destaca 4 (quatro) objetivos da intervenção do Estado na Economia:

1. Satisfação das Necessidades Coletivas;
2. Manutenção da Estabilidade Econômica;
3. Promoção do Crescimento Econômico;
4. Melhoria da Distribuição de Renda.

Por que o Estado faz a intervenção?

No mundo real, mercados perfeitamente competitivos são raros, existindo **falhas de mercados** que justificam a intervenção do governo. Segundo Mankiw (2011), Falha de Mercado seria uma **situação em que o mercado por si só fracassa ao alocar recursos com eficiência**. Ou seja, seria qualquer situação ou evento que não possa ser solucionada pela mão invisível do mercado: a lei da oferta e da demanda. Em determinadas situações como os bens públicos a falha de mercado é necessária.

Quadro 33.1: Falhas de Mercado identificadas na literatura

Rezende (2001)	Giacomoni (2017)
- Bens Públicos; - Externalidades; - Assimetria de Informações; - Poder de Mercado.	- Bens públicos (Existência de); - Externalidades; - Falhas de informação; - Monopólios naturais; - Mercados incompletos; - Ocorrência de desemprego e inflação.

1 Na União Europeia 15% do PIB são compras governamentais, enquanto no Brasil as compras governamentais são perto de 10% do PIB (TORRES, 2012).

2 Em 2016 o governo estimou uma renúncia em torno de R$ 295 bilhões de reais (Lei 13242/2015) o que equivale a 10% do orçamento fiscal e da seguridade social que totaliza R$ 2,95 trilhões de reais.

2. BENS PÚBLICOS

Os bens na economia podem ser agrupados segundo duas características: propriedade da exclusão e propriedade da rivalidade.

A propriedade da exclusão significa a propriedade de um bem segundo a qual uma pessoa pode ser impedida de usá-lo.

A propriedade da rivalidade significa a propriedade de um bem segundo a qual sua utilização por uma pessoa impede outra de usá-lo. O Quadro 2 ilustra as possibilidades segundo Mankiw (2011).

Quadro 33.2: Categoria dos bens na economia

Propriedade		Rival?	
		Sim	Não
Excludente?	Sim	**Bens Privados** Exemplo: 1. Estradas com pedágio e congestionadas 2. Sapato	**Monopólios Naturais** Exemplo: 1. Estradas com pedágio e sem congestionamento 2. Fornecimento de água e luz
	Não	**Recursos Comuns** Exemplo: 1. Estradas sem pedágio e congestionadas 2. Peixes do Mar	**Bens Públicos Puros** Exemplo: 1. Estradas sem pedágio e sem congestionamento 2. Defesa Nacional

O limite entre as quatro categorias é por vezes confuso, e depende de gradação quanto às propriedades: da exclusão e da rivalidade. Paul Samuelson utiliza classificação similar de bens.

Quadro 33.3: Bens na visão de Samuelson

Bens	Descrição
Bens Privados à Rivais e Excludentes	Consumo de maior quantidade de um bem privado por um consumidor, dada a oferta, implica menor consumo para os demais consumidores (RIVALIDADE). Por outro lado, só tem acesso ao consumo do bem privado os consumidores que pagarem por ele (EXCLUSÃO).
Bens Públicos puros à Não rivais e não excludentes	Não apresenta rivalidade no consumo e nem exclusão para quem não paga (espontaneamente) por ele. É o caso da defesa nacional, da segurança pública, do corpo de bombeiros, da saúde pública, da justiça pública, da qualidade ambiental etc. Para esses bens o usuário atribui utilidade, mas "não revela sua preferência", pois, decidindo não pagar, o usuário não pode ser excluído do consumo do serviço. Não é possível, portanto, a estimativa da curva de demanda. O financiamento do custo de produção não pode ser feito pelo mercado, mas por tributos.

Bens	Descrição
Bens Semipúblicos à Podem ser rivais e excludentes	Os bens semipúblicos, como os serviços de educação e saúde, apresentam consumo rival e excludente, mas apresentam também externalidades. Ou seja, o benefício social é maior que o benefício privado (internalizado pelo consumidor), o que também justifica a intervenção governamental. **Exemplos:** Saúde e Educação.

Assim, **o bem privado é oferecido por meio dos mecanismos próprios do sistema de mercado**. Há uma troca entre vendedor e comprador e uma transferência da propriedade do bem. O não pagamento por parte do comprador impede a operação e, logicamente, o benefício. A operação toda é, portanto, eficiente.

No caso do bem público, o sistema de mercado não teria a mesma eficiência. Os benefícios geralmente não podem ser individualizados nem recusados pelos consumidores. Não há rivalidade no consumo de iluminação pública, por exemplo, e como tal não há como excluir o consumidor pelo não pagamento. Aqui, o processo político substitui o sistema de mercado. Ao eleger seus representantes (legisladores e administradores) o eleitor-consumidor aprova determinada plataforma (programa de trabalho) para cujo financiamento irá contribuir mediante tributos. Em função de regra constitucional básica, o programa de bens públicos aprovado pela maioria será coberto também com as contribuições tributárias da minoria.

Porém, **há situações em que o Estado utiliza recursos orçamentários na provisão de bens com todas as características de bens privados**. É o caso de **bens mistos/meritórios** como educação ou saúde.

Os **bens meritórios são bens que, apesar de possuírem natureza de bem privado, predomina a sua característica de possuírem utilidade social,** justificando assim sua provisão (financiamento) pelo Governo. É o caso dos subsídios ao trigo e ao leite, serviços de saúde e educação, etc.

1ª Questão (CNJ Analista Cespe 2013): *Julgue o item a seguir.*

A atuação em situações conhecidas como falhas de mercados é uma forma clássica de intervenção da administração na economia, sendo a provisão de bens públicos puros, cujo consumo é não excludente e não rival, um exemplo desse tipo de ação. Nesses termos, a oferta de serviços públicos de saúde poderia ser definida como típico caso de provisão de bens públicos.

Solução

1. Errado, a oferta de serviços públicos de saúde poderia ser definida como típico caso de provisão de bens semipúblicos ou meritórios, e não como dito bens públicos.

Gabarito: Errado.

3. EXTERNALIDADES

Segundo Mankiw (2011), externalidade seria o impacto das ações de uma pessoa sobre o bem-estar de outras que não tomem parte na ação. Nestas situações, o valor social/ambiental difere do valor privado/econômico.

Se valor social/ambiental **for maior** que o valor privado, **há uma externalidade positiva.**

Se o valor ambiental/social **for maior** que o valor privado, **há uma externalidade negativa.**

O Quadro 33.4 contém as formas de lidar com as externalidades.

Quadro 33.4: Formas de tratar as externalidades

Forma			Descrição	Aplicação para externalidade negativa
Políticas Públicas	Políticas de comando e controle	Regulamentação	O governo pode tornar obrigatório (externalidades positivas) ou proibido (externalidades negativas) determinados comportamentos.	O governo estabelece um teto máximo de 300 toneladas de poluição.
	Políticas baseadas no mercado	Taxas Corretivas e Subsídios	Os impostos corretivos se destinam a induzir os decisores privados a considerar os custos sociais que surgem a partir de uma externalidade negativa.	A cada tonelada de poluição a empresa paga o imposto sobre isso.
		Licenças de Poluição negociáveis	As empresas possuem licenças e podem negociar entre elas.	Uma empresa pode ceder 50 toneladas seu teto de poluição com outra empresa que já alcançou o teto.
Soluções Privadas	Códigos e morais e sanções sociais.			
	Contratos entre as partes interessadas.			

O que são impostos Pigouvianos?

Seriam os impostos corretivos voltados para compensar o custo externo de uma externalidade negativa. Foi defendido por Arthur Pigou (1877-1959).

O que seria o teorema de Coase?
Qual seu papel nas externalidades?

Teorema desenvolvido por Ronald Coase que estabelece que **o próprio mercado privado** é capaz solucionar a questão das externalidades respeitada duas premissas: (i) garantia do direito de propriedade; (ii) capacidade de os agentes econômicos negociarem sem custo de alocação de recursos.

Segundo o teorema: *"se os agentes econômicos privados puderem negociar sem custo a alocação de recursos, então o mercado privado sempre solucionará o problema das externalidades e alocará recursos com eficiência".*

2ª Questão (TCE-ESACE Cespe 2012): *Julgue o item a seguir.*

Proibir a produção ou consumo de um bem considerado nocivo a terceiros é uma forma comum de intervenção da administração pública na economia. Segundo o Teorema de Coase, em condições ideais, esse tipo de intervenção não seria necessária no caso de haver externalidades negativas, sendo suficientes, nesse caso, a definição clara dos direitos de propriedade e a possibilidade de livre negociação entre as partes afetadas pelo consumo do bem.

3ª Questão (MPS Analista Cespe 2010): *Julgue o item a seguir.*

A existência de externalidades justifica a intervenção do Estado; contudo, de acordo com o teorema de Coase, as externalidades ou ineficiências econômicas podem ser, em determinadas circunstâncias, corrigidas e internalizadas pela negociação entre as partes afetadas, sem necessidade de regulação estatal.

Solução

2. Certo, se garantido o direito de propriedade e os custos de transações forem irrelevantes, as externalidades são resolvidas não a necessidade de intervenção estatal.

3. Certo, se garantido o direito de propriedade e os custos de transações forem irrelevantes, as externalidades são resolvidas não a necessidade de intervenção estatal.

Gabarito:

2. **Certo**

3. **Certo**

4. MERCADOS INCOMPLETOS

Nem sempre o setor privado está disposto a assumir riscos. Desse modo, em determinadas circunstâncias, há a necessidade de intervenção do Estado mediante processo de planejamento exercendo a função coordenadora.

Um exemplo

Imagine que determinada região de ou país possui população com elevando número de habitantes, mas que poucas empresas se prestem a se fixar na região por falta de infraestrutura e difícil acesso, o que tornaria seus produtos mais caros inviabilizando o consumo por aquela população. Há demanda, mas não há oferta proporcional, ou seja: o mercado está incompleto.

Neste caso, o Estado pode incentivar as empresas a se instalar e comercializar na região reduzindo os impostos ou concedendo financiamentos com taxas menores.

4ª Questão (MPS Analista Cespe 2010): *Julgue o item a seguir.*

Na área social, no Brasil, existe um mercado incompleto no que concerne à oferta dos serviços previdenciários. Isso ocorre porque o setor privado está disposto a assumir riscos, mesmo com o custo de produção acima do preço que os potenciais consumidores estão dispostos a pagar por planos de previdência complementares.

Solução

Errado. De fato, como existem cidadãos que ganham mais que o teto do INSS, existe um mercado para fundos previdenciários para suprir essa demanda. Há dúvidas se este mercado está ou não saturado. No entanto, estas empresas só assumem riscos se o retorno for superior ao custo investido.

Gabarito: ***Errado***

5. PODER DE MERCADO

Consiste na capacidade de um único agente econômico ou um pequeno grupo de agentes econômicos tem de influenciar significativamente os preços de mercado.

A existência de produtores e consumidores atomizados (diversos e pulverizados) não é comum no mundo real;

Em regra, há competição imperfeita (monopólio e oligopólio). Essas estruturas fazem a produção ser menor e o preço ser maior.

O papel do governo é limitar o poder de mercado das firmas mediante as várias formas de regulação existentes: fixação de preço máximo, de lucro máximo, estímulo à concorrência, seja com incentivos diretos à instalação de competidores, seja pela limitação de fusões.

Quadro 33.5: Estruturas de mercado

Estrutura	Características
Concorrência Perfeita	Número infinito de firmas, sem barreiras.
Concorrência monopolística ou imperfeita	Inúmeras empresas, produtos homogêneos ou diferenciados, livre acesso.

Estrutura	Características
Oligopólio:	Pequeno número de empresas, produtos homogêneos ou diferenciados, com barreiras.
Monopólio	Uma única empresa, um produto sem substitutos, com barreiras.

5ª e 6ª Questões (IPEA Técnico em Orçamento Cespe 2008): *Julgue os itens a seguir.*

5. O objetivo do governo, quando procura interferir no mercado de instituições privadas de previdência, geralmente, é impedir a formação da concorrência monopolística.

6. A intervenção do governo na economia ao promover a fusão e a incorporação de bancos estatais pode ser justificada como reação a uma imperfeição de mercado, gerada pela maior concentração de instituições privadas no setor, e, portanto, como uma forma de limitar a capacidade dessas empresas na formação de preços. Uma alternativa seria limitar as fusões e incorporações no setor privado.

Solução

5. Errado, a concorrência monopolística é aceitável. Devem ser combativos monopólios e oligopólios.
6. Certo, a literatura cita limitar as fusões e aquisições, limitar lucro máximo no setor. A questão inova na questão de o setor público também realizar fusões de bancos estatais.

Gabarito:

5. **Errado**

6. **Certo**

6. MONOPÓLIOS NATURAIS

Esta falha surge porque uma só empresa consegue ofertar um bem ou um serviço a um mercado inteiro a um custo menor do que ocorreria se existissem duas ou mais empresas no mercado.

Dependendo do mercado consumidor pode ser vantajoso apenas uma empresa produtora. O Governo pode atuar de duas formas: regulação (impedindo preços abusivos) e produção direta (ele mesmo estabelece o preço).

Um exemplo

Fornecimento de Água pelo Estado. Para se levar água a comunidade uma empresa precisa construir uma rede de tubulações. Assim, se duas ou mais empresas competissem, cada empresa teria que pagar pelo o custo fixo da construção das tubulações. Neste caso, o custo total médio da água seria menor se apenas uma empresa suprisse o mercado.

7ª Questão (MPS Analista Cespe 2010): *Julgue o item a seguir.*

Na existência de um monopólio natural, ou seja, quando se configura situação de mercado em que o tamanho ótimo de instalação e de produção de uma empresa é suficientemente grande para atender todo o mercado, o Estado pode responsabilizar-se diretamente pela produção do bem ou do serviço.

Solução

Certo, os monopólios naturais devem ficar a cargo do Estado.

Gabarito: ***Certo***

7. ASSIMETRIA DE INFORMAÇÕES

O mercado por si só não fornece dados suficientes para que os consumidores tomem suas decisões. Assim, considerando que a informação é um bem público, o Estado deve introduzir legislações que forneça maior transparência nas transações no mercado. Dois fenômenos de destacam quando se trata de assimetria informacional: Risco Moral e Seleção Adversa. O quadro 33.6 mostra as diferenças.

Quadro 33.6: Fenômenos de assimetria informacional

<table>
<tr><th>Fenômeno</th><th>Descrição</th><th>Exemplo</th></tr>
<tr><td rowspan="2">Seleção Adversa</td><td>Uma ou mais partes em uma transação ou potencial transação possuem informações vantajosas sobre as demais partes</td><td>Os gerentes ao tomarem conhecimento de informações ruins não disponibilizam evitando ou postergando as consequências negativas para a entidade</td></tr>
<tr><td>Ocorre antes da transação.</td><td>Um cliente não informa sua situação completa de debilidade antes de contratar plano de saúde.</td></tr>
<tr><td rowspan="2">Risco Moral</td><td>Uma ou mais partes em uma transação ou potencial transação podem observar o cumprimento de suas obrigações, mas as demais partes não.</td><td rowspan="2">Um gestor com um histórico transparente e correto, após ser nomeado adota posturas incompatíveis com os interesses da empresa, mas compatíveis com seus interesses.</td></tr>
<tr><td>Ocorre após a transação.</td></tr>
</table>

8. OCORRÊNCIA DE DESEMPREGO E INFLAÇÃO

Em economias em desenvolvimento a ação governamental é muito importante na geração crescimento econômico através de bancos de desenvolvimento, na criação de postos de trabalho e na busca da estabilidade econômica.

Em determinadas situações a eficiência do mercado pode em um primeiro momento gerar desemprego para determinado grupo de pessoas, para em um segundo momento gerar mais empregos para outro grupo de pessoas. Compete ao Estado amparar aquelas pessoas e viabilizar sua inserção do mercado de trabalho.

Exemplo simplório

Uma fábrica de sapatos adquire nova máquina que produz a mesma quantidade de sapatos com 25% da mão-de-obra inicial, mas com a contratação de dois novos operadores para a mesma. Assim, novos empregos podem ser gerados pela tecnologia ao passo que alguns postos de trabalho podem ser fechados. Assim, faz-se necessário que o Estado faça intervenções para ajudar e realocar essas pessoas no mercado de trabalho.

9. LISTA DE QUESTÕES OBJETIVAS

1ª Questão (MPDG APO ESAF 2005): *De acordo com a teoria das Finanças Públicas, existem algumas circunstâncias conhecidas como falhas de mercado, que impedem que ocorra uma situação de ótimo de Pareto. Assinale a opção falsa no tocante a tais circunstâncias.*

a) Existência de bens públicos.
b) Externalidades.
c) Existência de monopólios naturais.
d) Maior transparência dos mercados.
e) Mercados incompletos.

Solução

A única opção que não é falha de mercado consta na opção D.

Gabarito: **D**

2ª Questão (FCC/TRE-RN/2005): *São atribuições econômicas governamentais:*

a) promover o bem-estar social, saúde e educação; manter a estabilidade econômica.
b) controlar a dívida externa, produção, câmbio e a inflação, bem como manter a liquidez do mercado de capitais.
c) controlar a dívida externa, produção, câmbio e a inflação, bem como manter a estabilidade econômica.

d) promover ajustamentos na alocação de recursos e na distribuição de renda, bem como manter a estabilidade econômica.

e) promover o bem-estar social, controlar a dívida externa, produção, câmbio e a inflação, bem como manter a estabilidade econômica.

Solução

A Literatura destaca 4 (quatro) objetivos da intervenção do Estado na Economia:

1. Satisfação das Necessidades Coletivas;
2. Manutenção da Estabilidade Econômica;
3. Promoção do Crescimento Econômico;
4. Melhoria da Distribuição de Renda.

Gabarito: **D**

3ª Questão (CGU Auditor ESAF 2006): *No mundo real, mercados perfeitamente competitivos são raros, existindo falhas de mercado que justificam a intervenção do governo. Identifique a opção falsa.*

a) São exemplos de falhas de mercado a existência de bens públicos e de externalidades.

b) Os bens públicos puros possuem as características de não-rivalidade e de impossibilidade de exclusão de seu consumo.

c) O sistema de preços reflete apenas os custos e os benefícios privados, sendo necessária a presença do governo para incorporar as externalidades ao custo privado, mediante, por exemplo, a tributação ou incentivo fiscal.

d) Diz-se que uma externalidade tem lugar quando a atividade econômica dos indivíduos, na produção, consumo ou troca, não afeta e não interfere com o interesse dos outros indivíduos.

e) Há externalidades positivas que podem demandar a intervenção do governo para que não haja uma suboferta.

Solução

a) Certo, sem comentários adicionais.

b) Certo, sem comentários adicionais.

c) Certo, sem comentários adicionais.

d) Errado, ocorre quando a atividade econômica dos indivíduos, na produção, consumo ou troca, afeta e não interfere com o interesse dos outros indivíduos.

e) Certo, as externalidades positivas devem ser incentivadas.

Gabarito: **D**

4ª Questão (STN Auditor ESAF 2008): *Sob determinadas condições, os mercados privados não asseguram uma alocação eficiente de recursos. Em particular, na presença de externalidades e de bens públicos, os preços de mercado não refletem, de forma adequada, o problema da escolha em condições de escassez que permeia a questão econômica, abrindo espaço para a intervenção do governo na economia, de forma a restaurar as condições de eficiência no sentido de Pareto. Nesse contexto, é incorreto afirmar:*

a) externalidades ocorrem quando o consumo e/ou a produção de um determinado bem afetam os consumidores e/ou produtores, em outros mercados, e esses impactos não são considerados no preço de mercado do bem em questão.

b) consumidores podem causar externalidades sobre produtores e vice-versa.

c) a correção de externalidades, pelo governo, pode ser feita mediante tributação corretiva, no caso de externalidades positivas, ou aplicação de subsídios, no caso de externalidades negativas.

d) um exemplo de bem público puro é o sistema de defesa nacional, cujo consumo se caracteriza por ser não-excludente e não-rival.

e) falhas de mercado são fenômenos que impedem que a economia alcance o estado de bem-estar social, por meio do livre mercado, sem interferência do governo.

Solução

a) Certo, sem comentários adicionais.

b) Certo, sem comentários adicionais.

c) Errado, pode ser feita mediante tributação corretiva, no caso de externalidades negativas, ou aplicação de subsídios, no caso de externalidades positivas.

d) Certo, sem comentários adicionais.

e) Certo, sem comentários adicionais.

Gabarito: **C**

5ª Questão (IPEA Técnico em Orçamento Cespe 2008): *Julgue o item a seguir.*

5. A intervenção do governo na economia ao promover a fusão e a incorporação de bancos estatais pode ser justificada como reação a uma imperfeição de mercado, gerada pela maior concentração de instituições privadas no setor, e, portanto, como uma forma de limitar a capacidade dessas empresas na formação de preços. Uma alternativa seria limitar as fusões e incorporações no setor privado.

Solução

Certo, a literatura cita limitar as fusões e aquisições, limitar lucro máximo no setor. A questão inova na questão de o setor público também realizar fusões de bancos estatais.

Gabarito: **Certo**

6ª Questão (ABIN Oficial de Inteligência Contabilidade Cespe 2010): *Julgue o item a seguir*

As externalidades positivas ou negativas são os efeitos diretos e indiretos sobre determinados agentes do sistema econômico e decorrem de transações sobre as quais esses agentes não exercem controle.

Solução

Certo, ocorrem quando o valor econômico não é capaz de capturar o valor social ou ambiental associado a transação do agente econômico.

Gabarito: **Certo**

7ª a 11ª Questões (MPS Analista Cespe 2010): *Julgue os itens a seguir.*

7. Na área social, no Brasil, existe um mercado incompleto no que concerne à oferta dos serviços previdenciários. Isso ocorre porque o setor privado está disposto a assumir riscos, mesmo com o custo de produção acima do preço que os potenciais consumidores estão dispostos a pagar por planos de previdência complementares.

8. A existência dos bens públicos é que permite a alocação ótima de recursos na economia, superando a ineficiência do mercado na garantia adequada de produtos e serviços que são necessários à sociedade.

9. Na existência de um monopólio natural, ou seja, quando se configura situação de mercado em que o tamanho ótimo de instalação e de produção de uma empresa é suficientemente grande para atender todo o mercado, o Estado pode responsabilizar-se diretamente pela produção do bem ou do serviço.

10. Uma diferença essencial entre o bem público e o bem privado diz respeito à exclusão de determinados indivíduos do consumo desse bem. Na medida em que o Estado regula a produção de um bem privado, assegurando sua oferta pelo mercado, todos os indivíduos poderão consumi-lo, sem exclusão.

11. A característica essencial dos bens semipúblicos é seu elevado conteúdo de externalidades. Isso significa que os benefícios advindos de seu consumo não são totalmente internalizados pelo indivíduo que consome esses bens, espalhando-se uma parcela considerável desses benefícios por toda a coletividade.

Solução

7. Errado. De fato, como existem cidadãos que ganham mais que o teto do INSS, existe um mercado para fundos previdenciários para suprir essa demanda. Há dúvidas se este mercado está ou não saturado. No entanto, estas empresas só assumem riscos se o retorno for superior ao custo investido.

8. Errado, a existência de bens públicos é a própria ineficiência de mercado.

9. Certo, os monopólios naturais devem ficar a cargo do Estado.

10. Errado, a regulação não altera as propriedades de um bem privado que continua sujeito a exclusão e rivalidade.

11. Certo, os bens semipúblicos geram externalidades.

Gabarito:

7. **Errado**
8. **Errado**
9. **Certo**
10. **Errado**
11. **Certo**

12ª a 14ª Questões (BB Certificação Setor Público Cespe 2010): *Julgue os itens a seguir.*

12. Existem serviços que, pela sua natureza, são intrinsecamente públicos, mesmo que o seu fornecimento seja privado, situação em que o Estado deve assumir a responsabilidade como regulador ou fiscal do serviço. Por meio da regulação, busca-se, prioritariamente, tratar, com autonomia, dos conflitos entre prestadores e usuários dos serviços.

13. As circunstâncias caracterizadas como falhas de mercado impedem a alocação eficiente ou ótima dos recursos. A provisão de bens públicos é financiada pela tributação, por não ser aplicável a eles o sistema de preços.

14. Os bens semipúblicos ou meritórios não se submetem ao princípio da exclusão.

Solução

12. Certo, um exemplo clássico seriam as agências reguladoras que intermediam conflitos entre prestadores e usuários dos serviços.

13. Certo. As falhas de mercado surgem nos casos em que o sistema de mercado não atua com eficiência. Os bens públicos devem ser financiados via tributos.

14. Errado, se submetem uma vez que são bens privados. A sua diferença em relação aos privados, é que os bens semipúblicos possuem externalidades positivas.

Gabarito:

12. **Certo**
13. **Certo**
14. **Errado**

15ª Questão (ANTAQ Analista Cespe 2014): *Julgue o item a seguir.*

Uma das funções do Estado, em relação às falhas de mercado, é reprimir o surgimento de assimetria de informações entre os agentes econômicos de produção e de consumo.

Solução

Errado, seria regular o grau de assimetria de informações.

Gabarito: **Errado**

16ª Questão (MPDG APO ESAF 2015): *Com relação à função do Estado moderno, não é correto afirmar que:*

a) existem bens públicos.

b) a falha de competição se reflete na existência de monopólios naturais.

c) os mercados são completos.

d) ocorrem externalidades.

e) temos falhas de informação.

Solução

Na verdade, existem mercados incompletos que justificam o Estado financiar empresas em regiões ou setores que há elevada demandas e baixa oferta. Gabarito C. Todos as demais opções são falhas de mercado.

Gabarito: **C**

17ª Questão (ANAC Analista ESAF 2016): *A diversificação dos objetivos da intervenção governamental na atividade econômica requer um esforço organizado de planejamento e organização. Tais objetivos podem ser agrupados em quatro grandes categorias, exceto:*

a) satisfação das necessidades coletivas.

b) aumento da carga tributária.

c) manutenção da estabilidade econômica.

d) promoção do crescimento econômico.

e) melhoria na distribuição de renda.

Solução

Apenas opção B foge da doutrina.

Gabarito: **B**

18ª Questão (ANAC Analista ESAF 2016): *Com base na Teoria das Finanças Públicas, identifique a única característica que não pertence a um bem público.*

a) É um bem não rival.

b) O consumo do bem é coletivo.

c) É um bem indivisível.

d) São bens tangíveis e intangíveis.

e) São bens sujeitos ao princípio da exclusão.

Solução

Os bens públicos são: não rivais e não excludentes.

Gabarito: **E**

CAPÍTULO 34

FUNÇÕES ECONÔMICAS DO ORÇAMENTO

1. ATRIBUIÇÕES ECONÔMICAS DO ESTADO

Seguindo linha similar de intervenção estatal na economia, Musgrave e Musgrave (1980) estabeleceram que é de competência do estado a execução de três funções típicas: (i) Promover ajustamentos na alocação de recursos (**função alocativa**); (ii) Promover ajustamentos na distribuição de renda (**função distributiva**); (iii) Manter a estabilidade econômica (**função estabilizadora**).

2. FUNÇÃO ALOCATIVA

A atividade estatal se justifica na alocação de recursos justifica-se naqueles casos em que não houver a necessária eficiência por parte do mecanismo de ação privada (sistema de mercado), ou seja, **ocorrer uma falha de mercado**.

Dessa forma, seguem dois exemplos de aeras que justificam tal atuação estatal: **investimentos na infraestrutura econômica e a provisão de bens públicos e bens meritórios**:

Os investimentos na infraestrutura econômica, tais como energia, transportes e comunicações, impulsionam o desenvolvimento regional e nacional, e os altos investimentos necessários, aliados ao longo período para obtenção de retorno do investimento, desestimulam a iniciativa do setor privado nesses setores.

Já a demanda por bens públicos e bens meritórios possui características peculiares que tornam inviável seu fornecimento pelo sistema de mercado.

Por fim o Quadro 34.1 mostra a diferença conceitual entre os termos produção e provisão aplicados aos bens públicos e mistos.

Quadro 34.1: Produção e Provisão

Produção	Pode estar relacionado à produção e comercialização de bens privados por empresas privadas ou empresas estatais: energia, petroquímica, mineração, informática, siderurgia.
	Pode estar relacionado à produção dos bens públicos pelas repartições públicas como: justiça, segurança. Apesar de alguns casos serem produzidos por empresas privadas que mediante contrato ou acordo vendem para o Estado: armamento, obras públicas.
	Está relacionado aos bens privados e aos bens públicos.
Provisão	Os bens e serviços não são necessariamente produzidos pelo governo, mas financiados (pagos) pelo orçamento público, tais como: educação e saúde.
	Está relacionado aos bens mistos.

1ª Questão (TCU AUFC Cespe 2008): *Julgue o item a seguir.*

A teoria de finanças públicas consagra ao Estado o desempenho de três funções primordiais: alocativa, distributiva e estabilizadora. A função distributiva deriva da incapacidade do mercado de suprir a sociedade de bens e serviços de consumo coletivo. Como esses bens e serviços são indispensáveis para a sociedade, cabe ao Estado destinar recursos de seu orçamento para produzi-los e satisfazer sua demanda.

2ª Questão (MJ Administrador Cespe 2013): *Julgue o item a seguir.*

A intervenção direta do setor público em setores de infraestrutura, que caracteriza o exercício da função alocativa, justifica-se pela dificuldade do setor privado para aplicar recursos em projetos de grande porte.

Solução

1. Errado. A função alocativa é que deriva da incapacidade do mercado de suprir a sociedade de bens e serviços de consumo coletivo.

2. Certo, os bens de infraestrutura são bens públicos puros e devem ter seus custos suportados pelo Estado.

Gabarito:

1. **Errado**
2. **Certo**

3. FUNÇÃO DISTRIBUTIVA

As doutrinas de bem-estar integradas na análise econômica convencional derivam da formulação consagrada pelo nome de "ideal de Pareto". Segundo ela, há eficiência na economia quando a posição de alguém sofre uma melhoria sem que nenhum outro tenha sua situação deteriorada.

Assim, a função pública de promover ajustamentos na distribuição de renda justifica-se, pois, como correção às falhas de mercado (desigualdades sociais, monopólios empresariais, etc.), inerentes ao sistema econômico capitalista. Para tanto, deve-se fugir da idealização de Pareto, pois a melhoria da posição de certas pessoas é feita a expensas de outras.

Por uma série de razões, a apropriação da renda e da riqueza se dá de forma diferenciada na sociedade e, na maioria dos casos, ela se apresenta de forma bastante concentrada. As forças do mercado, ao invés de amenizarem este fato tendem a perpetuá-lo, quando não o acentuam ainda mais. O Quadro 8 contém as formas do Estado alterar esse cenário.

Quadro 34.2: Formas da função distributiva

Instrumentos da Função Distributiva	
Segundo Rezende (2001)	**Segundo Giacomoni (2017)**
Sistema tributário (**impostos progressivos**) e política de gastos governamentais (**despesas que beneficiem direta ou indiretamente as classes de renda mais baixa**).	- **Transferências diretas:** Exemplo: programas de redistribuição direta de renda - Bolsa Família - **Impostos progressivos:** Exemplo: Imposto de Renda, Impostos sobre Grandes Fortunas - **Subsídios:** Exemplo: tarifas baixas para produtos da cesta básica

A **função de distribuição do governo** tem como principal objetivo utilizar mecanismos que visem ajustar a distribuição da renda e da riqueza na sociedade, tornando-a menos desigual possível, fazendo-a socialmente aceitável e economicamente funcional.

Assim, pode-se utilizar mecanismos como: **transferências**, **tributação com impostos progressivo s**ou **subsídios**. O ajustamento na redistribuição da renda e da riqueza na sociedade só poderia ser feito por intermédio da participação do governo, já que somente ele pode compulsoriamente estabelecer mecanismos que efetivamente contribuam para o combate às desigualdades.

Como exemplo de medidas distributivas, tem-se **o imposto de renda progressivo** para financiar programas de alimentação, transporte e moradia populares.

Tem-se ainda, **concessão de subsídios aos bens de consumo popular financiados** por impostos incidentes sobre os bens consumidos pelas classes de mais alta renda.

3ª Questão (ANEEL Analista Administrativo Cespe 2010): *Julgue o item a seguir.*

De acordo com a solução de Pareto, considera-se que a economia atinge a máxima eficiência quando modificações em determinada alocação de recursos se revelam capazes de melhorar o nível de bem-estar de uma comunidade sem prejudicar o bem-estar individual.

Solução

Errado. Uma situação econômica é ótima, no sentido de Pareto, se não for possível melhorar a situação de um agente sem degradar a situação ou utilidade de qualquer outro agente econômico. O ótimo de Pareto é voltado para agentes econômicos. Uma comunidade não representa um agente econômico.

Gabarito: Errado

A tributação e as transferências são os mecanismos mais utilizados e, de certa forma, **produzem resultados mais satisfatórios**.

Paralelamente aos tributos e às transferências, o governo utiliza as legislações específicas sobre a determinação do salário mínimo, as proteções tarifárias, os subsídios etc., como **instrumentos de redistribuição da renda**. Esses mecanismos mencionados têm a característica principal de **REDISTRIBUIR RECURSOS ENTRE OS INDIVÍDUOS NA SOCIEDADE**. Assim, o governo, por um lado, retira recursos de uma camada da sociedade por meio dos tributos e os transfere para outra camada.

Porém, **a redistribuição da renda na sociedade pode dar-se de forma diferente mediante função de alocação**. Assim, quando o governo aplica seus recursos, obtidos através dos tributos progressivos, em atividades ligadas a educação, saúde, transporte, que beneficiam as camadas mais pobres da população, **ele está, de certa forma, também redistribuindo renda na sociedade via oportunidades de acesso a esses bens para todos os indivíduos**.

O que é um imposto progressivo?

Basicamente é um imposto de quem possui mais paga mais. Geralmente incidem sobre a renda e sobre a propriedade. Seriam os impostos diretos. Vejamos o Quadro abaixo.

Tipo de Imposto	Característica	Simplificação	Propriedade
Direto	São os tributos em que os contribuintes são os mesmos que arcam com o ônus da respectiva contribuição.	Tributos cuja base econômica seja a renda ou patrimônio.	Tendem a ser progressivos.
Indireto	São os tributos para os quais os contribuintes poderiam transferir total ou parcialmente o ônus da contribuição para terceiros.	Tributos cuja base econômica é a transação com mercadorias ou serviço.	Tendem a ser regressivos.

4ª Questão (IPEA Técnico em Orçamento Cespe 2008): *Julgue o item a seguir.*

As transferências, da mesma forma que os tributos, são mecanismos utilizados pelos governos para promoverem ajustes na distribuição de renda de uma população, com o objetivo de transferirem recursos da iniciativa privada para o setor público.

5ª Questão (MJ Administrador Cespe 2013): *Julgue o item a seguir.*

Ao empregar recursos públicos em programas de construção de moradias populares para a população de baixa renda, o Estado exerce a função distributiva.

Solução

4. Errado, as transferências diretas e os impostos progressivos fazem a redistribuição de renda dentro da iniciativa privada.

5. Certo, como se busca atingir a pessoas mais desfavorecidas, trata-se da função distributiva.

Gabarito:

4. **Errado**

5. **Certo**

4. FUNÇÃO ESTABILIZADORA

Antes acreditava-se que o mercado tinha a capacidade para auto ajustar-se ao pleno emprego da economia. A flexibilidade de preços e de salários garantiria esse equilíbrio.

Depois se constatou que o mercado não é capaz de assegurar altos níveis de emprego, estabilidade nos preços e altas taxas de crescimento econômico.

Assim, a função estabilizadora, a mais moderna das três funções, utiliza instrumentos macroeconômicos para manter certo nível de utilização de recursos, estabilizar o valor da moeda, assegurar o nível de emprego e a estabilidade dos preços que não são resultados automáticos do funcionamento do sistema de mercado, mas exigem intervenção do poder público.

O orçamento público na década de 30 constitui-se em importante instrumento de combate à depressão dos anos 30 e a partir daí esteve sempre em cena, lutando contra pressões inflacionárias e contra o desemprego, fenômenos recorrentes nas economias capitalistas do pós guerra. Em qualquer economia, os níveis de preços e de emprego resultam dos níveis da demanda agregada, isto é, da disposição de gastar dos consumidores, das famílias, dos capitalistas, enfim, de qualquer tipo de comprador. Se a demanda for superior a capacidade nominal (potencial) da produção, os preços tenderão a subir; se for inferior, haverá desemprego. O mecanismo básico da política de estabilização é, portanto, **a ação estatal sobre a demanda agregada**, **aumentando-a e reduzindo-a conforme as necessidades.**

6ª Questão (TST Analista Área Administrativa Cespe2007): *Julgue o item a seguir.*

O orçamento público passa a ser utilizado sistematicamente como instrumento da política fiscal do governo a partir da década de 30 do século XX, por influência da doutrina keynesiana, tendo função relevante nas políticas de estabilização da economia, na redução ou expansão do nível de atividade.

Solução

A doutrina keynesiana, pregava, em linhas bem gerais, a intervenção estatal na vida econômica, e se contrapunham às teorias da política de livre mercado (ou laissez-faire). Keynes desenvolve sua teoria baseado no pressuposto de que é necessária a intervenção do estado na economia, pois o mercado, devido a vazamentos como a formação de estoques e redução de produção, não seria capaz de coordená-la. Sua primeira suposição foi a existência de desemprego. Os antigos economistas acreditavam apenas no desemprego voluntário. Keynes, ao contrário, acreditava que a economia estaria funcionando abaixo de seu potencial, deixando assim uma capacidade ociosa.

Assim, o Estado, por meio do orçamento público (principal instrumento de ação estatal na economia), intervém na atividade econômica com basicamente três finalidades, dentre elas, a de manter a estabilidade econômica (função estabilizadora). Essa foi a função do orçamento aludida na questão, que pode ser observada na expressão "função relevante nas políticas de estabilização da economia, na redução ou expansão do nível de atividade".

O Estado passa a intervir na economia principalmente a partir da década de 30, época da Depressão Econômica (crise de 29 – queda da bolsa de Nova Iorque), influenciado pela doutrina keynesiana.

Assim, a questão está certa.

Gabarito: ***Certo***

Dentre os principais instrumentos para agir sobre a demanda agregada, o governo poderá utilizar instrumentos fiscais (gastos e tributos), de política cambial e monetária e de controle sobre preços e salários. A Figura 34.1 mostra possíveis atuações da política fiscal sobre a demanda agregada, enquanto a Figura 34.2 mostra possíveis atuações da política monetária sobre a demanda agregada.

Figura 34.1: Atuação da política fiscal sobre a demanda agregada

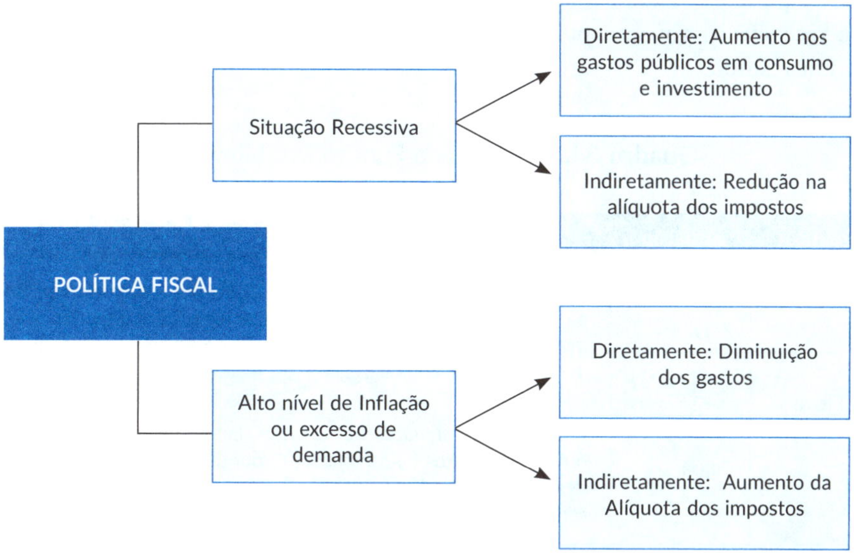

A política fiscal deve ser formulada objetivando (i) alcançar ou manter um elevado nível de emprego, (ii) uma razoável estabilidade no nível de preços, (iii) o equilíbrio na balança de pagamentos e (iv) ainda uma taxa aceitável de crescimento econômico. Desses quatro, os dois primeiros configuram o campo de ação da função estabilizadora.

Na Figura 34.1 observa-se que em situações de excesso demanda agregada, o governo pode atuar diretamente reduzindo os gastos públicos em consumo e investimento, ou indiretamente por meio do aumento da alíquota de impostos.

Em situações de demanda agregada recessiva, o governo pode atuar diretamente aumentando os gastos públicos em consumo e investimento, ou indiretamente por meio da redução da alíquota de impostos.

Figura 34.2: Atuação da política monetária sobre a demanda agregada

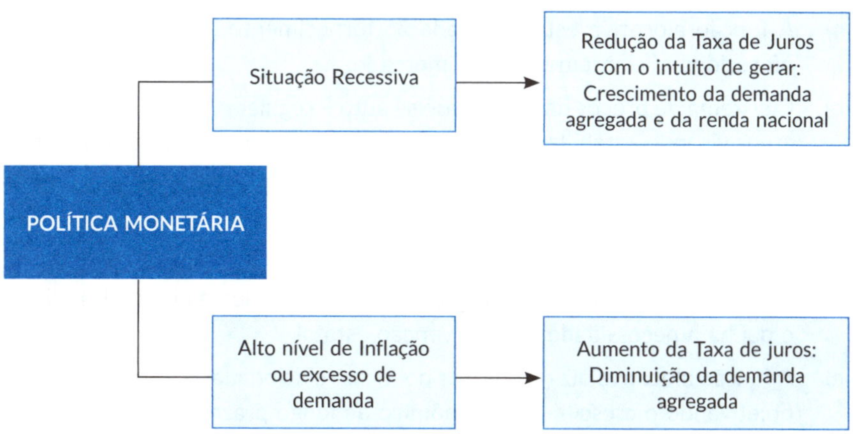

Na Figura 34.2 observa-se que em situações de excesso demanda agregada, o governo pode atuar aumentando a taxa de juros. Em situações de demanda agregada recessiva, o governo pode atuar diminuindo a taxa de juros. O Quadro 34.3 traz um resumo.

Quadro 34.3: Formas da Função Estabilizadora

Política	Atuação	Situação Recessiva	Situação Expansiva
Fiscal	Direta	O Estado deve *aumentar* seus gastos em consumo ou investimento, assim incentivando um *aumento* da demanda agregada	O Estado deve *diminuir* seus gastos em consumo ou investimento, assim incentivando uma *redução* da demanda agregada.
	Indireta	O Estado deve *reduzir* sua alíquota de impostos, *aumentando*, dessa forma, o multiplicador de renda da economia.	O Estado deve aumentar sua alíquota de impostos, *diminuindo*, dessa forma, o multiplicador de renda da economia.
Monetária	–	O Estado deve *reduzir* as taxas de juros, *estimulando* o aumento dos investimentos e, consequentemente, o crescimento da demanda agregada e da renda nacional.	O Estado deve *aumentar* as taxas de juros, *desestimulando* o aumento dos investimentos e, consequentemente, a redução da demanda agregada e da renda nacional.

5. LISTA DE QUESTÕES OBJETIVAS

1ª Questão (SEFAZ-PI Auditor ESAF 2001): *A necessidade da atuação econômica do setor público prende-se à constatação de que o sistema de preços não consegue cumprir adequadamente algumas tarefas ou funções. Entre as opções abaixo, aponte aquela corretamente associada à função alocativa do governo.*

a) A função alocativa está associada ao fornecimento de bens e serviços não oferecidos eficientemente pelo mercado.

b) O sistema de preços não consegue se auto – regular e, por isso, o Estado deve atuar visando estabilizar tanto a produção quanto o crescimento de preços.

c) A função alocativa é aquela que provoca a transferência de recursos entre grupos da sociedade (entre classes de renda, entre trabalhadores e empresários).

e) O sistema de preços, via de regra, não leva a uma justa distribuição de renda e daí há a necessidade da intervenção estatal.

e) A função alocativa diz respeito às políticas relacionadas à formação de capital, objetivando o crescimento econômico de longo prazo.

Solução

a) Certo, está associada ao fornecimento de bens e serviços de bens públicos e semipúblicos que não seriam fornecidos pelo mercado.
b) Errado, seria função estabilizadora.
c) Errado, seria função distributiva.
e) Errado, seria função distributiva.
e) Errado, seria função estabilizadora.

Gabarito: **A**

2ª Questão (CGU Auditor ESAF 2004): *A necessidade de atuação econômica do setor público prende-se à constatação de que o sistema de preços não consegue cumprir adequadamente algumas tarefas ou funções. Assim, é correto afirmar que*

a) a função distributiva do governo está associada ao fornecimento de bens e serviços não oferecidos eficientemente pelo sistema de mercado.
b) a função alocativa do governo está relacionada com a intervenção do Estado na economia para alterar o comportamento dos níveis de preços e emprego.
c) o governo funciona como agente redistribuidor de renda através da tributação, retirando recursos dos segmentos mais ricos da sociedade e transferindo-os para os segmentos menos favorecidos.
d) a função estabilizadora do governo está relacionada ao fato de que o sistema de preços não leva a uma justa distribuição de renda.
e) a distribuição pessoal de renda pode ser implementada por meio de uma estrutura tarifária regressiva.

Solução

a) Errado, seria função alocativa.
b) Errado, seria função estabilizadora.
c) Certo, seria a função distributiva.
d) Errado, seria a função distributiva.
e) Errado, uma estrutura tarifária progressiva.

Gabarito: **C**

3ª Questão (STN Auditor STN 2005): *Devido a falhas de mercado e tendo em vista a necessidade de aumentar o bem-estar da sociedade, o setor público intervém na economia. Identifique a opção correta inerente à função alocativa.*

a) O setor público oferece bens e serviços públicos, ou interfere na oferta do setor privado, por meio da política fiscal.
b) O setor público age na redistribuição da renda e da riqueza entre as classes sociais.

Unidade Didática VI
Noções de Economia no Setor Público

c) Adotando políticas monetárias e fiscais, o governo procura aumentar o nível de emprego e reduzir a taxa de inflação.

d) Adotando políticas monetárias e fiscais, o governo procura manter a estabilidade da moeda.

e) O governo estabelece impostos progressivos, com o fim de gastar mais em áreas mais pobres e investir em áreas que beneficiem as pessoas carentes, como a educação e saúde.

Solução

a) Gabarito.

b) Errado, seria a função distributiva.

c) Errado, seria função estabilizadora.

d) Errado, seria função estabilizadora.

e) Errado, seria a função distributiva.

Gabarito: **A**

4ª Questão (STN Auditor STN 2008): *A aplicação das diversas políticas econômicas a fim de promover o emprego, o desenvolvimento e a estabilidade, diante da incapacidade do mercado em assegurar o atingimento de tais objetivos, compreende a seguinte função do Governo:*

a) Função Estabilizadora.

b) Função Distributiva.

c) Função Monetária.

d) Função Desenvolvimentista.

e) Função Alocativa.

Solução

Gabarito A. sem comentários adicionais.

Gabarito: **A**

5ª Questão (STN Auditor STN 2008): *Com base nas funções clássicas do Estado, assinale a única opção falsa.*

a) As necessidades meritórias são aquelas que também são atendidas pelo setor privado e, portanto, não estão sujeitas ao princípio da exclusão.

b) A função estabilizadora do governo concentra seus esforços na manutenção de um alto nível de utilização de recursos e de um valor estável da moeda.

c) As necessidades meritórias e as necessidades sociais são atendidas, no Brasil, pelas três esferas de governo.

d) Na atual conjuntura brasileira, verifica-se atividade governamental no que se refere à distribuição de renda, via ações compensatórias, tais como as transferências de renda por meio da distribuição de cestas básicas.

e) A função alocativa do governo está associada ao fornecimento de bens e serviços não oferecidos adequadamente pelo sistema de mercado.

Solução

a) Errado, os bens meritórios estão sujeitos à exclusão, mas geram externalidades positivas.

b) Certo, sem comentários adicionais.

c) Certo, as três esferas gastam em educação e saúde.

d) Certo, as transferências de renda por meio da distribuição de cestas básicas fazem parte da função distributiva.

e) Certo, sem comentários adicionais.

Gabarito: **A**

6ª Questão (MPDG APO ESAF 2008): *De acordo com os fundamentos teóricos das finanças públicas, assinale a única opção correta com relação aos objetivos da política orçamentária.*

a) A alocação dos recursos por parte do governo tem como objetivo principal a oferta de determinados bens e serviços, que são necessários e desejados pela sociedade.

b) Outro objetivo da função de alocação de recursos por parte do governo refere-se à oferta de bens sociais.

c) A função de distribuição do governo tem como objetivo principal utilizar mecanismos que visem ajustar a distribuição da renda e da riqueza da sociedade, principalmente por meio da tributação e das transferências.

d) Por meio da utilização dos instrumentos fiscais, o governo intervém no nível de emprego, nos gastos privados, no nível de renda, entre outros, tendo como objetivo principal a manutenção de determinada estabilidade no nível de emprego e dos preços.

e) Na tentativa de assegurar a distribuição eficiente dos recursos, o governo pode produzir diretamente os produtos ou utilizar-se de mecanismos que façam com que sejam oferecidos pelo setor privado.

Solução

a) Errado, A alocação dos recursos por parte do governo tem como objetivo principal a oferta de determinados bens e serviços que não são fornecidos adequadamente pelo sistema de mercado.

b) Errado, a função de alocação de recursos por parte do governo refere-se tem como objetivo principal a oferta de determinados bens e serviços que não são fornecidos adequadamente pelo sistema de mercado.

c) Errado, que visem ajustar a distribuição da renda e da riqueza **na** sociedade.

d) Errado, o governo intervém na demanda agregada tendo como objetivo principal de controlar a inflação e promover o crescimento: aumentar o nível de emprego.

e) Certo, ele pode produzir os bens públicos ou utilizar mecanismos que os bens semipúblicos sejam oferecidos pelo setor privado.

Gabarito: **E**

7ª Questão (CGU Auditor ESAF 2008): *O Orçamento é um dos principais instrumentos da política fiscal do governo e traz consigo estratégias para o alcance dos objetivos das políticas. Das afirmações a seguir, assinale a que não se enquadra nos objetivos da política orçamentária ou nas funções clássicas do orçamento.*

a) Assegurar a disponibilização para a sociedade dos bens públicos, entre os quais aqueles relacionados com o cumprimento das funções elementares do Estado, como justiça e segurança.

b) Utilizar mecanismos visando à universalização do acesso aos bens e serviços produzidos pelo setor privado ou pelo setor público, este último principalmente nas situações em que os bens não são providos pelo setor privado.

c) Adotar ações que visem fomentar o crescimento econômico.

d) Cumprir a meta de superávit primário exigida pela Lei de Responsabilidade Fiscal.

e) Destinar recursos para corrigir as imperfeições do mercado ou atenuar os seus efeitos.

Solução

a) Certo, este é a função alocativa.

b) Certo, este é a função alocativa.

c) Certo, este é a função estabilizadora.

d) Errado, não está entre as atribuições das funções clássicas.

e) Certo, esta é uma característica comum das três funções.

Gabarito: **D**

8ª Questão (TCU AUFC Cespe 2008): *A Aspectos culturais, históricos, sociais e políticos evoluem ao longo do tempo, alterando a intensidade e a natureza das demandas da sociedade por maior ou menor intervenção do Estado na vida socioeconômica de um país. Em economias de mesmo tamanho, as necessidades de atuação estatal sofrem a influência de desigualdades regionais e sociais, cuja correção não dispensa a ação coletiva voltada para a eliminação dos fatores que concorrem para a preservação dessas disparidades. Fernando Rezende. Finanças públicas. 2.ª ed., São Paulo: Atlas, 2001, p. 34-5 (com adaptações).*

Tendo o fragmento de texto acima como referência inicial, julgue o item a seguir.

A teoria de finanças públicas consagra ao Estado o desempenho de três funções primordiais: alocativa, distributiva e estabilizadora. A função distributiva deriva da incapacidade do mercado de suprir a sociedade de bens e serviços de consumo coletivo. Como esses bens e serviços são indispensáveis para a sociedade, cabe ao Estado destinar recursos de seu orçamento para produzi-los e satisfazer sua demanda.

Solução

Errado, seria a função alocativa.

Gabarito: **Errado**

9ª a 11ª Questões (IPEA Técnico em Orçamento Cespe 2008): *Com relação às funções de governo e às políticas econômicas, julgue os itens a seguir.*

9. Após a Segunda Guerra Mundial, os déficits públicos excessivamente altos e a crise econômica mundial levaram à assinatura do Acordo de Bretton Woods e à criação do Banco Mundial e do Fundo Monetário Internacional (FMI). É correto afirmar que, nessas circunstâncias, a maior preocupação dos formuladores de políticas públicas devia ser com a função alocativa dos governos.

10. Os mecanismos de mercado são insatisfatórios para o atendimento das necessidades sociais. Isso significa que os consumidores dos bens e serviços que satisfazem essas necessidades não podem estar sujeitos ao princípio da exclusão. Nessas circunstâncias, a condição é de igual consumo para todos, paguem ou não por tais bens e serviços.

11. As transferências, da mesma forma que os tributos, são mecanismos utilizados pelos governos para promoverem ajustes na distribuição de renda de uma população, com o objetivo de transferirem recursos da iniciativa privada para o setor público.

Solução

9. Errado, seria a função estabilizadora

10. Certo, os bens públicos destinados a atender as necessidades sociais devem ser disponibilizados a todos mesmo que não paguem os impostos.

11. Errado, o objetivo seria redistribuir os recursos dentro do setor privado, e não para o setor público.

Gabarito:

9. **Errado**

10. **Certo**

11. **Errado**

12ª a 16ª Questões (TRE-MG Técnico em Contabilidade Cespe 2009): *Julgue os itens a seguir.*

12. O orçamento público é um importante instrumento da política de estabilização econômica. Por isso, não se recomenda a realização de mudanças nas receitas e nas despesas públicas, visando o controle da inflação e do crescimento econômico.

13. A atividade do Estado na alocação de recursos justifica-se naquelas situações em que são utilizadas as receitas orçamentárias para provisão de bens que tenham as características de bens privados, mas que momentaneamente não estão sendo produzidos pelo mercado.

14. A oferta do serviço público de justiça eleitoral é um exemplo de um bem semipúblico, inerente à função estabilizadora exercida pelo governo de assegurar condições democráticas no país e estabilidade política.

15. O governo pode realizar ajustamento na redistribuição da renda e da riqueza do país utilizando instrumentos como transferências, impostos e subsídios. Por exemplo, o Estado pode tributar indivíduos de alta renda e utilizar os recursos captados para o financiamento de programas para a parcela de baixa renda da população.

16. A chamada função estabilizadora exercida pelo governo visa o provimento de bens públicos para todos os consumidores, em face das imperfeições inerentes à própria lógica de mercado, que determina o tipo e a quantidade de bens públicos a serem ofertados à população.

Solução

12. Errado, o aumento ou redução de receitas ou despesas são mecanismos da política fiscal para controlar a inflação e promover o crescimento econômico.

13. Errado, A atividade do Estado na alocação de recursos justifica-se apenas na produção de bens público e provisão de bens semipúblicos, ou seja, bens privados, mas que gerem externalidades positivas.

14. Errado, seria um bem público puro inerente a função alocativa.

15. Certo, os impostos progressivos e as transferências de renda são instrumentos da função distributiva.

16. Errado, seria função alocativa.

Gabarito:

12. **Errado**
13. **Errado**
14. **Errado**
15. **Certo**
16. **Errado**

17ª e 18ª Questões (BB Certificação Setor Público Cespe 2009): *Julgue os itens a seguir.*

17. O fornecimento de bens e serviços públicos está diretamente ligado a duas das funções do governo relacionadas à forma e à intensidade de sua intervenção na economia, quais sejam, as funções alocativa e distributiva.

18. Em uma economia de mercado, quando o governo realiza a tributação progressiva dos indivíduos de maior renda e subsidia aqueles com menores rendimentos, está exercendo a função de estabilizar a economia, em decorrência dos desequilíbrios do sistema.

Solução

17. Certo, os bens públicos naturalmente são relacionados a função alocativa. Porém, os bens públicos podem ser direcionados a parcelas da população mais desfavorecidas. Neste caso, se caracteriza a função distributiva.

18. Errado, neste caso seria função distributiva.

Gabarito:

17. **Certo**

18. **Errado**

19ª a 22ª Questões (ABIN Oficial de Inteligência Contabilidade Cespe 2010): *Julgue os itens a seguir.*

19. A ação do governo por meio da política fiscal abrange as funções alocativa, distributiva e fiscalizadora.

20. Fatores demográficos podem explicar o crescimento do gasto público, como ocorre, por exemplo, quando os gastos com saúde e previdência aumentam à medida que a população se torna idosa.

21. Como instrumento da política de estabilização econômica, o orçamento pode apontar ora na promoção de uma expansão da demanda, gerando superávit, ora na contração da demanda, gerando déficits.

22. Como instrumento da política de estabilização econômica, o orçamento pode apontar ora na promoção de uma expansão da demanda, gerando superávit, ora na contração da demanda, gerando déficits.

Solução

19. Certo, sem comentários adicionais.

20. Certo, esses gastos sociais dependem das características populacionais.

21. Errado, se o governo optar por promover uma expansão da demanda agregada deverá reduzir os impostos e aumentar os gastos, o que acarretará um déficit.

22. Errado, se o governo optar por promover uma expansão da demanda agregada deverá reduzir os impostos e aumentar os gastos, o que acarretará um déficit.

Gabarito:

19. **Certo**
20. **Certo**
21. **Errado**
22. **Errado**

23ª a 25ª Questões (ANEEL Analista Administrativo Cespe 2010): *Julgue os itens a seguir.*

23. Uma das atribuições econômicas governamentais é a de promover ajustamentos na alocação de recursos, por exemplo, nas atividades relacionadas à expansão da infraestrutura econômica. A intervenção governamental é justificada pela ausência de condições no mercado que assegurem maior eficiência na utilização dos recursos econômicos.

24. No cumprimento da função da estabilizadora da economia, o governo pode fazer uso de instrumentos macroeconômicos, como a política fiscal e a monetária. A política fiscal pode-se manifestar diretamente por meio da variação dos gastos públicos em consumo e investimento, ou indiretamente pela alteração das alíquotas de impostos.

25. De acordo com a solução de Pareto, considera-se que a economia atinge a máxima eficiência quando modificações em determinada alocação de recursos se revelam capazes de melhorar o nível de bem-estar de uma comunidade sem prejudicar o bem-estar individual.

Solução

23. Certo, é uma das justificativas da função alocativa.

24. Certo, a literatura considera a decisão dos gastos uma relação direta, e a decisão de alíquotas uma relação indireta.

25. Errado. Uma situação econômica é ótima, no sentido de Pareto, se não for possível melhorar a situação de um agente sem degradar a situação ou utilidade de qualquer outro agente econômico. O ótimo de Pareto é voltado para agentes econômicos. Uma comunidade não representa um agente econômico.

Gabarito:

22. **Certo**
23. **Certo**
24. **Errado**

26ª a 36ª Questões (MPS Analista Cespe 2010): *Julgue os itens a seguir.*

26. Uma situação econômica é ótima, no sentido de Pareto, se não for possível melhorar a situação de um agente sem degradar a situação ou utilidade de qualquer outro agente econômico. Assim, o que é produzido na economia é distribuído de

forma eficiente pelos agentes econômicos, possibilitando que não sejam necessárias mais trocas entre indivíduos.

27. Na área social, no Brasil, existe um mercado incompleto no que concerne à oferta dos serviços previdenciários. Isso ocorre porque o setor privado está disposto a assumir riscos, mesmo com o custo de produção acima do preço que os potenciais consumidores estão dispostos a pagar por planos de previdência complementares.

28. Por meio da política alocativa, o governo pode reduzir os gastos públicos, com o objetivo de inibir o consumo na sociedade, e elevar a alíquota de impostos, visando assegurar o controle dos preços na economia.

29. O aumento da carga tributária incidente sobre a renda e o patrimônio nos últimos anos no Brasil é um exemplo da função distributiva do governo, que passou a promover redistribuição de renda tributando, em maior medida, os indivíduos pertencentes às camadas de renda mais alta, transferindo-se os recursos para o pagamento de benefícios previdenciários.

30. O desenvolvimento do sistema de seguridade social no Brasil após a Constituição Federal de 1988 é um exemplo do cumprimento da função distributiva do governo.

31. A intervenção direta do setor público na produção de bens e serviços privados, principalmente nos setores de infraestrutura, está em consonância com a função alocativa do governo.

32. As políticas públicas do Estado, principalmente a monetária e a fiscal, com vistas a promover um alto nível de emprego na economia, são exemplos da função estabilizadora exercida pelo governo.

33. As políticas keynesianas defendem a presença do Estado na economia, por meio da implementação de políticas indutoras de investimentos e geradoras de renda e emprego, combinadas com políticas de conteúdo redistributivo.

34. Os gastos com saúde no âmbito da seguridade social brasileira são um exemplo da provisão, por parte do setor público, de bens meritórios, para os quais os recursos são obtidos compulsoriamente por meio da tributação.

35. A existência dos bens públicos é que permite a alocação ótima de recursos na economia, superando a ineficiência do mercado na garantia adequada de produtos e serviços que são necessários à sociedade.

36. Na existência de um monopólio natural, ou seja, quando se configura situação de mercado em que o tamanho ótimo de instalação e de produção de uma empresa é suficientemente grande para atender todo o mercado, o Estado pode responsabilizar-se diretamente pela produção do bem ou do serviço.

Solução

26. Certo. Quando se alcança o ponto ótimo não faz sentido ter mais trocas, pois a distribuição econômica da riqueza foi eficiente.

27. Errado. De fato, como existem cidadãos que ganham mais que o teto do INSS, existe um mercado para fundos previdenciários para suprir essa demanda. Há dúvidas se este mercado está ou não saturado. No entanto, estas empresas só assumem riscos se o retorno for superior ao custo investido.

28. Errado, seria a política estabilizadora.

29. Errado, a carga tributária nos últimos anos afetou mais as camadas de renda mais baixa, haja vista a existência mais impostos indiretos do que impostos diretos, e existirem poucos impostos progressivos (IR, IPVA e IPTU). O erro da questão a meu ver reside do fato de que os recursos do Imposto de renda são destinados para: FPE, FPM, FCO, FNE, FNO, educação. Originalmente não há recursos do IR para os benefícios previdenciários.

30. Errado, o sistema de seguridade social já existia antes da CF/1998.

31. Certo, os bens de infraestrutura justificam a função alocativa.

32. Certo, esses são exemplos clássicos da função estabilizadora.

33. Certo, os keynesianistas defendem a intervenção da economia.

34. Certo, os bens públicos (infraestrutura, defesa nacional, etc) e semipúblicos (saúde, educação) são financiados via tributos.

35. Errado, a existência de bens públicos é a própria ineficiência de mercado.

36. Certo, os monopólios naturais devem ficar a cargo do Estado.

Gabarito:

26. **Certo**
27. **Errado**
28. **Errado**
29. **Errado**
30. **Errado**
31. **Certo**
32. **Certo**
33. **Certo**
34. **Certo**
35. **Errado**
36. **Certo**

37ª Questão (SEFAZ-SP APO FCC 2010): *O principal instrumento de ação estatal na economia é o orçamento público, cujas funções, coincidentes com as próprias funções do Estado, classicamente, são divididas em alocativa, distributiva e estabilizadora. Sobre este assunto, considere:*

I. A atividade estatal na alocação de recursos justifica-se naqueles casos em que não houver a necessária eficiência por parte do mecanismo da ação privada, como no caso de investimentos em infraestrutura econômica.

II. O sistema de mercado não tem a mesma eficiência na provisão de bens públicos, como na de bens privados, daí a necessidade de atuação do Estado na prestação de serviços de segurança pública, por exemplo.

III. A manutenção de elevado nível de emprego e a estabilidade nos níveis de preços configuram o campo de ação da função distributiva.

IV. Os tributos progressivos sobre as classes de renda mais elevada e as transferências de recursos paras as classes de renda mais baixa são mecanismos fiscais para viabilização das políticas públicas de distribuição de renda.

Está correto o que se afirma APENAS em

a) I, II e IV.

b) I, III e IV.

c) II, III e IV.

d) II e IV.

e) III e IV.

Solução

I. Certo, é o caso da função alocativa.

II. Certo, é o caso da função alocativa.

III. Errado, seria função estabilizadora.

IV. Certo, caracteriza a função distributiva.

Gabarito: **A**

38ª e 39ª Questões (ANAC Analista Cespe 2012): *Julgue os itens a seguir.*

38. A função alocativa do orçamento público liga-se à provisão de bens e serviços pelo Estado.

39. A função estabilizadora, que corresponde à utilização dos recursos públicos para estimular a estabilidade macroeconômica do país, é a mais antiga das funções de orçamento público.

Solução

38. Certo, a provisão de bens pelo estado caracteriza a função alocativa.

39. Errado, a mais antiga seria a função alocativa. A mais moderna seria a função estabilizadora.

Gabarito:

38. **Certo**

39. **Errado**

40ª e 41ª Questões (MJ Analista Cespe 2013): *Julgue os itens a seguir.*

40. A intervenção direta do setor público em setores de infraestrutura, que caracteriza o exercício da função alocativa, justifica-se pela dificuldade do setor privado para aplicar recursos em projetos de grande porte.

41. Ao empregar recursos públicos em programas de construção de moradias populares para a população de baixa renda, o Estado exerce a função distributiva.

Solução

40. Certo, bens de infraestrutura são bens públicos e caracterizam a função alocativa.

41. Certo, como a ênfase foi a população de baixa renda, caracteriza-se a função distributiva.

Gabarito:

40. **Certo**

41. **Certo**

42ª Questão (CNJ Analista Cespe 2013): *Julgue o item a seguir.*

A atuação em situações conhecidas como falhas de mercados é uma forma clássica de intervenção da administração na economia, sendo a provisão de bens públicos puros, cujo consumo é não excludente e não rival, um exemplo desse tipo de ação. Nesses termos, a oferta de serviços públicos de saúde poderia ser definida como típico caso de provisão de bens públicos.

Solução

Errado, a oferta de serviços públicos de saúde poderia ser definida como típico caso de provisão de bens semipúblicos ou meritórios.

Gabarito: **Errado**

43ª Questão (FUB Contador Cespe 2013): *Julgue o item a seguir.*

O Estado, no cumprimento das suas atribuições econômicas alocativa, distributiva e estabilizadora, tem como principal fonte de receita a exploração do patrimônio público com a geração de bens e serviços.

Solução

Errado, a fonte principal seria compulsoriamente via tributos.

Gabarito: **Errado**

44ª e 45ª Questões (MPDG Técnico Cespe 2013): *Acerca de orçamento público, julgue os itens a seguir.*

44. A União exerce a função alocativa quando adota medidas e realiza investimentos para criar condições favoráveis que permitam ao setor privado oferecer produtos à sociedade.

45. A manutenção do nível de emprego e a estabilidade dos preços são objetivos característicos da função distributiva.

Solução

44. Certo, por exemplo, a União ao construir rodovias e outros modais, favorecer o escoamento da produção e aumenta o interesse das empresas em se instalar em determinada região.

45. Errado, seria função estabilizadora.

Gabarito:

44. **Certo**

45. **Errado**

46ª Questão (TRE-MS Analista Cespe 2013): *Tendo em vista que as funções econômicas do Estado são os principais instrumentos de ação estatal na economia, assinale a opção correta.*

a) A função estabilizadora ocorre, principalmente, nas situações em que o governo se utiliza do orçamento para a provisão de bens mistos.
b) Para o exercício da função estabilizadora, o governo tem à disposição dois instrumentos macroeconômicos: a política fiscal e a política monetária.
c) A função alocativa do governo justifica-se nos casos em que existe eficiência por parte do mecanismo de ação privada (sistema de mercado).
d) A função estabilizadora, que promove o ajustamento da distribuição de renda, visa o chamado ideal de Pareto, que preconiza a melhoria do indivíduo sem que a situação dos demais seja deteriorada.
e) Para o exercício da função distributiva, o governo tem um único instrumento, denominado imposto de renda progressivo por faixas de renda.

Solução

a) Errado, seria função alocativa.
b) Certo, são os dois instrumentos da função estabilizadora.
c) Errado, nos casos em que há ineficiência por parte do mecanismo de ação privada (sistema de mercado).
d) Errado, a função distributiva promove o ajustamento da distribuição de renda e vai contra o chamado ideal de Pareto.
e) Errado, existem outros, por exemplo: subsídios, transferências de renda direta.

Gabarito: **B**

47ª Questão (TRT-8ª Região Analista FCC 2013): *A função do orçamento que se relaciona ao exercício de atividade empresarial por parte do Estado denomina-se função*

a) alocativa.
b) fiscal.

c) de seguridade.
d) distributiva.
e) estabilizadora.

Solução

O estado como produtor de bens públicos está na função alocativa.

Gabarito: **A**

48ª Questão (AL-MA Consultor FGV 2013): *No planejamento governamental, o orçamento recebe grande destaque em seu aspecto econômico, revelando-se um instrumento de ação estatal na economia de forma a executar suas diversas funções. Com relação à finalidade da função distributiva, assinale a afirmativa correta.*

a) Manter a estabilidade econômica tendo como finalidade principal o combate à inflação e o consequente aumento de renda da população economicamente ativa
b) Buscar o equilíbrio entre as execuções da receita e despesa públicas a fim de distribuir as políticas públicas conforme a capacidade de arrecadação
c) Promover ajustamentos na alocação de recursos orçamentários buscando a manutenção dos gastos com custeio e os investimentos necessários para a melhoria da qualidade das ofertas de bens e serviços.
d) Promover o ajustamento na distribuição de rendas na busca da melhoria progressiva da qualidade de vida das camadas mais pobres da população
e) Ampliar a atuação do Estado nos três níveis de poder de forma a atender satisfatoriamente todas as demandas da população apresentadas pelas lideranças partidárias.

Solução

a) Errado, seria a função estabilizadora.
b) Errado, nenhuma das funções.
c) Errado, seria a função alocativa.
d) Certo, gabarito.
e) Errado, nenhuma das funções.

Gabarito: **D**

49ª Questão (ICMBIO Analista Cespe 2014): *Julgue o item a seguir.*

A função alocativa do orçamento justifica-se nos casos de provisão de bens públicos.

Solução

Certo, sem comentários adicionais.

Gabarito: **Certo**

50ª Questão (ANTAQ Analista Cespe 2014): *Julgue o item a seguir.*

Uma das funções do Estado, em relação às falhas de mercado, é reprimir o surgimento de assimetria de informações entre os agentes econômicos de produção e de consumo.

Solução

Errado, seria regular (e não reprimir) o grau de assimetria de informações.

Gabarito: **Errado**

51ª Questão (TRE-MT Analista FCC 2015): *Entre as funções econômicas do Estado, a defesa nacional mediante manutenção das Forças Armadas com recursos do orçamento público cumpre a função*

a) de segurança nacional.
b) alocativa.
c) distributiva.
d) estabilizadora.
e) de especialização.

Solução

A defesa nacional é um bem público, logo caracteriza a função alocativa.

Gabarito: **B**

52ª Questão (MPDG APO ESAF 2015): *Identifique a opção incorreta sob o ponto de vista das funções clássicas do Estado: alocativa, distributiva e estabilizadora.*

a) A função alocativa tem a característica de não excluir ninguém e nem de concorrer com os bens privados.
b) A função distributiva visa determinar o tipo e a quantidade de bens públicos a serem ofertados.
c) A função estabilizadora tem como objetivo o uso da política econômica visando a um alto nível de emprego, à estabilidade dos preços e à obtenção de uma taxa apropriada de crescimento econômico.
d) O processo político surge como substituto do mecanismo do sistema de mercado no caso das funções clássicas do Estado.
e) Existe também a provisão por parte do setor público dos chamados bens "semipúblicos" ou "meritórios", que constituem um caso intermediário entre os bens privados e os bens públicos.

Solução

a) Certo, os bens públicos não excluem e não concorrem com os bens privados.

b) Errado, seria a função alocativa.

c) Certo, sem comentários adicionais.

d) Certo, sem comentários adicionais.

e) Certo, sem comentários adicionais.

Gabarito: **B**

53ª Questão (ANAC Analista ESAF 2016): *A ação do governo por meio da política fiscal abrange três funções básicas: a função alocativa, a função distributiva e a função estabilizadora. Com relação às políticas alocativa, distributiva e estabilizadora do governo, assinale a opção incorreta.*

a) A alocação dos recursos pelo governo tem como objetivo principal a oferta de determinados bens e serviços, que são necessários e desejados pela sociedade e não são providos pelo setor privado.

b) A política distributiva altera a distribuição de renda ditada pelos mercados na medida em que se torna socialmente inaceitável.

c) A política estabilizadora busca a equidade.

d) A ação distributiva da renda é feita por meio de oportunidades educacionais, pagamentos em dinheiro e gastos públicos sociais.

e) As medidas de estabilização dizem respeito às grandes variáveis macroeconômicas, cujo desempenho afeta a economia em uma dimensão nacional.

Solução

a) Certo, sem comentários adicionais.

b) Certo, sem comentários adicionais.

c) Errado, seria a função distributiva.

d) Certo, sem comentários adicionais.

e) Certo, sem comentários adicionais.

Gabarito: **C**

54ª Questão (ANAC Analista ESAF 2016): *A diversificação dos objetivos da intervenção governamental na atividade econômica requer um esforço organizado de planejamento e organização. Tais objetivos podem ser agrupados em quatro grandes categorias, exceto:*

a) satisfação das necessidades coletivas.

b) aumento da carga tributária.

c) manutenção da estabilidade econômica.

d) promoção do crescimento econômico.

e) melhoria na distribuição de renda.

Solução

Apenas opção B foge da doutrina.

Gabarito: **B**

55ª Questão (DPU Contador Cespe 2016): *Julgue o item a seguir.*

A função alocativa do orçamento visa à intervenção do governo na economia, com o objetivo de diminuir as desigualdades sociais no que se refere ao acesso a renda, bens e serviços públicos e benefícios da vida em sociedade.

Solução

Errado, seria função distributiva.

Gabarito: **Errado**

56ª Questão(TCE-PR Auditor Cespe 2016):*A função do orçamento público que visa melhorar a posição de algumas pessoas em detrimento de outras e, com isso, corrigir falhas do mercado é denominada função*

a) controladora.

b) alocativa.

c) distributiva.

d) estabilizadora.

e) econômica.

Solução

A função que vai contra o ótimo de Pareto é a função distributiva.

Gabarito: **C**

57ª Questão (ISS Auditor FGV 2016):*Em relação às funções do governo, analise as afirmativas a seguir.*

I. A tributação sobre grandes fortunas e heranças pode ter função distributiva ou estabilizadora, a depender de como o governo irá alocar os valores arrecadados.

II. A expansão do sistema de água e esgoto para áreas desfavorecidas está relacionada à função distributiva.

III. Um programa de estímulo às contratações de jovens por empresas, em contrapartida de abono fiscal, é considerado função estabilizadora.

Assinale:

a) se somente a afirmativa I estiver correta.

b) se somente a afirmativa II estiver correta.

c) se somente a afirmativa III estiver correta.

d) se somente as afirmativas II e III estiverem corretas.

e) se somente as afirmativas I e III estiverem corretas.

Solução

I. Certo, se os recursos forem para transferências diretas seria função distributiva. Se for usado para controle de inflação e geração de emprego seria função estabilizadora.

II. Errado. Discordo do gabarito, pois seria uma forma de realizar a função distributiva também.

III. Certo, pois está se gerando empregos.

Gabarito: **E**

6. LISTA DE QUESTÕES DISCURSIVAS

1ª Questão (IPEA Técnico Superior em Orçamento Cespe 2008):

Durante as últimas décadas disseminou-se intensamente a ideia de que era essencial o recuo da intervenção do Estado na economia e de que, sobretudo, deveria diminuir a sua participação como provedor de bens e serviços, inclusive mediante as privatizações, reservando-se ao Estado um papel regulador das atividades econômicas e das relações entre os diversos agentes desse cenário em que as leis do mercado tenderiam a produzir os ajustes naturais, em benefício da maior eficiência na utilização e combinação dos recursos e dos fatores de produção.

Considerando que esse texto tem caráter unicamente motivador, redija um texto dissertativo acerca do seguinte tema.

DESAFIOS AO DESENVOLVIMENTO E PAPEL DO ESTADO.

Ao elaborar o seu texto, aborde, necessariamente, os seguintes aspectos:

à Transição do Estado provedor para o regulador: características e consequências (item 1);

à Falhas de mercado e a necessidade de intervenção do Estado (item 2);

à Perspectivas decorrentes da atual crise econômica internacional: causas e consequências (item 3).

Extensão de linhas: até 30.

Resolução da Questão

Após várias décadas de convivência com um Estado que absorvia grande parte das responsabilidades pela provisão de bens e serviços, ganha corpo a proposta de reforçar sua função reguladora. Essa transição teve como fatores que provocam a redefinição do estado provedor para o estado regulador: a privatização, a globalização financeira, a abertura comercial, a formação de blocos regionais, o fortalecimento dos poderes locais. Assim, a regulação não decorre apenas dos novos mercados que emergirão do processo de privatização, mas também de regular novamente outros aspectos da vida econômica, em particular os referentes às relações internacionais.

Haja vista serem raros mercados perfeitamente competitivos, as falhas de mercado justificam a intervenção do governo. São exemplos mais comuns: a existência de bens públicos, de externalidades, de participantes do mercado com grau elevado de influência sobre os preços e a quantidade produzida, além de assimetria de informações. Os bens públicos são geralmente ofertados pelo governo, pois são insuficientemente ofertados pelo mercado. Devido às externalidades, faz-se necessária a presença do governo para incorporar as mesmas ao custo privado. Quanto ao poder de mercado, estruturas como oligopólios e monopólios devem ter seu poder de mercado limitado pelo governo. Por fim, o governo deve mitigar a assimetria de informações, por meio de leis e fiscalização, sobre os produtos e serviços que o consumidor dispõe.

A crise de 2008 envolveu os bancos que possuíam em suas carteiras "créditos imobiliários podres". Devido a esses "créditos podres" inúmeras instituições financeiras estavam com suas carteiras de crédito amplamente comprometidas, colocando os bancos e, em última instância, todo o sistema financeiro internacional sob forte pressão. A consequência principal é que fica clara a necessidade de maior intervenção do Estado na economia, especialmente no que tange ao funcionamento dos mercados e das instituições financeiras.

Unidade Didática VII
TÓPICO ESPECIAL

O que é federalismo fiscal?

Quais as peculiaridades do modelo brasileiro?

Como se dá a repartição de receita na federação?

Qual o limite de gasto em ações e serviços públicos de saúde e sua fonte de recurso?

Qual o limite de gasto em manutenção e desenvolvimento do ensino e sua fonte de recurso?

CAPÍTULO 35

FEDERALISMO FISCAL

1. CONCEITOS E CARACTERÍSTICAS

Christensen e Wise (2009) definem o federalismo governamental como um sistema de leis que dividem as responsabilidades públicas entres as diversas unidades de governo.

Para Rezende (2001), o federalismo fiscal se constitui em uma técnica administrativa que possibilita o exercício do poder em territórios de grande amplitude. É um método de organização administrativa nacional que se baseia no estabelecimento de governos de âmbitos central, regional e local. Este arranjo financeiro estabelece **regras para divisão das receitas, das despesas e dos encargos na federação** a partir do compromisso dos residentes das unidades federadas.

De acordo com o teorema da descentralização de Oates (1977, 2006, 2008) julga-se preferível a atribuição de encargos em níveis inferiores de governo que têm condições de melhor adaptação às preferências dos usuários. No entanto, conforme será exposto a seguir, mesmo em uma Federação determinadas funções do Estado ficam a cargo do poder central, seja devido aos ganhos de escalas, seja devido às externalidades positivas geradas.

O que é o Federalismo Fiscal?

Constitui uma técnica administrativa que possibilita o exercício do poder em territórios de grande amplitude.

É um método de organização administrativa nacional.

Baseia-se no estabelecimento de governos de âmbitos nacional, regional e municipal.

Pressupõe a livre negociação entre as partes, com objetivo de garantir certo grau de autonomia e delinear a divisão das funções a serem cumpridas pelos diversos níveis administrativos.

Permite a acomodação de um amplo leque de preferências individuais (em tese os governos municipais estão mais próximos da realidade do cidadão).

Arranjo financeiro chave que estabelece regras para divisão das receitas e das despesas e encargos na Federação.

Compromisso federativo, fornecimento de serviços públicos e infraestrutura em níveis semelhantes para os residentes das unidades federadas.

A seguir serão apresentados três aspectos do federalismo fiscal que impactam os instrumentos fiscais: (i) a responsabilidade pelas funções econômicas do orçamento; (ii) sistema tributário, (iii) sistema de transferências de recursos.

1.1. Impactos sobre as funções econômicas orçamentárias em uma federação

1.1.1. Função alocativa

O teorema da descentralização de Oates (1977, 2006, 2008) afirma que há maximização da eficiência econômica da ordenação federativa fiscal alocativa sempre que for observada perfeita correspondência entre as ações do governo e a preferência dos grupos que o financiam.

Aplicado o teorema de Oates ao caso brasileiro, Silva (2005) afirma que o governo central deve responder pela provisão de bens cujo consumo seja uniforme, em termos de preferência e em termos de quantidade individual demandada em todo o território federativo; enquanto os governos estaduais assumiriam a responsabilidade pela provisão de itens com preferências regionais, e os governos locais responderiam pelos bens cujo perfil da demanda fosse especifico de uma localidade (SILVA, 2005).

A autonomia fiscal das jurisdições e a livre mobilidade dos consumidores são as premissas que melhor captam a essência do mecanismo proposto por Tiebout (1956). No modelo do autor a partir do mecanismo "votando com os pés" cada consumidor escolheria a comunidade que oferece para si próprio a combinação ótima de serviço público e impostos garantindo assim a eficiência.

1.1.2. Função distributiva

A política distributiva pode ser implementada pela operacionalização de três instrumentos, a saber: (i) a progressividade do sistema tributário; (ii) o direcionamento das transferências fiscais intergovernamentais; (iii) o perfil da cesta de bens provisionados pelo governo (SILVA, 2005).

Essas ações são identificadas como tarefas primordialmente destinadas ao governo central do estado federativo, por demandarem procedimentos em escala nacional e uniformidade capaz de eliminar possibilidades de deslocamento espacial dos fatores produtivos. Ações dessa natureza, quando adotadas por governos subnacionais, num quadro de ampla mobilidade de fatores, podem ser neutralizadas por dois movimentos: (i) o deslocamento de famílias de baixa renda para a jurisdição gestora das transferências; (ii) a busca por outras jurisdições por parte dos indivíduos e das unidades produtivas, detentoras de alto padrão de renda, à procura de menor custo tributário (MUSGRAVE; MUSGRAVE, 1980; SILVA, 2005).

1.1.3 Função estabilizadora

As políticas fiscais orientadas à estabilização sejam elas restritivas, sejam expansionistas, quando adotadas isoladamente pelos governos subnacionais, acabam parcialmente anuladas pelos efeitos de transbordamento, decorrentes da ampla mobilidade de fatores entre jurisdições de um mesmo Estado federativo.

Musgrave e Musgrave (1980) afirmam que as ações de política fiscal de natureza expansionista tendem a perder eficiência e eficácia por meio dos transbordamentos comerciais; e que os aumentos dos gastos locais seriam parcialmente transferidos para outras jurisdições via compra de mercadorias e serviços. As ações restritivas tenderiam a reduzir a demanda e a pressionar os preços para baixo, gerando incentivos sobre demandas oriundas de outras comunidades fiscais do mesmo universo federativo. Nos dois casos, os esforços desenvolvidos unilateralmente por uma unidade federativa seriam parcialmente neutralizados, gerando ineficiências econômicas.

Esse é o argumento central utilizado por Oates (1977, 2006, 2008) para fundamentar teoricamente a delegação, ao governo central, das competências associadas à estabilização.

1.1.4. Reponsabilidade pelas funções econômicas do orçamento no federalismo fiscal

O Quadro 35.1 resume a relação entre o governo central e os governos subnacionais quanto às funções econômicas do orçamento.

Quadro 35.1: Funções econômicas do orçamento no federalismo fiscal

<table>
<tr><th>Governos</th><th>Alocativa</th><th>Distributiva</th><th>Estabilizadora</th></tr>
<tr><td>Central</td><td>Bens cujo consumo seja uniforme, em termos de preferência e em termos de quantidade individual demandada em todo o território federativo.</td><td colspan="2">Destinadas ao governo central do Estado federativo.</td></tr>
<tr><td>Regional</td><td>Provisão de itens com preferências regionais.</td><td rowspan="2">Quando adotadas por governos subnacionais, em um quadro de ampla mobilidade de fatores, podem ser neutralizadas.</td><td rowspan="2">Os esforços desenvolvidos unilateralmente por uma unidade federativa seriam parcialmente neutralizados, gerando ineficiências econômicas.</td></tr>
<tr><td>Local</td><td>Bens cujo perfil da demanda fosse especifico de uma localidade.</td></tr>
</table>

Fonte: Adaptado de Oates (1977, 2006, 2008), Musgrave e Musgrave (2005), Silva (2005).

Conclui-se que as funções orçamentárias distributiva e estabilizadora devem ser conduzidas pelo governo central, enquanto que a função alocativa pode ser conduzida pelas três esferas.

1.2. Impactos sobre o sistema tributário

Ao analisar a tributação em ambiente federativo, Ter-Minassian (1997) sugere que a distribuição de competências tributárias entre diferentes níveis de governo deve obedecer aos seguintes critérios definidos no Quadro 35.2.

Quadro 35.2: Critérios para segregação de tributos no âmbito de uma Federação

Categoria	Critério	Observação
Tributos de competência do governo central	Alta mobilidade da base de arrecadação	A adoção desses por governos subnacionais poderia implicar a indução aos deslocamentos inter-regionais dos fatores de produção, com custos de eficiência para o conjunto da Federação.
	Forte sensibilidade a mudanças no nível de crescimento da economia (grau acentuado de elasticidade-renda)	Representa um relevante instrumento de ação da política de estabilização.
	Bases de arrecadação relevantes e distribuídas irregularmente entre as diversas regiões e unidades federadas	Dado que a descentralização de tributos com esse perfil acentua o grau de assimetria inter-regional
	Tributos incidentes sobre o comércio exterior – importação e exportações	São instrumentos reguladores das trocas externas e influenciam a balança comercial.
Tributos de competência dos governos subnacionais	Baixa mobilidade da base de incidência.	Sem observações adicionais.
	Tributos do tipo taxas por serviços públicos prestados à comunidade.	

Fonte: Adaptado de Ter-Minassian (1997)

Ainda quanto ao Quadro 35.2, cabe destacar que basta o atendimento de um dos critérios para que o tributo seja incluído na respectiva categoria.

1.3. Impactos sobre o sistema de transferências de recursos

Bahl e Wallace (2005) definem três possíveis classificações de transferência: (i) vertical e horizontal; (ii) conditionalgrants e unconditionalgrants; (iii) matching (com contrapartida) e non matchinggrants (sem contrapartida).

As transferências verticais ocorrem do nível nacional para o nível regional e local ou do nível regional para o nível local; enquanto as transferências horizontais ocorrem entre entes do mesmo nível (regional para regionais; local para local) (BAHL; WALLACE, 2005).

As transferências condicionais devem ser aplicadas em determinada área específica de gasto ou exigem contrapartida, enquanto as incondicionais podem ser aplicadas em qualquer área do gasto e dispensam contrapartida (BAHL; WALLACE, 2005).

As transferências com contrapartida são aquelas que necessitam aporte de recursos do ente recebedor, enquanto as transferências sem contrapartida não exigem qualquer aporte de recursos do ente recebedor (BAHL; WALLACE, 2005).

Para Oates (1977, 2006, 2008) três motivos justificam a existência de repasses financeiros horizontais e verticais entre unidades federadas, para que essas possam fazer frente aos encargos de suas respectivas competências, quais sejam: (i) externalidades; (ii) compensações; (iii) redistribuição de renda.

O motivo "externalidades" está associado à correção dos custos ou benefícios gerados pelos efeitos externos que o sistema econômico de uma jurisdição exerce sobre outras. São pagas indenizações ou subsídios, conforme seja a natureza da externalidade, respectivamente, negativa ou positiva. A imposição de pagamento indenizatório ou o recebimento em forma de subsídios funciona como sinalização orientada, respectivamente, à inibição ou ao incentivo do desenho produtivo gerador da externalidade (OATES, 1977, 2006, 2008).

O motivo "compensação" está relacionado à necessidade de mecanismos tributários, cuja arrecadação, por razões de eficiência econômica, precisa ser realizada por jurisdições com abrangência estadual ou pelo governo central. Essa configuração obriga a esfera arrecadadora a realizar transferências com o objetivo de compensar regiões tributadas e viabilizar os gastos dos respectivos governos. A devolução total ou parcial dos recursos permite aos agentes econômicos geradores do esforço tributário maior autonomia para a realização das escolhas e maior possibilidade de correspondência entre preferências e provisões públicas (OATES, 1977, 2006, 2008).

Por fim, o motivo "redistribuição" está vinculado aos objetivos orientados à (i) redução das diferenças fiscais entre unidades federativas, derivadas dos diferenciais relacionados ao grau de desenvolvimento da atividade econômica, (ii) à dimensão da base tributária, (iii) aos custos de produção e (iv) ao perfil da demanda por bens cuja provisão é de responsabilidade do setor governo (OATES, 1977, 2006, 2008).

No entendimento de Ter-Minassian (1997) um sistema de transferências é composto por dois elementos: cotas (***revenuesharing***) e concessões (***grants***). O Quadro 35.3 contém as especificidades de cada uma.

Quadro 35.3: Formas de repartição de recursos em um sistema de transferências

Forma	Caraterísticas
Transferências por cotas (***revenuesharing***)	São previamente determinadas por dispositivos constitucionais ou leis ordinárias
	Podem estar associadas a um imposto específico ou a montantes disponíveis em fundos públicos constituídos por recursos com origem tributária diversificada
	Podem ter a finalidade compensatória, sugerida nos casos em que o repasse é realizado com o objetivo de devolver recursos de uma base tributária específica, cuja arrecadação se processou no território da jurisdição beneficiada, ainda que essa não tenha assumido a responsabilidade pela operacionalização da arrecadação
	Podem ter a finalidade redistributiva, sugerida nos casos em que os recursos são repassados segundo critérios que guardam uma relação inversamente proporcional à renda e diretamente proporcional à população e aos indicadores de carências associados à disponibilidade de bens públicos ou meritórios.
Transferências por concessões (***grants***)	Estão vinculadas à execução de políticas públicas setoriais e independem de previsão legal específica.
	As unidades transferidoras dispõem de autonomia para decidir sobre o montante e os requisitos necessários ao credenciamento para recebimento dos recursos.
	Dependem de acordos negociados entre unidades federativas de governo e podem depender de condições impostas pela esfera repassadora, relacionadas ao desempenho da unidade solicitante na gestão de programas específicos ou de critérios de arrecadação, endividamento e transparência da gestão fiscal
	Possuem natureza fiscal federativa uma vez que não guardam relação direta com os motivos: externalidade, compensação e redistribuição federativa.

Fonte: Adaptado de Ter-Minassian (1997)

Ainda, quanto aos critérios para distribuição de transferências, Bahl e Wallace (2005) sugerem os seguintes: (i) proporcionalidade à arrecadação do próprio imposto da unidade; (ii) proporcionalidade à população e à área da unidade; (iii) proporcionalidade inversa à renda gerada em cada unidade. Estes dois últimos critérios também são aceitos por Ter-Minassian (1997).

Qual o desafio do federalismo fiscal?

O desafio é equilibrar a capacidade de arrecadação, com a distribuição de competências e responsabilidades de gastos.

1ª Questão (TRE-RJ Analista Cespe 2013): *Julgue o item a seguir.*

O federalismo fiscal constitui uma política contrária à centralização financeira e orçamentária.

Solução

Certo. O teorema a descentralização de OATES afirma que é preferível a atribuição de encargos em níveis inferiores de governo que têm condições de melhor adaptação às preferências dos usuários.

Gabarito: ***Certo***

2. PECULIARIDADES DO FEDERALISMO FISCAL NO BRASIL

A Constituição de 1988 inaugurou nova etapa do federalismo fiscal que ainda não se encontra concluída. Nessa etapa as demandas de Estados e Municípios foram atendidas, mas as **dificuldades** encontradas para fazer com que a **descentralização das receitas fosse acompanhada de uma concomitante descentralização das responsabilidades públicas**, em especial no campo das políticas sociais, **provocou desequilíbrios** que precisam ser corrigidos.

Segundo Rezende (2001) a **autonomia financeira foi confundida com liberdade para gastar** sem a equivalente responsabilidade de tributar. A seguir constam alguns aspectos fundamentais da federação brasileira, quando relacionadas conjuntura de 1988:

1. Enormes disparidades regionais.
2. Forte tradição municipalista.
3. Relativa independência dos Municípios em relação aos Estados.
4. Descentralização tributária.
5. Ampliação das transferências intergovernamentais sem alterar a fisionomia do sistema fiscal[1].
6. Redução parcial da competência tributária federal.

Unidade Didática VII
Tópico Especial

1 A reforma de 67 já havia promovido a concentração das competências tributárias na União, e instituíra <u>um amplo e inovador mecanismo de transferências intergovernamentais de receitas</u> em benefício dos estados menos desenvolvidos e dos municípios menos populosos.

2.1. Quais as competências tributárias de cada ente?

O quadro 35.4 ilustras as competências por instituir tributos, contribuições e empréstimos compulsórios.

Quadro 35.4: Tributos, Contribuições e Empréstimos compulsórios no Brasil

Tributos, Contribuições e Empréstimos compulsórios	Federal	Estadual	Municipal
Impostos	Sim	Sim	Sim
Taxas	Sim	Sim	Sim
Contribuições de melhorias	Sim	Sim	Sim
Contribuições Sociais	Sim	Sim	Sim
Contribuições Interventivas	**Sim**	***Não***	***Não***
Contribuições Profissionais	**Sim**	***Não***	***Não***
Contribuição de Iluminação Pública	***Não***	***Não***	**Sim**
Empréstimos Compulsórios	**Sim**	***Não***	***Não***

Quanto ao imposto de Renda, a CF/1988 estabelece que:

Art. 157. ***Pertencem aos Estados e ao Distrito Federal:***

I – ***o produto da arrecadação do imposto da União sobre renda e proventos de qualquer natureza****, incidente na fonte,* ***sobre rendimentos pagos, a qualquer título, por eles, suas autarquias e pelas fundações que instituírem e mantiverem****;*

Quanto aos empréstimos compulsórios, a CF/1988 estabelece que:

Art. 148. ***A União, mediante lei complementar****, poderá instituir empréstimos compulsórios:*

I – ***para atender a despesas extraordinárias****, decorrentes de calamidade pública, de guerra externa ou sua iminência;*

II – ***no caso de investimento público de caráter urgente e de relevante interesse nacional****, observado o disposto no art. 150, III, "b".*

Parágrafo único. A aplicação dos recursos provenientes de empréstimo compulsório será vinculada à despesa que fundamentou sua instituição.

Existe ainda a competência residual dada a União. Vejamos a disposição da CF/1988:

Art. 154. ***A União poderá instituir:***

*I – **mediante lei complementar, impostos** não previstos no artigo anterior, desde que sejam não-cumulativos e não tenham fato gerador ou base de cálculo próprios dos discriminados nesta Constituição;*

*II – **na iminência ou no caso de guerra externa, impostos extraordinários**, compreendidos ou não em sua competência tributária, os quais serão suprimidos, gradativamente, cessadas as causas de sua criação.*

Pontos Importantes

1. É possível instituir novos impostos, mas deve ser por lei complementar e pela União.
2. Não há competência tributária fora dos termos definidos ou do rol fechado explicitado na CF/1988, inexistindo liberdade discricionária para o legislador ordinário. Assim, **possuímos um sistema fechado**.
3. Todos os entes podem instituir tributos e contribuições sociais.
4. Apenas os Municípios e o DF podem instituir contribuição de iluminação pública.
5. Apenas a União pode instituir Contribuições Interventivas, Contribuições Profissionais e Empréstimos Compulsórios.

2ª e 3ª Questões (IPEA Técnico em Orçamento Cespe 2008): *Relativamente à forma de federalismo fiscal brasileiro, julgue os itens que se seguem, no que concerne às competências e atribuições das três esferas de governo (federal, estadual, incluindo o Distrito Federal, e municipal).*

2. Os empréstimos compulsórios somente podem ser instituídos pelos estados com autorização federal e desde que destinados a calamidades públicas.

3. Os entes das três esferas de governo têm a competência para instituir impostos, taxas e contribuições sociais, além de outros tributos, nos limites estabelecidos na Constituição Federal (CF).

Solução

2. Errado, empréstimos compulsórios somente podem ser instituídos pela União. Além disso, possuem duas finalidades: para atender a despesas extraordinárias, decorrentes de calamidade pública, de guerra externa ou sua iminência; no caso de investimento público de caráter urgente e de relevante interesse nacional.

3. Certo, sem comentários adicionais.

Gabarito:

2. **Errado**

3. **Certo**

2.2. Como se dá repartição das receitas tributárias?

O Quadro 35.5 apresenta a estrutura atual das receitas coercitivas da federação brasileira: tributos, contribuições e empréstimos compulsórios com as respectivas bases tributárias (renda, propriedade e consumo).

Das receitas citadas no Quadro 35.5 são consideradas incidentes sobre a propriedade e a renda: imposto sobre renda e proventos (IR), IOF (imposto sobre operações financeiras), imposto territorial rural (ITR), imposto sobre grandes fortunas (IGF) que são de competência da União; os impostos sobre transmissão causa mortis e doações (ITCMD) e imposto sobre veículos automotores (IPVA) que são de competência dos Estados; o imposto predial e territorial urbano (IPTU) e o imposto transmissão bens "***inter vivos***" (ITBI) que são de competência os Municípios.

Quadro 35.5:Sistema Tributário na CF/1988 atualizado

<table>
<tr><td rowspan="17">Tributos</td><td rowspan="15">Impostos</td><td rowspan="2">Sobre Comércio Exterior</td><td>Importação (U) - II</td></tr>
<tr><td>Exportação (U) - IE</td></tr>
<tr><td rowspan="7">Sobre a Propriedade e Renda</td><td>Renda e proventos (U) - IR</td></tr>
<tr><td>Territorial rural (U) - ITR</td></tr>
<tr><td>Grandes fortunas (U) - IGF</td></tr>
<tr><td>Transmissão causa mortis e doações (E) - ITCMD</td></tr>
<tr><td>Veículos automotores (E) - IPVA</td></tr>
<tr><td>Predial e territorial urbano (M) - IPTU</td></tr>
<tr><td>Transmissão bens "inter vivos" (M) - ITBI</td></tr>
<tr><td rowspan="4">Consumo</td><td>Produtos industrializados (U) - IPI</td></tr>
<tr><td>Sobre operações de crédito (U) - IOF</td></tr>
<tr><td>Sobre Circulação de Mercadorias (E) - ICMS</td></tr>
<tr><td>Sobre serviços de qualquer natureza (M) - ISS</td></tr>
<tr><td rowspan="2">Especiais</td><td>Extraordinários por motivo de guerra (U) - IEO</td></tr>
<tr><td>Impostos Residuais por lei complementar (U)</td></tr>
<tr><td colspan="3">Taxas (U) (E) (M)</td></tr>
<tr><td colspan="3">Contribuições de melhoria (U) (E) (M)</td></tr>
</table>

Contribuições	Sociais	Contribuições Previdenciárias (U)
		Concurso de Prognósticos (U)
		Sobre o Lucro Líquido (U)
		Financiamento da Seguridade Social (U)
	Intervenção no Domínio Econômico	Combustíveis (U)
Empréstimos compulsórios	Guerra ou Calamidade (U)	
	Investimento público de caráter urgente e de relevante interesse nacional (U)	
Fundos de Participação	21,5% (vinte e um vírgula cinco por cento) do Imposto de Renda e do Imposto sobre Produtos Industrializados deve ser repassado aos Estados.	
	24,5% (vinte e quatro vírgula cinco por cento) do Imposto de Renda e do Imposto sobre Produtos Industrializados deve ser repassado aos Municípios.	
	3% do Imposto de Renda e do Imposto sobre Produtos Industrializados deve ser repassado aos Fundos Constitucionais do Norte, Nordeste e Centro-Oeste.	
Outras Cotas Constitucionais	10% (três por cento) do Imposto sobre Produtos Industrializados proporcionalmente ao valor das respectivas exportações de produtos industrializados. Desses, deve ser repassado ¼ (um quarto) aos municípios, ou seja, 25% por cento do 10%.	
	50% (cinquenta por cento) do Imposto Territorial Rural deve ser repassado aos Municípios.	
	20% (vinte por cento) do imposto residual instituído por lei complementar deve ser repassado aos Estados.	
	50% (cinquenta por cento) do Imposto sobre os Propriedade de Veículos Automotores deve ser repassado aos Municípios.	
	25% (vinte e cinco por cento) do Imposto sobre Circulação de Mercadorias deve ser repassado aos Municípios.	
	100% (cem por cento) do IOF ouro é distribuído: (i) aos Estados (trinta por cento) e (ii) aos Municípios (setenta por cento).	
	29% (vinte e nove por cento) da Contribuição da Intervenção no Domínio Econômico deve ser repassada aos Estados e Distrito Federal. Desses, deve ser repassado ¼ (um quarto) aos municípios, ou seja, 25% por cento do 10%.	

Fonte: Brasil (1988).

Legenda: (U) Competência da União; (E) Competência dos Estados; (M) Competência dos Municípios.

A arrecadação do ITR pode ser repassada da União aos Municípios. Neste caso, os Municípios ficam com 100% a arrecadação. Observe a CF/1988:

Art. 153. Compete à União instituir impostos sobre:

(...)

*§ 4º O imposto previsto no inciso VI (**ITR**) do caput:*

I – será progressivo e terá suas alíquotas fixadas de forma a desestimular a manutenção de propriedades improdutivas;

II – não incidirá sobre pequenas glebas rurais, definidas em lei, quando as explore o proprietário que não possua outro imóvel;

III – será fiscalizado e cobrado pelos Municípios que assim optarem, na forma da lei, desde que não implique redução do imposto ou qualquer outra forma de renúncia fiscal.

A seguir consta a Figura 35.1 com a proporção da distribuição da receita tributária.

Figura 35.1: Proporção da receita tributária no Brasil por tributo

TRIBUTOS	1995		1999		2003		2009	
	R$ MILHÕES	% TOTAL	R$ MILHÕES	% TOTAL	R$ MILHÕES	% TOTAL	R$ MILHÕES	% TOTAL
Tributos sobre o patrimônio	6.143	3,2	10.128	3,3	18.079	3,33	35.572	3,36
IPTU	2.762	1,4	4.171	1,3	7.723	1,42	12.235	1,16
IPVA	2.458	1,3	4.481	1,4	7.740	1,43	17.567	1,66
ITR	99	0,1	243	0,1	234	0,04	434	0,04
ITCD	178	0,1	301	0,1	874	0,16	1.590	0,15
ITBI	646	0,3	932	0,3	1.508	0,28	3.746	0,35
Tributos sobre o consumo	89.450	46,5	138.267	44,7	240.415	44,26	441.928	41,89
COFINS	14.669	7,6	30.875	10	58.216	10,72	115.995	10,99
PIS/PASEP	5.903	3,1	9.491	3,1	16.686	3,07	30.979	2,94
CIDE combustível	-	-	-	-	8.406	1,55	4.911	0,47
IPI	13.435	7	16.275	5,3	19.600	3,61	27.767	2,63
ICMS	47.228	24,6	67.885	21,9	120.233	22,14	224.027	21,23
ISS	3.321	1,7	5.881	1,9	9.130	1,68	22.354	2,12
II	4.894	2,5	7.860	2,5	8.144	1,5	15.895	1,51
Tributos sobre a renda	39.959	20,8	66.826	21,6	120.470	22,18	255.122	24,17
IR	31.138	16,2	55.215	17,8	99.850	18,38	192.315	18,22

TRIBUTOS	1995		1999		2003		2009	
	R$ MILHÕES	% TOTAL	R$ MILHÕES	% TOTAL	R$ MILHÕES	% TOTAL	R$ MILHÕES	% TOTAL
IOF	3.206	1,7	4.844	1,6	4.420	0,81	19.224	1,82
CSLL	5.615	2,9	6.767	2,2	16.200	2,98	43.583	4,13
Tributos sobre a folha de pagamento	46.321	24,1	70.483	22,8	113.594	20,91	255.027	24,18
CPS	32.165	16,7	47.425	15,3	80.730	14,86	182.008	17,25
FGTS	9.780	5,1	17.408	5,6	24.956	4,59	54.725	5,19
Salário-educação	2.376	1,2	2.353	0,8	4.005	0,74	9.685	0,92
Sistema S	2.000	1	3.297	1,1	3.903	0,72	8.609	0,82
Taxas (federais, estaduais e municipais)	3.000	1,6	4.523	1,5	5.264	0,97	16.212	1,53
Outros tributos	7.295	3,8	19.194	6,2	45.183	8,32	41.554	4,88
RECEITA TRIBUTÁRIA TOTAL	192.185	100	309.420	100	543.140	100	1.055.407	100

Pontos Importantes

1. Existem vinculações constitucionais na CF/1988. Exemplo: Fundo de Participação dos Estados e Fundo de Participação dos Municípios.
2. Existem sub vinculações. Exemplo: dos 29% da CIDE combustível repassada da União aos Estados, ¼ deve ser destinado ao Municípios.
3. Os Municípios podem assumir a arrecadação total do ITR.
4. Os Estados e Municípios retém o IR pago aos seus servidores.
5. A mesma base tributária (consumo por exemplo) é utilizada por mais de um ente;
6. A base de maior materialidade é a de consumo (caráter regressivo do sistema tributário);
7. Maiores arrecadações em 2009: ICMS (21%); IR (18%); CPS (17%);
8. O IPI caiu de 7% para 2,63%.
9. O município retém todos os seus impostos.

A Figura 35.2 a seguir mostra as alterações da CF/1967 e da CF/1988 quando da sua publicação em 05.10.1988.

Figura 35.2: Federalismo Fiscal comparado entre a CF/1967 e CF/1988

FEDERALISMO FISCAL NO BRASIL: 1967 E 1988			
Competências tributárias		Transferências intergovernamentais e partilhas de receitas	
1967	1988	1967	1988
UNIÃO			
Renda - IR Produção industrial - IPI Combustíveis e lubrificantes Energia elétrica Transporte e telecomunicações Minerais - IVM Operações financeiras Importação Exportação Propriedade rural - ITR	Renda Produção industrial – – – – Operações financeiras Importação Exportação Propriedade rural Grandes fortunas Lucro (contrib. social) Faturamento (contrib. social)	Fundo de participação dos estados (10% do IR + IPI) Fundo de participação dos municípios (10% do IR + IPI) 40% do IUCI, 60% do IUEE e 90% do IUM, transferidos a estados, Distrito Federal e municípios. Receita do ITR atribuída aos municípios	Fundo de participação dos estados (21,5% do IR + IPI) Fundo de participação dos municípios (22,5% do IR + IPI) Fundo de ressarcimento das exportações (10% do IPI) Receita do ITR atribuida aos municípios Fundos de desenvolvimento regional (NE, N e CO) - 3% da receita do IR + IPI

FEDERALISMO FISCAL NO BRASIL: 1967 E 1988			
Competências tributárias		Transferências intergovernamentais e partilhas de receitas	
1967	1988	1967	1988
ESTADOS			
Circulação de mercadorias – ICMC Transmissão de propriedade imobiliária	Circulação de mercadorias e serviços – ICMS Transmissão de propriedade imobiliária "causa-mortis" Propriedade de veículos – IPVA Adicional do IR federal	20% do ICM atribuído aos municípios	25% do ICMS atribuído aos municípios 50% do IPVA atribuído aos município
MUNICÍPIOS			
Prestação de serviços Propriedade imobiliária urbana	Prestação de serviços Propriedade imobiliária urbana Vendas a varejo de combustíveis Transmissão de propriedade imobiliária "intervivos"		

A principal conclusão é a de que o mecanismo de transferências constitucionais já existia na CF/1967 e foi ampliado na CF/1988.

4ª Questão (TRE-PR Analista FCC 2012): *O federalismo fiscal trata da repartição da carga tributária entre os três níveis de governo de um estado federado: União, Estados e Municípios. No Brasil, o Imposto*

a) Territorial Rural é de competência exclusiva da União, que não reparte sua arrecadação com nenhum outro ente da federação.

b) sobre a Propriedade de Veículos Automotores é de competência estadual, mas sua alíquota é determinada pelo Senado Federal e é uniforme em todo o país.

c) de Renda das Pessoas Físicas e Jurídicas é de competência exclusiva da União, que reparte sua arrecadação apenas com os Estados, aos quais cabem 50% do total arrecadado.

d) sobre Produtos Industrializados é de competência da União, que reparte sua arrecadação apenas com os municípios, aos quais cabem 25% do total arrecadado.

e) sobre a Circulação de Mercadorias e Serviços é um imposto de competência dos Estados e do Distrito Federal, que repassam 25% de sua arrecadação aos municípios situados em sua jurisdição.

Solução

a) Errado, a competência pela arrecadação pode ser assumida pelo Município. Mesmo que a competência fique com a União, 50% do valor arrecadado deve ser repassado ao Município.

b) Errado, essa regra se aplica ao ICMS.

c) Errado, o IR dos servidores estaduais e municipais por exemplo ficam retidos nestes entes. Do valor arrecadado do IR, 24,5 % vai para o FPM e 21,5% vai para o FPE.

d) Errado, do valor arrecadado do IPI, 24,5 % vai para o FPM e 21,5% vai para o FPE. Além disso, 10% do IPI sobre as cotas de exportação são destinados aos Estados e DF.

e) Certo, sem comentários adicionais.

Gabarito: *E*

2.3. Como se dá repartição dos fundos constitucionais: FPE e FPM?

Quanto à questão da redução das desigualdades regionais cabe destacar os seguintes aspectos constantes na CF/1988:

(i) A redução das desigualdades sociais e regionais é um dos objetivos fundamentais da República Federativa do Brasil, bem como um dos princípios da ordem econômica;

(ii) Para efeitos administrativos, a União poderá articular sua ação em um mesmo complexo geoeconômico e social, visando a seu desenvolvimento e à redução das desigualdades regionais;

(iii) Os orçamentos Fiscal e de Investimento das estatais compatibilizados com o PPA, terão entre suas funções a de reduzir desigualdades inter-regionais, segundo critério populacional.

Para atender a essas disparidades regionais, o Brasil adotou programas de desenvolvimento regional para as áreas mais carentes do País, por meio de instrumentos creditícios e tributários. São eles: (i) o Fundo Constitucional de Financiamento do Norte (FNO), do Nordeste (FNE) e do Centro-Oeste (FCO); (ii) os incentivos fiscais – Zona Franca de Manaus, Amazônia Ocidental e Áreas de Livre Comércio; (iii) os Fundos Fiscais de Investimentos Regionais: Fundo de Investimento da Amazônia (FINAM), do Nordeste (FINOR) e Fundo de Recuperação Econômica do Estado do Espírito Santo (FUNRES); (iv) o Fundo de Desenvolvimento da Amazônia (FDA) e do Nordeste (FDNE). Estes programas de desenvolvimento regional são considerando quando do planejamento orçamentário.

Além dos fundos e incentivos que compõem o desenvolvimento regional, o federalismo brasileiro contempla duas transferências constitucionais do nível federal aos entes subnacionais: (i) para os Estados (Fundo de Participação dos Estados – FPE); (ii) para os Municípios (Fundo de Participação dos Municípios – FPM). Estas transferências são o coração de seu sistema fiscal intergovernamental e ajudam na disponibilização de recursos para as regiões menos desenvolvidas.

A CF/1988, sobre os critérios de rateio, estabelece que:

> *Art. 161. Cabe à lei complementar:*
>
> *I – definir valor adicionado para fins do disposto no art. 158, parágrafo único, I;*
>
> *II – estabelecer normas sobre a entrega dos recursos de que trata o art. 159, especialmente sobre os critérios de rateio dos fundos previstos em seu inciso I,* ***objetivando promover o equilíbrio socioeconômico entre Estados e entre Municípios****;*
>
> *III – dispor sobre o acompanhamento, pelos beneficiários, do cálculo das quotas e da liberação das participações previstas nos arts. 157, 158 e 159.*
>
> *Parágrafo único.* ***O Tribunal de Contas da União efetuará o cálculo das quotas referentes aos fundos de participação a que alude o inciso II****.*
>
> *Art. 162. A União, os Estados, o Distrito Federal e os Municípios divulgarão, até o último dia do mês subsequente ao da arrecadação, os montantes de cada um dos tributos arrecadados, os recursos recebidos, os valores de origem tributária entregues e a entregar e a expressão numérica dos critérios de rateio.*
>
> *Parágrafo único. Os dados divulgados pela União serão discriminados por Estado e por Município; os dos Estados, por Município.*

O Quadro 35.6 apresenta como era, foi e é feita a repartição dos recursos do FPE, enquanto o Quadro 35.8 apresenta como é feita repartição dos recursos do FPM.

Quadro 35.6: Critérios de Repartição do FPE

Período	Critérios
1º de janeiro 1994 até 30 de setembro de 2013	85% para as Unidades da Federação integrantes das regiões Norte, Nordeste e Centro-Oeste.
	15% para as Unidades da Federação integrantes das regiões Sul e Sudeste.
1º de outubro 2013 até 31 de dezembro de 2015	Conforme coeficiente de rateio constante no Quadro 35.7.

Período	Critérios
A partir de 1º de janeiro de 2016	Cada entidade beneficiária receberá valor igual ao que foi distribuído no correspondente decêndio (período de dez dias) do exercício de 2015, corrigido pela variação acumulada do Índice Nacional de Preços ao Consumidor Amplo (IPCA) ou outro que vier a substituí-lo e pelo percentual equivalente a 75% (setenta e cinco por cento) da variação real do Produto Interno Bruto nacional do ano anterior ao ano considerado para base de cálculo.
	A parcela que superar o montante especificado anteriormente será distribuída proporcionalmente a coeficientes individuais de participação obtidos a partir da combinação de fatores representativos da população e do inverso da renda domiciliar per capita da entidade beneficiária: (i) o fator representativo da população corresponderá à participação relativa da população da entidade beneficiária na população do País, observados os limites superior e inferior de, respectivamente, 0,07 (sete centésimos) e 0,012 (doze milésimos), que incidirão uma única vez nos cálculos requeridos; (ii) b) o fator representativo do inverso da renda domiciliar per capita corresponderá à participação relativa do inverso da renda domiciliar per capita da entidade beneficiária na soma dos inversos da renda domiciliar per capita de todas as entidades.

Fonte: Lei Complementar 62, de 28/12/1989, alterada pela Lei Complementar 143, de 17/7/2013.

Quadro 35.7: Percentuais individuais de distribuição do FPE entre **1º de outubro 2013 e 31 de dezembro de 2015**

UF	PARTICIPAÇÃO %	UF	PARTICIPAÇÃO %
Acre	3,4210	Paraíba	4,7889
Alagoas	4,1601	Paraná	2,8832
Amapá	3,4120	Pernambuco	6,9002
Amazonas	2,7904	Piauí	4,3214
Bahia	9,3962	Rio de Janeiro	1,5277
Ceará	7,3369	Rio Grande do Norte	4,1779
Distrito Federal	0,6902	Rio Grande do Sul	2,3548
Espírito Santo	1,5000	Rondônia	2,8156
Goiás	2,8431	Roraima	2,4807

UF	PARTICIPAÇÃO %	UF	PARTICIPAÇÃO %
Maranhão	7,2182	Santa Catarina	1,2798
Mato Grosso	2,3079	São Paulo	1,0000
Mato Grosso do Sul	1,3320	Sergipe	4,1553
Minas Gerais	4,4545	Tocantins	4,3400
Pará	6,1120	TOTAL	100,0000

Fonte: Lei Complementar 62, de 28/12/1989, alterada pela Lei Complementar 143, de 17/7/2013.

Quadro 35.8: Critérios de Repartição do FPM

Período	Critérios Percentuais	Demais critérios
Desde 1º de janeiro 1994	10% para as capitais	São empregados dois fatores: fator população e fator renda per capta.
	86,4% para os municípios do interior	
	3,6% de reserva	

Legenda: A partir de 1º de setembro de 2007 o valor do FPM subiu de 22,5% para 23,5% sobre o IR e IPI. Com a EC 84/2014 subiu de 23,5% para 24,5% sobre o IR e IPI.

Fonte: Lei Complementar 62, de 28/12/1989, alterada pela Lei Complementar 143, de 17/7/2013.

Quanto aos 86,4% é utilizado o seguinte critério constante na Lei nº 5.172, de 25 de outubro de 1966 atualizada pela lei complementar 91 de 1997:

> *§ 2º – A distribuição da parcela a que se refere o item II deste artigo, deduzido o percentual referido no artigo 3º do Decreto-lei que estabelece a redação deste parágrafo, far-se-á atribuindo-se a cada Município um coeficiente individual de participação determinado na forma seguinte: (Redação dada pelo Decreto Lei nº 1.881, de 1981) (Vide Lei Complementar nº 91, de 1997)*

Categoria do Município, segundo seu número de habitantes	Coeficiente
a) Até 16.980	
Pelos primeiros 10.188	0,6
Para cada 3.396, ou fração excedente, mais	0,2

Categoria do Município, segundo seu número de habitantes	Coeficiente
b) Acima de 16.980 até 50.940	
Pelos primeiros 16.980	1,0
Para cada 6.792 ou fração excedente, mais	0,2
c) Acima de 50.940 até 101,880	
Pelos primeiros 50.940	2,0
Para cada 10.188 ou fração excedente, mais	0,2
d) Acima de 101.880 até 156.216	
Pelos primeiros 101.880	3,0
Para cada 13.584 ou fração excedente, mais	0,2
e) Acima de 156.216	4,0

§ 3º Para os efeitos deste artigo, consideram-se os municípios regularmente instalados, fazendo-se a revisão das quotas anualmente, a partir de 1989, com base em dados oficiais de população produzidos pela Fundação Instituto Brasileiro de Geografia e Estatística – IBGE.

Cabe destacar que a Lei Complementar 62 de 1989 define que o seguinte sobre a aferição da população e cálculo das quotas:

Art. 3º Ficam mantidos os atuais critérios de distribuição dos recursos do Fundo de Participação dos Municípios até que lei específica sobre eles disponha, ***com base no resultado do Censo de 1991, realizado pela Fundação IBGE****.*

Art. 5º ***O Tribunal de Contas da União efetuará o cálculo das quotas referentes aos Fundos de Participação*** *e acompanhará, junto aos órgãos competentes da União, a classificação das receitas que lhes dão origem.*

Parágrafo único. ***No caso de criação e instalação de Município, o Tribunal de Contas da União fará revisão dos coeficientes individuais de participação dos demais Municípios do Estado a que pertence, reduzindo proporcionalmente as parcelas que a estes couberem****, de modo a lhe assegurar recursos do Fundo de Participação dos Municípios – FPM.*

5ª Questão (MPDG APO ESAF 2015): *Assinale a opção incorreta a respeito dos mecanismos constitucionais de repartição das receitas públicas.*

a) Os órgãos que contam com receitas vinculadas tendem a executar, com esses recursos, os gastos de menor importância na escala de prioridade do governo, no sentido de alocação de recursos adicionais necessários para o atendimento de despesas como pagamentos de pessoal e encargos sociais.

b) Os normativos que instituem a vinculação de receitas colaboram muitas vezes para impor a realização de novas despesas de difícil compressão com a frustração dessas receitas, ampliando assim o gasto não discricionário do governo.

c) O Fundo de Participação dos Estados e do Distrito Federal (FPE) e o Fundo de Participação dos Municípios (FPM) estão estabelecidos na Constituição Federal, e são originados com base em percentuais da arrecadação líquida do Imposto sobre a Renda e Proventos de Qualquer Natureza – IR e do Imposto sobre Produtos Industrializados – IPI, conforme as emendas constitucionais ou leis complementares sobre o assunto.

d) A Constituição Federal e legislação vigente estabeleceu que o Tribunal de Contas da União – TCU faz o cálculo e revisão das quotas relativas aos fundos de participação e a comunicação ao Banco do Brasil, anualmente, após obter os dados oficiais da Fundação Instituto Brasileiro de Geografia e Estatística – IBGE.

e) O total dos recursos do FPE, com base nos percentuais do IR e do IPI, são rateados observando a seguinte regra: 85% são entregues às unidades estaduais das regiões Norte, Nordeste e Centro-Oeste; e 15% para os estados das regiões Sul e Sudeste; e os recursos do FPM são distribuídos aos municípios com base em coeficientes que variam de 0,6, para os municípios que têm maior população, até 4,0, para os municípios que têm menor população.

Solução

a) Certo. Concordo parcialmente, pois a lógica foi a de que o órgão que possui recurso vinculado sabe que mesmo que não consiga gastar não perderá o recurso. Isso pode levar a um relaxamento e falta de priorização.

b) Certo. Depende do tipo de vinculação. Se for a vinculação tipo teto de gasto a questão está 100% certa. Se for a vinculação percentual o gasto não discricionário acompanha o desempenho da arrecadação de determinada da receita. Neste último caso, se arrecadação cair, a despesa cai.

c) Certo, sem comentários adicionais.

d) Certo, sem comentários adicionais.

e) Errado. Primeiro que esse critério do FPE não existe mais. Segundo que os municípios que possuem maior população recebem 4,0 e os de menor população começam com 0,6.

Gabarito: ***E***

2.4. Quais as atribuições das responsabilidades públicas por gastos?

A descentralização das receitas públicas promovida pela Constituição Federal de 1988 não foi acompanhada de uma descentralização concomitante dos encargos públicos.

À União coube a tarefa constitucional de reduzir as enormes disparidades regionais.

2.4.1 Despesas com Educação

A Constituição Federal de 1988 estabelece que:

> *Art. 212. A União aplicará, **anualmente, nunca menos de dezoito, e os Estados**, o Distrito Federal e os Municípios vinte e cinco por cento, no mínimo, **da receita resultante de impostos, compreendida a proveniente de transferências**, na manutenção e desenvolvimento do ensino.*
>
> *§ 1º A parcela da arrecadação de impostos transferida pela União aos Estados, ao Distrito Federal e aos Municípios, ou pelos Estados aos respectivos Municípios, não é considerada, para efeito do cálculo previsto neste artigo, receita do governo que a transferir.*
>
> *§ 2º Para efeito do cumprimento do disposto no "caput" deste artigo, serão considerados os sistemas de ensino federal, estadual e municipal e os recursos aplicados na forma do art. 213.*
>
> *§ 3º A distribuição dos recursos públicos assegurará prioridade ao atendimento das necessidades do ensino obrigatório, no que se refere a universalização, garantia de padrão de qualidade e equidade, nos termos do plano nacional de educação.*
>
> *§ 4º Os programas suplementares de alimentação e assistência à saúde previstos no art. 208, VII, serão financiados com recursos provenientes de contribuições sociais e outros recursos orçamentários.*
>
> *§ 5º A educação básica pública terá como fonte adicional de financiamento a contribuição social do salário-educação, recolhida pelas empresas na forma da lei.*
>
> *§ 6º As cotas estaduais e municipais da arrecadação da contribuição social do salário-educação serão distribuídas proporcionalmente ao número de alunos matriculados na educação básica nas respectivas redes públicas de ensino.*

Observa-se inicialmente que todos os entes da Federação devem alocar recursos para custear despesas com manutenção e desenvolvimento do ensino. Além disso, a CF/1988 segrega as prioridades de atuação de cada ente.

> *Art. 211. A **União, os Estados, o Distrito Federal e os Municípios organizarão em regime de colaboração seus sistemas de ensino**.*
>
> *§ 1º A União organizará o sistema federal de ensino e o dos Territórios, financiará as instituições de ensino públicas federais e exercerá, em matéria educacional, **função redistributiva e supletiva, de forma a garantir equalização de oportunidades educacionais** e padrão mínimo de qualidade do ensino mediante assistência técnica e financeira aos Estados, ao Distrito Federal e aos Municípios;*
>
> *§ 2º **Os Municípios atuarão prioritariamente no ensino fundamental e na educação infantil.***

§ 3º Os Estados e o Distrito Federal atuarão prioritariamente no ensino fundamental e médio.

Diante do exposto, à luz da CF/1988 pode-se segregar o ensino em: infantil, fundamental, médio e superior. Dessas modalidades, tanto os Estados quanto os Municípios devem priorizar o ensino fundamental.

A Figura 35.3 ilustra a repartição de recursos destinados à manutenção e desenvolvimento do ensino.

Figura 35.3: Recursos destinados à Manutenção e Desenvolvimento do Ensino (MDE)

<table>
<tr><th colspan="2">FINANCIAMENTO DO ENSINO</th></tr>
<tr><td colspan="2">UNIÃO</td></tr>
<tr><td colspan="2">MÍNIMO de 18% dos Impostos</td></tr>
<tr><td>Receita Resultante de Impostos</td><td>- II - Imposto sobre Importação
- IE - Imposto sobre Exportação
- IR - Imposto sobre Rendas e Proventos de Qualquer Natureza
- IPI - Imposto sobre Produtos Industrializados
- IOF - Imposto sobre Operações Financeiras
- ITR - Imposto sobre a Propriedade Territorial Rural</td></tr>
<tr><td colspan="2">ESTADOS</td></tr>
<tr><td colspan="2">MÍNIMO de 25% dos Impostos e Transferências da MDE</td></tr>
<tr><td>Receita Resultante de Impostos</td><td>- ITCD - Impostos s/ Transmissão "causa mortis" e Doação
- IPVA - Imposto s/ Propriedade de Veículos Automotores
- IRRF - Imposto de Renda Retido na Fonte
- ICMS - Imposto s/ Circulação de Mercadorias e Serviços de Transporte Interestadual e Intermunicipal e de Comunicação</td></tr>
<tr><td>Transferências</td><td>- FPE - Fundo de Participação dos Estados e DF
- Desoneração ICMS (LC 87/76)
- Cota-Parte IPI Exportação
- Cota-Parte IOF Ouro</td></tr>
<tr><td colspan="2">MUNICÍPIOS</td></tr>
<tr><td colspan="2">MÍNIMO de 25% dos Impostos e Transferências da MDE</td></tr>
<tr><td>Receita Resultante de Impostos</td><td>- IPTU - Imposto s/ Propriedade Territorial Urbana
- ITBI - Imposto s/ Transmissão de Bens "Inter Vivos"
- ISS - Imposto sobre Serviços de Qualquer Natureza
- IRRF - Imposto de Renda Retido na Fonte
- ITR - Imposto Territorial Rural
(Caso tenha optado por fiscalizar e cobrar, conforme CF, art. 153, § 4º, III)</td></tr>
</table>

FINANCIAMENTO DO ENSINO	
Transferências	- Cota-Parte ITR (Caso não tenha optado por fiscalizar e cobrar, conforme CF, art. 153, § 4º, III) - Cota-Parte IPVA - Cota-Parte IOF Ouro - FPM - Fundo de Participação dos Municípios - Desoneração ICMS (LC 87/96) - Cota-Parte IPI Exportação - Cota-Parte ICMS
DISTRITO FEDERAL	
MÍNIMO de 25% dos Impostos e Transferências da MDE	
Receita Resultante de Impostos	- ITCD - Impostos s/Transmissão "causa mortis" e Doação - IPVA - Imposto s/ Propriedade de Veículos Automotores - IRRF - Impossto de Renda Retido na Fonte - ICMS - Imposto s/ Circulação de Mercado e Serviços de Transporte Interestadual e Intermunicipal e de Comunicação - IPTU - Imposto s/ Propriedade Territorial Urbana - ITBI - Imposto s/ Transmissão de Bens "Inter Vivos" - ISS - Imposto sobre Servios de Qualqure Natureza - ICMS/ISS simples
Transferências	- FPE - Fundo de Participação dos Estados e DF - FMP - Fundo de Participação dos Municípios - Desoneração ICML (LC 87/96} - Cota-Parte LPI Exportação - Cota-Parte ITR (Considerando que o DF não optou por fiscalizar e cobrar, conforme CF, art. 153, § 4º, III)

2.4.2. Despesas com Saúde

A Constituição Federal de 1988 estabelece nos Atos das Disposições Constitucionais Transitórias que[2]:

Observa-se inicialmente que todos os entes da Federação devem alocar recursos para custear despesas em ações e serviços públicos de saúde. No caso das despesas com saúde, não há na legislação uma segregação de atribuições, tal qual ocorre nas despesas com educação.

> *Art. 198. As ações e serviços públicos de saúde integram uma rede regionalizada e hierarquizada e constituem um sistema único, organizado de acordo com as seguintes diretrizes:*
>
> *I – descentralização, com direção única em cada esfera de governo;*
>
> *II – atendimento integral, com prioridade para as atividades preventivas, sem prejuízo dos serviços assistenciais;*

2 Em 2015 foi publicada emenda constitucional que fixou limite para União:

> *III – participação da comunidade.*
>
> *§ 1º O sistema único de saúde será financiado, nos termos do art. 195, com recursos do orçamento da seguridade social, da União, dos Estados, do Distrito Federal e dos Municípios, além de outras fontes.*
>
> *§ 2º A União, os Estados, o Distrito Federal e os Municípios aplicarão, anualmente, em ações e serviços públicos de saúde recursos mínimos derivados da aplicação de percentuais calculados sobre:*
>
> *I – **no caso da União**, a receita corrente líquida do respectivo exercício financeiro, não podendo ser inferior a 15% (quinze por cento); **(Redação dada pela Emenda Constitucional nº 86, de 2015)***
>
> *II – no caso dos Estados e do Distrito Federal, o produto da arrecadação dos impostos a que se refere o art. 155 e dos recursos de que tratam os arts. 157 e 159, inciso I, alínea a, e inciso II, deduzidas as parcelas que forem transferidas aos respectivos Municípios;*
>
> *III – no caso dos Municípios e do Distrito Federal, o produto da arrecadação dos impostos a que se refere o art. 156 e dos recursos de que tratam os arts. 158 e 159, inciso I, alínea b e § 3º.*

A Lei complementar 141, de 13 de janeiro de 2012, estabelece que:

> *Art. 6º **Os Estados e o Distrito Federal aplicarão, anualmente, em ações e serviços públicos de saúde**, no mínimo, 12% (doze por cento) da arrecadação dos impostos a que se refere o art. 155 e dos recursos de que tratam o art. 157, a alínea "a" do inciso I e o inciso II do caput do art. 159, todos da Constituição Federal, deduzidas as parcelas que forem transferidas aos respectivos Municípios.*
>
> *Art. 7º **Os Municípios e o Distrito Federal aplicarão anualmente em ações e serviços públicos de saúde**, no mínimo, 15% (quinze por cento) da arrecadação dos impostos a que se refere o art. 156 e dos recursos de que tratam o art. 158 e a alínea "b" do inciso I do caput e o § 3º do art. 159, todos da Constituição Federal.*

A Figura 35.4 ilustra a repartição de recursos destinados às ações e serviços de saúde.

Figura 35.4: Recursos destinados à Saúde

FINANCIAMENTO DA SAÚDE
UNIÃO
No mínimo 15% da *receita corrente líquida do respectivo exercício financeiro.*
ESTADOS
MÍNIMO de 12% dos Impostos em Ações e Serviços Públicos de Saúde
- ITCD - Impostos s/ Transmissão "causa mortis" e Doação - ICMS - Imposto s/ Circulação de Mercadorias e Serviços de Transporte Interestadual e Intermunicipal e de Comunicação - IPVA - Imposto s/ Propriedade de Veículos Automotores - IRRF - Imposto de Renda Retido na Fonte - FPE - Fundo de Participação dos Estados e DF - Cota-Parte IPI Exportação Compensações Financeiras Provenientes de Impostos e Transferências Constitucionais.

MUNICÍPIOS
MÍNIMO de 15% dos Impostos em Ações e Serviços Públicos de Saúde
- IPTU - Imposto s/ Propriedade Territorial Urbana - ITBI - Imposto s/ Transmissão de Bens "Inter Vivos" - ISS - Imposto sobre Serviços de Qualquer Natureza - IRRF - Imposto de Renda Retido na Fonte - ITR - Imposto Territorial Rural - Cota-Parte IPVA - Cota-Parte ICMS - Cota-Parte ITR - FPM - Fundo de Participação dos Municípios (CF, art. 159, I, b) - Cota-Parte IPI Exportação Compensações Financeiras Proveniente de Impostos e Transferências Contitucionais
DISTRITO FEDERAL
MÍNIMO de 12% dos Impostos Estaduais em Ações e Serviços Públicos de Saúde
- ITCD - Impostos s/Transmissão "causa mortis" e Doação - ICMS - Imposto s/ Circulação de Mercado e Serviços de Transporte Interestadual e Intermunicipal e de Comunicação - IPVA - Imposto s/ Propriedade de Veículos Automotores - FPE - Fundo de Participação dos Estados e DF - Cota-Parte IPI Exportação Compensações Financeiras Proveniente de Impostos e Transferências Contitucionais
MÍNIMO de 15% dos Impostos Municipais em Ações e Serviços Públicos de Saúde
- IPTU - Imposto s/ Propriedade Territorial Urbana - ITBI - Imposto s/ Transmissão de Bens "Inter Vivos" - ISS - Imposto sobre Servios de Qualqure Natureza - ITR - Imposto Territorial Rural - Cota-Parte IPVA - Cota-Parte ICMS - Cota-Parte ITR - FPM - Fundo de Participação dos Municípios (CF, art. 159, I, b) - Cota-Parte IPI Exportação - Compensações Financeiras Provenientes de Impostos e Transferências Constitucionais
MÍNIMO de 15% dos Impostos Municipais em Ações e Serviços Públicos de Saúde
IRRF - Imposto de Renda Retido na Fonte

3. CONSIDERAÇÕES FINAIS

A seguir constam os pontos fortes do modelo brasileiro:

1. A partilha de competências tributárias é um instrumento poderoso de incentivo à cooperação.
2. A descentralização favorece uma maior integração social, através do envolvimento dos cidadãos na determinação dos rumos da sociedade.

3. Os instrumentos estatais para atender à sociedade estão mais próximos do indivíduo o que legitima o poder público.
4. A **descentralização e a integração** são os ingredientes necessários à instituição de formas eficientes de controle da sociedade sobre as ações do Estado.

Riscos do modelo Brasileiro

1. A descentralização de recursos aumenta as dificuldades de coordenação de política fiscal, com riscos para o atingimento das metas de equilíbrio macroeconômico.
2. A descentralização dos recursos e do poder para administrá-los afeta a capacidade de o Estado atuar com a finalidade de evitar a concentração regional de renda.
3. Podem ocorrer, desequilíbrios verticais da repartição, assim são utilizadas as transferências intergovernamentais diretas constitucionais/ legais e as intergovernamentais voluntárias/autônomas.
4. Por meio das transferências constitucionais, o modelo brasileiro confere alguma segurança de receita para os entes subnacionais, na medida em que permite a participação destes sobre receitas nacionais.
5. O sistema de competências concorrentes e comuns agrava a questão do desequilíbrio vertical.

Existem dois tipos de desequilíbrio: horizontal e vertical.

O desequilíbrio horizontal ocorre entre os entes federados de mesmo nível. Por exemplo: alguns estados (ou municípios) apresentam escassez de recursos frente aos seus compromissos, enquanto, para outros estados (ou municípios), ocorre o inverso.

O desequilíbrio vertical dá-se entre os diferentes níveis de governo. Por exemplo: enquanto os estados (ou municípios) apresentam falta de recursos frente a suas despesas, o governo central apresenta excesso de recursos.

O Quadro 35.9 mostra as causas dos desequilíbrios.

Quadro 35.9: Causas dos desequilíbrios

Vertical	Horizontal
Falta de uma clara definição das responsabilidades sobre os gastos.	Competição tributária horizontal.
Maior concentração das receitas tributárias no governo federal e da descentralização das despesas entre os demais níveis de governo	
O poder de tributar sobre as mesmas bases (**consumo, renda e patrimônio**) concedido a diferentes níveis de governo gera efeitos adversos.	

O Quadro 35.10 mostra os desafios relacionados ao federalismo na década de 90 e os desafios atuais.

Quadro 35.10: Desafios do federalismo fiscal brasileiro

1990 a 2000	2000 a 2010
O cenário dominado pelo ajuste fiscal, deixou em segundo plano: 1. A busca da eficiência do sistema tributário/ perda de qualidade; 2. Reforma tributária paralisada / medo, perda de receitas; 3. Lentidão na redução das desigualdades regionais; 4. Insucesso das políticas de desenvolvimento regional-limitada aos financiamentos dos fundos Constitucionais FNE FNO e FCO, sem recursos para livre aplicação.	1. Ainda há concentração excessiva das receitas e dos gastos na União; **2. Transferência de encargos para estado e municípios sem receitas correspondentes**; 3. Redução da base das transferências intergovernamentais. 4. Acirramento da guerra fiscal. **5. Conflito vertical - disputa pela receita do FPE - União para aquecer a economia/ desoneração, reduz impostos partilhados e fortalece as contribuições sociais**. 6. Estados e os municípios mobilizados para conter a corrosão das transferências da União.

6ª Questão (SEFAZ-SP APO VUNESP/2013): *A Constituição Federal de 1988, em clara adoção dos princípios federativos e da teoria dos freios e contrapesos preconizados por Montesquieu, houve por bem dotar os entes políticos de capacidades legislativas diversas com o fito de alcançar um verdadeiro "federalismo". Ocorre que há certas exceções a estes princípios, notadamente quando mais de um ente "federado" pode legislar sobre a mesma matéria. Assim, há possibilidade de mais de um ente legislar sobre orçamento?*

a) Sim, quando não houver quebra da autonomia superior de que goza o Senado da República como órgão legislador revisor.

b) Não, pois isso fere o princípio da independência e harmonia dos poderes estampados no Art. 2º da Constituição Federal.

c) Sim, desde que haja prévia concordância de todos os entes federados, devidamente homologada pelo presidente da mesa diretora do Congresso Nacional, nos termos do Art. 53 da Constituição Federal.

d) Sim, quando houver medida provisória que autorize.

e) Sim, trata-se de competência concorrente.

Solução

Trata-se competência concorrente. A União legisla sobre normas gerais e os Estados sobre normas suplementares.

Gabarito: E

7ª Questão (PGE-PR Procurador PUC-PR 2015): *Com relação às receitas públicas, assinale a alternativa CORRETA.*

a) O federalismo brasileiro contempla as denominadas receitas transferidas, que correspondem àquelas arrecadadas por determinado ente da Federação, pela competência que lhe é atribuída, e compartilhadas com os demais.

b) Em sentido amplo, as receitas públicas consistem em recursos financeiros obtidos pelo Estado em cará- ter transitório e que representem um aumento de seu patrimônio.

c) Quanto à sua periodicidade, as receitas públicas classificam-se como extraordinárias, quando integram o fluxo de previsão normal, e ordinárias, quando eventuais, não tendo previsibilidade com prazo ou período que se repete.

d) Os tributos são receitas originárias, pois têm origem no patrimônio alheio, numa relação de imposição entre Estado e particulares; as receitas derivadas são aquelas obtidas a partir da exploração dos bens ou recursos do próprio Estado, qualificando uma relação de coordenação entre particulares e a Administração Pública.

e) A exemplo dos depósitos, cauções, fianças, indenizações, empréstimos e empréstimo compulsório, as entradas provisórias são receitas públicas correntes.

Solução

a) Certo. Esse termo "receitas transferidas" deve ser incorporado.

b) Errado. Receita pública possui caráter permanente e aumentam a disponibilidade financeira. Transitório seria a propriedade da receita extraorçamentária.

c) Errado, ele inverteu os conceitos. Quanto à sua periodicidade, as receitas públicas classificam-se como ordinárias, quando integram o fluxo de previsão normal, e extraordinárias, quando eventuais, não tendo previsibilidade com prazo ou período que se repete.

d) Errado, ele inverteu os conceitos. Os tributos são receitas derivadas, pois têm origem no patrimônio alheio, numa relação de imposição entre Estado e particulares; as receitas originárias são aquelas obtidas a partir da exploração dos bens ou recursos do próprio Estado, qualificando uma relação de coordenação entre particulares e a Administração Pública.

e) Errado, depósitos, cauções, fianças são receitas extraorçamentárias. Indenizações são receitas correntes. Empréstimos e empréstimo compulsório são receitas de capital.

Gabarito: A

4. LISTA DE QUESTÕES OBJETIVAS

1ª Questão (SFC Auditor ESAF 2001): *No que diz respeito ao federalismo fiscal, não se pode afirmar que*

a) constitui uma técnica administrativa que possibilita o exercício do poder em territórios de grande amplitude.

b) baseia-se no estabelecimento de governos de âmbitos regional e municipal.
c) pressupõe a livre negociação entre as partes, com objetivo de garantir certo grau de autonomia e delinear a divisão das funções a serem cumpridas pelos diversos níveis administrativos.
d) impede de a nação acomodar um amplo leque de preferências individuais.
e) é um método de organização administrativa nacional.

Solução

a) Certo, sem comentários adicionais.
b) Certo, sem comentários adicionais.
c) Certo, sem comentários adicionais.
d) Errado, permite a nação acomodar um amplo leque de preferências individuais na medida em que o Estado fica mais próximo do cidadão.
e) Certo, sem comentários adicionais.

Gabarito: **D**

2ª Questão (MPDG APO ESAF 2001): *No contexto do federalismo fiscal, o exame da adequação entre atribuições e recursos dá ênfase à função alocativa. As competências alocativas legais classificam-se em:*

a) exclusivas, concorrentes e descentralizadas
b) exclusivas, concorrentes e supletivas
c) exclusivas, descentralizadas e supletivas
d) concorrentes, descentralizadas e supletivas
e) concorrentes, descentralizadas e divergentes

Solução

Questão conceitual e pouco usual. Há de absorver esse entendimento.

Gabarito: **B**

3ª Questão (SEFAZ-PI Auditor ESAF 2001): *Com relação ao federalismo fiscal, escolha a opção correta.*

a) As decisões sobre o aumento de despesas ou sobre distribuição setorial dos gastos são tomadas no mesmo nível das decisões relativas às medidas a serem utilizadas.
b) Não existem problemas relativos à falta de coordenação entre os elementos que formulam a política fiscal e os encarregados de tomar as decisões necessárias à sua implementação.

c) Grande parte dos recursos a serem aplicados, assim como dos poderes para a obtenção de recursos necessários, está sob o controle direto do poder central.

d) Existem níveis alternativos de governo, através dos quais os serviços públicos são ofertados e esses serviços fixam-se em cortes central, regional e local.

e) O sistema federal de governo não permite à nação acomodar uma ampla abertura de preferências individuais.

Solução

a) Errado, existem níveis distintos. O aumento de despesas por vezes é definido pelo governo central, e boa parte das medidas fica a cargo do governo local.

b) Errado, existem tais problemas. Por exemplo, no Brasil, os mesmos níveis: estados e municípios são responsáveis pelas mesmas obrigações no ensino fundamental.

c) Errado, o somatório dos recursos dos governos estaduais e municipais foram elevados após a CF/1988.

d) Certo, sem comentários adicionais.

e) Errado, permite na medida em que o Estado fica mais próximo do cidadão.

Gabarito: **D**

4ª Questão (MPDG APO ESAF 2002): *A Constituição de 1988 inaugurou nova etapa do federalismo fiscal brasileiro. De acordo com as suas atuais características e peculiaridades, identifique a opção não pertinente.*

a) Enormes disparidades regionais.

b) Forte tradição municipalista.

c) Centralização tributária.

d) Ampliação das transferências intergovernamentais.

e) Redução parcial da competência tributária federal.

Solução

Em 1988 houve uma descentralização tributária. Por exemplo, os fundos constitucionais saíram de 20% do IR e IPI para 44%. Gabarito C.

Gabarito: **C**

5ª Questão (MPDG APO ESAF 2003): *Uma das preocupações importantes no desenho de sistemas tributários em regimes federativos é assegurar o necessário equilíbrio entre a repartição de competências impositivas e autonomia dos entes federados. Aponte a opção falsa no tocante ao federalismo fiscal.*

a) A federação reforça a descentralização e a descentralização amplia os espaços da democracia.

b) O governo central deve procurar equalizar ou amenizar as desigualdades fiscais entre as jurisdições, por meio de transferências intragovernamentais.

c) A descentralização dos recursos e do poder para administrá-los afeta a capacidade de o Estado atuar com a finalidade de evitar a concentração regional de renda.

d) A partilha de competências tributárias é um instrumento poderoso de incentivo à cooperação.

e) A descentralização de recursos aumenta as dificuldades de coordenação de política fiscal, com riscos para o atingimento das metas de equilíbrio macroeconômico.

Solução

a) Certo, sem comentários adicionais.

b) Errado, as transferências intergovenamentais é que corrigem desequilibro verticais.

c) Certo, sem comentários adicionais.

d) Certo, sem comentários adicionais.

e) Certo, sem comentários adicionais.

Gabarito: **B**

6ª Questão (SAD – PE– Orçamento FCC 2004): *Considerando a União, os Estados e os Municípios como componentes do federalismo e a necessidade de serem estabelecidas*

I. as competências tributárias;

II. a repartição das receitas tributárias;

III. a atribuição das responsabilidades públicas por gastos.

Pode-se afirmar que o maior problema enfrentado no Brasil é o

a) indicado no inciso I.

b) indicado no inciso II.

c) indicado no inciso III.

d) indicado no inciso I e II.

e) da compatibilização entre os incisos I e II com o inciso III.

Solução

Uma das críticas mais comuns à Constituição de 1988 é a de que ela promoveu uma forte descentralização fiscal de recursos, sem a devida distribuição de responsabilidade aos entes subnacionais.

Gabarito: **E**

7ª Questão (CGU Auditor ESAF 2004): *Nos últimos anos, tem-se assistido a frequentes manifestações sobre a necessidade de um novo pacto federativo, que elimine a tensão que volta e meia se manifesta sob a forma de conflito nas relações intergovernamentais. Escolha a opção incorreta relacionada à globalização, regionalismo e federação.*

a) Em um novo pacto federativo, a autonomia deverá estar mais associada à flexibilidade no uso e à estabilidade dos recursos financeiros do que a liberdade para tributar.

b) A harmonização da política tributária não afeta a autonomia dos entes federados, centrada na repartição das competências impositivas e no mecanismo de repartição de receitas constitucionalmente definidos.

c) O período 1988-1998 sofreu influência de uma instável conjuntura econômica que afetou fortemente o campo fiscal e acabou por reverter parte significativa dos avanços alcançados no rumo da descentralização.

d) A manutenção do federalismo requer a existência de instituições independentes em cada um dos níveis de governo.

e) Quando as desigualdades regionais são grandes, o equilíbrio entre repartição de competências e a autonomia federativa depende de um eficiente sistema de transferências compensatórias.

Solução

a) Certo, sem comentários adicionais.

b) Errado, na medida em que se busca unificar alíquotas para reduzir desequilibro horizontais a fim de harmonizar, há uma relativa perda de autonomia dos entes.

c) Certo, sem comentários adicionais.

d) Certo, sem comentários adicionais.

e) Certo, sem comentários adicionais.

Gabarito: **B**

8ª Questão (MPDG APO ESAF 2005): *Com relação ao Federalismo Fiscal não é correto afirmar que:*

a) um modelo ideal de responsabilidade fiscal entre diferentes níveis de governo atribuiria aos governos estaduais e municipais atividades alocativas, enquanto atividades distributivas, bem como atividades alocativas de caráter nacional seriam executadas pelo governo federal.

b) a estabilidade e equilíbrio financeiros são condições necessárias mas não suficientes para que o propósito de eficiência na gestão dos recursos por meio da descentralização seja de fato alcançado.

c) a descentralização e a integração são os ingredientes necessários à instituição de formas eficientes de controle da sociedade sobre as ações do Estado.

d) a descentralização favorece uma maior integração social, através do envolvimento dos cidadãos na determinação dos rumos da sociedade.

e) as decisões sobre um aumento de despesas ou sobre a distribuição setorial dos gastos governamentais são tomadas no mesmo nível das decisões relativas às medidas a serem utilizadas em um país onde a organização é federativa.

Solução

a) Certo, sem comentários adicionais.
b) Certo, sem comentários adicionais.
c) Certo, sem comentários adicionais.
d) Certo, sem comentários adicionais.
e) Errado, existem níveis distintos. O aumento de despesas por vezes é definido pelo governo central, e boa parte das medidas fica a cargo do governo local.

Gabarito: **E**

9ª Questão (SEFAZ-CE Analista ESAF 2007): *Em um sistema federal, existem níveis alternativos de governo, por meio dos quais os serviços públicos são ofertados. Com relação ao Federalismo Fiscal no Brasil, não se pode afirmar que:*

a) a descentralização fiscal atingiu o auge na metade dos anos 90 e foram plenamente sentidos os efeitos das mudanças introduzidas pela Constituição de 1988.

b) enquanto a Constituição de 1988 apontava para uma maior descentralização e autonomia subnacional, o esforço anti-inflacionário exigiu duras restrições orçamentárias que colidiram com a autonomia dos entes federados.

c) a deterioração das condições econômicas após a abertura do mercado brasileiro à competição externa não permitiu aos estados e municípios que exercessem plenamente a autonomia supostamente concedida pela descentralização política e fiscal.

d) uma das críticas mais comuns à Constituição de 1988 é a de que ela não só promoveu uma forte descentralização fiscal de recursos, como também promoveu equitativamente a distribuição dos mesmos entre os estados e municípios.

e) o processo de descentralização fiscal no Brasil, iniciado nos anos 1980 e aprofundado pela Constituição de 1988, teve basicamente uma motivação política.

Solução

a) Certo. Em 1988 houve uma descentralização tributária. Por exemplo, os fundos constitucionais saíram de 20% do IR e IPI para 44%. Gabarito C.
b) Certo, a crise fiscal afetou a autonomia dos entes subnacionais.
c) Certo, a crise fiscal afetou a autonomia dos entes subnacionais.

d) Errado, uma das críticas mais comuns à Constituição de 1988 é a de que ela promoveu uma forte descentralização fiscal de recursos, sem a devida distribuição de responsabilidade aos entes subnacionais. Outro ponto, no início apenas 15% do FPE eram para as regiões Sul e Sudeste.

e) Certo, sem comentários adicionais.

Gabarito: **D**

10ª Questão (MPDG APO ESAF 2008): *Em organizações federativas, o sistema tributário é o elemento central na estruturação das relações financeiras entre níveis de governo. Com relação ao Federalismo Fiscal no Brasil, não se pode afirmar que:*

a) a Constituição Federal brasileira de 1988 provocou graves desequilíbrios no federalismo fiscal, especialmente porque não dimensionou bem as atribuições de cada ente federado e suas respectivas fontes de receitas.

b) na concepção do federalismo fiscal de 1988, não foi considerado o cenário de abertura e de competitividade econômica internacional nem os processos de integração econômica internacional.

c) o equilíbrio federativo e a descentralização fiscal são importantes para que o Brasil se insira num contexto de integração econômica internacional com uma harmonização jurídico-tributária e com a remoção de tributos que inviabilizem a competição e impeçam uma integração econômica bem-sucedida.

d) durante o período de 1970/1988, a fragilidade financeira dos estados e municípios impossibilitou a maior atribuição de funções de caráter regional e local a esses níveis de governo.

e) em termos verticais, os principais privilegiados pelo processo de descentralização brasileiro, principalmente após a Constituição de 1988, foram os estados, que praticamente dobraram sua participação no total da receita tributária disponível.

Solução

a) Certo, uma das críticas mais comuns à Constituição de 1988 é a de que ela promoveu uma forte descentralização fiscal de recursos, sem a devida distribuição de responsabilidade aos entes subnacionais.

b) Certo, sem comentários adicionais.

c) Certo, sem comentários adicionais.

d) Certo, sem comentários adicionais.

e) Errado, os mais privilegiados foram os Municípios.

Gabarito: **E**

11ª Questão (STN Auditor ESAF 2008): *Em relação ao federalismo fiscal brasileiro, é correto afirmar que:*

a) Brasil possui um sistema federativo considerado aberto já que a Constituição deixa livre as bases tributárias sobre as quais incidirão os impostos dos entes subnacionais do país.

b) as transferências de recursos entre os entes da federação (União, estados e municípios) só pode ocorrer da União para os estados e destes para os municípios.

c) a legislação nacional faculta o direito de estabelecer operações de crédito entre os diferentes entes da federação.

d) os municípios brasileiros possuem bases tributárias importantes mas a administração destes tributos deve ser executada pelos níveis estaduais e/ou federal, mesmo que o fruto da arrecadação pertença aos municípios.

e) o federalismo brasileiro é em parte constituído por transferências intergovernamentais estabelecidas na Constituição, conferindo alguma segurança de receita para os entes subnacionais, porém não estão impedidas transferências autônomas por parte do Governo Federal.

Solução

a) Errado, seria um sistema fechado.

b) Errado, pode ocorrer também da União para os Municípios.

c) Errado. A LRF veda a realização de operações de crédito entre os entes da federação.

d) Errado, os municípios têm autonomia para executar a arrecadação dos seguintes impostos: ISS, IPTU e ITBI.

e) Certo, existem transferências constitucionais e voluntárias.

Gabarito: **E**

12ª a 14ª Questões (IPEA Técnico em Orçamento Cespe 2008): *Relativamente à forma de federalismo fiscal brasileiro, julgue os itens que se seguem, no que concerne às competências e atribuições das três esferas de governo (federal, estadual, incluindo o Distrito Federal, e municipal).*

12. Os empréstimos compulsórios somente podem ser instituídos pelos estados com autorização federal e desde que destinados a calamidades públicas.

13. Os entes das três esferas de governo têm a competência para instituir impostos, taxas e contribuições sociais, além de outros tributos, nos limites estabelecidos na Constituição Federal (CF).

14. As funções de governo incluem a judiciária que, na sistemática brasileira, é exercida por todas as esferas de governo.

Solução

12. Errado, empréstimos compulsórios somente podem ser instituídos pela União. Além disso, possuem duas finalidades: para atender a despesas extraordinárias, decorrentes de calamidade pública, de guerra externa ou sua iminência; no caso de investimento público de caráter urgente e de relevante interesse nacional.

13. Certo, sem comentários adicionais.

14. Errado, não existe judiciário no âmbito municipal.

Gabarito:

12. **Errado**

13. **Certo**

14. **Errado**

15ª Questão (TCE-CE ACE FCC 2008): *Considere as assertivas abaixo, relativas aos problemas suscitados pelo federalismo fiscal em nosso país.*

I. Para se adequar à prática fiscal existente, na maioria dos países, de desonerar tributariamente todas as exportações, a União teve que conceder uma fatia adicional da arrecadação do Imposto sobre a Renda (IR) que é distribuída aos Estados, para que esses isentassem a incidência do Imposto sobre Circulação de Mercadorias (ICMS) sobre os produtos primários exportados.

II. A dificuldade de implantar uma reforma fiscal e tributária em nosso País consiste justamente em conciliar os interesses divergentes entre os poderes tributantes e os contribuintes, bem como em medir as alterações de arrecadação que essa reforma acarretaria.

III. A partir da Constituição Federal de 1988, a União tem concentrado esforços em ampliar a base de cálculo e as alíquotas das contribuições sociais e das contribuições sobre o domínio econômico, uma vez que estas não são redistribuídas aos Estados e Municípios.

IV. A chamada "guerra fiscal" existente entre os Estados deriva do fato de seu principal tributo, o Imposto sobre Circulação de Mercadorias e Serviços (ICMS), ser cobrado no estado de destino do bem, em vez de no estado produtor.

Está correto o que se afirma APENAS em

a) I e II.

b) I e III.

c) I e IV.

d) II e III.

e) II e IV.

Solução

I. Errado, seria do IPI: 10% da quota sobre exportações.

II. Certo, sem comentários adicionais.

III. Errado, da CIDE combustível 29% é destinado aos Estados e destes ¼ para os Municípios.

IV. Certo, sem comentários adicionais.

Gabarito: **E**

16ª Questão (TJ-PA Analista FCC 2009): *Em relação aos problemas suscitados nas duas últimas décadas no âmbito do federalismo fiscal brasileiro, analise as afirmativas abaixo.*

I. Os municípios contam com um amplo mecanismo de transferências constitucionais tanto do Estado quanto da União, participando da arrecadação do Imposto de Renda, do Imposto sobre Produtos Industrializados, do Imposto sobre Circulação de Mercadorias, entre outros.

II. À União coube a tarefa constitucional de reduzir as enormes disparidades regionais, tarefa que é cumprida por meio da isenção ou redução de tributos ou ainda de um maior volume de transferências para as regiões mais carentes.

III. Na Assembleia Constituinte de 1988, houve uma tendência bastante clara de reduzir a concentração tributária nas mãos da União, que tinha se agravado no período ditatorial com a Constituição de 1967.

IV. A descentralização das receitas públicas promovida pela Constituição Federal de 1988 foi acompanhada de uma descentralização concomitante dos encargos públicos.

Está correto o que se afirma APENAS em

a) I.

b) II.

c) I e III.

d) II e IV.

e) I e II.

Solução

I. Certo, sem comentários adicionais.

II. Certo, sem comentários adicionais.

III. Errado, pois já havia tido uma descontração tributária na CF/1967 e a instituição de um mecanismo de correção de desequilíbrios verticais.

IV. Errado, não houve esse acompanhamento de encargos e recursos.

Gabarito: **E**

17ª Questão (SECONT-ES Auditor Cespe 2009): *Julgue o item a seguir.*

17. Uma característica básica das federações contemporâneas é a concentração da receita tributária nos governos subnacionais, enquanto os encargos se concentram no governo federal. Isso ocorre por razões técnicas ligadas à eficiência da tributação e da provisão de serviços.

Solução

Errado, o problema do Brasil de repete em outros países. O governo central concentra receita tributária e os encargos nos governos subnacionais. A diferença é como os países lidam com os desequilíbrios.

Gabarito: **Errado**

18ª Questão (TCM-CE ACE FCC 2010): *No modelo de federalismo fiscal adotado no Brasil, o principal mecanismo para correção dos desequilíbrios verticais*

a) é o Imposto Territorial Rural.
b) é o Imposto Sobre Serviços de Qualquer Natureza.
c) são as transferências indiretas.
d) são os royalties sobre minérios e petróleo.
e) são as transferências diretas.

Solução

Seriam as transferências constitucionais, gabarito E.

Gabarito: **E**

19ª Questão (TRE-RJ Analista Cespe2013): *Julgue o item a seguir.*

19. O federalismo fiscal constitui uma política contrária à centralização financeira e orçamentária.

Solução

Certo. O teorema a descentralização de OATES afirma que é preferível a atribuição de encargos em níveis inferiores de governo que têm condições de melhor adaptação às preferências dos usuários.

Gabarito: **Certo**

20ª a 22ª Questões (Câmara dos Deputados Consultor Cespe 2014): *Julgue o item a seguir.*

20. Compete a cada estado a definição de normas gerais para os impostos de competência municipal, como o IPTU e o ISS, de modo que tais normas devem ser seguidas pelos respectivos municípios, os quais têm competência legislativa acessória. No que tange a esse aspecto, inexiste norma federal unificadora.

21. A mobilidade da base do imposto de renda da pessoa física pode ser considerada uma das principais razões para que tal imposto seja de competência federal, sendo parte de sua arrecadação transferida para estados e municípios por meio dos fundos de participação.

22. A legislação concernente à divisão dos recursos entre os entes federados no Brasil possui mais de uma década de existência, sendo hoje considerada consensual entre os afetados. De acordo com essa legislação, os recursos devem ser divididos com base em critérios distributivos e têm como objetivo o combate às desigualdades regionais.

Solução

20. Errado. As normas gerais de impostos competem a União. Por exemplo: Lei nº 5.172, de 25 de outubro de 1966 atualizada pela lei complementar 91 de 1997 institui o sistema tributário nacional e trata destes impostos.

21. Certo, neste caso evita-se o efeito deslocamento. Ou seja, se evita que os contribuintes se desloquem para onde a alíquota for maior.

22. Errado. Não há consenso tanto é que já houve mudanças desde 1988. Além disso, o critério privilegiado é o populacional.

Gabarito:

20. **Errado**

21. **Certo**

22. **Errado**

23ª Questão (SEFAZ-PE Auditor FCC 2014): *No Federalismo Fiscal brasileiro,*

a) a estratégia da União de aumento de sua arrecadação por meio da elevação de alíquotas e ampliação das bases de cálculo das contribuições sociais foi benéfica na geração de recursos para Estados e Municípios, tendo em vista que sua vigência requer a observância apenas da noventena constitucional e não do princípio da anualidade.

b) aos Estados compete aplicar até 25% de sua arrecadação de impostos no financiamento da educação, atuando prioritariamente no ensino superior, fundamental e na educação infantil, e de forma suplementar no ensino profissionalizante, que é prioridade dos Municípios.

c) a transferência de recursos fiscais de regiões mais desenvolvidas para regiões menos desenvolvidas tem por um de seus objetivos permitir o custeio de serviços públicos pelas últimas, sem que essas tenham que impor maior ônus tributário a sua população.

d) os Fundos de Participação dos Municípios – FPM são exemplos de transferências incondicionais devolutivas que têm por finalidade a redistribuição regional de recursos, arrecadados dentro de uma mesma unidade da federação, além de promover a redução do hiato fiscal.

e) às unidades da federação das regiões Norte, Nordeste e Centro-Oeste, a União entrega mais de um quarto de sua arrecadação por intermédio do Fundo de Participação dos Estados e do Distrito Federal – FPE e de suas instituições financeiras de caráter regional, estando estes recursos vinculados à promoção do desenvolvimento do setor produtivo.

Solução

a) Errado, as contribuições sociais não são repartidas com os entes subnacionais.
b) Errado, os Estados e o Distrito Federal atuarão prioritariamente no ensino fundamental e médio. Os Municípios atuarão prioritariamente no ensino fundamental e na educação infantil.
c) Certo, sem comentários adicionais.
d) Errado, a redistribuição é interfederativa.
e) Errado, até 2013, 85% do FPE eram destinados às unidades da federação das regiões Norte, Nordeste e Centro-Oeste. A questão fala de 25%.

Gabarito: **C**

24ª Questão (TCE-CE Auditor FCC 2015): *Sobre o Federalismo Fiscal, é correto afirmar:*

a) Tal forma de organização fiscal não guarda qualquer relação, dentre outros fatores, com a extensão territorial e a heterogeneidade regional de um país.
b) O Federalismo Fiscal diz respeito à gestão federal da arrecadação tributária, já que esse nível de governo concentra toda a coleta no âmbito nacional.
c) No caso brasileiro, instituiu-se, desde a Constituição de 1988, um desequilíbrio a partir de uma concentração da arrecadação nos níveis estadual e municipal e um acúmulo de responsabilidades no plano federal.
d) Os problemas de política monetária devem ser cuidadosamente considerados, particularmente no Brasil, para evitar perdas fiscais para os governos municipais.
e) Há uma persistente tensão entre as definições de política fiscal tomadas no plano federal e as demandas locais que afetam as autoridades estaduais e municipais, como no caso da distribuição dos royalties do petróleo a ser extraído do Pré-Sal.

Solução

a) Errado, essa é a forma recomendada para países com extensão territorial.
b) Errado, nos níveis subnacionais também podem arrecadar recursos.
c) Errado, mesmo após a CF/1988 a concentração de recursos continua no âmbito federal e as responsabilidades são de todos os entes.
d) Errado, as perdas fiscais decorrentes problemas de política monetária afetam todos os entes, mas é de responsabilidade do governo central.
e) Certo, sem comentários adicionais.

Gabarito: **E**

25ª Questão (MPDG APO ESAF 2015): *Assinale a opção incorreta a respeito dos mecanismos constitucionais de repartição das receitas públicas.*

a) Os órgãos que contam com receitas vinculadas tendem a executar, com esses recursos, os gastos de menor importância na escala de prioridade do governo, no sentido de alocação de recursos adicionais necessários para o atendimento de despesas como pagamentos de pessoal e encargos sociais.

b) Os normativos que instituem a vinculação de receitas colaboram muitas vezes para impor a realização de novas despesas de difícil compressão com a frustração dessas receitas, ampliando assim o gasto não discricionário do governo.

c) O Fundo de Participação dos Estados e do Distrito Federal (FPE) e o Fundo de Participação dos Municípios (FPM) estão estabelecidos na Constituição Federal, e são originados com base em percentuais da arrecadação líquida do Imposto sobre a Renda e Proventos de Qualquer Natureza - IR e do Imposto sobre Produtos Industrializados - IPI, conforme as emendas constitucionais ou leis complementares sobre o assunto.

d) A Constituição Federal e legislação vigente estabeleceu que o Tribunal de Contas da União - TCU faz o cálculo e revisão das quotas relativas aos fundos de participação e a comunicação ao Banco do Brasil, anualmente, após obter os dados oficiais da Fundação Instituto Brasileiro de Geografia e Estatística - IBGE.

e) O total dos recursos do FPE, com base nos percentuais do IR e do IPI, são rateados observando a seguinte regra: 85% são entregues às unidades estaduais das regiões Norte, Nordeste e Centro-Oeste; e 15% para os estados das regiões Sul e Sudeste; e os recursos do FPM são distribuídos aos municípios com base em coeficientes que variam de 0,6, para os municípios que têm maior população, até 4,0, para os municípios que têm menor população.

Solução

a) Certo, sem comentários adicionais.
b) Certo, sem comentários adicionais.
c) Certo, sem comentários adicionais.
d) Certo, sem comentários adicionais.
e) Errado. Primeiro que esse critério do FPE não existe mais. Segundo que os municípios que possuem maior população recebem 4,0 e os de menor população começam com 0,6.

Gabarito: **E**

26ª Questão (MPDG APO ESAF 2015): *Em regimes federativos cabe à União envidar esforços para reduzir as disparidades regionais de desenvolvimento. São instrumentos fiscais para desempenhar esse papel todas opções abaixo, exceto:*

a) Fundo Constitucional do Norte (FNO).
b) Fundo de Participação dos Estados (FPE).
c) Fundo Constitucional do Nordeste (FNE).
d) Fundo Nacional de Desenvolvimento da Educação (FNDE).
e) Fundo Constitucional dos Municípios (FPM).

Solução

Para atender a essas disparidades regionais, o Brasil adotou programas de desenvolvimento regional para as áreas mais carentes do País, por meio de instrumentos creditícios e tributários. São eles: (i) o Fundo Constitucional de Financiamento do Norte (FNO), do Nordeste (FNE) e do Centro-Oeste (FCO); (ii) os incentivos fiscais - Zona Franca de Manaus, Amazônia Ocidental e Áreas de Livre Comércio; (iii) os Fundos Fiscais de Investimentos Regionais: Fundo de Investimento da Amazônia (FINAM), do Nordeste (FINOR) e Fundo de Recuperação Econômica do Estado do Espírito Santo (FUNRES); (iv) o Fundo de Desenvolvimento da Amazônia (FDA) e do Nordeste (FDNE).

Gabarito: **D**

27ª Questão (MPDG APO ESAF 2015): *Identifique a opção incorreta sob o ponto de vista do Federalismo Fiscal e Transferências Intergovernamentais.*

a) A Constituição Federal de 1988 estabeleceu que os municípios fossem reconhecidos como membros da federação, em pé de igualdade com os Estados no que diz respeito a direitos e deveres ditados pelo regime federativo.

b) A Reforma Tributária de 1967, promovida pelo Regime Militar, promoveu uma concentração das competências tributárias na União, bem como o mecanismo de transferências intergovernamentais de receitas, em benefício, principalmente, dos Estados e municípios mais desenvolvidos.

c) A solução do conflito regional pela via do aumento das transferências intergovernamentais reverteu o desequilíbrio vertical na repartição da receita tributária nacional, às custas da esfera federal, mas ampliou em muito os já graves desequilíbrios horizontais, em decorrência das dificuldades encontradas para modificar as regras de partilha dessas transferências.

d) Após 1988, ao mesmo tempo que os Estados e Municípios beneficiaram-se da descentralização tributária, tiveram que enfrentar incremento dos gastos de consumo e de pessoal, evidenciando os vícios da descentralização como o empreguismo e clientelismo.

e) Com a Constituição de 1988, o enorme incremento das transferências federais e estaduais para os municípios permitiu que fosse aumentado os seus esforços próprios de arrecadação.

Solução

a) Certo, sem comentários adicionais.

b) Errado, houve uma descentralização inicial. Os municípios já recebiam 10% de fundos constitucionais. Mas não havia privilegio aos municípios mais desenvolvidos.

c) Certo, sem comentários adicionais.

d) Certo, sem comentários adicionais.

e) Certo, sem comentários adicionais.

Gabarito: **B**

28ª Questão (ANAC Analista ESAF 2016): *Com relação ao Federalismo Fiscal, assinale a opção incorreta.*

a) Na distribuição legal de competência exclusiva ou privativa, o poder é conferido a uma esfera de governo, ficando este automaticamente vedado às demais esferas de governo.

b) A função alocativa do setor público está diretamente associada à questão da descentralização.

c) Quanto maior for a área do território nacional, menores tendem a ser os ganhos de eficiência com a descentralização.

d) Do ponto de vista econômico financeiro, a manutenção do equilíbrio federativo depende da capacidade de os governos subnacionais contarem com recursos suficientes para garantir o atendimento de preferências e a preservação das identidades regionais.

e) Na distribuição de recursos, competência concorrente é aquela exercida, simultaneamente, pelas diferentes esferas de governo.

Solução

a) Certo, sem comentários adicionais.

b) Certo, essa é função que deve ser exercidas em todos os 3 níveis de governo: central, regional e local.

c) Errado, quanto maior for a área do território nacional, maior os ganhos de eficiência na medida em que o governo consegue alcançar mais cidadão.

d) Certo, sem comentários adicionais.

e) Certo, sem comentários adicionais. Essa seria a competência comum da CF/1988

Gabarito: **C**

29ª Questão (ANAC Analista ESAF 2016): *Assinale o tributo cuja receita não é submetida a nenhuma repartição constitucional.*

a) Imposto sobre operações de crédito, câmbio e seguro, ou relativas a títulos ou valores mobiliários incidentes sobre o ouro definido em lei como ativo financeiro ou instrumento cambial.

b) Imposto sobre a importação de produtos estrangeiros.

c) Imposto sobre a propriedade territorial rural.

d) Imposto sobre as operações relativas à circulação de mercadorias, serviços de transporte interestadual e intermunicipal e de comunicação.

e) Imposto sobre a propriedade de veículos automotores.

Solução

a) Errado, todo o IOF ouro para os Estados e Municípios.

b) Certo.

c) Errado, 50% do ITR vai para os municípios.

d) Errado, 25% do ICMS vai para os municípios.

e) Errado, 50% do IPVA vai para os municípios.

Gabarito: **B**

5. LISTA DE QUESTÕES DISCURSIVAS

1ª Questão (TCE-PB Auditor de Contas Públicas Cespe 2018):

CONSTITUIÇÃO DA REPÚBLICA FEDERATIVA DO BRASIL

(...)

Art. 166. Os projetos de lei relativos ao plano plurianual, às diretrizes orçamentárias, ao orçamento anual

e aos créditos adicionais serão apreciados pelas duas Casas do Congresso Nacional, na forma do regimento

comum.

(...)

§ 2.º As emendas serão apresentadas na comissão mista, que sobre elas emitirá parecer, e apreciadas, na

forma regimental, pelo plenário das duas Casas do Congresso Nacional.

(...)

Considerando que esse texto tem caráter unicamente motivador, redija um texto dissertativo acerca do seguinte tema.

RECURSOS ORÇAMENTÁRIOS
OBRIGATORIAMENTE DESTINADOS À SAÚDE

Ao elaborar seu texto, aborde, necessariamente, os seguintes aspectos:

1. Diretrizes para a elaboração do projeto de lei orçamentária: obrigação dos entes da Federação / objetivos dos critérios do rateio dos recursos; [valor: 14,25 pontos]

2. Diretrizes para a apresentação e aprovação de emendas parlamentares ao projeto de lei orçamentária: objetivos, vedações, orçamento impositivo. [valor: 14,25 pontos]

Extensão de linhas: até 30.

Resolução da Questão

Os entes da federação estão obrigados a utilizar recursos orçamentários na área de saúde.

No caso da União, deve-se aplicar pelo menos 15% da Receita Corrente Líquida da LOA executada em gastos de ações e serviços públicos de saúde.

No caso dos Estados, deve-se aplicar pelo menos 12% dos impostos líquidos estaduais. Neste montante anterior estão inclusos: o imposto sobre a propriedade de veículos automotores (IPVA), imposto sobre circulação de mercadoria e serviços (ICMS), imposto sobre transmissão causa mortis e doações, imposto de renda retido na fonte dos servidores da administração direta estadual, autárquica e fundacional do Estado, Cota Parte IPI Exportação e a Cota Parte do Fundo de Participação dos Estados.

No caso dos Municípios, deve-se aplicar pelo menos 15% dos impostos líquidos municipais. Neste montante anterior estão inclusos: imposto de propriedade territorial urbana, imposto sobre serviços, imposto de transmissão de bens inter vivos, imposto de renda retido na fonte dos servidores da administração direta estadual, autárquica e fundacional do Município, cota parte do ICMS, cota parte do IPVA, cota parte Imposto Territorial Rural, Cota Parte IPI Exportação e a Cota Parte do Fundo de Participação dos Municípios. Os valores da União estão definidos na CF/1988 enquanto os valores dos Estados e Municípios estão definidos na Lei Complementar 141/2012.

A emenda constitucional 86 (EC/86), de março de 2015, instituiu para a União novo procedimento em relação à programação orçamentária, segundo o qual parte do orçamento, especificamente as emendas parlamentares individuais, passaram a adotar o caráter impositivo.

A EC/86 determina que a parcela de 1,2% da Receita Corrente Líquida (RCL) seja destinada a cobrir as despesas oriundas das emendas parlamentares individuais, sendo que metade desse percentual, 0,6%, deve necessariamente custear projetos na área de saúde. Estes valores não podem ser utilizados para pagamento de pessoal.

Observa-se que na segunda etapa da LOA, a parcela compreenderá os valores constantes no PLOA; enquanto na terceira etapa da LOA, a parcela compreenderá os valores executados na LOA do exercício anterior. Há que se observar que, em relação à aplicação do montante de 1,2% da RCL relativo às emendas individuais, é possível o não cumprimento da exigência constitucional caso se identifique impedimento de ordem técnica.

BIBLIOGRAFIA

BAHL, R.; WALLACE, S. Public Financing in Developing and Transition countries. **Public Budgeting & Finance**. Silver Anniversary Issue, volume 25, p 83-98, 2005.

BRASIL. Constituição da República Federativa do Brasil. **Diário Oficial [da] República Federativa do Brasil**, Poder Legislativo, Brasília, DF, 5 out. 1988.

_____. Lei nº 4.320, de 17 de março de 1964. Estatui normas gerais de direito financeiro para elaboração e controle dos orçamentos e balanços da União, dos Estados, dos Municípios e do Distrito Federal. Diário Oficial [da] República Federativa do Brasil, Poder Legislativo, Brasília, DF, 23 mar. 1964.

_____. Lei Complementar nº 101, de 4 de maio de 2000. Estabelece normas de finanças públicas voltadas para a responsabilidade na gestão fiscal e dá outras providencias. Diário Oficial [da] República Federativa do Brasil, Poder Executivo, Brasília, DF, 5 maio 2000, Seção 1, p. 1.

_____. Lei nº 13.473, de 8 de agosto de 2017. Dispõe sobre as diretrizes para a elaboração e execução da Lei Orçamentária de 2018 e dá outras providências. **Diário Oficial [da] República Federativa do Brasil**, Poder Executivo, Brasília, DF, 9 ago. 2017.

_____. Lei nº 13.249, de 13 de janeiro de 2016. Institui o Plano Plurianual da União para o período de 2016 a 2019. **Diário Oficial [da] República Federativa do Brasil**, Poder Executivo, Brasília, DF, 14jan. 2016.

_____. Decreto nº 93.872, de 23 de dezembro de 1986. Dispõe sobre a unificação dos recursos de caixa do Tesouro Nacional, atualiza e consolida a legislação pertinente e dá outras providências. **Diário Oficial [da] República Federativa do Brasil**, Poder Executivo, Brasília, DF, 24 dez. 1986.

_____. Ministério do Planejamento, Orçamento e Gestão. Secretaria de Orçamento Federal. Manual técnico de orçamento – MTO. Versão 2018. Brasília. Disponível em: http://www.planejamento.gov.br/noticias/planejamento-disponibiliza-versao-2018-do-manual-tecnico-orcamentario. Acesso em 20/09/2017.

_____. Secretaria do Tesouro Nacional. Manual de Contabilidade Aplicada ao Setor Público 7ª ed. Brasília. Disponível em http://www.tesouro.fazenda.gov.br/mcasp. Acesso em 20/09/2017.

BRUE, S. L. **História do pensamento econômico**. 6 ed. Editora Thomson, 2005.

CHRISTENSEN, R.; WISE, C. R. Dead or alive? The federalism revolution and its meaning for public administration. **Public Administration Review**, p. 920-931, Sep./Oct. 2009.

COSTA, G. P. C. L.; GARTNER, I. R. Manipulação de informações contábeis no setor público brasileiro: evidências em dez casos pesquisados. Revista Contemporânea de Contabilidade, Florianópolis, v. 12, n. 26, p. 141-162, 2015.

COSTA, G. P.C. L. **Os impactos das funções orçamentárias alocativa e distributiva sobre a desigualdade de renda:** uma análise sobre unidades da Federação brasileira entre 1995 e 2012.Tese (Doutorado em Ciências Contábeis) Programa de Pós-Graduação Multi Institucional em Ciências Contábeis UnB-UFPB-UFRN, 2016.

GIACOMONI, J. **Orçamento público**. 16. ed. São Paulo: Atlas, 2017.

MANKIW, Gregory. **Introdução à Economia**: princípios de Micro e Macroeconomia. 2ª ed. São Paulo: Campus, 2001

MUSGRAVE, R.A.; MUSGRAVE, P. B. **Finanças Públicas: teoria e prática**. Rio de Janeiro: Campus, 1980.

OATES, W. E. **Federalismo fiscal**. Madri: Instituto de Estudios de Administración Local, 1977.

_____, W. E. Toward a Second-Generation Theory of Fiscal Federalism. **International Tax and Public Finance** 12, 349–373, 2006.

_____, W. E. On the Evolution of Fiscal Federalism: Theory and Institutions. **NationalTaxJournal**, 61, 313–334, 2008.

REZENDE, F. **Finanças Públicas**. 2. ed. São Paulo: Atlas, 2001.

EDITORA
JusPODIVM
www.editorajuspodivm.com.br